Manja Weinert

VERÖFFENTLICHUNGEN
AUS THÜRINGISCHEN STAATSARCHIVEN

6

VERLAG HERMANN BÖHLAUS NACHFOLGER
16   24
WEIMAR

VERÖFFENTLICHUNGEN AUS THÜRINGISCHEN STAATSARCHIVEN

6

Veröffentlichung des Thüringischen Hauptstaatsarchivs Weimar
in Zusammenarbeit mit dem Bauhaus-Archiv Berlin

Die Meisterratsprotokolle
des Staatlichen Bauhauses Weimar
1919 bis 1925

Herausgegeben von Volker Wahl
Bearbeitet von Ute Ackermann

2001
VERLAG HERMANN BÖHLAUS NACHFOLGER
WEIMAR

Herausgegeben im Auftrag des Thüringischen Hauptstaatsarchivs Weimar
von Volker Wahl

Verantwortliche Bearbeiterin: Ute Ackermann

Fotografische Aufnahmen: Fotowerkstatt des Thüringischen Hauptstaatsarchivs
(Gabriele Krynitzki)

Die Deutsche Bibliothek – CIP-Einheitsaufnahme

Staatliches Bauhaus <Weimar>:
Die Meisterratsprotokolle des Staatlichen Bauhauses Weimar :
1919 bis 1925 / hrsg. von Volker Wahl. Bearb. von Ute Ackermann. – Weimar : Verl. Hermann Böhlaus Nachf., 2001
    (Veröffentlichungen aus Thüringischen Staatsarchiven ; 6)
    ISBN 3-7400-1070-3

ISBN 3-7400-1070-3
ISSN 1430-3620

© 2001 by Verlag Hermann Böhlaus Nachfolger Weimar GmbH & Co.
www.boehlausnf.de
info@boehlausnf.de

Umschlaggestaltung: Willy Löffelhardt
Satzgestaltung: Grafik-Design Fischer, Weimar
Druck und Bindung: Franz Spiegel Buch GmbH, Ulm
Printed in Germany
Oktober/2001

Inhaltsverzeichnis

Vorwort

Bevor das neue Land Thüringen 1920 ins Leben treten konnte, mußten die auf dem Wege dorthin ge-schaffenen Organe für die Gemeinschaft der thüringischen Einzelstaaten – der Volksrat von Thüringen als parlamentarische Vertretung und der für die Geschäftsführung der Staatengemeinschaft gebildete Staatsrat – am 6. August 1919 eine Garantieerklärung zu den kulturellen Aufgaben des neu zu grün-denden Gesamtstaates abgeben. Auch für das vereinigte Thüringen sollte es gelten, den aus den frühe-ren Fürstentümern überkommenen Bestand der historisch gewachsenen kulturellen Strukturen und ihrer Institutionen zu sichern: „Nach dem einmütigen Willen der zum Volksrat und Staatsrat von Thüringen berufenen Mitglieder ist es die vornehmste Aufgabe der Thüringer Staatengemeinschaft und des zukünftigen Gesamtstaates Thüringen, die kulturellen Güter und Kulturstätten der einzelnen Staa-ten in der bisherigen Ausdehnung und Bedeutung zu erhalten, zu fördern und weitesten Volkskreisen ihre Schönheiten und Ewigkeitswerte zugänglich zu machen. Thüringen würde, wenn es anders han-delte, die besten Grundlagen seiner Wesensart untergraben." Es ging um Theater und Orchester, um Museen und Memorialstätten, um Archive und Bibliotheken sowie um wissenschaftliche und künstle-rische Lehranstalten, die in allen thüringischen Einzelstaaten in unterschiedlicher Weise vorhanden waren und das kulturelle Bild von Thüringen prägten. War darin auch jene neuartige Kunstschule ein-geschlossen, die erst im April 1919 auf dem nunmehr republikanischen Boden des Freistaates Sachsen-Weimar-Eisenach entstanden war: das Staatliche Bauhaus zu Weimar?

Seine Geburt war ein Parforceakt, mit dem zwei namhafte ältere Kunstlehranstalten in der Residenz-stadt Weimar einer neuen Symbiose zugeführt werden sollten: die 1860 von Großherzog Carl Alexander von Sachsen-Weimar und Eisenach als private Kunstakademie gegründete, dann als staatliche Lehranstalt fortgeführte und 1910 zur Großherzoglich Sächsischen Hochschule für bildende Kunst erhobene Kunst-hochschule und die 1908 aus dem privaten Kunstgewerblichen Seminar Henry van de Veldes hervorge-gangene und seitdem ebenfalls als Staatslehranstalt wirkende Großherzoglich Sächsische Kunstgewerbe-schule. Letztere hatte jedoch im Kriegsjahr 1915 mit dem seit 1902 in Weimar tätig gewesenen belgischen Architekten und Kunstgewerbler ihren Direktor verloren und blieb seit dem 1. Oktober 1915 geschlos-sen. Auch an der Hochschule für bildende Kunst war die Direktorenstelle seit dem Abgang des Malers Fritz Mackensen, dessen Entlassung zum 1. Oktober 1918 erfolgt war, verwaist.

Die im Frühjahr 1919 erfolgte Gründung des Staatlichen Bauhauses fokussierte in der Person des Architekten Walter Gropius, der seit 1915 für die Nachfolge von Henry van de Velde im Amt des Di-rektors der Kunstgewerbeschule im Gespräch war, wegen deren verfügter Schließung jedoch auch an die Übernahme einer an die Kunsthochschule anzugliedernden Architekturabteilung dachte, schließ-lich aber auf Wunsch des Lehrkörpers der Hochschule für bildende Kunst in der Nachfolge von Fritz Mackensen als deren Direktor berufen werden sollte. So wurde er vom Hofmarschallamt als der vor-gesetzten Behörde aller weimarischen Anstalten für Wissenschaft und Kunst mit Wirkung vom 1. April 1919 für das vakante Direktorat der Kunsthochschule unter Vertrag genommen. Tatsächlich hat Gro-pius sein neues Amt in Weimar am 11. April 1919 angetreten. An diesem Tag unterschrieb er den mit dem Hofmarschallamt ausgehandelten und auf den 1. April 1919 zurückdatierten Anstellungsvertrag, der ihm „die Leitung der Hochschule für bildende Kunst einschließlich der ehemaligen Kunstgewer-beschule" ab Sommersemester 1919 (1. April) übertrug.

Die Leitung der beiden vereinigten Lehranstalten war an dieser Stelle aber lediglich programmati-sche Absicht, da die Kunstgewerbeschule praktisch nicht mehr existierte, obwohl Lehrkräfte von ihr in den Werkstätten noch tätig waren. Allerdings war die Verschmelzung der beiden Schulen in den Grün-dungs- und Reformabsichten des neuen Direktors noch vor dessen Ankunft in Weimar manifest geworden. Den von ihm inspirierten Antrag auf Umbenennung der vereinigten Kunsthochschule und Kunstgewerbeschule in „Staatliches Bauhaus" in Weimar stellte Max Thedy im Namen des Lehrerkollegiums der bisherigen Hochschule für bildende Kunst bereits am 20. März 1919 bei der (provisorischen) Regierung des Freistaates Sachsen-Weimar-Eisenach, die am 25. März ihre Zustimmung gegenüber dem Hofmarschallamt bekundete.

Noch am 11. April 1919 trat des Kollegium der alten Kunsthochschule mit Walter Gropius zu einer ersten Berufungssitzung für die in Vereinigung befindliche Hochschule und Kunstgewerbeschule zusammen. Aber erst die amtliche Mitteilung des Hofmarschallamtes an die Direktion der Hochschule für bildende Kunst vom 12. April 1919 über die von der Regierung genehmigte Namensänderung – die bei Gropius freilich erst drei Tage später, am 15. April 1919, einging – machte den neuen Namen offiziell: Staatliches Bauhaus in Weimar (Vereinigte ehemalige Großherzogliche Hochschule für bildende Kunst und ehemalige Großherzogliche Kunstgewerbeschule). Gropius selbst teilte am 12. April 1919 dem vorgesetzten Hofmarschallamt amtlich mit, daß er am Tag zuvor „die Leitung der Hochschule und der Kunstgewerbeschule ordnungsmässig von dem bisherigen stellvertretenden Direktor Herrn Professor Thedy übernommen habe". So markiert dieses bürokratische Prozedere, dokumentarisch festgehalten am 12. April 1919, den eigentlichen Beginn des Staatlichen Bauhauses unter Walter Gropius, dem „neuen Mann" in Weimar, „der die Stadt Goethes schnell wieder zu einem Kulturmittelpunkt machen möchte", wie der Berliner Kunstkritiker Karl Scheffler damals sinnierte.

Der Dynamik dieser Gründungsphase erinnerte sich der Architekt und Kunstreformer Walter Gropius 1931, wobei er den Entschluß vom Jahre 1919, die Weimarer Kunsthochschule und Kunstgewerbeschule zu übernehmen und in einem reformorientierten Kunstschulkonzept zusammenzuführen, gegenüber Josef Strasser in Wien als entscheidend für seine weitere Laufbahn und Lebensarbeit betonte. „Als der Ruf an mich erging, befand ich mich in dem Zustand eines seelischen Vacuums durch aufwühlende persönliche und Kriegserlebnisse. Die Zurückdrängung aller geistigen Arbeit im Kriege, der Abstand zu meiner eigenen systematisch und langsam entwickelten Arbeit vor dem Kriege rief meine Arbeitsenergien, als sich die neue Möglichkeit bot, plötzlich wach. In wenigen Tagen und Nächten entwarf ich, fast ohne jede Arbeitsunterbrechung und ohne Unterstützung anderer, das Programm für ein neues universelles Institut für gestalterische Arbeit unter Führung der Architektur und nannte das neue Institut das ‚Bauhaus'. Dieses Programm war genügend weit und variabel für die spätere Durchführung in der Praxis und hielt in seinem grundsätzlichen Gefüge allen späteren Stürmen stand."

Welche Stürme seit dem 12. April 1919 am Staatlichen Bauhaus zu meistern waren, ist zahlreichen historischen Quellen in den einschlägig bekannten Archiv- und Sammlungsbeständen zu entnehmen und kann in der zeitgenössischen Presse und Literatur verfolgt werden. Unter den Archivquellen steht die als Provenienzbestand Staatliches Bauhaus Weimar im Thüringischen Hauptstaatsarchiv zu Weimar überlieferte Registratur dieser staatlichen Lehranstalt an erster Stelle. Dies sind die auf uns gekommenen Akten aus dem Sekretariat des Direktors und der Geschäftsstelle des Sekretärs bzw. Syndikus' am Weimarer Bauhaus. Weitere Fallakten zum Staatlichen Bauhaus sind in den Archivbeständen der Behörden und Einrichtungen überliefert, denen das Bauhaus als Hochschule des Freistaates Sachsen-Weimar-Eisenach und später des Landes Thüringen unterstand und nachgeordnet war.

Es sind jedoch komplizierte und für den Außenstehenden nur schwer durchschaubare behördliche Strukturen, in welche die neue Lehranstalt hineingeboren wurde und in denen sie sich in den ersten Jahren bewegen mußte. Als eine der bekanntesten Kunstschulen im 20. Jahrhundert und in seiner Wirkung für die Entwicklung der künstlerischen Moderne im Zentrum der Forschung stehende Institution wird das Weimarer Bauhaus zwar vor dem Hintergrund der historischen Entwicklung der neu gegründeten Landes Thüringen wahrgenommen, aber die Eigenart dieser archivalischen Quellen, ihr Entstehungszusammenhang, wird für die Erforschung der Bauhausgeschichte oft nur ungenügend berücksichtigt. Das gilt auch für das seit der Gründung des Staatlichen Bauhauses bestandene Geflecht von sich abwechselnden und entwickelnden behördlichen Zuständigkeiten, das bei der Bewertung der archivalischen Überlieferung zur Bauhausgeschichte beachtet werden muß.

Als Walter Gropius mit Wirkung vom 1. April 1919 die Leitung der neu zu schaffenden vereinigten künstlerischen Lehranstalten in Weimar übertragen bekam, befand sich Thüringen in einer staatsrechtlichen Übergangssituation. Auch nach der Gründung des Landes Thüringen zum 1. Mai 1920 gehörte das neue Staatliche Bauhaus zu Weimar noch bis zum 1. April 1923 zu den „im Eigentum des Gebiets Sachsen-Weimar-Eisenach stehenden Kunst- und Erinnerungsstätten, mit denen Tradition und Anziehungskraft Weimars im besonderen Maße verknüpft sind", und unterstand dessen Selbstverwaltung. Erst durch das Gesetz über die Vermögensauseinandersetzung des Landes Thüringen mit den ehemaligen thüringischen Freistaaten vom 29. März 1923 und den am gleichen Tag geschlossenen Vertrag mit dem Gebiet Weimar übernahm das Land Thüringen auch das Staatliche Bauhaus als eine der thüringischen Hochschulen unter der Aufsicht des Volksbildungsministeriums.

Bei der Gründung des Staatlichen Bauhauses im April 1919 war nach der überkommenen Behördengliederung zunächst das Hofmarschallamt als Aufsichtsbehörde für die Kunstschuleinrichtungen zuständig gewesen. Bereits nach kurzer Zeit und lange vor dessen endgültiger Auflösung als landesherrliche Behörde im November 1921 ist das Bauhaus jedoch aus der Unterstellung unter das Hofmarschallamt herausgelöst und von der provisorischen Regierung im Juli 1919 der Aufsicht des neugebildeten Kultusministeriums des Freistaates Sachsen-Weimar-Eisenach überwiesen worden. In dessen Nachfolge gelangte es bei der Bildung der Gebietsregierung für das Gebiet Weimar (ab Januar 1921) an die nunmehrige Kultusabteilung, deren Beamte zugleich auch für das neue Volksbildungsministerium kommissarisch tätig waren. Obwohl es durch die Personalunion bei den Referenten (Dr. Ernst Ortloff, Albert Rudolph) seit Sommer 1919 eine Kontinuität in der behördlichen Aufsicht über das Staatliche Bauhaus gegeben hat, war das seit November 1920 neu geschaffene Ministerialorgan des Landes Thüringen – das Thüringische Ministerium für Volksbildung und Justiz, ab Oktober 1921 Thüringisches Ministerium für Volksbildung, ab Februar 1924 Thüringisches Ministerium für Volksbildung und Justiz – an den Entscheidungen für das Staatliche Bauhaus erst seit Mai 1922 amtlich beteiligt. Das geht vorrangig auf den Übergang des Referenten Albert Rudolph von der Kultusabteilung der weimarischen Gebietsregierung an das Volksbildungsministerium unter Mitnahme der Zuständigkeiten für das Staatliche Bauhaus zurück. Nach außen wurde das neue Unterstellungsverhältnis schließlich im Januar 1923 durch den Aufsatz von Walter Gropius „Idee und Entwicklung des Staatlichen Bauhauses zu Weimar" im Amtsblatt des Thüringischen Ministeriums für Volksbildung dokumentiert.

Auch das institutionelle Ende dieser Ausbildungseinrichtung ist neu zu betrachten, denn das Staatliche Bauhaus bestand als Institut auch nach dem zum 31. März 1925 wirksam werdenden Ausscheiden des Direktors und des Lehrkörpers (Formmeister) weiter. Als Lehranstalt hatte sie zwar ihre Tätigkeit eingestellt, denn die meisten Studierenden waren mit ihren Lehrern nach Dessau übergesiedelt. Noch existierten aber in Weimar die Werkstätten mit den zurückgebliebenen Werkmeistern, deren Dienstverträge weiterliefen oder sogar verlängert wurden. Allerdings hatten der Syndikus und der Buchhalter die Aufgabe wahrzunehmen, die Geschäfte des bisherigen Produktivbetriebes zu liquidieren und die Abschlußbilanz aufzustellen. Bereits im Mai 1925 formulierte die Thüringische Rechungskammer: „Der laufende Produktivbetrieb wird – voraussichtlich unter Verlusten für den Staat – nur weitergeführt, um das vorhandene Personal zu beschäftigen." Nach der Einstellung des Lehrbetriebes war auch die Liquidation der wirtschaftlichen Seite zwangsläufig, weil mit dem Weggang von Gropius die alten Verbindungen für den Absatz der Erzeugnisse zum größten Teil abgebrochen waren. Die zum Ende des Jahres 1925 mit ihm getroffene Übereinkunft, in Weimar auf den Namen Bauhaus zu verzichten, setzte auch hier einen Schlußpunkt.

Noch im 1926 herausgegebenen Staatshandbuch für Thüringen ist jedoch das Staatliche Bauhaus in Weimar unter den Kunstlehranstalten des Landes aufgeführt: „Das Staatliche Bauhaus ist im Jahre 1919 durch Vereinigung der Hochschule für bildende Kunst und einiger Werkstätten der ehemaligen Großherzogl. Sächs. Kunstgewerbeschule in Weimar gebildet worden. Zweck der Anstalt: höhere Ausbildung von Handwerkern und Architekten in Gemeinschaft, und zwar in technischer wie in künstlerischer Beziehung. Die Anstalt befindet sich z. Zt. in Neugestaltung." Mit deren Planung war bereits 1925 der Berliner Architekt Otto Bartning befaßt. Das Ende des Bauhauses in Weimar ist wie sein Anfang ein fließender Prozeß gewesen. Wie im Jahre 1919, als Gropius in die Leitung der Hochschule für bildende Kunst eintrat, sie mit der Kunstgewerbeschule verschmolz und daraus das Bauhaus formte, erhielt Bartning den Auftrag, die bisher unter dem Namen Staatliches Bauhaus bestehende Kunstschule zu reformieren, und schuf daraus das „andere Bauhaus", die Staatliche Hochschule für Handwerk und Baukunst, mit deren Eröffnung zum Sommersemester 1926 (1. April) das Weimarer Bauhaus endgültig sein institutionelles Ende gefunden hatte.

Alle diese Zusammenhänge waren zu beachten, als sich das Thüringische Hauptstaatsarchiv ent-schloß, eine innerhalb seines Bauhaus-Bestandes überlieferte besondere Quellengruppe in ihrer Ge-samtheit zu veröffentlichen: die „Meisterratsprotokolle" des Staatlichen Bauhauses von 1919 bis 1925, wobei unter diesem in der Bauhausforschung durchaus geläufigen Begriff die Sitzungsniederschriften aller in dieser Zeit bestandenen Leitungsgremien subsumiert worden sind. Unter den archivalischen Quellen sind die Sitzungsprotokolle des Meisterrates, also des Kollegiums der lehrenden (Form-)Mei-ster, sowie die Protokolle der Beratungen der Formmeister mit den Werkmeistern (Werkstättenleitern) und zuletzt die von den Sitzungen des erweiterten Bauhausrates mit Form- und Werkmeistern und den Vertretern der Bauhausgesellen (seit Oktober 1923) der aussagekräftigste Überlieferungskomplex für die Entwicklung der Lehranstalt. Unterlagen darüber – Einladungen, Protokolle, Umläufe und andere mit den Sitzungen im Zusammenhang stehende Aufzeichnungen und Korrespondenzen – sind für die Zeit von April 1919 bis Februar 1925 vorhanden und stellen zweifellos den grundlegenden und am weitesten gefaßten Quellenfundus zur Erforschung der Bauhausgeschichte in der Weimarer Zeit dar.

Dabei konnte sich die Edition nicht allein auf den Archivbestand des Thüringischen Hauptstaats-archivs Weimar stützen, sondern bezog auch die im Nachlaß von Walter Gropius im Berliner Bau-haus-Archiv vorhandene Überlieferung zu den Meisterratssitzungen aus diesen Jahren ein. Der Di-rektor des Staatlichen Bauhauses hatte nicht nur Entwürfe und Durchschriften von Protokollen und andere Unterlagen zu seinen Handakten genommen, sondern auch in Einzelfällen Ausfertigungen von Protokollen bei sich behalten und nicht in die Registratur gegeben, wie es seine Pflicht gewesen wäre. Durch die vorliegende Edition wird der bisher ermittelte Gesamtbestand an Unterlagen zu den Sitzungen des Meisterrates und des Bauhausrates zusammengeführt und für die Forschung bes-ser aufbereitet.

Der Bauhausforschung waren bisher lediglich 59 Sitzungen dieser Leitungsgremien bekannt. Nach gründlicher Durchsicht der in Weimar und Berlin archivierten Quellen aus der Registratur des Staatli-chen Bauhaues sowie der über das Bauhaus angelegten Akten der zuständigen Aufsichtsbehörden und des Landtags von Thüringen konnten weitere 19 Zusammenkünfte der Meister rekonstruiert und die wichtigsten auf diesen Sitzungen gefällten Entscheidungen erschlossen werden. Das Sitzungskalenda-rium hat sich somit beträchtlich erweitert. Die Dokumente zu den Sitzungen – von denen in der Ver-gangenheit nur einzelne Protokolle und diese zumeist verkürzt veröffentlicht worden sind (vor allem von Hans Maria Wingler 1962 und von Karl-Heinz Hüther 1976) – werden erstmals vollständig wie-dergegeben. Dabei werden sowohl protokollarisch überlieferte als auch terminlich rekonstruierte Mei-sterratssitzungen berücksichtigt.

Die Sitzungsniederschriften sind keine eigentlichen Wortprotokolle und stellen nur zum geringsten Teil reine Beschlußprotokolle dar. Die Meisterratsprotokolle sind in ihrer inhaltlichen Zusammenfas-sung der vorgetragenen Mitteilungen und geführten Aussprachen nicht immer sofort verständlich. Ein-zelne Fakten lassen sich ohne Kenntnis der konkreten Hintergründe nicht begreifen. Die Beschlußfas-sungen im Meisterrat bilden oft das Ergebnis vorausgegangener Diskussionen und Entwicklungen, deren Inhalt und Bedeutung sich erst durch die Kenntnis weiterer Dokumente entschlüsseln lassen. So liefern die Protokolltexte selbst nur die Quintessenz von Entscheidungen, Sachverhalten und Prozes-sen, die der Erläuterung und Kommentierung bedürfen. Neben dem Textteil, in dem die Sitzungsnie-derschriften und andere Dokumente kritisch ediert werden, steht deshalb der Kommentarteil mit den weiterführenden Sacherläuterungen und Querverweisen. Hier werden auch sonstige Dokumente zi-tiert, die der Erhellung des Inhalts der Meisterratsprotokolle dienen.

Mit der Edition der Meisterratsprotokolle leistet das Thüringische Hauptstaatsarchiv einen ange-messenen Beitrag zur weiteren kritischen Auseinandersetzung mit einer der bedeutendsten Kunst-schulen des 20. Jahrhunderts, die für die Entwicklung des Designs und des neuen Bauens in Europa vorbildlich geworden ist. Es entsteht ein ungeschöntes Bild von den inneren und äußeren Konflikten einer neuartigen akademischen Einrichtung, die von Personen bestimmt und geführt wurde, welche in Kunst und Leben neue Wege gehen wollten, aber zugleich auch ihrer Zeit verhaftet waren. Der mysti-sche Schleier, der heute noch das Bauhaus umgibt, wird vielleicht beim Lesen der Meisterratspro-tokolle fallen. Die Geschichte des alltäglichen Bauhauses wird dahinter sichtbar werden. Was diese Edition nicht leisten kann, soll aber auch gesagt werden. Es ist keine neue Studie zur gesellschafts-politischen Geschichte des Weimarer Bauhauses. Wo das Land Thüringen, das selbst allen politischen

Stürmen der konfliktreichen Nachkriegs- und Nachrevolutionszeit ausgesetzt war, in seinen Gründungsjahren dem Reformansatz des Bauhauses gerecht geworden ist oder von ihm überfordert war, muß an anderer Stelle entschieden werden.

Die Entwicklungsgeschichte des Weimarer Bauhauses zwischen 1919 und 1925 steht nicht erst seit der jüngsten Vergangenheit im Mittelpunkt wissenschaftlichen Interesses. Ihre Erforschung ist aber vor allem im zurückliegenden Jahrzehnt durch die erleichterte Zugänglichkeit der Quellen in Weimar und Berlin und durch die Kooperation der dafür zuständigen Institute wesentlich gefördert worden. Das ist auch diesem Forschungsvorhaben, das sich der Erschließung und Edition der Quellen zu den Meisterratssitzungen gewidmet hat, zugute gekommen. Es baute auf die kollegiale Zusammenarbeit der beiden Institutionen auf, in denen die wichtigsten archivalischen Quellen zur Geschichte des Bauhauses überliefert sind: des Thüringischen Hauptstaatsarchivs in Weimar und des Bauhaus-Archivs in Berlin. Die Volkswagen-Stiftung in Hannover förderte die wissenschaftliche Bearbeitung dieser Quellenüberlieferung im Rahmen ihres Programmes „Archive als Fundus der Forschung – Erfassung und Erschließung". Die Editionsarbeit wurde im Thüringischen Hauptstaatsarchiv für die im traditionsreichen Weimarer Wissenschaftsverlag Hermann Böhlaus Nachfolger erscheinende Schriftenreihe der Thüringischen Staatsarchive geleistet. Allen an diesem Projekt beteiligten und fördernden Personen und Institutionen sei Dank gesagt.

Das Thüringische Hauptstaatsarchiv sieht es als seine Aufgabe an, mit der Veröffentlichung der Meisterratsprotokolle diese Schlüsseldokumente für die Geschichte des Weimarer Bauhauses sowohl einer breiteren Öffentlichkeit bekannt als auch der Forschung leichter zugänglich zu machen. Durch die Zusammenführung von archivalischen Quellen, die bisher verstreut und dadurch weniger greifbar waren, nicht zuletzt durch die Ergebnisse der Ermittlungen zwecks Erläuterung und Kommentierung der Protokollinhalte sind Erkenntnisse für die historische Bauhausforschung gewonnen worden, die neue und weitergehende Forschungen zu dieser einmaligen Kunstlehranstalt erleichtern und befördern werden.

Weimar, im August 2000

Dr. phil. habil. Volker Wahl
Direktor des Thüringischen Hauptstaatsarchivs Weimar

Einleitung

Von Ute Ackermann

Zur Funktion und Geschichte des Meisterrates am Staatlichen Bauhaus Weimar

Das Bauhaus erscheint heute als Inbegriff der „Corporate Idendity" des neuen Designs, durchschaubar und sauber konturiert wie ein Architekturentwurf des neuen Bauens. Bauhaus, das ist das Styling für den „neuen Menschen", seiner Türklinke, seines Lebens und letztendlich seiner selbst. So assoziiert der Begriff Bauhaus das Dessauer Schulgebäude als Wohnstatt eines neuen schöpferischen Geistes. Klarheit, wie sie sich in diesem Bau ausdrückt, ist das Ergebnis der Entwicklung der Bauhausidee, die ihre Kinder- und Flegeljahre in Weimarer Jugendstilbauten Henry van de Veldes erlebte. Doch die Gründungszeit des Bauhauses bleibt in der Erzählung seiner Geschichte weitgehend unbeachtet. Dies begründet sich darin, daß aus der Zeit des ersten Semesters der Schule 1919 wenig Faktenmaterial überliefert ist. Andererseits will das Wenige kein rechtes Bild ergeben, das unseren Vorstellungen vom Bauhaus entspricht.

Die Schule galt und gilt als Ikone der Moderne. Dem avantgardistischen Bauhaus scheint das Erbe der Akademie schlecht zu Gesicht zu stehen. Die umfangreiche Bauhausliteratur entwickelte allzu schnell ein monolithisches Bild des Instituts. Die Tatsache, daß die traditionelle akademische Künstlerausbildung am Beginn des 20. Jahrhunderts im höchsten Grade suspekt geworden war, verstellte in der Selbsteinschätzung der Protagonisten der Kunstschulreform vielfach den Blick für die eigenen Wurzeln. Nach diesem Verständnis erschien es als Sakrileg, die reformwillige Kunstakademie nicht nur verwaltungstechnisch vom Bauhaus beerben zu lassen. Ein genauerer Blick auf die Voraussetzungen der Bauhausgründung wurde notwendig, um die Entwicklung des Bauhauses bis zur Revision seines Programms 1922 neu zu bewerten.

Der Gründung des Bauhauses ging die Geschichte der Weimarer Kunstschulen voraus, welche sich im immer wiederkehrenden Wechsel zwischen akademischen und emanzipatorischen bzw. handwerklich pragmatischen Ansätzen vollzog.[1] Dieser Wechsel ist ein Weimarer Spezifikum. Entsprechend der Geschichte seiner Gründung verhält es sich auch mit dem Meisterrat des Bauhauses. Im Sommersemester 1919 bestand unter dieser Bezeichnung nämlich das bisherige Lehrerkollegium der Hochschule für bildende Kunst lediglich um ein Mitglied - Lyonel Feininger - erweitert und unter neuer Leitung fort. Der Meisterrat trat nunmehr in die Rechte und Kompetenzen dieses Lehrerkollegiums ein. Erst im Zuge der Satzungsänderung bis zur Genehmigung der ersten Bauhaussatzung 1921 hatte sich analog zur Veränderung der Schule der Meisterrat als originäres Forum der Bauhausmeister profiliert. Bereits 1922 bei einer erneuten Revision des Bauhausprogramms und der Satzungen zeigte sich jedoch, daß der Meisterrat als beschließendes Gremium des Bauhauses in seiner bestehenden Form als Vertretung der Formmeister den aktuellen Verhältnissen am Bauhaus nicht mehr entsprach. Dies machte seine Erweiterung zum Bauhausrat unter Beteiligung der Werkstättenleiter und von Gesellenvertretern notwendig. Gleichzeitig vollzog sich in diesem Prozeß die Wandlung vom beschließenden Meisterrat zum beratenden Bauhausrat. Die Ursachen und der Verlauf dieser Entwicklung bis zur Konstituierung des Bauhausrates 1923 sollen in der Einleitung zur Edition näher untersucht werden.

---

1 Zur Geschichte der Weimarer Kunstschulen von 1865 bis heute siehe auch Achim Preiß und Klaus-Jürgen Winkler, Weimarer Konzepte. Die Kunst- und Bauhochschule 1860–1995. Weimar 1996.

Künstlerische Ausbildung in Weimar. Gründungsgeschichte des Bauhauses

Ihren Beginn fand die künstlerische Ausbildung in Weimar 1776 mit der Gründung der Herzoglichen freien Zeichenschule, die zuvorderst den Handwerkslehrlingen der verschiedensten Gewerke eine fundierte künstlerische Ausbildung zuteil werden ließ und in zweiter Linie freien Zeichenunterricht für besonders Begabte erteilte. Die Lehranstalt betrachtete die künstlerische Ausbildung im Unterschied zu den großen Akademien nicht allein als dem klassischen Bildungsideal geschuldeten Luxus, sondern als Wirtschaftsfaktor im europäischen Konkurrenzkampf.[2] Die Möglichkeiten für das kleine Weimarer Fürstenhaus, sich für die bildende Kunst zu engagieren, wurden als eher bescheiden eingeschätzt.[3] Für das Herzogtum (seit 1815 Großherzogtum) Sachsen-Weimar-Eisenach mit seiner größtenteils agrarischen Wirtschaftsstruktur wurde allerdings die Ausnutzung des kreativen Potentials der Gewerbetreibenden zur Frage des ökonomischen Überlebens. Der Absatz gestalterisch hochwertiger Erzeugnisse setzte eine entsprechend geschmacklich gebildete Käuferschicht voraus, deren Erziehung zu den Zielen der Zeichenschule gehörte. In Weimar betrachtete man die bildende Kunst offenbar schon vor der deutschen Kunstgewerbebewegung und den „Deutschen Werkstätten" als Möglichkeit zur Stärkung des Handwerks unter den Bedingungen der Moderne. Bürgerlicher Pragmatismus und das Gedankengut der Aufklärung waren die Geburtshelfer dieser Idee und bereiteten dem Bauhaus in Weimar einen fruchtbaren Boden.

Rund einhundert Jahre nach Eröffnung der Zeichenschule wurde im Jahre 1860 die Großherzogliche Hochschule für bildende Kunst gegründet, welche sich ausschließlich dem Ideal der hohen Kunst verschrieben hatte und keine Ausbildungsmöglichkeit im angewandten Bereich vorsah. Die Zeichenschule bestand zwar weiter, dem Gründer der Hochschule, Großherzog Carl Alexander, stand der Sinn jedoch nach Höherem. Er wollte sich als Mäzen und Förderer der in Weimar vernachlässigten bildenden Kunst profilieren.[4]

Die Weimarer Hochschule verfolgte im Gegensatz zu anderen Akademien das Meisterprinzip. Danach hatte der Schüler die Möglichkeit, bei einem Meister seiner Wahl ausgebildet zu werden. Gegenüber der Klassenstruktur der Akademie betonte die Weimarer Hochschule Freiheit der Individualität des Schülers.[5]

Während des letzten Viertels des 19. Jahrhunderts hatte sich die Weimarer Malerschule von den Vorstellungen und Wünschen ihres Gründers zum Inbegriff des Naturalismus emanzipiert, wie er sonst von Einzelgängern wie Wilhelm Leibl, Hans Thoma und Wilhelm Trübner in bewußter Opposition zu den Akademien gepflegt wurde. Die parallele Existenz zweier Kunstschulen, die zwar unterschiedliche Ziele verfolgten, aber letztlich beide vom großherzoglichen Hause und seiner Schatulle abhängig waren, kennzeichnete die Weimarer Situation der Künstlerausbildung in der zweiten Hälfte des 19. Jahrhunderts und hat eine verblüffende Ähnlichkeit mit jener Konstellation, die sich 1921 mit der Neugründung der Staatlichen Hochschule für bildende Kunst in Konkurrenz zum Bauhaus ergeben sollte.

---

2 Zur Geschichte der Zeichenschule siehe Konrad Paul, Die ersten hundert Jahre. 1774–1883. Zur Geschichte der Weimarer Mal- und Zeichenschule. Weimar 1996.

3 Der geistige Vater der Zeichenschule, Friedrich Justin Bertuch, schrieb bemerkenswert pragmatisch: „Die größeren Kunst- und Malerakademien bleiben als Sterne der ersten Größe den Königen und Kaisern, welche sie gehörig unterstützen können überlassen und behalten das Vorrecht, die Wiege großer Künstler zu sein." Zitiert nach Friedrich Justin Bertuch, Beschreibung der Herzoglichen Freien Zeichenschule in Weimar. In: Goethe-Almanach auf das Jahr 1969. Berlin/Weimar 1968, S. 126–133. Das Programm der Schule liest sich wie eine frühe Vorwegnahme der Idee der Kunstgewerbeschule.

4 Carl Alexanders Kunstauffassung orientierte sich stark am bayerischen Vorbild. Sie ist nachzulesen in: Carl Alexander, Großherzog von Sachsen-Weimar-Eisenach. Tagebuchblätter von einer Reise nach München und Tirol im Jahre 1858. Eisenach 1933.

5 Dieses System wurde mehrfach verändert. Bis zur Eröffnung des Bauhauses sah die Regelung vor, daß die Studierenden nach erfolgreichem Absolvieren der Zeichenklasse (Dauer nicht länger als ein Jahr) in die Naturschule aufgenommen wurden. Nach drei bis vier Jahren konnten die Schüler in die Meisterschule wechseln. Frei wählbar waren die Lehrer in der Natur- und Meisterschule. Die Klassenstruktur wurde modifiziert, fand aber auch an der Weimarer Kunsthochschule Eingang.

Im Jahre 1901 erlebte die Idee der Stärkung der Handwerks durch fundierte künstlerische Ausbildung eine Renaissance. Die Stelle des Direktors der Kunsthochschule war unbesetzt und es wurde die Berufung eines Künstlers erwogen, der – ganz im Sinne der Kunstgewerbebewegung – in der Lage sei, die Verbindung zwischen Kunst und Industrie bzw. Handwerk herzustellen. Dieses Vorhaben wurde zwar nicht umgesetzt, trug aber bereits die Signatur der Bauhausidee. Die Umstände der Berufung Henry van de Veldes als künstlerischer Berater für Industrie und Handwerk im gleichen Jahr müssen hier nicht erneut in aller Ausführlichkeit dargestellt werden. Wichtig im Kontext der Bauhausgründung ist aber die Tatsache der Neubelebung einer alten Idee, die über die Gründung des Kunstgewerblichen Seminars im Prellerhaus 1902 schließlich zur Eröffnung der Großherzoglichen Kunstgewerbeschule 1908 führte. Demgegenüber verlor die Zeichenschule immer mehr an Bedeutung. Die Rolle der Konkurrentin der Kunsthochschule übernahm ab 1908 van de Veldes Kunstgewerbeschule. Ebenfalls 1902 wurde Hans Olde als Direktor an die Großherzogliche Kunsthochschule berufen und eine Reform ihrer Statuten vorgenommen. Max Thedy, Theodor Hagen, Carl Frithjof Smith, Alexander (Sascha) Schneider und Ludwig von Hofmann folgten dem Ruf nach Weimar als neue Professoren des Lehrerkollegiums der Hochschule.[6]

Ab 1912 wurden die Werkstätten der Kunstgewerbeschule ausgebaut. Henry van de Velde hatte das Ziel, durch Produktivarbeit, seine Schule von der finanziellen Unterstützung des Staates unabhängig zu machen, was auch ein erklärtes Ziel des Bauhauses werden sollte. Zwischen 1913 und 1915 scheint dies auch gelungen zu sein. Etwa gleichzeitig forderte er in zwei Denkschriften von 1910 und 1912 Unterricht in elementarer Architektur, der von Paul Klopfer, dem Direktor der Baugewerkenschule, erteilt werden sollte. Der Antrag wurde jedoch abgelehnt. Erst 1911 erhielt die Kunstgewerbeschule die Genehmigung, Schüler am Unterricht der Baugewerkenschule teilnehmen zu lassen. Auf diese Zusage bezog sich Gropius im Herbst 1919 als er ebenfalls die Zulassung von Hospitanten in der von Klopfer geführten Schule beantragte. Bereits 1913 wurde die Absetzung Henry van de Veldes als Direktor der Großherzoglichen Kunstgewerbeschule erwogen und ein Vorschlag Fritz Mackensens, des Direktors der Großherzoglichen Hochschule für bildende Kunst, zur Neubesetzung dieser Stelle erbeten. Mackensen bemühte sich ergebnislos, Heinrich Tessenow für diesen Posten zu gewinnen. Als weitere Kandidaten standen Rudolf Alexander Schröder, Johann Vinzenz Cissarz, Rudolf Bosselt und August Endell zur Debatte. Van de Velde selbst schlug Hermann Obrist, der wegen Schwerhörigkeit nicht in Frage kam, und Walter Gropius vor.

Der Architekt Gropius, der im April 1915 von diesem Vorschlag unterrichtet wurde, war nach anfänglichen Zweifeln bereit, den Ruf anzunehmen. Insbesondere die Sicherheit verheißende Festanstellung und die Möglichkeit, an staatlichen Bauaufträgen beteiligt zu werden, hatte dabei wohl den Ausschlag gegeben. Am 1. Oktober 1915 wurde die Kunstgewerbeschule nach immer weiterer Einschränkung des Lehrbetriebes geschlossen. Bereits seit 1914 war die Angliederung der Lehranstalt als Unterabteilung der Kunsthochschule im Gespräch. Die Verhandlungen über die zukünftige Gestaltung des Instituts mit August Endell im Mai 1915 ergaben, daß die angestrebte Übernahme der Schule aus der privaten Finanzierung des Großherzogs auf die Finanzverwaltung des Staates nur dann möglich würde, wenn der Großherzog weiterhin einen Beitrag in Höhe von 10 000 Mark zu leisten in der Lage wäre.

Damit war die Schließung der Kunstgewerbeschule endgültig besiegelt. Nach dem offensichtlichen Scheitern der Berufung Endells wurde Gropius auch Mackensens Wunschkandidat. Im September 1915 bat Mackensen Gropius um Erlaubnis, ihn als zukünftigen Direktor der Kunstgewerbeschule zu empfehlen.

---

6 Die Weiterentwicklung der Kunsthochschule und der Kunstgewerbeschule ausführlich zu behandeln ist hier nicht der geeignete Ort. Ihre Geschichte wurde zudem in zahlreichen Publikationen thematisiert. So zum Beispiel in: Henry van de Velde. Ein europäischer Künstler in seiner Zeit. Köln 1992 oder Karl-Heinz Hüter, Henry van de Veldes Kunstgewerbeschule in Weimar. In: Wissenschaftliche Zeitschrift der Hochschule für Architektur und Bauwesen Weimar 9 (1962), S. 9-23 und 101-110; Walter Scheidig, Die Geschichte der Weimarer Malerschule 1860-1900. Weimar 1971; Achim Preiß und Klaus-Jürgen Winkler (wie Anm. 1) sowie Fritz Kühnlenz, Ideen und Voraussetzungen zur Gründung der Weimarer Kunstschule im Jahre 1860. In: Wissenschaftliche Zeitschrift der Hochschule für Architektur und Bauwesen Weimar 8 (1961), S. 243-253.

Mackensens Anfrage war ein äußerst geschickter Schachzug, da er Gropius in der Überzeugung ließ, weiterhin als Leiter der Kunstgewerbeschule berufen zu werden. Dabei war im August 1915 bereits klar, daß ein Weiterbestehen dieser Schule über das Jahr 1915 hinaus nicht mehr zur Debatte stand, sondern die Einrichtung einer staatlichen Beratungsstelle für kunstgewerbliche Angelegenheiten in Verbindung mit einer Lehrstelle für Architektur angestrebt wurde. Gleichzeitig beantragte die Hochschule, das Gebäude der Kunstgewerbeschule ab 1. Oktober 1915 der Verwaltung der Hochschule zu unterstellen. Staatsminister Karl Rothe teilte dies dem Hofmarschallamt am 14. August 1915 mit. Mackensen muß dieser Umstand, als er an Gropius schrieb, bekannt gewesen sein. Van de Velde hatte Gropius die Tatsache der erneuten Gründung einer bereits zwanzig Jahre zuvor gescheiterten Beratungsstelle in einem Brief vom 8. Juli 1915 zwar mitgeteilt, dieser erreichte den inzwischen zum Militärdienst einberufenen Gropius jedoch erst mit fünfmonatiger Verspätung im Dezember 1915. Erst nachdem sich Gropius zu Übernahme der Leitung der Kunstgewerbeschule bereit erklärt hatte, unterrichtete ihn Mackensen im Oktober 1915 von der Schließung des Instituts, tröstete ihn jedoch mit der Aussicht, unter Mackensens Direktorat die neu einzurichtende Abteilung für Architektur und angewandte Kunst der Hochschule für bildende Kunst übernehmen zu können. Gropius' prompte Antwort blieb dennoch zustimmend, wenngleich er schrieb, er könne niemals in der Lehre der Architektur eine Unterabteilung sehen, da sie allumfassend sei.

Neben den durchaus ernstgemeinten Reformbestrebungen der Kunsthochschule hatte die Übernahme des Gebäudes der Kunstgewerbeschule den Nebeneffekt, der Raumnot der Hochschule abzuhelfen, indem eine Anzahl von Meisterschülerateliers geschaffen werden konnte. Die Weberei unter Helene Börner durfte nach Mackensens Ansicht unmöglich im Gebäude verbleiben, da sie zuviel Lärm verursache. Außerdem bestand an der Erhaltung von Otto Dorfners Buchbinderei kein Interesse, wie dem Hofmarschallamt am 1. Dezember 1916 mitgeteilt wurde. Der Tenor dieses Schreibens zeugte nicht von großer Begeisterung für das Kunstgewerbe. So hieß es darin unter anderem: „Auf alle Fälle dürfte es nicht empfehlenswert sein, im Gebäude der Kunstgewerbeschule eine Abteilung zu halten, die in gar keinem Verhältnis zu unserer Anstalt steht. Es ist nicht angängig, daß auf einer Hochschule für bildende Kunst, Handwerker und Kunsteleven durcheinanderlaufen. Schon bei Bestehen der Kunstgewerbeschule ist dieses als ein großer Mangel empfunden worden."[7] An einem Weiterbestehen von Werkstätten fand Mackensen also keinen Gefallen. Statt dessen wurde das Inventar verschiedener Betriebe der Kunstgewerbeschule verkauft.

Entsprechend gestalteten sich die von Gropius 1916 eingereichten „Vorschläge zur Gründung einer Lehranstalt als künstlerische Beratungsstelle für Industrie, Gewerbe und Handwerk". Diese sahen für den inneren Aufbau folgendes vor: „Der teilnehmende Schüler muß den Nachweis führen, ein Handwerk erlernt oder eine bestimmte Zeit in einem praktischen Betriebe als Zeichner gearbeitet zu haben. Er bringt seinen Arbeitsstoff aus der Werkstatt selbst in die Schule mit, und zwar in Form bestimmter Aufträge seines Meisters, die augenblicklich in dem betreffenden Betrieb aktuell sind, seien es Entwurfsaufträge für neue oder für verbesserungsbedürftige Erzeugnisse. Der Schüler arbeitet nun im Entwurfsatelier der Anstalt die Form bis ins Detail unter Anleitung der Lehrer zeichnerisch durch und kehrt für die Ausführung zur Werkstatt seines Meisters nach Bedarf zurück."[8] Gropius' Vorschlag sah also lediglich die Einrichtung von Entwurfsateliers vor. Das Programm hob auf die künstlerische Bildung des Handwerkers nicht auf die handwerkliche Bildung des Künstlers ab. Darin bestand ein grundlegender Unterschied zum Bauhausprogramm von 1919.

Ein Jahr nach Gropius' Programm zur Gründung einer Beratungsstelle war das Lehrerkollegium der Hochschule um Vorschläge zur Weiterentwicklung des Institutes gebeten. Diese wurden auf einer

---

7 Thüringisches Hauptstaatsarchiv (künftig ThHStA) Weimar, Hofmarschallamt 3726, Bl. 108. Wenige Jahre später, nach Neugründung der Staatlichen Hochschule für bildende Kunst 1921 neben dem Bauhaus, sollte der Leiter der graphischen Druckerei, Carl Zaubitzer, die Hochschüler aus der Druckerei des Bauhauses verweisen.

8 Zitiert nach Karl-Heinz Hüter, Das Bauhaus in Weimar. Studie zur gesellschaftspolitischen Geschichte einer deutschen Kunstschule. Berlin 1982, S. 158.

Kollegiumssitzung am 28. September 1917 beraten und als Eingabe am 2. Oktober 1917 beim Staatsministerium eingereicht. Sie gestalteten sich als Reformprogramm, grenzten die Schule deutlich vom
herkömmlichen akademischen Ausbildungsgang ab und entsprachen in wesentlichen Punkten den Forderungen der Kunstschulreform. So beinhalteten sie unter anderem die Angliederung einer Abteilung
für Architektur und Kunstgewerbe, die Anstellung von Lehrern zur Vermittlung technischer Fertigkeiten sowie Modellierunterricht für Architektur- und Kunstgewerbeschüler. Von der Einrichtung von
Werkstätten war jedoch auch hier keine Rede. Im Dezember 1918 wurde zudem von Richard Engelmann angeregt, Professor Klopfer, den Leiter der Weimarer Baugewerkenschule, für Vorträge über Architektur zu gewinnen. Dies darf als erster zögernder Schritt zur Umsetzung des Reformprogramms in
Richtung Architektur gewertet werden.

Im Januar 1919 setzte sich Gropius auf Anraten von Erst Hardt[9] mit Hugo Freiherr von Fritsch, dem
Leiter des Hofmarschallamtes, in Verbindung, um seine geplante Berufug in Erinnerung zu bringen.
Dieser erste Brief[10] ist eine sehr zurückhaltende Annäherung. Seine Frage: „Darf ich daher heute die
Bitte aussprechen, mir mitteilen zu wollen, ob in absehbarer Zeit an die Besetzung des freien Direktorenpostens geschritten wird?" scheint absurd, da das Institut, dessen Direktorat Gropius ursprünglich
angeboten worden war, ja nicht mehr existierte. Ungeachtet der Informationen über die Schließung der
Kunstgewerbeschule und seines Programms von 1916 sprach Gropius hier wieder von der Übernahme
eines Direktorenpostens, nicht von der Leitung einer Beratungsstelle unter der Ägide der Kunsthochschule. Allerdings war seit dem Weggang Mackensens 1918 das Direktorat der Hochschule für bildende Kunst vakant.

Gropius überrashte die Regierung mit dem Vorschlag der Vereinigung beider Schulen unter seiner
Leitung. Diese Idee fand Ende Februar 1919 Zustimmung und Gropius wurde gebeten, einen Kostenvoranschlag für die neue Schule vorzulegen. Eine Reise nach Weimar im gleichen Monat konfrontierte
ihn erstmalig mit der Schülerschaft der Hochschule für bildende Kunst, die seine Ideen begeistert auf-
nahm. Seit Januar 1919 hatten sich etwa 60 Studierende der Hochschule in der „Freien Vereinigung"
organisiert und eigene Ideen zur Reform des Instituts entwickelt.[11] Über seine Reise nach Weimar berichtete Gropius: „Ich fuhr lustlos hin, aber meine radikalen Pläne fanden bei den Künstlern und
Schülern der Hochschule solchen Beifall, daß ich nun fast hoffe, die Sache verwirkliche sich. Man hat
mir die Leitung der Hochschule für bildende Kunst angeboten. Ich habe hohe Bedingungen gestellt,
vor allem aber Bewilligung meines Programms, das starke Neuerungen enthält. [...] Vielleicht ist [...]
ein Erfolg möglich, da ich Lehrer und Schüler geschlossen hinter mir habe. Dann könnte etwas feines
daraus werden."[12]

Das Erbe der Akademie

Rückschauend sah man das Bauhaus vor allem in der Tradition der Kunstgewerbeschule Henry van de
Veldes.[13] Zweifelsohne ist diese Verbindung schon durch die Ideen des Werkbundes, die in dem bel-
gischen Kunstreformer und in Gropius die Vertreter zweier Generationen hatten, determiniert. Die
Kunsthochschule erschien dagegen als provinzielle konservative Akademie, die auf Grund ihrer Über-

---

9 Den Schriftsteller Ernst Hardt lernte Gropius 1914 während einer Werkbundausstellung kennen. Hardt
   war seit Januar 1919 Direktor des Weimarer Hoftheaters, das von ihm zum Deutschen Nationaltheater
   erhoben wurde.
10 ThHStA Weimar, Hofmarschallamt 3707, Bl. 125.
11 Neben diesen erklärten Befürwortern des Bauhausprogramms stand ein anderer nicht unbeträchtlicher
   Teil der Studentenschaft Gropius' Plänen abwartend, unentschlossen oder sogar ablehnend gegenüber,
   auch wenn sich Gropius dem expressionistischen Kunstdiktat nicht bedingungslos unterwerfen mochte.
12 Zitiert nach Reginald R. Isaacs, Walter Gropius. der Mensch und sein Werk. Frankfurt/M, Berlin, Wien
   1985. Bd. I, S. 205.
13 Eine verdienstvolle Publikation zu diesem Themenbereich stellen die „Weimarer Konzepte" (wie
   Anm. 1) dar. Es handelt sich um eine ausführliche, kommentierte Dokumentation der Entwicklung der
   Weimarer Kunstschulen, beginnend mit der Gründung der Kunsthochschule im Jahre 1860 über die

lebtheit keinen eigenen Beitrag zu den Erneuerungsbestrebungen in der Künstlerausbildung leisten konnte. Dieser Eindruck ist jedoch nicht richtig. Die Professoren der Hochschule hatten sich recht schnell zu den Plänen Wilhelm von Bodes bekannt und nach Umsetzungsmöglichkeiten der Ideen der Kunstschulreform gesucht.[14] Die Wiederbelebung oder Angliederung der geschlossenen Kunstgewerbeschule schien für dieses Vorhaben mehr als geeignet. Die Umsetzung kam jedoch aus den verschiedensten Gründen, die nicht zuletzt in persönlichen Vorbehalten Mackensens gegenüber dem Kunstgewerbe und van de Velde zu suchen sind, zunächst nicht zustande. Die Kunsthochschule existierte jedoch nicht unbeeinflußt von den Bestrebungen des „Neuen Weimar". Dies anzunehmen hieße, der kulturkritischen Erneuerungsbewegung in Weimar, die Kraft und Einfluß genug besaß, die Gründung der Kunstgewerbeschule entscheidend zu fördern, jede Wirkung auf die Hochschule für bildende Kunst abzusprechen. Wie Walter Scheidig nachwies, stand die Hochschule den Bestrebungen Henry van de Veldes nicht grundsätzlich ablehnend gegenüber, solange freilich die Überlegenheit der freien gegenüber der angewandten Kunst nicht bestritten wurde und die Schulen nicht um die großherzogliche Zuwendung konkurrieren mußten.[15] Auf Theodor Hagens Vorschlag wurde der „Pan" - die publizistische Plattform des Jugendstils - sofort nach seinem Erscheinen für die Kunsthochschule abonniert, und nach van de Veldes Entwürfen errichtete man zwischen 1904 und 1911 das neue Gebäude der Hochschule. Trotz der unbestrittenen Provinzialität der Kunstauffassung der Weimarer Hochschule kann man die zwischen 1900 und 1919 entstandenen Arbeiten nicht auf Darstellungen „pittoresker Weimarer Eckchen" reduzieren, wenn deren zahlenmäßiges Übergewicht auch evident ist.

Zwischen dem Beginn des neuen Jahrhunderts und der Gründung des Bauhauses lagen die Weltkriegsjahre, deren Auswirkungen sich selbst die Weimarer Naturalisten durch die Produktion von Idyllen nicht entziehen konnte. Die Hochschulgebäude wurden sofort nach Kriegsausbruch zum Teil als Reservelazarett genutzt, die Studierenden zum Waffendienst gerufen, und bald erreichten erste Meldungen vom Tod fürs Vaterland die zurückgebliebenen Lehrer und Kommilitonen. Kaum denkbar, daß Weimar die gerade in der geistigen Welt einschneidenden Folgen des ersten Weltkrieges und der Revolution von 1918 und damit ihre unmittelbare Wirkung auf die zeitgenössische Kunst verschlafen haben kann. Was Gropius 1919 in Weimar vorfand, war definitiv nicht die Beschaulichkeit einer Akademie um 1900. Dies zu behaupten, hieße die jüngeren, expressionistischen Künstler wie Karl-Peter Röhl, Werner Gilles, Robert Michel, Johannes Molzahn, Ella Bergmann und Karl Herrmann, die immerhin im Umkreis der Kunsthochschule arbeiteten oder ihr angehörten, komplett zu ignorieren.[16] Selbst Gönner der Hochschule diagnostizierten die Infizierung einiger Studierender mit dem expressionistischen Virus und baten sich aus, die von ihnen gestifteten Stipendien den Vertretern dieser „ex-

---

Entstehung der Kunstgewerbeschule bis hin zur heutigen Bauhausuniversität. Die Publikation umfaßt einen umfangreichen Dokumententeil. In bezug auf die Voraussetzungen für die Bauhausgründung muß jedoch kritisch angemerkt werden, daß den Reformbestrebungen der Kunsthochschule von 1917 von den Autoren keine Bedeutung beigemessen wurde.

14 In verschiedenen Äußerungen des Lehrerkollegiums wurde immer wieder betont, daß es sich bei der Weimarer Kunsthochschule um eine moderne Akademie handelt. Als Beleg für die Modernität verwies man auf die unakademische Auffassung der Lehre, die sich im Meisterprinzip und in der Betonung der Individualität des Schülers ausdrückte. Die freie Meisterwahl war jedoch erst nach Absolvierung der Vorschule möglich. Die Bauhausgründung ging jedoch über Bodes Forderungen weit hinaus. Er selbst bezeichnete das Bauhausprogramm zunächst als „etwas radikal, aber in den wesentlichen Punkten annehmbar". Die Berufung Feiningers, der damals als radikaler Kubist galt, überstieg allerdings Bodes Verständnis. Vgl. ThHStA Weimar, Hofmarschallamt 3708, Bl. 12-13.

15 Walter Scheidig, Die Geschichte der Weimarer Malerschule 1860-1900. Weimar 1971. S. 100.

16 Siehe dazu Peter Tack, „ganz radikale und ungeberdige Elemente". In: Katalog Aufstieg und Fall der Moderne. Hrsg. Rolf Bothe und Thomas Föhl. Weimar 1999, S. 246-262 und Konstanze Hofstaetter, Zeichen unserer neuen Welt - Karl Peter Röhl in Weimar 1919-1921. In: Karl Peter Röhl in Weimar 1912-1926. Weimar 1997, S. 33-54. Die expressionistischen Tendenzen wurden an der Hochschule jedoch nur geduldet. Allzu aufrührerische Gebärden, allzu laute Reformforderungen konnten durchaus den Ausschluß nach sich ziehen.

tremsten Richtungen" nicht zuzuerkennen.[17] Feininger schrieb im Mai 1919 an seine Frau über die Weimarer Kunsthochschule: „Die Schülerschaft ganz außer Zucht seit dem Krieg ist jede Disciplin flöten und es sind ganz radikale und ungeberdige Elemente darunter, die ganz neue und Expressionistische Wege gehen. [...] Du ahnst es nicht, aber Weimar selbst unter Klemm und Engelmann hat bereits sein expressionistisches ‚Genie‘ und wenn's mehr von der Sorte gibt, bin ich beruhigt."[18]

Gropius nahm zunächst zu den Weimarer Vertretern der abstrakt expressionistischen Richtung ein freundliches, aber distanziertes Verhältnis ein, auch um das Bauhaus nicht vorzeitig auf eine Kunstrichtung festzulegen, wie es die Weimarer Öffentlichkeit bald tat.[19] Statt dessen konstatierte der Bauhausdirektor: „Das Staatliche Bauhaus als solches vertritt überhaupt keine ‚Richtung‘, wie es leider an einzelnen Stellen künstlich konstruiert wird, offenbar nur, weil eine der Zeit entsprechende Verjüngung des Lehrpersonals stattgefunden hat. Es sind am Staatlichen Bauhaus Lehrkräfte und Schüler der verschiedensten künstlerischen Gesinnungsarten vertreten, deren vollkommen freier Entfaltung von Seiten der Leitung nichts in den Weg gelegt wird."[20] Auf der anderen Seite beäugte Molzahn das Bauhaus äußerst kritisch und äußerte den Verdacht, die Schule sei eine werkkünstlerisch aufgeputzte Akademie. Rein äußerlich betrachtet, hatte Molzahn allen Grund zu dieser Vermutung. Von den 172 Schülern des Bauhauses im Sommersemester waren 94 Prozent bereits Studierende der Hochschule für bildende Kunst gewesen, und es ist zweifelhaft, daß die wenigen Neuaufnahmen im Sommersemester 1919 bereits aufgrund des Bauhausprogramms erfolgten. Dem konventionellen Schulalltag hatte der neue Direktor zunächst nur ein papierenes Programm und einen neuen Lehrer, Lyonel Feininger, entgegenzusetzen. Außerdem markierte die Ablehnung des Professorentitels bei der Unterzeichnung seines Vertrags Gropius' antiakademische Haltung.[21]

Während Gropius die Voraussetzungen zur Umsetzung seines Programms zu schaffen versuchte, zeigten sich für die liberalen Lehrer der ehemaligen Hochschule für bildende Kunst und ihre Schüler zunächst also weniger Veränderungen, als die Professoren angesichts der Radikalität des Bauhausprogramms mehr befürchtet denn gewünscht hatten. Bei seinem Antrittsbesuch vertraute Thedy, der die Kunsthochschule seit Mackensens Weggang kommissarisch geleitet hatte, Feininger in diesem Sinne an, daß er Gropius zu aggressiv, sein Programm zwar gut, aber zu utopisch fände. Er vertrat die An-

---

17 Vgl. ThHStA Weimar, Staatliches Bauhaus Weimar 106, Bl. 33.

18 Zitiert nach Gerda Wendermann, „Es bleibt das Metaphysische: Die Kunst." In: Katalog Das frühe Bauhaus und Johannes Itten, Hrsg. Bauhaus-Archiv Berlin, Kunstmuseum Bern, Kunstsammlungen zu Weimar. Stuttgart 1994, S. 382–442.

19 Die Beteiligung von Molzahn, Herrmann und Röhl an der Ausstellung „Gemälde und Skulpturen. Weimarische Künstler. Gruppe II" im Weimarer Museum für Kunst und Kunstgewerbe im April 1919 wurde in der Presse wütend unter dem Titel „Expressionismus, Bolschewismus und Geisteskrankheit" kritisiert. Weimarische Landeszeitung Deutschland, Nr. 137/1919 vom 20. Mai 1919. Wenige Monate später brachte der Bauausschuß des Gemeinderates diese Ausstellung in unmittelbaren Zusammenhang mit dem Bauhaus. Dies bestritt Gropius energisch: „Es ist hier nicht bekannt, daß Darbietungen von neuberufenen Künstlern im Museum am Karlsplatz stattgefunden haben. Wir müssen uns nachdrücklich dagegen verwahren, daß sämtliche neuzeitliche, und dortigen Kommissionen nicht genehmen Veranstaltungen, auch wenn sie ganz unbeeinflußt von hier aus entstehen, in unverantwortlicher Weise mit uns in Zusammenhang gebracht werden. Beispielsweise ist jene Übersichtsausstellung im Karlsplatzmuseum im März ds. Js., in der auch Expressionisten vertreten waren, vor der Gründung des Staatlichen Bauhauses und vor der Berufung des Direktors, ohne irgendeinen Zusammenhang mit diesen, entstanden. " ThHStA Weimar, Staatliches Bauhaus Weimar 10, Bl. 13.

20 Ebenda, Bl. 13–14.

21 Gropius lehnte Titel als nicht mehr zeitgemäße Äußerlichkeiten ab, sicherte jedoch den übrigen Lehrkräften Entscheidungsfreiheit in dieser Frage zu. Vgl. Isaacs (wie Anm. 12), S. 207 und ThHStA Weimar, Personalakten Volksbildung 8652, Walter Gropius, Bl. 22 und 28. In einem gewissen Gegensatz dazu steht die anfängliche Finanzierung des Bauhauses durch den Handel mit Titeln insbesondere dem Geheimen Kommerzienrat, der Geschäftsleuten gegen eine entsprechende Spende verliehen wurde. Man muß jedoch ganz klar feststellen, daß dieses Vorgehen einem gewissen Pragmatismus in den Nachkriegsjahren geschuldet ist und keineswegs als Inkonsequenz gedeutet werden kann.

sicht, daß mit der Leitung der Schule durch Gropius und der Berufung der neuen Lehrer Itten, Marcks und Feininger wohl auch ohne weitere radikale programmatische Veränderung ausreichend Erneuerungswirkung erreicht würde.[22] Gerade dieser erste Entwicklungsabschnitt ist bedeutend für die interne Entwicklung des Instituts. Nicht nur die Gebäude, die meisten Studierenden und Lehrer gehörten ehemals der Hochschule an. Auch die interne Struktur der Akademie wurde von Gropius zunächst in weiten Teilen übernommen. Dies führte zu Mißverständnissen und zögerte den Bruch mit den Akademikern, die sich nur bedingt reformfähig erwiesen, lediglich hinaus.

Die Organisationsstruktur des frühen Bauhauses

Das Gründungsdatum des Bauhauses ist heutigentags eine Konstruktion, denn eine Urkunde, welche einen bestimmten Tag festlegt, existiert nicht. Man kann also lediglich davon sprechen, daß das Bauhaus seit dem 12. April 1919 unter dieser Bezeichnung legitimiert war. Die Markierung des Beginns des Bauhauses in Weimar durch die Genehmigung eines Namens illustriert eine gewisse Hilflosigkeit der Historiker. Keine feierliche Eröffnung, kein offizieller Gründungsakt und keine Reden aus diesem Anlaß. Dieser Umstand zeigt die Ereignisse im Frühjahr 1919 als enttäuschend nüchtern, dürr und bürokratisch, illustriert aber, daß sich die Gründung des Bauhauses trotz seines energischen Programms nicht als scharfer Schnitt, sondern als ein Prozeß von bemerkenswerter Langsamkeit vollzog und erst allmählich die überkommenen Einrichtungen und Regelungen der Hochschule durch neue Lösungen ersetzt wurden. Beispielhaft dafür ist die Entstehungsgeschichte der Satzungen des Bauhauses.

In seinem Anstellungsvertrag unterwarf sich Gropius „den bestehenden und etwa künftig unter seiner Mitwirkung zu erlassenden Dienstvorschriften und Satzungen der Hochschule für bildende Kunst".[23] Diese Satzungen blieben zunächst für das Bauhaus verbindlich. Gropius hatte allerdings umgehend eine Neuformulierung vorgenommen und diese am 15. April 1919 zur Genehmigung beim Hofmarschallamt eingereicht. Am 30. April 1919 gab das Hofmarschallamt Gropius' Satzungsentwurf mit einigen unmaßgeblichen Änderungsvorschlägen an das Bauhaus zurück, mit denen sich der Meisterrat mit Schreiben vom 5. Mai 1919 einverstanden erklärte.[24] Gleichzeitig wurde der Satzungsentwurf der provisorischen republikanischen Regierung bekanntgegeben, welche ihn an das Staatsministerium, Abteilung Finanzen weiterreichte. Dieses ersuchte seinerseits am 30. April 1919 das Hofmarschallamt, die „anliegenden Satzungen zu prüfen und dazu Stellung zu nehmen, sowie einen Voranschlag aufzustellen, aus dem die voraussichtlichen Einnahmen und Ausgaben des ‚Staatlichen Bauhauses' zu ersehen sind, wenn das Unternehmen in dem in den Satzungen angegebenen Umfange betrieben wird".[25] Aus diesem Schreiben ist zu schließen, daß die Genehmigung der Satzungen des Bauhauses erst nach Aufstellung eines Etats zu erwarten war.

Der geforderte Kostenvoranschlag für das Schuljahr 1919/20 ist auf den 22. Mai 1919 datiert. Bereits im Februar 1919 hatte Gropius einen Kostenvoranschlag für das Bauhaus verfaßt, der auch am 27. Februar 1919 genehmigt wurde.[26] Dieser sah einen staatlichen Zuschuß von 123 400 Mark vor. Der überarbeitete, wesentlich detailliertere Kostenplan des Bauhauses vom Mai 1919 wies einen benötigten Staatszuschuß von 104 000 Mark aus. Gegenüber den früheren Angaben hatten sich die Ausgaben von 163 000 Mark auf 201 000 Mark und die voraussichtlichen Einnahmen von 39 600 Mark auf 97 000 Mark erhöht. In der neuen Fassung des Finanzplans waren auf der Seite der Einnahmen bereits 4 000 Mark als Ertrag der Werkstätten für Weberei und Teppichknüpferei, der Buchbin-

---

22 Vgl. Wendermann (wie Anm. 18), S. 383.
23 ThHStA Weimar, Personalakten Volksbildung 8652, Walter Gropius, Bl. 28, Bl. 16–17, § 5.
24 ThHStA Weimar, Hofmarschallamt 3707, Bl. 199.
25 Ebenda, Bl. 200.
26 Ebenda sowie ThHStA Weimar, Personalakten Volksbildung 8652, Walter Gropius, Bl. 9–11. Nach dem Erhalt des Schreibens der Finanzabteilung fragte das Hofmarschallamt beim Bauhaus nach, ob der am 27. Februar 1919 genehmigte Kostenvoranschlag für das Bauhaus einer Änderung bedürfe.

derei und der Werkstatt für Edelmetallarbeiten veranschlagt. In Gropius' Erläuterungen zu diesem Punkt hieß es. „Die unter 5–7 aufgeführten Abteilungen betreffen die von den ehemaligen Lehrern und Lehrerinnen der Kunstgewerbeschule nach Auflösung dieser weitergeführten resp. wieder einzurichtenden Werkstätten. Die Einnahme aus diesen Abteilungen werden sich nach dem Umfang der Auftragsvermittlung ergeben."[27] Die Zahl der Meisterstellen erhöhte sich von sieben auf neun. Waren im Februar als von der Hochschule für bildende Kunst übernommene Lehrkräfte Thedy, Engelmann und Klemm genannt, kam nun auch Fröhlich dazu.[28] Außerdem sah das Budget die Einstellung von acht Hilfsmeistern für die geplanten Werkstätten und den Unterricht in Architektur und Kunstgewerbe vor.

Trotz des eingereichten Kostenvoranschlags war das Genehmigungsverfahren der Satzungen im Juni 1919 immer noch nicht abgeschlossen. Dies ist aus einem Schreiben von Gropius an Itten vom 18. Juni 1919 ersichtlich. Dort hieß es: „Die Statuten sind immer noch nicht versendbar, ich sende Ihnen daher einen Schreibmaschinenabdruck."[29] Der Meisterrat beriet am 11. Dezember 1919 wurde über Satzungsnachträge und -änderungen. Unter anderem wurde auf Ittens Vorschlag hin die Streichung der Ausstellungsordnung beschlossen, die bis dahin Bestandteil der Satzungen war. Der Umstand, daß über die Streichung der Ausstellungsordnung fast ein Jahr später am 20. September 1920 erneut beschlossen wurde, legt nahe, daß die Änderungen vom Dezember 1919 niemals rechtsgültig wurden. Dies wird durch eine Äußerung von Gropius vom 7. Januar 1921 bestätigt. Dort sprach er von „vor Jahresfrist eingereichten und noch nicht zurückgegebenen Satzungen".[30] Wenige Monate nach der Gründung übernahm das Kultusministerium des neuen Freistaates Sachsen-Weimar-Eisenach die Aufsicht über das Bauhaus. Im Hofmarschallamt legte man den Vorgang über das Genehmigungsverfahren der Satzungen Ende Juli 1919 mit dem Hinweis auf die neue Zuständigkeit zu den Akten.[31] Vermutlich wurde das Verfahren vom Kultusministerium erst 1921 nach Einreichung des neuen Satzungsentwurfs wieder aufgenommen. Dieser Entwurf ist die Grundlage für die Ende Februar 1921 in Kraft tretende erste Satzung des Bauhauses.

Die erste Entwurf der Bauhaussatzung von 1919

Grundlage dieses Entwurfs war die Satzung der Hochschule für bildende Kunst. Gropius schrieb: „Gegen die bisherigen Satzungen der Hochschule sind durch die Neuaufnahme der Kunstgewerbeschule und einer Abteilung für Architektur die § 1 bis 4 wesentlich geändert worden, die anderen [Paragraphen] weisen nur in sachlicher Beziehung geringfügige Änderungen entsprechend den jetzigen Zeitverhältnissen auf. Anliegend wird ein vollständiges Exemplar der neuen Satzungen überreicht mit der Bitte, die Genehmigung an zuständiger Stelle zu beschleunigen, damit unverzüglich mit der Werbung von Schülern für die Kunstgewerbe- und Architekturabteilung für das neue Semester begonnen werden kann."[32] Diese Veränderungen sollen im folgenden näher untersucht werden.

1. Die Lehrordnung.
Die Satzungsänderungen lassen sich nicht allein mit der „Neuaufnahme der Kunstgewerbeschule und einer Abteilung für Architektur" begründen, sondern sind entschieden programmatischer Natur. Die wichtigsten Neuregelungen finden sich im ersten Teil, der „Lehrordnung", welche 15 Paragraphen beinhaltete. Neu gefaßt wurden die ersten vier Paragraphen, welche den Formulierungen des Bauhaus-

27 ThHStA Weimar, Hofmarschallamt 3707, Bl. 218. Die Übernahme der Werkstatt für Edelmetallarbeiten, welche von Albert Feinauer geleitet wurde, kam nicht zustande.
28 Bis Mai 1919 war auch Fritz Fleischer am Bauhaus angestellt. Siehe unten Anm. 44.
29 Zitiert nach Katalog Johannes Itten. Das Frühwerk 1907–1919. Hrsg. Josef Helfenstein und Henriette Mentha. Bern 1992, S. 44.
30 ThHStA Weimar, Staatliches Bauhaus Weimar 2, Bl. 11.
31 ThHStA Weimar, Hofmarschallamt 3707, Bl. 227.
32 Ebenda, Bl. 174.

manifests fast vollständig wörtlich entsprechen.[33] Sie erklärten das Ziel sowie die Grundsätze des Bauhauses und regelten den Umfang und die Einteilung der Lehre. Die Gliederung der Lehrordnung des Bauhauses wurde der Unterrichtsordnung der Hochschulsatzung angelehnt, jedoch um § 2 „Grundsätze des Bauhauses" erweitert. Wichtig ist § 6, da er die Voraussetzungen für die Aufnahme am Bauhaus klärte. Statt der von der Hochschule geforderten „Begabung für Kunst" legte man nun Wert auf die Vorbildung, auf Grund derer der Meisterrat über die Aufnahme des Kandidaten entschied. Eine wesentliche Neuerung war die Einführung des Antragsrechtes für Studierende in § 7. Dieser berechtigte außerdem den Studienausschuß, bei der Neuberufung von Meistern Vorschläge zu machen. Interessant ist auch § 8 „Beendigung der Lehrzeit". Die Hochschule hielt für den Absolventen Vergünstigungen wie die Möglichkeit der kostenfreien Nutzung von Meisterschülerateliers auch nach Studienende bereit. Diese hatten zur Folge, daß Studierende zehn Jahre und länger an der Hochschule blieben. Die rigorose Aufhebung dieser Regelung hätte wohl zu heftigen Protesten der Meisterschüler geführt. Gerade unter diesen waren jedoch einige Befürworter des Bauhausprogramms. Gropius regelte die Angelegenheit, indem er die Privilegien für Jungmeister bewahrte.[34] Paragraph 5 „Die Meister" lautet: „Für die einzelnen Lehrgänge werden Meister angestellt. In besonderen Fällen können Hilfsmeister angestellt werden. Die wissenschaftlichen Vorlesungen werden von außerordentlichen Lehrern gehalten." Dies ist der in die Begrifflichkeit des Bauhauses übersetzte § 4 der alten Hochschulsatzung. Dort hießen die Meister Lehrer, Lehrgänge wurden als Fächer bezeichnet und die wissenschaftlichen waren theoretische Vorlesungen.

Viele Veränderungen der Satzungen – von den ersten vier Paragraphen abgesehen – beschränkten sich auf den Austausch von Bezeichnungen, denen der Geruch des Akademischen anhaftete, durch Begriffe aus dem Bereich des Handwerks: Lehrer oder Professoren wurden Meister, das Kollegium hieß Meisterrat, Ateliers wurden zu Werkstätten und Fächer nannte der Bauhäusler Lehrgänge, Studium wurde Lehre etc. Ein Kuriosum stellte der letzte Absatz von § 13 dar. Auch er war eine wörtliche Übernahme aus der Hochschulsatzung und besagte, daß „nach Maßgabe der mit der Generalintendanz des Deutschen Nationaltheaters getroffenen Vereinbarung [...] aus dessen Garderobe Kostüme und Waffen zu Modellzwecken entnommen werden" konnten. Es erscheint absurd, daß am Bauhaus mit Waffen und Theaterkostümen auch weiterhin gearbeitet werden sollte, brauchte man diese doch in erster Linie für Historienmalerei und historisierende Porträts. Vielleicht wollte Gropius auch an die Tradition der legendären Künstlerfeste anknüpfen. Kostümfeste waren ja sogar in der Bauhaussatzung unter § 2 im letzten Abschnitt vorgesehen. Strenger als an der Hochschule wurde die Entlassung nach § 9 gehandhabt. Von der Hochschule wurde man wegen Satzungsverletzung und „tadelnswerter Aufführung" ausgeschlossen. Am Bauhaus konnte zusätzlich Mangel an Interesse und Fleiß zum Ausschluß führen.

2. Die Verwaltungsordnung.

Der zweite Teil der Satzungen, die Verwaltungsordnung, ist trotz ihres nicht sehr aufregenden Titels äußerst interessant, da hier die mit dem Meisterrat in Zusammenhang stehenden Regelungen fixiert wurden. Auf diese Neuerungen wird im folgenden in erster Linie Bezug genommen, um zu erfahren, wie sich der Meisterrat des Bauhauses vom ehemaligen Lehrerkollegium unterschied. § 25 des Satzungsentwurfs legte fest, daß dem Meisterrat der Leiter und die Meister mit Sitz und Stimme, die vom Meisterrat gewählt wurden, angehörten. Im Unterschied dazu hatte sich das Lehrerkollegium aus dem Direktor, den ordentlichen Lehrern und dem Syndikus zusammengesetzt. Der Meisterrat beschloß wie auch schon das Lehrerkollegium über Satzungsänderungen, die probeweise und endgültige Aufnahme

---

33 Gegenüber dem Bauhausprogramm von 1919 ergaben sich lediglich in § 2 geringfügige Veränderungen. Der Satz: „Organisches Gestalten aus handwerklichem Können entwickelt" und die Forderung nach „zunftmäßigen Meister- und Gesellenproben vor dem Meisterrat des Bauhauses oder vor fremden Meistern" fanden sich nur im Programm.

34 Als Jungmeister oder Geselle fand laut § 6 am Bauhaus nur Aufnahme, wer eine Gesellen- oder Meisterprobe vor dem Meisterrat oder fremden Meistern abgelegt hatte. Viele der Meisterschüler erfüllten diese Bedingungen zumindest mit dem Gesellengrad, da viele vor dem Studium der Kunst eine Handwerkslehre absolviert hatten.

und Entlassung der Studierenden sowie den Übertritt in den nächst höheren Lehrgang[35], die Vergabe von Werkstätten resp. Ateliers, die Erlassung des Schulgeldes und die Vergabe von Stipendien, den Verbleib ehemaliger Studierender in ihren Ateliers resp. Werkstätten, den Lehrplan und die Wahl des Mitglieds der Abordnung. Dazu kamen einige Neuerungen wie die Entscheidung über die Anträge der Studierenden, das Vorschlagsrecht zur Berufung des Leiters und neuer Meister[36] und Beschlüsse über gemeinsame Ausstellungen.

Die wichtigste Neuerung war jedoch, daß Mitglieder des Meisterrates vom Meisterrat gewählt werden sollten, während jeder ordentliche Lehrer der Hochschule dem Kollegium angehörte. Die Mitgliedschaft im Meisterrat war also ein Privileg. Ein Anspruch auf Wahl oder Kandidatur bei Vertragsabschluß bestand nicht. Damit war es theoretisch möglich, trotz Anstellung als Meister am Bauhaus dem Meisterrat nicht mit Sitz und Stimme anzugehören. Es ist nicht nachweisbar, ob eine konstituierende Wahl zum Meisterrat bei Beginn des Bauhauses etwa unter den Mitgliedern des Lehrerkollegiums stattgefunden hat. Naheliegend erscheint, daß das bisherige Kollegium einfach in die Rechte des neuen Meisterrates eintrat. Auch für die Neuberufenen, Marcks und Itten, die im Herbst 1919 an das Bauhaus kamen, läßt sich eine solche Wahl nicht nachweisen. Im Protokoll der Meisterratssitzung vom 5. Oktober 1919 heißt es dazu lediglich: „Der Vorsitzende [...] begrüßte die neueingetretenen Meister Itten und Marcks."[37] Es ist nicht näher ausgeführt, ob hier vom Eintritt in das Bauhaus oder vom Eintritt in den Meisterrat die Rede ist. Da jedoch lediglich im Falle von Muche und Schreyer von einer Zuwahl in den Meisterrat berichtet wird, muß davon ausgegangen werden, daß die Zustimmung zu Vorschlägen bei Berufung neuer Meister das Einverständnis zur Mitgliedschaft im Meisterrat einschloß und die Wahl sich automatisch vollzog.

Unklar ist jedoch, ob der Meisterrat im Falle der Berufung des Leiters und neuer Meister beratendes oder beschließendes Recht hatte. Grundsätzlich sagte § 16: „Der Leiter des Bauhauses macht die Vorschläge für die Berufung der Meister." Hierbei war wohl der Vorschlag an die vertragsabschließende Behörde gemeint, denn es hieß weiter: „Der Meisterrat hat hierbei beratende Stimme (siehe § 25). Bei Stimmengleichheit entscheidet die Stimme des Leiters." Sowohl der Verweis auf § 25 als auch der letzte Halbsatz stand im Widerspruch zur beratenden Stimme des Meisterrates. Im Falle der Beratung war eine Abstimmung nicht vorgesehen, damit Stimmengleichheit ausgeschlossen war und dem Leiter das Entscheidungsrecht – notfalls auch entgegen der Ansicht des Meisterrates – vorbehalten blieb. Die Beschlußfassung über Berufungsvorschläge war aber laut § 25 verbrieftes Recht des Meisterrates. In der Praxis erfolgte die Berufung der Meister auf Grund mehrheitlicher Beschlüsse des Meisterrates, meist mittels Zirkular. Dies bereitete trotz der satzungsmäßigen Unklarheit zunächst keinerlei Probleme. In den Satzungen von 1921 wurde diese Frage geklärt. Dem Meisterrat wurde in § 15 beschließende Stimme bei den Berufungsvorschlägen für Meistern und Leiter zugebilligt.[38] In der Auseinandersetzung mit den Gleichberechtigungsbestrebungen der Werkstättenleiter 1922 erhielt die generelle Unterscheidung von beratender und beschließender Stimme erneut Bedeutung.[39] Die Berufungspraxis mittels Abstimmung im Meisterrat und das Stattfinden von Meisterratssitzungen überhaupt geben zu erkennen, daß unabhängig von der Genehmigung des Entwurfs der Bauhaussatzungen von 1919 intern nach deren Bestimmungen verfahren wurde.

Das Programm des Bauhauses (also praktisch der erste Teil der Satzungen) war von der Regierung genehmigt worden. Dort tauchte zwar der Begriff „Meisterrat" auf, wurde aber nicht näher erläutert. Gro-

---

35 Siehe Anm. 5. Die Lehrgänge am Bauhaus waren nach Lehrlingen, Gesellen und Jungmeistern gegliedert. Die Entsprechungen an der Hochschule waren die Zeichenklasse, die Natur- und die Meisterschule.

36 Auch an der Hochschule für bildende Kunst waren bei Neuberufungen das Kollegium befragt bzw. Vorschläge von den Professoren vorgebracht worden, obwohl dies kein satzungsmäßig verbrieftes Recht der Kollegiumsmitglieder war.

37 Vgl. S. 47.

38 Während der Meisterratssitzung vom 8. Oktober 1920 wurde hinsichtlich der Satzungen beschlossen, dem Meisterrat bei der Berufung und Entlassung von Meistern beratende Stimme zuzubilligen. Diese Regelung wurde jedoch offensichtlich revidiert.

39 Die Satzungen von 1922 sahen die Schaffung des Bauhausrates als erweitertes Beratungsgremium vor, das die Werkstättenleiter und Gesellenvertreter integrierte. Der Bauhausrat hatte in allen Fragen nur beratende, keine beschließende Stimme.

pius selbst maß der verwaltungstechnischen Seite der Satzungen wahrscheinlich keine große Bedeutung bei.[40] Bedenkt man, daß das Bauhausprogramm immer wieder auf die Gemeinschaft abhob, mag dies auch verständlich werden. Eine im Sinne der Verbundenheit der Bauhütte gegründete Vereinigung mit Satzungen organisieren zu wollen, hieße, die Entschlossenheit und Integrität der einzelnen Mitglieder in Frage zu stellen, den Glauben an die eigene Utopie zu verraten. Auf der Grundlage der grundsätzlichen Zustimmung der Meister zum Programm funktionierte die Zusammenarbeit zunächst unkompliziert. Die Skeptiker im Meisterrat verhielten sich abwartend, aber loyal, oder verließen das Bauhaus wie Fleischer. Im Zuge des Bauhausstreites wies der letzte Oberhofmarschall, Hugo Freiherr von Fritsch, in einer Erklärung vom 20. April 1920 darauf hin, daß eine Änderung der Satzungen nicht erfolgt sei, solange er die Geschäfte des Hofmarschallamtes inne gehabt habe.[41] Fritsch wurde am 7. Januar 1920 pensioniert. Rein rechtlich war die Satzung der Hochschule also nach wie vor gültig.. Theoretisch wäre es durchaus möglich gewesen, die Beschlüsse des Meisterrates in Zweifel zu ziehen, da seine Befugnisse keine rechtliche Grundlage in Gestalt einer gültigen Satzung besaßen. Damit wäre sein Handlungsspielraum auf die Befugnisse des Lehrerkollegiums der ehemaligen Hochschule für bildende Kunst beschränkt gewesen.

Die Trennung von der Akademie

Gegenüber dem Lehrbetrieb der ehemaligen Kunsthochschule wurden nach Eröffnung des Bauhauses, wie bereits ausgeführt wurde, zunächst keine entscheidenden Veränderungen bemerkbar. Es besteht kein Zweifel, daß sowohl die Hochschulprofessoren als auch Gropius das „Experiment Bauhaus" mit dem besten Willen, zum Wohle der Schule zu arbeiten, unternommen hatten. Zudem war es nach der Abdankung des Großherzogs für die Lehrer der Kunsthochschule angezeigt gewesen, mit eigenen Vorschlägen den Willen zur Umgestaltung des Instituts zu demonstrieren, da die Schule als einstmals großherzogliche Gründung damit rechnen mußte, unter der neuen Regierung nicht in der bestehenden Form weiterarbeiten zu können.[42] Gropius hatte Thedy um Loyalität gegenüber seinen Absichten gebeten, auch wenn ihm bewußt war, daß Thedy nur bis zu einem gewissen Punkt dem Bauhausprogramm folgen konnte.[43]

Bereits im Mai 1919, als Professor Fleischer sein Lehramt aus prinzipiellen Gründen niederlegte, wurde spürbar, daß die Ziele des Bauhauses sich mit den Wünschen der Akademiker unter den Lehrern und der Schülerschaft nicht auf Dauer vereinen ließen.[44] Die Situation bedurfte der Klärung. Angesichts der ersten Ausstellung von Schülerarbeiten im Juni 1919 nahm Gropius eine Bestandsaufnahme des Geleisteten vor. In seiner Rede hieß es: „Meine Herrschaften, zunächst das Äußere: viele

---

40 Diese Haltung von Gropius läßt sich aus dessen bereits an anderer Stelle zitierten Brief an Itten folgern. Er schrieb: „[...] es ist viel belangloses darin [in den Satzungen.], die wesentlichen Gesichtspunkte stehen im Programm." Zitiert nach: Katalog Johannes Itten. Siehe Anm. 29.

41 ThHStA Weimar, Hofmarschallamt 3708, Bl. 13.

42 In der Folge der Revolution von 1918 rückte die Verantwortung des Künstlers für die Erneuerung der Gesellschaft in den Mittelpunkt der kultur- und gesellschaftspolitischen Diskussionen. Die Künstler selbst organisierten sich besonders in den Metropolen Berlin und München in Räten und beteiligten sich aktiv am revolutionären Kampf. Siehe dazu: „Ja! Stimmen des Arbeitsrats für Kunst". In: Uwe M. Schneede Hrsg., Die zwanziger Jahre: Manifeste und Dokumente deutscher Künstler. Köln 1979, S. 72–91. Gropius war Gründungsmitglied des Berliner Arbeitsrates für Kunst. Dies garantierte die Opportunität seines Programms gegenüber der neuen Regierung.

43 Bis zum Jahreswechsel 1919/20 fühlte sich Thedy an dieses Versprechen gebunden Vgl. ThHStA Weimar, Staatliches Bauhaus Weimar 7, Bl. 130–131.

44 Fleischer hatte seit 1917 eine Hilfslehrerstelle für Farben- und Maltechnik an der Hochschule für bildende Kunst inne. Gropius hatte seine Hoffnung auf eine Professur am Bauhaus enttäuscht. In diesem Sinne äußerte sich dieser rückblickend im Januar 1920, indem er schrieb: „[...] Maler wie Fleischer, Lambrecht, Merker und Braune sind die treibenden Kräfte. Fleischer hat das berühmte Bild ‚Mehr Licht' im Goethe-Haus verbrochen. Er und Lambrecht haben auf Professur spekuliert, die ich ihnen aus begreiflichen Gründen abschlug und das können sie nun nicht verwinden." ThHStA Weimar, Staatliches Bauhaus Weimar 7, Bl. 171.

schöne Rahmen, prachtvolle Aufmachung, fertige Bilder, für wen eigentlich? Ich hatte besonders aufgefordert, auch Entwurfs- und Ideenskizzen einzureichen. Nicht ein Maler oder Bildhauer hat Kom-
positionsideen gebracht, die ja eigentlich den Kern einer solchen Anstalt bilden sollen. Wer kann heut
ein fertig gebautes, durchgeführte Bild malen?"[45] Feininger berichtete seiner Frau in einem Brief, daß
es der Thedy-Klasse dabei am schlimmsten ergangen sei.[46] Gropius verwies ausdrücklich auf das Bauhausprogramm und kündigte die Einführung eines Dekorationsmalkurses für das Wintersemester
1919/20 an. Die Rede markierte das Ende der akademischen Schonzeit am Bauhaus. Es kam zur ersten Trennung der Schülerschaft in Befürworter und Gegner des Bauhauses. Einige verlangten die Verlängerung des Semesters, andere tumultarisch Gropius' Absetzung.

Gleichzeitig mit der sichtbaren Umsetzung des Bauhausprogramms begann sich auch die Bauhausgegnerschaft zu formieren. Schon die Berufung Feiningers war in Weimars Öffentlichkeit auf wenig Verständnis gestoßen. Die Angriffe jedoch nur als reaktionäre Anfeindungen der konservativen Weimarer
Kreise aufzufassen, hieße die konkreten Umstände der nachrevolutionären Zeit zu ignorieren. Bei wei-
tem nicht alle Zeitgenossen waren in der Lage, über ihrer täglichen Not die Situation als gewaltigen Auf-
bruch zu neuen Ufern zu interpretieren. Die Umsetzung des Bauhausprogramms stieß aus verschiedenen
Gründen auf Schwierigkeiten. Das schmale Budget erlaubte nur eine sehr langsame und provisorische
Einrichtung von Werkstätten. Die Ausbildung in der Architektur, auf deren übergreifende Rolle das Bauhausprogramm ja ganz entschieden hinwies, blieb aus ähnlichen Gründen ganz auf der Strecke. Die
hohen Erwartungen jener Studierenden, die gerade von diesem speziellen Punkt des Bauhausprogramms
entflammt im Sommer 1919 nach Weimar gekommen waren, wurden bitter enttäuscht. Diesem Mangel
versuchte Gropius in Zusammenarbeit mit Paul Klopfer durch die Einrichtung eines zehnwöchigen Zwi-
schensemesters an der Baugewerkenschule im Sommer 1919 beizukommen. Das Kultusministerium verweigerte zwar letztendlich die Genehmigung, die Kurse fanden aber dennoch privatim von August bis
Oktober 1919 statt. Im Wintersemester 1919/20 bestand für die Bauhäusler wie ehedem für die Schüler
der Kunstgewerbeschule die Möglichkeit zur Hospitation an der Baugewerkenschule.[47] Erst im Wintersemester 1919/20 wurden am Bauhaus erste entscheidende Neuerungen eingeführt.

Die semestereröffnende Sitzung des Meisterrates am 5. Oktober 1919 brachte eine Reihe organisatorischer Veränderungen. Neben der schon genannten Einführung eines Dekorationsmalkurses bei
Franz Heidelmann wurden mit Helene Börner, Carl Zaubitzer und Otto Dorfner die ersten Werkmeister eingestellt. Die Zusage der Mittelverwendung aus dem Hochschulfonds und dem Vermögensfonds
der ehemaligen Kunstgewerbeschule ermöglichte die Einrichtung bzw. Übernahme der Werkstätten
für Buchbinderei und Weberei sowie die Einrichtung einer provisorischen keramischen Werkstatt. Am
1. Oktober 1919 traten Gerhard Marcks und Johannes Itten ihr Lehramt an. In Itten fand Gropius
zunächst einen Mitstreiter, der ausreichend ambitioniert war, die großen Ideen des Bauhausprogramms mit Leben zu erfüllen. Das Verhältnis zwischen dem Bauhausleiter und Itten blieb jedoch nicht
problemlos, wie die Entwicklung der Schule zeigte. Der aus Wien kommende Künstler und Lehrer
brachte eine Gruppe von Schülern seiner Kunstschule nach Weimar. Mit ihrer Ankunft kam ein bereits
seit der Schülerausstellung im Sommer 1919 vorhandener Konflikt zum Ausbruch, der im folgenden
kurz erörtert werden soll, da er für die weitere Emanzipation des Bauhauses vom Akademiebetrieb der
ehemaligen Hochschule von tragender Bedeutung war, wenngleich er das Bauhaus in seiner Eskalation
in existentielle Nöte brachte.

Von den insgesamt 218 Schülern des Bauhauses[48] konnte für 92 Schüler nachgewiesen werden, daß
sie bereits vor dem Sommer 1919 an der Hochschule studiert hatten, davon waren 19 Studierende zwi-

---

45 ThHStA Weimar, Staatliches Bauhaus Weimar 132, Bl. 5–10.

46 Vgl. Hans Maria Wingler, Das Bauhaus 1919–1933. Weimar, Dessau, Berlin. Bramsche 1962, S. 43.

47 Ein weiterer Vorstoß zur Schaffung einer Architekturlehre am Bauhaus ist der Kursus über Konstrukti-
    ons- und Projektionszeichnen bei Baumeister Schumann, welcher als Ersatz für den seit Frühjahr 1919
    nicht mehr stattfindenden Perspektivunterricht Paul Försters gelten darf, allerdings erst ab Januar 1920
    erteilt wurde.

48 Über die genaue Anzahl der Studierenden gibt es verschiedene Angaben, Dietzsch spricht von 245 Stu-
    dierenden. Die hier angegebene Zahl wurde von Gropius in der Gegenerklärung des Meisterrates im De-
    zember 1919 genannt. Vgl. S. 61.

schen Januar und Juni 1919 in die Schule eingetreten. Von den 102 Neuaufnahmen im Wintersemester 1919/20 waren mindestens 17 Schüler Itten aus Wien nach Weimar gefolgt.[49] Das zahlenmäßige Verhältnis zwischen ehemaligen Hochschülern und Neuaufgenommenen war also inzwischen ausgewogen. Mit der Trennung von den akademischen Methoden der Hochschule entstand im Herbst 1919 der Eindruck, daß die Tafelmalerei am Bauhaus keinen Platz fände. Viele der ehemaligen Hochschüler fühlten sich verunsichert und deplaziert. Die Meisterratsprotokolle geben keine Auskunft über eventuell stattgefundene Debatten prinzipieller Art, die auf einen generellen Ausschluß der Akademiker schließen ließen. Aus dem Gefühl, mehr und mehr in den Hintergrund zu geraten, entwickelte sich die konkrete Befürchtung, während des Bestehens der Hochschule für bildende Kunst eingeräumte Vergünstigungen wie Ateliers und Stipendien zu verlieren. Diese Ängste waren insofern unbegründet, weil Gropius zunächst fest daran glaubte, daß reformunwillige Akademiker früher oder später aus eigener Überzeugung die Schule verlassen würden, und keinen Anlaß sah, dies durch Maßregelungen zu forcieren. Die Veränderung des Bestehenden war das erklärte Ziel, von dem jedoch niemand von vornherein ausgeschlossen wurde. Entweder man arrangierte sich mit den Zielen des Bauhauses oder man verließ es. Aus prinzipiellen Gründen wurde niemand zum Verlassen der Schule gezwungen.

Bestätigt sah man aber die Ängste in der scheinbaren Bevorzugung der Schüler Ittens, die als relativ geschlossene Gruppe nach Weimar gekommen waren. Itten hatte es zur Bedingung seines Kommens gemacht, daß für seine Schüler Wohnraum gefunden würde. Dies stellte ein Problem dar, da in Weimar extreme Wohnungsnot herrschte. Um ihm wenigstens vorübergehend abzuhelfen, wurde im Oktober 1919 bis auf weiteres das Schlafen in den Ateliers gestattet.[50] Im Zuge des Bauhausstreits 1919/20 wurde diese Tatsache entstellt und zur Hetze gegen die Ausländer am Bauhaus mißbraucht. In seinem Artikel „Was geht vor" schrieb Leonhard Schrickel: „Ist es denn glaublich, daß hier in Weimar, der Stadt Schillers und Goethes, Ausländern, die eine in dieser für alle Stände bitter schweren Zeit geradezu als verbrecherisch zu bezeichnende Propaganda gegen deutsche Kunst und deutsches Wesen treiben, allerhand Erleichterungen (freies Studium, freie Wohnung, Freitische) gewährt werden oder zu verschaffen angestrebt wird, während unseren deutschen Kunstjüngern, die z. T. im Felde für unser Vaterland gekämpft und geblutet haben, die ihnen etwa bewilligten kärglichen Erleichterungen genommen werden sollen, wenn man ihnen derlei Erleichterungen überhaupt zugesteht?"[51]

Die Itten-Schüler bildeten innerhalb der heterogenen Bauhausschülerschaft eine Gruppe mit genauen, von Itten geprägten Vorstellungen über die Ausbildung an der Schule, die sich deutlich vom bisherigen Ausbildungsgang unterschied. Ittens erklärte Absicht war es, jeden über das innere Erlebnis, die Befreiung des Ichs zur künstlerischen Gestaltung zu befähigen. Dieser Ansatz stand im Gegensatz der Identifizierung des Künstlers über seine Berufung, weil er die kreativen Energien als Charakteristikum menschlicher Existenz und nicht als Privileg betrachtete. Lediglich das Maß, in welchem diese archaischen Kräfte beherrscht und bewußt erlebt wurden, machte für Itten den Künstler aus. Dies stellte die überkommenen Vorstellungen vom akademischen Maler in Frage. Ittens charismatische Erscheinung und seine klaren pädagogischen Vorstellungen ließen ihn zur treibenden frühen Zeit des Bauhauses schnell zum Motor der Wandlung der ehemaligen Hochschule zum eigentlichen Bauhaus werden. Seine Wiener Schüler, die ihrem Lehrer wie einer geistigen Leitfigur nach Weimar gefolgt waren, hatten gegenüber der übrigen Schülerschaft einen gewissen Vorteil, da sie mit den ungewöhnlichen Methoden ihres Lehrers vertraut waren. Relativ schnell gewannen sie auch in der Schülervertretung Einfluß, während andere sich auch künstlerisch in einer Phase des Suchens und der Neuorientierung befanden, wie die Entscheidungsnot der Studierenden in der Wahl der Werkstatt oder des freien Meisters zeigte.

49 Die Angaben über die Anzahl der Itten-Schüler am Bauhaus differieren stark. Während eine Liste der Wiener Itten-Schüler in den Bauhaus-Akten von 16 Studierenden spricht, wird bei Badura-Triska von über 20 Wiener Schülern gesprochen. Rotzler gibt 15 Itten-Schüler an. Vgl. ThHStA Weimar, Staatliches Bauhaus Weimar 111, Bl. 26. Eva Badura-Triska Hrsg., Johannes Itten. Tagebücher. Wien 1990. Bd. 2, S. 21 sowie Willy Rotzler Hrsg., Johannes Itten. Werke und Schriften. Zürich 1978, S. 401.
50 Vgl. ThHStA Weimar, Staatliches Bauhaus Weimar 131, Bl. 54.
51 Thüringische Landeszeitung Deutschland, Nr. 347/1919 vom 19. Dezember 1919.

Das Problem der divergenten Kunstauffassungen am Bauhaus verschärfte sich weiter, als ab Ende Oktober 1919 bis zur Jahreswende im Bauhaus ausschließlich Spielwaren gefertigt wurden. Dieses Vorhaben ging auf Ittens Initiative zurück, war aber auch der Tatsache geschuldet, daß im Bauhaus ein Mangel an Material, vor allem an Leinwand herrschte.[52] Die zunächst harmlos anmutende Spielzeugherstellung verfolgte das Ziel, den akademischen Lehrmethoden, welche das Studium am Bauhaus noch wesentlich prägten, neue Inhalte entgegenzusetzen. Dies bestätigt ein Brief von Gropius, in dem es heißt: „Ich habe mit Itten das ganze Bauhaus auf den Kopf gestellt, die Modelle herausgeworfen und bis Weihnachten wird nichts wie Kinderspielzeug fabriziert; fand eine Jahrmarktsbude, die wir hier aufschlagen werden. Große Begeisterung und fieberhafte Arbeit in allen Bahnen. Nur so kann ich verhindern, daß das Bauhaus nicht gleich wieder eine Akademie und daß langsam aus Spiel ernste Kunst wird."[53] Der erwünschte Effekt trat auch ein. „Die richtigen eingefleischten Akademiker machten überhaupt nicht mit, und die Feinde tobten, daß in der Kunstschule Spielzeug gemacht wird"[54], schrieb Marcks am 4. Januar 1920. Die neuen Unterrichtsformen, so auch die Herstellung von Spielsachen waren der Weimarer Öffentlichkeit ein Indiz für die absolute Verkommenheit der Zustände am Bauhaus.[55] Die Situation eskalierte.

Zum Jahreswechsel 1919/20 kam es zum sogenannten Bauhausstreit. Die vordergründig unter der Fahne des Kampfes um eine neue deutsche Nationalkultur ausgetragene Auseinandersetzung bediente sich auch antisemitischer Vorbehalte und formierte die Bauhausgegnerschaft. Dabei diente der Vorwurf des Internationalismus gegen Gropius lediglich als Folie für den Streit zwischen akademischer Lehre und Bauhausprogramm. Im Verlauf dieses Konfliktes zog Thedy sein Loyalitätsversprechen gegenüber Gropius und dem Bauhaus zurück und stellte sich auf die gegnerische Seite. Ausgelöst wurde dies durch die veröffentlichte Erklärung des Arbeitsrates für Kunst für das Bauhaus, welche die Weimarer Künstler direkt angriff.[56] Fröhlich verließ das Bauhaus am 22. Januar 1920. Engelmann und Klemm wechselten, nachdem die Neugründung der Hochschule beschlossen worden war, zum Jahreswechsel 1920/21 die Seite. Die Geschehnisse im Zusammenhang mit dem Bauhausstreit 1919/20, die 1921 schließlich zur Neugründung der Weimarer Kunstschule in Konkurrenz zum Bauhaus führten, fanden in der Textedition dieses Bandes ihren Niederschlag und werden ausführlich kommentiert, weshalb an dieser Stelle auf eine nähere Erläuterung dieser Entwicklungen verzichtet wird.[57]

Der Meisterbegriff am frühen Bauhaus

Im Verlauf der Trennung des Bauhauses von der akademischen Form der Künstlerausbildung klärte und festigte sich die interne Struktur des Bauhauses. Es wurde notwendig, die bis dahin propagandistisch gebrauchten neuen Bezeichnungen des Bauhausprogramms mit Leben zu erfüllen. Dabei ergaben sich neue Problemstellungen grundsätzlichen Charakters. Der Begriff des Bauhausmeisters scheint uns heute eindeutig definiert. Klee, Kandinsky, Schlemmer, Muche, Schreyer, Moholy-Nagy, Feininger, Marcks weist die Kunstgeschichte als solche aus. Gleichzeitig rühmt eben jene Geschichte das Bauhaus für seine Verbindung der künstlerischen mit der handwerklichen Ausbildung. Teppiche, Lampen,

---

52 So hatten sich Otto Dorfner und Helene Börner, die ersten Werkstattleiter des Bauhauses, in ihren Verträgen verpflichtet, notwendigenfalls Material aus ihren eignen Beständen zur Verfügung zu stellen.

53 Zitiert nach: Katalog Das frühe Bauhaus und Johannes Itten (wie Anm. 18), S. 449.

54 Zitiert nach Gerhard Marcks 1889–1981. Briefe und Werke. Bearbeitet von Ursula Frenzel Archiv für Bildende Kunst im Germanischen Nationalmuseum, Nürnberg (= Werke und Dokumente. Neue Folge 8). München 1988, S. 36.

55 „Weimarer Gemeinderat". In: Thüringische Landeszeitung Deutschland, Nr. 348/1919 vom 20. Dezember 1919.

56 Bis zur Neugründung der Staatlichen Hochschule für Malerei 1921 blieb Thedy mit seiner Klasse dem Bauhaus verwaltungstechnisch assoziiert.

57 Siehe dazu auch Justus H. Ulbricht, Willkomm und Abschied des Bauhauses in Weimar. In: Zeitschrift für Geschichte 1/1998, S. 5–27.

Möbel, Spielsachen, Keramiken und andere handwerkliche Produkte belegen neben der gestalteri-
schen die fundierte handwerkliche Ausbildung der Bauhausschüler. Verantwortlich dafür waren Handwerksmeister, die den Werkstätten vorstanden, über einen Meisterbrief der Handwerkskammer verfügten und deren Namen uns heute in den seltensten Fällen beim Begriff Bauhausmeister einfallen.
Diese Diskrepanz läßt den Begriff des Bauhausmeister interessant werden.

An einer Schule wie dem Bauhaus, die das Leben und die Kunst neu definieren wollte, wurde die
Bezeichnung Meister nicht im Sinne des Qualifikationsnachweises einer handwerklichen Ausbildung
gebraucht. Es bleibt jedoch im dunkeln, welche exakte Bedeutung ihm innerhalb der Bauhauslehre
zukam. Intendiert ist Gropius' Besinnung auf das Handwerk auch als Absage an den Künstlerdünkel
der Akademiker. Das Bauhausprogramm von 1919 beschwor den Künstler, zum Handwerk zurückzukehren, und sprach davon, daß die „Schule Dienerin der Werkstatt" werden müsse, die „Art der
Lehre dem Wesen der Werkstatt [entspringt], und daß deshalb nicht Lehrer und Schüler am Bauhaus
sind, sondern Meister, Gesellen und Lehrlinge". Mußten diese Formulierungen bei Gropius' Zeitgenossen nicht die Vorstellung einer moderne Gewerbe- und keiner Kunstschule provozieren? Die
empörten Reaktionen der Öffentlichkeit belegen diese Vermutung, führte Gropius sein Programm
doch an einer Kunsthochschule aus, die es bis dahin als ihren Zweck betrachtete, „junge mit Talent begabte Männer in jedem Fach der Malerei zu künstlerischer Selbständigkeit auszubilden" und ihnen daneben Gelegenheit zu geben, „in der Bildhauerei und anderen bildenden Künsten Übungen anzustellen".[58] Vorbehalte gegenüber der gewerblichen Ausbildung von Künstlern bestanden trotz aller
Reformwilligkeit des Lehrerkollegiums der Hochschule nach wie vor. Die Reformideen des Lehrerkollegiums von 1917 bezweckten in erster Linie, mit der Angliederung einer Klasse für Kunstgewerbe
und Architektur den Studierenden durch eine erweiterte Ausbildung in ausgewählten Handwerken wie
beispielsweise der Vergolderei einen Verdienst in Zeiten sozialer Not zu ermöglichen.[59] An eine generelle Aufhebung der säuberlichen Scheidung von Kunst- und Gewerbeschülern war dabei nicht gedacht. Frühe Presseartikel über das Bauhaus betätigen diesen Eindruck.[60]

Das Interesse an der umfassenden gewerblichen Werkstattausbildung war, wie gezeigt wurde, recht
gering. Mit der Fixierung des Bauhausprogramms auf das Handwerk, wenn auch in einem verklären-
den Sinne des Handwerks- oder Gotikkultes[61], konnte der Begriff des Meisters immer auch im engeren Sinne des Handwerksmeisters gelesen und verstanden werden. In Gropius' Vorstellung umfaßte er
jedoch weit mehr als den Qualifikationsnachweis einer obsoleten Vereinigung wie der Handwerkskammer. Die neuen Anforderungen an einen Meisters des Bauhauses, die über die Forderungen einer
herkömmlichen Meisterprüfung hinausgingen, wurden jedoch nirgends deutlich formuliert. Der Begriff blieb verschwommen und mißverständlich. Diese Unklarheit hatte fatale Folgen, die im span-
nungsreichen Verhältnis zwischen Handwerkern und Künstlern am Bauhaus ihren Ausdruck fanden.

Betrachtet man die Entwicklung des Meisterrates näher, öffnet sich recht schnell der Blick für eine
Reihe schulinterner Auseinandersetzungen, die dem Bauhaus nicht weniger gefährlich waren als die

58 Satzungen der Hochschule für bildende Kunst von 1912, § 1. Ergänzend sei erwähnt, daß auch Frauen
     an der Weimarer Hochschule zugelassen wurden.
59 Daneben sei erwähnt, daß die unter permanentem Raummangel leidende Hochschule für bildende Kunst auf
     diese Weise die Gebäude der seit 1915 geschlossenen ehemaligen Kunstgewerbeschule für sich in Anspruch
     nehmen wollte. Daß das Interesse der Hochschuldirektion am Handwerk eher gering war, zeigte die
     Schließung verschiedener Werkstätten der Kunstgewerbeschule und der rasche Verkauf des Inventars. Hätte
     ein tatsächliches Interesse daran bestanden, wäre eine Angliederung dieser Betriebe an die Hochschule si-
     cher die einfachste Lösung gewesen. Statt dessen versuchte man, die nach Schließung der Schule weiter im
     Werkstattgebäude arbeitenden Handwerksmeister immer wieder zur Aufgabe ihrer Räume zu bewegen.
60 In einem Artikel vom Dezember 1919 bezeichnete der konservative Kritiker Leonhard Schrickel die
     Bauhäusler als Gewerbeschüler, welche die ehemaligen Hochschülern aus ihren Ateliers verdrängen
     würden. Thüringische Landeszeitung Deutschland, Nr. 348/1919 vom 20. Dezember 1919.
61 Über die Bedeutung des Handwerksbegriffs in der Nachkriegszeit schrieb Horst Claussen: „Das Hand-
     werk war das Symbol einer heilen, vorindustriellen Welt, einer Welt nicht entfremdeter Arbeit, es war
     Chiffre einer konservativen Utopie." Horst Claussen, Walter Gropius. Grundzüge seines Denkens. Hil-
     desheim, Zürich, New York 1986, S. 39.

Anfeindungen der Gegnerschaft aus Überzeugung. Auslöser dieser Krisen waren nicht selten die un-geklärten quasihierarchischen Verhältnisse innerhalb des Lehrkörpers. Trotzdem Künstler wie auch Handwerker Meister des Bauhauses waren – die einen durch den Meisterbrief, die anderen durch die Satzungen der Schule – standen den Werkstättenleitern nicht die gleichen Rechte wie den lehrenden Künstlern zu, ohne daß diese Unterscheidung satzungsmäßig begründet gewesen wäre. Grundlage für diese Ungleichheit ist das Festhalten an der Autonomie der Kunst gegenüber dem Handwerk. Das Bau-hausprogramm von 1919 ließ diese grundsätzliche Haltung schon erkennen, wenn auch die formale Unterscheidung der Bauhausmeister durch die Titel Form- und Werkmeister zunächst noch keine Rolle spielte. Sie wurden weder im Programm von 1919 noch in den Kostenvoranschlägen von Februar bzw. Mai 1919 oder im Entwurf der ersten Satzung vom April 1919 von Gropius gebraucht. In diesen Do-kumenten war lediglich von Meistern im Sinne von Lehrern die Rede. So wurden in Gropius' Kosten-voranschlag für das Bauhaus vom 28. Februar 1919 acht Lehrkräfte als Meister bezeichnet: die Pro-fessoren Thedy, Klemm und Engelmann aus dem Kollegium der ehemaligen Hochschule für bildende Kunst, ein weiterer Bildhauer und vier neu zu berufende Meister für die Lehrgebiete Dekorations-malerei, Glasmalerei, Landschaft und Akt. Die Fachgebiete einzelner Meister wurden in einem Atemzug ohne Unterscheidung der handwerklichen und der künstlerischen Ausbildung aufgezählt. Werkstätten existierten zu dieser Zeit noch nicht. Entsprechend machte sich eine Differenzierung von Handwerks-und Formmeistern noch nicht notwendig. Im ersten Semester des Bauhauses trat lediglich Feininger als neue Lehrkraft neben Gropius seinen Dienst an und die Klassenstruktur bestand weiter. Der Mei-sterrat war also, abgesehen von seiner Bezeichnung, kein grundsätzlich neues Gremium. In ihm be-stand vielmehr das alte Lehrerkollegium personell und rechtlich variiert fort. [62]

Wie schon erwähnt, gab auch der Satzungsentwurf vom April 1919 keine Auskunft über den Be-griff des Meisters, wie zu erwarten gewesen wäre. Handwerker wurden nicht definitiv vom Meisterrat ausgeschlossen. Dennoch blieben die Künstler im Meisterrat während der gesamten Zeit seines Beste-hens unter sich. Eine generelle Gleichberechtigung der künstlerischen und handwerklichen Meister-schaft – wie sie später immer wieder von den Werkstättenleitern des Bauhauses verstanden und ge-fordert wurde – hätte künstlerische wie handwerkliche Meister zu potentiellen Mitgliedern des Meisterrates bestimmt. Aber weder der Satzungsentwurf von 1919 noch die Satzung von 1921 traf eine Aussage, unter welchen Voraussetzungen sich ein Kandidat zur Wahl in den Meisterrat stellen konnte. Überhaupt gaben diese Dokumente nur bruchstückhaft Auskunft über den Meisterrat. So hieß es in § 24 von 1919: „Der Meisterrat besteht aus dem Leiter und den ‚Meistern mit Sitz und Stimme', die vom Meisterrat gewählt werden." Meister waren laut § 5 dieses Dokuments jene Lehrer, welche die Lehrlinge, Gesellen und Jungmeister handwerklich und zeichnerisch-malerisch ausbildeten. (§§ 3, 4, 5) Vom Meisterbegriff ausgeschlossen waren nur die Lehrkräfte der wissenschaftlich-theoretischen Fächer, die als außerordentliche Lehrer bezeichnet wurden. Nach diesem Satzungsentwurf schien es also grundsätzlich möglich, als Handwerksmeister in den Meisterrat gewählt zu werden. In der Praxis ließ sich die Wahl durch Abstimmung unter den Mitgliedern des Meisterrates, wie sie § 25 des Sat-zungsentwurf von 1919 bzw. § 23 der Satzung von 1921 vorsah, nur in zwei Fällen für Georg Muche und Lothar Schreyer nachweisen. Es scheint, die Aufnahme in den Meisterrat wurde automatisch mit dem Einverständnis des Gremiums zur der Berufung eines neuen Formmeisters vollzogen. Ein Vor-schlag zur Wahl eines Werkstättenleiters in den Meisterrat war nicht nachweisbar. Da anfänglich in Er-mangelung von Werkstätten lediglich Künstler als Meister und Mitglieder des Meisterrates in Frage kamen, wurde dieser Titel synonym zum Professor der Akademie gebraucht.

Die ersten berufenen Handwerker, Otto Dorfner und Helene Börner, betrieben praktisch ab Herbst 1919 ihre privaten Werkstätten unter vertraglicher Bindung an das Bauhaus weiter wie bisher auch. Für sie ergaben sich durch diese Regelung nur wenige praktische Veränderungen. Franz Heidelmann war hingegen zu den außerordentlichen Lehrkräften zu zählen. Der Druck für die beiden ersten Hand-werksmeister, sich mit dem Programm der Schule voll zu identifizieren war so zunächst denkbar ge-ring. Die vertragliche Vereinbarung bestand zu beiderseitigem Nutzen: die beiden früheren, zu Zeiten

---

62 Gropius selbst wies 1923 darauf hin, daß der Meisterrat aus dem Lehrerkollegium der Hochschule für bildende Kunst hervorgegangen sei.

der Hochschule für bildende Kunst lediglich geduldeten Lehrer der ehemaligen Kunstgewerbeschule, Börner und Dorfner, konnten ihr Bleiben in den angestammten Werkstätten auf diese Weise sichern, und das Bauhaus erfüllte mit der Übernahme dieser Werkstätten unter seine Verwaltung eine Forderung seines Programms. So lange die Handwerksmeister nicht auf der Gleichberechtigung von Künstler und Handwerker bestanden, sondern als Leiter der Werkstätten stillschweigend die Dominanz der Kunst gegenüber dem Handwerk anerkannten oder ignorierten, stellte die Nichtbeteiligung am Meisterrat für sie offensichtlich auch kein Problem dar. Kompliziert wurde die Lage erst, als Werkstättenleiter den unklaren Meisterbegriff im Sinne des Handwerks verstanden wissen wollten, dem gegenüber die künstlerische Meisterschaft keine vergleichbare Akkreditierung aufwies und lediglich eine Ehrenbezeichnung war. Dies machte die ungleiche Handhabung des Mitbestimmungsrechtes am Bauhaus überdeutlich und führte 1923 zur Erweiterung des Meisterrates zum Bauhausrat.

Das Bauhausprogramm von 1919 ist hinsichtlich der Untersuchung des Meisterbegriffs besonders interessant. Der Ausgangspunkt aller Erneuerungsbestrebungen der künstlerischen Ausbildung, wie sie das Bauhausprogramm vertrat, ist der gemeinsame Urgrund von Handwerk und Kunst. Damit wird die Unerläßlichkeit einer gründlichen handwerklichen Ausbildung für alle bildnerisch Schaffenden begründet. Im Programm äußerte sich eine elitäre Auffassung, nach welcher bei aller Gemeinsamkeit entscheidende graduelle Unterschiede in der Auffassung von Kunst und Handwerk formuliert wurden. Das Pathos entsprach dem neoromantischen Künstlerkult des späten 19. Jahrhunderts, der den Künstler zum „Vollstrecker des Zeitgeistes" stilisierte.[63]

Dieses Verständnis mußte im Lauf der Realisierung des Bauhausprogramms und in der Konfrontation mit lebenden Exemplaren der Handwerkerzunft in Form der titulatorischen Unterscheidung der Formmeister und Werkmeister und unterschiedlichen damit verbundenen Rechten zwangsläufig seinen Niederschlag finden. Die klare Trennung der Kompetenzbereiche von Form- und Handwerksmeistern ist auch als Relativierung der frühen utopischen Ideale des Bauhauses zu verstehen, hatte doch Gropius bei der Vertragsunterzeichnung den akademischen Titel des Professors abgelehnt. Im privaten Verkehr der Künstler wurde der Meistertitel nicht gebraucht, eine ideologische Bedeutung als Markierung des Nichtakademischen am Bauhaus sogar weitgehend ignoriert, da der akademische Titel nach wie vor gebräuchlich war.[64]

Ab 1922 gab es Bestrebungen, den „Professor" als offizielle Dienstbezeichnung der Formmeister wieder einzuführen. Ausschlaggebend dafür war wohl auch die Neugründung der Staatlichen Hochschule für bildende Kunst, wo dieser Titel gebräuchlich war, und die erwünschte Abgrenzung gegenüber den handwerklichen Meistern.

Im Bauhausprogramm von 1919 hieß es: „Architekten, Bildhauer, Maler, wir alle müssen zum Handwerk zurück! Denn es gibt keine ‚Kunst von Beruf'. Es gibt keinen Wesensunterschied zwischen dem Künstler und dem Handwerker. Der Künstler ist eine Steigerung des Handwerkers. Gnade des Himmels läßt in seltenen Lichtmomenten, die jenseits seines Wollens stehen, unbewußt Kunst aus dem Werk seiner Hand erblühen [...]." Zunächst wurde also die Unterschiedlichkeit des Handwerks und der Kunst bestritten, um im gleichen Satz Kunst als Himmelsgnade zu interpretieren. Der Künstlers ist durch Genietraum und Künstlerdünkel dem sozialen Elend preisgegeben und hatte die Fühlung zum Handwerk und zum Volk verloren, verfügt aber über ein „seherisches Potential", das ihn über den Handwerker erhebt.[65] Die Formulierung impliziert einen grundsätzlichen graduellen Unterschied zwi-

---

63 Dieses Formulierung stammt aus Gropius' Text „Monumentale Kunst und Industriebau" von 1911. Dort hieß es auch: „Nur das Genie schafft wahrhaft monumentale Kunstwerke, die fortzeugend bis ins tägliche Leben hinab alle übrigen Kunstäußerungen zu beeinflussen vermögen. [...] Die Zeit- und Raumelemente verharren im ungeordneten Chaos, bis der Künstler sie kraft seines Willens unter gesetzmäßige Ordnung zwingt." Zitiert nach Karin Wilhelm, Walter Gropius, Industriearchitekt. Wiesbaden 1983, S. 117.

64 Vgl. Andreas Hüneke Hrsg., Oskar Schlemmer. Idealist der Form. Leipzig 1989, S. 70.

65 Angesichts des sozialen Elends hatten diese Ideen zunächst einen lebenspraktischen Hintergrund. Durch die handwerkliche Ausbildung wurde es dem Künstler möglich, in Notzeiten „Brotarbeit" zu leisten, der Staat wurde damit partiell in seiner Fürsorgepflicht entlastet. Diese Entlastung war zugleich eine Forderung an den Schaffenden, seinen Teil der Verantwortung für das Gemeinwesen der neuen Gesellschaft zu tragen.

schen Handwerker und Künstler, indem letzterer als eine vom „Himmel begnadete Steigerung des Handwerkers" bezeichnet wurde. Das „Zurück zum Handwerk" bedeutete die Reduktion auf Wesentliches und meinte den Neubeginn der Kunst, losgelöst vom Akademischen, eine Kunstauffassung, wie sie auch der Arbeitsrat für Kunst vertrat. Wenn Gropius die Künstler „zum Handwerk zurück" schickte, hieß dies also, sich auf eine Stufe zu begeben, die vor der Kunst überhaupt liegt und die der Künstler damit per definitionem überwunden haben mußte. Gropius attestierte dem Künstler an anderer Stelle eine „seherische Gabe, [mit welcher er die] geistigen Parallelerscheinungen seiner Zeit abliest und sie in reinen Formen" darstellt. Diese Parallelerscheinungen definierte Gropius als geistiges Gemeingut, das allgemeinverständlich ist. Die Absenz einer allgemeinverständlichen Basis der Kunst aus „dem Volke heraus" konstatierte Gropius als Mangel, den zu beheben er die Rückbesinnung auf das Handwerk propagierte im Gegensatz zum Individualismus seiner Zeit. So schrieb er: „Wir Künstler brauchen also die Gemeinsamkeit im Geistigen des ganzen Volkes wie das Brot. [...] Mir träumt von dem Versuch, aus der zersprengten Isoliertheit der Einzelnen hier eine kleine Gemeinschaft zu sammeln. [...] Die nächsten Jahre werden es zeigen, daß das Handwerk für uns Künstler eine Rettung wird." [66]

Der Weg zurück führte in die Zeit der großen Dombauhütten, als Künstler tatsächlich die Steigerung des Handwerkers darstellten und Kunstwerke hervorbrachten, die auf dem handwerklichen Können des einzelnen und dem Zusammenspiel der Gemeinschaft beruhten. Die Gemeinschaftsfähigkeit des Handwerks und das Schaffen am „unmittelbaren Urquell des schöpferischen Gestaltens" betrachtete Gropius im Hinblick auf die Erneuerung der Kunst hoffnungsvoll als Potential, das den künstlerischen Individualismus ablösen sollte. Ein Mißverständnis des Programms beruhte auf der interpretatorischen Gleichsetzung eines abstrakten Handwerksbegriffs als Rettung und Neubeginn einer Kunst, die im „materiellen Historismus" dahindämmerte[67], und dem ausübenden Handwerker, der dementsprechend zum Erneuerer der Kunst prädestiniert sein mußte. In diesem Falle hätte der Meistertitel am Bauhaus dem Handwerksmeister weit mehr als dem Künstler zugestanden. Doch Gropius sah neben dem Dilemma der Kunst genauso das Dilemma des Handwerks, das zwar den Urgrund des werklichen Gestaltens als sein ureigenes Revier besetzte, jedoch nicht das Genie zur Übersetzung des Zeitgeistes in Formen besaß. In der Festschreibung des gestalterisch-schöpferischen also geistigen Mangels auf der werklichen und dem Mangel an Verständnis für Material und Technik in Verbindung mit dem übersteigerten Individualismus auf der künstlerischen Seite entstand die Idee der Synthese von beiden, dem idealen Künstler-Handwerker, der am Bauhaus ausgebildet werden sollte. Gropius erinnerte daran, daß „alle Kunstgroßtaten vergangener Zeit [...] aus souveräner Beherrschung des Handwerks entstanden" sind.[68] In diesem Sinne verklärten die Schriften der „Gläsernen Kette" oder des Arbeitsrates für Kunst die mittelalterlichen Logen und Handwerkerbünde. Der Gemeinschaftsgedanke des Handwerks wurde bis zu einer religiösen Dimension idealisiert. In Gropius' Verständnis vom Künstler und Handwerker, wie es sich im Programm des Bauhauses äußerte, vermischten sich idealistische Egalitätsvorstellungen einer Gemeinschaft von Schaffenden mit den zeittypischen Eliteideen der künstlerischen Avantgarde. In diesem Sinne blieb es den individualistischen Künstlern vorbehalten, dem Handwerker sein Zukunftspotential missionarisch vor Augen zu führen.

Formmeister und freie Meister

Der Begriff des Formmeisters ist erst ab Sommer 1921 nachweisbar. Bis dahin bezeichnete man die Künstler am Bauhaus als freie Meister. Genauer bestimmt wurde der Begriff des Formmeisters erst in den Satzungen von 1922. Dort hieß es unter § 4: „Für die Formlehre werden Form-Meister, Architekten, Bildhauer, Maler, berufen." Die begriffliche Unterscheidung zwischen den künstlerischen und

---

66 Aus der Rede bei der ersten Ausstellung von Schülerarbeiten des Bauhauses im Juni 1919, zitiert nach Karl-Heinz Hüter (wie Anm. 8), S. 166.
67 Ebenda, S. 165
68 Ebenda, S. 166.

handwerkliche Meistern am Bauhaus machte sich mit dem fortschreitenden Ausbau des Werkstattbetriebes am Bauhaus notwendig, da Handwerker und Künstler, wie gezeigt wurde, am Bauhaus nicht
gleichberechtigt waren und der Sammelbegriff Meister zunehmend für Mißverständnisse sorgte. Im
Wintersemester 1919/20 begann die Arbeit der Werkstätten für textile Techniken, der Buchbinderei,
der provisorischen Keramikwerkstatt und der Unterricht in der Dekorationsmalerei. Daneben waren
mit Marcks und Itten zwei neue Lehrer am Bauhaus, deren Aufgaben allerdings gegenüber denen der
Handwerksmeister nicht klar formuliert wurden. In den Semesterlisten war der tradierte Klassenbe-
griff für die Schüler der neuen Meister weiter gebräuchlich.

Itten, der als einziger freier Künstler am Bauhaus pädagogische Erfahrung besaß, plädierte schon im
Herbst 1919 für die Einführung eines obligatorischen Probesemesters. Auch am Vorgängerinstitut des
Bauhauses erfolgte die Aufnahme in die Zeichenklasse zunächst auf Probe. Der später als Vorkurs bezeichnete Itten-Unterricht für die neu eingetretenen Schüler wurde im Wintersemester 1920/21 obligatorisch. Außerdem erteilte Itten ab November 1919 seinen Kurs „Analysen alter Meister". Dies waren
im Wintersemester 1919/20 die einzigen neu eingeführten Lehrveranstaltungen im Bereich der künstlerischen Ausbildung, sieht man von Dora Wibirals Kurs im Schriftzeichen und dem Unterricht von Paul
Dobe einmal ab, da beide Lehrer nicht zu den ordentlichen Lehrkräften des Bauhauses zählten. Oskar
Schlemmer konstatierte noch im Dezember 1921: „Eigentliche Lehrtätigkeit, systematischer Unterricht
kommt für mich - es hat den hoffentlichen Anschein - nicht in Frage. Nur Itten erteilt solchen. Lyonel
Feininger zum Beispiel ist nur an einem Tag in der Woche für Schüler zu sprechen."[69] Die freien Meister waren durch nichts zu regelmäßigem Unterricht verpflichtet. In ihren Anstellungsverträgen wurde
weder über eine wöchentliche Arbeitszeit noch über Art und Umfang des zu erteilenden Unterrichts eine
Aussage gemacht. Alles Verordnende und Festgeschriebene wurde vermieden, um jedem die Möglichkeit
zu geben, das Bauhausprogramm nach seinem Verständnis umzusetzen. Damit hoffte Gropius, die künstlerische Potenz jedes einzelnen Meisters optimal für das Bauhaus gewinnen zu können und im Nebeneinander der Auffassungen Vielfalt in der Ausbildung zu gewährleisten.

Der § 1 der Verträge besagte lediglich, daß der Vertragsunterzeichnende als lehrender Meister am
Bauhaus verpflichtet wurde. Eine zusätzlich Dienstvorschrift konnte nicht nachgewiesen werden. Die
Satzungen von 1921 sprachen davon, daß die Meister nach freiem Ermessen die Einzelausbildung der
Lehrlinge und Gesellen zu leiten haben und den freien Meistern die Erteilung der Formlehre obliegt.
Diese Regelung trat mit dem Gültigwerden der Satzungen im Februar 1922 in Kraft. Während der
Meisterratssitzung am 20. September 1920 hielt Gropius Revision auf das bisher Erreichte und stellte
fest: „Die positiven Ergebnisse des Bauhauses seien bisher außerordentlich gering. [...] Die Absicht
des Bauhauses sei es gewesen, die Lernenden von zwei Seiten zu befruchten, einmal von künstlerischer, zum andern von handwerklicher Seite. Da Persönlichkeiten, die beides in hohem Maße besitzen, heute nicht existieren, sei man zu der Regelung geschritten, wie sie am Bauhaus bisher üblich sei:
jedem Lernenden zwei Meister zu geben, einen technischen und einen künstlerischen. Das Wichtigste aber, die Verbindung zwischen diesen beiden Lehrkräften, sei bisher noch nicht erreicht worden
bis auf einzelne Fälle. Es fehlt noch die geistige Durchdringung des Formunterrichts mit dem Werkstättenunterricht. [...] Es scheine, daß der psychologische Moment jetzt vorhanden sei, um den Lehrplan straffer zu gestalten [...]".[70] Die Schwierigkeiten ergaben sich jedoch nicht nur durch die fehlende Verbindung zwischen handwerklicher und künstlerischer Ausbildung, sondern auch durch die
Diskrepanz zwischen der Regelmäßigkeit der Werkstattausbildung und der frei gehandhabten Formlehre. Um dieses Problem zu lösen, galt es, den Unterricht der freien Meister mit größerer Verbind-
lichkeit zu handhaben.

Im Februar 1920 taucht zum ersten Mal die Idee der Unterstellung der Werkstätten unter die künstlerische Leitung eines freien Meisters auf. Der während der Sitzung am 2. Februar 1920 von Gropius
vorgebrachte Vorschlag stieß beim Meisterrat auf wenig Gegenliebe.[71] Offensichtlich ignorierten die
Bauhausschüler geflissentlich die Aufforderung, ihre handwerklichen Arbeiten auch mit den freien

---

69 Zitiert nach Andreas Hüneke (wie Anm. 64), S. 69.
70 Vgl. S. 96.
71 Vgl. S. 71.

Meistern zu besprechen.[72] Um über diese Forderung keine Zweifel aufkommen zu lassen, wurde in den Satzungen von 1921 als Lehrgrundsatz formuliert: „Jeder Lehrling und Geselle lernt gleichzeitig bei zwei Meistern, einem Meister des Handwerks und einem Meister der Formlehre". Inwiefern die freien Meister auf der Einhaltung dieser Bestimmung bestanden, konnte nicht in Erfahrung gebracht werden. Die beschworene Zusammenarbeit zwischen Handwerksmeistern und Künstlern entstand jedenfalls nicht in der gewünschten Weise und der künstlerische Einfluß der freien Meister auf die Arbeit in den Werkstätten war äußerst unterschiedlich. Die Konsequenz aus der Feststellung dieses Mißstandes war die Einführung des obligatorischen Formunterrichtes für alle in den Werkstätten arbeitenden Studierenden im Wintersemester 1920/21, zu dessen Übernahme sich Itten bereit erklärte. Dessen Persönlichkeit und pädagogisches Geschick prägten die Umsetzung des Bauhausprogramms in der frühen Zeit der Schule ganz entscheidend. Durch Ittens immensen Einfluß auf die Schüler stand Gropius bald vor der Alternative, das gesamte Lehrkonzept von Ittens Auffassungen bestimmen zu lassen oder alle freien Meister gleichermaßen in die Lehr-Pflicht zu nehmen.

Die als selbstverständlich angenommene und als wichtiges Merkmal der Bauhauslehre herausgestrichene gemeinsame Leitung der Werkstätten durch einen Künstler und einen Handwerksmeister wurde erst am 15. April 1921 - zwei Jahre nach der Gründung des Bauhauses - vom Meisterrat beschlossen. Sie sollte der Schlüssel zur Herstellung der Verbindung zwischen Künstler und Werkstatt sein und wurde eine entscheidende Ursache für die Entwicklung hierarchischer Verhältnisse innerhalb des Lehrkörpers des Bauhauses. Diese waren 1922 Ursache einer internen Krise des Bauhauses und führten neben anderen Gründen zur erneuten Revision der Satzungen im gleichen Jahr. Bis dahin hatte Itten die Aufsicht über die meisten Werkstätten. Während im Wintersemester Itten und Muche den Form- und Vorunterricht erteilten, sollten im Sommersemester 1921 „die einzelnen Meister je nach ihrer Neigung und Individualität freie Kurse abhalten, um auf diese Weise den Kontakt mit den Schülern zu suchen". Gropius forderte außerdem auf, „eine Stunde bekannt[zu]geben, in der die Schüler, namentlich die Neuen, einmalig die Ateliers besuchen können, um die Werke der einzelnen Meister kennen zu lernen".[73] Diese Aufforderung läßt darauf schließen, daß die freien Künstler - abgesehen von Itten und Muche - der Bauhauslehre bis zu diesem Zeitpunkt ihren speziellen Stempel noch nicht aufgedrückt hatten. Der Formunterricht im Sommersemester 1921 wurde nicht von Muche erteilt. Die Meister hatten auch keine Kurse im engeren Sinn abgehalten, sondern den Studierenden Aufgaben erteilt. Klee begann allerdings im Mai des Jahres mit seinem „Compositionspraktikum" und Schlemmer erteilte Unterricht im Aktzeichnen. Im Wintersemester 1921/22 kam Schreyers Schriftformlehre hinzu, Klee setzte seinen Unterricht mit der „Bildnerischen Formlehre" fort und Itten und Muche erteilten im semesterweisen Wechsel den Unterricht im Vorkurs.

Im Zuge der Einführung eines kursmäßigen Formunterrichtes wurde auch der Begriff des Formmeisters geprägt. In den Sitzungsprotokollen des Meisterrates läßt er sich am 24. Juni 1924 zum ersten Mal nachweisen. Die Bezeichnung scheint jedoch zu diesem Zeitpunkt schon gebräuchlich gewesen zu sein, wie die Art ihrer Verwendung nahe legt. Die Satzung von 1921 allerdings benutzte ihn noch nicht. Unter § 4 wurde im letzten Absatz zwar vom „Meister der Formlehre" gesprochen, in § 5 hieß es aber dann: „Für die Formlehre werden freie Meister, Architekten, Bildhauer, Maler, berufen." Wichtig ist allerdings, daß die Formlehre als der künstlerische Teil der Ausbildung nun klar umrissen war und als solche bezeichnet wurde.[74] Dies deutete eine theoretische Klärung und Strukturierung der Bauhauslehre an.

---

72 Vgl. S. 105.

73 Vgl. S. 44.

74 Der Satzungsentwurf von 1919 besaß in diesem Punkt noch wenig Klarheit. Er nannte als Lehrgebiete: Baukunst, Malerei und Bildhauerei. Die Ausbildung umfaßte einen handwerklichen, einen zeichnerisch-malerischen und einen wissenschaftlichen Teil und gliederte sich in Lehrgänge für Lehrlinge, Gesellen und Jungmeister. Die konkrete Umsetzung wurde nicht näher beleuchtet. Allerdings herrschte hier immer noch der Geist der alten Akademien im Sinne von Klassen und theoretischen Ausbildungen, denen die handwerkliche Ausbildung beigeordnet wurde. Dies ist um so erstaunlicher, weil das Programm ja ausdrücklich die Schule zur Dienerin der Werkstatt erklärte und die Ausbildung ganz im Sinne der Werkstatt erfolgen sollte.

Meisterrat - Bauhausrat

Bereits im November 1919 machte sich Gropius darüber Gedanken, wie die Verbindung zwischen den freien und den Handwerksmeistern zu realisieren sei. Es schien notwendig, in regelmäßigen Abständen gemeinsame Sitzungen abzuhalten.[75] Im Februar 1920 wurde daran gedacht, die Werkstätten unter die Aufsicht eines Künstlers zu stellen. Die bis dahin praktizierte Methode der völlig freien Wählbarkeit der freien Meister durch die Studierenden erwies sich als nicht praktikabel. Praktisch hatte sich inzwischen ergeben, daß Marcks die künstlerische Verantwortung für die Keramikwerkstatt übernommen hatte und Klemm nach wie vor die graphische Druckerei leitete. Nach diesem Muster sollten nun auch die anderen Werkstätten organisiert werden. Für das Wintersemester 1920/21 übertrug der Meisterrat Itten und Muche die künstlerische Leitung über die Werkstätten, ausgenommen der graphischen Druckerei und der keramischen Werkstatt.[76] Die Werkstättenleiter begrüßten diese Lösung. Im Februar 1921 forderte Gropius die Meister erneut auf, sich über die Übernahme der Werkstätten zu einigen. Die starke Position Ittens, der gemeinsam mit Muche alle mit der künstlerischen Ausbildung verbundenen Schlüsselpositionen besetzte, bereitete dem Bauhausleiter mehr und mehr Unbehagen.[77] Am 15. April 1921 wurde per Zirkular über die Verteilung der Werkstätten unter den Formmeistern beschlossen. Damit war jedoch Ittens Einfluß noch nicht gebrochen. Er und Muche leiteten auch weiterhin fünf der insgesamt neun Werkstätten.

Itten hatte in den Jahren zwischen 1919 und 1921 das Bauhaus ganz maßgeblich beeinflußt. Er verwirklichte seine Ausbildungsideale, die er dem Lehr- und Erziehungssystem der Mazdaznan-Lehre entlieh.[78] Dieses synkretische Glaubenssystem zielte auf die ganzheitliche Entwicklung des Menschen ab und bediente sich dabei verschiedenster Techniken zur Harmonisierung der Persönlichkeit. Alle Tätigkeiten trugen neben der rein funktionellen auch eine metaphysische Bedeutung. Die Lehre forderte entsprechend strenge Selbstbeobachtung, welche die Schüler von Ittens Begeisterung entfacht auch mit Hingabe praktizierten. Die handwerkliche Ausbildung in den Werkstätten wurde dementsprechend ganz der geistigen Vervollkommnung untergeordnet und so zum Mittel eines höheren Zwecks. Die ursprünglich als Zusammenarbeit gedachte gemeinsame Leitung der Werkstätten betrachteten die Handwerksmeister nun als Bevormundung. Der betonte Individualismus wirkte sich in verschiedenen Fällen verhindernd auf Durchführung einer regelrechten Handwerkslehre aus. So stieß Ittens Auffassung, daß eben nicht jeder Mensch zu allen Tageszeiten gleichermaßen arbeiten könne, bei den Werkstattleitern auf Unverständnis. In erster Linie unterwanderte er nämlich die am Bauhaus ohnehin nur schwer durchsetzbare Werkstattdisziplin.

Im Frühjahr 1921 hatten die Werkstattmeister offenbar bereits einmal ihren Unmut über ihre Nichtbeteiligung am Meisterrat zum Ausdruck gebracht, so daß Gropius ihre Beteiligung am Meisterrat in Erwägung gezogen hatte.[79] Ein Jahr später, nachdem durch Ittens Rückzug aus der Bauhauslehre erneut

---

75 Vgl. S. 51-54. Dieser Vorschlag machte noch einmal klar, daß an eine Beteiligung der Handwerksmeister am Meisterrat als gleichberechtigte Mitglieder nicht gedacht wurde.

76 Ittens Ansicht, daß jene Meister, welche den Formunterricht erteilten, auch die Leitung der Werkstätten übernehmen sollten, hatte sich damit zunächst durchgesetzt und stärkte seine Position am Bauhaus weiter.

77 In der Meisterratssitzung vom 7. Februar 1921 äußerte Gropius: „Es erscheine als praktisch nicht möglich, daß Itten und Muche allein in Verbindung mit dem Formunterricht die gesamten Werkstätten beaufsichtigen". Itten dagegen vertrat die Ansicht, daß die Beteiligung aller Meister am Formunterricht die Voraussetzung für die Verteilung der Werkstätten und die Herstellung des Kontakts zwischen werklicher und künstlerischer Ausbildung sei. Vgl. S. 120.

78 Siehe dazu Ludger Busch, Das Bauhaus und Mazdaznan. In: Katalog Das frühe Bauhaus und Johannes Itten (wie Anm. 18), S. 83-90 sowie Norbert M. Schmitz, Der Künstler als Heilbringer. In: Jeannine Fiedler und Peter Feierabend Hrsg., Bauhaus. Köln 1999, S. 120-125 und Paul Citroen, Mazdaznan am Bauhaus. In: Eckhard Neumann Hrsg., Bauhaus und Bauhäusler. Erinnerungen und Bekenntnisse. Köln 1985, S. 87-95.

79 Siehe S. 442.

Bewegung in die Organisation des Bauhauses gekommen war, wandten sich die Werkmeister mit zwei Eingaben an Gropius und den Meisterrat. Bei den Verhandlungen über die Gehälter der Handwerksmeister war der Begriff des „Hilfsmeisters"[80] als Bezeichnung für die Werkstattleiter gefallen. Tatsächlich tauchte dieser Begriff noch im Entwurf des Kostenvoranschlags des Bauhauses für das Jahr 1921/22 auf und war in der Korrespondenz mit den verwaltenden Behörden als Titel für die Werkstattleiter gebräuchlich. Nach den Auseinandersetzungen mit Itten, in deren Folge die Handwerksmeister ihre Position am Bauhaus neu definierten, verstanden diese ihn als Herabsetzung und Widerspruch zum Programm. In ihrer Eingabe vom 7. April 1922 schrieben die Werkstattleiter: „Die Bezeichnung ‚Hilfsmeister' könnte den Gedanken aufkommen lassen, daß wir gewissermaßen als Assistenten der Formmeister betrachtet werden [...]"[81] Die Werkstattleiter forderten Sitz und Stimme im Meisterrat, Einhaltung der Arbeitszeit durch die Lehrlinge und Unterstützung bei der Durchsetzung der Werkstattordnung seitens der Formmeister sowie die stärkere Ausrichtung des Bauhauses an den Notwendigkeiten des Baus. Außerdem konstatierten sie, daß am Bauhaus die künstlerische Lehre gegenüber der handwerklichen betont würde und dadurch dem Dilettantismus Vorschub geleistet würde.[82] Grundsätzlich anerkannte Gropius die Leistungen der Werkstattleiter. Dies drückt sich auch in seinem Einsatz gegenüber der Regierung für deren adäquate Bezahlung in Höhe der Gehälter der Formmeister aus. Die generelle Anerkennung ihrer Forderung nach Sitz und Stimme im Meisterrat bereitete da schon größere Mühe. Nach der von zwei Handwerksmeistern und dem neuen Syndikus im Herbst 1922 angezettelten Hetzaffäre gegen Gropius wuchsen die Vorbehalte gegen eine Zulassung der Werkstattleiter zum Meisterrat. Von den Formmeistern wurde dies mit der „naturgemäß mangelnden Urteilsfähigkeit" der Handwerker in künstlerischen Fragen begründet.

Die erneute Revision des Bauhausprogramms unter der Prämisse von Technik und Industrie und die damit in Verbindung stehende Neufassung der Satzungen ersetzte 1923 den Meisterrat durch den Bauhausrat, dem Form- und Handwerksmeister sowie Gesellenvertreter angehörten. Der Bauhausrat hatte in allen Fragen lediglich beratende, keine beschließende Stimme. Die Entscheidungsgewalt lag letztendlich beim Bauhausleiter. Dieser erließ eine Beratungsordung, die nicht Satzungsbestandteil war, sondern den jeweiligen Gegebenheiten angepaßt werden konnte. Die Beratungsordnung sah vor, welche Personen im jeweiligen aktuellen Fall zuständig waren und an den Zusammenkünften teilnahmen. Praktisch traten diese Regelungen am 6. Februar 1923 in Kraft. Der Bauhausrat tagte am 22. Oktober 1923 zum ersten Mal. Daneben existierte der Meisterrat de facto jedoch weiter. Die Sitzungen wurden nun als Sitzungen der Formmeister bezeichnet, die durch die Beratungsordnung legitimiert waren. Allerdings fanden in regelmäßigen Abständen Zusammenkünfte der Form- und Werkmeister statt. Damit wurde das Mitbestimmungsrecht der Werkmeister formal gewährleistet. Praktisch gesehen war es jedoch dem Bauhausleiter anheim gestellt, der Beratung durch die Meister zu folgen oder nicht.

Die Neufassung des Bauhausprogramms und die zumindest formale Gleichberechtigung von Form- und Handwerksmeistern im Bauhausrat ist als Konsequenz der Erfahrungen der ersten drei Jahre des Bestehens der Schule zu betrachten. Der vordergründig als Verlust erscheinende Mangel an „Parlamentarismus" und die Konzentration der Entscheidungsgewalt in Gropius' Händen ist den Erfahrungen aus den zahlreichen internen Krisen des Bauhauses geschuldet und eine adäquate Verarbeitung derselben. Im dritten Jahr des Bauhauses können zumindest die frühen Probleme der Schule wie die Trennung von akademischen Rudimenten der Vorgängerinstitute, das Verhältnis von Form- und Handwerksmeistern und die Emanzipation des Bauhauses von den religiösen Inhalten der Itten-Pädagogik als gelöst betrachtet werden.

---

80 Der Begriff „Hilfsmeister" geht auf den ersten Entwurf der Satzungen des Bauhauses von 1919 zurück. Aus den Bezeichnungen Lehrer und Hilfslehrer in den Hochschulsatzungen wurden Meister und Hilfsmeister, ohne daß diese näher erläutert wurden.
81 Siehe S. 461–462.
82 Daß der letztere Eindruck nicht völlig falsch war, zeigen die verschiedenen Aussagen der Handwerksmeister über die Arbeit ihrer Lehrlinge. Helene Börner beispielsweise beklagte die ausgesprochene Neigung der Studierenden der Weberei zu „Phantasiebindungen" und „technischen Mätzchen" sowie die Auffassung jeglicher technischer Belehrung als Bevormundung. Siehe S. 526–527.

Zur Überlieferung und zur Edition

Die Edition der Protokolle von den Sitzungen des Meister- und Bauhausrates am Staatlichen Bauhaus Weimar zwischen 1919 und 1925 umfaßt sämtliche überlieferten Sitzungsniederschriften aus dem Bestand Staatliches Bauhaus Weimar im Thüringischen Hauptstaatsarchiv Weimar und aus dem Nachlaß von Walter Gropius im Bauhaus-Archiv Berlin. Mit weitgehender Sicherheit kann im Ergebnis der Recherchen festgestellt werden, daß von der Gründung bis zum Ende des Staatlichen Bauhauses in Weimar mindestens 78 Sitzungen des Meister- bzw. Bauhausrates abgehalten wurden. Eigentliche Protokolle liegen von 58 Sitzungen vor, davon 54 als Ausfertigungen mit den bestätigenden Unterschriften der Teilnehmer, eine als Durchschrift und nur drei als nicht bestätigte Entwürfe. Es muß aber davon ausgegangen werden, daß weitere Zusammenkünfte der Form- und Werkmeister stattgefunden haben, die nicht dokumentiert wurden oder von denen die Sitzungsniederschriften verloren gegangen sind. Immerhin konnten 19 Sitzungen ermittelt werden, die nur durch andere Quellen (Einladungen, Tagesordnungen, Beschlüsse, Mitteilungen) belegt sind.

Im Rahmen der vorliegenden kritischen Veröffentlichung der Meisterratsprotokolle wird jedes Sitzungsdatum als Komplex behandelt, in dem sowohl die Protokollniederschrift als auch mit der jeweiligen Sitzung in unmittelbarem Zusammenhang stehende Dokumente wie Einladungen, Umläufe und darauf bezogene Korrespondenzen ediert werden. Eine Ausnahme bilden lediglich die ersten Sitzungen des alten Lehrerkollegiums am 11. und 12. April 1919. In einem Kopfregest werden für jedes aufgenommene Dokument die Schriftstückart (neben Protokoll auch Einladung, Mitteilung, Bericht u. a. Formen der Aufzeichnung und Übermittlung von Informationen) und die Überlieferungsform (Entwurf, Ausfertigung, Durchschrift, Abschrift) angegeben. Der Quellennachweis (Archiv, Bestand und Signatur) verwendet für das Thüringische Hauptstaatsarchiv die Abkürzung ThHStA in Verbindung mit der Bestandsbezeichnung (Staatliches Bauhaus Weimar) und der Signatur (Nr. mit Blattzählung), für das Bauhaus-Archiv Berlin nur die Angabe Archiv Walter Gropius (evtl. ergänzt durch Meisterratsprotokolle).

Die Textgestaltung folgt den zumeist maschinenschriftlichen Vorlagen weitgehend buchstaben- und zeichengetreu, wobei nachträgliche Änderungen durch einen textkritischen Apparat als Variantenverzeichnis am unteren Seitenende nachgewiesen werden. Im Text selbst werden Hinzufügungen des Editors bei der Auflösung von Abkürzungen und andere Einfügungen (z. B. Jahreszahlen und Angaben zur Person) mit [eckigen Klammern] wiedergegeben. Allerdings wurden offensichtliche Schreibfehler oder von der allgemeinen Rechtschreibnorm der Entstehungszeit abweichende Schreibungen und Zeichensetzungen stillschweigend berichtet. Die in den Vorlagen enthaltenen Personennamen (Vor- und Familiennamen) sind nur dann berichtigt worden, wenn eindeutige Verschreibungen erkennbar waren. Hinweise auf abweichende Namenformen finden sich im Personenregister.

Insgesamt folgt die äußere Gestaltung der überlieferten Sitzungsniederschriften und auch der anderen Dokumente auf Grund wechselnder Protokollanten und Schreiber keiner einheitlichen Norm. In der Anordnung der Protokolltexte für den Druck sind bei der Wiedergabe von Schriftstückköpfen, Überschriften, Gliederungen, Abschnitten und Unterschriften deshalb Vereinheitlichungen vorgenommen worden. Einer davon abweichenden ursprünglichen Textgestaltung ist nur gefolgt worden, wenn es sich im Schriftbild um bedeutungsmäßig relevante Gestaltungselemente handelt.

Der maschinenschriftliche Ausgangstext wird in gerader Schrift geboten. Handschriftliche Hinzufügungen oder Korrekturen der Sitzungsteilnehmer bzw. der Protokollanten oder Schreiber werden im edierten Text in kursiver Schrift nachgewiesen. Demzufolge werden handschriftlich ausgefertigte Dokumente nur kursiv abgedruckt.

Das Variantenverzeichnis am Seitenende bezieht sich auf die jeweilige Seite, wobei im Text selbst die betreffende Stelle der Änderung, Streichung oder Ergänzung mit hochgestelltem Kleinbuchstaben gekennzeichnet wird. Die alphabetische Folge der Kleinbuchstaben kann sich über mehrere Seiten erstrecken, ist aber jeweils nur auf einen Komplex begrenzt.

Die Wiedergabe der Textvarianten und der Mitteilungen des Editors zu den Veränderungen enthält in der Regel folgende Elemente: Funktion der Variante (Änderung, Streichung, Zusatz, Ergänzung, Bemerkung), Stellung auf der Seite im Original, Urheber (Name bzw. wenn nicht identifiziert, keine Angabe) und Wortlaut in kursiver Schrift (als vorheriger Text, Ergebnis der Änderung oder zusätzlicher Text). Unter Vermerk werden Bearbeitungsvermerke bzw. Anweisungen für den Geschäftsgang wiedergegeben.

Im separat angelegten Erläuterungsteil werden Sach- und Stellenerläuterungen sowie Querverweise zur Aufschlüsselung von Personen, Orten, Gegenständen, Sachverhalten und Vorgängen mit Hinweisen auf andere Dokumente geboten. Die Erläuterungen beziehen sich unter Angabe der Seite, des Zeilenzählers und eines Lemma (Stichwort bzw. Wortgruppe) auf den an dieser Stelle enthaltenen Textinhalt. Um den Erläuterungsumfang zu begrenzen, werden im Anhang ein Sitzungskalender und eine Übersicht zum Personalbestand des Staatlichen Bauhauses veröffentlicht. Das den Schluß bildende Personenregister dient darüber hinaus der weiteren Erschließung des Inhalts und des Zugangs zu den in den edierten Dokumenten genannten Personen.

Protokolle

1

Sitzungen des Lehrerkollegiums am 11. und 12. April 1919

[1.]
Bericht an das Hofmarschallamt vom 12. April 1919. – Durchschrift.
5 ThHStA Weimar, Staatliches Bauhaus Weimar 13, Bl. 88.

12. April 1919

Betr[ifft] Neuberufungen.
Nach sorgfältigen Vorbesprechungen und nach Besuch der Künstler in ihren Werkstätten
durch Meister der Hochschule wurden in der gestrigen vollzähligen Sitzung folgende nam-
10 hafte Künstler einstimmig für die Berufung an die vereinigte Hochschule und Kunstgewerbeschule gewählt:
   1. L[yonel] Feininger, Maler und Graphiker, Zehlendorf b[ei] Berlin, Königstraße 27
   2. Johannes Itten, Maler, z[ur] Z[ei]t Pötzleinsdorf b[ei] Wien
   3. Cesar Klein, Maler, Steglitz b[ei]/Berlin, Miquelstr[aße] 7a
15 4. Gerhard Marcks, Bildhauer, Berlin. Kunstgewerbeschule, Prinz-Albrecht-Straße.
Ich bitte um Bestätigung der Wahl und um sofortige Berufung dieser vier Künstler.
   Die baldige Aufwärtsentwicklung der Schulen, namentlich der dringend erforderlichen
Werkstätten, hängt in erster Reihe von dem schnellen Zugang neuer Lehrkräfte ab.
   Mit den in Frage kommenden Künstlern sind unverbindliche Besprechungen gepflogen
20 worden, die deren prinzipielle Zustimmung unter gewissen Bedingungen ergeben haben.
   Der Bildhauer Gerhard Marcks ist erst am 1. Oktober [1919] frei, die anderen Herren
können einem Rufe sofort folgen.

Gr[opius]

[2.]
25 Aus dem Bericht von W. Gropius an die Gebietsregierung vom 12. April 1921. – Ausfertigung.
ThHStA Weimar, Thüringisches Volksbildungsministerium C 1480, Bl. 114.

... Ich wurde im Auftrag der damaligen Regierung im April 1919 als Direktor beider bisher getrennter Institute, der Grossherzoglichen Hochschule für Bildende Kunst und der Grossherzoglichen Kunstgewerbeschule berufen und ermächtigt, sie unter dem Namen „Staatliches
30 Bauhaus zu Weimar" (Schreiben der Regierung vom 12. 4. [19]19.) nach dem von mir vorgelegten Programm umzubilden, das mit Genehmigung der vorgesetzten Behörde in Druck gegeben wurde (s. Anlage), nachdem es in den Meisterratssitzungen vom 11. und 12. April
[1919] einstimmig beschlossen worden war. Die Meisterratssitzungs-Protokolle – das möchte
ich ausdrücklich betonen – tragen die Unterschriften: Gropius, Thedy, Engelmann, Klemm...

2

Sitzung des Meisterrates am 30. Mai 1919

[1.]
Einladung mit Tagesordnung an W. Gropius vom 23. Mai 1919. – Ausfertigung.
ThHStA Weimar, Staatliches Bauhaus Weimar 12, Bl. 1.   5

Herr Direktor Walter Gropius wird zu einer Sitzung des Meisterrates auf Montag, den 26.
Mai [1919], nachmittags 4 Uhr hierdurch eingeladen.

Weimar, den 23. Mai 1919.

Der Leiter:
Gropius   10

Tagesordnung:
1. Zirkularbeschlüsse
2. Abmeldungen
3. Freistellengesuche
4. Urlaubsgesuche   15
5. Ateliergesuche
6. Bewerbungen um Lehrerstellen und Gesuch der ehemaligen Lehrer der Kunstgewerbeschule um Überlassung von Werkstatträumen
7. Verschiedenes.

[2.]   20
Mitteilung an die Formmeister vom 26. Mai 1919, Zirkular. – Ausfertigung.
ThHStA Weimar, Staatliches Bauhaus Weimar 12, Bl. 2.

Weimar, den 26. Mai 1919.

Wegen plötzlicher Zugveränderung bin ich genötigt, schon heute mittag zu einem unver-
schiebbaren Preisgericht nach Hannover zu fahren. Ich bitte daher zu entschuldigen, wenn ich 25
die Sitzung des Meisterrates auf Freitag, den 30. Mai [a] [1919], nachmittag 4 Uhr verschiebe.

Gropius

Vorzulegen den Herren:
Professor Thedy,   *gel[esen] Thedy*
[Professor] Engelmann,   *Engelmann*
[Professor] Klemm,   *Klemm*   30
[Professor] Fröhlich,   *gelesen Fröhlich*
Lyonel Feininger.   *Lyonel Feininger*

———————————

a Änderung; zuvor: *Donnerstag, den 29.*

3

Sitzung des Meisterrates am 23. Juni 1919

[1.]
Aus der Stellungnahme zu den Protokollen über den Fall Groß und die Eingabe der Weimarer Künstler vom
5 27. Februar 1920. – Abschrift.
ThHStA Weimar, Staatliches Bauhaus Weimar 7, Bl. 82.

... Das Freistellengesuch von Teichgräber II wurde in der Meisterratssitzung vom 28. Oktober 1919 abgelehnt, „da Teichgräber nach seinen Arbeiten und Aufführungen einer Freistelle nicht würdig sei". Aus demselben Grunde wurde auch Teichgräber II ein Freitischge-
10 such abgelehnt. In der Meisterratssitzung vom 23. Juni 1919 wurde über seinen Verbleib am
Bauhaus beraten und folgendes beschlossen: „Hugo Teichgräber soll in ausdrücklichster
Weise zu ernsthafterer Arbeit ersucht und ihm eine weitere Frist bis zum 1. Januar [1920]
gestellt werden ..."

[2.]
15 Mitteilung über die Vergabe von Stipendien und die Aufnahme von Studierenden für das Wintersemester
1919/20 vom 24. Juni 1919. – Ausfertigung.
ThHStA Weimar, Staatliches Bauhaus Weimar 132, Bl. 12–14.

Weimar, den 24. Juni 1919.

Anläßlich der diesjährigen Schülerarbeitenausstellung gelangten zur Verteilung:
20 8 Stipendien à 60 M[ark] mit Zusatzprämie à 50 M[ark]
    1 Preis für Bildhauer (von den Studierenden zu vergeben) 250 M[ark]
    1 [Preis für] Maler [(von den Studierenden zu vergeben)] 250 M[ark]

    1 Auftrag für Bildhauer (Plastik für den Treppenpfosten der Haupttreppe) 400 M[ark]
    2 Aufträge für Maler (Bemalen von 2 Schränken) à 250 M[ark]
25 1 Preis für eine Arbeitsgemeinschaft

Für die Stipendien stellte der Meisterrat zur engeren Wahl
       Käthe Brasch
       Hans Breustedt
       Walter Determann
30   Hans Groß
       Rudolf Hartogh
       Dörte Helm
       Tony Hercht
       Gertrud Herrlich
35   Karl Herrmann
       Elfriede Knott
       Otto Lindig
       Hilde Linzen

Lena Maas
Hermann Meentzen
Max Nehrling
Margarete Oberdörffer
Rudolf Riege
Peter Röhl
Theodor Steinkühler
Maria Tafel
Elisabeth Wirsing.

Bei der Abstimmung erhielten folgende Studierende die meisten Stimmen, mithin Zuerken- 10
nung der Stipendien
Käthe Brasch
Hans Breustedt
Walter Determann
Hans Groß
Karl Herrmann 15
Otto Lindig
Lena Maas
Peter Röhl.

Den Auftrag zur Anfertigung einer Plastik für den Treppenpfosten im Haupteingang er- 20
hielt
Karl Herrmann.
Die Aufträge zum Bemalen von zwei Schränken im Sekretariat wurden den Studieren-
den
Walter Determann,
Peter Röhl 25
übertragen.

Den Preis für eine Arbeitsgemeinschaft erhielt
Walter Determann (mit Elfriede Knott, Marie Rasch, Toni von Haken, Lotte Schreiber).
30

Definitiv aufgenommen wurden
in die Vorschule Heffels:
| Heinrich Kohn, | Lisa Wirth, |
| Irma Kunze, | Gertrud Riedel; |

in die Schule Thedy:
35
| Niko Klopp, | Kurt Teichgräber, |
| Maria Tafel, | Lydia Hengstenberg; |

in die Schule Klemm:
| Georg Calmann, | Kurt Löwengard, |
| Dörte Helm, | Theodor Steinkühler; |
40

in die Schule Engelmann:
        Harriet von Rathlef-Keilmann,
        Marlene Mehner;

in die Schule Heffels:
5   Heinrich Basedow,   Franz Höhne.
        Käthe Brasch,

Die noch nicht endgültig Aufgenommenen wollen das Wintersemester als zweites Probesemester betrachten.

Gropius

10   **4**

               Sitzung des Meisterrates am 5. Oktober 1919

[1.]
Protokoll der Sitzung. – Ausfertigung.
Bauhaus Archiv Berlin, Archiv W. Gropius, Meisterratsprotokolle.

15 Weimar, den 5. Oktober 1919.

Sitzung Sonntag, den 5. Oktober [1919], vormittag $^1/_2$ 10 Uhr.

Anwesend die Meister
Architekt Gropius als Vorsitzender,
Richard Engelmann,
20 Lyonel Feininger,
Otto Fröhlich,
Johannes Itten,
Walther Klemm,
Gerhard Marcks.
25 Entschuldigt fehlten
Max Thedy und
Paul Kämmer wegen Krankheit.

Der Vorsitzende eröffnete die Sitzung 9.45 Uhr und begrüßte die neueingetretenen Meister
Itten und Marcks.
30   Gropius gibt ein längeres allgemeines Referat über seine Absichten für das Lehrprogramm
des Wintersemesters und berichtet im einzelnen, welche Vorträge und Einrichtungen er inzwischen getroffen hat, nachdem ihm endlich seitens der Regierung das Verfügungsrecht
über den Vermögensfonds der bisherigen Kunstgewerbeschule erteilt worden ist. Und zwar
handelt es sich um folgendes:
35 Einrichtung eines Dekorationsmalerkursus: Lehrer Malermeister Franz Heidelmann,
Anstellung des Werkmeisters Zaubitzer für die graphische Druckerei,

Vertragsabschlüsse mit dem Buchbindermeister Otto Dorfner und Frl. Helene Börner, die dem früheren Verband der Kunstgewerbeschule angehört haben,
Anstellung des Architekten Adolf Meyer als Assistent für die Architekturabteilung.

Ferner berichtet Gropius über die noch schwebenden Verhandlungen mit dem Hoftöpfer Schmidt und der Weimarer Baugewerkenschule wegen Aufnahme von Hospitanten.   5

An Vorträgen seien vorgesehen:
1 Architekturkursus von Professor Dr. Klopfer,
1 Kursus über Konstruktions- und Projektionszeichnen von Baumeister Schumann,
1 kunstgeschichtlicher Kursus von Direktor Köhler,
anatomisches Zeichnen von Professor Rasch,   10
und gegebenenfalls eine Vortragsreihe des Malers Paul Dobe.

Bedenken werden nicht erhoben. Es herrscht auch Einstimmigkeit darüber, daß vorerst die neuen Einrichtungen in der Schwebe bleiben sollen, damit sich in den nächsten Wochen allmählich ein klarer Plan herausschälen kann.

Itten gibt sodann seine Vorschläge über eine besondere Aussonderung des Schülermate- 15
rials, denen allgemein zugestimmt wird. Es wird beschlossen, von jetzt ab von jedem Studierenden ein grundsätzliches Probesemester zu verlangen, nach dessen Abschluß über die Verwendbarkeit der einzelnen Schüler vom Meisterrat Beschluß gefaßt wird.

Betreffs Anatomielehre macht Engelmann den Vorschlag, Vorträge vor Leichen an der Universität Jena einzuführen. Gropius sagt zu, einen entsprechenden Antrag an die Univer- 20
sität zu senden.

Die vorläufige Verteilung der Ateliers wird dem Meisterrat an Hand der Pläne vorgezeigt, Gegenvorschläge erfolgen nicht.

Wegen der vorgeschrittenen Zeit wird die Frage der Freistellen, Beurlaubungen und Ateliergesuche im einzelnen auf die nächste Sitzung vertagt.   25

Schluß der Sitzung 12 Uhr.

Gropius
Richard Engelmann   *Marcks*   *Klemm*   *Lyonel Feininger*   *O. Fröhlich*   *Itten*

5

Sitzung des Meisterrates am 28. Oktober 1919   30

[1.]
Protokoll der Sitzung. – Ausfertigung.
Bauhaus Archiv Berlin, Archiv W. Gropius, Meisterratsprotokolle.

Weimar, dem 28. Oktober 1919.

Sitzung am Dienstag, dem 28. Oktober [1919], nachmittags 4 Uhr.   35

Anwesend die Meister
Architekt Walter Gropius als Vorsitzender,

Richard Engelmann,
Lyonel Feininger,
Otto Fröhlich,
Johannes Itten,
5 Walther Klemm,
Gerhard Marcks,
Max Thedy,
Paul Kämmer als Protokollführer.

Der Vorsitzende eröffnete die Sitzung kurz nach 4 Uhr.

10 Punkt 1 der Tagesordnung: Freistellengesuche.
Es lagen 22 Freistellengesuche vor. Der Vorsitzende machte die erfreuliche Mitteilung, daß
die Pension „Zur Sonne" (unbekannter Stifter) bereit sei, für zwei junge bedürftige und talen-
tierte Studierende zunächst für *unbestimmte Zeit* [a] die vollen Unterhaltskosten zu bestreiten.
Auf Beschluß des Meisterrates sollen Lindig und Heller für dieses Stipendium in Vorschlag
15 gebracht werden. Lindig wurde infolgedessen als Bewerber um eine Schulgeldfreistelle gestrichen.

Schulgeldfreistellen für das Wintersemester wurden verliehen:
Erich Schmidt-Schaller,
Karl Herrmann,
20 Karl Peter Röhl,
Hans Breustedt,
Hans Groß,
Kurt Teichgräber,
Paul Teichgräber,
25 Toni von Haken,
Elfriede Knott,
Harriet von Rathlef-Keilmann.

Stipendien à 120,– Mark zur Schulgeldzahlung wurden verliehen:
Georg Fischer,
30 Werner Gilles,
Max Nehrling,
Rudolf Riege,
Erika Zschimmer.

Bevor die Stipendiengesuche von Otto Schmidt und Joseph Haamann zur Erledigung kom-
35 men, sollen diese erst Arbeiten einreichen.
Die Freistellengesuche von
Werner Fechner,
Hugo Walter Teichgräber,

---

a Änderung von W. Gropius; zuvor: *ein Jahr.*

Bruno Schwarz und
Else Mögelin wurden abgelehnt,
da für ersteren eine genügende Begründung nicht vorlag, Teichgräber nach seinen Arbeiten
und Aufführungen einer Freistelle nicht würdig sei, Bruno Schwarz zu wenig künstlerische
Befähigung habe und Frl. Mögelin erst im Oktober eingetreten sei und ein Freistellengesuch   5
erst nach definitiver Aufnahme bewilligt werden könnte.

Punkt 2 der Tagesordnung: Beurlaubungen.
Mit Erlaß des Honorars wurden beurlaubt:
Hanns Nienhold für das Wintersemester 1919/20,
Katharina Geigenmüller für das Schuljahr 1919/20,
Maria Tafel für Oktober–Dezember 1919,   10
Lena Maas für das Wintersemester 1919/20.

Punkt 3 der Tagesordnung: Verschiedenes
Eine Anfrage eines Offiziers wegen Beschäftigung von ehemaligen Offizieren in den Werkstätten des Bauhauses soll dahin beantwortet werden, daß eine Aufnahme von ehemaligen   15
Offizieren in den Werkstätten der Schule wegen Platzmangel nicht möglich sei und daß Privatbetriebe empfohlen werden sollen.
    Von den Studierenden war der Wunsch geäußert worden, an Kursen über Farbenchemie
teilnehmen zu können. Der Studierende Großberg wäre bereit, Vorlesungen mit praktischen
Übungen abzuhalten. Er hat ein Programm eingereicht, dessen Durchsicht Fröhlich über-   20
nimmt, welcher sich auch bereit erklärt, mit Großberg zu sprechen.
    Itten war der Ansicht, daß von Vorlesungen über Farbenchemie die Studierenden wenig
Gewinn haben würden, was auch die Meinung der übrigen Meister ist. Itten schlägt vor, Vorlesungen über die Technik alter Meister abhalten zu lassen, wozu er den Studierenden Skala
auf Grund dessen öfterer Tätigkeit als Bilderrestaurateur für sehr geeignet hält. Gropius wird   25
mit Skala sprechen.
    Der Vorsitzende fordert die Meister auf, ihm zu helfen, daß in Zukunft die Disziplin eine
festere werde. Die Studierenden seien zu regelmäßiger Arbeit und zur Beachtung der Satzungen anzuhalten. Die unter der Schülerschaft sich breit machenden Strömungen, auch
antisemitischer[b] Natur, könnten nicht geduldet werden. Es sei unstatthaft, daß Meister-   30
schüler wieder Schüler annehmen, daß die Studierenden ohne Erlaubnis ihrer Lehrer selbständig Aufträge ausführen und Ausstellungen beschicken und ohne Entschuldigung verrei-
sen und dem Unterricht fern bleiben. Es soll eine strenge Kontrolle eingeführt werden, und
[es] sind die Studierenden unter Hinweis auf das Probesemester zu ernster Arbeit anzuhalten.
Gropius bittet auch die Meister, ihre Studierenden bei der Wahl der Handwerkstätigkeit zu   35
beraten; es würde bis 1. November [1919] der Stundenplan für die einzelnen Unterrichtsab-
teilungen und Werkstätten den Herren zugehen. Durch Anschlag seien die Studierenden aufgefordert worden, sich bis 1. November [1919] bei einem der Meister einzuschreiben.
    Gropius teilte mit, daß Geheimrat Pochwadt in dankenswerter Weise eine weitere Stiftung
von 10 000,– Mark gemacht habe. Es sei zudem eine Freitischaktion im Gange, an deren Be-   40
teiligung er die Mitwirkung der Meister erbittet. Es sollen möglichst viele Freitische gewor-

---

b Änderung; zuvor: *antiseptischer.*

ben werden, um den vielen bedürftigen Studierenden wirtschaftliche Erleichterung zu verschaffen.

Im Wintersemester finden noch statt:

Freitags Vorträge des Kunstmalers Paul Dobe über: „Die Natur als Quelle der Kunst, unter
5 besonderer Berücksichtigung der Gewächse".

Montags und donnerstags ein Schriftkursus von Fräulein Wibiral.

Die Verhandlungen mit dem Keramiker Leibbrand seien zum Abschluß gebracht worden
und [es] wird dieser in Kürze antreten.

Der Hoftöpfer Schmidt hat sich bereit erklärt, seinen Betrieb zur Verfügung zu stellen, so
10 daß die Brände dort unter Leitung des Lehrers erfolgen.

Die Studierende Griessmann meldet, daß sie praktisch in der Werkstatt des Bildhauers
Zauche arbeite. Es soll ihr geschrieben werden, daß es nicht angängig sei, [...] bei einem auswärtigen Künstler *zu* arbeit*en* c, solange sie als Vollschülerin am Bauhaus eingetragen ist.

Vom Kunstverein Cassel war eine Aufforderung eingegangen, Arbeiten zur Ausstellung zu
15 übersenden. Es soll geschrieben werden, daß wir wohl grundsätzlich bereit seien, die Ausstellung zu beschicken, daß das Bauhaus dies in seiner Gesamtheit vorläufig aber noch nicht
tun könne, auch kunstgewerbliche Arbeiten noch nicht vorhanden seien.

Zum Schluß teilt der Vorsitzende mit, daß ihm von verschiedenen Seiten nahegelegt
[worden] wäre, Herrn Professor van de Velde, der nach Weimar zurückzukehren gedenkt,
20 im Bauhaus Arbeitsräume anzubieten. Da für ihn diese Angelegenheit einen schweren
Konflikt der Pflichten bedeute, wolle er sich der Stimme enthalten und bittet den Meisterrat, darüber zu entscheiden. In der anschließenden Debatte nimmt der Meisterrat davon
Abstand, van de Velde Arbeitsräume anzubieten, da sich bis auf zwei Herren alle dagegen
aussprachen.

25 Schluß der Sitzung 6 Uhr.

Gropius
Marcks   *Fröhlich*   *W. Klemm*   *Itten*   *Feininger*   *Thedy*   *Engelmann*
Kämmer.

6

Sitzung des Meisterrates am 13. November 1919

30 [1.]
Protokoll der Sitzung. - Ausfertigung.
ThHStA Weimar, Staatliches Bauhaus Weimar 12, Bl. 6-8.

Weimar, den 13. November 1919.

35 Sitzung am Donnerstag, dem 13. November [1919], nachmittags 4 Uhr.

---

c Änderung; zuvor: *wenn sie bei einem auswärtigen Künstler arbeite.*

Anwesend die Meister
Architekt Walter Gropius als Vorsitzender,
Richard Engelmann,
Lyonel Feininger,
Otto Fröhlich,   5
Johannes Itten,
Walther Klemm,
Gerhard Marcks,
Max Thedy,
Paul Kämmer als Protokollführer.   10

Der Vorsitzende eröffnete die Sitzung kurz nach 4 Uhr. Er teilt mit, daß er auf Antrag einiger Herren des Meisterrates über die Frage der Pensionsansprüche staatlich angestellter
Künstler dem Ministerium einen Antrag einreichen werde, womit sich der Meisterrat einverstanden erklärt.

   Um mit den Studierenden in näheren Kontakt zu kommen und um über alles, was im Bau- 15
haus geschieht, orientiert zu sein, bittet Gropius die Meister, die Vorträge und gemeinsamen
Abende möglichst regelmäßig zu besuchen.

   Gropius hält den Anatomieunterricht des Professor Rasch für die Ausbildung der Studierenden wenig zusagend. Er bittet die Meister, diesen Unterricht zu besuchen, um sich selbst
ein Bild zu machen und ihre Ansicht in *einer* der nächsten Sitzungen[a] des Meisterrates aus- 20
zusprechen.

   Der Meisterrat spricht sich gegen die Zulassung von Hospitanten für die regulären Klassen aus. In Zukunft sollen nur Hospitanten für den Abendakt und für die Kurse zugelassen
werden.

   Um eine schnellere Entscheidung über Aufnahmegesuche herbeizuführen, wird beschlos- 25
sen, daß in Zukunft die Aufnahmegesuche für Abendakt nur dem Direktor und dem Meister
Thedy vorzulegen sind. Für die Aufnahmegesuche von Vollschülern sind mindestens 4 zusa-
gende Stimmen erforderlich, in Zweifelsfällen müssen die Arbeiten allen Meistern vorgelegt
werden.

   Als Juroren für die diesjährige Weihnachtsausstellung im Museum für Kunst und Kunst- 30
gewerbe wurden
Meister Otto Fröhlich und
[Meister] Gerhard Marcks
gewählt.

   Der Wettbewerb für das Vestibül des Bauhauses ist nur spärlich beschickt worden, trotz- 35
dem der Termin wesentlich verlängert wurde. Der Meisterrat hat sich nach reiflicher Überlegung nicht entschließen können, Preise zu verteilen, sondern beschlossen, jedem der Bewerber (11) gleichmäßig für seine Einsendung 20,– Mark zu zahlen. Es wird beschlossen,
den Wettbewerb zu denselben Bedingungen wie bisher noch einmal für Maler und Bildhauer
auszuschreiben und als Einlieferungstermin den 1. März 1920 festzusetzen.   40

   Zu 5 Uhr nachmittags waren die Vorsteher der technischen Betriebe zu einer gemeinsamen Besprechung mit dem Meisterrat eingeladen. Derartige Sitzungen sollen monatlich ein-

---

a Änderung; zuvor: *in der nächsten.*

mal stattfinden, um auf diese Weise eine enge Verbindung zwischen den Vorstehern der technischen Betriebe und den Meistern herbeizuführen und Gelegenheit zu geben, hervortretende Mängel und Verbesserungsvorschläge zur gemeinsamen Beratung zu stellen. Die folgende Aussprache ergab, daß zur Zeit in den Werkstätten seitens der Studierenden mit erfreulichem Eifer gearbeitet wird und Mißstände nicht zu berichten sind.

Durch Zirkularbeschlüsse sind folgende Studierende für Oktober 1919 aufgenommen worden

Auböck, Carl,	Aschauer, Kurt,
Bampi, Richard,	Bogler, Theo,
Böhm, Alfred,	Borchers, Heinz,
Braun, Rudolf,	Brendel, Erich,
Brocksieper, Heinrich,	Casparius, Robert,
Chomton, Werner,	Driesch, Johannes,
Dutschke, Fritz,	Engelien, Egon,
Fuchs, Karl,	Glas, Erich,
Heller, Walter,	Hesse, Willy,
Hilker, Reinhard,	Hirschfeld, Ludwig,
Hübner, Erich,	Kerbe, Arthur,
Kühnert, Karl,	Lewin, Helmut,
Linder, Paul,	Lipovec, Alfred,
Lutz, Rudolf,	Majowski, Wilhelm,
Mark, Richard,	Meyer, Kurt,
Meyer, Otto,	Morgenstern, Milan,
Müller, Theo,	Neufert, Ernst,
Petersen, Heinrich,	Pietschmann, Karl,
Pilartz, Joseph,	Pilgrim, Erich,
Platz, Hansjörg,	Probst, Franz,
Rose, Gerhardt,	Schachtitz, Friedrich Jonas,
Scheper, Heinrich,	Schlichter, Viktor,
Schleyer, Adolf,	Schmidt, Fritz,
Schneider, Bruno,	Schneider, Max,
Schunke, Gerhard,	Singer, Franz,
Skala, Franz,	Taudte, Fritz,
Troschel, Hans,	Vogel, Hans,
Winkelmayer, Richard,	Ziegfeld, Arnold,
Abegg, Elisabeth,	Tery-Adler, Margit,
Bernoully, Anny,	Bienert, Marie Luise,
Bittkow, Margarete,	Boerl, Else,
Borkowsky, Dolly,	Cyrenius, Marie,
Deisseroth, Elly,	Dicker, Frieda,
Ebner, Gerda,	Fretzdorff, Else,
Friedländer, Margarete,	Gerhardt, Johanna,
Gräf, Lilli,	Hanke, Margarete von
Hauck, Lilly,	Herzfeld, Anny,
Heyn, Helene,	Hoffmann, Käte,
Hoppe, Anna,	Jaspers, Martha,

Knorr, Maria,   Korner, Sofie,
Kuhl, Ruth,   Langewiesche, Hanna,
Liesche, Elisabeth,   Mayweg, Erna,
Meyer-Thalhoff, Margarete,   Mögelin, Else,
Moller, Julie,   Neumann, Wally,
noch nicht hier. Itten [b] Okuniewska, Olga,   Pösch, Ilse,
Reiche, Käte,   Rommeiss, Suse,
Rossbach, Else,   Roth, Dora,
Sandmann, Ruth,   Sachse, Erika,
Schulz, Melanie,   Schwabacher, Nelly,
Spangenberg, Thea,   Steinert, Elfriede,
Stölzl, Gunda,   Stratenberg, Hildegard,
Transfeld, Johanna,   Troschel, Hela,
Valuer, Helga,   Wendeborn, Carla,
Wottitz, Anny,
ferner die Buchbinderfachschüler
Baumann, Fritz,   Böhnisch, Fritz,
Deylich, Bernhard,   Umlauf, Carl,
Voigt, Werner.
die Hospitanten

Feininger, Frau Julie zu Meister Feininger,
Naumann, Charlotte zu Meister Itten,
Guhl, Margarete zu Meister Klemm,
Oertzen, Lisa von, zu Meister Klemm; graph[ische] Werkstatt,
Carl, Alfred in die Bildhauerwerkstatt,
ferner für Abendakt

Naumann, Charlotte,   Meyn, Ilse,
Griessmann, Margarete,   Friedeburg, Eleonore von,
Koch, Kurt,   Arminius, Hildgard,
Bechstein, Elsbeth,   Szpinger, Alex. von,
Krippendorff, Else,   Zador, Stefan,
Schroeder, Paul,   Feininger, Frau Julie,
Waas, Li,   Kloch, Rolf von,
Eismann, Willy.
Abgelehnt wurden die Aufnahmegesuche wegen ungenügender Arbeiten von
Margarete Krukenberg,   Paula Markus,
Tony Lütkemeyer,   Hermann Dinkler,
Ernst Gleissenring,   Franz Berger,
angenommen Marcks [c] Erich Pilgrim,   August Schreiber,
Hilde Mittelhäuser,   Marie Ankermüller,
Hermann Rahn,   Boris Niemcow,
Neubauer, Hans,   Mosler, Margarete.

---

b Bemerkung am linken Seitenrand.
c Bemerkung am linken Seitenrand; zuvor: *Erich Pilgrim gestrichen.*

Schluß der Sitzung gegen 6 Uhr.

Gropius
Lyonel Feininger   *Richard Engelmann*   *Otto Fröhlich*   *W. Klemm*   *Itten*
Marcks
5 *Thedy*
Kämmer

7

Sitzung des Meisterrates am 11. Dezember 1919

[1.]
10 Protokoll der Sitzung. – Ausfertigung.
ThHStA Weimar, Staatliches Bauhaus Weimar 12, Bl. 9–10.

Sitzung am
Donnerstag, dem 11. Dezember 1919,
nachmittag 5 Uhr.

15 Anwesend die Meister
Walter Gropius als Vorsitzender,
Lyonel Feininger,
Johannes Itten,
Walther Klemm,
20 Gerhard Marcks,
Max Thedy,
Paul Kämmer als Protokollführer.
Verreist: Meister Engelmann.
Es fehlte: [Meister] Fröhlich.

25 Tagesordnung: Satzungsnachträge
              Verschiedenes.

1. Der Vorsitzende eröffnete die Sitzung 5 1/4 Uhr und teilte mit, daß sich verschiedene Satzungsnachträge und kleinere Satzungsänderungen nötig machten. Die Satzungen haben den Meistern vorgelegen. Sämtliche Nachträge und Änderungsvorschläge wurden in vorgeschla-
30 gener Form in erster Lesung einstimmig genehmigt.
    Weiter beschließt der Meisterrat auf Antrag Itten, die „Ausstellungs-Ordnung" zu streichen.

2. Klemm ist gegen eine öffentliche Ausstellung der von den Studierenden gefertigten Spielwaren. Feininger meint, daß, wenn eine Ausstellung stattfände, diese leicht als Lehrgang angesehen werden könne und der Kritik dann ausgesetzt sei. Gropius schlägt vor, daß jeder der
35 Herren sich die Angelegenheit nochmals überlegen und ein Beschluß am Sonnabend bei Besichtigung der Spielwaren gefaßt werden solle.
    Gropius verliest eine Anzeige aus der Zeitung „Deutschland", nach welcher in einer außerordentlichen Versammlung der freien Vereinigung für städtische Interessen Baurat

Ehrhardt über die neue Kunst in Weimar sprechen will. Die Meinung der Herren ist, diese Versammlung zu besuchen, da es sich zweifellos um Angriffe gegen das Bauhaus handeln wird, die pariert werden müßten.

Der Vorsitzende kam nochmals auf die Eingabe des Ost-Thüringischen Künstlerbundes an das Staatsministerium zurück. Die Eingabe hat den Meistern vorgelegen, und [es] haben sich diese hauptsächlich jedoch nur über die wirtschaftliche Frage geäußert. Gropius erkennt an, daß viele recht gute Gedanken in der Niederschrift enthalten seien, daß er aber große Bedenken bezüglich einiger Forderungen künstlerischer und organisatorischer Natur habe. Der Meisterrat schließt sich der Meinung von Gropius an und erklärt sich damit einverstanden, daß er in der Antwort an das Ministerium eingehend darauf hinweist.

Es kommt eine Zuschrift des Museumsdirektors Köhler zur Verlesung, in welcher dieser mitteilt, daß die Einrichtung eines thüringischen Museums geplant sei. Er bittet hierfür um leihweise Hergabe der im Besitz des Bauhauses befindlichen Bilder ehemaliger Studierender. Der Meisterrat ist dazu bereit, will sich jedoch das Recht der Auswahl und des Hängens vorbehalten.

Otto Schmidt wird ein Stipendium von 120 Mark zur Schulgeldzahlung für das Wintersemester 1919/20 bewilligt.

Der Antrag von Joseph Haamann um eine Schulgeldfreistelle wird abgelehnt; diesem soll geschrieben werden, daß er sein Gesuch Ende des Wintersemesters wiederholen möge und es dann von seinen Fortschritten abhänge, ob ihm das Schulgeld für das Wintersemester erlassen wird.

Konrad Schwormstädt, von welchem ebenfalls ein Freistellengesuch vorlag, soll erst zur Einreichung von Arbeiten aufgefordert werden.

Hans Groß wird seinem Antrag gemäß für Bestreitung von Modellkosten ein Stipendium von 100 Mark bewilligt.

Schluß der Sitzung 1/2 7 Uhr.

Gropius
Lyonel Feininger   *W. Klemm*   *Marcks*   *Itten*   *Thedy*
Kämmer

8

Sitzung des Meisterrates am 18. Dezember 1919

[1.]
Protokoll der Sitzung. – Ausfertigung.
ThHStA Weimar, Staatliches Bauhaus Weimar 12, Bl. 11–15.

Sitzung
am Donnerstag, dem 18. Dezember 1919,
nachmittags 5 Uhr.

Anwesend die Meister
Walter Gropius als Vorsitzender,
Richard Engelmann,
Lyonel Feininger,

Otto Fröhlich,
Johannes Itten,
Walther Klemm,
Gerhard Marcks,
5 Max Thedy,
Paul Kämmer als Protokollführer.

Tagesordnung: Politische Betätigung der Studierenden.

Der Vorsitzende eröffnete die Sitzung 5 1/4 Uhr. Er berichtet über den Verlauf der von der
freien Vereinigung für städtische Interessen für Freitag, den 12. d[iese]s M[ona]ts einberufen
10 gewesenen außerordentlichen Versammlung. In dieser sind Angriffe seitens Herrn Dr. Kreubel
gegen das Staatliche Bauhaus geführt worden, auf die unter anderen Professor Klopfer und
Gropius mit Erfolg geantwortet haben. Leider habe auch der Studierende Groß eine Rede gehalten, in der er sich gegen die Tendenzen des Staatlichen Bauhauses gewendet habe. Dieses
sei um so überraschender gewesen, da Gropius zufällig den Groß am Vormittag des Versamm-
15 lungstages gesprochen und Groß erklärt habe, daß er durchaus die Ziele des Staatlichen Bauhauses anerkenne und bereit sei, mit Gropius durch dick und dünn zu gehen. Am Sonnabend
habe Gropius den Groß wieder zu sich kommen lassen und ihm erklärt, daß er die Art, wie er
sich entgegen seiner vorherigen Beteuerungen gegen das Bauhaus stelle, [für] häßlich und verschlagen halte. Er habe ihm bisher geholfen, wo er konnte, aber nun zöge er seine Hand von
20 ihm zurück. Die große Erbitterung, die unter den Studierenden gegen ihn zu herrschen scheine,
würde er wohl auch in der gegen ihn einberufenen Versammlung der Studierenden merken.
    Groß sei nunmehr am 17. 12. [1919] ausgetreten und habe behauptet, daß Gropius ihm
das Stipendium entzogen habe, was auch die Architekturschüler bezeugen könnten, zu
denen er, Gropius, es auch gesagt haben sollte.
25   Dies bezeichnete Gropius als unwahr und teilte mit, daß auch die Architekturschüler be-
zeugten, es sei ihnen lediglich von Groß selbst davon gesprochen worden.
    Gropius verliest den Brief von Groß als Antwort auf die Aufforderung, mit den ausgetre-
tenen Studierenden im Bauhaus zu erscheinen und verliest ferner seine Antwort, die er dem
Groß auf sein Schreiben mitgeteilt habe. Auf Grund der falschen Angaben des Groß haben
30 sich nunmehr bis jetzt 13 Studierende am 16. und 17. 12. [1919] vom Bauhaus abgemeldet.
Gropius ließ diese sofort auffordern, am selben Tage (Mittwoch, den 17. Dezember [1919],
früh 10 Uhr) bei Gropius zur Besprechung der Angelegenheit zu erscheinen. Es kam jedoch
nur Herr Schröter, der mitteilte, die ausgetretenen Schüler wollten nicht verhandeln.
    Auf den Austritt der Schüler hin hat Gropius sofort den Meisterrat zu einer Sitzung zu-
35 sammenberufen.
    Nach allen Äußerungen und zur Kenntnis gelangten Tatsachen müsse er annehmen, daß
Groß als Prellbock einer seit langem gegen ihn und das Bauhaus wühlenden Clique benutzt
werde. Man suche nach politischen Mitteln, um das Bauhaus und ihn selbst zu mißkreditieren.
    Es wurde festgestellt, daß bei der Versammlung in der „Erholung" anwesend waren Gro-
40 pius, Itten, Thedy, Marcks. An der folgenden Aussprache beteiligten sich Thedy, Itten,
Marcks, Engelmann. Itten betont, daß er es von Groß als flegelhaft und gemein empfunden
habe, wie er in seiner Rede gegen die Tendenzen des Bauhauses vorgegangen sei. Daß ein
Schüler ein derartiges Benehmen wie Groß gegen die Meister zeige, dürfe im Interesse der
Autorität unter keinen Umständen geduldet werden.

Thedy erklärt, die Art des Groß bei seiner Rede sei so arrogant und unangenehm gewesen, daß er gar nicht zugehört habe.

Marcks erklärt, die Rede sei aus mißverstandenen Phrasen zusammengedrechselt gewesen. *eitel! Marcks. 8. I. [19]20*

Engelmann teilt mit, daß Teichgräber bei ihm gewesen sei und ihm angegeben habe, daß es sich nicht um einen politischen Kampf, sondern um die Frage des „Tafelbildes" handle und möglicherweise noch mehr Schüler ihre Abmeldungen einreichen würden. Engelmann habe Teichgräber aufgefordert, alles schriftlich der Leitung einzureichen. Gropius erklärt, dieses habe T[eichgräber] nicht getan, sondern sei mit den anderen ausgetreten.

Um allen unter den Studierenden verbreiteten falschen Nachrichten und Mißverständnissen zu begegnen, schlägt Gropius eine Sitzung des Meisterrates und der Studierenden, auch der ausgeschiedenen, vor. Die übrigen Herren versprechen sich von einer derartigen Versammlung nicht den erwünschten Erfolg, da die Ausgeschiedenen doch nicht erscheinen würden.

Engelmann und Klemm, welche die Rede von Groß nicht gehört haben, stellen den Antrag, die Obleute der Studierenden, Determann und Winkelmayer, zu rufen, um von diesen zu hören, welchen Eindruck die Rede von Groß auf die Studierenden gemacht habe. Die beiden werden gerufen und [es] erklärt Winkelmayer: Ich halte die Rede für national, vorbereitet, zum Teil aus Phrasen zusammengesetzt. Sie stand in keinem Zusammenhang mit dem, was vorher gesagt worden ist. Der Inhalt konnte anderswo vielleicht als ganz allgemein aufgefaßt werden, da aber an dem Abend über das Bauhaus und den „Geist von Weimar" gesprochen wurde, hat Groß mit seiner Rede nur die Führer der Kunst in Weimar treffen wollen.

Determann hält die Rede von Groß nicht für so gefährlich. Nach seiner Meinung ist das Publikum nach der Rede mit dem Gefühl weggegangen, daß im Bauhaus alle Parteien, auch rechtsstehende, vorhanden seien und nicht nur, wie Dr. Kreubel gesagt habe, die bolschewistisch-spartakistische. – Sehr übel sei es aber nach der Versammlung im Kaiserkaffee zugegangen, wo Groß von verschiedenen Studierenden zum Vorzeigen seiner Rede aufgefordert worden wäre. Groß habe dies nicht getan. Es sei ihm gesagt worden, wenn du die Rede, mit der du gegen das Bauhaus gesprochen hast, jetzt nicht zeigen willst, hast du die Absicht, sie zu ändern und dann bist du ein Lump.

Engelmann frägt [sic!] die beiden Herren, ob ihnen etwas von einer Maßregelung des Groß seitens der Leitung bekannt sei. Determann weiß nichts davon. Er äußert sich noch, er könne sagen und vermuten, daß verschiedene Strömungen unter den Studierenden seien, einige ältere Schüler glaubten sich in ihrer Arbeit gestört, sie seien der Ansicht, daß sie früher oder später ihr Atelier aufgeben müßten, sie würden vielleicht deshalb unter Protest gehen, um zu vermeiden, daß sie später geschoben werden.

Gropius hält die Ansicht dieser Leute für unberechtigt, da von seiten der Leitung nichts unternommen sei, was zu derartigem Vorgehen Veranlassung gäbe.

Nach Weggang der beiden Obleute beschließt der Meisterrat einstimmig folgenden Anschlag:

Der Meisterrat weist neuerdings darauf hin, daß jede politische Betätigung der Studierenden im Bauhaus, gleich von welcher Seite, untersagt wird unter Androhung des Ausschlusses. Im übrigen stehen wir auf dem Boden des Bauhausprogramms und weisen nochmals darauf hin, daß Naturstudium und reine Malerei (Staffeleibild) in jeder Weise gepflegt werden soll (s[iehe] Programm: zeichnerische und malerische Ausbildung a–f).

(Unterschriften sämtlicher Herren des Meisterrates.)

An die 13 ausgeschiedenen Studierenden soll wie folgt geschrieben werden:
   Wir haben Ihren Brief erhalten, müssen Ihnen aber mitteilen, daß die Voraussetzungen, mit denen Sie Ihren Austritt aus dem Bauhaus begründen, nicht den Tatsachen entsprechen. Herr Groß ist von der Leitung nicht gemaßregelt worden.
5 Im Auftrag des Meisterrates:
(Gropius).

Schluß der Sitzung ¹/₂ 8 Uhr.

Gropius
Klemm   Feininger   Itten   Marcks   Otto Fröhlich   Engelmann   Thedy
10 *Kämmer*

Zur Frage „Tafelbild" bemerkte ich, daß ich das Gefühl habe, meine Schule u[nd] das Tafelbild würden an die Wand gedrück, worauf Meister Feininger u[nd] Itten entgegneten, daß sie doch auch Tafelbilder malen u[nd] durchaus gewillt sind, das Tafelbild zu pflegen.[a]
Thedy   Feininger   Itten

15   **9**

                      Sitzung des Meisterrates am 20. Dezember 1919

[1.]
Protokoll der Sitzung. – Ausfertigung.
ThHStA Weimar, Staatliches Bauhaus Weimar 12, Bl. 16–17.

20 Sitzung
   am Sonnabend, dem 20. Dezember 1919,
   vormittags ³/₄ 12 Uhr.

   Anwesend die Meister
   Walter Gropius als Vorsitzender,
25 Richard Engelmann,
   Lyonel Feininger,
   Otto Fröhlich,
   Johannes Itten,
   Walther Klemm,
30 Gerhard Marcks,
   Max Thedy,
   Paul Kämmer als Protokollführer.

---

a Zusatz von M. Thedy mit Unterschriften.

Gropius eröffnet die Sitzung 12 Uhr und bittet die Herren um Anerkennung der Schwei-
gepflicht über das zur Verhandlung Kommende. Er teilt mit, daß sich der Konflikt zuge-
spitzt habe und einer Krise zutreibe. Sowohl in dem in Nr. 347 der Zeitung „Deutschland" erschienenen Artikel über das Bauhaus als auch in einer am Donnerstag, dem
18. Dezember [1919], abends im „Schwan" stattgefundenen Sitzung der Gegenpartei 5
seien ungeheuerliche Dinge gesagt und Unwahrheiten verbreitet worden. Die Angriffe
richteten sich nicht nur gegen Gropius und einzelne Meister, sondern auch gegen das Programm des Bauhauses. Gropius habe mit Exzellenz Paulssen gesprochen, der ihn antele-
phoniert habe und wünsche (was Gropius bereits vorgehabt habe), daß der Regierung
das Tatsachenmaterial zur Prüfung übergeben werden sollte. Nach eingeholter Genehmi- 10
gung der Regierung will Gropius dieses Material zur Veröffentlichung bringen. Er habe
ferner die Absicht, eine Sitzung der Institutsleiter von Weimar, der Pressevertreter und
Herren des Bauhauses einzuberufen und auch Vertreter der Regierung zu dieser Sitzung
zu bitten.
   Der Meisterrat ist mit dem von Gropius geplanten Vorgehen einverstanden. 15

Schluß der Sitzung 1 Uhr.

Gropius
Klemm   *Feininger*   *Itten*   *Marcks*   *Engelmann*
Kämmer

Ich bemerkte in der Sitzung, daß ich Bedenken hege, ein Urteil abzugeben, ehe man die Rede 20
von Groß wörtlich gelesen habe.
Thedy.[a]
Stimmt, wir bestätigen das:
                          Engelmann
[Stimmt]   *Marcks*   25
[Stimmt]   *Itten*
[Stimmt]   *Feininger*
[Stimmt]   *Klemm*

Ich vermisse im Protokoll die Bemerkung, daß ich der ganzen Sitzung nicht beigewohnt habe
und von einer Veröffentlichung der Gegenerklärung nichts wußte. 30
Otto Fröhlich[b]

Herr Prof. Fröhlich kam erheblich zu spät und wohnte nur dem zweiten Teil der Sitzung bei; da-
durch war er weniger sorgfältig unterrichtet. Er wurde nach seinem Erscheinen ganz kurz über
das Besprochene ins Bild gesetzt. Rückfragen wurden von ihm nicht gestellt. Meiner Schluß-

---

a Zusatz von M. Thedy.
b Zusatz von O. Fröhlich.

frage an die Herren des Meisterrats, ob sie gegen mein Vorgehen Einwendungen hätten (siehe Protokoll), wohnte Herr Prof. Fröhlich bei.
Gropius
Vorsitzender c

5   [2.]
Notiz von G. Marcks (undatiert). – Ausfertigung.
ThHStA Weimar, Staatliches Bauhaus Weimar 7, Bl. 62.

Prof. Fröhlich kam zu der Sitzung vom 20. Dez[ember 1919] erheblich zu spät.

G[erhard] M[arcks]

10   [3.]
Gegenerklärung des Meisterrates vom 22. Dezember 1919. – Ausfertigung.
ThHStA Weimar, Staatliches Bauhaus Weimar 7, Bl. 86–87.

Es ist unwahr, daß der Schüler Groß [...] von der Leitung des staatlichen Bauhauses [...] gemaßregelt worden *ist. Es ist unwahr, daß ihm* ein Stipendium [...] entzogen *wurde.* d Sein Ver-
15 halten in einer öffentlichen Versammlung führte zu einer spontanen Empörung der großen
Mehrheit der Schülerschaft. Er zog darauf selbst die Konsequenzen seiner als verräterisch
und undeutsch empfundenen und bezeichneten Handlungsweise und reichte Entlassung ein.
Dreizehn von zweihundert*achtundzwanzig* e Studierenden des Bauhauses traten voreilig,
ohne die Stellungnahme der Leitung und des Meisterrates abzuwarten mit einer auf den un-
20 wahren Behauptungen des Schülers Groß aufgebauten Begründung, die den Tatsachen zu-
widerläuft, aus dem Bauhause aus.
Im staatlichen Bauhause befinden sich nur deutschsprechende Schüler deutscher Herkunft
und zwar *208* f Reichsdeutsche, 14 Deutsch-Österreicher, *2* [...] g Deutsch-Balten, [...] h, 2
Deutsch-Böhmen und zwei deutsche Namen tragende Ungarn. Jeder Schüler wird von der Ge-
25 samtheit des Meisterrates nach den von der Regierung genehmigten Satzungen aufgenommen.
Die beiden Obleute der Studierenden, von der Gesamtheit der Schülerschaft gewählt, sind
entgegen den falschen Behauptungen nicht Ausländer, sondern der Reichsdeutsche frühere
Meisterschüler Determann und der Deutsch-Österreicher Winkelmayer.
Ebenso unwahr[...] i sind die Angaben über die Verteilung des Ateliers. Von der Gesamt-
30 zahl der 23 Schülerateliers mit 34 Atelierinhabern ist nur ein Raum mit zwei deutsch-öster-

---

c Zusatz von W. Gropius.
d Änderung von W. Gropius; zuvor: *Der Schüler Groß ist von der Leitung des staatlichen Bauhauses nicht ge-*
   maßregelt worden. Ein Stipendium wurde ihm nicht entzogen.
e Änderung von W. Gropius; zuvor: *zweihundertdreißig.*
f Änderung von W. Gropius.
g Änderung von W. Gropius; zuvor: *3 adlige.*
h Streichung, zuvor: *14 Deutsch-Österreicher.*
i Streichung; zuvor: *ist die Behauptung.*

reichischen, besonders befähigten Schülern, [...]ʲ Kriegsteilnehmern mit Offiziersrang belegt, alle übrigen Atelierinhaber sind Reichsdeutsche.

Politische Agitation von Studierenden des Bauhauses ist seit seinem Bestehen nur zweimal
versucht worden, das erste Mal durch den Schüler Hans Groß durch Herumreichen einer antisemitischen Protestliste, unter der sein eigener Name [...]ᵏ fehlte, das zweite Mal durch   5
eine deutschnationale Parteirede des Schülers Hans Groß, welche, langer Hand vorbereitet,
in der öffentlichen Versammlung vom Freitag dem 11. Dezember [1919] gehalten wurde.

Der im Bauhaus unter den Studierenden herrschende Geist beruht auf den Anschauungen
der oben erwähnten zweihundert*undzehn*ˡ Reichsdeutschen, 14 Deutsch-Österreichern, 2
Deutsch-Böhmen, 3 Balten und zwei Ungarn. Die Leitung vermag nicht anzunehmen, daß   10
die Stärke deutscher Gesinnung durch diese wenigen Deutschen fremder Staatsangehörig-
keit, welche ihr *kulturelles* Deutschtum nach Deutschland getrieben hat, gefährdet werden
könnte.

Gropius
Johannes Itten   Lyonel Feininger   Gerhard Marcks   Walther Klemm   15
Richard Engelmann   Otto Fröhlich   Thedy

24. 12. [19]19

10

Sitzung des Meisterrates am 27. Dezember 1919

[1.]   20
Einladung an die Formmeister (undatiert), Zirkular. – Ausfertigung.
ThHStA Weimar, Staatliches Bauhaus Weimar 12, Bl. 18.

Einladung
zur Sitzung des Meisterrates am Sonnabend, dem 27. Dez[ember] 1919, vormittags ³/₄ 12 Uhr.

Vorzulegen den Herren   25
Richard Engelmann   *Engelmann*
Lyonel Feininger   *Feininger*
Otto Fröhlich   *Fröhlich*
Johannes Itten   *Itten*
Walther Klemm   *Klemm*   30
Gerhard Marcks   *M[arcks]*
Max Thedy   *leider wegen Abreise verhindert. Thedy*

Gropius

---

j   Streichung; zuvor: *österreichischen.*
k   Streichung; zuvor: *bezeichnender Weise.*
l   Änderung von W. Gropius; zuvor: *zweihundert.*

[2.]
Protokoll der Sitzung. – Ausfertigung.
ThHStA Weimar, Staatliches Bauhaus Weimar 12, Bl. 19–20.

Sitzung
5 am Sonnabend, dem 27. Dezember 1919,
vormittags 3/4 12 Uhr.

Anwesend die Meister
Walter Gropius als Vorsitzender
Richard Engelmann
10 Lyonel Feininger
Otto Fröhlich
Johannes Itten
Walther Klemm
Gerhard Marcks
15 Paul Kämmer als Protokollführer.
Verreist war Meister Thedy.

Gropius eröffnet die Sitzung gegen 12 Uhr und bringt einen Brief von Engelmann an ihn zur
Verlesung, in dem E[ngelmann] nachträglich Bedenken gegen den Wortlaut der von ihm mit
unterschriebenen Gegenerklärung vorbringt.
20   Sodann teilt Gropius mit, daß Thedy nachträglich Protest dagegen eingelegt habe, daß die
Erklärung, die er mit unterschrieben habe, ohne sein Wissen veröffentlicht worden sei. Das
Schreiben von Thedy kommt später im Wortlaut zur Verlesung.
    Gropius erwidert, daß eine nochmalige Beratung der Gegenerklärung, die ja generell be-
reits in der Sitzung vom 20. 12. [1919] beschlossen worden sei, wegen der Kürze der Zeit
25 nicht möglich gewesen wäre, da Exz[ellenz] Paulssen schnellste Vorlage der Gegenerklärung
gewünscht habe.
    Gropius verliest dann einen Bericht der Schüler Basedow und Gilles über die von diesen
einberufene Schülerversammlung, der als Beleg dafür dient, weshalb die Groß'sche Rede als
verräterisch und undeutsch aufgefaßt werden muß.
30   Gropius berichtet sodann über eine Staatsratssitzung mit den Institutsleitern und Presse-
vertretern, die die Regierung auf seine Anregung (s[iehe] Protokoll der Sitzung vom 20. 12.
[1919]) zusammengerufen habe. Die Regierung habe sich im Laufe dieser Sitzung loyal auf
die Seite des Bauhauses gestellt, sowohl in der vorliegenden Affäre als auch in bezug auf die
programmatischen Absichten des Bauhauses.
35   Fröhlich sagt, daß er die Rede von Groß erst hinterher gelesen habe und betont, wenn er
sie früher gekannt hätte, würde er seine Unterschrift unter die Gegenerklärung nicht gesetzt
haben. Er wirft der Leitung vor, daß sie nicht rechtzeitig die ganze Angelegenheit dem Meisterrat vorgelegt, sondern eigenmächtig gehandelt habe.
    Gropius weist diesen Vorwurf zurück, da kein Grund vorhanden gewesen wäre, gegen
40 Groß disziplinarisch einzuschreiten. Erst die spontane Schülerversammlung habe Groß und
andere Mitschüler zum Austritt veranlaßt und daraufhin habe Gropius sofort den Meisterrat
zusammenberufen. Ein Zweifel über die Absicht, die Gegenerklärung zu veröffentlichen,
habe bei niemandem bestehen können.

Feininger bestätigt dies und bemerkt, daß die Angelegenheit bereits in der vorigen Sitzung besprochen worden sei.

Itten erklärt zu dem Vorwurf von Fröhlich gegen die Leitung, daß erst durch die Einberufung der Schülerversammlung die Angelegenheit eine so gefährliche geworden sei, die die Beschäftigung des Meisterrates mit der Angelegenheit notwendig gemacht habe.   5

Engelmann wünscht, daß jeder der Herren, der etwas Neues in der Angelegenheit erfährt, dieses sofort mitteilt, damit der Meisterrat fortwährend über die weiteren Geschehnisse auf dem laufenden gehalten werde.

Gropius schließt darauf die Sitzung gegen ¾ 1 Uhr.

Gropius   10
Marcks   Itten   Klemm   Feininger   Engelmann
Kämmer

Ich unterschreibe das Protokoll nicht, weil der Satz bemerkt ist: „Ein Zweifel über die Absicht, die Gegenerklärung zu veröffentlichen, habe bei niemandem bestehen können".
Otto Fröhlich [a]   15

Die Richtigkeit des Protokolls ist durch sieben Unterschriften bestätigt worden.
Gropius
Vorsitzender. [b]

11

Sitzung des Meisterrates am 11. Januar 1920   20

[1.]
Protokoll der Sitzung. – Ausfertigung, verfaßt von G. Marcks.
ThHStA Weimar, Staatliches Bauhaus Weimar 7, Bl. 124.

Besprechung [a] *Sonntag, den 11. Jan[uar] 1920.*

Anwesend: Pr[of]. Thedy, Feininger, Itten, Klemm, Marcks. – Engelmann noch verreist.   25

Beschluß:
Die Akten nicht an das Ministerium zu geben, bevor eine Stellungnahme sämtlicher Meister, einschließlich Pr[of]. Engelmann, erfolgen sein kann.

Marcks   Thedy   Feininger   Klemm   Itten

---

a Zusatz von O. Fröhlich auf der Rückseite von Bl. 19.
b Bemerkung von W. Gropius auf der Rückseite von Bl. 19.

a Änderung von G. Marcks; zuvor: *Sitzung.*

12

Sitzung des Meisterrates am 13. Januar 1920

[1.]
Einladung an die Formmeister vom 12. Januar 1920, Zirkular. – Ausfertigung.
5 ThHStA Weimar, Staatliches Bauhaus Weimar 12, Bl. 21.

Dienstag nachmittag 4 Uhr Besprechung der Herren im 1. Stock des „Ehrensaal-Gebäudes".

Weimar, den 12. Januar 1920.

Vorzulegen den Herren Meistern
Feininger,   *Feininger*
10 Engelmann,   *Engelmann*
Itten,   *Itten*
Klemm,   *Klemm*
Marcks,   *Marcks*
Thedy.   *Thedy*

15 [2.]
Protokoll der Sitzung. – Ausfertigung, verfaßt von G. Marcks.
ThHStA Weimar, Staatliches Bauhaus Weimar 7, Bl. 134.

13. 1. [19]20.

Anwesend
20 *Prof.Thedy, Engelmann, Itten, Klemm, Feininger, Marcks.*

Fall Prof. Fröhlich: nach Rücksprache von Prof. Thedy mit Prof. Fröhlich erklärt Pr[of]. Fröhlich, daß [...][a] *er Gropius in keiner Weise hat beleidigen wollen und daß der Sinn seiner Zuschrift war, daß er seine Unterschrift auf Treu und Glauben gegeben hat. [...]*[b]

Prof. Fröhlich soll von Prof. Thedy gebeten werden, dies zu unterschreiben.

25 *Ins Protokoll vom 20. 12. [19]19 wurde von Prof. Thedy eine Bemerkung geschrieben: „Ich bemerkte in der Sitzung, daß ich Bedenken hege, ein Urteil abzugeben, ehe man die Rede Groß' wörtlich gelesen habe."*

Ins Protokoll vom 18. 12. [19]19.
Bemerkung von Prof. Thedy:
30 *„Zur Frage Tafelbild bemerkte ich, daß ich das Gefühl habe, meine Schule und das Tafelbild würden an die Wand gedrückt." Worauf Feininger und Itten erwiderten, daß sie doch selber auch Tafelbilder malten und durchaus gewillt sind, das Tafelbild zu pflegen.*

---

a–b Streichungen; nicht mehr lesbar.

Bei Bericht 12 liegt eine Anmerkung von Prof. Thedy bei, die vorgelesen wurde.

Zu 21, Schülereingabe an die Künstler Weimars v[om] 9. 1. [19]20.
Prof. Engelmann weist darauf hin,[...] ^c daß der Obmann seiner Klasse ihm mitteilte, daß seine
Schüler den Inhalt des Schriftstückes 21 nicht kennen.
    Die übrigen Herren halten es für richtig, die Obleute ihrer Klassen im gleichen Sinne zu   5
befragen.

*Auf Ersuchen verliest Prof. Thedy die weitere Korrespondenz zwischen ihm und Gropius vom
9. und 12. 1. [19]20.*

Engelmann   Marcks   Itten   Feininger   Klemm   Thedy

13   10

Sitzung des Meisterrates am 15. Januar 1920

[1.]
Einladung an die Formmeister vom 14. Januar 1920, Zirkular. – Ausfertigung.
ThHStA Weimar, Staatliches Bauhaus Weimar 12, Bl. 22.

Einladung zur Sitzung des Meisterrates am   15
Donnerstag, dem 15. Januar 1920, vormittags $^1/_4$ *vor* 12 Uhr *(11 $^3/_4$)* ^a.

Weimar, den 14. Jan[uar] 1920

Gropius

Vorzulegen den Herren
Meister Engelmann   20
[Meister] Feininger   *Feininger*
[Meister] Itten   *Itten*
[Meister] Klemm
[Meister] Marcks   *M*
[Meister] Thedy   *Thedy*   25

*Soeben 15ten [Januar 1920], nach $^1/_2$ 10 [Uhr] Aufforderung erhalten, bedaure nicht kommen
zu können, da ich präcis $^1/_2$ 1 [Uhr] meine Schüler vollzählig bei mir zu erscheinen aufgefordert habe. [...]* ^b *Eventuell von 12-$^1/_2$ 1 [Uhr].*   Engelmann

---

c Streichung; zuvor: *daß er zufällig weiß.*

a Änderung von W. Gropius; zuvor: *12 Uhr.*
b Streichung; zuvor: *Allenfalls.*

[2.]
Protokoll der Sitzung. – Ausfertigung.
ThHStA Weimar, Staatliches Bauhaus Weimar, 12, Bl. 23–24.

Sitzung
5 am Donnerstag, dem 15. Januar 1920,
vormittags 11 3/4 Uhr.

Anwesend die Meister
Walter Gropius, als Vorsitzender
Richard Engelmann
10 Lyonel Feininger
Johannes Itten
Walther Klemm
Gerhard Marcks
Max Thedy und
15 Paul Kämmer als Protokollführer.

Gropius eröffnet die Sitzung gegen 12 Uhr. Er frägt [sic!] die Herren, ob sie damit einverstanden sind, daß er die Akten, wie sie dem Meisterrat zur Durchsicht vorgelegen haben,
dem Ministerium übergibt oder ob die Protokolle und der private Schriftwechsel zwischen
einzelnen Herren des Meisterrates vorläufig zurückbehalten werden soll. Er wolle sich neu-
20 tral verhalten und bitte die Herren, ihrerseits dazu Stellung zu nehmen; vor allem richte er
diese Frage an Herrn Professor Thedy. Dieser legt Wert darauf, daß auch der Schriftwechsel
über seine Angelegenheit dem Ministerium übergeben wird.
    Gropius teilt sodann einzeln mit, welche Akten der Regierung übergeben werden sollen;
der Meisterrat ist mit Übersendung dieser Akten einverstanden.
25   Gropius bittet Professor Thedy, Professor Fröhlich zu veranlassen, die zwei Protokolle der
Meisterratssitzungen vom 20. und 27. Dez[ember] v[origen] J[ahres] zu unterzeichnen, da
seine Unterschrift hierzu noch fehlt. Prof. Thedy erklärt sich bereit hierzu.*
    *(Zusatz Itten) oder evtl. zu erklären, aus welchen Gründen er nicht unterschreiben will.
gez[eichnet] Itten c
30   Es wird beschlossen, auch die Protokolle der Besprechungen über den Fall Fröhlich den
Akten beizufügen.
    Gropius teilt sodann mit, daß Exzellenz Paulssen ihn zu Freitag, dem 16. Jan[uar 1920]
eingeladen habe, um der Übergabe und Besprechung einer Denkschrift seitens einer Kommission der Gegenpartei mit Herrn Professor Fleischer an der Spitze beizuwohnen.
35   Gropius schlägt vor, zur völligen Klarstellung des Beschlossenen eine Liste aller an das Ministerium eingereichten Schriftstücke aufzustellen und bei den Herren des Meisterrates in
Umlauf zu setzen.
    Zu der letzten Bemerkung aus dem Protokoll der Besprechung vom 13. Jan[uar 1920]
über die Eingabe der sämtlichen Obleute der Studierenden bemerkt Gropius, daß ihm die
40 Obmannschaft folgendes berichtet habe: Die Aufstellung des Schriftstückes sei von ihnen
ordnungsmäßig vollzogen worden und zwar sei der Wortlaut in gemeinsamer Sitzung aller

---

c Zusatz am linken Seitenrand.

Obleute ausschließlich des verreisten Obmannes der Thedy-Klasse festgelegt und unterschrieben worden. Die Obleute seien von der gesamten Schülerschaft gewählt, um sie maßgebend zu vertreten, da sich oft als unmöglich herausgestellt habe, zu den Versammlungen die Gesamtheit der Schüler zusammenzurufen. Zur Sicherheit habe die Obmannschaft inzwischen aber noch aus eigener Initiative eine allgemeine Schülerversammlung am 13. Jan[uar 1920]   5
zusammengerufen, in der das Schriftstück verlesen worden wäre; Widerspruch sei von keiner Seite erfolgt.

Gropius frägt [sic!], ob zu den bisherigen Fragen noch Bemerkungen zu machen seien; keiner der Herren ergreift das Wort.

Professor Engelmann bittet, ihn zu entschuldigen, da er [zu] einer angesetzten Bespre-   10
chung gehen müsse.

Gropius macht Mitteilung über die Kohlennot, die ein regelmäßiges Arbeiten vollkommen verhindere.

Nach langer Besprechung wird beschlossen, die Klassen folgendermaßen in den Vormittagen zum Arbeiten vor dem Modell zu verteilen: 15
Aktsaal: montags, dienstags, mittwochs: Klassen Feininger–Marcks
     donnerstags, freitags, sonnabends: Klassen Klemm–Engelmann
Oberlichtsaal (I. Etage Eingang Belv[ederer] Allee):
     montags, dienstags, mittwochs: Klasse Thedy
     donnerstags, freitags, sonnabends: Klasse Itten.   20

An den freien Tagen können die Klassen, die nicht an der Reihe sind, sich, soweit Platz vorhanden, auch am Arbeiten nach dem Modell in den Klassen beteiligen, denen sie nicht angehören.

Über die Regelung des Abendaktes wird beschlossen, daß jeder der Herren in alphabetischer Reihenfolge je eine Woche die Leitung des Abendaktes übernimmt.   25

Sämtliche Herren erheben Klage wegen der schlechten Modellverhältnisse und sind der Ansicht, daß zu niedrige Sätze bezahlt werden. Gropius gesteht zu, trotz der mißlichen Finanzlage die Einheitssätze für Modelle zu erhöhen.

Schluß der Sitzung 1 1/4 Uhr.

Gropius   30
Engelmann   *Marcks*   *Feininger*   *Itten*   *Klemm*   *Thedy*
Kämmer

14

Sitzung des Meisterrates am 2. Februar 1920

[1.]   35
Protokoll der Sitzung. – Ausfertigung.
ThHStA Weimar, Staatliches Bauhaus Weimar 12, Bl. 32–37.

Sitzung
am Montag, dem 2. Februar 1920
nachmittags 5 Uhr.   40

Anwesend die Meister
Walter Gropius, als Vorsitzender
Richard Engelmann
Lyonel Feininger
5 Johannes Itten
Walther Klemm
Gerhard Marcks
Max Thedy
Paul Kämmer, als Protokollführer.

10 Tagesordnung: Organisationsänderungen.

Gropius eröffnet die Sitzung gegen 5 $^3/_4$ Uhr und teilt mit, daß er dem Ministerium mit Einwilligung des Meisterrates Vorschläge zur Beseitigung der Schwierigkeiten machen wolle,
die durch die Kämpfe gegen das Bauhaus in der Stadt entstanden seien. Er habe auch Prof.
Thedy gefragt, ob dieser positive Vorschläge machen könnte, was er verneint habe. Gropius
15 verliest darauf den Entwurf Anlage [a] der Eingabe an das Ministerium und frägt [sic!] Thedy,
ob er mit dieser Fassung einverstanden sei. In der nun folgenden Aussprache führt Thedy
aus, daß nach seiner Ansicht die Schule mit Vorschule und Landschafterklasse, also wieder
so eingerichtet werden müßte, wie die Hochschule vor dem Kriege bestanden habe. Er steht
auf dem Standpunkt, daß dieser Schule das Hochschulgebäude zur Verfügung gestellt wer-
20 den müßte, da er die Räume im Schloß weder für ausreichend noch für zweckmäßig halte,
ihm anderweit geeignete Räume auch nicht bekannt seien.

Gropius erwidert darauf, daß doch keineswegs erwartet werden könne, daß er und die
übrigen fünf Meister, die sich auf den Boden des Bauhausprogramms stellen und deren Berufungen durch das Ministerium erfolgt seien, das Hochschulgebäude mit der Masse der Stu-
25 dierenden räumen, also einer Schule Platz machen, der zunächst doch nur Professor Thedy
mit zirka 20 Schülern angehören würde.

Thedy nimmt für die alte Malschule das ältere Recht an dem Gebäude in Anspruch, ist
aber auch der Ansicht, daß eine räumliche Trennung beider Schulen unbedingt erforderlich
sei, um den Studierenden Arbeitsruhe zu gewährleisten.

30 Gropius ist der Ansicht, daß Thüringen nicht imstande sein wird, zwei Schulen von so
großem Ausmaß zu unterhalten, und fordert Thedy auf, wegen der Raumfrage Gegenvorschläge zu machen.

Thedy ist hierzu nicht in der Lage.

Itten schlägt vor, daß die Eingabe nur von den Meistern, die mit dem Vorschlag einver-
35 standen seien und nicht vom gesamten Meisterrat unterschrieben werden solle, und daß es
der Gegenpartei überlassen bleiben möge, Gegenvorschläge zu machen.

Gropius meint, daß Thedy hierzu in der Lage sein müsse, da er mit der Gegenpartei solidarisch gehe, was ja die Veröffentlichung in der Zeitung „Deutschland" vom 29. Januar
1920 beweise, die er an erster Stelle unterschrieben habe.

40 Thedy antwortet, daß er stets für den Bauhausgedanken eingetreten sei bis vor kurzer
Zeit, daß er jetzt aber das Vertrauen verloren und dem Ministerium die Gründe auch mit-

---

a Ergänzung von W. Gropius.

geteilt habe. Thedy wirft Gropius vor, die Berliner Berichte über den Bauhausstreit beeinflußt und lanciert zu haben. Gropius wendet sich ganz entschieden gegen diesen Vorwurf und ersucht Thedy um Auskunft, welche Handhabe er besitze, um diese Vertrauenskundgebungen als bestellte Arbeit zu bezeichnen. Thedy erklärt, er habe den Eindruck gehabt; er bedauere, daß der ganze Streit überhaupt in die Öffentlichkeit gekommen sei.   5

Marcks ist der Ansicht, solange die Malschule nicht eingerichtet sei, könne niemand verlangen, daß das Bauhaus das Gebäude räume. Erst wenn die Malschule mehr Schüler haben sollte als das Bauhaus, könne der Frage näher getreten werden.

Klemm meint, daß die Eingabe an die Regierung ohne Erwähnung der Gebäudefrage gesandt werden solle.   10

Marcks ist der Ansicht, daß wohl das Bauhaus das Gebäude räumen würde, wenn ihm anderweit gleich gute Ateliers angeboten würden, auch Gropius meint, Pietätsgründe hielten das Bauhaus nicht an den Gebäuden fest.

Itten schlägt vor, die Regierung solle beide Parteien zur Verhandlung laden und sich die letzte Entscheidung vorbehalten. Engelmann ist der Ansicht, daß es sich dann nur um eine   15
Vereinigung von Fachleuten zum Zwecke einer Lokalbesichtigung handeln würde.

Itten erläutert, daß es sich eigentlich um drei Fassungen handle:
1. Entweder wir gehen aus dem Hochschulgebäude und machen aus dem Kunstgewerbeschulgebäude das Bauhaus, also Trennung zwischen Akademie und Kunstgewerbe*sch[ule]*[b].
Oder   20
2. Wir bleiben in den Gebäuden und halten die Verschmelzung zwischen Hochschule und Kunstgewerbeschule aufrecht, wie sie jetzt ist. Oder
3. Die Verschmelzung besteht zu Recht, um aber niemandem wehe zu tun und um eine Beilegung des Streits zu erreichen, schlagen wir die Errichtung einer alten Weimarer Malschule vor und stellen ihr im Hochschulgebäude die Räume für die Privatateliers zur Verfügung und   25
gestatten die Benutzung der Bibliothek und das Hospitieren im Abendakt und in den Vorlesungen.

Engelmann regt an, die Regierung erst entscheiden zu lassen, in welchem Umfang und mit welchen Mitteln die Malschule wiederhergestellt wird, bevor die Raumfrage zur Erörterung kommt. Gropius hält dem jedoch entgegen, daß das Ministerium von uns Vorschläge in die-   30
ser Richtung erwarte. Er verliest darauf eine Abänderung der geplanten Eingabe an das Ministerium. Diese verkürzte Fassung läßt die Raumfrage unberücksichtigt. Klemm schlägt vor, daß diese Fassung von allen Herren einschl[ießlich] Thedy unterschrieben wird und daß die übrigen Herren ohne Thedy einen ihren Wünschen entsprechenden Nachsatz dahinter setzen. Da eine endgültige Einigung nicht zu erzielen ist, sagt Gropius zu, eine neue Fassung in   35
Umlauf zu setzen.

2. Verschiedenes.
Professor Rohlfs dankt für die Glückwünsche zu seinem 70. Geburtstage.

Der Gemeindevorstand hat mitgeteilt, daß die 1 800 Mark des Kunstfonds für 1919 mit dem Betrag für 1920 zusammen verwendet werden sollen.   40

Von der Staatsregierung kommt ein Schreiben zur Verlesung, in welchem diese auf den Ernst der Kohlenversorgung staatlicher Institute aufmerksam macht und die Direktionen

---

b Ergänzung von W. Gropius.

auffordert zu überlegen, welche Maßnahmen bei vollständigem Ausbleiben von Brennmaterial zu ergreifen sind. Gropius erwähnt, daß das Bauhaus seit Wochen keinen Koks erhalten habe, vielleicht aber die Möglichkeit bestände, mit Unterstützung der Regierung Brennmaterial aus Sachsen-Altenburg zu bekommen.

5   Eine Zuschrift der Direktion der Dresdener Akademie gelangt zur Kenntnis. Gropius meint, daß den Direktionen reaktionärer Schulen seitens der Studierenden viel mehr Schwierigkeiten gemacht würden als im Bauhaus, wo den Studierenden von vornherein einige Zugeständnisse gemacht seien, zum Beispiel jeder Anträge stellen könne, wovon aber bis jetzt kein Gebrauch gemacht worden sei. In diesem Sinne soll Dresden geschrieben werden.

10   In einer Eingabe fragen Holz- und Steinbildhauer Weimars an, ob sie am Bauhaus die Gelegenheit zum Studium der Anatomie haben könnten. Es soll ihnen mitgeteilt werden, daß sie als Hospitanten an den anatomischen Vorträgen des Prof. Rasch teilnehmen könnten.

Der Meisterrat ist mit der Anmeldung der Meister und Angestellten des Staatlichen Bauhauses zur Interessengemeinschaft der Beamten Weimars einverstanden.

15   In einer im Einvernehmen verschiedener Atelierinhaber gemachten Eingabe frägt [sic!] der Jungmeister Schrammen an, ob in besonderen Fällen und in Rücksicht auf die Zeitverhältnisse das Erteilen von Zeichenunterricht an Nicht-Bauhausschüler gestattet werden könne. Der Meisterrat beschließt, die Entscheidung darüber den einzelnen Meistern zu überlassen. Feininger will mit Schrammen sprechen.

20   Das Vorkaufsrecht an Arbeiten der Lehrlinge betreffend wird beschlossen, daß alle Arbeiten zuerst dem Meister, bei dem der Schüler eingeschrieben ist, vorzulegen und dann der Leitung einzureichen sind. Am Ende jeden Monats beschließt der Meisterrat, welche Sachen angekauft resp[ektive] veräußert werden sollen und welche den Lehrlingen gegen Bezahlung der Materialkosten zu überlassen sind. In eiligen Fällen entscheide der Meister und die Leitung.

25   Gropius regt an zu überlegen, ob es nicht vorteilhafter wäre, über alle Werkstätten neben den Werkmeister einen Künstler zu stellen. Itten hat dagegen starke Bedenken und ist für Beibehaltung der bisherigen Methode. Die Auffassung des Meisterrates geht dahin, es müßte versucht werden, für alle Werkstätten künstlerisch veranlagte Hilfsmeister zu bekommen.

30   Um die zunächst wenigen Plätze in den Werkstätten mit den Befähigtsten zu besetzen, empfiehlt Gropius, bei den Aufnahmen so streng wie möglich zu verfahren, vor allem auch zu beachten, daß das weibliche Element nach und nach nicht mehr als $1/3$ der Plätze einnimmt.

35   Schwormstädt wurde zur Bezahlung des Schulgeldes für das Wintersemester 1919/20 ein Stipendium von 120 Mark verliehen.

Die Urlaubsgesuche mit Erlaß des Honorars für die Monate Januar–März 1920 von Casparius, Elisabeth Schmitz und Walther Voigt wurden genehmigt, desgleichen die Abmeldung zum 1. Januar 1920 von Theo Kellner.

40   Durch Zirkularbeschlüsse fanden Erledigung:
die Abmeldungen für Oktober 1919 von Werner Fechner
                                        Bruno Schwarz
                                        Lotte Schreiber
45   Fritz Sonntag
                                        Max Thalmann

	Walter Kurt	
	Gertrud Schmidt	
die Abmeldungen für Januar 1920 von	Hans Groß	
	Willy Hesse	
	Joseph Haamann	5
	Karl Pietschmann	
	Joseph Pilartz	
	Alfred Schröter	
	Gerd Schniewind	
	Paul Teichgräber	10
	Thekla Dietrich	
	Mila Böning	
	Frau von Düring	
	Johanna Transfeld	
	Margarete von Hanke	15
	Charlotte Waga	
Nicht eingetreten, daher aus der Liste zu streichen sind:		
	Wilhelm Kempin	
	Jonas Schachtitz	
	Robert Michel	20
	Fritz Schmidt	
	Heinrich Varges	
	Max Schneider	
	Ella Bergmann	
	Olga Okuniewska	25
	Anny Bernoully	
Wieder angemeldet hat sich	Wilhelm Majowski.	
Aufgenommen wurden	Lena Wulf	
	Julie Feininger	
	Gertrud Coja	30
	Lotte Jaeckel	
	Elisabeth Oppel.	
Abgelehnt wurden die Aufnahmegesuche von	Hans Adamy	
	Bernt Wolfersforth	
	Charlotte Schrammen	35
	Walter Hummel.	

Schluß der Sitzung ¹/₄ 8 Uhr.

Gropius
Engelmann   Lyonel Feininger   Itten   Klemm   Thedy   Marcks
Kämmer
                                                                                        40

[2.]
Erklärung des Meisterrates vom 27. Januar 1920. – Erster Entwurf.
ThHStA Weimar, Staatliches Bauhaus Weimar 12, Bl. 30.

STAATLICHES BAUHAUS
VORM. HOCHSCHULE FÜR BILDENDE KUNST
ZU WEIMAR

Weimar, den 27. Januar 1920

5   Der Meisterrat des Bauhauses ist einstimmig der Ansicht, daß die sachlichen Gegensätze in
dem Streit der Künstlerschaft Weimars um das Bauhaus tiefgreifend und unüberbrücklich
sind und daß deshalb nur eine klare Auseinandersetzung für die Gegner wie für die Freunde
des jetzigen Instituts eine dauernd befriedigende Lösung der arbeitshemmenden Spannungen bringen kann.

10   Der Meisterrat schlägt deshalb der Staatsregierung einstimmig vor, dem Wunsche vieler
Weimarer Künstler zu entsprechen, indem sie eine vom Staatlichen Bauhaus verwaltungstechnisch und räumlich zu trennende selbständige *Alte* Weimarer Malschule" einrichtet und
für die Lehrräume dieses Instituts ein geeignetes Gebäude, vielleicht einen Flügel des ehemaligen Schlosses, zur Verfügung stellt.

15   Die vollständige, auch räumliche Trennung namentlich der Lehrräume wird unbedingt für
notwendig erachtet, damit den Studierenden beider Schulen Arbeitsruhe gewährleistet
bleibt. Die Privatateliers für die nach freiem Ermessen der Malschule zu berufenden Professoren dagegen würden in den Gebäuden des Staatlichen Bauhauses bereitgestellt werden
können. Auch gegen die Teilnahme der Studierenden der Malschule am Abendakt und an
20   den Vortragskursen des Staatlichen Bauhauses bestehen keine Bedenken.

Der Meisterrat ist überzeugt, daß sich die materiellen Schwierigkeiten im einzelnen überwinden lassen werden, nachdem diese Grundlage gefunden worden ist, die zu einer alle
Kreise befriedigenden Lösung der wichtigen Kunstschulfrage führen kann.

An das
25   Kultusministerium,
Weimar

[3.]
Erklärung des Meisterrates vom 3. Februar 1920. – Durchschrift.
ThHStA Weimar, Staatliches Bauhaus Weimar 12, Bl. 31.

30   STAATLICHES BAUHAUS
VORM. HOCHSCHULE FÜR BILDENDE KUNST
ZU WEIMAR

Weimar, den 3. Februar 1920

Der Meisterrat des Bauhauses ist einstimmig der Ansicht, daß die sachlichen Gegensätze
35   in dem Streit der Künstlerschaft Weimars um das „Staatliche Bauhaus" tiefgreifend und
unüberbrücklich sind und daß deshalb nur eine klare Auseinandersetzung für die Gegner
wie für die Freunde des jetzigen Instituts eine dauernd befriedigende Lösung der arbeitshemmenden Spannungen bringen kann.

Der Meisterrat schlägt deshalb der Staatsregierung einstimmig vor, dem Wunsche vieler Weimarer Künstler zu entsprechen und eine vom Staatlichen Bauhaus verwaltungstechnisch und räumlich zu trennende selbständige „Alte Weimarer Malschule" einzurichten. Die vollständige auch örtliche Trennung namentlich der Lehrräume dieser Schule von denen des „Staatlichen Bauhauses" wird unbedingt für notwendig erachtet, damit den Studierenden beider Schulen Arbeitsruhe gewährleistet bleibt.   5

Der Meisterrat sieht in diesem Vorschlag die Grundlage zu einer alle Kreise befriedigenden Lösung der Kunstschulfrage, da sie sowohl dem Bauhausgedanken und der grundsätzlichen Verschmelzung freier Kunst mit dem Kunsthandwerk und ihrer bisher getrennten Pflegstätten gerecht wird, als auch einer vom Bauhaus unbeeinflußten Pflege der Malerei im 10 alten akademischen Sinne nach besonderem Programm Spielraum läßt.

Die Lösung der räumlichen und finanziellen Schwierigkeiten bedarf nach grundsätzlicher Anerkennung dieses Vorschlages durch die Staatsregierung gesonderter Regelung.

An das
Kultusministerium,   15
Weimar.

15

Sitzung des Meisterrates am 18. Februar 1920

[1.]
Protokoll der Sitzung. – Ausfertigung.   20
ThHStA Weimar, Staatliches Bauhaus Weimar 12, Bl. 38–40.

Sitzung
am Mittwoch, dem 18. Februar 1920,
nachmittags 5 Uhr.

Anwesend die Meister   25
Walter Gropius, Vorsitzender
Richard Engelmann
Lyonel Feininger
Johannes Itten
Walther Klemm   30
Gerhard Marcks
Max Thedy
Paul Kämmer, Protokollführer.

Tagesordnung: Regelung der Meisterratssitzungen.

Gropius eröffnet die Sitzung um 5 Uhr. Er teilt mit, daß die Frage zu erörtern sei, wie die 35
Meisterratssitzungen in Zukunft gehandhabt werden sollen. Herr Professor Thedy habe sich im Anschluß an die Meinungsverschiedenheiten im Meisterrat bereit erklärt, nur zu den Sitzungen zu erscheinen, in welchen Dinge zur Behandlung ständen, die auch seine

Schule betreffen. Thedy habe jedoch nachträglich geschrieben, daß er sich nach reiflichem
Überlegen doch nicht damit einverstanden erklären könne. Infolgedessen sei der Meisterrat in eine schwierige Lage geraten. Gropius richtet an Thedy die Frage, wie er sich eine
Regelung denke. Die Schwierigkeiten im Meisterrat seien ja erst dadurch verschärft worden, daß Thedy die in der Zeitung „Deutschland" veröffentlichte Erklärung der „Weimarer Künstler" mit unterschrieben, ferner an Dr. Herfurth für seine Ausführungen in der
Kundgebung in der „Armbrust" ein Anerkennungsschreiben geschickt und drittens der Regierung mitgeteilt habe, daß er von jetzt ab gegen das Programm des Bauhauses Stellung
nehmen müsse.

Thedy erwidert, daß bez[ü]gl[ich] der Meisterratssitzungen nicht er einen Antrag gestellt
habe, sondern daß ihm die Meister im Auftrag von Gropius den Wunsch geäußert hätten, er
möge den Sitzungen fernbleiben.

Gropius betont, daß dies nicht ein persönlicher Wunsch, sondern die Auffassung sämtlicher Herren des Meisterrats gewesen sei.

Thedy erklärt, daß er keinen besonderen Wert auf Teilnahme an den Meisterratssitzungen
lege, daß er sein Fernbleiben jedoch mit seinem Amt als Lehrer nicht vereinbaren könne.

Engelmann schlägt zur Lösung der Angelegenheit vor, daß Entscheidungen und Beschlüsse ohne Meisterratssitzungen durch Zirkularbeschlüsse Erledigung finden sollen, bis
die ganzen Verhältnisse ihre Klärung gefunden haben.

Thedy und alle übrigen Herren sind mit diesem Vorschlag einverstanden.

Gropius teilt mit, daß die Regierung auf baldige Klärung dränge; für Donnerstag nachmittag sei eine Sitzung anberaumt, in der über die Trennung zwischen Bauhaus und alter
Malschule beraten werden solle.

Engelmann spricht aus, daß es ihm leid tue, wenn Prof. Thedy Schmerz bereitet worden
wäre, nachdem er so viele Jahre lang mit den übrigen Herren des Lehrerkollegiums einträg-
lich zusammen zum Besten der Schule gearbeitet habe.

Thedy erwidert, daß er sich die Entwicklung der Schule anders gedacht habe. Nie habe er
sich gegen Neuerungen verschlossen, er könne jedoch nicht Dingen zustimmen, gegen die
sich seine künstlerische Überzeugung richte.

Itten ist der Ansicht, daß man wohl gegensätzlicher Meinung sein könne, was am besten
aber unter den Meistern bliebe, ohne in die Öffentlichkeit zu gehen.

Engelmann fragt, ob es nicht dennoch eine Möglichkeit gäbe, die Mitarbeit Thedys zu erhalten.

Marcks ist der Hoffnung, daß vielleicht die für Donnerstag anberaumte Sitzung im Ministerium eine Lösung bringen werde.

Gropius betont, daß auch die Regierung finde, daß für den Meisterrat eine prekäre Lage
dadurch entstanden sei, daß Thedy die Veröffentlichung mit unterschrieben habe.

Thedy erwidert, daß es ihm schwer gefallen sei und er sich seine Stellungnahme lange
überlegt habe, daß ihm ein anderer Weg jedoch nicht geblieben sei.

Itten ist der Ansicht, es läge eine Verwechslung vor. Thedy habe nicht allein eine Veröffentlichung unterschrieben, die sich gegen eine Sache, sondern auch gegen Personen gerichtet habe.

Thedy erwidert darauf, daß er nicht das Gefühl habe, etwas gegen Personen unternommen
zu haben.

Itten erwidert, daß eine Aussprache besser gewesen wäre, zweifellos wäre man dann zu
einer einfacheren Lösung gekommen.

Thedy erklärt sich nochmals einverstanden damit, daß bis zur Klärung der Situation alle Beschlüsse, deren Erledigung seine Stellungnahme nötig macht, durch Zirkularumlauf herbeigeführt werden.

Gropius teilt noch mit, daß als Hilfsmeister der keramischen Werkstatt Herr Emmerich angenommen worden sei, den der Direktor der keramischen Fachschule in Höhr empfohlen habe. 5

Die Abmeldung von Curt Kühnert zum 1. Januar 1920 wird angenommen.

Fräulein Mayweg wird wegen Krankheit für Januar–März 1920 mit Erlaß des Honorars beurlaubt.

Schluß der Sitzung ¹/₂ 6 Uhr.

Gropius   10
Engelmann   Lyonel Feininger   Marcks   W. Klemm   Itten   Thedy
Kämmer

16

Sitzung des Meisterrates am 23. März 1920

[1.]   15
Einladung mit Tagesordnung an die Formmeister vom 22. März 1920, Zirkular. – Ausfertigung.
ThHStA Weimar, Staatliches Bauhaus Weimar 12, Bl. 41.

STAATLICHES BAUHAUS
VORM. HOCHSCHULE FÜR BILDENDE KUNST
ZU WEIMAR   20

Weimar, den 22. März 1920

Einladung
zu einer Besprechung am Dienstag, dem 23. März [1920], nachmittags 5 Uhr in meinem Zimmer.

Tagesordnung: 25
Semesterausstellung *(Montag–Mittwoch 29.–31. 3. [1920])*
Verschiedenes.

Gropius

Vorzulegen den Herren
Meister Engelmann   *Engelmann*   30
[Meister] Feininger   *Feininger*
[Meister] Itten   *Itten*
[Meister] Klemm   *Klemm*
[Meister] Marcks   *Marcks*

Semesterschluß 31. März [1920] (Mittwoch)   35
[Semester]beginn 19. April [1920] (Montag)

17

Sitzung des Meisterrates am 30. März 1920

[1.]
Einladung mit Tagesordnung an die Formmeister vom 29. März 1920. – Durchschrift.
5 ThHStA Weimar, Staatliches Bauhaus Weimar 12, Bl. 42.

Einladung
zur Sitzung des Meisterrates am Dienstag, dem 30. März 1920, nachmittags 4 Uhr.

Tagesordnung:
Besichtigung der Schülerarbeiten und Beschlußfassung über definitive Aufnahmen.

10 Weimar, den 29. März 1920.

gez[eichnet] Gropius

    a) Herrn Dir[ektor] Gropius   e) Herrn Feininger
    b [Herrn] Prof. Engelmann   f) [Herrn] Marcks
    c) [Herrn Prof.] Klemm   g) [Herrn] Itten
15   d) [Herrn Prof.] Thedy   h) [Herrn] Kämmer

Hier

[2.]
Protokoll der Sitzung. – Ausfertigung.
ThHStA Weimar, Staatliches Bauhaus Weimar 12, Bl. 43–45.

20 Weimar, dem 30. März 1920.

Sitzung des Meisterrates am
Dienstag, dem 30. März 1920,
nachmittag 4 Uhr.

Anwesend:
25 Architekt Gropius als Vorsitzender,
Meister Engelmann,
[Meister] Feininger,
[Meister] Itten,
[Meister] Marcks,
30 [Meister] Klemm,
[Meister] Thedy,
Kämmer als Protokollführer.

Tagesordnung:
Besichtigung der Schülerarbeiten und Beschlußfassung über definitive Aufnahmen.

Gropius eröffnet die Sitzung gegen 4 Uhr.
Die Herren begaben sich in die Schülerarbeitenausstellung und [es] wurde bestimmt:

Von den Studierenden des Meisters Thedy wurden definitiv aufgenommen:
> Majowski, Wilhelm,
> Müller, Margarete,
> Rose, Gerhard,
> Lewin, Helmut.

Nicht ausgestellt hatten die Studierenden
> Schultz, Erika,
> Gerda Ebner,
> Erich Kaufmann.

Diese sollen zur Einreichung von Arbeiten aufgefordert werden. Bei Besichtigung der Arbeiten des
> Hans Troschel

beantragt Gropius Ausschließung, da dieser am Unterricht im Wintersemester fast gar nicht teilgenommen habe, sein Betragen auch sehr viel zu wünschen übrig ließe. Die Herren halten jedoch Troschel nach seinen ausgestellten Arbeiten nicht für untalentiert und schlagen vor, ihn wegen seines widersetzlichen Betragens vor den Meisterrat zu laden, was beschlossen wird.

Von den Studierenden des Meisters Klemm wurden definitiv aufgenommen:
> Glas, Erich,
> Ziegfeld, Arnold,
> Scheper, Heinrich.

Wegen ungenügender Arbeiten sollen die Studierenden ausscheiden:
> Knorr, Maria,
> Bech, Johanna, Frau,
> Krückeberg, Cäcilie.

Folgende Studierende waren mit keinen Arbeiten auf der Ausstellung vertreten und sollen zur Einreichung von Arbeiten aufgefordert werden:
> Hälsig, Lotte,
> Lüdkemeyer, Gustav,
> Schmidt, Otto.

Von den Studierenden des Meisters Itten wurden definitiv aufgenommen:
> Abegg, Elisabeth,
> Stölzl, Gunta,
> Cyrenius, Marie (diese scheidet jedoch wegen mangelhafter technischer Befähigung als Lehrling aus der Metallwerkstatt aus)
> Dicker, Frieda,
> Korner, Sofie,
> Stratenberg, Hildegard,
> Mögelin, Else,
> Terry-Adler, Margit,
> Auböck, Carl,
> Chomton, Werner,

Lipovec, Alfred,
Heller, Walter,
Lutz, Rudolf,
Wottitz, Anny,
Probst, Franz,
Skala, Franz,
Singer, Franz,
Winkelmayer, Richard,
Hirschfeld, Ludwig,
Breuer, Otto,
Peiffer-Watenphul, Max,
Bienert, Marie Luise,
Neumann, Wally,
Roth, Dora.

Für die definitive Aufnahme bis Ende des Sommersemesters wurden zurückgestellt
Hauck, Lilli,
Liesche, Elisabeth,
Meyer-Thalhoff, Margarete,
Wulf, Lene.

Der Studierende
Schneider, Bruno,
welcher nicht mit ausgestellt hatte, soll zur Einreichung von Arbeiten aufgefordert werden.
Wegen ungenügender Fortschritte sollen als Studierende ausscheiden
(Wirsing, Elisabeth),
Braun, Rudolf,
Morgenstern, Milan.

Von den Studierenden des Meisters Feininger wurden definitiv aufgenommen:
Teichgräber, Kurt,
Gilles, Werner,
Schwormstädt, Konrad,
Hilker, Reinhard,
Großberg, Karl,
Langewiesche, Hanna,
Bittkow, Margarete,
Feininger, Julie, Frau,
Reiche, Käte.

Die definitive Aufnahme von
Schön, Margarete,
Schulz, Melanie,
Moller, Julie
wurde bis Schluß des Sommersemesters zurückgestellt.
Wegen ungenügenden Fortschritten sollen als Studierende ausscheiden:
Wirth, Lisa,
Spangenberg, Thea,

Bremer, Gertrud,
Kloidt, Erich.
Der Studierende

Peter Ludwig,
welcher im Wintersemester nur einige Male den Unterricht besucht hat, soll vor den Mei- 5
sterrat geladen werden.
Nicht mit ausgestellt hatten die Studierenden
Müller, Marcella,
Neumann, Gertrud,
Riedel, Gertrud,   10
Oppel, Lissel,
Teichgräber, Hugo,
Kohn, Heinrich,
Feuerstein, Erika.
Diese sollen zur Einreichung von Arbeiten aufgefordert werden.   15

Von den Studierenden des Meisters Marcks wurden definitiv aufgenommen:
Jaspers, Martha,
Friedländer, Margarete,
Driesch, Johannes,
Müller, Theo.   20
Für die definitive Aufnahme bis Ende des Sommersemesters wurde
Schwabacher, Nelly
zurückgestellt.

Von den Studierenden des Meisters Engelmann wurden definitiv aufgenommen:
Kerbe, Arthur,   25
Fuchs, Karl,
Hübner, Franz,
Werner, Otto,
Herzfeld, Anny,
Oberdörffer, Margarete,   30
Böhm, Alfred.
Die definitive Aufnahme von
Hoffmann, Hans
wurde bis Ende des Sommersemesters zurückgestellt.
Hirsch, Betty   35
soll wegen ungenügender Fortschritte als Studierende ausscheiden.

In der Webereiabteilung scheidet
Troschel, Hilde
als Studierende wegen unregelmäßigen Schulbesuches und großer Faulheit aus.
    Die definitive Aufnahme aller anderen Studierenden wurde bis Schluß des Sommerseme- 40
sters zurückgestellt.
In der Buchbindereiwerkstatt wurden definitiv aufgenommen:

Schleyer, Adolf,
Borkowsky, Dolly,
Braune, Ursula.

Schuß der Sitzung 7 1/4 Uhr.

5 *Gropius*
Engelmann   *Feininger*   *Itten*   *Klemm*   *Marcks*   *Thedy*
Kämmer

18

Sitzung des Meisterrates am 13. April 1920

10 [1.]
Beschluß vom 21. April 1920, Zirkular. – Ausfertigung.
ThHStA Weimar, Staatliches Bauhaus Weimar 13, Bl. 184.

DER DIREKTOR
DES STAATLICHEN BAUHAUSES
15 VORM: HOCHSCHULE FÜR BILDENDE KUNST
ZU WEIMAR

Zirkular
Weimar, den 21. April 1920.

Wie bereits in der Sitzung des Meisterrats vom 13. April [1920] besprochen wurde, ist eine
20 Neuverteilung sämtlicher Schülerateliers notwendig. Nach genauester Revision der bestehenden Verhältnisse und Räumlichkeiten mache ich folgenden Vorschlag:

I. Ateliers, die sofort zu räumen sind:	Bemerkungen:
Fischer, Georg an der Anstalt seit April 1912	hat sein Atelier seit 1 Semester nicht benutzt;
25 Meisel, Fritz [an der Anstalt seit] April 1914	hat das Atelier seit 3 1/2 Jahren und benutzt es allein zur Anfertigung von Tunkpapieren, die er in eigenem Geschäftsbetrieb verkauft;
Heffels, Franz [an der Anstalt seit] November 1913	hat, da von Weimar abwesend, das Atelier seit 1 1/2 *Semester*[a] nicht benutzt;

---

a Änderung von W. Gropius; zuvor: *Jahren.*

II. Ateliers, die zum 1. September d[iese]s J[ahre]s aufgesagt werden sollen: Bemerkungen:

*Nehrling, Max	Schüler seit Januar 1911	Alter 33 Jahre	hat sein Atelier 6 3/4 Jahr inne;
Schrammen, Eberhard	[Schüler seit] Januar 1907	[Alter] 39 [Jahre]	hat sein Atelier 9 Jahre inne;
Hercht[b], Tony	[Schüler seit] April 1916	[Alter] 34 [Jahre]	hat ihr Atelier 4 1/2 Jahre inne;
Schmidt-Burgk, Käte	[Schüler seit] Januar 1909	[Alter] 30 [Jahre]	— —
Hartogh, Rudolf	[Schüler seit] Oktober 1910	[Alter] 31 [Jahre]	hat sein Atelier 3 Jahre inne.

III. Atelierverteilung für das jetzige Semester:
a) Prellerhaus: 1. Geschoß   Schmidt und Dellit, Röhl und Heller;
  2. [Geschoß]   Schrammen, Schwormstädt, Hartogh[c] und Löwengard;
  3. [Geschoß]   Auböck und Lipovec, Langewiesche, Breustedt.
b) Hauptgebäude:
  Erdgeschoß: Schmidt-Burgk und von Rathleff-Keylmann
  Obergeschoß: Determann
c) Kunstgewerbeschulgebäude:
  Erdgeschoß: Lindig
  Obergeschoß: Scheper und Riege, Nehrling, Skala.

Ich bitte um Einverständniserklärung.
Gropius

einverst[anden] *Itten*
[einverstanden] *Marcks*
[einverstanden] *Lyonel Feininger*
  Thedy.

* *Nehrling hat das Atelier ein halbes Jahr vor Kriegsbeginn bekommen - wie er mir sagte - u[nd] ist also effektiv, seit er aus dem Felde zurück ist, erst im Besitz desselben. Ich würde im Falle Nehrling vorschlagen, ihm das Atelier noch über den nächsten Winter zu belassen. Sonst sehr einverstanden.*
Klemm.

Betreffs Nehrling unterstütze ich den Antrag Klemm auf das Wärmste. Im übrigen ganz einverstanden.
Berlin, 23. IV. [19]20. Engelmann

In Umlauf bei den Herren des Meisterrates.

---

b Änderung; zuvor: *Herricht.*
c Änderung; zuvor: *Herricht.*

[2.]
Mitteilung an die Werkmeister vom 21. April 1920. - Ausfertigung.
ThHStA Weimar, Staatliches Bauhaus Weimar 14, Bl. 21.

DER DIREKTOR
5 DES STAATLICHEN BAUHAUSES
VORM. HOCHSCHULE FÜR BILDENDE KUNST
ZU WEIMAR

Weimar, den 21. April 1920

An die Werkstättenleiter:
10 Herrn Dorfner   Herr Heidelmann
[Herrn] Slutzki   [Herrn] Kämpfe
[Herrn] Kull   Fräulein Börner
[Herrn] Emmerich
[Herrn] Zaubitzer

15 Wichtig und dringend!

Ich bitte die Werkstättenleiter, die in der gemeinsamen Sitzung vom 13. d[iese]s M[ona]ts
beschlossenen Vorschläge zur Organisation und Ausgestaltung der Werkstätten gemeinsam
mit ihren Studierenden genauestens festzustellen und
     bis zum 25. d[iese]s M[ona]ts
20 zusammen mit einer Aufstellung des Rohstoffbedarfs einzureichen.

Je sorgfältiger die Vorschläge ausgearbeitet sind, desto leichter wird eine schnelle Regelung
den allgemeinen Wünschen entsprechend erfolgen können.

Gropius

[...]^d

25   **19**

                Sitzung des Meisterrates am 14. Mai 1920

[1.]
Protokoll der Sitzung. - Ausfertigung.
ThHStA Weimar, Staatliches Bauhaus Weimar 12, Bl. 46-49.

30 Sitzung des Meisterrats am
Freitag, dem 14. Mai 1920,
nachmittag 5 Uhr.

─────────────

d Streichung; zuvor: *In Umlauf bei den Herren Werkstättenleitern.*

Anwesend:
Architekt Gropius als Vorsitzender,
Meister Engelmann,
[Meister] Feininger,
[Meister] Itten,
[Meister] Klemm,
[Meister] Thedy,
Kämmer als Protokollführer.
Verhindert: Meister Marcks.

Gropius eröffnet die Sitzung kurz nach 5 Uhr und gibt dem Meisterrat einen allgemeinen
Überblick über das, was in letzter Zeit erreicht worden ist.

Für die keramische Werkstatt hat die Staatsregierung das Marstallgebäude und Kavalier-
haus von Schloß Dornburg einschließlich der vorhandenen Möbel zur Verfügung gestellt, so
daß die Übersiedlung dieser Werkstatt sofort stattfinden kann. Weiter hat die Staatsregierung das Finanzamt angewiesen, zur Einrichtung der keramischen Werkstatt in Dornburg
80 000,- Mark zur Auszahlung zu bringen. Verschiedene Studierende haben sich auf zwei
Jahre verpflichtet. Ob der Werkmeister Emmerich mit übersiedeln *wird*, stehe noch nicht
fest. Er stelle eine nicht unbedeutende Gehaltsforderung, wegen der erst mit dem Staatsministerium verhandelt werden müsse. Von der Gemeinde Dornburg ist die Zusicherung gegeben worden, daß jedem Studierenden ein halber Morgen Land zur Bewirtschaftung überwiesen *wird*, so daß die Anfänge für eine Siedlung vorhanden seien. Bis die Einrichtung der
Werkstatt Dornburg fertig sei, hätten die Studierenden Gelegenheit, in der Töpferei des
Herrn Krehan in Dornburg zu arbeiten.

Die Siedlungsfrage in Weimar betreffend, habe das Staatliche Bauhaus die Unterstützung
der Staatsregierung, welche ausreichendes Land zur Verfügung stellen wolle. Das erst in
Aussicht genommene Grundstück an der Berkaer Straße komme wegen Bebauung leider
nicht mehr in Frage. Gropius hoffe jedoch, daß die Staatsregierung ein Grundstück am
Horn, welches sehr gut gelegen sei, zur Verfügung stelle. Für diese Siedlung seien zunächst
Notbauten vorgesehen und zwar
1. eine Baracke, *die* von dem von Herrn Adolf Sommerfeld, Berlin, gespendeten Holz, das
einen Wert von rund 15 000,- Mark habe, gebaut werden soll.
2. Außerdem habe die Stadt zwei Baracken vom Gefangenenlager Ohrdruf à 22 000,- Mark
Kaufgeld angeboten, die vom Bauhaus übernommen werden sollen.

Es wird versucht, von der Staatsregierung zur Bestreitung der Baukosten einen Fonds zu
erhalten, der dem Ministerium gegenüber durch den Stipendienfonds sichergestellt werden könne. Die Verzinsung und Amortisation des Kapitals erfolgt durch die Mieteinnah-
men.

Wegen des Gesamtetats habe Gropius mehrmals im Ministerium vorgesprochen. Die
Regierung hat versprochen, jetzt darüber im Staatsrat zu verhandeln, und [es] habe Gropius, da der Etat nicht vor Zusammentritt des Landtags genehmigt werden kann, beantragt, daß ihm für die Neueinrichtung und Erweiterung der bestehenden Werkstätten
sowie zur Anschaffung von Rohstoffen ein Betrag von 200 000,- Mark sofort zur Verfügung gestellt wird. An die Errichtung weiterer Werkstätten sei jetzt leider nicht zu denken.
Die Einrichtung einer Tischlerei sei wegen der hohen Kosten zur Zeit unmöglich, er habe

jedoch jetzt verschiedentlich verhandelt und hoffe, daß es ihm gelingen wird, in absehbarer Zeit eine schon bestehende Tischlerei unter günstigen Bedingungen übernehmen zu
können.

Die Einrichtung der in letzter Sitzung besprochenen Frauenabteilung sei beendet. Diese
5 Frauenabteilung ist in Raum 10 untergebracht, und [es] schlägt Gropius vor, daß die Aufsicht und die Verwaltung des Materials dieser Abteilung von der Textilwerkstatt mit übernommen wird.

Der Sonderraum für besonders befähigte Studierende konnte leider noch nicht eingerichtet werden, da der Studierende Meisel das betreffende Atelier noch nicht frei gemacht
10 habe.

Die Aussprache über die einzelnen Werkstätten ergab folgendes:
Steinbildhauerei und Gipsgießerei: Meister Engelmann hat mit dem Bildhauer Diedrich verhandelt; dessen Gehaltsforderungen sind jedoch so hoch, daß eine Annahme nicht in Frage
kommen kann. Engelmann ist der Ansicht, daß keine andere erste Kraft billiger zu bekom-
15 men ist und schlägt vor, Kull, dem gekündigt worden war, auf halbe Tage weiter zu beschäftigen. Gropius hält dies für unmöglich, da Kull weder der Gipsgießerei noch der Steinbildhauerei vorstehen könne. Engelmann erklärt sich bereit, [sich] sowohl nach einem
Steinbildhauer als einem Gipsgießer umzusehen.

Holzbildhauerwerkstatt: Für das Sommersemester ist für die Nachmittagsstunden dem
20 Bildhauer Kämpfe der Unterricht übertragen worden, aber auch für diese Werkstatt soll
nach einem anderen Werkmeister weiter gesucht werden.

In der Dekorationsmalerei, in die durch Eintritt neuer Studierender ein frischer Zug gekommen sei und in welcher jetzt die Schüler mit Lust und Liebe arbeiten, fehlt eine Leitung.
Es soll versucht werden, einen in technischer und auch künstlerischer Beziehung geeigneten
25 Vorsteher zu finden und in der Zwischenzeit die Leitung einer Gemeinschaft von Schülern
in Verbindung mit Herrn Heidelmann zu übertragen.

Für die Metallabteilung habe sich Gropius bereits bemüht, Ersatz für Slutzki zu finden,
mit dessen Ausscheiden gerechnet werden müsse.

Mit der Textilwerkstatt soll abgewartet werden, wie sich diese Abteilung weiterentwickelt.
30 Gropius bittet die Meister um ihre Mithilfe, soweit neue Vorsteher gesucht werden müssen.

In der letzten Sitzung waren die Werkstättenleiter aufgefordert worden, bez[ü]gl[ich] der
Selbstverwaltung ihrer Abteilung Vorschläge zu unterbreiten. Die eingegangenen Berichte
sind zum größten Teil sehr dürftig und gehen auf den Kern der Sache nicht ein. Einzig von
35 der graphischen Druckerei waren bez[ü]gl[ich] der Selbstverwaltung bestimmte Vorschläge
unterbreitet worden, und [es] schlägt Gropius vor, zunächst in dieser Abteilung eine Neuorganisation zu schaffen, womit der Meisterrat einverstanden ist.

Gropius teilt mit, daß in letzter Zeit in den einzelnen Aktsälen zu wenig Studierende gearbeitet haben, so daß sich die Haltung eines Modells für jeden Aktsaal nicht lohne, er bitte
40 darum, daß bei ungenügender Beteiligung verschiedene Klassen zusammengelegt werden.

Auf Beschluß des Meisterrats war versucht worden, die Studierenden
Hans Troschel und
Peter Ludwig
vorzuladen. Diese beiden Studierenden haben jedoch im Sommersemester am Unterricht
45 nicht wieder teilgenommen und [so] wird ihr Ausscheiden wegen fortgesetzt unregelmäßi-
gem Schulbesuch beschlossen.

Von
>   Otto Schmidt,
>   Heinrich Kohn,
>   Hugo Teichgräber,
>   Gerda Ebner,
>   Erika Feuerstein,
>   Gertrud Riedel,

welche auf der letzten Schülerarbeitenausstellung nicht mit vertreten waren, werden Arbeiten vorgelegt. Der Meisterrat beschließt:
>   Otto Schmidt und
>   Heinrich Kohn

definitiv aufzunehmen, die Aufnahme von
>   Gerda Ebner

bis Schluß des Sommersemesters zurückzustellen.
>   Erika Feuerstein,
>   Gertrud Riedel und
>   Hugo Teichgräber

sollen wegen mangelhafter Fortschritte als Studierende des Staatlichen Bauhauses ausscheiden. Von
>   Bruno Schneider,

welcher ebenfalls auf der letzten Schülerarbeitenausstellung nicht mit vertreten war, sollen Arbeiten eingefordert werden.

Gropius gibt dem Meisterrat bekannt, welche Studierende trotz mehrfachen Mahnungen mit der Zahlung des Schulgeldes noch im Rückstand sind; die einzelnen Meister wollen, bevor weitere Schritte unternommen werden sollen, mit den einzelnen Studierenden sprechen und zwar Meister Engelmann: —

Meister Feininger:	Oppel, Lissel	
Meister Itten:	Auböck, Carl	Chomton, Werner
	Lipovec, Alfred	
Meister Klemm:	Ziegfeld, Arnold	
Meister Marcks:	Driesch, Johannes	
Meister Thedy:	—	
Weberei:	Pösch, Ilse	Sandmann, Ruth

Den Studierenden
>   Kurt Meyer,
>   Ruth Sandmann,
>   Lissel Oppel und
>   Ilse Pösch

soll vom Sekretariat nochmals geschrieben werden.
Die Schulgelderrückstände von
>   Milan Morgenstern,
>   Hugo Teichgräber,
>   Peter Ludwig,
>   Gertrud Riedel

sollen wegen Aussichtslosigkeit einer gerichtlichen Klage niedergeschlagen werden.

Werner Gilles
wird zur Bestreitung seiner Ateliermiete für die Zeit vom 1. April bis 30. September [1920]
ein Stipendium von monatlich 20,- Mark bewilligt.

In der Architekturabteilung werden folgende Studierende definitiv aufgenommen:

5   Arp, Hans   Linder, Paul
       Neufert, Ernst   Schunke, Gerhard
       Taudte, Fritz   Vogel, Hans
       Runge, Max   Simon-Wolfskehl, Tony.

Brocksieper wird für das W[inter] S[emester] 19]19/20 mit Erlaß beurlaubt.

10 Die Abmeldung von Frau Röhl zum 1. 1. [19]20 wird angenommen.

Die Freistellengesuche gelangen erst in nächster Sitzung zur Beratung; die Gesuchsteller sollen aufgefordert werden, Arbeiten einzureichen.

Gropius verlas ein während der Sitzung eingegangenes Schreiben des Ministeriums, nach welchem dieses seinem Antrag um Überweisung des Kreditfonds in Höhe von 200 000,-
15 Mark Folge leistet.

Schluß der Sitzung 7 Uhr.

Gropius
Engelmann   *Thedy*   *Itten*   *Klemm*   *gel[esen] Marcks*   *Feininger*
Kämmer

20   **20**

                    Sitzung des Meisterrates am 22. Mai 1920

[1.]
Einladung vom 21. Mai 1920. – Durchschrift.
ThHStA Weimar, Staatliches Bauhaus Weimar 80, Bl. 5.

25 Weimar, den 21. Mai 1920

Einladung zu einer Sitzung des Meisterrates am Sonnabend, dem 22. Mai [19]22, nachmittags ¹/₂ 5 Uhr.

Tagesordnung: Bestrafung der Schuldigen wegen der Brüttfigur-Angelegenheit.

Weimar, den 21. Mai 1920

30 Sie werden ersucht, morgen, Sonnabend nachmittag ¹/₂ 5 Uhr im Sekretariat zu erscheinen.

[2.]
Stellungnahmen der Formmeister vom 19. Mai 1920, Zirkular. - Ausfertigung.
ThHStA Weimar, Staatliches Bauhaus Weimar 80, Bl. 3.

Weimar, den 19. Mai 1920

Eilt!

Zu der Angelegenheit des an der Brüttfigur verübten Unsinns folgendes:
    Da sämtliche Herren der Ansicht sind, daß eine Bestrafung erfolgen muß, und da die
Stimmung der Regierung einerseits und des Publikums andererseits sehr gereizt ist, kann
nur eine Bestrafung erfolgen, die auch nach außen sichtbar ist. Wir haben kein anderes
wirksames Mittel als die Entfernung vom Bauhaus. Da die Beteiligten sämtlich anständige
Leute sind, die sich bisher nichts zu schulden kommen ließen, bleibt die Möglichkeit, wie
Engelmann vorgeschlagen hat, die Missetäter im Winter im Bauhaus wieder aufzunehmen.
    Die Regierung, die mich heute Mittag rufen ließ, erwartet einen entscheidenden Schritt.
Wir müssen deshalb, so leid es mir tut, ein Exempel statuieren. Ich erbitte dazu das Einverständnis der Meister. Eine eventuelle spätere Wiederaufnahme der Betroffenen wäre
unabhängig von der jetzigen Entscheidung zu gegebener Zeit zu regeln.

Gropius

einverstanden   *Lyonel Feininger*
einverstanden   *Itten*
[einverstanden]   *Engelmann*   *Natürlich darf von der späteren Idee absolut nichts*
                                               verlauten E
[einverstanden]   *Thedy*
einverst[anden]   *Klemm*
Was Borchers anbetrifft einverstanden! Franke kannte die Weimarer Verhältnisse nicht, ist
m[eines] E[rachtens] nicht so schuldig und sollte nicht ausgeschlossen werden. Marcks

[3.]
Protokoll der Sitzung. - Ausfertigung.
ThHStA Weimar, Staatliches Bauhaus Weimar 12, Bl. 50-51.

Weimar, den 22. Mai 1920.

Sitzung des Meisterrates am
Sonnabend, dem 22. Mai 1920,
nachmittag 1/2 5 Uhr.

Anwesend:
Architekt Gropius als Vorsitzender,
Meister Richard Engelmann,

[Meister] Lyonel Feininger,
[Meister] Johannes Itten,
[Meister] Walther Klemm,
[Meister] Gerhard Marcks,
5 Kämmer als Protokollführer.
Entschuldigt fehlte:
Meister Max Thedy.

Tagesordnung:
Bestrafung der Schuldigen wegen Bemalung der Brüttfigur vor dem Kunstgewerbeschulge-
10 bäude.

Gropius eröffnet die Sitzung kurz nach ¹/₂ 5 Uhr, die er auf Anregung des Meisters Engelmann einberufen habe. Er teilt mit, daß sich die Schuldigen am gleichen Tage nach Verübung des Unfuges freiwillig gestellt hätten und daß er die Untersuchung genau vorgenommen habe. Da die Zirkular-Umläufe über die Angelegenheit verschiedene Ansichten
15 unter den Meistern gezeigt hätten, bitte er die Meister, über die Art der Bestrafung in der
Sitzung Beschluß zu fassen. Nach kurzer Besprechung, an welcher sich namentlich die
Meister Itten, Engelmann, Marcks und Gropius beteiligten, wurde folgender Beschluß gefaßt:
Die Schüler
20   Heinz Borchers,
       Dörte Helm und
       Robert Franke
haben durch den verübten Unfug an der Brüttfigur vor dem Kunstgewerbeschulgebäude den
Ruf des Bauhauses schwer geschädigt.
25   Der Meisterrat hat daher beschlossen, den Leichtsinn und die Respektlosigkeit der Schuldigen gebührend zu ahnden. Heinz Borchers und Dörte Helm trifft als ordentliche Schüler
des Bauhauses die Hauptschuld. Sie werden für das Sommersemester aus der Liste der Studierenden gestrichen. Robert Franke wird ein scharfer Verweis erteilt und ihm die Verpflichtung eines zweiten Probesemesters auferlegt.

30 Schluß der Sitzung ¹/₂ 6 Uhr.

Gropius
Lyonel Feininger   *W. Klemm*   *Marcks*   *Itten*   *Engelmann*
Kämmer

21

Sitzung des Meisterrates am 15. Juni 1920

35 [1.]
Protokoll der Sitzung. – Ausfertigung.
ThHStA Weimar, Staatliches Bauhaus Weimar 12, Bl. 52–53.

Weimar, den 15. Juni 1920.

Besprechung des Meisterrats am
Dienstag, dem 15. Juni 1920,
nachmittags ¹/₂ 5 Uhr.

Anwesend: 5
Architekt Gropius als Vorsitzender,
Meister Johannes Itten,
[Meister] Walther Klemm,
[Meister] Gerhard Marcks,
Kämmer als Protokollführer.   10
Verhindert: Meister Richard Engelmann,
            [Meister] Lyonel Feininger.

Gropius teilt mit, daß er die Herren zu der Besprechung gebeten habe, um mit ihnen die wirtschaftlichen Fragen der Werkstätten zu besprechen. Von dem Kreditfonds seien bis jetzt
[für] über 100 000,– Mark Material und Werkzeuge angeschafft worden. Diese Werte müß- 15
ten wieder hereingebracht werden. Jeder Studierende sehe das Bauhaus aber als billige Ar-
beitsstätte an, dessen Material er benutze, ohne jedoch die fertigen Arbeiten zur Ablieferung
zu bringen. In Anbetracht der hohen Werte, die im Material angelegt seien, müsse unbedingt
darauf gesehen werden, daß sich die Materialkosten durch Verkauf von Arbeiten wieder
decken. Gropius ist der Meinung, daß den Studierenden ein Anreizmittel gegeben werden 20
müsse, ihre Arbeiten zur Ablieferung zu bringen. Er macht folgenden Vorschlag: Alle Werk-
stätten-Arbeiten der Studierenden, auch die Studienarbeiten* und Modelle*, bleiben Eigentum der Schule. Sämtliche Arbeiten haben die Jury des Meisterrats zu passieren und [es] werden die vom Meisterrat für den Verkauf für gut befundenen Arbeiten mit 50% des
geschätzten Arbeitswertes bezahlt und außerdem den Studierenden eine Beteiligung von 25
33 ¹/₃ % am Gewinn beim Verkauf des Gegenstandes, und wenn der Verfertiger dann noch
Schüler des Bauhauses ist, zugesichert.
    Von allen anderen Arbeiten, die von der Jury nicht für den Verkauf geeignet gehalten wer-
den, zahlt das Bauhaus dem Schüler 25% des geschätzten Arbeitswertes. Diese Sachen werden entweder vernichtet oder auseinandergenommen und das noch brauchbare Material 30
den Werkstätten wieder zugeführt.
    Das Material von allen Arbeiten, die die Schüler verderben, muß von diesen bezahlt werden.
    Um die erforderlichen Mittel zur Bezahlung des Arbeitswertes an die Studierenden zu be-
kommen, will Gropius vom Kreditfonds 10 [000] bis 20 000,– Mark zur Deckung zurückhalten.   35
    Gropius hält eine engere Verbindung zwischen Klasse und Werkstatt für nötig. Er bitte die
Meister, doch mit dahin wirken zu wollen, daß nicht allein zwischen diesen, sondern auch
zwischen den Meistern selbst und den Werkstätten ein engerer Kontakt geschaffen wird. Die
Schüler sollten, wenn sie eine neue Arbeit beginnen wollen, sich stets mit ihrem Meister in
Verbindung setzen, so daß diese ihren Einfluß auf die Art und Ausführung der Arbeiten aus- 40
üben können.
    Gropius ist dafür, daß die Studierenden für ihre Arbeiten nicht Geld, sondern Naturalien:
Kleidung, Wäsche, Schuhe usw. nach Maßgabe der Leistungen erhalten. Ebenso soll in Zu-

kunft mit den Freitischen verfahren werden. Durch diese Art der Entschädigung für die Mitarbeit der Studierenden würden diese nicht das Gefühl einer Schenkung haben, wie es bisher z. B. bei den Freitischen empfunden worden sei. Die wirtschaftliche Lage einer großen
Anzahl von Studierenden sei jetzt geradezu katastrophal. Gropius hoffe, den Studierenden
wesentlich helfen zu können. Er habe bereits mit den maßgebenden Stellen Fühlung genommen und hoffe, Kleidung, Wäsche usw. in größeren Posten kaufen zu können und zu
viel billigeren Preisen, als dies den Einzelnen möglich wäre.
    Der Meisterrat ist mit den Vorschlägen von Gropius einverstanden.
    Gropius berichtet weiter über seine Bemühungen, tüchtige Werkstättenleiter zu finden.
1. Wegen eines Werkmeisters für die graphische Druckerei habe er sich mit Herrn Werkmeister, Berlin, in Verbindung gesetzt, der versuchen wolle, einen Kupferdrucker aus der
Reichsdruckerei für uns zu erhalten.
2. Der von Professor Gaul über Engelmann vorgeschlagene Bildhauer Nick habe Arbeiten
eingesandt. Er halte diesen auf Grund der vorgelegten Abbildungen seiner Arbeiten und Pa-
piere nicht für geeignet, da er zweifellos Künstlerehrgeiz an den Tag lege. Gropius ist der Ansicht, daß ein tüchtiger Steinmetzmeister vielleicht am besten wäre und [deshalb] will er sich
mit den Steinmetzinnungen in Verbindung setzen. Itten empfiehlt, unter Bezugnahme auf
ihn, bei dem Bildhauer Anton Sandig, Wien III, Hinzergasse 4, anzufragen, ob dieser vielleicht dem Bauhaus eine geeignete Kraft empfehlen könne.
3. Wegen eines Goldschmiedes stehe Gropius mit verschiedenen Herren in Verbindung.
Schmuckstücke des Goldschmiedes Schabbon werden gezeigt und finden Beifall.

Itten erwähnt verschiedene Gerüchte, die in der Stadt über das Bauhaus kursieren. Die Herren sind der Ansicht, diese einfach zu ignorieren.

Schluß der Sitzung 3/4 6 Uhr

Gropius
Engelmann   Marcks   Itten
    * Sind auch Aktzeichnungen, Oelstudien etc. abzuliefern? Auch Gipsmodelle? Werden solche
    auch mit ev[tl]. 50 % vergütet? Was heißt der Begriff „Arbeitswert"?[a]
Feininger   Klemm
Kämmer

[2.]
Mitteilung an den Meisterrat vom 22. Juni 1920. – Ausfertigung.
ThHStA Weimar, Staatliches Bauhaus Weimar 14, Bl. 23.

In der Schülerversammlung vom 16. Juni [1920] habe ich die in der Besprechung vom 15.
d[iese]s M[ona]ts aufgestellten Grundzüge mit den Schülern besprochen. Ich bitte die Meister mir zu helfen, daß wir bald zu Resultaten kommen und darauf hinzuwirken, daß die
Schüler wirklich ihre Arbeiten an das Sekretariat abliefern. Damit die Beurteilung der Ar-

---

a Zusatz von J. Itten.

beiten nicht zu zeitraubend und umständlich wird, mache ich den Vorschlag, daß die Beurteilung der Gegenstände nicht jedesmal ein Zusammenrufen des gesamten Meisterrats erfordert, sondern daß die Stimme desjenigen Meisters, bei dem der Schüler eingetragen ist
und meine Stimme genügen. In zweifelhaften Fällen wird der Gegenstand für die nächste
Meisterrats-Sitzung zurückgestellt. Ich bitte um Einverständnis.   5

Weimar, den 22. Juni 1920

Gropius

Vorzulegen:
Meister R. Engelmann   *Engelmann*
[Meister] L. Feininger   *Feininger*   10
[Meister] J. Itten   *Itten*
[Meister] W. Klemm   *Klemm*
[Meister] G. Marcks   *Marcks*

22

Sitzung des Meisterrates am 20. September 1920   15

[1.]
Einladung mit Tagesordnung an die Formmeister vom 17. September 1920. – Durchschrift.
ThHStA Weimar, Staatliches Bauhaus Weimar 12, Bl. 54.

17. September 1920

An die Herren des Meisterrats: 20
Herrn Dir[ektor] Gropius   Meister: Engelmann
[Herrn] Kämmer   Feininger
                                       Itten
                                       Klemm
                                       Marcks   25
                                       [...]ª

Weimar

1 Anlage.

Zu der am Montag, dem 20. d[iese]s M[ona]ts, pünktlich ¹/₂ 5 Uhr nachmittags stattfindenden Meisterratssitzung mit nachstehender Tagesordnung werden Sie hierdurch eingeladen. 30

---

a Streichung; zuvor: *Thedy.*

Der Direktor des Staatlichen Bauhauses

Tagesordnung:
1. Bericht über den Stand der Einrichtungen (Budget, Dornburg usw.), Rückblick auf das bis- her Geleistete; Änderungsvorschläge: Zur Förderung der bisher nicht erreichten Verbin-
5 dung zwischen den Werkstätten einerseits und den Meistern andererseits wird ein obliga- torischer Vorunterricht für alle in den Werkstätten Arbeitenden in Vorschlag gebracht.
2. Verbesserte Fassung des allgemeinen Bauhaus-Programms (s[iehe] Anlage).
3. Statutennachträge und -abänderungen; erste Lesung.
4. Berufung neuer Lehrkräfte (Werkstättenleiter).
10 5. Besondere Wünsche für den aufzustellenden Winterlehrplan?
6. Antrag der Schüler über Mitbestimmungsrecht bei endgültigen Aufnahmen und Entlas- sungen?
7. Stellungnahme des Meisterrats zu der neuen Weimarer Malschule.
8. Anfrage der Münchener Gewerbeschau 1922 wegen Mitbeteiligung.
15 9. Verteilung der Lehrräume im Winter.

[2.]
Protokoll der Sitzung. – Ausfertigung.
Bauhaus Archiv Berlin, Archiv W. Gropius, Meisterratsprotokolle. Durchschrift in: ThHStA Weimar, Staat- liches Bauhaus Weimar 12, Bl. 55-60.

20 Weimar, den 20. September 1920.

Sitzung des Meisterrats
am Montag, dem 20. September 1920,
nachmittags 1/2 5 Uhr.

Anwesend:
25 Architekt Gropius als Vorsitzender
Meister Richard Engelmann
[Meister] Lyonel Feininger
[Meister] Johannes Itten
[Meister] Walther Klemm
30 [Meister] Gerhard Marcks
Kämmer als Protokollführer.

Tagesordnung:
1. Bericht über den Stand der Einrichtungen, Budget, Dornburg usw., Rückblick auf das bis- her Geleistete; Änderungsvorschläge: Zur Förderung der bisher nicht erreichten Verbin-
35 dung zwischen den Werkstätten einerseits und den Meistern andererseits wird ein obli- gatorischer Vorunterricht für alle in den Werkstätten Arbeitenden in Vorschlag gebracht.
2. Verbesserte Fassung des allgemeinen Bauhaus-Programmes.
3. Statutennachträge und -abänderungen; erste Lesung.
4. Berufung neuer Lehrkräfte (Werkstättenleiter).

5. Besondere Wünsche für den aufzustellenden Winterlehrplan?
6. Antrag der Schüler über Mitbestimmungsrecht bei endgültigen Aufnahmen und Entlassungen?
7. Stellungnahme des Meisterrats zu der neuen Weimarer Malschule.
8. Anfrage der Münchener Gewerbeschau 1922 wegen Mitbeteiligung.   5
9. Verteilung der Lehrräume im Winter.

Zu Punkt 1 der Tagesordnung, Bericht über den Stand der Einrichtungen und Rückblick auf
das bisher Geleistete, führt Gropius folgendes aus:
   Der Etat des Bauhauses ist, nachdem er vom Landtag Sachsen-Weimar genehmigt, nunmehr auch vom Finanzrat von Thüringen bestätigt worden. Allerdings wurde die Pensions- 10
berechtigung der Meister gestrichen; nach Aussage der Regierungsvertreter ist diese Angelegenheit aber nicht als abgelehnt zu betrachten, sondern wird weiter verfolgt. Außer dem
Etat, der in Ausgabe und Einnahme mit rund 280 000 Mark abschließt, sind vom Landtag
und Finanzrat auch die Kreditfonds zur Einrichtung von Werkstätten und Anschaffung von
Materialien in Höhe von 355 000 Mark bewilligt worden. Weiter ist die Regierung durch den 15
Landtag ermächtigt, die Gehälter der im Etat vorgesehenen Hilfsmeister und Arbeiter den jeweils im freien Handwerk gültigen Löhnen anzupassen.
   Mit dieser Bewilligung, die den Abschluß der langen Kämpfe des Bauhauses bildet, ist endlich das Bauhaus von der öffentlichen Staatsregierung anerkannt worden, und zwar durch
die gleichzeitige Bewilligung einer Altweimarer Malschule nebenher ist der „radikale" Cha- 20
rakter des Staatlichen Bauhauses offiziell geworden.
   Die keramische Werkstatt zu Dornburg ist so weit fertiggestellt, daß der Betrieb im Oktober eröffnet werden kann. Die Lernenden, zur Zeit zehn, haben in den oberen Räumen des
Marstallgebäudes Wohnung gefunden und führen eine gemeinsame Küche. Die Möbel zur
Einrichtung der Schülerwohnungen sind uns vom Hofmarschallamt gegen eine mäßige 25
Summe käuflich überlassen worden. Die äußeren Umstände in Dornburg sind vielversprechend; der internathafte Charakter kommt am meisten dem entgegen, was das Bauhaus beabsichtigt. Eine Gefahr ist nur, daß diese Werkstätte von der Zentrale abreißt, wenn nicht
durch Voraussicht vorgebeugt wird.
   Die graphische Druckerei wurde durch einen Raum vergrößert und die Einrichtung die- 30
ser Werkstatt durch Anschaffung einer neuen Presse und verschiedener anderer Werkzeuge
und eines Stammes von Material vervollständigt.
   Für die neu gegründete Frauenabteilung ist eine größere Menge Material angeschafft worden, so daß die Lernenden Möglichkeit zur Ausführung verschiedenartiger Arbeiten haben.
Es ist bereits viel Material von Frauen entnommen worden, fertige Arbeiten sind dagegen 35
noch wenige eingeliefert. Es ist wichtig, daß die Meister um der sehr schwierigen wirtschaftlichen Fragen des Bauhauses willen allenthalben darauf dringen, daß die Lernenden fertige
Arbeiten abliefern.
   Neu *eröffnet*[b] wird im Oktober im Raum 12 des Werkstättengebäudes eine Glasmalerei.
Bei Einrichtung dieser Werkstatt und beim Einkauf der Gläser ist uns Glasmaler Kraus in 40
Weimar behilflich gewesen, der auch künftig dieser Werkstatt sein Interesse widmen und uns
für Brände seinen Ofen zur Verfügung stellen will. In diese Werkstatt sollen nur wenige reife

---

b Änderung; zuvor: *eingerichtet*.

Lernende zugelassen werden. Die Anstellung eines besonderen Werkmeisters wird vorläufig
nicht beabsichtigt.

Die Bibliothek ist durch Hinzunahme eines Raumes als Leseraum neu eingerichtet worden; es war durch einfaches Ausbrechen einer Wand möglich. Bei der Regelung der Biblio-
5 thek hilft eine Kommission der Lernenden mit.

Die bisher eingerichteten Werkstätten haben im verflossenen Schuljahr wesentliche Ergebnisse noch nicht gebracht. Am besten arbeitete die Kunstdruckerei, an deren Lehrlinge, die
an der Erledigung von Aufträgen mitgearbeitet haben, eine Vergütung von rund 650 M[ar]k
gezahlt werden konnte.

10 Bericht über die Siedlungsangelegenheit. Der Staat hat ein Grundstück am Horn überwiesen, daran anschließend hat das Bauhaus vom Kammergut Oberweimar 7 000 qm Land
gepachtet, die nach Ablauf der Pachtzeit uns gleichfalls vom Staat überwiesen werden. Die
Siedlung muß mit großer Vorsicht behandelt werden, damit nicht hier wie allenthalben sonst
durch die Unreifheit der Siedler im Beginn schon der Keim zum Ende gelegt wird. Es sollte
15 nur so viel geschehen, wie sich als unbedingt nötig aus dem Bedürfnis der Meister und Lernenden ergibt. Ein Prüfstein, wie ernst die Lernenden an diese Frage mit herangehen, wird
zunächst die Teilnahme an der Feldbebauung ergeben, die in diesem Herbst noch in Angriff
genommen wird. Gropius bittet die Meister, an der Siedlungsfrage mitzuarbeiten, auch durch
Hergabe schriftlich skizzierter Ideen. Sämtliche Lernenden sind aufgefordert, ein Gleiches
20 zu tun; aus der Summe der Vorschläge soll dann das Beste zusammengetragen werden. Erst
wenn ein klarer einheitlicher Plan möglich ist, wird an die *grundsätzliche* Lösung der [...] c
bereits eingeleiteten Geldbeschaffungsfrage getreten.

Um die Not unter den Lernenden zu steuern, hat Gropius sich bemüht, fertige Kleidung
und Wäsche billig zu erhalten. Von der Reichsbekleidungsstelle haben wir Anzüge und auch
25 neue Wäsche zu billigen Preisen bekommen. Weitere Schritte sind unternommen worden.
Durch die zentrale Beschaffung der Kleidungsstücke soll ermöglicht werden, den Angehörigen des Staatlichen Bauhauses diese billiger zu verschaffen, als es für sie im freien Handel
möglich ist. Es soll sich dabei nicht um Almosen und Geschenke handeln, sondern die Gegenstände sollen nur gegen Arbeitsleistungen abgegeben werden. Um den Bargeldumlauf
30 möglichst einzuschränken, ist geplant, nur im Bauhaus gültige Geldmarken auszugeben, für
die die Lernenden in der Kantine Essen, in der Verkaufsstelle Ware oder *durch das Sekreta-*
riat Wäsche und Kleider beziehen können. [...] d

Weiter berichtet Gropius über die Bauhausabende im verflossenen Lehrjahre. Der wirtschaftliche Abschluß weist zwar einen Fehlbetrag von rund 1 200 Mark auf, der dadurch ent-
35 standen ist, daß auch die Bemalung des Oberlichtsaales mit aus dem Erlös der Bauhausabende gedeckt werden sollte. Für den kommenden Winter ist uns ein Blüthner-Flügel gratis
zur Verfügung gestellt worden. Verschiedene Zusagen von wichtigen Künstlern liegen bereits vor. Um der Idee des Bauhauses willen fanden wir überall Entgegenkommen bei den
darbietenden Künstlern.

40 Nach diesem allgemeinen Bericht erklärte es Gropius für notwendig, da das Bauhaus
einen gewissen äußeren Abschluß nunmehr erreicht hat, einmal rücksichtslos Revision zu

---

c   Änderung; zuvor: *die Lösung der grundsätzlich.*
d   Streichung; zuvor: *Es erscheint wünschenswert, daß die Bauhausabende auch in diesem Jahre wieder ein-*
    gerichtet werden, da sie viele Anregungen gebracht haben.

halten, was bisher geleistet sei und was dagegen nicht erreicht worden wäre. Er habe selbst das
Programm des Bauhauses und seinen ganzen Aufbau in letzter Zeit gründlich revidiert und die
Änderungen seien zum Teil zu Papier gebracht den Meistern zugegangen. Die positiven Ergebnisse des Bauhauses seien bisher außerordentlich gering. Das, was als neu erreicht vielleicht angesehen werden könne, sei eine gewisse starke Krisenluft, in der die Lernenden zu   5
ernsthaften eigenen Erlebnissen kämen. Das ist zweifellos eine wichtige Voraussetzung, aber
nunmehr muß auch erreicht werden, daß eine Arbeitsluft entsteht. Die Absicht des Bauhauses
sei es gewesen, die Lernenden von zwei Seiten zu befruchten, einmal von künstlerischer, zum
andern von handwerklicher Seite. Da Persönlichkeiten, die beides in hohem Maße besitzen,
heute nicht existieren, sei man zu der Regelung geschritten, wie sie im Bauhaus bisher üblich   10
sei: jedem Lernenden zwei Meister zu geben, einen technischen und einen künstlerischen. Das
Wichtigste aber, die Verbindung zwischen diesen beiden Lehr*kräften* [e], sei bisher nicht erreicht
worden bis auf einzelne Fälle. Es fehlt noch die gegenseitige Durchdringung des Formunterrichts mit dem Werkstättenunterricht. Hier muß eine gründliche Änderung eingreifen. Es
scheine, daß der psychologische Moment jetzt vorhanden sei, um den Lehrplan straffer zu ge-   15
stalten und damit auf die Arbeit der Lernenden anregend zu wirken. Es erscheine notwendig,
einen obligatorischen Vorunterricht für alle in den Werkstätten Arbeitenden einzuführen.

Zu Punkt 2 der Tagesordnung:
Die vorstehenden Anregungen, mit denen die Meister sich grundsätzlich einverstanden erklären, werden gleichzeitig mit Punkt 2 der Tagesordnung verhandelt. Herr Itten erklärt sich   20
bereit, diesen obligatorischen Vorunterricht zu übernehmen und zwar in einer solchen
Form, daß der Kontakt mit den Werkstätten möglichst innig gewahrt bleibt. Als Ergänzung
zu diesem Unterricht schlägt Gropius ferner einen obligatorischen Werkzeichenunterricht
vor, an dem ebenfalls alle in den Werkstätten Arbeitenden teilzunehmen hätten. Dieser Unterricht soll vom einfachen Zeichnen der theoretischen Projektion und der darstellenden   25
Geometrie zum Darstellen von Gegenständen und Architekturteilen im Grundriß, Aufriß
und Schnitt führen, rein vom zeichnerischen Standpunkt aus ohne künstlerische Beeinflussung, die dem Formunterricht überlassen bleibt. Diesen Unterricht *schlägt* [f] Gropius *vor*,
dem Tischlermeister und Architekten Vogel aus Kiel zu übergeben, mit dem er in Unter-
handlungen wegen einer neu einzurichtenden Tischlerei stehe, die als wichtigste Werkstatt   30
nunmehr mit den bewilligten Mitteln sofort eingerichtet werden solle. Auf Anfrage erklären
sich die Meister mit diesen Vorschlägen bereit.
    Gropius stellt die Schwierigkeiten wirtschaftlicher Natur des Bauhauses dar und bittet die
Meister, sparen zu helfen und ihren Einfluß auf die Schüler auszuüben, damit sie die aus Material des Bauhauses gefertigten Arbeiten fertig zur Ablieferung bringen.   35
    Weiter bittet er die Meister um Mithilfe zur Schaffung einer Materialiensammlung für
sämtliche Werkstätten und bittet um Adressen und Vorschläge.
    Bei der Besprechung der Werkstätten im Einzelnen führt Gropius aus, er sei sich klar, daß
das Bauhaus sich auf allen Gebieten schrittweise den Boden erkämpfen muß. Die Wichtigkeit der Forderung, die Lernenden sollen bei der Handwerkskammer einen regelrechten   40
Lehrbrief übernehmen, sei nach wie vor vorhanden. Auf andere Weise sei es nicht möglich,

---

e Änderung von W. Gropius; zuvor: *Lehrstätten.*
f Änderung; zuvor: *gedenkt.*

in das morsch gewordene freie Handwerk Bresche zu schlagen. Wenn wir uns nicht den gleichen Pflichten unterziehen wie der freie Handwerker, so wird dieser uns immer als Dilettant
bezeichnen. Nur deshalb sei die *Gesellen- und* g Meisterprüfung wichtig, nicht um des Ex-
amens selbst willen. Aus diesem Grunde sei es aber auch erforderlich, daß die Werkstätten-
5 leiter sämtlich das Lehrrecht (Meisterbrief) von der Handwerkskammer besitzen. Der Werkmeister der Metallabteilung Schabbon hat sich um die Meisterprüfung in Weimar beworben,
sei aber in der praktischen Prüfung auf Grund derselben Arbeiten, um derentwillen ihn das
Bauhaus berufen habe, durchgefallen. Gropius führt das auf die Rückständigkeit der Mitglieder des Prüfungsausschusses zurück. Diese seien Kaufleute, vom Handwerk nur wenig
10 verstehend und ohne Berechtigung, ihren mangelhaften Geschmack als ausschlaggebend in
die Waagschale zu werfen. Er erklärt, gegen die Entscheidung der Handwerkskammer vorgehen zu wollen, indem er durch Einholung von Gutachten bekannter und künstlerisch tüchtiger Goldschmiede im Lande die hiesigen Meister blamieren wolle.
    Heidelmann hat sich wohl aus Konkurrenzfurcht gegenüber seinen Kollegen in der Stadt
15 von der Leitung der Werkstatt für Wandmalerei zurückgezogen. Der Meisterrat kommt auf
Vorschlag von Gropius zu der Ansicht, daß es für die Abteilung von Vorteil wäre, wenn die
Leitung dem Studierenden Skala übertragen würde, der große technische Kenntnisse habe,
über die nötige Energie verfüge und auch künstlerische Qualität besitze. Skala sei nicht abgeneigt, das Amt zu übernehmen, er muß jedoch vorerst versuchen, ob er in Wien das Lehr-
20 recht auf Grund seiner früheren Tätigkeit erwerben kann.
    Gropius teilt mit, er habe mit der Regierung besprochen, daß die Gehälter für Thedy und
Rasch ab 1. 4. [19]20 auf den Etat der neuen Schule übernommen werden. Ein Ersatz für
den ausfallenden anatomischen Unterricht des Herrn Professor Rasch wird vorerst nicht für
nötig gehalten, da ein Bedürfnis nach einem solchen Unterricht zur Zeit nicht vorliegt.
25 Dr. Köhler ist im Wintersemester 1920/21 verhindert, kunstgeschichtliche Vorträge zu
halten. Der Meisterrat ist dafür, daß zunächst nur Einzelvorträge stattfinden.

Punkt 3 der Tagesordnung: Statutennachträge und -abänderungen; erste Lesung.
Gropius bringt dem Meisterrat verschiedene [...] h Änderungen der Satzungen zur Kenntnis.
Gropius schlägt vor, die Ausstellungsordnung aus den Satzungen herauszulassen, um weder
30 die einzelnen noch die Gesamtheit des Staatlichen Bauhauses zu binden. Der Meisterrat
habe es auf Grund der ihm beigelegten Rechte in der Hand, Ausstellungen zu verhindern
oder einzuleiten. Der Meisterrat beschließt, die Ausstellungsordnung zu streichen. Es wird
beschlossen, die Statuten erneut bei den Meistern in Umlauf zu setzen, damit sich jeder einzelne Meister vor der zweiten Lesung damit beschäftigen kann.

35 Punkt 4 der Tagesordnung: Berufung neuer Lehrkräfte (Werkstättenleiter).
Gropius berichtet, daß er damit beschäftigt sei, einfache Lehrpläne für alle Werkstätten aufzustellen, die den stofflich-technischen Inhalt des Lehrganges klarstellen sollen. Nach Aufstellung der Pläne würden sie im Meisterrat in Umlauf gesetzt; sie sollen später mit den Statuten zusammen gedruckt und den anfragenden Studierenden und an die Werkstätten selbst
40 gegeben werden.

---

g Änderung; zuvor: *dieselbe Meisterprüfung.*
h Streichung; zuvor: *kleine.*

In der Besetzung der Werkstättenleiterstellen seien verschiedene Änderungen nötig geworden. Gropius wolle grundsätzlich solche Anstellungen zunächst nur provisorisch machen, denn es sei das schwierigste Problem im Bauhaus, hierfür die geeigneten Persönlichkeiten zu finden.

Anfang Oktober wird an Stelle des ausscheidenden Bildhauers Kull Herr Krause die Leitung der Steinbildhauerei und Gipsgießerei übernehmen.   5

Für die Holzbildhauerwerkstatt ist Herr Kämpfe zunächst provisorisch verpflichtet worden.

Für die Übernahme der Leitung der neu einzurichtenden Tischlerei, für die schon heute ca. 15 Anwärter vorhanden sind, wird mit Herrn Vogel, Kiel, verhandelt, der eine Persönlichkeit zu sein scheint, die wir gebrauchen können. Vogel würde auch den Werkzeichenunterricht mit übernehmen können.   10

Der Werkmeister der keramischen Abteilung Emmerich hat, nachdem er selbst eingesehen, daß er sich zur Leitung dieser Werkstatt nicht eigne, um seine Entlassung gebeten. Es sind Verhandlungen mit dem Töpfermeister Krehan in Dornburg wegen Übernahme der Werkstättenleitung angeknüpft worden. Krehan, der eine eigene Töpferei in Dornburg betreibt, hat sich sehr um die Einrichtung unserer keramischen Werkstatt bemüht und dabei bereits bewährt. Er   15 ist ein ausgezeichneter Praktiker, von dem unsere Lernenden sehr viel Nutzen haben werden.

In der Kunstdruckerei sind die Lernenden in eine Art Krisenstimmung geraten und tragen sich mit dem Gedanken umzusatteln. Der Grund liegt in dem reproduktiven Charakter dieses Handwerkszweiges. Die künstlerische Seite der dortigen Lehrlinge wird durch das bloße Drucken zu wenig angeregt. Gropius gibt zu erwägen, daß Meister und Schüler eigene Arbeiten heraus- 20 geben, z. B. Mappenwerke von graphischen Blättern oder illustrierte Bücher, die in der Cranachpresse oder in einer anderen Druckerei gesetzt werden könnten. Klemm teilt mit, daß er die Absicht habe, die Schüler an einem Werk mitarbeiten zu lassen, er hofft, dadurch viel zur Beseitigung der jetzigen Stimmung beitragen zu können. Weiter hält Klemm die Anstellung eines Kupferdruckers für nötig. Gropius schlägt hierfür den Schüler Chomton als Hilfsarbeiter vor. 25

Gropius weist darauf hin, daß im Etat 7 Meister vorgesehen, mithin zwei Meisterstellen frei seien. Er schlägt vor, den Maler Georg Muche mit Sitz und Stimme im Meisterrat zu wählen. Muche würde auch einen Teil des Formenunterrichts mit übernehmen. Itten, Feininger und Marcks stimmen zu; Engelmann und Klemm wünschen Arbeiten von Muche zu sehen, da sie ihn wenig kennen. Der Beschluß über die Wahl von Muche soll durch Zirkular 30 herbeigeführt werden.

Punkt 5 der Tagesordnung: Besondere Wünsche für den aufzustellenden Winterlehrplan; wird bis zur nächsten Sitzung zurückgestellt.

Punkt 6 der Tagesordnung: Antrag der Lernenden, bei endgültigen Aufnahmen und Entlassungen gehört zu werden, wird einstimmig in der Form genehmigt, daß bei definitiven Auf- 35 nahmen die betreffende Liste der Lernenden den Obleuten zur Äußerung übergeben wird.

Zur Frage der Schülervertretung äußert sich Herr Itten, man müsse darauf dringen, daß die Schüler, wenn sie für einen bestimmten Zeitraum ihre Vertretung gewählt haben, damit die Verpflichtung eingehen, für die Dauer dieses Zeitraumes die Maßnahmen dieser Obleute hinzunehmen, ohne fortwährend daran zu kritisieren. Die Funktionen der Obleute müssen 40 scharf begrenzt werden; Gropius stimmt bei und sagt entsprechende Maßnahmen zu.

Zur Frage der Aufnahmegesuche äußert sich Itten, er halte es für richtiger, wenn bei der Aufnahme weiterziger verfahren, dagegen nach Ablauf des Probesemesters stark gesiebt würde. Gropius hält ihm entgegen, daß eine zu große Zahl Neuaufnahmen die Unruhe ver-

mehren und außerdem erhebliche wirtschaftliche Schwierigkeiten in Bezug auf Raum und
Beköstigung in der Kantine eintreten würden. Er tritt für scharfe Aussonderungen gleich bei
den Aufnahmen ein, vor allem bei dem der Zahl nach zu stark vertretenen weiblichen Ge-
schlecht. Itten schlägt vor, es sollten präzise Forderungen für das Probesemester der Schüler
5 aufgestellt werden, so daß sie von vornherein klar umrissene Grenzen für ihre erste Tätigkeit im Bauhause in Händen haben. Gropius und die anderen Meister begrüßen diesen Vorschlag und bitten Itten, ein entsprechendes Formular aufzusetzen; Itten sagt das zu.

Zu Punkt 7 der Tagesordnung: Stellungnahme des Meisterrats zu der neuen Weimarer Malschule verliest Gropius die letzte von allen unterschriebene Eingabe des Meisterrats an das
10 Staatsministerium, um es den Meistern in Erinnerung zu rufen. Er bemerkt, daß kein Anlaß
vorliege, die Schule zu bekämpfen, daß er aber unter keinen Umständen von dem in obiger
Eingabe festgelegten Standpunkt bez[ü]gl[ich] der Raumfrage abgehen werde.

Zu Punkt 8 der Tagesordnung: Anfrage der Münchener Gewerbeschau 1922 wegen Mitbeteiligung teilt Gropius mit, daß er den Antrag erhalten habe, die Leitung der Abteilung
15 Thüringen für die Münchener Gewerbeschau zu übernehmen. Er habe mitgeteilt, daß er
seine Mitwirkung nur dann zusagen könne, wenn das Bauhaus im ganzen zur Ausstellung
aufgefordert und ihm die Aufführung eines ganzen, *eigenen* Gebäudes zugestanden würde,
vorausgesetzt, daß zu dem entscheidenden Termin sich das Bauhaus selbst in der Lage fühlt,
ein solches Werk zu übernehmen. Die Angelegenheit sei vollkommen in der Schwebe, er
20 habe die Forderungen in diesem Sinne präzisiert, um dem Bauhaus keine Wege zu verbauen.

Zu Punkt 9 der Tagesordnung: Verteilung der Lehrräume im Winter wird bis zur nächsten
Sitzung zurückgestellt.

Schluß der Sitzung 7 Uhr.

Gropius
25 *Itten   Klemm   Marcks   Feininger   Engelmann*
Kämmer

23

Sitzung des Meisterrates am 8. und 9. Oktober 1920

[1.]
30 Einladung mit Tagesordnung an die Formmeister vom 7. Oktober 1920. – Durchschrift.
ThHStA Weimar, Staatliches Bauhaus Weimar 12, Bl. 61.

7. Oktober 1920

An die Mitglieder des Meisterrats:
Meister: Engelmann   Marcks
35   Feininger   Muche

          Itten
          Klemm
Herrn   Direktor Gropius
[Herrn]   Kämmer

Zu der morgen, Freitag nachmittag ¹/₂ 5 Uhr in der Bibliothek stattfindenden Meisterrats-   5
sitzung mit nachstehender Tagesordnung werden Sie hierdurch eingeladen.

Der Direktor:

Tagesordnung:
1. II. Lesung der Satzungen
2. Werkstättenordnung   10
3. Handhabung des Probesemesters
4. Studienpläne
5. Verteilung der Lehrräume
6. Definitive Aufnahmen
7. Verschiedenes   15

G[ropius]

[2.]
Protokoll der Sitzung. – Ausfertigung.
ThHStA Weimar, Staatliches Bauhaus Weimar 12, Bl. 62–65.

Weimar, den 8. Oktober 1920.   20

Sitzung des Meisterrats am
Freitag, dem 8. Oktober 1920,
nachmittags ¹/₂ 5 Uhr.

Anwesend:
Architekt Walter Gropius als Vorsitzender,   25
Meister Lyonel Feininger,
[Meister] Richard Engelmann,
[Meister] Johannes Itten,
[Meister] Walther Klemm,
[Meister] Gerhard Marcks,   30
[Meister] Georg Muche,
Kämmer als Protokollführer.

Gropius eröffnet die Sitzung ¹/₂ 5 Uhr und begrüßt als neues Mitglied des Meisterrats Herrn
Georg Muche.

Zu Punkt 1 der Tagesordnung: II. Lesung der Satzungen teilt Gropius mit, daß von einigen   35
Herren verschiedene Änderungsvorschläge gemacht worden wären; er habe es deshalb für

gut gehalten, den ganzen ersten Teil der Satzungen nochmals ganz umzuarbeiten. Die neue Fassung liegt dem Meisterrat vor. Bei Beratung dieser wird § 1 unverändert genehmigt, bei § 2 wird auf Vorschlag von Itten am Schluß noch hinzugefügt: „Meister werden berufen", §§ 3, 4 und 5 werden unverändert angenommen, desgleichen die neue Fassung von Absatz 2
5   des § 6: Rechte und Pflichten der Studierenden.

Über die Fassung der Statuten betreffend Berufung und Entlassung von Meistern folgt eine längere Besprechung, an der sich alle Meister beteiligen. Alle Meister einigen sich darauf, daß bei Berufung und Entlassung der Meisterrat beratende Stimme hat.

Für § 15 Absatz 4 wird folgende Fassung angenommen: „Die Berufung und Entlassung
10   des Leiters erfolgt durch das Kultusministerium auf Vorschlag des Meisterrats. Die Berufung und Entlassung [...]ᵃ des Syndikus und der Meister des Bauhauses erfolgt durch die Leitung im Rahmen des Etats mit Genehmigung des Kultusministeriums und nach Beratung mit dem Meisterrat in geheimer Abstimmung."

Bei § 24 werden Absatz 2 und 5 gestrichen, Absatz 11 erhält folgende Fassung: „über die
15   Zuteilung von Arbeitsräumen an Lernende".

Die revidierten Satzungen sollen vor letzter Lesung in Umlauf gegeben werden.

Wegen vorgerückter Zeit wird in die Beratung von Punkt 6 der Tagesordnung: Definitive Aufnahmen eingetreten. Hierzu war der Vertreter der Schülerschaft Ziegfeld geladen, um die Ansicht der Schülervertretung über die endgültig Aufzunehmenden vorzutragen. Zieg-
20   feld schlägt vor, den Lernenden

> Borchers, Heinz
> Brocksieper, Heinrich
> Kube, Felix
> Domin, Friedrich
25   > Stammwitz, Kurt und
> Ebner, Gerda

ein weiteres Probesemester zu geben. Die Lernenden

> Schlichter, Viktor
> Walther, Kurt
30   > Engelien, Egon
> Ruland, Carola
> Hausmann, Maria
> Schwabacher, Nelly
> Simon-Wolfskehl und
35   > Raack, Hildegard

nicht aufzunehmen. Ziegfeld bittet um Auskunft, ob der Meisterrat entsprechend den Vorschlägen der Schülervertretung beschließen wird, andernfalls die Schülerschaft im Gegensatz zum Meisterrat stehen müsse. Gropius macht ihn darauf aufmerksam, daß der Schülervertretung bei definitiven Aufnahmen nur beratende und nicht beschließende Stimme
40   zuerkannt worden sei. Wenn es dem Meisterrat wertvoll sei zu wissen, was die Schülervertretung über die Auf[zu]nehmenden zu sagen hätte, könne aber keine Rede davon sein, daß der Meisterrat verpflichtet ist, die Vorschläge der Schülervertretung anzunehmen. Ziegfeld

---

a Streichung; zuvor: *des Leiters.*

geht jedoch von seiner Ansicht nicht ab, daß die Vorschläge der Schülervertretung für den Meisterrat bindend sein müssen. – Itten stellt den Antrag, daß der Meisterrat nochmals beschließen möge, „daß über Aufnahme der Schüler vom Meisterrat beschlossen wird nach vorheriger Information beim Schülerausschuß". Dies wird beschlossen.

Aufgefordert äußert sich sodann Ziegfeld noch über ältere Schüler, die nach Ansicht der   5
Schülerschaft nicht in den Rahmen des Bauhauses passen und zwar:

> Schmidt-Schaller, Erich
> Kerbe, Arthur
> Fuchs, Karl
> Böhm, Alfred   10
> Herzfeld, Anny
> Oberdörffer, Margarete
> Frau von Rathlef-Keilmann.

Nachdem seine Angaben zur Kenntnis genommen [worden sind], verläßt er die Sitzung.

Gropius bemerkt, daß er absichtlich Ziegfeld länger habe reden lassen, damit die Meister   15
die falsche Einstellung der Schülervertretung kennen lernen. Es sei erforderlich, daß sich der Meisterrat auf einen präzisen Standpunkt stelle und diesen in einer Versammlung kundgebe. Er schlägt eine gemeinsame Versammlung mit den Schülern für Mittwoch, den 13. Oktober [1920], nachmittag 6 Uhr vor. Die Meister stimmen zu.

Die Beschlußfassung über die definitiven Aufnahmen wird für eine zweite Sitzung am   20
Sonnabend, dem 9. Oktober [1920], nachmittags 1/2 5 Uhr zurückgestellt.

Punkt 7 der Tagesordnung: Verschiedenes. Der Abendakt soll am 15. Oktober [1920] beginnen. Die Herren Engelmann, Klemm und Feininger erklären sich bereit, die Leitung des Abendaktes abwechselnd zu übernehmen.

Der Lernende Schwerdtfeger hat bei der Leitung vor dem neu eintretenden Schüler Rut-   25
zen gewarnt. Engelmann will nach Rücksprache mit ihm es auf ein Probehalbjahr ankommen lassen.

Gropius teilt mit, daß der Architekt Vogel, der den Werkzeichenunterricht und die Leitung der Tischlerei übernehmen sollte, leider abtelegraphiert habe, da die Stelle nicht pensionsberechtigt und ihm von seiner jetzigen Behörde der einjährige Urlaub nicht bewilligt   30
worden sei. Gropius will versuchen, Vogel doch noch zum Herkommen zu veranlassen, sollten die Bemühungen erfolglos sein, will er sich nach Ersatz umsehen. Gropius teilt dem Meisterrat mit, daß er mit dem Tischlermeister Beyer wegen Ankauf von Tischlerwerkzeug und mietweiser Überlassung eines Teiles seiner Werkstatt in Verbindung stehe.

In der Buchbindereiwerkstatt sind 4 Plätze für Fachschüler vorgesehen. Der Meisterrat ist   35
der gleichen Ansicht wie Gropius, daß für die Besetzung dieser Lehrplätze nur Fachschüler mit künstlerischer Begabung in Frage kommen sollen.

Das Aufnahmegesuch des Wassiljeff wird genehmigt. – Da Wassiljeff Russe ist, hatte Gropius mit dem Ministerium wegen Zulassung Rücksprache genommen, dieses hat dem Meisterrat die Entscheidung überlassen.   40

Punkt 4 und 5 der Tagesordnung wird für die Sitzung am Sonnabend, dem 9. Oktober [1920], zurückgestellt.

Schluß der Sitzung 7 Uhr.

Sitzung am Sonnabend, dem 9. Oktober 1920. *(Fortsetzung)*[b]

Punkt 6 der Tagesordnung: Definitive Aufnahmen.
Es wird beschlossen: Definitiv aufgenommen werden:
   Brendel, Erich,
5 Schunke, Gerhard,
   Franke, Robert,
   Keller-Rueff, Gustavo,
   Kube, Felix,
   Hauck, Lilli,
10 Schulz, Melanie,
   Otte, Benita,
   Kerkenkamp, Lou,
   Foucar, Lydia.

Punkt 4 und 5 der Tagesordnung: Studienpläne, Verteilung der Lehrräume.
15 Gropius berichtet über die Kohlenfrage, die Keller lagern zwar voll Brennmaterial für Öfen, aber trotz aller Bemühungen sei kein Koks zu bekommen gewesen, so daß bis auf weiteres die Zentralheizung nicht in Betrieb genommen werden könne. Es sei eine Anzahl Öfen aufgestellt worden, es soll weiter versucht werden, große Öfen für die Oberlichtsäle zu erhalten, wenn dies nicht möglich, müsse der ganze Unterricht auf einige kleinere Räume beschränkt werden.
20 Gropius berichtet über die Bauhausabende. Da das Bauhaus auf Gelder, die durch das Publikum einkommen, angewiesen sei, so müsse die Form ebenso gewählt werden wie das vergangene Jahr, obwohl es an und für sich wünschenswerter sei, wenn nur nichtzahlende Gäste eingeladen werden könnten. Gropius berichtet über das bisherige Programm und bittet die Meister um weitere Vorschläge, sowohl was die Organisation wie die Darbietungen anbe-
25 langt. Itten schlägt zur Mitwirkung vor:
   Blümner („Sturm", Berlin),
   Rudolf Steiner,
   Hauer (Wien),
   Theodor Hecker.
30 Gropius teilt mit, daß Steiner auf Anfrage nicht geantwortet habe.
   Auf Vorschlag von Itten soll für Bekanntmachungen der Meister ein besonderes schwarzes Brett angeschafft werden.
   Über die älteren Schüler, gegen die die Schülerschaft Einwände gemacht hat, wird nur folgendes beschlossen:
35   Frau von Rathlef-Keilmann
soll mitgeteilt werden, daß es richtiger ist, wenn sie das Bauhaus zu Ostern verläßt, da sie sich in der Werkstatt nicht richtig betätigt.
   Anny Herzfeld,
   Erich Schmidt-Schaller und
40   Käte Schmidt-Burgk
sollen schriftlich befragt werden, ob sie Wert darauf legen, in der Schülerliste stehen zu bleiben und daß sie im bejahenden Fall verpflichtet sind, regelmäßig am Unterricht teilzunehmen.

---

b Ergänzung von W. Gropius.

Arthur Kerbe
wird als unkünstlerisch und ungeeignet bezeichnet. Engelmann setzt sich für ihn ein, da er
Fortschritte gemacht habe.
Alfred Böhm
soll schriftlich befragt werden, ob er zurückkommt.   5

Schluß der Sitzung 7 Uhr.

Gropius
Engelmann   *Feininger*   *Klemm*   *Itten*   *Marcks*   *GMuche*
Kämmer

Nachtrag: 10
Für ein weiteres Probesemester wurden zugelassen:
    Heinz Borchers,
    Heinrich Brocksieper,
    Friedrich Domin,
    Kurt Schwerdtfeger,   15
    Margarete Schoen,
    Elisabeth Liesche,
    Lene Wulf,
    Gertrud Coja,
    Else Kleinworth,
    Frieda Eck,   20
    Ida Kroenberg,
    Johanna Gerhardt,
    Elfriede Steinert,
    Gerda Ebner.
Das Probesemester nicht bestanden und infolgedessen nicht aufgenommen wurden: 25
    Egon Engelien,
    Viktor Schlichter,
    Maria Hausmann,
    Bertha Grahmich.
Das Urlaubsgesuch von   30
    Kurt Walther
wurde abgelehnt, damit scheidet er aus.
    Arthur Stammwitz,
    Hildegard Raack,
    Carola Ruland,   35
    Nelly Schwabacher,
    Hans Hoffmann,
welche keine Arbeiten vorgelegt hatten, wurde die baldige Einreichung solcher aufgegeben.

Gropius
Feininger   *Engelmann*   *Klemm*   *Marcks*   *Itten*   *GMuche* 40
Kämmer

24

Versammlung der Meister und Studierenden am 13. Oktober 1920

[1.]
Protokoll der Versammlung – Ausfertigung.
5 ThHStA Weimar, Staatliches Bauhaus Weimar 12, Bl. 66–69.

Protokoll
der Versammlung der Meister und Lernenden des Staatlichen Bauhauses am
Mittwoch, dem 13. Oktober 1920, abends 6 Uhr
im Oberlichtsaale.

10 Anwesend: sämtliche Meister, Werkstättenleiter und etwa 80 Lernende.

Gropius teilt einleitend mit, daß der Etat des Staatlichen Bauhauses außer vom Landtag von
Sachsen-Weimar auch vom Staatsrat von Thüringen, desgleichen auch der Etat einer neu zu
gründenden Schule für Malerei der alten Richtung bewilligt und dadurch vom Staate der
„radikale" Charakter des Bauhauses anerkannt worden sei. Die Klasse von Thedy habe sich
15 als erste der neuen Malschule vom Bauhause abgezweigt, nur die Verwaltung werde bis auf
weiteres vom Bauhause noch mit erledigt. Wir seien nunmehr nach außen hin zu einem gewissen Abschluß gekommen; nun sei es notwendig, daß wir streng gegen uns sind, sonst
bleiben wir in dem Chaos, in dem wir uns befinden, stecken. Wir haben jetzt eine Krisenluft, aus der vielleicht Gutes entstehen könne. Bisher ist nur viel geredet und wenig gear-
20 beitet worden; so geht es nicht weiter. Gropius erläuterte nochmals den Bauhausgedanken
und den Aufbau des Unterrichts. Danach habe jeder Lernende zwei Meister zu wählen:
einen für das Handwerk und einen für die künstlerische Anleitung. Bis jetzt sei jedoch von
den Lernenden diese Bestimmung nicht strikte eingehalten worden und dadurch wäre der
beabsichtigte, gegenseitig befruchtende Einfluß so gut wie illusorisch gewesen. Es sei unbe-
25 dingt notwendig, daß jede Arbeit vor Beginn und während der Ausführung nicht nur mit
den Werkstättenleitern, sondern auch mit den freien Meistern besprochen werden müsse.
Erst dadurch könne für die handwerkliche Arbeit eine Durchdringung in künstlerischer
Hinsicht erreicht werden.
    Der Meisterrat sei nun zu dem Entschluß gekommen, für alle in den Werkstätten ar-
30 beitenden Lernenden einen Formunterricht einzuführen, nebenher soll noch ein Werkzeichenunterricht gehen. Den Formunterricht wird Herr Muche übernehmen, der vom
Meisterrat vom 1. Oktober d[ieses] J[ahre]s ab als Meister gewählt worden sei. Gropius
bittet alle Werkstättenleiter, nach Möglichkeit an diesem Formunterricht mit teilzunehmen. Dieser Formunterricht ist für die Schüler nicht fakultativ, sondern pflichtgemäß und
35 [es] würden diejenigen, die nicht daran teilnehmen, vom Bauhause ausgeschlossen. Um
die Beziehungen zum Handwerk aufrecht zu erhalten und nach und nach immer mehr zu
vertiefen, sei es nötig, daß alle in den Werkstätten eingetragenen Lernenden einen Lehrbrief mit der Handwerkskammer abschließen; dadurch erfüllen wir die Bedingungen, die
im Handwerk draußen für Lehrlinge üblich sind, und [es] könnte uns dadurch nie der Vor-
40 wurf des Dilettantismus gemacht werden. Wir wollen erreichen, daß die Prüfungen nach
Abschluß der Lehrzeit nicht nur vor der Handwerkskammer, sondern auch vor dem Mei-

sterrat abgelegt werden, denn hier würden die Lehrlinge nur technisch, nicht aber in künstlerischer Hinsicht geprüft.

Der Meisterrat hat beschlossen, die neu eintretenden Studierenden von jetzt ab nicht gleich in die Werkstätten aufzunehmen, sondern diesen während des Probehalbjahres einen Vorunterricht zu erteilen, dessen Leitung Herr Itten übernehmen wird. Gropius ver- 5
liest das Programm des Vorunterrichts und den Stundenplan für diesen sowie auch für den Unterricht des Meisters Muche mit Nennung derjenigen Studierenden, die diesen Unterricht zu besuchen haben.

Die Arbeitszeit in den Werkstätten wird auf täglich 6 Stunden, und zwar von 9–1 und 2–4 Uhr festgesetzt. 10

Der Abendakt findet dienstags, mittwochs, donnerstags und freitags von 5–7 Uhr statt, beginnend am Dienstag, dem 19. Oktober [1920]. Die Leitung des Abendaktes haben abwechselnd die Meister Engelmann, Feininger und Klemm übernommen.

Um zu verhüten, daß bei Theaterproben wie im vergangenen Schuljahr von den Studierenden nicht einfach die Arbeit im Stich gelassen wird, werden in Zukunft die wichti- 15
gen Theaterproben, deren Besuch den Lernenden erlaubt ist, bekanntgegeben.

Gropius teilt mit, daß in den Werkstattleitungen vom 1. 10. [1920] ab verschiedene Änderungen eingetreten seien und zwar: die keramische Werkstatt übernimmt Herr Krehan, Dornburg, die Holzbildhauerei Herr Kämpfe, die Steinbildhauerei Herr Krause; eine Tischlerei solle bald eingerichtet werden. 20

Gropius teilt zur Werkstattordnung nochmals mit, daß jede Arbeit vor Beginn und während der Ausführung mit beiden Meistern besprochen werden müsse. Gropius erwähnt nochmals die Ankaufsfrage und fordert die Studierenden nochmals dringend auf, alle in den Werkstätten gefertigten Arbeiten zur Ablieferung zu bringen. Von denjenigen Arbeiten, die vom Bauhause angekauft werden, erhalten die Verfertiger Bezahlung nach 25
noch festzusetzender Norm. Nach Möglichkeit soll aber den Wünschen der Studierenden entgegengekommen werden, ihnen Arbeiten freizugeben, die sie für sich behalten oder selbst weiterveräußern wollen. Es sei unbedingt notwendig, daß die Materialzettel ordnungsgemäß ausgeführt würden.

Muche spricht über die Gemeinschaft; nicht was man Gemeinschaft nenne, sondern 30
was Gemeinschaft sein solle. Gemeinschaft bestehe da, wo ein gemeinsames Ziel vorhanden sei, das nicht von einzelnen, sondern nur von einer Gesamtheit erreicht werden könne. Für uns sei Unterordnung nötig. Dadurch würde zwar nicht die Aufgabe des Individuellen verlangt, wohl aber die Unterdrückung der Meinungsverschiedenheiten, die Kritik des einzelnen am andern. Wir haben hier zwei Gruppen am Bauhause: Lehrende und 35
Lernende. Die Stellung des Lernenden müsse klar sein. Wichtig sei, daß wir endlich zu intensiver Arbeitsweise kommen, und wir wollen dem einzelnen die besten Voraussetzungen für eine individuelle Entwicklung geben.

Itten möchte erst sprechen, wenn ihm seitens der Schülerschaft Fragen gestellt und Probleme aufgerollt worden seien. 40

Gropius sagt, daß der Ausdruck „Gemeinschaft" im Bauhause Schlagwort geworden sei und die Gefahr bestehe, daß sie in Cliquenweise ausarte. Die Gemeinschaft wachse von selbst, sie werde aus der Not geboren und sei nicht mit Reden zu erreichen. Im Bauhause sei jedoch jedes Leben augenblicklich chaotisch; es sei nötig, daß einer dem anderen Takt entgegenbringe und ihn gewähren lasse. Diesen Takt brächten jedoch die wenigsten auf, 45
die auch von dem lauten Wesen der anderen erdrückt würden. Jeder solle mehr Selbst-

disziplin üben. Von Kunst müsse doch so wenig wie möglich geredet werden, denn diese käme doch von selbst. Durch die Ereignisse der letzten Jahre seien die jungen Menschen gegen alles, was Zwang heiße, was Gesetz sei. Diese Neurasthenie sei zwar begreiflich, müsse aber auf alle Fälle überwunden werden. Zur Überwindung der Neurasthenie
5 gehöre, dem gewählten Meister sich unbedingt hinzugeben, nicht aber stets zu kritisieren und Fernbleiben vom Unterricht.

Gropius erwähnt auch die Arbeit der Schülervertretungen. Die Schülerschaft solle den gewählten Obleuten Vertrauen für die Zeit ihrer Tätigkeit entgegenbringen. Es gehe nicht, alle reden zu lassen, einer müsse die Verantwortung tragen. Die Schülerschaft solle hin-
10 ter dem Obmann stehen und nicht gegen ihn agitieren. Die Schülerschaft müsse unbedingt sich ein Semester lang an die Wahl ihrer Obleute gebunden halten.

Wir müssen schweigen und arbeiten; wir wollen uns nicht festlegen auf starre Formen, sondern immer lebendig, immer wachsend sein; wir wollen einfach sein, aber nicht sim-pel. Gropius erwähnt kurz die Siedlungsangelegenheit, deren Beratung für eine spätere
15 Sitzung zurückgestellt wird.

Ziegfeld spricht, daß ihr Hiersein beweise, daß die Idee sie ja festhalte, denn nur durch die Bekanntgabe der Idee seien sie hierher gekommen.

Gilles: Das von Gropius verlesene neue Arbeitsprogramm sei ihm vollkommen neu, er lehne die Beteiligung ab. Er würde sich wohl dem Material unterordnen, nicht aber einer
20 Person. Er erkenne als Meister nur den an, der ihn in handwerklicher Hinsicht zu lehren in der Lage sei.

Chomton bedauert, daß eine Starrheit in der Ansicht der Schülerschaft richtig sei. Was Meister Muche gesagt habe, halte er für richtig. Es sei nötig, daß jeder einzelne innerhalb der Gemeinschaft seine Persönlichkeit behalte und für sich arbeite. Er halte es für sehr
25 gut, daß der Formunterricht eingerichtet sei, und ist der Ansicht, daß es lediglich Aus-druck von Schwäche sei, den Unterricht als Gefahr für die Persönlichkeit anzusehen. Das Programm erkennt er als gut an.

Gropius: Alle Entschlüsse werden reiflich überlegt, und man soll den Führern Ver-trauen schenken.
30 Itten erläutert den Fall in der Dekorationswerkstatt und fordert von den Studierenden, die seinen Unterricht besuchen, Ehrlichkeit gegen sich selbst; er fordert von ihnen, daß sie jede Konvention abwerfen und lehnt den Vorwurf von Gilles ab, daß er die Schüler ver-gewaltige. Da viele neueingetretene Studierende nicht wissen, welche handwerkliche Aus-bildung sie wählen wollen, sei der Vorunterricht eingerichtet worden; durch diesen soll in
35 jedem Studierenden das ursprüngliche Gefühl geweckt werden, und jede in diesem Un-terricht gefertigte Arbeit soll Ausdruck der Persönlichkeit sein.

Fräulein Reiche ist der Ansicht, daß im Falle der Dekorationsmalerei viel zu wenig sach-lich vorgegangen worden sei; sie meint, daß die Ausmalung des Speisesaales doch vorher mit der Kantinenkommission hätte besprochen werden können, denn in diesem Falle
40 seien doch die Schüler nicht nur Ausführende, sondern gewissermaßen auch Auftrag-geber.

Itten betont, daß die Erfahrung gelehrt habe, daß nicht eine Menge von Menschen etwas bestimmen, sondern doch immer nur einer oder ganz wenige die Ausführung einer Arbeit bestimmen und die Verantwortung für diese übernehmen könnten.
45 Mecklenburg bedauert, daß unter der Schülerschaft nicht genügend Interesse vorhan-den sei.

Fräulein Reiche betont, daß nicht früher eine andere Ordnung und Ausstattung in der Speiseanstalt wegen Mangel an Geld hätte eingeführt werden können.

Gropius erwidert Fräulein Reiche, daß nie materielle Dinge an einem Chaos schuld sein könnten. Es herrsche hier eine falsche demokratische Auffassung über geistige Dinge. Die Form, in der manches vorgeschlagen wird, sei falsch. 5

Winkelmayer: Es sei viel Explosivstoff aufgespeichert worden und er wundere sich, daß die Schüler in den Versammlungen sich bisher so ruhig verhalten hätten. Er sagt, daß es Herr Gropius mit seiner Redegewandtheit verstanden habe, die Schülerschaft zu beruhigen, aber damit sei dem Bauhause nicht viel geholfen, denn die Gefahr bleibe bestehen und werde sich vielleicht im Laufe der Zeit verstärken. Es müsse also ein Weg gesucht werden, um eine Ver- 10 bindung zu schaffen; das geschehe aber nicht durch Zwang zur Arbeit.

Gropius nennt den Vorwurf „Redegewandtheit" eine Infamie Winkelmayers und betont, daß ein Zwang gegenüber der Schülerschaft nicht bestehe.

Winkelmayer erwidert, daß er mit seinem Ausdruck nicht eine Beleidigung habe ausspre- chen wollen. 15

Itten: Herr Winkelmayer scheint sich zu verwundern, daß die Schüler Einsicht bekommen haben; man müsse sich doch freuen, wenn eine Verständigung stattfinde.

Chomton: Die Rede des Herrn Winkelmayer richtet sich auch gegen mich; vor Beginn der Versammlung hätten die Obleute beschlossen, zu dem neuen Programm Stellung zu neh- men; er hätte zu denen gehört, die reden wollten, aber er habe sich durch die Ausführungen 20 von Gropius, Muche und Itten von der Richtigkeit der beabsichtigten Kurse überzeugen las- sen. Er sähe in der Art des Unterrichtes von Itten keinen Zwang mehr.

Winkelmayer betont nochmals, daß ihn Herr Gropius mißverstanden habe und möchte vorschlagen, einen Weg zu suchen, um die Schwierigkeiten in der Dekorationswerkstatt zu beseitigen. 25

Gropius sagt, daß dieser Weg sofort gegeben sei, indem der Fall „Kantine" als erledigt an- gesehen würde; später könne ja die Kantine nochmal anders gemalt werden.

Peretti lehnt die Teilnahme am Kursus Muches ab. Er findet es unmöglich, wie man der Ansicht sein könne, lehren zu können. Darum, weil es heute keine Lehrer, sondern nur ein gemeinsames Suchen gäbe, könne er an dem Kursus nicht teilnehmen. 30

Gropius erwidert, daß, wenn Perretti solche Ansichten verträte, die so viel Arroganz ver- raten, er den Bauhausgedanken verneine und schließlich an der Schule nichts zu suchen habe.

Müller drückt sein Bedauern aus, daß das, was Herr Itten gesagt habe, nicht bereits vor einem Jahre gesagt worden sei. Er wünscht eine engere Verbindung mit den Meistern, daß 35 die Meister gegenüber den Lernenden mehr aus sich herausgehen.

Itten antwortet darauf, daß vor einem Jahre sein Unterricht ja jedem geöffnet war und daß ihn dort jeder, wenn er dauernd seinen Unterricht besucht hätte, recht gut hätte kennenler- nen können.

Kämpfe macht auf die Unaufrichtigkeit der *Schüler aufmerksam*. Er fordert sie auf, mehr 40 Höflichkeit gegeneinander zu üben.

Marcks betont, daß er zu den Äußerungen von Muche nichts hinzuzufügen habe; er for- dert, daß jeder dem andern mehr Achtung entgegenbringe.

Gropius: Alle Zwistigkeiten, Streitereien usw. geben sich, wenn einer den anderen als gleichwertigen Menschen ansieht und mit Achtung entgegenkommt. Er erwähnt noch kurz 45 die Einrichtung der Bauhausabende. Er habe einen Ausweg gefunden, daß im kommenden

Winter Eintrittsgeld nicht erhoben zu werden braucht, so daß die Bauhausabende nicht öffentlich zu sein brauchen, sondern nur Gäste eingeladen werden sollen; diese sollen dann zu
freiwilligen Spenden aufgefordert werden.

Schluß der Versammlung 8 ¹/₂ Uhr.

₅ *Gropius*
Kämmer

25

Sitzung des Meisterrates am 26. Oktober 1920

[1.]
₁₀ Einladung an die Werkmeister vom 23. Oktober 1920. – Durchschrift.
ThHStA Weimar, Staatliches Bauhaus Weimar 12, Bl. 71.

Sie werden gebeten, an einer Sitzung am Dienstag, dem 26. Oktober 1920, nachmittag
5 ¹/₄ Uhr in der Bibliothek teilzunehmen.

Weimar, den 23. Oktober 1920.

₁₅ *Gr[opius]*

An alle Werkmeister:
Dorfner, Börner, Zaubitzer, Kämpfe, Krause, Krehan.

[2.]
Protokoll der Sitzung. – Ausfertigung.
₂₀ Bauhaus Archiv Berlin, Archiv W. Gropius, Meisterratsprotokolle.

Weimar, den 26. Oktober 1920.

Sitzung des Meisterrats am
Dienstag, dem 26. Oktober 1920,
nachmittags ¹/₂ 5 Uhr.

₂₅ Anwesend:
Architekt Walter Gropius als Vorsitzender,
Meister Lyonel Feininger,
[Meister] Richard Engelmann,
[Meister] Johannes Itten,
₃₀ [Meister] Walther Klemm,
[Meister] Gerhard Marcks,
[Meister] Georg Muche,
Kämmer als Protokollführer.

Gropius eröffnet die Sitzung ³/₄ 5 Uhr. Er gibt die Schülerzahl bekannt. Es sind eingetragen 78 Herren, 59 Damen, zusammen 137, darunter 5 Schüler und 7 Schülerinnen der
Klasse Thedy, zusammen 12. Er erwähnt, daß die Angelegenheit Thedy nunmehr geregelt
worden sei, sein Gehalt als auch das der Professoren Rasch und Förster werde von der
neuen Schule getragen. Nur verwaltungstechnisch sei die Klasse Thedy bis Einrichtung der   5
neuen Schule noch mit dem Bauhaus verbunden. Professor Thedy habe den Wunsch
geäußert, seine Schüler im Abendakt selbst zu korrigieren. Der Meisterrat ist damit einverstanden.
    Peretti will, wie er bereits in der Versammlung der Meister und Schüler vom 13. Oktober
[1920] gesagt hat, am obligatorischen Formunterricht nicht mit teilnehmen und hat seine   10
Abmeldung eingereicht. Diese wird angenommen und Peretti auf seinen Wunsch hin gestattet, eine begonnene Arbeit zu vollenden, was einige Wochen in Anspruch nimmt.
    Es kommen Arbeiten von
        Hans Hoffmann und
        Wilhelm Majowski
                                                                                          15
zur Vorlage. Beiden wird ein weiteres Probesemester bewilligt.
    Das Aufnahmegesuch von
        Alfred Carl,
der im Wintersemester in der Holzbildhauerwerkstatt hospitiert hat, wird, da Carl keine
künstlerische Befähigung habe, abgelehnt.   20
    Das Freistellengesuch von
        Franz Probst
für das Wintersemester 1920/21 wird genehmigt. Zur Abgabe der Freistellengesuche wurden bisher die Schüler zu Beginn der Semester durch Anschlag am schwarzen Brett aufgefordert. Da die Schüler die Einreichung der Anträge oft vergessen, viele aber auch zu be- 25
scheiden wären, Freistellengesuche einzureichen, schlägt Gropius vor, daß in Zukunft nicht
nur die Schüler aufgefordert werden sollen, sondern auch die Meister Vorschlagslisten einreichen möchten, desgleichen auch über Stipendienverteilung. Der Meisterrat ist mit diesem
Vorschlag einverstanden, der erstmalig mit Beginn des Sommersemesters zur Anwendung
kommen soll.   30
    Durch die Beurlaubung von
        Hans Breustedt,
der eine längere Reise nach Spanien unternimmt, ist dessen Atelier frei geworden. Gropius
schlägt vor, dieses an Fräulein
        Wally Neumann   35
zu vergeben, aber ohne die Berechtigung, darin zu schlafen, da er diese Berechtigung aus
prinzipiellen Gründen nicht an Damen vergeben könne. Da Itten sehr dafür ist, daß Fräulein
Neumann nicht nur ein Arbeits-, sondern auch ein Wohn- und Schlafatelier erhält, will Gropius versuchen, außerhalb der Schule ein Atelier zu bekommen, dessen Miete das Bauhaus
zahlt. Er hoffe, das Atelier von Molzahn zu bekommen, der in den nächsten Tagen Weimar 40
verläßt. Muche erklärt sich bereit, mit Molzahn wegen der Überlassung seines Ateliers an das
Bauhaus in Verbindung zu treten.
    Gropius teilt mit, daß er die Satzungen nochmals durchgearbeitet habe. Abschriften
liegen dem Meisterrat vor. Er bittet die Meister um Durchsicht und Rückgabe bis Donnerstag, damit sie dann sofort dem Ministerium zur Bestätigung eingereicht werden   45
können.

Bei Beratung über die Neuordnung im Bauhaus weist Gropius darauf hin, daß es wichtig sei, wenn die Schüler darüber Klarheit hätten, welche Meister den einzelnen Werkstätten vorständen, wer also ihr Formlehrer ist. Es sei nötig, daß über jede Werkstatt ein Meister die künstlerische Verantwortung trage. Marcks stehe der keramischen Werkstatt
5 in Dornburg, Klemm der graphischen Druckerei vor. Er bittet die Meister, sich wegen Übernahme der übrigen Werkstätten zu äußern. Itten ist der Ansicht, daß, wenn die Meister sich nicht um die Werkstätten kümmern, nie ein Zusammenhalt zustande käme; er hält eine enge Verbindung zwischen Meister und Werkstatt für dringend nötig. Die übrigen Meister sind der gleichen Ansicht. Klemm und Engelmann halten es jedoch für
10 schwer, für alle Werkstätten eine gleiche Form zu finden. Feininger hält es für nötig, wenn die Schüler auch einen anderen Meister als den der Werkstatt wählen können. Marcks erwähnt, daß dies bei Winkelmayer der Fall sei, der als Lehrling der Metallwerkstatt ihn als Meister gewählt habe. Itten erzählt, daß ihm beim Besuch der Metallwerkstatt die Schüler [...]ª Hauck und Reiche in ungehöriger Weise entgegengetreten seien. Er als auch
15 Muche sind der Meinung, daß sich die Lehrlinge auch anderen Meistern als ihren gewählten gegenüber einwandfrei zu benehmen hätten. Der gleichen Ansicht sind auch die übrigen Meister. Gropius schlägt vor, daß die Meister Itten und Muche, die den Formunterricht geben, an dem alle Lehrlinge der Werkstätten teilnehmen, für das Wintersemester die künstlerische Leitung der Werkstätten außer Keramik und Druckerei über-
20 nehmen und so einen Kontakt mit den Werkstätten herstellen. Der Meisterrat ist mit dem Vorschlag von Gropius einverstanden.

Um 6 Uhr erscheinen die Werkstättenleiter. Gropius stellt die neu berufenen Werkstättenleiter Krause und Krehan vor. Er teilt mit, daß er die Werkstättenleiter zur Sitzung gebeten habe, um mit ihnen die Neueinrichtungen zu besprechen und ihre Wünsche und
25 Ansichten entgegenzunehmen. Es sei nötig, daß die Lehrlinge jede Arbeit vor Beginn und während der Ausführung nicht nur mit dem Werkstättenleiter, sondern auch mit dem betreffenden freien Meister der Werkstatt besprechen, damit dadurch auch eine immer engere Verbindung zwischen Meister und Werkstatt geschaffen würde. – Gropius gibt bekannt, daß ein Werkzeichenunterricht neu eingeführt sei, und erläutert die Art und Weise
30 dieses Unterrichtes, dessen theoretischen Teil er selbst und den praktischen Teil Herr Meyer übernommen habe.

Gropius kommt dann auf die Bedeutung der Werkstätten in wirtschaftlicher Hinsicht für die Schüler zu sprechen. Das Nähere sei den Meistern und Werkstättenleitern durch die Werkstätten-Ordnung bekannt geworden. Bis jetzt seien jedoch zu wenig Arbeiten zur Ab-
35 lieferung gekommen und [so] bittet er die Werkstättenleiter, mit dahin wirken zu wollen, daß die Lehrlinge alle Arbeiten zur Ablieferung bringen, denn erst dann sei es möglich, die Schüler wirtschaftlich unterstützen zu können. Die Beurteilung der Arbeiten erfolge durch den freien Meister, den betreffenden Werkstättenleiter und ihn. Nicht für gut befundene Arbeiten würden den Schülern gegen Erstattung der Materialkosten zur Verfügung ge-
40 stellt. In Ausnahmefällen könnten auf besonderen Wunsch, Lehrlinge Arbeiten behalten und verschenken, vorausgesetzt, daß sie die Unkosten des Bauhauses ersetzen und die Arbeiten, falls verlangt, für Ausstellungen zur Verfügung stellen. Es sei das Wichtigste für das Bauhaus, nicht allein die Unkosten ersetzt zu bekommen, sondern eine Reihe fertiger,

---

a Streichung; durch Unterschrift von J. Itten am linken Rand bestätigt; zuvor: *Winkelmayer.*

guter Arbeiten aufzustapeln, die es in den Stand setzen können, eines Tages mit diesen Arbeiten als Ergebnis des bisher Geleisteten an die Öffentlichkeit zu treten. Die Schüler müßten zu der Einsicht erzogen werden, daß sie im eigenen Interesse handeln, wenn sie alle
guten Arbeiten dem Bauhaus zuführen, denn nur so könne das Bauhaus schnell einesteils
wirtschaftlich gestärkt werden, andererseits sich in künstlerischer Beziehung Geltung ver-   5
schaffen.

Dorfner fragt an, ob bei Legung der Jahresrechnung jeder einzelnen Werkstatt auch das
Gehalt der Werkstättenleiter mit in Ansatz gebracht werde. Er hält es für ausgeschlossen, daß
Lehrlinge das Gehalt des Werkstättenleiters mit verdienen. Wenn Einstellung des Gehalts
erfolge, sei es ausgeschlossen, daß auch nur eine Werkstatt des Bauhauses mit Gewinn ab-   10
schließe. Itten äußert, daß es unmöglich sei, die Gehälter der Werkstättenleiter als Unkosten
anzusehen, die Tätigkeit dieser sei eine lehrende und nicht mit der eines Meisters im freien
Handwerk zu vergleichen. Gropius antwortet, daß diese Frage nur buchungsmäßig eine Bedeutung habe, er werde aber untersuchen, ob bei der Buchung die Gehälter der Werkstättenleiter aus der Gewinnberechnung der Werkstätten herausbleiben sollen oder nicht.   15

Gropius bittet die Werkstättenleiter, ihre Ansicht über die neue Organisation der Verbindung zwischen Formunterricht und Werkstättenunterricht zu äußern. Die Werkstättenleiter
begrüßen die neue Regelung, Bedenken werden von keiner Seite erhoben.

Schluß der Sitzung ¹/₂ 7 Uhr.

Gropius   20
Engelmann   Klemm   Feininger   Georg Muche   Itten   Marcks [...]ᵇ *6. 11. [19]20*
Kämmer

26

Sitzung des Meisterrates am 30. Oktober 1920

[1.]   25
Einladung an die Formmeister vom 29. Oktober 1920. – Durchschrift.
ThHStA Weimar, Staatliches Bauhaus Weimar 12, Bl. 72.

29. Oktober 1920.

An die Meister   Engelmann
                    Feininger
                    Itten   30
                    Klemm
                    Marcks
                    Muche
                    Direktor Gropius
                    Syndikus Kämmer   35

---

b Streichung; zuvor: *ungelesen.*

Zu der morgen, Sonnabend, den 30. Oktober [1920], nachmittags 5 Uhr im Lesezimmer stattfindenden Meisterratsbesprechung werden Sie hiermit eingeladen.

Der Direktor.
G[ropius]

5

27

Sitzung des Meisterrates am 9. November 1920

[1.]
Einladung mit Tagesordnung an die Formmeister vom 8. November 1920. – Durchschrift.
ThHStA Weimar, Staatliches Bauhaus Weimar 12, Bl. 73.

10 8. November 1920.

Herrn Direktor Gropius
Kämmer
Meister   Engelmann
          Feininger
15   Itten
          Klemm
          Marcks
          Muche

Zu der morgen, Dienstag, den 9. November [1920], nachmittags 5 Uhr im Lesezimmer statt-
20 findenden Meisterratssitzung mit nachstehender Tagesordnung werden Sie hiermit eingeladen.

Der Direktor:
G[ropius]

Tagesordnung:
25 1. III. Lesung der Satzungen.
2. Geschäftliches.

[2.]
Protokoll der Sitzung. – Ausfertigung.
ThHStA Weimar, Staatliches Bauhaus Weimar 12, Bl. 74.

30 Weimar, dem 9. November 1920.

Sitzung des Meisterrats
am Dienstag, dem 9. November 1920,
nachmittags 5 1/4 Uhr.

Anwesend:
Architekt Walter Gropius als Vorsitzender
Meister Lyonel Feininger
Meister Johannes Itten
Meister Georg Muche
Kämmer als Protokollführer
Es fehlt Meister Gerhard Marcks.

Die beiden Meister Engelmann und Klemm hatten mit folgendem Schreiben ihre Teilnahme
an der Sitzung entschuldigt: „Unter den gegebenen Umständen bitten wir unser Fernbleiben
von der Sitzung entschuldigen zu wollen."

Punkt 1 der Tagesordnung: III. Lesung der Satzungen.
Gropius stellt zunächst fest, daß nach den bestehenden Satzungen die Anwesenheit von mindestens 3 Mitgliedern des Meisterrats zur Beschlußfassung genüge. Er stellt ausdrücklich
fest, daß von seiten der Professoren Engelmann und Klemm die nach der letzten Sitzung
allen Meistern zur nochmaligen Durchsicht und Stellungnahme übergebenen Satzungen
ohne sachliche Bemerkungen und ohne Einwendungen gegen die Fassung derselben zurück-
gegeben worden wären. Der Meisterrat kam daher zu dem Entschluß, daß es sich erübrige,
die Satzungen den beiden Herren nochmals vorzulegen und die III. Lesung der Satzungen
vorzunehmen. Nachdem bei § 1 Absatz 2 das Wort „gründlich" aus stilistischen Gründen gestrichen wurde, werden die Satzungen in vorliegender Fassung in dritter Lesung angenommen. Auf Anregung von Gropius beschließt der Meisterrat, die Satzungen noch nicht der Regierung einzureichen, zumal ja das Programm von der Regierung genehmigt sei und die
Verwaltungsordnung gegen die frühere ja keine wesentlichen Änderungen erfahren habe.

2.) Die Eingabe verschiedener Studierender des Vorunterrichts, ihnen zum Zeichnen über
tags den Aktsaal freizugeben, wird dahin erledigt, daß Meister Itten beauftragt wird, mit den
Betreffenden die Angelegenheit zu regeln.
    Gropius teilt mit, daß Herr Architekt Vogel, Kiel, hier gewesen sei und auf ihn einen ausge-
zeichneten Eindruck gemacht habe. Vogel habe sich zu dem Versuch entschlossen, für Weimar
zunächst ein Jahr Urlaub zu bekommen, um die Tischlerei einzurichten und zu leiten. Gropius
habe dem Kuratorium der Kunstgewerbeschule Kiel einen schriftlichen Antrag auf Beurlaubung des Herrn Vogel übersandt. Er hoffe, daß der Urlaub genehmigt und dadurch die Möglichkeit zu einer schnellen und praktischen Einrichtung der Tischlereiwerkstatt gegeben wird.
    Aufgenommen werden:
    Marcel Breuer,
    Grete Heymann.
Das Aufnahmegesuch von Helice Rix wurde abgelehnt und nur ihre Zulassung als Hospitantin für den Abendakt ausgesprochen.
    Der Meisterrat besichtigt die eingereichten Schülerarbeiten und wählt einen Teil dersel-
ben zum Ankauf für die Sammlungen der Schule aus.

Schluß der Sitzung 6 Uhr.

Gropius
Feininger   *GMuche*   *Itten*   *Marcks*
Kämmer

28

Sitzung des Meisterrates am 6. Dezember 1920

[1.]
Protokoll der Sitzung. – Ausfertigung.
5   ThHStA Weimar, Staatliches Bauhaus Weimar 12, Bl. 77–78.

Weimar, den 6. Dezember 1920.

Sitzung des Meisterrats am Montag, dem 6. Dezember 1920.

Anwesend:
Architekt Walter Gropius als Vorsitzender,
10 Meister Lyonel Feininger,
[Meister] Johannes Itten,
[Meister] Gerhard Marcks,
[Meister] Georg Muche,
Kämmer als Protokollführer.

15 Gropius eröffnet die Sitzung 5 1/4 Uhr.

Er verliest das von der Regierung gesandte Protokoll über die Sitzung der Regierungsvertreter mit dem Meisterrat. Da der die Berufung neuer Meister betreffende Passus im Protokoll
nicht den Vereinbarungen entsprach, habe Gropius mit Excellenz Paulssen Rücksprache genommen und die grundsätzliche Genehmigung zur Besetzung der beiden im Etat des Bau-
20 hauses noch freien Stellen erhalten.

Punkt 1 der Tagesordnung: Regelung der Angelegenheit Engelmann und Klemm.
Zur Angelegenheit der Professoren Engelmann und Klemm verliest Gropius den Wortlaut
des Anschlags, mit dem der Meisterrat einverstanden ist. Der Meisterrat erkennt die Notwendigkeit an, daß, solange die Verwaltung der Klassen Engelmann und Klemm noch durch
25 das Bauhaus geschehe, alle Anschläge und Bekanntmachungen der beiden Meister durch
das Sekretariat zu gehen haben. Wegen Mitbenutzung der graphischen Druckerei und der
Steinbildhauerei, wegen Inventartrennung usw. sollen gleichzeitig mit der räumlichen Regelung mit den Meistern Engelmann und Klemm schriftliche Vereinbarungen getroffen werden, um Klarheit der Verhältnisse zu schaffen und evtl. Schwierigkeiten durch Benutzung
30 der beiden Bauhauswerkstätten durch Angehörige der neuen Schule möglichst nicht aufkommen zu lassen.

Punkt 2 der Tagesordnung: Statutennachtrag.
Gropius teilt mit, daß die Satzungen auch den Obleuten der Schülerschaft vorgelegen
haben und daß von diesen einige Änderungen vorgeschlagen werden. Es wird beschlos-
35 sen:
§ 1 erhält folgende Fassung: „Das Bauhaus erstrebt die Ausbildung bildnerisch begabter
Menschen zum schöpferisch gestaltenden Handwerker, Bildhauer, Maler oder Architekten.
Durchbildung aller im Handwerk dient als einheitliche Grundlage. "

Bei § 7 Absatz [3] lehnt der Meisterrat die von der Schülerschaft gewünschte Streichung der Worte „und die Zustimmung der betreffenden Meister" ab. Die alte Fassung bleibt bestehen.

Bei § 7 letzter Absatz werden die Worte „auf Befragen" gestrichen.

Für § 13 wird folgende Fassung beschlossen:

„Zeit des Unterrichts: Das Lehrjahr läuft von Oktober bis Oktober.

Die Arbeit in den Werkstätten läuft ununterbrochen das ganze Lehrjahr hindurch.

Kurze Ferien zu Weihnachten und zu Ostern werden jeweilig bekannt gegeben.

Der Unterricht in der Formlehre wird im Sommer (Juli, August, September) unterbrochen.

Das Datum für den Beginn und die Beendigung wird jeweilig von der Leitung bekannt gegeben."

Zu Punkt 3 der Tagesordnung: Neuberufungen, teilt Gropius mit, daß, nachdem alle Meister mit der Berufung von Klee und Schlemmer einverstanden waren, er mit der Regierung zweimal verhandelt und erreicht habe, daß die Verträge nicht auf ein Jahr, sondern bis April 1923 abgeschlossen werden. Inzwischen sind die Verträge der Regierung zur Bestätigung eingereicht worden.

Punkt 4 der Tagesordnung: Verschiedenes.

Diejenigen Lernenden, die in keiner Werkstatt arbeiten, sollen aufgefordert werden, sich zu entscheiden.

Peiffer-Watenphul, Max,

Hartogh, Rudolf Franz und

Schwormstädt, Konrad

soll bis Frühjahr Zeit gegeben werden. Auf Grund ihrer Arbeiten wird dann Beschluß über sie gefaßt werden.

Erich Glas,

welcher einen Lehrvertrag in der graphischen Druckerei abgeschlossen habe, möchte nicht mehr daran gebunden sein. Er will frei für sich als Holzstecher arbeiten. Der Meisterrat kann dem Ansuchen des Herrn Glas nicht entsprechen; Gropius wird mit ihm reden.

Für das Wintersemester 1920/21 erhalten Schulgeldfreistellen:

Gilles, Werner,

Scheper, Heinrich,

Dicker, Frieda,

Neumann, Vally,

Stölzl, Gunta.

Stipendien à 120,- Mark zur Schulgeldzahlung für das Wintersemester 1920/21 wurden verliehen:

Auböck, Carl,

Lipovec, Alfred,

Driesch, Johannes,

Lindig, Otto,

Schmidt, Wilhelm,

Schwormstädt, Konrad,

Wottitz, Anny,

Skala, Franz.

Ferner erhalten die Lernenden
       Schmidt, Wilhelm,
       Auböck Carl,
       Lipovec, Alfred,
5 Stipendien à 500,- Mark,
       Otto Lindig
ein solches von 150,- Mark und
       Konrad Schwormstädt
       60,- Mark zur Zahlung des Schulgeldes für das Sommersemester 1920;
10   Franz Skala
       60,- Mark zur Zahlung des Schulgeldes für das Sommersemester 1920 und
       Vally Neumann
       120,- Mark zur Zahlung des Schulgeldes für die zweite und dritte Rate 1920.

Schluß 7 1/4 Uhr.

15 *Gropius*
Itten   *Feininger*   *GMuche*   *Marcks*
Kämmer

29

Sitzung des Meisterrates am 7. Februar 1921

20 [1.]
Protokoll der Sitzung. - Ausfertigung.
Bauhaus Archiv Berlin, Archiv W. Gropius, Meisterratsprotokolle.

Weimar, 7. Februar 1921

Sitzung des Meisterrats
25 am Montag, 7. Februar 1921,
nachmittags 5 Uhr

Anwesend: Architekt Walter Gropius als Vorsitzender
Meister Lyonel Feininger
[Meister] Johannes Itten
30 [Meister] Gerhard Marcks
[Meister] Georg Muche
Kämmer als Protokollführer
Meister Klee und Schlemmer fehlen entschuldigt.

Gropius eröffnet die Sitzung gegen 5 1/4 Uhr.
35 1. Neudruck der Satzungen. Gropius teilt mit, daß die Satzungen mit einigen kleinen un-
wesentlichen Änderungen von der Regierung genehmigt worden seien. Die Satzungen be-

finden sich jetzt in Druck und gelangen nach Fertigstellung an den Meisterrat und die Schülerschaft zur Verteilung.

2. Regelung des Abendaktes. Gropius legt Wert darauf, daß nach dem Ausscheiden der Professoren Engelmann und Klemm, die mit Meister Feininger zusammen den Abendakt in wöchentlich wechselndem Turnus geleitet hatten, der Meisterrat sich entscheidet, wer 5 künftighin die Leitung des Abendaktes übernimmt. Da der Abendakt nur noch ca. 4 Wochen dauert, ist der Meisterrat dafür, es bis zum nächsten Winter bei der bisherigen Regelung zu belassen.

3. Urlaubsfrage. Gropius ist dafür, daß für künftige Urlaubsgesuche Richtlinien aufgestellt werden. Urlaub soll in Zukunft nur noch in dringenden Fällen oder für besondere Studien- 10 zwecke gegeben werden. Die Gesuche sind 8 Tage vor Antrittsabsicht schriftlich im Sekretariat einzureichen und werden von diesem vor Entscheidung der Leitung den beiden Meistern des betr[effenden] Studierenden zur Äußerung vorgelegt.

4. Übertritt mitten im Semester. Die Wahl eines anderen Meisters und der Übertritt in eine andere Werkstatt soll künftighin nach § 7 Absatz 3 und 5 der Satzungen nur noch am Schluß 15 eines Semesters möglich sein. Die beiden vorliegenden Gesuche von Kube und Frl. Schulz werden dementsprechend entschieden.

5. Schüleraustritt. Gropius verliest die Namen aller Schüler, die im Laufe des Winter-Semesters ausgeschieden sind.

6. Beschluß über fragliche Schüler. Der Meisterrat beschließt, daß die Studierenden 20
    Franke, Robert,   Keller-Rueff, Gustavo,
    Probst, Franz,   Okuniewska, Ola,
    Auböck, Carl,   Brocksieper, Heinrich,
welche ohne Urlaub oder Abmeldung vom Bauhaus weggegangen sind, sowie die Studierende 25
    Cyrenius, Marie,
welche voraussichtlich nicht vom Urlaub zurückkehren kann, aus der Schülerliste gestrichen werden. Den beiden Studierenden
    Herzfeld, Anny,
    Raak, Hildegard 30
soll nochmals geschrieben werden, und auch diese werden aus der Schülerliste gestrichen, falls sie nicht innerhalb einer bestimmten Zeit geantwortet haben sollten.

7. Stellungnahme zu Anschlag 84. Gropius bringt die Listen der Teilnehmer am Vorunterricht, Formunterricht und Werkzeichnen zur Verlesung. Nach der in letzter Zeit ausgeübten Kontrolle haben einige Studierende den Unterricht nicht regelmäßig besucht. Es wird be- 35 schlossen, daß
    Nehrling, Max,
der den Formunterricht nicht besucht hat, zu Herrn Gropius bestellt werden soll und daß über die Schüler

Boehm, Alfred,

Dutschke, Fritz,

Kühl, Ruth,

die ebenfalls den Formunterricht nicht besucht haben, erst noch Nachfrage gestellt werden

5 soll, ehe sie von der Liste gestrichen werden.

In keiner Werkstatt eingetragen sind die Schüler

Hartogh, Rudolf,	Peiffer-Watenphul,
Peretti, Fritz,	Schwormstädt,
Determann, Walter,	Korner, Sofie.

10 Der Meisterrat beschließt, daß

Peiffer-Watenphul,

Determann,

Skala,

besondere Stellung im Sinne des Meisterratsanschlags Nr. 84 eingeräumt werden soll.

15   Frl. Korner wird von der Werkstattsarbeit befreit.

Peretti soll geschrieben werden, daß der Meisterrat seine Befreiung vom obligatorischen Unterricht auf Grund seiner Arbeiten nicht aussprechen kann. Im Falle er trotzdem nicht daran teilnehmen will, wird er am 1. April [1920] von der Schülerliste gestrichen.

Schwormstädt soll bis Ostern Zeit gelassen werden, sich für eine Werkstatt zu entscheiden.

20 Die Anträge von

Hirschfeld, Ludwig,	Albers, Josef,
Hoffmann, Hans,	Determann, Walter

um Befreiung vom Werkzeichenunterricht werden genehmigt.

Gropius schlägt vor, wegen der säumigen Teilnehmer an den obligatorischen Unterrichts-
25 fächern einen weiteren Anschlag zu machen und gegen die fehlenden Schüler dann unnach-sichtlich vorzugehen. Itten hält es für besser, damit bis zum Semesterende zu warten, die Neueingetretenen aber sofort zur strikten Einhaltung des Unterrichts anzuhalten. Es wird be-schlossen, von einem weiteren Anschlag in dieser Angelegenheit bis zum Schluß des Seme-sters Abstand zu nehmen.

30   8. Ankäufe von Schülerarbeiten. Es kommt als fertige Arbeit ein Teppich von Frl. Dicker zur Vorlage. Frl. Dicker hat den Wunsch, dieses Stück anderweit zu verkaufen, da sie sich hier-bei einen größeren Erlös verspricht, als das Bauhaus zahlen dürfte. Gropius weist auf die Werkstattordnung hin, nach welcher jede mit Material des Bauhauses ausgeführte Arbeit dem Bauhaus gehöre. Es müsse verhütet werden, daß gerade die besten Arbeiten dem Bau-
35 haus verlustig gehen, dieses käme dann nie in die Lage, eine Sammlung hochwertiger Er-zeugnisse zu besitzen. Itten ist der Ansicht, daß wir wohl das Recht haben, die Arbeiten gegen Bezahlung des Arbeitswertes zu behalten, die Folge sei aber, daß gerade die begabte-sten Schüler weggehen werden, da das Bauhaus nicht in der Lage sei, den Schülern so viel, als sie zu ihrem Lebensunterhalt brauchen, geben zu können. Es müsse versucht werden, je-
40 manden zu finden, der Kapital zur Verfügung habe, um alle Arbeiten der begabtesten Schüler übernehmen zu können, und diesen dafür die Existenz bezahle. Gropius erwidert, daß es schwer sei, jetzt schon eine entsprechende Persönlichkeit zu finden, da die Produk-tion der Schüler noch nicht ausreichend sei. Er warnt vor einem gefährlichen Präzedenzfall und schlägt vor, Frl. Dicker den Arbeitswert des Teppichs mit M[ark] 2 000,– zu zahlen, womit der Meisterrat einverstanden ist.

9. Aufnahme Peters. Auf Grund der guten vorliegenden Arbeiten genehmigt der Meisterrat ausnahmsweise die sofortige probeweise Aufnahme des Peters.

10. Anstellung neuer Werkmeister. 1. Werkstatt für Wandmalerei: Abschluß des Vertrags mit Skala konnte noch nicht erfolgen, da die Antwort auf Antrag zur Erlangung des Lehrrechts aus Österreich noch nicht eintraf. 2. Metallwerkstatt: Der Meisterrat ist damit einverstanden, daß mit Herrn Slutzki ein provisorischer Vertrag abgeschlossen wird. 3. Steinbildhauerei: Es kommen Abbildungen von verschiedenen Steinbildhauern zur Vorlage. Der Meisterrat ist damit einverstanden, daß Herr Gropius mit Bildhauer Hartwig, Berlin, für Abschließung eines provisorischen Vertrags in Verbindung tritt. 4. Tischlerei: Gropius berichtet, daß der Tischlermeister Pietschmann zurückgetreten sei, da er sich nicht die Kenntnisse zutraue, die er für den Posten des Werkstattleiters der Tischlerei für notwendig erachte. Er habe ihm den Tischlermeister Zachmann zugeführt, der in längerer Rücksprache einen guten Eindruck gemacht habe. Arbeiten von Zachmann gelangen zur Vorlage. Der Meisterrat ist damit einverstanden, daß mit Zachmann ein provisorischer Vertrag abgeschlossen wird.

11. Verteilung der einzelnen Werkstätten unter die Meister (künstlerische Leitung). Gropius ist der Ansicht, daß die Meister bald darüber schlüssig werden müssen, wie sie die einzelnen Werkstätten untereinander verteilen wollen. Es erscheine als praktisch nicht möglich, daß Itten und Muche allein in Verbindung mit dem Formunterricht die gesamten Werkstätten beaufsichtigen. Der richtige Weg scheine ihm der zu sein, daß in Zukunft bestimmte Meister mit einer oder 2 bestimmten Werkstätten verbunden seien. Itten wirft ein, daß der Kontakt verloren gehen würde, wenn der Formunterricht nur von ihm und Muche erteilt würde, die anderen Meister dagegen keine Beziehung zu dem Formunterricht hätten. Die Meister sind sich darüber einig, daß nur ein enger Kontakt der Meister untereinander, auch in bezug auf den Formunterricht, erreichen könne, daß man an dieser Schwierigkeit vorbeikommen könne. Es wird beschlossen, diese wichtige und schwierige Frage erst zu Beginn des neuen Semesters zur Entscheidung zu bringen.

12. Zwei Schreiben von Doesburg, dem Herausgeber des „Stijl", Leiden[a], kommen zur Verlesung, der die Meister um Unterlagen bittet für einen Artikel über das Bauhaus. Da eine Stimmung für D[oesburgs]s Absichten nicht vorhanden ist, übernimmt es Herr Gropius, ihm abschlägig zu antworten.

13. Anfrage wegen evtl. Einrichtung von Zeichenlehrerprüfungen am Bauhaus. Ehe man zu dieser Frage Stellung nimmt, sollen erst Prüfungsordnungen von Zeichenlehrerseminaren eingeholt werden.

14. Rückständige Schulgelder. Nachträglich beurlaubt werden mit Erlaß des Honorars von je M[ark] 60,-
      Köhler, Hans und Müller, Marcella

---

a Ergänzung von W. Gropius.

für Januar bis März 1920,
    Breuer, Otto für das Sommersemester 1920.

15. Ateliersgesuche. Es liegen eine Anzahl Ateliergesuche vor. Der Meisterrat ist damit einverstanden, daß die augenblicklich zur Verfügung stehenden freien Ateliers von Gropius *pro-*
5 *visorisch*[b] vergeben werden.

16. Siedelungsgarten. Gropius berichtet über den Stand der Siedelungsangelegenheit. Er
hält es für eine Gefahr, wenn wegen der Finanznot die Bewirtschaftung des Geländes, das
die Regierung einmal zur Verfügung gestellt hat, mangelhaft gehandhabt wird und macht den
Vorschlag, mit allen Mitteln, auch mit eigenen Opfern, die Bewirtschaftung des Grund-
10 stückes in die Höhe zu bringen und gleichzeitig der Not der Kantine zu steuern. Er hält es
für notwendig, das Gelände einzufriedigen und mit der Bebauung des Gartens einen Gärtner zu betrauen. Er schätzt die Kosten für die Umfriedigung und Bau des geplanten Garten-
hauses auf mindestens M[ark] 6 [000] bis 7 000,-, den Arbeitslohn eines Gärtners auf jährlich M[ark] 7 [000] bis 8 000,- Mark. Da auf auswärtige Hilfe zur Zeit wohl kaum gerechnet
15 werden könne, ehe etwas geleistet werde, erklärt er sich bereit, aus dem ihm zur freien Verfügung stehenden Stiftungsfonds M[ark] 5 000,- zu entnehmen und weiteres Geld durch
Spenden unter den Meistern aufzubringen; er sei bereit, M[ark] 500,- zu zeichnen und
werde Sammellisten herumreichen lassen.

17. Feininger-Mappe. Gropius berichtet über den Verkauf dieser Mappe. Durch die 10 bis-
20 her verkauften Exemplare seien die Unkosten von 20 Mappen gedeckt. Er bittet die Meister,
den Absatz der Mappen durch Empfehlung zu unterstützen.

18. Stipendiengesuche. Es liegt ein Stipendiengesuch von Johannes Driesch vor. Der Meisterrat bewilligt diesem aus dem Kunstförderungsfonds für 2 Monate ein Stipendium von
monatlich M[ark] 150,-.

25 Schluß der Sitzung um 7 1/2.

Gropius
Lyonel Feininger   *Georg Muche*   *Itten*   *Marcks*

30

Sitzung des Meisterrates am 8. März 1921

30 [1.]
Bericht an die Gebietsregierung in Weimar vom 14. März 1921. – Behändigte Ausfertigung.
ThHStA Weimar, Thüringisches Volksbildungsministerium C 1480, Bl. 102.

---

b Ergänzung von W. Gropius.

DER DIREKTOR
DES STAATLICHEN BAUHAUSES
ZU WEIMAR
Ehemalige Großherzoglich Sächsische Hochschule
für bildende Kunst und ehemalige Großherzoglich   5
Sächsische Kunstgewerbeschule in Vereinigung.

Weimar, den 14. März 1921

P[aulssen]   15. März 1921 ᵃ
                                                                               10
Zu KW I 160 vom 9. März [19]21

Auf das Schreiben vom 9. März d[iese]s M[ona]ts [sic!], welches erst am 14. [März 1921]
eintraf, erwidere ich folgendes.   15
    Das vom Meisterrat des Staatlichen Bauhauses unterzeichnete Schreiben vom 5. d[iese]s
M[ona]ts wurde erst am 8. März [1921] nach an diesem Tage vorgenommener Meisterrats-
besprechung fertiggestellt, da die Besprechung mit dem Ministerium am 7. d[iese]s M[ona]ts
in den wesentlichen Punkten ergebnislos geblieben war.
    Die schwierige Lage der Regierung hat der Meisterrat in seiner Besprechung wohl erwo-   20
gen, konnte aber aus der tiefen Überzeugung, daß die Forderungen der Regierung in der verlangten Form für ihn nicht durchführbar sind, zu keinem anderen Ergebnis kommen, als das
in dem Schreiben vom 5. d[ieses]s M[ona]ts zur Kenntnis gebrachte.

Gropius   25

An die
Gebietsregierung
Kultusabteilung
Weimar   30

W[eimar] 18. 3. [1921]
zu d[en] A[kten], da durch Rückspr[ache] vo[n] heute erledigt.
O[rtloff] i[m] A[uftrag]
                                                                               35

31

Sitzung des Meisterrates am 17. März 1921   40

[1.]
Mitteilung an den Meisterrat vom 15. März 1921. – Ausfertigung.
ThHStA Weimar, Staatliches Bauhaus Weimar 12, Bl. 79–82.

---

a Eingangsstempel und Bearbeitungsvermerk von A. Paulssen.

Weimar, 15. März 1921

[...]ᵃ an den Meisterrat.

Vor Schluß des Semesters muß sich der Meisterrat über die in den letzten Besprechungen
aufgeworfenen wichtigen Fragen schlüssig werden. Ich habe meine nach den letzten Be-
5 sprechungen resultierenden Vorschläge nachstehend angedeutet und bitte, diese Fragen für
die demnächst stattfindende entscheidende Sitzung zu bedenken.

1. Vorunterricht. Der Vorunterricht muß wegen der halbjährigen Aufnahme im Sommer-
mester ebenso wie im Wintersemester durchgeführt werden. Ich schlage vor, daß, wenn es der
Raum irgend zuläßt, für Männer und Frauen getrennte Arbeitsräume eingerichtet werden. Der
10 Unterricht, wie bisher einmal wöchentlich, findet dagegen gemeinsam statt, damit er nicht doppelt gegeben zu werden braucht. Wie ich von verschiedenen Schülern des Vorunterrichts höre,
sind lebhafte Klagen darüber, daß an den gewöhnlichen Tagen wenig und unregelmäßig gearbeitet wird. Es wäre zu überlegen, ob auch für diesen Arbeitsunterricht eine bestimmte Werk-
zeit eingeführt und eine technische Lehrkraft gesucht wird, die während dieser Zeit dauernd
15 zur Verfügung der Schüler steht, um ihnen in technischen Dingen an die Hand zu gehen.

2. Der Formunterricht für die übrigen Schüler könnte im Sommersemester unterbleiben,
wenn die Meister ihren Schülern anstelle dessen bestimmte Aufgaben (vor allem auch im Naturzeichnen) stellen und sie verpflichten, diese Arbeiten zu bestimmter Stunde zur Besprechung jede Woche vorzuweisen. Die Meister könnten sich dann nach Belieben ihre Sprech-
20 stunde einrichten.

3. Stellungnahme zu den weiblichen Schülern. Nach unseren Erfahrungen werden sich
Frauen in den seltensten Fällen für die schweren Handwerke wie Steinbildhauerei, Schmiede,
Tischlerei, Wandmalerei, Holzbildhauerei, Kunstdruckerei eignen. Es wäre also darauf hinzuwirken, daß nach dieser Richtung keine unnötigen Experimente mehr gemacht werden.
25 Die Weberei (Frauen-Abteilung) hat Fortschritte gemacht und sich ganz von selbst zu einer
Frauen-Abteilung ausgewachsen. Die meisten Frauen sollten hierin Aufnahme finden; vereinzelte Ausnahmen auch in der Buchbinderei und Töpferei. In letzteren beiden Werkstätten
sind auch für Frauen Lehrbriefe (Handwerkskammer) obligatorisch. In der gesamten Frauenabteilung werden Lehrbriefe nicht ausgestellt. Der Formunterricht für die Frauen wäre im
30 nächsten Semester (Winter) zu trennen, so daß nicht 2 gemischte Abteilungen Formunterricht erhalten, sondern eine Abteilung für männliche, eine für weibliche Schüler.

4. Verbindung der freien Meister untereinander und mit den Werkstättenleitern. Die schwierigste und wichtigste Frage des Kontaktes der Meister untereinander, aus dem erst eine gemeinschaftliche Arbeit mit gleichem Ziel entstehen kann, ist bisher, wie wir alle wissen, un-
35 gelöst. In den Satzungen haben wir geschrieben § 4 letzter Absatz: „Lehrgrundsatz: Jeder
Lehrling und Geselle lernt gleichzeitig bei zwei Meistern, je einem Meister des Handwerks und
einem Meister der Formlehre. Beide stehen in enger *Lehr*ᵇ-Verbindung." Um im gleichen

---

a Streichung; zuvor: *Umlauf.*
b Ergänzung von W. Gropius.

Maße auf die Schüler und auf die Werkstätten einwirken zu können, brauchen wir für die wichtigsten Formfragen eine Übereinkunft untereinander, ein gültiges Ausdrucksmittel, mit dem
wir uns untereinander und unseren Schülern gegenüber verständigen können. Bis jetzt arbeitet im großen und ganzen jeder isoliert, und die Werkstattleiter kennen kaum unsere Arbeiten
und unsere Ateliers. Deshalb muß zunächst erreicht werden, daß bestimmte Werkstätten Be-   5
reich eines bestimmten freien Meisters sind; und damit der Ausgleich aller untereinander gewährleistet ist, schlage ich regelmäßige Zusammenkünfte aller freien Meister und aller Werkstättenleiter vor zu Vorträgen und Aussprachen über die grundlegenden Fragen der von uns
verfolgten Formlehre. Die Hinzuziehung der Werkstättenleiter ist hierbei von besonderer
Wichtigkeit. Ich möchte vorschlagen, daß Herr Itten, der die größte Erfahrung in diesen Fra-   10
gen von uns besitzen dürfte, mit diesen Vorträgen beginnt. *Aus diesem Kontakt*[c] muß, wenn
alle Meister dazu bereit sind, schließlich ein gemeinsamer Boden für uns alle gefunden werden,
so daß die Werkstätten nicht jede allein für sich mit ihren 2 Meistern arbeiten, sondern der alle
verbindende Ring durch die gemeinsamen Aussprachen der Meister geschlossen bleibt.

Ich schlage vor, folgendermaßen versuchsweise die Werkstätten an die freien Meister zu ver-   15
teilen:

I. Steinbildhauerei	Schlemmer
II. Holzbildhauerei	Muche
III. Tischlerei	Gropius
IV. Töpferei	Marcks
V. Gold-Silber-Kupferschmiede	Itten
VI. u. VII. Wand- und Glasmalerei	Itten
VIII. Weberei	Muche
IX. Kunstdruckerei	Feininger
X. Buchbinderei	Klee.

5. Werkstättenleiter. Der ganze Aufbau des Bauhauses krankt noch daran, daß zwar das
Handwerk als Fundament angesehen wird, die Werkstätten und ihre Leiter aber noch zu
weit im Hintergrund stehen und nicht genügend mitarbeiten können. Das liegt zum Teil an
der Personenfrage. Meiner Ansicht nach genügen nicht die Leiter der Holzbildhauerei und
der Kunstdruckerei, ferner fehlen solche für die Wandmalerei und die Gold- und Silber-   30
schmiede. Ich beabsichtige, da alle anderen Wege nicht gefruchtet haben, nach der Klärung
der Angelegenheit[d] mit der neuen Kunstschule, in Deutschland herumzufahren, um richtige
Meister für uns ausfindig zu machen.

6. Lehrbriefe. Ich bitte alle Meister, bei den Schülern darauf hinzu*weisen*[e], daß die Übernahme des Lehrbriefes (§ 6 der Satzungen) nach der endgültigen Aufnahme in das Bauhaus   35
obligatorisch ist (Ausnahme Frauenabt[ei]l[un]g).

7. Aufnahme von Gesellen. Bei der Art unserer Schüler ist nach wie vor die Gefahr dilet-
tantischer Handwerksarbeit vorhanden. Es würde deshalb eine Stärkung für die Arbeitslei-

c Änderung von W. Gropius; zuvor: *Aus dieser Frage.*
d Ergänzung von W. Gropius.
e Änderung von W. Gropius; zuvor: *hinzuwirken.*

stung der Werkstätten bedeuten, wenn wir tüchtige Gesellen in die Werkstätten aufnehmen, die nicht bezahlt werden, sondern nach Art von Fachkursen eine Zeitlang in unseren Werkstätten, etwa zur Vorbereitung auf ihr Meisterstück, arbeiten. Diese Gesellen müßten den einmal wöchentlich stattfindenden Formunterricht mitnehmen und im übrigen in der Werk-
5 statt arbeiten. Wenn wir auch nur einen kleinen Bruchteil dieser Gesellen als für das Bauhaus geeignet behalten, würden die Werkstätten an Kraft und Leistungsfähigkeit gewinnen. Sie wären auch die natürlichen technischen Hilfskräfte für die Werkstättenleiter.

8. Raumfrage. Die Verteilung der Räume, die nach Einrichtung der neuen Kunstschule eine Änderung erfahren muß, lege ich in der kommenden Meisterratssitzung vor.

10 *Gropius*
Klee   Marcks

[2.]
Protokoll der Sitzung. – Ausfertigung.
ThHStA Weimar, Staatliches Bauhaus Weimar 12, Bl. 83–84.

15 Meisterratssitzung am Donnerstag, dem 17. März 1921

anwesend sämtliche Meister und Kämmer als Protokollführer
Beginn 3 1/2 Uhr

Tagesordnung: Endgültige Aufnahme
                    Organisationsänderungen

20 Der Meisterrat begab sich in die Schülerausstellung und beschloß,
   endgültig aufzunehmen:

Albers, Josef	Baschant, Rudolf	Bernays, Adolf
Bogler, Theo	Breuer, Marcel	Jahn, Martin
Herbst, Johannes	Marck, Richard	Müller, Hermann
25 Schmidt, Kurt	Hesse, Hildegard	Jungnick, Hedwig
Kerkovius, Ida	Vollmer, Alice	Hoffmann, Hans
Wulf, Lene	Ebner, Gerda	Liesche, Elisabeth;

   endgültig aufzunehmen mit der Verpflichtung, den Vorunterricht weiter zu besuchen:
   Mecklenburg, Walter.
30 Ein zweites Probesemester wurde bewilligt:
   Negenborn, Hilde.
   Desgl[eichen] mit der Erlaubnis, in einer Werkstatt zu arbeiten:

Busse, Heinr[ich]	Holzhausen, Walter	Heymann, Grete
Kühl, Ruth	Schoen, Margarete	Peters, Arnulf.

35 Nicht aufgenommen wurden auf Grund nicht befriedigender Arbeiten im 1. Probesemester:

Pap, Julius	Scheper, Herrmann	Kleinworth, Elsa;

   desgl[eichen] im 2. Probesemester:

Borchers, Heinz	Coja, Gertrud	Gerhard, Johanna.
Kroenberg, Ida	Schwabacher, Nelly	

Ferner sollen wegen ungenügender Begabung und unbefriedigender Fortschritte ausscheiden:
Schulz, Melanie.

Gropius gibt bekannt, daß von Stipendiengeldern ein Betrag von 3[000] bis 3 500,- Mark an
bedürftige und begabte Lernende zur Verteilung gelangen könne. Der Meisterrat beschließt:
  Skala in Anerkennung seiner intensiven Tätigkeit im Interesse des Bauhauses ein Stipen- 5
dium von M[ark] 1 000,-
Lindig, Otto und Frl. Dicker [ein Stipendium von] je M[ark] 500,-
Wilh[elm] Schmidt, Jahn, Schwerdtfeger, Hoffmann, Knott, Neumann für je 2 Monate Spei-
semarken oder den Betrag von je M[ark] 240,-f
zu bewilligen.   10
  Für das Probesemester wird aufgenommen:
Okuniewska, Ola   *darf in eine Werkstatt*g
Gesuch um 4 Wochen Urlaub des Marcel Breuer wird entsprochen.

Punkt II der Tagesordnung: Organisationsänderungen.
Siehe anliegende schriftliche Vorschläge der Leitung, die dem Meisterrat zugegangen waren. 15
  Punkt 1. Der Vorschlag, nach Möglichkeit getrennte Arbeitsräume für Schüler und Schü-
lerinnen einzurichten, wird angenommen. Im übrigen wird beschlossen, keine feste Arbeitszeit
und Arbeitsaufsicht einzuführen, damit die Arbeit im Vorunterricht ganz frei und lose bleibt.
  Punkt 2 wird auf Vorschlag Itten mit Punkt 4 gemeinsam besprochen.
  Punkt 3. Vorschlag der Leitung wird angenommen.
  Punkt 4 (sowie 2 und 7). Die wichtige Frage der Verbindung der Meister untereinander in 20
bezug auf den Formunterricht und die Werkstattarbeit findet noch keine endgültige Lösung.
Itten hat Bedenken gegen eine Form gemeinsamen Austausches, die von außen herangetragen
wird und glaubt, daß ältere Handwerksmeister und Gesellen in den weitaus meisten Fällen in
formaler Beziehung nicht mehr genügend beeinflußbar sind. Gropius steht auf dem Standpunkt, daß es für die Werkstätten von Bedeutung ist, daß für die Übergangszeit, ehe aus dem 25
Bauhaus hervorgegangene Gesellen und Meister da sind, ältere Handwerker herangezogen
werden müssen, um die Arbeiten der Werkstätten leistungsfähiger zu machen. Mit dem Zu-
nehmen brauchbaren Nachwuchses fällt dann der Zuzug älterer Handwerkerh von selbst weg.
  Gropius erklärt, er sei sich bewußt, daß die vorliegenden Fragen besonders wichtig und be- 30
sonders schwierig seien und daß eine durchaus befriedigende Lösung dieser Probleme noch
nicht gefunden ist; er müsse aber den Standpunkt vertreten, daß praktisch zu handeln sei und
daß die Meister deshalb zu überlegen hätten, welche Schritte augenblicklich zu Beginn des
neuen Semesters unternommen werden müßten, um die notwendige Verbindung zwischen
den freien Meistern und den Handwerksmeistern besser zu gewährleisten wie bisher. An der 35
weiteren Aussprache beteiligen sich Itten, Muche, Feininger und Klee. Es wird beschlossen,
vor Beginn des neuen Semesters über diese Frage nochmals eine Sitzung anzuberaumen.
  Punkt 5. Gropius gibt bekannt, daß, sobald die Angelegenheit der neuen Hochschule geklärt sei, er in Deutschland persönlich nach Werkstattleitern für die noch fehlenden Stellen
suchen werde.

---

f Änderung von W. Gropius; zuvor: *250,-*.
g Zusatz von J. Itten.
h Änderung; zuvor: *Handwerksmeister*.

Zu Punkt 8, Verteilung der Räume nach Einrichtung der neuen Kunstschule, wurden die Pläne mit Vorschlägen der Leitung vorgelegt.

Gropius
Georg Muche   *Itten*   *Schlemmer*   *Lyonel Feininger*   *Marcks*   *Klee*
5 *Kämmer*

32

Sitzung des Meisterrates am 6. April 1921

[1.]
Einladung an die Form- und die Werkmeister vom 25. März 1921, Zirkular. – Ausfertigung.
10 ThHStA Weimar, Staatliches Bauhaus Weimar 12, Bl. 85.

Weimar, 25. März 1921

Die bereits angekündigte Sitzung mit den Leitern der Werkstätten findet am Mittwoch, dem 6. April [1921], nachmittags 3 Uhr statt.

Gropius

15 Meister Feininger   *Feininger*
[Meister] Itten   *Itten*
[Meister] Klee
[Meister] Muche   *GMuche*
[Meister] Schlemmer   *Schlemmer*
20 [Meister] Meyer   *Meyer*
[Meister] Börner   *Börner*
[Meister] Dorfner   *am 25. verreist* [a]
[Meister] Kämpfe   *Kämpfe*
[Meister] Zachmann   *Zachmann*
25 [Meister] Zaubitzer   *CZaubitzer*

[2.]
Einladung an G. Marcks und M. Krehan vom 25. März 1921. – Ausfertigung.
ThHStA Weimar, Staatliches Bauhaus Weimar 12, Bl. 86.

Weimar, 25. März 1921

30 Die bereits angekündigte Sitzung mit den Leitern der Werkstätten findet am Mittwoch, dem 6. April [1921], nachmittags 3 Uhr statt.

G[ropius]

---

a Ergänzung von L. Hirschfeld.

Meister Feininger
[Meister] Itten
[Meister] Klee
[Meister] Muche
[Meister] Schlemmer   5
[Meister] Meyer
[Meister] Börner
[Meister] Dorfner
[Meister] Kämpfe
[Meister] Zachmann   10
[Meister] Zaubitzer

An die Töpferei des Staatlichen Bauhauses
Meister Marcks   *Marcks*
[Meister] Krehan   *Krehan*

Bitte um Rücksendung. b   15

Kämmer

[3.]
Mitteilung an die Werkmeister vom 4. April 1921, Zirkular. – Ausfertigung.
ThHStA Weimar, Staatliches Bauhaus Weimar 12, Bl. 87.

Eilt   20

Die zu morgen nachmittag einberufene Sitzung sämtlicher Meister findet morgen, Mittwoch
6. April [1921], nachmittags 4 1/2 Uhr statt.

Gropius

Meister Börner   *Börner*
[Meister] Dorfner   *Dorfner*
[Meister] Kämpfe   *Kämpfe*   25
[Meister] Zachmann   *Zachmann*
[Meister] Zaubitzer   *CZaubitzer*
[Meister] Krehan telef[onisch] mitgeteilt

Weimar, 4. April 1921   30

[4.]
Protokoll der Sitzung. – Ausfertigung.
ThHStA Weimar, Staatliches Bauhaus Weimar 12, Bl. 88–89.

---

b Ergänzung von L. Hirschfeld.

Meisterratssitzung am Dienstag, dem 6. April 1921.

Anwesend die Meister Gropius, Feininger, Itten, Muche, Schlemmer und als Protokollführer
Kämmer. Entschuldigt fehlten die Meister Klee und Marcks.

Beginn 4 Uhr.

5 Tagesordnung:
1. Schülergesuche
2. In letzter Meisterratssitzung zurückgestellte Fragen:
   A zu Punkt 2 (Formunterricht im Sommer)
   B [zu Punkt 4] (Verbindung der freien Meister untereinander und mit den Werkstätten-
10   leitern)
   C [zu Punkt 7] (Aufnahme von Gesellen)

Der Meisterrat beschließt
Frl. Heymann versuchsweise in die keramische Werkstatt aufzunehmen,
Fritz Peretti die gewünschte Stundung zur Zahlung seines Lehrgeldes zu bewilligen,
15 Frau Dora Schlevogt und Erich Brendel mit Erlaß des Lehrgeldes für das Sommersemester
zu beurlauben,
den Lehrlingen Driesch, Herbst, Hirschfeld, Hoffmann, Jahn, Kohn, Lindig, Marck, Mecklenburg, H. Müller, Th. Müller, Scheper, W. Schmidt, Skala, Schwerdtfeger, Schunke, Ber-
kenkamp, Dicker, Friedländer, Gräf, Knott, Korner, Mögelin, Neumann, Otte, Stölzl, Voll-
20 mer Lehrgeldfreistellen resp[ektive] Stipendien à 60 Mark zur Zahlung des Lehrgeldes für
das Sommersemester zu bewilligen.
   Gropius bringt von Pap ein Schreiben zur Verlesung, in dem dieser bittet, wieder aufgenommen zu werden. Der Meisterrat erkennt die Notlage des Pap an, die ihn während des
Wintersemesters am Arbeiten gehindert hat und beschließt, ihn probeweise für das Som-
25 mersemester wieder aufzunehmen.
   Die von Gropius angeregte Frage, Ernennung von Lehrlingen zu Bauhausgesellen betr[ef-
fend], wird zur späteren Beschlußfassung zurückgestellt.
   Zur Frage der Verbindung der Meister untereinander in bezug auf den Formunterricht
und die Werkstattarbeit, über welche ein Beschluß in der letzten Sitzung nicht gefaßt wor-
30 den war, schlägt Gropius folgende Lösung vor: Der Vorunterricht wird semesterweise wech-
selnd von den[c] Meistern gehalten und die Werkstätten werden wie vorgeschlagen versuchsweise unter die freien Meister verteilt. Es wäre gut, wenn die Meister im Laufe des Sommers
sich orientieren würden, welcher von den Herren im Wintersemester die Leitung des Vorunterrichtes übernehmen wird.
35 Itten ist gegen diesen Versuch. Er ist der Ansicht, daß der Formunterricht und die Werkstättenleitung in einer Hand liegen müsse, daß dieser betr[effende] Meister keine Schüler an-
nimmt, daß diese sich also bei den anderen Meistern eintragen, mit diesen auch ihre *freien*[d]

---

c Änderung von W. Gropius, zuvor: *verschiedenen*.
d Ergänzung von W. Gropius.

Arbeiten besprechen können. Auf diese Weise würde der Kontakt zwischen den freien Meistern und den Werkstätten hergestellt. Denn jeder Meister könne dann in jeder Werkstatt zu den *freien*^e Arbeiten Stellung nehmen, die ihm von seinen Schülern vorgelegt würden.

Gropius hält diesen Vorschlag nicht für durchführbar und schlägt vor, daß versuchsweise der von ihm gemachte Vorschlag zur Ausführung gelange. Da in der weiteren Aussprache, 5 an der sich alle Meister beteiligen, eine Klärung der Angelegenheit nicht erzielt werden konnte, wird die Beschlußfassung über diese Sache bis zur nächsten Sitzung zurückgestellt.

In der hierauf beginnenden Sitzung mit den Werkstattleitern Börner, Dorfner, Kämpfe, Zachmann und Zaubitzer gelangt zuerst die Frage der Fachschüler zur Besprechung. Gropius weist auf die Schwierigkeit hin, die darin liegt, daß auch von den Fachschülern künstlerische Vorbil 10 dung verlangt werden müsse, die aber die wenigsten nachweisen könnten. Daß weiter auch durch den kurzen Besuch des Bauhauses seitens der Fachschüler (3 bis 6 Monate) ohne Zweifel diese künstlerisch nicht so weit zu bringen seien, daß sie nach ihrem Weggang den Ruf des Bauhauses nicht schädigen. Nachdem zu dieser Frage Itten, Dorfner, Kämpfe und Zachmann Stellung genommen haben, wird beschlossen: Aufnahmegesuche von Fachschülern werden von 15 der Leitung und dem betr[effenden] Werkstättenleiter geprüft, Aufnahmen finden nur, soweit Platz vorhanden ist, statt und die Fachschüler haben den Vorunterricht mit zu besuchen.

Zaubitzer frägt [sic!] an, ob nach dem letzten Rundschreiben auch Hochschülern, welche Probedrucke in der graphischen Abteilung ausgeführt haben wollen, der Zutritt zu verweigern sei. Gropius antwortet, daß bis zur Regelung der Frage die betr[effenden] Aufträge im 20 Sekretariat abzugeben seien.

Auf Antrag von Kämpfe soll für die Holzbildhauerwerkstatt ein Leimofen angeschafft werden oder Gasanschluß für einen Leimkocher.

Zachmann frägt [sic!] an, ob die Werkstättenleiter am Formunterricht teilnehmen könnten. Es wird auf das Rundschreiben hingewiesen, nach welchem jedem Werkstättenleiter frei 25 stehe, am Formunterricht teilzunehmen. Auf die Frage Zachmanns, ob es möglich sei, den Werkstättenleitern besonders Formunterricht zu geben, antwortet Gropius, daß dies wohl erwünscht, momentan aber nicht durchführbar sei.

Zachmann hält es für nötig, daß für die Tischlerei noch ein Geselle angenommen würde. Gropius antwortet, daß dies erst nach Genehmigung des Voranschlags, in welchem die Mit 30 tel für einen Gehilfen eingestellt wären, möglich sei.

Börner frägt [sic!] an, ob den Lehrlingen, die in den einzelnen Werkstätten mit zur Materialverwaltung hinzugezogen würden, eine Vergütung gezahlt werden könne. Gropius sagt zu, diese Frage zu prüfen.

Gropius teilt mit, daß die nach Schluß des Wintersemesters nicht aufgenommenen Lehr 35 linge die Berechtigung haben, weiter in der betr[effenden] Werkstatt zu arbeiten, bis sie eine andere Arbeitsmöglichkeit gefunden hätten.

Es wird beschlossen, daß den Lehrlingen der Besuch von besonderen Proben im Nationaltheater durch Befreiung von der Werkstattarbeit an dem betr[effenden] Tage ermöglicht werden soll. 40

Gropius macht die Werkstättenleiter darauf aufmerksam, daß sie für Material und Werkzeug sowie Einrichtung ihrer Werkstatt verantwortlich seien, auch dann, wenn zur Verwaltung Lehrlinge mit hinzugezogen würden.

---

e Ergänzung von W. Gropius.

Zachmann hält die Anschaffung einer Hobelmaschine für die Tischlerei für notwendig und begründet seinen Antrag. Gropius sagt zu, zu versuchen, die Kosten von 8 [000] bis 10 000 Mark zu beschaffen.

5   Da von den Meistern und den Werkstättenleitern keine Fragen mehr gestellt werden, wird die Sitzung um 6 Uhr geschlossen.

Gropius
Meister Feininger   *Feininger*
[Meister] Itten   *Itten*
[Meister] Muche   *GMuche*
10 [Meister] Schlemmer   *Schlemmer*
Kämmer

33

Sitzung des Meisterrates am 23. Mai 1921

[1.]
15 Tagesordnung für die Sitzung (undatiert). – Konzept.
ThHStA Weimar, Staatliches Bauhaus Weimar 12, Bl. 90.

Für Meisterrats-Besprechung am Montag, 23. Mai 1921.

Schülergesuche
Mecklenburg Freitisch
20 Lindig Stipendium
Borkowsky Urlaub
Urlaubsfrage!
Beurlaubung mit Erlaß des Schulgeldes für Sommer-Semester 1921: Löwengard, Neufert, Linder, Breustedt
25 Welcher Meister bei Bildhauer-Akt Mo[ntag], Di[enstag], Mi[ttwoch] 3–5 [Uhr]
[Welcher Meister] bei Zeichenakt Freit[ag] und Donnerst[ag] 5–7 [Uhr]   *Schlemmer*[a]
Schreiben d[es] W[irtschaftlichen] V[erbandes] bild[ender] Künst[ler]
Bund der Chemigraphen
Werkmeisterschreiben.
30 Schreiben Marcks
(Für Werkmeister-Sitzung: Akten Zaubitzer und Kultus[abteilung])
(Anschaffungen einschränken)
Keine Fremden das Bauhaus besichtigen.
Bauhaus-Mappe 2
35 Bauhaus-Lotterie
Schülerausstellung[b]

a Ergänzung am linken Rand.
b Ergänzung von W. Gropius.

34

Sitzung des Meisterrates am 24. Juni 1921

[1.]
Einladung an die Werkmeister vom 20. Juni 1921, Zirkular. – Ausfertigung.
ThHStA Weimar, Staatliches Bauhaus Weimar 12, Bl. 91.   5

Weimar, 20. Juni 1921

Umlauf

Ich bitte die Meister zu einer Besprechung am Freitag, dem 24. Juni [1921], nachmittags 5 Uhr.

Gropius

Meister Meyer	*Meyer*	
[Meister] Börner	*Börner*	10
[Meister] Dorfner	*Dorfner*	
[Meister] Hartwig	*Hartwig*	
[Meister] Kopka	*Kopka*	
[Meister] Krehan (extra)		15
[Meister] Schlemmer	*CSchlemmer*	
[Meister] Zachmann	*Zachmann*	
[Meister] Zaubitzer	*CZaubitzer*	

[2.]
Tagesordnung für die Sitzung (undatiert). – Konzept.   20
ThHStA Weimar, Staatliches Bauhaus Weimar 12, Bl. 92.

Für Sitzung des Meisterrats
am Freitag, 24. Juni 1921

1. Aufnahme der Neueingetretenen.
Druckerfrage beachten!   25

2. Schülergesuche:
    A. Stipendium für Mark   *wieviel?*   *1 800*   *1 500/300*[a]
    B. [Stipendium für] Mecklenburg (Freitisch) *ja*[b]
    C. [Stipendium für] Lindig   *je*[c]
Atelier-Gesuche: Kerkovius
Breuer   *provisorisch*[d]   30
Kube ja stunden[e]

---

a–e Ergänzungen von L. Hirschfeld.

3. Meisterurlaub.
Vertretung in Abwesenheit Gropius
Adressen angeben.

4. Lehrbriefe vordatieren für Schüler im Vorkurs, die bereits in einer Werkstatt arbeiteten.
5 Diese müßten damit die Werkstattzeit einhalten!

5. Vertragsentwurf der Werkstättenleiter.
Probezeit Zachmann zu Ende 1. August (Eintritt 1. Febr[uar 1921])   *ja*[f]
[Probezeit] Hartwig [zu Ende] 1. Oktober ([Eintritt] 1. April [1921])   *ja*[g]
[Probezeit] Kopka [zu Ende] 1. Oktober ([Eintritt] 1. April [1921])   ?[h]
10 [Probezeit] Schlemmer [zu Ende] 1. November ([Eintritt] 1. Mai [1921])

6. Schreiben Kultusministerium betr[effend] Rechtsnachfolge.

7. Bauer 25jähriges Dienstjubiläum 1. Juli [1921].

8. Bauhausmappe 2.

Neuaufnahmen für Winter 1921/1922

15 [3.]
Protokoll der Sitzung. – Ausfertigung.
ThHStA Weimar, Staatliches Bauhaus Weimar 12, Bl. 93-95.

Weimar, den 25. 6. 1921.

Protokoll
20 der Sitzung des Meisterrats am Freitag, 24. Juni 1921.
Beginn: nachmittags 3 Uhr, Ende 7 Uhr.

Anwesend sämtliche Meister:
Direktor Gropius
Meister Feininger
25 [Meister] Itten
[Meister] Klee
[Meister] Marcks
[Meister] Muche
[Meister] Schlemmer
30 Hirschfeld als Protokollführer.

Von 5.45 Uhr ab außerdem die Meister: Meyer, Börner, Dorfner, Hartwig, Kopka, Krehan,
[Carl] Schlemmer, Zachmann, Zaubitzer.

---

f-h   Ergänzungen von L. Hirschfeld.

Gropius weist zunächst für Aufnahme der Neuen auf die schwierige Frage des noch beschränkt vorhandenen Platzes in den einzelnen Werkstätten hin, und in Verbindung damit
möchte er die Frauenfrage (Eintritt von Frauen in die Werkstätten) erörtern. Dies wird sich
von selbst bei der Aufnahme der Teilnehmer des Vorkurs finden.

Gropius bringt zur Besprechung, ob man Albers, Dicker und Neumann eine Ausnahme-   5
stellung in dem Sinne gewähren soll, wie sie Watenphul und Skala inne haben, deren Stellung vor den anderen Lehrlingen und Gesellen durch besondere Stellung [sic!] gerechtfertigt wurde. Einspruch wird nicht[i] erhoben, jedoch betont Itten ausdrücklich, daß diesen
Albers, Dicker und Neumann kein besonderes Befähigungszeugnis damit ausgestellt werden soll.

Gropius macht auf die schwierige finanzielle Lage der Lehrlinge aufmerksam und verteilt   10
an die Meister Werbebriefe[j] zum Werben in ihrem Bekanntenkreis. – Noch vorhandene Sti-
pendiengelder von 1920/21 kommen folgendermaßen zur Verteilung:
Richard Mark erhält auf sein Gesuch M[ark] 1 500,–
Mecklenburg [erhält auf sein Gesuch] ca. [Mark] 350,–
Lindig erhält einen der eingegangenen Freitische von M[ark] 1 500,–, monatlich also   15
120,– Mark.

Atelier-Verteilung wird zum Schluß des Semesters zurückgestellt, nur Breuer erhält auf je-
derzeitigen Widerruf für die Sommermonate das freigewordene Atelier Herbst Nr. 10 im
Prellerhaus.

Gropius verliest das Schreiben des Ministeriums vom 13. Juni [19]21, das die Rechts-   20
nachfolge des Bauhauses eindeutig festlegt und gibt die erfolgte Rücknahme der Demission
vom 5. März [19]21 bekannt.

Er erwähnt die für den stattfindenden Landtag notwendig zu erörternden Punkte und
liest vor, welche Fragen der Landtag in bezug auf die „Staatliche Hochschule für bildende
Kunst" zu klären habe, und erklärt die Form, in der diese Fragen dem Landtag vorgebracht   25
werden sollen, für schwierig. Nötig ist es, einer von der Gegenseite naheliegend erstrebten
Trennung von Kunstgewerbeschule und Akademie rechtzeitig zu begegnen. Gropius be-
ansprucht Vollmacht vom Meisterrat in dieser Angelegenheit. Einspruch wird nicht erhoben.

Gropius macht auf das 25jährige Jubiläum des Kastellans Bauer aufmerksam und erwähnt   30
seine diesbezügliche Eingabe an das Ministerium.

Er berichtet über die Ergebnisse der Arbeiten für die Bauhausmappe. Es wird vorgeschlagen und angenommen, die Künstler Munch, Filla, Beneš [...][k] (Tschechen) noch aufzufordern, graphische Arbeiten zur Verfügung zu stellen. – Über die Mappe der Meister vom Bauhaus wird ausgiebig verhandelt, weil man beabsichtigt, sie in irgendeiner Form einheitlich zu   35
gestalten. Jeder Meister soll 2 Platten geben. Man erwägt, ob die Mappe nur Buntdrucke enthalten soll, ob das Format einheitlich sein soll und kommt schließlich zu dem Ergebnis, keine
Norm aufzustellen, sondern nur evtl. von mehreren Arbeiten der einzelnen gemeinschaftlich
die geeigneten auszusuchen.

---

i   Änderung; zuvor: *matt.*
j   Änderung; zuvor: *Bettelbriefe.*
k   Streichung; zuvor: *Ottokar Kubin.*

Urlaub der Meister:
In der Zeit der Abwesenheit Gropius' wird als sein Vertreter bis zum 12. Juli [1921] Feininger anwesend sein und später Itten. Die einzelnen Meister werden für die Zeit ihrer Abwesenheit selbst für ihre Vertretung sorgen.

5 [...]¹

Zur Entscheidung über Aufnahme und Nichtaufnahme der Vorunterricht-Teilnehmer und der im letzten Semester zurückgestellten Aufnahmen begeben sich alle Anwesenden in Raum 38 und 39, in denen die Arbeiten der Schüler ausgestellt sind.

Es wird folgendes beschlossen:
10 Endgültig aufgenommen werden:

Gorodiski	(hat i[m] kommenden Semester	Breusing
	[am] Vorunterricht teilzunehmen)	Deinhard
Pfeiffer-Belli		Hackmack
Wassiljeff		Le Juge
Maltan		Utschkanowa
Weber		Vallentin
Wigand, Karl		Willers

Ferner von den im letzten Semester zurückgestellten werden nun endgültig aufgenommen:

Peters	Pap	
Busse	Kuehl	Schoen

Ferner in die Tischlerei: Kube.

Nicht aufgenommen werden:
Buchenau
Gillhausen
25 Plötner
Querchfeld
Rocco
Maas
Molzahn
30 Raack
Weimer
Wigand. Frau Wigand erhält auf ihr mündliches Gesuch eine besondere Erlaubnis zum Weiterbesuch des Vorunterrichts, ihres Sohnes wegen, jedoch ohne ihr irgendwelche Aussicht auf spätere Aufnahme zu geben.
35 Ferner werden von den im letzten Semester Zurückgestellten nicht aufgenommen:
Holzhausen mit der Begründung, daß ein in Ruhe sich sammeln und allein für sich arbeiten notwendig für ihn sei. Er erhält die Erlaubnis, in der Werkstatt weiterzuarbeiten, bis er etwas Passendes gefunden hat.

---

1 Streichung; zuvor: *Gropius berichtet, daß der Schüler des Vorkurs Walter Brinkmann wegen Betruges verhaftet wurde.*

Zurückstellen der endgültigen Aufnahme bis Ende nächsten Semesters mit nochmaliger Teilnahme am Vorunterricht und Erlaubnis, in einer Werkstatt zu arbeiten:

Bogler   Roghé nur, wenn sie bereit ist, in der Werkstatt für textile
                Techniken zu arbeiten.

Exner
Pistorius
Saemisch   Seinfeld Druckerei ohne Lehrbrief.

Die Aufnahme für nächstes Semester zurückgestellt mit Werkstattarbeit ohne nochmaligen Vorunterricht:

Schepp,
Fehling.

Ein 2. Probesemester schlechtweg:

v[on] Erffa mit dem Bemerken, ob er das Wagnis auf sich nimmt, da wenig Begabung.

Lindemann   das Gleiche
Kostorz   [das Gleiche]
Niemeyer   (dieser Beschluß erst mit den Werkstattleitern zusammen)
Rühle   [(dieser Beschluß erst mit den Werkstattleitern zusammen)]
Brinkmann

Frl. Heymann erhält erst Ende des Semesters endgültige Mitteilung, da sich jetzt über ihre Eignung zum Handwerk (Töpferei) noch nichts grundsätzlich sagen läßt.

Von 5 Uhr 45 ab sind die Werkstattleiter anwesend. Gropius verliest das Ergebnis der Aufnahmen und teilt mit, wer und wieviele Schüler hiernach in die einzelnen Werkstätten neu eintreten werden.

1. Steinbildhauerei: Exner
2. Holzbildhauerei: Gorodiski, Utschkanowa
3. Tischlerei: Saemisch
4. Töpferei: —
5. Gold- und Silber-Schmiede: Weber, Hackmack, Pistorius
6. Wandmalerei: Maltan, Wassiljeff
7. Glasmalerei: —
8. Weberei: Deinhard, Vallentin, Willers, Bogler, Breusing, Roghé
9. Druckerei: Seinfeld
10. Buchbinderei: außer Pfeiffer-Belli, Schepp

zu Schreyer: Fehling.

Als unbefähigt für Weberei ist Liesche Mitteilung zu machen.
Dasselbe gilt für Mecklenburg, dem späterhin zu schreiben sein wird.
Frl. Hesses Eignung wird sich erst in der nächsten Zeit entscheiden.

Gropius erwähnt die Einstellung der erhöhten Gehälter für die Werkstattleiter, die mit der Bewilligung des neuen Etats in den kommenden Landtagsverhandlungen rückwirkend ab 1. April [19]21 zur Auszahlung gelangen sollen.

Hartwig schlägt vor, nur dann Gipsgüsse für Bauhausschüler zu machen, wenn die jedesmalige Erlaubnis des Formmeisters eingeholt wird. Dadurch wird Arbeit und Material für minderwertige Arbeiten gespart.

Gropius betont wiederholt, daß alle Aufträge durch das Sekretariat zu leiten sind.

Oskar Schlemmer übernimmt und überwacht das Auseinandernehmen der Arbeiten des Vorunterrichts. Das Material des Bauhauses bleibt für den Vorunterricht des nächsten Semesters in den Räumen.

5   Auf Anfrage von Frl. Börner wird mitgeteilt, daß der Eintritt der „Neuen" in die Werkstätten am 15. August [1921] stattfindet.

Zachmann bringt seine persönliche Ansicht über seine und Ittens Funktionen in Angelegenheit der Tischlerei zur Sprache. Eine längere Aussprache zwischen Zachmann und Itten wird durch Gropius zurückgestellt, um diese Angelegenheit besser und schneller unter bei-
10 den Meistern und etwa in Anwesenheit [von] Gropius zu erledigen. Es handelt sich um grundsätzliche Fragen der Einstellung zur Arbeit.

Kopka spricht über die Schwierigkeit, die Lehrlinge zur Einhaltung der Werkstattzeit und -ordnung anzuhalten.

Gropius dankt allen Meistern und schließt die Sitzung um 7 Uhr.

15 *Gropius*
    gelesen !   *Lyonel Feininger*
    [gelesen]   *Klee*
    [gelesen]   *Schlemmer*
    [gelesen]   *GMuche*
20   *Itten*
    gelesen!   *Marcks*
    Liesches Unbefähigtheit habe ich nicht aufgefaßt. Ist sie wirklich so unbegabt? M[arcks]
    Lotte Hirschfeld

35

Sitzung des Meisterrates am 1. Oktober 1921

25 [1.]
    Protokoll der Sitzung. – Ausfertigung.
    Bauhaus-Archiv Berlin, Archiv W. Gropius, Meisterratsprotokolle. Durchschrift in: ThHStA Weimar, Staatliches Bauhaus Weimar 12, Bl. 96–101.

30 „Meisterrat"
    am Sonnabend, 1. Oktober 1921.
    Beginn 5 Uhr nachm[ittags]

    Anwesend: Meister Gropius
               [Meister] Feininger
35   [Meister] Itten
               [Meister] Klee
               [Meister] Marcks
               [Meister] Muche
               [Meister] Schlemmer, Oskar

L. Hirschfeld als Protokollführer
Meister Klee verreist.

Tagesordnung:
1. Zuwahl Schreyers zum Meisterrat
2. Schülerangelegenheiten
3. Unterricht
4. Bauhausabende
5. Geldliche Verhältnisse des Bauhauses
6. Mappen-Werke.

Punkt 1. In geheimer Abstimmung wird Schreyer einstimmig zum Meisterrat zugewählt.

Punkt 2. Über Grete Heymann, die noch nicht endgültig in die Werkstatt aufgenommen ist, wird beschlossen, abzuwarten, da Frl. Heymann (nach Aussage Marcks) ohnehin von ihrem Elternhaus gezwungen werde, abzugehen.
Hercht auf sich beruhen lassen.
Hesse desgleichen.
Mecklenburg. Gropius schlägt vor, ihm persönlich zu schreiben, daß er sich nach einer anderen Beschäftigung umsehen möge. Bis dahin ist ihm erlaubt, weiter in der Tischlerei zu arbeiten. Niemand erhebt Einspruch.
Gillhausen wird auf seinen Antrag hin zu einem weiteren Probesemester zugelassen.
Singer wird in die Tischlerei aufgenommen.
Wigand wird in die Holzbildhauerei aufgenommen und erhält wie jeder andere Lehrling nach 6-monatlicher Probezeit einen Lehrbrief.
Wottitz, deren praktische Arbeiten dem Meisterrat vorliegen, wird in die Buchbinderei aufgenommen. Es kommt die Raumfrage bei Dorfner zur Sprache, daß es wünschenswert ist, daß die Bauhauslehrlinge einen eigenen Raum für sich hätten.
Kostorz wird zum 2. Mal zum Vorkurs zugelassen, ohne die vorläufige Erlaubnis, in einer Werkstatt zu arbeiten. Die Zulassung in eine Werkstatt wird im Laufe des Semesters von ihren Arbeiten abhängen.
Slutzki, Kopka, Unruh
Gropius erwähnt zunächst, daß er Kopka entlassen habe, da er sich für den Posten (Meister der Metallwerkstatt) als ungeeignet erwies.
   Das Aufnahmegesuch Scheurenstuhl, Pforzheim, der sich um die Meisterstelle der Metallwerkstatt bewirbt, wird den Meistern gezeigt. Sein Gesuch wird abschlägig beschieden.
   Gropius macht folgenden Vorschlag. Im neuen Etat (1921/22), der vom Landtag noch nicht bewilligt ist, befinden sich 3 Gesellenstellen. Eine für graphische Druckerei, für die Hirschfeld in Betracht kommt, eine für Tischlerei und eine für Metallwerkstatt. Die Gesellenstelle für die Metallwerkstatt könnte man zur Hälfte Slutzki geben und zur anderen Hälfte dem Grobschmied Unruh aus Weimar. Unruh, der vormittags in einer Fabrik arbeitet, würde nur nachmittags im Bauhaus arbeiten. Für ihn sowohl wie für Slutzki sind getrennte Arbeitsräume einzurichten. Mit Slutzki wird der Versuch auf Grund dieses Vorschlags gemacht. Der Schmied Unruh wird gebeten, Arbeiten von sich Meister Itten vorzulegen.

Gropius berichtet über die schwerfällige Entschlußfassung des Ministeriums gegenüber der Einsetzung der dringend notwendigen erhöhten Gehälter für die Werkstattleiter. Der Finanzminister habe ihm nun endlich Bewilligung zugesichert.

5 Rückständige Schulgelder
Utschkunowa, Foucar, Coja, Ruland, Eck sollen dringend aufgefordert werden, sofort zu zahlen.
Majowski soll durch Rechtsanwalt aufgefordert werden zu zahlen.
Okuniewskas Schulgeld wird niedergeschlagen, da sie nicht anwesend war.
Heller wird nachträglich mit Erlaß des Schulgeldes beurlaubt.
10 Mögelin wird ein Stipendium von M[ark] 60,- (Stip[endien]Gelder 1920) zugesprochen zur Zahlung des Schulgeldes 1920 II. Rate.
Petit war im letzten Semester nicht mehr Schülerin, ihr Schulgeld wird demnach niedergeschlagen.

Schulgeldfreistellen und Stipendienverteilung
15 Gropius gibt bekannt, daß für das Wintersemester [19]21/22 12 Schulgeldfreistellen und für das ganze Jahr M[ark] 7 500,- Stipendien zu vergeben sind. Er berichtet über die vom Ministerium verlangte Staffelung des Schulgeldes von M[ark] 100,- an aufwärts je nach finanzieller Lage der Eltern und verliest sein Antwortschreiben.
Ittens Vorschlag, Gesuche der Schüler um Schulgelderlaß zunächst durch Anschlag ein-
20 zufordern, wird angenommen.

Atelier-Verteilung
Endgültige Verteilung wird erst vorgenommen, wenn die Frage mit Slutzki geklärt ist, der dann Kubes Raum im Werkstattgebäude erhielte. Es wird vorgesehen auf Antrag, Gorodiski, Erffa und Maltan je einen Arbeitsraum zu geben sowie an Dicker, Wottitz und Kerkovius.
25 Pap erhält nach Abgang Mecklenburgs dessen Raum im Prellerhaus.
Frl. V. Le Juge soll sich entscheiden, ob sie Schülerin sein will oder Angestellte im Atelier Gropius. Eine Ausnahme: Werkstatt zu erlassen, wird nicht zugelassen.

2. Unterricht
A. Abendakt. Gropius verliest den Brief der „Hochschule" und seine Antwort darauf an das
30 Ministerium (23. und 24. Sept[ember 1921]). Die Angelegenheit ist noch nicht erledigt, Antwort vom Ministerium steht noch aus.
Oskar Schlemmer ist bereit, die Leitung des Abend-Akts zu übernehmen, hat jedoch Bedenken, daß sich der Abendakt beider Schulen vereinigen lasse, da die Wünsche der Schüler (wie Korrektur oder keine) sich oft widersprechen werden. Auf Grund der Sitzung wird Gro-
35 pius nochmals an das Ministerium schreiben.
Es bleibt Schlemmer überlassen, ab und zu Bildhauerakt zu stellen.

Vorunterricht.
Im Wintersemester [19]21/22 wird Itten den Vorunterricht übernehmen.

Formunterricht.
40 Über die Frage, ob man weiter einen obligatorischen Formunterricht halten soll, wird lange beraten. Es wird von Itten vorgeschlagen, die endgültig Aufgenommenen nach freier Wahl

ihren Formmeister wählen zu lassen, wenn dabei auch von der früheren Ordnung etwas verloren gehe. Es wird ferner vorgeschlagen, jedem Meister es anheim zu geben, über ein
Thema nach seiner Wahl zu sprechen, und zwar soll sich tunlichst jeder Meister in diesem
Winter ein bestimmtes Thema setzen. Gropius teilt mit, daß er im Winter laufend Vortrag
hält über Raumkunde und weist darauf hin, daß unter den Lehrlingen eine Überspannung   5
des Gefühlsmäßigen charakteristisch sei, so daß eine Schulung der Denk- und Verstandes-
kraft not tue. Es wird ferner vorgeschlagen, daß die Meister gemeinsam bestimmte Arbeit zusammen leisten, die von den Lehrlingen und Gesellen auszuführen seien, um eine alle einigende Grundlage sichtbar zu haben. Mit Rücksicht auf die persönliche Ausbildung der
Lehrlinge und Gesellen wird davon Abstand genommen.   10

Es wird, um die Frage „obligatorischer Formunterricht" zu entscheiden, beschlossen, sofort zum Semesterbeginn eine Aussprache für alle Meister und endgültig Aufgenommenen
anzuberaumen. Die Aussprache wird auf Montagabend, 3. Okt[ober 1921], festgesetzt. Die
Meister werden bei dieser Gelegenheit bekanntgeben, über was sie im Winter-Semester sprechen werden.   15

Bauhausabende.
Gropius möchte die Bauhausabende in diesem Winter möglichst einschränken. Feininger
will dem offenbar vorhandenen Bedürfnis nach Musik entsprochen wissen, indem Brönner
zuweilen vor Bauhäuslern spielt. Muche schlägt Vorträge über die Mazdaznan-Lehre vor.

Gropius berichtet, daß Dr. Adler im Wintersemester für die „Hochschule" über kunstge-   20
schichtliche Themen zu reden aufgefordert wurde. Dr. Adlers Wunsch ist, daß Bauhausangehörige zu seinen Vorträgen zugelassen werden. Es wird beschlossen, ein Semester lang zu
versuchen, ob beide Schulen an diesem Vortrag teilnehmen können, da gute Lichtbilder zu
erwarten sind.

Gropius erwähnt, daß im Oktober alle Kunstschuldirektoren und Dezernenten in Weimar 25
tagen werden und daß wahrscheinlich verlangt wird, das Bauhaus zu sehen. Man ist dafür,
das Bauhaus zu zeigen und möglichst aufzuklären.

Ferner wird für den kommenden Sommer eine öffentliche Ausstellung der Werkstätten-
arbeiten geplant.
                                                                                        30
5. Geldliche Verhältnisse.
Gropius legt die finanzielle Lage der Werkstätten klar, daß man vom Staat bestimmte Gelder zur Einrichtung und Anschaffung von Material erhalten habe unter der Voraussetzung,
daß die Werte der Materialien und ein entsprechender Gewinn wieder nach einiger Zeit eingeht. Bei Aufträgen, die die Meister privatim an die Werkstätten geben, ist es daher auch notwendig, einen Aufschlag als Verdienst für die Werkstatt zu berechnen[a].   35

Itten vertritt als persönlicher Auftragserteiler den Standpunkt, daß sich das Bauhaus mit
Materialkosten, Lohn und allgemeinen Unkosten zufrieden geben müßte, da er als Auftraggeber sonst zuviel riskiere, da die Arbeit immer noch Lehrlingsarbeit sei und verdorben
gehen könne, so daß er das verdorbene Material zu zahlen gezwungen sei.

Zur Sache sagt Itten, daß das Bauhaus als eine staatliche Schule keine Verpflichtung habe, 40
aus diesem Schulbetrieb eine Verdienstquelle für den Staat zu machen, und daß die Fragen:

---

a Änderung; zuvor: *nehmen.*

Stellung vom Bauhaus zum Staat und Stellung der Lehrlinge und Gesellen zu der Werkstatt, der Klärung bedürfen.

Gropius weist auf den Satz im Bauhausprogramm hin: „Die Schule soll allmählich in der Werkstatt aufgehen.", und daß heutigentags vom Staat überhaupt nur dann etwas erreicht
5 werden kann, wenn man dem Staat gegenüber etwas verspricht.

Itten betont, daß die Einstellung der Schüler zur Arbeit eine andere sei, wenn sie von vornherein klar wüßten, daß sie nach ihrer Ausbildungszeit hier abgehen. Heute hingegen glaubt jeder Schüler, daß er hier existieren werden könne. Wenn aber der große Fluß an Schülern nicht vorhanden sei, dann seien die Formmeister bald unnötig.
10   Gropius erwidert, daß es sehr wohl wünschenswert ist, die geeigneten Lehrlinge und Gesellen am Bauhaus zu halten, um mit diesem zukünftigen Stock geeigneter Kräfte am eigentlichen Werk zu arbeiten.

6. Mappenwerke.
Da die Zeit vorgeschritten ist, wird die Beratung über die offenen Fragen für einen näch-
15 sten Meisterrat zurückgestellt. Es wird nur gebeten, daß die Meister des Bauhauses ihre Beiträge zum Mappenwerk bald abliefern möchten, da die Mappen zu Weihnachten fertig sein sollen.

Die Sitzung schließt um 7 1/2 Uhr.

Gropius
20 *GMuche   Marcks   Feininger   gelesen Klee   Itten   Osk Schlemmer*
gelesen Schreyer
Liebig
Lotte Hirschfeld

36

25 ## Sitzung des Meisterrates am 12. Oktober 1921

[1.]
Protokoll der Sitzung. – Ausfertigung.
ThHStA Weimar, Staatliches Bauhaus Weimar 12, Bl. 105–106.

Protokoll
30 Meisterrat am Mittwoch, dem 12. Oktober 1921,
nachm[ittags] 5 1/4 bis 1/2 8 Uhr

Anwesend: Meister Gropius
          [Meister] Feininger
          [Meister] Itten
35   [Meister] Marcks
          [Meister] Muche

[Meister] Schlemmer
[Meister] Schreyer
Syndikus Liebig
Lotte Hirschfeld als Protokollführerin
Verreist: Meister Klee.   5

Beginn der Sitzung 5 ¹/₄ Uhr.

Inhalt der Sitzung:
1. Herausgabe graphischer Mappenwerke
2. Stundenplan für das Wintersemester
3. Geldliche Verhältnisse der Siedelung [und] der Küche   10
4. Schülerangelegenheiten
Freistellengesuche
    Heymann
    Slutzki
    Bauhaus-Stempel   15
    Weimarer Kunstladen
    Vortragsabend des indischen Musikers.

1. Mappenwerke.
Gropius berichtet von seiner Unterhaltung mit Frau Kiepenheuer und Herrn Müller vom
Verlag Müller & Co., Potsdam. Diese sind bereit, den Vertrieb der Mappen für uns in   20
die Hand zu nehmen. Bei Verkauf von 5 verschiedenen Mappen zu je 120 Stück würde
nach der gemeinsamen Berechnung für das Bauhaus ein Gewinn von M[ark] 500 000,-
zu erzielen sein, wenn alles abgesetzt wird. Jede Pergamentmappe ist mit M[ark] 5 000,-,
jede gewöhnliche Mappe mit M[ark] 2 200,- in die Rechnung eingesetzt. Auf die Frage,
ob Bedenken gegen solches Zusammenarbeiten bestehen, erwähnt Schreyer, daß Kie-   25
penheuer vor kurzem vor Betriebseinstellung gestanden habe. Gropius sagt, daß er über
den Punkt „Sicherheit" mit Dorfner gesprochen habe, der keine Bedenken hege. Gropius wird versuchen, den Mappenbetrieb zusammen mit der Firma Müller in richtige
Formen zu bringen. Der Meisterrat ist mit der Vergabe des Vertriebs an Müller einverstanden.   30
    Schreyer regt an, jeder Mappe einen Schriftsatz über das Wollen des Bauhauses beizufü-
gen. Der Vorschlag wird angenommen.
    Es wird beschlossen, folgende für einen Beitrag zu den Mappenwerken noch nachträglich
aufzufordern:
    Dexel   Burchartz   35
    Morgner (Nachlaß)   Bauer
    Oskar Fischer   Wauer
    Schwitters   Derain
    Laurent, W.   Matisse.
    Zur Beantwortung an Scharff wegen der von ihm gesandten Radierung als Beitrag zum   40
Mappenwerk soll Meister Klee gebeten werden.
    Gropius erwähnt den Wunsch der Schüler, daß alle Meister von Zeit zu Zeit in alle Werk-
stätten gehen möchten, um ihr Interesse zu bekunden.

Siedlungsplan[a]. *G[ropius]*
Gropius verliest die Ziffern, die für Brunnen, Zaun, Inventar etc. verausgabt wurden, und
daß diese Summen ganz aus eigenen Mitteln bestritten werden müßten. Er bittet die Meister mitzuhelfen, Stiftungsgelder aufzubringen, und berichtet, was auf die Werbezettel
5 [sic!] hin eingegangen sei. Zu dem Zwecke der Geldbeschaffung bittet Gropius, daß die Meister nunmehr den Plan verwirklichen möchten, dem Bauhaus Bilder zur Verfügung zu stellen. Da die Regierung uns auf diese Bilder nichts zu leihen bereit ist und ihm auch sonst niemand bekannt sei, der in uneigennütziger Weise auf diese Bilder Summen leihen würde,
müßte man versuchen, sie zu verkaufen. Itten schlägt vor, daß man durch Hilfe von Walden,
10 der nach Schreyers Aussage jederzeit dem Bauhaus behilflich sein will, eine Versteigerung
der Bilder vornähme. Feininger erwähnt, daß man auch graphische Arbeiten hergeben
könne, er seinerseits würde es jedenfalls tun. Die Meister sind mit diesem Plan einverstanden. Schreyer wird in den letzten Oktobertagen mit Walden selbst Rücksprache nehmen
und berichten.

15 Schulgeldfreistellen.
Es wird beschlossen, folgenden Gesellen und Lehrlingen bis Ostern 1922 Schulgeldfreistellen zu gewähren:
     Scheper
     Müller
20   Schmidt, Kurt
     Mark
     Skala
     Hirschfeld
     Lindig
25   Albers
     Neumann
     Dicker
     Breuer
     Stölzel,
30 außerdem folgenden ein Stipendium von je M[ark] 120,- zur Zahlung des Schulgeldes für
die II. und III. Rate, also bis Ostern 1922:

Schwerdtfeger	Jahn	*Kube*[b]
Mecklenburg	Schunke	
Brendel	Schmidt	Mögelin
Wigand	Lakeit	Wottitz
Pap	Kohn	Vollmer
Bogler	Weber	Otte.
Driesch	Hoffmann	

Ferner wird beschlossen, an Skala aus den privaten Stiftungsgeldern monatlich M[ark] 200,-
40 zu zahlen für seine unermüdlichen und außerordentlichen Leistungen für das Bauhaus, im
besonderen für die Siedelung.

a Änderung von W. Gropius; zuvor: *Stundenplan*.
b Ergänzung von L. Hirschfeld.

Die seit länger als einem Jahr beurlaubten Schüler werden aus der Schülerliste gestrichen und
zwar

Breustedt   Löwengard
Heller   Neufert
Linder   Okuniewska.   5

Aufnahme Grete Heymann.
Marcks erklärt, daß er sowohl wie Krehan sie wohl als begabt, aber nicht für die Werkstatt
geeignet halten. Entscheidung wird bis zur nächsten Sitzung vertagt.

Slutzki.
Gropius weist auf die möglichen Schwierigkeiten hin, die die Wiederaufnahme Slutzkis für   10
die Metallwerkstatt bedeuten könne. Man könne ihm nur einen Werkraum geben, wenn er
sich ausdrücklich verpflichtet, allen Einfluß auf sie zu unterlassen. Er sei dann Schüler bzw.
Jungmeister am Bauhaus und erhalte einen Raum zum Arbeiten. Mit Slutzki ist ferner klarzustellen, was er dem Bauhaus zu leisten haben wird.
   Es wird die Frage besprochen, ob man den Bauhausarbeiten ein besonderes Kennzeichen
geben sollte in Form eines Stempels, um zu verhüten, daß die weniger guten Arbeiten nicht   15
unter dem Namen Bauhausarbeit durch die Welt gehen. Dabei wird beschlossen, einen
neuen Bauhausstempel zu entwerfen. Die Meister sind bereit, bis 1. November [1921] Entwürfe für den neuen Bauhausstempel fertigzustellen.
   Gropius verliest einen Brief von WEKU (Weimarer Kunstladen). Er gibt sachliche Erklärungen zu diesem Schreiben. Er hält das Unternehmen den Interessen des Bauhauses ent-   20
gegenlaufend und warnt vor den von dieser Stelle wahrscheinlich zu erwartenden Anfragen
sowohl an die Meister wie an die Schüler.
   Gropius verliest einen Brief des Verlegers Eugen Diederichs, Jena, der dem Bauhaus den
Vorschlag macht, den indischen Musiker Murshid Inayat Khan am Bauhaus vortragen zu las-
sen. Es wird beschlossen, zustimmend zu antworten.   25
   Gropius berichtet von der Besprechung mit den Werkstattleitern am Dienstag, dem 11. Ok-
tober [1921], nachmittags und daß die Verträge nunmehr von ihnen unterzeichnet seien. Die
Vertragsfrage Dorfner, dessen Vertrag am 1. April 1922 zu erneuern ist, soll mit Meister
Klee besprochen werden.

Die Sitzung schließt um 7 1/2 Uhr.   30

Gropius
GMuche   Lothar Schreyer   Osk Schlemmer   Feininger   gelesen Klee
Itten   Marcks
L. Hirschfeld

37   35

Sitzung des Meisterrates am 31. Oktober 1921

[1.]
Einladung an Syndikus A. Liebig vom 29. Oktober 1921. – Ausfertigung.
ThHStA Weimar, Staatliches Bauhaus Weimar 12, Bl. 107.

STAATLICHES BAUHAUS
ZU WEIMAR
Ehemalige Großherzoglich Sächsische Hochschule
für bildende Kunst und ehemalige Großherzoglich
5 Sächsische Kunstgewerbeschule in Vereinigung.

Weimar, den 29. Okt[ober 19]21

Meisterrat (Besprechung)
am Montag, 31. Oktober [19]21, nachmittags 4 1/2 Uhr.

Herausgabe der Mappenwerke.
10 Ausstellung beim „Sturm".

Gropius

Herrn Liebig   *L*

[2.]
Protokoll der Sitzung. – Ausfertigung.
15 ThHStA Weimar, Staatliches Bauhaus Weimar 12, Bl. 108–109.

Protokoll
über die Meisterrat-Sitzung am 31. Oktober 1921, nachm[ittags] 4 1/2 bis 6 1/4 Uhr.
Anwesend: Meister   Gropius,
            [Meister] Feininger,
20   [Meister] Itten,
            [Meister] Muche,
            [Meister] Schlemmer,
            [Meister] Klee,
            [Meister] Schreyer,
25   Syndikus Liebig.
Meister Marcks läßt sich infolge Unpäßlichkeit entschuldigen.

Inhalt der Sitzung:
1) Herausgabe der Mappenwerke,
2) Ausstellung beim „Sturm",
30 3) Zunächst nicht angekaufte Arbeiten der Schüler,
4) Zulassung von Hospitanten für Abend-Akt,
5) Stipendien [und] Pensionen d[er] Schwestern-Fröhlich-Stift[un]g, Wien,
6) Wettbewerbs-Aufrufe zu künstl[erischen] Entwürfen,
7) Gesuch um Schulgeld-Erlaß Ruth Valentin,
35 8) Ankauf eines österr[eichischen] Schriften-Werkes f[ür] d[ie] Bibliothek.

1) Herausgabe der Mappenwerke:
Gropius berichtet über den Abschluß des Vertrages mit Müller & Co. und bemerkt, daß
man sich vertraglich nach jeder Richtung hin gesichert habe, insbesondere bezüglich der

im Prospekt genannten Künstler, für deren Mitarbeit und bestimmte Zusage – soweit Antworten oder Beiträge noch nicht vorliegen – eine Garantie vom Bauhaus nicht übernommen wurde. Der Vertrag steht jedem Meister zur Einsichtnahme zur Verfügung. Die zur
Fertigstellung des für Müller bestimmten Original-Einbandes noch rückständigen Arbeiten
seitens Meister Feininger u[nd] Klee werden durch Gropius nochmals dringend ange- 5
mahnt. Die Titelfrage wird wie folgt gelöst: als Haupt-Titel „Bauhaus-Drucke", als Untertitel „Neue europäische Graphik". Auf dem Rücken der Mappen Angabe der Reihenfolge
1, 2, 3 etc. In jede Mappe kommt ein Titelblatt mit Inhalt-Verzeichnis. Der Wortlaut der
Titelseite wird zunächst einmal in der Druckerei festgelegt, wobei die Schrift einheitlich zu
halten ist. Da noch eine größere Anzahl Beiträge von Künstlern ausstehen und um die Her- 10
gabe der Mappen nicht unnötig zu verzögern, wird man evtl. erwägen, ob die eine oder andere Mappe entgegen den gefaßten Beschlüssen vordatiert wird, so daß z. B. Mappe 4 vor
Mappe 2 erscheinen würde. Gropius mahnt schließlich noch die zur Mappe der Bauhaus-
Meister ausstehenden Beiträge Itten u[nd] Schreyer an und bittet weiter Meister Klee, an
Frau Dr. Macke einen persönlichen Brief zu schreiben, damit wir auch hier bald zum Ziele 15
kommen.

2) Ausstellung beim „Sturm":
Meister Schreyer hat in dieser Sache mit Walden kürzlich selbst gesprochen, welcher
grundsätzlich bereit wäre, die Ausstellung beim „Sturm" am 27. Nov[em]b[e]r [1921] in den
Räumen Berlin, Potsdamer Straße 134a für das Bauhaus zu arrangieren. Um uns sein Ent- 20
gegenkommen zu beweisen, würde Walden sogar 2 bis 3 Werke aus den Beständen des
„Sturm" mit beisteuern. Bezüg[lich] einer Verkaufs-Provision würde er mit etwa 10 % vom
Brutto-Erlös zufrieden sein, doch überläßt Walden dies ganz dem Bauhaus, ihm darüber entsprechende Vorschläge zu machen. Jeder Meister hat dazu einige Werke zu stiften, die am
Schlusse der Ausstellung zu Gunsten der Bauhaus-Siedlung bestmöglichst versteigert wür- 25
den; dies soll auch in dem Schreiben an Walden zum Ausdruck gebracht werden, um auch
von seiner Seite auf Entgegenkommen rechnen zu können. Für Kataloge und Pressenotizen
werden vom Bauhaus Photos u[nd] Klischees beschafft, deren Besorgung Meister Schreyer
übernommen hat sowie auch die Arbeiten für das Reklamewesen. Schreyer empfiehlt, an Interessenten Kataloge und Einladungen zur Vorbesichtigung 14 Tage vorher ergehen zu las- 30
sen, während zur Ausstellung Einladungen und Presse-Notizen 6–8 Tage vorher erledigt
werden sollten. Die Vorbesichtigung und Eröffnung der Ausstellung findet am 27.
Nov[em]b[e]r [19]21 mittags 12 Uhr statt. An Walden ist baldigst die benötigte Bildfläche in
Quadratmeter aufzugeben. Die Entwürfe für die Pressenotizen werden am besten vom Bauhaus gemacht. Meister *Itten hält Vorträge im Ausstellungsraum vor geladenem Publikum 35
über den Zweck der Ausstellung für empfehlenswert. [...] ª
*nicht mein Vorschlag! Itten ᵇ
Die Ausstellung könnte als „Ausstellung der Meister des Bauhauses" oder ähnlich bezeichnet werden. **Gropius bittet die Meister um recht baldige Ablieferung von Ausstellungs-
werken, damit diese bis spätestens 15. Nov[em]b[e]r [1921] versandbereit sein können. Von 40
Muche steht schon ein Werk zur Verfügung. Klee bemerkt, daß er sich erst noch von Goltz,

a Streichung; zuvor: „ um auf diese Weise Stimmung für die Bauhaus-Sache zu machen.
b Zusatz von J. Itten am linken Rand.

München, die Erlaubnis einholen müsse, um dann auch seinen Beitrag liefern zu können. Da der Erlös nur zu gemeinnützigen Zwecken (Siedlung) verwendet werden soll, wird versucht werden, eine Befreiung von der Umsatzsteuer zu *ermöglichen*[c]. Gropius bittet Liebig, dieserhalb das Steuergesetz nachzuprüfen.

5   3) Zunächst nicht angekaufte Arbeiten der Schüler.
Itten schlägt vor, für [...][d] nicht angekaufte Arbeiten der Schüler immer zu Weihnachten eine Bauhaus-Ausstellung zu veranstalten, wo der Verkauf durch Schüler stattfinden könnte, um wenigstens die Materialkosten wieder dem Bauhaus zukommen zu lassen. Was dann noch an Löhnen übrig bleibt, könnte den Schülern ausbezahlt werden, die solche Arbeiten herge-
10 stellt haben. Gropius [...][e] glaubt [...][f], daß man diese Ausstellung zu Weihnachten in den Räumen (Flur) des Bauhauses in Verbindung mit dem Kasperle-Theater veranstalten [...][g] könne, wo der Verkauf durch das Sekretariat erfolgen würde. Die Meister sind damit einverstanden.

4) Zulassung von Hospitanten zum Abendakt.
15 Es haben sich darum beworben: Rudolf Franz Hartogh und Franz Wanner aus Weimar. Meister Schlemmer ist im Interesse der Bauhaussache gegen die Zulassung, zumal auch die Platzfrage eine ziemliche Rolle dabei mitspiele. Hartogh zeigte bisher immer großes Interesse für das Bauhaus und wird schließlich zugelassen, während man Wanner an die Kunsthochschule verweisen wird.

20 5) Stipendien u[nd] Pensionen aus der Schwestern-Fröhlich-Stiftung, Wien.
Es handelt sich hier um bedürftige Künstler und Gelehrte, die in Österreich wohnen oder nach Österreich verziehen. Das betr[effende] Schreiben wird an Schüler Mark in der Tischlerei zur Kenntnisnahme und Weitergabe an Interessenten in Abschrift weitergeleitet.

25 6) Wettbewerbs-Aufrufe zu künstler[ischen] Entwürfen.
Gropius ist grundsätzlich dagegen, daß man derartige Aufrufe den Schülern offiziell zur Kenntnis bringt, da mit solchen Arbeiten vielfach Mißbrauch getrieben werde. Itten dagegen glaubt, den Schülern solche Möglichkeiten zum Geldverdienen nicht vorenthalten zu dürfen, aber auch deswegen nicht, um die Schüler mehr wie bisher in ihren Entschlüssen unabhän-
30 gig vom Urteil ihrer Lehrer zu machen. Man entscheidet schließlich, daß derartige Aufrufe inoffiziell an das Schülerbrett angebracht werden.

7) Gesuch Dr. Adler für Ruth Vallentin um Schulgeld-Erlaß I. [und] II. Sem[ester].
Dieses Gesuch wird mit der Begründung abgelehnt, daß Ruth Vallentin die öffentliche Aufforderung nicht wahrgenommen hat und sämtliche Freistellen vor 14 Tagen bereits vergeben
35 worden sind. Es wird ihr freigestellt, sich im nächsten Semester rechtzeitig wieder zu melden.

---

c   Änderung von A. Liebig; zuvor: *versuchen.*
d   Streichung; zuvor: *solche zunächst.*
e   Streichung; zuvor: *ist nicht dafür.*
f   Streichung; zuvor: *aber.*
g   Streichung; zuvor: *ganz gut.*

8) Ankauf eines österr[eichischen] Schriften-Werkes für die Bibliothek.
Der Ankauf des von Meister Itten vorgeschlagenen Werkes: 7 Bände Illuminierte Hand-
schriften in Österreich, wird genehmigt. Preis ca. M[ark] 1 300,-. Angeregt wird noch die
Beschaffung von „Brehms Tierleben" broschürt; die entsprechenden Anfragen sind bereits
erfolgt.   5

**„Versteigerungs-Ausstellung von Werken (Bilder u[nd] Graphik) der Meister des Bauhau-
ses in Weimar: Feininger, Itten, Klee, Marcks, Muche, Schlemmer u[nd] Schreyer.
    Der Erlös wird von den Künstlern dem Stiftungs-Fonds des Staatlichen Bauhauses zur Ver-
fügung gestellt."

Weimar, am 31. Oktober 1921.   10

Gropius
GMuche   Lothar Schreyer   Osk. Schlemmer   Klee   Itten   Lyonel Feininger
einverstanden! Marcks
Liebig

38   15

Sitzung des Meisterrates am 5. Dezember 1921

[1.]
Brief von G. Marcks an W. Gropius vom 3. Dezember 1921. – Ausfertigung.
Bauhaus Archiv Berlin, Archiv W. Gropius.

Dornburg, 3. 12. [19]21   20

Lieber Walter!
*Ich habe mir eine Nierenerkältung geholt und weiß noch nicht, ob mich der Arzt am Montag
zu der wichtigen Besprechung fahren läßt. Deshalb möchte ich für alle Fälle mich schriftlich
zum Thema äußern:*
    Für mich ist das Bauhaus mehr Werkstatt als Schule, vor allem aber ein Organismus, den 25
man nicht vorzeitig verkalken lassen soll.
    *Bilden sich in dieser unsrer Arbeitsgemeinschaft, was doch zu wünschen und zu hoffen [ist],
Leute heraus, die die Sache einmal besser verstehn, so ist es Zeit für uns Formmeister, wie für
die Werkmeister, abzutreten. Das heutige Bauhaus ist eine Art Mutterpilz, er streut seinen
Samen und zieht es vor, zu vergehen statt zu vegetieren. Also nach 7 Jahren (oder 7x7 Jahren)* 30
ist ein andres Bild. Wir wollen doch uns hinaufentwickeln!
    *Was die Schüler anbetrifft, so müßte man unbedingt die Besten halten, als Mitglieder, eben
als Gesellen. Und sind sie wanderlustig oder wird die Bude zu eng, so sollten Tochterkolonien
gegründet werden, d. h. man versucht vom Bauhaus aus das Geld zu bekommen (Geldleute zu
interessieren etc.), um neue Werkstätten kleineren Stils, die in mehr oder weniger festem Zu-* 35
sammenhang mit dem Bauhause arbeiten, zu gründen. Denn unsern Betrieb können wir wohl
nicht ohne Schaden vergrößern.*

Der Staat wird, da man ihm ja auch die Leistungen der Kolonien unter die Nase halten kann, mit diesem Weg nicht uneinverstanden sein. Es ist aber besser, ganz Deutschland hat etwas von unserer Arbeit, als daß wir in isolierter „Berühmtheit" bleiben.

Mit einer schönen Empfehlung an den Meisterrat
herzlich
Gerhard Marcks.

* d. h. die Betriebe sind aber selbständig.

[2.]
Erklärung von W. Gropius zur Meisterratssitzung vom 9. Dezember 1921. – Konzept, von W. Gropius bear-
beitet.
Bauhaus Archiv Berlin, Archiv W. Gropius.

Weimar, 9. Dezember 1921

In der Klärung des Konflikts, der in der letzten Meisterbesprechung zum Ausdruck gekommen ist, muß zwischen der Personenfrage und der Frage über die Grundauffassung des
Ganzen unterschieden werden. Nachdem Meister Itten mein ursprüngliches Programm, auf
dessen Ruf hin er an das Bauhaus gekommen ist, neulich grundsätzlich abgelehnt hat, bringe
ich meine eigene Auffassung noch einmal zum Ausdruck.

Ich stehe nach wie vor zu den Grundgedanken des Programms und den Satzungen des
Staatlichen Bauhauses, deren Hauptsätze eindeutig sind. Die wichtigsten Gedanken sind
in folgendem ausgesprochen: „Die alten Kunstschulen vermochten die Einheit nicht zu er-
zeugen, wie sollten sie auch, da Kunst nicht lehrbar ist. Sie müssen wieder in der Werkstatt
aufgehen."
    „Die Kunst entsteht oberhalb aller Methoden, sie ist an sich nicht lehrbar, wohl aber das
Handwerk."
    „Die Schule ist die Dienerin der Werkstatt, sie wird eines Tages in ihr aufgehen. Deshalb
nicht Lehrer und Schüler im Bauhaus, sondern Meister, Gesellen und Lehrlinge."
    In diesen Zeilen kommt meine Grundansicht klar zum Ausdruck: Wir sind nicht in der
Lage, durch pädagogische Mittel schöpferische Kräfte zu wecken und *andere*[a] Menschen innerlich weiter zu bringen, sondern lediglich durch das, was wir als Persönlichkeit *in uns tragen*[b]. Nur *konkrete* Dinge des Wissens und Könnens, *der* Theorie und *der* Praxis[c] können
gelehrt werden. Deshalb der Kampf gegen die Akademie, die grundsätzlich anderer Anschauung ist und den Dünkel des Schulmanns über den Praktiker gestellt hat.
    Das Bauhaus soll nach meinem *Plan*[d] die schöpferische Arbeit wieder total zusammen-
fassen, in dem Sinne, daß neben einer theoretischen Formlehre gleich stark alle realen Dinge

---

a   Änderung; zuvor: *erwecken und junge.*
b   Änderung; zuvor: *als Persönlichkeiten darstellen.*
c   Änderung; zuvor: *Nur Dinge des Wissens und Könnens, Theorie und Praxis.*
d   Änderung; zuvor: *sollte nach meinem Gedanken.*

berücksichtigt werden sollen. Diese [...]ᵉ Arbeit ist nicht Selbstzweck, sondern die Weltanschauung, die sich aus der Summe aller Beteiligten ergibt, gibt ihr erst Richtung und Bindung. Da eine solche Weltanschauung heute noch nirgends eine endgültige Form angenommen hat, wäre ein vorzeitiges Festlegen ohne Übereinstimmung aller Beteiligten verhängnisvoll. Bis eine solche Einigkeit nicht erreicht ist, kann sich die *positive* Arbeit nur über das Werk erstrecken. ₅ *Bis dahin kann jeder, wenn er will, das ganze Werdende zerschlagen.* ᶠ

Daraus bestimmen sich die Grenzen der gemeinsamen Arbeit am Bauhaus. Es heißt darüber in meinem Programm unter anderem: „Die Art der Lehre entspringt dem Wesen der Werkstatt: Vermeidung alles Starren; Bevorzugung des Schöpferischen; Freiheit der Individualität; *aber nicht Freiheit der Minusdinge im Individuum*ᵍ, aber strenges Studium. „Mei- ₁₀ ster- und Gesellenproben." „Mitarbeit der Studierenden an den Arbeiten der Meister". „Auftragsvermittlung auch an Studierende". „Gemeinsame Planung umfangreicher *utopischer* Bauentwürfe. Mitarbeit aller Meister und Studierenden an diesen Entwürfen mit dem Ziel allmählichen Einklangs aller zum Bau gehörigen Glieder und Teile."

Der Lehrstoff ist in den Satzungen deutlich umgrenzt. Innerhalb dieser Grenzen besteht ₁₅ selbstverständlich Lehrfreiheit. Es heißt darüber in meinem Programm: „Die Einzelausbildung bleibt dem Ermessen des einzelnen Meisters im Rahmen des allgemeinen Programms und des in jedem Semester neu aufzustellenden Arbeitsverteilungsplanes überlassen."

In meinem Programm ist die Frage der Aufträge eindeutig behandelt. Das Bauhaus in seiner jetzigen Form steht oder fällt mit der Bejahung oder Verneinung der Auftragsnotwendigkeit. ₂₀

Ich würde es für einen Fehler ansehen, wenn sich das Bauhaus nicht mit der realen Welt auseinandersetzt und sich als isoliertes Gebilde für sich betrachtet. Das ist der Grundfehler der bisherigen „Kunstschulen", die *deshalb* Drohnen [...]ʰ erziehen.

Daß die bisherigen Aufträge Unstimmigkeiten erzeugt haben, liegt nicht in der Sache an sich, sondern an wirtschaftlichen und persönlichen Schwierigkeiten, die sich allmählich be- ₂₅ heben lassen müssen.

Aus dieser Auffassung resultiert mein Wunsch, daß die Meister eine Lösung finden, wie unsere gemeinsame Arbeit ohne Störung einzelner oder der Gesamtheit fortgehen soll und welche Grundauffassung fortan im Bauhaus die leitende sein wird. Bei dieser Gelegenheit wäre auch eine Unklarheit unserer Satzungen zu ordnen, denn es heißt: „Erst nach der end- ₃₀ gültigen Aufnahme durch den Meisterrat kann der Aufgenommene in eine selbstgewählte Werkstatt eintreten und nach freier Entschließung seinen künstlerischen Meister aus der Reihe der dem Meisterrat angehörenden Meister wählen." Dieser Satz widerspricht unseren später getroffenen Einrichtungen.

Aus der Erkenntnis heraus, daß die bisher übliche Entwurfsarbeit beim Bau im weitesten ₃₅ Sinne des Wortes falsch ist und die produktive Arbeit von der Praxis *fort* in die Hände von Bleistiftregenten legt, wurde eben die Forderung aufgestellt, jedem schöpferisch Arbeitenden das handwerkliche Fundament zu geben. Das heißt also, die Gemeinschaftsarbeit soll nicht in dem Sinn aufgefaßt werden, wie es die vorige Generation tat (van de Velde, Peter Behrens, Bruno Paul), sondern *es soll* der schöpferischen Kraft der Individualität der Weg freige*macht* ₄₀

---

e Streichung; zuvor: *Totalarbeit.*
f Ergänzung am linken Rand.
g Ergänzung am linken Rand.
h Streichung; zuvor: *dem Staat.*

und eine objektive Grundlage *geschaffen werden*[i], auf der die Individualitäten nebeneinander zusammen wirken können.

Der einzig denkbare Weg, jene Entwürfe *auf dem Papier* zu unterbinden, ist die handwerkliche Arbeit in den Werkstätten in Verbindung mit einem einheitlichen Formunterricht.

5   Diese Einheit kann also nicht durch eine Person dargestellt werden, sondern nur durch das Konzert einer Reihe von Personen, die miteinander harmonieren. Die innere Einheit und Duldsamkeit der Meister und Lehrlinge am Bauhaus ist die wichtigste Forderung, die über allen anderen steht.

[3.]
10   Stellungnahme von G. Muche zur Meisterratssitzung vom 8. Dezember 1921. – Ausfertigung.
Bauhaus Archiv Berlin, Archiv W. Gropius.

Äußerung zur Meisterratssitzung vom 8. Dezember 1921.

Zunächst halte ich den Versuch, die Situation durch programmatische schriftliche Erklärungen zu fördern, nicht für aussichtsvoll, weil es sich hier um überaus lebendige Dinge und nicht um
15   *starre Begriffe handelt. Bevor ich mich also äußere, möchte ich hoffen, daß trotz dieser Formulierungen das Lebensvolle nicht schmerzhaft getroffen wird. Wenn die Verhältnisse gegenwärtig auch sehr unklar sind, so ist es doch besser, sie im Fluß zu lassen, als sie durch dogmatische Denkweise zu regulieren.*

Die vorige Besprechung hat gezeigt, daß im Meisterrat kein einheitliches Denken, kein ein-
20   *heitliches Ziel und auch kein einheitliches Wollen besteht. Dieser Tatsache muß fernerhin Rechnung getragen werden, wenn es sich am Bauhaus nicht bloß um die Verwirklichung eines schematischen Begriffs, sondern um die in schöpferischer Ungebundenheit begonnene künstlerische Verwirklichung einer anderen Weltanschauung handeln soll. Da also die Einheitlichkeit tatsächlich schon im Meisterrat nicht vorhanden ist, so kann sie auch nicht die Vorausset-*
25   *zung für die Arbeit am Bauhaus überhaupt sein.*

Ich persönlich glaubte bisher, daß diese Einheit im Meisterrat wenigstens in der Idee vorhanden wäre und richtete danach meine ganze Einstellung und versuchte meine Tätigkeit, mit der des Bauhauses zu identifizieren, nicht aus Pflichtbewußtsein, sondern aus der Überzeugung, daß die schöpferischen Ideen der Gegenwart eine breite Basis verlangen, damit sie sich
30   *nicht mehr bloß im Bild, sondern im Leben selbst realisieren können.*

Da also nun eine kollektive Wirksamkeit nicht möglich ist, so scheint mir noch folgender Weg gangbar: Jeder Meister sucht seine Beziehungen zu den Studierenden auf seine Art. Unterrichtet auf seine Art und lehrt in den Werkstätten auf seine Art. Die Gefahr ist dann die Akademie. Aber es ist ja möglich, daß die Akademie, wenn sie auch sicherlich nicht das einzig Notwendige ist, so
35   *doch das einzig Mögliche bleibt. Aber dann kann das geistige Interesse nicht mehr vorhanden sein, und ich persönlich stände vor einer ganz anderen, neuen Situation.*

Was den allgemeinen Formunterricht betrifft, so halte ich es für notwendig, daß der Meister, der den tonangebenden Einfluß auf die Werkstätten hat, auch den Form- und Vorunterricht

---

i   Änderung; zuvor: *sondern der schöpferischen Kraft der Individualität den Weg zu machen und eine objektiver Grundlage zu schaffen.*

leitet. Es will mir nicht zweckmäßig und sinnvoll erscheinen, wenn der Unterricht, der ja die Vorbereitung und Ergänzung für die Arbeit in den Werkstätten sein soll, in den Werkstätten selbst nicht zur Durchführung gelangt. Ein Monopol für diese Arbeit gibt es unter den Meistern selbstverständlich nicht, aber es kann auch nicht etwa eine nach äußeren Gesichtspunkten vorgenommene gleichmäßige Verteilung der Arbeitsgebiete das Richtige sein, sondern nur eine sol- 5
che, die je nach Neigung und Vermögen der einzelnen Meister auf natürliche Art entsteht.

Georg Muche

[4.]
Stellungnahme von O. Schlemmer zur Meisterratssitzung vom 9. Dezember 1921. – Ausfertigung.
Bauhaus Archiv Berlin, Archiv W. Gropius.   10

Meisterrat am 9. Dezember 1921

Der Konflikt wurde heraufbeschworen durch die Tatsache der Aufträge, die einen Zusammenstoß der Meinungen über die Schule u[nd] Werkstatt zur Folge hatten. Die Aufträge, wenn sie wachsen werden, können zur Folge haben, daß eine Werkstatt auf größere Zeiträume fern vom B[au]h[aus] sein muß. (Beispiel Wandmalerei) Die Werkstatt steht leer, die Schüler gehen 15
des wertvollen Unterrichts verlustig und den ansässigen Werkstätten ist die Möglichkeit einer Zusammenarbeit genommen.
Vielleicht ist eine Lösung möglich mit der Teilung in Schul- u[nd] Versuchswerkstatt einerseits und produktiver oder Bauwerkstatt andererseits. – In der Schul- u[nd] Versuchswerkstatt wäre das Handwerk Bildungs- u[nd] Erziehungsmittel mit romantischen Einschlag (das Basteln). Die 20
produktive oder Bauwerkstatt leistet rationelle Arbeit, möglicherweise bis zum maschinellen Großbetrieb. Dort würde erdacht, was hier mit allen Mitteln der Technik gemacht würde.
Von jeher und heute noch vermisse ich am B[au]h[au]s eine starke dominierende Architektur-Abteilung, die bis jetzt nur im Programm in ihrer Bedeutung umschrieben ist. Sie müßte dem B[au]h[au]s das Gesicht geben. Auch in den Statuten tritt sie zu sehr in [den] Hintergrund ge- 25
genüber den Werkstätten, die sich in ihrer Formulierung von denen der alten Kunstgewerbeschulen wenig unterscheiden. Ich bedaure dies hinsichtlich der Stoßkraft der B[au]h[au]sidee, weil dadurch die Bauschule u[nd] Akademie, die wir mit einschließen wollten, wieder an Daseinsrecht gewinnen. – Ich habe ein sehr hohe Meinung von der Architektur-Abteilung, weil ich glaube, daß die neue Baukunst aus der Malerei herauswächst. Diese stand und steht noch im 30
Brennpunkt der modernen Kunst. Sie hat die Plastik erobert und ist im Begriff, sich der Baukunst zu bemächtigen. – Der Standpunkt des Architekten ist falsch, der die angewandten Künste und Künstler seinem Bau "schmückend" dienstbar macht; sie müssen ihn durchdringen.
Der Leiter und einzige Architekt des B[au]h[au]ses müßte hier sein eigenstes und würdigstes Arbeitsgebiet haben. 35

Das obligatorische Probehalbjahr als Vorunterricht für die Neueingetretenen erscheint mir notwendig. (Vielleicht sind Ausnahmen in Einzelfällen von genügender Vorbildung u[nd] ausgesprochener Klarheit über die zu erwählende Werkstatt zu erwägen.)
Fraglicher erscheint die Weiterführung des Obligatoriums des Formkurs, eine Maßnahme, die vielleicht berechtigt war bei dem früheren Zustand des B[au]h[au]ses, aber einer Revision 40
bedürftig ist, seitdem der Meisterrat vollzählig ist. Das Obligatorische dieses Unterrichts mißt

diesem eine prinzipielle Bedeutung bei, die die Schüler veranlassen kann, darin ein Werturteil
gegenüber den Kursen der anderen Meister zu erblicken.

Ich halte es für notwendig, daß das B[au]h[au]s, solange es staatl[iches] Institut ist, eine Neu-
tralität in religiösen Dingen bewahrt, wenn nicht überhaupt eine Verpflichtung erwächst, als
5 *staat[liches] Institut dem herrschenden Staatsgedanken zu dienen.*

Oskar Schlemmer.

[5.]
Brief von L. Schreyer an W. Gropius vom 9. Dezember 1921. – Ausfertigung.
Bauhaus Archiv Berlin, Archiv W. Gropius.

10 *9. 12. 1921*

Lieber Herr Gropius:
Ich habe lang darüber nachgedacht und sehe nur einen Weg, die Krise aus der Welt zu schaf-
fen. Und fürchte fast, daß es hierzu schon zu spät ist.

Ich fürchte, daß es zwischen Ihnen und Herrn Itten zum offenen Kampf kommt, wenn die
15 *Gefühle der Montagssitzung nicht beseitigt werden können. Der Kampf aber wird Zerstörung*
bringen. Und er wird das wesentliche am Bauhaus zerstören. Der Kampf wird die Machtfrage
aufrollen. Es liegt in Ihrer Macht, Herrn Itten zum Niederlegen der Arbeit zu bringen. Und es
liegt in Herrn Ittens Macht, Ihnen die Arbeit sehr zu erschweren. Das Bauhaus kann nicht
einen dieser Fälle aushalten. Jeder dieser Fälle zerstört die gemeinsame Arbeit und teilt den
20 *Meisterrat in 2 Lager. Die Folgen eines Zwiespaltes zwischen uns sind für Unterricht und*
Werkstatt vernichtend. Ich bitte daher Sie und Herrn Itten, es nicht zum offenen Kampf
kommen zu lassen und die Gefühle des geheimen Kampfes auszulöschen. Das ist wohl nur
möglich, wenn Sie versuchen, auf alle gegenseitigen Forderungen zu verzichten und bei An-
erkennung der persönlichen Verschiedenheiten anerkennen, daß das Bauhaus ein
25 *gemeinsames Werk ist und bleiben muß, an dem jeder nach besten Kräften gewirkt hat und*
wirken wird. Alle sachlichen Änderungen in Unterrichts- u[nd] Werkstattverteilung oder Organi-
sationsfragen halte ich nur für Ausflüchte, so lange der Zwiespalt nicht grundsätzlich beige-
legt ist.

Verzeihen Sie, daß ich so unumwunden meine Meinung ausspreche. Vielleicht können Sie mir
30 *recht geben und vielleicht finde ich Unterstützung im Meisterrat, dem ich Sie bitte, diese Zeilen*
mitzuteilen.

Mit herzlichem Gruß
Lothar Schreyer

[6.]
35 Stellungnahme von P. Klee zur Meisterratssitzung (undatiert). – Ausfertigung.
Bauhaus Archiv Berlin, Archiv W. Gropius.

Ich begrüße es, daß an unserem Bauhaus so verschieden gerichtete Kräfte zusammenwirken. Ich bejahe auch den Kampf dieser Kräfte gegeneinander, wenn die Auswirkung in der Leistung sich äußert.

Auf Hemmungen zu stoßen ist eine gute Probe für jede Kraft, wenn die Hemmung sachlicher Art bleibt.   5

Werturteile sind immer subjectiv begrenzt, und irgend ein negatives Urteil über die Leistung des andern kann keinen für das Ganze bestimmenden Wert haben.

Für das Ganze gibt es nichts Falsches und Richtiges, sondern es lebt und entwickelt sich durch das Spiel der Kräfte, wie auch im Weltganzen Gut und Böse letzten Endes produktiv zusammenwirken.   10

Klee

Dez[ember 19]21

[7.]
Stellungnahme von L. Feininger zur Meisterratssitzung (undatiert). – Ausfertigung.
Bauhaus Archiv Berlin, Archiv W. Gropius.   15

Ich kann, wenn ich offen sein und so sprechen soll, wie ich fühle, nicht viel zu sagen finden. Das wenige aber erscheint mir wichtig und alles übrige in sich zu schließen.

Mir scheint, daß vor allem andern die Erlernung der technischen Grundlage des handwerklichen Schaffens, wie sie heute [...]ⁱ besteht, die Grund-Bedingung sei für alles Weitere, was folgen soll.

Ehe wir an neue Methoden herangehen, müssen wir dafür sorgen, daß die allgemeingültigen 20 *Grundlagen zum technischen Handwerk dem Studierenden übermittelt werden.*

Es fragt sich für mich, ob wir nicht das, was wir erklärtermaßen am strengsten meiden wollten, nämlich das Großziehen künstlerischer Prätention, durch unsere bisherige Anforderung an das Schöpferische bei noch völligen Anfängern, ehe sie irgendwie durch handwerkliche Disciplinierung irgendeinen Rückhalt gefunden haben, nicht doch förderten. Tatsache ist, daß wir 25 *der Improvisation einen sehr weiten Platz einräumen und dies bei noch ganz wenig technisch erfahrenen Studierenden. Es kann zweifelhaft erscheinen, ob wir hierzu berechtigt sind. Die Verantwortung, die daraus entsteht, ist jedenfalls groß.*

Die theoretische Erziehung kann meines Erachtens unter Umständen zu früh einsetzen, sie sollte möglichst in Begleitung des Praktischen gefördert werden. Mit dem Vorschlag eines tech- 30 *nischen und theoretischen Versuchs-Platzes bin ich einverstanden. Das wird in mehr als nur äußerlicher Hinsicht ein Versuchsplatz sein. Auch dem „Spieltrieb" sollte an geeigneter Stelle Rechnung getragen werden.*

Ich spreche mich für Beendigung des Obligatoriums beim Formunterricht aus, sobald der Studierende endgiltig aufgenommen ist. Die Verbindung mit dem formgebenden Meister kann 35 *auf Antrag des Lehrlings weiter aufrechterhalten bleiben.*

In unseren Werkstätten soll das Handwerk nach streng praktischen Grundsätzen zunächst gelehrt werden. Auch in puncto Ordnung während der Arbeitsstunden sollte darauf streng gesehen werden, das ist klar.

---

j   Streichung eines Wortes.

Durch die Zusammenstellung unserer formgebenden Körperschaft ist das Bauhaus zweifellos in der Lage, allen Ausnahmefällen im weitesten Geiste gerecht zu werden. Eine Dosis Utopie steckt in jedem von uns. Ein irgendwie schöpferischer Geist geht wegen der Erlernung praktischen Handwerks nicht flöten. Für uns ist die erste Aufgabe und Verantwortung, das Hand
5 *werk in den verschiedensten Fächern den Studierenden gründlichst beizubringen. Zu Künstlern müssen sie sich selbst durchringen.*

Lyonel Feininger.

39

Sitzung des Meisterrates am 26. Januar 1922

10 [1.]
Mitteilung an die Formmeister vom 28. Januar 1922, Zirkular. – Ausfertigung.
ThHStA Weimar, Staatliches Bauhaus Weimar 14, Bl. 61.

Weimar, 28. Januar [19]22

Umlauf an die Meister

15 Auf Grund der Meisterrat-Besprechung vom 26. Januar [1922] beabsichtige ich anliegende Werkstattverteilung am schwarzen Brett anzuschlagen.

Gropius

Meister Feininger	*Feininger*
[Meister] Itten	*Itten*
20	[Meister] Klee	*Klee*
[Meister] Marcks (extra)	
[Meister] Muche	*GMuche*
[Meister] Schlemmer	*Schl*
[Meister] Schreyer	*Ja Schreyer*
25 | H[irschfeld] | L[iebig] |

[2.]
Bekanntmachung vom 1. Februar 1922 als Anlage zur Mitteilung vom 28. Januar 1922. – Ausfertigung.
ThHStA Weimar, Staatliches Bauhaus Weimar 14, Bl. 63.

Weimar, 1. Februar [19]22

30 Die Verteilung der Werkstätten hat folgende Änderung erfahren:

Stein- und Holzbildhauerei	Meister Itten
Tischlerei	Meister Gropius

Töpferei	Meister Marcks
Gold-Silber-Kupferschmiede	Meister Klee
Wandmalerei und Glasmalerei	Meister Schlemmer
Weberei	Meister Muche
Kunstdruckerei	Meister Feininger
Buchbinderei	Meister Schreyer.

Für den Meisterrat
Gropius

10. X. [19]22   v[om] Brett abgenommen L. H[irschfeld]

40

Sitzung des Meisterrates am 13. März 1922

[1.]
Einladung an die Formmeister vom 9. März 1922. – Durchschrift.
ThHStA Weimar, Staatliches Bauhaus Weimar 12, Bl. 111.

Weimar, 9. März 1922.

Ich bitte alle Meister zu der seit einiger Zeit angekündigten grundsätzlichen Besprechung über die grundlegenden Fragen des Bauhauses und unsere künftige Arbeit zu Montag, 13. März [1922], nachmittags 5 Uhr.

gez[eichnet] Gropius

Einzeln geschrieben an:
Meister Feininger
[Meister] Itten
[Meister] Klee
[Meister] Marcks
[Meister] Muche
[Meister] Schlemmer
[Meister] Schreyer

41

Sitzung des Meisterrates am 24. März 1922

[1.]
Einladung mit Tagesordnung an Syndikus A. Liebig vom 22. März 1922. – Ausfertigung.
ThHStA Weimar, Staatliches Bauhaus Weimar 12, Bl. 112.

Weimar, den 22. März 1922.

Herrn Liebig.

Einladung zum Meisterrat am Freitag, dem 24. März 1922, nachmittags 3 Uhr.
Tagesordnung anbei:
5 Laufende Schulfragen
Vorbereitungen für den Semester-Schluß
Ausstellung des Bauhauses im Sommer
Allgemeines

Gropius

10 [2.]
Mitteilung an die Formmeister vom 23. März 1922. – Entwurf.
ThHStA Weimar, Staatliches Bauhaus Weimar 12, Bl. 113.

Weimar, den 23. März 1922.
Meister

15 Die am Freitag, dem 24. März [1922], stattfindende Sitzung des Meisterrates findet nicht
nachmittags 3 Uhr, sondern 5 Uhr statt.

Sie werden gebeten, die Vorschläge für die Satzungsänderungen mitzubringen.

Bauhaus-Sekretariat.

Gerichtet an folgende:
20 Meister Feininger
[Meister] Itten
[Meister] Muche
[Meister] Schlemmer
[Meister] Schreyer
25 [Meister] Klee.

[3.]
Protokoll der Sitzung. – Ausfertigung.
ThHStA Weimar, Staatliches Bauhaus Weimar 12, Bl. 114–117.

Protokoll
30 Meisterrat am 24. März 1922,
nachm[ittags] 5 bis 8 Uhr.

Anwesend:
Direktor Gropius
Meister Feininger
35 Meister Itten

Meister Klee
Meister Muche
Meister Schlemmer
Meister Schreyer
Frl. Hirschfeld als Protokollführer, da Herr Liebig krank.   5
Meister Marcks fehlt.

Tagesordnung:
Ausstellung des Bauhauses.
Satzungsänderungen.
Vorbereitungen für den Semesterschluß.   10
Schülerangelegenheiten.
Verschiedenes.

Ausstellung des Bauhauses.
Für eine öffentliche Ausstellung des Bauhauses im Sommer sprechen wirtschaftliche Gesichtspunkte. Die Existenznot der Gesellen und Lehrlinge kann nur *durch* Verkauf von Er-   15
zeugnissen gebessert werden. Verkauf ist erst nach der 1. Ausstellung möglich. Durch eine
öffentliche Ausstellung ist auch zu erhoffen, daß sich Persönlichkeiten finden, die das Bauhaus wirtschaftlich stützen.
     Gegen eine Ausstellung spricht der Stand der Bauhausarbeit. Es wird beschlossen, die Ent-
scheidung über die diesjährige Ausstellung von dem Ergebnis einer Rundfrage in den Werk-   20
stätten abhängig zu machen. Sind die Werkstätten gegen eine Ausstellung, so soll im April
gelegentlich der Zusammenstellung der Vorkurs-Arbeiten eine kleine Ausstellung für Weimar gemacht werden.
     Außerdem wird beschlossen, nunmehr damit zu beginnen, gute Abbildungen von Erzeug-
nissen des Bauhauses in Zeitschriften veröffentlichen zu lassen. Gropius und Schreyer sagen   25
Vorbereitungen für diese Veröffentlichungen zu.
     Es wird ferner beschlossen, alle vom Bauhaus für gut befundenen Werkstatterzeugnisse
mit dem vom Staat genehmigten Stempel zu signieren.
     Frl. Börners Anfrage, wie weit Aufträge für die Weberei anzunehmen oder abzulehnen
sind, wird von Fall zu Fall zu entscheiden sein.   30

Satzungsänderungen.
Gropius fragt zunächst, ob einer der Meister gegen die Art der Satzungen, wie sie augenblicklich Geltung haben, grundsätzliche Bedenken hege. Grundsätzliche Bedenken werden
nicht geäußert. Es wird einstimmig beschlossen, die Änderungen in einmaliger Lesung auf
Grund der Vorschläge von Gropius zu verhandeln: 35

§ 7 „Rechte und Pflichten" der Lernenden wird mit Zusatzanträgen von Schreyer in anliegender Form angenommen.
Streichung des Schlußsatzes von § 3 (wie anliegend) wird angenommen.
§ 6 und § 8 werden bis zur nächsten Sitzung zurückgestellt. Gropius wird auf Antrag Itten
neue Vorschläge unterbreiten.   40
§ 10 „Hospitanten" wird in anliegender Form angenommen und entsprechend § 14 Abs[atz] 4
gestrichen.

Aus dem bisherigen Lehrplan wird der Titel „Lehr-Plan" gestrichen und bei der Überschrift für die einzelnen Werkstätten durch „Lehrgebiet" ersetzt.
Im Absatz 12 der Werkstattordnung wird das Wort „endgültig" gestrichen.
Für das Namensregister der Meister wird Gropius neue Vorschläge vorlegen.
5 Eine Prüfungsordnung wird Gropius auf Antrag Itten aufstellen und in Umlauf geben.
Die Satzungs-Änderungen sollen vor Einreichung an die Regierung den Werkstattleitern zur Beurteilung gegeben werden.

Vorbereitungen zum Semesterschluß.
Es wird beschlossen, daß das Semester am 8. April [1922] schließt und am 22. [April 1922]
10 wieder beginnt.

Schülerangelegenheiten.
Über Schüler, deren Arbeitsverhältnis zum Bauhaus nicht geklärt ist, wird folgendes beschlossen:
Mark ist krank und als solcher in den Listen zu führen.
15 Peiffer-Wathenphul soll nach Rückkehr aus Italien im Bauhaus wieder aufgenommen werden.
Pfeiffer-Belli ist aus der Schülerliste zu streichen.
Wassiljeff soll zum Semester-Schluß Arbeiten einreichen.
Hesse, die niemals in der Werkstatt anwesend ist, soll von der Werkstatt ausgeschlossen werden.
20 Ruth Kühl und Vallita Neumann sind zu fragen, ob sie zum Sommer-Semester wieder in der Werkstatt arbeiten oder aus der Liste der Studierenden gestrichen werden wollen.
Schlevoigt ist zu fragen, ob sie den vollen Unterricht mitnehmen will, anderenfalls ist sie zu streichen, da Hospitanten nicht genehmigt werden.
Seinfeld, Gorodiski, Fehling sind zu Einreichungen von Arbeiten zum Semesterschluß auf-
25 zufordern.
Exner ist aus der Schülerliste zu streichen.

Verschiedenes.
Mappen
Antrag Oskar Fischer wegen Tausch eines seiner Bilder gegen eine Mappe Europäische Gra-
30 phik „I" ist abschlägig zu bescheiden.
Gropius verliest verschiedene Briefe von und über Otto Gleichmann, der sich bei den Europäischen Mappenwerken übergangen glaubt. Es wird beschlossen, ihn zu einem Beitrag nachträglich aufzufordern.
Max Ernst soll geschrieben werden, daß sein Beitrag, da er keine graphische Technik dar-
35 stellt, für das Mappenwerk ungeeignet ist.
Über die noch beim „Sturm" vorhandenen Bilder wird beschlossen: Feininger empfiehlt sein Bild zum Kunsthändler Wallerstein zu bringen, wo es leichter verkauft wird. Itten wünscht sein Bild zurückzuhaben, um es gelegentlich von sich aus zu verkaufen.
Klee, der die Sitzung schon verlassen hat, muß befragt werden.

40 Bauhaus-Schülermappe.
Alle Gesellen, Lehrlinge und Schüler vom Vorunterricht sind durch Anschlag am Brette aufzufordern, zu einem zu bestimmenden Termin Arbeiten für die geplante Schülermappe einzureichen.

Molzahnmappe.

Es bestehen Bedenken, die Molzahnmappe im eigenen Verlag herauszugeben. Gropius wird bei Müller & Co. anfragen, ob diese bereit sind, die Molzahnmappe in Verlag zu nehmen, so daß das Bauhaus lediglich das Drucken der Blätter besorgen würde.

Gropius weist nochmals darauf hin, daß überzählige Drucke der in der Mappe erschienenen 5 graphischen Arbeiten der Meister vom Bauhaus nicht verkauft werden mögen, da ein freihändiger Verkauf einzelner Blätter dem Absatz unserer Bauhausdrucke schade und juristische Schwierigkeiten bringe.

Ferner wird besprochen, wie dem jetzt herrschenden Übelstand abgeholfen werden kann, den die zahlreichen Besucher des Bauhauses verursachen, die bei Besichtigung der Werk- 10 stätten die Gesellen und Lehrlinge in der Arbeit stören und, soweit sie sich auf das Besichtigen der Fertigwaren beschränken, großen Zeitaufwand für diejenigen verursachen, die diese Arbeiten vorführen. Es wird deshalb für nötig befunden, einen dauernden Ausstellungsraum zu haben.

Gropius bittet die Meister, ihre jeweilige Abwesenheit von Weimar mit Angabe der Dauer 15 der Reise und des Aufenthaltsortes im Sekretariat zu melden.

Auf Vorschlag Schlemmer wird beschlossen, Frl. Grunows Namen auf die *gedruckte* [a] Liste der Lehrkräfte zu setzen.

Den Vorunterricht im Sommer übernimmt Muche.

Gropius   20
Schreyer   *Schlemmer*   *Feininger*   *Klee*   *Itten*   *GMuche*   *Marcks*

[4.]
Aufstellung als Anlage zum Protokoll. – Ausfertigung.
ThHStA Weimar, Staatliches Bauhaus Weimar 12, Bl. 118.

Fragliche Schüler.   24. 3. [19]22. [b]   25

Herbst
Mark   welche Werkstatt   *krank* [c]
Peiffer-Wathenphul   *kommt wieder* [d]   Schulgeld fehlt.
Pfeiffer-Belli   beurlaubt bis Ostern   *streichen* [e]   Schulgeld fehlt.
Wassiljeff   welche Werkstatt   *Arbeiten einreichen* [f]   30
Plontskoy   nach Weihnachten nicht zurück   Schulgeld fehlt.
Bormann   [nach Weihnachten nicht zurück]   Schulgeld fehlt.
Hesse   welche Werkstatt   *entlassen* [g]
Kühl   *kehrt zurück* [h]   Schulgeld fehlt.
Neumann   *?* [i]   35
Schlevoigt   *entlassen* [j]

---

a Ergänzung von W. Gropius.
b–j Ergänzungen von L. Hirschfeld.

Seinfeld	*Arbeiten einreichen* [k]		
Fehling	*[Arbeiten einreichen]*		
Winkelmayer	*Metallwerkstatt* [l]		
Heymann	beurlaubt bis Ostern	*streichen* [m]	Schulgeld fehlt.

42

Sitzung des Meisterrates am 4. April 1922

[1.]
Einladung mit Tagesordnung an Syndikus A. Liebig vom 3. April 1922. – Ausfertigung.
ThHStA Weimar, Staatliches Bauhaus Weimar 12, Bl. 119.

Herr Alfred Liebig

wird zu einer Sitzung des Meisterrats auf Dienstag, den 4. April [1922], nachmittags 4 Uhr
hierdurch eingeladen.

Weimar, den 3. April 1922.

Tagesordnung:
1. Satzungsänderungen.
2. Ausstellung.
3. Gesellenprüfungsordnung.
4. Stempel.
5. Verschiedenes (von letzter Sitzung zurückgestellt).

Gropius

Morgen nicht, Sonntagabend übernehmen. [a]

[2.]
Protokoll der Sitzung. – Ausfertigung.
ThHStA Weimar, Staatliches Bauhaus Weimar 12, Bl. 120-122.

Protokoll
über Meisterrats-Sitzung am 4. April 1922,
nachmittags $1/4$ 5 bis 6 Uhr.

---

k-m Ergänzungen von L. Hirschfeld.

 a Bemerkung in Kurzschrift.

Anwesend:
Meister Feininger
[Meister] Itten
[Meister] Klee
[Meister] Schlemmer   5
[Meister] Schreyer
Syndikus Liebig
Frl. Hirschfeld
Es fehlen:
Direktor Gropius entschuldigt   10
Meister Muche
[Meister] Marcks.

Tagesordnung:
1. Satzungsänderungen
2. Ausstellung des Bauhauses   15
3. Gesellenprüfungsordnung
4. Stempel auf Bauhauserzeugnisse
5. Verschiedenes.

In Vertretung des infolge Krankheit abwesenden Herrn Gropius übernimmt Syndikus Liebig
satzungsgemäß den Vorsitz. Bevor man in die eigentliche Beratung eintritt, bittet Liebig um   20
Entscheidung darüber, ob mit Werkstattleiter Dorfner in der heutigen Sitzung eine Aussprache trotz Abwesenheit von Gropius stattfinden soll und empfiehlt Meister Schreyer
zwecks Beurteilung dieser Frage, die anderen anwesenden Meister über den Sachverhalt
kurz aufzuklären. Man findet es alsdann für ratsam, diese äußerst wichtigen Verhandlungen
ohne Mitwirkung von Gropius mit Dorfner nicht zu führen und beschließt, die für heute an   25
Dorfner ergangene Einladung abzusagen, diese jedoch für die nächste Vollsitzung wieder zu
erneuern. Aus dem gleichen Grunde wird Punkt 1 von der Tagesordnung gestrichen und die
Erledigung des Schreibens Wottitz zurückgestellt.

2. Ausstellung des Bauhauses.
Im Namen von Gropius regt Liebig an, eine Bauhaus-Ausstellung nach den Osterferien zu   30
arrangieren und zwar derart, daß man die Arbeiten der Vorkursschüler noch solange im
Oberlichtsaal beläßt und diese Ausstellung durch gute Arbeiten der Werkstattschüler er-
weitert. Wir müßten hier unbedingt bald etwas tun, um bei den Budgetberatungen für die
Bauhaussache im Landtag besseres Verständnis zu finden. Die anwesenden Meister haben
Bedenken gegen eine solche Ausstellung zum jetzigen Zeitpunkt und befürchten, daß   35
dadurch gerade das Gegenteil erreicht werden könnte, weil wir heute mit wirklich guten
Arbeiten noch nicht an die Öffentlichkeit zu treten in der Lage sind. Um den Landtag zu
überzeugen, empfiehlt Itten Führung der zuständigen Herren durch die Werkstätten an bestimmten Tagen und Zeiten (10–12 Uhr). Man sollte jedoch sofort auch die Werkstattschüler zur Abgabe von guten freien Arbeiten (Graphik und Aquarelle) bis zum 26. April   40
[1922] auffordern, um auch auf diese Weise gleichzeitig einen Überblick darüber zu gewinnen, was und wie überhaupt am Bauhaus gearbeitet wird. Von dem Ergebnis dieser

Arbeiten hängt es dann ab, ob wir wirklich in der Lage sind, die beabsichtigte Ausstellung auf breiterer Basis zu machen. Es wird demgemäß beschlossen.

Punkt 3 wird bis zur Anwesenheit des Herrn Gropius vertagt.

Punkt 4: Stempel auf Bauhauserzeugnisse.
5 Die hierzu gemachten Äußerungen der Werkstattleiter werden zur Kenntnis genommen. Für Dornburg käme ein Messingstempel zum Einprägen in die weiche Masse in Frage. In der Weberei wäre zu versuchen, ob sich das Miteinweben des Bauhausstempels ermöglichen ließe. Im übrigen bleibt es Gropius überlassen, im Einvernehmen mit den Werkstattleitern die endgültige Ausführung der Signierung zu bestimmen.

10 Punkt 5: Verschiedenes.
Das Gesuch Schlevoigt-Roth wegen Aufnahme in die Weberei wird bis zur Anwesenheit von Meister Muche zurückgestellt. Obgleich etwas mangelhaft begründet, wird das Urlaubsgesuch auf 2–3 Monate von Margarete Schoen befürwortet in der Annahme, daß sie dann mit neuer Kraft ihre Tätigkeit wieder aufnehmen werde. Martin Jahn bittet um ein Stipendium
15 zur Wiederherstellung seiner stark angegriffenen Gesundheit. Mit Rücksicht auf dessen gute Führung und Leistung wird zustimmend beschlossen und als Mindestbetrag Mark 1 000,- bewilligt. Dazu bemerkt Itten, daß künftig derartige Gesuche etwas rascher erledigt werden müßten. Für Atelier Else Mögelin werden Mark 70,- monatliche Miete bewilligt.

Zeitschriften.
20 Einem lange geäußerten Wunsch von Meister Marcks, wichtige Zeitschriften doppelt zu abonnieren, damit Dornburg solche ebenfalls rechtzeitig und ständig zur Hand habe, wird entsprochen. Soweit die finanziellen Verhältnisse dies zulassen, sollen für Dornburg extra folgende Zeitschriften bestellt werden:
      Feuer (jährlich 180,- Mark)
25   Cicerone ([jährlich] 154,- [Mark])
Man wird diese Mehrkosten dadurch wieder auszugleichen suchen, daß einige für das Bauhaus weniger wichtige Zeitschriften abbestellt werden; dies bleibt jedoch Herrn Gropius überlassen. Meister Klee empfiehlt noch Bestellung der italienischen „Valori di Plastici", sofern als zu hohe Kosten dies heute nicht unmöglich machen. Bezügl[ich] des „Sturm" ist
30 Meister Schreyer der Ansicht, daß Herwarth Walden diese Zeitschrift dem Bauhaus künftig kostenlos überlassen könne; man möge dieserhalb an Walden herantreten.

Meisterumlaufmappe.
Hierzu bemerkt Liebig, daß diese nie unverschlossen *im Raum liegengelassen wird und* [b] dem Kastellan zurückzugeben sei.

35 Aufforderung an die Schüler. (Ateliers, Stipendien und Schulgelderlaß betreffend.)
Für das neue Schuljahr sind die Schüler zum Einreichen von diesbezügl[ichen] Gesuchen aufzufordern, damit dem Meisterrat die nötigen Unterlagen möglichst bald vorgelegt werden

---

b Ergänzung von A. Liebig.

können. Es empfiehlt sich auch bei dieser Gelegenheit, auf die Abgabe von Arbeiten der Werkstattschüler in entsprechender Form hinzuweisen.

Es kommt schließlich noch die Angelegenheit des Werkstattleiters Hartwig Kunsthochschule zur Sprache. Meister Itten ist nicht dagegen, daß Hartwig [...]c außer der Werkstattzeit bei Professor Engelmann für die Kunsthochschule aushilfsweise [...]d tätig ist [...]e Auf diese Weise könne sich Hartwig eine kleine Nebeneinnahme schaffen und dabei gleichzeitig vermittelnd zwischen den beiden Instituten wirken. Da hiergegen Einwendungen nicht erfolgen, ist demnach gegen die Absicht Hartwigs nichts einzuwenden.

Schluß der Sitzung 6 Uhr.

Liebig
Lothar Schreyer   *Lyonel Feininger*   *Itten*   *GMuche*   *Schlemmer*   *Klee*
gel[esen] *Gropius*

43

Sitzung des Meisterrates am 5. April 1922

[1.]
Protokoll der Sitzung. – Ausfertigung.
ThHStA Weimar, Staatliches Bauhaus Weimar 12, Bl. 123–124.

Protokoll
Meisterrat am 5. April 1922
nachm[ittags] 3 bis 1/2 6 Uhr

Anwesend:
Direktor Gropius
Meister Feininger
Meister Itten
Meister Klee
Meister Marcks
Meister Muche
Meister Schlemmer
Meister Schreyer
Syndikus Liebig

Tagesordnung: Aufnahme der Teilnehmer am Vorkurs Winter [19]21/22.

---

c–e Streichungen durch J. Itten, von ihm am linken Rand abgezeichnet; Wortlaut des Satzes zuvor: *Meister Itten ist nicht dagegen, daß Hartwig etwa 3 Mal in der Woche außer der Werkstattzeit bei Professor Engelmann für die Kunsthochschule aushilfsweise so lange mit tätig ist, bis man eine passende Kraft gefunden hat.*

A Vorunterricht

1) Aufgenommen, da Probe bestanden
Arndt	Wandmalerei oder Töpferei	4 *gegen* 0	mit geteilten Stimmen
Burri	Töpferei	3 *[gegen]* 0	[mit geteilten Stimmen]
5 Dieckmann	Tischlerei	7 *[gegen]* 0	[mit geteilten Stimmen]
Fuchs	Tischlerei	5 *[gegen]* 0	[mit geteilten Stimmen]
Gebhardt	Tischlerei	7 *[gegen]* 0	[mit geteilten Stimmen]
Herzger	Steinbildhauerei	8 *[gegen]* 0	unbedingt dafür
Klee	Tischlerei	8 *[gegen]* 0	unbedingt dafür
10 Menzel	Holzbildhauerei	6 *gegen* 0	mit geteilten Stimmen
Mirkin	Steinbildhauerei	6 *[gegen]* 0	[mit geteilten Stimmen]
Molnar	Holzbildhauerei	7 *[gegen]* 0	[mit geteilten Stimmen]
Stefan	Steinbildhauerei	4 *[gegen]* 0	[mit geteilten Stimmen]
Umbehr	Metallwerkstatt	7 *[gegen]* 1	[mit geteilten Stimmen]
15 Franke	Glasmalerei	7 *[gegen]* 0	[mit geteilten Stimmen]
Leudesdorff	Weberei	7 *[gegen]* 0	[mit geteilten Stimmen]

2) Aufgenommen, da zweites Probesemester bestanden.
Lindemann	Druckerei ohne Lehrbrief	8 *gegen* 0	unbedingt dafür
Niemeyer	Weberei	8 *[gegen]* 0	unbedingt dafür
20 Pistorius	Metallwerkstatt	7 *gegen* 1	mit geteilten Stimmen
Roghé	Weberei	8 *[gegen]* 0	unbedingt dafür

3) Zum zweiten Probesemester mit Werkstatt zugelassen:
Barthelmess	Weberei u[nd] Vorkurs	8 *gegen* 0	unbedingt zu 3
Bayer	Wandmalerei [Vorkurs]	6 *[gegen]* 0	mit geteilten Stimmen
25 Kähler	Wandmalerei [Vorkurs]	5 *[gegen]* 1	[mit geteilten Stimmen]
Brasche	Weberei u[nd] Vorkurs	4 *[gegen]* 2	[mit geteilten Stimmen]
Steiger	Weberei u[nd] Vorkurs	7 *[gegen]* 0	[mit geteilten Stimmen]

4) Zum zweiten Probesemester ohne Werkstatt
Drewes		8 *gegen* 0	unbedingt zu 4.

30 5) Nach erstem Probesemester abgelehnt
Putz		4 *gegen* 0	mit geteilten Stimmen
Sigl		4 *[gegen]* 0	[mit geteilten Stimmen]
Droste		4 *[gegen]* 0	[mit geteilten Stimmen]
Meyer		4 *[gegen]* 1	[mit geteilten Stimmen]
35 Spiero		4 *[gegen]* 0	[mit geteilten Stimmen]

6) Nach zweitem Probesemester abgelehnt
v[on] Erffa		3 *Stimmen gegen* 0
Gillhausen	(es wird ihm jedoch gestattet, im Sommer auf der Siedelung, im Winter bei Frl. Grunow zu arbeiten)	
40 Kostorz	hat nicht ausgestellt	8 *gegen* 0 *Stimmen*

Rühle	desgl[eichen]		8 [gegen] 0 Stimmen
Wigand, Sybille			8 [gegen] 0 Stimmen
Bogler, Fr[iedrich] W[ilhelm]			6 [gegen] 0 Stimmen

7) Zu streichen sind:

| Plontskoy | (seit Weihnachten nicht zurück) |
| Conrad | (von seinem Vater in Privatlehre gegeben) |

8) Unentschieden:

Klein	nichts eingereicht, macht demnächst Meisterstück Buchbinder.
Lippmann	soll angefragt und zur Einreichung von Arbeiten aufgefordert werden.
Weininger	
Guth	*anfragen* [a]
Brinkmann	krank

B Werkstätten

9) Abgelehnt, da Probezeit des Lehrbriefs nicht bestanden:

Seinfeld	wird auf eigene Verantwortung zur Bühnenarbeit zugelassen.
Exner	bereits abgegangen.
Wassiljeff	
Gorodiski	

10) Unentschieden

Hercht	kann sich Werkstatt wählen
Fehling	ihr sind zwei Monate Frist zur Einreichung von Arbeiten zu geben
Wigand, Karl	
Schepp	

C Sonderstellung

Driesch

Mit Rücksicht auf die zuletzt eingereichten vorzüglichen Arbeiten schlägt Gropius vor, Driesch „Sonderstellung" einzuräumen dergestalt, daß er von der Werkstattarbeit befreit wird und ihm zur freien Betätigung sein Zimmer in Dornburg überlassen bleibt. Mit diesem Vorschlag sind alle Meister einverstanden.

Schluß der Sitzung ¹/₂ 6 Uhr

Gropius
GMuche   *Itten*   *Schreyer (Spiero später noch aufgenommen)* [b]   *Klee*   *Marcks*
Feininger   *Schlemmer*
Liebig

---

a Ergänzung von L. Hirschfeld.
b Zusatz von L. Schreyer.

[2.]
Mitteilung von L. Hirschfeld zum Gutachten von G. Grunow vom 10. Mai 1922. – Ausfertigung.
ThHStA Weimar, Staatliches Bauhaus Weimar 13, Bl. 219

ablegen

5 *Brief Grunow vom April 1922 wurde mit dem Sitzungsprotokoll vom 5. April [1922] in Um-*
lauf gegeben an folgende Meister
Feininger
Itten
Klee
10 *Marcks*
Muche
Schlemmer
Schreyer

L. Hirschfeld 10. Mai [19]22
15 *M[üller]*

[3.]
Gutachten von G. Grunow vom April 1922 als Anlage zum Protokoll. – Ausfertigung.
ThHStA Weimar, Staatliches Bauhaus Weimar 13, Bl. 214–217.

April 19[22].[c]
20 *Umlauf*

Aus dem Vorcurs:

Herr Herzger ist gut veranlagt, hat in letzter Zeit eine organische Schwäche nahezu zu über-
winden vermocht (linke Seite funktionierte unvollkommen) und verspricht Erfreuliches als
künstlerischer Bildner. (Verspricht gutes Materialgefühl).
25 *Herr Arndt hat sich progressiv entwickelt, seine unausgeglichenen Kräfte (stark uncultiviert)*
gut zu sammeln und aufzurichten vermocht und dürfte, da noch vieles vorhanden ist, das wert-
voll sein wird, ein tüchtiger Mensch werden.
Herr Gebhardt verspricht brauchbar und tüchtig zu werden; viele Zeichen sprechen dafür.
Herr Menzel ist stark und verspricht ein wirklich guter Bauhäusler zu werden.
30 *Herr Barthelmess hat sich gelockert; er war sehr fest. Er dürfte sich bald sehr erheblich noch*
bessern.
Herr Gillhausen war voller Schwere, ohne jedes Erleben, (krank), hat sich jetzt aber sehr ge-
bessert und beginnt so zu gesunden, daß sein Schaffen in den nächsten Monaten wahrschein-
lich schon überraschende Resultate aufweisen könnte.
35 *Herr Fuchs war sehr fest und eng. Er ist im Grunde kein Bauhäusler, hat sich in seiner Art*
jedoch sehr verbessert, gute Möglichkeiten haben sich schaffen lassen, und es liegen starke

---

c Ergänzung von L. Hirschfeld.

Anzeichen dafür vor, daß er seinen Beruf einmal in schätzenswerter Weise wird erfüllen kön-
nen. Die nächste Zeit wird wahrscheinlich sichtlich kräftige Entwicklung zeigen.

Herrn Umbehr konnte ich leider erst Februar einschieben und auch dann noch nur zeit-
weise. Er bedarf noch sorgfältiger Ordnung seiner Kräfte, die aber aussichtsvoll sind.

Herr Molnar ist noch nicht lange bei mir und unregelmäßig. Bei ihm ist innerlich stark ein 5
Ausgleich zu vollziehen (seine Nationalität ist bei dieser Meinung wohl berücksichtigt worden),
aber er ist begabt.

Herr Bayer ist erst seit ganz kurzer Zeit bei mir; er ist zweifellos begabt.

Herr Frahm ist ein unregelmäßiger Schüler (weil sehr triebhaft und unausgeglichen in
der Lebensführung, welcher Umstand teils in Folge seiner organischen Schwäche bewirkt 10
wird, teils aus tieferer Uncultur), zweifellos voller Anlagen, Begabung. Daß diese scheinbar
guten Kräfte zu wirklicher Kraft (und Dauer also) constant werden können, ist nicht vor-
auszusagen, nicht mit Sicherheit. Einstweilen aber erscheint Herr Frahm durchaus an-
nehmbar.

Herr Brinkmann erkrankte [im] Januar. 15

Herr Lindemann und Herr v[on] Erffa waren bis Oktober bei mir und entwickelten dann
ohne meine Hilfe sich durch den Vorcurs allein. Nachdem ich sie dafür genügend gelöst zu
haben glaubte, hatte ich den Herren den Rat dazu gegeben. Allem Anscheine nach bedürfen sie
jetzt einer weiteren Nachhilfe behufs Kräftigung für Weiteres.

Herr Wassiljeff war bis Herbst, als er nach Berlin ging, bei mir, nach der Rückkehr noch 20
nicht zum Unterricht.

Ebenso Frl. Fehling.

Karl Wigand nahm ich nur sehr wenig und nur zeitweise. Er ist zweifellos voller Gaben;
seine Kräfte weisen auf mathematische Dinge, würden genügend erstarken wahrscheinlich
eher im Berufe als Ingenieur wie [sic!] als freier Künstler. 25

Frau Wigand würde einen Beruf im Bauhause nur auszufüllen vermögen, wenn sie sich in
der Weberei derartig bethätigte, daß sie grobe Gewebe schüfe und sich dem Zuschneiden von
Kleidern widmete, d. h. Schnitte für Gewänder (Kleider, Mäntel z. B.) machte. Für letztere be-
sitzt Frau W[igand] specielle Begabung. Ob Fr[au] W[igand] stark genug sein wird, auf die
Dauer eine Thätigkeit auszuüben, würde in erster Linie davon abhängen, daß man ihr aufs ern- 30
steste die Notwendigkeit klar macht, sich auf so „einfache" Dinge zu beschränken. Frau
W[igand] zeigt deutlich starke Schwächen, sobald das Leben in höhere Regionen aufsteigt. Eine
erfreulich große Kräftigung ist durch den kürzlichen Unfall durch den electr[ischen] Draht
wieder gänzlich zerstört worden und nach meiner festen Überzeugung nicht wieder erreichbar.
Ich glaube aber sagen zu dürfen, daß ich durch Weiterarbeit mit Frau W[igand] im Sommerse- 35
mester für obengenannte Thätigkeiten vollauf genügende Kräfte zu sammeln im stande sein
könnte.

Frl. Brasche hatte große organische Schwächen nach einer Richtung. Diese beginnen sich
jetzt höchst erfreulich zu heben. Alle ihre guten Eigenschaften dürften sich bei der jungen Dame
bald zeigen. 40

Frl. Fischer, recht uncultiviert, zeigt gute Kräfte und Anlagen. Sie ist erst ganz kurze Zeit bei
mir und wird sich gut entwickeln, scheint es.

Frl. Hercht, ist sehr verdorben, fest, eng. Allein es scheint sicher, daß, läßt man ihr Zeit, viel
Gutes zum Vorschein kommen wird.

Frl. Steiger war überaus belastet, gesundet langsam und durchlebte eine Art Krisis in der letz- 45
ten Zeit, eben in Folge eintretender größerer Normalität aller Kräfte (Gesundung). Zustand und

Arbeiten werden sich voraussichtlich in der nächsten Zeit sehr bessern (auch nach eigenem Gefühl bereits der Schülerin selber.)

Frl. Meyer entwickelt sich sichtlich, besitzt Kräfte und verspricht, eine ganz tüchtige Bauhäuslerin zu werden. Es scheint gut, ihr Werden erst von jetzt an zu betrachten.

5 *Frl. Leudesdorf-E[ngstfeld] war sehr fest durch organische Schwäche, ist aber gestärkt und freier geworden und verspricht weitere Entwicklung in günstigem Sinne.*

Frl. Spiero ist voller Begabung. Dieselbe wird kraftvoll werden bei fortschreitender Kräftigung und Ausgleichung organischer Schwächen.

Sehr geehrter Herr Gropius!
10 *Ich nehme an, daß ich nur über diese „Vorcurs"-Schüler meine Eindrücke formulieren sollte; andernfalls darf ich um gütige Nachricht umgehend bitten. In großer Ergebenheit.*
Gertr[ud] Grunow

verte

Mir fällt noch ein:
15 *Barthelmess ist ein sehr eifriger Verfechter des Bauhauses in Düsseldorf.*

Fuchs sagte mir soeben, daß er in großer Angst sei und sehr gern, weit lieber für eine Werkstatt aufgenommen werden möchte, als nebenbei in die Baugewerkschule gehen zu müssen (neben nun nochmaligem Vorkurs eventuell).

44

Sitzung des Meisterrates am 7. April 1922
20

[1.]
Einladung an die Werkmeister vom 6. April 1922, Zirkular. – Ausfertigung.
ThHStA Weimar, Staatliches Bauhaus Weimar 12, Bl. 125.

Die Werkstättenleiter werden hierdurch zu einer Sitzung des Meisterrats am Freitag, dem
25 7. April [1922], nachmittags 4 Uhr eingeladen.

Weimar, den 6. April 1922

Gropius

Vorzulegen:
Meister Hartwig   *Hartwig*
30 [Meister] Zachmann   *Zachmann*
[Meister] Max Krehan   *geschrieben am 6. IV. [19]22*
[Meister] Christian Dell   *Dell*
[Meister] Carl Schlemmer   *CSchlemmer*
[Meister] Helene Börner   *Börner*

[Meister] Carl Zaubitzer   *CZaubitzer*
[Meister] Otto Dorfner.   *Dorfner*

[2.]
Protokoll der Sitzung. – Ausfertigung.
Bauhaus Archiv Berlin, Archiv W. Gropius, Meisterratsprotokolle.   5

Protokoll
über die Sitzung am 7. April 1922
der Meister und Werkstättenleiter des Staatlichen Bauhauses.
Beginn nachmittags 4 Uhr,
Schluß 1/4 9 Uhr.   10

Anwesend:
Meister Gropius,   Meister Dorfner,
[Meister] Itten,   [Meister] Zaubitzer,
[Meister] Klee,   [Meister] Hartwig,
[Meister] Muche,   [Meister] Zachmann,   15
[Meister] Schlemmer,   [Meister] Krehan,
[Meister] Schreyer,   [Meister] Dell,
[Meister] Marcks.   [Meister] Börner
                                  [Meister] *Schlemmer*

Abwesend entschuldigt: 20
Meister Feininger,
[Meister] Meyer.

Tagesordnung:
Schüleraufnahmen.
Sonstige wichtige Angelegenheiten.   25

Gropius eröffnet die Sitzung und gibt zunächst den Werkstattleitern die Namen der am
5. April [1922] vom Meisterrat für die Werkstätten Neuaufgenommenen bzw. nochmals für
ein weiteres Probesemester zugelassenen Schüler bekannt; er bittet hierzu Stellung zu nehmen. Es handelt sich um Schüler für die

1. Steinbildhauerei   30
Herzger, Walter – Mirkin, Moses
Stefan, Heinrich
2. Holzbildhauerei
Menzel, Walter – Molnar, Wolfgang
3. Tischlerei   35
Dieckmann, Erich – Fuchs, Hans
Gebhardt, Ernst – Klee, Felix
4. Töpferei
Arndt, Alfred – Burri, Werner

5. Metallwerkstatt
Umbehr, Otto – Pistorius, Hans
6. Wandmalerei
Bayer, Herbert – Kähler, Otto
5   7. Glasmalerei
Franke, Elsa
8. Weberei
Barthelmess, Claus – Brasche, Eva –
Leudesdorff-Engstfeld, Lore – Steiger, Liselotte – Niemeyer, Erna –
10   Roghé, Agnes
9. Druckerei
Lindemann, Otto (ohne Lehrbrief)
10. Buchbinderei
keiner
15   11. Bühnenwerkstatt.
keiner.

Durch diese Zugänge sind die Werkstätten reichlich besetzt, am stärksten die Weberei mit
etwa 22 Schülern. Obgleich Pistorius (Metallwerkstatt) sich nicht besonders eignet, hat Dell
gegen dessen Zulassung nichts einzuwenden. Kähler (Wandmalerei), der während des Som-
20   mersemesters nach Italien gehen will, soll im Laufe des Sommers Arbeiten einschicken,
damit man über seine Leistungen sich ein Urteil bilden kann.
      Spiero, Sabine. Der Meisterrat hat zwar auf Grund ihrer eingereichten Arbeiten die Auf-
nahme abgelehnt, Meister Itten stellt jedoch den Antrag, sie nochmals ein weiteres Probesemester zum Vorkurs zuzulassen und zwar mit Rücksicht darauf, daß sie als Mensch wertvoll
25   sei. Dem widerspricht niemand und [es] ist damit dieser Antrag angenommen.
      Als für die Werkstatt ungeeignet werden auch von den Werkstattleitern abgelehnt:
      Bogler [Friedrich Wilhelm] und Seinfeld (Weberei)
      Gorodiski und Wassiljeff (Steinbildhauerei).
      Was die Druckerei anbelangt, so kann Lindemann nur ohne Lehrbrief darin aufgenom-
30   men werden. Die Frage, ob man dem Verband der Chemigraphischen Anstalten beitreten
will, ist noch in der Schwebe. Es ist überhaupt zu überlegen, ob in der Druckerei die Lehr-
lingsabteilung weiter beibehalten werden soll, da diese Werkstatt nur reproduktiv arbeitet.
      Frau Schlevoigt-Roth bittet mit Brief vom 31. März [1922] um Zulassung zur Weberei-
werkstatt. Obgleich sie den Vorkurs regelmäßig besucht hat, sind sowohl Meister Muche als
35   auch Frl. Börner gegen ihre Aufnahme in die Weberei. Man wird den Brief in diesem Sinne
beantworten.
      Gesuch um Arbeitserlaubnis während der Osterferien in der Werkstatt (Weberei) von Ker-
kovius, Otte, Stölzl, Mögelin und Ebner. Dasselbe wird grundsätzlich abgelehnt; es kann nur
bei fest erteilten und dringenden Aufträgen eine Ausnahme gemacht werden. In diesem
40   Sinne werden die Gesuchsteller Bescheid erhalten.

Eingabe der Werkstattleiter vom 7. April [1922] an die Direktion des Bauhauses. Gropius
schlägt vor, als wichtigsten Punkt vor allen anderen zunächst in die Besprechung der Gehäl-
terfrage einzutreten. Er erklärt einleitend, daß die von den Werkmeistern zum Ausdruck gebrachten Befürchtungen, sie würden am Bauhaus nur als Hilfsmeister (Nebenstelle) betrachtet

und als solche bei der Regierung geführt, nicht den Tatsachen entspräche. Er weist auf die Satzungen (§ 5) hin, die deutlich die Selbständigkeit der Werkstattleiter zum Ausdruck bringen. Sowohl in allen Eingaben als auch im Budgetentwurf, der 1 1/2 Jahr bereits zurückliegt, ist die Bezeichnung Werkstattleiter oder Handwerksmeister benutzt worden.

Sämtliche Meister seien sich mit der Leitung klar darüber, daß die augenblicklich geltenden Gehälter nicht annähernd ausreichen, ja geradezu unwürdig seien. Das Gehalt der Formmeister und Werkstattleiter stehe nach wie vor auf einer Stufe. Trotz fortgesetzter Eingaben und mündlicher energischer Vorstöße habe das Ministerium erklärt, daß es einer generellen Lösung dieser Frage machtlos gegenüberstehe, bis der Landtag, der seit 1 1/2 Jahren aufgeschoben worden sei, endlich entschied. Es sei aber eine neue dringende Eingabe seitens des Staatlichen Bauhauses in Vorbereitung, die direkt an den Finanzminister mit Unterschriften aller Meister gerichtet werden soll und um Vorschüsse einkomme, wenn sich die generelle Regelung noch immer verzögern soll. Als Gehaltssatz sollen mindestens 50 000,– Mark beantragt werden und als drastischer Beweis das Einkommen eines heutigen Gesellen herangezogen werden. Gropius hofft, daß nun endlich eine befriedigende Lösung von dem Ministerium erzwungen werden könne.

Darauf geht Gropius auf die weiteren Anfragen der Eingabe der Werkstattleiter ein:
1. Im Budget des Staatlichen Bauhauses befindet sich außer der Meisterstelle in der Druckerei eine Gesellenstelle, die nach den gültigen Tarifsätzen entlohnt wird. Dadurch, daß bisher in dieser Stelle der Tarif und nicht ein festes Gehalt wie bei den Meistern maßgebend sei, entstand die unhaltbare und schiefe Lage, daß der Geselle mehr Gehalt als die Meister erhalten habe. Das Ministerium sei auf diesen Punkt aufmerksam gemacht worden. Daß auf diese Stelle nicht ein auswärtiger Geselle, sondern einer, der im Staatlichen Bauhaus gelernt habe, gesetzt worden sei, sei selbstverständlich, denn das Bauhaus habe Interesse daran, seine eigenen Leute fest zu halten.
2. Über die Anfrage wegen der Stellung Slutzki im Staatlichen Bauhaus verliest Gropius die Abmachungen mit diesem, die auf Grund eines Meisterratsbeschlusses an ihn gegangen seien.
3. Fräulein Hirschfeld habe die Befugnis, die ihr jeweilig von der Leitung oder vom Syndikus zu deren persönlicher Vertretung gegeben würden. In dieser Eigenschaft habe sie selbstverständlich das Recht, auch in die Werkstätten zu gehen und Leitung und Syndikus zu vertreten. Eine Zeit lang habe sie sich auch der schwierigen Aufgabe unterziehen müssen, die Syndikusgeschäfte selbständig zu leiten. Sie habe sich mit Aufopferung aller Kraft in den Dienst des Bauhauses gestellt.
4. Diese Frage wird zurückgestellt bis zur grundsätzlichen Klärung des von den Werkstattleitern eingebrachten Antrages der Beteiligung am Meisterrat.
5. Die Löhne, die am Staatlichen Bauhaus für geleistete Arbeiten an Lehrlinge und Gesellen ausgezahlt würden, nehmen eine ganz andere Bedeutung an als Löhne im freien Gewerbe. Es könne sich nach wie vor *nur* darum handeln, auf Grund fertiger Arbeiten schätzungsweise Entgelt an Gesellen und Lehrlinge zu zahlen. Dieses Risiko könne vorläufig allein von der Leitung getragen werden. Die Abschätzungen erfolgen *dort* [a] gemeinsam mit den beiden Meistern des Betreffenden. Eine Änderung dieses Zustandes ist nicht eher möglich, als bis die Werkstätten in einen regulären *Produktiv-Betrieb* [b] umgewandelt sind.

---

a Änderung; zuvor: *doch.*
b Änderung; zuvor: *produktiven Betrieb.*

6. Die von Werkstattleiter Schlemmer begründete Anfrage beantwortet Meister Itten dahin, daß die Verantwortung für den Vorraum voll und ganz von ihm getragen werde. Es werde hier versucht, mit Schülern irgend etwas Gemeinsames zustande zu bringen, wobei in erster Linie die künstlerische Form maßgebend sei. Derartige Versuche müssen von Anfang an bis
5 zur letzten Konsequenz durchgeführt werden.
7. Gropius erklärt, daß es ihm persönlich angenehm *sei*, wenn die Werkstattleiter die Lehrbriefe unterschrieben. Es sei jedoch seinerzeit bei der Einrichtung der Werkstätten von der Handwerkskammer verlangt [worden], daß die Lehrverträge von der Leitung unterzeichnet würden. Er wird jedoch bei der Handwerkskammer vorstellig werden, daß künftighin die
10 Lehrbriefe außer seiner auch die Unterschrift der betr[effenden] Werkstattleiter trügen.
8. Gropius erklärt, daß weder von der Leitung noch vom Syndikus Werkstattschlüssel an irgendwelchen Lehrling oder Gesellen ausgegeben worden seien. Wenn solche vorhanden wären, so könne es nur auf unrechtem Wege geschehen sein. Die Angelegenheit würde sofort untersucht, gegebenenfalls die Schlüssel abgeändert werden.
15 9. und 10. Wohnen einzelner Schüler im Bauhaus betr[effend] beklagen sich sämtliche Werkstattleiter über die Unpünktlichkeit der Schüler und die schlechte Einhaltung der Werkstattordnung. Zachmann meint, die Werkstattleiter sollten mehr von der Leitung unterstützt werden, damit sie den Schülern gegenüber energischer auftreten könnten. In der Werkstatt habe der Werkstattleiter zu bestimmen. Im allgemeinen legt man großen Wert auf Einhal-
20 tung der Werkstattordnung und strengste Maßnahmen gegen Nichteinhaltung, da sonst aus den Werkstätten nie etwas rechtes werde. (Hartwig empfiehlt, bei Semesterbeginn durch die Leitung in einer Ansprache die Schüler auf Einhaltung der Werkstattordnung etc. besonders hinzuweisen, dies auch bei jeder Gelegenheit zum Ausdruck zu bringen.) Gropius wird die Werkstattleiter in dieser Beziehung jederzeit unterstützen, bittet aber im übrigen, etwaige
25 Verstöße gegen die Werkstattordnung ihm oder dem Sekretariat zu melden, er sei nur in der Lage einzugreifen, wenn ihm schriftlich oder mündlich Meldungen gemacht würden. Dies sei bisher niemals geschehen. Die Durchführung der Werkstattdisziplin sei in erster Linie Aufgabe der Werkstattleiter. Die gemeinsam aufgestellten Satzungen seien maßgebend. Würde dies durchgeführt, so erledigt sich damit die Schwierigkeit der Schülerateliers, die zur Zeit
30 eine Versuchung, zeitweise aus der Werkstatt herauszugehen, zu bieten schienen, von selbst.
Während der Beratung über verschiedene Punkte werden zahlreiche Fragen, die Organisation und die Werkstattarbeit betreffend, besprochen, an der sich namentlich die Meister Zachmann, Schlemmer, Zaubitzer und Hartwig beteiligen.

Eingabe der Werkstattleiter an den Meisterrat vom 7. 4. [19]22 um Sitz und Stimme im Mei-
35 sterrat etc. Auf Antrag Dorfner wird seine Angelegenheit sofort zur Sprache gebracht. Dorfner führt aus, daß er seit 2 1/2 Jahren am Bauhaus mit tätig sei und mindestens 2 Jahre positiv an den Dingen hier mitgearbeitet habe. Er ist der Überzeugung, daß das Bauhaus sich mehr und mehr dem Bauhandwerk zuwenden müsse, um für die kommende Zeit gerüstet zu sein; das Buchbinderhandwerk könne aber nicht in der wünschenswerten Weise vom
40 Bauhaus gefördert und gepflegt werden. Wenn nicht heute, so spätestens in ein bis zwei Jahren werde man bauen müssen und darum sei es für das Bauhaus schon heute von eminenter Wichtigkeit, die für das Bauhandwerk[c] noch nötigen Werkstätten, wie Schmiede,

---

c Änderung; zuvor: *Bauhaushandwerk*.

Schlosserei, Dreherei etc. entsprechend den vorhandenen Mitteln einzurichten. Dorfner entwickelt ein großzügiges Programm für die Organisation der künftigen Bauhausarbeit, um mit Handel und Industrie in bessere Fühlung zu kommen und gute Absatzmöglichkeiten für die Bauhauserzeugnisse zu schaffen. Aus dieser seiner Auffassung ergeben sich für ihn die Notwendigkeiten, aus dem Verband des Staatlichen Bauhauses auszuscheiden. Er habe darüber   5
bereits mit der Leitung und mit Schreyer gesprochen. Dorfner bittet, ihm einen reibungslosen Abgang zu ermöglichen. Er werde auch weiterhin dem Bauhaus mit Rat und Tat zur Seite stehen und hoffe, daß er auch künftig die Buchbindereiarbeiten für das Bauhaus zur Ausführung bekomme. Von Ostern ab könnten Lehrlinge in seine Werkstatt somit nicht mehr aufgenommen werden. Die Ausbildung der Lehrlinge Schepp und Braune bis zur Gesellenprüfung   10
wolle er weiter übernehmen, ebenso den Gesellen Klein bis zu seiner Abschlußprüfung ausbilden. Bezügl[ich] der anderen Lehrlinge könne vielleicht eine Überweisung auf andere Werkstätten erfolgen. Was die von Dorfner innegehabten Räume anbetrifft, so werde er diese freimachen, sobald ihm vom Wohnungsamt Ersatz dafür zugewiesen sei, was ihm wohl bald gelingen würde, wenn das Bauhaus dabei mithelfe. Meister Schreyer stimmt den Ausführun-   15
gen Dorfners in Bezug auf die Buchbinderei als Lehrwerkstatt des Bauhauses zu; er glaubt, daß diese Werkstatt geopfert werden könne, um Raum und Kräfte für Bauwerkstätten frei zu bekommen. Vom Bauhaus werde alles geschehen, um das Verhältnis mit Dorfner ohne Reibung zu lösen. Gropius dankt Dorfner für seine wohldurchdachten Ausführungen. Für das Staatliche Bauhaus seien die von ihm berührten Organisationsfragen wohl etwas verfrüht;   20
man müsse sich hüten, die wirtschaftlichen Fragen zu sehr in den Vordergrund zu rücken. Der Weg, den Dorfner angab, erschiene aber auch ihm richtig. Er danke Dorfner für seine Arbeit am Bauhaus und hoffe, auch weiterhin in guten Beziehungen mit ihm zu bleiben.

Schließlich wird an die Beratung des Hauptpunktes, Beteiligung der Werkstattleiter am Meisterrat, geschritten. Gropius erklärt, daß diese Frage eingehender Beratungen bedarf   25
und wegen ihres einschneidenden Charakters bei der vorgerückten Stunde nicht zu einem Abschluß gebracht werden könne, es müßten erst alle Mitglieder des Meisterrats dazu Stellung nehmen. Auf Wunsch Dorfners wird zunächst von ihm und Zachmann eine eingehende Begründung des Antrages gegeben. Gropius und Itten machen auf eine Reihe von Punkten aufmerksam, die schwerwiegende Bedenken gegen Erfüllung des Antrages enthalten, z. B.   30
Notwendigkeit der Entscheidungen aus künstlerischen Gründen. Gropius bittet, diese wichtige Frage zu vertagen und sagt eingehende Antwort an die Werkstattleiter zu. Mit dem Einverständnis aller Meister schließt die Sitzung um 1/4 9 Uhr.

Gropius
gelesen: Feininger   *Itten*   *GMuche*   *Schreyer*   *Schlemmer*   *Klee*   *Marcks*   35

H[irschfeld]

45

Sitzung des Meisterrates am 8. April 1922

[1.]
Protokoll der Sitzung. – Ausfertigung.
Bauhaus Archiv Berlin, Archiv W. Gropius, Meisterratsprotokolle.   40

Protokoll
Meisterrat am 8. April 1922,
mittags von 12–2 Uhr.

Anwesend:
5 Meister Gropius,
[Meister] Itten,
[Meister] Klee,
[Meister] Muche,
[Meister] Schlemmer,
10 [Meister] Schreyer
Herr Liebig
Abwesend:
Meister Feininger, entschuldigt.
[Meister] Marcks

15 Tagesordnung:
Schülerfragen betreffend.
Verschiedenes.

Schepp, Buchbinderei, wird nunmehr aufgenommen, nachdem die Aussprache mit Dorfner
erfolgt ist.
20   Seinfeld. Da die Bühnenarbeit Schreyers noch nicht so weit gediehen ist, soll mündlich
mitgeteilt werden, daß sie auf eigenes Risiko an den Vorarbeiten teilnehmen darf.
Rühle ist auf Vorschlag von Meister Itten zu streichen.
Burris Urlaubsgesuch auf zwei Monate (bis Mitte Mai) empfiehlt Itten zur Genehmigung,
damit Burri seine Gesundheit wieder kräftigen könne. Dem wird entsprochen.
25   Wottitz. (Buchbinderei) Die mit Schreiben vom 22. 3. [1922] gestellten Forderungen hält
Gropius teilweise für unerfüllbar. Meister Schreyer äußert sich über Frl. Wottitz dahin, daß
sie handwerklich noch sehr unvollkommen sei, künstlerisch sei ihr Begabung nicht abzusprechen. Ihre Nerven seien ohne Zweifel angegriffen und ein längerer Urlaub zu befür-
worten; in diesem Sinn will Gropius ihr schreiben. Wenn sie ihr Gesellenstück in der Werk-
30 statt noch machen will, steht nichts im Wege.

Dorfner Buchbinderei.
Wie schon in der gestrigen Sitzung geäußert, hat niemand Bedenken gegen die Auflösung
der Buchbinderei; auch den Wunsch Dorfners, ihm einen reibungslosen Abgang zu ermöglichen, kann man ohne weiteres erfüllen. Gropius wird die Sache zum Abschluß bringen;
35 selbstverständlich soll vorsichtig gehandelt werden, damit sich das Bauhaus für später nicht
die Hände bindet.

Gesellenprüfungsordnung und Satzungsänderungen wird bis zur nächsten Sitzung vertagt. Die
Satzungen mit den vorgeschlagenen Änderungen kommen inzwischen nochmals in Umlauf.

Professorentitel.
40 Muche erklärt, es sei wünschenswert, daß die lehrenden Meister offiziell den Professorentitel führten. Gropius ist für seine Person nicht dafür und hält an dem früher vertretenen

Standpunkt fest. Den anderen Meistern dagegen stehe es frei, dieserhalb Verhandlungen mit
der zuständigen Stelle beim Ministerium hierüber einzuleiten. Itten bittet Gropius, diese Angelegenheit an zuständiger Stelle selbst zur Sprache zu bringen und weiter darüber zu berichten. Gropius erklärt sich dazu bereit.

Einrichtung einer Bauwerkstatt. (Antrag Schlemmer.)   5
Itten und Gropius legen ihre Ansichten über Ausbildung von Architekten dar. Itten spricht
sich für diese gegen eine reguläre Handwerkslehre aus und fordert an Stelle dessen von Anfang ihrer Ausbildung an den Probierplatz. Gropius widerspricht dieser Auffassung. Seine
Ansicht, daß gerade für den Architekten das handwerkliche Fundament notwendig sei, habe
den Anlaß zum Bauhaus gegeben. Schlemmer begründet seinen Antrag für eine Bauwerk-   10
statt; Gropius sagt zu, nach Ostern den Meistern positive Vorschläge zu unterbreiten.

Gropius
Schreyer   Itten   Schlemmer   Klee   GMuche   gelesen Marcks 23. 5. [19]22
gelesen Feininger
Herr Liebig ist nicht mehr in Weimar 24. 5. [19]22   L.H[irschfeld]   15

[2.]
Rundschreiben von W. Gropius an den Meisterrat vom 21. April 1922, Zirkular. – Ausfertigung.
ThHStA Weimar, Staatliches Bauhaus Weimar 13, Bl. 107.

Weimar, 21. April 1922

Umlauf an den Meisterrat   20
Der im letzten Meisterrat wiederholt eingebrachte Antrag um Verleihung des Professorentitels hat mich stark beschäftigt. Es handelt sich zwar nur um eine äußerliche Angelegenheit
und ich möchte gern zur Heiterkeit der Meister beitragen, indem ich ihnen auch materielle
Vorteile zu erkämpfen helfe, wo es nur angeht, aber in diesem Fall habe ich Bedenken aus
der Sache heraus, die ich noch einmal vorbringen muß.   25
    Die in letzter Zeit oft ausgesprochene Besorgnis, das Bauhaus könnte sein ursprüngliches
Ziel aus den Augen verlieren und sich wieder zu einer „Kunstschule" umbilden, findet in der
Titelfrage einen Brennpunkt. Den reinen Malern unter uns ist vielleicht dieses Problem des Bauhauses nicht von so lebendiger Bedeutung wie mir als Architekten und Begründer des Bauhauses. Dieser Satz meines damaligen Programmes ist noch heute für meine Arbeit bestimmend: 30
    „Die Schule ist die Dienerin der Werkstatt, sie wird eines Tages in ihr aufgehen, deshalb
nicht Lehrer und Schüler am Bauhaus, sondern Meister, Gesellen und Lehrlinge." Ich bin
mir nach wie vor darüber klar, daß wir auch die schulmäßige Erziehung brauchen (Vorkurs,
Formunterricht), aber sie ist nicht das Endziel, das Endziel ist Bauen, nicht probieren, aber
das Probieren ist die notwendige Vorarbeit, die erst das Bauen in unserem Sinn ermöglicht.   35
Dieser Bauhausgrundgedanke steht in klarem Gegensatz zur „Kunstschule". Nach außen
hin findet er seinen sinnfälligen Ausdruck im Namen „Bauhaus" und den Bezeichnungen
„Meister, Gesellen, Lehrlinge". Der Professorentitel ist der Stempel des akademischen Lehrers, der zu dem Grundgedanken des Bauhauses nicht paßt. Ich sehe sehr wohl die praktischen Vorteile, die zunächst aus diesem Titel namentlich vor der Öffentlichkeit des In- und 40

Auslandes erwachsen, während sich die Bezeichnung „Meister" noch nicht durchgesetzt hat.
Wenn wir aber nicht die Ausdauer besitzen, zu warten bis wir selbst diesem Grade Klang verleihen, so desavouieren wir das Ganze, denn Namen sind Zeichen für den Inhalt einer Sache.
Der Titel Professor ist ein Sinnbild für die Akademie; wir hängen also ein falsches Schild her-
5 aus, wenn wir ihn für den „Meister" eintauschen und aus einem „Meisterrat" wieder ein
„Professorenkollegium" machen. Vor uns selbst ist ja der eine wie der andere Titel unwich-
tig, nicht aber für andere. Die innere Klarheit auch in unseren äußeren Zeichen zum Ausdruck zu bringen, um aller derer willen, die auf uns schauen, scheint mir wertvoller zu sein
als die praktischen Vorteile, die ich nicht verkenne. Ich fürchte von der Verwirklichung die-
10 ses Plans eine Vergrößerung des Abstandes zwischen uns und den Werkstättenleitern, vor
allem aber eine verhängnisvolle Wirkung auf die Schüler, die wir zu Gesellen und Meistern,
nicht zu Professoren ausbilden wollen. Deshalb bitte ich die Meister, mich persönlich von
dem Auftrag zu entbinden, bei der Regierung wegen Verleihung des Professorentitels
Schritte zu unternehmen.

15 *Gropius*

[3.]
Stellungnahmen der Formmeister zum Rundschreiben [zwischen 21. und 25. April 1922]. – Ausfertigung.
ThHStA Weimar, Staatliches Bauhaus Weimar 13, Bl. 109.

Weimar, 21. April 1922

20 Einliegend: Rundschreiben an die Formmeister Professorentitel betreffend.
Gropius

Meister Feininger	*verreist*
Meister Itten	*gleicher Ansicht wie Herr Klee. Itt*
Meister Klee	*Ich leide mehr unter der Halbheit, täglich mit einem Titel angesprochen*

25 *zu werden, ohne dies jedesmal unter Erklärungen verhindern zu können und zu wollen. Ich leide hierunter mehr, als ich anfangs für wahrscheinlich hielt und mehr, als mir die Formalität der Titelverleihung
schädlich erscheinen kann. Mit dem Bauhausprogramm hat das nichts
zu tun. Der Antrag jedoch kann von den Meistern gestellt werden, die*
30 *für die Verleihung sich aussprachen.   Klee*

Meister Muche: *Bin nach mancherlei Erfahrungen für den Professorentitel, dagegen bin
ich nicht für die Erhebung der Bezeichnung Meister zum Rang eines Titels. Da würde man Titel zu wichtig nehmen. „Meister" als Titel scheint
mir eine Anmaßung, Professor eine vorteilhafte Konvention zu sein, die*
35 *man klugerweise geringschätzt, aber mitmacht.   GMuche*

Meister Schlemmer: *Wenn wir verzichten, so bin ich für eine großzügige internationale Propaganda zur Abschaffung der Titel (auch des Titels „Meister"). Das
B[au]h[au]s hat dabei die Chance auf Weltruhm. Nur so können wir vermeiden, Märtyrer einer Sache zu werden, die früher oder später doch*
40 *überholt wird durch die Abschaffung der Titel überhaupt.   Sch*

Meister Schreyer: *Gebe anbei meine Auffassung und bitte, sie im Meisterrat zur*
                        Kenntnis zu bringen.
Meister Marcks: *Bekenne mich schuldig, den Titel Professor angewandt zu haben,*
                        um meiner Frau ein Dienstmädchen zu verschaffen. Der Teufel hat
                        aber diesmal nicht angebissen und nachdem ich „pater peccavi" ge-   5
                        sagt, will ich fürderhin auf den einmal abgelehnten Professorentitel
                        auch weiterhin verzichten. Im übrigen fühle ich mich als Professor
                        ebenso dumm wie als Meister.   Marcks.

[4.]
Stellungnahme von L. Schreyer zum Antrag auf Verleihung des Professorentitels [zwischen 21. und 25. April   10
1922]. – Ausfertigung.
ThHStA Weimar, Staatliches Bauhaus Weimar 13, Bl. 116.

Ich bitte unseren Antrag auf Verleihung des Professorentitels nochmals überprüfen zu wollen.
    Die Sachlage ist folgende: Den Lehrern am Bauhaus als einer Hochschule steht wohl der
Professorentitel zu. Meister Gropius hat bei Gründung des Bauhauses für sich auf diesen Titel   15
verzichtet und die anderen Meister sind ihm hierin stillschweigend gefolgt. In der Zwischenzeit haben einige von uns privatim von dem Professorentitel Gebrauch gemacht. Wenn
wir jetzt ein offizielles Gesuch an die Regierung richten, die Führung des Titels für uns anzuerkennen, so wird die Frage hiermit zu einer grundsätzlichen, durch die der Ideengehalt des
Bauhauses berührt wird. Mir kommen nun immer wieder Bedenken, als ob wir gegen den   20
Geist des Bauhauses verstoßen, wenn wir den Professorentitel führen. Es ist kein Zweifel,
daß nur Nützlichkeitsmomente für den Antrag sprechen. Wir glauben, im persönlichen Geschäftsleben und in den Geschäftsbeziehungen des Bauhauses durch den Titel ein größeres
Gewicht zu bekommen. Der Kohlenhändler und die Waschfrau bedienen uns rascher, und es
ist auch manchen sog[enannten] Verwandten und Freunden gegenüber recht spaßhaft, daß   25
ein Expressionist Professor werden kann. Sicher gewährt der Professorentitel in solchen Fällen des privaten Lebens Genugtuung und Vorteile. Für den Geschäftsverkehr des Bauhauses
erwarten wir nun ebenfalls Vorteile aus dem Titel. Ich fürchte, wir täuschen uns. Wenn wir in
Verbindung mit dem Geschäftsleben arbeiten wollen, so können wir nur etwas durch die Qualität der Bauhausarbeit erreichen. Wenn wir anders denken, so verlassen wir den oft ange-   30
führten realen Boden und verbinden uns wieder mit der bürgerlichen Ideologie. Daß der Professorentitel ein charakteristisches Merkmal bürgerlicher Ideologie ist, darüber kann wohl
niemand im Zweifel sein. Meiner Ansicht nach darf die Arbeit, die wir hier im kleinen Kreis
bewußt für die Umgestaltung und Erneuerung des Menschen leisten, keinen Kompromiß mit
den Ideen und Formen der durch unsere Kunst abgelehnten Weltanschauung eingehen.   35
    Unser Bauhaus ist als Lehranstalt auf völlig neue Grundlagen gestellt. Unsere Schüler und
alle Menschen, die an unsere Aufgaben glauben, erwarten von uns Klarheit. Alles, was diese
Klarheit gefährdet, müssen wir vermeiden. Wir dürfen nicht nach außen als etwas auftreten,
was wir innerlich ablehnen. Es wäre wohl nicht gefährlich, wenn der Professorentitel nichts
mit unserer Arbeit zu tun hätte. Der Titel aber ist geeignet, ein falsches Bild unserer Arbeit zu   40
geben. Er widerspricht unserem Ziel. Das Bauhaus ist gegen die Professoren gegründet.
Wenn wir nun selbst Professoren werden wollen, so ist das ein schlechter Witz. Jetzt aber wollen wir diesen Witz als eine ernste Angelegenheit führen und versprechen uns davon für unsere Arbeit und für das Bauhaus Erfolge. Der Erfolg wird sein, daß uns die Bauhausan-

gehörigen nicht mehr ernst nehmen. Wer einigermaßen die Jugendbewegung kennt, wird wissen, daß Titelmenschen nichts mit ihr zu tun haben können, weil die Jugend sie ablehnt. Diese Jugend wird niemals verstehen, daß wir nur aus Politik einen Titel annehmen. Ich glaube, diese Politik, die das Falsche tut, weil sie das Richtige will, müssen auch wir ableh-
5 nen. Der Erfolg wird weiter sein, daß unsere Freunde draußen glauben, wir hätten die Bauhausarbeit aufgegeben und wären wieder eine Akademie geworden. Wir leben wohl in einer Zeit, die noch Professoren braucht. Aber mit uns sollte auch eine Zeit begonnen haben, die auf solche Mätzchen verzichten kann. Wie sollen sonst die an uns glauben, die innerlich eine Umkehr von uns erwarten. Wenn wir uns äußerlich nicht bekennen können,
10 so ist das ein Zeichen, daß wir innerlich noch nicht fest genug sind. Ich leugne nicht, daß ich selbst noch dazu gehöre. Wenn wir heute noch nicht fest sind, so müssen wir eben Geduld mit uns haben.

Die Professorenfrage scheint mir keine Privatangelegenheit, sondern eine Bauhausfrage zu sein. Ehe wir einen Antrag an die Regierung stellen, bitte ich nochmals zu prüfen, ob der
15 Titel eine Bauhausangelegenheit oder eine Privatangelegenheit ist. Davon hängt wohl ab, ob der Antrag gestellt werden darf. Als Privatangelegenheit ist es Sache und Geschmackssache des einzelnen. Ist es Bauhausangelegenheit, so darf er meiner Ansicht nach nicht gestellt werden, da er unvereinbar mit dem Bauhaus scheint.

Schreyer

20 [5.]
Abschließende Stellungnahme der Formmeister zum Rundschreiben [nach 25. April 1922]. – Ausfertigung.
ThHStA Weimar, Staatliches Bauhaus Weimar 13, Bl. 110.

Weimar, 25. April 1922

Anliegend Antwort der Meister auf Rundschreiben: Professorentitel betreffend zur Kenntnis an

Gropius
25
Meister Feininger: *bin persönlich als Maler gegen jeden Professor-Titel […]*[a] *draußen nenne ich mich weder „Meister" noch „Professor". Halte „Meister" jedoch aus Gründen d[es] B[au]haus-Programms für angebracht im internen Verkehr.*
30 Meister Itten: *Entweder – wir lehnen jeden Titel (Lehrling, Geselle, Jungmeister, Meister; Leiter, Syndikus usw.) ab und beginnen den von Schlemmer vorgeschlagenen internationalen „Gegentitelkrieg" oder ich bin der Meinung, daß der Prof. bescheidener sich ausnimmt als Meister und bin für den Prof.   Itten*
35 Meister Klee: *Bleibe für, Meister Schreyer überschätzt die Tragweite.   K*
Meister Muche: *Ich bedaure, daß aus dieser einfachen Sache eine solche Staatsaktion entsteht und bleibe gleicher Meinung wie früher – also für.   GMuche*

a Streichung; nicht mehr lesbar.

Meister Schlemmer: *In der Öffentlichkeit = bürgerlichem Leben gibt es so wenig einen „Lehr-*
                       ling" Müller wie einen „Leiter" Gropius. Unter „Werkmeister" oder gar
                       „Formmeister" wird dort etwas ganz anderes verstanden als bei uns im
                       Bauhaus. So müßten wir uns aber heißen im Unterschied von den Werk-
                       meistern. – Da wir aber außer B[au]h[au]s-Mitgliedern auch Staatsbür-   5
                       ger sind, als solche die Verfassung anerkennen, diese Verfassung die
                       Titel aber nicht abschaffte, sondern im Gegenteil neue schuf, so müssen
                       wir wohl die Maßnahmen der Regierung acceptieren, das wir ja auch
                       tun bis auf diesen einen Punkt, in dem wir uns staatsfeindlich verhalten
                       wollen. Dürfen wir das als „Staatl[iches]" Bauhaus? Vielleicht kommt   10
                       bald eine Regierung, die die Titel abschafft. Dann sind wir fein heraus
                       und alle anderen mit. – Meine Meinung in der Sache war immer die, von
                       der Regierung eine Erklärung einzuholen, die uns berechtigt, Behörden
                       gegenüber und im bürgerlichen Leben die Bezeichnung zu führen, die im
                       Staatshaushalt für uns vorgesehen ist.   *Schlemmer*   15

Meister Schreyer: *Bin überzeugt, daß wir einem Irrtum folgen. Ich pflege aber die Irrtü-*
                       mer meiner Freunde mitzumachen, wenn ich sie nicht überzeugen
                       kann. Daß ich den Irrtum nicht abwenden kann, bedaure ich. Ich
                       werde mich also, damit durch mich keine Staatsaktion entsteht, an
                       dem Antrag beteiligen. Denn alles, was wir vom Bauhaus nach außen   20
                       tun, hat nur Sinn, wenn wir es gemeinsam tun.   *Schreyer.*

[6.]
Antrag von O. Schlemmer zur Errichtung einer Bauwerkstatt vom 31. März 1922. – Abschrift.
ThHStA Weimar, Staatliches Bauhaus Weimar 2, Bl. 61.

G[ropius]   25

Weimar, den 4. Mai [19]22

Zu den Satzungsänderungen

Ich habe den Eindruck, daß mit den Satzungsänderungen nur halbe Arbeit getan ist. Ich halte
eine Änderung resp[ektive] Neuformulierung des Programms für notwendig.
   (Wir sind nüchterner geworden, wir wollen nicht die Kathedrale.) Entweder wir bekennen   30
uns zur modernen (nicht „expressionistischen") Kunstschule, die wir heute sind oder zum
Bauhaus. Da wir dies zweifellos wollen, ist eine Architektur- oder besser Bau-Werkstatt erforderlich, die wie die Werkstätten ein Teil und zwar der wesentlichste des Bauhauses ist.
Das Privatbüro, so wie es heute ist, ist dies nicht. Hierin Klarheit zu schaffen wird immer
dringender an uns herantreten; es würde dauernder Angriffspunkt sein.   35
   Ich beantrage, daß sich der Meisterrat über diese wichtige Frage schlüssig wird, bevor die
Satzungsänderungen, die davon betroffen werden, an die Handwerksmeister gegeben werden, sofern diese selbst nicht dazu gehört werden sollen.

31. 3. [19]22

gez[eichnet] Osk. Schlemmer   40

46

Sitzung des Meisterrates am 24. April 1922

[1.]
Einladung an Syndikus A. Liebig (undatiert). – Ausfertigung.
5 ThHStA Weimar, Staatliches Bauhaus Weimar 12, Bl. 126.

Herrn Liebig,
Weimar.

Wir laden Sie hiermit zu der am Montag, dem 24. April [1922], nachmittags 4 Uhr stattfindenden Sitzung des Meisterrates ein.

10 *Gropius*

[2.]
Einladung an G. Marcks vom 21. April 1922. – Ausfertigung.
ThHStA Weimar, Staatliches Bauhaus Weimar 2, Bl. 48.

Weimar, 21. April 1922

15 *von Marcks zurück 23. 6. [19]22* [a]

Meister Gerhard Marcks
Dornburg/Saale

Die oft erwogene schwierige Frage der Abgrenzung der schulmäßig theoretischen Arbeit gegen
die handwerklich-praktische am Bauhaus (Kunstschule oder Bauhaus) sowie die Aussprache
20 in den letzten Meisterratssitzungen, vor allem aber auch die positiven schriftlichen Anträge
von Meister Schlemmer, haben mich veranlaßt, diese Fragen erneut zu durchdenken.
Sie hängen gleichzeitig mit den Eingaben der Werkstattleiter und den Kritiken, die an meinem Privatbüro geübt werden, zusammen.
Ich lege hiermit den Meistern einen neuen erweiterten Vorschlag der Satzungsänderun-
25 gen vor, worin ich versucht habe, den Umfang und die Einteilung der Lehre am Bauhaus klarer wie bisher zu fassen und nunmehr auch, da die Zeit es jetzt zu verlangen scheint, einen
Probierplatz und ein Entwurfsatelier des Bauhauses in die Satzungen mit aufzunehmen. –
Ich hoffe, daß sich die wirtschaftlichen und räumlichen Möglichkeiten finden lassen werden,
um diesen Plan schnell zu verwirklichen.
30 Den Vorschlag von Meister Schlemmer, den Neudruck der Satzungen gleich dazu zu benutzen, ihnen eine praktischere Einteilung zu geben, begrüße ich und mache den Vorschlag,
daß Meister Schlemmer und Meister Schreyer die graphische und farbige Durchführung dieses Vorschlages gleichzeitig mit der Beschriftung der Bauhausräume in Angriff nehmen. Ich
habe auf dem anliegenden Schema versucht, ein klares graphisches Bild der Lehreinteilung

---

a Vermerk von L. Hirschfeld.

am Bauhaus zu geben und schlage vor, dieses Blatt zu drucken und etwaige Änderungsvorschläge gleich positiv zu formulieren, so daß wir im nächsten Meisterrat, zu dem ich für Montag, den 24. April [1922], nachmittags 4 Uhr hiermit einlade, nunmehr zu einer endgültigen
Lösung kommen, deren schnellen Abschluß ich für notwendig halte.

Gleichzeitig füge ich die Antwort an die Handwerksmeister bei, in der ich mich auf den   5
Standpunkt gestellt habe, daß das Verlangen der Handwerksmeister, im Meisterrat aufge-
nommen zu werden, für uns nicht annehmbar ist. Ich hoffe aber, mit dem darin enthaltenen
Vorschlag eine Lösung gefunden zu haben, die die Gemüter beruhigt und vielleicht sogar
einen besseren Kontakt zwischen uns und den Werkstattleitern bringen wird. Ich habe bewußt unterschieden zwischen Beschlüssen, die sich auf Verwaltungsfragen *und persönliche*   10
Fragen[b] der Schüler beziehen und schlage für diese Fälle Hinzuziehung des betreffenden
Werkstattleiters entweder auf dem Wege des Cirkulars oder, wenn viele Punkte vorliegen,
auch zur Meisterratssitzung selbst vor, *und* den anderen Gebieten (Satzungsänderungen, Ar-
beitsplan, Ausstellung), die nur selten verhandelt werden. *Hier* schlage ich die Zuziehung der
Werkstattleiter in ihrer Gesamtheit vor, aber nur mit beratender Stimme.   15
   Ich bitte über dieses Schreiben, dessen Absendung ebenfalls eilt, die Stellungnahme der
Meister bis zur Sitzung am Montag.

Gropius

Anlagen: Schema und Satzungsänderungen
         Brief Handwerksmeister–Antwort.   20

[3.]
Vorschläge von W. Gropius zur Satzungsänderung als Anlage zur Einladung, mit nachträglichen Korrektu-
ren von G. Marcks. – Durchschrift.
ThHStA Weimar; Staatliches Bauhaus Weimar 2, Bl. 49–51.

Marcks   25

§ 4 Lehre
a) Umfang der Lehre
Die Lehre im Bauhaus umfaßt die handwerklichen und wissenschaftlichen Gebiete des bild-
nerischen Schaffens.
[...][c]   30
Die Lehre gliedert sich in
Werklehre
1) Lehre im Handwerk *und Technik*
I. Stein:
Steinmetzen, Stukkateure,   35
II. Holz:
Tischler, Holzbildhauer, Drechsler,

---

b Ergänzung von L. Hirschfeld am unteren Seitenrand.
c Streichung; zuvor: *Baukunst, Bildnerei, Malerei.*

III. Metall:
Fein- und Grobschmiede, Schlosser, Gießer, Dreher, Ziseleure,
IV. Ton:
Töpfer
5 V. Glas:
Glasmaler, Emailleure, Mosaiker,
VI. Malerei:
Wandmaler, Tafelbildmaler,
VII. Weberei:
10 Weber, Sticker, Stoffdrucker, Färber.
Formlehre
Nebenwerkstätten ohne gesetzliche Lehrbriefausbildung:
I. Druckerei:
Kunstdrucker (Radierer, Holzschneider, Lithographen)
15 Buchdrucker,
II: Werkstatt für Bühnenarbeit.

2) Formlehre
A Lehre von den elementaren Stoffen
B Naturstudium
20 C Gestaltungslehre (zeichnen, malen, modellieren, bauen)
1. Raumlehre:
1. Lehre von den Grundformen, [...]^d
2. Farblehre
3. Kompositionslehre.
25 D Lehre der technischen Konstruktionen und der Darstellung (Projektionslehre): Werkzeichnen und Modellbau für alle räumlichen Gebilde (Gegenstände, Möbel, Räume, Bauwerke).

3. [...]^e
Handwerk^f A Material- und Werkzeugkunde,
            B Grundbegriffe von Buchführung, Preisberechnung, Vertragsabschlüssen,
30 *Form*^{g} C Vorträge aus allen Gebieten der Kunst und Wissenschaft aus Vergangen-
                heit und Gegenwart.
Lehrgrundsatz:
Jeder Lehrling und Geselle lernt gleichzeitig bei zwei Meistern, je einem Meister des Hand-
werks und einem Meister der Formlehre. Beide stehen in enger *Lehr*verbindung

35 b) Einteilung der Lehre
Der Gang der Ausbildung umfaßt drei Abschnitte:
I. Die Vorlehre (s[iehe] § 3 vorletzter Absatz) Dauer $^1/_2$ Jahr: Elementarer Formunterricht
in Verbindung mit Materieübungen in der besonderen Werkstatt für die Vorlehre.
Ergebnis: Aufnahme in eine Lehrwerkstatt.

---

d Streichung; zuvor: *Gestaltung von Fläche, Körper und Raum.*
e Streichung; zuvor: *Ergänzende Lehrfächer.*
f, g Ergänzungen am linken Rand.

II. Die Handwerkslehre in einer der Lehrwerkstätten unter Abschluß eines Lehrbriefes und die Formlehre. Dauer 3 Jahre,
Ergebnis: Gesellenbrief (s[iehe] § 6)
III. Die Baulehre. Handwerkliche Mitarbeit am Bau (auf Bauplätzen der Praxis) und freie Ausbildung im Bauen (auf dem Probierplatz des Bauhauses) für besonders befähigte Gesel-   5
len. Dauer je nach Leistung und den Umständen. Der Bauplatz dient zur Fortsetzung der Handwerkslehre, der Probierplatz mit dem angehörigen Entwurfsatelier zur Fortsetzung der Formlehre.

Die Lehre gipfelt in der Arbeit am und zum Bau, der sämtliche Arbeitsgebiete sammelt.   10
  Auf dem Probierplatz werden nur die begabtesten Gesellen (keine Lehrlinge) zugelassen, die befähigt sind, aus eigenem schöpferischen Vermögen technische und formale Pro-
bleme auszuprobieren und zu entwickeln. Sie haben Zutritt zum Entwurfsatelier, das dem Probierplatz angegliedert ist, sowie zu allen Werkstätten des Bauhauses, um sich auch in anderen Handwerken Können anzueignen. Sie werden – nach Maßgabe vorhandener Auf-   15
träge – zur formalen und handwerklichen Mitarbeit an praktische Bauaufgaben (Bauplatz) herangezogen, damit sie in der Praxis das Zusammenwirken aller Handwerke am Bau ken-
nenlernen und gleichzeitig die wirtschaftlichen Möglichkeit finden, ihren Unterhalt zu ver-
dienen.
  Soweit das Bauhaus nicht eigene Kurse zur theoretischen Ergänzung in den technischen   20
Ingenieurwissenschaften (Konstruktionslehre in Eisen und Beton, Statik, Mechanik, Physik, industrielle Technik, Heizung, Installation, technische Chemie) einrichtet, ist es erwünscht, daß architektonisch hervorragend Begabte nach Beratung mit ihren Meistern zeitweise auf technischen Hochschulen und Baugewerkenschulen ihr Wissen ergänzen.
  Zeitweilige Arbeit des ausgebildeten Gesellen in fremden Werkstätten des Handwerks   25
und namentlich der Industrie (Arbeit an Maschinen!) ist zu gegenseitiger Befruchtung dringend erwünscht.
  Ob Gesellen nach bestandener Gesellenprobe weiterhin am Bauhaus verbleiben können und produktive Erwerbstätigkeit in den Werkstätten und auf dem Bauplatz finden, hängt von den formalen und technischen Leistungen des Gesellen sowie der Zahl und Umfang der je-   30
weiligen Aufträge ab, die das Bauhaus zur Ausführung übernimmt.
  Das Bauhaus kann jedoch Verpflichtungen auf fortlaufende Aufträge an die Gesellen nicht eingehen, da seine produktive Arbeit von der Wirtschaftslage abhängt.

Im § 7 Schluß einzufügen:
§ 7 *Besonders* [...] Befähigte können auf Meisterratsbeschluß von *pflichtmäßiger Werkstatt-*   35
arbeit [h] befreit werden. (Sonderstellung)

Im § 23 statt des bisherigen Schlußsatzes einzufügen:
§ 23 Bei allen Beschlüssen über Gesellen und Lehrlinge (Punkt 3, 4, 5, 7, 8, 9, 10), soweit diese bereits in eine Werkstatt aufgenommen sind, steht dem jeweiligen Werkstattleiter des Gesellen und Lehrlings das Mitbestimmungsrecht zu.
                                                                                            40

---

h Änderung; zuvor: *Hervorragend für Malerei oder Bildnerei Befähigte können auf Meisterratsbeschluß von dauernder handwerklicher Tätigkeit.*

Bei Beschlüssen zu den Punkten 1, 2 und 6 sind alle nicht dem Meisterrat angehörenden Lehrkräfte des Bauhauses beratend hinzuzuziehen.

Die Vertretung der Gesellen und Lehrlinge kann nach Ermessen des Meisterrats beratend hinzugezogen werden. (s[iehe] I § 7)

5   Die Überschrift des § 8 lautet: Abgang und Entlassung aus dem Bauhaus.

Im § 8 Schluß einzufügen:

Der Meisterrat ist befugt, Lehrlinge, deren Leistungen in formaler oder technischer Hinsicht auf die Dauer nicht befriedigen, zum Abgang vom Bauhaus zu veranlassen.

Mangel an Interesse und grobe Verstöße gegen die Satzungen ziehen den Ausschluß aus

10 dem Bauhaus nach sich.

[4.]
Antwortschreiben von W. Gropius an die Werkmeister vom 21. April 1922 als Anlage zur Einladung. –
Durchschrift.
ThHStA Weimar, Staatliches Bauhaus Weimar 2, Bl. 52–53

15 G[ropius]/H[irschfeld]

Weimar, 21. April 1922

An die
Werkstättenleiter des Staatlichen Bauhauses
Weimar

20 Die Eingabe der Werkstättenleiter vom 7. d[iese]s M[ona]ts an den Meisterrat ist von diesem eingehend erwogen worden. Leiter und Meister sind bemüht, den Wünschen der Werkstättenleiter entgegenzukommen, um die gemeinsame Arbeit fruchtbarer zu gestalten. Deshalb ist zunächst eine sachliche Stellungnahme der Formmeister zu den Anträgen der Werkstättenleiter notwendig.

25 Zu 1. und 3. der Eingabe.
Die Forderung der Werkstättenleiter, ohne Einschränkung Sitz und Stimme im Meisterrat zu erhalten, ist unbillig. Die Werkstättenleiter sind ohne weiteres gar nicht in der Lage, [für] die Entschließungen des Meisterrats, die in einem großen Teil der Fälle vornehmlich nach künstlerischen Gesichtspunkten getroffen werden, die Verantwortung mit zu übernehmen. Es sei
30 nur an die Aufnahme in den Vorkurs und vom Vorkurs in die Werkstätten erinnert. Bis zum Eintritt in eine Lehrwerkstatt liegt das Arbeitsgebiet des Schüler außerhalb der Kenntnis der Handwerksmeister. Es führt zu einem Trugschluß, wenn das heutige Handwerk als etwas Fertiges, Gegebenes genommen wird; es bedarf heute der Umgestaltung von innen heraus. Das ist eine sachliche Tatsache, die wir am Bauhaus alle wissen, deshalb unsere gemeinsame Arbeit
35 auf bessere Zustände hin. Es bedeutet durchaus keine Zurückstellung der Handwerksmeister, deren Selbständigkeit auch in den Satzungen § 5 Abs[atz] 1 und 3 ausdrücklich betont wird, wenn sie nicht in gleicher Weise wie die Formmeister im Meisterrat vertreten sind. Es liegt im Wesen der Arbeitsgebiete am Bauhaus, daß es für den Künstler eher möglich ist, in das Handwerk, das erlernbar ist, einzudringen, als für den Handwerker in die Fragen der Kunst, die
40 eben nicht Sachen des Berufes, sondern der Berufung sind. Die Formmeister sind sich dabei

wohl bewußt, daß von ihrer Seite aus große Arbeit zu verrichten ist, um gemeinsam mit den Handwerksmeistern die Durchdringung des Handwerklichen und Formalen zu Harmonie zur führen. Die Zusammensetzung des Meisterrates entspricht dem historischen Werden des Bauhauses, die Initiative zu diesem Gedanken und seine Verwirklichung ging vom Künstler aus und nicht vom Handwerker. Dieser Gedanke ist ein geistiger, nicht ein technischer, aber alle 5 Mittel der Technik und des Wissens müssen gesammelt werden, um ihm sichtbaren Ausdruck zu verschaffen. Diejenigen, die den Gedanken fanden und formulierten, sind allein in der Lage, unserer Arbeit zielsicher die Richtung zu geben. Die Mitarbeit der anderen, auch die gedankliche, ist damit keineswegs ausgeschaltet, sie ist willkommen, wo immer sie positiv mitdenkend ist. Das Bauhaus ist keine politische oder wirtschaftliche Vereinigung. Eine demo- 10 kratisch-parlamentarische Vereinigung aller seiner Glieder widerspräche von Grund auf seiner Idee, die sich allein auf gegenseitiges Vertrauen und gemeinsamen Glauben an ihre innere Wahrhaftigkeit stützt. Dies ist der Kitt, der uns zusammenhält, nicht Satzungen und Gerechtsame. Eine parlamentarische Vertretung müßte auch durch die Vielheit der Köpfe die Leitung und Verwaltung schwerfällig machen und die Initiative der Hauptverantwortlichen lähmen. In 15 der Forderung der Werkstättenleiter liegt aber wohl vor allem der begrüßenswerte Wunsch, mehr wie bisher am Gang der Ereignisse im Bauhaus teilzunehmen. Deshalb muß von seiten der Leitung und des Meisterrates alles geschehen, um den Handwerksmeistern zu ermöglichen, in innigeren Kontakt mit ihnen zu gelangen. Zur Förderung dieses gemeinsamen Wunsches werden folgende praktische Vorschläge gemacht. 20

Es sollen öfter Zusammenkünfte aller Meister stattfinden, auch auf Antrag eines oder mehrerer Handwerksmeister, sobald Fragen auftauchen, die der gemeinsamen Beratung bedürfen. Den Handwerksmeistern wird Mitbestimmungsrecht bzw. Mitberatungsrecht im Meisterrat – je nachdem, ob künstlerische Gesichtspunkte im Vordergrunde stehen oder nicht – in folgender Form eingeräumt: 25

Im § 23 der Satzungen soll anstelle des letzten Absatzes eingefügt werden:
Bei allen Beschlüssen über Gesellen und Lehrlinge (Punkt 3, 4, 5, 7, 8, 9, 10), soweit diese bereits in eine Werkstatt aufgenommen sind, steht dem jeweiligen Werkstattleiter des Gesellen und Lehrlings das Mitbestimmungsrecht zu.

Bei Beschlüssen zu den Punkten 1, 2 und 5 sind alle nicht dem Meisterrat angehörenden 30 Lehrkräfte des Bauhauses beratend hinzuzuziehen.

Die Vertretung der Gesellen und Lehrlinge kann nach Ermessen des Meisterrates beratend hinzugezogen werden (s[iehe] I § 7).

Zu 2. der Eingabe.
Die Arbeitsdisziplin am Bauhaus läßt in der Tat zu wünschen übrig. Jede Anregung der Werk- 35 stättenleiter, sie straffer zu gestalten, ist zu begrüßen. Wir werden das Semester damit beginnen, das Augenmerk der Gesellen und Lehrlinge erneut auf diese wichtige Frage hinzulenken und werden die Werkstattleiter bei der Durchführung der Werkstattordnung unterstützen.

Zu 4. der Eingabe.
Die Satzungen werden zur Zeit neu bearbeitet und sollen demnächst in gemeinsamer Sit- 40 zung durchgesprochen werden. Die von Meister Dorfner gegebenen Anregungen finden darin entsprechende Berücksichtigung. Die Erweiterung der Bauwerkstätten liegt längst im Plan der Leitung, ist aber an Räumlichkeiten und Budgetmittel gebunden, von deren Lösung die Verwirklichung abhängt.

Die für alle Meister am Bauhaus unwürdige Frage der Gehälter, die zweifellos ein Hauptgrund von Mißstimmungen gewesen ist, dürfte nun mit der gemeinsamen entschiedenen Eingabe an den Finanzminister zu einer baldigen befriedigenden Lösung kommen.

Die Eingabe der Werkstättenleiter an die Leitung vom 7. April [1922] hat durch die ein-
5 gehende Besprechung in der Sitzung vom 7. d[iese]s M[ona]ts ihre Erledigung gefunden. Zu
Punkt 7 ist Antrag bei der Handwerkskammer gestellt worden, dessen Ergebnis nach Eingang mitgeteilt wird.

Zur nochmaligen Besprechung der genannten Fragen, deren Lösung in der hier vorgeschlagenen Form hoffentlich die Zustimmung aller Beteiligten finden wird, ergeht binnen
10 kurzem Einladung an alle Meister.

[5.]
Protokoll der Sitzung. – Ausfertigung.
Bauhaus Archiv Berlin, Archiv W. Gropius, Meisterratsprotokolle.

Protokoll
15 Meisterrat am 24. April 1922.
Beginn 4 Uhr nachmittags.

Anwesend:
Meister Gropius,
[Meister] Itten,
20 [Meister] Klee,
[Meister] Schlemmer,
[Meister] Marcks,
[Meister] Muche,
[Meister] Schreyer
25 Herr Liebig

Tagesordnung:
1) Satzungsänderungen und Gesellenprüfungsordnung,
2) Einrichtung Bauwerkstatt, Vorschläge Gropius, Schlemmer,
3) Antwort auf Eingabe der Werkstättenleiter vom 7. 4. [1922],
30 4) Stundenplan Sommersemester 1922,
5) Verschiedenes.

1) Satzungsänderungen.
Gropius teilt mit, daß kurz vorher zum Punkt Satzungen von Schreyer ein Antrag eingegangen sei (siehe Anlage), der grundlegende Änderungen des bisherigen Systems im Bauhaus
35 bedeute, er bittet Schreyer, seinen Antrag zu begründen. Schreyer verliest den Antrag und
erklärt, er glaube, daß durch eine solche Lösung einmal die Schwierigkeiten mit den Werkstättenleitern behoben würden und außerdem der große Verwaltungsapparat des Bauhauses
an Kompliziertheit verliere und dadurch eine große Arbeitsvereinfachung bringen würde. Es
scheine ihm wichtiger, alles Parlamentarische zu vermeiden und den gegenseitigen Verkehr
40 auf dem Vertrauen aufzubauen. Gropius bemerkt, da es sich bei diesem Antrag auch um

seine Person handele, überlasse er die Entscheidung den Meistern. Der Meisterrat in der
heutigen Form sei allerdings historisch aus dem Lehrerkollegium der ehemaligen Hochschule entstanden. Der Antrag bringe eine ganz neue Lage, er schlage vor, ihn sofort ab-
schriftlich in Umlauf zu geben und bittet um baldige Äußerung aller Meister.

Hierauf verliest Gropius die von ihm vorgeschlagene Veränderung des § 4 der Satzung   5
(Lehre); nach längerer Beratung und einigen Änderungen (siehe Anlage) erklären sich die Mei-
ster mit dieser Fassung einverstanden; die endgültige Entscheidung [wird] bis zur Klärung des
Antrags Schreyer zurückgestellt. Der Vorschlag Schlemmer, die Satzungen in verschiedenen
Abschnitten zerlegt drucken zu lassen, findet Beifall. Gropius wird Hegner, Hellerau für den
Druck auffordern. Für das von ihm vorgelegte Schema wird jeder der Meister gebeten, bis zum   10
26. d[iese]s M[ona]ts einen Gegenvorschlag einzureichen, unter der Berücksichtigung, auch
die Arbeit von Fräulein Grunow im Lehrschema zum Ausdruck zu bringen. Für die Siedelung
und Küche soll ein besonderer Bogen den Satzungen beigefügt werden.

Die einheitliche Beschriftung aller Räume des Bauhauses im Zusammenhang mit den Farben des Schemas übernehmen Schreyer und Schlemmer gemeinsam.   15

Itten macht den Vorschlag, in der Verteilung der Form-Meister insofern eine Änderung
eintreten zu lassen, daß diese nicht mit bestimmten Werkstätten verbunden bleiben sollen,
sondern daß jeder Form-Meister mit denjenigen Schülern [...]i einer Werkstatt arbeitet, die
sich an den einzelnen wenden und j auf diese Weise durch die einzelnen Form-Meister Verbindung mit den Werkstätten zu schaffen.   20

Gropius sieht in einer solchen Verteilung eine Gefahr für die sichere Entwicklung der
Werkstätten, vor allem im Hinblick auf produktive Aufträge, auch scheine ihm ein häufiger
Wechsel in der Organisation, ehe die alte Form erprobt sei, bedenklich. Es wird beschlossen,
über diese Fragen zunächst mit den Werkstättenleitern zu beraten.

Gropius verliest seinen Vorschlag zur Gesellenprüfungsordnung, die mit einigen Ände-   25
rungsvorschlägen von Itten einstimmig angenommen wird.

Die Antwort an die Werkstättenleiter auf ihre Eingabe vom 7. vor[igen] M[ona]ts, die
Gropius in seiner Fassung in Umlauf gegeben hat, wird zurückgestellt bis zur Entscheidung
über den Antrag Schreyer.

Bezüglich des Antrags Schlemmer betreffend eine Einrichtung einer Bauwerkstatt ver-   30
weist Gropius auf seinen Vorschlag des § 4 und des dazugehörigen Lehrschemas; er werde
bemüht sein, so schnell wie möglich Räumlichkeiten für den Probierplatz und das ange-
gliederte Entwurfsatelier auch im Hinblick auf die aktuelle Siedlungsarbeit freizumachen.
Wegen eines Leiters der Probierwerkstatt sei er auf Vorschlag von Professor Poelzig mit dem
Leiter der sozialen Bauhütte, Breslau in Verbindung getreten. Anschließend wird ein Vor-   35
schlag von Schlemmer beraten, das Bauhaus soll als Unternehmer auftreten und selbst Häuser bauen, die es später verkauft. Dieser Vorschlag wird von allen Seiten bejaht, die Schwierigkeiten bestehen nur darin, den geeigneten Geldgeber zu finden.

Der Stundenplan für das Sommersemester (siehe Anlage) wird genehmigt.
Den Vorkursschülern des vergangenen Semesters Droste und Sigl wird auf Vorschlag von   40
Itten und Muche gestattet, auf eigene Verantwortung den Vorkurs des Sommersemesters
noch einmal mitzumachen.

---

i Streichung, zuvor: *in.*
j Änderung; zuvor: *um.*

Eine Eingabe Dr. Adlers bezüglich eines kunstgeschichtlichen Seminars soll dahin beantwortet werden, daß man ihm an einem Nachmittag den Aktsaal übergibt; Bekanntgabe und
Einzug von Collegeldern wird seiner privaten Behandlung überlassen.

   Eine Eingabe der Zeichenlehrer Thüringens betreffs Ausbildung von Zeichenlehrern im
5 Bauhaus soll beim Ministerium befürwortet werden mit dem Zusatz (Antrag Itten), daß eine
Beteiligung der Bauhaus-Meister bei den Prüfungen Bedingung sei.

   Die geplante Ausstellung für Weimar solle sogleich im Anschluß an die Vorkursausstel-
lung eingerichtet werden. Gropius schlägt als Kommission die Meister Itten, Klee und
Muche vor, die sich dazu bereit erklären. Muche schlägt eine Führung für besondere Inter-
10 essenten vor, der allgemein zugestimmt wird. Muche wird diese Führung übernehmen. Gropius wird ein entsprechendes Inserat an die Zeitung geben.

   Ein Antrag Schlemmer, Fahrpreisermäßigung für die Kunstausstellungen in München,
Dresden und Frankfurt a. M. beim Eisenbahnverkehrsamt zu erwirken, wird von Gropius
zur weiteren Behandlung übernommen.

15 Schluß der Sitzung 3/4 7 Uhr.

Gropius
Marcks   Schlemmer   Schreyer   Itten   Klee   GMuche   Feininger
Herr Liebig nicht mehr in Weimar. L. H[irschfeld].

47

Sitzung des Meisterrates am 2. Mai 1922

20

[1.]
Einladung mit Tagesordnung an die Formmeister vom 29. April 1922. – Durchschrift.
ThHStA Weimar, Staatliches Bauhaus Weimar 12, Bl. 127.

Weimar, 29. April 1922

25 Meister

Weimar

Einladung zum Meisterrat am Dienstag, dem 2. Mai 1922, nachmittags 4 Uhr.
Tagesordnung:
Satzungsänderungen (Anträge von Schlemmer und Schreyer).

30 *G[ropius]*
Meister   Feininger
[Meister]   Itten
[Meister]   Klee

[Meister]   Marcks/Dornburg
[Meister]   Muche
[Meister]   Schlemmer
[Meister]   Schreyer.

[2.]   5
Antrag von L. Schreyer zu den Satzungsänderungen vom 25. April 1922 – Ausfertigung, mit nachträglichen
Korrekturen von W. Gropius.
ThHStA Weimar, Staatliches Bauhaus Weimar 2, Bl. 55.

*je 1 Exemplar*ᵃ

Ich stelle folgenden Antrag: 10

Der Meisterrat des Staatlichen Bauhauses wird aufgelöst. Die Befugnisse des Meisterrates
gehen auf den Leiter des Bauhauses über, der die Entscheidung über die einzelnen Fälle gemeinsam mit denjenigen der Formmeister und der Werkmeister trifft, zu deren Arbeitsgebiet
der Fall gehört.

1) Vorschläge über Abänderung der Satzungen: 15
1. Lesung: Leiter und Formmeister
2. Lesung: Leiter, Formmeister und Werkmeister
3. Lesung: Leiter, Formmeister, Werkmeister, *Syndikus, Gesellen.*ᵇ

2) Allgemeiner *Arbeitsverteilungsplan* ᶜ
Leiter, Formmeister, Werkmeister   20

3) Probeweise und endgültige Aufnahme sowie Entlassung
a) Probeweise Aufnahme: Leiter und der Formmeister, der den Vorunterricht erteilt. *(Ein-*
stimmigkeit erforderlich)
b) *Aufnahme in die Werkstatt* ᵈ: Leiter, Werkmeister, Formmeister ᵉ
c) *Entlassung: Leiter, Form[meister], Werk[meister]*   25

4) Zuteilung der Gesellen- und Meisterreife nach Ablegung der Prüfung:
Leiter, Formmeister, Werkmeister, *Geselle (Einstimmigkeit)*

5) Zuteilung von Arbeitsräumen an Lernende:
Leiter und der Formmeister und Werkmeister, in deren Werkstatt der Lernende arbeitet.

---

a Vermerk von W. Gropius.
b Änderung; zuvor: *Formmeister, Werkmeister, Schülerrat.*
c Änderung; zuvor: *Arbeitsplan.*
d Änderung; zuvor: *Endgültige Aufnahme sowie Entlassung.*
e Änderung; zuvor: *Leiter, Formmeister, Werkmeister.*

6) Gemeinsame Ausstellungen:
Ausstellungen von Formmeistern: Leiter und Formmeister.
[Ausstellungen] von Werkstätten: Leiter, Formmeister, Werkmeister, Schülerrat, *Syndikus,*
Gesellen[f].

5 7) Erlassung des Lehrgeldes:
Leiter

8) Verteilung von Stipendien:
Leiter

9) Preisbewerbungen:
10 soll gestrichen werden, gehört nicht ins Bauhaus

10) Anträge der Lernenden:
Leiter gemeinsam mit den Meistern, zu deren Arbeitsfeld es gehört.

Beschlüsse können nur einstimmig gefaßt werden.
Nur beratende Stimme gibt es nicht.
15 Die Beschlüsse sind schriftlich zu fixieren und mit der Unterschrift der Beschließenden zu
versehen.

Schreyer

In Abschrift in Einzelexemplaren an
Meister Feininger
20 *[Meister] Itten*
[Meister] Klee
[Meister] Marcks
[Meister] Muche
[Meister] Schlemmer[g]

25 [3.]
Vorschläge von O. Schlemmer vom 26. April 1922 zum Antrag von L. Schreyer vom 25. April 1922. – Aus-
fertigung.
ThHStA Weimar, Staatliches Bauhaus Weimar 2, Bl. 57.

26. 4. [19]22

30 *Zum Antrag Schreyer v[om] 25. 4. 1922*

Die Lehrlinge u[nd] Gesellen wählen aus jeder Werkstatt einen (oder prozentual zur Besetzung
mehrere) Vertreter, die Gesellen sein sollten und den Gesellen-Rat bilden.   *(GR)*

---

f   Ergänzung; zuvor: *Leiter, Formmeister, Werkmeister, Schülerrat.*
g   Vermerk von L. Hirschfeld.

Die Werkmeister bilden in ihrer Gesamtheit
den Werkmeister-Rat   *(WR)*
Die Formmeister einschließlich des Leiters
den Formmeister-Rat   *(FR)*
Die Werkmeister und Formmeister zusammen bilden
den Meister-Rat   *(MR)*
Die Gesamtheit von Formmeister-, Werkmeister- und Gesellenrat
(oder Vertretungen daraus) bildet den Bauhaus-Rat   *(BR)*
Einzelfälle werden von denjenigen Form- u[nd] Werkmeistern
mit dem Leiter erledigt, zu deren Arbeitsgebiet der Fall gehört.
Einzelrat   *(ER)*

Für Punkt 1 – 10 sind zuständig:

1.)	*1. FR*	*7.)*	*ER (Leiter, Form- u[nd] Werkmeister)*
	2. MR	*8.)*	*ER [(Leiter, Form- u[nd] Werkmeister)]*
	3. BR		*–*
2.)	*MR*	*10.)*	*ER bis BR*
3.)	*a. ER*		*desgleichen auch Anträge der Formmeister und*
	b. MR		*solche der Werkmeister.*
4.)	*MR*		
5.)	*ER*		
6.)	*a. FR*		
	b. BR		

Oskar Schlemmer

[4.]
Stellungnahmen der Formmeister zu den Vorschlägen von L. Schreyer und O. Schlemmer [nach 27. April
1922]. – Ausfertigung.
ThHStA Weimar, Staatliches Bauhaus Weimar 2, Bl. 59.

Eilt![h]

Weimar, 27. April 1922

Schreiben Meister Schlemmer zum[i] Antrag Meister Schreyer in Umlauf an

Gropius

Meister Feininger: *Feininger*
                              Sehr schön, aber vielleicht doch etwas kompliziert – denn ich sehe
                              endlose xRatssitzungen über alle möglichen Kleinigkeiten des Be-
                              triebes auftauchen.

---

h Ergänzung von W. Gropius.
i Änderung; zuvor: *und.*

Meister Itten	*Itt*
Meister Klee	*K*
Meister Muche	*GM*
Meister Schreyer	*Warum liegt mein Antrag nicht bei? Bin immer noch für meinen Antrag. Schreyer* *

5 Meister Marcks

* *Schreyers Antrag an jeden Meister einzeln in Abschrift gegeben.*[j]

12. 7. [19]22
Ergebnis zur Kenntnis vorgelegt

Meister Feininger	*F.*
10 [Meister] Itten	*verreist/vorgelegt am 7. 10. [19]22*
[Meister] Klee	*Klee*
[Meister] Muche	*GMuche*
[Meister] Schlemmer	*Sch*
[Meister] Schreyer	*Schreyer*[k]

15

48

Sitzung des Meisterrates am 16. Mai 1922

[1.]
Einladung mit Tagesordnung an W.Gropius vom 13. Mai 1922. – Ausfertigung.
ThHStA Weimar, Staatliches Bauhaus Weimar 12, Bl. 133.

20 *ablegen*

Meister W. Gropius
wird hierdurch zu einer Sitzung des Meisterrats am Montag, dem 15. Mai 1922, nachmittags
5 Uhr eingeladen.

Tagesordnung:
25 Satzungen.

Weimar, den 13. Mai 1922.

Gropius

[2.]
Mitteilung an die Formmeister vom 13. Mai 1922. – Ausfertigung.
30 ThHStA Weimar, Staatliches Bauhaus Weimar 2, Bl. 70.

---

j Bemerkung von L. Hirschfeld.
k Ergänzung von L. Hirschfeld; Kenntnisnahme unterzeichnet von den einzelnen Meistern.

Meister Klee[a]

Weimar, den 13. Mai [19]22

An alle Form-Meister
Im Anschluß an die letzte Sitzung mit den Werkstattleitern, die erkennen ließ, daß die Gefahr
eines parlamentarischen Systems im Bauhaus trotz gegenteiliger Versicherungen seitens eini-   5
ger Werkstattleiter zu befürchten ist, habe ich nochmals die aufgerollte Frage durchdacht. Wir
müssen uns entscheiden, entweder alles auf „Stimmabgabe" oder alles auf „Beratung" aufzubauen. Ich habe im Anschluß an Schreyers Antrag die letztere Form als für das Bauhaus geeignetere wie anliegend für die Satzungen ausgearbeitet (namentlich § 18 grundlegend) und
als Ergänzung dazu beiliegende „Beratungsordnung" aufgestellt, die die Zuständigkeit der   10
Meister aus der Sache heraus bestimmen soll. Die Schwierigkeiten, die aus der satzungsgemäßen Notwendigkeit gewisser einstimmiger Beschlüsse, wie es neulich geplant war, von
seiten der Werkstattleiter erwachsen könnten, werden in der Form der „Beratung" vermieden. Bei dieser Lösung scheint mir gegen die Bezeichnung „Meisterrat" für die Gesamtheit
aller Meister nichts mehr zu sprechen, da ein Stimmenübergewicht der Werkstattleiter nicht   15
mehr in Frage kommt und die Zuständigkeit für die einzelnen Fragen geklärt ist.
   Ich bitte die Meister, zur Sitzung am Montag Ihre Satzungsexemplare mitzubringen, da
kein Exemplar mehr vorhanden ist und bitte meine Vorschläge so durchzuarbeiten, daß wir
am Montag zur Entscheidung kommen können.

Gropius   20

[3.]
Vorschläge von W. Gropius zur Satzungsänderung als Anlage zur Mitteilung an die Formmeister vom 13. Mai
1922. – Durchschrift.
ThHStA Weimar, Staatliches Bauhaus Weimar 12, Bl. 160–166.

§ 4 Lehre   25

Lehrgrundsatz:
Jeder Lehrling und Geselle lernt gleichzeitig bei zwei Meistern, je einem Meister des Handwerks und einem Meister der Formlehre. Beide stehen in enger Lehrverbindung.

a) Umfang der Lehre.
Die Lehre im Bauhaus umfaßt die handwerklichen und wissenschaftlichen Gebiete des bild-   30
nerischen Schaffens.
1.) Werklehre:
   I. Stein:
   Steinmetzen, Stukkateure,
   II. Holz: 35
   Tischler, Holzbildhauer, Drechsler,

a Vermerk von L. Hirschfeld.

III. Metall:
Fein- und Grobschmiede, Schlosser, Gießer, Dreher, Ziseleure,
IV. Ton:
Töpfer,
V. Glas:
Glasmaler, Emailleure, Mosaiker,
VI. Farbe:
Wandmaler, Tafelbildmaler,
VII. Gewebe:
Weber, Sticker, Stoffdrucker.
Ergänzende Lehrgebiete:
A) Material- und Werkzeugkunde,
B) Grundbegriffe von Buchführung, Preisberechnung, Vertragsabschlüssen.

2. Formlehre
A) Lehre von den elementaren Stoffen,
B) Naturstudium,
C) Gestaltungslehre (zeichnen, malen, modellieren, bauen)
    1.) Raumlehre:
    Lehre von den Grundformen,
    2.) Farblehre,
    3.) Kompositionslehre,
D) Lehre der technischen Konstruktionen und der Darstellung (Projektionslehre): Werkzeichnen und Modellbau für alle räumlichen Gebilde (Gegenstände, Möbel, Räume, Bauwerke)
Ergänzende Lehrgebiete:
Vorträge aus allen Gebieten der Kunst und Wissenschaft aus Vergangenheit und Gegenwart.

b) Einteilung der Lehre:
Der Gang der Ausbildung umfaßt drei Abschnitte:
I. Die Vorlehre (s[iehe] § 3 vorletzter Absatz) Dauer $1/2$ Jahr. Elementarer Formunterricht in Verbindung mit Materieübungen in der besonderen Werkstatt für die Vorlehre.
Ergebnis: Aufnahme in eine Lehrwerkstatt.
II. Die Handwerkslehre in einer der Lehrwerkstätten unter Abschluß eines Lehrbriefes und die Formlehre. Dauer: 3 Jahre.
Ergebnis: Gesellenbrief der Handwerkskammer, gegebenenfalls des Bauhauses (s[iehe] § 6).
III. Die Baulehre
Handwerkliche Mitarbeit am Bau (auf Bauplätzen der Praxis) und freie Ausbildung im Bauen (auf dem Probierplatz des Bauhauses) für besonders befähigte Gesellen. Dauer je nach der Leistung und den Umständen. Der Bauplatz dient zur Fortsetzung der Handwerkslehre, der Probierplatz mit der dazugehörigen Entwurfswerkstatt zur Fortsetzung der Formlehre.
Ergebnis: der Meisterbrief.
Die Lehre gipfelt am Bauhaus in der Arbeit am und zum Bau, zu dem sich sämtliche Arbeitsgebiete vereinigen. Auf dem Probierplatz werden nur die begabtesten Gesellen (keine

Lehrlinge) zugelassen, die befähigt sind, aus eignem schöpferischen Vermögen technische und formale Probleme auszuprobieren und zu entwickeln. Sie haben Zutritt zum Entwurfs-atelier, das dem Probierplatz angegliedert ist, sowie zu allen Werkstätten des Bauhauses, um sich auch in anderen Handwerken Können anzueignen. Sie werden nach Maßgabe vorhan-dener Aufträge zur formalen und handwerklichen Mitarbeit an praktischen Bauaufgaben   5 (Bauplatz) herangezogen, damit sie in der Praxis das Zusammenwirken aller Handwerke am Bau kennenlernen und gleichzeitig die wirtschaftliche Möglichkeit finden, ihren Unterhalt zu verdienen.

Soweit das Bauhaus nicht eigene Kurse zur theoretischen Ergänzung in den technischen Ingenieurwissenschaften (Konstruktionslehre in Eisen und Beton, Statik, Mechanik, Physik,   10 industrielle Technik, Heizung, Installation, technische Chemie) einrichtet, ist es erwünscht, daß architektonisch hervorragend Begabte nach Beratung mit ihren Meistern zeitweise auf technischen Hochschulen und Baugewerkeschulen ihr Wissen ergänzen. *Studienreisen in die Industrie – ...*

Zeitweilige Arbeit der ausgebildeten Gesellen in fremden Werkstätten des Handwerks   15 und namentlich der Industrie (Arbeit an Maschinen) ist zu gegenseitiger Befruchtung drin-gend erwünscht.

Ob Gesellen nach bestandener Gesellenprobe weiterhin am Bauhaus verbleiben können und produktive Erwerbstätigkeit in den Werkstätten und auf dem Bauplatz finden, hängt von den formalen und technischen Leistungen des Gesellen sowie von Zahl und Umfang der   20 jeweiligen Aufträge ab, die das Bauhaus zur Ausführung übernimmt. Das Bauhaus kann je-doch Verpflichtungen auf fortlaufende Aufträge an die Gesellen nicht eingehen, da eine pro-duktive Arbeit von der Wirtschaftslage abhängt.

Während der ganzen Dauer der Lehre wird auf der Einheitsgrundlage von Ton, Farbe und Form praktischer Harmonie-Unterricht erteilt mit dem Ziele, die psychischen und physi-   25 schen Eigenschaften des Einzelnen zum Ausgleich zu bringen.

§ 7 Rechte und Pflichten der Gesellen und Lehrlinge.
Jeder Lehrling und Geselle ist zur Innehaltung der Satzungen und der Hausordnung ver-pflichtet.

Die Werklehre und die Formlehre bilden die Grundlage. Kein Lehrling oder Geselle kann   30 von der einen oder der anderen entbunden werden.

Die Wahl der Werkstatt ist für jeden Lehrling nach erfolgreich beendeter Vorlehre frei, jedoch beschränkt durch die Platzfrage und die Zustimmung der beiden Meister der Werk-statt.

Jedem aufgenommenen Lehrling oder Gesellen steht es frei, neben dem Unterricht des sei-   35 ner Werkstatt angehörenden Formmeisters auch Kurse anderer Formmeister zu besuchen und sich nach Verständigung mit seinen Meistern auch bei anderen Meistern technischen und künstlerischen Rat zu holen.

Jeder Geselle und Lehrling hat das Recht, Anträge zu stellen, die schriftlich der Leitung einzureichen sind.   40

Die Bauhaus-Gesellen und -Jungmeister bilden die Vertretung aller Gesellen und Lehr-linge. Sie werden bei wichtigen Entscheidungen befragt (s[iehe] § 18 letzter Absatz).
Begabten kann eine Sonderstellung eingeräumt werden, die sie von der Werkstattarbeit *befreit*.[b]

§ 8 Abgang und Entlassung aus dem Bauhaus.
Der Austritt aus dem Bauhaus kann jederzeit erfolgen, vorausgesetzt, daß alle Verbindlichkeiten erfüllt sind. Der Austritt ist der Leitung und den Werkstattmeistern vorher schriftlich
mitzuteilen.
Lehrlinge, deren Leistungen in formaler oder technischer Hinsicht auf die Dauer nicht befriedigen, können zum Abgang vom Bauhaus veranlaßt werden.
Mangel an Interesse und grobe Verstöße gegen die Satzungen ziehen die Entlassung nach
sich.

§ 9 Hospitanten.
Bei der Art des Lehrganges am Bauhaus können Hospitanten nicht aufgenommen werden.

§ 14 Lehrgebühren.
Das Lehrgeld für die Vorlehre (ein Semester) beträgt M[ark]: 200,–, die beim Eintritt in das
Bauhaus voll zu zahlen sind. Bei nochmaliger Teilnahme an der Vorlehre ist derselbe Betrag
im voraus zu entrichten.
Beim Eintritt in eine Werkstatt nach erfolgreicher Beendigung der Vorlehre sind einmalig
M[ark]: 100,– Aufnahmegebühren zu zahlen.
Die Lehre in der Werkstatt ist frei.
Von Ausländern wird in allen Fällen der doppelte Betrag erhoben. Deutsche Sprachge-
biete werden *nicht* zum Ausland gerechnet.

Bedürftigen Lehrlingen können die Lehrgebühren für die Vorlehre und die Aufnahmegebühr
in die Werkstatt ganz oder teilweise erlassen werden. Die Zahl von 12 Freistellen darf jedoch
nicht überschritten werden.
Für alle Ansprüche ist Weimar Gerichtsstand.

§ 15 Verhältnis zur Staatsregierung.
Die Verwaltung des Bauhauses ist dem Thüringischen Ministerium für Volksbildung unterstellt.
Berufung und Ausscheiden des Leiters erfolgt durch das Ministerium auf Vorschlag des gesamten Meisterrates.
Berufung und Ausscheiden von Form-Meistern erfolgt mit Genehmigung des Ministeriums im Rahmen des Jahresvoranschlages durch die Leitung nach vorheriger Beratung mit
den Form-Meistern.
Die Form-Meister werden zunächst auf 3 Jahre berufen. Die Erneuerung der Verträge, gegebenenfalls auf längere Zeiträume bemessen, erfolgt auf Vorschlag des Leiters durch Entschließung des Ministeriums.
Berufung und Ausscheiden des Syndikus, der Handwerksmeister (Werkstättenleiter), der
außerordentlichen Lehrer und Hilfskräfte sowie Abschluß und Verlängerung der Verträge
mit diesen erfolgt mit Genehmigung des Ministeriums durch den Leiter nach vorheriger Beratung mit den zuständigen Form-Meistern.

---

b Änderung; zuvor: *Besonders Befähigten [...] entbindet.*

Der Jahresvoranschlag des Bauhauses wird von dem Leiter und dem Syndikus in Einvernehmen mit dem Ministerium aufgestellt.

Nicht veranschlagte Auslagen bedürfen der Genehmigung des Ministeriums.

Die Jahresrechnungen des Bauhauses werden durch das Ministerium festgestellt.

§ 16 Glieder der Verwaltung.

Die Glieder der Verwaltung sind:

a) Der Leiter,   d) Der Verwaltungssekretär,
b) Die Meister (der Meisterrat),   e) Die Büroangestellten c
c) Der Syndikus,   f) Die Kastellane.

Der Leiter vertritt die Anstalt nach außen mit Ausnahme der Vertretung vor den Gerichten, die den gesetzlichen Vorschriften entsprechend dem Kultusministerium obliegt. Auch handhabt er im Bauhaus die Disziplin und die hausväterlichen Rechte. Veränderungen innerhalb des Etats, mit Ausnahme fest zugesicherter Gehälter, sind ihm anheimgegeben.

Dem Leiter steht die gesamte künstlerische und verwaltende Leitung des Bauhauses zu.

§ 18 Der Meisterrat.

Die Gesamtheit der Meister – Form-Meister und Handwerksmeister – bilden zusammen mit dem Leiter und dem Syndikus den Meisterrat.

Der Meisterrat hat die Bestimmung, den Leiter in allen wichtigen Entscheidungen zu beraten. Auf Grund der gemeinsamen Beratungen faßt der Leiter die verantwortlichen Entschlüsse.

Je nach dem Gegenstand der Verhandlungen hat der Leiter den gesamten Meisterrat oder nur einzelne Mitglieder, in deren Arbeitsgebiet die Verhandlungsfrage fällt, zur Beratung einzuladen. Der Leiter stellt für die Regelung der Zuständigkeit eine Beratungsordnung auf.

Die Mitglieder des Meisterrats sind zur Geheimhaltung der Beratungen verpflichtet.

Die Mitglieder des Meisterrats haben das Recht, jederzeit Anträge auf gemeinsame Beratungen zu stellen, denen der Leiter sobald als möglich stattzugeben hat.

Nicht dem Meisterrat angehörende Lehrkräfte sowie die Jungmeister und Bauhausgesellen können von der Leitung zu den Beratungen hinzugezogen werden (s[iehe] I § 7).

[4.]
Entwurf der Beratungsordnung von W. Gropius als Anlage zur Mitteilung an die Formmeister vom 13. Mai 1922. – Durchschrift.
ThHStA Weimar, Staatliches Bauhaus Weimar 12, Bl. 158–159.

Beratungsordnung

Entscheidungen, die nach innen oder nach außen von wichtiger Bedeutung für das Bauhaus sind, werden von dem gesamten Meisterrat beraten.

---

c Änderung; zuvor: *Bürobeamten.*

Für die Beratung einzelner nachstehend aufgeführter Fragen sind zuständig:

1.) Berufung und Ausscheiden des Leiters:
   Der gesamte Meisterrat.

2.) Berufung und Ausscheiden von Form-Meistern:
   Der Leiter, der Syndikus, die Form-Meister.

3.) Berufung und Ausscheiden von Handwerksmeistern:
   Der Leiter, der Syndikus, der Form-Meister der betr[effenden] Werkstatt.

4.) Berufung und Ausscheiden des Syndikus:
   Der Leiter.

5.) Anstellung und Entlassung von Beamten und Angestellten:
   Der Leiter, der Syndikus.

6.) Änderung der Satzungen:
   Der gesamte Meisterrat.

7.) Arbeitsverteilungsplan:
   Der gesamte Meisterrat.

8.) Aufnahme und Entlassung von Gesellen und Lehrlingen:
   a) Aufnahme in die Vorlehre:
   Der Leiter, der Form-Meister für die Vorlehre.
   b) Aufnahme in die Werkstatt nach vollendeter Vorlehre:
   Der Leiter, die Form-Meister.
   c) Endgültige Aufnahme nach bestandener Probelehre in der Werkstatt:
   Der Leiter, die beiden Meister der Werkstatt.
   d) Werkstattwechsel:
   Der Leiter, die 4 Meister der beiden Werkstätten.
   e) Entlassung:
   Der gesamte Meisterrat, *die B[auhaus]gesellen.*

9.) Anträge:
   Der Leiter, die Meister, zu deren Arbeitsgebiet der Antrag gehört oder der gesamte Meisterrat.

10.) Zuteilung der Gesellen- oder Meisterreife:
   Der gesamte Meisterrat, die Bauhausgesellen *(für die Gesellenreife)* [d]

11.) Ausstellungen:
   a) Ausstellung von Form-Meistern:
   Der Leiter, die Form-Meister.
   b) Ausstellung der Werkstätten:
   Der gesamte Meisterrat, die Bauhausgesellen.
   c) Ausstellung einzelner Gesellen:
   Der Leiter, die beiden Meister der Werkstatt.

12.) Einräumung der „Sonderstellung" für besonders befähigte freie Maler und Bildhauer.
   Der Leiter, die Form-Meister, der Werkstattleiter.

13.) Verteilung von Arbeitsräumen, Verteilung von Stipendien *und Gebührenerlaß.*
   Der Leiter, die beiden Meister der Werkstatt.

14.) Ankauf und Vergütung von Gesellen- und Lehrlingsarbeiten.
   Der Leiter, der Syndikus, die beiden Meister der Werkstatt.

---

d Änderung; zuvor: *ein Bauhausgeselle.*

[5.]
Brief von G. Muche an W. Gropius vom 15. Mai 1922. – Ausfertigung.
ThHStA Weimar, Staatliches Bauhaus Weimar 2, Bl. 71.

G[ropius]

15. Mai 1922

Lieber Herr Gropius,
ich bin noch immer krank und bedaure sehr, daß ich verhindert bin, an der Meisterratssitzung
teilzunehmen. Ich sagte Ihnen schon ganz kurz, daß ich in bezug auf die Satzungsänderungen
eine eigene und ziemlich andere Meinung habe und daß ich vor allem gegen eine Gleichstel-
lung der Werkmeister mit den Formmeistern bin, weil die natürlichen Voraussetzungen tatsäch-
lich dafür fehlen.

Mit herzlichen Grüßen
Ihr Georg Muche.

Abschrift unter: Umläufe Satzungsänderungen e

[6.]
Protokoll der Sitzung. – Ausfertigung.
Bauhaus Archiv Berlin, Archiv W. Gropius, Meisterratsprotokolle. Durchschrift in: ThHStA Weimar, Staat-
liches Bauhaus Weimar 12, Bl. 134–137.

Protokoll
Meisterrat am 16. Mai 1922,
von 5 1/4 bis 7 1/2 Uhr.

Anwesend die Meister Gropius,
                       Feininger,
                       Itten,
                       Klee,
                       Marcks,
                       Schlemmer,
                       Schreyer,
L. Hirschfeld als Protokollführer.
Meister Muche ist krank.

Tagesordnung: Satzungen.

Vorschlag von Gropius für Satzungsänderungen (in anliegender Form) war den Meistern einige Tage vor der Sitzung zur Kenntnis gebracht worden. Gropius erläutert hierzu: Der vorliegende Vorschlag der „Beratungsordnung" verhindert jeden Parlamentarismus und jede Ab-

---

e Vermerk von L. Hirschfeld.

stimmung. Der Vorschlag ist daher noch eindeutiger[f] und vermeidet auf allen Gebieten, daß die Handwerksmeister durch ihren Eintritt in den Meisterrat hindernd beeinflussen können. Die letzte Entscheidung und Verantwortung liegt in Händen der Leitung. Die Maßnahmen werden sich durch dieses Beratungsverfahren nicht ändern, nur die rechtliche Lage wird eine
5 andere sein. Grundsätzliche Bedenken gegen Einführung einer solchen Verwaltung, die ihre Entschlüsse nach vorheriger Beratung faßt (nicht nach Beschluß wie bisher), bestehen nicht.

Itten schlägt vor, den Bauhausgesellen Mitberatungsrecht zu geben und begründet seinen Antrag folgendermaßen: Vorausschauend kann man mit Bestimmtheit annehmen, daß die Schüler nach kurzer Zeit dasselbe verlangen werden, was heute die Handwerksmeister be-
10 antragen. Man wird demnach voraussichtlich die Beratungsordnung bald erweitern müssen und die Bauhausgesellen mitberaten lassen. Da Handwerksmeister und Bauhausgesellen einsehen lernen müssen, daß sie nicht imstande sind, überschauende Einsicht zu haben, um danach Entscheidungen beeinflussen zu können, wird eine Zeit der Unruhe kommen. Diese unruhige Zeit sollte man möglichst verkürzen, darum der Vorschlag, die Bauhausgesellen so-
15 gleich mitberaten zu lassen, ehe langdauernde Verhandlungen über diese Fragen die ganze Übergangszeit verlängern.

Die einzelnen Punkte der Beratungsordnung werden auf die Durchführbarkeit von Ittens Vorschlag geprüft. Gropius sagt zu, die Beratungsordnung daraufhin nochmals zu durchdenken. Bedenken bestehen nach Ansicht Gropius' in der schwierigen Durchführbarkeit ein-
20 zelner Fälle und Überlastung im Sekretariat.

Die Gesamtheit der Beratenden müßte dann „Bauhausrat" heißen, nicht „Meisterrat". Fräulein Grunow müßte zum Bauhausrat gehören.

Gropius verliest die Satzungen, gegen die mit Abänderungen in anliegender Form kein Widerspruch erhoben wird, außer den Punkten, wo Änderungen in Beziehung auf „Meisterrat"
25 in „Bauhausrat" notwendig werden. *liegt nicht bei*[g]

Marcks schlägt vor, dem diesjährigen Etat eine Summe beizufügen für Lehrlinge und Gesellen, die in anderen Betrieben ihre Kenntnisse erweitern wollen. Gropius erwidert, daß dafür keine Summe vorgesehen sei, da man erwartet, daß die Betreffenden durch ihre Arbeit in solchen Fällen genügend Verdienst haben werden.
30 Gropius teilt mit, daß er einen Kreditantrag für M[ark] 2 000 000,– (zwei Millionen Mark) gestellt habe, außer dem laufenden Etat, und daß Aussicht besteht, daß ein Teil dieser Summe bewilligt wird.

Die Pensionsberechtigung der lehrenden Meister am Bauhaus, die s[einer] Z[ei]t im Reich für alle Künstler grundsätzlich abgelehnt worden ist, soll nochmals beantragt werden.
35 Zu der Lehre am Bauhaus werden Änderungsvorschläge für die Benennung der einzelnen Lehrgebiete gemacht, jedoch ohne eine allgemeine befriedigende Lösung zu finden.

Itten verläßt die Sitzung.

Schlemmer schlägt vor, den Unterricht bei Fräulein Grunow anstatt „praktischen Harmonie*unterricht* ..." „praktische Harmonisierungslehre " zu nennen.   *Sch[lemmer]*[h]
40 Es ist bekannt geworden, daß Anny Wottitz mit dem Antwortschreiben auf ihre Eingabe an den Meisterrat nicht befriedigt sei. Gropius verliest seine Antwort an Fräulein Wottitz

---

f Änderung; zuvor: *radikaler.*
g Vermerk von L. Hirschfeld am linken Rand.
h Von O. Schlemmer am linken Seitenrand abgezeichnete Änderung; zuvor: *praktische Harmonielehre.*

vom 21. April [1922], mit dem die Meister im Sinne der damaligen Besprechungen und Umläufe über den Fall Wottitz einverstanden sind. (Abschrift der Antwort an Frl. Wottitz vom
21. April [1922] liegt bei.)

Baugewerksmeister Lange. Gropius teilt mit, daß er mit diesem mündlich wegen Anstellung
verhandelt habe und die Meister bittet, sich zu äußern. Meister Klee und Meister Schreyer, die 5
Herrn Lange gesprochen haben, haben einen guten Eindruck von ihm und sind mit seiner Anstellung als technischen Leiter des Probierplatzes einverstanden. Gropius teilt mit, daß er
hoffe, auf diese Weise seine jetzigen Privatbauten allmählich mit dem Bauhaus zu vereinen.

Gropius teilt mit, daß Ida Muth, die früher Aktmodell war, am Bauhaus Schülerin sei und
daß der Fall eintreten könne, daß sie als Schülerin Akt stehe. Die Gründe für Zulassung über- 10
wiegen die Bedenken, die dagegen bestehen.

Gropius verliest den Antrag Schlemmer (wie anliegend) und unterstützt den Vorschlag,
daß der alte Aufruf durch kurz gefaßte Niederschrift jedes einzelnen Meisters ersetzt werde.
Die Meister sind damit einverstanden.

Neuanmeldung: Günter Hirschel-Protsch wird für das laufende Semester angenommen. 15

Die Inkrafttretung der Bauhaussiedelungsgenossenschaft ist den Handwerksmeistern und
Gesellen und Lehrlingen nur durch die Zeitung bekannt geworden.
Eine Schülerbesprechung, in der derartige Angelegenheiten nunmehr mitgeteilt werden,
wird angesetzt werden.

Die Sitzung schließt um 7 1/2 Uhr. 20

Gropius
Klee   Schlemmer   Feininger   Itten   Schreyer   ges[ehen] GMuche   Marcks
L. Hirschfeld

[7.]
Antrag von O. Schlemmer vom 11. Mai 1922 als Anlage zum Protokoll. – Abschrift. 25
ThHStA Weimar, Staatliches Bauhaus Weimar 2, Bl. 68.

11. 5. [19]22

Antrag
Ich möchte den Vorschlag Gropius' aufgreifen und beantragen, daß zu dem seitherigen Programm des Bauhauses oder an dessen Stelle die Formmeister in kurzen Leitsätzen ihre Stel- 30
lung zum Bauhaus formulieren. Ich verspreche mir ein Gutes von der Mannigfalt dieser
Äußerungen. Es wird an ihrer Formulierung liegen, daß sie keine Festlegungen sind.

gez[eichnet] Schlemmer.

Ich erbitte die Vorschläge zum Sonnabend. Thema Bauhaus. Es hat nur Sinn, wenn alle Meister sich beteiligen. 35

gez[eichnet] Gropius.

17. 5. [19]22

49

Sitzung des Meisterrates am 26. Juni 1922

[1.]
Einladung mit Tagesordnung an die Formmeister vom 21. Juni 1922. – Durchschrift.
5 ThHStA Weimar, Staatliches Bauhaus Weimar 12, Bl. 142.

Weimar, den 21. Juni 1922.

Einladung zum Meisterrat
am Montag, dem 26. Juni 1922, nachmittags 3 Uhr.

Gr[opius]

10 Tagesordnung:
Semesterschluß,
Ferien,
Antrag der Gesellen und Lehrlinge auf Besuch der Proben im Nationaltheater während der
Werkstattzeit,
15 Stipendien,
Kestner-Gesellschaft,
Anfragen wegen Ausstellung.

Anschließend an den Meisterrat Beratung *mit* Werkstattleitern über die Satzungen.*

Gerichtet an:
20 Meister   Gropius
[Meister] Feininger
[Meister] Itten
[Meister] Klee
[Meister] Marcks
25 [Meister] Muche
[Meister] Schlemmer
[Meister] Schreyer
Frl. Hirschfeld

* Die Werkstattleitersitzung ist wegen Beratung über Berufung Kandinskys rückgängig gemacht
30 *worden u[nd] findet am Dienstag um 5 Uhr statt.* [a]

[2.]
Einladung an die Werkmeister vom 21. Juni 1922, Zirkular. – Ausfertigung.
ThHStA Weimar, Staatliches Bauhaus Weimar 12, Bl. 143.

---

a Zusatz von L. Hirschfeld.

Weimar, den 21. Juni 1922

Umlauf
Ich bitte Sie zu Montag, dem 26. Juni [1922], nachmittags 6 Uhr, zur Beratung der Satzungen in das Lesezimmer des Bauhauses.

Gropius   5

An:
Meister Börner,   *Börner*
[Meister] Dell,   *Dell*
[Meister] Dorfner,   *tel[efonisch] mitgeteilt am 24. Juni [19]22. L. H[irschfeld].*
[Meister] Hartwig,   *Hartwig*
[Meister] Krehan,   *Copie gesandt 21. VI. [19]22 M[üller]*   10
[Meister] Schlemmer,   *CSchlemmer*
[Meister] Zachmann,   *Zachmann*
[Meister] Zaubitzer   *CZaubitzer*

rückgängig gemacht, verlegt auf Dienstag, 5 Uhr   15
H[irschfeld]
M[üller]

[3.]
Protokoll der Sitzung. – Ausfertigung.
ThHStA Weimar, Staatliches Bauhaus Weimar 12, Bl. 144.   20

Protokoll
Meisterrat am 26. Juni 1922,
von 5 1/4 bis 8 1/4 Uhr.

Anwesend die Meister:
Gropius   25
Feininger
Klee
Marcks
Muche
Schlemmer   30
Schreyer
Frl. Hirschfeld als Protokollführer
Meister Itten ist verreist.

Tagesordnung:
Berufung Kandinskys   35
Ausstellung in Weimar
Satzungen
Verschiedenes

Berufung Kandinskys.
Über die Berufung Kandinskys als Meister des Staatlichen Bauhauses wird eingehend gesprochen. Es kommt dabei die augenblickliche Zusammensetzung der Formmeister und die
künftige zur Sprache. Es wird betont, daß der Lehrgang im Bauhaus keine unabänderliche
5 feste Form annehmen darf. Muche empfindet die Vorlehre, wie sie jetzt im Bauhaus eingerichtet ist, bereits als überholt.

Ausstellung in Weimar.
Wegen einer öffentlichen Ausstellung in Weimar zusammen mit den Weimarer Künstlern,
deren Jury in Händen von Klee und Feininger liegt, wird beschlossen, daß alle Meister sich
10 beteiligen, wenn die Raumforderungen seitens der Ausstellungsleitung erfüllt werden. Kandinsky wird aufgefordert mitzumachen.

Satzungen.
Die Satzungen werden in anliegender Form gutgeheißen und werden nun nochmals im
Sekretariat des Bauhauses zur Einsichtnahme für die Formmeister, Werkstättenleiter und
15 die Gesellen zur Kenntnisnahme ausgelegt.

Verschiedenes.
Julius Pap wird auf Gesuch ein Stipendium von M[ar]k 1 000,– bewilligt. Bei Freiwerden
eines Schülerateliers soll an erster Stelle Frl. *Kerkovius*[b] berücksichtigt werden.
   Schlemmer teilt mit, daß mit industrieller Hilfe in Eisenach eine technische Schule ins
20 Leben gerufen werden sollte. Es sei wünschenswert, mit diesen Kreisen in Verbindung zu tre-
ten, um diese Schule evtl. mit dem Bauhaus in Verbindung zu bringen.
   Gropius teilt mit, daß dieser Plan gescheitert sei; er wolle aber versuchen, die Industrie-
Kreise ausfindig zu machen, die hinter dieser Sache standen.
   Auf Antrag Schlemmer sollen die Ergebnisse der Umläufe in *jeder* folgenden Sitzung den
25 Meistern bekanntgegeben werden.

Gropius

*Über Punkt 1 der Tagesordnung haben wir sehr eindeutig gesprochen. Wäre es nicht richtiger
gewesen, das Protokoll hierüber weniger diplomatisch zu fassen?*   *Schreyer*

Hiermit in Zusammenhang: welchen Zweck haben die Protokolle? Belege der Regierung ge-
30 *genüber, der Leitung, des Meisterrates ... Je nach dem Zweck würde sich die Forderung für die*
Form ergeben.   *Schlemmer*

[...][c] *von mir gestrichen GMuche*

Feininger   Klee   gelesen Itt[en]   Marcks
Lotte Hirschfeld

---

b Ergänzung von W. Gropius; zuvor: *Frl. K.*
c Text nicht mehr lesbar.

[4.]
Beratungsordnung als Anlage zum Protokoll. – Durchschrift.
ThHStA Weimar, Staatliches Bauhaus Weimar 12, Bl. 145–146

Zum Protokoll v[om] 26. 6. [19]22 ^d

Beratungsordnung

5

Entscheidungen, die nach innen oder nach außen von wichtiger Bedeutung für das Bauhaus
sind, werden von dem gesamten Bauhausrat beraten.

Für die Beratung einzelner nachstehend angeführter Fragen sind zuständig:
   1.) Berufung und Ausscheiden von Form-Meistern:
         Die Form-Meister.
   2.) Berufung und Ausscheiden von Handwerksmeistern:
         Der Bauhausrat.
   3.) Berufung und Ausscheiden des Syndikus:
         Der Leiter.
   4.) Anstellung und Entlassung von Beamten und Angestellten:
         Der Leiter, der Syndikus.
   5.) Änderungen der Satzungen:
         Der Bauhausrat.
   6.) Arbeitsverteilungsplan:
         Der Bauhausrat.
   7.) Aufnahme und Entlassung von Gesellen und Lehrlingen:
         a) Aufnahme in die Vorlehre:
         Der Leiter, der Form-Meister für die Vorlehre.
         b) Aufnahme in die Werkstatt nach vollendeter Vorlehre:
         Der Leiter, *die* ^e Form-Meister.
         c) Endgültige Aufnahme nach bestandener Probelehre in die Werkstatt:
         Der Leiter, die beiden Meister der Werkstatt, ein Bauhausgeselle der Werkstatt.
         d) Werkstattwechsel:
         Der Leiter, die 4 Meister der beiden Werkstätten, ein Bauhausgeselle
         der beiden Werkstätten.
         e) Entlassung:
         Der Bauhausrat.
   8.) Anträge:
         Der Leiter, die Meister und die Bauhausgesellen, zu deren Arbeitsgebiet der Antrag
         gehört, oder der Bauhausrat.
   9.) Zuteilung der Gesellen- und Meisterreife:
         Der Bauhausrat (der Meisterreife ohne Gesellen).
  10.) Ausstellungen:
         a) Ausstellung von Form-Meistern:
         Der Leiter, die Form-Meister.

10

15

20

25

30

35

40

---

d Vermerk von L. Hirschfeld.
e Änderung; zuvor: *der.*

b) Ausstellung der Werkstätten:
Der Bauhausrat.
c) Ausstellung einzelner Gesellen:
Der Leiter, die beiden Meister der Werkstatt.
5 11.) Einräumung der „Sonderstellung" für Sonderbegabte:
Der Leiter, die Form-Meister, der Werkstattleiter, ein Bauhausgeselle der Werkstatt.
12.) Verteilung von Arbeitsräumen:
Gebührenerlaß:
Beurlaubung:
10   Der Leiter, die Meister der Werkstatt.
13.) Ankauf und Vergütung von Gesellen- und Lehrlingsarbeiten:
Der Leiter, der Syndikus, die beiden Meister der Werkstatt, ein Bauhausgeselle der
Werkstatt.
14.) Stipendien:
15   Der Bauhausrat.

[5.]
Personalübersicht als Anlage zum Protokoll. – Durchschrift.
ThHStA Weimar, Staatliches Bauhaus Weimar 12, Bl. 147

Zum Protokoll v[om] 26. Juni [19]22 [f]

20 STAATLICHES BAUHAUS WEIMAR.

I.   Leitung: Walter Gropius
II. Syndikus: Dr. Hans Beyer
III. Lehrende Meister:
A. Für die Formlehre:
25   Lyonel Feininger
Walter Gropius
Johannes Itten
Wassily Kandinsky
Paul Klee
30   Gerhard Marcks
Georg Muche
Oskar Schlemmer
Lothar Schreyer
B. Für die Werklehre:
35   Emil Lange: Bau-Versuchsplatz
Josef Hartwig: Steinbildhauerei
Holzbildhauerei

Joseph Zachmann: Tischlerei

---

f Vermerk von L. Hirschfeld.

Max Krehan:	Töpferei
Christian Dell:	Gold-Silber-Kupferschmiede
Carl Schlemmer:	Wandmalerei
	Glasmalerei
Helene Börner:	Weberei

IV. Außerordentliche Lehrkräfte:

Gertrud Grunow	(Harmonisierungslehre)
Adolf Meyer	(Baulehre)
Carl Zaubitzer	(technischer Leiter der Graph[ischen] Werkstatt)

[6.]
Satzungen als Anlage zum Protokoll. – Durchschrift.
ThHStA Weimar, Staatliches Bauhaus Weimar 12, Bl. 148–157.

Satzungen zum Protokoll vom 26. Juni [19]22^g

I. Lehrordnung

§ 1 Zweck:
Das Bauhaus erstrebt die Ausbildung bildnerisch begabter Menschen zum schöpferisch gestaltenden Handwerker, Bildhauer, Maler oder Architekten. Durchbildung aller im Handwerk, *Technik*^h und in der Form mit dem Ziel gemeinsamer Arbeit am Bau dient als einheitliche Grundlage.

§ 2 Lehre:
Lehrgrundsatz
Jeder Lehrling und Geselle lernt gleichzeitig bei zwei Meistern, je einem Meister des Hand-
werks und einem Meister der Formlehre. Beide stehen in enger Lehrverbindung.

a) Umfang der Lehre
Die Lehre im Bauhaus umfaßt die handwerklichen und wissenschaftlichen Gebiete des bild-
nerischen Schaffens.
Die Lehre gliedert sich in:
1) Werklehre für
  I   Stein
  II   Holz
  III Metall
  IV   Ton
  V   Glas
  VI   Farbe
  VII Gewebe

---

g Vermerk von L. Hirschfeld.
h Ergänzung von L. Hirschfeld.

Ergänzende Lehrgebiete
A) Material- und Werkzeugkunde
B) Grundbegriff von Buchführung, Preisberechnung, Vertragsabschlüssen.

2) Formlehre
I. Anschauung
    1) Naturstudium
    2) Lehre von den Stoffen

II. Darstellung
    1) Projektionslehre
    2) Lehre der Konstruktionen
    3) Werkzeichnen und Modellbau für alle räumlichen Gebilde

III. Gestaltung
    1) Raumlehre
    2) Farblehre
    3) Kompositionslehre.[i]
Ergänzende Lehrgebiete
    Vorträge aus allen Gebieten der Kunst und Wissenschaft aus Vergangenheit und Gegenwart.

b) Einteilung der Lehre
Der Gang der Ausbildung umfaßt drei Abschnitte
1) Die Vorlehre
(s[iehe] § 5 vorletzter Absatz) Dauer: ein halbes Jahr. Elementarer Formunterricht in Verbindung mit Materieübungen in der besonderen Werkstatt für die Vorlehre
Ergebnis: Aufnahme in eine Lehrwerkstatt.
2) Die Werklehre
in einer der Lehrwerkstätten unter Abschluß eines gesetzlichen Lehrbriefes und die ergänzende Formlehre
Dauer: drei Jahre
Ergebnis: Gesellenbrief der Handwerkskammer, gegebenenfalls des Bauhauses.(s[iehe] § 6)
3) Die Baulehre
handwerkliche Mitarbeit am Bau (auf Bauplätzen der Praxis) und freie Ausbildung im Bauen (auf dem Probierplatz des Bauhauses) für besonders befähigte Gesellen.
Dauer: je nach der Leistung und den Umständen.
Der Bauplatz dient zur Fortsetzung der Werklehre, der Probierplatz mit der dazugehörigen Entwurfswerkstatt zur Fortsetzung der Formlehre.
Ergebnis: Der Meisterbrief der Handwerkskammer, gegebenenfalls des Bauhauses.

---

i   Änderung bei 2) Formlehre durch Überklebung; zuvor: *I. Lehre von den elementaren Stoffen II. Naturstudium III. Gestaltungslehre (Zeichnen, malen, modellieren, bauen) 1. Lehre von den Grundformen 2. Farblehre 3. Kompositionslehre IV. Lehre von technischen Konstruktionen und der Darstellung (Projektionslehre). Werkzeichnen und Modellbau für alle räumlichen Gebilde (Gegenstände, Möbel, Räume, Bauwerke).*

Das Ziel der Lehre am Bauhaus ist die Arbeit am und zum Bau, zu dem sich sämtliche Arbeitsgebiete vereinigen. Auf dem Probierplatz werden nur die begabtesten Gesellen (keine Lehrlinge) zugelassen, die befähigt sind, aus eigenem schöpferischen Vermögen handwerkliche und formale Probleme auszuprobieren und zu entwickeln. Sie haben Zutritt zum Entwurfsatelier, das dem Probierplatz angegliedert ist, sowie zu allen Werkstätten des Bauhauses, um sich auch andere Handwerke aneignen zu können. Sie werden nach Maßgabe vorhandener Aufträge zur formalen und handwerklichen Mitarbeit an praktischen Bauaufgaben (Bauplatz) herangezogen, damit sie in der Praxis das Zusammenwirken aller Handwerke am Bau kennenlernen und gleichzeitig die wirtschaftliche Möglichkeit finden, ihren Unterhalt zu verdienen.

Soweit das Bauhaus nicht eigene Kurse zur theoretischen Ergänzung in den technischen Ingenieurwissenschaften (Konstruktionslehre in Eisen und Beton, Statik, Mechanik, Physik, industrieller Technik, Heizung, Installation, technische Chemie) einrichtet, ist es erwünscht, daß architektonisch hervorragend Begabte nach Beratung mit ihren Meistern zeitweise auf technischen Hochschulen und Baugewerkenschulen ihr Wissen ergänzen.

Zeitweilige Arbeit der ausgebildeten Gesellen in fremden Werkstätten des Handwerks und namentlich der Industrie (Arbeit an Maschinen) ist zu gegenseitiger Befruchtung dringend erwünscht.

Ob Gesellen nach bestandener Gesellenprobe weiterhin am Bauhaus verbleiben können und produktive Erwerbstätigkeit in den Werkstätten und auf dem Bauplatz finden, hängt von den formalen und technischen Leistungen des Gesellen sowie von Zahl und Umfang der jeweiligen Aufträge ab, die das Bauhaus zur Ausführung übernimmt. Das Bauhaus kann jedoch Verpflichtungen auf fortlaufende Aufträge an die Gesellen nicht eingehen, da eine produktive Arbeit von der Wirtschaftslage abhängt.

Während der ganzen Dauer der Ausbildung wird auf der Einheitsgrundlage von Ton, Farbe und Form eine praktische Harmonisierungslehre erteilt mit dem Ziele, die physischen und psychischen Eigenschaften des Einzelnen zum Ausgleich zu bringen.

§ 3 Bauhausangehörige:
Angehörige des Bauhauses sind Meister, Jungmeister, Gesellen und Lehrlinge sowie Beamte und Angestellte.

§ 4 Meister:
Die Meister werden berufen und leiten nach freiem Ermessen die Einzelausbildung der Gesellen und Lehrlinge im Rahmen des allgemeinen Lehrplanes und des in jedem Halbjahr neu aufzustellenden Arbeitsverteilungsplans.
    Für die Formlehre werden Form-Meister, Architekten, Bildhauer, Maler berufen.
    Für die Werklehre werden Handwerksmeister berufen, denen die Leitung der einzelnen Werkstätten obliegt.
    Gegebenenfalls können für die Formlehre Hilfsmeister, für die Werklehre Gehilfen angestellt werden.
    Vorträge und Vorlesungen werden teilweise von auswärtigen Lehrern gehalten.

§ 5 Aufnahme in die Vorlehre:
Aufnahmen in das Staatliche Bauhaus finden nur in die Vorlehre und nur zu Semesterbeginn statt. Bewerbungen, die nach dem 1. März bzw. 1. September eintreffen, können erst für das nächste Semester berücksichtigt werden.

5   In die Vorlehre aufgenommen wird, soweit es der Raum zuläßt, jede unbescholtene Person, deren Begabung und Vorbildung als ausreichend erachtet wird.

Auch Gesellen und Jungmeister, die ihre Gesellen- bzw. Meisterprüfung bereits bestanden haben, werden zunächst nur in die Vorlehre aufgenommen.

Die Dauer der einzelnen Lehrgänge für die Lehrlinge oder Gesellen ist durch gesetzliche
10   Vorschriften bestimmt (s[iehe] § 6).

Anmeldungen müssen schriftlich erfolgen. Als Grundlage für die nachgesuchte Aufnahme sind beizubringen:

1. selbständige Arbeiten (Zeichnungen, Bilder, Plastiken, handwerkliche Arbeiten, Entwürfe, Photos usw.);
15   2. Lebenslauf unter Darlegung der Vorbildung, der Staatszugehörigkeit, der persönlichen Verhältnisse und der Subsistenzmittel (bei Minderjährigen durch Eltern oder Vormund);

3. Polizeiliches Leumundszeugnis;

4. Ärztliches Gesundheitszeugnis;
20   5. Gegebenenfalls Zeugnisse über bisher genossene handwerkliche Ausbildung (z. B. Gesellenbrief)

Jeder Bewerber wird vorerst nur ein Halbjahr in die Vorlehre aufgenommen. In dieser Vorlehre, welche nur ausnahmsweise bei besonderer Begabung und künstlerischer Reife erlassen wird, ist der pflichtgemäße Vorunterricht zu besuchen (§ 2b/I).

25   Die Aufnahme in eine Werkstatt hängt von der persönlichen Eignung des Bewerbers und von der Güte seiner in diesem Probehalbjahr entstandenen freien Arbeiten ab. Der aufgenommene Lehrling kann sich selbst eine Werkstatt wählen unter Berücksichtigung der Platzfrage und der Zustimmung der beiden Meister der Werkstatt.

§ 6 Prüfungen:
30   Lehrlinge, die nach bestandener Vorlehre in eine Werkstatt eingetreten sind, schließen einen gesetzlichen Lehrbrief mit der Handwerkskammer ab. Die im Lehrbrief vermerkte Probefrist in der Werkstatt läuft ein Semester. Erst mit erfolgreich beendigter Probefrist gilt der Lehrling als aufgenommen und verpflichtet sich nun ausdrücklich, die Lehre in der Werkstatt des Bauhauses zu beenden.

35   Nach Ablauf der gesetzlichen Zeit und Erfüllung der gesetzlichen Vorschriften können sich Lehrlinge zur Gesellen-, Gesellen zur Meisterprüfung anmelden. Die Prüfungen werden vor der Handwerkskammer abgelegt.

Unabhängig davon werden Prüfungen vor dem Baushausrat abgelegt (Bauhaus-Geselle und Jungmeister), deren Forderungen über das Maß der öffentlichen Gesellen- und Meister-
40   prüfungen namentlich in formaler Hinsicht weit hinausgehen. Die Meister des Bauhauses stellen eine Prüfungsordnung auf.

§ 7 Rechte und Pflichten der Jungmeister, Gesellen und Lehrlinge:
Jeder Jungmeister, Geselle und Lehrling ist zur Innehaltung der Satzungen und der Hausordnung verpflichtet.

Die Werklehre und die Formlehre bilden die Grundlage. Kein Lehrling oder Geselle kann von der einen oder der anderen befreit werden.

Jedem aufgenommenen Lehrling oder Gesellen steht es frei, neben dem Unterricht seines Formmeisters auch die Kurse der anderen Formmeister zu besuchen und sich nach Verständigung mit seinen Meistern auch von anderen Meistern technisch oder künstlerisch beraten zu lassen.

Der Wechsel der Werkstatt und entsprechende Umänderungen des Lehrbriefes kann nur unter besonderen Umständen auf schriftlichen Antrag hin genehmigt werden. Lernende dürfen nur mit Einverständnis des Leiters und der zuständigen Meister ihre Arbeiten öffentlich ausstellen.

Jeder Geselle und Lehrling ist verpflichtet, das Bauhaus regelmäßig zu besuchen, insbesondere den Unterricht in der Formlehre und in der Werkstatt auch zeitlich gemäß dem Arbeitsplan pünktlich einzuhalten. Werden Versäumnisse nötig, sind sie den beiden Meistern der Werkstatt schriftlich anzuzeigen. Versäumnisse, die drei Tage überschreiten, sind außerdem schriftlich auf dem Sekretariat zu melden. Wohnung und Name des Hauswirts ebenso wie jeder Wohnungswechsel sind sogleich dem Hauswart anzuzeigen. Sämtliche Arbeitsräume, welche mehreren oder einzelnen Lernenden überlassen werden, sind als Lehrräume zu betrachten.

Die Einrichtungsgegenstände, die Maschinen und Geräte in den Werkstätten sind schonend zu behandeln. Für selbstverschuldete Beschädigung jeder Art haftet der einzelne und, sofern dieser nicht festgestellt werden kann, die Gesamtheit der Unterrichtsteilnehmer.

Die Lehrlinge haben die nötigen Aufräumungsarbeiten in der Werkstatt sowie die Reinigung der Maschinen und der Werkzeuge selbst zu erledigen.

Den Anordnungen des Werkstattleiters oder dessen Stellvertreters ist unbedingt Folge zu leisten. Materialverschwendung und grobe Verstöße gegen die Werkstattordnung ziehen die Entlassung aus der Werkstatt bzw. aus dem Bauhaus nach sich.

Jeder Lehrling und Geselle, der in einer Werkstatt arbeitet, ist verpflichtet, jede einzelne Arbeit, die in der Werkstatt ausgeführt wird, sowohl vor wie während der Herstellung mit seinen beiden Meistern fortlaufend zu besprechen, also sowohl mit seinem Werkstattleiter als auch mit seinem ihm Formunterricht erteilenden Meister.

Nur so kann die Verbindung zwischen künstlerischer und handwerklicher Arbeit geknüpft werden.

Das Bauhaus stellt jedem Gesellen und Lehrling für seine handwerklichen Arbeiten das erforderliche Material. Für jede Materialentnahme ist der Werkstattleitung Quittung auszustellen.

Jeder haftet für das ihm anvertraute Material.

Für jede Arbeit ist grundsätzlich ein Material- und Arbeitszettel zu führen, der von dem Werkstattleiter oder dessen Stellvertreter zu unterzeichnen ist.

Auf jede mit dem Material des Bauhauses hergestellte Arbeit hat das Bauhaus Anspruch. Ausnahmen unterliegen besonderen Bestimmungen. Jede fertige Arbeit ist mit dem Arbeitszettel der Werkstättenleitung alsbald abzuliefern. Diese leitet die Arbeiten gesammelt an das Sekretariat.

Vom Bauhaus übernommene Arbeiten werden dem Verfertiger bezahlt.

Der Leiter des Bauhauses berät gemeinsam mit den beiden Meistern des Verfertigers und dem Syndikus, ob der Gegenstand vom Bauhaus übernommen und welche Summe dem Verfertiger für seine Arbeit vergütet werden soll.

Alle vom Bauhaus übernommenen Arbeiten tragen den staatlich genehmigten Stempel des Bauhauses.

Dem Verfertiger kann unter besonderen Umständen (schriftliche Begründung) gestattet werden, vom Bauhaus übernommene Arbeiten, die er behalten oder verschenken will, 5 zurückzukaufen. Jedoch diese Absicht entbindet nicht von der einstweiligen Verpflichtung der Ablieferung (Ausstellungszweck). Entsprechender Vermerk ist auf dem Arbeitszettel einzutragen. Material- und allgemeine Unkosten sind in diesem Fall von dem Verfertiger bar zu bezahlen.

Rückkauf der vom Bauhaus übernommenen Arbeiten mit der Absicht freihändigen Ver- 10 kaufs würde gegen das Interesse der Gesamtheit verstoßen und kann in keinem Falle zugelassen werden.

Die nicht vom Bauhaus übernommenen Arbeiten [...]ʲ kann der Verfertiger freihändig verkaufen oder verschenken nach barem Ersatz der Material- und allgemeinen Unkosten.

Vor der Annahme von Aufträgen hat jeder seine beiden Meister zu Rate zu ziehen und 15 jeden Auftrag förmlich durch das Sekretariat zu leiten. Das Bauhaus ist dem Auftraggeber gegenüber künstlerisch und wirtschaftlich verantwortlich.

Jeder Jungmeister, Geselle und Lehrling hat das Recht, Anträge zu stellen, die schriftlich der Leitung einzureichen sind.

Die „Bauhaus-Gesellen und -Jungmeister" bilden die Vertretung aller Gesellen und Lehr- 20 linge. Sie werden bei wichtigen Entscheidungen gefragt (s[iehe] § 17 1. Abs[atz]).

Sonderbegabten kann eine Sonderstellung eingeräumt werden, die sie von der Werkstatt befreit.

§ 8 Hospitanten:
Bei der Art des Lehrgangs am Bauhaus können Hospitanten nicht aufgenommen werden.

25 § 9 Abgang und Entlassung:
Der Austritt aus dem Bauhaus kann nach Beendigung der Lehre jederzeit erfolgen, vorausgesetzt, daß alle Verbindlichkeiten erfüllt sind. Der Austritt ist der Leitung und den Werkstattmeistern vorher schriftlich mitzuteilen.

Lehrlinge, deren Leistungen in formaler oder technischer Hinsicht auf die Dauer nicht be- 30 friedigen, können zum Abgang vom Bauhaus veranlaßt werden.

Mangel an Interesse und grobe Verstöße gegen die Satzungen ziehen Entlassung nach sich.

§ 10 Lehrgebühren:
Das Lehrgeld für die Vorlehre (ein Semester) beträgt M[ark] 200,–, die beim Eintritt in das 35 Bauhaus voll zu zahlen sind. Bei nochmaliger Teilnahme an der Vorlehre ist derselbe Betrag im voraus zu entrichten.

Beim Eintritt in eine Werkstatt nach erfolgreicher Beendigung der Vorlehre sind einmalig M[ark] 100,– Aufnahmegebühren zu zahlen. Die Lehre in der Werkstatt ist frei.

Von Ausländern wird in allen Fällen der doppelte Betrag erhoben. Deutsche Sprachge- 40 biete werden nicht zum Ausland gerechnet.

---

j Streichung, nicht mehr lesbar.

Bedürftigen Lehrlingen können die Lehrgebühren für die Vorlehre und die Aufnahmegebühr in die Werkstatt ganz oder teilweise erlassen werden. Die Zahl von 12 Freistellen darf jedoch nicht überschritten werden.

Für alle Ansprüche ist Weimar Gerichtsstand.

§ 11 Zeiteinteilung und Urlaub:

Das Lehrjahr beginnt und endet im April. Die Arbeit in den Werkstätten wird nicht unterbrochen. Kurze Ferien zu Weihnachten und zu Ostern werden jeweilig bekannt gegeben.

Einzelurlaub wird nach Ermessen der Leitung und der zuständigen Meister erteilt. Gesuche um Einzelurlaub sind acht Tage vor beabsichtigtem Antritt im Sekretariat schriftlich einzureichen und schriftliche Antwort der Leitung vor Urlaubsantritt abzuwarten.

Der Unterricht in der Formlehre wird im Sommer (Juli, August, September) unterbrochen. Das Datum für den Beginn und die Beendigung wird jeweilig von der Leitung bekannt gegeben. Der Leiter kann auf Ansuchen gestatten, auch während der Unterbrechung des Formunterrichts in den Arbeitsräumen fortzuarbeiten.

Wann das Sekretariat und die Bibliothek im Sommer geöffnet sind, wird durch Anschlag bekannt gegeben.

Während der Unterrichtszeit wird täglich mit Ausnahme der Sonn- und Festtage gearbeitet. Die Vorträge und Vorlesungen finden vorzugsweise im Winter-Semester statt. Den allgemeinen Lehrplan und die Bestimmungen der Arbeitsstunden für die einzelnen Semester entwirft die Leitung im Einvernehmen mit dem Bauhausrat.

§ 12 Hilfsmittel für den Unterricht (Verleihordnung):

Sämtlichen Angehörigen des Bauhauses stehen die Bibliothek und die Sammlungen zur Verfügung.

Die Benutzung der Sammlungen der Weimarer Museen sowie der Staatsbibliothek sind nach Möglichkeit zugängig gemacht.

Original-Kunstwerke dürfen nicht entliehen werden. Bücher, sofern es nicht Prachtwerke oder Unika sind, darf der Entleiher mit in seine Wohnung nehmen. Bücher und Lichtbilder dürfen (jedoch nur ausnahmsweise und mit besonderer Bewilligung des Leiters) auch an nicht dem Bauhause Angehörige verliehen werden. Der Entleiher stellt einen Empfangsschein aus, auf welchem der entliehene Gegenstand bezeichnet ist. Der Schein wird im Sekretariat des Bauhauses hinterlegt. Durch Ausstellung dieses Scheines verpflichtet sich der Entleiher zur schonenden Behandlung des entliehenen Gegenstandes und im Falle der Beschädigung zum Ersatz des Schadens.

Über die Verpflichtung der Entschädigung und deren Höhe wird durch den Leiter im Einvernehmen mit dem Syndikus und einem von diesen beiden für jeden Fall hinzuzuziehenden Meister erkannt.

Der Entleiher von Büchern ist für vier Wochen, der von anderen Gegenständen von acht Wochen zu deren Benutzung berechtigt, doch hat er diese in jedem Falle sofort zurückzustellen, wenn sie von dem Leiter des Bauhauses zurückverlangt werden sollten, ebenso dann, wenn er vor Ablauf dieser Zeit verreist.

Bücher und Gegenstände, welche nach Ablauf der bestimmten Frist nicht zurückgeliefert sind, werden abgeholt. Für jeden Gang ist ein Botengeld von M[ark] 2,– zu entrichten.

§ 13 Stipendien-Verteilung:
Aus den vorhandenen Stiftungen werden Stipendien für außerordentliche Leistungen an Gesellen und Lehrlinge des Staatlichen Bauhauses verliehen. Anträge zur Verleihung von Stipendien müssen schriftlich und mit genügender Begründung an das Sekretariat des Staatlichen Bauhauses eingereicht werden. Die Entscheidung über diese Gesuche trifft der Leiter
in Beratung mit den zuständigen Meistern.

II. Verwaltungsordnung

§ 14 Verhältnis zur Staats-Regierung
Die Verwaltung des Bauhauses ist dem Thüringischen Ministerium für Volksbildung unterstellt.
Berufung und Ausscheiden des Leiters erfolgt durch das Ministerium auf Vorschlag des
Bauhausrats.
Berufung und Ausscheiden von Form-Meistern erfolgt mit Genehmigung des Ministeriums im Rahmen des Jahres-Voranschlags durch die Leitung nach vorheriger Beratung mit
den Formmeistern.
Die Formmeister werden zunächst auf drei Jahre berufen. Die Erneuerung der Verträge,
gegebenenfalls auf längere Zeiträume bemessen, erfolgt auf Voranschlag [sic!] des Leiters
durch Entschließung des Ministeriums.
Berufung und Ausscheiden des Syndikus, der Handwerksmeister (Werkstättenleiter), der
außerordentlichen Lehrer und Hilfskräfte sowie Abschluß und Verlängerung der Verträge
mit diesen erfolgt mit Genehmigung des Ministeriums durch den Leiter nach vorheriger Beratung mit den zuständigen Formmeistern *bzw. mit dem Bauhausrat.*[k]
Der Jahresvoranschlag des Bauhauses wird von dem *Leiter u[nd] dem*[l] Syndikus im Einvernehmen mit dem Ministerium aufgestellt.
Nicht veranschlagte Auslagen bedürfen der Genehmigung des Ministeriums.
Die Jahresrechnungen des Bauhauses werden durch das Ministerium festgestellt.

§ 15 Glieder der Verwaltung:
Die Glieder der Verwaltung sind:

a) der Leiter,   d) der Verwaltungs-Sekretär,
b) der Bauhausrat,   e) die Büro-Beamten und -Angestellten,
c) der Syndikus,   f) die Hauswarte.

§ 16 Der Leiter:
Der Leiter vertritt die Anstalt nach außen mit Ausnahme der Vertretung vor den Gerichten,
die den gesetzlichen Vorschriften entsprechend dem Ministerium obliegt. Auch handhabt er
im Bauhaus die Disziplin und hausväterlichen Rechte. Veränderungen innerhalb des Haus-
haltplanes, mit Ausnahme fest zugesicherter Gehälter, sind ihm anheimgegeben.
Dem Leiter steht die gesamte künstlerische und verwaltende Leitung des Bauhauses zu.

---

k Ergänzung von L. Hirschfeld.
l Ergänzung von L. Hirschfeld.

§ 17 Der Bauhausrat:
Die Gesamtheit der Meister – Form-Meister und Handwerksmeister – bilden zusammen mit
dem Leiter und dem Syndikus den Bauhausrat. Bei wichtigen Entscheidungen treten die
außerordentlichen Lehrkräfte des Bauhauses sowie die Bauhaus-Gesellen und Jungmeister,
und zwar einer von jeder Werkstatt, hinzu.   5
    Der Bauhausrat hat die Bestimmung, den Leiter in allen wichtigen Entscheidungen zu bera-
ten. Auf Grund der gemeinsamen Beratungen faßt der Leiter die verantwortlichen Entschlüsse.
    Je nach dem Gegenstand der Verhandlungen hat der Leiter den Bauhausrat oder nur ein-
zelne Mitglieder, in deren Arbeitsgebiet die Verhandlungsfrage fällt, zur Beratung einzuladen. Der Leiter stellt für die Regelung der Zuständigkeit eine Beratungsordnung auf.   10
    Die Mitglieder des Bauhausrats sind zur Geheimhaltung der Beratungen verpflichtet.
    Die Mitglieder des Bauhausrats haben das Recht, jederzeit Anträge auf gemeinsame Be-
ratungen zu stellen, denen der Leiter so bald als möglich stattzugeben hat.

§ 18 Der Syndikus:
Der Syndikus hat in engem Einvernehmen mit dem Leiter die gesamte geschäftliche Leitung   15
des Bauhauses zu besorgen.
    Er vertritt den Leiter in allen Verhinderungsfällen in den laufenden Geschäften, während
grundsätzliche Angelegenheiten der Entscheidung und der Unterschrift des Leiters vorbehalten bleiben.

Die Obliegenheiten des Syndikus umfassen: 20
Die Leitung des Buchführungs-, Rechnungs- und Kassenwesens,
die Verwaltung der Werkstätten,
Ein- und Verkauf,
Inventur,
Bearbeitung der Jahresvoranschläge und Berichte,   25
Bearbeitung der Sitzungsprotokolle,
Aufstellungen von Verträgen,
Behandlung von Rechtsfällen,
Regelung der Steuern und Versicherungen,
Verwaltung der Personal-Akten,   30
Postverteilung,
Aufsicht über die Gebäude, einschließlich Licht und Heizung,
Aufsicht über die Hauswarte.

Der Syndikus beglaubigt durch Unterschrift die für das Bauhaus erwachsenden Rechnungen
und ist berechtigt, Gelder für das Bauhaus einzunehmen und darüber zu quittieren.   35

§ 19 Der Verwaltungs-Sekretär:
Der Verwaltungs-Sekretär besorgt in engem Einvernehmen mit dem Leiter die innere Verwaltung des Bauhauses.

Die Obliegenheiten des Verwaltungs-Sekretärs sind:
Der Verkehr mit den Bauhausangehörigen und dem Publikum während der Geschäftsstunden,   40
Bearbeitung der Angelegenheiten der Gesellen und Lehrlinge, und zwar: Personal-Akten,

Lehrbriefe, Listen, Aufnahme und Abgang, Urlaube, Stipendien, Raumverteilung und Kran-
kenkassenbeiträge,
Vorbereitung der Maßnahmen zu Beginn und Schluß des Semesters,
Bearbeitung der Umläufe, Anschläge und Stundenpläne.
5 Vorbereitung der Ausstellungen.
Verwaltung und Inventarisierung der Bibliothek, der Lichtbilder, der Lehrmittel und des
Leseraums,
Einstellung der als Modell verwendeten Personen.

§ 20 Die Büro-Beamten und Angestellten:
10 Die Geschäfte der Kasse und Rechnungsführung sowie die Bürogeschäfte werden von Beamten oder Angestellten besorgt, die von dem Leiter des Bauhauses mit Einvernehmen des
Ministeriums mit diesen Geschäften betraut werden.
Die Büroangestellten führen unter Leitung des Syndikus die Bücher und besorgen den
Schriftverkehr des Leiters und des Syndikus. Sie führen die Inventare, Portobücher und Li-
15 sten, sie ordnen die Akten und [...]^m Briefe und bedienen den Fernsprecher.

§ 21 Die Hauswarte:
Die Anstellung der Hauswarte erfolgt durch das Ministerium im Einvernehmen mit der Leitung. Sie unterstehen der Aufsicht des Syndikus und des Verwaltungssekretärs. Sie sorgen
für die Reinhaltung der Arbeits- und Lehrräume, Gänge und Wege und besorgen im Winter
20 die Heizung. Sie erledigen die ihnen vom Sekretariat erteilten Aufträge und Botengänge. Sie
beglaubigen durch Unterschrift die Richtigkeit der Rechnungen, welche von den als Modell
verwendeten Personen aufgestellt werden. Sie überwachen das Ein- und Auspacken der von
dem Bauhaus zu versendenden oder ihm zugesandten Gegenstände. In zweifelhaften und
ihnen schwierig erscheinenden Fällen haben sie die Gegenwart des Verwaltungssekretärs
25 zum Zweck der Feststellung der Tatsachen zu erbitten.
Sie haben die Aufsicht über die im Dienst des Bauhauses zu verwendenden Arbeiter.
Im übrigen werden die dienstlichen Obliegenheiten durch Dienstvorschriften geregelt, die
von der Leitung erlassen werden.

§ 22 Sitzungsordnung:
30 Die Teilnehmer der Beratungen werden durch den Leiter des Bauhauses oder in dessen
Abwesenheit durch den Syndikus zusammengerufen. Die Einladung zur Sitzung ist ordnungsgemäß erfolgt, wenn der Syndikus das mit der Tagesordnung versehene Einladungs-
schreiben jedem für die Sitzung zuständigen Teilnehmer hat einhändigen lassen.
Der Leiter eröffnet, leitet und schließt die Sitzung. In seiner Abwesenheit ernennt der Lei-
35 ter einen Vertreter. Jedoch dürfen wichtige Entschlüsse in Abwesenheit des Leiters nicht gefaßt werden. Der Syndikus führt das Protokoll; in seiner Abwesenheit wählen die Teilnehmer der Beratung einen Vertreter.
Sind die zuständigen Teilnehmer vollzählig und widerspricht kein Mitglied, so können auch
Beschlüsse über solche Punkte gefaßt werden, welche nicht auf der Tagesordnung stehen.
40 Jedes Mitglied ist berechtigt, Anträge zu stellen.

---

m Streichung; zuvor: *Listen.*

Anträge auf Veränderung der Satzungen müssen schriftlich eingereicht und in zwei Lesungen behandelt werden, die eine Woche auseinander liegen. Die zweite Lesung kann, wenn dies einstimmig beschlossen wird, ausnahmsweise in kürzerer Zeit danach oder auch in einer und derselben Sitzung gehalten werden.

Das nach den Aufzeichnungen des Protokollführers nach der Sitzung geschriebene Pro- 5
tokoll wird zur Einsicht und Unterschrift den Teilnehmern der Besprechung zugestellt.

§ 23 Umläufe:
Bei Gegenständen, welche keine besondere Besprechung erfordern, können die zuständigen Personen durch Umläufe befragt werden.

Der auf Grund des Umlauf-Ergebnisses gefaßte Beschluß muß in der nächsten Sitzung des 10
Bauhausrats mitgeteilt werden.

§ 24 Vermögensverwaltung:
Die Verwaltung des dem Bauhaus gehörigen Kapitalvermögens wird durch das Ministerium besorgt.

§ 25 Kasse und Rechnungsführung: 15
Der Leiter hat alle Einnahmen und Ausgaben anzuweisen, nachdem die Rechnungen von dem Syndikus mit Beglaubigungsvermerk versehen sind.

Der Leiter und der Syndikus können jederzeit Einsicht in den Stand der Kasse und Kasseverwaltung nehmen.

Der Kassebeamte hat zu einer vom Syndikus zu bestimmenden Zeit im Sekretariat des 20
Bauhauses die Ein- und Auszahlungen vorzunehmen.

§ 26 Rechnungslegung:
Alljährlich bis zum 1. Juli ist von dem Leiter in Gemeinschaft mit dem Syndikus des Bauhauses über die laufenden Einnahmen und Ausgaben des Bauhauses während des letzten Lehrjahres sowie über die etwaigen Vorräte Rechnung zu legen. Von dem Ministerium wird 25
die Rechnung über das Anstaltsvermögen gelegt.

§ 27 Geschäfts-Berichte:
Regelmäßig am Schluß jedes Lehrjahres ist dem Ministerium ein Geschäftsbericht zu erstatten.
[...][n]

§ 28 Lehrgebäude: 30
Der Syndikus hat die nächste Aufsicht über die im übrigen der Verwaltung des Ministeriums unterstehenden Gebäude des Bauhauses zu führen. Alljährlich ist von dem Leiter, dem Syndikus, einem Beamten des Ministeriums und einem Bausachverständigen eine genaue Besichtigung der Gebäude vorzunehmen.

Notwendig werdende Bauherstellung[en] erfolgen auf Anordnung des Ministeriums, so- 35
weit es sich nicht um kleinere Unterhaltungsaufwände handelt, die für das Innere der Gebäude gemacht werden und aus Mitteln des Bauhauses zu bestreiten sind.

---

n Streichung; zuvor: *Inventar Vermietung von Arbeitsräumen: Es folgt Text aus § 30.*

§ 29 Vermietung von Arbeitsräumen:
Die Leitung ist mit Zustimmung des Ministeriums befugt, an selbständige, vom Bauhaus unabhängige Meister mit oder ohne Entgelt für begrenzte Zeit Arbeitsräume abzutreten, soweit
diese nicht zu Lehrzwecken erforderlich sind.

5 § 30 Inventar:
Über das Inventar und Mobiliar der Gebäude und Werkstätten sind je zwei Verzeichnisse
zu führen und unter Leitung des Syndikus durch Ab- und Zuschreibung jederzeit vollständig zu erhalten. Je ein Exemplar dieser Verzeichnisse ist bei dem Ministerium aufzube-
wahren.

10 § 31 Urlaub und Vertretung der Meister, Beamten und Angestellten:
Der Leiter ist befugt, den Meistern, Beamten und Angestellten Urlaub bis zu fünf Tagen zu
erteilen; Gesuche um längeren Urlaub hat er, so wie seine eigenen Urlaubsgesuche, sofern
diese fünf Tage überschreiten, dem Ministerium vorzulegen.
    Den Formmeistern soll allerdings die Möglichkeit gegeben werden, in Weimar und auch
15 außerhalb längere Zeit hintereinander sich ganz eigener künstlerischer Arbeit zu widmen.
Zu diesem Zwecke können sie sich mit Genehmigung des Leiters gegenseitig vertreten. Es
darf dadurch aber der Unterricht in der Formlehre nicht eingeschränkt werden.

22. VI. [19]22

50

Sitzung der Form- und Werkmeister am 27. Juni 1922

20

[1.]
Mitteilung an die Werkmeister vom 26. Juni 1922, Zirkular. – Ausfertigung.
ThHStA Weimar, Staatliches Bauhaus Weimar 12, Bl. 167.

Umlauf an die Werkstättenleiter

25 Weimar, 26. Juni 1922

Die für heute nachmittag 6 Uhr angesagte Beratung über die Satzungen kann nicht stattfinden. Ich bitte die Meister zu morgen, Dienstag, 27. Juni [1922], nachmittags 5 Uhr in den
Leseraum des Bauhauses zur Beratung.

Gropius

30 Meister Börner   *Börner*
   Meister Dorfner   *Kommt wenn möglich. Dorfner*
   Meister Dell   *Dell*
   Meister Hartwig   *Hartwig*
   Meister Krehan (telefonisch)

Meister Schlemmer   *CSchlemmer*
Meister Zachmann   *Zachmann*
Meister Zaubitzer   *CZaubitzer*

Frl. Börner u[nd] Meister Zaubitzer wiederholt zur Kenntnis. 29. 6. [19]22[a]
CZaubitzer
Börner
Frl. Müller   M.

H[irschfeld]   *M[üller]*

[2.]
Protokoll der Sitzung. – Ausfertigung.
ThHStA Weimar, Staatliches Bauhaus Weimar 12, Bl. 168.

Protokoll
der Besprechung aller Meister
am Dienstag, dem 27. Juni 1922, nachm[ittags] 5 Uhr.

Anwesend die Meister:
Gropius
Feininger
Klee
Muche
Schlemmer Osk.
Schreyer
Dell
Hartwig
Schlemmmer Carl
Zachmann
Meister Itten ist verreist, Frl. Börner, Herr Zaubitzer fehlt. [sic!]

Gropius teilt zunächst mit, daß das Ergebnis der Umfrage wegen der diesjährigen Ferien außer einigen Ausnahmen dahin gehe, vom 15. Juli bis 15. August [1922] allgemeine Ferien zu machen. Eine Ausnahme von dieser Bestimmung sind die Werkstätten: Wand- und Glasmalerei, *da*[b] Aufträge zur sofortigen Erledigung vorliegen. Es wird gebeten, Einzelurlaube, die außer dieser Zeit gegeben werden *sollen*[c], ausführlich zu begründen.

Gropius bittet die Meister, die eine Ergänzung oder Änderung für den Lehrplan beibringen wollen, dies bis spätestens Sonnabend zu tun, da die Satzungen nunmehr druckfertig gemacht werden müssen. Ferner teilt Gropius mit, daß wegen der Trauerfeierlichkeiten für den ermordeten Minister Dr. Rathenau morgen das Bauhaus geschlossen bleibt.

---

a   Vermerk von L. Hirschfeld.
b   Änderung von W. Gropius; zuvor: *falls*.
c   Ergänzung von W. Gropius.

Zum Antrag der Gesellen und Lehrlinge: Besuch der Theaterproben während der Werkstattzeit. Die Proben finden meistens im Winterhalbjahr statt, in denen [sic!] die Nachmittage
meist mit Vorträgen besetzt sind, so daß das Nachholen der verlorenen Arbeitszeit voraussichtlich nur theoretisch besteht. Gropius wird sich mit dem Generalintendanten Hardt in
5 Verbindung setzen, um zu erreichen, daß den Gesellen und Lehrlingen die Abendvorstel-
lungen zu ermäßigten Preisen ermöglicht wird. [sic!]
   Gropius bittet darauf hinzuwirken, daß sich bei evtl. politischen Ereignissen die Angehörigen des Bauhauses zurückhalten wegen der Folgen, die für das Bauhaus (nach den Erfahrungen aus der Zeit des Kapp-Putsches) erwachsen könnten.
10   Gropius weist die Werkstättenleiter erneut auf die Notwendigkeit hin, alle Aufträge, auch
mündlich erteilte, durch das Sekretariat zu leiten. Antwort auf die Anfrage der Werkstättenleiter vom 27. 5. [19]22 kann heute nicht gegeben werden, da Gropius die Anwesenheit von
Meister Itten dazu wünscht.
   Raumfrage: Gropius verliest den umfassenden Raumantrag des Bauhauses an das Mini-
15 sterium vom 7. 6. [19]22 und erläutert anhand der Grundrisse sämtlicher Gebäude diesen
Raumplan. Er bittet um vollkommene Diskretion in dieser Sache, um böswillige Hemmnisse
von fremder Seite bei der Durchführung zu vermeiden. Die Raumpläne werden im Sekretariat den Meistern zur Ansicht zugänig gemacht. Dell hält den Fußboden in seiner Werkstatt
für ungeeignet. Man sieht vor, den Boden von mindestens 2 Räumen der Metallwerkstatt mit
20 Holzdielen zu belegen.
   Gropius weist darauf hin, daß noch manche provisorische Umräumungsarbeiten geschehen werden, ehe der vorliegende Plan durchgeführt werden kann.

Gropius
GMuche   *Klee*   *Osk. Schlemmer*   *Feininger*   *gelesen Itt*   *Schreyer*
25 *Lotte Hirschfeld*

51

Sitzung des Meisterrates am 11. Juli 1922

[1.]
Einladung mit Tagesordnung an die Formmeister vom 5. Juli 1922. – Durchschrift.
30 ThHStA Weimar, Staatliches Bauhaus Weimar 12, Bl. 170.

Weimar, den 5. Juli 1922.

Meister ...
Meisterrat Dienstag, den 11. Juli [1922], nachmittags 3 Uhr.

Gr[opius]

35 Tagesordnung:
Aufnahme des Vorkurses in die Werkstätten.
Verschiedenes.

Gerichtet an:
Meister   Feininger,
[Meister] Gropius,
[Meister] Kandinsky,
[Meister] Klee,   5
[Meister] Marcks,
[Meister] Muche,
[Meister] Schlemmer,
[Meister] Schreyer,
Herrn Dr. Beyer,   10
Fräulein Hirschfeld.

G[ropius]

[2.]
Niederschrift für die Tagesordnung (undatiert). – Ausfertigung.
ThHStA Weimar, Staatliches Bauhaus Weimar 12, Bl. 169.   15

Sitzungsmappe

Für die Sitzung am Dienstag, 11. Juli 1922.

Für Aufnahmen: 1. Vorkurs v[om] Sommer
Brief Frl. Grunow
Brief Ilse Fehling   20
                  2. Werkstatt v[om] Sommer:
Seinfeld? Bühnenwerkstatt.
Briefe der Meister wegen Eignung der Neueingetretenen.
Urlaub Felix Klee

Urlaub der Form-Meister: 25
Vertretung für Aufnahmen im kommenden Semester von Mitte August bis 1. Okt[ober
1922]
Wie soll die Aufnahme für das Winter-Semester gehandhabt werden,
s[iehe] Bemerkung Muche auf Aufnahmegesuch Weidemüller.
Angabe, wo die Meister sich Anfang August befinden, wegen [der] Gehälter oder Eingabe,   30
daß Gehälter schon jetzt ausgezahlt werden.
Fall Hartogh
Ausstellung Kestner-Gesellschaft.
Antrag Muche, daß die Stoffe nicht mehr gezeigt werden sollen, da sie zu sehr leiden.
Maltan müßte das Lehrgeld nachträglich erlassen bekommen, da Geselle.   35
Molnar muß als Ausländer ein weiteres Stipendium von 60,– [Mark] zum Erlaß des Lehr-
geldes erhalten, da er als Ausländer doppelten Betrag zahlen muß.
Marcks entschuldigt.
Klee verreist?

[3.]
Protokoll der Sitzung. – Ausfertigung.
Bauhaus Archiv Berlin, Archiv W. Gropius, Meisterratsprotokolle. Durchschrift in: ThHStA Weimar, Staat-
liches Bauhaus Weimar 12, Bl. 172–175.

5 Protokoll
Meisterrat am 11. Juli 1922, nachm[ittags] 3 bis 6 $1/2$ Uhr

Anwesend:
Meister   Gropius
[Meister] Feininger
10 [Meister] Klee
[Meister] Kandinsky
[Meister] Muche
[Meister] Schlemmer
[Meister] Schreyer
15 Syndikus Dr. Beyer
Fräulein Hirschfeld
Meister Itten ist verreist.
Meister Marcks fehlt entschuldigt.

Tagesordnung:
20 1.) Aufnahme der Teilnehmer am Vorkurs Sommer 1922.
2.) Verschiedenes.

Vorbesprechung im Leseraum.
Gropius trägt zunächst über den Fall Fehling vor auf Grund ihres an den Meisterrat gerichteten Briefes vom 8. VII. [19]22. Endgültiger Entschluß wird bei Besichtigung ihrer Arbeiten
25 gefaßt.
    Klee, Felix wird auf Antrag von Meister Klee bis Anfang Oktober beurlaubt. (Begründung:
seine Jugend.)
    Gropius legt noch einmal die Gründe dar, die ihn veranlaßt haben, auf das wiederholte
Gesuch von Hartogh um Aufnahme in die Tischlerei des Bauhauses abschlägige Antwort zu
30 geben nach vorheriger Kenntnis der Meinung Muches über diesen Fall. Da nach der neuen
Beratungsordnung Gropius zusammen mit dem den Vorkurs leitenden Meister über die Aufnahmen entscheidet, wird eine Frage wie diejenige Hartoghs besonders kompliziert, da Hartogh vorher jeden einzelnen Meister um seine Meinung befragt hatte. Man kommt überein,
den abschlägigen Bescheid bestehen zu lassen.
35   Maltan, der Geselle ist und bei der Lehrgeldfreistellenvergebung übersehen wurde, erhält
ein Stipendium von M[ark] 60,– zur Zahlung des Lehrgeldes für die 1. Rate Sommersemester 1922 nachbewilligt.
    In der Ausstellungsangelegenheit der Kestner-Gesellschaft, Hannover wird beschlossen zu
versuchen, die Ausstellung bis zum November zu verschieben, so daß die Meister in der Lage
40 sind, ihre Bilder der Weimarer Ausstellung nach deren Beendigung nach Hannover zu senden.
    Es kommt die wiederholt berührte Frage zur Sprache, welche Mittel geeignet wären, die
Schülerschaft nach schöpferisch Begabten und nur handwerklich Begabten zu trennen. Die
Ansicht mehrerer Meister geht dahin, daß die Arbeit in den Werkstätten eine solche Trennung

allmählich notwendig erscheinen läßt. Gropius bittet, bis zum Beginn des nächsten Semesters einen Modus zu überlegen, der dieser Notwendigkeit gerecht wird. Er warnt aber davor, das Grundfundament des Bauhauses, das von jedem einzelnen Schüler die vollständige Erlernung eines Handwerkes verlangt, dadurch zu gefährden, daß einzelnen Sonderstellungen eingeräumt werden, die sie vom Handwerk entbinden. Wenn dies in einzelnen Fällen vom Meister-   5 rat beschlossen worden sei, so lag der Grund dafür am vorgeschrittenen Alter und der vorgeschrittenen Ausbildung des einzelnen. Bei Jüngeren, auch wenn sie schöpferisch besonders veranlagt sind, sei ein Durchschreiten der Handwerklehre bedingungslos erforderlich, und es muß diesen die Möglichkeit gegeben werden, in Ruhe dieses Handwerk in regelrechter Werkausbildung zu erlernen, dann erst kann, wenn sie Gesellen geworden sind, eine Ausbildung auf 10 breiterer Basis und in allen Werkstätten erfolgen. In diesem Sinne seien auch die Satzungen abgefaßt worden. Seiner Ansicht nach hängt auch mit dieser Frage die Schwierigkeit einer Durchführung der von allen als so notwendig erachteten Werkstattdisziplin ab.

Weitere Sitzung findet im Raum 39 (Ausstellung der Vorkursarbeiten) statt.

1. Aufgenommen, da 1. Probesemester bestanden, werden: 15
   Feininger, Andreas   Tischlerei
   Frahm   Druckerei
   Teltscher   Wandmalerei
   Buscher   Weberei
   Erps   Weberei   20
   Muth   Weberei
2. Aufgenommen, da 2. Probesemester bestanden:
   Bayer, Herbert   Wandmalerei
   Weininger, Andreas   Wandmalerei
3. Zum 2. Probesemester mit Werkstatt zugelassen: 25
   Häberer   Wandmalerei
   Jucker   Metallwerkstatt
   Schleifer   Steinbildhauerei
   Schneiders   Wandmalerei
   Haffenrichter   Bühne, mit dem Recht, zeitweise in anderen Werkstätten 30
                             zu arbeiten
   Brinkmann   Holzbildhauerei
4. Zum 2. Probesemester ohne Werkstatt zugelassen:
   Grune
   Nantke   35
   Paris
   Hirschel
   Gugg
   Ivanovic
   Seligmann   40
   Fleischmann
5. Nach 1. Probesemester abgelehnt:
   Schönfeld   Pünter
   Harwig   Saemann

Horstmann   Smith
Buchbinder   Thienemann
6. Nach 2. Probesemester abgelehnt:
    Sigl   Droste
5   Barthelmess   Spiero
7. Zu streichen sind:
    Boosten
8. Unentschieden bleiben:
a) vom 1. Probesemester:
10 Bleek, da krank
Münz, dessen Entscheidung über Aufnahme oder Nichtaufnahme von einer nochmaligen
Rücksprache mit den Schülern vertagt wird. [sic!] Auf Grund der Arbeiten entscheiden die
Meister für:
Vorkurs zum 2. Mal.
15 b) vom 2. Probesemester:
Drewes, dessen Aufnahme auf Grund seines Antrages vom 10. 7. [1922] bis Anfang des Winter-Semesters zurückgestellt wird.
Fehling desgl[eichen] (als letzte Frist 1. Oktober [1922]).

Alle vom letzten Semester in die Werkstätten Aufgenommenen kommen nach beendeter
20 Lehrprobezeit von 6 Monaten erst am 1. Oktober [1922] zur Verhandlung.
    Sämtliche heute in Werkstätten Aufgenommenen sind vor Ferienbeginn zusammenzuru-
fen. Es soll der Termin des Eintrittes in die Werkstätten besprochen werden, der auf 1. Oktober bzw. 15. August [1922] fällt.
    Es wird beantragt, das ungünstige Zeit-Verhältnis der Semester künftig zu ändern, da das
25 Sommersemester im Vergleich zum Wintersemester zu kurz ist. Es wird vorgeschlagen, das
Wintersemester im Februar schließen zu lassen. Entscheidung darüber wird bis zum 1. Oktober [1922] zurückgestellt.
    Für die Zeit der Abwesenheit der Meister während der Ferien wird beschlossen, die Auf-
nahmen der Neueinzutretenden durch Gropius im Einvernehmen mit einem zweiten in Wei-
30 mar anwesenden Meister vorzunehmen.
    Gropius teilt die gestrige Besprechung mit den Werkstattleitern über seinen Finanzplan
mit, falls der für Rohstoffe und Anschaffungen beantragte Kredit von 2 Millionen Mark bewilligt wird. Gropius bittet die Formmeister um Vorschläge, falls besondere Anschaffungen
gewünscht werden.
35 Es wird beschlossen: Falls Ida Muth durch Gartenarbeit im Siedlungsgarten nicht wirtschaftlich geholfen werden kann, soll sie ein Stipendium von M[ark] 1 000,– erhalten.

Gropius
Marcks   Feininger   Klee   Georg Muche   Schreyer   Kandinsky   gelesen Itten
Osk. Schlemmer   Dr. Beyer
40 *L. Hirschfeld*
Anlage Brief Grunow[a]

---

a Vermerk von L. Hirschfeld.

[4.]
Gutachten von G. Grunow als Anlage zum Protokoll (undatiert). – Ausfertigung.
ThHStA Weimar, Staatliches Bauhaus Weimar 13, Bl. 224–225.

Z[um] Protokoll v[om] 11. Juli [19]22 in Umlauf^b

Die natürlichen Kräfte waren bei allen im folgenden genannten Schülern gehemmt, teilweise 5
gänzlich unterbunden gewesen, entweder durch unfruchtbares Denken oder durch wenig gutes
Arbeiten und Einseitigkeiten im künstlerischen Thun. Jeder Schüler erkannte dies selbst bald,
arbeitete mit Ernst, Eifer und freudig. Die Erfolge können natürlich nur im Hinblick auf starke
Fehler und die Kürze der Zeit als verhältnismäßig bewertet werden. Bis auf eine Ausnahme
scheinen alle Schüler fähig, schwächer, stärker in engerem (specifisch) und weiterem Umfange 10
der bildenden Kunst sich widmen zu dürfen.
　　Ungenügend entwicklungsfähig, im Innern krank ist zweifellos Herr Schönfeld.
　　Herr Hirschel beginnt gesünder und kräftiger zu werden und dürfte im Laufe eines neuen
Semesters den Forderungen des Bauhauses weit gerechter werden als bisher. Auch den
Schülern würde er sympathischer werden. Ein nochmaliger, längerer Vorcurs scheint für ihn 15
notwendig.
　　Herr Münz wird gefühlsmäßig stärker werden, niemals ganz stark; doch zeigt seine Natur
Kräfte, die durchaus mit Tüchtigkeit auf speciellerem Gebiete zu rechnen erlauben. (Übrigens
will er gern Emaille-Arbeit pflegen, meint er, und jetzt gern in die Werkstatt für Glasmalerei.
Herr Münz sagte mir, er könne nur in Weimar bleiben, wenn er in eine Werkstatt käme. Ob- 20
gleich er sehr strebsam, eifrig und ernst ist, muß er unbedingt als Bauhäusler neben der Werk-
statt den Vorcurs besuchen nach meinen Erfahrungen.)
　　Herr Grune bedarf noch einiger Zeit, um in der neuen Welt, die in Weimar und im Bauhause
für ihn ersteht, größere Ruhe zu gewinnen. Seine Kräfte aber scheinen durchaus beachtens-
werte werden zu können. 25
　　Herr Schneiders will Maler werden. Hierzu muß ich dringend abratend mich äußern; es
fehlen die natürlichen Kräfte; die jetzt vorhandenen würden bald versiegen. Dagegen tritt
merkbar eine Sammlung, Stärkung, Gestaltung der Kräfte nach anderer Richtung der bil-
denden Kunst neuerdings hervor, die Erfolg verheißt. Man warte ab. Dieser Fall ist ein inter-
essanter. 30
　　Herr Nantke erschien anfangs unmöglich für das Bauhaus in seiner Enge. Er vertieft, weitet
sich aber jetzt, d. h. in letzter Zeit derartig und besitzt eine starke eigne Note, daß er in seiner
Eigenart Aufmerksamkeit verdient. Wenn ich meine ganz offene Meinung äußern darf, so läge
hier ein Fall vor, der den Schüler vielleicht besser einmal zuerst Anschluß an einen der Meister-
Maler des Bauhauses suchen läßt, daneben den Vorcurs zu berücksichtigen empfiehlt und da- 35
nach erst in eine Werkstatt führt. Herr Nantke ist ein still für sich und seine Arbeit lebender
Mensch.
　　Herr Schleifer ist das reinste Kind, ein durchaus Werdender. Er wäre dem Bauhause zu emp-
fehlen. Er möchte in eine Werkstatt (Steinbildhauer). Auch hier liegt ein Ausnahme-Fall vor,
der den Eintritt in diese Werkstatt, ein langsames, sorgfältiges Hineinwachsen in dieselbe und 40
daneben den Besuch eines Vorcurses als vorteilhaft erscheinen lassen muß.

---

b　Vermerk von L. Hirschfeld.

Herr Teltscher ist als sehr begabt für Proportionen und anderes zu empfehlen.

Herr Barthelmess scheidet aus (geht nach Düsseldorf zurück).

Herrn Frahm muß ich als zu kraftlos für das Bauhaus halten, wenigstens auf die Dauer, in genügend constanter Möglichkeit.

5   *Herr Bayer ist talentvoll, besonders stark jedoch nicht. Ich betone diese Sache, weil bei den Schülern darüber etwas übertriebene Erwartungen herrschen.*

Herr Haffenrichter, der zu Meister Schreyer gehören würde, hat ernst an sich zu arbeiten. Er thut es und dürfte ernstere Erfolge erreichen.

Von Frl. Weidemann gilt dasselbe.

10   *Fr. Buscher ist talentvoll und intelligent. In Folge wenig guter Arbeitsmanier rang sie bisher noch stark mit der Freimachung natürlicher Kräfte. Sie erscheint als empfehlenswert.*

Frl. Ivanovic ist Zeit zu lassen. Sie verspricht Gutes.

Frl. Buchbinder bedarf noch größerer Kräftigung. Gründe, die gegen eine genügend günstige Entwicklung sprechen könnten, liegen nicht vor.

15   *Frl. Sager hätte noch zu langer Zeit bedurft, den Forderungen des Bauhauses zu genügen, wäre sie nicht bereits fortgegangen.*

Frl. Fleischmann kam in einem überaus üblen Zustande ins Bauhaus (auch nach ihrer eigenen Ansicht). Es liegen jedoch sichere Anzeichen vor, daß sich die Kräfte zu erfolgreicher Arbeit heben. Sie ist für einen neuen Vorcurs in jeder Weise warm zu empfehlen.

20   *vorgelesen in Sitzung am 11. 7. [19]22* [c]

52

Sitzung des Meisterrates am 14. Juli 1922

[1.]
Protokoll der Sitzung. – Ausfertigung.
25   ThHStA Weimar, Staatliches Bauhaus Weimar 12, Bl. 176.

Protokoll
Meisterrat am 14. Juli 1922,
nachmittags 4 bis 5 Uhr.

Anwesend:
30   Die Formmeister: Gropius, Feininger, Kandinsky, Muche, Schlemmer, Schreyer,
die Handwerksmeister: Börner, Hartwig, Schlemmer, Zachmann,
Herr Dr. Beyer, Frl. Lotte Hirschfeld

Zur Verhandlung kommt:
1. Günter Hirschel-Protsch, Schüler.
35   2. Bauhausveröffentlichung.

----

c   Vermerk von L. Hirschfeld.

Punkt 1.

Gropius teilt mit, daß er neulich in der Sitzung des Meisterrats am 11. Juli [1922] bereits an-
deutungsweise mitgeteilt habe, daß Günter Hirschel-Protsch Verleumdungen in Umlauf gesetzt habe, die die Schüler veranlaßt haben, sich entschieden gegen seine Aufnahme im Bauhaus auszusprechen. Da Hirschel in den Tagen verreist war, konnte nichts Entscheidendes 5
gegen ihn vorgenommen werden, ohne ihn gehört zu haben. Schreyer hatte gestern Gelegenheit, Hirschel in dieser Angelegenheit zu stellen, der alle Aussagen als von ihm erfunden
zurückzog. Gropius verliest das von ihm aufgesetzte Schreiben an Hirschel und fragt die Meister, ob sie damit einverstanden sind, Hirschel vom Bauhaus zu entlassen. Widerspruch wird
nicht erhoben. Das Entlassungsschreiben an Hirschel wird in anliegender Form gutgeheißen. 10

Um der weiteren Verbreitung dieser Verleumdungen entgegenzutreten, wird beschlossen,
den Sachverhalt ohne Namensnennung ans Brett zu schlagen sowie der Pension Mitteilung zukommen zu lassen. Von weiteren Veröffentlichungen wird Abstand genommen. Das Ministerium wird von dem Fall in Kenntnis gesetzt. Ferner ist die Speiseanstalt des Bauhauses zu
benachrichtigen, daß Hirschel nicht mehr das Recht hat, dort zu speisen. 15

Es kommt dabei zur Sprache, daß in der Kantine augenblicklich viele nicht dem Bauhaus
angehörende Personen zugelassen sind, und Gropius begründet diese Zulassung damit, daß
aus finanziellen Gründen die Küche die Zulassung befürwortet habe, weil der Mehrbetrag, der
von den Fremden gefordert wird, eine finanzielle Entlastung für die Küche bedeute.

20

Punkt 2.

Gropius teilt mit, daß die geplante Veröffentlichung über das Bauhaus nunmehr akut sei.
Der Verlag Karl Peters in Magdeburg habe sich bereit erklärt, diese Veröffentlichung in die
Hand zu nehmen und zunächst einen Kostenanschlag einzureichen. Der Leiter des Verlags
sei darum sofort vor Ferienbeginn nach Weimar gereist und wird nach der Sitzung weiter
verhandeln. Gropius zeigt das Abbildungsmaterial der Bauhausarbeiten und legt folgenden 25
Plan für die Publikation dar:

Er denkt sich die Veröffentlichung nicht in Form einer Zeitschrift, sondern in Form einer
Sonderpublikation in Buchform. Das Buch enthält etwa 10 Druckseiten Text. Der Text be-
schränkt sich darauf, in sachlicher Form Ziel und Arbeitsweise am Bauhaus zu beschreiben.
Die Hauptsache des Buches sind die Abbildungen. Es kommen etwa je 2 Abbildungen jedes 30
Formmeisters in Betracht, also etwa   16 Seiten
Abbildungen von Vorkursarbeiten etwa   10 Seiten
Von jeder Werkstatt etwa 3–4[a] Abbildungen
(7 Werkst[ätten])   28 Seiten
dazu der Text   10 Seiten 35
                             zusammen etwa   64 Seiten
Der schätzungsweise Preis für dieses Buch ist M[ark] 150,– bis M[ark] 200,– bei einer Auflage von 3 000 Stück.

Das Abbildungsmaterial wird morgen nachmittag von 3 Uhr an von den Formmeistern,
die sich dazu bereit erklären, gesichtet werden. 40

Es wird vorgeschlagen, einen Prospekt für das Buch herauszugeben. Kandinsky schlägt
vor, die Veröffentlichung in zwei Sprachen herauszugeben ([in] russischer Sprache).

---

a Änderung; zuvor: 2.

Es wird beschlossen, das Bild von Ida Muth, „Bild Pap", für M[ark] 1 000,- von ihr zu kaufen.

Gropius
GMuche   Feininger   gelesen Klee   Kandinsky   gelesen Itten   Osk. Schlemmer
5 *Schreyer*
Dr. Beyer   L. Hirschfeld

[2.]
Schreiben an G. Hirschel-Protsch vom 14. Juli 1922 als Anlage zum Protokoll. - Abschrift.
ThHStA Weimar, Staatliches Bauhaus Weimar 12, Bl. 177.

10 G[ropius]/H[irschfeld]

Weimar, den 14. Juli 1922

Herrn
Günther Hirschel-Protsch
Weimar

15 Die unwahren und unverantwortlichen Verleumdungen, die Sie nachgewiesenermaßen über den Meister am Bauhaus Herrn Schreyer verbreitet haben, sind heute dem Meisterrat unterbreitet worden. Der Meisterrat des Bauhauses ist einstimmig zu dem Entschluß gekommen, Sie unverzüglich vom Bauhaus zu entlassen, da Ihr Verhalten den Ruf unseres Meisters Schreyer ebenso wie den des Bauhauses in ehrenrühriger Weise gefährdet.

20 [3.]
Bericht an das Thüringische Ministerium für Volksbildung vom 15. Juli 1922. - Durchschrift.
ThHStA Weimar, Staatliches Bauhaus Weimar 130, Bl. 9.

G[ropius]/Fu[nck]

15. Juli 1922

25 Ich gebe zur Kenntnisnahme, daß der Meisterrat den Schüler des Vorkurses Günther Hirschel-Protsch wegen nachweisbaren verleumderischen Äußerungen über Angehörige des Bauhauses aus dem Bauhaus entlassen hat.

An das Ministerium für Volksbildung, Weimar

53

Sitzung des Meisterrates am 2. Oktober 1922

30
[1.]
Einladung an die Formmeister vom 13. September 1922. - Durchschrift.
ThHStA Weimar, Staatliches Bauhaus Weimar 12, Bl. 178.

verlegt auf 2. und 3. X. ª [1922].

Weimar, den 13. Sept[ember] 1922.

Meister ...
wird hierdurch zu einer Sitzung des Meisterrates am Freitag, dem 29. September [1922],
nachmittags 3 Uhr eingeladen.
Sonnabend, den 30. September [1922], vormittags 11 Uhr
Besprechung mit den Werkstattleitern.

G[ropius]

Tagesordnung:
1. Besprechung über das kommende Semester,
2. Verschiedenes.

Gerichtet an:
Meister Gropius,
[Meister] Feininger,
[Meister] Itten,
[Meister] Klee,
[Meister] Kandinsky,
[Meister] Marcks,
[Meister] Muche,
[Meister] Schreyer,
[Meister] Schlemmer,
Dr. Beyer,
Frl. Hirschfeld.

[2.]
Mitteilung an die Formmeister vom 21. September 1922. – Durchschrift.
ThHStA Weimar, Staatliches Bauhaus Weimar 12, Bl. 183.

STAATLICHES BAUHAUS WEIMAR
Ehemalige Großherzoglich Sächsische Hochschule für bildende Kunst
und ehemalige Großherzoglich Sächsische Kunstgewerbeschule in Vereinigung

Weimar, den 21. September 1922

An:
Meister Feininger,
        Gropius,
        Itten,

---

a Vermerk von L. Hirschfeld am oberen Seitenrand.

Klee,
Kandinsky,
Marcks,
Muche,
Schlemmer,
Schreyer,
Dr. Beyer,
Frl. Hirschfeld.

Da von verschiedenen Meistern der Wunsch ausgesprochen worden ist, zu der Tanzvorführung
von Oskar Schlemmer nach Stuttgart zu fahren, wird die auf den 29. Sept[ember 1922] anberaumte Sitzung auf Montag, den 2. Okt[ober 1922], und die auf den 30. Sept[ember 1922]
anberaumte Sitzung auf Dienstag, den 3. Okt[ober 1922], beide Sitzungen nachmittags
3 Uhr verschoben.

G[ropius]

[3.]
Protokoll der Sitzung. – Ausfertigung.
ThHStA Weimar, Staatliches Bauhaus Weimar 12, Bl. 185-186

Protokoll
der Meisterratssitzung am Montag, 2. Oktober 1922
nachm[ittags] 3 1/4 Uhr bis 7 Uhr

Anwesend:

Meister Gropius	Meister Marcks
Meister Feininger	Meister Muche
Meister Kandinsky	Meister Schreyer
Meister Klee	Dr. Beyer, Syndikus
Meister Itten	Frl. Hirschfeld

Abwesend: Meister Oskar Schlemmer, da verreist.

Gropius führt in einleitenden Worten folgendes aus: Bei seiner Rückkehr von Ferienreisen
habe er wenig angenehme Zustände am Bauhaus vorgefunden, die teilweise von der veränderten wirtschaftlichen Lage der letzten Monate herrühren. Es habe sich als notwendig erwiesen,
Schritte zu unternehmen, die die meisten Gesellen und Lehrlinge nunmehr in die Lage verset-
zen könnten, durch ihre Arbeit am Bauhaus zum Lebensunterhalt ausreichend zu verdienen.
Eine produktive Arbeit sei daher in den Werkstätten notwendig. Gropius findet es außerdem
für notwendig, daß den meisten Gesellen oder Lehrlingen am Bauhaus bestimmte Aufgaben gestellt werden, da nur ganz wenige Gesellen und Lehrlinge in der Lage sind, aus eigener Initiative und eigenem Vermögen heraus zu arbeiten. Die ganze Arbeit im Bauhaus könne aber nicht
auf diese ganz wenigen eingestellt sein, sondern man müsse auch mit den anderen rechnen, die
bei bestimmten Aufträgen, die sie auszuführen hätten, Gutes zu leisten im stande sein werden.
Aus diesem Grunde macht Gropius den Vorschlag, die Theorie in diesem Winter stark einzu-

schränken, damit die Arbeitsintensität ganz auf die Werkstatt konzentriert wird, besonders da die Formunterrichte der letzten Winter sich nunmehr in der Arbeit auswirken sollen.

Gropius erläutert nochmals den von ihm einstweilen entworfenen Ausstellungsplan in anl[iegender] Form und teilt ausführlich mit, welche Räumlichkeiten in Aussicht genommen sind (Schloß und Museum). 5

Die Meister sind damit einverstanden, daß im kommenden Winter versuchsweise nur an einem Wochentage (vielleicht abends) Vortrag gehalten werde in Form von Vorträgen verschiedener Meister oder in Form von Aussprachen. In der kommenden Besprechung mit den Gesellen und Lehrlingen ist dieser Entschluß zu besprechen.

Zu der Frage der produktiven Werkstattarbeit. 10
Muche befürchtet, daß durch die Arbeiten, die im Hinblick auf die Ausstellung entstehen, die Erwerbsmöglichkeit für die Gesellen und Lehrlinge wieder gering würde. Durch den Hinweis, daß diese Arbeiten wie bisher nach ihrem vom Bauhaus vorsichtig geschätzten Wert bezahlt werden, ist diese Befürchtung behoben.

Gropius betont wiederholt, daß er in der Besprechung am 18. Sept[ember 1922] mit den 15 Werkstättenleitern besprochen habe, daß das praktische Ziel dahin gehen müsse, vornehmlich Normen zu schaffen, die zur Vervielfältigung geeignet seien. Diese schöpferische Arbeit müsse aber durch reproduktive Ausführungsarbeit gestützt werden; eines könne das andere nicht entbehren.

Es wird beschlossen, mit den Werkstätten sogleich von seiten der Formmeister zu bespre- 20 chen, welche Arbeiten innerhalb der betr[effenden] Werkstatt zur Ausführung geeignet erscheinen, um in der Zusammenkunft am Freitagabend mit allen Gesellen und Lehrlingen zu positiven Ergebnissen zu kommen.

Gropius teilt seine Verhandlung mit dem Ministerium und mit dem Vorsitzenden der „Thüringischen Ausstellung", Hamann, mit und daß er, trotz der eigenen Ausstellung, eine 25 Beteiligung an der „Allgem[einen] Thüringischen Ausstellung" um des lieben Friedens willen, wenn auch in kleinem Umfang, für ratsam halte. Die Meister sind damit einverstanden.

Muche: Wenn die Lehrlinge und Gesellen intensiver wie bisher arbeiten sollen, so muß [sic!] der wirtschaftliche Erfolg und die Arbeit eins sein. Versprechungen auf späteren Verdienst feuern nicht zur Leistung an. Es muß daher mit den Gesellen und Lehrlingen die kom- 30 mende Arbeit genau besprochen werden.

Gropius teilt mit, daß Herr Lange den Versuchsplatz als technischer Leiter übernommen habe, bereits im Bauhaus sei und sich in jeder Weise als vorzüglicher Helfer für das Bauhaus erweise. Die Arbeiterschaft wünsche Herrn Lange in das Stadtparlament zu bringen, was, da die Stadt nach wie vor sehr ungünstig auf das Bauhaus zu sprechen sei, von großem Nutzen 35 sein könne. Gropius gibt den Brief des Stadtbauamts, die Bauhaussiedelung betreffend, v[om] 5. Sept[ember 1922] bekannt.

Bauhausveröffentlichung: Gropius teilt mit, daß er von verschiedenen Zeitschriften und Verlegern Absage erhalten habe, da die Zeitschriften demnächst nicht mehr erscheinen werden. Er warte die Antwort von Diederichs ab, um, wenn diese verneinend ausfalle, weitere Schritte zu 40 unternehmen. Es wird das „Kunstblatt" und Güldendhal, Berlin, in Vorschlag gebracht.

Druckereiankauf: Dr. Adler habe den Kauf einer kleinen Druckerei angeboten. Die Meister Kandinsky und Muche sind dafür, die Druckerei sogleich festzuhalten. Gropius will verhandeln.

Zur Finanzlage teilt Gropius mit, daß die Werkstätten nunmehr mit Material und Werkzeugen gut versorgt seien und der Kredit von zwei Millionen Mark bis auf die Reserve, die 45 für die Ausstellung in Aussicht genommen wurde, verbraucht sei.

*Vorkurs-Vorarbeiter: Gropius schlägt auf Antrag Itten vor, einen der älteren Gesellen in diesem Winter damit zu beauftragen, die technische Leitung des Vorkurses in die Hand zu nehmen und die Verantwortung über die Werkzeuge und Materialien zu tragen.

Fehling: Es wird beschlossen, sie dem Wunsch Schreyers entsprechend in die Bühnen-
5   werkstatt zuzulassen unter der Bedingung, daß sie auch tatsächlich arbeitet.

Weidemann, die seinerzeit (14. Juli [19]22) zur Vorlehre nicht aufgenommen wurde, soll auf Schreyers Wunsch als Ausnahmefall in die Bühnenwerkstatt eintreten, ohne die Bedingung, am Vorkurs teilnehmen zu müssen. Schreyer erwähnt, daß die tänzerische Vorbildung Frl. Weidemanns für seine Sache von Wichtigkeit sei.

10   Hirschel: Gropius verliest den Brief des Vaters von Hirschel und dessen eigene Erklärung zu seiner Angelegenheit. Der Meisterrat sieht sich nicht veranlaßt, daraufhin seinen Beschluß vom 14. 7. [1922] zu ändern. Gropius wird entsprechend antworten.

Werkstätten-Neuverteilung: Gropius gibt zu erwägen, infolge Eintritts Kandinskys und geäußerter Wünsche, die Werkstättenverteilung unter die Formmeister einer Neuordnung zu
15   unterziehen. Nach seiner Kenntnis verschiedener Wünsche und Fähigkeiten habe er Vorschlag in anl[iegender] Form gemacht, den er die Meister zu prüfen bitte. Gropius bittet um Gegenvorschläge. Itten erklärt sein Einverständnis; Beschluß wird bis zur nächsten Sitzung vertagt.

Drewes: Über die Arbeiten von Drewes kann kein endgültiger Beschluß gefaßt werden, umso mehr nicht bekannt ist, in welche Werkstatt er einzutreten die Absicht hat. Gropius
20   wird eine Unterredung mit ihm herbeiführen.

Professorentitel: Nach Verlesung der Meinung Kandinskys kommen nochmals die praktischen Erwägungen Meister Ittens und Meister Muches zur Sprache, die sich darauf beschränken, der Öffentlichkeit gegenüber den Prof.-Titel tragen zu dürfen, jedoch die Gewißheit haben möchten, daß sich in rechtlicher Beziehung keine Schwierigkeiten ergeben
25   können. Da der Titel „Professor" am 2. 4. 1919 lediglich von Gropius für seine Person abgelehnt wurde (er verliest sein diesbezügl[iches] Schreiben an den Hofmarschall Fritsch, worin er andere Meister bei seiner Stellungnahme ausdrücklich ausschließt), macht er den Vorschlag, die Meister sollten die Berechtigung des mit der Stellung verbundenen Titels ohne weiteres annehmen; er würde, falls sich in irgendeinem Falle Schwierigkeiten ergeben
30   sollten, diese Stellungnahme vor der Regierung vertreten. Die Meister sind mit dieser Lösung der Frage einverstanden.

Gropius
Schreyer   *Osk. Schlemmer*   *gelesen Klee*   *Kandinsky*   *Marcks*   *Feininger*
GMuche

35   *Abwechselnd soll jeden Monat ein älterer Geselle die Leitung des Vorkurses und die Materialausgabe während der Woche übernehmen. Itten*
gel[esen] Gropius

Lotte Hirschfeld

Dr. Beyer ist nicht mehr am Bauhaus. [b]

---

b Ergänzung von L. Hirschfeld.

[4.]
Niederschrift vom 2. Oktober 1922 als Anlage zum Protokoll. – Ausfertigung.
ThHStA Weimar, Staatliches Bauhaus Weimar 12, Bl. 187.

Anlage zum Protokoll am 2. X. [19]22 Meisterrat [c]

2. X. [19]22   5

Vorschlag zu einer neuen Arbeitsverteilung:

Gesamt Vorlehre (dazu Zeichenlehrer und Lehrkurse)   Itten

Werkstatt	Werkstattleiter	Formmeister
	Vertreter	
Bauversuchsplatz	Lange	sämtliche Formmeister
		Zusammenarbeit aller
		Werkstätten.
Steinbildhauerei	Hartwig	Schlemmer
Holzbildhauerei	Hartwig	Schlemmer
Tischlerei	Zachmann	Gropius
Gold-Silber-Kupferschmiede	Dell	Schlemmer
Töpferei	Krehan	Marcks
Glasmalerei	–	Klee
Wandmalerei	Schlemmer	Kandinsky
Weberei	Börner	Muche
Druckerei	Zaubitzer	Feininger
Bühne	Schlemmer	Schreyer

[5.]
Niederschrift vom 15. September 1922 als Anlage zum Protokoll. – Durchschrift.
ThHStA Weimar, Staatliches Bauhaus Weimar 12, Bl. 188.   25

Anlage zum Protokoll v[om] 2. Oktober [19]22 [d]

Weimar, 15. September 1922

Vorschläge für die geplante Bauhausausstellung Sommer 1923

Die Entwicklung der wirtschaftlichen Lage in den letzten Monaten zwingt uns dazu, die
geplante Ausstellung in einer solchen Form herauszubringen, daß der materielle Umfang   30
nach Möglichkeit begrenzt, die Qualität um so mehr herausgestellt wird. Das Ziel der Ausstellung muß es sein, trotz der schwierigen wirtschaftlichen Verhältnisse einen so klaren

---

c-d Vermerke von L. Hirschfeld.

Eindruck von den Absichten des Bauhauses in ihrem ganzen Umfang zu geben, daß es bei dieser Gelegenheit gelingt, alle diejenigen Hilfskräfte ideeller und geldlicher Art zu finden, die wir zur Durchführung unserer Arbeit brauchen. Ein weiteres Ziel ist der wirtschaftliche Erfolg mit dem Verkauf der Erzeugnisse des Bauhauses und Anknüpfung der für uns besten Verwendung, um weiteren Verkauf und Aufträge zu sichern.

Um zu dem gedachten Termin, etwa Juli–September 1923, fertig zu werden, muß jetzt schon eine klare Disposition über die Mitwirkenden aufgestellt werden. An Räumlichkeiten für die Ausstellung werden die am geeignetsten sein, die schon jetzt bestimmbar und mit Sicherheit zu gewinnen sind.

Der Plan für die ganze Ausstellung ist in großen Zügen etwa folgendermaßen gedacht:
1. die vom Landtag bewilligten Mittel und Räume (3) für eine ständige Bauhausausstellung im Museum (Schloß) sollen die Grundlage der Ausstellung bilden und zwar in folgender Weise:

Ein Raum enthält eine vorbildliche Zusammenstellung von Vorkursarbeiten (Zeichnungen und Materiestudien) mit genauen textlichen Erklärungen.

Der zweite Raum enthält die besten Einzelstücke, die aus den Werkstätten hervorgegangen sind.

Der dritte Raum wird in sich ausgebaut unter Zusammenarbeit der verschiedenen Werkstätten (Tischlerei, Maler, Glasmaler usw.).

2. Es soll mit allen zur Verfügung stehenden Mitteln versucht werden, wenigstens ein Haus auf der Siedelung fertigzustellen und auszustatten, so daß es den Ausstellungsbesuchern zugänglich gemacht werden kann.

3. An geeigneter Stelle in Weimar wird eine Verkaufsstelle errichtet, die gleichzeitig mit der Ausstellung Erzeugnisse des Bauhauses verkauft.

4. Im ersten Stock des Museums sollen in sämtlichen Räumen freie Arbeiten der Meister, Gesellen und Lehrlinge (Bilder, Zeichnungen, Plastiken usw.) ausgestellt werden und für diese Ausstellung hervorragende Künstler des In- und Auslandes mit eingeladen werden.

5. Während der Ausstellung, etwa im Juli, ist eine Bauhauswoche geplant, die auf den verschiedensten Gebieten die Besucher der Ausstellung mit der geistigen Atmosphäre des Bauhauses vertraut machen soll.

Ein Abend ein Vortrag über die Bauhausarbeit
[Ein Abend] Musik (vielleicht Jos[ef Matthias] Hauer)
[Ein Abend] Fest der Gesellen und Lehrlinge (mit Lampionumzug usw.)
[Ein Abend] Marionettentheater oder großes Bühnenstück (Schreyer)
[Ein Abend] Varieté oder Tanzvorführung (Schlemmer)

Ich fordere alle Bauhausangehörigen auf, möglichst rasch weitere Vorschläge für das gesamte Ausstellungsprogramm an mich zu leiten, damit die endgültige Festlegung nach Besprechung mit allen baldigst stattfinden kann. Es ist keine Zeit zu verlieren.

[6.]
Briefe von G. Marcks an W. Gropius vom 22. und 24. September 1922. – Ausfertigung.
ThHStA Weimar, Staatliches Bauhaus Weimar 35, Bl. 30–31.

Sitzung 2. X. [19]22 erledigt[e]

Lieber Walter!
Anbei mein Beitrag zur Bauhauswoche. Er ist eine Woche alt und dennoch bin ich noch der-
selben Meinung.
    Mit der geplanten „Bauhauswoche" marschieren wir an der Spitze im Zeitalter der Auf- 5
machung.
    Es wäre gar nichts gegen eine „geistige" Woche einzuwenden, aber nur in 3 Teufels Namen
sie nicht mit dem Bauhaus verquicken, das wir dadurch geistig vollends zugrunde richten.
    Unsre kleinen Versuche (an der Aufgabe, nicht einmal am Programm gemessen) rechtferti-
gen keineswegs solche Parade. Je mehr wir jetzt in die Breite gehen, um so lächerlicher werden 10
wir in Zukunft erscheinen.
    Ich bin für eine Ausstellung ohne Literatur und eine geistige Woche außerdem, zu der wir
die ganze Welt einladen können.

Gerhard Marcks
24. 9. [19]22
                                                                    15

Sitzung 2. X. [19]22 erledigt L. H[irschfeld][f]

Die Bauhausausstellung hat begonnen! An allen Mitropawagen Plakate! Der Reichspräsident
fährt zur Eröffnung. Die Hotels mit Ausländern überfüllt. 1 000 Wohnungen mußten für die
Kunstlitteraten evakuiert werden. Auf allen Plätzen wird die Bauhaus-Internationale gespielt.
Man raucht nur Marke Bauhaus. Große Valutaspekulationen erschüttern die Börse. 20

Und der Grund dazu? Im Museum stehen ein paar Schränke voll Stöffchen und Töpfchen, dar-
über kann sich Europa nicht beruhigen. Armes Europa!

Dies ist meine Ansicht, wenn auch unmaßgeblich, von der Bauhauswoche 1923

ergebenst
G. Marcks
22. 9. [19]22
                                                                    25

[7.]
Stellungnahme von W. Kandinsky zum Professorentitel vom September 1922. – Ausfertigung.
ThHStA Weimar, Staatliches Bauhaus Weimar 13, Bl. 115.

vorgelesen in Sitzung am 2. 10. [19]22[g]
                                                                    30

Die aufgeworfene Frage erinnert mich an die Geschichte der Kunstschule in Rußland. Auch
dort wollten die Lehrer erst unbedingt den Titel „Meister" haben und freuten sich, daß sie keine
„Professoren" hießen, weil sie mit der veralteten Akademie nichts Gemeines haben wollten. Bei
der darauffolgenden Reform nahmen sie den Professorentitel wieder an.

---

e–g Vermerke von L. Hirschfeld.

Was mich anlagt, so möchte ich jede Gelegenheit benutzen, durch die gezeigt werden kann,
daß die Titelfrage eine wertlose Frage ist.

Deshalb bestand ich in Rußland auf der Benennung eines kunstwissenschaftlichen Instituts:
Akademie der Kunstwissensschaften. Ich wollte dadurch zeigen, daß die innere Eigenschaft der
5 *Nuß und nicht die Benennung ihrer Schale wichtig ist. Nicht die Titel müssen in erster Linie*
bekämpft werden, sondern die Achtung vor den Titeln – der richtige Inhalt bildet von selbst die
richtige Form.

Wenn die Meister, die, wie allgemein angenommen wird, selbst den Professorentitel ver-
stoßen haben, jetzt wieder diesen Titel suchen werden, so wird in den Augen der Schüler der
10 *äußere Wert der Titel unterstrichen und gehoben. Und dies fände ich schädlich.*

Die Erklärung der Regierung, daß der Meistertitel dem Professorentitel gleichwertig ist,
würde, denke ich, auch die äußere Lösung der Frage sein.

Kandinsky
September 1922

15   **54**

Sitzung der Form- und Werkmeister am 3. Oktober 1922

[1.]
Einladung an die Werkmeister vom 13. September 1922. – Durchschrift.
ThHStA Weimar, Staatliches Bauhaus Weimar 12, Bl. 182.

20 Weimar, den 13. September 1922

Meister ...
wird hierdurch zu einer Besprechung von sämtlichen Meistern am Sonnabend, dem 30. September [1922], vormittags 11 Uhr eingeladen.

G[ropius]

25 Tagesordnung:
    1. Besprechung über das kommende Semester,
    2. Verschiedenes.

Gerichtet an:
    Meister   Börner
30 [Meister] Dell
    [Meister] Hartwig
    [Meister] Krehan
    [Meister] Lange
    [Meister] Schlemmer
35 [Meister] Zachmann
    [Meister] Zaubitzer
    [Meister] Dorfner

[2.]
Mitteilung an die Werkmeister vom 21. September 1922, Zirkular. – Ausfertigung.
ThHStA Weimar, Staatliches Bauhaus Weimar 12, Bl. 184.

Umlauf

Weimar, 21. September 1922   5

Da von verschiedenen Meistern der Wunsch ausgesprochen worden ist, zu der Tanzvorführung
von Oskar Schlemmer nach Stuttgart zu fahren, wird die auf den 30. September [1922] anberaumte Sitzung auf Dienstag, 3. Oktober [1922], nachmittags 3 Uhr verschoben.

Gropius

Meister Börner   *Börner*   10
Meister Dell   *Dell*
Meister Hartwig   *Hartwig*
Meister Krehan sep[arat]
Meister Lange   *Lange*
Meister Meyer   *Meyer*   15
Meister Schlemmer (sep[arat])
Meister Zachmann   *Zachmann*
Meister Zaubitzer   *CZaubitzer*

erl[edigt] H[irschfeld]

[3.]   20
Protokoll der Sitzung. – Ausfertigung.
Bauhaus Archiv Berlin, Archiv W. Gropius, Meisterratsprotokolle. Durchschrift in: ThHStA Weimar, Staat-
liches Bauhaus Weimar 12, Bl. 189–192.

Protokoll
der Besprechung am
Dienstag, 3. Oktober *[19]22*   25
nachm[ittags] 3 bis 6 Uhr.

Anwesend:
Meister Gropius   Meister Börner
Meister Feininger   Meister Dell
Meister Itten   Meister Hartwig   30
Meister Kandinsky   Meister Krehan
Meister Klee   Meister Schlemmer
Meister Marcks   Meister Zachmann
Meister Muche   Meister Zaubitzer
Meister Schlemmer   Meister Lange   35
Meister Schreyer

Syndikus Dr. Beyer
Fräulein Hirschfeld
Meister Meyer fehlt.

Gropius teilt den gestrigen Entschluß der Formmeister mit, den theoretischen Unterricht im
5 Wintersemester [19]22/23 auf einen Wochentag zu beschränken, um die Arbeit der Werkstätten so intensiv wie möglich gestalten zu können. Er wiederholt, daß die Arbeit dieses
Winters für das Wohl und Wehe des Bauhauses eine Entscheidung bedeute und wünscht,
daß alle Kräfte sich für die kommende Ausstellung und für produktive Arbeit einsetzen
möchten. Er unterscheidet dreierlei Arbeiten, die jede Werkstatt mit Meistern, Gesellen und
10 Lehrlingen für sich durchsprechen sollen [sic!], um in gemeinsamer Besprechung und Auftragserteilung klare Richtung zu haben.
    1. Arbeiten für die Ausstellung, die für einen bestimmten Raum festgelegt werden (Ausstat-
tung des Raumes an sich).
    2. Einzelarbeiten für die Ausstellung, das sind: wenige sehr gute Stücke.
15 3. Für die betreffende Werkstatt geeignete Arbeiten für Erwerbsmöglichkeiten der Verfertiger.
    Die Arbeitsweise am Bauhaus gehe heute in zwei Richtungen, die sogar in einem Men-
schen sich äußern. Das eine sei die romantische Arbeitsweise des gefühlsmäßigen Arbeitens
und das Resultat seien Gegenstände, die vielleicht besonders kostbar, sicher aber besonders
zeitraubend seien und mit den praktischen Anforderungen, die das heutige Leben stellt,
20 nichts zu tun haben. Die andere Arbeitsweise wächst aus dem heutigen Leben und das Resultat ist eine für die Allgemeinheit gültige Form, ein nützlicher Gegenstand, der Rücksicht
auf den Gebraucher in Hinsicht auf die Verwendbarkeit des Gegenstandes nimmt wie auf die
rationellste Herstellungsweise. Als Beispiele die beiden Arbeiten von Breuer: der romantische Stuhl und der polierte Tisch in knappster Form.
25 Da die Nachmittagsvorträge ausfallen, macht Gropius den Vorschlag, daß die Werkstattzeit in diesem Winter auf die Vormittage und Nachmittage verlegt werde und daß nichts den
einzelnen behindern dürfe, 8 Stunden am Tage zu arbeiten; es müsse nur eine Form gefunden werden, wie die Durchführung am praktischsten zu handhaben sei.
    Es wird darauf erwogen, wo die veränderte Arbeitszeit auf Schwierigkeiten stoßen
30 könne. Besonders Zaubitzer macht darauf aufmerksam, daß in der Druckerei bei Abend-
beleuchtung nicht gearbeitet werden könne. Auch die anderen Werkstättenleiter sprechen
sich zum Teil gegen die Neueinführung einer anderen Arbeitszeit aus, da sie von vorne
herein die Hoffnung auf die Einhaltung der Zeit aufgeben mit der Begründung, daß es
nicht möglich gewesen sei bisher, die 6stündige Zeit von den Lehrlingen und Gesellen zu
35 fordern.
    Als allgemeine Richtlinie wird beschlossen, die Arbeitszeit nunmehr von 8 bis 1 [Uhr] und
3 bis 6 [Uhr] zu legen, den einzelnen Werkstätten jedoch zu überlassen, wie sie die Zeit im
einzelnen einrichten wollen. Am Freitagabend in der allgemeinen Versammlung wird der
Punkt zur Aussprache kommen.
40 Auf die Befürchtung Schlemmers (O[skar]), daß die Arbeit nach Aufträgen auf Erwerb hin
die schöpferischen Kräfte des einzelnen ersticken würde, antwortet Lange, daß er glaubt,
daß eine Arbeitsweise ohne die andere unfruchtbar sei und nur die Wechselbeziehungen
einer Probierarbeit mit der Anwendung und Ausführung eine Entwicklung mit sich bringe.
Er ist der Meinung, daß die Tatsache eines bestimmten Auftrages an einen bestimmten Ge-
45 sellen oder Lehrling die disziplinierte Arbeit ohne weiteres zur Folge habe.

Itten führt aus: Es sei heute wohl zu unterscheiden zwischen zweierlei Arbeitsweisen. Die eine sei die aus der Not unserer Zeit entstandene, die den Verfertiger in den Stand setze, wirtschaftlich existieren zu können, und den Zweck [hat], solche Wege zu schaffen, die für die Allgemeinheit heute einen Nutzen haben, die den allgemeinen Bedürfnissen zum Leben auf die beste Weise in Ausführung, Nutzbarkeit, Billigkeit und Form dienen. Daß diese Arbeitsweise, den einzelnen mit der Notwendigkeit des Lebens vertraut zu machen, hier bisher versäumt worden sei, ist anscheinend der Grund der Arbeitsunwilligkeit. Die Organisation war bisher falsch. Es ist notwendig, wenn die Menschen in dieser Zeit standhalten wollen, daß sie lebendige Fühlung mit der Zeit gewinnen. Diese Arbeitsweise habe jedoch nichts zu tun mit der, die hier als romantisch bezeichnet wird (romantischer Lehnstuhl von Breuer), weil diese dem anderen inneren Bedürfnis des Menschen entspreche, unabhängig von der Zufälligkeit der Zeit. Itten spricht sich dafür aus, auf die Ausstellung die einfachsten Stücke, Gebrauchsgegenstände zu bringen.

Kandinsky führt aus: Der Katastrophe, wie er sie in Rußland erlebt habe, müsse man standzuhalten suchen, sonst wird eine ganze Generation einfach übergangen. Er persönlich ist der Meinung, daß das Individuelle Träger der Zukunft ist und das Kollektivistische der Vergangenheit angehört; trotzdem ist die heute gebotene Handlungsweise, Ausführung der Gegenstände, die die Zeit fordert. Die Verantwortung den jungen Menschen gegenüber liege darin, sie auf eine Katastrophe vorzubereiten, die in der Lage wäre, ihre Existenz und ihr bisheriges Arbeiten einfach zu übergehen. Kandinsky macht den Vorschlag, daß heute über die Ausführbarkeit des Besprochenen nicht verhandelt werden möge, bevor man nicht die gegenseitigen Gedanken und Meinungen ausgesprochen hätte und sich gedanklich geeinigt hätte.

Es wird beschlossen, die Besprechung der praktischen Fragen, die heute nicht zur Verhandlung kamen, am nächsten Donnerstag abends 8 Uhr fortzusetzen.

Zur Besprechung des Arbeitsplanes der einzelnen Werkstätten mit ihren Meistern ist es notwendig, sogleich die Neuverteilung der Formmeister in bezug auf die Werkstätten festzulegen.

Folgender Vorschlag wird angenommen:
Gesamte Vorlehre (dazu Zeichenlehrer und Lehrkurse)   Itten

Werkstatt	Werkstattleiter	Formmeister	Vertreter
Bauversuchsplatz	Lange	sämtliche Formmeister, Zusammenarbeit aller Werkstätten.	
Steinbildhauerei	Hartwig	Schlemmer	
Holzbildhauerei	Hartwig	Schlemmer	
Tischlerei	Zachmann	Gropius	
Gold-Silber-Kupferschmiede	Dell	Schlemmer	
Töpferei	Krehan	Marcks	
Glasmalerei	–	Klee	
Wandmalerei	Schlemmer	Kandinsky	
Weberei	Börner	Muche	
Druckerei	Zaubitzer	Feininger	
Bühne	Schlemmer	Schreyer	

Gropius macht ferner den Vorschlag, im Hinblick auf die Ausstellung im Sommer, im nächsten Semester (April 1923) keine Neuen für den Vorkurs aufzunehmen, um die Kräfte besser auf dies eine Ziel richten zu können.

Gropius
5 *L. Hirschfeld*

55

Sitzung des Meisterrates am 5. Oktober 1922

[1.]
Protokoll der Sitzung. – Ausfertigung.
10 ThHStA Weimar, Staatliches Bauhaus Weimar 12, Bl. 194-197.

Protokoll
der Meisterratssitzung
am 5. Oktober 1922
Beginn abends 8 Uhr im Leseraum des Bauhauses.

15 Besprechung über eine am Tage vorher stattgefundene Unterredung zwischen den Meistern
Gropius, Dell, Hartwig, Carl Schlemmer und Zachmann.

Anwesend:	Eingeladen:
Meister Gropius	Meister Dell
Meister Feininger	Meister Hartwig
20 Meister Itten	Meister Lange
Meister Kandinsky	Meister Meyer
Meister Klee	Meister Carl Schlemmer
Meister Muche	Meister Zachmann
Meister Oskar Schlemmer	Meister Zaubitzer
25 Syndikus Dr. Beyer	Frl. Grunow

Abwesend:	Meister Marcks	Meister Börner
	Meister Schreyer	Meister Krehan

Gropius schildert die Vorgänge bei der am 4. Oktober [1922] vormittags stattgehabten oben
erwähnten Unterredung mit den Meistern Dell, Hartwig, Carl Schlemmer und Zachmann
30 und verlangt in Anbetracht der Schwere der Anschuldigungen gegen ihn eine vollständige
Klärung der Angelegenheit und bittet, die eigentlich vorgesehene Tagesordnung, betreffend
Ausstellungsvorbereitungen, von der Tagesordnung abzusetzen und zur Klärung der Sache
zu schreiten. Er erklärt sich außerstande nach den Anschuldigungen, die vorgebracht wurden, weiter zu arbeiten und legt den Vorsitz nieder und bittet einen anderen Leiter für die
35 Besprechung zu wählen. Auf Vorschlag wird durch geheime Abstimmung hierfür Muche gewählt. Carl Schlemmer hält es für unangebracht, daß mit Hinblick auf die vorzubringenden
Sachen eine Dame anwesend sei. Durch geheime Abstimmung der Anwesenden wird die An-

wesenheit von Frl. Grunow als gewünscht erklärt. Carl Schlemmer bleibt trotzdem bei seinem Protest. Der Leiter bittet daraufhin Frl. Grunow, die Sitzung zu verlassen. Frl. Grunow verzichtet auf die Teilnahme.

Carl Schlemmer gibt seiner Verwunderung darüber Ausdruck, daß vor Beginn der Sitzung eine Besprechung einiger Meister mit Gropius in dessen Zimmer stattgefunden habe, worin   5
er eine Beeinflussung sieht.

Muche hält diese Vorbesprechung aus den bisherigen Beziehungen der Meister untereinander und zu Gropius für gegeben.

Carl Schlemmer berichtet nunmehr nochmals über die von Gropius bereits zu Eingang erwähnten Punkte der persönlichen und sachlichen Vorwürfe gegen Gropius, die darin gipfel-   10
ten, daß seiner Meinung nach Frauen von der Mitarbeit am Bau ausgeschlossen sein sollten. Trotzdem hat Frl. Dörte Helm zu Beginn der Arbeiten in Berlin auf dem Neubau Dr. Otte sich zur Mitarbeit bei ihm als Leiter der Arbeiten eingefunden. Nach längeren Verhandlungen und ständigen Weigerungen des Meisters Carl Schlemmer, Frl. Helm zur Arbeit zuzulassen, äußerte diese, nachdem sie eine mitgebrachte, von Gropius herrührende Visitenkarte   15
vorgelesen hatte, auf der dieser Carl Schlemmer bat, er möchte doch Frl. Helm mitarbeiten lassen, folgendes: „Im Auftrag des Herrn Gropius sage ich Ihnen, Sie machen diesen Bau fertig und verlassen dann schleunigst das Bauhaus." Diese Äußerung könnte nach Meinung Carl Schlemmers Frl. Helm nur getan haben, weil sie sich durch ihre besonderen Beziehungen zu Gropius dazu berechtigt fühle. Carl Schlemmer verlangt im Interesse seiner hierdurch   20
verletzten Autorität unbedingte Rechtfertigung durch Ausschluß der Dame vom Bauhaus und genaue Untersuchung der Angelegenheit. Es sei auch von den Schülern hierbei gegen Frl. Helm protestiert worden und einer habe sich geäußert: „So kann sich nur die Favoritin des Direktors benehmen." Ein anderer sagte: „Cherchez la femme."

Verschiedene Momente und Beobachtungen zur selben Zeit und aus der Vergangenheit   25
seien noch hinzugekommen, die ihn in dem von den Gesellen und Lehrlingen geäußerten Verdacht bestärkten, so daß es nicht mehr mit seinem Gewissen vereinbaren könne, länger zu schweigen.

Ähnliche Beobachtungen und Wahrnehmungen über angebliche intime Beziehungen Gropius' zu weiblichen Personen des Bauhauses werden auch von Zachmann geäußert. Auf   30
Grund dieser übereinstimmenden Beobachtungen haben sich beide daraufhin entschlossen, den schon oben angegebenen Weg zur Aufklärung und zur Abstellung der dadurch eingerissenen Übelstände zu beschreiten.

Gropius äußert hierauf zu dem Fall Helm, daß Frl. Dörte Helm als begabte Schülerin mit seinem und des Meisters Oskar Schlemmer Einverständnis den Auftrag zur Herstellung der   35
Entwürfe für die Ausmalung des Baues Dr. Otte übertragen erhalten habe und daß es im Bauhaus selbstverständlich ist, daß Entwurf und Ausführung immer in einer Hand bleibt. Wenn auch öfters besprochen wurde, daß es ratsam sei, keine Frauen mehr am Bau zu beschäftigen, so bestände doch keine Vereinbarung, daß Frl. Helm in diesem Falle schon von der Arbeit an dem Bau ausgeschlossen sein sollte; man hätte in diesem Falle auch einem anderen Schüler die   40
Herstellung der Entwürfe übertragen müssen. Auch Carl Schlemmer habe vor Beginn der Arbeiten nie bestimmte Erklärungen abgegeben, daß Frl. Helm nicht mehr mitarbeiten dürfe. Daraufhin habe er es für selbstverständlich gehalten und auch Frl. Helm in ihren Bestrebungen unterstützt, daß diese an den Arbeiten teilnimmt. Er habe auch Carl Schlemmer davon in Berlin zu überzeugen versucht. Einen Auftrag an Frl. Helm, die bekannte Drohung gegen Carl   45
Schlemmer auszusprechen, habe er nie gegeben (s[iehe] Nachtrag 1).

Im allgemeinen erklärt er, daß er sich einer Unterstützung von Disciplinlosigkeit nicht bewußt ist und daß er den Vorwurf, intime und unerlaubte Beziehungen zu weiblichen Mitgliedern des Bauhauses zu haben, ganz entschieden von sich weist.

Nach längerer Besprechung wurde von den Anwesenden festgestellt, daß positive Beweise
5 für ein unmoralisches Verhalten Gropius' gegenüber allen angeführten weiblichen Personen nicht festzustellen ist. [sic!] Trotzdem hält Carl Schlemmer seinen bestimmten Verdacht aufrecht.

Zachmann erklärt, der Fall Helm stände hier nicht allein zur Erwägung. Es seien zu diesem noch andere Gerüchte gekommen, wie ja aus den gesamten Angelegenheiten hervorgeht
10 und ihm zu Ohren gekommen sind. Durch den Berliner Fall Helm sei der Verdacht aber auch in ihm bestärkt worden. Er berichtet weiter, daß der Fall Frl. Müller nicht so harmlos sei, wie er von Gropius dargestellt werde, trotz der beruhigenden Erklärung von Frl. Müller, die in Händen von Gropius sei. Sie habe diese Erklärung unter starker Beeinflussung durch Gropius und die am 5. Oktober [1922] in seinem Büro anwesenden Personen abgegeben, und
15 sie habe nachträglich in seiner Wohnung die Erklärung schriftlich widerrufen und die Beschuldigung aufrecht erhalten. Er bringt hierbei ein neues Schreiben des Frl. Müller den Anwesenden zur Kenntnis. Die Meister stellen fest, daß die beiden Erklärungen in keinem Widerspruch zueinander stehen und daß keine Belastung Gropius' im Sinn der Anklage daraus zu entnehmen sei.

20 Carl Schlemmer und Zachmann drücken ferner ihre Verwunderung darüber aus, daß die Herren Meyer und Lange zwar vom Staat bezahlt werden, in der Hauptsache aber für das Architekturbüro Gropius arbeiten, und daß die Art der Anstellung Meyers ganz unklar und den Meistern nicht bekannt sei. Zachmann erklärt weiter, daß der nicht mehr am Bauhaus tätige Heinrich Scheper sich ihm gegenüber sehr abfällig über die moralischen Eigenschaf-
25 ten Gropius' in sehr starken Ausdrücken geäußert habe.

Carl Schlemmer fordert Dr. Beyer auf, er möge sich zur Bestätigung der sachlichen Vorwürfe gegen die Leitung des Herrn Gropius und die dadurch entstandenen Mißstände im Bauhaus äußern und das bestätigen, was Dr. Beyer ihm sowie Zachmann gelegentlich von Unterredungen darüber geklagt habe. Dr. Beyer bestätigt dies, indem er mitteilt, daß die Zu-
30 stände auf dem Sekretariat außerordentlich reformbedürftig seien und daß es vor allem notwendig sei, das richtige Personal einzustellen, damit er in der Lage sei, Ordnung zu schaffen. Die Einarbeitung sei ihm durch die passive Resistenz und das unhöfliche Benehmen des Frl. Hirschfeld außerordentlich erschwert worden. Auch Arbeitsverweigerungen seien wiederholt von Frl. Hirschfeld vorgekommen. Durch den auf Veranlassung und Empfehlung
35 von Gropius eingestellten neuen Rechnungsführer, Herrn Ratz, habe er absolut keine Unterstützung in dem Grad, wie er sie von einem solchen Amte verlangt, erhalten. Er sage aber hier nichts Neues, denn Gropius seien ja die Zustände im Sekretariat, z. B. mit der Buchführung, bekannt und er habe sie ihm öfters geschildert und von Gropius bestätigt bekommen.

40 Gropius gibt sein Erstaunen über die Äußerungen des Dr. Beyer zum Ausdruck. Solche Mitteilungen in einem derartigen Ton seien ihm zum ersten Mal von Dr. Beyer gemacht worden (s[iehe] Nachtrag 2).

Carl Schlemmer berichtet dann zu den sachlichen Vorwürfen gegen Gropius, daß der Bauherr Dr. Otte in Berlin sich bei ihm gelegentlich seines Dortseins sehr über die Art der Bau-
45 leitung durch Gropius beschwert habe und solche Beschwerden fallen auch ungünstig auf das Bauhaus.

Hierzu gibt Gropius die Erklärung ab, daß die Beschwerdepunkte, die Dr. Otte gegen ihn oder gegen die Bauleitung vorzubringen habe, ihre Ursache in den von niemand verschuldeten schwierigen wirtschaftlichen Umständen und in der den Bauherrn stark drückenden außergewöhnlichen Verteuerung habe.

Lange, der die einzelnen Umstände am Bau in Berlin genau kennt, bestätigt freiwillig die 5 Erklärung Gropius'.

Zur Anstellung des Meister Meyer erklärt Gropius, daß dieser als außerordentlicher Meister für Architektur angestellt sei und daß er in dieser Eigenschaft als sein Assistent sich im Bauhaus betätige und daß dies in den Satzungen namentlich festgelegt und deshalb allen Meistern bekannt sei. Die Arbeit Meyers auf dem Architekturbüro mache sich notwendig 10 durch das Zusammenarbeiten des Architekturbüros mit den Werkstätten des Bauhauses, die durch das Architekturbüro mit Aufträgen versorgt werden.

Carl Schlemmer behauptet weiter, daß offenbar die Bezahlung des in der Druckerei tätigen Ludwig Hirschfeld in keinem Verhältnis zu seinen Leistungen stehe, und er erklärt auch darin eine unberechtigte Bevorzugung. Er verlangt ferner Aufklärung darüber, warum Frl. Wottitz 15 Werkzeug und Material für ihre Buchbinderarbeit bekomme, obgleich die Buchbinderwerkstatt aufgelöst sei. Dr. Beyer erstattet darüber Bericht, dessen Richtigkeit Gropius bestätigt. Letzterer betont noch besonders die Tüchtigkeit von Frl. Wottitz, worin ihm Itten beipflichtet.

Carl Schlemmer berichtet weiter tadelnd, das Bauhaus habe den Plan, in Berlin für Schreyer eine Bühnenwerkstatt zu errichten. 20

Hierzu berichtet Gropius, daß Schreyer Aufträge für Bühnenausmalungen von Berlin erhalten habe und daß er deshalb, ähnlich wie es die Wandmalerei-Werkstatt bei auswärtigen Aufträgen machen müsse, eine fliegende Werkstatt in Berlin errichten werde. Dies mag die Ursache zu den von Carl Schlemmer erwähnten Gerüchten sein.

Zachmann berichtet weiter, daß Frl. Hirschfeld vor einiger Zeit mitten in der Nacht das 25 Haus, in dem Gropius wohnt, verlassen habe.

Hierauf erklärt Gropius, daß ihn das gar nicht überrasche, da er seinerzeit, als dies geschah, ein großes Manuscript zu diktieren gehabt hätte, zu dessen Diktataufnahme sich Frl. Hirschfeld bereit erklärt habe.

In einem anderen Fall habe Carl Schlemmer erfahren, daß eine 67 Jahre alte Scheuerfrau 30 dem Kastellan Bauer gegenüber erklärt habe, sie hätte eines Tages im Zimmer des Herrn Gropius einen discreten Gegenstand gefunden.

Auf Befragen bei der 67 Jahre alten Scheuerfrau habe die 67 Jahre alte Scheuerfau erklärt, sie könne sich auf nichts mehr entsinnen, wenn sie es aber gesagt habe, dann müsse es richtig sein, sie habe in ihrem Leben noch nie gelogen, und so ist es auch zu erklären, wie schwer es 35 ihnen (Carl Schlemmer und Zachmann) gemacht werde, die geforderten Beweise zu bringen.

Nach eingehender Besprechung stellen die Meister einstimmig fest, daß keine tatsächlichen Beweise gegen Gropius vorliegen und daß man auf Vermutungen allein niemanden verurteilen kann.

Die einander angeblich entgegenstehenden schriftlichen Erklärungen von Frl. Müller be- 40 lasten Gropius ebenfalls nicht.

Carl Schlemmer stellt sich dieser Meinung als einziger entgegen und meint, wenn nur der zehnte Teil von Vorwürfen wahr wäre, so würde es genügen, Gropius die Eignung als Leiter abzusprechen.

Nach weiteren Informationen erklären Zachmann und Carl Schlemmer, daß sie noch 45 weitere, besonders schwerwiegende Fälle auf Vorrat hätten, die sie aber noch zurückhal-

ten wollten, bis sie genügende Beweise haben. Es sei da eine frühere Stenotypistin, deren
Namen ihnen entfallen sei, mit der Gropius intime Beziehungen unterhalten habe. Auch
Lehrlinge und Gesellen, wie Albers, sollen sich in ähnlicher Weise sehr abfällig über den sittlichen Wert und Singer über den menschlichen Wert des Herrn Gropius geäußert haben.
5   Muche schlägt vor, im Hinblick darauf, daß die Angelegenheit jedenfalls restlos geklärt
werden müsse, einen Ausschuß einzusetzen, der die hier vorgebrachten Fälle weiter untersucht. Es wird durch Zuruf in diesen Ausschuß gewählt: 2 Formmeister: Kandinsky und
Muche, und 2 Handwerksmeister: Hartwig und Lange.
     Es wird nunmehr von dem Leiter der Besprechung auf Grund der Tatsache, daß keine
10   Beweise gegen Gropius festgestellt wurden, die Vertrauensfrage für diesen gestellt. Durch
geheime Stimmzettelabgabe erklärt sich Carl Schlemmer, der es offen zugibt, gegen die
Vertrauensfrage, Oskar Schlemmer enthält sich der Stimme, – alle übrigen bejahend. Auf
Befragen erklärt Oskar Schlemmer, daß er sich mit Rücksicht auf das brüderliche Verhältnis zu Carl Schlemmer glaubt, der Stimme enthalten zu müssen, spricht dann aber auch
15   sein Vertrauen zu Gropius aus.
     Zachmann erklärt, daß er sich nunmehr ebenfalls von der Haltlosigkeit der gesamten Vor-
würfe überzeugt habe und er sich deshalb verpflichtet fühle, Gropius das Vertrauen auszu-
drücken.
     Auf Wunsch Kandinskys wird durch geheime Abstimmung festgestellt, ob die versammel-
20   ten Meister das Verhalten von Carl Schlemmer als kollegial und pädagogisch bezeichnen
können. Die Stimmabgabe ergibt, daß diese Frage einstimmig verneint wird. (Nicht mitge-
stimmt haben hierbei: Gropius, [...][a] Carl Schlemmer und Zachmann.)
     Itten: Die heute geschilderten Vorgänge haben klar zu Tage treten lassen, daß im Bauhaus
nicht alles in Ordnung sein könne. Wenn Gropius zu Anfang ganz richtig von einem Ge-
25   schwür sprach, was aufgestochen werden müsse, so gehe daraus hervor, daß da, wo ein Ge-
schwür ist, auch eine Krankheit sein müsse. Wie könnte es sonst möglich sein, daß zwei
Werkstättenleiter in solcher Art und Weise auf Grund von Vermutungen und Schülerklatsch
gegen die Leitung vorgehen. Es zeigt aber auch, was er schon früher betont habe, daß die
Meister mehr für die menschliche Erziehung der Schüler tun müssen. Sie müßten über
30   Moral, Sittengesetz und Religion mit den Angehörigen des Bauhauses sprechen, damit die
rein menschlichen Dinge bei ihnen klargestellt sind, bevor eine Zusammenarbeit überhaupt
möglich sei.
     Carl Schlemmer und Zachmann betonen nochmals, daß ihr Vorstoß zur Aufklärung all
dieser Dinge wirklich im Interesse des Bauhauses erfolgt sei, in ihrem eigen[en Interesse]
35   wäre unzweifelhaft ein Schweigen klüger gewesen.

Schluß der Besprechung 12 3/4 Uhr.

Nachtrag:
1. Zur Äußerung Gropius Seite 3.
Gropius betont, daß Frl. Helm von Herrn Carl Schlemmer in rücksichtsloser Weise behandelt
40   worden sei, so daß er sie in Berlin am Bau Dr. Otte in einem desolaten Zustand angetroffen
habe. Er hat es für seine Pflicht gehalten, ihr zu Hilfe zu kommen. Daß sie sich in der über-

---

a   Streichung; zuvor: *Oskar Schlemmer.*

reizten Stimmung zu ungehörigen Äußerungen hat hinreißen lassen, habe er auch offiziell der Werkstatt gegenüber schriftlich gerügt. Carl Schlemmer habe sich um seine Anordnungen überhaupt nicht gekümmert und über seine offiziellen Entscheidungen hinweggesetzt.

2. Zur Äußerung Gropius Seite 5.
Das Hineinbringen dieser Sekretariatsdinge durch Dr. Beyer komme Gropius vor wie be-   5
stellte Arbeit.

Unterschrift erfolgt, wenn der damalige Vorsitzende Herr Muche vom Urlaub zurückkehrt.
Lange[b]

56

Sitzung der Form- und Werkmeister am 14. Oktober 1922   10

[1.]
Einladung mit Tagesordnung an die Form- und Werkmeister vom 13. Oktober 1922. – Ausfertigung.
ThHStA Weimar, Staatliches Bauhaus Weimar 12, Bl. 216.

L[an]g[e]

Weimar, den 13. Oktober 1922   15

Einladung zur Sitzung für Sonnabend, den 14. Oktober [1922], abends 8 Uhr im Leseraum des Bauhauses.
Tagesordnung: Bericht der Untersuchungskommission.

Meister Feininger
[Meister] Itten
[Meister] Klee   20
[Meister] Marcks (telephonisch mitgeteilt)
[Meister] Muche
[Meister] O. Schlemmer
[Meister] Schreyer
[Meister] Kandinsky   25
[Meister] Lange
[Meister] Hartwig
[Meister] Zachmann
[Meister] Krehan (telephonisch mitgeteilt)   30
[Meister] Dell
[Meister] C. Schlemmer
[Meister] Helene Börner

---

b Zusatz von E. Lange.

[Meister] Zaubitzer
Syndikus Dr. Beyer
[...]ᵃ
*Fräulein Grunow*ᵇ

5 *Gropius*

H[irschfeld]

[2.]
Einladung mit Tagesordnung an G. Marcks vom 13. Oktober 1922. – Ausfertigung.
ThHStA Weimar, Staatliches Bauhaus Weimar 12, Bl. 217.

10 STAATL. BAUHAUS WEIMAR
Ehemalige Großherzoglich Sächsische Hochschule
für bildende Kunst und ehemalige Großherzoglich
Sächsische Kunstgewerbeschule in Vereinigung

Weimar, den 13. Oktober [19]22

15 An Meister Marcks
Staatliches Bauhaus

Einladung zur Sitzung für Sonnabend, den 14. Oktober [1922], abends 8 Uhr im Leseraum
des Bauhauses.
Tagesordnung:
20 Bericht der Untersuchungskommission.
telephonisch mitgeteilt. *Fu[nck]*

Gropius

[3.]
Protokoll der Sitzung. – Ausfertigung.
25 ThHStA Weimar, Staatliches Bauhaus Weimar 12, Bl. 218–227

Meisterbesprechung am 14. 10. [19]22, abends 8 Uhr im Lesezimmer des Bauhauses.

Tagesordnung:
1. Bericht der am 5. 10. [19]22 anläßlich der gegen Gropius vorgebrachten Anklagen ein-
gesetzten Untersuchungskommission.
30 2. Herbeiführung von Entscheidungen über weitere Maßnahmen auf Grund des Untersuchungsergebnisses.

---

a Streichung; zuvor: *Frl. Lotte Hirschfeld.*
b Ergänzung von W. Gropius.

Anwesend:
Direktor Gropius
Meister Klee
Meister Feininger
[Meister] Kandinsky   5
[Meister] Schreyer
[Meister] Itten
[Meister] Muche
[Meister] Lange
[Meister] Oskar Schlemmer   10
[Meister] Carl Schlemmer
[Meister] Marcks
[Meister] Zaubitzer
[Meister] Hartwig
[Meister] Zachmann   15
[Meister] Krehan
[Meister] Dell
Frl. Börner
Syndikus Dr. Beyer
Protokoll führt Frau Lange   20
Vorsitz: Gropius

Beginn der Sitzung 8 Uhr abends.
Meister Dorfner und *(Frl. Grunow)* nicht erschienen.

Gropius eröffnet die Sitzung, legt mit Hinweis auf den Gegenstand der Verhandlung den
Vorsitz nieder und schlägt vor, einen Stellvertreter zu wählen. Durch Zuruf wird Itten ge- 25
wählt, er übernimmt.

Itten: verpflichtet die Schriftführerin Frau Lange durch Handschlag zum Schweigen. [Er]
teilt mit, daß Staatsrat Rudolph vom zuständigen Ministerium zur Sitzung eingeladen
[wurde], sein Erscheinen aber abgesagt [hat]. Ferner teilt er mit, daß Dr. Beyer, da er Partei
ist, die Führung des Protokolls abgegeben hat und da Angestellte des Bauhauses hierfür nicht 30
in Frage kommen, wurde Frau Lange gewonnen. [Itten] stellt fest, daß Frl. Grunow eben erschienen ist. Meister Dorfner [ist] noch abwesend.
    [Itten] bittet die Kommission um Mitteilung des Berichtes.

Muche: ist von der Untersuchungskommission beauftragt, über das Ergebnis der Untersuchung zu berichten. Kommissionsmitglied Lange wird dann noch einen detaillierten Bericht 35
über die Angelegenheit Dr. Beyer geben. Der Gesamteindruck, den [die] Untersuchungskommission im Lauf der Untersuchungen bekommen hat, ist derartig, daß sie einstimmig
überzeugt ist, daß nur eine gründliche und rücksichtslose Klärung der ganzen Angelegenheit
Nutzen bringen kann. So sehr sie auch bedauert, daß sie in ihrer Eigenschaft als Kommission einen friedlichen Vermittlungsvorschlag nicht machen kann. Die Kommission wird nach 40
Beendigung des Berichtes den Meisterrat bitten, geheim abzustimmen, um da bestimmte
[Be]schlüsse zu fassen.

Ich will in meinem Bericht die ganze Angelegenheit im allgemeinen nach 3 Gesichtspunkten ordnen, zunächst behandle ich die ganze Angelegenheit gegen Gropius in seiner Eigenschaft als Leiter des staatl[ichen] Bauhauses, die von Carl Schlemmer und Zachmann vorgebracht wurde und die sich auf moralisches Vergehen Gropius' beziehen wollen.
2. behandele ich die Anschuldigungen gegen Gropius in seiner Eigenschaft als Leiter des
Bauhauses, die ebenfalls von Carl Schlemmer und Zachmann vorgebracht wurden und sich
auf sachliche Vergehen Gropius' beziehen wollen.
In diesen 2 Punkten stellt die Kommission fest, daß sie den bestimmten Eindruck hat, daß
Carl Schlemmer und Zachmann diese Anschuldigungen nicht gemeinschaftlich vorbringen,
sondern daß sie beide für sich in eigener Sache handeln.
Im Interesse des Bauhauses hält die Kommission die Sache Dr. Beyer in seiner Eigenschaft
als Syndikus des Bauhauses für wichtig genug, diesen Fall, also die Stellungnahme Dr. Beyers zum Bauhaus im allgemeinen, zum Direktor und Sekretariat gesondert als 3. Fall zu behandeln.
Ich schildere nun das Ergebnis der einzelnen Untersuchungen.

Zunächst zu Punkt 1, den Fall Frl. Helm.
Beobachtungen Carl Schlemmers beim Bau Otte und Sommerfeld, Zeugenaussage Scheper
und Schmidt, Gegenüberstellung Scheper und Carl Schlemmer, Aussage Gropius zu Aussage Scheper.
Die Kommission hat den Eindruck, daß Carl Schlemmer in dieser Angelegenheit das Opfer seiner und anderer Vermutungen geworden ist. Sie hält jedoch außerdem das Weitertragen von
Gerüchten durch Carl Schlemmer, zumal in seiner Eigenschaft als Leiter einer Lehrwerkstätte
für durchaus verwerflich und sie bezeichnet das Vorgehen C. Schlemmers in der letzten Meisterratssitzung als durchaus verantwortungslos, weil Untersuchungen ergeben haben, daß sich
seine schweren und schwersten Anschuldigungen gegen Gropius in keinem Fall auf einen Beweis stützen. In einem letzten Verhör erklärte C. Schlemmer, daß er einen besonderen Fall der
Kommission noch nicht genannt habe, daß die Untersuchungen der Kommission anerken-
nenswert, aber belanglos wären, weil dieser eine Fall, wenn er ihn Gropius erzählen würde,
genügen würde, um Gropius auf eine weitere Untersuchung verzichten zu lassen.
Gropius bittet C. Schlemmer vor der Kommission persönlich um Aussage, Schlemmer verweigert dies jedoch.

Fall Frl. Hirschfeld:
stützt sich hauptsächlich auf die Behauptung des Zachmann, daß er auf dem Neuwallendor-
fer Fest Albers hat sagen hören: „Diese verdammte ..." usw.
Hierauf stützen sich hauptsächlich auch seine weiteren Vermutungen und Anschuldigungen.
Zeuge Albers gibt schriftliche Erklärung, Gegenüberstellung Albers - Zachmann - C.
Schlemmer.
Zachmann stützt seine Anschuldigungen gegen Gropius ferner auf die Behauptungen des
Scheper: „dieser Walter ist der größte ... " usw.
Zeugenaussage Scheper mit schriftlicher Erklärung, gegenüber Zachmann, dessen Frau -
Scheper - C. Schlemmer.
Schepers Vorbehalt hierfür, eine schriftl[iche] Erklärung, wird verlesen.
Die Kommission vermutet, daß Scheper etwas verschweigt, was Gropius belastet; Gropius
bittet Scheper persönlich.

Aussage Frl. Hirschfeld,
Erklärung Gropius.
Zeugenaussage Schunke auf Seite 2^c des Protokolls *vom 10. 10.* [1922] wird von Lange
verlesen.
Die Kommission hat den Eindruck, daß die Anschuldigungen Zachmanns nach den Zeu-   5
genaussagen sich nur noch schwach stützen können auf die Zurückhaltung Schepers. Sie erklärt das Kolportieren von Gerüchten durch Zachmann, zumal in seiner Eigenschaft als Leiter einer Lehrwerkstätte, für leichtfertig, und sie bezeichnet das Vorgehen Zachmanns in der
letzten Meisterratssitzung als verantwortungslos, weil die Untersuchung ergeben hat, daß
seine schweren und schwersten Anschuldigungen gegen Gropius auf keinen Fall auf einen   10
Beweis gestützt waren.

Fall Frl. Müller [ist] erledigt durch ihre eigenen beiden Erklärungen, zumal selbst ihr wider-
rufliches Schreiben keine unerlaubten Handlungen Gropius' beweist, sondern lediglich die
Gefühle der Dame zum Ausdruck bringt.

Zu Punkt 2 des Gesamtberichtes. (Anschuldigungen, die sich auf sachliches Vergehen Gro-   15
pius' beziehen sollen)
Ich erwähne als erstes den Fall Wottitz.
Zeugenaussage Wottitz,
[Zeugenaussage] Dr. Beyer,
[Zeugenaussage] Gropius.   20
Die Kommission hat den Eindruck, daß von einer im unerlaubten Maße stattgefundenen Un-
terstützung des Frl. Wottitz keine Rede sein kann; der genaue Kommissionsbericht in dieser
Sache kann verlesen werden. Seite 1^d des Kommissionsprotokolles *vom 7. 10.* [1922].

Fall Meyer :
Zeugenaussage Meyer: 25
Die Kommission hat den Eindruck, daß auf Grund des Vertragsverhältnisses Meyers Gropius rechtlich kein Vorwurf gemacht werden kann. Der genaue Kommissionsbericht wird
auf Wunsch vorgelesen. Lange liest [den] Bericht vor auf Seite 3^e *Protokoll vom 10. 10.*
[1922].

Fall Lange.   30
Infolge der kurzen Anwesenheit Langes kann von einem Fall Lange noch gar nicht die Rede
sein; seine Arbeit für das Bauhaus ist jedoch durch seine Tätigkeit in der letzten Zeit erwiesen.

Fall Singer konnte wegen Abwesenheit des Singer noch nicht untersucht werden.

Die Kommission erklärt, daß nach diesen Ergebnissen Gropius in seiner Eigenschaft als Leiter des staatl[ichen] Bauhauses aus sachlichen Gründen kein Vorwurf gemacht werden kann.   35

---

c Änderung; zuvor: *17.*
d Änderung; zuvor: *2.*
e Änderung; zuvor: *18.*

3. Zur Erörterung des Falles Dr. Beyer möchte ich Lange als Kommissionsmitglied bitten, den Bericht zu erstatten, da meine eigene Erfahrung in bürotechnischen Dingen zu gering ist, als daß ich ein deutliches Bild der Verhältnisse geben könnte, zumal Lange in diesen Dingen als Sachverständiger bezeichnet wird. Muche liest ein Zeugnis aus der letzten leitenden
5 Tätigkeit Langes in Schlesien vor.
Muche erklärt weiter zum Fall Dr. Beyer:
Ich möchte aber nicht darauf verzichten, ihnen die allgemeinen Eindrücke der Kommission in dieser Angelegenheit zu schildern, zumal gerade diese im Gesamtbericht [zur] 3. Angelegenheit von außerordentlicher Bedeutung für das Wohl und Wehe des Bauhauses
10 ist. Die Kommission war erschrocken über die Gesamtauffassung des Dr. Beyer zu seinem Arbeitsgebiet und die von Dr. Beyer so oft hervorgenannte [sic!] Sachlichkeit bedeutet in dieser Form eine große Gefahr für das Bauhaus selbst, da Dr. Beyer glaubt, das Bauhauswesen verstanden zu haben, aber im Irrtum ist. Er handelt nun in dieser irrigen Auffassung und es besteht die Gefahr, daß durch solche Handlungen vom Sekretariat aus die Arbeit
15 des gesamten Bauhauses unterbunden werden kann. Das Bauhaus kann nur richtig geleitet werden, wenn in der Zentralstelle ein volles Verständnis für die Sache da ist, und Dr. Beyer hat dieses Verständnis nicht. Ein Beweis ist seine Auffassung, daß er gleichberechtigt neben Gropius stehe, daß einer die künstlerische, der andere die wirtschaftliche Leitung hat und keiner dem anderen dreinzureden hat. Es kann keine Rede von Gleichbe-
20 rechtigung sein. Der Standpunkt ist der rechte, wie er in den Statuten ausgedrückt und Dr. Beyer bekannt ist, daß der Syndikus im engsten Einvernehmen mit dem Leiter das Bauhaus verwalten muß. Wie groß das Unverständnis Dr. Beyers in einzelnen Bauausgebieten sei, zeigt ein Einzelfall, in dem Dr. Beyer erklärt, daß Papiervorräte von bestimmtem Wert da seien, daß dieser Wert aber nur so lange bestehe, als das Papier unbedruckt sei,
25 wenn aber die betreffenden Künstlerdrucke darauf kämen, gemeint sind Holzschnitte von zeitgemäßen Künstlern, dann wäre es fraglich, ob der Gesamtwert dann nicht niedriger würde.

Lange: berichtet über die sachlichen Ereignisse der Untersuchung über Fall Dr. Beyer.
Es schien zu Anfang, als ob die Dinge im Fall Dr. Beyer nebensächlicher Natur seien. Im Ver-
30 lauf der Untersuchungen ergab sich aber, daß diese Dinge für das Bauhaus immer mehr an Bedeutung gewannen. Die beklagten Mißstände im Sekretariat erwiesen sich in dem von Dr. Beyer geschilderten Sinn als nicht vorhanden. Jedoch zeigten sich Mißstände anderer Art, die von Dr. Beyers Seite, seiner Tätigkeit am Bauhaus selbst herbeigeführt wurden. Die Einzelheiten ergaben sich wie folgt:
35   Frl. Hirschfeld hat keine passive Resistenz gezeigt, sie hat wegen Arbeitsüberlastung Auskünfte, die aus den Akten zu ersehen waren, ablehnen müssen; von dem überaus großen Arbeitsfeld Frl. Hirschfelds war Dr. Beyer nicht unterrichtet, und sie mußte über dieses hinaus noch andere Aufträge von Dr. Beyer übernehmen - Jahresbericht, Protokollführung. -

40 Fall Buchhalter Ratz.
Dieser mußte Mitte September eine lückenhafte, zurückgebliebene Buchführung von dem Buchhalter Ide, der nach Meinung des Dr. Beyer unfähig war für seinen Posten, übernehmen. Zur selben Zeit übergab Dr. Beyer dem Ratz eine zweite Nebenbuchführung über Bauhausmappen. Ratz konnte, da beide vollkommen vernachlässigt waren, unmöglich in

der kurzen Zeit mit der Inordnungbringung beider Buchführungen vorwärts kommen oder bilanzähnliche Ergebnisse herausbringen. Ratz zeigte sich aber sehr fachkundig und hat über sein Gebiet hinaus noch nebenher andere Arbeiten, die Dr. Beyer liegen ließ, zur Vermeidung von Geschäftsverlusten ausgeführt (Bauhausmappenkorrespondenz).

Fall Beyer   5
Im wesentlichen ergab die Untersuchung, daß Dr. Beyer selbst in seinem eigenen Arbeitsgebiet wichtige Dinge der Bauhausgeschäftsführung vernachlässigt und ungewöhnlich lange unerledigt liegen ließ. Ja gleich zu Anfang laufende dringende Sachen zu übernehmen ablehnte, ohne Rücksicht auf die Folgen des Liegenbleibens (Bauhausmappen, Maschinen- und Materialeinkäufe). Aus diesen Versäumnissen ergaben sich im Sekretariat Arbeitsanhäufungen und dadurch Mehrbelastung des Personals und das Gegenteil einer   10
Entlastung des Leiters, was auch durch Aussagen Gropius' bestätigt wurde.
    Wie wenig übersichtlich Dr. Beyer auf seinem Gebiet gearbeitet hat, zeigt die Erledigung des Bauhausmappenkontos. Dort ist ein Guthaben von 75 000,- Mark (Schulden des Verlegers ans Bauhaus) seit Ende Mai nicht ausgeglichen, so daß man hier wegen der Geld-   15
entwertung von einem faktischen Verlust von ca. 200 000,- Mark sprechen kann.
    Die Kommission ist daher über die Tätigkeit Dr. Beyers im inneren Dienst der Überzeugung, daß, wenn man von Mißständen im Büro reden will, diese zum wesentlichen durch die Geschäftsführung Dr. Beyers selbst herbeigeführt sind, und daß das Bestreben Dr. Beyers, die angeblich unbrauchbaren Angestellten Frl. Hirschfeld und Ratz aus ihrem   20
Arbeitsfeld zu entfernen, auf andere Ursachen als Unbrauchbarkeit und Widersetzlichkeit zurückzuführen sind.
    Weiter hat die Untersuchung ergeben, daß die Auffassung des Dr. Beyer über seine Tätigkeit als Syndikus gegen den Leiter Gropius und nach der vorgesetzten Behörde hin sowie überhaupt nach außen im Gegensatz zu seiner Dienstanweisung und der Vereinba-   25
rungen mit Gropius, die während seines Engagements getroffen sind, steht.
    Ebenso ist die Einstellung Dr. Beyers Gropius gegenüber vom menschlichen Standpunkt aus nicht so, wie es in einer Vertrauensstellung sein muß. Die festgestellten Tatsachen, daß Dr. Beyer eine reinliche Scheidung der künstlerischen [Seite] einerseits und der wirtschaftlichen andererseits in der Leitung herbeiführen wollte, daß er, trotzdem er nur im engsten Ein-   30
vernehmen mit Gropius arbeiten sollte, selbständig Rechnungen angewiesen, über Personalfragen ohne Kontakt mit Gropius verhandelt hat, bestätigen das oben Gesagte. Es kommt noch hinzu, daß Dr. Beyer gegen die Kommission auch gegen die Ankläger Zachmann und C. Schlemmer erklärt habe, der Ausgang der Untersuchung gegen Gropius sei ihm ganz gleichgültig und es interessiere ihn nicht, welches Ergebnis die Kommission hier feststellt.   35
    Die Bestätigungen des Dr. Beyer ergaben ein beziehungsloses Nebeneinanderarbeiten der beiden leitenden Personen am Bauhaus, das zu einer wilden Wirtschaft und schließlich zu einer Schädigung der Geschäftsführung des Bauhauses führen muß.

Itten: dankte den beiden Berichterstattern für ihre Mitteilungen und der gesamten Kommission insbesondere für ihre gründliche und aufopfernde Arbeit.

C. Schlemmer: fragt an, da ihm bekannt sei, daß die beteiligten Frauen über persönliche in-   40
time Dinge nicht vernommen werden sollten, warum Frl. Helm trotzdem von der Kommission befragt wurde.

Muche: erklärt, daß Frl. Helm gelegentlich ihrer Vernehmung über die Berliner Angelegenheit freiwillig über die anderen Dinge gesprochen hat.

C. Schlemmer: stellt Betrachtungen über die Widersprüche in den Schüleraussagen [an].
  Schmidt habe erklärt, es falle kein Schatten auf Gropius, Schunke hat der Kommission
5 ähnliches erklärt, im Gegensatz [dazu] hätte er aber am 6. 10. [1922] zu ihm gesagt: „Was
Sie hier erzählen Schlemmer, ist mir längst schon nichts Neues mehr."

Muche: weist darauf hin, daß C. Schlemmer wiederholt erklärt hat, er wolle dem Bauhaus
nur einen guten Dienst erweisen, es sei aber nicht erklärlich und unverantwortlich wie von
ihm dann die ganze Sache in Scene gesetzt ist.

10 Zachmann: rügt, daß im Protokoll die angeblichen Bemerkungen Albers' über Frl. Hirschfeld wörtlich falsch notiert seien.

Muche: bestreitet dieses, da Zachmann während der Vernehmung zwei verschiedene Worte
durcheinander gebraucht [sic!] habe.

Zachmann: erklärt, es sei lächerlich, wie widerspruchsvoll die Schüleraussagen sind; vor der
15 Kommission stellt sich Schunke günstig zu Gropius, in der Werkstätte hat er erklärt:
„Kommt Gropius in die Werkstatt, so merkt man bald an seinen Worten, daß sie ein Beweis
sind, er habe innerlich mit uns nichts zu tun."

Muche: erklärt, die Kommission ist bereit, Zachmann nochmals die wörtlich klare Aussage
des Zeugen Schunke vorzulesen.

20 Zachmann: lehnt dies ab.

Muche: fragt, ob zu dem sachlichen Fall Buchdrucker Hirschfeld etwas zu erwähnen sei.
Es wird nichts bemerkt.
Zum Fall Frl. Müller?
Nein.
25 Zu ähnlichen Fragen, zu Fall Wottitz, Meyer und Lange?
Es meldet sich niemand zu Wort.
Fall Singer ist noch nicht untersucht.

Dr. Beyer: äußert sich zu dem Kommissionsbericht über seinen Fall. Er habe seine Stellung
übernommen in der Meinung, daß es ein unbedingt selbständiges Arbeitsgebiet sei, da er
30 dank seiner langjährigen Praxis nur selbständige Stellungen bekleiden wolle. Von Gropius
wurde ihm die Selbständigkeit seiner Stellung wiederholt versichert. Er habe auch den Eindruck gehabt, daß bei der Art des Bauhauses eine künstlerische und wirtschaftliche Trennung in der Leitung stattfinden könne, und daß beide Köpfe selbständig arbeiten können.
Das halte er aufgrund seiner langjährigen Praxis für sehr gut möglich.
35   Er habe bis zu seinem Antritt am Bauhaus keine Kenntnis gehabt von einem Statut oder einer
Dienstanweisung für ihn. Es war ihm wohl bekannt, bei den Antrittsverhandlungen, daß eine
Lehrordnung des Bauhauses vorhanden sei, aber kein Statut für die Funktion seiner Person.

Er sei nach Weimar gekommen und habe Kenntnis genommen von der Geschäftsanweisung und dem Statut und sei nicht erbaut davon gewesen. Hätte er beides vorher gekannt, dann hätte er wohl kaum die Stellung angenommen. Er habe in seiner vorherigen Stellung viel mehr verdient und nur im Interesse des Bauhauses diese Stellung hier angenommen. Er hätte gar keine richtige Gelegenheit gehabt, der Materie seines Amtes Herr zu werden, da 14 Tage nach seinem Antritt alles aus seiner Umgebung auf Ferien gegangen sei und er von niemandem richtige Auskunft erhalten konnte. Frl. Hirschfeld habe ihm Antworten verweigert. Er habe von früh 8 Uhr bis abends 10 Uhr öfters gearbeitet mit dem Personal zusammen und in der Buchführung. Er habe geglaubt, die Personalfrage allein regeln zu können, da Gropius öfters erklärte, zumal bei Fall Ide, er überlasse ihm die Personalfragen und wolle nicht vorgreifen, eine geeignete Kraft auszusuchen.

Nun sei Ratz auf Veranlassung Gropius' hergekommen und Gropius bestehe ohne Rücksicht auf diese Vereinbarungen darauf, Ratz, trotzdem er ungeeignet, besonders auf Grund seiner Vorbildung und nach Urteil des Ministeriums, zu behalten. Daß die Regierung auf außergewöhnlichem Wege einen Bericht von ihm über Ratz verlangt habe, kam daher, daß er, Dr. Beyer, auf der Regierung [sic!] gewesen ist und man ihn gefragt habe, wie er mit dem neuen Rechnungsführer zufrieden sei, und da habe er sich in dem bekannten Sinn geäußert. Er müsse die Fähigkeiten des Ratz anzweifeln, da er mit der Buchführung nicht fertig wird; jeder Bücherrevisor sei in 14 Tagen mit der Instandsetzung einer Buchführung fertig. Die kleine Kasse hätte Ide ebenfalls wieder zurücknehmen müssen, da Ratz nicht verstanden habe, sie zu führen.

Über die Tätigkeit von Frl. Hirschfeld wäre er genügend unterrichtet, da er während ihrer Ferien ihre Arbeiten hätte mit erledigen müssen. Er sieht keine Berechtigung für ihre Sonderstellung und Bezahlung von Gruppe V nach Gruppe VIII, da nach seiner Beurteilung Frl. Hirschfeld nicht 160 Silben in der Minute stenographiere. Die Arbeit sei demnach bei Frl. Hirschfeld niederer Art und nach ihrer Bezahlung soll sie eine Sonderstellung einnehmen, zumal Gropius in einer Besprechung erklärte, daß er sein Bleiben von dem Frl. Hirschfeld abhängig machen müsse. Dieser Umstand, und daß sich Frl. Hirschfeld öfters so ungewöhnlich benommen habe, habe ihn zu seinen Vermutungen gebracht.

Es sei doch selbstverständlich, daß er als Leiter eines Betriebes sich sein Personal aussuchen muß, denn jeder Korrespondent könne sich seine Stenotypistin aussuchen, ebenso wie sich jeder Unternehmer seine Maurer aussuchen kann.

Er könne auch nicht verstehen, wie Gropius, der bei seinem Antritt öfters erklärt habe, er sei wirtschaftlich nicht kompetent, daß dieser nun plötzlich die wirtschaftliche Zuständigkeit in der Leitung wieder an sich nehmen wolle. Er betont zusammenfassend, daß er von der wirtschaftlichen Leitung des Bauhauses absehen müsse, wenn er nicht in der Lage wäre, sich das geeignete Personal auszusuchen. Wenn jemand etwas leisten soll, so muß er dazu die geeigneten guten Werkzeuge haben.

Zu seiner Äußerung über den Wert des Bauhausmappenpapiers, wenn es bedruckt ist, erklärt er, daß er dies mit Rücksicht auf die augenblickliche wirtschaftliche Lage gemeint habe, und daß der Verkauf von bedrucktem Papier in den zukünftig schweren Zeiten sehr schwierig sein würde und unbedrucktes Papier besser abzusetzen sei. Er konnte auch die Mappen nicht eher bestellen, da noch verschiedene Beiträge ausländischer Meister fehlten.

Wenn erwähnt wird, daß er bis jetzt keine Vorschläge für die Geschäftsleitung gemacht habe, so ist das darauf zurückzuführen, daß im Sekretariat keine Ordnung war und daß die geeigneten Leute als Grundlage dazu fehlten. Er habe schon lange die Absicht gehabt, große Zeitungsartikel zur Propaganda für das Bauhaus zu schreiben, die billiger als Inserate sind und auch Vorschläge für die Ausstellung zu machen, große Ideen zur Verfügung zu stellen, da er ein alter Ausstellungsfachmann sei, aber es fehle ihm an geeignetem Werkzeug. Einige Zeitungsartikel hätte er trotz allem gemacht und könne sie auf Wunsch der Versammlung vorführen.

Zu dem Fall in Dornburg, in dem er versagt haben soll, erklärte er Einzelheiten; er habe den Eindruck während seiner Anwesenheit dort erhalten, daß es sich um eine bautechnische Angelegenheit handle, zu der er nicht kompetent sei und sie deshalb Gropius überlassen habe.

Bezüglich der von ihm angewiesenen Rechnungen habe er zu bemerken, daß er diese Anweisungen nur deshalb vorgenommen habe, weil Gropius sehr öfters [sic!] wegen Überlastung Unterschriften nicht geben konnte und zur Vermeidung von Zahlungsverzögerungen die Rechnungen weitergegeben habe. Er habe geglaubt, dazu berechtigt zu sein.

Gropius: zu obigen Ausführungen:
Über die Vorgänge bei den Anstellungsverhandlungen mit Dr. Beyer hat Dr. Beyer nicht der Wahrheit entsprechend berichtet. Es sei mit Dr. Beyer ebenso wie mit 2 anderen Herren in Berlin eine Besprechung gewesen, bei der die Anstellung und Arbeitsbedingungen des Syndikus auf Grund genauer schriftlicher Arbeitspläne eingehend besprochen wurden, und er habe dabei noch besonders betont, daß der Syndikus seine, Gropius', verlängerte Hand sein müsse, und daß er als diese die wirtschaftlichen Dinge besonders erledigen müsse. Auf Grund der Statuten und dieser Verhandlungen sei eine Trennung dieser beiden Dinge (wirtschaftliches und künstlerisches Gebiet) gar nicht denkbar. Er habe sich die denkbarste Mühe gegeben, Dr. Beyer von den Bauhausideen und der richtigen Auffassung der Syndikusgeschäfte zu unterrichten und habe ihm sogar bei Vorstellung Dr. Beyers in Weimar[f] die Statuten vorgelesen. Dr. Beyer hat dann ungewöhnlich *stark* auf Erledigung seines Vertrages gedrängt.

Zu Dr. Beyers Äußerungen über das Bleiben Frl. Hirschfelds habe er wörtlich gesagt: „Eher falle ich, als Frl. Hirschfeld geht" und er hat dies so gemeint, es arbeite im Sekretariat niemand so viel wie Frl. Hirschfeld, und wenn sie nicht mehr da sei, könne er unter den jetzigen Umständen selbst auch nicht mehr arbeiten.

Frl. Hirschfeld habe die Syndikusgeschäfte in zwei großen Etappen selbständig geführt und sie habe es sehr viel besser wie Dr. Beyer gemacht. Nach seinem Eindruck fehlt es Dr. Beyer an kaufmännischen Einfällen, ebenso hat er nie Angaben über die Buchführung gemacht. Ebenso hat sich Dr. Beyer nicht um die allgemeine Geschäftsbewegung gekümmert; er habe von ihm vor längerer Zeit einen allgemeinen Überblick gefordert, er hat sich aber dabei um nichts gekümmert, und er hat erst Zahlen bekommen können, als Ratz diese festgestellt hatte.

Fall Dornburg wäre nicht wichtig, aber er habe damals Dr. Beyer nicht mitgenommen, damit er eine Spazierfahrt mache, sondern damit dieser an sich einfache Grundstückstausch vorgenommen werden sollte. Er, Gropius, habe aber müssen verhandeln und Dr. Beyer habe von nichts Notiz genommen und im Atelier Marcks gesessen.

---

f Änderung; zuvor: *Berlin.*

Wegen der fälschlich von Dr. Beyer angewiesenen Rechnung*en* sei es doch ganz klar, daß die Unterschriften von dem gemacht werden müßten, der vereinbarungsgemäß durch die vorgedruckten Stempel dazu in Frage käme, und wenn er derartige Dinge trotzdem mache, so habe er doch wenigstens gelegentlich dem Leiter darüber Bericht zu erstatten. Es ist zum Beispiel vorgekommen, daß aus diesem Grunde einzelne Etats ohne Wissen Gropius' über-   5
zahlt wurden. Dr. Beyer hat alle Dinge nur so erledigt, daß er alles, was an ihn herankam ein-fach unterschrieben und ohne Interesse weitergegeben hat. Er hat deshalb in letzter Zeit das Vertrauen zu Dr. Beyer verloren.

Dr. Beyer: Es war selbstverständlich, daß er, weil er eine selbständige Stellung suchte, das wirtschaftliche Gebiet hier auch selbständig leiten wolle und er müßte aus diesem Grunde   10
eine bestimmte Kompetenz haben. Zum Abschluß des Anstellungsvertrages habe er deshalb zu gedrängt [sic!], weil er in einer gut bezahlten Stellung gewesen und diese aufgegeben habe und da Gropius keinen Vertrag vorlegen konnte, so mußte er als Familienvater auf Ver-tragsabschluß drängen.
    Zu der Syndikusgeschäftsführung Frl. Hirschfelds möchte er sich nicht näher äußern.   15

Nach längeren Wechselgesprächen Gropius, Dr. Beyer und Lange, die Auseinandersetzun-gen geschäftlicher Dinge sind und keinen neuen Gesichtspunkt bedeuten, erklärt Itten:

Aus den Auseinandersetzungen über den Fall Dr. Beyer hat er den Eindruck, daß hier zwei Angelegenheiten durcheinander gehen und deshalb keine Klarheit möglich ist. Ihm erscheint es richtig, daß erst die vorhergehenden Fälle erledigt werden, da dort alles klar ist. Beim Fall   20
Dr. Beyer sind aber die Erwägungen rein sachlicher Art, die Debatte könnte also endlos ge-führt werden, und es wäre dann immer noch notwendig, weitere juristische und kaufmän-nisch sachverständige Urteile zu hören, wen die Schuld trifft. Jedenfalls kann sich der Mei-sterrat nach seiner Meinung kein ordentliches Urteil über technische und kaufmännische Fragen bilden.   25
    Er stellt daher den Antrag, die ersten beiden Fälle Zachmann und C. Schlemmer gegen Gro-pius zu erledigen und dann den Fall Dr. Beyer nochmals zu behandeln, aber nicht so, daß bei Dr. Beyer die gesamten Fragen restlos aufgeklärt werden, sondern für den Meisterrat handelt es sich [...]ᵍ wenig um die juristischen Fragen hierbei, und es sei ihm für heute abend auch die Hauptsache, den Fall Dr. Beyer vom menschlichen Gesichtspunkt aus zu beurteilen, wie das   30
Verhalten der beiden leitenden Personen zueinander [sei] und welche Meinung der Meisterrat in Bezug auf die Bedeutung der Meinungsverschiedenheiten zum Besten des Instituts hat. Wir wollen also kein Urteil fällen, sondern nur unsere Meinung zum Ausdruck geben und dazu sind wir befugt infolge des Hausvaterrechtes, das der Meisterrat ausüben darf.

Lange: schlägt vor, daß mit Hinblick auf die außerordentlich große Wichtigkeit der beim Fall   35
Dr. Beyer zu Tage getretenen Schwierigkeiten in der Leitung des Bauhauses, daß es nicht al-lein bei einer Äußerung des Meisterrates bleiben kann; er ist derselben Meinung, daß der Meisterrat nicht in der Lage ist, hier restlos aufzuklären, doch müsse eine Klärung stattfin-den, damit alle Hindernisse zum Weiterarbeiten beseitigt werden, und er schlägt vor, wie es

---

g Streichung; zuvor: *nicht.*

auch die Kommission beabsichtigt hätte vorzuschlagen, daß die Leitung einen Sachverständigen gewinnt, der die Zustände im Sekretariat und die Arbeit Dr. Beyers prüft.

Dr. Beyer: glaubt, daß er mit seinen Ausführungen alle Punkte zu seinen Gunsten aufgeklärt habe. Zur Mitteilung der Bürogeheimnisse an C. Schlemmer setzt er die bekannte Unterre-
5 dung mit diesem auseinander, ebenso seine Schwierigkeiten mit Frl. Hirschfeld. Er hat nicht geglaubt, daß er damit einem Fernstehenden unerlaubte Auskünfte erteile.

C. Schlemmer: bestätigt, daß er nicht den Eindruck gehabt habe, von Dr. Beyer Bürogeheimnisse zu erfahren.

Muche: Die Untersuchungskommission ist nun am Ende ihrer Tätigkeit und sie hält es für
10 notwendig, dem Meisterrat nachstehenden Text für 6 Entschließungen vorzulesen und zwar wie folgt:

1. Halten Sie nach Kenntnisnahme des Berichtes der Kommission das in der Meisterratssitzung vom 5. Okt[ober 1922] Herrn Gropius in seiner Eigenschaft als Leiter des ausgesprochene Vertrauen aufrecht?
15 2. Halten Sie nach Kenntnisnahme des Berichtes der Kommission ein weiteres Verbleiben des Herrn Carl Schlemmer in seiner Eigenschaft als Leiter einer Werkstatt und Mitglied des Meisterrats für schädigend für das Bauhaus?
3. Halten Sie nach Kenntnisnahme des Berichtes der Kommission ein weiteres Verbleiben des Herrn Joseph Zachmann in seiner Eigenschaft als Leiter einer Werkstatt und Mitglied des
20 Meisterrats für schädigend für das Bauhaus?
4. Halten Sie den Ausschluß des Herrn Carl Schlemmer aus Werkstatt und Meisterrat des Bauhauses wegen erwiesener pädagogischer Ungeeignetheit für notwendig?
5. Halten Sie den Ausschluß des Herrn Joseph Zachmann aus Werkstatt und Meisterrat des Bauhauses wegen erwiesener pädagogischer Ungeeignetheit für notwendig?
25 6. Halten sie nach Kenntnisnahme des Berichtes der Kommission Herrn Dr. Beyer zur Weiterführung der Geschäfte des Syndikus des Bauhauses für geeignet?

Zu Frage 6 erwähnte Muche, daß es hier in Anbetracht der beabsichtigten anderen Behandlung des Falles Dr. Beyer notwendig sein wird, evtl. einen anderen Text zu schaffen.

Dr. Beyer: hält es auch für wünschenswert, der letzten Frage, die ihn betrifft, eine andere
30 Form zu geben und er bitte die Kommission, dafür zu sorgen, daß ein Sachverständigenausschuß zur Untersuchung der Bürozustände ernannt wird.

Itten: schlägt vor, Dr. Beyer solle eine Person nennen.

Lange: macht darauf aufmerksam, daß es nicht angängig ist, hier eine Kommission aus Parteien zusammenzusetzen, sondern daß zur Untersuchung der Geschäftsführung der verant-
35 wortliche Leiter berechtigt ist, Revisionspersonen zu nennen.

Dr. Beyer: erklärt mit Hinblick auf die Angestellten, die er beseitigen wolle, daß es an sich belanglos wäre, ob diese Personen sachlich geeignet sind oder nicht, die Hauptsache ist, daß er der Meinung ist, er könne mit diesen Leuten nicht arbeiten; er kann nur mit Angestellten arbeiten, die ihm sympathisch sind, ganz gleichgültig, ob diese mit ihren Arbeiten vertraut sind oder nicht. Wenn er nicht die Kompetenz hat, das geeignete Personal auszusuchen, dann könne er die Verantwortung für den Geschäftsgang nicht übernehmen.

C. Schlemmer: rügt es, daß nicht alle stimmberechtigten Personen restlos vom Untersu-   5
chungsergebnis aufgeklärt sind und er verlangt, daß Gropius seinen Ausdruck vom 4. 10.
[1922] „sie seien Dreckseelen", der eine Beleidigung darstelle, zurücknehme. Außerdem
muß er den Untersuchungsausschuß wegen der abhängigen Stellung der Ausschußmitglieder
ablehnen, sie seien so einseitig gesellschaftlich verpflichtet, daß sie nicht unparteiisch seien,
ebenso wie der ganze Meisterrat.   10

Außerdem wünscht er dem Schüler Schmidt nochmals gegenübergestellt zu werden.

Feininger: lehnt C. Schlemmers Qualifizierung der Meisterrats- und der Kommissionsmitglieder entschieden ab.

Muche: Die Kommission lehnt weitere Untersuchungen ab, da für sie alle Ergebnisse klar sind.

Itten: erklärt, aus den Äußerungen Dr. Beyers (Gropius), hebe sich immer mehr hervor, daß   15
Dr. Beyer seine Stellung eben nicht versteht und daß deshalb eine Klärung nicht möglich ist,
hier können nur die zuständigen Stellen das Mißverständnis bei Dr. Beyer beseitigen, daher
halte er es für notwendig, daß die Diskussion in dieser Angelegenheit abgeschlossen wird.

Gropius: erklärt sich bereit, die sachlichen Dinge durch unparteiische Personen untersuchen
zu lassen, betr[effend] den Fall Dr. Beyer.   20

Zu den Bemerkungen [von] C. Schlemmer: Er, Gropius, habe seinerzeit in der Auseinandersetzung gesagt: „Die Dreckseelen, die das Bauhaus unterminieren, müssen herauskommen, dafür wolle er sorgen".

Dr. Beyer: legt nun auch Wert darauf, daß eine weitere Untersuchung stattfindet, daß aber
auch ein von ihm genannter Sachverständiger daran teilnimmt.   25

Lange: bemerkt, wir haben hier nicht zu beschließen, auf welche Wiese die verantwortliche
Leitung des Bauhauses eine Revision vornehmen lassen will.

Itten: schließt sich der Meinung Langes an, es soll nur abgestimmt werden. Wenn der Leiter
angegriffen [wird], so ist es das Recht des Meisterrats da einzugreifen.

C. Schlemmer: erklärt, daß er nicht wisse, um was es sich handle,   30

Itten: gibt ihm eine Erklärung [...] h.

C. Schlemmer: hält die Abstimmung für verfehlt.

Muche: erklärt, die Kommission besteht unter allen Umständen auf der Abstimmung; Schlemmer habe noch Gelegenheit, weitere Schritte zu tun.

---

h Streichung; zuvor: *ab.*

Lange: teilt mit, daß die Meister, so weit sie am 5. 10. [1922] nicht anwesend waren, aber noch nachträglich zu erreichen waren, [von] dem gesamten Untersuchungsergebnis unterrichtet wurden.

Dr. Beyer: bittet wiederholt, den Text der Abstimmungsfrage über ihn auf seinen Wunsch
5 umzuändern.

Lange: erklärt, daß die Entschließungen kein Qualitätszeugnis für die Einzelnen betreffen sollen, sondern in erster Linie eine Meinungsäußerung dafür, was in Zukunft zur Vermeidung solcher Zustände geschehen soll.

Kandinsky: macht darauf aufmerksam, nachdem die Kommission den Gesamteindruck ge-
10 schildert [hat], ist der Meisterrat verpflichtet, vor allen Dingen auch über [sic!] seinen Standpunkt nach Gewissen und dem eigenen Eindruck über das Verhalten Schlemmers und Zachmanns zum Ausdruck zu bringen.

Schreyer: Der Satz in der Frage über Dr. Beyer muß unverändert bleiben; der Meisterrat muß entscheiden, ob Dr. Beyer menschlich geeignet [ist] oder nicht, das ist allein wichtig,
15 und wenn er sachlich noch so geeignet wäre.

Itten: teilt mit, daß nunmehr die Abstimmung vorgenommen wird.

Die Parteien, Gropius, Dr. Beyer, C. Schlemmer und Zachmann, verlassen den Saal.

Itten: Bittet die Anwesenden, ob sie zu den bisherigen Verhandlungen noch einen Einwand zu machen haben, und ob sie zu den einzelnen Fragen noch Dinge [hin]zuzufügen hätten. Er
20 schlägt vor, Zachmann und Schlemmer getrennt zu behandeln und zuletzt die Frage wegen Dr. Beyer.

Feininger und Hartwig werden bestimmt zur Feststellung und Bekanntgabe des Abstimmungsergebnisses.

Frage 6 wird wie folgt geändert:
25 Halten sie nach Kenntnisnahme des Berichts der Kommission Herrn Dr. Beyer als Mitarbeiter am Bauhaus für geeignet?

Die Abstimmung ist geheim und mit Zetteln.
Ergebnis:

zu Frage 1	15 Zettel mit „ja"	
30 zu Frage 2	14 Zettel mit „ja"	1 Zett[el] mit „nein"
zu Frage 3	14 Zettel mit „ja"	1 Zett[el] mit „nein"
zu Frage 4	14 Zettel mit „ja"	1 Zett[el] mit „nein"
zu Frage 5	14 Zettel mit „ja"	1 Zett[el] mit „nein"
zu Frage 6	14 Zettel mit „nein"	1 Zett[el] mit „ja"

35 Die Parteien erscheinen wieder.

Itten: stellt den Sinn der letzten Versammlung nochmals klar. Der Meisterrat ist sich klar
über den Sinn und [die] Wirkung seines Verhaltens bei dieser Abstimmung. Es ist hiermit
eine Meinung zum Ausdruck gekommen, und der Meisterrat maßt sich das Recht nicht an,
die endgültige Entscheidung zu fällen, es wird dieses der leitenden Stelle überlassen. Den betroffenen Personen wird anheimgestellt, ihre Sache auf Grund des Abstimmungsergebnisses   5
nach eigenem Ermessen zu verfolgen.

Den Parteien wird das Abstimmungsergebnis mitgeteilt.

Itten: Schlußwort:
Die Entscheidung ist nunmehr gefallen, es wird den zuständigen Stellen überlassen, die entsprechenden Schlüsse zu ziehen. Es wird nochmals besonders betont, daß die Entscheidung   10
des Meisterrats nicht aus böswilliger Absicht gefaßt ist oder um jemandem Unrecht zuzufü-
gen, sondern wie aus den gesamten Berichten zu ersehen ist, hat er gehandelt auf Grund von
Anhaltspunkten und seinen Gefühlen entsprechend. Es steht jedem die freie Einsicht in die
Akten der Kommission offen. Die Entscheidung ist von dem Gesichtspunkt aus getroffen
worden, daß hier Dinge vorlagen, die das Wachstum des Bauhauses stören konnten, und   15
man hat aus diesem Grunde hart zugefaßt, weil eben kein anderer Ausweg war, um die
Störung des Wachstums zu beseitigen, und wenn nun einzelne Menschen das Opfer dieser
Umstände geworden sind, so mag dies nur ein Zeichen sein, daß die Betreffenden dazu emp-
fänglich sind, solcher Umstände Opfer zu werden. Die davon Betroffenen, die das Ganze in
Fluß gebracht haben, mögen nun ihre Sache weiterführen, wie sie es für richtig halten. Das   20
Urteil soll keine absolute Verurteilung sein, es soll niemandem abgesprochen werden, daß
er positive Fähigkeiten hätte, es hat jeder Fähigkeiten an sich, die man als durchaus positiv
bezeichnen muß, es soll nur gesagt sein, daß es der Gemeinschaft unmöglich ist, mit den Betreffenden zusammenzuarbeiten. Das geht ja auch aus der Fragestellung der Abstimmung
deutlich hervor.   25
    Durch die Abstimmung erklären wir, daß wir mit den Betreffenden nicht zusammenar-
beiten können, und sie müssen anerkennen, daß sie nun nicht mehr zu unserer Gemeinschaft gehören. Wir sind verpflichtet, alles auszuscheiden, was uns stört. Nun möchten diese
sehen, daß sie in eine Gemeinschaft kommen, in die sie besser passen.
    Der Sinn unserer Auseinandersetzungen sollte auch nicht sein, Streit zu erzeugen, son-   30
dern um unsere Meinung zu äußern und um uns und die anderen, für die wir verantwortlich
sind, gesund zu halten, damit nichts Ungesundes weiter zustande kommt. Sie haben erklärt,
daß sie alles beweisen werden können; es ist bekannt, daß sich schließlich alles beweisen
läßt, es kommt ja hier nur auf die innere Stimme des Herzens an. Wir sind überzeugt, daß
sie geglaubt haben, es wäre eine gute Sache, wir sind aber auch in dem Glauben, daß wir   35
einer guten Sache dienen, die wir schützen müssen, sind aber überzeugt, daß sich eine gute
Sache nicht durch Streit oder Haß fördern läßt. Das müßten sie auch wissen und den Schluß
ziehen, daß man eine gute Sache nicht stören darf.

Schluß der Sitzung 1/2 1 abends.

Vorsitzender: *Johannes Itten*   40
Protokollführer: *Hanna Lange.*

[4.]
Bestätigung der Kenntnisnahme des Protokolls. – Ausfertigung.
Bauhaus Archiv Berlin, Archiv W. Gropius, Meisterratsprotokolle.

Protokoll der Meisterratssitzung vom 14. Oktober 1922 zur Kenntnis genommen:

5   Name   Datum
   C. Schlemmer und Zachmann   *6. 11. [1922] Lange*
   haben Kenntnis genommen
   GMuche   *7. 11. [1922]*

57

Sitzung des Meisterrates mit den Werkmeistern am 20. Oktober 1922

10

[1.]
Notiz zur Tagesordnung (undatiert). – Konzept.
ThHStA Weimar, Staatliches Bauhaus Weimar 12, Bl. 229.

Beschluß fassen wegen der häufigen Anfragen, ob im Sommersemester 1923 keine Neuauf-
15   nahmen stattfinden.
nächste Sitzung.

erl[edigt] 20. X. [19]22[a]

[2.]
Entwurf der Tagesordnung (undatiert). – Reinschrift.
20   ThHStA Weimar, Staatliches Bauhaus Weimar 12, Bl. 230.

Itten?
Unterlagen für die Sitzung am 20. Oktober *1922*
Bericht Schlemmer - Zachmann[b]
I. Für Besprechung um 3 Uhr mit den Formmeistern.
25   Itten
Dorfner
Pfleumer/Heinrich
Doesburg
Mau
30   Schrammen
Kogan wurde abgesagt (Mappenbeitrag)
Vertreter für Formmeister in Werkstätten

---

a Vermerk von L. Hirschfeld.
b Ergänzungen von W. Gropius.

II. Für Sitzung um 4 Uhr mit allen Meistern

1. Verschiedenes
Schreyer Bühnenwerkstatt
Ausstellungsaufruf und Kommission (Bogler ?) *Singer – Schunke*[c]
Lieck und Heider Tapeten.   5
Westrum[d]
Dr. Adler Druckerei
Pierrot lunaire
Anschuldigung Deutscher Volkspartei/Pressenotizen im Sekretariat.
Schrammen[e]   10
2. Anträge von Meistern und Gesellen und Lehrlingen
Hartwig *warmer Raum*[f]   *Monatsberichte*[g]
Gesellen u[nd] Lehrlinge wegen Vortrag Klee – *Itten*[h]
[Gesellen und Lehrlinge] wegen Tanz und Turnen.

3. Allgemeines für Unterricht   15
keine Neuaufnahmen für April 1923
Zeitverhältnis vom Sommer- zum Wintersemester.

4. Aufnahmen der halbjährigen Werkstattprobe wegen Abschluß Lehrbrief.

5. Gesellen am Bauhaus und deren Bezahlung
s[iehe] anliegende Liste   20
Wottitz, Slutzki, Brendel, Verträge

6. Lehrgeldererlaß, Stipendien, Arbeitsräume
anl[iegende] Listen

7. Einzel-Angelegenheiten der Gesellen und Lehrlinge
Schwerdtfeger, Schattenspiele im Aktsaal   25
Schleifer Bühnenwerkstatt?
Mark streichen?
Drewes 1. Jahr beurlauben, dann Wandmalerei
Winkelmayer und Frau *(Metallw[erkstatt])*[i]

21. X. [1922]   30
erl[edigt] H[irschfeld]

[3.]
Einladung mit Tagesordnung an J. Itten vom 18. Oktober 1922. – Durchschrift.
ThHStA Weimar, Staatliches Bauhaus Weimar 12, Bl. 232.

---

c–i Ergänzungen von W. Gropius.

18. Oktober 1922

Meister
Johannes Itten
Weimar

5 Einladung zur Besprechung, *Freitag*[j], 20. Oktober [1922], nachmittags 3 Uhr mit allen Formmeistern.

Einladung zum Meisterrat anschließend, am *Freitag*[k], 20. Oktober [1922], 4 Uhr, mit allen Meistern.

Tagesordnung:
10 Mitteilungen allgemeiner Art, in Sitzung am 3. Oktober [1922] zurückgestellt. Angelegenheiten der Gesellen und Lehrlinge, Semesterbeginn.

G[ropius]

[4.]
Einladung mit Tagesordnung an L. Feininger vom 18. Oktober 1922. – Durchschrift.
15 ThHStA Weimar, Staatliches Bauhaus Weimar 12, Bl. 231.

18. Oktober 1922

Meister
Lyonel Feininger
Weimar

20 Einladung zur Besprechung, *Freitag*[l], 20. Oktober [1922], nachm[ittags] 3 Uhr mit den Formmeistern.

Einladung zum Meisterrat anschließend, Mittwoch [sic!], 20. Oktober[1922], nachm[ittags] 4 Uhr, mit allen Meistern.

Tagesordnung:
25 Mitteilungen allgemeiner Art, in Sitzung am 3. Oktober [1922] zurückgestellt. Angelegenheiten der Gesellen und Lehrlinge, Semesterbeginn.

G[ropius]

Gesandt an die Meister: Gropius
                        Feininger
30   Itten

---

j-l Änderungen; zuvor: *Mittwoch*.

       Kandinsky
       Klee
       Marcks
       Schlemmer, Oskar
       Schreyer   5

[5.]
Einladung an die Werkmeister vom 18. Oktober 1922, Zirkular. – Ausfertigung.
ThHStA Weimar, Staatliches Bauhaus Weimar 12, Bl. 248.

Zur Kenntnis vorzulegen:
Gropius wegen Frl. Börner. $^1/_2$ 5^m 10
G[ropius]

Weimar, 18. Oktober 1922

Einladung zum Meisterrat am *Freitag^n*, dem 20. Oktober 1922, nachmittags 4 Uhr im Leseraum des Bauhauses.

Tagesordnung: 15
Mitteilungen allgemeiner Art, zurückgestellt in der Sitzung am 5. Oktober 1922. Angelegenheiten der Gesellen und Lehrlinge, Semesterbeginn.

Gropius
Meister Börner   *kann erst 4 $^1/_2$ Uhr kommen^o*
Meister Dell   *Dell*   20
Meister Hartwig   *Hartwig*
Meister Lange   *Lange*
Meister Krehan (separat)
Meister Zaubitzer   *CZaubitzer*
Fräulein Grunow.   *Grunow*   25

Dorfner telefonisch 19. X. [19]22 mitgeteilt. L.H[irschfeld]

[6.]
Einladung an Syndikus H. Beyer und L. Hirschfeld vom 18. Oktober 1922. – Durchschrift.
ThHStA Weimar, Staatliches Bauhaus Weimar 12, Bl. 234.

H[irschfeld]   30
18. Oktober 1922

---

m Vermerk; von L. Hirschfeld.
n Änderung, zuvor: *Mittwoch*.
o Bemerkung von H. Börner.

Herrn Syndikus Dr. Beyer
Fräulein Hirschfeld

Einladung zum Meisterrat am *Freitag*[p], 20. Oktober [19]22, nachmittags 4 Uhr im Leseraum, des Bauhauses.
5 Tagesordnung: Mitteilungen allgemeiner Art, zurückgestellt in der Sitzung vom 5. Oktober
[1922]. Angelegenheiten der Gesellen und Lehrlinge, Semesterbeginn.

G[ropius]

[7.]
Protokoll der Sitzung. – Ausfertigung.
10 Bauhaus Archiv Berlin, Archiv W. Gropius, Meisterratsprotokolle. Durchschrift in: ThHStA Weimar, Staatliches Bauhaus Weimar 12, Bl. 235–242.

Protokoll
Meisterratssitzung am 20. Oktober 1922
Beginn nach[mittags] 4 Uhr im Leseraum des Bauhauses.

15 Anwesend: dazu:
Meister Gropius   Meister Börner
Meister Feininger   Meister Dell
Meister Itten   Meister Hartwig
Meister Kandinsky   Meister Krehan
20 Meister Klee   Meister Zaubitzer
Meister Schlemmer O.   Frl. Grunow
Meister Schreyer
Syndikus Dr. Beyer
Frl. Hirschfeld
25 Nicht anwesend: Meister Marcks, Meister Muche, Meister Dorfner, Meister Lange.
Herr Zachmann und Herr Carl Schlemmer waren nicht eingeladen.

Tagesordnung:
1. Verschiedenes.
2. Anträge von Meistern, Gesellen und Lehrlingen.
30 3. Allgemeines Unterricht betr[effend].
4. Aufnahme der halbjährigen Werkstattprobezeit.
5. Gesellen des Bauhauses und deren Verträge.
6. Lehrgelderlaß, Stipendien, Arbeitsraumverteilung.
7. Einzelangelegenheiten von Gesellen und Lehrlingen.

35 1. Verschiedenes
Angelegenheit Zachmann, Schlemmer, Dr. Beyer.
Gropius gibt zunächst den Briefwechsel zwischen Zachmann, Carl Schlemmer und ihm vom
16. und 17. Oktober [1922] bekannt. Er teilt mit, daß Zachmann und Carl Schlemmer im

---

p Änderung; zuvor: *Mittwoch.*

Ministerium den Antrag auf Untersuchung der Angelegenheit gestellt haben und daß das Mi-
nisterium zunächst das Protokoll der ganzen Angelegenheit abwartet. Gropius wird dem
Protokoll seine entsprechenden Anträge zusetzen. Ferner teilt Gropius mit, daß sich Dr.
Beyer in persönlicher Rücksprache mit ihm bereit erklärt habe, von seinem Amte zurückzu-
treten, und daß von seiten des Bauhauses nichts vorliege, ihm die Erlangung eines anderen   5
Postens zu erschweren.

Dr. Beyer äußert hierzu, daß er nur unter der Bedingung seine Stelle hier verlasse, daß
ihm eine vollständig gleichwertige Stelle verschafft werde und daß er keinesfalls den unbe-
dingten Wunsch hege, vom Bauhaus fortzugehen. Wenn ihm eine gleichwertige Stelle nicht
geboten werden könne, würde er weiter auf den in seinen Händen befindlichen Vertrag An-   10
sprüche geltend machen.

Gropius antwortet, daß diese Aussage nicht ganz dem entspreche, was Dr. Beyer neulich
ihm gegenüber gesagt habe. Damals wäre von ihm gesagt worden, daß er auch bereit wäre,
eine Stelle in einem Privatbetriebe anzunehmen, und Gropius legt Dr. Beyer jetzt wie gelegentlich des damaligen Gespräches nahe, sich um eine andere Stelle zu kümmern, da von sei-   15
ten des Bauhauses keine Verpflichtung bestehe, etwas für Dr. Beyer Geeignetes zu suchen.

Dr. Beyer antwortet, daß von seiner Seite auch keine Verpflichtung in dieser Richtung bestünde, da er ordnungsmäßigen Kontrakt habe und alles eingehalten habe, was darin verlangt wäre. Seine Aufgabe sei, hier Ordnung zu schaffen, was in Bälde auch geschehen sein
werde, und wiederholt, daß nur [ein] vollständig gleichwertiges Angebot in bezug auf Stel-   20
lung und Gehaltsansprüche ihn zum Weggang bewegen könnte.

Gropius schlägt vor, da das Ergebnis noch nicht zum Abschluß gebracht sei, das Gespräch
über dieses Thema zu schließen. Eine Entscheidung liege in der Hand der Regierung, die erst
nach Empfang der Unterlagen und Gropius' Bericht Stellung nehmen könne.

Betr[effend] Bühnenwerkstatt Schreyer.   25
Gropius verliest das Schreiben Schreyers vom 5. Oktober [19]22 (Auftrag für Inscenierung
eines seiner Werke in Berlin). Gropius äußert dazu, daß ihm dieser Plan gut erschienen sei
und da die Meister teils noch in Ferien waren, habe er Schreyer einstweilen seine Unterstützung zugesagt.

Schreyer erläutert zu seiner Sache, daß er sich diese Arbeit im Hinblick auf die Bauhaus-   30
woche vorgenommen habe und daß zunächst Vorarbeiten geleistet werden müßten. Der Auftrag gebe Gelegenheit, sofort an die Arbeit zu gehen und die Mitarbeitenden bis zum Sommer finanziell über Wasser zu halten.

Gropius ergänzt, daß die Bühnenwerkstatt damit auf produktive Basis gestellt sei, daß die
Ausführungen von Masken und Kostümen als Aufträge für die Bühnenwerkstatt behandelt   35
würden und damit werde auch diese Werkstatt auf produktive Basis gestellt.

Ausstellungsangelegenheiten
Ausstellungskommission. Diese sei nach der Hauptversammlung am 4. Oktober [1922] gewählt und setze sich zusammen aus: Muche, Schlemmer, Hartwig, Schwerdtfeger, Breuer.
Schlemmer hat einzuwenden, daß die Art der Wahl vielleicht nicht ganz richtig gewesen sei,   40
und daß es mindestens notwendig sei, daß der Meisterrat nachträglich die Wahl der Kommission bestätige, da der Meisterrat seiner Meinung nach übergangen worden sei. Nach längerer Verhandlung, in der auch zur Sprache kommt, daß es wünschenswert sei, daß eine
Frau in der Kommission sei (Frl. Bienert, die gewählt war, hat aus nicht bekannten Gründen

verzichtet), wird beschlossen, dies der Kommission zu überlassen und ihr anheimzustellen, ob sie, wenn nötig, noch Zuwahlen machen möchte. Gropius bittet die anwesenden Mitglieder der Kommission, Theo Bogler aus der Keramischen Werkstatt bei wichtigen Sitzungen hinzuzuziehen, damit die Verbindung mit Dornburg in der Ausstellungssache gewahrt
5 bleibe.

Ausstellungsräume. Gropius teilt ferner die bisherigen Verhandlungen über die Räumlichkeiten für die Ausstellung mit und daß unbedingt versucht werden solle, ein Haus bis zum Zeitpunkt der Ausstellung fertig zu bauen und einzurichten. Ein Herr v[on] Westrum, Bekannter von Schreyer, habe sich für die Arbeit im Bauhaus interessiert und Aufträge, z. B. an
10 die Weberei, bereits vergeben, die von Muche und Frl. Börner begrüßt würden. Gropius spricht die Hoffnung aus, daß dieser Herr v[on] Westrum, dessen Firma eine besondere Bauweise vertrete, vielleicht dazu zu gewinnen sei, dem Bauhaus genügende Gelder zur Verfügung zu stellen, um das eine Haus in Angriff zu nehmen. Das Bauhaus müßte dann in dessen Bauweise bauen, so daß Herr v[on] Westrum an diesem Bau als Reklamebau ein
15 Interesse haben könnte. In den kommenden Tagen wird Gropius mit einigen Meistern zu Herrn v[on] Westrum fahren und ihm den Plan vorlegen. Er hofft dabei auf die Hilfe der Meister. Die Räume in dem selbst gebauten Haus werden eine für die Zwecke des Bauhauses viel geeignetere Ausstellungsmöglichkeit bieten wie die Räume im Schloß, die teils gewölbte Decken haben und weniger geeignet seien.

20 Auf Schreyers Frage nach der Reithalle in der Belvederer Allee antwortet Gropius, daß man mit dieser nicht bestimmt rechnen solle, da große Schwierigkeiten im Wege seien. Er versuche sie dennoch zu beheben. Im Zusammenhang damit teilt Gropius den Vorschlag Oskar Schlemmers mit, ein Bauhauskino für die Ausstellung einzurichten.

Es werden einige Fragen über die Möglichkeit zur Geldbeschaffung aufgeworfen, die Gro-
25 pius für nicht durchführbar hält.

Ferner bittet Gropius die Meister, ihm bei der Suche nach einem geeigneten Ausstellungsorganisator behilflich zu sein. Es wäre ein Mensch dafür nötig, der bereits Kenntnisse in ausstellungsorganisatorischen Dingen besitze. Schreyer schlägt vor, Taut zu fragen.

Itten glaubt nicht, daß sich die Anstellung eines besonderen Ausstellungsleiters rentieren
30 würde, und ist der Meinung, daß diese Dinge unbedingt vom Bauhaus selbst gemacht werden müßten. Es gehöre ein heller Kopf dazu, aber es würde sich schon jemand innerhalb des Bauhauses dafür finden.

Gropius glaubt nicht, daß die Unmenge Arbeit, die allein die Bauhauswoche mit Kartenverkauf, die Reklame und Zeitungsanzeigen mit sich brächte, von Personen des Bauhauses
35 nebenbei gemacht werden könnte und fürchtet, daß halbe Arbeit entsteht, wenn ungeschulte Kräfte die Leitung übernehmen.

Dr. Beyer ist der Meinung, daß gelegentlich solcher Ausstellungen meistens nicht das erzielt wird, was vorgesehen war und daß meist ein Defizit herauskommt. Daher glaubt er, eine besondere Kraft würde zu teuer.

40 Es wird erwogen, ob Theo Bogler geeignet sei, die Leitung der organisatorischen Angelegenheiten für die Ausstellung zu übernehmen. Krehan fürchtet, daß ihm dann diese Kraft in der Werkstatt zu sehr fehle.

Itten betont wiederholt, daß das Bauhaus in der Lage sein müsse, selbst die Arbeit zu leisten und nicht einen Fremden mit seinen Angelegenheiten zu betrauen.

45 Es wird der in der Vorlehre tätige Schüler Citroen vorgeschlagen sowie Slutzkis kaufmännische Eignung besprochen.   *? Marcks*

Gropius bittet, daß die sich bei einigen Lehrlingen zeigende Stimmung gegen die Ausstellung überwunden werden müsse, wie z. B. in seiner Werkstatt Singer und Schunke sich von der Mitarbeit an dem allgemeinen Ziel ausschließen möchten.

Ferner ist zu überlegen, wie die Ausstellung heißen soll. Gropius erbittet Vorschläge für die Benennung bis zum 23. Oktober [1922]. Schreyer macht den Vorschlag, Redslob für die Bauhausausstellung zu interessieren und evtl. besondere Marken herausgeben zu lassen. Gropius erwidert, es sei in Aussicht genommen, einen Stempel herzustellen, der auf alle Briefe des Bauhauses und auf die Privatbriefe der Bauhausangehörigen gedruckt werden soll, um die bekannten Kreise aufmerksam zu machen. (Vorschlag Schlemmer, der gutgeheißen wird.)

Ferner für Auftrag v[on] Westrum: Zur Durchführung der Teppichweberei ist die Aufstellung des besonders großen Webstuhles notwendig, die Raumfrage dafür ist schwierig. Man wird als Provisorium die Steinbildhauerei (erster Raum) für diesen Teppichstuhl benutzen und die Grobschmiede als Färberei einrichten oder aber Bauprobierplatz in Raum der Steinbildhauerei, Teppichstuhl in Bauprobierplatz und Färberei in Grobschmiede. Der letztere Plan ist mit Architekt Lange und Hartwig noch zu besprechen.

Gropius will versuchen, von v[on] Westrum Aufträge für Möbel und, wenn möglich, für ganze Räume zu erhalten.

Gropius bittet Itten, den von ihm begonnenen Raum (Vorraum) beendigen zu lassen und teilt mit, daß dieser in Zukunft als Leseraum vorgesehen ist. Itten ist einverstanden, die Arbeit dort zu Ende zu leiten, wenn ihm die dafür nötigen Kräfte bis zum Schluß der Arbeit zur Verfügung stehen. Gropius bittet, diese Frage mit den betreffenden Werkstätten direkt zu besprechen.

Druckerei Dr. Adler.
Gropius verliest Dr. Adlers Brief vom 13. Oktober [1922]. Es wird festgestellt, daß Dr. Adler befragt werden soll, ob er den Druck der Satzungen und evtl. der Bauhausveröffentlichung übernehmen möchte, und daß die Meister es begrüßen, wenn das Bauhaus eine Buchdruckerei in Weimar an der Hand haben könnte.

Für die Bauhausveröffentlichung, für die Auswahl der bereits vorhandenen Photographien erklären sich Feininger, Itten, Kandinsky, Klee bereit. Der Text für diese Veröffentlichung sei s[einer]z[ei]t so beschlossen worden, daß die Meister nach Wunsch programmatische Auslassungen dazu schreiben sollen. Auf Ittens Frage, was der Sinn der Veröffentlichung sei, antwortet Gropius, daß es eine erste Bauhausveröffentlichung sei, die noch vor Beginn der Ausstellung zu deren Unterstützung erscheinen soll.

Aufführung „Pierrot lunaire" von Schönberg.
Gropius teilt mit, daß Wollbrück auf seine Veranlassung hin diese Aufführung in Weimar ermöglicht habe und daß die Aufführung am 27. Oktober [1922] im Saal der „Armbrust" stattfinde. Die Meister melden sogleich ihre Teilnahme an diesem Konzert an.

Gropius teilt den Briefwechsel mit Dr. Vogeler mit vom 19. und 28. September [1922].

Ferner teilt Gropius mit, daß am Montagvormittag 9 Uhr Baudirektor Schrammen sämtliche Räume des Bauhauses besichtige, um mit ihm zu beraten, wie der Raumnot abzuhelfen sei.

Gropius weist darauf hin, daß die Monatsberichte von den Werkstattleitern ausblieben und bittet, daß diese Berichte wieder eingeliefert werden.

2. Anträge von Meistern, Gesellen und Lehrlingen.
Gropius fragt, ob Einwendungen gemacht werden, daß den Gesellen und Lehrlingen auf
deren Antrag geholfen werde, sich im Turnen und Tanzen zu üben. Gropius teilt mit, daß er
sich wegen einer Turnhalle mit dem Direktor des Realgymnasiums in Verbindung gesetzt
5 habe. Frl. Grunow wird gebeten, sich mit ihren Schülern wegen Teilnahme oder Nichtteil-
nahme direkt zu verständigen, für Tanz Kantine bewilligt.
   Ferner liege ein Antrag der Gesellen und Lehrlinge vor:
   1. einen Farbkurs Itten einzurichten und
   2. Vorträge Klee wieder wöchentlich zu halten. Gropius überläßt es den Meistern, die Vor-
10 tragsabende einzurichten.
   3. Abendakt. Schlemmer erklärt sich bereit, die Leitung zunächst zu übernehmen, bittet
aber, daß die Leitung des Abendaktes wechsele, da sonst eine Eintönigkeit entstehen könne.
Die Meister sind damit einverstanden.

3. Allgemeines Unterricht betreffend.
15 Gropius wiederholt den in letzter Sitzung gemachten Vorschlag, daß im kommenden Sommer keine Neuaufnahmen stattfinden sollten. Gründe dafür sind: Während der Vorbereitungen für die Ausstellung keine Unruhe hereinzubringen und die Überfüllung einiger Werkstätten. Itten führt als weiteren Grund an, daß das Schülermaterial im Sommer immer
bedeutend schlechter sei wie im Winter. Die Meister sind damit einverstanden, daß nunmehr
20 nur noch im Wintersemester Neuaufnahmen stattfinden (Satzungen sind danach zu korrigieren.).

4. Aufnahme der halbjährigen Werkstattprobe.
Herzger wird aufgenommen. Da er die Werkstatt im Sommer unregelmäßig besuchte, ist der
Lehrbrief statt vom 1. April vom 1. Juli 1922 auszustellen.
25 Niemeyer (Weberei) aufgenommen.
Menzel und Molnar (Holzbildhauerei) noch warten.
Bayer und Weber (Wandmalerei) aufgenommen.
Dieckmann und Klee (Tischlerei) werden aufgenommen.
Leudesdorf und Muth (Weberei) weitere halbjährige Probezeit.
30 Mögelin wird anheimgestellt, sich mit Bastflechten zu beschäftigen.
Mark ist weiter als krank zu führen.
Umbehr. Gropius verliest dessen Antrag vom 20. Okt[ober 1922]. Die Meister beschließen
nach eingehender Besprechung, Umbehr nicht in die Werkstatt Slutzki zuzulassen.

5. Gesellen des Bauhauses und deren Verträge.
35 Gropius verliest die Verträge mit Slutzki und mit Wottitz sowie die Vertragsmitteilung an
Brendel.

6. Freistellen.
Es werden folgende Lehrgeldfreistellen für die 2. und 3. Rate Winter-Semester [19]22/23
vergeben:

40 Albers	Driesch	Lindig	Bogler
Baschant	Hirschfeld	Schmidt (W)	Dicker
Maltan	Hoffmann	Singer	Friedländer

Ferner werden je M[ark] 120,– Stipendium zur Zahlung des Lehrgeldes für die 2. und 3.
Rate Winter [19]22/23 aus dem Stip[endien-]Fonds vergeben:

Bernays	Pap	Werner	Mögelin	Wottitz
Breuer	Schwerdtfeger	Ebner	Muth	Bayer
Jahn	Schunke	Helm	Otte	Dieckmann
Molnar	Skala	Kerkovius	Stölzel	
Müller	Weber	Jungnik	Vallentin	

Schlemmer fragt, warum Hirschfeld das Lehrgeld erlassen bekomme, da er bezahlt werde.
Gropius antwortet, daß man den älteren Schülern bisher das Lehrgeld grundsätzlich erlas-
sen habe, da man den Plan schon lange verfolge, das Lehrgeld ganz in Wegfall zu bringen.
Man habe daher bis jetzt immer die Zahlung für die einzelnen so umgangen, daß man sie von
der Zahlung durch entsprechende Stipendienzuweisung befreit habe. In Zukunft falle die
Entrichtung ohnehin weg, da nur von den Neuaufzunehmenden Lehrgeld gefordert werde.

Verteilung von Stipendien aus Privatstiftungsgeldern:
Es wird beschlossen, an folgende je M[ark] 1 800,– zu zahlen:
Skala / Driesch / Pap / Baschant / Weber / Herzger / Lindig / Otte / Stölzel / Jungnik /

Arbeitsraumverteilung.
Die Meister sind damit einverstanden, daß
Busse seinen Raumanspruch abgibt,
Baschant für eine Zeitlang Raum 4 Prellerhaus allein inne hat,
Skala Raum 6 Prellerhaus,
Weber Raum 8 Prellerhaus,
Müller Raum 11 [Prellerhaus],
Dieckmann [Raum] 3 zu Schunke,
Schleifer zu Schwerdtfeger.

Somit wohnen im Prellerhaus:
Raum   3 Schunke / Dieckmann
Raum   4 Baschant
Raum   5 Prof. Rasch
Raum   6 Skala
Raum   7 Schwerdtfeger / Schleifer
Raum   8 Pap, Jahn, Weber (und kleiner Raum)
Raum   9 Kerkovius
Raum 10 Breuer
Raum 11 Müller, Bayer, Schmidt (und kleiner Raum)

Gropius verliest die Namen sämtlicher Antragsteller und bemerkt, daß auf Watenphul in
Raumverteilung keine Rücksicht mehr genommen werden könne, falls er wieder nach Weimar kommen solle, da er nur ganz vorübergehend Gebrauch davon mache.

7. Einzelangelegenheiten der Gesellen und Lehrlinge.
Antrag Schleifer, in Bühnenwerkstatt aufgenommen zu werden, wird länger verhandelt und
abgelehnt. Schleifer hat zunächst in einer regulären Werkstatt zu arbeiten und ist aufzufordern, seine Arbeit in der Steinbildhauerei fortzusetzen.

Antrag Drewes auf ein Jahr Urlaub und nachherigen Eintritt in die Wandmalerei wird bewilligt.

Schreyer sagt von Frl. Seinfeld, daß sie sich nicht mehr zum Bauhaus gehörig fühle und nicht erschiene. Gropius verliest die Mitteilung an sie auf Grund des Beschlusses des Mei-
5 sterrates und sagt Klarstellung der Angelegenheit zu.

Die Sitzung schließt um 6 3/4 Uhr.

Gropius
Klee   Schlemmer   Schreyer   Kandinsky   Marcks gelesen   Feininger   Itten gelesen Muche   Grunow
10 *L. Hirschfeld*
Dr. Beyer nicht mehr am Bauhaus 22. X. [19]22 Lotte Hirschfeld

[8.]
Bestätigung der Kenntnisnahme des Protokolls, Zirkular. – Ausfertigung.
Bauhaus Archiv Berlin, Archiv W. Gropius, Meisterratsprotokolle.

15 Weimar, 7. November 1922

Anliegendes Protokoll der Meisterratssitzung vom 20. Oktober 1922 zur Kenntnis genommen:

Name	Name	Datum
Meister Börner	*Börner*	*7. 11. [19]22*
Meister Dell	*Dell*	*15. 11. [19]22*
Meister Hartwig	*Hartwig*	*8. 11. [19]22*
Meister Krehan	*Krehan*	*18. 11. [19]22*
Meister Zaubitzer	*CZaubitzer*	*7. 10. [19]22*
Meister Lange	*Lange*	*8. 11. [19]22*
Fräulein Grunow	*Grunow*	

25 *Meyer*
G[ropius]

[9.]
Brief von L. Schreyer an W. Gropius vom 5. Oktober 1922 als Anlage zum Protokoll. – Ausfertigung.
ThHStA Weimar, Staatliches Bauhaus Weimar 12, Bl. 243.

30 *nächste Sitzung* q

Berlin, 5. Oktober [19]22
p. A. Verlag Der Sturm Berlin W 9
Potsdamerstraße 134 a

Lieber Meister Gropius!

35 *Ich werde leider am Freitag an der Sitzung nicht teilnehmen können. Die Vorbereitungen für die Proben sind geradezu ungeheuerlich, da ich die Schmierenatmosphäre erst aus dem*

---

q Vermerk von W. Gropius.

Tempel herausbringen muß, um unbelastet arbeiten zu können. Komme ich mit den Auf-
räumearbeiten so vorwärts wie bisher, so kann ich Anfang der Woche mit den Proben be-
ginnen.

Sachlich für unsere Sitzung möchte ich noch wiederholen:
Ich kann mit den Tauglichen unserer Bühnenwerkstatt für die nächste Zeit produktive Arbeit 5
leisten. Ich werde mit ihnen mein Bühnenwerk „Nacht" vorbereiten und spielen und ihnen da-
neben Gelegenheit geben, so viel wie möglich Einblick in die praktische Arbeit einer Bühnen-
erneuerung zu nehmen, wie ich sie mir denke. Die wirtschaftliche Existenz kann den Mitar-
beitern während dieser Zeit sicher gestellt werden.
*   Das Spiel „Nacht" oder, wenn es ungeeignet wäre, eine spätere Arbeit, ist dann zugleich die* 10
Gabe der Bühnenwerkstatt für die Bauhauswoche.

Mit herzlichen Grüßen und bald auf Wiedersehen
Ihr Lothar Schreyer.

Erledigt im Meisterrat 20. Oktober 1922.

[10.]
Vorschlag von G. Marcks zum Titel der Bauhaus-Ausstellung vom 21. Oktober 1922. – Ausfertigung. 15
ThHStA Weimar, Staatliches Bauhaus Weimar 35, Bl. 3.

Dornburg a[n der] S[aale] 21. X. [19]22

Für die Benennung der Bauhaus-Ausstellung 1923 schlage ich vor,
american for ever,
Bau hau auwei! 20

(nämlich Bauhausausstellung Weimar!)
Vielleicht aber täte es ein deutsches Wort wie Bauhausschau auch. Anklänge an die Kieler
Woche würde ich aus Originalitätssucht vermeiden.

G. Marcks 25

Ausst[ellungs] Kom[ission] [r]
Gr[opius]

58

Sitzung des Meisterrates am 28. Oktober 1922

[1.] 30
Einladung an die Formmeister vom 28. Oktober 1922. – Ausfertigung.
ThHStA Weimar, Staatliches Bauhaus Weimar 12, Bl. 249.

---

r Vermerk von W. Gropius.

Weimar, den 28. Oktober 1922

Einladung zur Meisterratsbesprechung[a] heute nachmittag 3 Uhr
Einladungen einzeln ergangen.
Meister Feininger
5   [Meister] Itten
[Meister] Klee
[Meister] Kandinsky
[Meister] O.Schlemmer
[Meister] Schreyer
10 [Meister] Muche verreist
[Meister] *Lange*[b]
[...][c]

Protokoll durch Lange.
Dr. Beyer späterhin anwesend.[d]

15 [2.]
Protokoll der Sitzung. – Ausfertigung.
Bauhaus Archiv Berlin, Archiv W. Gropius, Meisterratsprotokolle.

Protokoll
der Sitzung der Form-Meister am 28. 10. 1922, 3 1/2 Uhr im Arbeitszimmer Dir[ektor] Gropius

20 Anwesend:
Gropius
Feininger
Kandinsky
Klee
25 Muche
Schlemmer
Schreyer
Lange

a) Es wird bekannt, daß Dr. Beyer, trotzdem er sich verpflichtet hatte, ohne Wissen Gropius'
30 nichts mehr selbständig bei der Regierung zu unternehmen, wiederum ohne Einvernehmen
mit Gropius mit der Regierung über Anstellung eines neuen Buchhalters verhandelt hat.

b) Außerdem wurde bekannt, daß Dr. Beyer eigenmächtig mit einem neuen Buchhalter verhandelt hat mit Hinweis darauf, daß hier, wenn ein politischer Umsturz im Staat kommt, sich
wohl die Leitung ändern könne, aber eine Gefahr für die Buchhalterstelle nicht bestehe.

---

a Änderung; zuvor: *Meisterratssitzung.*
b Ergänzung; von L. Hirschfeld.
c Streichung; zuvor: *Syndikus Dr. Beyer, Lotte Hirschfeld.*
d Vermerke von L. Hirschfeld.

c) Ferner hat Dr. Beyer Meister Schreyer erklärt, daß nach seinen Informationen das Ministerium beabsichtige, in nächster Zeit Veränderungen in der Organisation des Bauhauses vorzunehmen, die vor allen Dingen die Anstellung der Form-Meister betrifft [sic!].

Die Meister sind sich einig, daß hier Dr. Beyer in unverantwortlicher Weise weiter gegen die Anordnungen des Leiters arbeitet und daß hier Mittel gefunden werden müssen, um diese ⁵ schädigende Wirkung des Dr. Beyer auszuschalten.

Es erscheint Dr. Beyer.
  Nach Mitteilung der Punkte a–b an Dr. Beyer gibt dieser zu, so gehandelt zu haben, er glaubt sich dazu berechtigt, da er die wirtschaftliche Leitung des Bauhauses habe. Er sei auch aus diesen Gründen berechtigt, ohne Einvernehmen mit Gropius zu handeln, da dieser sich ¹⁰ selbst für unfähig auf diesen Gebieten erklärt habe. Er bleibt bei diesem Standpunkt, trotzdem ihm von Gropius und Lange nachgewiesen, daß er hier seine Zuständigkeit überschritten hat und gegen mit der Untersuchungskommission getroffene Vereinbarung gehandelt hat.
  Das Verhalten des Dr. Beyer ist für den Leiter und den Meisterrat verletzend und herausfordernd. ¹⁵
  Zu Punkt b erklärt Dr. Beyer, daß er hierfür vom Ministerium keine Information erhalten habe und daß alles nur auf eigenen Annahmen beruht.
  Der Meisterrat beschließt (in Abwesenheit Dr. Beyer), Dr. Beyer die Führung der Syndikusgeschäfte sofort abzunehmen, ihm das Betreten der Anstalt zu verbieten und bei der Regierung dessen Amtsenthebung zu beantragen. ²⁰
  Dieser Beschluß wird Dr. Beyer mitgeteilt; er übergibt die Geschäfte mit einer schriftlichen Erklärung an Meister Lange.

Lange

[3.]
                                                                                  ²⁵
Mitteilung an die Formmeister vom 31. Oktober 1922, Zirkular. – Durchschrift.
ThHStA Weimar, Staatliches Bauhaus Weimar 12, Bl. 251.

Weimar, 31. Oktober 1922

Auf Beschluß des Meisterrats vom 28. Oktober 1922 sind auf Vorschlag der Untersuchungskommission nachstehende Protokolle zur Kenntnisnahme im Sekretariat während ³⁰ der Sprechstunden des Syndikus Lange (Montag, Dienstag, Mittwoch und Freitag von 10 bis 12 Uhr) einzusehen.

1. Protokoll der Meisterratssitzung vom 5. Okt[ober] 1922
2. Zusammenstellung des Untersuchungsergebnisses über den Fall: Zachmann, Schlemmer, Beyer gegen Gropius.
                                                                                  ³⁵
3. Protokoll der Meisterratssitzung vom 14. Okt[ober] 1922
4. Protokoll der Versammlung aller Bauhausangehörigen am 16. Okt[ober 19]22

Meister Feininger
Meister Itten
Meister Kandinsky
Meister Klee
5 Meister Marcks
Meister Muche
Meister Schlemmer, Osk.
Meister Schreyer
[...]^e
10 *Original bes[ondere] Unters[uchungs]Akten.*
Nicht an Werkstättenleiter. 31. X. [19]22 L.H[irschfeld]

[4.]
Mitteilung an die Werkmeister vom 28. Oktober 1922, Zirkular. – Ausfertigung.
ThHStA Weimar; Staatliches Bauhaus Weimar 12, Bl. 250.

15 *L[otte] H[irschfeld]*
L[an]ge
R[atz]

Weimar, 28. Oktober 1922

Abschrift des Anschlages No. 123

20 Vom Montag, dem 30. Oktober [1922] ab übernimmt die Geschäfte des Syndikus am Staatlichen Bauhaus Herr Architekt Lange.

Die Befugnisse des Herrn Dr. Beyer erlöschen mit diesem Tage.

Gropius

Meister Börner	*Börner*
25 Meister Dell	*Dell*
Meister Dorfner	*Dorfner*
Meister Hartwig	*Hartwig*
Meister Krehan i[n] Abschrift	
Meister Zaubitzer	*CZaubitzer*
30 Albers für Glasmalerei	*Albers*
Brendel für Tischlerei	*Brendel*
Müller für Wandmalerei	*Müller verreiste 1. Nov[ember 19]22 H[irschfeld].*

erl[edigt] H[irschfeld]

---

e Streichung; zuvor: *Meister Börner, Dorfner, Dell, Hartwig, Krehan, Zaubitzer.*

59

Sitzung des Meisterrates mit den Werkmeistern am 11. Dezember 1922

[1.]
Einladung mit Tagesordnung an die Formmeister vom 7. Dezember 1922. – Durchschrift.
ThHStA Weimar, Staatliches Bauhaus Weimar 12, Bl. 256.   5

R[atz]
L[ange]
H[irschfeld]

Weimar, den 7. XII. 1922

Einladung zur Meisterratssitzung am Montag, dem 11. XII. [1922], nachmittags 4 Uhr in   10
meinem Arbeitsraum.

Tagesordnung:
1. Wirtschaftlich-kaufmännische Fragen.
2. Ausstellung.
3. Allgemeine Verwaltungsangelegenheiten.   15
a) Allgemeine Unterrichtsfragen und sonstiges.
b) Einzelne Anträge der Gesellen und Lehrlinge.
c) Anträge und Monatsberichte der Meister.
d) Von letzter Sitzung bis heute in Umlauf gegebene Schriftstücke.

G[ropius]   20

Einzeleinladungen ergangen an:
Meister Itten
[Meister] Feininger
[Meister] Klee
[Meister] Kandinsky   25
[Meister] Muche
[Meister] O. Schlemmer
[Meister] Schreyer
[Meister] Lange
[Meister] Marcks, Dornburg   30

Protokoll geschrieben[a]

[2.]
Einladung mit Tagesordnung an die Werkmeister vom 11. Dezember 1922, Zirkular. – Ausfertigung.
ThHStA Weimar, Staatliches Bauhaus Weimar 12, Bl. 257.

———————

a Vermerk von L. Hirschfeld.

L[an]ge
Weimar, den 11. XII. 1922

Eilt.

Einladung zur Meisterratssitzung am Montag, dem 11. XII. [1922], nachmittags 4 Uhr in
5 meinem Arbeitsraum (Gropius).

Tagesordnung:
1. Wirtschaftliche kaufmännische Fragen.
2. Ausstellung.
3. Allgemeine Verwaltungsangelegenheiten.
   a) Allgemeine Unterrichtsfragen und sonstiges.
   b) Einzelne Anträge der Gesellen und Lehrlinge.
10   c) Anträge und Monatsberichte der Meister.
   d) Von letzter Sitzung bis heute in Umlauf gegebene Schriftstücke.

Der Syndikus: i[m] A[uftrag] *Lange*

15 Meister Hartwig   *Hartwig*
    [Meister] Dell
    [Meister] Beberniß   *Beberniß*
    [Meister] Zaubitzer   *CZaubitzer*
    [Meister] Börner   *Börner*

20 [3.]
    Tagesordnung (undatiert). – Konzept.
    ThHStA Weimar, Staatliches Bauhaus Weimar 12, Bl. 255.

    31. 11. [19]22 H[irschfeld]
    erl[ledigt] H[irschfeld]

25 Für nächsten Meisterrat:

    1. Wirtschaftliche Angelegenheiten.
    Vorschläge für anzufertigende Gegenstände für Ausstellung usw. (Lange) Angemessene Ver-
    gütung für produktive Arbeit.

    2. Verwaltungsangelegenheiten.
30   1. Ausstellung
      2. Prüfungsordnung Bauhausgesellen
      3. Einzelanträge Gesellen und Lehrlinge (Bienert, Pap, Bayer, Schepp)
    Unklare Stellung einzelner Schüler:
    Frahm
35 Lindemann   *erl[edigt]*[b]

---

b Ergänzung von W. Gropius.

Bienert s[iehe] Antrag   *Sonderstellung* [c]
Fehling   *erl[edigt]* [d]
Muche Frau
Hercht   *weiter in der Schwebe* [e]
Mögelin   *nicht geeignet* [f]   5
Vollmer-Neufert   *1 Jahr beurlaubt* [g]
4. Anträge der Meister und Monatsberichte
5. Umläufe an Formmeister
6. Weihnachtsferien

Wird demnächst Sitzung anberaumt?   10

[4.]
Protokoll der Sitzung. – Ausfertigung.
Bauhaus Archiv Berlin, Archiv W. Gropius, Meisterratsprotokolle. Durchschrift in: ThHStA Weimar, Staat-
liches Bauhaus Weimar 12, Bl. 259–264.

H[irschfeld]   15

L[ange]/E[ngelhard]

Protokoll
der Meisterratssitzung am 11. XII. [1922] nachmittags 4 Uhr
im Lesezimmer des Staatlichen Bauhauses.

Tagesordnung: 20
1. Wirtschaftlich-kaufmännische Fragen.
2. Ausstellung.
3. Allgemeine Verwaltungsangelegenheiten.
a) Allgemeine Unterrichtsfragen und Sonstiges.
b) Einzelne Anträge der Gesellen und Lehrlinge.   25
c) Anträge und Monatsberichte der Meister.
d) Von letzter Sitzung bis heute im Umlauf gegebene Schriftstücke.

Anwesend: Direktor Gropius
stellvertretender Syndikus Lange
Formmeister Klee
[Formmeister] Kandinsky   30
[Formmeister] Itten
[Formmeister] Muche
[Formmeister] Marcks

---

c–g Ergänzungen von W. Gropius.

[Formmeister] O. Schlemmer
Werkmeister Zaubitzer
[Werkmeister] Hartwig
[Werkmeister] Börner.
5 *abwesend: Schreyer, Feininger, Dell*[h]
Vorsitz: Gropius.

Gropius gibt einen Bericht über die gesamte Lage aller Bauhausangelegenheiten, teilt die
außerordentlichen Schwierigkeiten, die mit der Untersuchung des Falles Beyer, Zachmann, Schlemmer verbunden waren und die die Zentrale stark belasteten, mit. Die Ange-
10 legenheit ist zur Zeit so weit, daß die Untersuchungsbehörden zu der Ansicht gekommen
sind, daß die Angriffe unberechtigt waren und daß die betr[effenden] Angreifer Dr. Beyer,
Zachmann, Schlemmer mit sofortiger Wirkung entlassen werden sollen.
    Die wirtschaftliche Lage des Bauhauses ist außerordentlich schwierig, da durch die Un-
tersuchung von seiten des Ministeriums alle Dinge zurückgestellt wurden, die zu unserer
15 finanziellen Unterstützung gefordert und notwendig waren. Lange soll hierüber vom rein
geschäftlichen Standpunkt aus besonders berichten.
    Lange berichtet durch Vorlesen eines Arbeitsberichtes des Syndikus vom 9. 12. 1922 in dem
Sinne, daß die vergangene Zeit seit 1. 11. d[iese]s [Jahres] zum Nachholen wichtiger, durch
Dr. Beyer vernachlässigter Geschäftsangelegenheiten benutzt werden mußte und daß durch
20 diese Ordnungsarbeit und durch zu starke Anforderung von innen heraus die Zentrale außerordentlich stark belastet ist, daß von seiten der Meister und Lehrlinge eine starke Unterstützung der Zentrale notwendig wird, besonders dadurch, daß die in der letzten Zeit in Erscheinung getretenen Widerstände in Zukunft wegbleiben (Anlage Arbeitsbericht des Syndikus).
    Gropius bestätigt, daß trotz des noch geringen Geschäftsganges im produktiven Sinne
25 die Zentrale mehr als notwendig belastet ist, die Folgen davon müßten sein: eine Verein-
fachung der Anforderungen an die Zentrale von seiten der Schule. Es ist allerdings zu
berücksichtigen, daß, solange wir so in großen Geldschwierigkeiten stecken, die Arbeit besonders schwierig ist. Da durch den Regierungskredit nicht die gesamten durch die Ausstellung entstehenden Kosten gedeckt werden können, so müßte mit besonderem Nach-
30 druck auf die Herbeischaffung von privaten Mitteln hingearbeitet werden.
    Muche teilt mit, als Eindruck seiner letzten Werbe-Reise, daß das gesamte private Kapi-
tal, soweit es sachlich an der Bauhaus- oder Hausbau-Ausstellung interessiert ist, wohl die
Absicht geäußert hat, helfend einzugreifen, es kann dies aber nur in üblicher geschäftlicher
Form geschehen, d. h., daß die geldgebenden Firmen für die Hergabe ihrer Gelder irgend
35 eine sachliche Gegenleistung, und sei es nur auf dem Propagandagebiet, hätten.
    Gropius hält es für notwendig, daß für die gesamte Ausstellung ein entsprechender Ga-
rantiefonds geschaffen werden müßte, der zu gliedern sei:
a.) in einen Fonds für Ausstellungszwecke,
b.) in einen Fonds für den Hausbau.
40   Zur Werbung für diese Fonds müßte ein Entwurf aufgestellt werden und zwar könnte
auch hier nur in der Zwei-Gliederung verfahren werden, weil die Interessenten für den
Hausbau ganz andere seien als die für die reine Ausstellung.

---

h Ergänzung von L. Hirschfeld.

Muche hält es für notwendig auf Grund der bisherigen Erfahrungen bei den Vorbereitungen zu dem Hausbau, daß gemeinschaftlich gearbeitet werden muß, wenn etwas Rechtes herauskommen soll. Er schlägt vor, daß die beiden bisherigen Gruppen, einerseits
Muche, andererseits Gropius mit seinen Architekten, in bereits vereinbarter Arbeitsgemeinschaft zusammenarbeiten. Gropius weist hier auf die Oskar Schlemmer'schen Ideen   5
hin.

Lange erklärt sich bereit, einen Vorschlag für die Gliederung der Kapitalpropaganda im
Gropius'schen Sinne zu machen.

Gropius bittet, dafür zu sorgen, daß nunmehr die Mitarbeit der Schüler im stärksten
Maß einsetze und daß vor allen Dingen in der Zusammenarbeit, die für unsere Ausstel-   10
lungsabsicht unvermeidbar ist, die Disziplin einsetze, die bisher immer bei gemeinschaftli-
cher Arbeit die [...]ⁱ großen Erfolge gebracht hat.

Frl. Börner schlägt vor, man solle ein Rundschreiben verfassen, für die Ausstellungs-In-
teressenten bestimmt, das auch den Schülern bekannt gegeben wird, damit auch aus deren
Kreisen die möglichen Verbindungen angeknüpft werden.   15

Gropius teilt darauf mit, daß die Ausstellungskommission dabei ist, eine kleine Propagan-
daschrift herzustellen, die im Bauhaus und der Öffentlichkeit bekannt gegeben werden soll.
Schluß der Ausstellungsdebatte.

Gropius teilt mit, daß die „Neue Bühne, Weimar" gebeten hat, die Bühnenwerkstatt soll
sich an ihren Bestrebungen in Weimar praktisch beteiligen. Schlemmer teilt mit, daß nach   20
seiner Meinung die „Neue Bühne" nicht genügend Mittel habe und daß sie vorwiegend aus
diesem Grunde das Bauhaus angeht, damit dieses mit den Mitteln der Bühnenwerkstatt
helfe. Er hält die Mitarbeit in dem heute vorhandenen Rahmen der „Neuen Bühne" für
nicht geeignet und schlägt vor, daß mit Hinweis auf das kurze Bestehen unserer Bühnenwerkstatt und daß wir selbst auf diesem Gebiete noch nicht darbietungsfähig sind, der An-   25
trag abgelehnt werden soll. Es wird demnach ablehnend entschieden.

Es wird angefragt, ob die Dornburger Werkstätte nicht auch besonders marktgängige
Gebrauchskeramik herstellen könnte, die in größeren Mengen hergestellt und verkauft
wird.

Marcks warnt vor einer zu industriellen Einstellung der Werkstatt und hält es für richtig,   30
daß Gebrauchskeramiken nur im Original hergestellt werden und daß besonders geeignete
Stücke der Porzellan-*Industrie*ʲ zur Vervielfältigung übergeben werden.

Gropius: Vorliegende Fälle zeigen, daß die Werkstattordnung, die Meistern und
Schülern bekannt ist, noch nicht genügend eingehalten wird. In manchen Werkstätten
kann man direkt von Bummelei sprechen. Er weist dabei auf einzelne Fälle, Umbehr, Sin-   35
ger usw. hin.

Es sollen heute grundsätzliche Beschlüsse über das Verfahren gegen eine ganze Anzahl
Schüler, die die Werkstattordnung nicht eingehalten haben, gefaßt werden.
1. Gropius stellt den Antrag, daß Umbehr, der wiederholt mündlich und schriftlich mit
Hinblick auf die Folgen ermahnt wurde, nunmehr aus der Werkstatt ausgeschlossen wird.   40
Die Meister äußern sich in der Mehrzahl einstimmig dafür, daß in diesem Falle der Aus-

---

i Streichung; zuvor: *unerhört.*
j Änderung; zuvor: *Manufaktur.*

schluß aus der Werkstatt richtig sei. Um aber nicht einen Fall zu schaffen, der aussieht wie der Ausschluß aus der Schule (mit Rücksicht auf die heut übliche Auslegung einer solchen Tatsache für sein späteres Fortkommen), soll eine besondere Formel angewandt werden. Es wird beschlossen, dem Umbehr mitzuteilen, daß wegen seiner Interessenlosigkeit seine „Streichung aus der Schülerliste" vorgenommen wird.

2. Zu Fall Pap, der den schriftlichen Antrag gestellt hat, ihn von dem Zwang, zu einer bestimmten Zeit in einem bestimmten Raum arbeiten zu müssen, zu befreien, ist Gropius der Meinung, daß [...]^k, bis er Geselle ist, einen bestimmten Zwang über sich dulden muß. Erst nachdem er Geselle ist, kann man ihm größere Freiheiten möglich machen; die Meister stimmen diesem zu.

3. Zu der Frage, ob Frl. Hercht weiter wie bisher als Schülerin geführt werden soll, da sie kein ordentlicher Lehrling nach den Bauhausgrundsätzen ist, sind die Meister einverstanden, daß Frl. Hercht weiter in der Holzbildhauerei verbleibt.

4. Frl. Bienert hat schriftlich gebeten, weiter am Bauhaus bleiben zu dürfen, ohne einer bestimmten Werkstatt anzugehören, da sie für Werkstattarbeit nicht geeignet sei. Gropius schlägt vor, ihr mit Hinblick auf ihre guten Leistungen und auf die günstige Gesamtwirkung ihrer Persönlichkeit im Bauhaus diesen Wunsch zu erfüllen. Es werden Zeichnungen von ihr herumgereicht. Es wird beschlossen: Frl. Bienert soll unter Anerkennung besonderer Verhältnisse von der Werkstattarbeit befreit bleiben.

5. Der Fall Frahm wird erwähnt, es wird aber gebeten, diesen noch für die nächste Sitzung zu lassen.

6. Mögelin: Aus ihrer bisherigen Arbeit am Bauhaus hat sich gezeigt, daß sie für keine der Werkstätten geeignet ist. Frl. Börner schlägt vor, man solle sie in der Weberei noch weiterarbeiten lassen, ihr das Material geben, immer sehr sorgfältig gegen Empfangsbescheinigung, daß sie die Arbeiten in der Werkstatt unter Aufsicht ausführt und fertig wieder abgibt.

Gropius und Muche machen darauf aufmerksam, daß dieses Verfahren mit der Zeit zu unhaltbaren Zuständen in den Werkstätten führen würde. Es werden Bedenken gegen das weitere Verbleiben von Frl. Mögelin von allen Seiten geäußert. Es wird beschlossen, ihr den Aufenthalt im Bauhaus bis zum Schluß des Semesters zu gestatten.

7. Frau Neufert hat um einen einjährigen Urlaub gebeten, er wird gewährt.

8. Bayer, Wandmalerei, hat um ein Stipendium gebeten. Da aber zur Zeit kein Geld vorhanden ist, schlägt Gropius vor, ihm für den Fall daß wieder Geld zur Verfügung steht, ein Stipendium von M[ar]k 2 000,– zu geben; der Meisterrat ist einverstanden.

9. Schepp hat den Gesellen gemacht, beantragt Beurlaubung. Beurlaubung wird gewährt. Itten macht darauf aufmerksam, daß Schepp noch Werkzeuge vom Bauhaus habe.

10. Teltscher hat den Antrag gestellt um ein Atelier; wegen Mangel an Raum kann ihm keins gegeben werden.

Schlemmer teilt die Sorgen der Bildhauerwerkstätte mit, die wegen Mangel an praktischen Aufträgen nicht recht zum Arbeiten kommt. Brief Hartwig wird vorgelesen. Gropius ist der Meinung, daß die Tätigkeit der Werkstätte nicht erlahmen dürfe, wenn keine Aufgabe für praktische Arbeit vorliege; es müsse dann von den Werkstattmitgliedern das einfache handwerkliche Können geübt werden.

---

k Streichung; zuvor: *jeder.*

Kandinsky: Wenn in der Bildhauerei keine praktische Verwendung der Arbeit möglich ist,
so muß der ganze Unterricht rein wissenschaftlich aufgebaut werden. Auch die Lehrlinge
müssen nach einer ganz bestimmten Arbeitsrichtung eingestellt werden. Die bisherige Plan-
losigkeit, bei der jeder nach eigenem Gutdünken probieren konnte, muß durch eine planmäßige Lehrarbeit abgelöst werden.   5

Lange schlägt vor, man solle beim Staat beantragen, daß die Werkstatt Aufträge von
Staatsbauten erhält, die allerdings nur Bedeutung für die handwerkliche Fortbildung hätten.

Gropius teilt mit, daß der Gartenverwalter Herr Pfleumer und die Küchenleiterin Frl.
Heinrich ihre Stellen verlassen und daß ihnen bei dieser Gelegenheit die Anerkennung des
Meisterrats für ihre Tätigkeit ausgesprochen werden soll.   10

Ferner findet die Weihnachtsfeier des Bauhauses am 17. 12. [19]22 statt.

GMuche   gelesen Schreyer   Kandinsky   Klee   Oskar Schlemmer   Itten   Marcks
Hartwig   gelesen Feininger   CZaubitzer   Dell   Börner
Lange

[5.]   15
Arbeitsbericht des Syndikus vom 9. Dezember 1922. – Ausfertigung.
ThHStA Weimar, Staatliches Bauhaus Weimar 12, Bl. 265-269.

DER DIREKTOR
DES STAATLICHEN BAUHAUSESS
ZU WEIMAR   20

H[irschfeld]

Fu[nck]

Weimar, den 12. XII. 1922

Anliegenden Arbeitsbericht des Syndikus vom 9. XII. [1922], der in der Meisterratssitzung
vom 11. XII. [1922] vorgelegen hat, mit der Bitte um Kenntnisnahme.   25

Das Sekretariat
i[m] A[uftrag] *Funck*

Meister Feininger   *Feininger*
[Meister] Schreyer   *Schreyer*
[Meister] Dell   *Dell*   30

G[ropius]

vorgetragen am 11. 12. [19]22 Meisterrat

L[ange]/Fu[nck]

Arbeitsbericht des Syndikus am 9. XII. 1922.

Nach Übernahme der Geschäfte durch mich am 1. XI. 1922 ergab sich, daß fast alle seit Mitte dieses Jahres hier programmäßig gestalteten Aufgaben unerledigt waren. Die notwendigen Vorbereitungen für die Ausstellung, vor allen Dingen eine zweckmäßige und planmäßige Verwendung des Credites waren nicht zu erkennen. Es bestand kein Überblick über die noch zur Verfügung stehenden Mittel und keine Dispositionen für die nächste Zukunft.

Deshalb mußte es eintreten, daß die in Unkenntnis der Mittelerschöpfung in Angriff genommenen Aufgaben wegen Mangel an Geldmitteln heute vor unüberwindlichen Hindernissen stehen.

Die notwendige Bezahlung der in den Werkstätten produktiv arbeitenden Kräfte ist zur Zeit unmöglich. Ebenso für die nach ordentlicher Tarifbezahlung arbeitenden Gesellen ist die Bezahlung in nächster Zeit nicht möglich.

Die noch notwendigen Anschaffungen für die Werkstätten:
1. Holzdrehbank.
2. Rohstoffe für den Ausbau des Vestibüls.
3. Bezahlung der Entwurfsarbeit für den Hausbau ist zur Zeit unmöglich.

Alle Anschaffungen, die in nächster Zeit durch die Arbeit der Ausstellungskommission notwendig werden, können nicht bezahlt werden. Die Kosten für die Bauhausmappen, die zur Zeit mit 500 000 M[ark] geschätzt werden, für die Acontozahlung geleistet werden muß, können nicht bezahlt werden. *Schwierigkeiten/Unterschriften/Bezahlung*[1]

Eine Beseitigung dieser Schwierigkeiten ist nach zwei Richtungen hin möglich:
1. Durch die in Aussicht stehende, aber immer noch gefährdete Bewilligung des Credites von der Regierung.
2. Wir haben nach der Schätzung vom 1. XI. 1922 für ca. eine Million Fertigware der Werkstätten in Vorrat, die für die nächstjährige Ausstellung zurückgehalten werden soll. Dieses Zurückhalten ist die Ursache, daß uns aus dem laufenden Credit die Mittel ausgegangen sind. Wenn wir nicht in die Lage kommen, weiter Creditmittel von der Regierung zu erhalten, so wird uns nichts weiter übrigbleiben (damit wir die unersetzlichen produktiven Kräfte durchhalten können), [als] mit dem Verkauf der produzierten Werte zu beginnen.

Bilanz.
Wenn nun auch rein organisatorisch für mein Arbeitsgebiet die außergewöhnlichen Schwierigkeiten und Hindernisse, die zu Anfang bestanden, nicht mehr da sind, so ist doch die Führung der Geschäfte hier im Gegensatz zu einem rein privaten Unternehmen aus nachstehend geschilderten Gründen ungewöhnlich schwer und für die Dauer aufreibend.

Im Verhältnis zu dem kleinen, sich fast automatisch abwickelnden Lehrbetrieb und des durchaus noch nicht lebendigem Produktivbetriebes der Werkstätten, muß das Sekretariat mit äußerster Kraftanstrengung arbeiten. Eine unnatürliche Erscheinung. Woher kommt das!

---

1   Bemerkung von W. Gropius am linken Seitenrand.

Ich habe festgestellt, daß immer, wenn von der Leitung irgend etwas angeordnet oder
angeregt wird, wobei Werkstätten und Zentrale zusammenarbeiten müssen, sofort großer
Widerstand eintritt, der nur mit größtem Kraftaufwand und innerer Erschütterung überwunden werden kann, und dieser Widerstand kommt aus einer bestimmten geistigen Atmosphäre des Bauhauses.   5
1. Als damals von der Zentrale die Parole ausgegeben wurde – Vorbereitung der Ausstellungsarbeiten und Ideen für die Werkstätten – war das Echo lange philosophische Erwägungen, ob das nötig sei oder nicht, zum Teil Ablehnung der Ausstellung aus allerhand Gründen, die hier schon lange nicht mehr diskutabel sein sollten, heimliche, unbegründete
Gegenaktion einzelner. Die Folge – Lähmung der Zentrale und keine Spur von Hilfsbereit-   10
schaft.
2. Der Hausbau.
Parole: jetzt soll es mit allen Kräften losgehen. Die Leitung präsentierte einen Plan, damit
sich alles einstellen konnte und die Bitte, höchste Eile, damit es nicht zu spät wird. Die Reaktion darauf war: Ablehnung – Gegenwirkung – neue Ideen –, die für die Kürze der Zeit   15
noch unausgereift waren, aber keine Entscheidung *zur* praktischen Tat. Lange schwierige
Ringkämpfe der einzelnen Meinungen, die wiederum das ganze Bauhaus auf das stärkste
und gefährlichste erschütterten.

Wenn das Bauhaus als Ganzes wirklich die gemeinschaftliche Tat will und sich auf diesen
Willen 2 Jahre lang bewußt eingespielt hat und wenn darüber kein Zweifel ist, dann muß die   20
Reaktion auf bestimmte Dispositionen der Leitung eine entschiedenere und diszipliniertere
sein. Jede andere Einstellung schafft für den Knotenpunkt, der die Führung *hat*, unüberwindliche Schwierigkeiten.

So lange dies nicht anders wird, kann eine gemeinschaftliche Tat unter den heutigen ungewöhnlich schwierigen wirtschaftlichen Verhältnissen nicht möglich sein, d. h., daß wir die   25
Ausstellung in dem Rahmen, in dem sie als Existenzrettungsmittel für das Bauhaus unbedingt notwendig ist, nicht verwirklichen werden.

Es erscheint mir heute sicher, daß die einzelnen Menschen (Lehrer und Schüler) von der
unheimlichen Notwendigkeit dieser Ausstellung für unsere Existenz noch gar nicht überzeugt sind.   30
Der Kampf des Bauhauses in den letzten Monaten und die Einstellung der oberen
Behörden bis zu den Ministerien ist ein sicherer Beweis dafür, daß diese Kreise, von
denen unser Sein oder Nichtsein abhängt, wohl die Kraft haben, das Bauhaus zu erdros-
seln und heute bereit sind, dem Bauhaus jede Hilfe für die nächste Zukunft zu versagen.
Aus dem Ausbleiben des seit Jahren erwarteten produktiven Ergebnisses entnehmen sie   35
einen Grund für den Beweis, daß das Bauhaus keine Existenzberechtigung hat (Finanzminister). Es gibt heute keinen anderen Weg mehr, unsere Daseinsnotwendigkeit zu beweisen und unseren Zusammenbruch zu verhüten, als die möglichst beschleunigte, stark
wirkende Ausstellung.

Es ist aus all diesen Gründen notwendig, daß alle die Dinge in Zukunft vermieden werden,   40
die solchen Widerstand und starke Erschütterung der gesamten Organisation [bewirken], die
an der Zentrale nicht mehr ertragen werden können, unterlassen werden. Es müssen deshalb
alle sich davon überzeugen lassen, daß eine Unterordnung und eine Selbstdisziplin von jetzt
ab in erhöhtem Maße notwendig ist, wenn etwas gelingen soll.

Diese Ausführungen geschehen von mir aus nicht, um durch Critik irgendwelchen   45
Schwung oder Begeisterung zu nehmen, sondern ich habe die Pflicht, das zu sagen, was

uns hindert, die Dinge auszuführen, die wir alle mit starker Sehnsucht wünschen, - das starke Aufblühen des Bauhauses.

Lange

1. *Gesamtbericht* [m]
5 2. *Gesellenfragen* [n]

[6.]
Brief von J. Hartwig an W. Gropius vom 26. Oktober 1922.- Ausfertigung.
ThHSTA Weimar, Staatliches Bauhaus Weimar 184, Bl. 3

Sitzung 11. 12. [19]22 erl[edigt] [o]
10 *Sitzung G[ropius]*
L[an]g[e]
1.11.[1922] H[irschfeld]
R[atz]
30. 10. 1922[p]

15 Josef Hartwig Bildhauer
Weimar 26. Oktober 1922

Sehr verehrter Herr Gropius!
Die Holzbildhauerei ist ohne meine Schuld allmählich eingetrocknet. Lehrling Kohn hat des-
halb als einziger für handwerkliche Arbeiten noch brauchbarer Mensch das Bauhaus verlassen.
20 *Lehrling Busse ist seit 1 1/2 Jahren in der Werkstatt u[nd] hat bis heute als einzige praktische*
Holzarbeit 2 Versuchsbrettchen mit Materiestudien gemacht. Die Lehrlinge Molnar u[nd] Men-
zel haben bis heute noch nicht das mindeste in Holz gearbeitet. Es ist also vorläufig an einen
Nachwuchs nicht zu denken. Ich kann unter diesen Umständen auch keine Verantwortung für
die handwerkliche Ausbildung der Lehrlinge übernehmen u[nd] bitte deshalb um eine Bespre-
25 *chung mit Ihnen, Herr Gropius, und Herrn Schlemmer.*

Ich persönlich teile nicht die hier von verschiedenen Seiten ausgesprochene Ansicht, daß die
Holzbildhauerei heute etwas Überflüssiges ist. Meine Beobachtungen gehen dahin, daß gegen-
wärtig aus verschiedenen Gründen das Holzschnitzen einen ungeahnten Aufstieg nimmt. Ich
meine deshalb, weil uns hier am Bauhaus nichts einfällt, was man in Holz schnitzen könnte,
30 *wird die Holzbildhauerei nicht aus der Welt geschafft. Sie ist so alt wie die Kunst überhaupt,*
war vielleicht die erste dreidimensionale künstlerische Tätigkeit und wird erst verschwinden,
wenn alles plastische Arbeiten aufhört.

Hochachtungsvoll
Jos. Hartwig

---

m-n   Bemerkungen von W. Gropius.
   o   Vermerk von L. Hirschfeld.
   p   Eingangsstempel.

[7.]
Ausarbeitung von O. Schlemmer [zwischen 26. und 30. Oktober 1922]. – Ausfertigung.
ThHStA Weimar, Staatliches Bauhaus Weimar 184, Bl. 4.

L[an]g[e]
Sitzung G[ropius]   5
R[atz]
S[i]tz[ung] 11. 12. [19]22 erledigt q
H[irschfeld]
30. 10. 1922 r

Zu dem Schreiben von Meister Hartwig bemerke ich: Es betrifft eine Kernfrage der plasti- 10
schen Werkstätten: Stein-Holzbildhauerei. Das Bauhaus wurde gegründet s[einer]z[ei]t auf
den zu errichtenden Dom oder Kirche des Sozialismus und die Werkstätten wurden nach Art
der Dombauhütten eingerichtet. Der Gedanke an den Dom ist vorläufig in den Hintergrund
getreten, damit ganz bestimmte Gedanken künstlerischer Art. Heute ist es so, daß wir be-
stenfalls an das Haus denken dürfen, vielleicht sogar nur denken dürfen, jedenfalls an das 15
Haus einfachster Art. Vielleicht ist angesichts der wirtschaftlichen Not unsere Aufgabe, Pio-
niere einer Einfachheit zu sein, d. h. für alles Lebensnotwendige die einfache Form zu fin-
den, die dabei anständig und gediegen ist.

Es ist die Frage, ob unsere Arbeit bestimmt sein soll von Gedanken solcher socialer und ethi-
scher Natur oder von der Tatsache der Existenz von Werkstätten, die, weil sie nun einmal 20
da sind, arbeiten müssen. Dazu kommen die Forderungen der Handwerkskammer und
ihre Prüfungsvorschriften für Gesellen und Lehrlinge, die für die Werkstattleiter bindend
sind.

Wir schnitzen am Bauhaus nicht in Holz, nicht wie Meister Hartwig meint, weil uns nichts
einfällt, sondern weil unser Gewissen es uns verbietet. Die der Tischlerei gemäße anzuglie- 25
dernde Werkstatt wäre heute die Dreherei, – nicht die Holzbildhauerei. Das Möbelstück von
heute soll als ganzer Organismus Kunstwerk sein, nicht ein Gerüst auf dem etwas Kunst auf-
gepfropft wird. Etwas anderes ist es mit der Holzbildhauerei als freier Kunstübung, wohin
z. B. die Steinbildhauerei mangels Aufgaben natürlicherweise gedrängt wird. Damit stellen
sich die plastischen Werkstätten aber außerhalb der übrigen Bauhauswerkstätten und es 30
wäre für die Wandmaler gemäß, daß sie Bilder malten.

Das Übel liegt darin, daß die großen Aufgaben fehlen. Vielleicht bietet sie die Ausstellung, –
aber nur vielleicht.

Oskar Schlemmer

Bitte die Angelegenheit, die von prinzipieller Bedeutung ist, im Meisterrat zur Sprache zu 35
bringen.

---

q Vermerk von L. Hirschfeld.
r Eingangsstempel.

[8.]
Mitteilung von O. Schlemmer vom 22. November 1922. – Ausfertigung.
Staatliches Bauhaus Weimar 184, Bl. 5.

Sitzung 11. 12. [19]22

5 *erledigt.*ˢ

22. Nov[ember 19]22

Oskar Schlemmer
Bauhaus Weimar

Im Anschluß an das Schreiben von Meister Hartwig und meiner Äußerung dazu möchte ich
10 *noch folgendes bemerken:*
Meine materielle Notlage und infolgedessen die Unmöglichkeit bestimmte Arbeiten zu realisie-
ren – Die Möglichkeit, durch solche Arbeiten der Werkstatt Arbeitsgelegenheit, Anregung und
Interesse zu vermitteln – die Beobachtung, daß dies seitens der Werkstatt gesucht und begrüßt
würden zudem für mich die Einsicht, daß es der einzige Weg ist, in der Werkstatt zu wirken,
15 *veranlassen mich, dem Bauhaus folgendes vorzuschlagen:*

Die Werkstätten (zunächst die mir unterstellten: Holz- und Steinbildhauerei u[nd] Metall)
führen Arbeiten nach meinen Angaben und unter ständiger Überwachung aus (vorausgesetzt,
daß es die laufenden Arbeiten der Werkstätten gestatten). Die damit Beschäftigten (freiwillig!)
(Meister, Gesellen u[nd] Lehrlinge) werden nach Übereinkunft vom Bauhaus entlohnt. Diese
20 *Entlohnung und das verarbeitete Material wird gebucht.*
Geldmittel (so lange keine Krediterhöhung) fehlen.
22. 11. [1922] L[an]ge

Im Verkaufsfall (nötigenfalls Versteigerung) gehen vom Erlös zunächst die dem Bauhaus er-
wachsenen Kosten ab, ferner ein zu bestimmender Gewinnanteil zu Gunsten des Bauhauses
25 *und der Verfertiger.*

Bis zum Verkauf, der meiner Einwilligung bedarf, bleibt die Arbeit im Besitz des Bauhauses,
doch habe ich das Vorrecht des Ankaufs.

Oskar Schlemmer

Zur Besprechung im Meisterrat.

30   **60**

                Sitzung der Form- und Werkmeister am 6. Januar 1923

[1.]
Einladung an die Form- und Werkmeister vom 5. Januar 1923, Zirkular. – Ausfertigung.
ThHStA Weimar, Staatliches Bauhaus Weimar 12, Bl. 279.

---

s   Vermerk von L. Hirschfeld.

Weimar, 5. Januar 1923

Aufforderung zur Teilnahme an der Besprechung am Sonnabend, 6. Januar 1923, vormittags 11 Uhr im Aktsaal.

Thema: Ausstellung, Arbeitsverteilung, Berichterstattung der Ausstellungskommission.

Gropius   5
Meister Feininger   *Feininger*
Meister Itten   *Itten*
Meister Kandinsky   *Kandinsky*
Meister Klee   *Klee*
Meister Muche   *GMuche*   10
Meister Schlemmer O.   *Osk. Schlemmer*
Meister Schreyer   *Schreyer*
Meister Meyer   *A. Meyer*
Meister Lange   *Lange*
Meister Beberniß   *Beberniß*   15
Meister Börner   *Börner*
Meister Dell   *Dell*
Meister Hartwig   *Hartwig*
Meister Zaubitzer   *CZaubitzer*

[2.]   20
Ergänzung zum Zirkular vom 5. Januar 1923 (undatiert). – Ausfertigung.
ThHStA Weimar, Staatliches Bauhaus Weimar 12, Bl. 280.

Zum Umlauf vom 5. 1. [19]23

Herr Gropius bittet alle Meister um 10 Uhr 45 in den Leseraum des Bauhauses zu kurzer
Besprechung vor Beginn der allgemeinen Versammlung.   25

i[m] A[uftrag] *Hirschfeld*

Klee
Schl[emmer]
Schreyer

61   30

Sitzung des Meisterrates am 5. Februar 1923

[1.]
Einladung mit Tagesordnung an die Formmeister vom 3. Februar 1923, Zirkular. – Ausfertigung.
ThHStA Weimar, Staatliches Bauhaus Weimar 12, Bl. 281.

Weimar, den 3. II. 1923   35

Eilt!

Umlauf

Einladung zur Meisterratssitzung am Montag, dem 5. Februar [1923], nachmittags 4 Uhr.

Tagesordnung:
Verschiedenes.

5 *i[m] A[uftrag] Lange*

Meister Feininger   *verreist*
[Meister] Itten   [verreist]
[Meister] Kandinsky   *Kandinsky*
[Meister] Klee   *Klee*
10 [Meister] Marcks i[n] Abschrift
[Meister] Muche   *GMuche*
[Meister] Schlemmer   *Schlemmer*
[Meister] Schreyer   *Schreyer*

[2.]
15 Antrag von L. Schreyer auf Verlegung der Sitzung (undatiert). – Ausfertigung.
ThHStA Weimar, Staatliches Bauhaus Weimar 12, Bl. 283.

Wird nicht verlegt. A[ckermann-Hirschfeld]

*Bitte um Verlegung der Meisterrat-Sitzung, da ich über Montag nicht in Weimar sein kann und
auch noch andere Meister fehlen.*

20 *Ich habe Montag nachmittag eine Besprechung in Leipzig zugesagt.*

Schreyer

Ist unaufschiebbar. Gr[opius]

[3.]
Protokoll der Sitzung als Entwurf. – Reinschrift mit Korrekturen von W. Gropius.
25 ThHStA Weimar, Staatliches Bauhaus Weimar 12, Bl. 284–285.

Protokoll
Meisterrat am 5. Februar 1923
Beginn 4 Uhr mit Formmeistern, Ende 6–6¹/₂ Uhr (anschließend: Besprechung mit Hand-
werksmeistern)

30 Anwesend: Meister Gropius
Meister Kandinsky
Meister Klee
Meister Marcks
Meister Muche

Meister Schlemmer
Meister Schreyer
Syndikus Lange
Frau Ackermann-Hirschfeld als Protokollführer
Abwesend: Meister Itten, verreist
Meister Feininger, verreist

Inhalt der Sitzung:
1. Bericht Gropius über Stand der Angelegenheit „Dr. Beyer, Schlemmer, Zachmann".
2. Geldlage des Bauhauses und Ausstellungsvorbereitungen.
3. Prüfung der Beratungsordnung.
4. Bauhaus-Veröffentlichung (Buchform).
5. Freie Meisterstellen.
6. Zukünftige Handhabung des Vorkurs.

1. Bericht Gropius über den Stand der Angelegenheit „Dr. Beyer, Schlemmer, Zachmann".
Gropius verliest das Schreiben des Ministeriums vom 11. XII. [19]22 (IV 949, 1110 E), das die
Mitteilung der Kündigung an die drei Betreffenden enthält, er verliest sein Antwortschreiben
sowie die darauf erfolgte Antwort des Ministeriums vom 30. Dezember [19]22 (IV 1407 E), die
Gropius in allen angeklagten Punkten entlastet. Gropius berichtet, daß er heute vor dem Amts-
gericht in seiner Beleidigungsklage gegen Dr. Beyer geladen war. Die von Dr. Beyer gegen ihn
vorgebrachten Punkte hofft Gropius auf schriftlichem Wege unschwer zu beantworten.
        Gropius berichtet von seiner Verhandlung mit dem Obmann der Handwerkskammer
Linkmann. Die Handwerksinnung habe auf Grund der Mitteilungen von einem oder mehreren der drei: Dr. Beyer, Schlemmer, Zachmann, den Kampf gegen das Bauhaus begonnen,
jedoch nach Rücksprache mit Gropius die in Aussicht genommene Protestversammlung wieder rückgängig gemacht.
        Gropius teilt mit, daß er den Wunsch gehört habe, die Entlassung der drei rückgängig zu
machen und sie wieder im Bauhaus aufzunehmen. Gropius' persönliche Meinung ist, daß ein
solcher Rückzug falsch sei, und stellt die Frage zur Erörterung. Die Meister äußern sich einzeln gegen eine Wiederaufnahme von Dr. Beyer, Schlemmer und Zachmann. Auch Meister
Oskar Schlemmer spricht sich gegen die Wiederaufnahme aus, äußert dazu, daß er vordem der
Meinung war, daß die Angriffe der drei dem Bauhaus schaden könnten, so daß er seinerzeit
irgendeine Milderung angestrebt hätte.

2. Geldlage des Bauhauses und Ausstellungsvorbereitungen.
Gropius berichtet von dem schwierigen Stand, den das Bauhaus augenblicklich dem Finanzminister gegenüber habe, dem die Einstellung zum Bauhaus mangele. Das Ergebnis
einer Besprechung bei dem Herrn Finanzminister in Gegenwart seiner sowie Bauhaus-De-
zernenten habe die Bewilligung der zehn Millionen für die Ausstellung gebracht, aber die Bedingungen zur Auszahlung der 10 Millionen an das Bauhaus unter solchen Bedingungen
[sic!], die Gropius veranlassen mußten, sich beim Volksbildungsminister zu beschweren.
        Die Vorbereitungen für die Ausstellung müssen nun sofort in die Wege geleitet werden
und Gropius möchte auf jede Weise darum besorgt sein zu verhindern, daß nicht nachträglich noch Hindernisse in den Weg gelegt werden, die das Ganze wieder in Frage stellen können. Die Bekanntgabe an die Öffentlichkeit ist sofort einzuleiten. Ein öffentlicher Vortrag

von Gropius ist bereits für Mitte Februar in Weimar vorbereitet, zu dem die Herrn des Ministeriums eingeladen werden. Evtl. im Landtag auftretende Schwierigkeiten hoffe er durch seine Bestellung als Regierungsvertreter in den Landtag selbst zu beseitigen. Gropius berichtet von dem Plan, mit der neugegründeten Staatsbank in Verbindung zu treten; Unterredung mit dem Direktor der Staatsbank, Loeb, habe bereits stattgefunden. Gropius hofft, auf diese Weise die nötigen Kredite bis zur Ausstellung zu erhalten.

3. Prüfung der Beratungsordnung.
Gropius weist darauf hin, daß die Beratungsordnung praktisch schwierig durchführbar sei und daß er sich weiter vorbehalten müsse, mit den Formmeistern allein und mit den Handwerksmeistern allein zu beraten. Bei einer Anzahl von zu beratenden Gegenständen wird zuweilen nur eine Frage auftreten, die die Anwesenheit von mehreren Personen erfordert, was für diese zu zeitraubend werden dürfte. *unverständlich. Gr[ropius]*ª Es wird deshalb beschlossen, daß für solche Fragen Formmeister, Handwerksmeister und Gesellen je einen oder zwei Vertreter wählen, die Vollmacht erhalten, über solche Punkte mit Gropius zu beraten. Gropius verliest die Beratungsordnung Punkt für Punkt und stellt nochmals jeden Punkt zur Frage. Punkt 3 „Berufung und Ausscheidung des Syndikus" wird geändert. Zuständig dafür ist der Leiter, die Formmeister, die Handwerksmeister statt wie bisher „der Leiter". Ferner Punkt 14 „Stipendien", zuständig ist: „Der Bauhausrat oder in Einzelfällen die Leitung und 2 Meister" statt wie bisher: „Der Bauhausrat".

4. Bauhausveröffentlichung (Buchform).
Nachdem Gropius bekannt gibt, daß die Verleger, an die man sich bisher gewandt hat, abgeschrieben haben, äußert Muche Bedenken, den Versuch noch einmal zu wiederholen. Gropius verliest den diesbezügl[ichen] Teil aus dem Brief Piper vom 18. 1. [19]23.
Für die von Frl. Wottitz abzuliefernden Bucheinbände und Buchbinderarbeiten muß ein Formmeister zur Begutachtung zuständig sein. Das von Frl. Wottitz gebundene Buch: „Afrikanische Märchen" wird herumgezeigt. Meister Klee erklärt sich zur Begutachtung bereit.
Gropius weist nochmals darauf hin, daß zur Internationalen Kunstausstellung nicht nur Werke auswärtiger Künstler vertreten sein sollen, sondern in erster Linie Werke der Bauhaus-Meister, -Gesellen und -Lehrlinge.

5. Freie Meisterstellen.
Gropius macht darauf aufmerksam, daß nach Abgang Ittens vom Bauhaus zu Ostern d[iese]s Jahres zwei Meisterstellen am Bauhaus unbesetzt seien, und macht den Vorschlag, hierfür keinen Maler zu berufen. Er schlägt vor, um die Grundlagen zu erweitern und die jetzt schon fühlbare Lücke auszufüllen, wissenschaftliche Lehrfächer einzuführen und zwar zunächst Physik und Mathematik sowie Chemie. Diese Fächer können evtl. vorübergehend gelehrt werden, so daß sich verschiedene wissenschaftliche Gebiete semesterweise ablösen können. Es wird von den Meistern hierzu angeregt, mit der Jenaer Universität Fühlung zu nehmen, um von dortigen Dozenten über diese Gebiete Vorträge im Bauhaus gehalten zu bekommen. Da jedoch auch auf diesen Gebieten eine Zusammenarbeit erwünscht ist und weniger ein Lehren in Form von Vorträgen, wird dem Plan, wie Gropius ihn vortrug, beigestimmt.

---

a Bemerkung am linken Seitenrand.

Die Erwägung, Frl. Grunow eine dieser freien Stellen zu geben, wird von Gropius ablehnend beantwortet, da für Frl. Grunow ohnedies eine besondere Besoldung für den kommenden Etat vorgesehen ist. Gropius bittet die Meister, mit zu überlegen, wer für die *noch freie Stelle*[b] in Betracht kommen kann.

6. Zukünftige Handhabung des Vorkurs.   5
Gropius bedauert, daß Itten nicht anwesend ist und zu diesem Punkte Stellung nehmen kann. Gropius ist der Ansicht, daß die Teilnehmer am Vorkurs mehr beschäftigt werden müssen und daß z. B. Werkzeichnen, Mathematik und Physikunterricht in dieser Zeit erteilt werden könne. Ferner müsse die Arbeit eines älteren Gesellen im Vorkurs in anderer Weise vor sich gehen wie bisher; der betreffende Geselle müsse richtig mit den Neu-Eingetretenen zu- 10
sammenarbeiten und ihnen technischen Rat erteilen können. Die Meister sind einverstanden, in Zukunft den Vorkurs auf dieser Basis einzurichten. [c]

Schluß der Sitzung 6¹/₂ Uhr.

                                                                                   15
G[ropius]

[4.]   20
Beratungsordnung als Anlage zum Protokoll. – Durchschrift.
ThHStA Weimar, Staatliches Bauhaus Weimar 12, Bl. 289–290.

Beratungsordnung des Staatlichen Bauhauses
festgestellt im Meisterrat am 5. 2. [19]23

Entscheidungen, die nach innen oder außen von wichtiger Bedeutung für das Bauhaus sind, 25
werden von dem gesamten Bauhausrat beraten.

Für die Beratung einzelner nachstehend aufgeführter Fragen sind zuständig:
1) Berufung und Ausscheiden von Form-Meistern:
Die Form-Meister
2) Berufung und Ausscheiden von Handwerksmeistern: 30
Der Bauhausrat
3) Berufung und Ausscheiden des Syndikus:
Leiter, Form-Meister und Handwerksmeister
4) Anstellung und Entlassung von Beamten und Angestellten:
Der Leiter, der Syndikus   35
5) Änderung der Satzungen:
Der Bauhausrat
6) Arbeitsverteilungsplan:
Der Bauhausrat

---

b Änderung; zuvor: *diese.*
c Satz von Gropius teilweise gestrichen und mit Fragezeichen versehen.

7) Aufnahme und Entlassung von Gesellen u[nd] Lehrlingen;
a) Aufnahme in die Vorlehre:
Der Leiter, der Meister für die Vorlehre
b) Aufnahme in die Werkstatt nach vollendeter Vorlehre:
Der Leiter, die Form-Meister
c) Endgültige Aufnahme nach bestandener Probelehre in die Werkstatt:
Der Leiter, die beiden Meister d[er] Werkstatt, ein Bauhaus-Geselle der Werkstatt
d) Werkstattwechsel:
Der Leiter, die 4 Meister der beiden Werkstätten, je ein Bauhaus-Geselle der beiden Werkstätten
e) Entlassung:
Der Bauhausrat
8) Anträge:
Der Leiter, die Meister und Bauhaus-Gesellen, zu deren Arbeitsgebiet der Antrag gehört,
oder der Bauhausrat.
9) Zuteilung der Gesellen- und Meisterreife:
Der Bauhausrat (der Meisterreife ohne Gesellen)
10) Ausstellungen:
a) Ausstellungen von Form-Meistern:
Die Form-Meister
b) Ausstellung der Werkstätten:
Der Bauhausrat
c) Ausstellung einzelner Gesellen:
Der Leiter, die beiden Meister d[er] Werkstatt
11) Einräumung der „Sonderstellung" für Sonderbegabte:
Der Leiter, die Form-Meister, der Werkstattleiter, ein Bauhaus-Geselle der Werkstatt.
12) Verteilung von Arbeitsräumen, Gebührenerlaß, Beurlaubung:
Der Leiter, die Meister der Werkstatt
13) Ankauf und Vergütung von Gesellen- und Lehrlingsarbeiten:
Der Leiter, der Syndikus, die beiden Meister der Werkstatt, ein Bauhaus-Geselle der Werkstatt:
14) Stipendien:
[Der Bauhausrat oder in Einzelfällen die Leitung und 2 Meister.]

62

Sitzung der Form- und Werkmeister am 5. Februar 1923

[1.]
Einladung mit Tagesordnung an die Werkmeister vom 3. Februar 1923, Zirkular. – Ausfertigung.
ThHStA Weimar, Staatliches Bauhaus Weimar 12, Bl. 282.

Weimar, den 3. II. 1923

Eilt!

Umlauf

Einladung zur Meisterratssitzung am Montag, dem 5. Februar [1923], nachmittags ¹/₂ 6 Uhr.

Tagesordnung:
Verschiedenes.
i[m] A[uftrag]   *Lange*   5

Meister Lange	*Lge*
[Meister] Hartwig	*Hartwig*
[Meister] Dell	*Dell*
[Meister] Beberniß	*Beberniß*
[Meister] Börner	*Börner*
[Meister] Zaubitzer	*Zaubitzer*
[Meister] Krehan i[n] Abschrift	
[Meister] Meyer	*Meyer*

[2.]
Protokoll der Sitzung. – Ausfertigung.   15
Bauhaus Archiv Berlin, Nachlaß W. Gropius, Meisterratsprotokolle. Durchschrift in: ThHStA Weimar, Staatliches Bauhaus Weimar 12, Bl. 286–288.

Protokoll
der Meisterbesprechung am 5. Februar 1923, nachmittags ¹/₂ 7 bis ¹/₂ 9 Uhr.

Anwesend:	Meister Gropius	Meister Beberniß
	Meister Kandinsky	Meister Börner
	Meister Klee	Meister Dell
	Meister Marcks	Meister Hartwig
	Meister Muche	Meister Krehan
	Meister Schlemmer	Meister Meyer
	Meister Schreyer	Syndikus Lange
		Frau Ackermann-Hirschfeld (Protokollführer)
Abwesend:	Meister Itten, verreist	
	Meister Feininger, verreist.	

Inhalt der Besprechung: 30
1. Satzungen des Bauhauses
2. Wirtschaftliche Lage der Gesellen und Lehrlinge
3. Einzelangelegenheiten d[er] Gesellen u[nd] Lehrlinge
4. Verschiedenes (Aufstellung benötigten Materials f[ür] Ausstellung, Bauer & Sohn, Handwerksmeister in Innungen, Raumverteilung).   35

1) Satzungen des Bauhauses
Gropius gibt bekannt, daß die neuen Satzungen (im Juli [19]22) nunmehr fertig gedruckt vorliegen und von ihm vom morgigen Tage an offiziell in Kraft gesetzt werden. Er erwähnt,

daß einige Punkte, wie die Beibehaltung des Untertitels „Ehemalige Großherzoglich Sächsische Hochschule für bildende Kunst", etc. bei der Regierung erkämpft werden mußten, so daß die Herausgabe dadurch lange verzögert wurde.

2) Wirtschaftliche Lage der Gesellen und Lehrlinge

Die Existenzfrage einiger Gesellen und Lehrlinge ist wieder an einem kritischen Punkt angelangt; es wird deshalb eingehend darüber gesprochen, welche Maßnahmen ergriffen werden können, um der Not abzuhelfen. Die Werkstätten: Töpferei, Weberei und Tischlerei sind durch Auftragsarbeit und Produktivarbeit imstande, die dort Arbeitenden zu erhalten. Besonders schlecht stehen in bezug auf Verdienst die Werkstätten Wandmalerei und Steinbildhauerei. Es steht deshalb zur Frage, ob den Gesellen und Lehrlingen dieser Werkstätten, insbesondere der Wandmalerei, gestattet [wird], die Werkstatt unregelmäßig zu besuchen, um Gelegenheit zu geben, daß außerhalb des Bauhauses Verdienst gesucht wird. Es wird beschlossen, die Regelung der Werkstatt zu überlassen.

Gropius führt aus, daß er, im Hinblick auf die finanzielle Unterhaltung der einzelnen, zu früherer Zeit dem Meisterrat gegenüber den Standpunkt vertreten habe, daß Aufträge im Bauhaus angenommen und ausgeführt werden sollen, auch wenn sie künstlerisch nicht ganz einwandfrei seien; dieser Antrag von ihm sei seinerzeit abgelehnt worden. Schlemmer und Schreyer äußern auch jetzt Bedenken gegen Annahme solcher Aufträge.

Die Frage der Bezahlung der Arbeiten am Vestibül und am Vorraum findet folgendermaßen Beantwortung: Stundenweise Bezahlung ist in diesen Fällen nicht angängig, da bei zu langer Arbeitsdauer zu große Mittel in diese Objekte gesteckt würden, die dem Bauhaus niemals wieder geldliche Mittel einbrächten. Es muß daher ein genauer Kostenanschlag aufgestellt werden, in dem die Löhne als Pauschalsumme eingesetzt werden.

3) Einzelangelegenheiten der Gesellen und Lehrlinge

Nach Verlesung der Briefe Menzel und Brinkmann und Aussprache sowie Bekanntgabe der Stellung der älteren Gesellen und Lehrlinge wird beschlossen:
Brinkmann aus dem Bauhaus zu entlassen.
Menzel eine weitere Probefrist in der Wandmalerei zu gewähren.
Umbehr: Nach Verlesung seines Gesuches vom 5. 2. [19]23 wird beschlossen, daß das Resultat der Sitzung vom 11. 12. [19]22 über seine Streichung aus der Liste nicht zurückgenommen werden kann.
Frahm, der ohne eine Mitteilung nach Weihnachten nicht an das Bauhaus zurückkehrte, erhält Mitteilung, daß er nicht mehr [als] zum Bauhaus gehörig betrachtet wird.
Weininger (gleicher Fall wie Frahm) erhält die gleiche Mitteilung wie Frahm.
Müller, Hermann: Dessen Briefe vom 27. Januar [19]23 und 21. November [19]22 mit der Bewerbung um die Gesellenstelle kommen zur Verlesung. Gropius teilt mit, daß Müller in der Zeit der Übernahme der Werkstatt durchaus schlecht funktioniert habe, daß er wichtige ihm übertragene Aufgaben versäumt habe zu erledigen und das Bauhaus dadurch finanziell zu Schaden gebracht habe. Die ihm für die Zeit der Leitung der Werkstatt zugedachte Bezahlung war s[einer]z[ei]t angemessen gewesen, nur durch die verspätete Auszahlung nach endlicher Bewilligung durch das Finanzministerium im Wert gesunken sei. Eine bezahlte Gesellenstelle komme für Müller seiner Unzuverlässigkeit wegen nicht in Frage. Die Meister der Werkstatt, die seine Arbeit kennen, sind der gleichen Ansicht.
Frau Muche wird durch Mitteilung Muches vom Bauhaus abgemeldet.

4) Verschiedenes (Aufstellung benötigten Materials).

Um eine Übersicht über die zu kaufenden Materialien für die Ausstellung zu gewinnen, werden die Werkstättenleiter gebeten, diese Listen bis zum 7. Febr[uar] [1923] einzureichen.

(Bauer & Sohn) Gropius teilt mit, daß der Laden „Bauer & Sohn" in Weimar bereit sei, ein Fenster mit Bauhausarbeiten auszustellen, die bereits jetzt dort verkauft werden sollen. Es sollen jedoch nur Ausschußstücke verkauft werden, das Ganze also nicht unter dem Namen Bauhaus gehen.

(Werkstattleiter in die Innungen) Gropius legt den Werkstattleitern nahe, in die betreffenden Innungen einzutreten, um dort mitwirken zu helfen, die falschen Meinungen und Mißstimmungen gegen das Bauhaus zu beseitigen. Meister Hartwig ist bereits der Bildhauerinnung beigetreten.

Gropius weist wiederholt darauf hin, daß die Ergebnisse der Umläufe im Sekretariat liegen und dort von den Meistern eingesehen werden können.

(Raumverteilung) Es bestehen keine Bedenken, Citroen einen Arbeitsraum (Mitbenutzungsrecht) im Prellerhaus zuzusprechen.

Der Raum von Vincent Weber (zusammen mit Herbert Bayer) ist für die Dauer der Abwesenheit Webers zu vergeben und wird auf Antrag Maltan zugesprochen und Teltscher bei nächster Gelegenheit in Aussicht genommen.

Schluß der Besprechung ¹/₂ 9 Uhr.

Gropius

63

Sitzung der Formmeister am 15. März 1923

[1.]
Protokoll der Sitzung. – Ausfertigung.
ThHStA Weimar, Staatliches Bauhaus Weimar 12, Bl. 295–296.

Protokoll
Beratung der Form-Meister am 15. März 1923, nachm[ittags] 4–6 Uhr.
Anwesend: Meister Gropius
                 Meister Feininger
                 Meister Itten
                 Meister Kandinsky
                 Meister Klee
                 Meister Marcks
                 Meister Muche
                 Meister Schlemmer
                 Meister Schreyer
Syndikus Lange (mit Unterbrechung)
L. Ackermann geb. Hirschfeld als Protokollführer.

Abwesend: Niemand

Inhalt der Beratung:
1. Aufnahme der Teilnehmer am Vorkurs W[inter] S[emester] [19]22/23 (Leitung: Itten).
2. Frage der Berufung Moholy-Nagy.
3. Endgültige Berufung und Vertragsabschließung mit dem Meister der Wandmalerei
5   Beberniß.
4. Endgültige Berufung und Vertragsabschließung mit dem Meister und Syndikus Lange.

1) Aufnahme der Teilnehmer am Vorkurs W[inter] S[emester] [19]22/23 (Leitung d[es]
Vorkurs: Itten)
Da im kommenden Sommer-Semester keine Vorlehre erteilt wird, muß in fraglichen Auf-
10   nahmefällen eine besondere Lösung gefunden werden. Nach eingehender Besichtigung der
ausgestellten Arbeiten wird folgendes beschlossen:

1) In die Werkstatt aufgenommen, da erste Probe bestanden
(Probezeit in der Werkstatt ein halbes Jahr):

Berthold, Johannes	Holzbildhauerei
Bronstein, Marcus Leser	Gold-Silber-Kupferschmiede oder Glaswerkstatt.
Citroen, Paul	Druckerei.

(Auf besonderes Gesuch wird Citroen im Sommer von der Werkstattarbeit befreit, um weiter organisatorisch für die Bauhaus-Ausstellung tätig sein zu können. Nach der Ausstellung
wird neu zu beraten sein.)

Consemüller, Erich	Tischlerei
Düne, Hans	Wandmalerei oder Bildhauerei
Oelze, Richard	Wandmalerei
Rosen, Klaus v[on]	Holzbildhauerei
Düllberg, Frau	Weberei
Loebell, Lilli	Glaswerkstatt

[...]ᵃ

2) In die Werkstatt aufgenommen, da zweite Probe Vorkurs bestanden:
Probezeit in der Werkstatt ein halbes Jahr.

Paris, Rudolf	Wandmalerei
Fleischmann, Anneliese	Weberei
Seligmann, Gertrud	Weberei
Häberer, Paul	Wandmalerei
Haffenrichter, Hans	Bühnenwerkstatt und Steinbildhauerei
Jucker, Karl	Gold-Silber-Kupferschmiede
Schleifer, Fritz	Wandmalerei

3) Erste Probe nicht bestanden: nochmalige Einreichung freier Arbeiten im Herbst 1923
und produktive Hilfsarbeit in der Werkstatt i[m] Sommer.

Fricke, Hans	Fricke scheint für Töpferei geeignet, er soll gefragt werden, ob er in die Keramische Werkstatt eintritt, zumal die Tischlerei überfüllt [ist].

---

a Streichung; zuvor: *Weiß, Lotti*   *Weberei.*

Koch, Heinrich   Steinbildhauerei
Markiewitz, Erich   Gold-Silber-Kupferschmiede
Ranft, Günther   Wandmalerei
Rosen, Bengt v[on]   Tischlerei
Rühr, Karl   Steinbildhauerei
Marx, Erika   Soll gefragt werden, welche Werkstatt, da Töpferei abgelehnt wird.   5
[...]^b

4) Zweite Probe nicht bestanden: nochmalige Einreichung freier Arbeiten im Herbst 1923
und produktive Hilfsarbeit in der Werkstatt im Sommer:
Gugg, Marianne   Weberei

5) Nach erster Probe abgelehnt: 10
Tümpel, Wolfgang
Zaborsky, Oskar
Nüssner, Ilse
Unger, Emma   15
Zitzewitz, Jutta v[on] (Beschluß durch Umlauf vom [17. März 1923] wie Punkt 3 Weiss)

6) Nach zweiter Probe abgelehnt:
Bleek, Werner
Grune, Richard

7) Unentschieden (vom 1. Probesemester):   20
Kosnik, Konstantin   hat nichts ausgestellt
Winckel, Wilhelm   hat nichts ausgestellt, da Eintritt vor kurzer Zeit erfolgte
                        und abermalige Teilnahme am Vorkurs im Winter
                        [19]23/24 gewünscht.
Harnack, Angela   hat nichts ausgestellt   25

8) Unentschieden (vom 2. Probesemester):
Schneiders kehrte erst im Februar vom Urlaub zurück. Seine Aufnahme wird zum Herbst
verschoben.

9) Zu streichen:
Klamper, Alice   teilte mündlich ihren Austritt Gropius mit.   30
Meyer, Olga   krank, abgereist.
Frl. Margarete Buchbinder, die im Meisterrat am 11. Juli 1922 nicht im Bauhaus aufgenom-
men wurde, hat ausgestellt. Der seinerzeitige Beschluß des Meisterrats wird nicht geändert.

2) Frage der Berufung Moholy-Nagy
Gropius verliest das Ergebnis des Umlaufs an die Form-Meister vom 14. März [19]23. Nach 35
einer Aussprache wird Gropius ermächtigt, Moholy-Nagy zum Besuch nach Weimar zu bitten, um den Meistern Gelegenheit zu geben, ihn kennenzulernen.

---

b Streichung; zuvor: *Weiß, Lotti*   *Weberei.*

3) Endgültige Berufung und Vertragsabschließung mit dem Meister der Wandmalerei Beberniß
Das Ergebnis einer Umfrage bei den Meistern und älteren Gesellen (l[au]t Beratungsordnung) hat verschiedene Meinungen gezeigt. Kandinsky äußert, daß die Probezeit zu kurz sei,
um ein abgeschlossenes Urteil abgeben zu können. Es wird beschlossen abzuwarten, bis Be-
5 berniß von sich aus den Antrag auf feste Anstellung stellt.

4) Endgültige Berufung und Vertragsabschließung mit dem Meister und Syndikus Lange
Seine endgültige Einstellung wird einstimmig beschlossen.

Gropius
GMuche   Kandinsky   Schreyer   Schlemmer   Feininger   Marcks   Klee
10 *L. Ackermann–Hirschfeld*

Meister Itten nach Schweiz verreist. 26. 3. [19]23.[c]

[2.]
Mitteilung an die Formmeister vom 14. März 1923, Zirkular. – Ausfertigung.
ThHStA Weimar, Staatliches Bauhaus Weimar 13, Bl. 102.

15 Weimar, 14. März 1923

Es besteht Gefahr, daß die uns durch den Weggang von Herrn Itten frei werdende Meisterstelle von den Aufsichtsbehörden gestrichen wird, deshalb möchte ich vorschlagen, vor dem
1. April [1923] für die Neubesetzung Sorge zu tragen. Nach reiflichem Überlegen möchte
ich Herrn Moholy Nagy, Berlin in Vorschlag bringen und bitte die Meister, auf diesem Um-
20 lauf Stellung dazu zu nehmen.

Gropius

Meister Feininger   *bin im Prinzip ebenfalls für die Wahl eines „Konstruktivisten". Kenne*
                             zu wenig die Persönlichkeit Herrn Moholy Nagys und würde mich
                             Kandinskys Wunsch nach näherer eingehender Besprechung mit
25   *Herrn M. N. anschließen.   Feininger*
Meister Itten   *erhielt den Umlauf, nahm nicht Stellung   15. 3. [1923] L. H[irschfeld]*
Meister Kandinsky: *Ich bin im Prinzip für die Berufung eines „Konstruktivisten". Moholy-*
                             Nagy scheint mir geeignet zu sein. Nähere ausführliche Besprechung
                             mit ihm wäre aber notwendig. K.
30 Meister Klee   *wie Feininger und Kandinsky.   Klee*
Marcks i[n] Abschrift.
Meister Muche   *wie Kandinsky   GM*
Meister Schlemmer   *wie Klee   Sch*
Meister Schreyer   *Gemeinsame Besprechung mit Moholy ist wohl nötig. Ist Moholy*
35   *Pädagog? Das müßte wohl entscheidend sein. Schreyer*

---

c Vermerk von L. Ackermann-Hirschfeld

Zur Kenntnis vorzulegen
Gropius 14. 3. [19]23

verlesen im Meisterrat am 15. 3. [19]23 [d]

[3.]
Umfrage an die Formmeister vom 13. März 1923, Zirkular. – Ausfertigung.
ThHStA Weimar, Staatliches Bauhaus Weimar 13, Bl. 100.

Weimar, 13. März 1923

Vertraulich

Über die endgültige Anstellung
1. des Syndikus Herrn Lange,
2. des Meisters der Wandmalerei Herrn Beberniß
ist Entschließung zu fassen.

Ich bitte auf Grund der Beratungsordnung mit einem einfachen ja oder nein Stellung zu nehmen. Die Antwort bitte in verschlossenem Couvert an mich.

Gropius

Meister Feininger	*Feininger*
Meister Itten	*Itten*
Meister Kandinsky	*Kandinsky*
Meister Klee	*Klee*
Meister Marcks i[n] Abschrift	
Meister Muche	*GM*
Meister Schlemmer	*Schlemmer*
Meister Schreyer	*Schreyer*

[4.]
Gutachten von G. Grunow als Anlage zum Protokoll (undatiert). – Ausfertigung.
ThHStA Weimar, Staatliches Bauhaus Weimar 13, Bl. 252.

Von den Schülern des Vorcurses, die bei mir arbeiteten, halte ich [für] kräftig und fähig
genug für das Bauhaus: die Herren Koch, Berthold, Bronstein, Kosnick, die Brüder v[on]
Rosen, Fricke, Ranft. Herr Markiewitz ist unterernährt, möchte den Sommer über Geld ver-
dienen, um sich genügend zu stärken und Möglichkeiten für eine bessere Lebenshaltung zu
gewinnen, damit er im Bauhause dann gut arbeiten kann ab Herbst, falls er aufgenommen

d Vermerk von L. Ackermann-Hirschfeld.

wird. Er verdient Vertrauen, er ist wirklich strebsam und von gutem Character. Da er
wohl befähigt zu sein scheint, dürften genügende Stärkung und Fundierung der Verhältnisse
gewünschte Wirkung auf das Arbeiten von Herrn M[arkiewitz] gewiß ausüben. - Herr
Grune steht mitten in einer Entwicklung vom Jüngling zum Männlichen und deren Kraft.
5 *Als Mensch ist er nicht unsympathisch, sein scheinbares Hin und Her ist allein auf die*
Entwicklungsperiode zurückzuführen und würde bei „festen, strengeren Aufgaben", d. h.
Ziel schnell aufhören, oben[dr]ein da er bald eine gewisse Festigkeit erlangen wird im Wer-
degang. - Herr Düne hat sich für das Bauhaus erst gänzlich umstellen müssen, nach und
nach. Seine zu große Festigkeit hat gerade in letzter Zeit sich sehr zum Besseren gewandelt .
10 *Er ist eine ernster, intelligenter Mensch, zu ernster Arbeit fähig. Zaborsky war die 2 letzten*
Wochen krank. Gerade in letzter Zeit hätte seine Entwicklung [...] ^e *Sicheres zu weisen*
vermocht. So jedoch, wie ich ihn vor 2 Wochen entließ, kann ich nicht für ihn gerade
hinsichtlich des Bauhauses und dessen Forderungen für Z[aborsky] eintreten. Von den
Damen empfehle ich: Frl. Löbell, Frl. v[on] Zitzewitz, Frl. Fleischmann, die jetzt weit kräf-
15 *tiger und fähiger geworden ist; ebenso hat sich Frl. Gugg entwickelt. Auch Frl. Buchbinder*
hat sich gekräftigt. Ferner ist Frl. Seligmann zu empfehlen. Frl. Unger ist erst seit 1. Februar
[1923] bei mir, ein ernstes fleißiges Mädchen, das wohl Materialgefühl (die Kraft dafür)
aufbringen kann. Bei mir hat sie zu größerem Ausgleich noch fleißig zu arbeiten, und dies
thut sie.
20 *Die Damen Löwenstein, Friedrich haben das Bauhaus verlassen. - Frl. Weiß war nur*
einige Male bei mir. Da ich bei ihr eine ganz besondere Schwäche hinsichtlich der Kraft für
Materialgefühl sehe und für wirkliche materielle Gestaltung ernstes, regelmäßiges Arbei-
ten gerade in solchem Falle verlangen muß, entließ ich Frl. Weiß; denn sie war mehr freund-
lich als ernst regelmäßig. - Frl. Marx möchte in die Töpferei. Sie ist eifrig, fleißig und hat in
25 *allerletzter Zeit auch Kraft gewonnen, die sie davor bewahren wird zu zerfließen (schwach*
zu sein in gewissen Hinsichten), auch ist sie nicht unintelligent. In mancher Hinsicht ist
sie wertvoller wie andere, und dennoch möchte ich alles dem Urteile der Meister hinsichtlich
der Aufnahme ins Bauhaus überlassen. Sollte Frl. M[arx] nicht aufgenommen werden, raten
Sie, sehr geehrter Herr Gropius vielleicht der jungen Dame, in welche Töpferei sie gehen
30 *könnte.*
Ich möchte mir nach ernster Erwägung gestatten, folgendes zu sagen. Das Materialgefühl,
und das ist eine specifische Kraft, ist unbedingt nötig für die Schüler, wenn sie nicht nach
kürzerer oder längerer Zeit gezwungen sein wollen, Werkstätten oder Beruf zu wechseln. Sol-
cher Zwang liegt bereits vor, wenn die Lust erwacht, in etwas anderes überzugehen, z. B. Fall
35 *Deinhardt, den ich vor 1 1/2 Jahren voraussah. - Auch dieses Mal scheinen mir Material-*
studien solche Anzeigen aufzuweisen. Rein materialistisch ohne sonderlichen kunstvollen
Aus- und Aufbau ausgestellthe Arbeiten glaube ich [...] ^f *weit höher in Kraft bewerten zu müs-*
sen als viele andere. Ferner: Formal ausgezeichnete Materialstudien dürfen wohl Freude
machen; allein ich möchte warnen, den Ehrgeiz des Schülers längere Zeit sich bethätigen zu
40 *lassen. Herr Bronstein besitzt eine ausgezeichnete (nicht nur außerordentliche) Willenskraft*
und ist sehr günstig zu beurteilen; allein längere Zeit ein Arbeiten wie die 2 Materialstudien
wären sein geistiger Ruin. Ich warnte ihn, nicht zu anhaltend daran zu arbeiten, aber er that

e   Streichung; zuvor: *ganz.*
f   Streichung; zuvor: *hingegen.*

es und war bereits nach der ersten Arbeit einige Tage total geschwächt. Bei der 2. Arbeit trat dieser Fall sogar schon vor der Fertigstellung ein und forderte Pause. Diese Dinge waren kein Zufall.

Verzeihen Sie, sehr geehrter Herr Gropius, wenn ich etwas nervös hier schreibe. Ich vermag nicht, mich ganz zu sammeln in Folge der Erregung innerlich über den nun erfolgten Tod mei- 5
nes einzigen Bruders.

In größter Wertschätzung
Ihre ergeben G. Grunow.

Mit Protokoll vom 15. 3. [19]23 in Umlauf an
Meister Feininger   *Feininger*
Meister Itten (verreist)   10
Meister Kandinsky   *Kandinsky*
Meister Klee   *Klee*
Meister Marcks   *Marcks*
Meister Muche   *M*
Meister Schlemmer   *Schlemmer*   15
Meister Schreyer   *Schreyer*

[5.]
Brief von G. Grunow an W. Gropius (undatiert). – Ausfertigung.
ThHStA Weimar, Staatliches Bauhaus Weimar 13, Bl. 251.   20

Sehr verehrter Herr Gropius! – Es drängt mich, Ihnen zu nochmaligen Bedenken der Fälle von Zitzewitz und Weiß folgendes zu unterbreiten: Frl. v[on] Z[itzewitz] kam als eine typische Kennerin, als enge Aristokratin (physisch-psychisch) ins Bauhaus. Ihre Arbeiten, besonders in Farbe damals waren ganz miserabel. Durch wirklich ernstes Arbeiten sind gegen Herbst ganz erstaunliche Fortschritte gelungen. Frl. v[on] Z[itzewitz] hat mir persönlich große Mühe 25
gemacht, außergewöhnliche Sorgfalt und große Kräfte erfordert. Jetzt zuletzt noch sehe ich, wie viel zu thun bleibt; aber ich sehe auch eine starke, gute Entwicklung des Menschenkindes, in dem viel gesunde Kräfte stecken, und daß genügend Schätze zu heben da sind, die für den Weg nötig und genügend sind, den Frl. v[on] Z[itzewitz] geht und gehen möchte. Dieser Weg ist bauhäuslerisch und Frl. v[on] Z[itzewitz] fühlt und kann auch fühlen, was das Bau- 30
haus will und möchte, und sie wird aus ihrem Innersten heraus eine Bauhausangehörige sein.

Frl Weiß erkannte ich sofort und wurde in den wenigen Malen, die ich sie arbeitend hatte nur darin bestärkt, als ein freundliches, weibliches Wesen. Physisch hat sich aber eine Schwäche und psychisch dadurch ebenfalls und diese Schwächen werden nie ganz gehoben 35
werden können; sie müssen mir gerade für die Erfordernisse eines Bauhauses wie desjenigen in Weimar, d. h. für seine Werkstätten ernsteste Bedenken erregen. Ist viel Platz, – nun dann mag so ein Menschenkind sich für einige Zeit dort kräftigen. Soll eine „kräftige" Natur aber weichen gegenüber solchem Falle? Überdies vermag ich nicht zu unterdrücken, daß mir Frl. W[eiß] auf meine Frage, daß sie wohl Meister Itten folgen würde, „der ihr mehr als jeder Bru- 40
der bisher gäbe", wie sie sagte, antwortet: nein; und weiter auf meine Bemerkung, daß sie

also am Bauhaus bleiben würde, sagte: ach eigentlich könnte ich ja übrigens auch in Basel ar-
beiten. Von Bauhaus-Wünschen war da gar keine Spur. Ich war damals über diese Dinge recht
traurig; auch Meister Itten gegenüber, der für Frl. Weiß viel Sympathie hat. Ich habe die letz-
ten Tage wiederholt versucht, Meister Itten gerade über Frl. W[eiß] zu sprechen, aber ich traf
5 *ihn nie – leider. – Seien Sie mir bitte nicht böse, verehrter Herr Gropius, aber mein weibliches*
Gefühl und mein Gerechtigkeitssinn stürmen zu sehr in diesen für mich noch nervösen Stun-
den davon. Meister Klee wird Ihnen auch wohl schreiben.

Ihre sehr ergebene
Gertrud Grunow

10 [6.]
Brief von P. Klee an W. Gropius vom 16. März 1923. – Ausfertigung.
ThHStA Weimar, Staatliches Bauhaus Weimar 13, Bl. 253.

Umlauf
16. III. [19]23

15 *Lieber Herr Gropius*
Mich beschäftigt noch etwas die Aufnahme. Sie wissen doch, wir schwankten bei 32 Weiß,
bis Herr Itten kam und sehr für sie eintrat. Ebensowenig Lust hatte der Meisterrat Zitzewitz
33 gegenüber gezeigt, obwohl ich mehr halte von ihren Arbeiten als von den Arbeiten der
Weiß. Wären nun beide nicht aufgenommen worden, so hätte mich das nicht beschäftigt.
20 *Nun sind aber die Fälle doch verwechselt. Das liegt einesteils an dem mühsamen Nachein-*
ander der Abstimmungen, man verliert manchmal den Überblick. Und ich glaube bei diesen
Fällen haben wir ihn verloren.
    Ich schlage daher vor, die Aufnahme der Zitzewitz noch einmal zu erörtern. (Ein Gespräch
mit Frl. Grunow bestätigte mir meine Ansicht).

25 *Mit bestem Gruß*
Ihr Klee.

Schließe mich Klee an und schlage vor, Frl. v[on] Zitzewitz in demselben Sinne wie Frl. Weiß
probeweise aufzunehmen.
Gropius.

30 [7.]
Mitteilung an die Formmeister vom 17. März 1923, Zirkular. – Ausfertigung.
ThHStA Weimar, Staatliches Bauhaus 13, Bl. 256.

Weimar, den 17. März 1923

Umlauf
35 Anliegendes Schreiben von Meister Klee betr[effend] Aufnahme der Lehrlinge zur Kenntnisnahme. Es wird um Stellungnahme gebeten.

Der Syndikus
i[m] A[uftrag] *Lange*

Meister Feininger   *bestätige Ansicht von Herrn Klee und bin einverstanden mit der*
                                 von Herrn Gropius˙vorgeschlagenen Lösung der Angelegenheit:
                                 probeweise Aufnahme beider Schülerinnen.   *Feininger*   5
[Meister] Itten   *Einverstanden*   *Itten*
[Meister] Kandinsky   *Wie Gropius.*   *Kandinsky.*
[Meister] Muche   *wie Gropius*   *GM*
[Meister] Schlemmer   *ja*   *Schlemmer*
[Meister] Schreyer   *20. 3. [19]23 krank* [g]
                                 hätte schon für Aufnahme gestimmt, bin mit Meister Klee einver-   10
                                 standen.   *Schreyer.*

Zur Kenntnis vorgelegen
Gropius [h]

Betr[ifft] Jutta v[on] Zitzewitz   15
[...] [i]

64

Sitzung der Formmeister am 26. Mai 1923

[1.]
Einladung mit Tagesordnung an die Formmeister vom 24. Mai 1923, Zirkular. – Ausfertigung.   20
ThHStA Weimar, Staatliches Bauhaus Weimar 12, Bl. 305.

Weimar, den 24. Mai 1923

Umlauf

Sitzung Sonnabend Nachmittag 4 Uhr im Leseraum des Staatlichen Bauhauses.

Tagesordnung: 25
1. Vorkurs.
2. Antrag Schleifer betr[effend] Arbeitsplan bis zur Ausstellung.
3. Schülerangelegenheiten.
4. Antrag Müller betr[effend] Anrechnung von Urlaub, Arbeiten in anderen Werkstätten auf
   die Lehrzeit.   30

---

g–h Vermerke von L. Ackermann-Hirschfeld.
i   Streichung; zuvor: *Betr[ifft] Lotti Weiß.*

5. Marionettentheater Fr[au] Dicker.
6. Verschiedenes.

Vorbesprechung um 3 Uhr im Zimmer Gropius.

Gropius

5 Meister Feininger   *bitte mich zu entschuldigen. Feininger*
   [Meister] Kandinsky   *Kandinsky*
   [Meister] Klee   *Klee*
   [Meister] Marcks i[n] Abschr[ift]
   [Meister] Moholy-Nagy   *Moholy-Nagy*
10 [Meister] Muche   *GMuche*
   [Meister] Schlemmer   *Schlemmer*
   [Meister] Schreyer   *Schreyer*

   [2.]
   Protokoll der Sitzung. – Ausfertigung.
15 ThHStA Weimar, Staatliches Bauhaus Weimar 12, Bl. 312–313.

   L[ange]

   Protokoll.
   Besprechung[a] der Formmeister am 26. Mai 1923.

   Anwesend: Meister Gropius
20   [Meister] Kandinsky
              [Meister] Klee
              [Meister] Marcks
              [Meister] Moholy-Nagy
              [Meister] Muche
25   [Meister] Schlemmer
              [Meister] Schreyer
   Syndikus Lange
   Charlotte Weidler als Protokollführerin.
   Abwesend: Meister Feininger.

30 Inhalt der Beratung:
   1. Angriffe des wirtschaftlichen Verbandes bildender Künstler in der Zeitung „Deutschland".
   2. Bauhausveröffentlichung.
   3. Probeweise Anstellung eines Mathematikers oder Physikers am Bauhause.
   4. Vorschlag Einstein, mit dem Bauhaus in Kontakt zu kommen.
35 5. Konsumverein.

   _____

   a Änderung; zuvor: *Vorbesprechung.*

Beginn der Sitzung 3.15 Uhr nachmittags.

1. Der wirtschaftliche Verband bildender Künstler hat das Bauhaus in der Zeitung „Deutschland" angegriffen. Der Artikel, der von dem Schriftführer des Verbandes verfaßt ist, wird verlesen. Gropius schlägt vor, die Verbindung mit dem wirtschaftlichen Verband abzubrechen, da dieser die persönlich getroffenen Vereinbarungen nicht hält und dem Bauhaus und seinen Meistern dauernd in den Rücken fällt. Ein resolutes Vorgehen gegen die Leute ist notwendig; man muß sich verbitten, daß, wie es in dem Artikel geschehen ist, aus einer wirtschaftlichen eine politische Angelegenheit wird. Eine scharfe Erwiderung mit der Erklärung, daß aus diesem Grunde Klee aus der Ausstellungskommission austritt und die Meister am Bauhause auf die Beteiligung an der diesjährigen Thüringischen Kunstausstellung verzichten, *muß veröffentlicht werden.*[b]

Moholy-Nagy schlägt vor, diesen Fall mit einem eingehenden Bericht und dem Zeitungsausschnitt an die Berliner Hauptzentrale zu schicken und um beschleunigte Erledigung zu bitten. Erst nach der Antwort aus Berlin soll eine Erwiderung in der Zeitung „Deutschland" erscheinen.

Kandinsky schlägt vor, eine Mitgliederversammlung zu fordern, in der das unqualifizierte Vorgehen des Verbandes zur Sprache kommt.

Schlemmer hat in einer Berliner Zeitung eine Notiz gelesen, daß die Thüringische Kunstausstellung in Eisenach ohne die Beteiligung der Meister am Bauhause stattfindet. Schlemmer wird gebeten, diese Zeitungsnotiz zu suchen und Meister Gropius zu geben.

Es wird beschlossen: Infolge des unqualifizierten Vorgehens des Schriftführers wird eine Beteiligung an der Ausstellung abgelehnt. Es wird ein eingehender Bericht mit dem Zeitungsausschnitt nach Berlin geschickt und um beschleunigte Erledigung gebeten. Bei der Weimar-Sektion des wirtschaftlichen Verbandes wird eine Mitgliederversammlung beantragt, in der diese Dinge zur Sprache kommen.

2. Nierendorf hat einen Geldmann für den zu gründenden Bauhausverlag gefunden. Das Bauhaus wird bei dieser Verlagsgründung kein Risiko haben. Der Verlag *soll* mit einem Grundkapital von M[ark] 500 000,- gegründet *werden*. Hiervon übernimmt das Bauhaus 10 % und zwar so, daß die Bauhausarbeit der baren Kapitalbeteiligung entspricht. Der Vertrag wird vor Abschluß bei allen Formmeistern in Umlauf kommen. Die Kommission für die Bauhausveröffentlichung hat mit dem Sichten des vorhandenen Materials bereits begonnen. Die drucktechnische Herstellung des Buches wird Bruckmann in München übernehmen. Gleichzeitig mit dieser Bauhausveröffentlichung, aber von ihr unabhängig, erscheint eine kleine *Mappe* mit Originalen (Lithos, Holzschnitten oder Radierungen) in einer Auflage von 150 Exemplaren, die in unserer Druckerei hergestellt werden *soll*. Jeder Meister soll als Honorar für seinen Beitrag M[ark] 100 000,- nach Lieferung des Beitrages erhalten. Klee schlägt vor, einen Gegenwert von 4,- [Mark] zu nehmen, da der Geldwert dauernd sinkt. Gropius wird ermächtigt, in diesem Sinne zu verhandeln. Es werden auch andere Veröffentlichungen als nur Bauhausarbeiten in diesem Verlag erscheinen (Marcks hat eine Holzschnittfolge des Wielandliedes fertig, Moholy-Nagy ein Manuskript).

b Ergänzung von C. Weidler.

3. Es ist seit langem beabsichtigt, daß ein Mathematiker oder Physiker Vorlesungen am Bauhaus hält. Es bietet sich zum Winter eine Möglichkeit, da Dr. Ackermann im Winter frei ist. Er
wäre bereit, provisorisch für das Wintersemester Vorlesungen über Mathematik und Physik zu
übernehmen. Evtl. könnte er sie später nebenamtlich neben seiner Tätigkeit am Gymnasium
5 fortführen. Alle Anwesenden sind versuchsweise mit diesem Vorschlage einverstanden.

4. Carl Einstein hat bei seinem Besuch in Weimar und brieflich den Wunsch geäußert, mit
dem Bauhaus in engeren Kontakt zu kommen. Er möchte seminarartig, nicht systematisch,
mehr in Einzelvorträgen mit den Schülern arbeiten. Er schlägt vor, einen Vortrag während
der Bauhausausstellung zu halten. Einstein legt keinen Wert darauf, vor einem großen Kreis
10 zu sprechen, ihm liegt mehr an einem ausgewählten Bauhauskreis. Es wird beschlossen, Einstein zu einem Vortrag während der Ausstellung, aber nicht während der Bauhauswoche,
einzuladen.

Antrag Konsum-Verein? c
5. Gropius steht auf dem Standpunkt, daß die Annahme der Vorschläge des Konsumvereins
15 wichtig wäre. Der Konsumverein feiert am 15. Juli [1923] ein Jubiläum. Vom Bauhaus soll
jemand genannt werden, der die künstlerische Leitung des Festes, den Einkauf und die Her-
richtung übernimmt. Schlemmer lehnt die Übernahme dieses Auftrages wegen der Überlastung mit Arbeiten für die Ausstellung ab. Moholy-Nagy nimmt unter der Bedingung den Auftrag an, daß er nicht durch Bauhausarbeit überlastet ist und einen Schüler zur Mithilfe erhält.
20 Die *Arbeit* d soll vom Konsumverein bezahlt werden. Er wird sich mit dem Konsumverein in
Verbindung setzen.

Schluß der Sitzung 4 Uhr nachmittags.

Gropius
Gelesen:
25 *Feininger (5. Juli 1923)*   *Kandinsky   Klee   Moholy-Nagy*   *Schlemmer 8. Juli [19]23*
GMuche   Schreyer
Lange

65

Sitzung der Form- und Werkmeister am 26. Mai 1923

30 [1.]
Einladung mit Tagesordnung an die Werkmeister vom 24. Mai 1923, Zirkular. - Ausfertigung.
ThHStA Weimar, Staatliches Bauhaus Weimar 12, Bl. 307.

Weimar, den 24. Mai 1923

Umlauf

---

c Vermerk von C. Weidler.
d Änderung von W. Gropius; zuvor: *Diese Hilfskraft.*

Sitzung Sonnabend nachmittag 4 Uhr im Lesesaal des Staatlichen Bauhauses.

Tagesordnung:
1. Antrag Schleifer betr[effend] Arbeitsplan bis zur Ausstellung.
2. Schülerangelegenheiten.
3. Antrag Müller betr[effend] Anrechnung von Urlaub, Arbeiten in anderen Werkstätten auf   5
   die Lehrzeit.
4. Marionettentheater Fr[au] Dicker.
5. Verschiedenes.

Die Verwaltungssekretärin:
Weidler   10

Meister Börner   *Börner*
[Meister] Beberniß   *Beberniß*
[Meister] Dell   *Dell*
[Meister] Hartwig   *Hartwig*
[Meister] Krehan i[n] Abschr[ift]   15
[Meister] Zaubitzer   *CZaubitzer*

[2.]
Einladung mit Tagesordnung an die Formmeister vom 24. Mai 1923, Zirkular. – Ausfertigung.
ThHStA Weimar, Staatliches Bauhaus Weimar 12, Bl. 308.

W[eidler]   20

Weimar, den 24. Mai 1923

Umlauf

Sitzung Sonnabend nachmittag 4 Uhr im Leseraum des Staatlichen Bauhauses.

Tagesordnung:
1. Vorkurs.
2. Antrag Schleifer betr[effend] Arbeitsplan bis zur Ausstellung.   25
3. Schülerangelegenheiten.
4. Antrag Müller betr[effend] Anrechnung von Urlaub, Arbeiten in anderen Werkstätten auf
   die Lehrzeit.
5. Marionettentheater Fr[au] Dicker.   30
6. Verschiedenes.

Vorbesprechung um 3 Uhr im Zimmer Gropius.

G[ropius]

Meister Feininger
[Meister] Kandinsky   *Kandinsky*
[Meister] Klee   *Klee*
[Meister] Marcks i[n] Abschrift
5 [Meister] Moholy-Nagy   *M-N*
[Meister] Muche   *GM*
[Meister] Schlemmer
[Meister] Schreyer   *Sch*

[3.]
10 Protokoll der Sitzung. – Ausfertigung.
ThHStA Weimar, Staatliches Bauhaus Weimar 12, Bl. 309–311.

Protokoll;
Sitzung der Form- und Handwerksmeister am 26. Mai 1923.

Anwesend: Meister Gropius   Meister Beberniß
15   [Meister] Klee   [Meister] Börner
           [Meister] Marcks   [Meister] Dell
           [Meister] Moholy-Nagy   [Meister] Hartwig
           [Meister] Schlemmer   [Meister] Krehan
           [Meister] Schreyer   [Meister] Zaubitzer
20   Syndikus Lange   Geselle Brendel – Tischlerei
           Meister Kandinsky   *Meister* Meyer
Protokollführerin Charlotte Weidler
Abwesend: Meister Feininger   Geselle Albers

   1. Vorschläge betr[effend] zukünftige Ausgestaltung des Vorkurses
25   2. Sonderstellung der Schüler
   3. Zulassung Tümpel zum 2. Vorkurs
   4. Beurlaubung Weininger
   5. Streichung Werner aus den Listen des Bauhauses
   6. Antrag Müller betr[effend] Anrechnung der Arbeit in anderen Werkstätten
30   7. Umlauf der Kunstzeitschriften und Leihfrist der Bücher
   8. Umzug Feininger in das Tempelherrenhaus
   9. Brief C[arl] Schlemmer
   10. Ausstellungsfragen.

Schluß der Sitzung 6 Uhr.

35 Gropius eröffnet die Sitzung mit Vorschlägen über die zukünftige Ausgestaltung des Vorkurses. Der Text des Umlaufes wird noch einmal verlesen. Der Stundenplan ist absichtlich
vormittags und nachmittags voll besetzt worden, um die Schüler rechtzeitig an eine regel-
rechte Werkstättenarbeit zu gewöhnen. Es muß rechtzeitig verhindert werden, daß die jetzt
herrschende Unzuverlässigkeit auch unter den neuen Schülern einreißt. Es ist notwendig,

eine straffe Disziplin herzustellen. Bei den jetzigen dringenden Ausstellungsarbeiten leidet
die Zentrale häufig unter dem großen Mangel an Zuverlässigkeit und Disziplin.

Die Vorkursschüler werden häufig durch die Werkstätten geführt. Alle Meister müssen bereits die Schüler kennenlernen. Die produktive Werkarbeit im Vorkurs beschränkt sich auf
Zuarbeit zu einer anderen Werkstatt. Die Vorkursschüler müssen bereits durch Werkarbeit   5
verdienen können. Es werden Aufgaben gestellt. Die Gesamtaufsicht wird Albers haben, der
genügend technische und pädagogische Fähigkeiten besitzt.

Der Vorschlag Kandinskys, daß jede Werkstatt eine Probebank zur Verfügung stellt, an
der der Schüler Versuche macht, wird von Gropius dahin beantwortet, daß es nicht angeht,
daß der einzelne schon im Vorkurs Versuche macht. Hierfür ist der Versuchsplatz bestimmt,   10
auf dem der technisch durchgebildete Geselle Versuche macht.

Meyer schlägt vor, jeder Werkstatt eine Zeichenwerkstatt anzugliedern. Gropius erwidert,
daß dieser Vorschlag längst überlegt und ausgeführt ist. Raum 39 steht für Werkzeichnen zur
Verfügung. Zur Leitung hatten sich Gropius, Meyer, Lange bereit erklärt, nur wird von den
Gesellen und Lehrlingen hiervon kein Gebrauch gemacht. Im Vorkurs muß der Unterricht   15
im Werkzeichnen unbedingt obligatorisch sein.

Der Brief Brendel betr[effend] Vorkurslehre wird verlesen. Er verlangt intensive Werkarbeit im Vorkurs.

Der Vorkursvorschlag wird noch einmal in Umlauf *gegeben*.[a]

Hartwig fragt, wie sich die Aufnahme der neuen Schüler gestalten soll. Bisher wurde die   20
handwerkliche Eignung zu wenig beachtet. Gropius erwidert, daß formale und handwerkliche Eignung vorhanden sein muß. Bei der Aufnahme entscheidet keine Mehrheitsabstimmung, sondern nach den Satzungen hat der Leiter des Bauhauses die letzte Entscheidung.

2. Die bisherige Sonderstellung formal begabter Schüler ergibt ein schlechtes Bild. Wer
den Aufbau des Bauhauses trotz seiner Begabung nicht mitmachen will, gehört nicht hier-   25
her. Die handwerkliche Ausbildung muß auf alle Fälle mitgemacht werden. Die bisherigen
Sonderschüler waren schon älter und kamen von Akademien. Bei neuen, jungen Schülern
fällt das fort. Durch die Sonderstellung liegt die Gefahr nahe, daß die Schüler eine falsche
Einstellung zum Bauhaus bekommen. Typisch hierfür ist der Fall Driesch. Trotz seiner Begabung paßt er nicht hinein. Bei neuen Fällen ist die größte Vorsicht geboten. Wenn die   30
handwerkliche Ausbildung in den Hintergrund rückt, wird das Programm des Bauhauses
Lügen gestraft.

3. Antrag Tümpel auf Zulassung zum 2. Vorkurs wird bewilligt. Da bei ihm handwerkliche
Eignung festgestellt ist, sind die Meister Moholy-Nagy und Dell einverstanden, daß er schon
jetzt in der Werkstatt hilft.
                                                                                            35

4. Weininger wird zum Wintersemester noch einmal aufgenommen.

5. Geselle Werner hat eine falsche Einstellung zum Bauhaus. Er kommt nur in die Werkstatt, wenn er etwas braucht. Mit Einverständnis beider Meister wird Werner aus der
Schülerliste gestrichen.

---

a Änderung; zuvor: *gesetzt*.

6. Zu dem Antrag Müller auf Anrechnung von Urlaub und Arbeiten in anderen Werkstätten auf die Lehrzeit wird beschlossen: Eine Anrechnung von Urlaub, Arbeit in anderen Werkstätten oder Verkürzung der Lehrzeit ist nur bei besonders guter Leistung möglich.

7. Die eingehenden *Kunst*-Zeitschriften können nicht in Umlauf gegeben werden. Sie liegen
5 im Lesesaal aus und können dort eingesehen werden. Die Zeitschriften werden nicht sorgfältig behandelt. Es verschwinden einzelne Hefte und aus anderen werden Abbildungen herausgerissen, z. B. sind aus der Zeitschrift „De Stijl" fast sämtliche Abbildungen verschwunden. Es soll ein Anschlag im Leseraum gemacht werden, daß die Zeitschriften sorgfältiger zu behandeln sind und daß jeder, der beim Herausreißen einer Abbildung getroffen wird, für den Ver-
10 lust sämtlicher Abbildungen haftbar gemacht wird. Die Rückgabe der ausgeliehenen Bücher klappt nicht. Trotz mehrfacher Mahnung werden die Bücher ein Jahr und noch länger behalten. Die Bibliothek soll bis zur Rückgabe aller ausgeliehenen Bücher geschlossen bleiben.

8. Feiningers Atelier wird dringend für die Ausstellung gebraucht. Meister Feininger ist einverstanden, daß ihm für diese Zeit das Tempelherrenhaus zur Verfügung gestellt wird; die
15 übrigen Meister bringen einen Teil der Sachen in ihren Ateliers unter.

9. Es wird der Brief Carl Schlemmers verlesen, in dem er mitteilt, daß er von jeder Prozeßführung Abstand nimmt.

10. Es ist bisher nicht gelungen, einen Organisator für die Ausstellung zu finden. Jeder muß viel intensiver mitarbeiten, als es bisher geschehen ist und einmal gestellte Termine unbe-
20 dingt einhalten. Die Arbeit ist nicht zu bewältigen, wenn der einzelne versagt. Die Arbeit in den Unterkommissionen kommt nicht recht vorwärts. Schlemmer ist aus der Ausstellungskommission ausgeschieden, weil er die Form der Arbeit nicht für richtig hält. Er steht aber bei dringenden Arbeiten zur Verfügung. Für ihn *wurde* Moholy-Nagy in die Ausstellungskommission gewählt.

25 Schluß der Sitzung 6 Uhr.

Gropius
Mit Punkt 2 war ich nicht einverstanden!   *Marcks*   *gelesen Schreyer*   *Kandinsky*
Klee   Osk. Schlemmer   Moholy   Feininger   GMuche   Meyer   Hartwig
CZaubitzer   Börner   Dell   Krehan   Brendel   Beberniß
30 *Lange   Weidler*

66

Sitzung der Formmeister am 18. Oktober 1923

[1.]
Einladung mit Tagesordnung an die Formmeister vom 16. Oktober 1923, Zirkular. – Ausfertigung.
35 ThHStA Weimar, Staatliches Bauhaus Weimar 12, Bl. 317.

Br[endel]

Weimar, den 16. Oktober 1923

Umlauf.

Einladung zur *Besprechung der Formmeister*ª Mittwoch, den 17. d[ieses] M[ona]ts, nachmittags 4 Uhr im Vorraum des Staatlichen Bauhauses.   5

Gropius

Meister Feininger	*Feininger*
[Meister] Kandinsky	
[Meister] Klee	*Klee*
[Meister] Marcks i[n] A[bschrift]		10
[Meister] Moholy-Nagy	
[Meister] Muche	*GMuche*
[Meister] Schlemmer	*geändert auf Donnerst[ag] O. Sch.*
[Meister] Lange	*Lge*

[2.]   15
Mitteilung an die Formmeister vom 16. Oktober 1923, Zirkular. – Ausfertigung.
ThHStA Weimar, Staatliches Bauhaus Weimar 12, Bl. 318.

Br[endel]

Weimar, den 16. Okt[ober] 1923

Umlauf!   20
Wegen verzögerter Rückkehr des Herrn Moholy-Nagy wird die Besprechung der Formmeister auf Donnerstag, den 18. d[ieses] M[ona]ts, nachmittags 4 Uhr im Vorraum des Staatlichen Bauhauses verschoben.

Gr[opius]

Meister Feininger	*Feininger*	25
[Meister] Kandinsky	*Kandinsky*
[Meister] Klee	*Klee*
[Meister] Marcks i[n] A[bschrift]	
[Meister] Moholy-Nagy	
[Meister] Muche	*GM*	30
[Meister] Schlemmer	*Sch*
[Meister] Lange	*Lge*

[3.]
Protokoll der Sitzung. – Entwurf (unvollständig überliefert).
ThHStA Weimar, Staatliches Bauhaus Weimar 12, Bl. 319–320.   35

---

a Änderung, zuvor: *Meisterratssitzung.*

Protokoll.
Formenmeister – Besprechung
am 18. Oktober 1923, nachmittags 4 Uhr im Vorraum.

Anwesende: Direktor Gropius.
5   Meister Feininger.
                  [Meister] Klee.
                  [Meister] Kandinsky.
                  [Meister] Moholy-Nagy.
                  [Meister] Muche.
10   [Meister] Schlemmer.
                  [Meister] Marcks.

Gropius eröffnet die Sitzung und schildert das Ergebnis der Ausstellung auf allen in Frage
kommenden Gebieten. An Verkäufen wurden getätigt 4 500,- Goldmark, davon sind bezahlt bis 1. Oktober 1923 2 500,- Goldmark. Das Ergebnis ist hinter den Erwartungen
15 zurückgeblieben wegen der außerordentlich ungünstigen Gesamt-Wirtschaftslage. Daher ist
auch der Weiterbetrieb der Werkstätten wegen Mangel an flüssigen Mitteln außerordentlich
erschwert. Die Bemühungen der letzten Zeit brachten die Möglichkeit, eine Verwertungs-
AG b für Werkstätten-Erzeugnisse zu gründen, mit der wir in der Lage *wären*, genügend Be-
triebskapital und Umsatz zu schaffen.
20   Die derzeitige Gesamtlage erfordert, daß sich das Bauhaus den augenblicklichen Verhältnissen anpaßt und in der Gesamtheit auf eine Produktion einstellt, da anders ein Weiterbestehen der Anstalt unwahrscheinlich ist. Es wird zu diesem Zwecke notwendig sein:
1. Den Nachwuchs im Bauhaus weniger aus der künstlerischen Zone und mehr aus dem
Handwerk zu rekrutieren.
25   Zu diesem Zwecke haben Lehrer der Berufsschule angeregt, bei den Aufsichtsstellen
dafür zu wirken, daß begabte Volksschüler dem Bauhaus zugeführt werden. Über die Anwendung der richtigen Lehr-Methode und die Heranziehung der Menschen wird diskutiert.
       Kandinsky erklärt, daß dies mehr eine Frage der Auswahl der richtigen Menschen als der
30 Wahl der Methode ist.
       Muche glaubt, daß so wie bisher weitergearbeitet werden könne.

Moholy-Nagy wünscht, daß die Handwerksmeister umfassender und lebendiger tätig sind
und daß die aus den Werkstätten hervorgehenden Menschen ein größeres und breiteres
Können haben unter bewußter Einbeziehung der Maschinen.
35   Schlemmer macht darauf aufmerksam, daß es, ehe man zu einer Entscheidung kommt,
notwendig ist zu wissen, wieviel und welche Art Menschen den neuen Vorkurs besuchen, da
hiervon die Methode abhängig ist.
       Gropius teilt mit, daß die neuen Vorkursler *aus derselben Menschenschicht stammen wie
die bisherigen.* c

---

b Änderung; zuvor: *GmbH.*
c Änderung von W. Gropius; zuvor: *dieselbe Menschenart wie die bisherige ist.*

Feininger und Gropius stellen fest, daß es in erster Linie wichtig ist, mit sich selbst klar zu werden über innewohnende Fähigkeiten *der Aufgenommenen* d und in zweiter Linie über die Aneignung vieler Fertigkeiten.

Gropius stellt als Ergebnis des Meinungs-Austausches fest, daß:

1.) besondere Sorgfalt auf die Wahl des Nachwuchses gelegt werden soll,   5
2.) die Durchsetzung der Werkstätten mit erfahrenen Tarifgesellen angestrebt werden soll,
3.) die Verbindung mit verwandten Industrien durch die Betätigten der Werkstätten herbeigeführt werden soll.

Als zweiter Punkt die Durchberatung des Vorkurs-Arbeitsplanes.

Es liegt ein Vorschlag Kandinsky - Klee vor, der gemeinschaftlich so umgestaltet wird, daß   10
die produktive Arbeit zusammenhängend in der Mitte der Woche liegt, und daß die praktische Arbeit an allen Wochentagen, außer montags und sonnabends, früh um 8 Uhr beginnt.

Über die Einfügung der Harmonisierungslehre von Fräulein Grunow findet ein längerer Meinungs-Austausch statt; man stellt allgemein fest, daß eine bestimmt erkennbare Wirkung dieser Lehre im Rahmen der Bauhaus-Bestrebungen in den 3 Jahren nicht festzustellen sei.   15
Die Mehrzahl der Meister (6:2) hält deshalb die Beibehaltung der Harmonisierungslehre im offiziellen Lehrplan nicht für notwendig.

Gropius stellt darauf fest, daß diese Lehrstelle abgebaut werden müsse.

Bei der Beratung über Teilnahme der Meister an der Vorlehre wird festgesetzt, daß Albers die gesamte Aufsicht über den Vorkurs erhält, daß die Werkstätten-Leiter bei der produkti-   20
ven Arbeit die Mitaufsicht haben, Moholy-Nagy erhält die [...] e

67

Sitzung des Bauhausrates am 22. Oktober 1923

[1.]

Einladung an die Formmeister und G. Grunow vom 20. Oktober 1923, Zirkular. - Durchschrift.   25
ThHStA Weimar, Staatliches Bauhaus Weimar 12, Bl. 321.

Br[endel]

Weimar, den 20. 10. 1923

Umlauf:

Einladung zum Bauhausrat   30

Montag, den 20. 10. 1923, nachmittag 4 Uhr in der Bibliothek.

Feininger
Grunow
Kandinsky

---

d Ergänzung von W. Gropius.
e Die fragmentarisch überlieferte Vorlage bricht an dieser Stelle ab.

Klee
Lange
Marcks i[n] A[bschrift]
Moholy-Nagy
5 Muche
Schlemmer

Gropius

[2.]
Einladung an die Werkmeister vom 20. Oktober 1923, Zirkular. – Ausfertigung.
10 ThHStA Weimar, Staatliches Bauhaus Weimar 12, Bl. 322.

Br[endel]

Weimar, den 20. 10. 1923

Umlauf:

Einladung zum Bauhausrat.

15 Montag, den 22. Oktober [1923], nachmittag 4 Uhr in der Bibliothek.

Börner.	*Börner*
Dell.	*Dell*
Hartwig.	*Hartwig*
Krehan i[n] A[bschrift].	
20 Weidensee.	*Weidensee*
Zaubitzer.	*CZaubitzer*
Beberniß.	*Beberniß*

Gropius

[3.]
25 Einladung an die Bauhausgesellen vom 20. Oktober 1923, Zirkular. – Ausfertigung.
ThHStA Weimar, Staatliches Bauhaus Weimar 12, Bl. 323.

Br[endel]

Weimar den 20. 10. 1923

Umlauf.

30 Einladung zum Bauhausrat.

Montag, den 22. Oktober [1923], nachmittag 4 Uhr in der Bibliothek.

Albers.	*Albers*
Breuer.	*Breuer*
Keler.	

Otte.   *Otte*
Schmidtchen.   *Schmidtchen*
Hirschfeld.   *Hirschfeld*
[...]ᵃ
Lindig.   *Lindig*   5

Gropius

[4.]
Protokoll der Sitzung als Entwurf. – Konzept, verfaßt von E. Brendel mit Korrekturen von W. Gropius.
ThHStA Weimar, Staatliches Bauhaus Weimar 12, Bl. 324–327.

unerledigte Protokolle   10

Protokoll
des Bauhausrates vom 22. Oktober 1923, nachmittags 4 Uhr 15 bis 8 Uhr abends in der Bibliothek.

Anwesend: Meister Gropius.   Meister Beberniß.
           [Meister] Feininger.   [Meister] Börner.   15
           [Meister] Grunow.   [Meister] Dell.
           [Meister] Kandinsky.   [Meister] Hartwig.
           [Meister] Klee.   [Meister] Krehan.
           [Meister] Lange.   [Meister] Weidensee.
           [Meister] Marcks.   [Meister] Zaubitzer.   20
           [Meister] Moholy-Nagy.
           [Meister] Muche.
           [Meister] Schlemmer.

           Geselle Albers.
           [Geselle] Breuer.   25
           [Geselle] Hirschfeld .
           [Geselle] Lindig.
           [Geselle] Otte.
           [Geselle] Schmidt.
Schriftführer: Geselle Brendel.   30
Abwesend: Geselle Keler.

Inhalt der Besprechung:

I. Über die Arbeit im Winter-Semester 1923/24.
    1.) Arbeit im Vorkurs. Stundenplan.
    2.) Arbeit in den Werkstätten. Stundenplan.   35
II. Diskussion über Stein- und Holzbildhauerei.

---

a Streichung; zuvor: Bogler *Bogler.*

III. Raumverteilung.
IV. Verschiedene Personalfälle.
V. Über Urlaub.
VI. Aufforderung, positive Vorschläge über die Werkarbeit zu machen.
5 VII. Lange spricht über sich und seine Stellung als Syndikus.

Zu I.   *Ideelles Ergebnis, Presse, Wirtschaftsergebnis.*[b]

1.) Gropius spricht über die Ausstellung und ihr Ergebnis. Dies, der außerordentlichen
Schwierigkeit der wirtschaftlichen Lage wegen, hinter den Erwartungen zurückgeblieben, erschwert aus Mangel an flüssigen Mitteln die Weiterführung der Werkstätten. Die Gründung
10 einer Verwertungs-A. G. für Werkstätten-Erzeugnisse ist in Aussicht gestellt. Ein Umstellen
der Arbeit im Winter-Semester ist nicht nur in den Werkstätten, sondern auch [...][c] im Vorkurs nötig. Die Mängel des früheren sind bekannt. Von jetzt ab soll schon von vornherein
die Werkarbeit einbezogen, Verdienstmöglichkeiten geschaffen werden. Ständiger Kontakt
mit der Werkstatt ist nötig, besonders Begabte sind evtl. schon früher in die Werkstatt zu
15 übernehmen. Das Reithaus ist für den Vorkurs bereitgestellt, Geselle Albers übernimmt die
Leitung der Werkarbeit.

Der Stundenplan wird verlesen, Gropius stellt ihn zur Diskussion und bittet um positive Vorschläge über Produktiv*arbeit in den Werkstätten sowohl, wie im Vorkurs.*[d]
   Albers *bemängelt, daß im Stundenplan* Gestaltungslehre am Sonnabend und Montag *liegt,*
20 *da viele den Sonntag von Sonnabend ab zu Ausflügen benutzen.*[e] [...][f] – Otte beanstandet,
daß kein freier Tag eingelegt ist. [...][g] Gropius schlägt [den] Versuch vor, den festgelegten
Plan beizubehalten. Änderungen seien immer noch möglich. Albers bittet *noch,* die *Neuein-*
getretenen[h] die ersten 14 Tage frei arbeiten zu lassen. Zur Herstellung *im Werkarbeitsunter-*
richt des Vorkurses *wird*[i] vorgeschlagen:
25 Börner: Auf kleinen Webstühlen Bänder *u[nd]* Gurte. In der Weberei gibt es noch viele andere Möglichkeiten.
Marcks und Krehan: Spielzeug aus Ton.
Feininger: Schach-Figuren.
Albers: Schlemmer-Puppen.
30 Gropius: *Vorhandene* Modell*stücke*[j] wiederholt herstellen. (Verdienstmöglichkeit).

---

b Bemerkung am linken Seitenrand.
c Streichung; zuvor: *schon.*
d Änderung; zuvor: *Produktiv- und Vorkursarbeit.*
e Änderung; zuvor: *Albers stellt in Frage, daß Gestaltungslehre am Sonnabend und Montag ist, da viele den*
   Sonntag zum Reisen benutzen.
f Streichung; zuvor: *Gropius entgegnet, daß diese Lage der Stunden nötig sei, da durch Verschiebung zuviel*
   zusammengedrängt wird. – Keine Pause entsteht.
g Streichung; zuvor: *Gropius glaubt, daß dies kein Schade sei. Es sei nötig, einen bestimmten Plan mit festen*
   Pensen zu erledigen. Moholy meint, Änderungen könnten immer noch stattfinden.
h Änderungen zuvor: *Albers bittet, die Leute die ersten 14 Tage frei arbeiten zu lassen.*
i Änderung; zuvor: *Nacheinander wird zur Herstellung im Vorkurs vorgeschlagen.*
j Änderung; zuvor: *Auch schon fertige Sachen nach dem Modell.*

Kandinsky: [...]^k Geometrische Formen aus Ton und Holz.

Hirschfeld: Laternenbau.

Albers: Baukästen.

Weidensee: Laubsäge-Arbeiten, Tiere aus Holz (Hausindustrie).

Dell: Schalen, Aschenbecher, Serviettenringe, Zigarettendosen.

Moholy: Puppenstuben-Modelle.

Gropius: warnt, nicht zu spielerische *Dinge herstellen zu lassen.*^l

Albers: macht auf Materialkosten aufmerksam.

Gropius: bittet, Abfallstücke zu verwenden.

Hartwig: warnt vor Bezahlungs-Versprechen.

Moholy: schlägt vor, das Wort „produktiv" wegzulassen und die Arbeit schlechtweg nur mit „Werkarbeit" zu bezeichnen. Er fordert die Werkmeister auf, an der Arbeit im Reithaus teilzunehmen.

I 2.) Breuer: schlägt vor, den Mathematik- *u[nd] Werkzeichen*unterricht *je nach* Vorbildung des einzelnen [...] *in drei* Kursen einzurichten.

1) Mathematik für Anfänger (ev[tl]. bei einem Bauhausgesellen)

2) Werkzeichnen

3) Baukonstruktionslehre.^m

*Gropius stimmt dem zu, bis auf die Einsetzung eines Dilettanten für den Anfängerunterricht. Ein Mathematiker werde gesucht.*ⁿ Ein freiwilliger (Liste) Kursus „Baukonstruktion" *bei* ^o Baumeister Schumann *der Baugewerkeschule* solle eingerichtet werden, *er sei bereits in Unterhandlung.*

Breuer beantragt, daß Kursus I. „Mathematik" obligatorisch sein soll. *Gropius stimmt dem zu.*

Zu II.

Gropius spricht über die *gemeinsamen* Ziele der Werkstätten und die der einzelnen, über die Werkstättenarbeit im Hinblick auf den Bau, über besondere Schwierigkeiten bei der Wand- und Dekorationsmalerei und bei der Stein- und Holzbildhauerei. Hier haben die Leute im Handwerk keinen Verdienst, da kein Verkauf. Ganz besonders schwierig liegt die Frage bei den Bildhauereien.^p Was bisher dort geleistet wurde, ist gering. [...]^q

Gropius stellt die Frage „Bildhauerei" zur Diskussion.

Muche ist der Ansicht, daß beide Werkstätten als solche keine Berechtigung haben, man solle sie umstellen in plastische Werkstätten oder in praktischen Architektur-Probeplatz. *Mein Vorschlag!*^r

---

k Streichung; zuvor: *streng.*

l Änderung; zuvor: *nicht zu spielerisch zu werden.*

m Änderung; zuvor: *den Mathematik-Unterricht auf die Vorbildung des Einzelnen zurückzuführen und 2 Kurse einzurichten.*

n Änderung; zuvor: *Gropius warnt vor Dilettantismus und teilt mit, daß ein Fachmann schwer zu beschaffen sei. Fundamentalen Unterricht kann aber nur ein Fachmann erteilen.*

o Änderung; zuvor: *von.*

p Änderung; zuvor: *Holzbildhauereien.*

q Streichung, zuvor: *Die Werkstatt ist kein Tummelplatz für akademische Drückerei (Richtiger Name!). Wir können immer wieder revidieren, uns immer wieder umstellen.*

r Bemerkung am linken Seitenrand.

ˢGropius bejaht Muches Ansicht, ist für laboratorische Arbeit – kein Handwerk – keine systematische Ausbildung.

Muche stellt die Frage: Soll man beide Werkstätten als Gelegenheit zur Arbeit belassen oder nicht?

Hartwig spricht über Formensprache in Holz und Stein. Man sollte die Möglichkeiten belassen, diese beiden Materien kennenzulernen.

Moholy: Welches Handwerk können wir erlernen? Welche Materialien erkennen? Holzbildhauerei sei Angelegenheit der Tischlerei, aber auch in diese sollte man andere Materien einbeziehen. Er stellt die Frage: Ist das Bauhaus, sind die Werkstätten zeitgemäß? Als Hand-Werkstätten sind sie es nicht, können als aussterbende Angelegenheit betrachtet werden.

Gropius bejaht dies, spricht aber über praktische Schwierigkeit: Der Grundstock an Leuten fehle. Daß keine Produktion vorhanden ist, sei das Kritische. Es entstehen nur freie plastische Arbeiten, die mit Handwerk wenig zu tun haben.

Schmidt ist für Sperrung der Werkstätten, ist der Ansicht, die Werkstätten als Spekulative zu belassen, in die nur solche Leute eintreten dürfen, die schon eine andere Lehre beendet haben.

Schlemmer berichtet, daß der Drang zur plastischen Betätigung groß sei. Man will wieder „Akt" modellieren, eine Gegenströmung gegen den Formalismus sei offenbar.

Gropius beanstandet wieder das nur spekulative Beschäftigen. – Die Leute wollen nur Künstler sein.

Kandinsky bemerkt, es sei hier falsch, von Kunstrichtungen zu sprechen, man soll die Frage offen lassen. Wenn wir die Werkstatt schließen, was entsteht? Die plastische Entwickelung hört auf. Soll man die Angelegenheit prinzipiell besprechen? Ist das Prinzip notwendig – wie sind die Werkstätten einzurichten?

Gropius sagt, daß das Bauhaus nicht nur Schule ist, sondern Produktiv-Apparat, und stellt die Frage: Sollen Lehrbriefe ausgestellt werden oder nicht?

Kandinsky stellt die Frage: Wozu Lehrlinge ausbilden?

Gropius erwidert, der Grundgedanke sei, keinen Dilettantismus aufkommen zu lassen, Gesellen und Meister heranzubilden.

Hartwig betont, nur die Leistung entscheide. Der tote Punkt sei, daß reines Handwerk in der Bildhauerei nicht vorhanden wäre. Macht auf pädagogischen Wert des Lehrbriefes aufmerksam; Lehrbrief ein Erziehungsmittel.

Breuer: Schlemmers Rede sei maßgebend. Es seien Leute da, die arbeiten wollten, das entscheide für das Bestehen der Werkstätten.

Gropius entgegnet, daß dieser Einwand nicht gelten könne, alle Akademien müßten dann auch bleiben. Die verschiedenen Ansichten beweisen, daß der Fall nicht klar ist. Er schlägt deshalb vor, diese Frage vorläufig offen zu lassen.

Kandinsky bittet, den Fall nicht zu weit hinauszuschieben. Schon vor Beendigung des Vorkurses müßte die Frage entschieden sein.

Ein allgemeiner Disput über die Materialien der Plastik und über Plastik schließt sich an.

Zu III.

Der Vorschlag zur Neuverteilung der Räume im Prellerhaus wird verlesen und angenommen. Es wird beschlossen, von jetzt ab grundsätzlich Vergünstigungen nur an die Bauhäusler zu vergeben, die Bauhausarbeit leisten.

---

s   Ab hier bis *„Lehrbrief als Erziehungsmittel"* (Zeile 31) angedeutete Streichung der Textpassage im Konzept.

Zu IV.
Verschiedene Personalfälle werden einzeln nacheinander besprochen. In einer Diskussion über
die „Sonderstellung" wird beschlossen, Personen mit Entwicklungsmöglichkeiten auch ohne
den Besuch einer Werkstatt im Bauhause zu belassen, diese Einzelfälle aber zu beschränken.

Zu V.
Es wird beschlossen, von jetzt ab [...] *Dauer*-Urlaube [...] *nicht über*[t] 6 Monate zu gewähren.

Zu VI.
Gropius fordert die Werkstättenleiter auf, positive Vorschläge für die Werkarbeit im Winter
zu machen. Ein Rundschreiben an die Werkstättenleiter wird noch dazu auffordern.

Zu VII.
Syndikus Lange spricht über seine Stellung im Bauhause, berichtet über *die Schwierigkeit* seiner Arbeit während der Ausstellung und betont, daß er den Finanz-Apparat nur mit allseitigem Vertrauen und Unterstützung aller Werkstätten intakt halten könne.
    Gropius betont nochmals anerkennend die Leistung von Herrn Lange und bittet alle Her-
ren, Herrn Lange in seiner Arbeit Verständnis entgegenzubringen und ihn zu unterstützen.

8 Uhr Schluß der Sitzung.

Verteilung der Räume im Prellerhaus
l[au]t Bauhausrat vom 22. Oktober 1923

Räume   3 Paris – Arndt
[Räume]   4 Schmidtchen
[Räume]   5 Prof. Rasch
[Räume]   6 Baschant – Häberer
[Räume]   7 Berthold – Koch
[Räume]   8 Molnar – Menzel
[Räume]   9 Kurt Schmidt
[Räume] 10 Breuer
[Räume] 11 Keler
[Räume] 12 Dieckmann – Gebhardt
[Räume] 13 Hans Hoffmann

                                68

                Sitzung des Bauhausrates am 18. Februar 1924

[1]
Einladung an die Formmeister vom 13. Februar 1924, Zirkular. – Ausfertigung.
ThHStA Weimar, Staatliches Bauhaus Weimar 12, Bl. 330.

---

t Änderungen; zuvor: *nur Urlaub von.*

G[ropius]/Fu[nck]

Weimar, den 13. Februar 1924

Montag, den 18. Februar [1924], nachmittags 4 Uhr in der Bibliothek Sitzung des Bauhausrates.
Gropius

5 Meister Feininger   *Feininger*
   [Meister] Kandinsky   *Kandinsky*
   [Meister] Klee   *Klee*
   [Meister] Marcks i[n] Abschr[ift]
   [Meister] Moholy   *Moholy*
10 [Meister] Muche   *GMuche*
   [Meister] Schlemmer   *Schlemmer*
   [Meister] Meyer   *Meyer*
   Frl. Grunow   *Grunow*
   Synd[ikus] Lange   *Lange*

15 [2.]
   Einladung an die Werkmeister vom 13. Februar 1924, Zirkular. – Ausfertigung.
   ThHStA Weimar; Staatliches Bauhaus Weimar 12, Bl. 331.

G[ropius]/Fu[nck]

Weimar, den 13. Februar 1924

20 Montag, den 18. Februar [1924], nachmittags 4 Uhr in der Bibliothek Sitzung des Bauhausrates.
   Gropius

   Meister Beberniß   *Beberniß*
   [Meister] Börner   *Börner*
   [Meister] Dell   *Dell*
25 [Meister] Hartwig   *Hartwig*
   [Meister] Krehan i[n] Abschr[ift]
   [Meister] Weidensee   *Weidensee*
   [Meister] Zaubitzer   *CZaubitzer*

[3.]
30 Einladung an die Bauhausgesellen vom 13. Februar 1924, Zirkular. – Ausfertigung.
   ThHStA Weimar, Staatliches Bauhaus Weimar 12, Bl. 332.

G[ropius]/Fu[nck]

Weimar, den 13. Februar 1924

Montag, den 18. Februar [1924], nachmittags 4 Uhr in der Bibliothek Sitzung des Bauhausrates.
35 *Gropius*

Geselle Albers (verreist)
[Geselle] Breuer   *Breuer*
[Geselle] Keler   *Peter Keler*
[Geselle] Schmidtchen   *W. Schmidt*
[Geselle] Hirschfeld   *Hirschfeld*   5
[Geselle] Lindig i[n] Abschr[ift]

[4.]
Protokoll der Sitzung. – Ausfertigung.
ThHStA Weimar, Staatliches Bauhaus Weimar 12, Bl. 333–340.

G[ropius]/Fu[nck]   10

Weimar, den 20. Februar 1924

Protokoll
der Sitzung des Bauhausrates am Montag, dem 18. Februar 1924. Beginn 4.15 Uhr. Schluß
7.45 Uhr.

Anwesend die Herren: 15
Feininger   Beberniß   Bogler
Gropius   Frl. Börner   Breuer
Klee   Dell   Keler
Marcks   Hartwig   Hirschfeld
Moholy-Nagy   Krehan   Lindig   20
Muche   Weidensee   Schmidt
Schlemmer   Zaubitzer
Lange
Meyer
Frl. Grunow   25
Verreist: Kandinsky, Albers.

Tagesordnung:
  1. Allgemeine Lage.
     Neue Regierung
     Artikel „Esprit nouveau"   30
     Artikel „Stijl"
  2. Geplante Gesellschaftsgründung.
  3. a) Grundsätzliche Stellungnahme zur Gewinnverteilung an Gesellen und Lehrlinge.
     b) Nebenverdienst von Gesellen und Lehrlingen.
  4. Vorschlag zur gekürzten Vertretung des Bauhausrates.   35
  5. Entscheidung über Einrichtung eines Vorkurses im Sommer.
  6. Mitteilung über Europa-Film Aktiengesellschaft.
  7. Vorschlag über weitere Veröffentlichungen des Bauhauses.
  8. Bühnenwerkstatt.
  9. Einrichtung einer Radio-Station.   40
 10. Allgemeines:

Kenntnisnahme der Briefschaften durch die Werkstätten.
Beurlaubungen in den Werkstätten.
Etatgesellen (Fall Breuer, Ausnahmestellung Alma Buscher, Bogler).

Zu Punkt 1)
5 Gropius gibt Bericht über die allgemeine wirtschaftliche und politische Lage in Thüringen und die voraussichtliche Stellungnahme des Bauhauses in der kommenden Zeit. Er berichtet weiter über die empörende Belästigung durch die Reichswehr und andere Stellen infolge von nicht faßbaren Denunziationen, deren Ursachen auf die jahrelangen Hetzereien gegen das Bauhaus von bestimmter Stelle zurückzuführen sind.

10 Zu Punkt 2)
Gropius macht Mitteilung über die geplante Gründung einer Gesellschaft.
   Bisher sei in den Werkstätten des Bauhauses produktive Vorarbeit geleistet worden, nunmehr müsse im breiten Rahmen die Reproduktion des bisher Erreichten vorbereitet werden, damit das Bauhaus endlich ein wirtschaftliches Fundament erhält. Hierzu sei eine
15 Umstellung namentlich der gesamten Arbeit in den Werkstätten notwendig, deren Durchführung nur mit Hilfe von Privatkapital und einer Arbeitsleistung unabhängig von dem langen Dienstweg der Regierung möglich sei. Eine Umstellung sei auch deshalb notwendig, da das Reichsabbaugesetz auch seine notwendigen Konsequenzen auf das Bauhaus erstreckt hat. Es sei aber dem Ministerium gegenüber abgelehnt worden, innerhalb der Organisation
20 des Bauhauses mechanische Abstriche des Etats zu machen, die die begonnene Arbeit erwürgen müßten, sondern es sei dem Ministerium als Abbauvorschlag die Gründung einer Gesellschaft in der Weise vorgeschlagen worden, daß neben dem eigentlichen Schulbetrieb, der die vorbereitenden Versuchs- und Laboratorienarbeiten in die Hand zu nehmen hat, ein auf privatgesellschaftlicher Basis einzurichtender Werkbetrieb auf Grundlage der
25 bisher bestehenden Werkstätten anzureihen sei, so daß ein großer Teil der bisherigen Ausgaben dem Staat genommen und von der Privatgesellschaft getragen werden soll. Die Vorarbeiten für diese Gesellschaft seien gemacht, die Einführung dieser Neugestaltung sei aber von der alten Regierung nicht vollzogen worden, da sie der neuen Regierung nicht vorgreifen konnte.
30   In der Besprechung über diese Angelegenheit, wie die Durchführung wirtschaftlicher Auswertung des bisher Erreichten anzufassen sei, ergab sich folgendes:
   Die Werkstätten stellen jede für sich einen genauen Plan auf, wie die vorhandenen Arbeitsstellen verteilt werden:
   a) an reine Produktivkräfte, die entweder aus der freien Wirtschaft geholt und eingestellt
35 werden oder von dafür geeigneten Personen im Bauhaus übernommen werden,
   b) an Lehrlinge des Schulapparates,
   c) an Gesellen des Bauhauses, die die Lehre im Bauhaus durchgemacht haben und deren Arbeit für die jeweiligen Werkstätten fortdauernd notwendig ist.
Der Vorschlag der Werkstätten soll bis zum 1. III. [19]24 an die Zentrale geleitet werden,
40 gleichzeitig mit dem bereits vor einiger Zeit herausgegangenen Umlauf betr[effend] Umbau der Werkstätten auf die Zukunft hin.
Zu Punkt 3a)
Im engen Zusammenhang mit der Neuorganisation der Werkstätten steht die wirtschaftliche Beteiligung aller den Werkstätten angehörigen Personen. Die Produktivkräfte sollen ähnlich

wie in der freien Wirtschaft fest entlohnt werden. Die anderen Kräfte, soweit sie nicht produktiv tätig sind, müssen in geeigneter Form für ihre Entwürfe oder am Umsatz der Ware Anteil haben. Über diese Frage tauchen verschiedene Gesichtspunkte und Vorschläge auf, die an
eine unter Punkt 4 der Tagesordnung neu zu wählende Kommission zur Erledigung überwiesen wird. Das Ergebnis soll dann sämtlichen Werkstätten mitgeteilt werden, damit eine end-   5
gültige feste Regelung dieser Frage von jetzt ab eingeführt werden kann.

Zu Punkt 3b)
Gropius teilt mit, daß in der letzten Zeit zahlreiche Personen wegen Nebenverdienstmög-
lichkeiten an die Leitung herangetreten seien. Syndikus Lange hat von Fall zu Fall bereits Arbeit zuweisen können. Es sei aber wünschenswert, daß in den Werkstätten eine dauernde   10
Einrichtung getroffen wird, um denjenigen Leuten, die bezahlte Arbeit suchen, eine dauernde, rechnerisch zweifelsfrei zu bestimmende Verdienstarbeit zu ermöglichen. Die Entlohnung solcher Arbeit müsse also in Form von Akkord*lohn*, Stücklohn oder einer anderen
für die Werkstätten risikofreien Weise berechnet werden. Die Werkstätten sollen bis zum
1. III. [19]24 bestimmte Vorschläge an die Zentrale geben.   15

Zu Punkt 4)
Gropius berichtet, daß die gesamte Vertretung des Bauhauses durch den Bauhausrat als Ar-
beitsorgan sich nicht bewährt habe. Er schlägt deshalb vor, außer dieser Einrichtung, die bestehen bleiben soll, einen kleineren Arbeitsausschuß zu wählen aus je einem Vertreter der
Formmeister, der Werkstättenleiter und der Gesellen, der der Leitung beratend zur Seite   20
stehe. Die Mitglieder dieser Kommission seien jederzeit berechtigt, falls sie irgendwelche
Fragen nicht allein vollziehen wollen, Antrag auf Einberufung des gesamten Bauhausrates zu
stellen. Der gesamte Bauhausrat brauche dann nur wie bisher 1–2 mal im Semester für die
Klarstellung der allgemeinen Richtlinien zu tagen. Der neu zu wählende Arbeitsausschuß sei
also nur ein Teilorgan des gesamten Bauhausrates. Dem Vorschlag wird zugestimmt und die   25
Wahl ergibt folgende Personen:
Meister Muche, Meister Hartwig, Geselle Albers. Jeder der 3 Herren wählt einen Stellvertreter, der bei der ersten Sitzung bekanntzugeben ist. Da Geselle Albers abwesend ist, wird
als vorläufiger Stellvertreter Geselle Breuer gewählt.

Zu Punkt 5)   30
Gropius macht den Vorschlag, in diesem Sommer wieder einen Vorkurs einzurichten, da
starke Nachfrage danach sei und um außerdem den fortwährenden Anfeindungen wegen zu
geringer Schülerzahl im Bauhaus zu begegnen.
    Dem Vorschlag wird zugestimmt.

Zu Punkt 6)   35
Gropius gibt bekannt, daß die Europa-Film Aktiengesellschaft, Berlin, durch Vermittelung
des Reichskunstwarts Dr. Redslob ihren Direktor Pfeiffer nach hier entsendet habe, um über
gemeinsame Arbeit, teils experimenteller Art, teils wegen Anfertigung von Filmen für bereits
vorhandene Arbeit im Bauhaus mit uns in Verbindung zu treten. Gropius gibt Einzelheiten
bekannt. Auf Antrag soll die Niederschrift über die Ergebnisse allen Werkstätten bekannt ge-   40
geben werden, damit sich Interessenten zu den einzelnen in Frage stehenden Arbeiten melden können.

Zu Punkt 7)
Gropius unterbreitet einen anderen Vorschlag für weitere Veröffentlichungen des Bauhauses. Von der Gründung einer ausgesprochenen Zeitschrift rät er ab, da die Gebundenheit an
bestimmte Termine bekanntlich große Nachteile mit sich bringt. Es sei ein anderer Vorschlag
5 aufgetaucht, statt dessen eine Folge kleiner Broschüren oder Bücher im Bauhausverlag erscheinen zu lassen, in der nicht nur Personen des Bauhauses, sondern auch außenstehende,
zu dessen Ideenkreis gehörende Personen Arbeiten beitragen sollen. Jede Broschüre wäre
dann ein in sich abgeschlossenes Ganzes.

Gropius sei bereits mit Herrn May, Bauhausverlag München, in Verbindung getreten, der
10 dieser Anregung sympathisch gegenüberstehe. Eine Reihe von bereits vorgeschlagenen Themen [wird] verlesen. Der Vorschlag findet Zustimmung. Zur Übernahme der Schriftleitung
erklärt sich Meister Moholy-Nagy bereit.

Zu Punkt 8)
Gropius teilt mit, daß sich in der Bühnenwerkstatt Schwierigkeiten in den Personalverhält-
15 nissen dadurch herausgestellt hätten, daß diese Werkstatt auf unsicheren wirtschaftlichen
Grundlagen stehe. Es seien bereits im vergangenen Semester die Richtlinien aufgestellt worden, daß die Bühnenarbeiten zwar als wichtig für das Bauhaus angesehen werden, daß das
Bauhaus aber bei der schlechten wirtschaftlichen Lage zunächst für seine *anderen* Werkstätten sorgen müsse. Die Bühnenwerkstatt müsse deshalb versuchen, zunächst aus eigenen
20 Kräften sich in die Höhe zu bringen. Die Sachlage sei heute noch nicht geändert, jedoch
seien einige Anfragen auf Aufführungen von verschiedenen Städten eingegangen, die die
Möglichkeit einer weiteren Entwickelung der Bühne geben. Da die Teilnehmer der Bühnenwerkstatt in anderen Werkstätten eingeschrieben sind, wo sie sich bisher Geld verdient
haben, müsse die Entscheidung darüber, in welcher Werkstatt die Arbeitsteilnahme augen-
25 blicklich vordringlicher sei, den Werkstattleitungen bzw. der Zentrale überlassen bleiben, da
ein selbständiges Wechseln der Arbeitsstellen in den Werkstätten durch die Lehrlinge innerhalb derselben die Ordnung verhindert. Über den Fall Bogler wird Meister Schlemmer gebeten, schriftlich zu berichten.

Zu Punkt 9)
30 Es liegt ein Vorschlag von Architekt Sturtzkopf vor, im Bauhaus auf einfacher Vereins-
grundlage eine Radio-Empfangsstation zu errichten, die durch kleine Beiträge der Teilnehmer finanziert werden soll. Durch die erzielten Einnahmen können innerhalb eines Jahres
die Einzahlungen zurückgezahlt werden. Herr Dir[ektor] Pfeiffer hat zugesagt, daß er eine
Radio-Station voraussichtlich zu ermäßigtem Preise für das Bauhaus beschaffen könne.
35 Nachdem diese Frage geklärt sei, sollen positive Vorschläge an allen Stellen im Bauhaus in
Umlauf gesetzt werden. Gropius bittet, für diese Idee bereits jetzt Interessenten zu sammeln,
damit sie schnell durchgeführt werden könne, wenn der Moment zum Handeln da sei. Auf
Anfrage erbietet sich Meister Dell, die Vorsorge für diese Station, wenn sie zustande kommt,
mit anderen, noch zu suchenden Hilfskräften zusammen zu übernehmen.

40 Zu Punkt 10)
Gropius bittet dringend, die bereits seit einiger Zeit getroffene Einrichtung, in der Zentrale sämtliche für die Werkstätten eingehenden Briefschaften in gesonderten Mappen

auszulegen, sorgfältig zu beachten. Ein geregelter Verkehr mit der Außenwelt sei nur dann durchzuführen, wenn nicht nur in der Zentrale, sondern auch in den Werkstätten der Grundsatz bestehe, alle Eingänge, Anfragen usw. möglichst innerhalb 24 Stunden zu erledigen, da anderenfalls Verzögerungen entstehen, die dauernde wirtschaftliche Nachteile bringen. Die Mappen müssen täglich von den leitenden Personen der Werkstätten   5
eingesehen werden.

Gropius teilt mit, daß augenblicklich eine verhängnisvolle *Gefahr* im Bauhaus *bestehe*[a], der begegnet werden müsse. Durch die Herauszögerung der Gesellschaftsgründung und die damit verbundene Einrichtung besserer und klarerer wirtschaftlicher Grundlagen für den einzelnen drohen viele einzelne Personen abzubröckeln, was verhindert werden muß. Vor allen   10
Dingen müsse der augenblicklich herrschenden Italienflucht nunmehr entgegengetreten werden, denn es sei selbstverständlich eine nicht mehr gutzumachende Katastrophe, wenn eine ganze Anzahl von produktiv arbeitenden Kräften in den Werkstätten zugleich und für Monate vom Bauhaus abwesend sei. Der Wunsch jedes einzelnen, der jahrelang hier gearbeitet hat, einmal für einige Zeit fortzugehen, sei begreiflich und grundsätzlich wohl auch zu un-   15
terstützen. Es müsse aber eine geregelte Form dafür gefunden werden, so daß nie mehr wie gleichzeitig eine bestimmte, allenfalls für die Werkstatt entbehrliche Anzahl von Lehrlingen und Gesellen abwesend sei. In diesem Sinne sollen die Werkstätten bis zum 1. III. [19]24 bestimmte Vorschläge an die Zentrale leiten. Schon jetzt sei allen Gesellen und Lehrlingen bekanntzugeben, daß weitere Beurlaubungen vor Rückkehr der bereits Beurlaubten nicht er-   20
teilt werden können.

Syndikus Lange fordert die Werkstätten dringend auf, den Sparmaßnahmen innerhalb ihrer Betriebe besondere Beachtung zu schenken.

Gropius teilt mit, Etatgeselle Breuer sei in der Tischlerei von seinem Etatposten zurückgetreten, um die Möglichkeit zu haben, längere Zeit ohne produktive Arbeit eigenen Ent-   25
wurfsarbeiten nachzugehen. Dies sei ein typischer Fall. Es lag im Interesse der Bauhausentwicklung sowie in dem des einzelnen Gesellen, daß er die Möglichkeit zu solchen Arbeiten erhält. Schwierig sei dagegen lediglich die wirtschaftliche Frage für den einzelnen, die erst später durch günstige Lizenzergebnisse allmählich gelöst werden könne. Für diejenigen Lehrlinge, die keiner bestimmten Werkstatt angehören, wie beispielsweise Alma Buscher,   30
die aber Arbeit leisten, die für die Gesamtheit der Bauhausarbeit wertvoll sei, müsse zu Semesterbeginn eine klare Eingliederung in den Organismus der Werkstätten erfolgen. Vorschläge der Werkstätten für Personen dieser Art bis zum 1. III. [19]24.

Dem Antrag von Meister Dell wird zugestimmt, daß auch die Metallwerkstatt berechtigt sei, einen Gesellenvertreter in den Bauhausrat zu entsenden. Vorschlag dafür in der näch-   35
sten Bauhausratsitzung.

Zum Schluß erinnert Gropius daran, daß die Sitzungen des Bauhausrates geheim seien. Er bedaure ausdrücklich, darauf hinweisen zu müssen, da bei der letzten Bauhausratssitzung gegen das Bauhaus gegnerisch eingestellte Personen genau über den Inhalt der Sitzung orientiert gewesen seien. Durch Unvorsichtigkeit und Verantwortungslosigkeit werden so   40
den Gegnern des Bauhauses, die skrupellos gegen uns vorzugehen pflegen, Waffen in die Hand geliefert.

---

a Änderung von W. Gropius; zuvor: *Stimmung im Bauhaus sei.*

Namentlich müßten die Vorbereitungen für die Umstellung der Werkstätten auf das Wirtschaftliche mit kluger Zurückhaltung gemacht werden, damit sie nicht von außen sabotiert werden können.

[5.]
5 Mitteilung an die Werkmeister und Bauhausgesellen vom 25. Februar 1924, Zirkular. – Ausfertigung.
ThHStA Weimar, Staatliches Bauhaus Weimar 12, Bl. 341.

Weimar, den 25. Februar [19]24

Anliegendes Protokoll der Bauhausratssitzung vom 18. d[ieses] M[ona]ts lasse ich Ihnen zur Kenntnisnahme zugehen.
10 *Lohmann*

Meister Beberniß	*Beberniß*
[Meister] Frl. Börner	*Börner*
Meister Dell	*Dell*
[Meister] Hartwig	*Hartwig*
15 [Meister] Krehan	*Krehan*
[Meister] Weidensee	*Weidensee*
[Meister] Zaubitzer	*Zaubitzer*
Geselle Bogler	*Bogler*
[Geselle] Breuer	*Breuer*
20 [Geselle] Keler	*Keler*
[Geselle] Hirschfeld	*H*
[Geselle] Lindig	*Lindig*
[Geselle] Schmidt	*J. Schmidt*

Albers zur Kenntnis nach Bottrop ges[andt][b]

25   **69**

Sitzung des Arbeitsausschusses des Bauhausrates am 18. März 1924

[1.]
Einladung an die Mitglieder vom 15. März 1924. – Durchschrift.
ThHStA Weimar, Staatliches Bauhaus Weimar 12, Bl. 342.

30 Weimar, den 15. März 1924

G[ropius]

_____

b Vermerk von A. Funck.

An den Arbeitsausschuß des Bauhausrates.

Montag, den 17. III. [1924], nachmittags 4 Uhr findet eine Sitzung in der Bibliothek statt
Meister Muche.
[Meister] Hartwig
Geselle Breuer i[n] V[ertretung]   5
Syndikus Lange

L[ohmann]

[2.]
Mitteilung an die Mitglieder vom 18. März 1924. – Durchschrift.
ThHStA Weimar, Staatliches Bauhaus Weimar 12, Bl. 343.   10

Weimar, den 18. März 1924.

An den Arbeitsausschuß des Bauhausrates
Meister Muche.
[Meister] Hartwig
Geselle Breuer i[n] V[ertretung]   15
Syndikus Lange

Die gestern aufgehobene Sitzung findet bestimmt heute 4 Uhr nachm[ittag] statt.

[...]ª

[3.]
Protokoll der Sitzung. – Ausfertigung.   20
ThHStA Weimar, Staatliches Bauhaus Weimar 12, Bl. 344–346.

Weimar, den 26. März 1924

Protokoll
über die Sitzung des Arbeits-Ausschusses des Bauhausrates am 18. März 1924.

Anwesend: Meister Gropius   25
           [Meister] Muche.
           [Meister] Hartwig.
           Geselle Breuer.
           Syndikus Lange.

1.) Gewinnbeteiligung der Werkleute.   30
Gropius liest die Vorschläge hierüber von Patentanwalt Wirth und Lange vor. Die Rechtslage ist so, daß auf allen Wirtschaftsgebieten die Erfindungen im Unternehmen dem Unter-

---

a Streichung, zuvor: *Lohmann.*

nehmen gehören und daß der Erfinder das Recht hat, seinen Namen zu nennen und am
Gewinn beteiligt zu sein. Klare Gesetze oder Vorschriften über die Beteiligung bestehen
nicht.

Breuer schlägt vor *und es wird angenommen*, daß alle Entwürfe sofort bezahlt werden, so-
5   bald sie überhaupt brauchbar sind und das Bauhaus dazu finanziell fähig ist. Bei einem wiederholten Verkauf werden außerdem Gewinnprämien an den Erfinder oder Schöpfer des
Stückes bezahlt. Ferner soll der Gewinn nicht in einem bestimmten Prozentsatz vom Ver-
kaufspreis, sondern vom gesamten Gewinnzuschlag ausgezahlt werden. Bei vielfacher Reproduktion soll sich der Gewinnanteil grundsätzlich pro Stück verringern. Auszahlung von
10   Gewinn an Personen, die nicht mehr dem Bauhaus angehören, soll nicht rechtlich festgelegt
werden, aber in der Regel üblich sein und zwar auf die Dauer von zwei Jahren. Der Gewinn
wird nur ausbezahlt, wenn die Betreffenden ihn fordern. Der übrigbleibende fällt an eine gemeinschaftliche Wohlfahrtskasse des Bauhauses. Einzelheiten über diese Abmachungen werden von Fall zu Fall von der Kommission entschieden. Buchtechnisch sollen Einrichtungen
15   getroffen werden, daß die Gewinne stets ersichtlich sind. Diese Prämien-Vereinbarungen sollen 1 Jahr rückwirkend gelten und zwar ist als Datum das Herstellungsdatum gültig. Es soll
sich hier nur um Stücke handeln, die die Betreffenden selbst angefertigt haben. Für Wiederholungen gibt es keine Rückwirkung.

Lange schlägt außerdem vor, für die Reproduktionskräfte ebenfalls Prämien auszusetzen,
20   die allerdings geringerprozentig sein müssen. Bei Patenten sollen besondere Verträge abgeschlossen werden. Das Rechtsverhältnis beider Parteien regelt die Kommission von Fall zu
Fall.

2.) Wiederherstellung des Vestibüls.
(Mitteilung der Regierung vom 23. 2. 1924)
25   Es wird vorgeschlagen, keine Veränderung der neuen Raumgestaltung, sondern nur eine
Wiederherstellung der alten für diskutabel zu erklären, im übrigen die Zeit entscheiden zu
lassen.

3.) Es soll unter den Bauhaus-Angehörigen bekannt gemacht werden, daß der Bauhaus-Ver-
lag Bauhaus-Bücher zur Verfügung gestellt hat, die mit einer Prämie von G[old] M[ark] 10,-
30   für jeden Fall durch die Bauhaus-Angehörigen vertrieben werden können.

4.) Um den Besuchern des Bauhauses, die teils Kauf-Interessenten sind, einen guten und
genügenden Überblick über die Erzeugnisse der Werkstätten zu geben, sollen diese in den
Vitrinen des Oberlichtsaales ordnungsmäßig ausgestellt werden. Die Werkstätten sollen anhand der Messelisten die notwendigen Musterstücke dazu liefern. Meister Moholy-Nagy wird
35   die Einordnung vornehmen.

5.) Von den Gesellen ist der Wunsch geäußert, daß in Zukunft bei dem Verkehr nach außen
und bei Namennennung unter künstlerischen oder Werkstätten-Werken die Bezeichnung
Meister, Lehrling oder Geselle weggelassen werden soll.

6.) Gropius liest die von ihm, Lange und Bogler niedergeschriebenen Messe-Beobachtungen
40   vor. Alle angezogenen Punkte sind für Werkstätten und den Verkauf sowie die weitere Orga-
nisations-Entwickelung des Bauhauses sehr wichtig. Für die nächsten Messen muß das Bauhaus

mit größerem Gewicht auftreten und in den Spezial-Abteilungen der Werkstätten besonders
vertreten sein. Diese Messe-Ergebnisse sollen einem größeren Kreise bekannt gegeben werden.

Muche hebt hervor, daß die von Lange ungünstig erwähnten Kleider der Weberei, abgesehen davon, daß sie sorgfältig gearbeitet sein müssen, für die nächsten Messen trotzdem
wichtig bleiben, um zu zeigen, wie unsere Kleiderstoffe fertig verarbeitet wirken.   5

7.) Gropius teilt mit, daß die Regierung, um dem nicht im Bauhaus aufgenommenen Za-
borski eine Wohnung zu beschaffen, uns das Tempelherrenhaus für diesen Zweck wegzu-
nehmen beabsichtigt. Es soll hiergegen Abwehrstellung eingenommen werden.

8.) Infolge das Bauhaus belastender Vorkommnisse in den Atelier-Räumen Molnar und
Keler macht Gropius den Vorschlag, diesen die widerruflich hergegebenen Atelier-Räume   10
mit Wirkung zum 1. April 1924 zu kündigen. Mit Rücksicht auf die sehr schwierige äußere
Lage des Bauhauses ist diese harte Maßregel notwendig.

26. 3. [1924] *Lange*
G[ropius]

70   15

Sitzung des Bauhausrates am 4. April 1924

[1.]
Einladung mit Tagesordnung an die Formmeister und G. Grunow vom 2. April 1924, Zirkular. – Ausfertigung.
ThHStA Weimar, Staatliches Bauhaus Weimar 12, Bl. 347.

G[ropius]/Fu[nck]   20

Weimar, den 2. April 1924

Umlauf.

Einladung zum Bauhausrat Freitag, den 4. April [1924], nachmittag 5 Uhr in der Bibliothek.

Tagesordnung:
1. Organisationsfragen   25
2. Verschiedenes.

Gropius

Meister Feininger	*Feininger*
[Meister] Kandinsky	*Kandinsky*
[Meister] Klee	*Klee*	30
[Meister] Marcks i[n] Abschr[ift]	
[Meister] Moholy-Nagy	*Moholy-Nagy*
[Meister] O. Schlemmer	*Schlemmer*
[Meister] Meyer	*Meyer*

[Meister] Lange   *Lange*
Frl. Grunow   *Grunow*
Meister Muche verreist.

[2.]
5 Einladung mit Tagesordnung an die Werkmeister vom 2. April 1924, Zirkular. – Ausfertigung.
ThHStA Weimar, Staatliches Bauhaus Weimar 12, Bl. 348.

G[ropius]/Fu[nck]

Weimar, den 2. April 1924

Umlauf.

10 Einladung zum Bauhausrat Freitag, den 4. April [1924], nachmittags 5 Uhr in der Bibliothek.

Tagesordnung:
1. Organisationsfragen
2. Verschiedenes.

Gropius

15 Meister Beberniß   *Beberniß*
[Meister] Börner   *Börner*
[Meister] Dell   *Dell*
[Meister] Hartwig   *Hartwig*
[Meister] Krehan i[n] Abschr[ift]
20 [Meister] Weidensee   *Weidensee*
[Meister] Zaubitzer   *CZaubitzer*

[3.]
Einladung mit Tagesordnung an die Bauhausgesellen vom 2. April 1924, Zirkular. – Ausfertigung.
ThHStA Weimar, Staatliches Bauhaus Weimar 12, Bl. 349.

25 G[ropius]/Fu[nck]

Weimar, den 2. April 1924

Umlauf

Einladung zur Bauhausratsitzung Freitag, den 4. April [1924], nachmittags 5 Uhr in der
Bibliothek.

30 Tagesordnung:
1. Organisationsfragen
2. Verschiedenes.

Gropius

Geselle Bogler i[n] Abschr[ift]
[Geselle] Breuer   *verreist*
[Geselle] Hirschfeld   *Hirschfeld*
[Geselle] Lindig i[n] Abschr[ift]
[Geselle] Joost Schmidt   *J. Schmidt*   5
[Geselle] Benita Otte   *für Otte Börner*
[Geselle] Albers verreist
[Geselle] Keler [verreist]

[4.]
Protokoll der Sitzung. – Ausfertigung.
ThHStA Weimar, Staatliches Bauhaus Weimar 12, Bl. 350–351.   10

G[ropius]/Fu[nck]

Weimar, den 29. IV. 1924

Protokoll
der Sitzung des Bauhausrates am 4. IV. 1924, nachmittags 5 Uhr.   15

Anwesende: s[iehe] anl[iegende] Anwesenheitsliste.
Tagesordnung:
1. Organisationsfragen.
2. Verschiedenes.

Gropius eröffnet die Sitzung und erklärt die Notwendigkeit, in die Beratung der Neuorgani- 20
sationsfragen einzutreten. Er macht Vorschläge (s[iehe] Anlage), die
1. die Architekturabteilung,
2. die Vorlehre,
3. die produktiven und nichtproduktiven Werkstätten
behandeln und teilt mit, daß diese Vorschläge zum Teil auf Anregung der Gesellenvertretung 25
beruhen.
    In eingehenden Besprechungen, an denen sowohl die Formmeister als auch die Hand-
werksmeister und Gesellen teilnehmen, äußert Kandinsky Bedenken vom Standpunkt der
Wandmalerei aus, diese Werkstatt aus den Produktivwerkstätten herauszunehmen, und verliest anliegenden Vorschlag.   30
    In bezug auf die Vorschläge betr[effend] Weiterausbau der Architekturabteilung und Ver-
längerung der Vorlehre ist man einig. Der Neuorganisationsplan betr[effend] die Werkstätten
soll dagegen wegen seiner eingreifenden Bedeutung bis zur nächsten Sitzung kurz vor Semesterbeginn zurückgestellt werden. Gropius fordert auf, etwa neue Vorschläge dafür vor dieser Sitzung schriftlich einzureichen, da zu Semesterbeginn klare Entscheidung vorliegen muß. 35

Verschiedenes.
Entfernung nicht geeigneter Lehrlinge und Gesellen:
Von seiten der Werkstattleiter war angeregt worden, diejenigen älteren Lehrlinge, die in den
Werkstätten belastend und hemmend wirken, zu entlassen. Auf diesbezüglichen Umlauf waren

Meldungen nur von der Wandmalerei eingegangen betr[effend] Menzel, Schleifer und Weininger. In der Aussprache kommt man zu dem Ergebnis, Menzel noch einmal eine Frist von
3 Monaten zu stellen, Schleifer vom Bauhaus und Weininger nur aus der Werkstatt auszuschließen. Weininger soll Vorschläge machen, wie er sich seine Weiterarbeit im Bauhaus denkt.
5   Auf Antrag der Metallwerkstatt soll Jahn ein 1/2 Jahr beurlaubt werden.

Ausscheiden des Fräulein Grunow .
Gropius teilt das Ausscheiden von Fräulein Grunow zum 1. IV. [19]24 mit. Sie wird im Sommer nochmals zur Abhaltung eines kurzen Kurses an das Bauhaus zurückkehren. *Sie ist bezahlt bis 15. 4. [1924] gibt Komplikationen*[a]. Gropius bittet um Ermächtigung des Bauhaus-
10   rates, Fräulein Grunow im Namen des Bauhauses danken zu können. Gleichzeitig soll ihr zur
Anerkennung der im Rahmen des Bauhauses von ihr vollbrachten opferreichen Arbeit ein Geschenk (Umlage bei den Meistern) überreicht werden.

Die Sitzung wird kurz vor 8 Uhr geschlossen.

Gropius
15   *A. Meyer   Feininger   Kandinsky   gelesen Klee   Wagenfeld   Moholy-Nagy
Hartwig   Osk. Schlemmer   Dell   Beberniß   Hirschfeld   Börner
Breuer   CZaubitzer   Otte   Weidensee   J. Schmidt*

Abschrift dieses Protokolls ist nach Dornburg zur Kenntnisnahme gesandt. L[ohmann]

[5.]
20   Ausarbeitung von W. Gropius vom 3. April 1924 als Anlage zum Protokoll. - Ausfertigung.
ThHStA Weimar, Staatliches Bauhaus 12, Bl. 352–353.

G[ropius]/Fu[nck]

Weimar, den 3. April 1924

Anl[age] zum Protokoll v[om] 4. IV. [19]24[b]

25   Organisationsänderungen.
     I. Architekturabteilung. Reine Selbständigkeit. *Perfekte Durchbildung von allen.*[c]
Freie selbständige Arbeit, daher Eintritt nur für durchgebildete Architekten. An Vorkennt-
nissen wird mindestens verlangt:
1. ein Handwerk innerhalb oder außerhalb des Bauhauses erlernt (Gesellenbrief),
30   2. bautechnische Durchbildung entweder auf einer Baugewerkeschule oder auf einer technischen Hochschule oder durch Kurse, die am Bauhaus gehalten werden, *Baupraxis, sonst
noch nicht selbständig.*[d]

---

a   Bemerkung von W. Gropius am linken Seitenrand.
b   Vermerk von A. Funck.
c–d   Bemerkungen von W. Gropius.

3. besondere künstlerische Befähigung.
Über die Aufnahme entscheidet auf Grund der vorhandenen Unterlagen: Herr *Gropius*[e], [Herr]
Lange und Herr Meyer für die bautechnische Seite, ein Formmeister, ein Gesellenvertreter.
Für die Aufnahme ist Einstimmigkeit erforderlich.

II. Vorlehre.
Die Vielseitigkeit der Anforderungen in der Vorlehre ist so groß, daß für die Mehrzahl der
Teilnehmer die Dauer von einem halben Jahr zu kurz ist. Deshalb ab Herbst Dauer der Vorlehre: ein Jahr.
   Die Werklehre soll deshalb nicht ausgesetzt werden. Es wird möglich sein wie im letzten
Semester, schon nach einigen Monaten die einzelnen den Werkstätten zuzuteilen und sie
nach dem ersten Semester regelmäßig in den Werkstätten arbeiten zu lassen. Daneben läuft
der theoretische Unterricht auf ein Jahr verteilt fort. Je weiter die Vorbildung, desto geringer
die Gefahr der Spezialisierung.

III. Produktivwerkstätten.
Als solche kommen in erster Linie in Betracht: Tischlerei, Metallwerkstatt, Töpferei, Webe-
rei, in zweiter Linie: Druckerei.
   Die übrigen Werkstätten stehen in Bezug auf produktive Tätigkeit fraglich da.
   Deshalb neuer Vorschlag:
Wandmalerei, Bildhauerei, Glaswerkstatt, Bühne bilden im ganzen Umfang das Versuchsfeld für das Bauhaus. Sie dienen zunächst für die Kurse der Vorlehre während des ganzen
Jahres als Schulungsmittel für Farbe und Plastik (vor allen Dingen Wandmalerei und Bildhauerei) und dienen gleichzeitig allen bereits in den anderen Werkstätten produktiv Arbeitenden oder aus diesen als Gesellen hervorgegangenen neben ihrer Werkarbeit zur Lösung
von Problemen der Farbe, der Form, der Bühne.
   Lehrlinge (unter Ausstellung eines Lehrbriefes) werden in diesen Werkstätten nur unter
der Bedingung ausgebildet, daß der Betreffende lediglich die Technik erlernen will. Ent-
behrlich sind diese Kräfte nicht und müssen gewonnen werden.
   Unter diesen Umständen würde für den bisherigen Typ der Bauhäusler die Handwerkslehre innerhalb der Wandmalerei und der Bildhauerei nicht mehr in Frage kommen. Die
Schwierigkeiten, die sich in diesen Werkstätten dauernd und unter den verschiedensten Per-
sönlichkeiten gezeigt haben, können dann nicht mehr zur Geltung kommen.
   Die dauernde Gefahr neuen Akademikertums bleibt ausgeschaltet, die Möglichkeiten zur
freikünstlerischen Betätigung dagegen steigen.
   Bedingung dafür, daß ohne handwerkliche Vorbildung innerhalb oder außerhalb des
Bauhauses niemand zu bloßen freikünstlerischen Studien im Bauhaus Aufnahme findet.

Gropius

[6.]
Ausarbeitung von W. Kandinsky vom 4. April 1924 als Anlage zum Protokoll. - Ausfertigung.
ThHStA Weimar, Staatliches Bauhaus Weimar 12, Bl. 354-355.

---

e Ergänzung von W. Gropius.

Ka[ndinsky]/Fu[nck].

Weimar, den 4. April 1924

An[lage] zum Protokoll v[om] 4. IV. [19]24[f]

Die Arbeit in der Wandmalerei des Staatl[ichen] Bauhauses.

5   Die Werkstatt für Wandmalerei unterscheidet sich von sämtlichen anderen Werkstätten des
Bauhauses dadurch, daß man mit Farbe allein keine Gegenstände herstellen kann.
   Unter den verschiedenen Kräften, die die Farbe besitzt, kommt für das Bauhaus in erster
Linie die Kraft der Farbe in Betracht, durch welche die Farbe eine gegebene Form verändern
kann, so daß aus der gegebenen Form eine andere entsteht.
10 *Hier* sind prinzipiell 2 Fälle *möglich*:[g]
   1. Das *Mitgehen*[h] der Farbe mit der gegebenen Form, wodurch diese Form in ihrer Wirkung
gesteigert wird und sich dadurch eine neue Form bildet
und
   2. das entgegengesetzte Gehen der Farbe, wodurch die gegebene Form umgestaltet wird.

15 Eine dieser beiden Kräfte muß unbedingt Verwendung finden, wenn die Farbe der Form zu-
gegeben wird.
   Die daraus fließende Kraft der Farbe, auch den gegebenen Raum auf diese und andere
Weise zu gestalten, ist eine der wichtigsten Angelegenheiten der Bauhausaufgaben.
   Diese besonders komplizierte und schwere Aufgabe kann erst dann einigermaßen gelöst
20 werden, wenn in der Werkstatt für Wandmalerei ein systematisches Programm eingeführt
wäre.
   Dazu gehören zwei Einzelaufgaben, die das Wesen der Farbe in für die Wandmalerei not-
wendigem Sinne umfassen:
   1. Chemisch-physikalische Eigenschaften der Farbe - ihre materielle Substanz.
25 2. *Psycholog*ische[i] Eigenschaften der Farbe - ihre schöpferischen Kräfte.
   Mit diesen beiden Punkten sind die zwei Arbeitsarten verbunden:
   1. Technische Arbeiten - die Verwendung verschiedener Eigenschaften verschiedener Pig-
mente und Bindemittel, Auftrag der Farbe.
   2. Spekulative Versuchsarbeiten - analytischer und kompositioneller Art - Entwürfe und
30 Ausgestaltungen der Flächen und Raumbehandlungen.
   Die Farbe bietet der Raumbehandlung oder Gestaltung des Raumes durch die Farbe eine
lange Kette der Möglichkeiten, was die einführenden Vorarbeiten auf der Fläche zu einer
Notwendigkeit macht. Die Farbe muß erst in einfachen Bedingungen kennengelernt werden,
wozu die Flächenbehandlung eine notwendige Stufe ist.
35 Was die praktische Arbeit der Werkstatt anbelangt, so soll dieses kurz erwähnte Programm obligatorisch gemacht werden mit allen daraus fließenden Folgen.

---

f Vermerk von A. Funck.
g Änderungen von W. Gropius; zuvor: *Nur sind prinzipiell 2 Fragen ungelöst.*
h Änderung von W. Gropius; zuvor: *Das Entstehen.*
i Ergänzung von W. Gropius.

Diesem Programm muß also auch die praktische Arbeit außerhalb des Bauhauses (Aufträge) untergeordnet werden, da die sämtlichen Versuche, dieses[j] gleichwertig zu behandeln, zu Mißerfolgen führte. So sollen also die Produktivarbeiten der Werkstatt den zweiten Platz einnehmen.

Diese Fragestellung betrifft außer der Wandmalerei auch die Bildhauerei, Glasmalerei,   5
Bühne und teilweise die Druckerei. Die einseitige Einstellung auf Produktion würde die weitere Existenz der erwähnten Werkstätten unmöglich machen, was für das Endziel des Bauhauses – Entwicklung der synthetisch-künstlerischen Idee – verhängnisvoll sein würde. Abgesehen davon, daß das Bauhaus eine Schule ist, die sich ausschließlich auf die Produktion nicht einstellen kann, sollte das Bauhaus eine Gemeinde bilden, die – außer den laufenden Aufga-   10
ben mit der sofortigen *direkten Verwendung*[k] – der Ausbildung der synthetischen Idee und in der Vorbereitung der Studierenden zur Aufnahme dieser Idee ihr höchstes Ziel setzen sollte.

Kandinsky

[7.]
Ausarbeitung von J. Hartwig vom 4. März 1924 als Anlage zum Protokoll. – Ausfertigung.   15
ThHStA Weimar, Staatliches Bauhaus Weimar 12, Bl. 356.

Anl[age] zum Protokoll v[om] 4. IV. [19]24[l]

Josef Hartwig
Bildhauer

Weimar, den 4. März 1924   20

Mit einer Anlage: Schreiben von Meister Schlemmer

An die Leitung des Staatl[ichen] Bauhauses!
Betrifft: Produktivarbeit in der Bildhauerei.

Plastik ist Gestaltung des Körperlichen im Gegensatz zur Graphik als Linien-, Malerei als Flächen- u[nd] Architektur als Raumgestaltung. Sie kann nicht durch andere Künste ersetzt   25
werden, wohl aber damit, an einem Werk zusammen[zu]arbeiten, z. B. am Bau, wenn etwas Körperliches gestaltet werden soll.

Heute ist das nicht nötig, weil die neue Architektur etwas Flächiges ist und mit Körpergestaltung nichts zu tun hat im Gegensatz zu früheren Kunstepochen. Die Plastik hört aber deshalb nicht auf zu sein. Der Bildhauer rettet sich auf das Gebiet der sogenannten freien Kunst   30
oder er schnitzt Kochlöffel, bis er wieder gebraucht wird.

Die Materialfrage in der Bildhauerei ist eine individuelle Angelegenheit und betrifft mehr das Formale als das Technische. Was oben von den Künsten gesagt wurde, gilt hier für das Material. Man kann Stein nicht durch Beton u[nd] Holz nicht durch Hartgummi ersetzen, etwa wie man

---

j   Änderung von W. Gropius; zuvor: *beider.*
k   Ergänzung von W. Gropius.
l   Vermerk von A. Funck.

einen irdenen Kochtopf durch einen aus Aluminium ersetzt. Eine aus dem Stein gehauene
Skulptur ist etwas ganz anderes als eine gestampfte Betonplastik, eine aus weichem Ton ge-
formte Plastik etwas anderes als eine aus vielen Materialien zusammengesetzte Formkomposi-
tion. Die andere Frage ist, ob die Bildhauerei in den Rahmen des Bauhauses paßt oder nicht
5 *u[nd] wie sie produktiv gestaltet werden kann. Diese Frage ist aber für die Bildhauerei nicht*
brennender wie für alle anderen Werkstätten. Nach Ansicht verschiedener Vorkursschüler (der
Begabtesten) ist die Tischlerei die überflüssigste aller Werkstätten, weil man heute nur mehr
Möbel aus Stahl oder Glas macht.

Die Bildhauerei kann sofort produktiv gestaltet werden, wenn von der Zentrale Aufträge
10 *dafür herangeschafft werden oder wenn Kräfte hineinversetzt werden, deren schöpferische*
Ideen praktisch ausgewertet werden können. Ausgeführt können alle Arbeiten werden, die mit
Bildhauer- oder Modellarbeit irgendwie etwas zu tun haben. Es müßte dann zunächst eine rein
praktische Werkstatt vom Ganzen losgelöst werden, so daß sich Produkiv- u[nd] Schulbetrieb
gegenseitig nicht stören können.

15 *Die Bildhauerei hat bis jetzt dem Bauhaus keine großen materiellen Vorteile gebracht, dafür*
aber auch fast nichts gekostet. Die einzigen größeren Ausgaben waren für die beiden Vestibüle,
die aber als Auftrag an uns gegeben wurden.

Hartwig

[8.]
20 Ausarbeitung von O. Schlemmer vom 1. März 1924 als Anlage zur Ausarbeitung von J. Hartwig. – Ausfertigung.
ThHStA Weimar, Staatliches Bauhaus Weimar 12, Bl. 357.

OSKAR SCHLEMMER
BAUHAUS WEIMAR

25 *Zur Krise der Stein- u[nd] Holzbildhauerei.*

Die Meister am Bauhaus sind in der Mehrheit Maler. Ich selbst bin es der Herkunft nach und
fühle mich nur „aushilfsweise" als Plastiker. Als nicht „geborener" Plastiker kann ich auch
nicht entsprechend urteilen.

Übereinstimmend ist die Meinung, daß das plastische Element als Schul- und Lehrgegen-
30 *stand nicht zu missen ist.*

Einer Formen- und Farblehre entspricht eine ebensolche der plastischen Elemente. Was
jene erleichtert und diese erschwert sind Materialfragen: Papier, Bleistift und Farbkasten sind
leichter zu beschaffen als Gips, Holz u[nd] Eisengerüste. Denn mit einem Werkzeichnen ist
es da nicht getan. Die Plastik beginnt da, wo das Gebilde in der Fläche nicht mehr darstell-
35 *bar ist.*

Weniger Übereinstimmung herrscht darüber, ob die Plastik als Kunstübung noch Berechtigung
habe. Hat sie aber die Malerei – und sie scheint sie noch zu haben! – so hat sie auch die Plastik.
Die Plastiker waren von jeher in der Minderheit, nicht zuletzt aus Gründen des Materials.

Nur bei einer Reduktion der Malerei auf das allerprimitivste, nämlich die architektonischen
40 *Wände anzustreichen, höchstenfalls sie farbig zu gliedern, bleibt auch der plastischen Betäti-*
gung fast nichts als die etwa, noch in Stein gehaltene Bauglieder mit dem Meißel flächig-struk-

tural zu gliedern. Das kann heute jeder Steinmetz (auf Angabe) oder er kann es auch nicht.
Siehe die nichts durchbohrende Kälte der Grabsteine etc.!
   Wird das Material Stein in Frage gestellt als unzeitgemäß, so ist dies verwunderlich bei einem
derart natürlichen, naturgegebenen, zugleich dauerhaftesten Material - -
   So betrachtet ist z. B. Leinwand und Ölfarben für Bilder höchst unzeitgemäß - -   5
Plastische Gebrauchsgegenstände? (zur Frage der Produktivität)
außer noch dem Tore fast keine, es sei denn: Brunnen, Treppenpfosten, Bänke, Schalen -
Diese wiederum können nicht auf Vorrat, typisiert, gemacht werden, sind Sache des Einzelfalls.
Da nicht gebaut wird, treten auch diese Fälle nicht ein.
   Es bleibt für die Steinbildhauerei nichts, als die Architekturmodelle in Gips herzustellen (im   10
Dienste der Architekturabteilung) und im übrigen die frei plastische Betätigung, studienhalber
oder zwecklos-schöpferisch.
   Für die Holzbildhauerei, deren Wesen das Schnitzen ist, gilt dasselbe.
   Spielzeug, zumal rationell hergestellt, kann nicht Sache der Holzbildhauerei sein.
   Grundsätzlich: Dient das Bauhaus dem Fortschritt, der in seinem Wesen unberechenbar ist,   15
so muß es sich von allen Bindungen frei machen als da sind: Regeln, Verträge u. a.

1. März 1924

71

Sitzung des Bauhausrates am 24. April 1924

[1.]   20
Einladung mit Tagesordnung an die Formmeister vom 22. April 1924, Zirkular. - Ausfertigung.
ThHStA Weimar, Staatliches Bauhaus Weimar 12, Bl. 358.

G[ropius]/Fu[nck]

Weimar, den 22. April 1924

Umlauf.   25

Einladung zum Bauhausrat am Donnerstag, dem 24. April [1924], nachmittags 4 Uhr in der
Bibliothek.
Tagesordnung:
1) Endgültige Feststellung der im Bauhausrat vom 4. IV. [19]24 vorgeschlagenen Organisationsänderung.   30
2) Verschiedenes.

Gropius

Meister Feininger   *Feininger*
[Meister] Kandinsky   *Kandinsky*
[Meister] Klee   *Klee*   35
[Meister] Marcks i[n] Abschr[ift]

[Meister] Moholy-Nagy	*Moholy*
[Meister] O. Schlemmer	*Osk. Schlemmer*
[Meister] Lange	*Lange abwesend*
[Meister] Meyer	*Meyer*

5 Meister Muche verrreist.

[2.]
Einladung mit Tagesordnung an die Werkmeister vom 22. April 1924, Zirkular. – Ausfertigung.
ThHStA Weimar, Staatliches Bauhaus Weimar 12, Bl. 359.

G[ropius]/Fu[nck]

10 Weimar, den 22. April 1924

Umlauf

Einladung zum Bauhausrat am Donnerstag, dem 24. April [1924], nachmittags 4 Uhr in der
Bibliothek
Tagesordnung:
15 1.) Endgültige Feststellung der im Bauhausrat vom 4. IV. [19]24 vorgeschlagenen Organisationsänderung.
2.) Verschiedenes.

Gropius

Meister Beberniß	*Beb.*
20 [Meister] Börner	*ist erst nach 5 Uhr frei*
[Meister] Dell	*verreist*
[Meister] Hartwig	*Hartwig*
[Meister] Krehan i[n] Abschr[ift]	
[Meister] Weidensee	*Weidensee*
25 [Meister] Zaubitzer	*CZaubitzer*

[3.]
Einladung mit Tagesordnung an die Bauhausgesellen vom 22. April 1924, Zirkular. – Ausfertigung.
ThHStA Weimar, Staatliches Bauhaus Weimar 12, Bl. 360.

G[ropius]/Fu[nck]

30 Weimar, den 22. April 1924

Umlauf.

Einladung zum Bauhausrat am Donnerstag, dem 24. April [1924], nachmittags 4 Uhr in der
Bibliothek.

Tagesordnung:
1.) Endgültige Feststellung der im Bauhausrat vom 4. IV. [19]24 vorgeschlagenen Organisationsänderung.
2.) Verschiedenes.

Gropius   5

Geselle Albers   *Albers*
Geselle Bogler i[n] Abschr[ift]
[Geselle] Hirschfeld   *Hirschfeld*
[Geselle] Lindig i[n] Abschr[ift]
[Geselle] Benita Otte   *Otte*   10
[Geselle] Joost Schmidt   *J. Schmidt*

Geselle Breuer und Keler verreist.

[4.]
Protokoll der Sitzung. – Durchschrift.
ThHStA Weimar, Staatliches Bauhaus Weimar 12, Bl. 361–364.   15

G[ropius]/Fu[nck]

Weimar, den 29. IV. [19]24

Protokoll
der Sitzung des Bauhausrates am 24. IV. 1924 nachmittags 4.20 Uhr

Anwesende: s[iehe] anl[iegende] Anwesenheitsliste   20
Tagesordnung:
1. Endgültige Feststellung der im Bauhausrat vom 4. IV. [19]24 vorgeschlagenen Organisationsänderung.
2. Verschiedenes.

Vor Eintritt in die Tagesordnung eröffnet Gropius die Sitzung mit einem kurzen Bericht über 25
die Sachlage im Kampf gegen das Bauhaus und seine Person und macht Mitteilung über die
Feststellungen betreffs des ehemaligen Syndikus Hans Beyer. Er teilt auch mit, daß seitens der
Hochschule für bild[ende] Kunst Angriffe gegen das Bauhaus unternommen worden sind und
verliest ein Schreiben vom 23. IV. [19]24, an das Volksbildungsministerium gerichtet, das
einen scharfen Einspruch gegen das Vorgehen der Hochschule für bild[ende] Kunst enthält.   30
Man erklärt sich mit diesem Schreiben einverstanden. Gropius erklärt zusammenfassend, daß
seiner Ansicht nach das Gedeihen des Bauhauses in äußerlicher Beziehung von 2 Punkten abhängig sei:

1. von der politischen Konstellation, die durch die Reichstagswahl im Mai bestimmt werde,
2. durch den Ausgang des Prozesses Beyer.   35

Gropius tritt in die Tagesordnung ein und teilt mit, daß zu den aus der letzten Sitzung offen
gebliebenen Fragen, Neuorganisation einiger Werkstätten betreffend, keine weiteren Vor-

schläge eingegangen seien, er wolle daher nur das Ergebnis folgendermaßen zusammenfassen:

1.) Die Architekturabteilung soll nach seinem Vorschlag, der nochmals verlesen wird, erweitert werden. Es wird kein Einspruch erhoben.

5 2.) Die Vorlehre soll vom 1. Oktober 1924 ab statt eines Semesters 2 Semester dauern, derart, daß die Werkarbeit in den Werkstätten nach Ablauf des ersten Semesters oder auch bereits früher beginnt, so daß den Lehrlingen durch diese Änderung für ihre Werkausbildung keine Zeit verloren geht. Also nur der theoretische Teil (Vorträge, Übungen) wird auf ein Jahr ausgedehnt, so daß die Aufnahme dann sogleich als endgültig in die Werkstatt zu erfol-
10 gen hat (2. Semester zugleich Probezeit in der Werkstatt). Einspruch zu diesem Vorschlag wird nicht erhoben.

3.) Organisationsänderungen in einigen Werkstätten: Da sich in den eingehenden Besprechungen ergeben hat, daß die in bezug auf ihre Produktivität und auch aus anderen Gründen problematischen Werkstätten sehr verschiedenartig sind, können sie nicht generell be-
15 handelt werden.

Gropius schlägt zusammenfassend Annahme folgenden Planes vor: Die Wandmalerei wird nach den Vorschlägen von Kandinsky neu geregelt mit der einzigen Abweichung, daß die theoretische Arbeit der produktiven Arbeit nicht grundsätzlich übergeordnet werden soll, den Meistern der Werkstatt es aber im Einvernehmen mit der Zentrale überlassen
20 bleibt, die produktive Arbeit (Bauaufträge) selbst zu regeln.

Die Bildhauerwerkstatt, die Glaswerkstatt und die Bühne werden zu dem längst geplanten Versuchsplatz des Bauhauses zusammengegliedert. Räumlich treten keine Änderungen ein, Lehrlinge mit Lehrbriefen (Steinbildhauerei, Holzbildhauerei) werden innerhalb dieses Bereiches nur unter der Bedingung aufgenommen, daß sie in erster Linie nach strengem Plan die handwerkliche Seite ihres Faches erlernen, denn auf gelernte Produk-
25 tivkräfte innerhalb dieser Werkstätten kann nicht verzichtet werden. Der Versuchsplatz soll nach und nach zu dem Hauptziel des alles umfassenden Bauversuchsplatzes ausgebildet werden. Trotzdem diese Werkstätten nunmehr nicht als reine Produktivwerkstätten gelten wie die übrigen, muß auch innerhalb ihres Bereiches an eine wirtschaftliche Ausnutzbarkeit ihrer Arbeit (Bühnenaufführungen) grundsätzlich gedacht werden. Die Neu-
30 einrichtung wird vorläufig für ein 1/2 Jahr versuchsweise vorgesehen und erst, wenn sie sich bewährt hat, satzungsgemäß festgelegt. Diesem zusammenfassenden Vorschlag wird zugestimmt.

Verschiedenes.
Raumschwierigkeiten: Gropius teilt mit, daß Gefahr betr[effs] des Tempelherrenhauses be-
35 stünde, da es im Winter nicht benutzt worden sei. Die Bühnenwerkstatt muß dort sofort wieder ihre Arbeit beginnen.

Da das Aufstellen der Vitrinen im Oberlichtsaal für Bildausstellungen sehr störend geworden ist, soll ein Änderungsplan unter eventueller Benutzung des Raumes 2 auf Vorschlag [von] Albers mit diesem vorbereitet werden.
40 Der Semesterstundenplan bleibt mit allseitigem Einverständnis auch zeitlich für das Sommersemester bestehen. Diejenigen Lehrlinge des vorigen Vorkurses, denen nochmaliges Durchlaufen der Vorlehre aufgegeben wurde, sollen vormittags regulär in den Werkstätten arbeiten und nur an den theoretischen Fächern (einschl[ießlich] Gestaltungslehre Klee und Kandinsky) teilnehmen.

Verteilung der Ateliers im Prellerhaus:
Es liegen Bitten auf Berücksichtigung auf einen Atelierraum vor von: Dieckmann, Consemül-
ler, Koch, Alma Buscher, Bogler, Bronstein, Krantz, Gläser, Paris.
Gropius wird ermächtigt, die 3–4 freien Plätze in dem Sinn zu vergeben, daß Dieckmann,
Consemüller und Koch in erster Linie, dann, wenn möglich, noch Paris berücksichtigt werden   5
sollen. Unter Umständen soll Menzel die Schlafberechtigung in seinem Raum entzogen werden.
Ring der Bauhausfreunde: Auf Vorschlag eines Herrn Dr. Tiedemann aus Celle soll versucht
werden, einen Ring der Bauhausfreunde, der das Bauhaus ideell und materiell stützen soll, zu-
sammenzubringen. Die Arbeitskommission hierfür übernehmen: Moholy, Börner, Wagenfeld.

Die Sitzung schließt um 6¹/₂ Uhr.   10

72

Sitzung der Formmeister am 14. Juni 1924

[1.]
Einladung an die Formmeister vom 13. Juni 1924. – Durchschrift.
ThHStA Weimar, Staatliches Bauhaus Weimar 12, Bl. 365.   15

G[ropius]
L[ohmann]
b[eiersdorfer]

Weimar, den 13. Juni 1924

An die Formmeister   20

Herr Gropius gab mir vor seiner Abreise eine Anzahl Schriftstücke zur Erledigung. Es wäre
gut, wenn wir in einer Besprechung vielleicht morgen, Sonnabend-Vormittag 12 Uhr im War-
tezimmer diese Angelegenheiten schnell regeln könnten.

GMuche

Meister Feininger.   25
         Klee.
         Kandinsky.
         Moholy-Nagy.
         Schlemmer.
         Meyer.   30

73

Sitzung der Form- und Werkmeister am 21. Juni 1924

[1.]
Einladung an die Form- und Werkmeister vom 20. Juni 1924, Zirkular. – Ausfertigung.
ThHStA Weimar, Staatliches Bauhaus Weimar 12, Bl. 366.   35

N[ecker]
G[ropius]
L[ohmann]
b[eiersdorfer]

5 *Eilt*

Weimar, den 20. Juni 1924

Umlauf.
Es ist notwendig, daß wir in den nächsten Tagen zu einer wichtigen Besprechung zusam-
menkommen und ich erlaube mir, als Termin Sonnabend, Vormittag 11 Uhr vorzuschlagen.
10 Sitzungszimmer Bibliothek.

GMuche

Meister Feininger	*F.*
[Meister] Kandinsky	*Kandinsky*
[Meister] Klee	*verreist*
15 [Meister] Moholy-Nagy	*erl[edigt]*
[Meister] Schlemmer	
[Meister] Meyer	*M*
[Meister] Beberniß	*Beb.*
[Meister] Frl. Börner	*Börner*
20 [Meister] Dell	*verreist*
[Meister] Hartwig	*Hartwig*
[Meister] Weidensee	*Weidensee*
[Meister] Zaubitzer	*CZaubitzer*

74

25 **Sitzung des Arbeitsausschusses des Bauhausrates am 24. Juni 1924**

[1.]
Einladung an die Mitglieder vom 24. Juni 1924, Zirkular. – Ausfertigung.
ThHStA Weimar, Staatliches Bauhaus Weimar 12, Bl. 367.

Weimar, am 24. Juni 1924

30 Einladung
zur Sitzung des Arbeitsausschusses des Bauhausrates heute, nachmittags 5 Uhr.

Tagesordnung:
1. Beteiligung von Gesellen und Lehrlingen am Umsatz von Werkstatterzeugnissen.
2. Messefragen.

3. Grundsätzliche Urlaubsfrage.
4. Verschiedenes.

Lohmann

Meister Muche	*GMuche*	
[Meister] Hartwig	*Hartwig*	5
Geselle Breuer	verreist	

75

Sitzung der Form- und Werkmeister am 9. Juli 1924

[1.]
Einladung an die Form- und Werkmeister vom 8. Juli 1924, Zirkular. – Ausfertigung.
ThHStA Weimar, Staatliches Bauhaus Weimar 12, Bl. 368.

Dr. N[ecker]/Bo[rchert]

Weimar, den 8. Juli 1924.

Umlauf!
Am Mittwoch, den 9. c[ur]r[entis] vormittags 11 Uhr findet in *der Bibliothek* eine Besprechung der Form- und Handwerksmeister mit der Direktion und dem neuen Syndikus des Bauhauses statt.

Tagesordnung
1. Die augenblickliche finanzielle Lage des Bauhauses.
2. Die allgemeine wirtschaftliche Lage.
3. Zukünftige wirtschaftliche Möglichkeiten des Bauhauses.

Der Syndikus:
Necker

Meister Gropius.		
[Meister] Klee.	*Klee*	25
[Meister] Feininger.	*verreist*	
[Meister] Kandinsky.	*Kandinsky*	
[Meister] Marcks.		
[Meister] Muche.	*GMuche*	
[Meister] Schlemmer.	*Schl*	30
[Meister] Moholy-Nagy.	*Moholy-Nagy*	
[Meister] Hartwig.	*Hartwig*	
[Meister] Börner.	*Börner*	
[Meister] Dell.	*verreist*	

[Meister] Weidensee.   *Weidensee*
[Meister] Zaubitzer.   *CZaubitzer*
[Meister] Beberniß.   *Beb*
[Meister] Krehan.
5 [Meister] Ad. Meyer.   *M*

76

Sitzung des Bauhausrates am 13. Oktober 1924

[1.]
Einladung mit Tagesordnung an die Formmeister vom 7. Oktober 1924, Zirkular. – Ausfertigung.
10 ThHStA Weimar, Staatliches Bauhaus Weimar 12, Bl. 371.

G[ropius]/Fu[nck]

Weimar, den 7. Oktober 1924

Montag, den 13. d[iese]s M[ona]ts, nachmittags 4 Uhr Semestersitzung des Bauhausrates.
1. Allgemeines
15 2. Endgültige Festlegung des Stundenplanes
3. Organisationsfragen.

Anträge bitte ich bis spätestens Sonnabend, den 11. d[ieses] M[ona]ts schriftlich an das Sekretariat richten zu wollen.

Gropius

20 Meister Feininger   *Feininger*
[Meister] Kandinsky   *Kandinsky*
[Meister] Klee (verreist)
[Meister] Marcks i[n] Abschr[ift]
[Meister] Muche   *G. Muche*
25 [Meister] Moholy-Nagy   *Moholy- Nagy*
[Meister] Meyer   *Meyer*
[Meister] O. Schlemmer   *Osk. Schlemmer*
Syndikus Dr. Necker   *Necker*

[2.]
30 Einladung mit Tagesordnung an die Werkmeister vom 7. Oktober 1924, Zirkular. – Durchschrift.
ThHStA Weimar, Staatliches Bauhaus Weimar 12, Bl. 372.

L[ohmann]
N[ecker]

G[ropius]/Fu[nck]

Weimar, den 7. Oktober 1924

Montag, den 13. d[ieses] M[ona]ts, nachmittags 4 Uhr Semestersitzung des Bauhausrates.

1. Allgemeines
2. Endgültige Festlegung des Stundenplanes   5
3. Organisationsfragen

Anträge bitte ich bis spätestens Sonnabend, den 11. d[ieses] M[ona]ts schriftlich an das Sekretariat richten zu wollen.

G[ropius]

Meister Beberniß   10
[Meister] Börner
[Meister] Dell
[Meister] Hartwig
[Meister] Krehan i[n] Abschr[ift]
[Meister] Weidensee   15
[Meister] Zaubitzer

[3.]
Einladung mit Tagesordnung an die Bauhausgesellen vom 7. Oktober 1924, Zirkular. – Durchschrift.
ThHStA Weimar, Staatliches Bauhaus Weimar 12, Bl. 373.

L[ohmann]   20
N[ecker]
G[ropius]/Fu[nck]
Weimar, den 7. Oktober 1924

Montag, den 13. d[ieses] M[ona]ts, nachmittags 4 Uhr Semestersitzung des Bauhausrates.   25
1. Allgemeines
2. Endgültige Festlegung des Stundenplanes
3. Organisationsfragen

Anträge bitte ich bis spätestens Sonnabend, den 11. d[ieses] M[ona]ts schriftlich an das Sekretariat richten zu wollen.   30

G[ropius]

Geselle Albers
[Geselle] Bogler i[n] Abschr[ift]
[Geselle] Breuer (verreist)

[Geselle] Hirschfeld
[Geselle] Lindig i[n] Abschr[ift]
[Geselle] Otte (verreist)
[Geselle] Joost Schmidt
5 [Geselle] Wagenfeld

[4.]
Brief von O. Schlemmer an W. Gropius vom 8. Oktober 1924. – Ausfertigung.
ThHStA Weimar, Staatliches Bauhaus Weimar 12, Bl. 370.

G[ropius]

10 *Mittwoch*
Lieber Herr Gropius,
meine Frau schreibt mir eben, Dr. Necker sage, die besagte Sitzung sei wahrscheinlich am Mon-
tag. Da ist hier Generalprobe und es wäre mir unmöglich zu kommen.
Ich hatte mit Freitag oder Donnerstag gerechnet.
15 *Wenn keine Verschiebung mehr möglich [ist], dann beschließen sie eben ohne mich. Es ist*
jetzt Ausnahmezustand und laut Bürgerl[ichem] Gesetzbuch ist uns in unserer (gekündigten)
Lage verstattet, zwecks Vorstellung und Probe sich umzutun.

Seien Sie mir nicht böse.
Ich grüße Sie und Ihre Frau
20 *Ihr Osk. Schlemmer.*

[5.]
Persönliche Einladung an O. Schlemmer vom 10. Oktober 1924. – Ausfertigung.
ThHStA Weimar, Staatliches Bauhaus Weimar 12, Bl. 374.

Weimar, am 10. Oktober 1924

25 Lieber Herr Schlemmer!

Anliegend den Umlauf betr[effend] Sitzung des Bauhausrates zur gefl[issentlichen] Kenntnis.
Vielleicht ist es gut, wenn Sie Ihre Arbeit unterbrechen und nach hier kommen

Freundlichen Gruß!
Ihr Lohmann

30 Eingang am 16. 10. 1924
Erledigung:
b[eiersdorfer]
Kenntnisnahme:
N[ecker]
35 *G[ropius]*
L[ohmann]

77

Sitzung der Form- und Werkmeister am 6. Februar 1925

[1.]
Einladung an die Form- und Werkmeister vom 5. Februar 1925, Zirkular. – Ausfertigung.
ThHStA Weimar, Staatliches Bauhaus Weimar 12, Bl. 375.   5

Dr. N[ecker]/Bo[rchert]
Eilt!

Weimar, den 5. Februar 1925

Umlauf!
Die Form- und Handwerksmeister werden gebeten, Freitag, den 6. d[iese]s M[ona]ts, vor-   10
mittags ¹/₂ 12 Uhr sich zu einer wichtigen Besprechung in der Biblithek einzufinden.

M[ei]st[e]r [...]ᵃ	*Klee*	M[ei]st[e]r Hartwig.	
[Meister] Kandinsky.		[Meister] [...]ᵇ *ges[ehen]*	*Wagenfeld*
[Meister] Feininger.	*paßt sehr schlecht! Feininger*	[Meister] [...]ᶜ *gesehen*	
[Meister] [...]ᵈ	*GM*	[Meister] [...]ᵉ *B.*	
[Meister] Moholy.	*Moholy*	[Meister] [...]ᶠ *CZ*	
[Meister] Schlemmer.		[Meister] [...]ᵍ	
[Meister] [...]ʰ		[Meister] Beberniß	*Beberniß*
[Meister] Meyer	*ges[ehen] M.*		

Ne[cker]   20

---

a Streichung; zuvor: *Klee.*
b Streichung; zuvor: *Dell.*
c Streichung; zuvor: *Weidensee.*
d Streichung; zuvor: *Muche.*
e Streichung; zuvor: *Börner.*
f Streichung; zuvor: *Zaubitzer.*
g Streichung; zuvor: *Krehan.*
h Streichung; zuvor: *Marcks.*

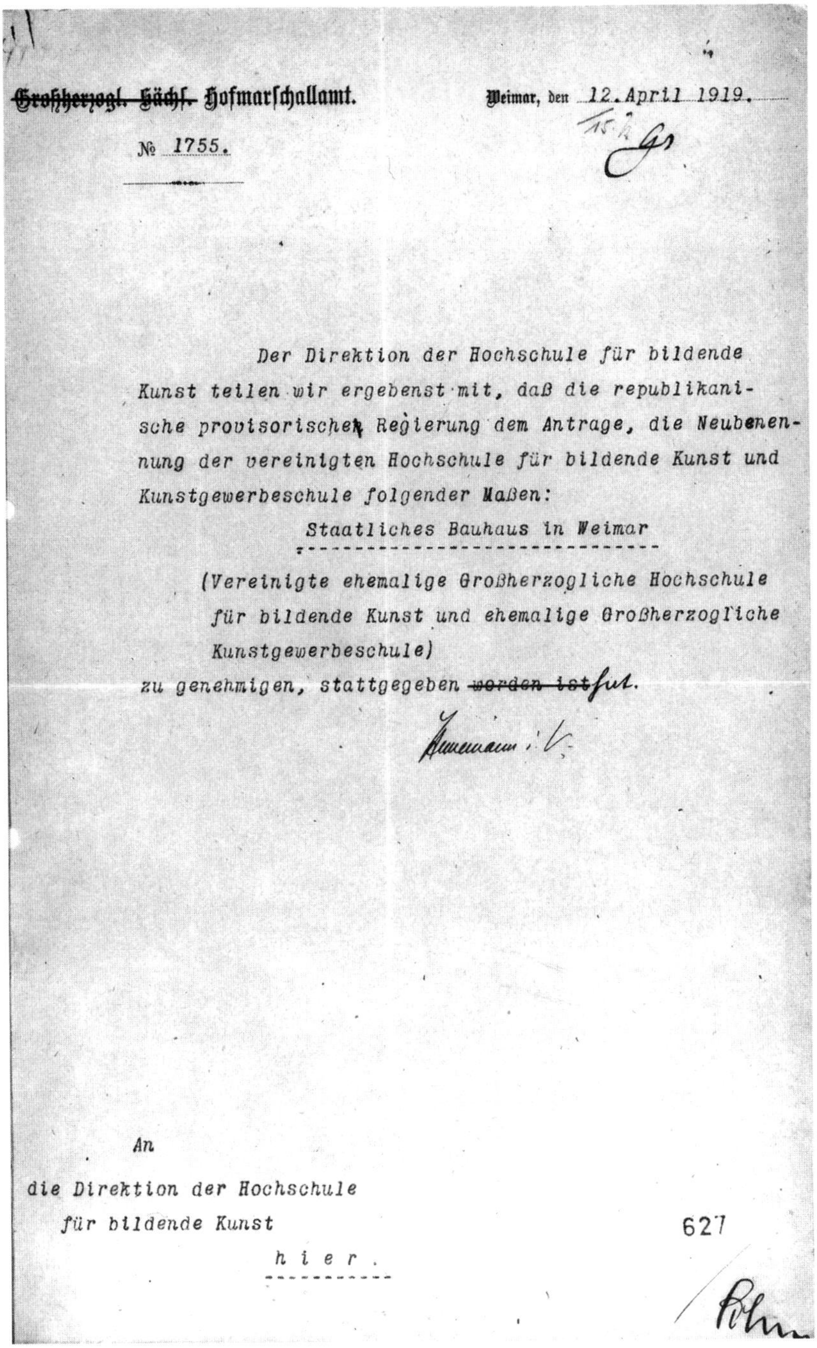

Großherzogl. Sächf. Hofmarschallamt.   Weimar, den 12. April 1919.

No 1755.

Der Direktion der Hochschule für bildende
Kunst teilen wir ergebenst mit, daß die republikani-
sche provisorische Regierung dem Antrage, die Neubenennung der vereinigten Hochschule für bildende Kunst und
Kunstgewerbeschule folgender Maßen:

        Staatliches Bauhaus in Weimar

(Vereinigte ehemalige Großherzogliche Hochschule
für bildende Kunst und ehemalige Großherzogliche
Kunstgewerbeschule)
zu genehmigen, stattgegeben worden ist fut.

An

die Direktion der Hochschule
  für bildende Kunst   627
            hier.

Abb. 1   Mitteilung des Hofmarschallamtes vom 12. April 1919 zur Neubenennung
          „Staatliches Bauhaus in Weimar"

1749 **Mitteilung** *29.*

GROSSHERZOGL. S. HOCHSCHULE
FÜR BILDENDE KUNST
ZU WEIMAR

An das
Hofmarschallamt,

W e i m a r .

WEIMAR, den 12. April 1919.

Ich gebe zur Kenntnis, dass ich gestern die Leitung der Hochschule und der Kunstgewerbeschule ordnungsmässig von dem bisherigen stellvertretenden Direktor Herrn Professor Thedy übernommen habe.

Ich bitte veranlassen zu wollen, dass eine Kommission zusammentritt, die die Finanzen der beiden Schulen prüft und Herrn Professor Thedy Entlastung erteilt.

Abb. 2   Mitteilung von Walter Gropius vom 12. April 1919 an das Hofmarschallamt über seinen Dienstantritt am 11. April 1919

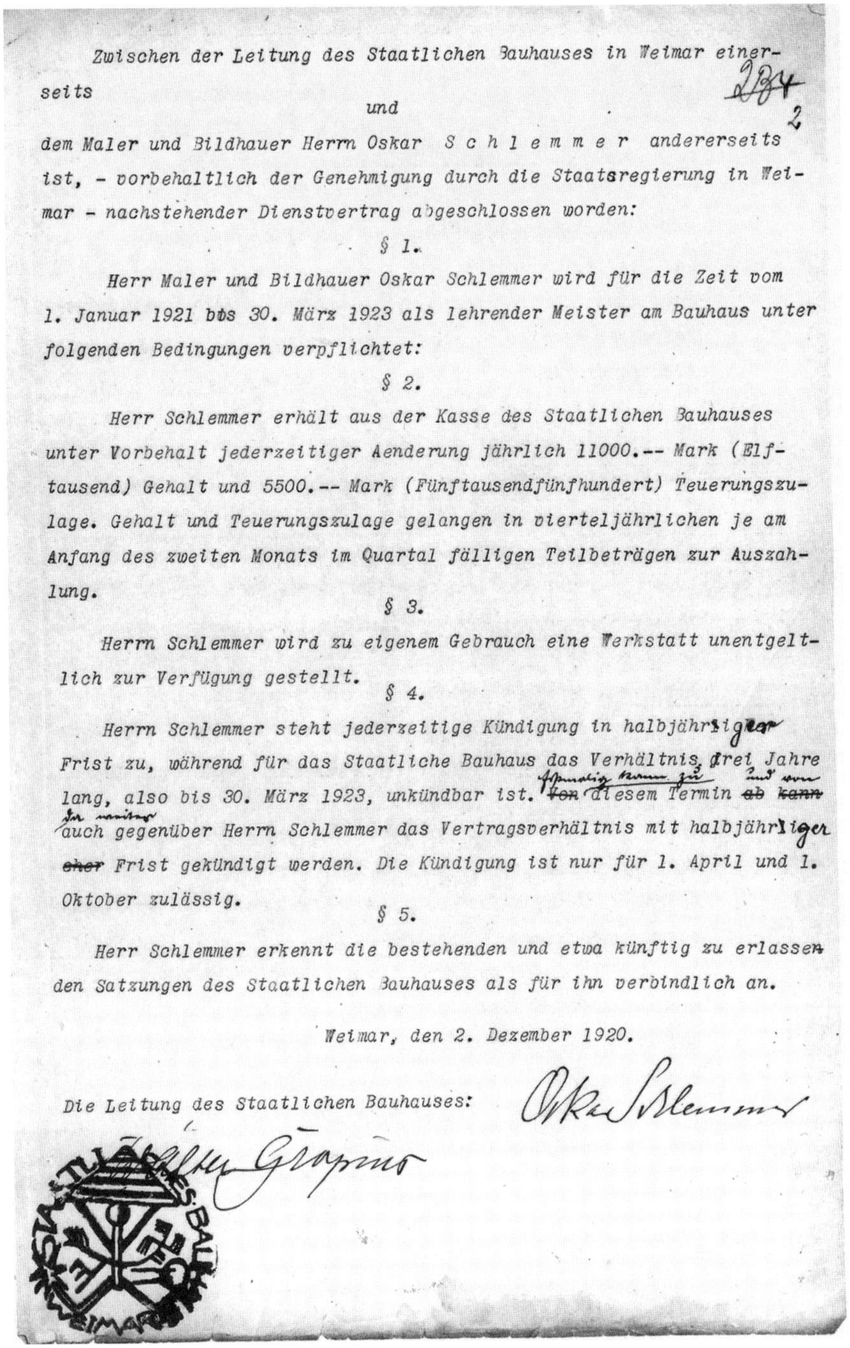

Zwischen der Leitung des Staatlichen Bauhauses in Weimar einerseits

und

dem Maler und Bildhauer Herrn Oskar S c h l e m m e r andererseits ist, - vorbehaltlich der Genehmigung durch die Staatsregierung in Weimar - nachstehender Dienstvertrag abgeschlossen worden:

§ 1.

Herr Maler und Bildhauer Oskar Schlemmer wird für die Zeit vom 1. Januar 1921 bis 30. März 1923 als lehrender Meister am Bauhaus unter folgenden Bedingungen verpflichtet:

§ 2.

Herr Schlemmer erhält aus der Kasse des Staatlichen Bauhauses unter Vorbehalt jederzeitiger Aenderung jährlich 11000.-- Mark (Elftausend) Gehalt und 5500.-- Mark (Fünftausendfünfhundert) Teuerungszulage. Gehalt und Teuerungszulage gelangen in vierteljährlichen je am Anfang des zweiten Monats im Quartal fälligen Teilbeträgen zur Auszahlung.

§ 3.

Herrn Schlemmer wird zu eigenem Gebrauch eine Werkstatt unentgeltlich zur Verfügung gestellt.

§ 4.

Herrn Schlemmer steht jederzeitige Kündigung in halbjähriger Frist zu, während für das Staatliche Bauhaus das Verhältnis drei Jahre lang, also bis 30. März 1923, unkündbar ist. Von diesem Termin ab kann auch gegenüber Herrn Schlemmer das Vertragsverhältnis mit halbjähriger Frist gekündigt werden. Die Kündigung ist nur für 1. April und 1. Oktober zulässig.

§ 5.

Herr Schlemmer erkennt die bestehenden und etwa künftig zu erlassenden Satzungen des Staatlichen Bauhauses als für ihn verbindlich an.

Weimar, den 2. Dezember 1920.

Die Leitung des Staatlichen Bauhauses:

Abb. 3   Dienstvertrag für den Maler und Bildhauer Oskar Schlemmer als lehrender Meister am Staatlichen Bauhaus vom 2. Dezember 1920

Weimar, den 31.März 1922

3

V e r t r a g .

Zwischen der Leitung des Staatlichen Bauhauses Weimar
und Meister Christian Dell ist vorbehaltlich der Genehmi -
gung durch das Thüringische Ministerium für Volksbildung
folgender Vertrag abgeschlossen worden. Er tritt am 1.April
1922 in Kraft.

1.

Meister Dell übernimmt die handwerkliche Leitung
der Metallwerkstatt des Staatlichen Bauhauses in Weimar.

2.

Meister Dell leitet die praktische und theoretische
Ausbildung der Lehrlinge seines Faches.Seine Stellung als
technischer Leiter ist innerhalb der Werkstatt eine selbständige. Bedingt ist eine enge Zusammen-arbeit mit den,
den Formunterricht erteilenden Meistern, die er ausser in
der Werkstatt namentlich während des obligatorischen Formunterrichtes nach Bedarf zu unterstützen hat.

3.

Meister Dell verpflichtet sich, Anordnungen der
Leitung, sowie den allgemeinen Bestimmungen (Satzungen,
Lehrplan, Werkstattordnung),auch etwa künftig zu erlassenden
Satzungsänderungen nachzukommen.

Die unter seiner Leitung in der Werkstatt entstehenden Arbeiten sind Eigentum des Bauhauses. Ausführungen
von Privataufträgen während der Werkstatt ist nicht zulässig.   4.

Meister Dell stehen 4 Wochen Urlaub zu. Reihenfolge
und Vertretung regelt die Leitung.

Abb. 4 a–b   Dienstvertrag für Christian Dell als Leiter der Metallwerkstatt
des Staatlichen Bauhauses vom 10. Juli 1922

5.

Meister Dell erhält für seine(ganze) gesamte Tätigkeit
am Staatlichen Bauhaus unter dem Vorbehalt jederzeitiger
Änderung einen Grundbezug von 35 000M.Dazu treten die den
Staatsbeamten jeweils gewährten Teuerungszulagen, Kinderbeihilfen und Frauenzulagen. Ortszuschlag wird nicht gewährt.
Die Auszahlung geschieht in Teilbeträgen am Ende jeden Monats.

6.

Dieser Vertrag ist auf drei Jahre abgeschlossen und
demnach für beide Teile unkündbar.(ausser aus einem wichtigen Grund § 626 BGB). Nach Ablauf dieser Zeit gilt der Vertrag jeweilig auf ein Jahr fortgesetzt, sofern nicht drei
Monate vor Ablauf der Vertragsdauer von einem der Vertrags-
schliessenden eine Kündigung des Vertrages erfolgt ist.Die
Kündigung ist schriftlich zu bewirken.

Weimar,den   10. Juli   1922

[Unterschriften: Gropius   Christian Dell]

Zu dem vorstehenden Vertrage
wird die vorbehaltne Genehmigung erteilt.

Weimar,den 13. Juli 1922.
Thür.Ministerium für Volksbildung

[Unterschrift]

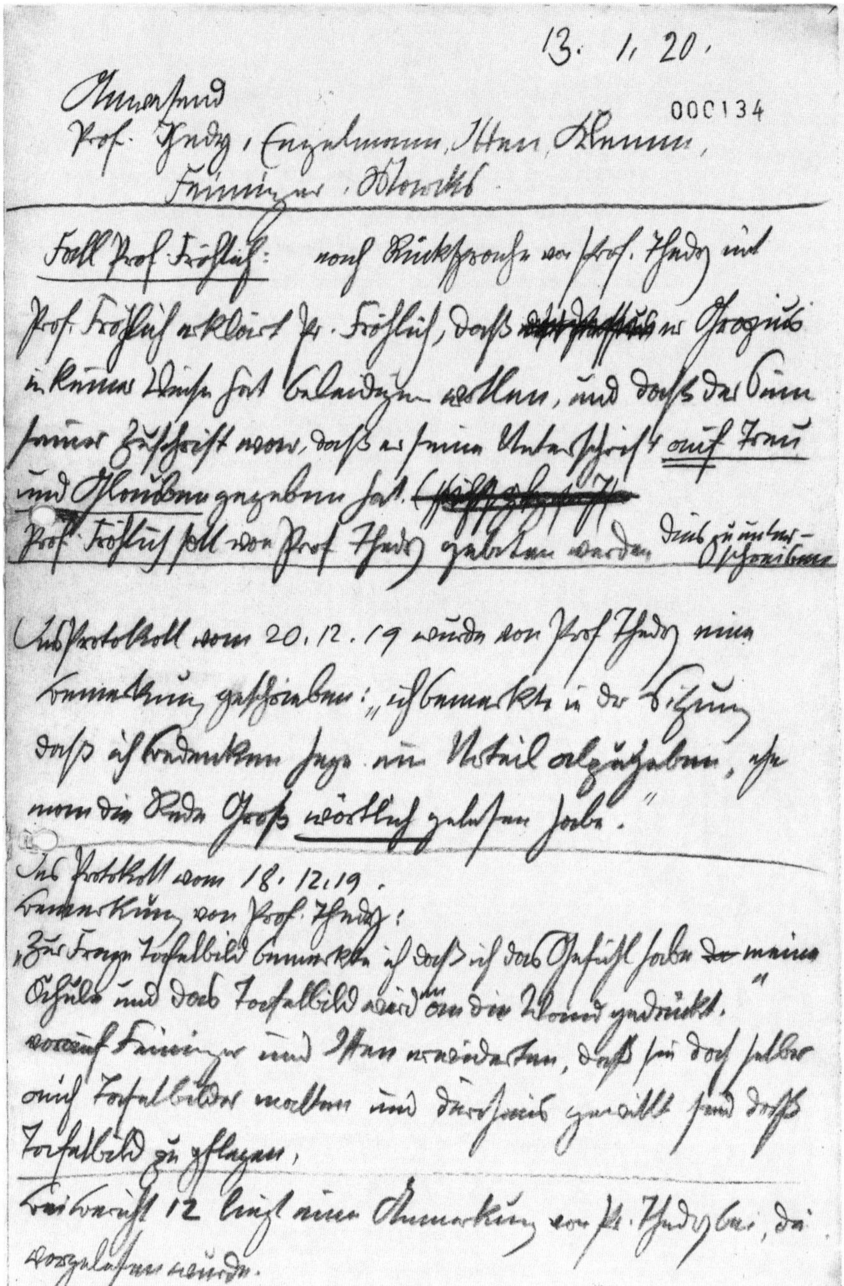

Abb. 5 a–b   Protokoll der Sitzung des Meisterrates am 13. Januar 1920
(verfaßt von Gerhard Marcks)

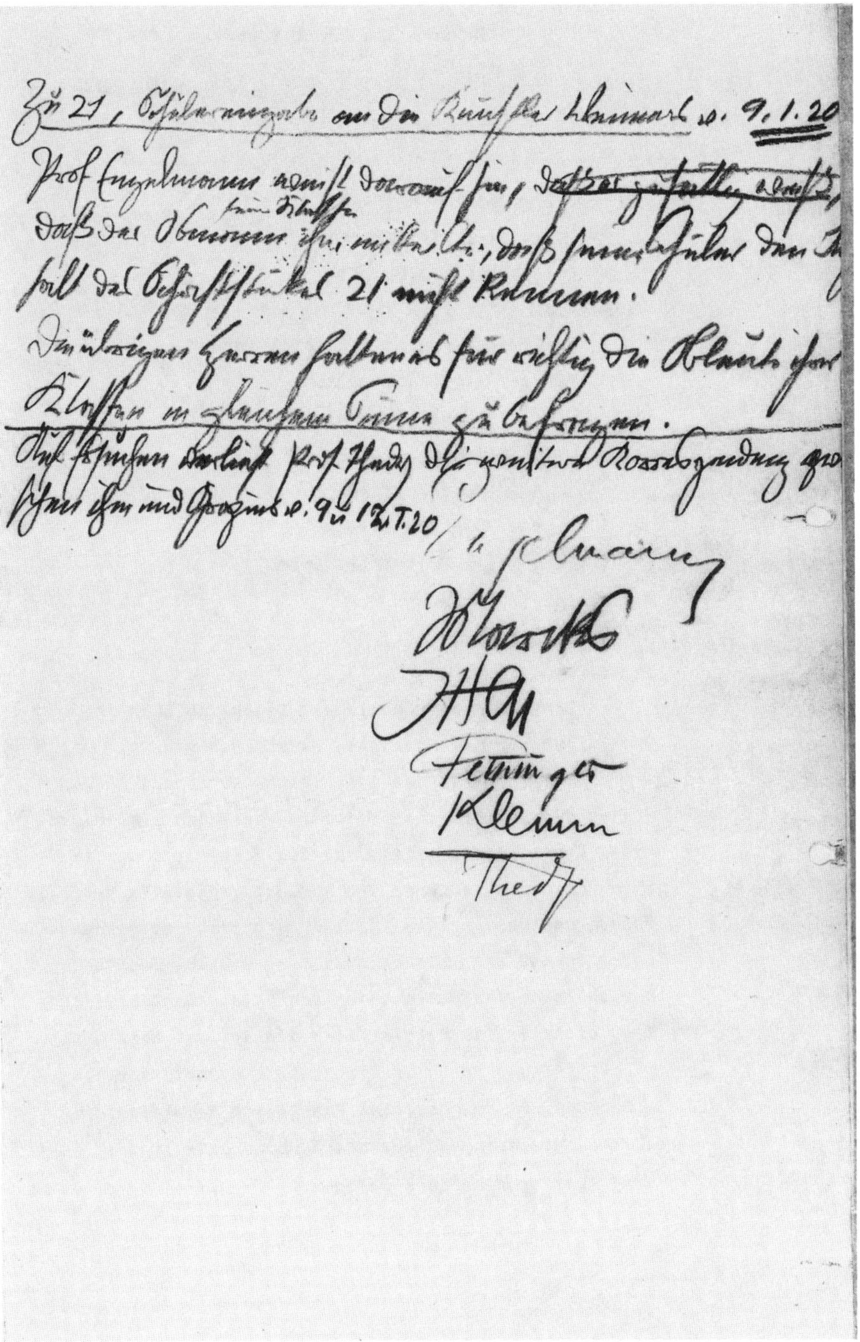
Zu 21, Schülereingabe an die Künstler Weimars v. 9.1.20
Prof Engelmann weist darauf hin, daß [illegible]
daß der Obmann ihm mitteilte, daß seine Schüler den Inhalt des Schriftstückes 21 nicht kennen.
Die übrigen Herren halten es für richtig die Absicht ihrer Klassen in gleicher Form zu befragen.
Auf besonderen Wunsch Prof Thedys [illegible] Korrespondenz [illegible] v. 9 u 12.1.20
[illegible] Engelmann
[illegible]
Itten
Feininger
Klemm
Thedy

Weimar, den 22. Mai 1920.

000050

Sitzung des Meisterrates am
        Sonnabend, den 22. Mai 1920
        Nachmittag ½5 Uhr.
Anwesend:
        Architekt Gropius als Vorsitzender,
        Meister Richard Engelmann,
        "   Lyonel Feininger,
        "   Johannes Itten,
        "   Walther Klemm,
        "   Gerhard Marcks,
        Kämmer als Protokollführer.
Entschuldigt fehlte:
        Meister Max Thedy.
Tagesordnung:
        Bestrafung der Schuldigen wegen Bemalung der
Brüttfigur vor dem Kunstgewerbeschulgebäude.
        Gropius eröffnet die Sitzung kurz nach ½5 Uhr,
die er auf Anregung des Meisters Engelmann einberufen
habe. Er teilt mit, dass sich die Schuldigen am gleichen Tage nach Verübung des Unfuges freiwillig gestellt
hätten und dass er die Untersuchung genau vorgenommen
habe. Da die Zirkular-Umläufe über die Angelegenheit
verschiedene Ansichten unter den Meistern gezeigt hätten, bitte er die Meister über die Art der Bestrafung
in der Sitzung Beschluss zu fassen. Nach kurzer Besprechung, an welcher sich namentlich die Meister
Itten, Engelmann, Marcks und Gropius beteiligten, wurde folgender Beschluss gefasst:

Abb. 6 a–b   Protokoll der Sitzung des Meisterrates am 22. Mai 1920

000051

Die Schüler

    Heinz Borchers,

    Dörte Helm und

    Robert Franke

haben durch den verübten Unfug an der Brüttfigur vor dem Kunstgewerbeschulgebäude den Ruf des Bauhauses schwer geschädigt.

    Der Meisterrat hat daher beschlossen den Leichtsinn un-d die Respektlosigkeit der Schuldigen gebührend zu ahnden. Heinz Borchers und Dörte Helm trifft als ordentliche Schüler des Bauhauses die Hauptschuld. Sie werden für das Sommersemester aus der Liste der Studierenden gestrichen. Robert Franke wird ein scharfer Verweis erteilt und ihm die Verpflichtung eines zweiten Probesemesters auferlegt.

    Schluss der Sitzung #6 Uhr.

Protokoll

Meisterrat am 26. Juni 1922.

von 5 1/4 bis 8 1/4 Uhr.

Anwesend die Meister :

· Gropius
· Feininger
· Klee
· Marcks
· Muche
· Schlemmer
· Schreyer
· Frl.Hirschfeld als Protokollführer
· Meister Itten ist Verreist.

000144

Tagesordnung :
     Berufung Kandinskys,
     Ausstellung in Weimar
     Satzungen
     Verschiedenes

Berufung Kandinskys

Ueber die Berufung Kandinskys als Meister des Staatlichen Bauhauses wird eingehend gesprochen. Es kommt dabei die augenblickliche Zusammensetzung der Formmeister und die künftige zur Sprache. Es wird betont, das der Lehrgang im Bauhaus keine unabänderliche feste Form annehmen darf. Muche empfindet die Vorlehre, wie sie jetzt im Bauhaus eingerichtet ist bereits als überholt.

Ausstellung in Weimar.

Wegen einer öffentlichen Ausstellung in Weimar, zusammen mit den Weimarer Künstlern, deren Jury in Händen von Klee und Feininger liegt, wird beschlossen, dass alle Meister sich beteiligen, wenn die Raum - forderungen seitens der Ausstellungsleitung erfüllt werden. Kandinsky wird aufgefordert mitzumachen.

Satzungen.

Die Satzungen werden in anliegender Form gutgeheissen und werden nun nochmals im Sekretariat des Bauhauses zur Einsicht-nahme für die Form- meister, Werkstättenleiter und die Gesellen zur Kenntnisnahme ausgelegt.

Verschiedenes.

Julius Pap wird auf Gesuch ein Stipendium von Mk. 1 000.-- bewilligt. Bei Freiwerden eines Schülerateliers soll an erster Stelle Frl. be - rücksichtigt werden.

Abb. 7 a-b   Protokoll der Sitzung des Meisterrates am 26. Juni 1922

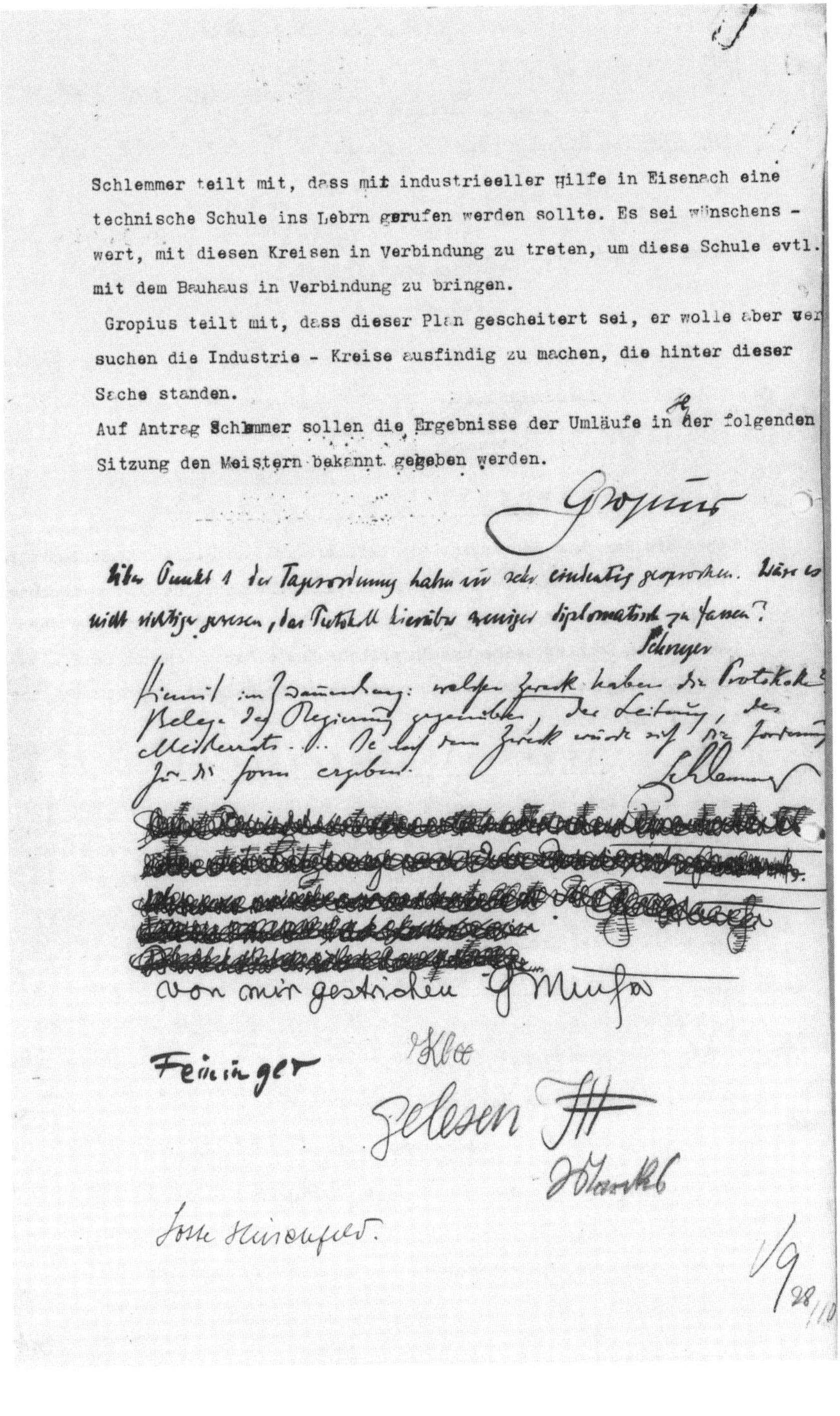
Schlemmer teilt mit, dass mit industrieeller Hilfe in Eisenach eine technische Schule ins Lebrn gerufen werden sollte. Es sei wünschens - wert, mit diesen Kreisen in Verbindung zu treten, um diese Schule evtl. mit dem Bauhaus in Verbindung zu bringen.

Gropius teilt mit, dass dieser Plan gescheitert sei, er wolle aber ver suchen die Industrie - Kreise ausfindig zu machen, die hinter dieser Sache standen.

Auf Antrag Schlemmer sollen die Ergebnisse der Umläufe in der folgenden Sitzung den Meistern bekannt gegeben werden.

Gropius

Über Punkt 1 der Tagesordnung haben wir sehr eindeutig gesprochen. Wäre es nicht richtiger gewesen, das Protokoll hierüber weniger diplomatisch zu fassen?

Schreyer

Hiermit im Zusammenhang: welchen Zweck haben die Protokolle? Belege der Regierung gegenüber, der Leitung, des Meisterrats. Je nach dem Zweck würde sich die Forderung für die Form ergeben.

Schlemmer

[illegible]

von mir gestrichen G Muche

Feininger

Klee

gelesen JH

Marcks

Josse Hirschfeld.

V/9

28/10

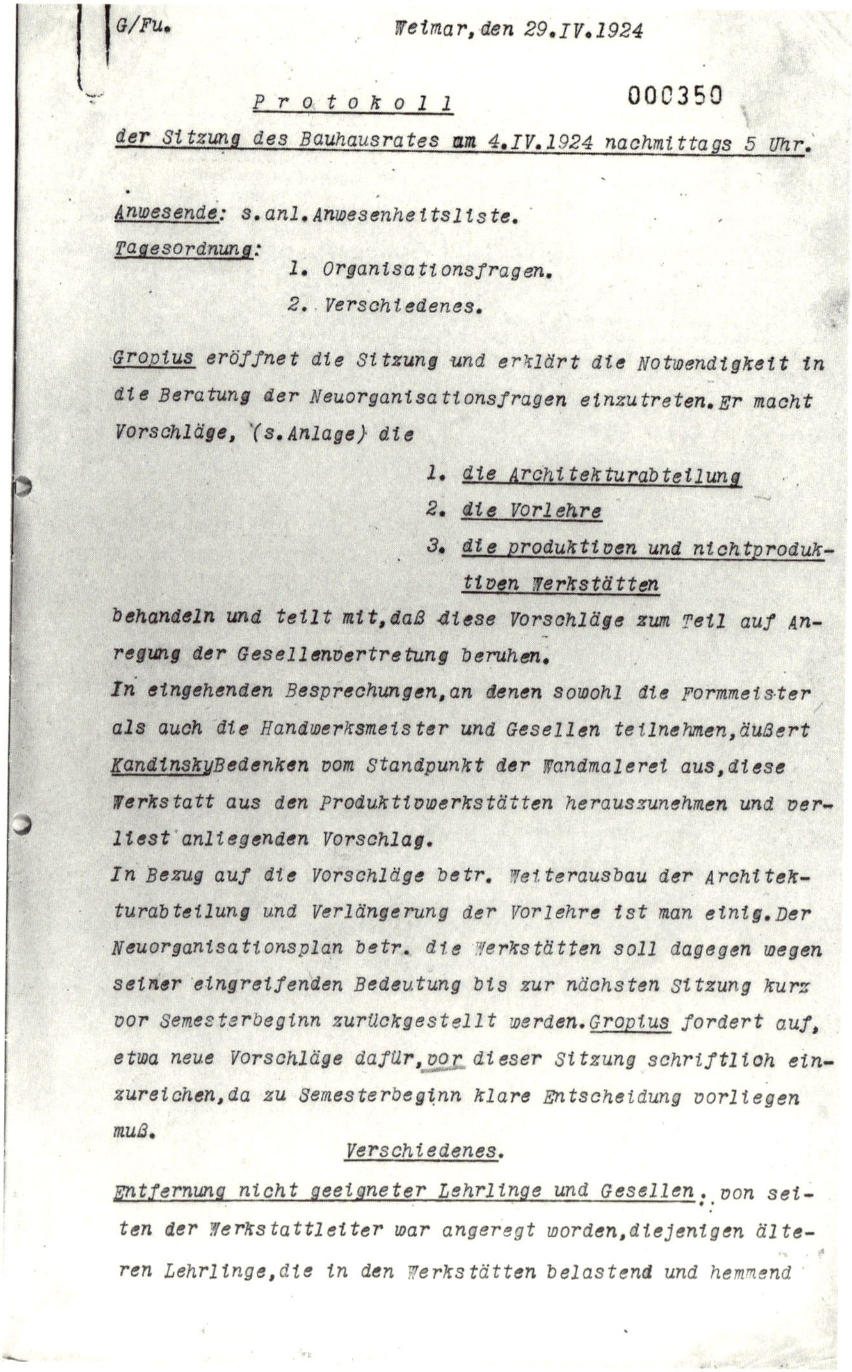

G/Fu.   *Weimar, den 29.IV.1924*

          P r o t o k o l l   000350

der Sitzung des Bauhausrates am *4.IV.1924 nachmittags 5 Uhr.*

Anwesende: s.anl.Anwesenheitsliste.
Tagesordnung:
              1. Organisationsfragen.
              2. Verschiedenes.

*Gropius eröffnet die Sitzung und erklärt die Notwendigkeit in
die Beratung der Neuorganisationsfragen einzutreten. Er macht
Vorschläge, (s.Anlage) die*

              1. die Architekturabteilung
              2. die Vorlehre
              3. die produktiven und nichtproduk-
                 tiven Werkstätten

*behandeln und teilt mit,daß diese Vorschläge zum Teil auf An-
regung der Gesellenvertretung beruhen.
In eingehenden Besprechungen,an denen sowohl die Formmeister
als auch die Handwerksmeister und Gesellen teilnehmen,äußert
KandinskyBedenken vom Standpunkt der Wandmalerei aus,diese
Werkstatt aus den Produktivwerkstätten herauszunehmen und verliest anliegenden Vorschlag.
In Bezug auf die Vorschläge betr. Weiterausbau der Architekturabteilung und Verlängerung der Vorlehre ist man einig.Der
Neuorganisationsplan betr. die Werkstätten soll dagegen wegen
seiner eingreifenden Bedeutung bis zur nächsten Sitzung kurz
vor Semesterbeginn zurückgestellt werden.Gropius fordert auf,
etwa neue Vorschläge dafür,vor dieser Sitzung schriftlich einzureichen,da zu Semesterbeginn klare Entscheidung vorliegen
muß.*
                         Verschiedenes.
*Entfernung nicht geeigneter Lehrlinge und Gesellen: von sei-
ten der Werkstattleiter war angeregt worden,diejenigen älteren Lehrlinge,die in den Werkstätten belastend und hemmend*

Abb. 8 a–b   Protokoll der Sitzung des Bauhausrates am 4. April 1924

000351

wirken, zu entlassen. Auf diesbezüglichen Umlauf waren Meldungen nur von der Wandmalerei eingegangen betr. M e n z e l, S c h l e i f e r und W e i n i n g e r . In der Aussprache kommt man zu dem Ergebnis, M e n z e l noch einmal eine Frist von 3 Monaten zu stellen, S c h l e i f e r vom Bauhaus und W e i n i n g e r nur aus der Werkstatt auszuschließen. W e i n i n g e r soll Vorschläge machen, wie er sich seine Weiterarbeit im Bauhaus denkt.

Auf Antrag der Metallwerkstatt soll J a h n ein ½ Jahr beurlaubt werden.

Ausscheiden des Fräulein G r u n o w.

Gropius teilt das Ausscheiden von Fräulein G r u n o w zum 1.IV.24 mit. Sie wird im Sommer nochmals zur Abhaltung eines kurzen Kurses an das Bauhaus zurückkehren. Gropius bittet um Ermächtigung des Bauhausrates Fräulein G r u n o w im Namen des Bauhauses danken zu können. Gleichzeitig soll ihr zur Anerkennung der im Rahmen des Bauhauses von ihr vollbrachten opferreichen Arbeit ein Geschenk (Umlage bei den Meistern) überreicht werden.

Die Sitzung wird kurz vor 8 Uhr geschlossen. –

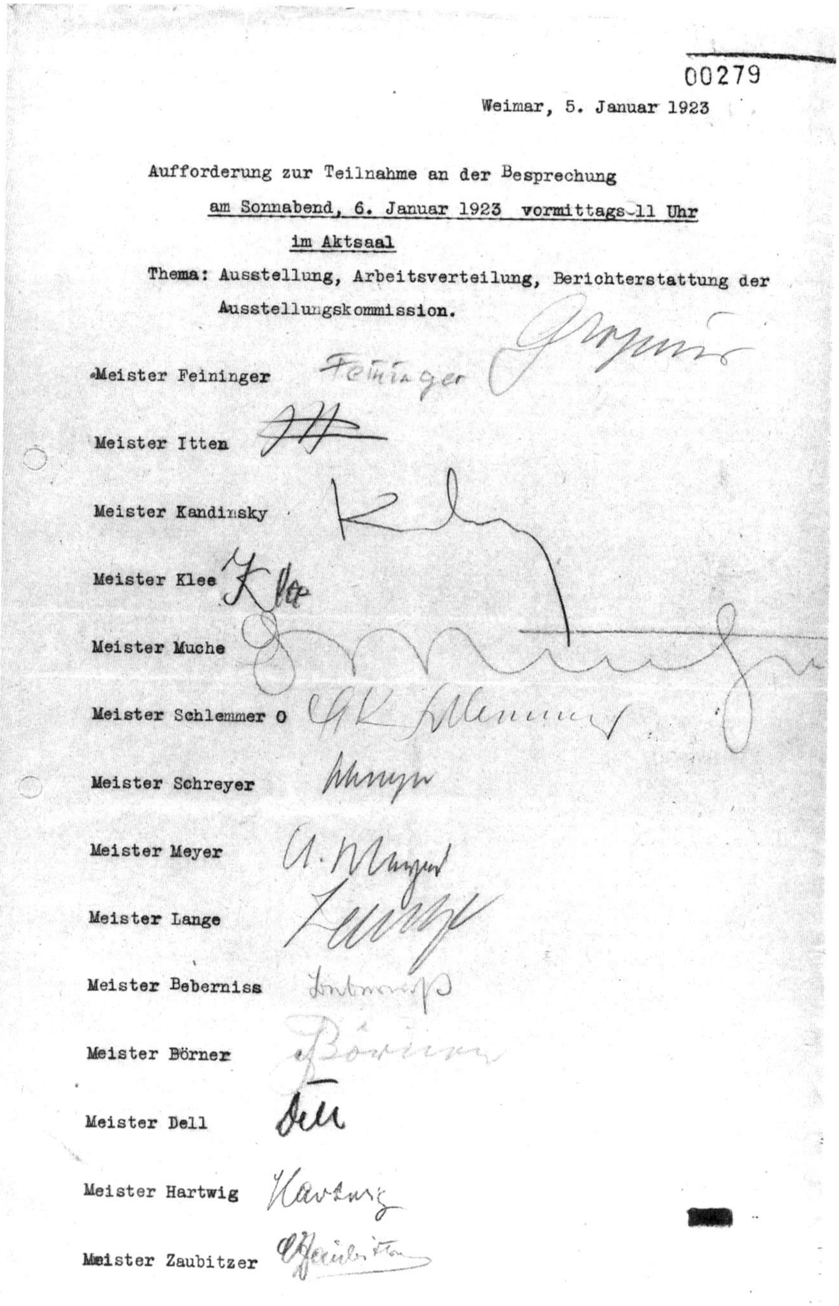

00279

Weimar, 5. Januar 1923

Aufforderung zur Teilnahme an der Besprechung
am Sonnabend, 6. Januar 1923 vormittags 11 Uhr
im Aktsaal

Thema: Ausstellung, Arbeitsverteilung, Berichterstattung der Ausstellungskommission.

Meister Feininger
Meister Itten
Meister Kandinsky
Meister Klee
Meister Muche
Meister Schlemmer o
Meister Schreyer
Meister Meyer
Meister Lange
Meister Beberniss
Meister Börner
Meister Dell
Meister Hartwig
Meister Zaubitzer

Abb. 9 Einladung zur Meisterratssitzung am 6. Januar 1923

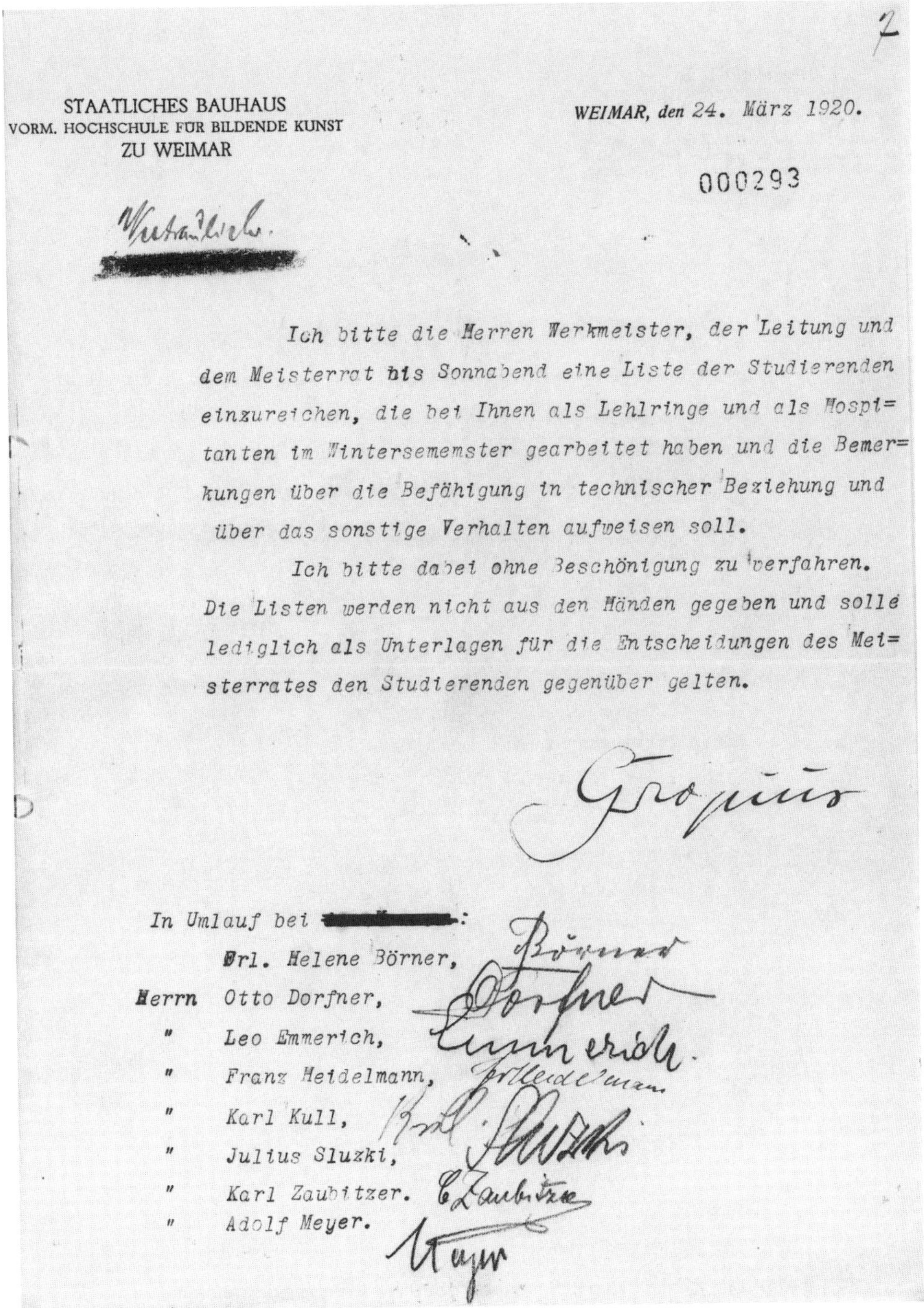

STAATLICHES BAUHAUS
VORM. HOCHSCHULE FÜR BILDENDE KUNST
ZU WEIMAR

WEIMAR, den 24. März 1920.

000293

Ich bitte die Herren Werkmeister, der Leitung und dem Meisterrat bis Sonnabend eine Liste der Studierenden einzureichen, die bei Ihnen als Lehrlinge und als Hospi= tanten im Wintersememster gearbeitet haben und die Bemer= kungen über die Befähigung in technischer Beziehung und über das sonstige Verhalten aufweisen soll.

Ich bitte dabei ohne Beschönigung zu verfahren. Die Listen werden nicht aus den Händen gegeben und solle lediglich als Unterlagen für die Entscheidungen des Mei= sterrates den Studierenden gegenüber gelten.

Gropius

In Umlauf bei ▬▬▬▬▬:
        Frl. Helene Börner,
Herrn   Otto Dorfner,
   "   Leo Emmerich,
   "   Franz Heidelmann,
   "   Karl Kull,
   "   Julius Sluzki,
   "   Karl Zaubitzer.
   "   Adolf Meyer.

Abb. 10   Umlauf vom 24. März 1920 zur Leistungsbeurteilung der Studierenden

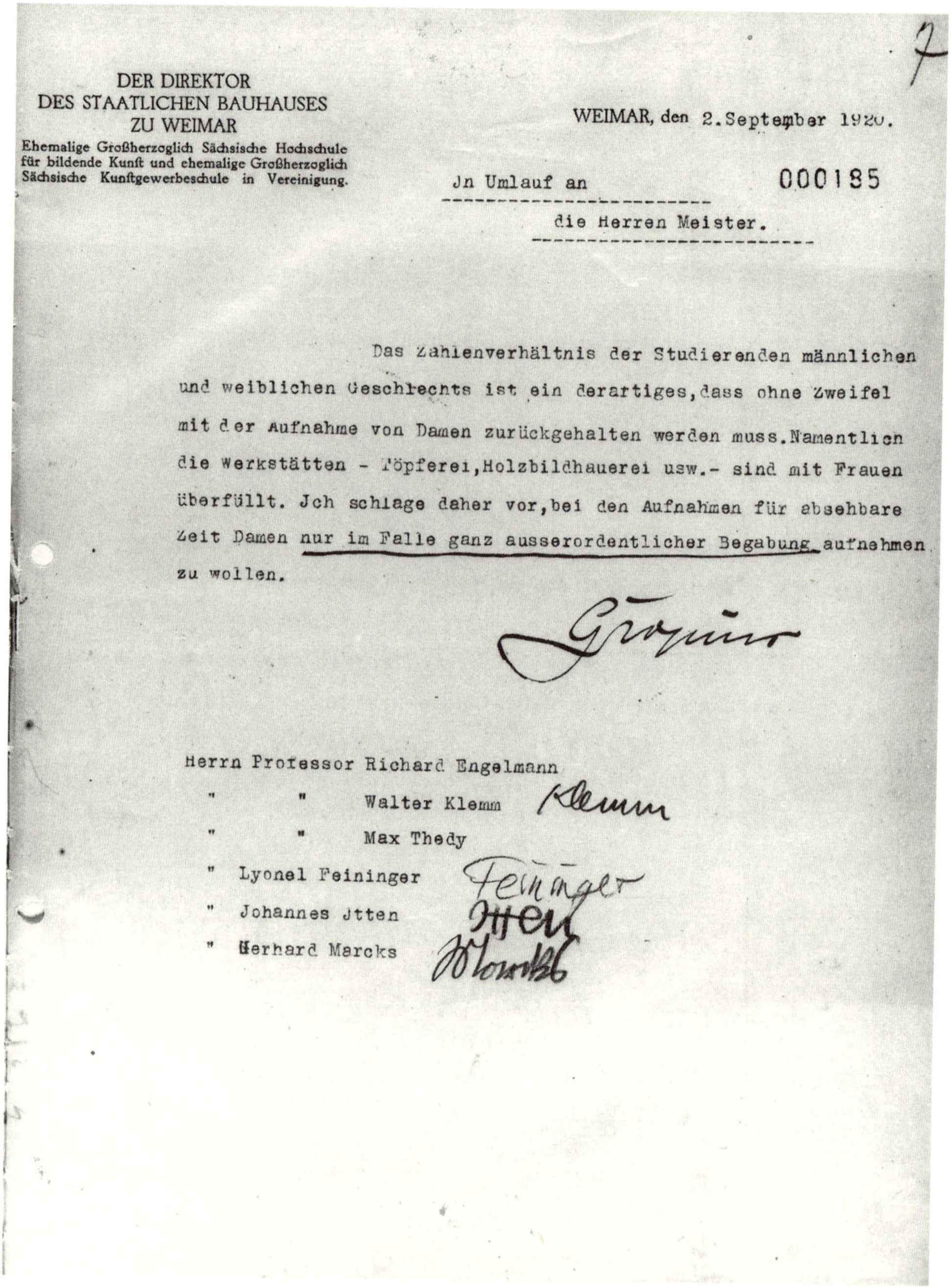

DER DIREKTOR
DES STAATLICHEN BAUHAUSES
ZU WEIMAR
Ehemalige Großherzoglich Sächsische Hochschule
für bildende Kunst und ehemalige Großherzoglich
Sächsische Kunstgewerbeschule in Vereinigung.

WEIMAR, den 2.September 1920.

Jn Umlauf an _____   000185

die Herren Meister.
_____

Das Zahlenverhältnis der Studierenden männlichen
und weiblichen Geschlechts ist ein derartiges,dass ohne Zweifel
mit der Aufnahme von Damen zurückgehalten werden muss.Namentlich
die Werkstätten - Töpferei,Holzbildhauerei usw.- sind mit Frauen
überfüllt. Jch schlage daher vor,bei den Aufnahmen für absehbare
Zeit Damen nur im Falle ganz ausserordentlicher Begabung aufnehmen
zu wollen.

Gropius

Herrn Professor Richard Engelmann
  "   "   Walter Klemm   *Klemm*
  "   "   Max Thedy
  "   Lyonel Feininger   *Feininger*
  "   Johannes Jtten   *Jtten*
  "   Gerhard Marcks   *Marcks*

Abb. 11   Umlauf vom 2. September 1920 zur Regelung der Aufnahme
von weiblichen Studierenden an das Staatliche Bauhaus

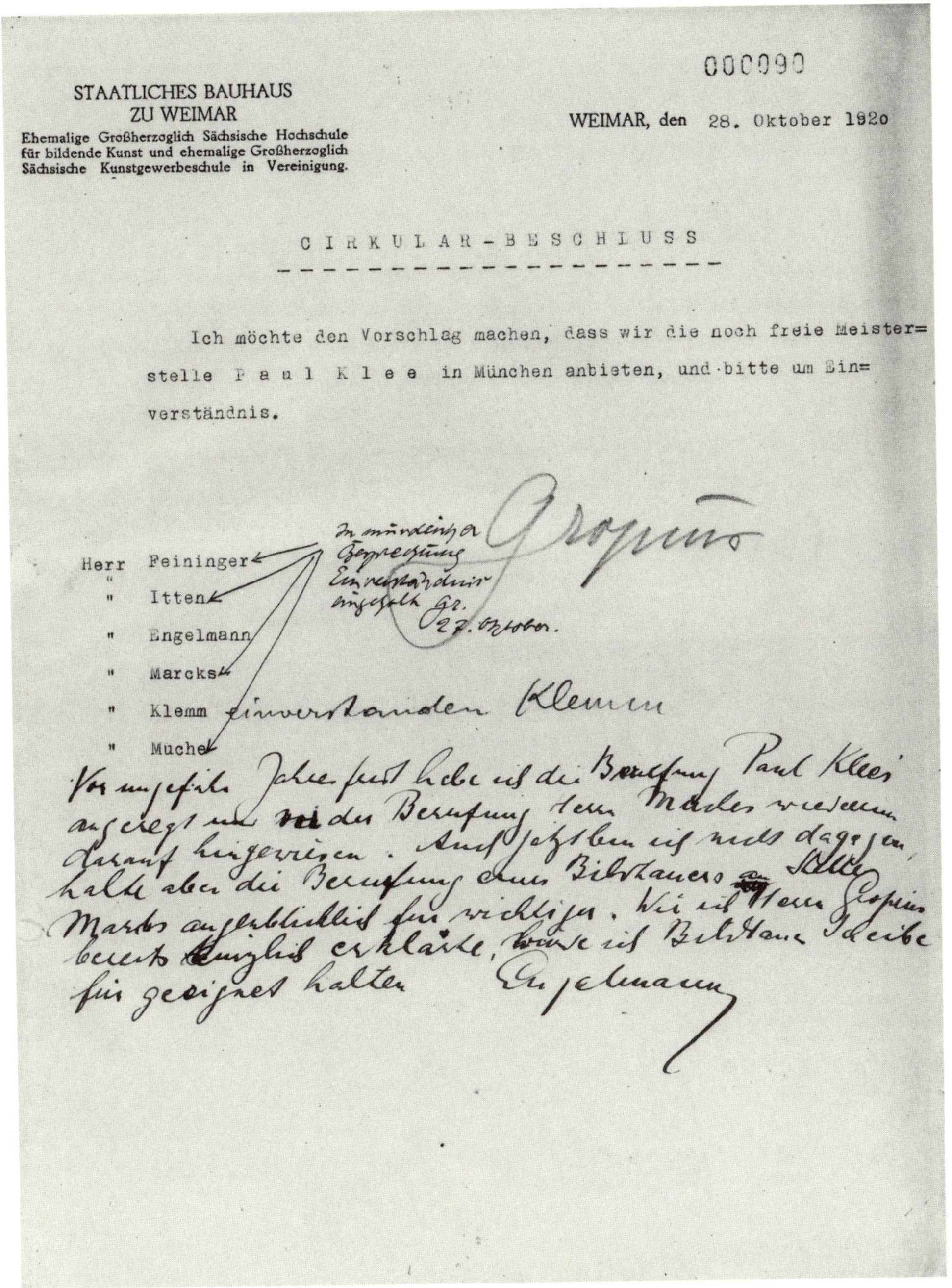

STAATLICHES BAUHAUS
ZU WEIMAR
Ehemalige Großherzoglich Sächsische Hochschule
für bildende Kunst und ehemalige Großherzoglich
Sächsische Kunstgewerbeschule in Vereinigung.

000090

WEIMAR, den 28. Oktober 1920

C I R K U L A R - B E S C H L U S S
— — — — — — — — — — — — — — — — —

Ich möchte den Vorschlag machen, dass wir die noch freie Meister=
stelle P a u l K l e e in München anbieten, und bitte um Ein=
verständnis.

Herr Feininger
  "   Itten
  "   Engelmann
  "   Marcks
  "   Klemm
  "   Muche

Abb. 12 Umlaufbeschluß vom 28. Oktober 1920 zur Berufung von Paul Klee
an das Staatliche Bauhaus

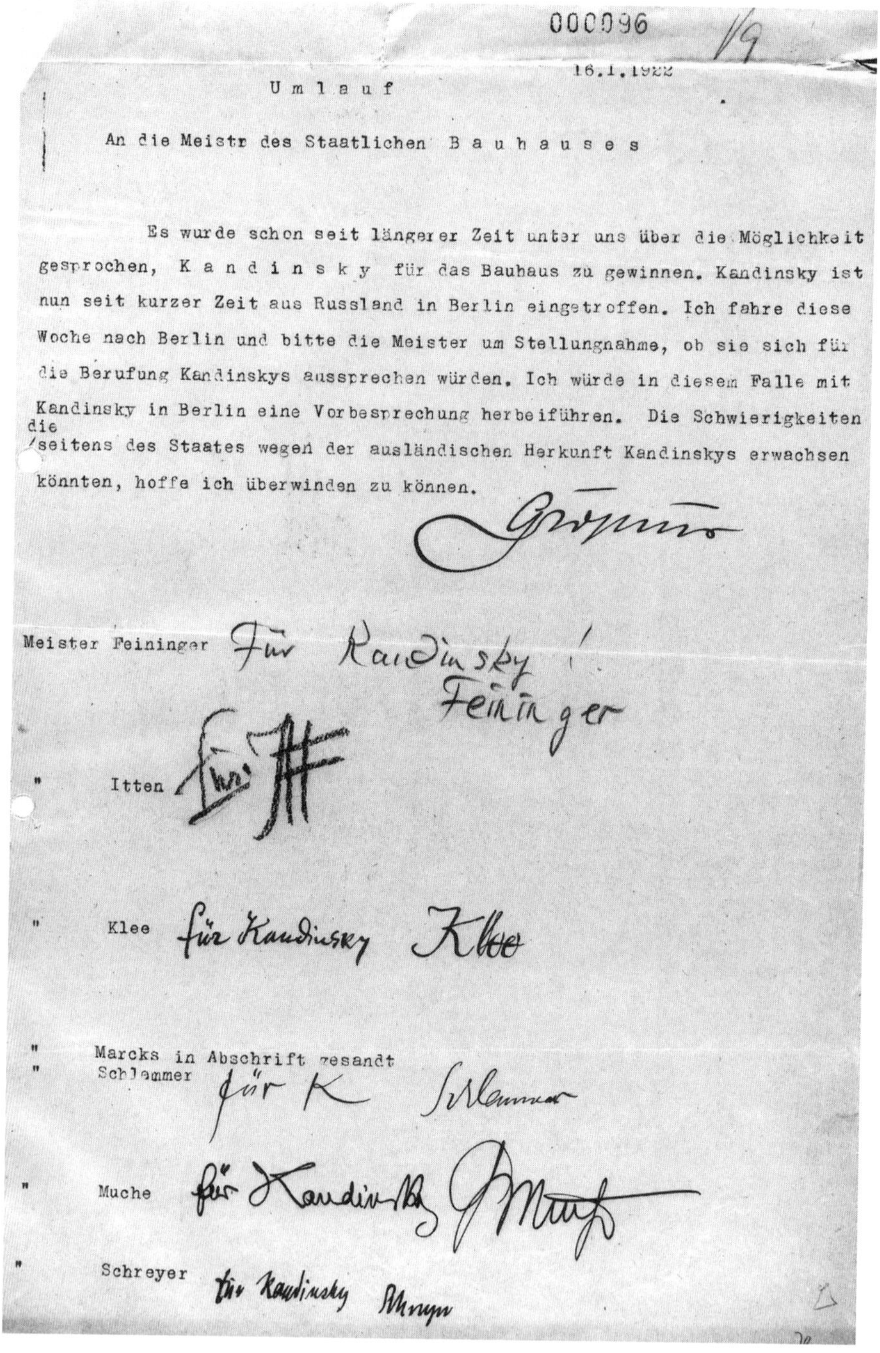

000096

16.1.1922

Umlauf

An die Meistr des Staatlichen Bauhauses

Es wurde schon seit längerer Zeit unter uns über die Möglichkeit gesprochen, K a n d i n s k y für das Bauhaus zu gewinnen. Kandinsky ist nun seit kurzer Zeit aus Russland in Berlin eingetroffen. Ich fahre diese Woche nach Berlin und bitte die Meister um Stellungnahme, ob sie sich für die Berufung Kandinskys aussprechen würden. Ich würde in diesem Falle mit Kandinsky in Berlin eine Vorbesprechung herbeiführen. Die Schwierigkeiten die /seitens des Staates wegen der ausländischen Herkunft Kandinskys erwachsen könnten, hoffe ich überwinden zu können.

Meister Feininger   Für Kandinsky Feininger

    "   Itten

    "   Klee   für Kandinsky Klee

    "   Marcks in Abschrift gesandt
    "   Schlemmer   für K   Schlemmer

    "   Muche   für Kandinsky Muche

    "   Schreyer   für Kandinsky Schreyer

Abb. 13   Umlaufbeschluß vom 16. Januar 1922 zur Berufung von Wassily Kandinsky
an das Staatliche Bauhaus

Weimar, den 13.Oktober 1922

000004

Die auf Grund des Beschlusses der Bauhausversammlung am
6.X.22 von den Werkstätten gewählte A u s s t e l l u n g s -
k o m m i s s i o n setzt sich wie folgt zusammen:

    Meister M u c h e

    Meister O . S c h l e m m e r

    Meister H a r t w i g

    Geselle S c h w e r d t f e g e r

    Lehrling B r e u e r

    Zuwahlen seitens der Kommission erfolgen je nach Notwendig-
keit.

Weimar, den 13.X.22

        A u f r u f !

    Die für den Sommer 1923 geplante Erste Ausstellung des Bau-
hauses soll erstmals Arbeit und Ziele des Bauhauses in größerem
Umfang der Öffentlichkeit zeigen und ein Apell sein an diese,daß
wir gewillt sind,uns nicht resigniert oder selbstherrlich zu verschließen, sondern schaffend, helfend und dienend unseren Platz
in der Allgemeinheit einzunehmen.

    Konzentration aller künftigen Arbeit auf dies eine Ziel ist
ist also Wunsch u.Gebot, wenn wir bestehen wollen. Es tritt von
heute ab ein Ausnahmezustand in Kraft, der die Arbeit jedes Einzelnen und der Werkstätten in Beziehung setzen soll zu Idee und
Gestalt der Ausstellung. Die erwählte Kommission ist ermächtigt,
dies mit Einschluss aller Sonderwünsche-und interessen durchzuführen.(Schriftliche Mitteilung soll zugunsten der unmittelbaren
mündlichen vermieden werden,wie auch alle weiteren Bekanntgaben
der Kommission mündlich an die Beteiligten erfolgen.)

M u c h e ,S c h l e m m e r ,H a r t w i g,S c h w e r d t f e ger,
B r e u e r.

Abb. 14   Mitteilung zur Wahl einer Ausstellungskommission vom 13. Oktober 1922 und
               Aufruf zur „Ersten Ausstellung des Bauhauses" im Sommer 1923

STAATLICHES BAUHAUS
EM. HOCHSCHULE FÜR BILDENDE KUNST   WEIMAR, den 3. Februar 1920.
ZU WEIMAR

        Der Meisterrat des Bauhauses ist einstimmig der Ansicht, dass
die sachlichen Gegensätze in dem Streit der Künstlerschaft
Weimars um das "Staatliche Bauhaus" tiefgreifend und unüberbrücklich sind und das deshalb nur eine klare Auseinandersetzung
für die Gegner wie für die Freunde des jetzigen Instituts eine
dauernd befriedigende Lösung der arbeitshemmenden Spannungen
bringen kann.

        Der Meisterrat schlägt deshalb der Staatsregierung einstim-
mig vor, dem Wunsche vieler Weimarer Künstler zu entsprechen
und eine vom Staatlichen Bauhaus verwaltungstechnisch und räumlich zu trennende selbständige "Alte Weimarer Malschule" einzurichten. Die vollständige auch örtliche Trennung namentlich der
Lehrräume dieser Schule von denen des "Staatlichen Bauhauses"
wird unbedingt für notwendig erachtet, damit den Studierenden
beider Schulen Arbeitsruhe gewährleistet bleibt.

        Der Meisterrat sieht in diesem Vorschlag die Grundlage zu
einer alle Kreise befriedigenden Lösung der Kunstschulfrage, da
sie sowohl dem Bauhausgedanken und der grundsätzlichen Verschmelzung freier Kunst mit dem Kunsthandwerk und ihrer bisher getrennten Pflegstätten gerecht wird, als auch der vom Bauhaus un-
beeinflussten Pflege der Malerei im alten akademischen Sinne
nach besonderem Programm Spielraum lässt.

An das

Kultusministerium,

  W e i m a r .

Abb. 15 a–b   Erklärung des Meisterrates zur Einrichtung einer „Alten Weimarer Malschule"
(Staatliche Hochschule für bildende Kunst) vom 3. Februar 1920

Die Lösung der räumlichen und finanziellen Schwierigkeiten b
darf nach grundsätzlicher Anerkenntnis dieses Vorschlages du
die Staatsregierung gesonderter Regelung.

Walter Gropius

Richard Engelmann

Lyonel Feininger

Itten

Klemm

Marcks

Redslob

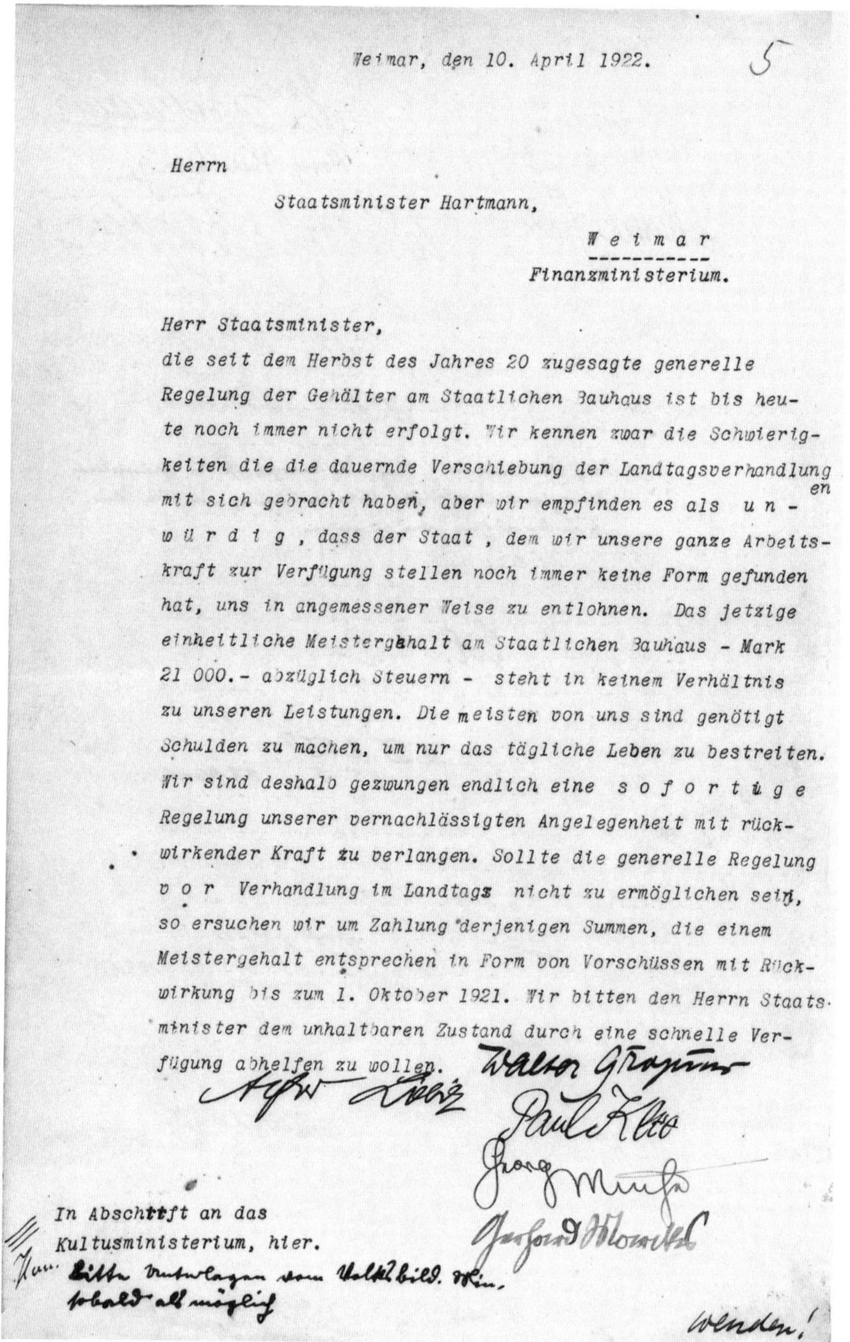

Weimar, den 10. April 1922. 5

Herrn

Staatsminister Hartmann,

Weimar

Finanzministerium.

Herr Staatsminister,

die seit dem Herbst des Jahres 20 zugesagte generelle Regelung der Gehälter am Staatlichen Bauhaus ist bis heute noch immer nicht erfolgt. Wir kennen zwar die Schwierigkeiten die die dauernde Verschiebung der Landtagsverhandlungen mit sich gebracht haben, aber wir empfinden es als u n - w ü r d i g , dass der Staat , dem wir unsere ganze Arbeitskraft zur Verfügung stellen noch immer keine Form gefunden hat, uns in angemessener Weise zu entlohnen. Das jetzige einheitliche Meistergehalt am Staatlichen Bauhaus - Mark 21 000.- abzüglich Steuern - steht in keinem Verhältnis zu unseren Leistungen. Die meisten von uns sind genötigt Schulden zu machen, um nur das tägliche Leben zu bestreiten. Wir sind deshalb gezwungen endlich eine s o f o r t i g e Regelung unserer vernachlässigten Angelegenheit mit rückwirkender Kraft zu verlangen. Sollte die generelle Regelung v o r Verhandlung im Landtag nicht zu ermöglichen sein, so ersuchen wir um Zahlung derjenigen Summen, die einem Meistergehalt entsprechen in Form von Vorschüssen mit Rückwirkung bis zum 1. Oktober 1921. Wir bitten den Herrn Staatsminister dem unhaltbaren Zustand durch eine schnelle Verfügung abhelfen zu wollen.

Walter Gropius

Paul Klee

Georg Muche

Gerhard Marcks

In Abschrift an das Kultusministerium, hier.

Wenden!

Abb. 16 a–b Eingabe an den Finanzminister des Landes Thüringen, Emil Hartmann, vom 10. April 1920 zur Regelung der Bezüge

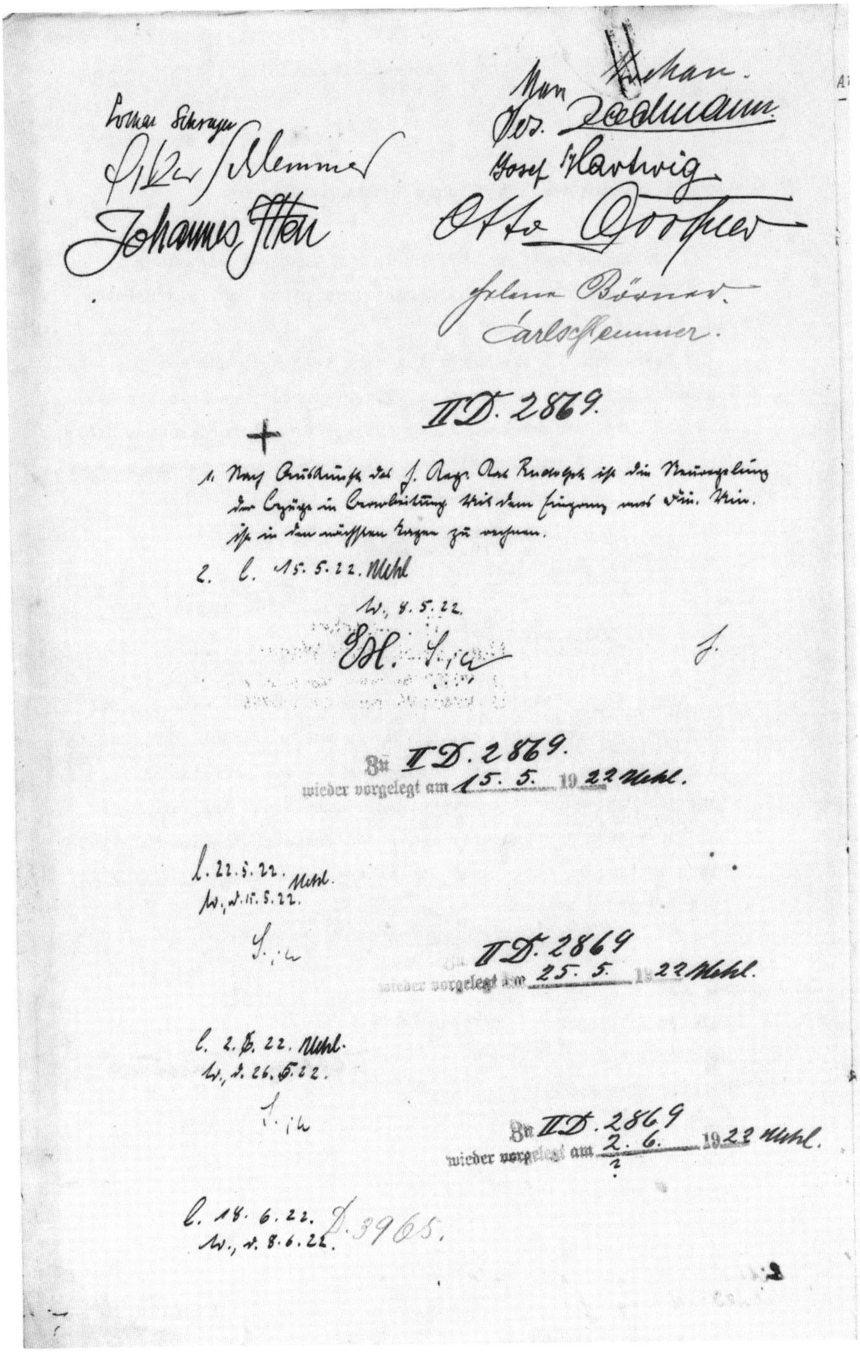
Lothar Schreyer
Oskar Schlemmer
Johannes Itten
Jos. Zachmann
Josef Hartwig
Otto Dorfner
Helene Börner
Carl Schlemmer
II D. 2869.
Zu II D. 2869.
wieder vorgelegt am 15. 5. 1922 Mehl.
II D. 2869
wieder vorgelegt am 25. 5. 1922 Mehl.
Zu II D. 2869
wieder vorgelegt am 2. 6. 1922 Mehl.

Weimar, 17. Oktober 1922 000228

A b s c h r i f t
—————————————

Weimar, 16.Oktober 22

An die Leitung des Staatlichen Bauhauses !

    Durch den heutigen Bericht in der Schülerversammlung
werden wir von den Werkstattangehörigen nicht mehr als Meister
des Bauhauses anerkannt.

    Hierdurch ist uns natürlich eine Tätigkeit und der
Aufenthalt in der Werkstatt unmöglich gemacht, weshalb wir Sie
hiermit unter Aufrechterhaltung unserer Gehaltsforderungen bitten,
uns bis zur endgültigen Klärung dieser Angelegenheit von unseren
Obliegenheiten zu dispensieren.

              gez. Carl Schlemmer
              gez. Jos. Zachmann.

- -

                     Weimar, 16. Oktober 1922

Herrn Carl Schlemmer,   Weimar
Herrn Jos.Zachmann   Weimar

    Nach Erhalt Ihres Schreibens vom 16. Oktober, das ich zur
Kenntnis genommen habe, bitte ich bis auf weiteres die Werkstatt
an den ältesten Gesellen zu übergeben und das Sekretariat von der
Zeit der Uebergabe zu verständigen, damit einer des Personals
zum Vergeleich der Inventarlisten und Feststellung der Materialbestände zugegen sein kann. Ich bitte die Uebergabe unverzüglich
in die Wege zu leiten.

              gez. Gropius

Zur Kenntnis an

    Meister Feininger   *Feininger*
    Meister Itten   *Itten*
    Meister Klee   *Klee*
    Meister Kandinsky
    Meister Muche
    Meister Schlemmer
    Meister Schreyer

Abb. 17   Mitteilung vom 17. Oktober 1922 über den Briefwechsel mit den Werkmeistern
Carl Schlemmer und Joseph Zachmann

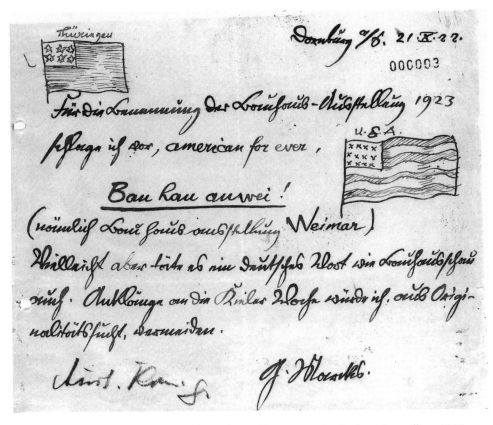

Abb. 18 Vorschlag von Gerhard Marcks zur Benennung der Bauhaus-Ausstellung 1923
vom 21. Oktober 1922

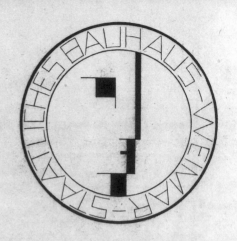

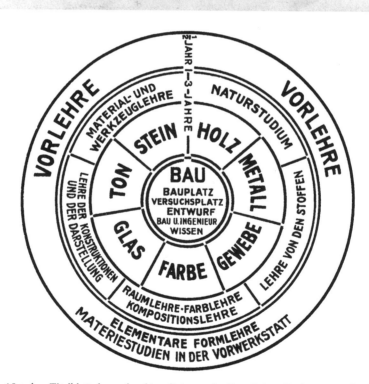

Abb. 19 a–b   Titelblatt der gedruckten Satzung des Staatlichen Bauhauses und Schema
für den Studiengang von 1923

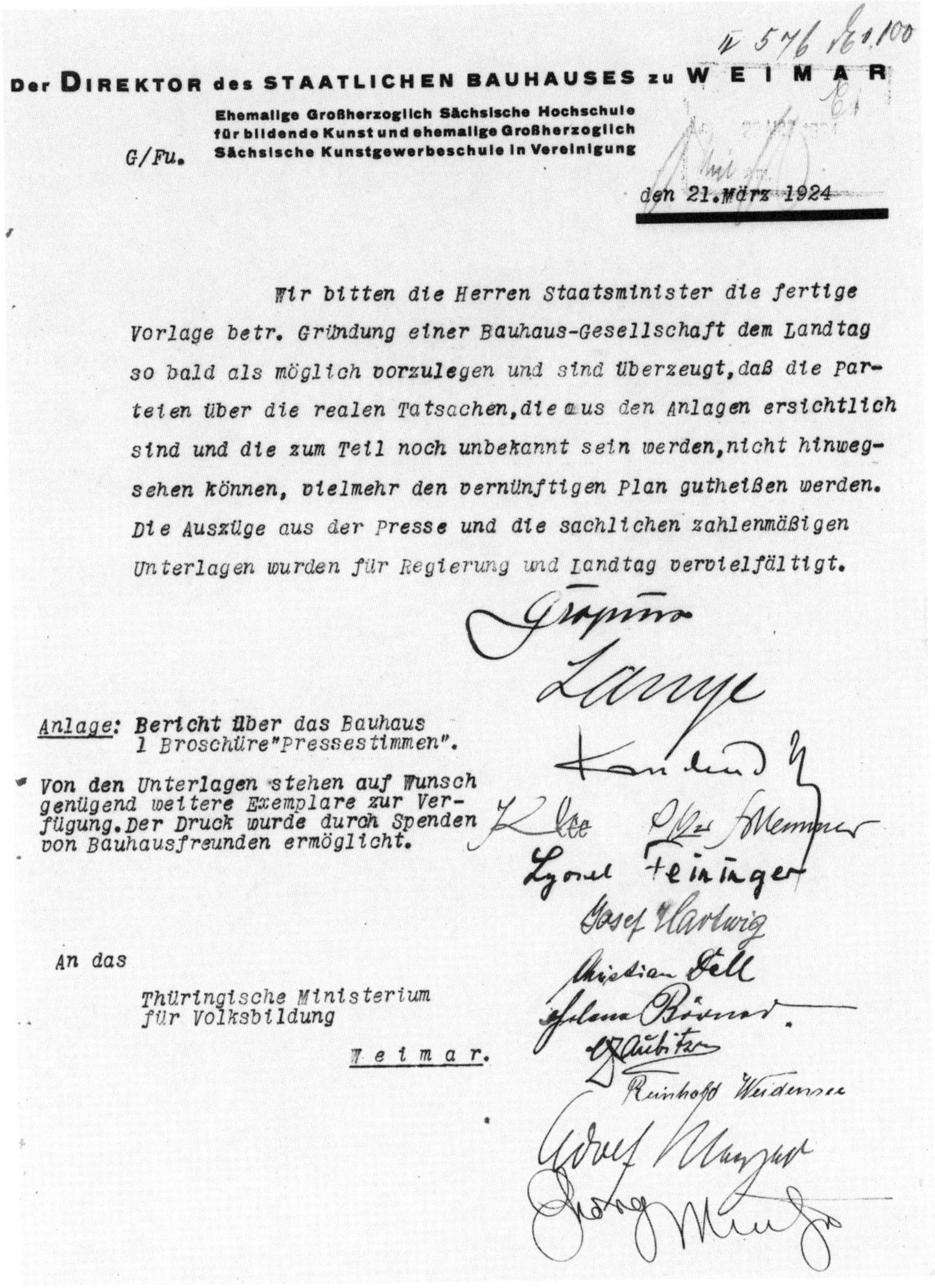

Der DIREKTOR des STAATLICHEN BAUHAUSES zu W E I M A R

Ehemalige Großherzoglich Sächsische Hochschule
für bildende Kunst und ehemalige Großherzoglich
Sächsische Kunstgewerbeschule in Vereinigung

G/Fu.

den 21. März 1924

Wir bitten die Herren Staatsminister die fertige Vorlage betr. Gründung einer Bauhaus-Gesellschaft dem Landtag so bald als möglich vorzulegen und sind überzeugt, daß die Parteien über die realen Tatsachen, die aus den Anlagen ersichtlich sind und die zum Teil noch unbekannt sein werden, nicht hinwegsehen können, vielmehr den vernünftigen Plan gutheißen werden. Die Auszüge aus der Presse und die sachlichen zahlenmäßigen Unterlagen wurden für Regierung und Landtag vervielfältigt.

Anlage: Bericht über das Bauhaus
1 Broschüre "Pressestimmen".

Von den Unterlagen stehen auf Wunsch genügend weitere Exemplare zur Verfügung. Der Druck wurde durch Spenden von Bauhausfreunden ermöglicht.

An das

Thüringische Ministerium
für Volksbildung

Weimar.

Abb. 20 Begleitschreiben vom 21. März 1924 zur Überreichung der Broschüre „Pressestimmen für das Staatliche Bauhaus“ an die Minister der thüringischen Landesregierung

Erläuterungen

Verzeichnis der Siglen und Abkürzungen

Ackermann
Ute Ackermann, Paul Dobe als Lehrer am Staatlichen Bauhaus Weimar. In: Katalog Die Sprache der Pflanzen. Klassiker der Pflanzenfotografie im frühen 20. Jahrhundert. Hrsg. Rainer Stamm und Kai Uwe Schierz. Erfurt 2000, S. 27–34.

Bauhaus-Utopien
Katalog Bauhaus-Utopien. Arbeiten auf Papier. Hrsg. Wulf Herzogenrath. Stuttgart 1988.

Baumhoff
Anja Baumhoff, Frauen am Bauhaus – ein Mythos der Emanzipation. In: Bauhaus. Hrsg. Jeannine Fiedler und Peter Feierabend. Köln 1999, S. 96–107.

Busch
Ludger Busch, Georg Muche. Dokumentation zum malerischen Werk der Jahre 1915–1920. Ein Diskussionsbeitrag zum Expressionismus. Tübingen 1984.

Citroen
Paul Citroen, Mazdaznan am Bauhaus. In: Bauhaus und Bauhäusler. Erinnerungen und Bekenntnisse. Hrsg. Eckhard Neumann. Köln 1985, S. 87–95.

Das A und O
Katalog Das A und O des Bauhauses. Bauhauswerbung: Schriftbilder, Drucksachen, Ausstellungsdesign. Hrsg. Ute Brüning. Leipzig 1995.

Das Bauhaus webt
Katalog Das Bauhaus webt. Die Textilwerkstatt am Bauhaus. Hrsg. Magdalena Droste und Manfred Ludewig. Berlin 1998.

Das frühe Bauhaus
Katalog Das frühe Bauhaus und Johannes Itten. Hrsg. Bauhaus-Archiv Berlin, Kunstmuseum Bern, Kunstsammlungen zu Weimar. Stuttgart 1994.

Dietzsch
Folke Dietzsch, Die Studierenden am Bauhaus. Eine analytische Betrachtung zur Struktur der Studentenschaft, zur Ausbildung und zum Leben der Studierenden am Bauhaus sowie zu ihrem späteren Wirken. Bd. II, [ungedruckte] Diss. Hochschule für Architektur und Bauwesen Weimar 1990.

Driesch-Foucar
Lydia Driesch-Foucar, Erinnerungen an die Anfänge der Dornburger Töpferwerkstatt des Staatlichen Bauhauses Weimar 1920-1923. In: Katalog Keramik und Bauhaus. Geschichte und Wirkungen der keramischen Werkstatt des Bauhauses. Hrsg. Klaus Weber. Berlin 1989, S. 71–75.

Droste   Magdalena Droste, Bauhaus 1919–1933. Köln 1990.

Experiment Bauhaus Katalog Experiment Bauhaus. Hrsg. Bauhaus-Archiv Berlin. Berlin
                             1988.

Findeli   Alain Findeli, Laszlo Moholy-Nagy und das Projekt der Bauhaus-
                             bücher. In: Katalog Das A und O des Bauhauses. Bauhauswerbung:
                             Schriftbilder, Drucksachen, Ausstellungsdesign. Hrsg. Ute Brüning.
                             Leipzig 1995, S. 22–26.

Franciscono   Marcel Franciscono, Walter Gropius and the Creation of the Bauhaus
                             in Weimar. The Ideals and Artistic Theories of its Founding Years. Ur-
                             bana, Chicago, London 1971.

Hüneke   Oskar Schlemmer. Idealist der Form. Hrsg. Andreas Hüneke. Leipzig
                             1989.

Hüter   Karl-Heinz Hüter, Das Bauhaus in Weimar. Studie zur gesellschaftspo-
                             litischen Geschichte einer deutschen Kunstschule. Berlin 1982.

Isaacs   Reginald R. Isaacs, Walter Gropius. Der Mensch und sein Werk. Bd. I.
                             Berlin 1983/84.

Itten   Katalog Johannes Itten. Das Frühwerk 1907–1919. Hrsg. Josef Hel-
                             fenstein und Henriette Mentha. Bern 1992.

Klee   Paul Klee. Briefe an die Familie. Hrsg. Felix Klee. Köln 1979.

Marcks   Gerhard Marcks 1889–1981. Briefe und Werke. Bearbeitet von Ursula
                             Frenzel. Archiv für Bildende Kunst im Germanischen Nationalmuseum
                             Nürnberg (Werke und Dokumente. Neue Folge 8.). München 1988.

Meyer   Katalog Adolf Meyer. Der zweite Mann. Ein Architekt im Schatten von
                             Walter Gropius. Hrsg. Annemarie Jaeggi. Berlin 1994.

Metallwerkstatt
am Bauhaus   Katalog Die Metallwerkstatt am Bauhaus. Hrsg. Klaus Weber. Berlin
                             1992.

Muche   Katalog Georg Muche. Das künstlerische Werk 1912–1927. Berlin
                             1980.

Opitz   Silke Opitz, Im Schatten der Avantgarde. Hochschule für bildende
                             Kunst und Staatliches Bauhaus Weimar 1921 bis 1925. In: Katalog
                             Aufstieg und Fall der Moderne. Hrsg. Rolf Bothe und Thomas Föhl.
                             Stuttgart 1999, S. 344–360.

Paul Klee in Jena   Katalog Paul Klee in Jena 1924. Der Vortrag. Hg. von Kunsthistori-
                             sches Seminar und Kustodie in Zusammenarbeit mit der Paul-Klee-Stif-
                             tung, Kunstmuseum Bern (Minerva. Jenaer Schriften zur Kunstge-
                             schichte. Bd. 10). Jena 1999.

Preiss/ Winkler   Achim Preiss und Klaus-Jürgen Winkler, Weimarer Konzepte. Die
                             Kunst- und Bauhochschule 1860-1995. Weimar 1996.

Protokolle
Landtag S-W-E Stenographenprotokolle des Landtags von Sachsen-Weimar-Eisenach 1920.

Rotzler Johannes Itten. Werke und Schriften. Hrsg. Willy Rotzler. Zürich 1978.

Scheidig Walther Scheidig, Die Bauhaus-Siedlungsgenossenschaft in Weimar 1920-1925. In: Dezennium 2 (1972), S. 249-262.

Scheper Lou Scheper, Rückschau. In: Bauhaus und Bauhäusler. Erinnerungen und Bekenntnisse. Hrsg. Eckhard Neumann. Köln 1985, 175-180.

Schlemmer Oskar Schlemmer, Gestaltungsprinzipien bei der malerisch-plastischen Ausgestaltung des Werkstattgebäudes des Staatlichen Bauhauses. In: Das Kunstblatt (7) 1923, Heft 11/12, S. 340-343.

Stenzel/Winkler Burkhard Stenzel und Klaus-Jürgen Winkler, Kontroversen und Kulturpolitik im Thüringer Landtag 1920-1933 (Schriften zur Geschichte des Parlamentarismus in Thüringen. Heft 13). Weimar 1999.

Weber 1988 Klaus Weber, Die graphische Druckerei. In: Katalog Experiment Bauhaus. Hrsg. Bauhaus-Archiv Berlin. Berlin 1988, S. 146-152.

Weber 1994 Klaus Weber, Kunstwerk – Geistwerk – Handwerk. In: Katalog Das frühe Bauhaus und Johannes Itten. Hrsg. Bauhaus-Archiv Berlin, Kunstmuseum Bern, Kunstsammmlungen zu Weimar. Stuttgart 1994, S. 215-281.

Wendermann Gerda Wendermann, Förderer und Freund der modernen Kunst. Wilhelm Köhler als Direktor der Staatlichen Kunstsammlungen Weimar. In: Katalog Aufstieg und Fall der Moderne. Hrsg. Rolf Bothe und Thomas Föhl. Stuttgart 1999, S. 308-324.

Wingler Hans Maria Wingler, Das Bauhaus. 1919-1933. Weimar, Dessau, Berlin. Bramsche 1962.

Wolsdorff Christian Wolsdorff, Die Werkstatt für Wandmalerei. In: Katalog Experiment Bauhaus. Hrsg. Bauhaus-Archiv Berlin. Berlin 1988, S. 282-289.

Erläuterungstexte

43, 2 Sitzungen des Lehrerkollegiums] Die beiden hier wiedergegebenen Dokumente sind die frühesten Belege für das Stattfinden von Kollegiumssitzungen unter Leitung des neuen Direktors Gropius. Die eigentlichen Protokolle sind nicht überliefert. Bisher wurde das Datum der ersten Meisterratssitzung mit dem 1. Juni 1919 angegeben. An diesem Tag trat jedoch der Meisterrat nicht zusammen. Gemeint ist stattdessen die Sitzung vom 30. Mai 1919. *Siehe Textteil Nr. 2 [2.], S. 44.* Gropius hatte am 11. April 1919 „die Leitung der Hochschule [für bildende Kunst] und der Kunstgewerbeschule ordnungsmäßig von dem bisherigen stellvertretenden Direktor Herrn Professor Thedy übernommen", wie er am folgenden Tag dem Hofmarschallamt mitteilte. *ThHStA Weimar, Personalakten Volksbildung 8652, Walter Gropius, Bl. 29. Siehe Abbildung 2.*

43, 9 Meister der Hochschule] Gropius gebrauchte für die Professoren der Hochschule den Titel „Meister" wie er in dem von ihm entworfenen Programm des Staatlichen Bauhauses eingeführt worden war, das in den Sitzungen vom 11. und 12. April 1919 beraten und beschlossen wurde.

43, 9 in der gestrigen vollzähligen Sitzung] Danach nahmen an der ersten Kollegiumssitzung am 11. April 1919 alle Professoren der bisherigen Hochschule für bildende Kunst teil.

43, 10-11 vereinigte Hochschule und Kunstgewerbeschule] Das zu diesem Zeitpunkt noch nicht so bezeichnete „Staatliche Bauhaus in Weimar" entstand aus der Vereinigung der 1860 gegründeten Großherzoglichen Sächsischen Hochschule für bildende Kunst und der 1908 entstandenen Großherzoglichen Sächsischen Kunstgewerbeschule. Am 20. März 1919 beantragte das Lehrerkollegium der Hochschule für bildende Kunst die Neubenennung der Vereinigten Hochschule und Kunstgewerbeschule auf Vorschlag von Gropius in „Staatliches Bauhaus in Weimar (Vereinigte ehemalige Großherzogliche Hochschule für bildende Kunst und ehemalige Großherzogliche Kunstgewerbeschule)". Die von der republikanischen provisorischen Regierung genehmigte Neubenennung wurde Gropius am 12. April 1919 vom Hofmarschallamt mitgeteilt. *ThHStA Weimar, Hofmarschallamt 3707, Bl. 135 und Staatliches Bauhaus Weimar 1, Bl. 4. Siehe Abbildung 1.*

43, 12 Lyonel Feininger] Feininger lernte Gropius 1918 in Berlin kennen. Genau wie Gropius war auch er Mitglied des Arbeitsrates für Kunst. Gegenüber dem gemeinsamen Freund Adolf Behne ließ Feininger sein Interesse am Bauhaus laut werden und erfuhr, daß seine Berufung von Gropius schon geplant sei. Bereits 1906 hatte sich Feininger mehrfach in Weimar aufgehalten. Auch durch seine Frau, die Weimarer Künstlerin Julia Berg, war ihm die Stadt bestens vertraut. Nach Vorgesprächen im April 1919 begann Feiningers Anstellungsverhältnis am 1. Mai 1919. Der Vertrag wurde am 16. April 1919 abgeschlossen und am 7. Mai 1919 vom Hofmarschallamt genehmigt. Feininger erhielt ein jährliches Gehalt von 4 000 Mark. Er übersiedelte am 18. Mai 1919 endgültig nach Weimar. *Siehe Isaacs, S. 209. ThHStA Weimar, Personalakten Volksbildung 6121, Lyonel Feininger, Bl. 1.*

43, 13 Johannes Itten] Gropius, der Itten 1918 durch Vermittlung seiner Frau Alma Mahler-Gropius in Wien kennengelernt hatte, wünschte sich Ittens Mitarbeit am Bauhaus. So schrieb er am 18. Mai 1919 an ihn: „Ihr Brief war für mich eine Hoffnung bergende Freude! Nachdem ich Sie wiedergesehen, war es mir noch gewisser geworden, daß Ihr Mittun für mein begonnenes Werk eine Notwendigkeit sei, ohne Ihre starke ansaugende Strudelkraft wären meine Wege sehr viel länger geworden." *Zitiert nach: Itten, S. 44.* Seine Berufung teilte Gropius Itten am 17. Juni 1919 mit. *ThHStA Weimar, Staatliches Bauhaus Weimar 111, Bl. 29.* Itten hatte im Mai 1919 Weimar besucht und einer Berufung an das Bauhaus wohl prinzipiell zugestimmt. Der Vertrag wurde am 18. Juni 1919 ausgefertigt, am 1. Juli 1919 von Itten unterzeichnet und am 17. September 1919 genehmigt. Sein Anstellungsverhältnis am Bauhaus begann am 1. Oktober 1919. Auch er erhielt die für die Meister des Bauhauses zunächst übliche jährliche Vergütung von 4 000 Mark. *ThHStA Weimar, Personalakten Volksbildung 15532, Johannes Itten, Bl. 1.*

43, 14 Cesar Klein] Auch Cesar Klein gehörte dem Berliner Arbeitsrat für Kunst an. Aus welchen Gründen die Berufung dieses Künstlers nicht zustande kam oder er dem Ruf an das Bauhaus nicht folgte, geht aus den Akten nicht hervor. Klein nahm jedoch 1919 seine Lehrtätigkeit an der Unterrichtsanstalt des Kunstgewerbemuseums Berlin auf. Aus einem Schreiben des Sekretärs Kämmer an die Reichsfremdenstelle in Berlin vom 17. April 1919 ist zu schließen, daß genau wie für Feininger auch für Klein die notwendigen Formalitäten zur Einreise nach Weimar getroffen worden waren. *ThHStA Weimar, Staatliches Bauhaus Weimar 111, Bl. 1.*

43, 15 Gerhard Marcks] Marcks' Bekanntschaft mit Gropius kam 1907 durch Vermittlung seines Bruders, des Architekten Dietrich Marcks, zustande. Darüber hinaus hatte Marcks anläßlich der Werkbundausstellung 1914 in Köln zwei Steinreliefs für die Maschinenhalle von Gropius geschaffen. Im Jahre 1919 arbeitete Marcks im Geschäftsausschuß des Arbeitsrates für Kunst. Der Dienstvertrag mit Marcks wurde am 16. April 1919 abgeschlossen und am 7. Mai 1919 vom Hofmarschallamt genehmigt. Das Vertragsverhältnis begann am 1. Oktober 1919 mit einer jährlichen Vergütung von 4 000 Mark. *ThHStA Weimar, Personalakten Volksbildung, Gerhard Marcks, Bl. 1.*

43, 20 unter gewissen Bedingungen] Das Hofmarschallamt teilte dem Bauhaus am 15. April 1919 mit, daß man mit den Berufungen grundsätzlich einverstanden sei, die endgültige Genehmigung jedoch von der Bekanntgabe der Bedingungen der Berufenen abhängig mache. Als eine solche Bedingung kann der Wunsch Ittens betrachtet werden, das Tempelherrenhaus im Ilmpark als Atelier zu nutzen. *ThHStA Weimar, Staatliches Bauhaus Weimar 115, Bl. 189.*

43, 25 Bericht [...] vom 12. April 1921] *Siehe den vollständigen Abdruck im Anhang [6.] zu den Erläuterungen, S. 537-538.*

44, 2 30. Mai 1919] Für das Stattfinden einer Meisterratssitzung am 1. Juni 1919 (einem Sonntag), an welcher Itten gastweise teilgenommen haben soll, wie vielfach in der Literatur – so bei Rotzler, S. 428, 482 – behauptet wurde, fand sich kein Beleg. Sicher ist lediglich, daß Itten am 1. Juni 1919 Weimar und das Bauhaus besuchte. Sollte er tatsächlich während seines Weimaraufenthaltes einer Meisterratssitzung als Gast beigewohnt und sich dort den anderen Meistern vorgestellt haben, dann bei jener am 30. Mai 1919, von der allerdings kein Protokoll existiert. *Siehe Erläuterung zu 43, 2.*

44, 17-18 Gesuch der ehemaligen Lehrer der Kunstgewerbeschule] Den ehemaligen Lehrern der Kunstgewerbeschule war nach Schließung des Instituts zum 1. Oktober 1915 zugesichert worden, ihre Werkstätten und Ateliers bis auf weiteres, jedoch mindestens bis zum Frühjahr 1916 nutzen zu können. Mit jährlichen Verlängerungen blieben Otto Dorfner, Helene Börner, Dorothea Seeligmüller und Dora Wibiral in ihren Räumen bzw. wechselten innerhalb der Räumlichkeiten der Schule. Gesuche um Mitarbeit an der neuen Lehranstalt lagen im Februar 1919 von Otto Dorfner (Buchbinderei) und Albert Feinauer (Metallwerkstatt) vor. Höchstwahrscheinlich hatten sich bis zum Frühjahr Börner (Textilabteilung), Wibiral und Seeligmüller (Farbenunterricht, Ornamentik, Emailletechnik und Batik) ebenfalls um Mitarbeit beworben. Dorfner und Feinauer boten an, die Werkstätten selbst einzurichten und auf eigene Rechnung zu betreiben, sich aber dem künstlerischen Einfluß der Schule in gewissem Maße zu unterwerfen. Studierende der Hochschule (resp. des Bauhauses) sollten als Hospitanten zugelassen werden. Die Übernahme der noch bestehenden privaten Werkstätten wurde von Kämmer, dem Sekretär des Bauhauses, angeregt und bedeutete eine erhebliche Kostenersparnis gegenüber der Neueinrichtung. *Siehe Erläuterungen zu 48, 1 und 51, 6.*

44, 19 7. Verschiedenes] Unter diesem Punkt wurde unter anderem über eine am 22. Mai 1919 während der ersten Unterredung zwischen dem Schülerausschuß und Gropius von den Schülern angeregte Verlängerung des Sommersemesters beraten. Dem Antrag wurde jedoch zunächst nicht entsprochen. Gropius teilte dies dem Studierendenausschuß mit, worauf dieser am 2. Juni 1919 eine auf den 26. Mai 1919 datierte, von 78 Studierenden unterzeichnete Liste einreichte, welche die Bitte um Semesterverlängerung bis 15. Juli 1919 erneut aussprach. Das Semester wurde schließlich auf Beschluß des Meisterrates vom 5. Juni 1919 bis zum 12. Juli 1919 verlängert. *ThHStA Weimar, Staatliches Bauhaus Weimar 13, Bl. 179; Staatliches Bauhaus Weimar 131, Bl. 26, 35.*

45, 19 Schülerarbeitenausstellung] Bei den alljährlichen Ausstellungen von Schülerarbeiten wurde über die Vergabe von Stipendien und die definitive Aufnahme von Studierenden nach einer halbjährigen Probezeit entschieden. Die erste Schülerausstellung des Bauhauses nahm Gropius zum Anlaß, um in einer Rede vor den Schülern mit den alten akademischen Methoden und deren Ergebnissen abzurechnen. *ThHStA Weimar, Staatliches Bauhaus Weimar 132, Bl. 5-10. Gekürzt veröffentlicht in: Hüter, S. 165.* Er betonte damit noch einmal eindringlich die Bedeutung des Handwerks für die Erneuerung der Kunst. Für die Maler kündigte er für das Wintersemester einen Dekorationsmalkurs und für die Bildhauer die Einrichtung eines praktischen Betriebes an. Mit seiner Einschätzung und der Aussage, daß Kunst an sich nicht lehrbar sei, brüskierte Gropius vor allem die Schüler der ehemaligen Hochschule für bildende Kunst; insbesondere die Klasse von Thedy fühlte sich getroffen. *Siehe Wingler, S. 43.* Die handwerkliche Orientierung des Bauhauses wurde von einigen Studierenden, die sich bisher ausschließlich der Malerei oder der Bildhauerei gewidmet hatten, als Bedrohung für die freien Künste aufgefaßt. Die Schülerausstellung im Juni 1919 ist als ein folgenreicher Schritt zur Trennung des Bauhauses von der akademischen Lehre zu betrachten. Die Schüler wußten nun relativ genau, was von ihnen erwartet wurde und konnten sich nunmehr entscheiden. Einige verließen das Bauhaus, andere forderten eine Semesterverlängerung. *Siehe Erläuterungen zu 55, 32-33 und 58, 6.*

46, 31 Definitiv aufgenommen] Der Meisterrat übernahm zunächst den Aufnahmemodus der Hochschule für bildende Kunst. Auch dort war die definitive Aufnahme nach Absolvieren einer Probezeit, die in der Regel ein halbes Jahr betrug, erfolgt. *Satzung der Großherzoglichen Hochschule für bildende Kunst zu Weimar, 1912, § 5. Siehe Erläuterung zu 48, 17.*

46, 32 Vorschule Heffels] Franz Heffels, Meisterschüler von Fritz Mackensen an der Hochschule für bildende Kunst, übernahm im Wintersemester 1918/19 in Vertretung für den seit Herbst 1918 beurlaubten Professors Robert Weise die Korrekturerteilung in dessen Naturschule gegen eine Vergütung von 1 200 Mark. Weises Anstellungsvertrag mit der Hochschule endete am 1. April 1919, so daß Heffels auch im Sommersemester Zeichenklasse und Naturschule Weise übernahm. Heffels wurde am Bauhaus als Jungmeister bezeichnet und erhielt für seine Tätigkeit im Sommersemester 1919 als Vergütung 600 Mark. Dem Meisterrat gehörte er jedoch nicht an.

47, 7-8 Probesemester] Das später am Bauhaus obligatorische Probesemester hat seinen Ursprung in der Ausbildungsstruktur der Hochschule für bildende Kunst. *Siehe Erläuterung zu 46, 31.*

47, 32-33 Verfügungsrecht über den Vermögensfonds der bisherigen Kunstgewerbeschule] Gropius hatte sich am 5. September 1919 an das Kultusdepartement gewandt, um die Genehmigung für die Verwendung von Mitteln des Dispositionsfonds (auch Hochschulfonds genannt) und des Vermögensfonds der ehemaligen Kunstgewerbeschule für die Einrichtung von Werkstätten zu erhalten. Dies wurde notwendig, da sich die Genehmigung des Etats des Staatlichen Bauhauses verzögerte. *ThHStA Weimar, Staatliches Bauhaus Weimar*

97, *Bl. 5.* Die Zusage zur Mittelverwendung aus dem Kunstgewerbeschulfonds erfolgte am 22. September 1919. *ThHStA Weimar, Staatliches Bauhaus Weimar 97, Bl. 6.* Dieser Fonds enthielt im Mai 1919 eine Summe von rund 47 000 Mark. Der größte Teil davon stammte aus Renditen angelegter Stiftungsgelder, ca. ein Zehntel der Summe aus Verkäufen von Inventar der ehemaligen Kunstgewerbeschule.

47, 35 Dekorationsmalerkursus: Lehrer Malermeister Franz Heidelmann] Heidelmann leitete die Dekorationsmalerei bis September 1920. Er erhielt vom Bauhaus das übliche Werkmeistergehalt von 4 000 Mark jährlich, unterhielt aber unabhängig davon in Weimar weiterhin einen Handwerksbetrieb. Heidelmann hielt im Wintersemester 1919/20 täglich Vorträge über die Technik der Dekorationsmalerei. *ThHStA Weimar, Staatliches Bauhaus Weimar 168, Bl. 13.* Auch wirkte er bei der Gestaltung des Oberlichtsaals im Bauhaus im Frühjahr 1920 mit. *Siehe Erläuterung zu 95, 35.*

47, 36 Werkmeisters Zaubitzer] Zaubitzer wurde am 1. Oktober 1919 am Bauhaus angestellt und leitete als Werkmeister bis 1926 die graphische Druckerei der Schule. Sein Gehalt belief sich auf jährlich 5 720 Mark. *ThHStA Weimar, Staatliches Bauhaus Weimar 114, Bl. 240, 254–255. ThHStA Weimar, Personalakten Volksbildung 34663, Carl Zaubitzer, Bl. 3.*

48, 1 Vertragsabschlüsse mit dem Buchbindermeister Otto Dorfner und Frl. Helene Börner] Nach Schließung der Kunstgewerbeschule führten Börner und Dorfner ihre Werkstätten als Privatbetriebe weiter. Damit standen die Einrichtungen dieser Werkstätten nicht oder nur teilweise unter Verwaltung des Bauhauses. *Siehe Erläuterung zu 44, 17–18.* Am 16. September 1919 traf die Leitung des Bauhauses mit Dorfner eine Vereinbarung folgenden Inhalts: Die Räume der Werkstatt wurden ihm zunächst vom 1. Oktober 1919 bis 31. März 1920 bei freier Miete, Heizung und Beleuchtung zur Verfügung gestellt. Die der Werkstatt angehörenden Schüler waren Studierende des Bauhauses und den Satzungen der Schule unterworfen. Die jährliche Vergütung der Unterrichtserteilung betrug 1 500 Mark. Dorfner verpflichtete sich, mindestens acht Lehrplätze (für vier Lehrlinge und vier Fachschüler) und jährlich Kurse für Hospitanten einzurichten. *ThHStA Weimar, Staatliches Bauhaus Weimar 114, Bl. 80.* Diese Vereinbarung wurde durch den am 1. Oktober 1919 zwischen dem Bauhaus und Dorfner abgeschlossenen Vertrag nur teilweise bestätigt. Zusätzlich zu den schon getroffenen Absprachen verpflichtete sich Dorfner nun, keine Privatschüler mehr anzunehmen. Die Zahl der einzurichtenden Lehrplätze wurde auf acht festgelegt und das Material für Unterrichtszwecke und Auftragsarbeit mußte er aus den eigenen Beständen zur Verfügung stellen, solange das Bauhaus dazu noch nicht in der Lage war. Die jährliche Vergütung für Dorfners Lehrtätigkeit wurde auf 4 000 Mark festgesetzt. Aus dem Vertrag geht auch hervor, daß die Buchbinderei als potentielle Einnahmequelle für das Bauhaus durch Auftragsarbeit betrachtet wurde. *ThHStA Weimar, Personalakten Volksbildung 4880, Otto Dorfner, Bl. 3.* Dorfners Vertrag wurde am 3. November 1919 vom Kultusministerium genehmigt und war bis 31. März 1923 gültig. Ein ähnliche Vereinbarung traf Gropius mit Börner am 18. September 1919. Auch ihr standen die Räume der Werkstatt zunächst vom 1. Oktober 1919 bis 31. März 1920 bei freier Miete, Heizung und Beleuchtung zur Verfügung. Die der Werkstatt angehörenden Schülerinnen waren Studierende des Bauhauses und unterstanden den Satzungen der Schule. Börners jährliche Vergütung für die Unterrichtserteilung betrug 4 400 Mark, wovon auch eventuell erforderliche Hilfskräfte für die Unterrichtsabteilung zu bezahlen waren. *ThHStA Weimar, Staatliches Bauhaus Weimar 114, Bl. 30.* Der Vertrag wurde am 1. Oktober 1919 abgeschlossen und am 3. November 1919 vom Kultusministerium genehmigt. Er sagte nichts über die Annahme von Privatschülern oder die Bereitstellung von

Material aus Börners Beständen aus, wie es bei Dorfner der Fall ist. Ob dies auf das Verhandlungsgeschick der Textilgestalterin zurückzuführen ist, muß dahin gestellt bleiben. Allerdings war Börner zum 1. April bzw. 1. Oktober jeden Jahres kündbar. *ThHStA Weimar, Personalakten Volksbildung 2634, Helene Börner, Bl. 1.*

48, 3 Anstellung des Architekten Adolf Meyer] Meyer war seit 1910 der Bürochef und Partner in Gropius' Berliner Architekturbüro. Bereits 1915 hatte Gropius dem Direktor der Hochschule für bildende Kunst, Fritz Mackensen, mitgeteilt, daß ihm außerordentlich daran gelegen sei, seinen Assistenten mit nach Weimar zu bringen. *Siehe Meyer, S. 466.* Mit seiner Berufung plante Gropius die Verlegung seines Privatbüros nach Weimar. Dies, wie auch eine von Meyer im Frühjahr 1919 verfaßte Werbeschrift für das Bauhaus zeigt, daß er von Beginn an in Gropius' Bauhauspläne involviert war. Meyers Vertrag war ab 1. Oktober 1919 gültig, wurde am 30. September 1919 ausgefertigt und am 3. November 1919 vom Kultusministerium genehmigt. Seine Tätigkeit als außerordentlicher Meister für Architektur umfaßte eine wöchentliche Arbeitszeit von 24 Stunden. Sein jährliches Gehalt belief sich auf 4 000 Mark. *ThHStA Weimar, Personalakten Volksbildung, Adolf Meyer, Bl 5–6.* Die Dienstbezeichnung „außerordentlicher Meister" kennzeichnet Meyers Sonderstellung innerhalb des Bauhauses, welche immer wieder Anlaß zu Auseinandersetzungen lieferte. Im Kostenvoranschlag für 1919/20 wurde seine Stelle „Hilfsmeister für Architektur" genannt. Damit war sie gleichrangig mit den Stellen der Werkstättenleiter einzuschätzen, die zu dieser Zeit ebenfalls noch als Hilfsmeister bezeichnet wurden. Meyer erteilte im Wintersemester 1920/21 Werkzeichenunterricht, leitete jedoch keine Werkstatt. *Siehe Erläuterungen zu 202, 8 und 250, 28.*

48, 3 Architekturabteilung] Das Bestehen einer eigenständigen Architekturabteilung am Weimarer Bauhaus kann nicht nachgewiesen werden. Im Wintersemester 1919/20 waren zwar bei Gropius Studierende eingeschrieben, was allerdings das Bestehen einer Architekturabteilung nicht beweist. Seit Mai 1919 stand Gropius mit dem Leiter der Weimarer Baugewerkenschule, Prof. Paul Klopfer, in Verbindung. Im Frühjahr 1919 kamen bereits mehrere Interessenten für Architektur nach Weimar, deren Ausbildungsstand nach Gropius' Ansicht jedoch nicht ausreichte. Es ist auch nicht ersichtlich, welche Art der Ausbildung oder Tätigkeit im Sommersemester 1919 für sie in Frage kommen konnte, da am Bauhaus die aus den Zeiten der Großherzoglichen Hochschule für bildende Kunst überkommene Klassenstruktur weiter bestand, also weder Werkstätten noch Architekturabteilung existierten. Am ehesten wäre wohl Gropius' Privatatelier für diese Architekturanwärter in Frage gekommen. Da für die technische Ausbildung von Architekten am Bauhaus keine Einrichtungen getroffen werden konnten, versuchte Gropius gemeinsam mit Paul Klopfer ein Zwischensemester an der Baugewerkenschule einzurichten. In einem zehnwöchigen Kurs sollten die Grundlagen in den Fächern Statik, Baukonstruktion und Baulehre vermittelt werden. Das Kultusministerium verweigerte zwar die Genehmigung, die Kurse fanden aber dennoch „privatim" in zwei Teilen von August bis Oktober 1919 statt. Die genaue Teilnehmerzahl läßt sich nicht feststellen, liegt aber zwischen 10 und 16 Studierenden des Bauhauses. *ThHStA Weimar, Staatliches Bauhaus Weimar 19. Siehe Erläuterungen zu 48, 5, 202, 8 und 332, 31.*

48, 4–5 Verhandlungen mit dem Hoftöpfer Schmidt] Gropius gelang es, bis zum Frühjahr 1920 einen provisorischen Lehrbetrieb in der Hoftöpferei Schmidt (Ofenfabrik und Eisenhandlung J. F. Schmidt, Brühl 10) einzurichten. *ThHStA Weimar, Staatliches Bauhaus Weimar 97, Bl. 71.* Diese Firma hatte 1918 das Inventar der keramischen Abteilung der Kunstgewerbeschule erworben. Sie stellte die Bedingung, daß Gropius eigene Lehrer für die

Ausbildung der Keramiker beschäftigte. Zu diesem Zwecke wurde im Februar 1920 Emmerich als Fachmann für Glasuren am Bauhaus beschäftigt. *Siehe Erläuterung zu 76, 4.* Die Firma Schmidt stellte für die provisorische Keramikwerkstatt des Bauhauses einen Raum zur Verfügung und übernahm auch die Brände. Der vom Bauhaus genutzte Raum wurde der Schule zum 1. April 1920 wegen Betriebserweiterung gekündigt und war bis zum 15. Mai 1920 zu räumen. *ThHStA Weimar, Staatliches Bauhaus Weimar 186, Bl. 21. Siehe Erläuterung zu 84, 13–14.*

48, 5 Weimarer Baugewerkenschule wegen Aufnahme von Hospitanten] Die Genehmigung der Aufnahme von Schülern als Hospitanten in die III. Klasse der Baugewerkenschule wurde am 22. Oktober 1919 vom Ministerium des Innern des Freistaates Sachsen-Weimar-Eisenach erteilt. *ThHStA Weimar, Staatliches Bauhaus Weimar 19, Bl. 14.* Die Möglichkeit zur Teilnahme als Hospitant am Unterricht dieser Schule existierte schon zu Zeiten des Bestehens der Kunstgewerbeschule. Gropius verwies in seinem Antrag an das Kultusministerium vom 19. September 1919 auf die Henry van de Velde erteilte Genehmigung vom 28. März 1911. *ThHStA Weimar, Staatliches Bauhaus Weimar 19, Bl. 49.* An der Baugewerkenschule hospitierten im Wintersemester 1919/20 Hans Arp, Ricardo Bampi, Theo Bogler, Helmut Lewin, Paul Lindner, Heinrich Petersen, Hansjörg Platz, Max Runge, Gerhard Schunke, Tony Simon-Wolfskehl und Hans Vogel. Lediglich für sechs dieser Hospitanten konnte die Teilnahme am Zwischensemester der Baugewerkenschule im Sommer 1919 nachgewiesen werden. *Siehe Erläuterung zu 48, 3 Architekturabteilung].*

48, 7 Architekturkursus von Professor Dr. Klopfer] Paul Klopfer hielt im Wintersemester 1919/20 wöchentlich zweimal Vorträge über Architektur. Titel und Inhalte dieser Vorträge blieben Klopfer selbst überlassen. *ThHStA Weimar, Staatliches Bauhaus Weimar 19, Bl. 11.* Seit 1918 hatte Klopfer an der Hochschule für bildende Kunst eine Reihe von Vorträgen und Seminaren über die Grundsätze der Baukunst gehalten. Die Anregung dazu stammte von Engelmann. *ThHStA Weimar, Staatliche Hochschule für bildende Kunst Weimar 187–188, Bl. 66.* Die Vorträge wurden ab Mai 1919 unter dem Titel „Architekturkritiken" am Bauhaus fortgesetzt. Klopfer verwahrte sich gegen den Titel „Architekturgeschichte", unter welchem Gropius die Vorlesungen angekündigt hatte. Hauptthema der Veranstaltung war, wie Klopfer klar stellte, „das bleibend Schöne und werklich Wichtige erkennen zu lernen". *ThHStA Weimar, Staatliches Bauhaus Weimar 19, Bl. 21.* Die Veranstaltungen waren für die Öffentlichkeit zugänglich.

48, 8 Kursus über Konstruktions- und Projektionszeichnen von Baumeister Schumann] Mit der Einführung des Kurses unter dem Architekten Ernst Schumann, Lehrer an der Baugewerkenschule, wurde einer Forderung des Bauhausprogramms von 1919 entsprochen, welches Perspektivunterricht unter Punkt 2 h vorsah. Bis zum Frühjahr 1919 hatte Professor Paul Förster Unterricht in Perspektive für Maler erteilt, sein Lehramt jedoch niedergelegt. *Siehe Erläuterung zu 110, 4.* Gropius legte ausdrücklich Wert darauf, daß Schumanns Kurs allgemein und nicht nur auf die Architektur zugeschnitten sein solle. *ThHStA Weimar, Staatliches Bauhaus Weimar 167, Bl. 33.* Der Unterricht umfaßte vier, ab Januar 1920 acht Wochenstunden, wurde dienstags und freitags zwischen 17 und 19 Uhr erteilt und beinhaltete folgende Lehrgebiete: „1. Konstruktion der Axonometrie (Isometrie, Dimetrie und Trimetrie). 2. Innenkonstruktion (Bau- und Möbeltischlerei nebst zugehörigen Schlosserarbeiten) Austragen der Einzelarbeiten in rechtwinkliger und axonometrischer Projektion. 3. Konstruktionszeichnen verschiedener bau- und kunstgewerblicher Berufe. 4. Besprechung der Baustoffe. 5. Konstruktion der wichtigsten Punkte beim Eigen- und Schlagschatten. 6. Konstruktion der Perspektiven." *ThHStA Weimar, Staatliches Bauhaus Weimar 167, Bl. 34, 35, 38.* Außerdem nahm Schumann auf Bitten Gropius' Materialkunde mit in sein Kursprogramm auf. Er erhielt als Vergütung für seine Vorträge 400 bzw. 800 Mark.

48, 9 kunstgeschichtlicher Kursus von Direktor Köhler] Der Direktor der ehemaligen Großherzoglichen Museen (Museum für Kunst und Kunstgewerbe am Karlsplatz und Museum am Museumsplatz) in Weimar, Dr. Wilhelm Köhler, hielt im Wintersemester 1919/20 jeweils donnerstags von 8 bis 9 Uhr abends Vorträge über „Die Geschichte der Kunst in ausgewählten Abschnitten". Die Vorlesungen Köhlers standen auch dem Weimarer Publikum gegen eine Gebühr von 10 Mark offen. Bereits für das Wintersemester 1918/19 waren von der Hochschule für bildende Kunst kunsthistorische Vorträge avisiert worden, die Köhler allerdings absagen mußte. An seiner Stelle sprach damals Edwin Redslob, der Erfurter Museumsdirektor und spätere Reichskunstwart. *Zu Wilhem Köhler siehe Wendermann, S. 308–324.*

48, 10 anatomisches Zeichnen von Professor Rasch] Otto Rasch, an der Weimarer Kunstschule von Professor Alexander Struys ausgebildet, hatte von ca. 1899 bis 1913 eine Hilfslehrerstelle für Graphik an der späteren Hochschule für bildende Kunst inne und leitete die Vorschule, die zur Vorbereitung auf die Naturschule diente. Fritz Mackensen wandelte diese Stelle in eine Professur für graphische Kunst um, auf die ab 1. Oktober 1913 Engelmann berufen wurde. *ThHStA Weimar, Staatliche Hochschule für bildende Kunst Weimar 165, Bl. 52–53.* Rasch behielt den Lehrauftrag für anatomisches Zeichnen und die Erlaubnis, in der Radierklasse Privatunterricht zu erteilen. Er bekam freies Atelier sowie eine Vergütung in Höhe von 800 Mark. Raschs Unterricht im anatomische Zeichnen fand bei Gropius und dem Meisterrat keinen Beifall und wurde nach Ablauf des Wintersemesters 1919/20 abgesetzt. *Siehe Erläuterung zu 97, 22–23.*

48, 11 Vortragsreihe des Malers Paul Dobe] Paul Dobes Vorträge standen unter dem Titel „Die Natur als Quelle der Kunst unter besonderer Berücksichtigung der Gewächse". Die Veranstaltung begann am 7. November 1919 und fand freitags von 8 bis 9 Uhr abends statt. Dobe hatte bereits im Wintersemester 1917/18 an der Hochschule für bildende Kunst gelesen. Neben Bauhausstudierenden besuchten diesen Kurs auch interessierte Laien und fünf Schülerinnen aus Dobes privater Kunst- und Zeichenschule. Dobe beklagte sich im Januar 1920 über den mangelnden Besuch seiner Vorträge seitens der Bauhäusler. In erster Linie würden seine Kurse von Hospitanten und seinen eigenen Schülern wahrgenommen. *Siehe auch Textteil Nr. 5 [1.], S. 51. Zu Dobe am Bauhaus siehe Ackermann.*

48, 17 grundsätzliches Probesemester] Probesemester waren auch schon an der Hochschule für bildende Kunst und im ersten Semester des Bauhauses Sommer 1919 üblich. So wurden die Schüler der Hochschule im alten akademischen System zunächst für ein halbes Jahr in die Zeichenklasse (Vorschule) aufgenommen. Das Studium in der Zeichenklasse sollte nicht länger als zwei Semester dauern und diente „zur Vorbereitung der Naturschule". *§ 5 der Satzungen der Hochschule für bildende Kunst.* Nach Ablauf dieses Probehalbjahrs erfolgte die definitive Aufnahme der Studierenden durch die Entscheidung des Professorenkollegiums. Mit der Einführung des generellen Probesemesters am Bauhaus auf diesen Vorschlag hin wurde ein erster Schritt für die Einrichtung des Vorkurses unter Ittens Leitung getan. Der Vorunterricht in Wintersemester 1919/20 bei Itten war nicht obligatorisch.

48, 19 Anatomielehre] Anatomielehre am lebenden Modell war als Punkt 3c programmatischer Bestandteil der wissenschaftlich-theoretischen Ausbildung am Bauhaus. *Programm des Staatlichen Bauhauses April 1919.* Bis 1919 hatte an der Hochschule für bildende Kunst der

Geheime Medizinalrat Dr. Armin Knopf Kurse in plastischer Anatomie gegeben. Gropius teilte ihm jedoch im September 1919 mit, daß dieser Unterricht zunächst ausgesetzt würde. Ein entsprechender Unterricht an der Universität Jena konnte nicht nachgewiesen werden.

49, 14–15 Lindig und Heller für dieses Stipendium in Vorschlag gebracht] Walter Heller, der als Schüler Ittens nach Weimar kam, ist der einzige neueingetretene Schüler, welcher im Oktober 1919 ein Stipendium oder ähnliche Vergünstigungen erhielt. Dieser Umstand ist ungewöhnlich und nur dem vehementen Eintreten Ittens für seinen Schüler geschuldet. *Siehe Rotzler, S. 67.* Otto Lindig, der zweite Stipendiat, war von 1913 bis 1915 Schüler der Kunstgewerbeschule Henry van de Veldes. Ab 1915 erhielt er ein Stipendium für die Bildhauerklasse Engelmanns. Nach der Rückkehr aus dem Krieg arbeitete er in dieser Werkstatt weiter und wurde 1919 Schüler des Bauhauses.

49, 17 Schulgeldfreistellen] Sämtliche Schulgeldfreistellen für das Wintersemester 1919/20 wurden an ehemalige Studierende der Hochschule für bildende Kunst vergeben.

50, 18 Kursen über Farbchemie] Bis zur Niederlegung seines Lehramtes am 18. Mai 1919 hatte Professor Fritz Fleischer die Leitung der farbentechnischen Abteilung der bisherigen Großherzoglichen Hochschule für bildende Kunst inne. Die Stelle galt als Hilfslehrerstelle. Fleischer hielt Vorträge über Maltechnik und machte farbentechnische Untersuchungen. In seinem Unterricht bezog er sich auf die Werke der Vergangenheit, gab ihn aber aus prinzipiellen Gründen auf. *ThHStA Weimar, Staatliches Bauhaus Weimar 7, Bl. 16.* Wahrscheinlich ist der Wunsch der Studierenden nach Kursen über Farbenchemie aus dem empfundenen Mangel nach dem Ende des maltechnischen Unterrichtes entstanden. Für das Stattfinden von entsprechenden Kursen konnte jedoch kein Beleg erbracht werden.

50, 23-24 Vorlesungen über die Technik alter Meister] Vorlesungen dieser Art fanden am Bauhaus nicht statt. Im November 1919 begann jedoch Itten seinen Unterricht „Analysen alter Meister", welche er bereits seit 1917 an seiner privaten Wiener Kunstschule erteilte.

50, 29-30 Strömungen, auch antisemitischer Natur] Anläßlich der vierteljährlich stattfindenden Wahl der Mitglieder des Studierendenausschusses kam es im Oktober 1919 zu folgendem Vorfall: In der Wohnung von Walter Determann versammelten sich einige Bauhausschüler, um über die bevorstehende Wahl zu beraten. Dabei wurde die Befürchtung ausgesprochen, daß der Studierendenausschuß zukünftig von jüdischen Mitschülern dominiert werden könnte. Insbesondere Hans Groß, der bis Mai 1919 selbst II. Vorsitzender der Schülervertretung gewesen war, engagierte sich dagegen, indem er versuchte, mittels einer Kandidatenliste ausschließlich Schüler nichtjüdischer Herkunft in die Schülervertretung zu lancieren. Dies gelang jedoch nicht. Diese Liste wurde später von Gropius als „antisemitische Protestliste" bezeichnet. Zum I. Vorsitzenden der Schülervertretung wählten die Studierenden den im Sommer eingetretenen Konrad Schwormstedt, zum II. Vorsitzenden Franz Singer aus Wien. Damit übernahm ein Itten-Schüler eine der Schlüsselpositionen im Schülerausschuß, welche bislang ausschließlich von ehemaligen Hochschülern besetzt wurden, die seit Januar 1919 in der von ihnen gebildeten „Freien Vereinigung" organisiert waren und eine Erneuerung der Weimarer Kunsthochschule gefordert hatten. Mit der Neuwahl gewannen andere Kräfte aus der Schülerschaft Einfluß auf die Entwicklung. Gropius versuchte dem Problem des Antisemitismus unter den Bauhausschülern zu begegnen. In einer Schülerversammlung im Herbst (wahrscheinlich Oktober 1919) brachte man dieses Thema zur Sprache. Der Bauhausleiter machte deutlich, daß ihm alle Schüler, egal welcher Nationalität oder welchen Glaubens, gleich seien. Diese Äußerung brachte ihm den Ruf eines Internationalisten, d. h. den Vorwurf der mangelnden Parteinahme für die nationale deutsche Kunst ein, Eigenschaften, die von der Weimarer Öffentlichkeit beim Direktor der ehemals renommierten Weimarer Kunstschule keinesfalls geduldet werden konnten. Antisemitische Tendenzen spielten auch in den Debatten des Bauhausstreites 1919/20 eine nicht unerhebliche Rolle. *Siehe Erläuterung zu 57, 12–13.*

50, 31–32 selbständig Aufträge ausführen und Ausstellungen beschicken] Die Studierenden des Bauhauses mußten vor der Ausstellung ihrer Arbeiten die Genehmigung ihrer Meister einholen. Die Ausstellungsordnung war bereits an der Hochschule für bildende Kunst Satzungsbestandteil, wurde aber später gestrichen. *Satzungen der Großherzoglichen Hochschule für bildende Kunst in Weimar von 1912; Satzungen des Bauhauses von 1921 und Erläuterungen zu 55, 27–28 und 55, 31.*

50, 33 dem Unterricht fernbleiben] Mit dem Wintersemester begann man am Bauhaus einen neuen, dem Programm der Schule entsprechenden Unterrichtsplan einzuführen. Dem neueingerichteten Dekorationsmalkurs für Maler blieben wohl vor allem die ehemaligen Meisterschüler der Hochschule für bildende Kunst fern. Die Forderung, ein Handwerk zu erlernen, hielten sie in ihrem Falle für unberechtigt, da ein Großteil von ihnen aus Handwerksberufen kam und eine Gesellenprüfung abgelegt hatte. Die Weigerung barg ein erhebliches Konfliktpotential.

50, 37 Durch Anschlag] Der genannte Anschlag stammte vom 29. Oktober 1919. Neben der Aufforderung, sich bei einem der freien Meister einzuschreiben und dies dem Sekretariat schriftlich bekannt zu geben, sollten die Studierenden sich auch für die Wahl der handwerklichen Tätigkeit entscheiden und mitteilen, ob sie Anwärter auf einen Lehrbrief der Handwerkskammer werden wollen. Die Übernahme des offiziellen Lehrbriefes erfolgte im Wintersemester 1919/20 noch nicht pflichtgemäß. Eine entsprechende Regelung wurde erst ein gutes Jahr später getroffen. *ThHStA Weimar, Staatliches Bauhaus Weimar 133, Bl. 1. Siehe Textteil Nr. 24 [1.], S. 105–109.* Trotz eingehender Aufforderung hatte sich im Dezember 1919 ein beträchtlicher Teil der Schüler weder für ein Handwerk noch für einen der freien Meister entschieden. *ThHStA Weimar, Staatliches Bauhaus Weimar 133, Bl. 2.*

50, 39–40 weitere Stiftung von 10 000 Mark] Es handelte sich hier um die Spende des Berliner Geschäftsmannes Alfred Pochwadt über 10 000 Mark für die Speisenanstalt des Bauhauses vom 16. Oktober 1919. *ThHStA Weimar, Staatliches Bauhaus Weimar 106, Bl. 77–78.* Pochwadt bemühte sich als der Bevollmächtigte der Hochschule für bildende Kunst und später des Bauhauses um die Finanzierung der Schule aus Stiftungskapitalien. Die Kantinengründung des Bauhauses wurde erst durch seine Zuwendungen möglich. Am 23. Mai 1919 hatte er schon einmal 10 000 Mark für die Bauhauskantine gespendet. Seine daran geknüpfte Bedingung war, daß die Kantine „gleichzeitig auch der dortigen Zeichen-, Mal- und Musikschule zugänglich sein [müsse]. Der Betrieb dieser Kantine soll keinen Gelderwerb, sondern eine Erleichterung der Lebensbedingungen der dortigen Kunstbeflissenen und jungen Leute darstellen." *ThHStA Weimar, Staatliches Bauhaus Weimar 213, Bl. 1.* Das von der Kantine erwirtschaftete Kapital sollte jährlich als Stipendien vergeben werden. Pochwadt versuchte sich einen erheblichen Einfluß auf die Stipendienvergabe zu sichern, was vom Bauhaus jedoch nicht akzeptiert wurde. Die Speisenanstalt wurde am 6. Oktober 1919 im ausgebauten „Glashaus" (vor dem „Prellerhaus") feierlich eröffnet und kann als die erste originäre Einrichtung des Bauhauses bezeichnet werden. Frühstück mit Kaffee und Brötchen war 1919 für 0,30 Mark zu haben. Für das Mittagessen hatten die Studierenden 1,50 Mark zu bezahlen, eine Flasche Bier kostete 0,75 Mark. *ThHStA Weimar, Staatliches Bauhaus Weimar 213, Bl. 38.* Die Versorgung der Kantine mit Nahrungsmitteln wurde durch die Abgabe von Lebensmittelmarken gesichert.

50, 40 Freitischaktion] Bereits im Dezember waren 30 Freitischspenden im Wert von insgesamt 7 680 Mark im Bauhaus eingegangen. Unter den Spendern befanden sich unter anderem Feininger, Engelmann, Gräfin Dohna, Harry Graf Kessler und einige Studierende des Bauhauses. Die Bauhausschülerin Käte Brasch spendete im November 1919 beispielsweise 300 Mark. *ThHStA Weimar, Staatliches Bauhaus Weimar 214, Bl. 9, 41, 42.* Während im November 1919 lediglich neun Studierende des Bauhauses Freitische erhalten konnten, waren es einen Monat später bereits 23. Im gesamten Schuljahr 1919/20 gab es 43 Freitischstiftungen, welche monatlich vergeben wurden. *ThHStA Weimar, Staatliches Bauhaus Weimar 214, Bl. 12–13.*

51, 4 Vorträge des Kunstmalers Paul Dobe] *Siehe Erläuterung zu 48, 11.*

51, 6 Schriftkurs Fräulein Wibiral] Dieser Schriftkurs fand im Wintersemester 1919/20 von November 1919 bis März 1920 wöchentlich einmal statt. Der Unterricht wurde montags und donnerstags von 17 bis 19 Uhr erteilt. Die ursprünglich vorgesehene Anzahl von dreißig Teilnehmern hatte sich verdoppelt, so daß der Kurs in zwei Abteilungen abgehalten werden mußte. *ThHStA Weimar, Staatliches Bauhaus Weimar 167, Bl. 27–31.* Dora Wibiral gehörte nicht zu den festangestellten Lehrkräften des Bauhauses. Als ehemalige Lehrkraft der Kunstgewerbeschule hatte sie für ihre private Ornamentklasse bis 1921 Räume im Gebäude des Bauhauses inne. *Siehe Erläuterung zu 44, 17–18.*

51, 7 Keramiker Leibbrand] Der Kontakt zu Gerhardt Leibbrand kam im Herbst 1919 über Bernhard Pankok, den Direktor der Kunstgewerbeschule Stuttgart, zustande, an welchen sich Gropius mit der Bitte um die Vermittlung eines Keramikers gewandt hatte. Leibbrand hatte an der Kunstgewerbeschule Stuttgart studiert, verfügte allerdings über keinen Meistertitel, da der Titel Meister für Keramik von der Stuttgarter Handwerkskammer nicht vergeben wurde. Neben einer künstlerischen hatte Leibbrand auch eine pädagogische Ausbildung für Zeichenlehrer genossen. Leibbrand stellte eine nicht unerhebliche Gehaltsforderung, die das am Bauhaus übliche Meistergehalt weit übertraf. Nach Verhandlungen fand er sich schließlich bereit, die Bedingungen des Bauhauses anzunehmen und die Stelle am 1. Januar 1920 anzutreten. Vertrag und Dienstvorschrift wurden am 7. November 1919 nach Stuttgart abgesandt. Am 15. November 1919 teilte Leibbrand dem Bauhaus jedoch mit, daß er die angebotene Stelle aus finanziellen Gründen ablehne. *ThHStA Weimar, Staatliches Bauhaus Weimar 115, Bl. 249.* Im Gegensatz zu der in der Literatur immer wieder als Tatsache aufgeführten Behauptung seiner Anstellung am Bauhaus Weimar leitete Leibbrand zu keiner Zeit dessen keramische Werkstatt.

51, 9 Hoftöpfer Schmidt] *Siehe Erläuterung zu 48, 4–5.*

51, 19 van de Velde] Im Dezember 1918 beriet das Kollegium der Hochschule für bildende Kunst über Neuberufungen. Theodor Hagen machte in diesem Zusammenhang den Vorschlag, Henry van de Velde wieder nach Weimar zu berufen. *ThHStA Weimar, Staatliche Hochschule für bildende Kunst Weimar 187–188, Bl. 48.* Insbesondere Engelmann und Klemm, aber auch Harry Graf Kessler, Elisabeth Förster-Nietzsche, Georg Kolbe und Vertreter des Weimarer Handwerks setzten sich für die Rückkehr van de Veldes ein. Man suggerierte ihm offenbar, daß seine Rückkehr nach Weimar auch von Gropius gewünscht und befürwortet werde, wie die Antwort van de Veldes auf einen Brief der Professoren Engelmann und Klemm vom 17. April 1919 belegt, so daß er sich prinzipiell zur Rückkehr bereit fand. *Siehe Hüter, S. 161.* Die Rückberufung van de Veldes stand im März 1919 tatsächlich zur Debatte. Während die Vertragsverhandlungen mit Gropius in vollem Gange waren, schrieb die republikanisch-provisorische Regierung für Sachsen-Weimar-Eisenach am 10. März 1919 an das

Hofmarschallamt: „Bevor über die Neubesetzung und Berufung eines Leiters des hiesigen Kunstgewerbes Weiteres veranlaßt wird, ist festzustellen, daß tatsächlich Professor van de Velde nicht mehr nach Weimar zurückkehren will." *ThHStA Weimar, Hofmarschallamt 3707, Bl. 131.*

51, 23 bis auf zwei Herren] Für die Rückkehr van de Veldes stimmten Engelmann und Klemm.

52, 13 Antrag einreichen werde] Am 20. November 1919 wurde ein entsprechender Antrag auf Pensionsberechtigung der Bauhauslehrer beim Kultusministerium eingereicht. *ThHStA Weimar, Staatliches Bauhaus Weimar 112, Bl. 3.* Angestrebt wurde eine Pensionsberechtigung nach den ersten drei Jahren der Anstellungszeit in der Höhe der Hälfte der für Staatsbeamte mit gleichen Bezügen gewährten Pension. Wie aus dem Protokoll einer Besprechung des Kultusministeriums mit Vertretern des Bauhauses und der Staatlichen Hochschule für bildende Kunst am 15. April 1921 hervorgeht, wurde dieser Antrag jedoch vom Landtag des vormaligen Freistaates Sachsen-Weimar-Eisenach im Sommer 1920 grundsätzlich abgelehnt. *ThHStA Weimar, Thüringisches Ministerium für Volksbildung C 1480, Bl. 137.* Für die Staatshaushaltspläne des neuen Landes Thüringen und der vormaligen Gebiete für das Jahr 1921 wurden im Oktober 1920 sowohl für das Bauhaus als auch für die neuzugründende „Weimarer Malschule" die entsprechenden Passagen aus den Kostenvoranschlägen durch den Finanzausschuß des Landtages gestrichen. *ThHStA Weimar, Thüringisches Ministerium für Volksbildung C 1480, Bl. 43. Siehe Erläuterung zu 201, 33.*

52, 18 Anatomieunterricht des Professor Rasch] Otto Rasch hielt seine Vorträge nur noch im Wintersemester 1919/20. *ThHStA Weimar, Staatliches Bauhaus Weimar 111, Bl. 166. Siehe Erläuterungen zu 48, 10 und 97, 22–23.*

52, 35 Wettbewerb für das Vestibül] Der Wettbewerb für die Ausgestaltung des Vestibüls im Bauhaus wurde von Gropius mit Einverständnis des Meisterrates am 17. Juni 1919 ausgeschrieben. In der Ausschreibung hieß es: „Im großen Vestibül des Hochschulgebäudes sind von van de Velde vier abgepaßte Wandflächen für farbigen Wandschmuck vorgesehen. Um den Studierenden in dem Raum, dessen architektonische Wirkung sie jederzeit vor Augen haben, Gelegenheit zu Wandentwürfen zu geben, wird ein Wettbewerb zunächst für Ideenskizzen für die genannten vier Wandflächen unter den Malern und Bildhauern ausgeschrieben. Für Maler können die Entwürfe entweder für Glasmosaik oder für Freskomalerei gedacht sein. Für Bildhauer in farbigem Flachrelief (aufgetragener oder geschnittener Stuck). Entwurfsgröße ein Fünftel der natürlichen Wandfläche. Bewerber haben die Entwürfe zu Beginn des Wintersemesters im Sekretariat des Bauhauses gegen Quittung abzuliefern. 1. Preis für Maler und Bildhauer je 100 Mark 2. Preis für Maler und Bildhauer je 70 Mark. Weitere Ankäufe sind dem Meisterrat überlassen. Eine möglichst rege Beteiligung auch der jungen Studierenden trotz der für diese Aufgabe nicht großen Preise ist dringend erwünscht. [...] Über den Inhalt der Kompositionen werden keine Vorschriften gemacht. Gropius" *ThHStA Weimar, Staatliches Bauhaus Weimar 70, Bl. 125–126.* Die zu diesem Wettbewerb eingegangenen Entwürfe wurden ab 8. November 1919 im Bauhaus zur Beurteilung durch die Meister ausgestellt.

52, 42 Sitzungen sollen monatlich einmal stattfinden] Monatliche Sitzungen des Meisterrates mit den Werkmeistern konnten nicht nachgewiesen werden. Belegt ist die Teilnahme der Werkmeister an der Meisterratssitzung am 13. April 1920 und am 26. Oktober 1920. *Siehe Textteil Nr. 18 [2.], S. 83 und Nr. 25 [1.], S. 109.* Eine gewisse Regelmäßigkeit im Stattfinden gemeinsamer Sitzungen trat erst mit der Einführung der neuen Satzungen am 6. Februar

1923 und der damit verbundenen Änderung der Beratungsordnung infolge des Ersetzens des Meisterrates durch den Bauhausrat ein.

55, 27–28 verschiedene Satzungsnachträge und kleinere Satzungsänderungen] Der Inhalt der hier genannten Satzungsnachträge und -änderungen ist nicht rekonstruierbar. Allerdings läßt sich aus dem Schriftwechsel des Bauhauses mit dem Kultusministerium des Freistaates Sachsen-Weimar-Eisenach schließen, daß entsprechende Vorschläge des Meisterrates bereits Ende 1919 bzw. Anfang 1920 dieser Behörde zur Genehmigung vorgelegt worden waren. *ThHStA Weimar, Staatliches Bauhaus Weimar 2, Bl. 11.* Es muß davon ausgegangen werden, daß die Satzungen des Bauhauses in der hier beschlossenen Form nicht genehmigt wurden bzw. ein entsprechendes Verfahren gar nicht zustande kam, da der Meisterrat ein Jahr später die bereits beschlossene Streichung der Ausstellungsordnung erneut beriet. *Siehe Erläuterungen zu 55, 31 und 97, 29.* Der letzte Oberhofmarschall, Hugo Freiherr von Fritsch, gab in einer Erklärung vom 20. April 1920 an, daß eine Änderung der Satzungen nicht erfolgt sei, solange er die Geschäfte des Hofmarschallamtes inne gehabt habe. *ThHStA Weimar, Hofmarschallamt 3708, Bl. 13.* Fritsch wurde am 7. Januar 1920 pensioniert. Quellenbelege für eine beim Hofmarschallamt bzw. Kultusministerium beantragte Satzungsänderung in diesem Zeitraum lassen sich nicht finden. Möglicherweise geriet das Genehmigungsverfahren der Satzungen des Bauhauses, welches sich seit April 1919 ohne nachweisliches Ergebnis hinzog, mit der Übernahme der Aufsicht über das Bauhaus durch das Kultusministerium, die bereits wenige Monate nach Gründung des Bauhauses erfolgt war, in Vergessenheit. Im Hofmarschallamt wurde der Vorgang jedenfalls nachweislich Ende Juli 1919 mit dem Hinweis auf die nunmehrige Zuständigkeit des Kultusministeriums zu den Akten gelegt. *ThHStA Weimar, Hofmarschallamt 3707, Bl. 227.*

55, 31 „Ausstellungs-Ordnung"] In den Satzungen des Bauhauses vom 15. April 1919 hieß es unter Punkt XI. Ausstellungsordnung: „Der Meisterrat beschließt über gemeinsame Ausstellungen des Bauhauses, über ihren Umfang und die Beteiligung der Meister und Studierenden an ihnen. Meister und Studierende sind verpflichtet, private Ausstellungen hinter den gemeinsamen des Bauhauses zurückzustellen. Die Studierenden des Bauhauses haben nach Vollendung von Arbeiten ihren Meistern Anzeige zu machen und deren Urteil sowie das des Leiters über die Ausstellungsfähigkeit zu gewärtigen. Diejenigen Künstler, welche im Bauhaus eine Werkstatt inne haben, sei es gegen Mietzins oder durch unentgeltliche Zuweisung, übernehmen damit gleichzeitig die Verpflichtung, ihre Werke in den Ausstellungen des Bauhauses auszustellen. Über die Art der Anmeldung von Werken für Ausstellungen erläßt der Leiter des Bauhauses jeweilige besondere Bestimmungen." *ThHStA, Weimar, Hofmarschallamt 3707, Bl. 197.* Die Ausstellungsordnung war im wesentlichen an der entsprechenden Regelung der Satzungen der ehemaligen Hochschule für bildende Kunst orientiert. Neu war allerdings der absolute Vorrang der gemeinschaftlichen Ausstellungen vor privaten. *Siehe Erläuterung zu 50, 31–32.*

55, 32–33 Spielwaren] Seit Ende Oktober 1919 wurden im Bauhaus ausschließlich Spielsachen gefertigt. Dieses Vorhaben geht auf Ittens Initiative zurück, ist aber auch der Tatsache geschuldet, daß im Bauhaus ein Mangel an Material, vor allem an Leinwand herrschte. *Siehe Erläuterung zu 48, 1.* Der Plan muß unmittelbar nach Ittens Ankunft in Weimar im Oktober 1919 entstanden sein, wie sich aus einem Brief von Gropius aus dieser Zeit schließen läßt. Er schrieb an Lily Hildebrand: „Ich habe mit Itten das ganze Bauhaus auf den Kopf gestellt, die Modelle herausgeworfen und bis Weihnachten wird nichts wie Kinderspielzeug fabriziert; fand eine Jahrmarktsbude, die wir hier aufschlagen werden. Große Begeisterung und fieberhafte Arbeit in allen Bahnen. Nur so kann ich verhindern, daß das Bauhaus nicht gleich wieder eine Akademie wird und daß sich langsam aus Spiel ernste Kunst entwickelt." *Zitiert nach: Das frühe Bauhaus, S. 449.* Es wurde recht schnell deutlich, daß die zunächst harmlos anmutende Spielzeugherstellung auch ein programmatisches Ziel verfolgte, welches den deutlichen Bruch mit den akademischen Lehrmethoden, die bisher das Studium am Bauhaus noch wesentlich prägten, herbeiführen sollte. Itten schrieb seinerzeit: „So packte ich mit einem kräftigen Schlage die alte akademische Tradition des Akt- und Naturzeichnens und führe alle schöpferische Tätigkeit zur Wurzel zurück, zum Spiel. Wer hier versagen wird, ist für mich als Künstler, als Schüler abgetan." *Zitiert nach: Rotzler, S. 67.* Am 28. November 1919 hatte er vor den Studierenden des Bauhauses einen Vortrag mit dem Titel „Unser Spiel – unser Fest – unsere Arbeit" gehalten. *Siehe das Plakat von Rudolf Lutz abgebildet in: Das frühe Bauhaus, S. 169. Text des Vortrages in: Rotzler, S. 69.* Der gewünschte Effekt der klaren Scheidung der akademischen Ziele von jenen des Bauhauses wurde tatsächlich erreicht. „Die richtigen eingefleischten Akademiker machten überhaupt nicht mit, und die Feinde tobten, daß in der Kunstschule Spielzeug gemacht wird", wußte Gerhard Marcks am 4. Januar 1920 zu berichten. *Zitiert nach: Marcks, S. 36.* In der Beurteilung der Spielzeugherstellung am Bauhaus durch die Öffentlichkeit fanden Ressentiments des Gemeinderates gegenüber den sogenannten „Gewerbeschülern", wie die Bauhäusler gern in Abgrenzung zu den Akademikern der ehemaligen Hochschule für bildende Kunst genannt wurden, ihren Niederschlag. *Siehe „Weimarer Gemeinderat", in: Thüringische Landeszeitung Deutschland, Nr. 348/1919 vom 20. Dezember 1919. Siehe Erläuterung zu 58, 6.*

55, 37 Anzeige aus der Zeitung „Deutschland"] Die Anzeige lautet:
„Freie Vereinigung für Städt. Interessen
Freitag, den 12. Dezember, 8 $^3/_4$ Uhr abends, Großer Erholungssaal außerordentliche Versammlung.
Tagesordnung:
Die neue Kunst in Weimar. Referent: Baurat Ehrhardt.
Wichtige Gemeindeangelegenheiten. (Stadthausfrage, Wohnungsfrage usw.)
Gemeinderatswahlen.
Verschiedenes.
Gäste willkommen.
Altweimarischen Künstlern, Handwerkern, Gewerbetreibenden die Tagesordnung zur besonderen Beachtung." *Thüringische Landeszeitung Deutschland Nr. 338/1919 vom 11. Dezember 1919.* Die betonte Einladung der altweimarischen Künstlerschaft markiert die Stoßrichtung der Veranstaltung gegen die neue Kunst in Weimar.

56, 4 Eingabe des Ost-Thüringischen Künstlerbundes] Am 26. September 1919 wandte sich das Kultusministerium an die Leitung des Staatlichen Bauhauses mit der Bitte um gutachterliche Äußerung zu einer Eingabe des Künstlerbundes Ostthüringen. Die Eingabe selbst ist nicht mehr erhalten. Der Künstlerbund Ostthüringen war 1919 als Hilfs- und Schutzbund und zur Wahrung der wirtschaftlichen Interessen der Künstler gegründet worden. Insbesondere setzte sich diese Organisation für die staatliche Förderung von Küstlern durch öffentliche Ankäufe und Aufträge ein. So war auch die Einrichtung eines unabhängien Künstlerrats bei der Regierung als Interessenvertretung geplant. *Siehe Erläuterungen zu 56, 6 und 56, 10.*

56, 6 über die wirtschaftlichen Fragen geäußert] Schriftliche Stellungnahmen zur Eingabe des Künstlerbundes Ostthüringen sind von Feininger, Itten, Rasch und Thedy erhalten.

Während Itten und Rasch zu den Vorschlägen eine ablehnende Haltung einnahmen, begrüßte Feininger die Vorschläge, den Staat für die Verbesserung der sozialen Lage geistig und künstlerisch Schaffender in die Verantwortung zu nehmen. Thedy betonte in seiner Stellungnahme insbesondere die Bedeutung einer nationalen, deutschen Kunst. *ThHStA Weimar, Staatliches Bauhaus Weimar 22 Bl. 5–8. Stellungnahmen von Lyonel Feininger und Johannes Itten veröffentlicht in: Wingler, S. 44–45. Siehe Erläuterungen zu 56, 4 und 56, 10.*

56, 10 Antwort an das Ministerium] Am 19. Dezember 1919 antwortete Gropius dem Kultusministerium: „Der Meisterrat erkennt an, daß in den Vorschlägen des Künstlerbundes Ostthüringen wertvolle Hinweise auf eine Besserung der Lebensverhältnisse der Künstler enthalten sind, trägt aber im Ganzen Bedenken, die Anregungen des Bundes beim Staate in dieser Form zu unterstützen. Es muß zu schweren Bedenken Anlaß geben, wenn kunstpolitische und wirtschaftliche Fragen der Künstler miteinander verquickt werden. Die Vorschläge in der vorliegenden Form würden das Cliquenwesen unterstützen. Eine Instanz zu schaffen, die über den Wert künstlerischer Leistungen zu befinden hat, ist unmöglich, denn gerade in der Kunst werden die Stärksten von den Zeitgenossen verkannt. Der angedeutete Vorschlag, daß der Künstler dem Staate seine gesamte Produktion zur Verfügung stellt und dafür von ihm unterhalten wird, wäre allerdings ein Lösung, deren Ausführbarkeit aber heute noch auf unüberwindliche Schwierigkeiten stoßen dürfte. Daß der Staat aber auch heute in der Lage ist, den Künstlern mehr wie bisher wirtschaftliche Erleichterungen zu schaffen und zwar ohne Ansehen der ‚Richtung‘ lediglich nach dem Grad der wirtschaftlichen Bedürftigkeit, steht wohl außer Zweifel. Er sorge vor allem dafür, daß kein Künstler verhungere. Das Geistige läßt sich nicht organisieren, aber die grundsätzliche Verpflichtung des Staates, das Geistige zu unterstützen, wo immer es entstehe und wie immer es geartet sei, liegt heute mehr denn je auf der Hand. Die kulturellen Werte sind das einzige Gut, das uns von unseren Feinden nicht genommen werden kann. Alle staatlichen Mittel, die dort investiert werden, können einem Land nie mehr verloren gehen. Erkennt der Staat eine solche Verpflichtung grundsätzlich an, so bedarf es keiner Künstlerräte und Interessengemeinschaften. Die Kunst läßt sich nicht organisieren. Der Künstlerbund Ostthüringen hat sich bisher weder an das Bauhaus als solches, noch an einen der in ihm schaffenden Künstler gewendet." *ThHStA Weimar, Staatliches Bauhaus Weimar 22, Bl. 4. Gekürzt veröffentlicht in: Hüter, S. 168. Siehe Erläuterungen zu 56, 4 und 56, 6.*

57, 10 außerordentlichen Versammlung] Gemeint ist die Versammlung der „Freien Vereinigung für städtische Interessen" am 12. Dezember 1919. *Siehe Erläuterung zu 55, 37.* Ziel der Versammlung war es, die Genehmigung des vom Bauhaus geforderten Budgets zur Einrichtung von Werkstätten (eine einmalige Summe von 180 000 Mark sowie einen jährlichen Zuschuß von 160 000 Mark) durch die Regierung zu torpedieren. Offensichtlich hatten sich die Gemüter auch an der Tatsache erhitzt, daß Gropius am 8. August 1919 im Gemeinderat den Antrag stellte, Wand- und Deckenmalereien im Rathauseingang von Bauhausschülern ausführen zu lassen und dafür jene Gelder zu verwenden, die der Stadt für den Ankauf von Kunstwerken der Studierenden zur Verfügung standen. Gropius erhoffte sich davon, das Entstehen einer „erfreuliche[n] Zusammenarbeit mit der Stadt, [...] an der es leider noch gebricht." *ThHStA Weimar, Staatliches Bauhaus Weimar 10, Bl. 5.* Dieser Vorschlag wurde vom Gemeinderat jedoch als Anmaßung empfunden und die Behandlung der Angelegenheit in einer öffentlichen Gemeinderatssitzung abgelehnt. *ThHStA Weimar, Staatliches Bauhaus Weimar 10, Bl. 12.* Zu den Vorgängen während der Versammlung äußerte sich Leonhard Schrickel in seinem zynischen Artikel „Die neue Kunst in Weimar". Schrickel

stellte das Bauhaus als eine vorübergehende, unter geschickter Ausnutzung der Revoluti-
onswirren entstandene, äußerst pubertäre und in keiner Weise dauerhafte Einrichtung zur
Förderung der neuen Kunst dar. *Thüringische Landeszeitung Deutschland Nr. 342/1919
vom 14. Dezember 1919. Siehe Erläuterung zu 60, 3–4.*
57, 10 Dr. Kreubel] Dr. Emil Kreubel, Oberinspektor bei der Versicherungsgesellschaft
„Union", sprach für den erkrankten Baurat Max Ehrhardt.
57, 12–13 der Studierende Groß eine Rede gehalten] Hans Groß war ein ehemaliger Meisterschüler der Hochschule für bildende Kunst. Die besagte Rede wurde am 22. Dezember
1919 in der Thüringischen Landeszeitung Deutschland abgedruckt. Man kann davon ausgehen, daß es sich dabei im wesentlichen um den originalen Wortlaut handelte. Es hieß
darin: „Nur die Persönlichkeit fehlt, welche alles durch ihre Energie und durch ihren Willen
überzeugt und mit sich fortreißt, die Führerkraft, welche wirklich deutsches Wesen und deutsche Eigenart in sich trägt. Denn unsre Zeit kennt keine Deutschen mehr und viel weniger
noch eine deutsche Kunst. Wir haben uns ja selbst verleugnet. Wir wollen ja nie das sein, was
wir sind – Deutsche! Seit der Gotik siechen wir dahin. [...] wo ist wohl jetzt ein besserer
Boden für die internationale Macht als bei uns in Deutschland; deutscher Geist, deutsches
Wesen, alles wird zum Misthaufen geworfen, durchseucht von zersetzenden Bakterien – mit
Füßen getreten, aus dem Weg gegangen wie ein stinkendes Aas." Indem sich Groß wenige
Zeilen später auf den völkischen Schriftsteller Adolf Bartels berief, wird der Rundumschlag
gegen alles Undeutsche zur gezielten antisemitischen Hetze. „Du blindes Volk [...] du wan-
delst dahin mit Stumpfsinn und Gleichgültigkeit und spürst nicht den Stachel, der in dich hin-
einbohrt. Die Todeshand ist nicht weit von dir – aber du erwachst erst, wenn das Messer dir
an die Kehle gelegt wird. Die Wölfe dürsten nach deinem Blut: Nur noch einen Schritt und
du sinkst hinab in das Verderben, in den stinkenden Kot, zum Nimmerauferstehen [...]"
Thüringische Landeszeitung Deutschland Nr. 350/1919 vom 22. Dezember 1919. Die Aussagen über die Führerschaft wurden vom Publikum als Attacke gegen die Leitung des Bauhauses aufgefaßt. Groß löste mit dieser Rede, die als „Bauhausstreit" bezeichnete Kontroverse aus, welche in ihrem Ergebnis zur Neugründung der Staatlichen Hochschule für
bildende Kunst in Weimar im Frühjahr 1921 führte. Es ist jedoch evident, daß die Konflikte,
die hier ihren Höhepunkt erreichten, indem sie in die Öffentlichkeit getragen wurden, bereits weit vor dem Dezember 1919 zu schwelen begannen. *Siehe Erläuterung zu 60, 3–4.*
57, 16 Sonnabend] Die Unterredung fand am 13. Dezember 1919 statt. Gropius konfrontierte Hans Groß mit der Tatsache, daß er durch die Verquickung von Kunst und Politik das
Bauhaus gefährde. Bis Dezember 1919 hatte es am Bauhaus einige wenige Vorfälle politischen Charakters gegeben, gegen welche Gropius stets hart vorgegangen war. Im Protokoll
der Unterredung mit Groß hieß es dazu: „Wenn das Bauhaus Ballplatz für politische, nationale und rassionale [gemeint ist rassische] Fragen wird, so muß es wie ein Kartenhaus zu-
sammenstürzen. Ich habe von jeher betont und wie ein Zerberus darüber gewacht, daß von
keiner Seite Politik ins Bauhaus getragen würde." *ThHStA Weimar, Staatliches Bauhaus Weimar 7, Bl. 1–2.* Das Protokoll dieser Unterredung läßt den Eindruck entstehen, daß Groß
sich über die Tragweite seines Tuns nicht hundertprozentig im klaren war. Aussagen von
Mitstudierenden beschreiben Groß als eitel, unehrlich und darauf bedacht, im Mittelpunkt
zu stehen, aber auch als überzeugten Antisemiten. *Siehe Erläuterungen zu 57, 27, 57, 28 und
63, 27.*
57, 21 Versammlung der Studierenden] Am 13. Dezember 1919 wurde eine interne
Schülerversammlung von Werner Gilles und Heinrich Basedow einberufen, um sich mit dem

Fall Groß auseinanderzusetzen. Die Versammlung fand unbeeinflußt von Gropius oder dem Meisterrat statt. *Siehe Erläuterung zu 63, 27.* Obwohl ein großer Teil der Schüler für die Beantragung des sofortigen Ausschlusses von Hans Groß aus dem Bauhaus eintrat, kam es auf der Schülerversammlung wohl auch deshalb zu keiner Beschlußfassung, da Groß es verstand, die Angelegenheit als „mit Gropius geregelt" darzustellen. *Siehe Erläuterungen zu 57, 16 und 57, 22.*

57, 22 Groß sei nunmehr am 17. 12. [19]19 ausgetreten] Groß bat am 17. Dezember 1919 den Meisterrat schriftlich um Entlassung aus dem Bauhaus. *ThHStA Weimar, Staatliches Bauhaus Weimar 7, Bl. 50.* Interessant ist der Umstand, daß bereits einen Tag zuvor zehn Schüler aus Protest ihre Abmeldung vom Bauhaus einreichten und sich gemeinsam mit weiteren Studierenden noch am selben Tage mit einem empörten Brief an die Weimarer Künstlerschaft wandten. *ThHStA Weimar, Staatliches Bauhaus Weimar 7, Bl. 13–15. Veröffentlicht in: Hüter, S. 169. Siehe Erläuterung zu 57, 30.* Es ist wahrscheinlich, daß Groß durch die Eskalation der von ihm ausgelösten Ereignisse derart unter Druck geriet, daß er deshalb seine Entlassung – und zwar erst am 17. Dezember 1919 – einreichte, obwohl er dies ursprünglich wohl gar nicht beabsichtigte. Groß gehörte zu den privilegierten Meisterschülern und mußte bei Abmeldung mit dem Verlust von Stipendien und Atelier rechnen. Diesen Eindruck bestätigte auch Richard Winkelmayer, der Leiter der Schülerversammlung vom 13. Dezember 1919, in seinem Bericht. Darin hieß es: „Ich kann mich des Gedankens nicht erwehren, daß Groß später von außenstehenden Personen zu seinem Austritt aus dem Bauhaus und zu seinem Vorgehen gegen dieses veranlaßt wurde, umsomehr, als er mit seiner Erklärung über die Aussprache mit Herrn Gropius allgemein den Eindruck erweckte, die ganze Angelegenheit wäre gütlich geordnet worden, sich nach der Versammlung über Herrn Gropius in besonders anerkennender Weise und mit Hochachtung aussprach und sein Verhalten während der Versammlung nicht auf seine Absicht schließen ließ, daß Bauhaus zu verlassen." *ThHStA Weimar, Staatliches Bauhaus Weimar 7, Bl. 10. Siehe Erläuterungen zu 57, 16; 57, 21; 57, 27; 57, 28 und 63, 27.*

57, 23 Stipendium entzogen] Groß war als ehemaliger Meisterschüler der Hochschule für bildende Kunst auch 1919 mit Stipendien bedacht worden. Es handelte sich dabei um folgende Vergünstigungen: Stipendium anläßlich der 1. Schülerausstellung im Juni 1919 (80 Mark zuzüglich einer Prämie von 50 Mark), Schulgeldfreistelle für das Wintersemester 1919/20, Stipendium zur Bestreitung von Modellkosten 100 Mark. *Siehe Textteil Nr. 5 [1.], S. 48–51 und Nr. 7 [1.], S. 55–56.* Gropius konnte Groß das Stipendium nicht entziehen, da er allein nicht berechtigt war, die Entscheidung des Meisterrates rückgängig zu machen. Anläßlich des Gespräches zwischen Groß und Gropius am 13. Dezember 1919 äußerte Gropius: „Ich habe Ihnen bisher geholfen, wo ich konnte, aber nun ziehe ich meine Hand von Ihnen zurück, denn es scheint, daß Sie Güte nicht vertragen können." *ThHStA Weimar, Staatliches Bauhaus Weimar 7, Bl. 1.* Vermutlich ist diese Äußerung von Groß als Stipendienentzug gedeutet worden. *Siehe Erläuterungen zu 57, 16; 57, 27 und 57, 28.*

57, 23 Architekturschüler bezeugen können] Als Architekturschüler waren im Wintersemester 1919/20 bei Gropius eingeschrieben: Otto Meyer, Ernst Neufert, Heinrich Petersen und Fritz Taudte. *ThHStA Weimar, Staatliches Bauhaus Weimar 158, Bl. 155.* Auf Befragen zum angeblichen Stipendienentzug durch Gropius wurde festgestellt: „Beide [Meyer und Neufert] erklären, sie hätten von mir [Gropius] eine solche Äußerung nicht gehört, Groß selbst habe diese Behauptung ihnen gegenüber geäußert." *ThHStA Weimar, Staatliches Bauhaus Weimar 7, Bl. 55.*

57, 27 Brief von Groß] In seinem Brief vom 17. Dezember 1919 an das Staatliche Bauhaus erklärte Groß: „Der mir gewordenen Aufforderung, zwecks einer Rücksprache mit Herrn Gropius nachzukommen, halte ich nicht für erforderlich. Ich habe meine Abmeldung eingereicht, nachdem mir Herr Gropius erklärt hat, was er ebenfalls seinen Architekturschülern gegenüber geäußert hatte, daß er mir das Stipendium entzogen habe. Am Abend der Unterredung ließ er mich noch wissen, daß über das Weitere die Schülerschaft beraten würde. Jeder Mensch, der auch nur das geringste Ehrgefühl im Leibe hat, hält sich für moralisch gezwungen, daraufhin sich als ausgeschlossen vom Bauhaus zu betrachten." *ThHStA Weimar, Staatliches Bauhaus Weimar 7, Bl. 51. Siehe Erläuterung zu 57, 28.*

57, 28 Antwort] Gropius antwortete Hans Groß am 17. Dezember 1919: „In Erwiderung Ihres Schreibens vom 17. ds. Mts. teile ich Ihnen folgendes mit: Nach Ihrem Weggang am Sonnabend Abend habe ich unsere Besprechung sofort zu Papier gebracht. Ich bedaure, daß Sie das Unheil, was Sie durch Unbedachtsamkeit und Eitelkeit heraufbeschworen haben, dadurch noch vertiefen, daß Sie unrichtige Angaben über unser Gespräch verbreiten und den Eindruck erwecken wollen, als sei die Leitung gegen Sie vorgegangen, um Sie wegen Ihrer politischen Rede zu maßregeln. Ich stelle hiermit fest: 1. Daß von meiner Seite keinerlei Maßregeln gegen Sie ergriffen worden sind, sondern daß Sie selbst die Konsequenzen Ihrer Handlungsweise gezogen haben. 2. Daß ich Ihnen offiziell und pflichtgemäß die politische Agitation als solche, deren Sie sich schuldig gemacht haben, als gefährlich und ungehörig untersagt habe, wie ich es in anderen Fällen gleich von welcher Seite ebenso getan habe. 3. Daß ich Ihnen kein Stipendium entzogen habe – wozu allein der Meisterrat befugt ist –, sondern daß ich Ihnen sagte: ,Ich habe Ihnen bisher geholfen, wo ich konnte, aber nun ziehe ich meine Hand von Ihnen zurück, denn es scheint, daß Sie Güte ausnutzen. Die Art, wie Sie sich unserer (zufällig an dem gleichen Morgen vor der Versammlung gehabten) Unterredung nun gegen das Bauhaus gestellt haben, entgegen Ihren vorherigen Beteuerungen, war häßlich und verschlagen.' Auch den Architekturschülern ist nicht von einer Stipendienentziehung mitgeteilt worden, wie diese auf Befragen bezeugen. Ich habe mich selbstverständlich in die Stellungnahme der Schüler nicht eingemischt, die aus eigener Initiative, ohne mir Meldung zu machen, eine Versammlung unter sich anberaumt haben. Ich habe Ihnen gesagt: ,Unter den Schülern scheint eine große Erbitterung gegen Sie ausgebrochen zu sein, das werden Sie nun wohl auch in der gegen Sie einberufenen Versammlung, die, wie ich höre, augenblicklich stattfindet, erfahren.' Ich habe Sie in keinem Zweifel darüber gelassen, daß Ihre Angelegenheit zwei ganz unterschiedliche Seiten aufwies. Einmal wandte ich mich gegen Ihre politische Agitation, die ich als Ihr Direktor nicht dulden darf, zweitens – und das hat als solches nichts mit dem ersten Punkt zu tun – gegen Ihre persönliche Unaufrichtigkeit, die in Ihrem Verhältnis mir gegenüber zu Tage trat. Ich will annehmen, daß Sie in der begreiflichen Aufregung, in der Sie sich befunden haben, als Sie von mir aus in die Schülerversammlung gingen, die Begriffe in Ihrem Kopf verwirrt haben, und erwarte nun, daß Sie die entsprechenden Richtigstellungen vornehmen werden." *ThHStA Weimar, Staatliches Bauhaus Weimar 7, Bl. 53-54. Siehe Erläuterung zu 57, 27.*

57, 30 13 Studierende] Am 16. Dezember 1919 meldeten sich die Studierenden Mila Böning, Frieda von Düring, Joseph Haamann, Wilhelm Majowski, Lisa von Oertzen, Karl Pietschmann, Joseph Pilartz, Gerd Schniewind, Alfred Schröter und Paul Teichgräber vom Bauhaus ab. *Siehe Erläuterungen zu 58, 7 und 72, 27.* Die Abmeldungen von Thekla Dietrich-Wrede, Margarete von Hanke und Lydia Hengstenberg wurden am 17. Dezember 1919 eingereicht. *ThHStA Weimar, Staatliches Bauhaus Weimar 7, Bl. 18-31.* Mit einem erbitterten Brief wandten sich die ausgetretenen und zwei weitere Studierende des Bauhauses an die Weimarer Künstlerschaft. Darin warfen sie der Leitung des Bauhauses vor, Ausländer – gemeint waren die Wiener Itten-Schüler – gegenüber den deutschen Studierenden zu bevorzugen. Außerdem gaben sie an, sich durch die überstarke Betonung des Handwerks am Bauhaus in der Ausübung der freien Kunst behindert zu sehen. Besonders schwer wog jedoch der Vorwurf, „daß trotz aller vorherigen Versicherungen seitens der Leitung, jede Politik innerhalb der Bestrebungen des Bauhauses auszuscheiden, hinter diesen immer mehr zu Tage tretenden Zielen ein politischer Hintergrund zu suchen ist!!" *ThHStA Weimar, Staatliches Bauhaus Weimar 7, Bl. 13–15. Gekürzt veröffentlicht in: Hüter. S. 169. Siehe Erläuterungen zu 49, 17; 57, 22; 57, 31 und 60, 5 Gegenpartei].* Die in diesem Brief erhobenen Vorwürfe wurden von der Schülerschaft des Bauhauses am 8. Januar 1920 mit einer Erwiderung pariert. *Siehe Erläuterung zu 66, 2.*

57, 31 Gropius ließ diese sofort auffordern] Die Aufforderung zur Rücksprache an die ausgetretenen Studierenden wurde von Joseph Hamann mit den Worten pariert: „Ich erachte eine Rücksprache als vollkommen überflüssig." *ThHStA Weimar, Staatliches Bauhaus Weimar 7, Bl. 17. Siehe Erläuterung zu 57, 30.*

57, 39 Versammlung in der Erholung] Gemeint ist die Versammlung der „Freien Vereinigung für städtische Interessen" am 12. Dezember 1919. *Siehe Erläuterung zu 55, 37.* „Erholung" ist die umgangssprachliche Bezeichnung für das ehemalige Versammlungsgebäude der im 19. Jahrhundert gegründeten „Erholungsgesellschaft" an der Ostseite des Goetheplatzes, zu dieser Zeit Schankwirtschaft „Zur Erholung" sowie Konzert- und Ballhaus (heute Jugendkulturhaus „mon ami").

58, 5 Teichgräber] Es ist hier Paul Teichgräber, einer von drei am Bauhaus eingeschriebenen Brüdern Teichgräber gemeint. Er studierte seit Januar 1917 an der Hochschule für bildende Kunst.

58, 6 Frage des „Tafelbildes"] An dieser Stelle klingt das eigentliche interne Problem der Schule und des Meisterrates an. Es handelte sich um eine Auseinandersetzung programmatischer Art, welche mit politischen Mitteln geführt wurde. Im Wintersemester 1919/20 begann Gropius und vor allem Itten, den im Bauhausprogramm formulierten Veränderungen nach und nach Gestalt zu verleihen. Die Forderung nach der handwerklichen Grundlage aller künstlerischen Ausbildung wurde zunehmend umgesetzt. Die Werkstätten für Weberei und Teppichknüpferei, Buchbinderei, Bildhauerei und die Graphische Werkstatt waren eingerichtet. Provisorische Ausbildungsmöglichkeiten existierten für Keramiker und Tischler, im Aufbau befanden sich die Werkstatt für Edelmetallarbeiten und die Dekorationsmalerei. Die Maler unterrichtete Franz Heidelmann täglich in der Theorie der Dekorationsmalerei. Ein rein künstlerischer Unterricht mit dem Schwerpunkt der Tafelmalerei wurde lediglich in den Klassen der ehemaligen Hochschullehrer erteilt. Insbesondere im Winter 1919 geriet dieser Bereich auch durch die von Itten und Gropius angeregte Spielzeugherstellung mehr und mehr in den Hintergrund. Die Schüler der Thedy-Klasse fühlten sich dadurch zunehmend deplaziert. *Siehe Erläuterungen 45, 19; 55, 32–33 und 59, 11.*

58, 7 noch mehr Schüler ihre Abmeldungen] Bis Anfang 1920 kam es lediglich zu zwei weiteren Abmeldungen. Am 29. Dezember 1919 meldete sich Charlotte Waga und am 11. Januar 1920 Willy Hesse vom Bauhaus ab. *ThHStA Weimar, Staatliches Bauhaus Weimar 7, Bl. 23 und 33. Siehe Erläuterung zu 57, 30.*

58, 25 Versammlung im Kaiserkaffee] Im Anschluß an die Versammlung am 12. Dezember 1919 in der „Erholung" kam es in der Konditorei und Schankwirtschaft „Kaiser-Kaffee" in der Parkstraße 1 (heute Puschkinstraße) zu einer spontanen, äußerst aufgeregten Zusammenkunft verschiedener Studierender. *Siehe Erläuterung zu 63, 27.*

59, 11 Zur Frage „Tafelbild"] Der Zusatz von Thedy wurde erst im Januar 1920 ins Protokoll aufgenommen, zumindest aber auf der Meisterratssitzung am 13. Januar 1920 erstmals allen Anwesenden verlesen. Da Thedys Äußerung außer seiner eignen, lediglich die Unterschriften Feiningers und Ittens trägt und das Protokoll zuletzt bei Thedy im Umlauf war, ist anzunehmen, daß Thedy die Unterschriften seiner Kollegen selbst einholte. Damit ist jedoch der hinzugesetzte Text lediglich Thedy, Feininger und Itten bekannt gewesen. Dies erklärt die Verlesung des Wortlauts während der Meisterratssitzung am 13. Januar 1920. *Siehe Erläuterung zu 58, 6.*

60, 3-4 in Nr. 347 der Zeitung „Deutschland"] Der besagte Artikel stammte aus der Feder des Publizisten Leonhard Schrickel und wurde am 19. Dezember 1919 unter dem Titel „Was geht vor?" veröffentlicht. Schrickel, ein erklärter Bauhausfeind, schwor die Weimarer Öffentlichkeit auf den Kampf gegen das Bauhaus unter der Fahne des Nationalismus ein. Er schrieb unter anderem: „Aber auch ein großer Teil der Schüler, die bei der im ‚Bauhaus' jetzt beliebten Methode keine künstlerische Förderung mehr finden, bäumen sich gegen die dort herrschenden Zustände auf. Ist es denn aber auch glaublich, daß Schülern die Ateliers sozusagen gesperrt werden, weil man diese als Schlafräume für Ausländer braucht? Ist es denn glaublich, daß in dem Schülerrat unserer Weimarischen Kunstschule die Meinung von Ausländern maßgebend ist? Daß Ausländer über deutsche Kunstschüler zu Gericht sitzen? Leute, denen man ihre undeutsche Abstammung (Galizien? Slowakei?) auf Meilenweite ansieht. Die sich mit ihrer internationalen (richtig: anationalen-vaterlandslosen) Gesinnung geradezu brüsten? Ein antideutsches Heerlager bilden, um die deutschgesinnten und deutschgeborenen Schüler hinauszubeißen? Und das alles unter den Augen der Leitung, die nervös wird, wenn ein Schüler in öffentlicher Versammlung und durchaus unpolitisch sein Deutschtum betont. [...] Ist es denn glaublich, daß hier in Weimar, der Stadt Schillers und Goethes, Ausländer, die eine in dieser für alle Stände bitter schweren Zeit geradezu als verbrecherisch zu bezeichnende Propaganda gegen deutsche Kunst und deutsches Wesen treiben, allerhand Erleichterungen (freies Studium, freie Wohnung, Freitische) gewährt werden oder zu verschaffen angestrebt wird, während unseren deutschen Kunstjüngern, die z. T. im Felde für unser Vaterland gekämpft und geblutet haben, die ihnen etwa bewilligten kärglichen Erleichterungen genommen werden sollen, wenn man ihnen derlei Erleichterungen überhaupt zugesteht.? [...] Es unterliegt nach alledem, was man erlebt und festzustellen sich genötigt sieht, keinem Zweifel, daß im ‚Bauhaus' ein Geist gepflegt wird, der ebenso undeutsch wie unkünstlerisch anmutet. Und dagegen muß endlich offen Front gemacht werden! Wir wollen diese Umtriebe nicht! Wir wollen diese, den Ruf Weimars als Kunststadt und Kulturstätte zerstörenden Machenschaften nicht länger dulden!" *Siehe Erläuterungen zu 57, 10 außerordentliche Versammlung] und 57, 12-13.* Schrickels Artikel hatte selbst in Regierungskreisen Empörung ausgelöst und Gropius wurde von Staatsminister Arnold Paulssen dringend um Klärung der Vorwürfe ersucht. *ThHStA Weimar, Staatliches Bauhaus Weimar 7, Bl. 125.* Diese öffentlich zu parieren, ist der einzige Grund, weshalb der Meisterrat am 20. Dezember 1919 zusammengerufen wurde.

60, 5 „Schwan"] Gemeint ist das „Gasthaus Zum weißen Schwan" neben dem Goethehaus am Frauenplan.

60, 5 Gegenpartei] Die Partei der Gegner des Bauhauses begann sich im Dezember 1919 aus den ausgetretenen Schülern des Bauhauses, Weimarer Künstlern, Bürgern, Vertretern der Presse und des Gemeinderates zu formieren. Am 19. Dezember 1919 wurde von diesen eine Eingabe über das Bauhaus verfaßt und am 30. Dezember 1919 mit 49 Unterschriften versehen beim Kultusministerium eingereicht. Am 1. Januar 1920 veröffentlichte die Thüringische Landeszeitung Deutschland den Text. *ThHStA Weimar, Staatliches Bauhaus Weimar 7, Bl. 65–67.* Mit der Formulierung des Wortlauts war der konservative Landtagsabgeordnete und Rechtsanwalt Hermann Jöck aus Weimar betraut. Die Eingabe ist als Resultat der Versammlung der Bauhausgegner im „Weißen Schwan" am 18. Dezember 1919 und als Reaktion auf den Brief der ausgetretenen Studierenden vom 16. Dezember 1919 an die Weimarer Künstlerschaft zu betrachten. *Siehe Erläuterung zu 57, 30.* Im Ergebnis der Versammlung bildete man eine Kommission zur Untersuchung der Bauhausangelegenheit. *Siehe Erläuterung zu 67, 33–34.* Inszeniert wurden die Aktionen mit größter Wahrscheinlichkeit von Mathilde Freiin von Freytag-Loringhoven und ihrem Kreis. Hans Groß hatte sich ihr anvertraut. Die Freiin von Freytag-Loringhoven fühlte sich als Gemeinderatsmitglied, Kunstreferentin der Thüringischen Landeszeitung Deutschland und unmittelbare Wohnnachbarin (Marienstraße 18) des Bauhauses berufen, die Öffentlichkeit über die ihrer Meinung nach skandalösen Zustände in diesem Institut zu unterrichten. Bereits seit Sommer des Jahres 1919 initiierte sie als Gemeinderatsmitglied verschiedentlich Anfeindungen gegen das Bauhaus. Gropius stellte damals bereits fest, „daß der Gemeinderat der Stadt Weimar aus einer schwer kontrollierbaren Stimmungspsychose heraus eine feindliche Haltung gegen das Staatliche Bauhaus einnimmt, die sich auf durchaus falschen Voraussetzungen aufbaut". *ThHStA Weimar, Thüringisches Ministerium für Volksbildung C 1467, Bl. 9.*

60, 12 Sitzung der Institutsleiter von Weimar] Gropius' Idee, eine solche Sitzung abzuhalten, wurde von der Regierung des Freistaates Sachsen-Weimar-Eisenach aufgegriffen. Sie berief die Zusammenkunft für den 23. Dezember 1919 ein. Gropius erhielt am 22. Dezember 1919 folgende Einladung, deren Wortlaut die Parteinahme der Staatsregierung für das Bauhaus deutlich zum Ausdruck brachte: „Um zu den öffentlichen und versteckten Treibereien gegen den Leiter der staatlichen Kunstinstitute Stellung zu nehmen, laden wir Sie zu einer Aussprache mit den maßgebenden Persönlichkeiten zu Dienstag, den 23. Dezember 1919 nachmittags 4 Uhr in das Sitzungszimmer des Finanzministerium freundlichst ein und bitten Sie um Ihr Erscheinen." *ThHStA Weimar, Staatliches Bauhaus Weimar 7, Bl. 32.* Die Einladung hatte Staatsrat Albert Rudolph unterzeichnet, der der Staatsregierung angehörte und als Vertreter von Sachsen-Weimar-Eisenach Mitglied des Staatsrates von Thüringen und hier seit 1. Oktober 1919 zugleich Leiter des Presseamtes war. Obwohl er nicht direkt im Kultusministerium tätig wurde, fielen Vorgänge im Zusammenhang mit den künstlerischen und wissenschaftlichen Anstalten in Weimar offenbar in seine Zuständigkeit als Mitglied der Staatsregierung und der späteren Gebietsregierung. Erst ab 1. Januar 1922 wechselte er aus der Gebietsregierung als Vortragender Rat in das Thüringische Ministerium für Volksbildung, um sich seitdem dort mit dem Juristen Dr. Ernst Ortloff (bereits vor 1919 Referent im Kultusdepartement der großherzoglichen Regierung und nachfolgend auch im Kultusministerium bzw. der Kultusabteilung tätig) die Bearbeitung der Angelegenheiten der weimarischen Anstalten für Wissenschaft und Kunst zu teilen. Rudolph war als Mitglied der SPD auf der Seite der Regierung die politische Persönlichkeit in Weimar, welche am stärksten die Bestrebungen des Bauhauses stützte. Der Kreis der eingeladenen Institutsleiter ist nicht bekannt. Es kann sich nur um die dem Kultusministerium nachgeordneten Anstalten, das Deutsche Nationaltheater, die Landes-Bibliothek, die beiden Kunstmuseen, das Goethe-Nationalmuseum, das Goethe- und Schiller-Archiv sowie das Geheime Haupt- und Staatsarchiv, handeln.

60, 20 Ich bemerkte in der Sitzung] Der Zusatz von Thedy wurde erst während der Meisterratssitzung am 13. Januar 1920 von ihm im Protokoll ergänzt. Daß seine Bemerkung ursprünglich im Protokoll fehlte, geht aus einem Brief von ihm an Gropius vom 9. Januar 1920 hervor. Darin hieß es: „Da ich aber in der Meisterrats-Sitzung vom 20. Dezember 1919 ausgesprochen hatte, daß ich Bedenken hege, ein Urteil abzugeben, ehe man die Rede von Groß wörtlich gelesen habe, und nach Weimar zurückgekehrt, finde ich diese Bemerkung nicht im Protokoll aufgenommen." *Siehe Erläuterung zu 66, 7.*

60, 29 Ich vermisse im Protokoll] Die Bemerkung von Fröhlich wurde erst nach dem 13. Januar 1920 dem Protokoll angefügt, da sie sich in der Ausfertigung an Thedys Ergänzung vom 13. Januar 1920 anschließt. *Siehe Erläuterung zu 60, 20.* Es ist sogar anzunehmen, daß sie erst nach der Meisterratssitzung am 15. Januar 1920 eingefügt wurde, da Thedy aufgefordert war, die Protokolle vom 20. und 27. Dezember 1919 von Fröhlich unterzeichnen zu lassen. Im Falle einer Weigerung verlangte der Meisterrat eine schriftliche Erklärung, als welche die eingefügte Bemerkung zu betrachten ist. *Siehe Textteil Nr. 12 [2.], S. 65–66.*

60, 30 Veröffentlichung der Gegenerklärung] Der Meisterrat hatte prinzipiell der Veröffentlichung des Tatsachenmaterials zugestimmt. Über den Wortlaut der offiziellen Gegenerklärung wurde in der Sitzung vom 20. Dezember 1919 jedoch kein Beschluß gefaßt.

60, 32 Herr Prof. Fröhlich] Gropius' Zusatz ist frühestens am 15. Januar 1920 eingefügt worden. *Siehe Erläuterung zu 60, 29.*

62, 4-5 Herumreichen einer antisemitische Protestliste] *Siehe Erläuterung zu 50, 29-30.*

62, 17 24.12.1919] Die Datierung der Gegenerklärung auf den 24. Dezember 1919 ist falsch. Nachweislich wurde sie bereits am 22. Dezember 1919 von den Meistern unterzeichnet. Dies wird durch folgende Textstelle aus einem Brief von Gropius an Thedy vom 2. Januar 1920 belegt: „Ich war wegen der öffentlichen, von der Regierung gewünschten Gegenerklärung bei Exzellenz Paulssen zum Montag mittag, [22. Dezember 1919] 1 Uhr angesagt. Eine Meisterrats-Sitzung ließ sich wegen der Kürze der Zeit nicht mehr einberufen. Ich schickte deshalb teils das Schreiben zur Unterschrift herum, teils suchte ich die Herren persönlich mit dem Schreiben auf." *ThHStA Weimar, Staatliches Bauhaus Weimar 7, Bl. 101. Siehe Erläuterung zu 63, 22.* Gropius fühlte sich durch den Beschluß vom 20. Dezember 1919 zur Veröffentlichung des Tatsachenmaterials autorisiert und sah keine Notwendigkeit, die Meister noch einmal explizit auf seine Veröffentlichungsabsicht hinzuweisen. Die Gegenerklärung wurde von der Redaktion der Thüringischen Landeszeitung Deutschland in Nr. 351 vom 23. Dezember 1919 gemeinsam mit dem Wortlaut der Rede von Hans Groß veröffentlicht. Unmittelbar nach Erscheinen des Artikels meldeten Engelmann und Thedy Bedenken gegen den Wortlaut des Schriftstückes an. *Siehe Erläuterung zu 63, 17.*

63, 17 Brief von Engelmann] Der Brief vom 23. Dezember 1919 an Gropius lautete: „Inliegend sende ich Ihnen die Angaben an die Regierung zurück. Ich hätte doch auf meiner Weigerung bestehen sollen, diese Eingabe in dieser Form zu unterschreiben, bevor wir nicht im Meisterrat darüber gesprochen hatten. Meiner Meinung nach wäre das bei der großen Wichtigkeit des Sache besser gewesen, als daß Sie sich bei jedem Herren einzeln die Unterschrift geholt haben. Sollte es zu einer gerichtlichen Austragung der Angelegenheit kommen, so kann keiner von uns außer Ihnen den ersten Satz der Eingabe beschwören, den Sie aber dort mit unserer Unterschrift gebracht haben. Ohne an der Richtigkeit Ihrer Angaben über die Unterredung mit Groß im mindesten zu zweifeln, so wird kein Dritter den Satz beschwören können: ,Es ist unwahr, daß der Schüler Groß von der Leitung gemaßregelt worden ist.' nur aus dem einfachen Grunde, weil er bei der Verhandlung nicht anwesend war.

Nach langem Zögern unterschrieb ich dann jedoch mit dem ausdrücklichem Protest gegen die Worte ‚verräterisch und undeutsch', die ich als provozierend und nicht richtig gewählt empfand. Dies ist nach wie vor meine Meinung und ich bitte Sie auch, diesen Brief noch heute bei den Herren des Meisterrates cirkulieren zu lassen, damit auch sie meinen Standpunkt kennen und für die nächsten Tage eine Sitzung zur Besprechung dieser Angelegenheit anzuberaumen." *ThHStA Weimar, Staatliches Bauhaus Weimar 7, Bl. 90.*

63, 22 Schreiben von Thedy] Der Brief Thedys vom 23. Dezember 1919 war an die „Leitung und den Meisterrat des Staatlichen Bauhauses zu Weimar" gerichtet und lautete: „Durch die Veröffentlichung des vom Meisterrat unterzeichneten Schriftstückes in der Angelegenheit Groß möchte ich folgendes schriftlich niederlegen: Als mir als Letzter das von Herrn Gropius aufgesetzte Schriftstück zur Unterzeichnung vorgelegt wurde, habe ich dasselbe nur flüchtig durchlesen können, weil Herr Gropius mir sagte, daß er eiligst zu Exzellenz Paulssen müsse und diesem das Schriftstück zur Einsicht vorlegen wolle. – Ich habe das Schriftstück in der Annahme, daß es sich zunächst um eine rein vertrauliche Äußerung handelt, ohne Vorbehalt unterschrieben; hinterher sind mir aber doch, besonders als ich die Großsche Rede im Wortlaut gelesen habe, verschiedene Bedenken aufgestiegen und habe ich deshalb noch am selben Tage mit Prof. Engelmann gesprochen, welcher mir in mehreren Punkten beipflichtete. Ich lege entschieden Verwahrung dagegen ein, daß das Schriftstück ohne mein Wissen und Wollen mit meinem Namen veröffentlicht worden ist." *ThHStA Weimar, Staatliches Bauhaus Weimar 7, Bl. 92.* Gropius antwortete Thedy am 2. Januar 1920 und beschrieb detailliert den Hergang der Unterzeichnung der Gegenerklärung aus seiner Sicht. Er berief sich hier auf das generelle Einverständnis mit der Veröffentlichung von Material, was die Meister während der Meisterratssitzung am 20. Dezember 1919 erklärt hatten. *ThHStA Weimar, Staatliches Bauhaus Weimar 7, Bl. 101–102. Siehe Erläuterung zu 62, 17.*

63, 27 Bericht der Schüler Basedow und Gilles] Der undatierte Bericht von Heinrich Basedow und Werner Gilles wurde offenbar im Januar 1920 verfaßt und lautete: „Die Schülerversammlung vom 13. Dezember 1919, die zu dem Verhalten des Groß Stellung nehmen sollte, haben keine Juden, sondern zwei Deutsche, Gilles und Basedow, unbeinflußt von irgend welchen Personen einberufen. Und zwar deshalb, weil die Mehrzahl der Schüler seit langem erkannt hatte, daß Groß nicht in eine ehrliche Gemeinschaft, wie wir sie am Bauhaus zu bilden bestrebt sind, wegen seines unehrlichen Charakters hineinpaßt. Und seine Rede auf der öffentlichen Versammlung ist nur der letzte Anstoß zu einem Vorgehen gegen ihn gewesen. Groß hat an zahllosen Beispielen immer wieder gezeigt, daß er sich von allen anderen Schülern in dem Beweggrund zu seinem jeweiligen Handeln ganz wesentlich unterscheidet und zwar dadurch, daß er niemals für eine Überzeugung arbeite, was wohl alle anderen tun, sei diese nun so oder so, sondern daß er stets für seine äußerliche Person arbeite. Deshalb glauben wir, hat er in Wahrheit niemals für alte oder neue Kunstformen und auch niemals für das Deutschtum gekämpft. Es mußte also auf der Versammlung am 12. Dezember in der ‚Erholung' gerade auf jeden Deutschen empörend wirken, wenn ein solcher Mann auf die deutsche Gesinnung der Zuhörer rechnend, das Deutschtum dazu mißbraucht, seine eigennützigen Pläne durchzuführen. In dieser Rede sucht er mit den Mitteln der Politik für sich im Trüben zu fischen und hat sich, da er in seiner Rede Spitzen gegen das Bauhaus getrieben hat, von selbst außerhalb der Gemeinschaft des Bauhauses gestellt, die er dadurch gefährdete, daß ein Teil der Schüler seine Partei nehmen zu müssen glaubte, da er ja vermeintlich für das Deutschtum eingetreten war. In Wirklichkeit war das Deutschtum am

Bauhaus nicht beengt oder gar gefährdet. Nach der öffentlichen Versammlung in der ‚Erholung' war Groß nicht zu bewegen, vor etwa 20 Kameraden die Aufzeichnung seiner Rede
vorzuzeigen, um Unstimmigkeiten aufzuklären, sondern er behauptete, nur Stichworte der
Rede zu besitzen und suchte dadurch auszuweichen, daß er sich bereit erklärte, am nächsten
Tage sein Manuskript zu zeigen. Als Groß sich daraufhin auch noch das Schimpfwort Lump
wiederholt gefallen ließ, erschien uns seine Characterlosigkeit so groß und offensichtlich,
daß wir eine Aussprache der gesamten Schülerschaft für nötig hielten, um uns darüber klar
zu werden, wie wir jetzt und in Zukunft unsere Schülergemeinschaft rein erhalten könnten
und um gegebenen Falles das Ausscheiden des Schülers Groß zu veranlassen. Diese Versammlung der Schüler leitete anfangs der Einberufer Gilles; als nach seiner Anklage gegen
Groß eine lebhafte Aussprache folgte und Gilles sozusagen als Ankläger auftrat, übernahm
der Schülerobmann Winkelmayer (der andere Obmann Determann war wegen Krankheit
nicht anwesend) nach vorangegangener Zustimmung der versammelten Schüler die Leitung
der Versammlung. Im Laufe dieser erklärte Groß, er hätte soeben mit Herrn Gropius eine
längere Aussprache gehabt und die Angelegenheit wäre geordnet worden. Aus diesem
Grunde und wohl auch aus dem Bewußtsein der Tragweite einer bestimmten Beschlußfassung nahm die versammelte Schülerschaft Abstand davon, in der Angelegenheit Groß ein Urteil zu fällen oder eine Forderung aufzustellen, obwohl auch weiterhin ein großer Teil der
Schülerschaft über das Handeln und Verhalten des Groß sehr empört war." Der Bericht
schloß mit folgendem Nachsatz: „Daß Gilles und Basedow allein und unbeeinflußt und aus
oben angeführten Motiven die Versammlung vorschriftsmäßig einberufen hatten, daß in
dem größten Teil der Schülerschaft tatsächlich eine große Erregung über die Handlungsweise und das Verhalten des Schülers Groß herrschte, bestätigen die Obleute: Richard Winkelmayer, Walter Determann." *ThHStA Weimar, Staatliches Bauhaus Weimar 7, Bl. 8-9.
Siehe Erläuterungen zu 57, 21; 57, 22 und 58, 25.*
63, 30 Staatsratssitzung] Hierbei handelte es sich um keine Sitzung des Staatsrats von
Thüringen, sondern um die für den 23. Dezember 1919 von Staatsrat Albert Rudolph anberaumte Zusammenkunft von Vertretern der Regierung, der Presse und den Weimarer Institutsleitern. *Siehe Erläuterung zu 60, 12.*
64, 13 Ich unterschreibe] *Siehe Erläuterungen zu 60, 29 und 67, 25-26.*
64, 25 Anwesend] Diese Meisterratssitzung wurde nicht von Gropius einberufen. Er hatte
sich am 6. Januar 1920 mit der Bitte an den Meisterrat gewandt, die von Fröhlich vorgebrachten ehrenrührigen Beschuldigungen (Erschleichen der Unterschriften unter der Gegenerklärung des Meisterrates wider Treu und Glauben) nachzuprüfen. *ThHStA Weimar,
Staatliches Bauhaus Weimar 7, Bl. 107-108. Siehe Erläuterung zu 65, 22-23.* Gropius sah
als Beschuldigter davon ab, in diesem Falle an der Beratung persönlich teilzunehmen. Die
Sitzung wurde von Marcks protokolliert. Fröhlich selbst war bei dieser Sitzung nicht anwesend. Er nahm aus Protest gegen das Verhalten der Bauhausleitung im Fall Groß seit dem 1.
Januar 1920 nicht mehr an den Meisterratssitzungen teil. Bereits am 9. Januar 1920 wurde
ein Schreiben an Gropius von Itten, Feininger, Klemm und Marcks verfaßt, in welchem sie
die Anschuldigungen Fröhlichs zurückwiesen und den in der Meisterratssitzung vom 20. Dezember 1919 gefaßten Beschluß zur Veröffentlichung des Tatsachenmaterials bestätigten.
Gleichzeitig teilten die unterzeichnenden Meister Gropius am 9. Januar 1920 mit, daß eine
Aussprache des Meisterrates mit Fröhlich stattfinden werde, sobald Engelmann und Thedy
aus dem Urlaub zurückgekehrt sein würden. *ThHStA Weimar, Staatliches Bauhaus Weimar
10, Bl. 35.*

65, 22-23 Sinn seiner Zuschrift] Am 1. Januar 1920 hatte sich Fröhlich mit einer Eingabe an das Kultusministerium gewandt, in welcher er Gropius' Vorgehen im Fall Groß tadelte. Er warf ihm vor, den Meisterrat erst nach Groß' Austritt einberufen und damit die Meister vor vollendete Tatsachen gestellt zu haben. Außerdem unterstellte er Gropius, die Unterschriften unter der Gegenerklärung vom 23. Dezember 1919 gegen Treu und Glauben erworben zu haben. In seiner Eingabe hieß es: „Diese ungeschickte Art der Behandlung solcher Fälle tadle ich und lege Protest dagegen ein, wie sich Herr Gropius erlauben konnte, ohne mein Wissen das Schriftstück von 23. Dez. 1919 mit meiner Unterschrift in der Presse zu veröffentlichen." Fröhlich gab außerdem bekannt, daß er ab sofort nicht mehr an den Meisterratssitzungen teilnehmen werde und das Bauhausprogramm fürderhin ablehne. *ThHStA Weimar, Staatliches Bauhaus Weimar 7, Bl. 97. Siehe Erläuterung zu 65, 25.* Auf eigenen Wunsch schied er am 22. Januar 1920 aus dem Bauhaus aus. *ThHStA Weimar, Staatliches Bauhaus Weimar 6, Bl. 106.*
65, 25 Ins Protokoll vom 20.12.[19]19] Thedy bemängelte in einem Brief an Gropius vom 9. Januar 1920, daß im Protokoll vom 20. Dezember 1919 eine Bemerkung von ihm nicht erfaßt wurde. Gropius räumte diesen Fehler ein, bezweifelte aber, daß dieses Versäumnis die Situation entscheidend verändert hätte, da Thedy die Rede von Hans Groß ja auf der Versammlung am 12. Dezember 1919 gehört habe. *Siehe Erläuterungen zu 60, 20 und 66, 7.*
65, 28 Ins Protokoll vom 18. 12. [19]19] *Siehe Erläuterung zu 59, 11.*
66, 2 Zu 21, Schülereingabe an die Künstler Weimars] Gemeint ist die am 8. Januar 1920 auf einer Versammlung der Obleute der Studierenden als Erwiderung des Briefes der ausgetretenen Schüler an die Weimarer Künstlerschaft vom 16. Dezember 1919 beschlossene Kundgebung. *Siehe Erläuterung zu 57, 30.* Der Text lautete: „Die Schülerschaft des Staatlichen Bauhauses zu dem an die Künstler Weimars gerichteten Schreiben wegen des Falles Groß ausgetretenen Schüler.
I. Berichtigung.
1. Der Schüler Hans Groß ist wegen des Inhaltes seiner in der Versammlung ‚Freie Vereinigung für städtische Interessen' gehaltenen Rede und der in ihr enthaltenen, die Leitung, den Meisterrat und die Schülerschaft des Bauhauses kompromittierenden Zweideutigkeiten zur Rede gestellt worden, nicht aber wegen eines angeblichen ‚energischen Eintretens für den Bauhausgedanken auf deutscher Grundlage'. 2. Die Schülerversammlung ist ohne Wissen und Verständigung des Herrn Gropius mit dem Charakter einer internen Schülerangelegenheit einberufen worden. Die angebliche Äußerung des Herrn Gropius: ‚Über das noch Kommende würde die Schülerversammlung beschließen', ist damit nicht möglich, da er ihre Richtlinien nicht kannte. Gleichfalls beruht wohl die angebliche Drohung mit Stipendienentziehung auf einer durch die seelische Erregung und Nervosität des Herrn Groß verursachte Neigung zu Mißverständnissen. – Sie ist deshalb schon unmöglich, weil sie nur durch den Meisterrat, nicht aber durch einen einzelnen Meister erfolgen kann. Beides ist aber durch Groß selbst zur Unwahrheit gestempelt worden, durch seine beim Eintritt in die Versammlung getane Äußerung, er habe mit Herrn Gropius schon alles in Ordnung gebracht, wodurch sich nämlich die Mehrheit der Versammlung bestimmen ließ, von einer Stellungnahme gegen ihn im Sinne einer Ausweisung oder überhaupt einer Aburteilung abzusehen. 3. Es beruht gleichfalls auf einer Unwahrheit, daß der Einberufer (Gilles) Groß mehrere Male in der Versammlung mit ‚Lump' beschimpft habe. Diese Beleidigung war am Abend nach der Kunstdebatte in einem privaten Kreis erfolgt, wo Groß sich weigerte, das Manuskript seiner Rede seinen Kameraden auszuhändigen und selbst durch obige Beleidigung sich weder dazu bewegen ließ, noch Zeichen von verletztem Ehrgefühl von sich gab.

Gilles hat der Versammlung lediglich diesen Vorfall wieder erzählt und nur in diesem Zusammenhang das Wort ‚Lump' erwähnt. 4. Der Ausdruck ‚dünngesäte deutsch Denkende' ist nur erklärbar aus einer fabelhaften Selbsteinschätzung der 14 Ausgetretenen. Es sei denn, daß die übrigen 214 bescheidener sind, weil sie sich nur zum Deutschtum ohne parteipolitische Färbung bekennen. 5. Die Gründe, die verhindert haben, daß Groß von der Versammlung zum Austritt gezwungen wurde, sind: a. Die oben erwähnte Äußerung von Groß über das befriedigende Ergebnis seiner Besprechung mit Herrn Gropius. b. Das Zugeständnis von Groß, daß er sich gegen die Bauhauseinheit mit seiner Rede vergangen hätte, weil sie ein taktischer Fehler gewesen sei. c. Die Fürsprache einiger sogenannter ‚Ausländer', die sich für Groß in versöhnlichem Sinne einsetzen. 6. Diese laut proklamierte Echtheit des Deutschtums der 14 Ausgetretenen, die sich in der geschlossenen Solidarität und einmütigen Aufopferung für ihren Bauhausgedanken dokumentieren sollten, erhält eine eigenartige Beleuchtung durch das Verhalten der Herren: Hesse, Voigt, Böhnisch, Frl. von Minkwitz und Frl. Klapper, die trotz ihrer unterschriftlich bewiesenen Gegnerschaft des Bauhauses Schüler des Bauhauses geblieben sind. 7. Von dem Hervortreten eines vom ursprünglichen Charakter abweichenden Bauhausgedankens und einer Wandlung in der Gesinnung seines Schöpfers, des Herrn Gropius, haben die übrigen 214 Schüler gar nichts bemerkt. Gerade hierin scheint Groß selbst von der Auffassung seiner Anhänger abzuweichen, da er nach der Schülerversammlung einem Kameraden gegenüber ein Loblied auf Herrn Gropius angestimmt hatte. Auch wir haben die Denkungsart von Herrn Gropius mit der Zeit hier kennen gelernt, nur mit ganz anderem Ergebnis, daß wir die unerschütterliche Überzeugung gewonnen haben, daß sich sein ganzes Wesen gerade nur aus einem tiefen und echten Deutschtum erklären läßt und fest darin wurzelt. Wir haben einmütig erkannt, daß die Schule ohne Herrn Gropius nicht möglich wäre, da kein Mensch wie er die eigene Person in den Hintergrund zu stellen vermöge, so ganz sich der Sache hingeben und der Idee leben könne. 8. Wir sind mit dem Arbeitsplan des Herrn Gropius vollständig einverstanden und fühlen uns in unserer Entwicklung als freie Künstler durchaus nicht behindert. 9.a. Nach Gesetz und altem Brauch gelten allgemein in Deutschland Deutschösterreicher nicht als Ausländer. b. Von diesen ‚Ausländern' hat keiner ein freies Studium. Ferner haben nur 2 freie Wohnung. Die Freitische werden im Bauhaus stets im Einvernehmen mit der Schülerschaft verteilt und es gilt dabei als einziger Maßstab die Bedürftigkeit. c. Die angebliche Anmaßung der ‚Ausländer' in der Schülerversammlung hat sich, wie schon in Punkt 5c klar gelegt worden ist, als Fürsprache aus menschlichem Verstehen für Groß herausgestellt. 10. Weder in der Leitung noch in der Schülerschaft des Bauhauses ist jemals irgend ein Wunsch nach Politik zu finden gewesen, im Gegenteil ist Politik stets verpönt gewesen. Dagegen ist nicht zu verhindern gewesen, politische Machenschaften von Groß und Gefolgschaft auszuschalten. Wir übrigen Schüler, die nach einer künstlerischen und sittlichen Gemeinschaft streben, die wir auf der Suche sind nach einer neuen Lebensform, wir sind uns in einem ganz klar, daß wir nämlich niemals Politik, welcher Art sie auch sein mag, in unseren Kreis eindringen lassen dürfen, weil Politik unvereinbar ist mit unserem auf das Geistige und Seelische eingestellten Leben, weil wir Künstler im tiefsten Sinn des Wortes werden wollen.

II. Erklärung

Wir wissen, daß wir an Herrn Gropius den rechten Wegwart haben, weil er mit der ganzen Macht seiner Persönlichkeit nach demselben Ziele strebt und wir haben nach wie vor dasselbe rückhaltlose Vertrauen zu ihm, daß er uns als Mensch und Künstler, als Kamerad und als Meister die rechten Wege leitet. Wir sind der Überzeugung, daß der von ihm geschaffene, erhaltene und getragene Bauhausgedanke ohne von der Bahn abzuweichen, seiner Vollendung entgegen gehen wird." *ThHStA Weimar, Staatliches Bauhaus Weimar 7, Bl. 118-122.*

66, 3-4 daß seine Schüler den Inhalt des Schriftstückes 21 nicht kennen] Gemeint ist die Schülereingabe an die Künstler Weimars. *Siehe Erläuterung zu 66, 2.* Die das besagte Schriftstück 21 unterzeichnenden Obmänner der Schülerschaft stellten sich hinter das Bauhausprogramm auf die Seite von Gropius. Die Unterschrift des Obmanns der Thedyklasse fehlt. An ihrer Stelle findet sich die Bemerkung „Obmann und Klasse auf Urlaub". *ThHStA Weimar, Staatliches Bauhaus Weimar 7, Bl. 122.* Im Falle der Engelmannklasse unterzeichnete anstelle von Theodor Steinkühler in Vertretung der Vertrauensmänner Otto Werner (Kassenwart des Studierendenausschusses und Schüler der Steinbildhauerei). Man kann also davon ausgehen, daß die Schüler Engelmanns bis 13. Januar 1920 tatsächlich über den Inhalt des Schriftstückes nicht informiert gewesen sind, aber noch am gleichen Tag über diesen aufgeklärt wurden. *Siehe Erläuterung zu 68, 5.*

66, 7 Korrespondenz] Thedys Brief vom 9. Januar 1920 aus Polling bei Weilheim lautete: „Sehr geehrter Herr Gropius! Auf Ihr Schreiben vom 2. Januar habe ich folgendes zu erwidern: Sie schrieben: ‚Am Vormittag um 10 Uhr ließ ich nach Ihnen fragen, um Ihnen das Schriftstück vorzulegen, und [es] wurde mir durch den Kastellan die Antwort, daß Sie um 1/2 12 Uhr in das Bauhaus kommen würden. Als Sie um 12 Uhr nicht da waren, ließ ich weiter nach Ihnen suchen und erfuhr, daß Sie im Atelier-Gebäude bei Prof. Fleischer seien. Als ich Sie von dort zu mir bat, war die Zeit als Sie eintrafen sehr vorgeschritten, ich bat Sie aber trotz meiner Eile, das Schreiben in Ruhe durchzulesen und ließ Sie damit allein. Als ich wieder in das Zimmer kam, hatten Sie das Schreiben unterzeichnet, ohne irgendein Bedenken zu äußern.' Dem gegenüber muß ich erwidern, daß Kastellan Wenzel nach 12 Uhr in das Atelier Fleischer zu mir kam und mich verständigte, daß Sie mich zu sprechen wünschten. Es ist mir deshalb unverständlich, wie man Ihnen ausrichten konnte, ich träfe in der Schule um 1/2 12 Uhr ein. Ich kann nur annehmen, daß der Kastellan diese Angabe ohne mich gefragt zu haben, gemacht hat. Da ich bis 1/2 1 Uhr Modell bestellt hatte, konnte ich obiges unmöglich geäußert haben. Als ich bei Ihnen eintraf, hatte ich keine Ahnung, was Sie von mir verlangen würden. Sie sagten mir nur, 3/4 1 Uhr müßten Sie bei Exzellenz Paulssen sein. Man muß es mir mit Rücksicht auf die drängende Zeit zu Gute halten, wenn ich mich dadurch leider verleiten ließ, das Schriftstück nicht mit der nötigen Ruhe und Überlegung zu prüfen, was geschehen wäre, wenn Sie mir gleich gesagt hätten, daß dieses Schriftstück zur Veröffentlichung bestimmt sei. Auch war das Schriftstück ja bereits von allen Kollegen unterzeichnet. Da ich aber in der Meisterrats-Sitzung vom 20. Dezember 1919 ausgesprochen hatte, daß ich Bedenken hege, ein Urteil abzugeben, ehe man die Rede von Groß wörtlich gelesen habe, nach Weimar zurückgekehrt, finde ich diese Bemerkung nicht im Protokoll aufgenommen, und da ich von Prof. Engelmann nachträglich hörte, daß er vor der Unterschrift ebenfalls gewisse Bedenken geäußert habe, hätte ich wohl erwarten dürfen, daß Sie mir davon Kenntnis geben und mich darauf aufmerksam machen würden, daß das Schriftstück zur Veröffentlichung bestimmt sei. Die Rede von Groß habe ich erst nach der Unterschrift zu lesen bekommen und [es] stiegen mir sofort ernste Bedenken auf. – Meinem Empfinden nach setzte ich meine Unterschrift nur unter ein Schriftstück, welches als ein Vertrauensvotum für Sie aufzufassen war. Durch die Veröffentlichung erhielt dieses Schriftstück aber den Charakter einer Anklage gegen Groß und diese war von mir vor völliger Klärung des Falles nicht beabsichtigt. Sie danken mir am Schlusse des Briefes für meine

Loyalität gegen Sie und das Bauhaus. Verehrter Herr Gropius, Sie haben mir seiner Zeit das Versprechen abgenommen, nichts gegen Sie zu unternehmen, ich habe dieses Versprechen treulich gehalten, obwohl mir im Laufe der Zeit wiederholt ernste Bedenken aufgestiegen sind, nicht durch irgendeine moralische Pression der Gegenseite, sondern aus innerster eigener Überzeugung. Ich habe Ihnen dieses Versprechen aber mit der Bemerkung gegeben, daß ich Ihnen um so offener sagen werde, wenn mir etwas nicht paßt. Ich habe in einer sehr aufgeregten Sitzung der Künstlerkammer Ihre Bestrebungen damit verteidigt, daß man ihnen Zeit lassen müsse, sich zu gestalten. Ich habe mich nunmehr überzeugt, wohin Ihre Experimente führen müssen und bereits geführt haben, und ich bedaure nur, daß Sie dieselben an einer renommierten blühenden Schule wie der Weimarischen, die der höheren bildenden Kunst diente, unternommen haben. Ich bin immer mehr zu der Überzeugung gelangt, daß Sie gerade durch Ihr Experiment ein künstlerisches Proletariat züchten, also gerade das hervorbringen, was Sie bekämpfen wollen. Da ich überzeugt bin, daß die jungen Leute nach Absolvierung der Lehrzeit am Bauhause weder als Handwerker genügen, geschweige denn als Maler. Wenn Sie als Architekt kaum einen Begriff haben können von den technischen Schwierigkeiten, welche zur künstlerischen Ausdrucksmöglichkeit in der Ölmalerei zu überwinden sind, so müßte Sie ein Gang durch die Galerien überzeugen, daß man Schöpfungen von Tizian, Rubens, Velasquez und Rembrandt nicht als Salonkunst bezeichnen darf, weil sie unabhängig vom Bau geschaffen wurden und daß die Malerei Zweck an sich ist. Aus allen diesen Gründen muß ich mein Ihnen gegebenes Versprechen hiermit zurücknehmen und Ihnen erklären, daß ich von jetzt ab Ihrem Programm nicht mehr zustimmen werde, da ich mir keine Erfolge von demselben verspreche und dasselbe für verfehlt halte. Ich könnte Ihr Programm für kunstfördernd halten, wenn Sie jungen Malern ohne Zwang die Gelegenheit geben würden, nur mit der Kunst verwandte Handwerke wie Dekorationsmalerei und Vergolderei zu erlernen. Für letzteres würde schon die geschichtliche Tatsache sprechen, daß Maler und Vergolder in derselben Zunft waren, da in der Gotik die Vergoldung an den Gemälden stets eine große Rolle spielte. Mit ausgezeichneter Hochachtung Ihr sehr ergebener Thedy." *ThHStA Weimar, Staatliches Bauhaus Weimar 7, Bl. 110-111.* Darauf antwortete Gropius am 12. Januar 1920: „Sehr geehrter Professor Thedy! In Beantwortung Ihres Schreibens vom 9. ds. Mts. möchte ich folgendes erwidern: Daß sich der im ersten Absatz Ihres Briefes zitierte Vorgang tatsächlich so zugetragen hat, wird Herr Kämmer Ihnen persönlich bezeugen. Über die Veröffentlichung des Schriftstückes kann ich mich nur abermals auf die in meinem Brief vom 2. ds. Mts. gegebene Darstellung beziehen. Der von Ihnen angeführte Ausspruch in der Meisterratssitzung vom 20. Dez. befand sich nicht in dem Stenogramm des Protokollführers; entscheidend ist aber auch, daß der Meisterrat auf meine ausdrückliche Frage sich zum Schluß der Sitzung mit meinen Maßnahmen einverstanden erklärte. Daß Sie die Rede von Groß noch nicht kannten, haben Sie mir bei der Unterzeichnung des Schriftstücks nicht gesagt. Ich konnte das aber von mir aus nicht annehmen, da Sie ja einerseits persönlich in der Versammlung, in der Groß sprach, anwesend waren und da außerdem inzwischen die Rede gedruckt und in der Stadt bekannt gemacht worden war. Sie schreiben sodann in Ihrem Brief vom 9.: ,Sie danken mir am Schlusse des Briefes für meine Loyalität für Sie und das Bauhaus.' Ich habe Ihnen aber nicht in diesem Briefe gedankt - das könnte zu Mißverständnissen Anlaß geben -, sondern erwähnt, daß ich das ,neulich' getan habe. Das gab in diesem Zusammenhang meinen Worten eine andere Bedeutung. Aber das nur nebenbei; ich bedaure es selbst am meisten, daß das Worte wägen im Augenblick notwendig geworden ist, denn die gefühlsmäßige Einstellung bleibt das Wichtige. Und darum tut es mir aufrichtig leid, daß nun auch Sie die Sache mit der persönlichen Angelegenheit zusammengebracht haben. Denn was kann sich seit dem 18. Dezember, wo Sie sich im Meisterrat mit den anderen Herren solidarisch auf den Boden des Programms gestellt haben, im Bauhaus innerhalb vierzehn Tagen und noch dazu während der Ferien sachlich geändert haben, so daß Sie sich nun veranlaßt fühlen, gerade in diesem Augenblick von dem Programm abzurücken. Daß es Ihnen schwer wird, den neuen Ansichten über Kunst zu folgen, die viele in- und außerhalb des Bauhauses mit mir teilen, begreife ich und habe immer Ihre abweichende Ansicht geehrt; aber können Sie wirklich annehmen, daß auch nur einer von uns imstande ist, ein Programm, das einen so langen Atem braucht, um sich durchzusetzen, schon nach einem halben Jahr in seiner Wirkung richtig zu beurteilen, zumal bei den heutigen außerordentlichen äußeren Schwierigkeiten wie Kohlen- und Geldnot? Ich fühlte mich verpflichtet, Ihnen verehrter Herr Professor Thedy, diese Worte auf Ihren letzten Brief zu erwidern, um der Sache willen, um die ich jetzt hier fechten muß. Wenn ich schließlich in dem vorigen Brief von einer ‚moralischen Pression‘ von anderer Seite gesprochen habe, so tat ich es ganz gewiß nicht aus Zweifel an Ihrer Überzeugung, sondern in Erinnerung an Ihre eigenen Worte, daß Ihnen von seiten des Herrn Professor Fleischer täglich hart zugesetzt werde. Wenn ich Sie um etwas bitten darf, so sei es dies: lassen Sie uns in dem augenblicklichen Kampf um das Bauhaus Sachliches und Persönliches trennen, so wird jeder seine Gerechtigkeit finden. Ihr ergebener [Gropius]“ *ThHStA Weimar, Staatliches Bauhaus Weimar 7, Bl. 130-131.*

67, 21-22 Schriftwechsel über seine Angelegenheit] Der hier zitierte Schriftwechsel beinhaltet die folgenden Schreiben: Thedy an die Leitung und den Meisterrat, 23. Dezember 1919 *ThHStA Weimar, Staatliches Bauhaus Weimar 7, Bl. 91. Siehe Erläuterung zu 63, 22.* Gropius an Thedy, 2. Januar 1920 *ThHStA Weimar, Staatliches Bauhaus Weimar 7, Bl. 101-102. Siehe Erläuterung zu 62, 17.* Thedy an Gropius, 9. Januar 1920 *ThHStA Weimar, Staatliches Bauhaus Weimar 7, Bl. 110-111. Siehe Erläuterung zu 66, 7.* Gropius an Thedy, 12. Januar 1920 *ThHStA Weimar, Staatliches Bauhaus Weimar 7, Bl. 130-131. Siehe Erläuterung zu 66, 7.* Den letzten Brief vom 9. Januar 1920 übersandte Thedy am 14. Januar 1920 dem Staatsministerium, was er Gropius am gleichen Tage auch schriftlich mitteilte. *ThHStA Weimar, Staatliches Bauhaus Weimar 7, Bl. 136.* Im Ergebnis dieser Korrespondenz stand Thedys Abkehr vom Bauhausprogramm. Er wurde zu einem der erbittertsten Streiter für eine Wiedereröffnung der Hochschule für bildende Kunst. Thedy bekannte, daß er sich mit führenden Künstlern über die Durchführbarkeit des Bauhausprogramms verständigt habe.

67, 25-26 zwei Protokolle der Meisterratssitzungen] Fröhlich erklärte sich mit den Inhalten der beiden Sitzungsprotokolle vom 20. und 27. Dezember 1919 nicht einverstanden und verweigerte die Unterschrift. *Siehe Textteil Nr. 9 [1.], S. 60 und Nr. 10 [2.], S. 64 sowie Erläuterung zu 60, 29.* Er nahm seit Anfang des Jahres 1920 aus Protest nicht mehr an den Sitzungen des Meisterrates teil.

67, 30 Protokolle der Besprechungen über den Fall Fröhlich] Gemeint sind die Sitzungen des Meisterrates am 11. und 13. Januar 1920. Beide Sitzungen wurden von Marcks protokolliert. *Siehe Textteil Nr. 11 [1.], S. 64 und Nr. 12 [2.], S. 65-66 sowie Erläuterung zu 64, 25.*

67, 33-34 Kommission der Gegenpartei] Der am 19. Dezember 1919 von den Bauhausgegnern gebildeten Kommission zur Untersuchung der Bauhausangelegenheit gehörten an: Baurat Max Ehrhardt, Freiin Mathilde von Freytag-Loringhoven, Carl Lambrecht, Prof. Hans W. Schmidt, Prof. Franz Bunke, Bildhauer Fritz Basista, Bildhauer Arno Zauche, Prof. Fritz Fleischer und Kunstmaler Max Merker. *Siehe Erläuterung zu 60, 5 Gegenpartei].* Merker hatte am 9. Januar 1920 seine Vorschläge zur Reformierung einer Kunstakademie formuliert und am 16. Januar 1920 dem Kultusministerium als Denkschrift vorgelegt. Er bezog darin gegen das Bauhausprogramm Stellung, das er utopistisch nannte, und sprach sich für die „strikte Trennung von Kunstschule, Gewerbe- und Bauschule" aus. *ThHStA Weimar, Thüringisches Ministerium für Volksbildung C 1480, Bl. 17-19.* Vorsitzender und Wortführer der Kommission war Fritz Fleischer. Er bekleidete seit 1917 eine Stelle als Hilfslehrer für Maltechnik an der Hochschule für bildende Kunst, die er aber im Mai 1919 niedergelegt hatte. Er begründete dies mit einer von den Zielen des Bauhauses grundsätzlich abweichenden Kunstauffassung. Die besagte Denkschrift der Kommission wurde am 8. Januar 1920 beim Kultusministerium eingereicht. Zum erstenmal stellte man hier die Forderung nach Wiedereinrichtung der alten Hochschule für bildende Kunst anstelle des Bauhauses und der Ernennung eines „nicht einer extremen Richtung angehörenden allgemein anerkannten Malers als selbständigen Leiter dieser Anstalt". Das Memorandum verlangte die Wiedereinführung der „früheren Lehrfächer, wie Figuren-, Landschafts- und Tiermalerei sowie die Schaffung eines Lehrstuhls für Kunsttechnik, welcher von kunsttechnisch vorgebildeten Lehrern für Malerei und Plastik geleitet werden soll. Sie erfordert, daß der Lehrplan nicht nur auf eine bestimmte Richtung zugeschnitten sei, sondern daß er den Studierenden die freieste künstlerische Entwicklung gestattet und ermöglicht." *ThHStA Weimar, Staatsministerium, Departement des Kultus 276, Bl. 45.* Die Kommission hatte Staatsminister Arnold Paulssen ersucht, in ihrer Gesamtheit im Ministerium erscheinen zu dürfen, um ihre Forderungen zu begründen. Diese Sitzung fand am 16. Januar 1919 statt. Zur großen Empörung der Kommissionsmitglieder hatte Paulssen den Direktor des Staatlichen Bauhauses dazu eingeladen. *Siehe Erläuterungen zu 73, 28 und 75, 21-22.*

67, 40 Aufstellung des Schriftstückes] Gemeint ist das Dokument „Die Schülerschaft des Staatlichen Bauhauses zu dem an die Künstler Weimars gerichteten Schreiben der wegen des Falles Groß ausgetretenen Schüler" vom 9. Januar 1920. *Siehe Erläuterungen zu 66, 2 und 68, 5.*

68, 5 allgemeine Schülerversammlung] Auf dieser Versammlung wurde sowohl der Brief der im Dezember 1919 ausgetretenen Studierenden an die Weimarer Künstlerschaft als auch die Kundgebung der Obleute des Bauhauses vom 13. Januar 1920 verlesen Das letztere Schreiben nahm die Schülerschaft einstimmig an. *ThHStA Weimar, Staatliches Bauhaus Weimar 7, Bl. 139. Siehe Erläuterungen zu 57, 30; 66, 2 und 66, 3-4.*

69, 13 Kämpfe gegen das Bauhaus] Am 22. Januar 1920 fand im Saal des Schützenvereins „Armbrust" eine Kundgebung der Einwohnerschaft Weimars zur Wiedererrichtung der alten Kunsthochschule statt. Damit schloß sich diese Bewegung den Forderungen der Kommission der Gegenpartei an. *Siehe Erläuterung zu 67, 33-34.* Der Oberlehrer Emil Herfurth hielt eine „Rede zur Begründung der Protestentschließung der Einberufer, [in welcher] Entstellungen und den Tatsachen zuwider laufende Behauptungen ausgesprochen worden [sind]. Eine Richtigstellung wurde unmöglich gemacht, da, obwohl in der öffentlichen Ankündigung ‚Alle Männer und Frauen Weimars, denen unsere Kunst und Kulturstätten heilig sind' ausdrücklich geladen waren, ‚sich an der öffentlichen Kundgebung zu beteiligen', der Leiter der Versammlung, allen parlamentarischen Gepflogenheiten zum Trotz, der Leitung des Bauhauses und anderen Personen das Wort zur Richtigstellung verweigerte." *Siehe „Die Antwort des Weimarer Staatlichen Bauhauses auf die Angriffe", veröffentlicht vom Kultusministerium in Thüringische Landeszeitung Deutschland Nr. 29/1920 vom 29. Januar 1920.* Die in dieser Versammlung vereinbarte Entschließung wurde gedruckt und öffentlich verteilt. Sie lautete: „Leitsätze und Forderungen der am 22. Januar 1920 im überfüllten Armbrustsaale stattgehabten Kundgebung der Einwohnerschaft Weimars für die Wiederherstellung der alten Kunsthochschule. Diese Leitsätze wurden mit überwältigender Mehrheit und stürmischer Zustimmung zur Entschließung erhoben, die als Ausdruck des Willens weitester Bevölkerungskreise den zuständigen Stellen unterbreitet werden soll. Für die Entschließung stimmten etwas 700 Einwohner Weimars, die aber nur als Vertretung von Tausenden Gleichgesinnter zu gelten haben. Die Entschließung lautet: Eine große Anzahl Weimarer Bürger aller Parteien und Berufe, durchdrungen von gemeinsamer Liebe zu Weimars Kultur, glaubt sich verpflichtet, im Interesse einer gesunden Weiterentwicklung folgende Leitsätze der Regierung und den zuständigen gesetzgebenden Körperschaften einzureichen: 1. Es wirkt in weiten Kreisen verstimmend und ist den freiheitlichen Grundsätzen des modernen Staatsgedankens nicht entsprechend, daß über den Kopf der hiesigen Bevölkerung hinüber und ohne Rücksicht auf das Volksempfinden eines jener altbewährten wichtigen Institute, die Weimar berühmt gemacht haben und die uns teuer sind, des bisherigen Charakters gänzlich entkleidet wird. 2. So wenig wie etwa das Goethe-Nationalmuseum oder das Goethe-Schiller-Archiv und ähnliche Kunst- und Kulturstätten ihres Wesens beraubt werden dürfen, wenn auch Weiterentwicklung innerhalb des Gegebenen erwünscht und möglich ist, ebenso wenig durfte die Hochschule für bildende Kunst unter der Mißachtung ihres bisherigen Wesens in ein sogenanntes ‚Bauhaus‘ verwandelt werden. 3. Statt sich etwa als Kunstgewerbler und Architekt in den Rahmen des Ganzen einzufügen, hat der neue Leiter von seinen besonderen Gesichtspunkten aus die ganze Kunsthochschule selbstherrlich umgestaltet und in einen Zustand des Experimentierens gebracht, der sich weder mit den geistigen Überlieferungen unserer Stadt noch mit unseren finanziellen Möglichkeiten verträgt. 4. Auch wir möchten die Freiheit der Kunst gewahrt wissen. Aber bei der ausschließlichen Pflege einer einseitigen und extremen Richtung, wie sie jetzt am Bauhause ausgeübt wird, herrscht dort weder Freiheit noch Unbefangenheit. 5. Dazu kommt, daß sich dieses Experimentieren innerhalb jener einseitigen modernsten Geschmacksrichtung nicht frei hält von einem politischen Beigeschmack radikalster Strömung. Auch hierin wird die weimarische Kulturtradition nicht etwa maßvoll weiterentwickelt, sondern mißachtet. 6. Das alles hat in weiten Kreisen der hiesigen Bevölkerung im Bunde mit mancher unerfreulichen Lebenserscheinung aus jener Ecke wachsendes Unbehagen, ja Entrüstung hervorgerufen, deshalb bitten wir die Regierung und die zuständigen Körperschaften, dieser für uns Weimaraner und unseren Ruf in Deutschland höchst wichtigen Frage ihre volle Aufmerksamkeit zu widmen. Die auch von uns gewünschte Weiterentwicklung Weimars als Kultur- und Kunststadt darf sich nicht in Gegensatz stellen zu dem, was Weimar groß gemacht hat und was uns heilig ist. Wir verlangen daher mit aller Entschiedenheit, daß 1. die Selbständigkeit und organische Weiterentwicklung der bisherigen Hochschule für bildende Kunst von der Regierung und den gesetzgebenden Körperschaften sicher gestellt wird; daß 2. von den zuständigen Stellen unter Berücksichtigung des Willens der Einwohnerschaft sorgsam erwogen wird, ob sich gerade Weimar nach seiner Überlieferung und nach seinen finanziellen Möglichkeiten überhaupt zur Durchführung des Bauhausgedankens in der bisher angestrebten Form eignet; daß 3. in den Weimarer staatlichen Anstalten für bildende Kunst die Freiheit des künstlerischen Schaffens gewährleistet und die unduldsame Vorherrschaft einer einseitigen Kunstrichtung vermieden wird; daß 4. die Lebensführung der Angehörigen des Kunstinstitutes sich dem Geiste unserer großen Tradition und den Lebensformen Weimars einfüge. Weimar, den 22. Januar 1920. Die gewählten Einwohnerausschüsse i. A. Muth, Oberlehrer am Realgymnasium.“ *ThHStA Weimar, Thüringi-*

sches Volksbildungsministerium C 1480, Bl. 7. Gekürzt und ohne Datum veröffentlicht in: Hüter, S. 174 f. Die hier formulierten Forderungen wurden von Emil Herfurth in seiner Rede vorgebracht und in der Schrift „Weimar und das Staatliche Bauhaus" im Februar 1920 veröffentlicht. *ThHStA Weimar, Staatliches Bauhaus Weimar 5, Bl. 22–25. Siehe Erläuterung zu 75, 6.*

69, 15 Eingabe an das Ministerium] Es handelt sich hier um die „Erklärung des Meisterrates vom 27. Januar 1920". *Siehe Textteil Nr. 14 [2.], S. 72–73.*

69, 17 Schule mit Vorschule und Landschafterklasse] Thedy entsprach mit seinen Forderungen den Kernpunkten der Denkschrift der Gegenpartei vom 8. Januar 1920 und der Entschließung der Bürgerschaft Weimars. *Siehe Erläuterung zu 67, 33–34.*

69, 35 nicht vom gesamten Meisterrat unterschrieben] Die Eingabe an das Ministerium wurde von Gropius, Engelmann, Feininger, Itten, Klemm, Marcks und Thedy unterzeichnet. *Siehe Textteil Nr. 14 [3.], S. 73–74.*

69, 38 Veröffentlichung in der Zeitung „Deutschland"] Gropius bezog sich auf den Artikel der Bauhausgegner „Eine offene Erklärung der Künstlerschaft Weimars", der außer von Thedy auch von Fröhlich, Förster, Fleischer u. a. unterzeichnet wurde. *Thüringische Landeszeitung Deutschland Nr. 29/1920 vom 29. Januar 1920.* Thedys Seitenwechsel war wohl durch die sehr polemisch formulierte Kundgebung des Arbeitsrates für Kunst für das Bauhaus veranlaßt. Darin wurden die Gegner des Bauhauses bezichtigt, „aus Goethe und Schiller eine muffige Attraktion ihres Fremden- und Verkehrsvereins [zu] machen". Weiter hieß es, der Arbeitsrat lehne es ab, sich „mit solchen Leuten künstlerisch auseinanderzusetzen". *Erklärung des Arbeitsrates für Kunst. Thüringische Landeszeitung Deutschland Nr. 22/1920 vom 22. Januar 1920 und ThHStA Weimar, Staatliches Bauhaus Weimar 7, Bl. 166.* Die weimarische Künstlerschaft wies in ihrer Veröffentlichung vom 29. Januar 1920 den Vorwurf des Arbeitsrates für Kunst, es handle sich bei ihrem Vorgehen um eine „kleinliche, gehässige, nationalistische und antisemitische Kampagne", scharf zurück. *Siehe Erläuterung zu 70, 1–2.* Außerdem erregte die Berichterstattung von Hans Kyser in der Vossischen Zeitung die Gemüter. *„Der Kampf um das staatliche Bauhaus in Weimar", in: Vossische Zeitung vom 27. Dezember 1919.* Dieser nannte die Vertreter der Gegenpartei eine „kleine, fast nur in Weimar bekannte Künstlergruppe" und bezeichnete die Indienstnahme der „in ihrer Weise gewiß berechtigten konservativen Elemente eines kleinen Kulturzentrums wie Weimar" durch die Gegner des Bauhauses als Mißbrauch. Das konservative Lager beschwor daraufhin die großen Traditionen Weimars. Neben aller Polemik ging es um nichts anderes als die Neugründung der Kunsthochschule. Dabei wurde unter Berufung auf die von Henry van de Velde einstmals gepflegten Verbindungen zu Industrie und Handwerk betont, daß man Reformen in der künstlerischen Ausbildung sehr wohl offen gegenüber stehe und „die sorgfältigere kunsttechnische und handwerkliche Ausbildung der Maler nach dem Vorbilde der alten Meisterschulen" anstrebe, jedoch nicht dulden wollte, daß die „alte Kunsthochschule, deren Ruf weit über Deutschlands Grenzen hinausgedrungen ist [...] in eine Handwerkerschule" umgewandelt würde. Ganz entschieden wandten sich die Unterzeichnenden gegen die Vorherrschaft des „extremsten Expressionismus und gegen den neuen Geist der Pietätlosigkeit, Unduldsamkeit und Zerstörung, der sich gerade in [ihrer] lieben Stadt festsetzen möchte" und wußten sich einig „nicht nur mit allen wahren Freunden Weimars und seiner geheiligten Kulturstätten, sondern auch mit allen denen, welche die zersetzende Wirkung erkannt haben, die diese krankhafte und unduldsame Kunstrichtung besonders auf unserer Jugend ausübt und welche sie mit uns kraftvoll, zielbewußt und offen bekämpfen wollen." *Thüringische Landeszeitung Deutschland Nr. 22/1920 vom 22. Januar 1920.*

69, 41 dem Ministerium die Gründe] *Siehe Erläuterungen zu 66, 7 und 67, 21-22.*

70, 1-2 Berliner Berichte über den Bauhausstreit beeinflußt und lanciert zu haben] Gemeint waren mit den Berliner Berichten in erster Linie die Kundgebungen des Werkbundes und des Arbeitsrates für Kunst (AFK). Genau wie die Bauhausgegner von ihrem Einfluß auf die Lokalpresse Gebrauch machten und die Berichterstattung über den Bauhausstreit in ihrem Sinne beeinflußten – Mathilde von Freytag-Loringhoven leitete beispielsweise seit 1913 die Kunstredaktion der Thüringischen Landeszeitung Deutschland – nutzte Gropius sowohl seine Kontakte zum Arbeitsrat für Kunst als auch zum Deutschen Werkbund, um den Erhalt des Bauhauses zu sichern, indem er um Stellungnahmen bat. So schrieb er im Dezember 1919 an Adolf Behne: „Du siehst also, es wird bereits eine große Hetzaffäre daraus, die vermutlich die gesamte Presse natürlich, wie das zu sein pflegt, aus unsachlichen, politischen Gründen beschäftigen wird. Bitte tue, was möglich ist und sieh zu, ob nicht auch Bruno [Taut] durch den Werkbund etwas machen kann. Je mehr Tages- und Kunstzeitschriften jetzt die Angelegenheit für uns verfechten, desto mehr wird hier der Regierung, die sich bis jetzt anerkennenswerter Weise zu mir hält, der Rücken gesteift. [...]" *ThHStA Weimar, Staatliches Bauhaus Weimar 6, Bl. 20.* Die in Berliner und überregionalen Zeitungen veröffentlichte Kundgebung des Arbeitsrates für Kunst für das Bauhaus erregte die Bauhausgegner in Weimar überaus heftig. *Siehe Erläuterung zu 69, 38.* Die Resolution ging am 14. Januar 1920 an die Presse. Gropius hatte Behne um eine Milderung der Formulierungen gebeten. Er schrieb am 15. Januar 1920: „An dem Wortlaut Eurer Resolution finde ich nach wie vor den Ausdruck ‚muffige Attraktion‘ usw. zu polemisch, so richtig es auch ist. Ich habe in diesem ganzen Kampf gelernt, daß eine gewisse kühle Form, die nicht ironisch und nicht beleidigend ist, viel stärker wirkt, denn man darf nicht vergessen, daß diese anderen Menschen innerhalb ihrer Borniertheit auch die Gefühle eines guten Glaubens haben. [...] Unsere Namen hast Du doch wohl, da wir ‚Beteiligte‘ sind, auf mein Telegramm hin weggelassen?" *ThHStA Weimar, Staatliches Bauhaus Weimar 6, Bl. 22.* In gewisser Weise handelte Behne gegen die Interessen des Bauhauses, indem er nicht bereit war, die besagten Formulierungen zu mildern und damit den Streit zusätzlich verschärfte. Gropius pflichtete in seinem Brief vom 29. Januar 1920 Otto Bartning in diesem Punkt bei, wenn er schrieb: „Die Schärfe der Behne-Erklärung habe ich auch nicht gutgeheißen und telegrafierte ihm entsprechend. Er wollte aber nicht davon abgehen. Sie hat gerade hier in Weimar zu scharf gewirkt. Sie wissen ja auch aus dem A.F.K., daß ich der Ansicht lebe, wir sollten uns ganz frei von politischer, nationalistischer und ras[s]ialer [gemeint ist rassischer] Parteilichkeit halten, wenn wir für unsere Kunst und unsere Sache eintreten. Wenn ich etwas klar erkannt habe in diesen Kämpfen, so ist es dieses, man kann entweder nur einer Partei dienen oder sachlich sein. Beides zugleich ist unmöglich. Man hat die Kundgebung des A.F.K. gerade hier in Weimar bei der unglaublichen öffentlichen Kundgebung gegen mich und das Bauhaus scharf zurückgewiesen. Die Werkbunderklärung macht dagegen alle stutzig." *ThHStA Weimar, Staatliches Bauhaus Weimar 6, Bl. 4.* Die Werkbunderklärung wurde ebenfalls am 22. Januar 1920 von der Thüringischen Landeszeitung Deutschland abgedruckt. Außerdem hatte der Werkbund seine Kundgebung für das Bauhaus an die Staatsregierung von Sachsen-Weimar-Eisenach, den Weimarer Gemeinderat und das Kultusministerium versandt. Außer der Thüringischen Landeszeitung Deutschland erhielten alle größeren thüringischen und deutschen Zeitungen ein Exemplar. Gropius war vom Werkbund aufgefordert worden, seine Wünsche für den Versand der Pressenotiz zu äußern. Eng im Zusammenhang mit dem von Thedy ausgesprochenen Vorwurf der Pressemanipulation ist auch der schon erwähnte Artikel „Der Kampf um das Staatliche

Bauhaus in Weimar" zu betrachten. *Vossische Zeitung vom 27. Dezember 1919.* Hans Kyser betrachtete das Bauhaus darin vor allem unter nationalökonomischen Gesichtspunkten. Er nahm Bezug auf die Vorgänge im Dezember 1919 und betonte ausdrücklich den Schulter-schluß aller Meister des Bauhauses, wie er sich in der geschlossen unterzeichneten Gegen-erklärung vom 23. Dezember 1919 ausdrückte. Kyser versuchte damit klarzustellen, daß Gropius nicht die Absicht hatte, mit sämtlichen Weimarer Traditionen zu brechen, sondern an diese anzuknüpfen versuchte und dies selbst von den konservativen Lehrern der ehema-ligen Hochschule, welche weiter im Bauhaus beschäftigt waren, unterstützt wurde. Auf die Bezugnahme Kysers auf Professor Fritz Fleischer reagierte dieser am 5. Januar 1920 ge-kränkt mit einem Schreiben an Gropius. *ThHStA Weimar, Staatliches Bauhaus Weimar 111, Bl. 18-18/1.* In einem nicht überlieferten Brief vom 3. Februar 1920 wandte sich Gropius an Thedy, um offenbar eine Erklärung zum Vorwurf der Pressemanipulation zu verlangen. In seinem Antwortschreiben vom 4. Februar 1920 verwies Thedy auf eine Unterredung mit Kyser am 30. Dezember 1919. Er schrieb, daß Kyser gelegentlich eines Gesprächs mit ihm und Fleischer gesagt habe: „,Sie können sich wohl denken, daß ich ohne vorherige genaue Unterlagen und Informationen von Herrn Gropius einen solchen Artikel nicht schreiben würde.' Worauf Herr Prof. Fleischer antwortete: ,Ich möchte hierdurch ausdrücklich fest-stellen, daß Sie von Herrn Gropius instruiert worden sind.' Worauf Herr Kyser antwortete: ,Selbstverständlich.' [...]" *Bauhaus-Archiv Berlin, Nachlaß Gropius.* Da Hans Kyser Korre-spondent der gesamten Ullstein-Presse gewesen ist, ging Thedy wohl davon aus, daß sämt-liche Artikel für das Bauhaus von ihm ausgingen und damit von Gropius lanciert wurden. *Siehe Erläuterung zu 69, 38.*

70, 31 Abänderung der geplanten Eingabe] Es handelt sich hierbei um die endgültige Fassung der „Erklärung des Meisterrates" vom 3. Februar 1920. *Siehe Textteil Nr. 14 [3.], S. 73-74.*

70, 39 Kunstfonds] Die entsprechende Mitteilung des Gemeinderates an das Bauhaus er-folgte am 15. Januar 1920. Allerdings behielt sich der Gemeinderat vor, über die Verwen-dung der Mittel erst nach Besichtigung des Bauhauses und der gegenwärtigen Schülerarbei-ten zu entscheiden. *ThHStA Weimar, Staatliches Bauhaus Weimar 10, Bl. 37.* Diese prinzipielle Zusage des Gemeinderates wurde gegeben, während der Bauhausstreit die Öf-fentlichkeit in Freunde und Gegner des Institutes spaltete. Der Gemeinderat gehörte nicht zu den Förderern der Schule, wie sich bereits im Herbst 1919 gezeigt hatte. *Siehe Erläute-rung zu 60, 5 Gegenpartei].* Parallel zum Genehmigungsverfahren führte Gropius einen Briefwechsel mit dem Gemeinderatsmitglied Freiin Mathilde von Freytag-Loringhoven, wel-cher ihre offene Feindschaft gegen das Bauhaus deutlich zum Ausdruck bringt. *Siehe Erläu-terung zu 57, 10 außerordentliche Versammlung].*

71, 5 Zuschrift der Dresdener Akademie] Die Dresdner Akademie der bildenden Künste wandte sich am 15. Dezember 1919 mit der besagten Zuschrift an das Bauhaus. Dabei ging es um die Frage, ob eine Abordnung von Studierenden als Vertretung an den Sitzungen des Lehrerkollegiums teilnehmen solle, wie es die „Akademiker" anstrebten. Die Anfragenden zeigten sich insbesondere an der satzungsmäßigen Regelung dieses Problems interessiert. *ThHStA Weimar, Staatliches Bauhaus Weimar 17, Bl. 37.* Gropius antwortete darauf, „daß hier [am Bauhaus] nicht die Absicht besteht, Studierende zu den Meisterratssitzungen zuzu-lassen. Es sind auch seitens der Studierenden keine diesbezüglichen Forderungen gestellt worden. Wir haben rechtzeitig den Studierenden angemessene Rechte eingeräumt, so das Vorschlagsrecht der gesamten Schülerschaft, wie auch das Antragsrecht jedes Einzelnen. Die

Folge davon war, daß bis jetzt von diesen freiwillig eingeräumten Rechten kaum Gebrauch gemacht wurde." *ThHStA Weimar, Staatliches Bauhaus Weimar 17, Bl. 39.*

71, 13, Hospitanten an den anatomischen Vorträgen des Prof. Rasch] Die Genehmigung des Meisterrates für die Teilnahme von Bildhauern am Anatomieunterricht von Professor Otto Rasch als Hospitanten wurde der Volkshochschule in einem Schreiben am 5. Februar 1920 mitgeteilt. *ThHStA Weimar, Staatliches Bauhaus Weimar 167, Bl. 50.*

71, 34 das weibliche Element] Gemeint sind hier Schülerinnen – also Frauen. Von den im Wintersemester 1919/20 eingeschriebenen 245 Studierenden des Bauhauses waren 119 – also die knappe Hälfte – Frauen. In einem Umlauf an den Meisterrat vom 28. Januar 1920 hatte der Bauhausdirektor darauf hingewiesen, daß sich vorwiegend Frauen für die Werkstätten angemeldet hätten und „im Interesse des Ganzen" darauf geachtet werden müsse, daß höchstens die Hälfte der Lehrlinge weiblich sei. *ThHStA Weimar, Staatliches Bauhaus Weimar 13, Bl. 291. Das Problem bestand jedoch weiterhin. Siehe Erläuterungen zu 81, 9 und 99, 3–4. Das von Gropius angestrebte zahlenmäßige Verhältnis zwischen Schülerinnen und Schülern am Bauhaus von 1 zu 2 wurde erstmalig im Sommersemester 1922 erreicht und blieb etwa ab 1923 bestehen. Nach Dietzsch, S. 294.*

72, 27 wieder angemeldet hat sich Wilhem Majowski] Majowski gehörte zu jenen Studierenden, welche aus Protest am 16. Dezember 1919 aus dem Bauhaus ausgetreten waren. Er bewarb sich am 12. Januar 1920 um Wiederaufnahme in das Bauhaus. *ThHStA Weimar, Staatliches Bauhaus Weimar 7, Bl. 47. Siehe Erläuterung zu 57, 30.*

73, 28 Erklärung des Meisterrates] Die Erklärung des Meisterrates wurde am 9. Februar 1920 an das Kultusministerium gesandt. Das Anschreiben von Gropius lautete: „Im Anschluß an die Konferenz mit dem Herrn Minister am Sonnabend [d. i. der 7. Februar 1920] übersende ich anliegend den einstimmigen Vorschlag für die Regelung der Kunstschulfrage. Herr Prof. Thedy hat nach Rücksprache einiger Herren des Meisterrates mit ihm den anliegenden Vorschlag unterzeichnet." *ThHStA Weimar, Staatliches Bauhaus Weimar 12, Bl. 27; Thüringisches Ministerium für Volksbildung C 1480, Bl. 9.* Während einer Gesamtsitzung der Staatsregierung am 12. Januar 1920 erklärte sich diese bereit, „für die Vertreter der älteren Kunstrichtung außerhalb des staatlichen Bauhauses, etwa in den Räumen der Zeichenschule eine Unterrichtsstätte einzurichten". *ThHStA Weimar, Thüringisches Ministerium für Volksbildung C 1480, Bl. 20.* Die Idee, die alte Hochschule für bildende Kunst neben dem Bauhaus neu zu gründen, ist das Ergebnis der deutlich zutage tretenden Unvereinbarkeit des Bauhausprogramms mit den Zielen einer gemäßigten akademischen Kunstschulreform, wie sie von den Lehrern der ehemaligen Kunsthochschule angestrebt wurde. Gropius und der Meisterrat gingen mit der Erklärung vom 9. Februar 1920 zunächst auf die Forderungen der Gegenseite ein. Der Plan, beide Institute nebeneinander existieren zu lassen, stellte also einen Kompromißvorschlag seitens des Bauhauses dar. Er entsprang jedoch auch dem Bedürfnis der Bauhäusler nach klarer Trennung und Abgrenzung vom akademischen Lehrbetrieb, der auf Dauer nicht in die Bauhausarbeit zu integrieren war. Der Vorschlag der Gründung einer „Alten Weimarer Malschule" schien außerdem ein äußerst kluger Schachzug des Bauhauses zu sein. Einerseits verdeutlichte er die ernsthaften Bemühungen um eine alle Seiten befriedigende Lösung und andererseits konnte man sich recht elegant der ungeliebten Akademiker entledigen, was ohne Vertragsbruch nur schwer möglich gewesen wäre. Gropius sah zunächst im Bestehen einer Kunstschule neben dem Bauhaus keine ernsthafte Konkurrenz gegeben. Er ging davon aus, „daß eine solche Malschule aus Mangel an Schülern zusammenschrumpfen wird". *ThHStA Wei-*

mar, Staatliches Bauhaus Weimar 6, Bl. 198. Problematisch blieb allerdings die Frage der Mittelbereitstellung für eine weitere Schule durch den Staat und die verwaltungstechnische und räumliche Trennung der beiden Institute, zumal die Bauhausgegner auf dem Verbleiben der Malschule im ehemaligen Hochschulgebäude schon aus Prestigegründen beharrten. Die offene Raumfrage wurde erst im Frühjahr 1921 diskutiert. *Siehe Erläuterungen zu 67, 33 und 75, 21–22. Zur weiteren Entwicklung dieser Problematik nach 1921 siehe Opitz, S. 346–348.*

75, 5–6 Erklärung der Weimarer Künstler] Gemeint ist die „Offene Erklärung der Künstlerschaft Weimars". *Siehe Erläuterung zu 69, 38.*

75, 6 Ausführungen] Dr. Emil Herfurth hatte während der Kundgebung in der „Armbrust" am 22. Januar 1920 eine Rede gehalten, deren Wortlaut unter dem Titel „Weimar und das Staatliche Bauhaus" im Februar 1920 veröffentlicht wurde. Die Veröffentlichung wurde wohl auf der Kundgebung am 22. Januar 1920 beschlossen. *Siehe Erläuterungen zu 69, 13 und 75, 7.* Herfurth beschrieb sein Anliegen folgendermaßen: „Der Streit um das Staatliche Bauhaus in Weimar drängt zur Entscheidung. Die zu seiner Klärung aus der Bürgerschaft hervorgegangenen Ausschüsse, die die Meinung und den Willen fast der gesamten Einwohnerschaft Weimars vertreten, haben in einer Kundgebung mit Klarheit und Entschiedenheit ihren Standpunkt zum Ausdruck gebracht. Da aber entstellende Berichte das unparteiische Urteil der maßgebenden Stellen und der den Verhältnissen Weimars Fernstehenden irrezuleiten suchen, halten es die Bürgerausschüsse für ihre Pflicht, ihre Forderungen mit eingehender Begründung der Öffentlichkeit zu unterbreiten. *ThHStA Weimar, Staatliches Bauhaus Weimar 5, Bl. 22–29.*

75, 7 Kundgebung in der Armbrust] Es handelt sich hier um die Kundgebung am 22. Januar 1920. *Siehe Erläuterungen zu 69, 13 und 75, 6.*

75, 8–9 gegen das Programm des Bauhauses Stellung nehmen] Im entsprechenden Schreiben Thedys an die Staatsregierung vom 14. Januar 1920 hieß es: „Bei Berufung des Herrn Gropius als Leiter für die hiesige Kunsthochschule nahm ich den Standpunkt ein, daß man sich nicht neuen fortschrittlichen Bestrebungen verschließen dürfe; auch daß man der Gestaltung derselben eine gewisse Zeit einräumen müsse. – Nun konnte ich nicht sogleich [...] übersehen, ob das aufgestellte Programm, welchem ich zustimmte, durchführbar sei; bald stiegen mir ernste Zweifel auf, welche ich aber unterdrückte." *ThHStA Weimar, Staatliches Bauhaus Weimar 7, Bl. 135.* Thedy fühlte sich gleichzeitig von dem Versprechen, nichts gegen die Schule zu unternehmen, welches er Gropius gegeben hatte, zunehmend belastet und zog es schließlich zurück. *Siehe Erläuterung zu 67, 21–22.* Parallel zu seiner Stellungnahme gegen das Bauhaus betrieb Thedy als Vorsitzender der 1918 gegründeten „Kammer der bildenden Künstler in Thüringen" die Neugründung der Hochschule für bildende Kunst. *ThHStA Weimar, Thüringisches Ministerium für Volksbildung C 1480, Bl. 21.*

75, 21–22 Donnerstag nachmittag eine Sitzung] Diese Sitzung fand am 19. Februar 1920 statt. Es nahmen teil: Gropius, Thedy, Staatsminister Arnold Paulssen, Staatsrat Albert Rudolph und Regierungsrat Ernst Ortloff. *Siehe Erläuterung zu 73, 28.* Während dieser Zusammenkunft wurden die Vorstellungen von der neuzuschaffenden Kunstschule konkretisiert. Es waren Lehrstellen für Figur-, Landschafts- und Tiermalerei vorgesehen. Außerdem sollten Lehrer für Projektion und Maltechnik gesucht sowie eine Zeichenklasse als Vorschule eingerichtet werden. Damit entsprach man im wesentlichen den Forderungen der Kommission der Gegenpartei. Über die Lösung der Verwaltungs- und Raumfragen wurde in dieser Sitzung noch nicht verhandelt. *Siehe Erläuterung zu 67, 33–34.*

76, 4 Herr Emmerich] Leo Emmerich leitete als Fachmann für Glasuren die keramische Werkstatt des Bauhauses bis September 1920 – also lediglich ein Semester lang. Im Sommer 1920 wirkte er bei der Einrichtung der keramischen Werkstatt in Dornburg mit.

76, 27 Verschiedenes] Es ist anzunehmen, daß unter diesem Tagesordnungspunkt auch ein disziplinarischer Verweis vom 24. März 1920 gegen Johannes Driesch, Lilli Gräf, Dörte Helm, Kurt Löwengard, Viktor Schlichter, Franz Singer, Margit Terry-Adler und Anny Wottitz verhandelt wurde. Die betreffenden Schüler hatten anläßlich der Beerdigung der während des Kapp-Putsches gefallenen Arbeiter politische Propagandaschilder in den Räumen des Bauhauses angefertigt. Der Meisterrat sprach den Studierenden seine Mißbilligung aus und wies auf das im Dezember 1919 ergangene Verbot jeglicher politischer Betätigung im Bauhaus hin. *ThHStA Weimar, Staatliches Bauhaus Weimar 130, Bl. 4. Siehe Textteil Nr. 8 [1.], S. 58.*

78, 35–36 wegen mangelhafter technischer Befähigung] Die Entscheidung über die definitive Aufnahme der Studierenden für das Sommersemester 1920 wurde in diesem Falle durch Beurteilung der Werkstättenleiter direkt beeinflußt. Gropius hatte sie am 24. März 1920 in einem vertraulichen Umlauf um die Beurteilung der technischen Befähigung und des sonstigen Verhaltens der in den Werkstätten arbeitenden Studierenden als Basis für die Entscheidung des Meisterrates gebeten. *ThHStA Weimar, Staatliches Bauhaus Weimar 13, Bl. 293. Siehe Abbildung 10.* Auch später forderte er von den Werkstättenleitern solche „Gutachten" über die in die Werkstatt neu aufgenommenen Lehrlinge hinsichtlich ihrer „Eignung zum Handwerk", wie das Rundschreiben vom 27. Mai 1921 belegt. *ThHStA Weimar, Staatliches Bauhaus Weimar 13, Bl. 294.*

81, 9 Sitzung des Meisterrates am 13. April 1920] Diese Sitzung fand unter Beteiligung der Werkstättenleiter statt. Wie aus dem Protokoll der Meisterratssitzung vom 14. Mai 1920 hervorgeht, wurde am 13. April 1920 auch die Gründung einer Frauenabteilung beschlossen. *Siehe Textteil Nr. 19 [1.], S. 83–87 sowie Erläuterungen zu 71, 34 und 99, 3–4.* Aus einem von den Mitgliedern des Meisterrates unterzeichneten Schreiben an Staatsminister Arnold Paulssen vom 17. April 1920 läßt sich schließen, daß außerdem folgende Punkte verhandelt wurden: Beantragung eines Kreditfonds zur Materialbeschaffung in Höhe von 100 000 Mark und Gewährung einmaliger Anschaffungskosten für die Einrichtung der Werkstätten in Höhe von 255 000 Mark; die Lösung der Raumfrage in Zusammenhang mit der Neugründung der Weimarer Kunsthochschule durch die Überlassung des Hauses Kunstschulstraße 5 zwecks Unterbringung des Syndikus Kämmer; die Überweisung des ehemaligen großherzoglichen Reithauses an der Ilm zur Einrichtung des etatmäßig geplanten Probier- und Werkplatzes; die Verlegung der keramischen Werkstatt nach Dornburg; Einrichtung eines Arbeitsplatzes für Bildhauer auf dem Vorplatz der ehemaligen Kunstgewerbeschule und der Siedlungsplan. *ThHStA Weimar, Thüringisches Ministerium für Volksbildung C 1468, Bl. 48.*

83, 17 Vorschläge zur Organisation und Ausgestaltung der Werkstätten] Die Sitzung vom 13. April 1920 eröffnete das Sommersemester und hatte offensichtlich eine organisatorische und programmatische Klärung der Bauhausarbeit zum Ziel. Nachdem sich Thedy mit seiner Klasse vom Bauhaus separiert hatte, ging es nun darum, klare Ziele für die Weiterarbeit zu entwickeln. In diese Neuorganisation waren sowohl die Werkstättenleiter als auch die Studierenden des Bauhauses als aktive Teilnehmer involviert. So reichte der Studierendenausschuß bereits am 29. März 1920 seine Vorstellungen für die Weiterarbeit des Bauhauses der Leitung ein. Darin stellten die Vertrauensleute als oberste Forderung die „Reorganisation des Werkstättenbetriebes und zwar im Sinne einer erhöhten Leistungskraft und verstärkten Disziplin". Die weiteren Forderungen in der von Richard Winkelmayer in Vertretung der „Obleute des staatlichen Bauhauses" unterschriebenen Eingabe lauteten: „I a) Entfernung sämtlichen Kitsches aus den Werkstätten nach Anweisung des Meisterrats. b) Ausführung von nur künstlerisch über dem Durchschnitt stehenden Arbeiten (nach den Gutachten des Meisterrats). II Selbstverwaltung sämtlicher Werkstätten durch den Vertrauensmann und Werkmeister. III a) Zusammenarbeit des Werkmeisters mit den Lehrlingen während der ganzen Arbeitszeit. b) Annahme von Lehrlingen hat sich unbedingt nach der Größe und Übersicht des Betriebes zu richten. c) Strenge Werkstattordnung und Einhaltung der Arbeitszeit andernfalls rücksichtslose Ausschaltung des Lehrlings. IV Es dürfen künftig nur noch Schüler aufgenommen werden, welche sich bereit finden, ein Handwerk zu erlernen. V Künstlerische Mitarbeit der freien Meister zu Befruchtung des Handwerks ihrer Schüler." *ThHStA Weimar, Staatliches Bauhaus Weimar 131, Bl. 85. Siehe Erläuterung zu 111, 34.*

84, 12–13 Für die keramische Werkstatt [...] das Marstallgebäude und Kavaliershaus von Schloß Dornburg] Der Meisterrat beantragte am 17. April 1920 die Verlegung der keramischen Werkstatt nach Dornburg. *ThHStA Weimar, Thüringisches Ministerium für Volksbildung C 1468, Bl. 48. Siehe Erläuterung zu 48, 4–5.* Die Initiative zum Aufbau dieser Abteilung ging einem Erinnerungsbericht von Lydia Driesch-Foucar zufolge von den Studierenden, welche bis Frühjahr 1920 in der provisorischen Werkstatt der Hoftöpferei Schmidt arbeiteten, insbesondere von Marguerite Friedlaender, aus. Sie soll es auch unternommen haben, das Anliegen der Studierenden Gropius zu überbringen und diese Angelegenheit im Kultusministerium zu vertreten. Nach diesem Bericht war es zunächst die Werkstatt der Gebrüder Krehan, welche die Studierenden aufsuchten. Max Krehan stand dem Programm des Bauhauses offen gegenüber. Er empfahl die Gebäude des Dornburger Marstalls zur Einrichtung der keramischen Werkstatt. *Siehe Driesch-Foucar.* Daneben korrespondierte Gropius nach der Kündigung der Räume in der Firma Schmidt in Weimar mit Friedrich Blau, einem Töpfermeister aus Hainichen, der sich um das thüringische Töpfergewerbe bemühte. Über ihn kam der Kontakt zur Töpferei der Gebrüder Krehan in Dornburg zustande. *ThHStA Weimar, Staatliches Bauhaus Weimar 186, Bl. 23–39.* Bereits am 28. April 1920 teilte das Kultusministerium die Zustimmung der Staatsregierung vorbehaltlich der Genehmigung durch den Landtag zur Gründung der Dornburger Werkstatt des Bauhauses mit. *ThHStA Weimar, Staatliches Bauhaus Weimar 186, Bl. 54.* Am 5. Mai 1920 überwies das Finanzministerium dem Bauhaus das Marstallgebäudes in Dornburg samt vorhandenem Mobiliar zur Einrichtung der keramischen Werkstatt. *ThHStA Weimar, Staatliches Bauhaus Weimar 186, Bl. 58.*

84, 15 Finanzamt] Gemeint ist hier die Gewährung eines Kredites in Höhe von 80 000 Mark durch das Finanzministerium, nicht das Finanzamt. *ThHStA Weimar, Staatliches Bauhaus Weimar 186, Bl. 59.*

84, 16–17 verschiedene Studierende haben sich auf zwei Jahre verpflichtet] Es verpflichteten sich am 12. Mai 1920 die Studierenden Marguerite Friedlaender, Gertrud Coja, Lydia Foucar, Johannes Driesch und Else Mögelin. *ThHStA Weimar, Staatliches Bauhaus Weimar 186, Bl. 63.*

84, 24 Siedlungsfrage] Die Idee einer Bauhaussiedlung existierte bereits bei Gründung der Lehranstalt. Gropius plante damals die Errichtung einer Siedlung mit Bauten für Theater und Musik, gipfelnd in einem Kultbau. Diese „Republik der Geister" sollte unter Einbeziehung des Bauhauses nicht innerhalb der Stadt, sondern am Belvederer Berg entstehen. Die wichtigste Bedingung für eine Erneuerung der geistigen Kultur schien Gropius die Heranziehung bedeutender Persönlichkeiten nach Weimar, deren Wohnsitz eine Siedlung im vorgestellten Sinne sein sollte. Das Projekt zur Bebauung auf der Anhöhe von Belvedere schlug Gropius zur Verwirklichung dem Arbeitsrat für Kunst vor, in dessen Ideenkreis der Siedlungsbau eine wesentliche Rolle spielte. Sein Vorschlag stieß jedoch auf wenig Gegenliebe. Beinahe parallel zu diesen Ideen trug sich Alfred Pochwadt, der Stifter der Mittel für die Errichtung der Bauhauskantine, mit dem Gedanken der Gründung einer Siedlung und Künstlerkolonie unter sozialistischer Verwaltung. Zu diesem Zwecke korrespondierte Pochwadt im Frühjahr mit dem Syndikus Kämmer, der in seinem Namen mit den Regierungsvertretern über den Kauf eines Kammergutes in der Nähe Weimars verhandelte. Sowohl den Studierenden des Bauhauses als auch Gropius war dieser Plan bekannt. Im September 1919 wurde Gropius vom Kultusministerium zu einer gutachterlichen Äußerung über die Vorschläge Pochwadts aufgefordert. In seiner Antwort vom 17. September 1919 wies der Direktor des Bauhauses auf die Notwendigkeit hin, dem wirtschaftlichen Niedergang des Landes durch geistige Arbeit gegenzusteuern. Für Weimars Entwicklung betonte er: „Die Sicherstellung des Gedankens, Weimar auch für die neue kommende Kultur zum Mittelpunkt zu machen – wofür zahlreiche Voraussetzungen bestehen – , hängt von der Möglichkeit ab, starken Persönlichkeiten der Kunst und Wissenschaft im Lande gute Lebensbedingungen zu schaffen." *ThHStA Weimar, Staatliches Bauhaus Weimar 106, Bl. 74.* Allerdings teilte das Finanzministerium bereits im Juli 1919 mit, daß an Verkäufe oder Verpachtungen von Kammergütern in nächster Zeit nicht zu denken sei. *ThHStA Weimar, Staatliches Bauhaus Weimar 106, Bl. 65.* Für die Folgezeit fanden sich keine Nachweise für die Weiterverfolgung der Siedlungspläne seitens Pochwadts. Es ist auch anzunehmen, daß infolge des Bauhausstreites die Beziehungen zwischen dem Bauhaus und Pochwadt, der eine eher konservative Position in künstlerischen Fragen bezog, abkühlten. Nach der Neugründung der Hochschule für bildende Kunst im Frühjahr 1921 arbeitete Pochwadt ausschließlich für dieses Institut. Der Siedlungsplan blieb jedoch am Bauhaus aktuell. Die Studierenden der Architekturabteilung Ernst Neufert und Walter Determann beschäftigten sich im Wintersemester 1919/1920 mit entsprechenden Entwürfen. *Siehe Erläuterungen zu 84, 26; 84, 27-28; 84, 30; 84, 32; 95, 10; 95, 17; 95, 19; 202, 8 und 202, 16.*

84, 26 Grundstück an der Berkaer Straße] Gemeint ist der stadtnächste Teil des Krongutes an der Berkaer Straße in der Nähe des Friedhofes (Flurstück „Über der großen Sackpfeife", Katasterblatt No. 2279). Gropius richtete am 31. März 1920 ein entsprechendes Gesuch an das Ministerium des Innern, ein geeignetes Grundstück zur Errichtung von Notbauten für die Studierenden des Bauhauses zur Verfügung zu stellen, dem auch auf Vorschlag dieses Ministeriums entsprochen werden sollte. *ThHStA Weimar, Staatliches Bauhaus Weimar 200, Bl. 2-3.* Nach Gesprächen mit dem Finanzministerium und dem diesen nachgeordneten Rechnungsamt sowie dem Stadtbauamt bat Gropius am 23. April 1920 das Kultusministerium um möglichst baldige Überweisung des Grundstücks und Erteilung der Baugenehmigung. *ThHStA Weimar, Staatliches Bauhaus Weimar 201, Bl. 53. Siehe Erläuterungen zu 84, 24 und 84, 27-28.*

84, 27-28 Grundstück am Horn] Obwohl die Zuweisung des Baugeländes an der Berkaer Straße im April 1920 sicher schien, kam ein Pacht- oder Kaufvertrag mit dem Bauhaus nicht zustande. *Siehe Erläuterung zu 84, 26.* Möglicherweise hat der Gemeinderat dieses Vorhaben hintertrieben. Gropius wies das Kultusministerium am 24. April 1920 auf ein entsprechendes Schreiben des Gemeinderates hin, in welchem von den Schwierigkeiten die Rede war, welche das Bauhaus mit den Stadtbehörden bei der Lösung der Wohnungsfrage für die Studierenden hätte. *ThHStA Weimar, Staatliches Bauhaus Weimar 200, Bl. 4.* Zwischen dem 23. April und dem 20. Mai 1920 fanden verschiedene Besprechungen mit Staatsrat Julius Palm statt. Im Ergebnis dieser Verhandlungen stellte das Bauhaus am 20. Mai den Antrag auf Überlassung eines Teiles des Grundstücks 264 (Kiefernwäldchen) zur Bebauung mit Holzbauten und des gesamten Grundstücks 265 am Horn zum Zwecke der Gartenbewirtschaftung. *ThHStA Weimar, Staatliches Bauhaus Weimar 200, Bl. 5.* Ein Pachtvertrag für 7 000 qm des Grundstückes 265 bis 24. Juni 1924 wurde am 26. August 1920 vom Bauhaus mit dem Kammergutspächter Hugo Heydenreich in Ehringsdorf abgeschlossen. *ThHStA Weimar, Staatliches Bauhaus Weimar 200, Bl. 9. Siehe Erläuterungen zu 84, 24; 95, 10 und 95, 17.*

84, 30 von Herrn Adolf Sommerfeld, Berlin, gespendeten Holz] Der Berliner Unternehmer Adolf Sommerfeld spendete Holz für den Bau einer Wohnbaracke für vier bis sechs Studierende. Es handelte sich um ca. 15,5 cbm Bauholz, welches bereits in Weimar eingetroffen war und auf dem städtischen Holzhof lagerte. *ThHStA Weimar, Staatliches Bauhaus Weimar 200, Bl. 5 und Staatliches Bauhaus Weimar 201, Bl. 48.* Sommerfeld führte seit 1910 die Firma „Sommerfeld Bauausführungen", die sich auf Holzbauweise spezialisiert hatte. Der Betrieb beschäftigte sich auch mit dem Siedlungsbau. Das Architekturbüro Gropius erhielt von ihm den Auftrag zum Bau eines Wohnhauses in Berlin, der zwischen 1920 und 1922 unter Mitarbeit der Werkstätten des Bauhauses ausgeführt wurde.

84, 32 zwei Baracken] Im April 1920 bot Stadtrat August Lehrmann dem Bauhaus die Überlassung der Baracken zu Siedlungszwecken an. Der Ankauf kam jedoch nicht zustande, da die Kosten für Abbruch und Transport in keinem Verhältnis zum Wert des Bauholzes standen. *ThHStA Weimar, Staatliches Bauhaus Weimar 201, Bl. 56.*

84, 38 Gesamtetats] Der Kostenvoranschlag für den Etat des Staatlichen Bauhauses für das Jahr 1920/21 wurde am 1. März 1920 beim Kultusministerium eingereicht. *ThHStA Weimar, Thüringisches Ministerium für Volksbildung C 1468, Bl. 27–40. Siehe Erläuterung zu 84, 40.*

84, 40 nicht vor Zusammentritt des Landtages genehmigt] Die wohlwollende und den Forderungen des Bauhauses entsprechende Regierungsvorlage von Staatsminister Arnold Paulssen für den Etat des Jahres 1920 wurde am 9. und 17. Juli 1920 im Plenum des Landtages des Freistaates Sachsen-Weimar-Eisenach diskutiert. Die Staatsregierung vertrat dabei den Standpunkt, sich aus künstlerischen Fragen generell heraushalten zu müssen. Dies bedeutete eine prinzipielle Befürwortung des Nebeneinanderbestehens von Staatlichem Bauhaus und neuer Hochschule für bildende Kunst. Während der Plenumsdebatte am 9. Juli 1920 würdigte Staatsrat Rudolph ausführlich Gropius' Werk. Dieser nahm an dieser Landtagssitzung als „Regierungskommissar" teil und konnte während seiner einstündigen Rede „aus dieser amtlichen Position heraus das Anliegen des Bauhauses im Plenum besser verteidigen". *Stenzel/Winkler, S. 54.* Gropius verwies zur Rechtfertigung des Bauhausgedankens auf die zahlreichen eindrucksvollen Kundgebungen für das Bauhaus vom Anfang des Jahres 1920. Der Etat des Bauhauses sah einen jährlichen staatlichen Zuschuß von 192 800 Mark und eine einmalige außerordentliche Beihilfe zum Ausbau der Werkstätten in Höhe von 35 000 Mark vor. Für die neuzugründende Kunsthochschule waren 60 800 Mark beantragt worden. Genehmigt wurde am 17. Juli 1920 für das Bauhaus eine erhöhte Ausgabensumme von insgesamt 273 860 Mark. Über den Inhalt der Debatte geben die Stenographenprotokolle der 76., 83. und 88. Landtagssitzung Auskunft. *Protokolle Landtag S-W-E, S. 1746–1748, 1875–1899,*

2056–2061; die Rede von Gropius S. 1879–1891. Die Freiin Mathilde von Freytag-Loringhoven verbreitete zu diesem Vorgang unter dem Titel „Das Staatliche Bauhaus und die
Kunstschule im Staatshaushaltsplan 1920/21" eine ausführliche Stellungnahme als Druck-
schrift in Weimar. *ThHStA Weimar, Staatliches Bauhaus Weimar 5, Bl. 30-32.*

84, 42 ein Betrag von 200 000,– Mark] Gropius stellte bereits am 31. März 1920 einen entsprechenden Antrag im Kultusministerium. Die beanspruchte Summe stellte einen Vorschuß
auf den Etat des Bauhauses dar und umfaßte die Posten Kreditfonds zur Materialbeschaffung
und Anschaffungskosten zur Errichtung von Werkstätten. *Siehe Erläuterung zu 87, 13.*

85, 4 Einrichtung der in der letzten Sitzung besprochenen Frauenabteilung] Der Beschluß
zur Gründung einer Frauenabteilung wurde in der Sitzung vom 13. April 1920 gefaßt. Ursprünglich waren Frauenabteilung und Textilwerkstatt wohl nicht identisch. In diesem Sinne
kann auch die früheste Erwähnung einer Frauenabteilung im Dienstvertrag von Helene Börner vom 1. Oktober 1919 verstanden werden. Dort hieß es: „Fräulein Helene Börner wird
von 1. Oktober 1919 ab als Werkstattleiterin der Weberei (und Frauenabteilung) am Staatlichen Bauhaus verpflichtet. *ThHStA Weimar, Personalakten Volksbildung 2634, Helene Börner, Bl. 1.* Nachweislich hatte die Textilabteilung im Herbst 1919 bereits ihre Arbeit aufgenommen, bestand also vor Gründung der Frauenabteilung. *Siehe Erläuterungen zu 71, 34;
81, 9 und 99, 3-4.*

85, 15 Kull] Karl Kull stand der Steinbildhauerei vom 1. August 1919 bis zum 30. September 1920 vor. Er war bereits 1916 mit einer Bewerbung an die Hochschule für bildende
Kunst herangetreten. Kull hatte die Meisterprüfung vor der Handwerkskammer noch nicht
abgelegt, ließ sich allerdings durch das Bauhaus am 3. Dezember 1919 zur Prüfung anmelden. Die Handwerkskammer erteilte ihm unter der Bedingung einer bis zum Frühjahr erfolgreich bestandenen Meisterprüfung ein provisorisches Lehrrecht. *ThHStA Weimar, Staatliches Bauhaus Weimar 133, Bl. 5.* Kulls Vertrag wurde am 20. Juni 1919 abgeschlossen und
am 17. September 1919 genehmigt. Er bezog bei einer täglichen Arbeitszeit von acht Stunden ein Gehalt von jährlich 6 500 Mark. Außerdem erhielt er eine fünfprozentige Provision
für erledigte Aufträge. *ThHStA Weimar, Personalakten Volksbildung 17711, Karl Kull, Bl. 1.*
Die Stelle des Werkmeisters für diese Werkstatt wurde vom Bauhaus jedoch in der Zeitschrift „Der deutsche Steinbildhauer", Nr. 35 im Dezember 1919 inseriert, womit bereits zu
diesem Zeitpunkt feststand, daß Kull das Bauhaus verlassen würde.

85, 20 Bildhauer Kämpfe] Kämpfe übernahm den Unterricht in der Holzbildhauerei vom
Sommersemester 1920 bis zum Frühjahr 1921. *Siehe Erläuterung zu 98, 6.*

85, 22 Dekorationsmalerei] Zu den mit der Leitung der Werkstatt beauftragten Schülern
dürften Karl Peter Röhl, Hinnerk Scheper und Franz Skala zu zählen sein. Der Kurs in Dekorationsmalerei bei Heidelmann im Wintersemester 1919/20 hatte die notwendigen theoretischen Voraussetzungen für eine praktische Arbeit geliefert. Heidelmann unterstützte im
Frühjahr 1920 mit seiner privaten Werkstatt das Bauhaus bei der Bemalung des Oberlichtsaales und der Kantine. *Siehe Erläuterungen zu 95, 35 und 107, 30.*

85, 24–25 in technischer und auch künstlerischer Beziehung geeigneten Vorsteher] Ein
Werkmeister für die Wandmalerei wurde erst mit Carl Schlemmer im Sommersemester
1921, also ein Jahr später, gefunden. In der Zwischenzeit leiteten die Schüler die Werkstatt
eigenverantwortlich. *Siehe Erläuterung zu 85, 22.* Insbesondere nach dem Ausscheiden
Franz Heidelmanns im Oktober 1920 bis zur Einstellung Schlemmers im Mai 1921 enga-
gierten sich verschiedene Studierende in dieser Werkstatt. Dazu gehörten Franz Skala, dem
die Leitung der Werkstatt übertragen werden sollte, Hinnerk Scheper, der die Farben ver-

waltete und 1925 die Leitung der Werkstatt übernahm sowie Karl Peter Röhl, dessen Engagement vor allem bei der Ausgestaltung der Bauhauskantine nachgewiesen ist. *Siehe Erläuterungen zu 97, 17 und 107, 30.*

85, 27 Ersatz für Slutzki] Slutzki leitete die Metallwerkstatt mit Unterbrechung vom 1. Dezember 1919 bis 1. März 1921. Es ist nicht genau festzustellen, warum Gropius davon ausging, daß Slutzki im Sommer 1920 das Bauhaus verlassen wollte. Im Winter 1920 begab sich Slutzki auf eine längere Studienreise nach Süddeutschland. Als Ersatz für ihn stellte Gropius ab 1. Juli 1920 den Goldschmied Schabbon probeweise ein. *ThHStA Weimar, Staatliches Bauhaus Weimar 118, Bl. 30. Siehe Erläuterungen zu 97, 6 und 120, 6–7.*

87, 13 Schreiben des Ministeriums] Mit diesem Schreiben wurde der am 12. Mai 1920 beantragte Kredit über 275 000 Mark vorbehaltlich der Landtagsentscheidung über den Etat des Bauhauses bewilligt. *ThHStA Weimar, Thüringisches Ministerium für Volksbildung C 1468, Bl. 55. Siehe Erläuterung zu 84, 42.* Die Kreditabrechnung im Dezember 1922 ergab, daß der gewährte Betrag um 2 529,52 Mark überschritten wurde. *ThHStA Weimar, Staatliches Bauhaus Weimar 96, Bl. 56–67.*

87, 28 Brüttfigur-Angelegenheit] In der Nacht zum 18. Mai 1920 wurde die vor dem Kunstgewerbeschulgebäude stehende Mamorfigur des Weimarer Bildhauers Adolph Brütt von Studierenden des Bauhauses mit Leimfarbe bemalt. Die Schuldigen meldeten sich noch am gleichen Tag freiwillig bei Gropius. Dieser gab diesen Vorfall sofort dem Kultusministerium zur Kenntnis. *ThHStA Weimar, Staatliches Bauhaus Weimar 80, Bl. 1. Siehe Erläuterungen zu 88, 7; 88, 25 und 88, 26–27.*

88, 7 da sämtliche Herren der Meinung sind, daß eine Bestrafung erfolgen muß] Am 18. Mai 1920 hatten die Formmeister folgendermaßen zu diesem Vorfall Stellung genommen: Marcks: „Bin für offizielle Bestrafung, aber wie? Raum für einen Karzer wird im Bauhaus nicht sein." – Feininger: „Bin auch für Bestrafung. Ich habe mir heute gesagt, daß es nach diesem Unfug es kaum noch Grenzen gibt für die Streiche, die noch kommen könnten und die in schwerster Weise unser Ansehen treffen. Dabei sind die 3 Beteiligten sämtlich anständige, nette junge Leute!" – Thedy: „Schließe mich der vorstehenden Ansicht an." – Klemm: „Für Bestrafung" – Engelmann: „Als Bestrafung wäre Entlassung für das Sommersemester in Frage zu ziehen." *ThHStA Weimar, Staatliches Bauhaus Weimar 80, Bl. 1. Siehe Erläuterung zu 87, 28.*

88, 25 Franke kannte die Weimarer Verhältnisse nicht] Außer Heinz Borchers und Dörte Helm bekannten sich noch Robert Franke und Friedrich Domin zu dem verübten Streich. Die beiden ersteren wurden jedoch, da sie dem Bauhaus bereits längere Zeit angehörten, als Hauptschuldige bestraft. Franke und Domin waren erst im Sommersemester 1920 in das Bauhaus eingetreten. Besonders Engelmann setzte sich für deren mildere Bestrafung ein. *ThHStA Weimar, Staatliches Bauhaus Weimar 80, Bl. 4. Siehe Erläuterung zu 87, 28.*

89, 26–27 Heinz Borchers und Dörte Helm trifft [...] die Hauptschuld] Bei der Bestrafung der Schuldigen wurde nach dem Vorschlag Engelmanns verfahren. Sowohl Dörte Helm als auch Heinz Borchers wurden zunächst vom Bauhaus ausgeschlossen, jedoch im Wintersemester 1920/21 wieder als Studierende aufgenommen. *Siehe Erläuterung zu 87, 28 und 88, 25.*

91, 10 Wegen eines Werkmeisters für die graphische Druckerei] Gropius suchte vor allem eine Lehrkraft für den Kupferdruck und hoffte auf Vermittlung einer qualifizierten Kraft aus der Reichsdruckerei durch den Berliner Kunsthändler Günther Werkmeister. *ThHStA Weimar, Staatliches Bauhaus Weimar 183, Bl. 14.*

91, 13 Nick] Der Berliner Bildhauer Ludwig Nick hatte sich im Mai 1920 um die Stelle des Werkmeisters in der Steinbildhauerei beworben. Nick leitete unter Professor Paul Schultze-Naumburg von 1933 bis 1936 die Stein- und Holzbildhauerei der Staatlichen Hochschulen für bildende Künste, Handwerk und Baukunst in Weimar.

93, 7 Verbesserte Fassung des allgemeinen Bauhaus-Programms] Die hier erwähnte Anlage ist nicht überliefert. Aus dem Kontext läßt sich jedoch erschließen, daß die programmatischen Änderungen die Konkretisierung und Organisation der Bauhauslehre betrafen.

94, 20 Bewilligung einer Altweimarer Malschule] Gemeint ist hier die Bewilligung eines Kostenvoranschlages für die neuzugründende „Hochschule für bildende Kunst". *Siehe Erläuterung zu 97, 21–22.* Bei der Beratung des Staatshaushaltes im Sommer 1920 wurde vom Landtag des Freistaates Sachsen-Weimar-Eisenach die Bewilligung der Mittel für die Einrichtung einer solchen Hochschule beschlossen. Dazu schrieb der frühere Staatsminister und nunmehrige Vorsitzende der Gebietsregierung (seit November 1920 auch Vorsitzender des Thüringischen Staatsministeriums), Arnold Paulssen, rückblickend am 27. Februar 1921 an Feininger: „Indem der Landtag die Mittel für beide Anstalten, Bauhaus und Hochschule, bereitstellte, ging er von dem Standpunkt aus, daß der dem Bauhausprogramm zugrunde liegende Gedanke zwar gesund, aber noch nicht erprobt sei und daß jedenfalls durch ihn die Lebensfähigkeit einer die frühere Richtung pflegenden Kunstschule nicht ausgeschlossen werde und daß es daher der Zukunft zu überlassen sei, welche der beiden Schulen sich zug- und lebenskräftig erweisen werde. Je nach dem Ausfall wird sich das Schicksal der einen oder anderen Anstalt von selbst entscheiden." *ThHStA Weimar, Thüringisches Ministerium für Volksbildung C 1480, Bl. 92–93.* Gegründet wurde diese Anstalt als „Hochschule für bildende Kunst" zum 1. April 1921. Das Sommersemester begann am 4. April 1921. *Siehe Erläuterung zu 122, 14.* Bis zur Neugründung der Hochschule im Frühjahr 1921 wurden die Klassen von Thedy, ab Oktober 1920 auch jene von Klemm und Engelmann als selbständige Schulen geführt, waren aber nach wie vor räumlich und verwaltungstechnisch, wenn auch mit eigenem Etat mit dem Bauhaus verbunden. Dies geht aus einer Eingabe des Bauhauses an die Kultusabteilung der Gebietsregierung vom 20. Januar 1921 deutlich hervor. Dort hieß es unter anderem: „Um zu verhindern, daß die Weimarer Kunstanstalten zum Herd endloser Aufregungen werden, der jedem Teil die Arbeitsruhe raubt, sehen wir uns verpflichtet, in letzter Stunde nochmals vor der unserer Ansicht nach sachlich und praktisch verhängnisvollen Durchführung der ‚Hochschule für Malerei' zu warnen, und unterbreiten als Ausweg den Vorschlag, die Professoren Thedy, Engelmann und Klemm in ihren selbständigen Einzelschulen – in verwaltungsmäßiger Angliederung wie bisher und unbeeinflußt durch den Lehrgang am Bauhaus – ihr Lehramt ausüben zu lassen und von weiteren Berufungen an die ‚Hochschule für Malerei' zunächst Abstand zu nehmen. Wir würden bemüht sein, diesen Herrn die unabhängige Arbeitsfreiheit ihrer Schulen zu erleichtern." *ThHStA Weimar, Staatliches Bauhaus Weimar 18, Bl. 8.* Die Bezeichnung „Hochschule für Malerei" geht auf die Festlegungen in der Haushaltsberatung des Landtags zurück. *Siehe Protokolle Landtag S-W-E, S. S. 2060.* Zuvor wurde sie in der Diskussion um ihre Errichtung als „Alte Weimarer (bzw. Altweimarer) Malschule" oder „Malschule alten Systems" bezeichnet. *Siehe Anhang zu den Erläuterungen [7.], S. 539.*

95, 10 Grundstück am Horn] Am 21. August 1920 teilte daß Finanzministerium dem Bauhaus mit, daß die Kammergutsverwaltung Oberweimar dem Bauhaus eine Fläche von 9 000 qm im Grundstück Nr. 265 bis zum 1. Juli 1924 zur Pacht zur Verfügung stellt. Einschränkend hieß es in einem weiteren Schriftstück gleichen Datums, daß zunächst nur 7 000 qm zum Anlegen eines Gartens und bei Bedarf weitere 2 000 qm zur Verfügung stünden. *ThHStA Weimar, Staatliches Bauhaus Weimar 200, Bl. 6–7.* Der Pachtvertrag wurde am 6. September 1920 mit dem Kammergutspächter Hugo Heydenreich abgeschlossen. Er war ab 1. Oktober 1920 bis zum 24. Juni 1924 gültig. *Siehe Erläuterungen zu 84, 27–28 und 202, 16.*

95, 17 Feldbebauung] Um eine professionelle Arbeit auf dem Siedlungsgelände zu gewährleisten, kontaktierte Gropius im September 1920 die Gemüsebaulehrerin Thekla Mulert, die noch im Herbst 1920 am Bauhaus angestellt wurde. Sie erhielt für ihrer Tätigkeit 150 Mark monatlich und leitete die Arbeiten im Garten. Zunächst sollten Kartoffeln und – wegen des höheren Arbeitsaufwandes – nur wenig Gemüse angebaut werden. Am 27. September 1920 fand eine erste Besprechung mit Mulert und den Interessierten statt. Nachgewiesen werden kann die Teilnahme von Theo Müller-Hummel, Arnold Ziegfeld, Franz Skala und Johannes Itten. Aus den Erinnerungsberichten verschiedener Bauhäusler geht hervor, daß sich vor allem die Mazdaznan-Anhänger um Johannes Itten im Garten betätigten. *Siehe Citroen, S. 93.* Anfang November 1920 teilte der Studierende Ludwig Hirschfeld über den Stand der Feldbebauung mit, daß die Bodenbearbeitung für die diesjährige Saison beendet sei. Es waren alle Wege angelegt, der gesamte gepachtete Boden umgepflügt und von den Studierenden selbst ein Viertel des Bodens umgegraben worden. Außerdem wurden 500 Himbeersträucher und 50 Rhabarberpflanzen gesetzt. *ThHStA Weimar, Staatliches Bauhaus Weimar 205. Siehe Erläuterungen zu 84, 27–28 und 122, 11–12.*

95, 19 Hergabe schriftlich skizzierter Ideen] Als Termin für die Abgabe von Vorschlägen für die Bauhaussiedlung war der 1. Oktober 1920 gestellt worden. Studierende und Meister waren durch Gropius gleichermaßen aufgefordert, ihre Ideen zu Papier zu bringen, um sie nach einer gemeinsamen Besichtigung des Geländes zu besprechen. Der Winter sollte dazu genutzt werden, die Ideen zu konkretisieren, um im Frühjahr 1921 mit dem Siedlungsbau beginnen zu können. Gropius legte außerordentlich großen Wert darauf, daß nicht allein Entwürfe abgeliefert würden, sondern ein „gedanklicher Plan des Ganzen" entstünde. Der Termin zur Abgabe wurde mehrfach verlängert, da außerordentlich wenige Arbeiten eingingen. *ThHStA Weimar, Staatliches Bauhaus Weimar 201, Bl. 2–3.* Bekannt geworden sind vor allem die Entwürfe von Walter Determann, überliefert in den Kunstsammlungen zu Weimar. *Abgebildet in: Das frühe Bauhaus, S. 282–284.*

95, 23–24 fertige Kleidung und Wäsche] Gropius hatte im Sommer 1920 mit dem Kommissar für Textil-Notstandsversorgung des Reichswirtschaftsministeriums Kontakt aufgenommen, um Unterstützung für die Studierenden des Bauhauses zu erhalten, die teilweise mit nur 30 Mark im Monat auskommen mußten. Durchschnittlich verfügte der studierende Bauhäusler im Sommer 1920 über ein Budget von 100 Mark monatlich. Gegenüber den Behörden argumentierte Gropius damit, daß im Gegensatz zu den Angehörigen der Arbeiterschaft, welche mittels ihrer Arbeit in der Lage seien, wenigstens im geringen Ausmaß ihren Lebensunterhalt zu verdienen, es die in den Werkstätten arbeitenden Schüler ungleich schwerer hätten, da sie ja kein Gehalt bezogen. Gropius führte auch an, daß die aus Armut verwahrloste Kleidung der Studierenden des Bauhauses zu Recht Empörung in Weimar auslösen würde. Das Bauhaus erhielt von der Textil-Notstandsversorgung GmbH aus den Weimarer Kasernenbeständen am 26. August 1920 folgende Bekleidungsstücke: 60 neue Hemden, 60 neue Unterhosen, 15 neue Drillichjacken, 60 neue Drillichhosen, 20 Paar gestrickte Handschuhe, 21 neue Kopfschützer, 25 Paar neue Pulswärmer, 150 Paar neue Socken, 33 neue und 12 gebrauchte Drillichröcke zum Preis von insgesamt 2 479,84 Mark. *ThHStA Weimar, Staatliches Bauhaus Weimar 134, Bl. 38.*

95, 35 Bemalung des Oberlichtsaales] Im Frühjahr 1920 wurde der Oberlichtsaal im Hauptgebäude renoviert, wobei eine neue Heizung eingebaut und die elektrischen Anlagen erneuert wurden. Die Beleuchtung verlegte man in die Kehlungen der Wände. Die Umgestaltung entsprach vor allem der gewünschten Funktion als Veranstaltungsraum der Bauhausabende. Deshalb sollten die Renovierungskosten von den Gewinnen der Bauhausabende bestritten werden. Aus den Rechnungen für geliefertes Material geht hervor, daß die Gestaltung vor allem in Rot- und Blautönen gehalten gewesen sein muß. *ThHStA Weimar, Staatliches Bauhaus Weimar 27, Bl. 20, 25.* Diese These wird von einer Beschreibung der Wandgestaltung gestützt. „Der Oberlicht-Saal wurde 1920 von Itten und seinen mit ihm aus Wien gekommenen Studierenden, unter anderem Franz Skala, Carl Auböck und Alfred Lipovec, ausgemalt. Die gerundeten Stirnwände des großen Gemeinschaftssaales wurden mit zentrierten Farbkreisen farbig gestaltet, vom Weiß des innersten Kreises in langsam dunkel werdenden Stufungen von Gelb bis Dunkelblau. Die anderen Wände leuchteten dunkelpurpurn. Wenn auch in dieser Farbgestaltung das symbolische Element zu überwiegen scheint, – die Stirnwände symbolisierten einen Himmel mit einer Sonne als Mittelpunkt –, so war doch auch angestrebt, die vorhandene Architektur zu verbessern und die Raumdecke optisch zu senken, damit das Glasdach bei abendlichen Veranstaltungen wie Konzerten und Vorträgen nicht als Loch wirkte." *Bauhaus-Utopien, S.171. Siehe Erläuterung zu 107, 30.*

96, 2 Programm des Bauhauses [...] in letzter Zeit gründlich revidiert] Diese Änderungen betrafen vor allem den Umfang der Lehre. Insbesondere die Verbindung zwischen künstlerischer und handwerklicher Ausbildung wurde von Gropius in diesem Zusammenhang thematisiert. Die Einführung obligatorischen Unterrichts in der Formlehre und im Werkzeichnen ist ein Versuch, den handwerklichen und den künstlerischen Bereich zumindest auf der Ebene theoretischer Lehrinhalte zu verbinden. Am 14. Oktober 1920 fand eine von Gropius einberufene Sitzung statt, an welcher die Werkmeister Börner Dorfner, Kämpfe und Zaubitzer und der Leiter des Formunterrichtes Muche teilnahmen. Möglicherweise kam bei dieser Gelegenheit die Problematik der engeren Zusammenarbeit der Form- und Werkmeister und die Gestaltung des Formunterrichtes zur Sprache.

96, 17 obligatorischen Vorunterricht für alle in den Werkstätten Arbeitenden] Gemeint ist hier wohl der Formunterricht. Der Vorschlag, einen solchen Kurs am Bauhaus einzuführen, zirkulierte bereits im Vorfeld der Sitzung. Möglicherweise war er Bestandteil jener Änderungen, welche Gropius zu Papier gebracht hatte und die den Meistern zugegangen waren. Bereits am 17. September 1920 erwähnte Gropius die Einführung des obligatorischen Formunterrichts, den Itten übernehmen sollte und des Unterrichts im Werkzeichnen sowie Modellbau, den er im September 1920 dem Architekten Julius Vogel anbot. *ThHStA Weimar, Staatliches Bauhaus Weimar 116, Bl. 163–164. Siehe Erläuterung zu 96, 23.* Die während dieser Sitzung getroffene Regelung ist entweder noch nicht endgültig, denn der Vorunterricht bzw. Vorkurs wurde schließlich jenen Studierenden erteilt, welche ihr Probesemester absolvierten, oder es handelt sich um einen Fehler des Protokollanten. Mit der vorgeschlagenen Regelung gliederte sich der Unterricht am Bauhaus in Vorkurs (1. Semester) bei Itten und Formunterricht für alle in die Werkstätten Aufgenommenen bei Muche. So wurde es schließlich am 13. Oktober 1920 den Studierenden des Bauhauses mitgeteilt. Mit dem Beschluß, die Studierenden erst nach erfolgreich beendeten Probesemester in die Werkstatt aufzunehmen, welcher wohl erst nach dem 20. September 1920 gefaßt wurde, gewann die Propädeutik am Bauhaus Gewicht und der Ausbildungsgang eine deutlichere Struktur.

96, 23 obligatorischen Werkzeichenunterricht] *Siehe Erläuterung zu 96, 17.* Dieser Unterricht sollte die theoretische Ergänzung zum Formunterricht bei Muche darstellen. Durch Itten und Karl Peter Röhl wurde Gropius auf den Architekten Julius Vogel aus Kiel aufmerksam gemacht, der die Leitung der Klasse für Raumkunst und der dazugehörigen Werkstatt der dortigen Kunstgewerbeschule inne hatte. Vogel besuchte im Sommer während eines Weimaraufenthaltes das Bauhaus, hatte Gropius allerdings nicht angetroffen. Seit Anfang September bis November 1920 standen Gropius und Vogel in regem Briefwechsel. *ThHStA Weimar, Staatliches Bauhaus Weimar 116, Bl. 152-168.* Vogel entsprach Gropius' Idealvorstellung vom handwerklich ausgebildeten Künstler oder künstlerisch gebildeten Handwerker. Dies verdeutlicht auch das Angebot an Vogel, am Bauhaus einerseits die Tischlerei als Werkmeister zu leiten und andererseits einen Teil der theoretischen Ausbildung zu übernehmen. Der nicht unbedeutenden Gehaltsforderung Vogels versuchte Gropius so mit der Vergabe von zwei im Etat vorgesehenen Stellen (Leiter der Tischlerei und außerordentlicher Meister für Kunstgewerbe) zu entsprechen. Das für Vogel vorgesehene Jahresgehalt von 20 100 Mark bei 10 bis 12 Wochenstunden Werkzeichnen und Leitung der Tischlerei überstig damit selbst jenes des Bauhausdirektors. Wie aus einem Schreiben des Kultusministeriums an das Bauhaus hervorgeht, war die vorgeschlagene Regelung vom Ministerium genehmigt worden. *ThHStA Weimar, Staatliches Bauhaus Weimar 121, Bl. 46.* Die Berufung Vogels scheiterte jedoch. *Siehe Erläuterungen zu 102, 28-29 und 102, 31.* Den Werkzeichenunterricht übernahmen im Wintersemester 1920/21 Meyer (praktischer Teil) und Gropius (theoretischer Teil). *Siehe Textteil Nr. 25 [2.], S. 111.* Es ist jedoch davon auszugehen, daß Meyer den Unterricht im wesentlichen allein bzw. in Zusammenarbeit mit Fred Forbat erteilte. *Siehe Meyer, S. 119.*

97, 6 Schabbon] *Siehe Erläuterung zu 85, 27.* Der aus Bielefeld stammende Schabbon wurde am 1. Juli 1920 als Leiter der Metallwerkstatt am Bauhaus angestellt. Um sich auf seine Meisterprüfung im Goldschmiedehandwerk vorzubereiten, war Schabbon von der Werkstattleitung in der ersten Zeit seiner Anstellung befreit. Bereits im August 1920, nach der von Gropius in der Sitzung erwähnten angeblich nicht bestandenen Meisterprüfung, muß Schabbon das Bauhaus ohne Kündigung oder Erklärung verlassen haben. Dies geht aus einem Schreiben von Gropius an die Bielefelder Künstlergemeinschaft „Der Wurf" vom 23. Oktober 1920 hervor, die sich offenbar nach den genauen Umständen des Falles erkundigte, da Schabbon sich in der Öffentlichkeit negativ über das Bauhaus und seinen Leiter geäußert habe. *ThHStA Weimar, Staatliches Bauhaus Weimar 6, Bl. 53-54.* In Schabbons Biografie ist die Rede davon, daß er die Meisterprüfung am 16. Oktober 1920 in Weimar erfolgreich abgelegt habe. *Siehe Metallwerkstatt am Bauhaus, S. 319.* Tatsächlich hatte Schabbon die Meisterprüfung im Goldschmiedehandwerk bereits am 26. August 1920 bestanden, wie die überlieferten Prüfungsunterlagen bei der Handwerkskammer belegen. *Auskunft der Handwerkskammer Erfurt vom 30. Juni 2000.* Woher Gropius die anders lautende Information bekam und warum Schabbon trotz gültigem Vertrag das Bauhaus offenbar fluchtartig verließ, muß Spekulation bleiben. Es ist möglich, daß Schabbon selbst die Falschmeldung verbreitete, da Gropius ihm zu einem weiteren Versuch riet, dem sich Schabbon jedoch nach Gropius' Aussage nicht gewachsen fühlte.

97, 17 Skala] Bis zum Februar 1921 konnte kein Vertrag mit Skala abgeschlossen werden, da keine Bescheinigung über sein Lehrrecht vorlag. *Siehe Textteil Nr. 29 [1.], S. 117-121.* Die Stelle des Leiters der Werkstatt für Wandmalerei wurde am 24. Dezember 1920 in der Deutschen Werkmeisterzeitung und in der Zeitschrift des „Bundes deutscher Decorationsmaler" ausgeschrieben. Im April 1921 verhandelte Gropius mit Carl Schlemmer, dem

Bruder Oskar Schlemmers, wegen Übernahme der Werkstattleitung. *Siehe Erläuterung zu 126, 39.*

97, 21–22 Gehälter für Thedy und Rasch] Für eine zu gründende „Malschule alten Systems" wurde Anfang April 1920 ein Kostenvoranschlag für das Jahr 1920/21 beim Kultusministerium eingereicht. *ThHStA Weimar, Thüringisches Ministerium für Volksbildung C 1480, Bl. 23–26.* Dieser Voranschlag ist gleichzeitig mit dem Etat des Bauhauses im Sommer 1920 im Landtag von Sachsen-Weimar-Eisenach und dessen Finanzausschuß behandelt und genehmigt worden. *Siehe Erläuterung zu 94, 20.* Professor Otto Raschs Anatomieunterricht war zwar per Beschluß des Meisterrates vom 20. September 1920 eingestellt worden, sein Vertrag mit dem Bauhaus bestand jedoch bis 30. September 1921. *ThHStA Weimar, Staatliches Bauhaus Weimar 111, Bl. 163.* Thedy, der sich im Zuge des Bauhausstreites gegen das Bauhausprogramm stellte und seit Anfang 1920 nicht mehr zum Meisterrat gehörte, leitete seine Klasse selbständig und war nur in verwaltungstechnischer Hinsicht mit dem Bauhaus verbunden. Gropius hatte am 16. September 1920 die Übernahme der Gehälter Thedys und Raschs auf den Etat der neuen Malschule rückwirkend ab dem 1. Juli 1920 beantragt. In diesem Schreiben bezog sich Gropius auf eine Rücksprache mit Staatsrat Albert Rudolph. *ThHStA Weimar, Staatliche Hochschule für bildende Kunst Weimar 191, Bl. 1.* Es ist daher wahrscheinlich, daß es sich bei der Datumsangabe im Protokoll „1. 4. [19]20" um einen Schreibfehler handelt und hier der 1. Juli 1920 gemeint ist. Wie aus verschiedenen Quellen hervorgeht, wurde Thedys Gehalt tatsächlich jedoch erst ab Oktober 1920 auf den Etat der neuen Hochschule übernommen, was am 18. November 1920 während einer Sitzung des Meisterrates mit Vertretern der Regierung bekannt gegeben wurde. *Siehe Erläuterung zu 115, 16.*

97, 22–23 Ersatz für den ausfallenden anatomischen Unterricht] Rasch hielt seit April 1920 keinen Anatomieunterricht mehr am Bauhaus ab. *Siehe Erläuterung zu 48, 10.* Gropius teilte ihm die Entscheidung des Meisterrates am 11. Oktober 1920 mit. *ThHStA Weimar, Staatliches Bauhaus Weimar 111, Bl. 162.*

97, 29 Ausstellungsordnung] Die Streichung der Ausstellungsordnung aus den Satzungen des Bauhauses wurde bereits ein knappes Jahr zuvor während der Meisterratssitzung vom 11. Dezember 1919 auf Vorschlag Ittens beschlossen. Die Tatsache, daß am 20. September 1920 erneut über die Streichung dieser Passage beraten wurde, beweist, daß die 1919 beschlossenen Satzungsnachträge und -änderungen erst mit den Satzungsänderungen 1921 ausgeführt wurden. *Siehe Erläuterung zu 55, 27–28.*

97, 33 Statuten erneut bei den Meistern in Umlauf] Die neue Fassung der Satzungen zirkulierte zwischen 20. September und 5. Oktober 1920 unter den Meistern. Gropius bat den Meisterrat am 29. September um Rückgabe an ihn bis 1. bzw. 5. Oktober 1920. *ThHStA Weimar, Staatliches Bauhaus Weimar 2, Bl. 5 und Staatliches Bauhaus Weimar 5, Bl. 6.*

97, 36 Lehrpläne für alle Werkstätten] Die Lehrpläne der Werkstätten erhielten die Meister in der Sitzung am 9. Oktober 1920. Sie wurden Bestandteil der neuen Satzungen von 1921. *ThHStA Weimar, Staatliches Bauhaus Weimar 2, Bl. 34–41.*

98, 4 Herr Krause] Max Krause leitete die Werkstatt für Bildhauerei im Wintersemester 1920/21. Gropius hatte sich im Sommer 1920 die Arbeiten von Krause angesehen und ihn persönlich kennengelernt. Sowohl künstlerisch-handwerklich als auch menschlich erschien ihm Krause als besonders geeignet für das Bauhaus. Dennoch holte er vor Krauses Einstellung die Meinung Engelmanns ein. *ThHStA Weimar, Staatliches Bauhaus Weimar 111, Bl. 9.*

98, 6 Herr Kämpfe] Kämpfes Anstellung am Bauhaus ab April 1920 war von Beginn an provisorisch und endete mit Schluß des Wintersemesters im April 1921. *Siehe Erläuterung zu 85, 20.*

98, 8 ca. 15 Anwärter] Gegenüber dem potentiellen Leiter der Tischlerei, Julius Vogel aus Kiel, sprach Gropius von „6–10, eventuell auch mehr oder weniger" Anwärtern auf die Tischlerei. Als Notlösung hatte Gropius Studierende als Lehrlinge in verschiedenen Tischlereien der Stadt Weimar unterbringen können. Heinz Borchers und Erich Brendel lernten seit Frühjahr bei Tischlermeister Max Bayer, Richard Mark bereits seit 1. November 1919 bei Karl Pietschmann. Gropius betrachtete die Einrichtung einer Tischlerei als überaus wichtig. Sie sollte den Mittelpunkt der Handwerkstätigkeit am Bauhaus darstellen und alle anderen Werkstätten „an sich ziehen und befruchten". *ThHStA Weimar, Staatliches Bauhaus Weimar 116, Bl. 167.* Die Bauhaustischlerei – auch Möbelwerkstatt genannt – wurde schließlich von Zachmann im Februar 1921 eingerichtet und bis Herbst 1922 von ihm geleitet.

98, 13 Töpfermeister Krehan] Krehan wurde ab 1. Oktober 1920 an das Bauhaus verpflichtet. Er leitete die Keramische Werkstatt bis 1925. Sein Vertrag wurde am 20. Oktober 1920 unterzeichnet und am 3. November 1920 vom Kultusministerium bestätigt. Sein Jahresgehalt belief sich auf 6 800 Mark zuzüglich 3 400 Mark Teuerungszulage. Krehan hatte die Aufgabe, die Lehrlinge in allen handwerklichen Techniken des Töpfergewerbes und allen theoretischen Fächern bis zur Gesellenreife zu unterrichten. So lehrte er in seiner eigenen Werkstatt die Anfänger und überwachte die Arbeiten der Fortgeschrittenen in der Werkstatt des Bauhauses. *ThHStA Weimar, Staatliches Bauhaus Weimar 189, Bl. 9.* Im Falle der Bereitstellung von Material durch Krehan wurde ihm dieses zum Selbstkostenpreis vom Bauhaus vergütet. *ThHStA Weimar, Personalakten Volksbildung 17088, Max Krehan.*

98, 18–19 reproduktiven Charakter dieses Handwerkszweiges] Dieses Problem erfuhr mit der Betonung der Auftragsarbeit für den Weiterbestand des Bauhauses Ende 1921 eine Lösung. Der Lehrplan der graphischen Druckerei von 1922 legte fest, daß diese im wesentlichen als Produktivwerkstatt betrieben werden solle. Dies bedeutete, daß Lehrlinge zwar in den handwerklichen Techniken des Kunstdrucks ausgebildet wurden, jedoch keinen gesetzlich vorgeschriebenen Lehrbrief abschlossen. Die Kunstdruckerei arbeitete nicht nur für Bauhausangehörige und konnte sich bald als Werkstatt mit stabiler Auftragslage etablieren. Neben den graphischen Blättern stellte die Werkstatt insbesondere ab 1923 eine große Anzahl von Drucksachen her. *Siehe Erläuterung zu 124, 34–35.*

98, 21 Mappenwerke von graphischen Blättern oder illustrierte Bücher] Erst ab Übernahme der Werkstattleitung der Druckerei durch Feininger als Formmeister 1921 wurden in dieser Werkstatt graphische Arbeiten der Studierenden wie auch der Meister des Bauhauses als Einzelblätter und in Kleinauflagen gedruckt. Bereits 1920/21 entstand Feiningers Mappe „Zwölf Holzschnitte". Zwischen 1921 und 1923 wurden in der Druckerei zahlreiche graphische Serien und Mappenwerke der Bauhausmeister ausgeführt, so Muches Zyklen „Ypsilon – von den kleinen Maschinen und ihren Ketten. Satire auf den Materialisten N." (1921) und „Cogito ergo credo", (1923), Kandinskys Mappe „Kleine Welten" (1922), eine Reihe von Schreyers mehrfarbigen Lithographien (1923), Schlemmers Serie „Spiel mit Köpfen" (1923) und Marcks' Holzschnitte zum „Wielandlied zur älteren Edda" (1923). Außerdem legte das Bauhaus im gleichen Jahr die „Meistermappe des Staatlichen Bauhauses" vor, in welcher die Formmeister mit je einem graphischen Blatt vertreten waren. *Abgebildet in: Experiment Bauhaus. S. 148–153.* Im Jahre 1921 entwickelten die Meister das Projekt des fünfteiligen Mappenwerkes „Bauhaus-Drucke. Neue europäische Graphik", welches zwischen

1921 und 1924 verwirklicht wurde. Die erste Mappe dieser Reihe „Meister des Staatlichen Bauhauses" beinhaltete 14 Blätter der Bauhausmeister und wurde 1921 gedruckt. Die Arbeiten an den Mappenwerken dieser Reihe versorgte die Kunstdruckerei des Bauhauses mit Aufträgen. Neben den Auflagen selbst wurden hier auch die von Feininger lithographierten Titelblätter sowie die nach Entwürfen von Klee und Feininger hergestellten Überzugspapiere der Mappen gedruckt. *Weber 1988, S. 146-147. Siehe Erläuterungen zu 131, 34 und 142, 20.*

98, 27 seien zwei Meisterstellen frei] Gemeint sind hier die Stellen von Thedy und Fröhlich. Fröhlich hatte das Bauhaus bereits am 22. Februar 1920 verlassen. *Siehe Erläuterung zu 65, 22-23.*

98, 27 Georg Muche] Muches Berufung an das Bauhaus stand schon seit Ende 1919 zur Debatte. Seit 1916 arbeitete er als Ausstellungsassistent in Herwarth Waldens Berliner Galerie „Sturm". Außerdem hatte er eine Lehrerstelle für Malerei an der ihr angeschlossenen „Sturmkunstschule" inne. In diesem Umfeld lernte er Itten und Feininger kennen. Eine Verbindung nach Weimar bestand durch Muches Freundschaft mit Johannes Molzahn. Im Oktober 1919 verhandelte Gropius mit Molzahn über die Bedingungen einer Berufung Muches an das Bauhaus. Insbesondere die Frage eines Ateliers für Muche kam zur Sprache. Molzahn stand dem Bauhausgedanken freundlich, aber gleichzeitig äußerst kritisch gegenüber. Seine Befürchtungen, daß Bauhaus könnte leicht „zum Aufputz der bürgerlichen Gesellschaft werden" trafen sich mit Muches Überzeugungen, der mehr an den Menschen als am Bauhausprogramm interessiert schien. Neben Molzahn war es auch Itten, der Muches Berufung begrüßte. Gropius wandte sich, nachdem ihn Molzahn darauf hingewiesen hatte, daß Muche prinzipiell bereit wäre, Berlin zu verlassen, am 29. Oktober 1919 an diesen. Der Bauhausdirektor ging allerdings davon aus, daß die Berufung eines Expressionisten wie Muche offiziell bei der Regierung nicht durchzusetzen sei. Dies hat seine Gründe vor allem darin, daß die Öffentlichkeit sich insbesondere über die starke Orientierung des Bauhauses an der neuen Kunst erregte. Gropius schlug Muche deshalb vor, sich formal als Hospitant für Freskotechnik - als Schüler also - in der Werkstatt für Dekorationsmalerei einzuschreiben, damit ihm vom Bauhaus ein Atelier zur Verfügung gestellt werden könne. Dem von Gropius geplanten Vorgehen stimmte Muche nicht zu. Für Muche war der Entschluß, ans Bauhaus zu gehen, nur unter der Bedingung völliger künstlerischer Eigenständigkeit und programmatischer Unabhängigkeit vorstellbar. Die von Gropius avisierte Lösung wurde Muches Vorstellungen deshalb nicht gerecht. Gropius setzte schließlich durch, daß Muche ein Atelier gewährt wurde, ohne daß dieser sich als Schüler an der Schule einschreiben mußte. *Siehe Busch, S. 102.* Muche kündigte am 28. März 1920 seinen Vertrag mit dem „Sturm" und übersiedelte am 30. März 1920 nach Weimar. Der Vertrag zwischen Muche und dem Bauhaus war ab 1. Oktober 1920 gültig, wurde am 20. Oktober 1920 unterzeichnet und am 3. Dezember 1920 vom Kultusministerium bestätigt. Muche erhielt ein jährliches Gehalt von 11 000 Mark zuzüglich einer Teuerungszulage von 5 500 Mark. Über eine Regelung der Arbeitszeit wurde im Vertrag nichts gesagt. *ThHStA Weimar, Personalakten Volksbildung, Georg Muche, Bl. 3.* Muche schrieb im Oktober 1920 an seinen Vater, daß er „zur Arbeit für etwa einen halben Tag in der Woche (hauptsächlich Vorträge)" verpflichtet sei. *Zitiert nach: Muche, S. 66.*

99, 3-4 zu stark vertretenen weiblichen Geschlecht] *Siehe Erläuterungen zu 71, 34; 81, 9 und 85, 4.* Gropius hatte dieses Problem bereits in einem Umlauf vom 2. September 1920 an den Meisterrat angesprochen: „Das Zahlenverhältnis der Studierenden männlichen und weiblichen Geschlechts ist ein derartiges, daß ohne Zweifel mit der Aufnahme von Damen

zurückgehalten werden muß. Namentlich die Werkstätten – Töpferei, Holzbildhauerei usw.
– sind mit Frauen überfüllt. Ich schlage daher vor, bei den Aufnahmen für absehbare Zeit
Damen nur im Falle ganz außerordentlicher Begabung aufnehmen zu wollen." *ThHStA Weimar, Staatliches Bauhaus Weimar 13, Bl. 185. Siehe Abbildung 11.* Der Umlauf wurde unkommentiert von den Meistern zur Kenntnis genommen. Im Wintersemester 1920/21 studierten am Bauhaus 94 Männer und 72 Frauen. *Nach Dietzsch, S. 209. Siehe Erläuterung zu 123, 26-27.*

99, 9 Eingabe des Meisterrats] Gemeint ist hier die Eingabe bezüglich der Neugründung der
Hochschule für bildende Kunst vom 3. Februar 1920, die allerdings die Raumfrage offen ließ.
Eine weitere Eingabe vom 31. März 1920 beschäftigte sich zwar eingehend mit diesem strittigen Punkt, wurde aber lediglich von Gropius unterzeichnet. *Siehe Textteil Nr. 14 [3.], S. 73-74.*

101, 8 beratende Stimme] Diese Regelung entspricht den Satzungen von 1919. *Verwaltungsordnung des Bauhauses § 16, Abs. 2.* Die letztlich gültige Fassung von 1921, welche im
Ergebnis der Beratungen im Herbst und Winter 1920 vorlag, billigte dem Meisterrat beschließende Stimme zu. Damit wurde eine Ungereimtheit der Satzungen des Bauhauses korrigiert, die eine Regelung für den Fall der Stimmengleichheit vorsah. Stimmengleichheit ist
jedoch nur in einem Abstimmungsverfahren von Bedeutung, welches das beschließende
Stimmrecht des Meisterrates voraussetzt.

102, 28-29 Vogel [...] leider abtelegrafiert] Das Telegramm mit Julius Vogels Absage erreichte das Bauhaus am 6. Oktober 1920. *ThHStA Weimar, Staatliches Bauhaus Weimar
117, Bl. 137.* Allerdings gab Vogel als Grund für seine Absage nicht die Verweigerung der
Beurlaubung durch seine Vorgesetzten, sondern den Umstand an, daß die Stelle nicht pensionsberechtigt sei. *Siehe Erläuterungen zu 96, 23 und 102, 31.*

102, 31 Gropius will versuchen] *Siehe Erläuterungen zu 86, 23 und 102, 28-29.* Am 11.
Oktober 1920 richtete Julius Vogel ein erneutes Schreiben an Gropius, in welchem er die Beweggründe seiner Ablehnung näher beschrieb. Gropius gab sich jedoch damit nicht zufrieden und versuchte, Vogel wenigstens zu einem weiteren Besuch in Weimar zu bewegen. Er
schrieb ihm am 15. Oktober 1920: "Ich hätte es sehr gewünscht, daß Sie wenigstens zu einer
Rücksprache herübergekommen wären, Sie hätten dann vielleicht manches aus einer anderen Perspektive angesehen." *ThHStA Weimar, Staatliches Bauhaus Weimar 116, Bl. 158.*
Vogel suchte Gropius am 6. November 1920 auf. Offensichtlich gelang es diesem, den Architekten für die Arbeit am Bauhaus doch noch zu begeistern, denn noch am selben Tag
stellte der Direktors des Bauhauses einen Antrag an das Kuratorium der Handwerker- und
Kunstgewerbeschule Kiel auf einjährige Beurlaubung Vogels. Am 18. November 1920 erhielt das Bauhaus folgende Antwort: "Lehrer Vogel verzichtet auf die beantragte Beurlaubung. Er wird dem Direktor Gropius in Weimar auch seinen Verzicht auf die Berufung mitteilen." *ThHStA Weimar, Staatliches Bauhaus Weimar 116, Bl. 153.*

106, 6 Stundenplan] Ein überlieferter Stundenplan für den Unterricht im Wintersemester
1920/21 enthält folgende Einteilung: Montag: 15-16 Uhr Formunterricht, 16-18 Naturstudium oder Abendakt, 18-19 Uhr Abendakt. – Dienstag: 15-17 Uhr Werkzeichnen, 17-19
Uhr Abendakt. – Mittwoch: 17-19 Uhr Abendakt. – Donnerstag: 17-19 Uhr Abendakt. –
Freitag: 15-17 Uhr Werkzeichnen. – Sonnabend: 9-13 Uhr Vorunterricht Itten, 15-17 Uhr
Formunterricht und Naturstudium Muche, 17-19 Uhr Analyse Itten. *ThHStA Weimar, Staatliches Bauhaus Weimar 168, Bl. 14.*

107, 30 Fall in der Dekorationswerkstatt] Im Frühjahr 1920 planten die Bauhäusler, ihre
Schulgebäude nach eigenen Vorstellungen und in eigener Regie auszugestalten. Dazu gehör-

ten die farbige Ausmalung der Studentenwohnungen in Dornburg, die Bemalung des Oberlichtsaales und der Kantine sowie möglicherweise auch eine farbige Gestaltung der Korridore und des Vestibüls des Weimarer Bauhauses. *Siehe Erläuterung zu 85, 22.* Es ist denkbar, daß mit diesen Aufgaben der Mangel an Aufträgen für die Werkstatt ausgeglichen
werden sollte. Vielleicht sollte auch mittels der farbigen Gestaltung der Inbesitznahme des
ehemaligen Hochschulgebäudes durch das Bauhaus Nachdruck verliehen werden. Die Vermutung liegt nahe, da zu diesem Zeitpunkt die Klärung der Raumfrage zwischen Bauhaus
und neuzugründender Hochschule anstand. Lou Scheper erinnerte sich rückschauend an
diesen „Fall" und berichtete, daß die von den Schülern der Dekorationswerkstatt ausgeführte
Bemalung der Kantine, die im Meisterratsprotokoll als „Fall in der Dekorationswerkstatt"
festgehalten ist, besonders Itten mißfiel. Die Gestaltung der Kantine war für ihn Beweis
dafür, daß es den Schülern an systematischer Ausbildung, wie sie sein Unterricht bot, man-
gelte. Er verlangte eine neue Farbgestaltung des Raumes. „Itten, der Gesetzgeber verlangte,
unseren expressiven Überschwang ablösend, ein freudloses Graugrün der Kontemplation als
Hintergrund für einen fernöstlichen Sinnspruch, der uns beim Essen erziehen sollte." *Scheper, S. 176.* Außer der schon beschriebenen ersten Kantinenbemalung existierte eine zweite
entsprechend wilde Bemalung der Korridore im Bauhaus. Es handelte sich um eine Gestaltung, welche dem expressionistischen Pathos des frühen Bauhauses angemessen war und der
Bemalung der Kantine ähnelte. Einzig eine zeitgenössische Kritik der ebenfalls 1920 durch
die Studierenden farbig gestalteten Korridore im Bauhaus gibt ein Bild davon, wie man sich
diese Wandgestaltung vorstellen könnte. In einem Bericht der Berliner Täglichen Rundschau
vom 2. Dezember 1920 hieß es: „Oben hat man dem Farbensinn der Bauhäusler freies
Spiel gelassen, sie haben die Korridore nach eigenem Geschmack angestrichen, jede Wand,
jeder Pilaster anders. Da steht ein schmutziges Ockergelb neben dem giftigen Grüngelb,
pompeianisch Rot neben dreckigem Kupfer, eine trübblaue Ölfarbtür neben einem Pilaster
in waschblauer Leimfarbe ohne jede Rücksicht auf Kontrast oder Abwandlungsreiz. Über
die ockergelbe Wand zieht sich ein meterhoher, in Rötel und Schwarz gezeichneter Fries,
lauter Hieroglyphen, Pfeile, Spiralen, Augen, Teile von Dampfschiffen, Buchstaben, unsäg-
lich roh und arm erfunden und faul gemacht, auch ohne jede Entschuldigung irgendwelchen
dekorativen Reizes (bar). Uns genügte dieser Farbenterror, dieser Versuch, empfindliches,
entwickeltes Farbgefühl zu kasteien, d. h. durch Qual abzutöten." *Zitiert nach: Wolsdorff,
S. 283.* Daß diese Arbeiten möglicherweise eher dem Kreis um Karl Peter Röhl als dem Ittenkreis zuzuschreiben sind, legt auch ein Vergleich mit der Ausgestaltung des Festsaales anläßlich von Gropius' Einführungsfest am 5. Juni 1919 im Saal des Bürgervereins aufgrund
einer zeitgenössischen Beschreibung von Toni von Haken nahe. *Siehe Das frühe Bauhaus,
S. 468-470.* In den frühen Arbeiten der Wandmalerei- bzw. Dekorationswerkstatt zeichnen
sich zwei Richtungen ab. Einerseits eine stark expressionistische Gestaltungsweise in der
Kantine und den Fluren und andererseits eine an den Grundsätzen der Ittenschen Gestaltungslehre orientierte, formal streng durchdachte wie im Oberlichtsaal und der zweiten Kan-
tinengestaltung. *Siehe Erläuterung zu 95, 35.* Der Widerstreit der beiden Strömungen in dieser Werkstatt ist sichtbarer Ausdruck der Auseinandersetzung zweier künstlerischer Lager
am Bauhaus - den Anhängern einer expressionistischen Richtung um Röhl und dem Itten-
Kreis. Sie wurde 1920 eindeutig zu Ittens Gunsten entschieden.

107, 32 lehnt den Vorwurf von Gilles ab] Das neue Arbeitsprogramm sah neben der Einführung des obligatorischen Form- und Werkzeichenunterrichts auch die Einrichtung des obligatorischen Vorunterrichtes bei Itten vor, dessen erfolgreiches Absolvieren die Bedingung

für die Aufnahme in eine Werkstatt war. Werner Gilles anerkannte weder die Wichtigkeit des
Form- noch des Vorunterrichtes. Vielmehr befürchtete er die zu starke Beeinflussung der
Studierenden durch Itten als einzigen Lehrer des Vorkurses. *Siehe Erläuterung zu 96, 17.*
110, 4 Professoren Rasch und Förster] *Siehe Erläuterung zu 48, 10.* Bereits im Frühjahr
1920 zählte Gropius im Zusammenhang mit der noch zu klärenden Raumfrage die Professoren Otto Rasch und Berthold Paul Förster zu den Lehrkräften der neuen Schule. *ThHStA
Weimar, Thüringisches Ministerium für Volksbildung C 1480, Bl. 31.* Förster, der ehemalige
seit 1915 in den Ruhestand versetzte Syndikus der Großherzoglichen Hochschule für bildende Kunst, erteilte bis zum Frühjahr 1919 Unterricht in Perspektive für Maler. Dieser Unterricht wurde laut Beschluß des Meisterrates mit Beginn des Wintersemesters 1919/20
auch offiziell aus dem Unterrichtsprogramm gestrichen. Faktisch hatte Förster jedoch ab
April 1919 keine Vorträge mehr gehalten. *ThHStA Weimar, Staatliches Bauhaus Weimar
111, Bl. 166 und 7, Bl. 146.* Begründet wurde die Streichung dieses Unterrichts von Gropius
gegenüber Förster mit „einer anderen Auffassung des Kunstunterrichts". *ThHStA Weimar,
Staatliches Bauhaus Weimar 7, Bl. 22.* Bereits im Juni 1919 wurde deutlich, daß Förster mit
dem Programm des Bauhauses nicht konform ging und dieses als Affront gegen die altein-
gesessene Richtung der Weimarer Kunsthochschule betrachtete. *ThHStA Weimar, Staatliches Bauhaus Weimar 131, Bl. 45.* Er spielte damit wohl auf die Amtsniederlegung von Professor Fritz Fleischer an. *Siehe Erläuterung zu 50, 18.*
111, 9 Engelmann und Klemm] Die Bildhauerei und die graphische Abteilung, denen Engelmann und Klemm als Formmeister vorstanden, hatten innerhalb der ehemaligen Hochschule für bildende Kunst bereits vor 1919 eine eigenständige Entwicklung genommen. In
der Äußerung der beiden ehemaligen Hochschulprofessoren klingt an, daß sowohl Engelmann als auch Klemm durch die Neuregelung des Formunterrichtes bei Muche eine Beschränkung der Eigenständigkeit ihrer Schulen fürchteten. Insbesondere die Einführung des
obligatorischen Vorunterrichts bei Itten, der ihnen als zu einseitige Beeinflussung der neuaufgenommenen Studierenden erschien, erregte ihren Unwillen. In der Folge der sich an-
bahnenden Auseinandersetzung zwischen dem Bauhaus und den beiden Meistern wurde
deutlich, daß sie besonderen Wert auf die selbständige Entscheidung bei der Aufnahme von
Schülern legten. *Siehe Erläuterung zu 112, 24.*
111, 29 Werkzeichenunterricht] *Siehe Erläuterung zu 96, 23.*
111, 34 Werkstätten-Ordnung] Bereits im März 1920 wurde vom Schülerobmann Richard
Winkelmayer als eine der dringlichsten Forderungen nach einer strengen Werkstattordnung
verlangt. *Siehe Erläuterung zu 83, 17.* Während der Versammlung aller Bauhausangehörigen
am 13. Oktober 1920 hatte Gropius den Studierenden die Werkstätten-Ordnung erläutert.
Sein Entwurf ging am 21. Oktober 1920 in Umlauf an die Form- und Werkmeister sowie die
Schülervertreter Richard Winkelmayer, Werner Gilles und Heinrich Scheper und wurde offensichtlich ohne weitere Änderungen vom Meisterrat in Druck gegeben. *ThHStA Weimar,
Staatliches Bauhaus Weimar 14, Bl. 28.* Am 20. November 1920 erhielt jede Werkstatt ein
gedrucktes Exemplar zur Kenntnisnahme. Die Reaktion der Studierenden auf die Werkstät-
ten-Ordnung war nicht nur positiv. So weigerten sich die Angehörigen der keramischen
Werkstatt in Dornburg die Punkte 7. und 8., welche die Materialentnahme gegen Quittung
und die Führung von Material- und Arbeitszetteln für jede Arbeit vorsah, zu unterzeichnen.
ThHStA Weimar, Staatliches Bauhaus Weimar 14, Bl. 30-31. Der Wortlaut der Werkstätten-
Ordnung vom Oktober 1920 wurde unverändert Bestandteil der Satzungen des Bauhauses
von 1921. *Siehe Erläuterung zu 117, 35.*

112, 24 Sitzung des Meisterrates am 30. Oktober 1920] Diese Sitzung wurde einberufen, um mit dem gesamten Meisterrat über ein von Engelmann und Klemm am 27. Oktober 1920 verfaßtes Schreiben an die Leitung des Bauhauses zu beraten. Die beiden ehemaligen Kunstschullehrer konnten sich offensichtlich nicht mit der Neuorganisation der Bauhauslehre, wie sie in der Meisterratssitzung am 26. Oktober 1920 beschlossen worden war, einverstanden erklären. In dem Schreiben hieß es: „Doch hat sich das Bauhaus nach gewissen Richtungen so weit entwickelt, daß wir in letzter Zeit das Gefühl gewinnen mußten, daß unsere Schulen sich nicht mehr vollständig in denjenigen künstlerischen Normen bewegen, die durch unsere Individualität gezogen sind. Es will uns vielmehr scheinen, daß jetzt ein innerer Widerspruch besteht zwischen dem Entwicklungsstadium des Bauhauses u. unseren Schulen, wie wir sie uns berechtigt und lebensfähig vorstellen. Daher würde es uns als eine Unehrlichkeit erscheinen, wenn wir uns länger noch als äußere Teile dieser Gemeinschaft, der wir innerlich entfremdet wurden, ausgeben wollten. Wir bitten, unsere Schulen vom Bauhaus abzutrennen und als selbständige Institute weiterzuführen, bis die Regierung eine endgültige Lösung findet." *ThHStA Weimar, Thüringisches Ministerium für Volksbildung C 1480, Bl. 47a.* Der plötzliche Sinneswandel der beiden Formmeister erscheint merkwürdig, da die Entscheidung über die Neuorganisation des Bauhauses, durch welche sie sich in ihrer künstlerischen Eigenart bedrängt fühlten, offenbar mit ihrem Einverständnis vor sich ging. Ein Einspruch oder eine entscheidende Kritik an den Entwürfen zur neuen Satzung, der Werkstattordnung, der Regelung des Vor- und Formunterrichtes oder der Einführung der gemeinschaftlichen Leitung der Werkstätten durch die Form- und Werkmeister ist nicht nachweisbar. Lediglich in der Meisterratssitzung vom 26. Oktober 1920 wiesen Engelmann und Klemm darauf hin, daß es schwer sein dürfte, alle Werkstätten in der geplanten Art und Weise (Leitung durch Form- und Werkmeister) zu führen. *Siehe Erläuterung zu 111, 9.* Möglicherweise erschien ihnen die Anbindung ihrer Schulen an die Hochschule für bildende Kunst, für deren Neugründung der Landtag im Sommer 1920 die Mittel genehmigt hatte, als erstrebenswert und sie bedienten sich der dargelegten Argumentation als Vorwand. *Siehe Erläuterung zu 94, 20.* Während der Sitzung machten Engelmann und Klemm deutlich, daß sie keine sachlichen Einwände gegen das Bauhaus hätten, sondern sie sich aus ganz individuellen Gründen nicht mehr mit dem Institut identifizieren könnten. *Siehe Erläuterung zu 114, 9.* Der Meisterrat erklärte sich daraufhin in seinem Schreiben an das Kultusministerium vom 10. November 1920 bereit, ihnen im Rahmen der Möglichkeiten Zugeständnisse zu machen. *ThHStA Weimar, Thüringisches Ministerium für Volksbildung C 1480, Bl. 48–52.* In der Erklärung von Engelmann und Klemm wird darauf angespielt, daß die beiden von ihnen geleiteten Werkstätten nur bedingt zum Bauhaus gehören würden. Damit bestand für das Bauhaus die Gefahr, Bildhauerei und Graphische Druckerei an die Hochschule zu verlieren. Am 1. November 1920 übersandte Gropius nach Beratung mit dem Meisterrat dem Kultusministerium auf Wunsch Klemms und Engelmanns ihr Schreiben vom 27. Oktober 1920. In seinem Anschreiben dazu legte er dar, daß er die Personenfrage unbedingt von den Sachfragen getrennt betrachtet wissen wolle. Dies sollte heißen, daß sowohl Engelmann als auch Klemm das Bauhaus selbstverständlich verlassen könnten, die Werkstätten allerdings im Verbund der Schule verbleiben und ihre Stellen mit neuen fähigen Leitern besetzt werden müßten. Gropius schrieb: „Das Bauhaus kann selbstverständlich auf die Bildhauerabteilung nicht verzichten, ebensowenig auf die graphische Druckerei (s. Bauhaus-Programm), die erst vom Bauhaus aus ganz kleinen Anfängen zu einem tüchtigen Betriebe ausgebaut worden ist." *ThHStA Weimar, Thüringisches Ministerium für Volksbildung C 1480, Bl. 47.* Im Frühjahr 1924 wurde Engelmann zum Wortführer der Vertreter der Hochschule für bildende Kunst gegen das Bauhaus im Weimarer Kulturrat und bekannte, daß er und Klemm absolute Gegner des Bauhauses seien. *ThHStA Weimar, Thüringisches Ministerium für Volksbildung C 1480, Bl. 12.* Ob diese Gegenerschaft schon bei ihrem Austritt aus dem Bauhaus bestand oder sich im Laufe der Zeit und mit der Entwicklung eines Konkurrenzverhältnisses zwischen den beiden Schulen zustande kam, kann hier nicht weiter untersucht werden.

114, 9 Unter den gegebenen Umständen] *Siehe Erläuterung zu 112, 24.* Der Konflikt mit den Professoren Engelmann und Klemm verschärfte sich, als am 3. November 1920 die Thüringische Landeszeitung Deutschland unter der Schlagzeile „Krisis am Staatlichen Bauhaus" meldete, daß „Prof. Engelmann und Klemm zu erkennen gegeben haben, daß sie bei Beibehaltung der jetzigen Ziele der Anstalt schwere Bedenken für ihre zukünftige Existenz hätten; gleichzeitig haben sie erklärt, daß sie es nicht mehr mit ihrem künstlerischem Rufe in Einklang bringen könnten, an einer Anstalt zu wirken, die immer mehr, wenn sie ausschließlich extreme Richtungen fördert, der Unkultur verfällt". In den ersten Novembertagen hatten Engelmann und Klemm gefordert, per Anschlag am Schwarzen Brett den Studierenden bekannt zu geben, daß ab sofort ihre Schulen, analog der Regelung, welche mit Thedy getroffen worden war, vom Bauhaus unabhängig geführt und sie Schüleraufnahmen selbständig durchführen würden, was der Meisterrat ablehnte. *Siehe Erläuterung zu 115, 16.*

114, 20 die Satzungen] Die in dieser Sitzung beschlossene Fassung der Satzungen erhielt am 12. November 1920 noch eine Ergänzung, welche die Ordnung der Meisterratssitzungen betraf. Die mit Zirkularbeschluß einstimmig vom Meisterrat entschiedene Änderung lautete: „Zu einer ordnungsmäßigen Beschlußfassung gehört die Beteiligung von mindestens drei Mitgliedern." *ThHStA Weimar, Staatliches Bauhaus Weimar 2, Bl. 7.* Diese Ergänzung war insbesondere nach dem Ausscheiden von Engelmann und Klemm aus dem Meisterrat und der ungeklärten Situation bis zur offiziellen Neugründung der Hochschule für bildende Kunst am 1. April 1921 von großer Bedeutung, da er die Beschlußfähigkeit des Meisterrates auf die Anwesenheit von drei Mitgliedern beschränkte. Dadurch konnten die in Abwesenheit von Engelmann und Klemm getroffenen Entscheidungen durch diese nicht angefochten werden. Nach Ergänzung dieses Zusatzes erhielten die Werkmeister und der Obmann der Schülerschaft Arnold Ziegfeld je ein Exemplar der Satzungen.

115, 16 das von der Regierung gesandte Protokoll] Die hier genannte Sitzung fand am 18. November 1920 im Bauhaus statt. Es nahmen teil: von der Regierung des vormaligen Freistaates und nunmehrigen Gebietes Weimar Staatsminister Arnold Paulssen, Staatsrat Albert Rudolph, Ministerialdirektor Ernst Wuttig und Regierungsrat Ernst Ortloff, vom Staatlichen Bauhaus Gropius, Thedy, Engelmann, Klemm, Feininger, Itten, Marcks, Muche. Im Falle der Professoren Engelmann und Klemm einigte man sich dahingehend, daß die Klassen der beiden Lehrer bis 31. März 1921 im Verband des Staatlichen Bauhauses verblieben, die Schüler zwar Angehörige des Bauhauses waren, allerdings dem Zwang des Probesemesters und dem damit verbundenen obligatorischen Vorunterricht bei Itten nicht unterlagen. Über die Aufnahme in ihre Klassen sollten Engelmann und Klemm selbständig entscheiden. Das Bauhaus wurde aufgefordert, diese Entscheidung in geeigneter Weise am Schwarzen Brett bekannt zu geben. Damit wurde den von Engelmann und Klemm gestellten Forderungen weitgehend entsprochen. Eine Entscheidung über die Zugehörigkeit der Werkstatt für Bildhauerei und der graphischen Abteilung zum Bauhaus wurde nicht gefällt. *Siehe Erläuterungen zu 112, 24 und 114, 9.* Man einigte sich außerdem, das Gehalt für Thedy vom 1. Oktober 1920 bis zum 31. März 1921 auf den Etat der „Hochschule für Malerei" zu übernehmen. Dieser Beschluß

steht in einem gewissen Widerspruch zu einer Äußerung von Gropius während der Meisterratssitzung am 20. September 1920. Dort sprach er davon, daß die Gehälter von Rasch und
Thedy bereits ab 1. April 1920 nicht mehr aus dem Etat des Bauhauses gezahlt würden. *Siehe*
Erläuterung zu 97, 21–22. Die Vertreter des Kultusministeriums hielten im Protokoll fest,
der Bauhausdirektor habe sich verpflichtet, vor dem 31. März 1921 keine Neuberufungen
von Meistern vorzunehmen. Dagegen verwahrte sich Gropius energisch. In einem Schreiben
an das Kultusministerium vom 2. Dezember 1920 äußerte er: „Der Meisterrat stellte sich in
der Sitzung [am 18. November 1920] entschieden auf den Standpunkt, daß die [Besetzung
der] im Etat freigewordenen Stellen unbedingt vor dem 31. März 1921 vorgenommen werden müssten. Der Herr Minister gestand auch zu, daß diesen Wünschen entsprochen werden soll, wenn das Bauhaus in der Raumfrage entgegen käme. Auch in der darauffolgenden
mündlichen Besprechung des Herrn Minister mit der Leitung des Staatlichen Bauhauses
wurde die Neubesetzung der noch freien Stellen vor dem 31. März 1921 grundsätzlich zugestanden." *ThHStA Weimar, Thüringisches Ministerium für Volksbildung C 1480, Bl. 71.*
116, 13 Berufung von Klee] Der Beschluß über die Berufung des Malers Paul Klee an das
Bauhaus wurde am 28. Oktober 1920 vom Meisterrat gefaßt. Das entsprechende Zirkular
ist allerdings nur von Engelmann und Klemm unterzeichnet. Wie aus einer Randbemerkung
von Gropius hervorgeht, gaben alle anderen Meister ihre Zustimmung bereits am 27. Oktober
1920 mündlich ab. *ThHStA Weimar, Staatliches Bauhaus Weimar 13, Bl. 90. Siehe Abbildung*
12. Am 29. Oktober 1920 schrieb Gropius an Klee: „Lieber verehrter Herr Klee, wir haben
heute mit großer Freude einmütig ein Telegramm an sie gesandt. Wir sind gerade im Augenblick in der Lage nach Bewilligung unseres Etats noch einen Meister in unsere Mitte zu rufen
und da war für uns keine Wahl. Schon seit Jahresfrist warte ich auf den Moment, diesen Ruf
an Sie ergehen zu lassen. Ich nehme an, daß Sie ungefähr wissen, was wir hier begonnen
haben und keine grundsätzlichen Bedenken hegen. Die Schüler strahlen in dem Gedanken,
daß Sie kommen könnten." *Zitiert nach: Paul Klee in Jena, S. 136.* Auch Itten schrieb am
1. November 1920 an Klee und bat ihn um die Zusage, dem Ruf nach Weimar zu folgen.
Siehe Itten, S. 53. Die Vergabe von Thedys freigewordener Stelle an Klee bereits im Oktober
1920 hatte allerdings den Unwillen des Kultusministeriums zur Folge. Offiziell wurde dem
Bauhaus erst am 18. November 1920 mitgeteilt, daß Thedys Etatstelle ab 1. Oktober 1920
aus dem Budget der Hochschule bezahlt und damit für das Bauhaus eine Neuberufung möglich würde. Zu diesem Zeitpunkt hatte Gropius bereits Klees Zusage. Mit der Übersendung des
Vertrages an das Ministerium verpflichtete sich Gropius, zukünftig vor Vertragsabschluß die
ministerielle Genehmigung einzuholen. Klee reiste am 25. November 1920 nach Weimar. Sein
Vertrag wurde am 26. November 1920 unterzeichnet und vom Kultusministerium am 8. Dezember 1920 genehmigt. Klee erhielt das übliche Formmeistergehalt von 11 000 Mark zuzüglich einer Teuerungszulage von 5 500 Mark. Sein Vertrag war vom 1. Dezember 1920
bis zum 30. März 1923 gültig. Bis zu seiner endgültigen Übersiedelung nach Weimar im
September 1921 war Klee jeweils 14 Tage im Monat in Weimar anwesend. *ThHStA Weimar,*
Personalakten Volksbildung, Paul Klee.
116, 13 Schlemmer] Die Entscheidung, Klemms Etatstelle an den Maler Oskar Schlemmer
zu vergeben wurde, ebenso wie die Berufung Klees, mit einem Zirkular entschieden. Auch
in diesem Falle waren alle Meister mit Gropius' Berufungsvorschlag einverstanden. *ThHStA*
Weimar, Staatliches Bauhaus Weimar 13, Bl. 89. Die Entscheidung für Schlemmer fiel wahrscheinlich endgültig im November 1920, auf jeden Fall aber erst nach dem 28. Oktober
1920. An diesem Tag hatte der Meisterrat über Klees Aufnahme in den Lehrkörper ent-

schieden. Engelmann und Klemm befürworteten dessen Berufung. Bei der Berufung Schlemmers blieben diese beiden Meister ungefragt, waren also zu diesem Zeitpunkt schon nicht mehr Mitglieder des Meisterrates. Dies läßt den Schluß zu, daß Schlemmer erst nach dem 28. Oktober 1920 berufen wurde. Gropius war an Schlemmer seit Sommer 1920 interessiert. Im Juli 1920 hatte dieser, von der gemeinsamen Ausstellung mit Kurt Schwitters und Willi Baumeister in der Dresdener Galerie Arnold kommend, Weimar besucht und war von Gropius aufgefordert worden, als Meister am Weimarer Bauhaus zu lehren. *Siehe Hüneke, S. 64-65.* Die endgültige Entscheidung Schlemmers für das Bauhaus fiel wohl Ende November/Anfang Dezember 1920 während seines Aufenthalt in Weimar. Den Dienstvertrag mit dem Bauhaus unterzeichnete Schlemmer am 2. Dezember 1920. *Siehe Abbildung 3.* Er wurde am 20. Dezember 1920 vom Kultusministerium genehmigt. Sein Lehramt trat Schlemmer am 14. Januar 1921 an. Er erhielt ein jährliches Gehalt von 11 000 Mark zuzüglich einer Teuerungszulage von 5 500 Mark. *ThHStA Weimar, Personalakten Volksbildung, Oskar Schlemmer, Bl. 2.*

117, 35 Satzungen] Die in der Meisterratssitzung vom 6. Dezember 1920 beschlossenen Satzungen wurden am 7. Januar 1921 zur Genehmigung beim Kultusministerium (seit Januar 1921 Kultusabteilung in der Gebietsregierung) eingereicht. *ThHStA Weimar, Staatliches Bauhaus Weimar 2, Bl. 11.* Am 25. Februar 1921 lagen sie in gedruckter Form vor und wurden der Kultusabteilung in zehn Exemplaren übergeben. Gropius bat um nachträgliche Genehmigung eines eingefügten Satzes im § 13, Absatz 2, welcher die Beurlaubung von Schülern regelte. Außerdem wurden durch eine Verfügung der Gebietsregierung die Termine zur Rechnungslegung vom 1. Oktober auf den 1. April verschoben, was Änderungen in den Paragraphen 3, 8, 14 und III. nach sich zog. Es kann davon ausgegangen werden, daß die neuen Satzungen unmittelbar nach dem 25. Februar 1921 in Kraft traten.

118, 10 Urlaub] Am Bauhaus setzte 1921 eine Italienflucht der Schüler ein. Schlemmer beobachtete dies bereits im Februar 1921. Er sah einen Grund für diese Erscheinung im Auftreten des Wanderpredigers Ludwig Christian Häusser, der dazu aufrief, alle Konvention, alle Verbindung mit dem bürgerlichen Leben abzubrechen und die Wahrheit zu suchen. Mit einer strikten Urlaubsregelung versuchte der Meisterrat, den Schülerexodus einzudämmen und zu verhindern, daß die Hochschule für Malerei, deren Gründung bevorstand, eine zahlenmäßig überlegene oder dem Bauhaus annähernd gleiche Schülerzahl aufweisen konnte. Dies war sehr wichtig, da eines der Hauptargumente in der Auseinandersetzung um die Nachfolge der ehemaligen Hochschule für bildende Kunst die Tatsache war, daß das Bauhaus eine wesentlich höhere Schülerzahl aufweisen konnte.

120, 6-7 mit Herrn Slutzki ein provisorischer Vertrag] *Siehe Erläuterung zu 85, 27.* Slutzki wurde erneut ab 1. Februar 1921 als provisorischer Leiter der Goldschmiedewerkstatt mit einem monatlichen Gehalt von 850 Mark eingestellt. Gropius teilte ihm diese Entscheidung am 7. Februar 1921 mit. Für die Zeit der provisorischen Einstellung konnte ihm monatlich gekündigt werden. Außerdem mußte er sich verpflichten, „nur für das Staatliche Bauhaus zu arbeiten und alle Arbeiten dem Bauhaus zur Verfügung zu stellen." Zum Vertragsabschluß sollte es allerdings erst bei endgültiger Berufung kommen. *ThHStA Weimar, Staatliches Bauhaus Weimar 118, Bl. 35.* Laut Abmeldung bei der Allgemeinen Ortskrankenkasse beendete Slutzki seine Tätigkeit in Weimar allerdings bereits am 1. März 1921, um sich in den Orient zu begeben. *ThHStA Weimar, Staatliches Bauhaus Weimar 118, Bl. 36, 38. Siehe Erläuterung zu 144, 9.*

120, 9 Bildhauer Hartwig] In die engere Wahl als Bewerber für die Stelle als Werkstattleiter der Steinbildhauerei kamen 17 Kandidaten. Der Berliner Bildhauer Hartwig hatte sich
am 7. Januar 1921 um diese Stelle beworben. Er verfügte bis Januar 1921 über keine Meisterprüfung, durfte also offiziell keine Lehrlinge ausbilden. Der Meisterbrief war jedoch für
das Bauhaus äußerst wichtig, um den Vorwurf des Dilettantismus der Werkstattausbildung
am Bauhaus, welchen die konservative Handwerkskammer Weimars erhob, parieren zu können. Das Lehrrecht wurde Hartwig am 13. März 1921 in Berlin verliehen. Er übernahm die
Steinbildhauerei am 1. April 1921 probeweise. Im ersten halben Jahr konnte der Vertrag von
beiden Seiten vierteljährlich gekündigt werden. Hartwig erhielt monatlich 1 000 Mark Gehalt. Ihm wurden außerdem 30 Prozent vom Gewinn der durch ihn im Auftrag des Bauhauses ausgeführten Arbeiten zugesichert, allerdings mußte er alle Aufträge über das Bauhaus
leiten. Die Dienstzeit betrug für Hartwig täglich 6 Stunden. Überstunden, welche zur Fertigstellung von Aufträgen anfielen, wurden ihm in Höhe des ortsüblichen Stundensatzes vergütet. *ThHStA Weimar, Staatliches Bauhaus Weimar 114, Bl. 82–104. Siehe Erläuterung zu
144, 26.*

120, 11 Tischlermeister Pietschmann] Gropius hatte Karl Pietschmann nach einem Vorge-
spräch davon in Kenntnis gesetzt, daß er die Lehrwerkstatt für Tischlerei ab 1. März 1921
übernehmen solle. Dieser bildete in seiner privaten Weimarer Tischlerei bereits seit 1. November 1919 den Bauhausstudierenden Richard Mark aus. *Siehe Erläuterung zu 98, 8.* Auch
Pietschmann hatte das Meisterexamen noch nicht absolviert. Ihm wurde jedoch die Ausbildung von Lehrlingen von seiten der Handwerkskammer genehmigt. Gropius wies ihn allerdings darauf hin, seine Meisterprüfung nach Übernahme der Werkstatt am 1. März 1921 bei
der Handwerkskammer anzumelden. Die Vereinbarungen zwischen Pietschmann und dem
Bauhaus sollten zunächst für ein halbes Jahr provisorisch mit der Möglichkeit zur monatlichen Kündigung bestehen und erst dann ein schriftlicher Vertrag abgeschlossen werden.
Pietschmann sollte bei einer sechsstündigen Arbeitszeit ein monatliches Gehalt von 1 000
Mark beziehen und bei endgültigem Vertragsabschluß am Umsatz der Werkstatt beteiligt
werden. *ThHStA Weimar, Staatliches Bauhaus Weimar 117, Bl. 99.* Zunächst hatte Pietsch-
mann das Angebot am 24. Januar 1921 angenommen. *ThHStA Weimar, Staatliches Bauhaus
Weimar 117, Bl. 100.*

120, 15 Zachmann] Zachmann übernahm die Tischlereiwerkstatt ab 1. Februar 1921. Die
Vereinbarung zwischen ihm und dem Bauhaus war zunächst provisorisch und konnte monatlich aufgehoben werden. Er erhielt 1 000 Mark monatlich und war zu einer täglichen
sechstündigen Dienstzeit verpflichtet. Nach Ablauf einer Probezeit sollte es zum endgültigen
Vertragsabschluß kommen, welcher auch die Beteiligung des Werkmeisters am Umsatz der
Werkstatt regeln sollte. Zachmann teilte dem Bauhaus am 11. Februar 1921 sein Einverständnis mit den genannten Bedingungen mit. *ThHStA Weimar, Staatliches Bauhaus Weimar
114, Bl. 223–224. Siehe Erläuterung zu 144, 26.*

120, 29 Doesburg] Die hier anklingende ablehnende Haltung des Meisterrates gegenüber
den Bestrebungen des Stijl, welche wohl auch auf Ittens großen Einfluß auf das Bauhaus
zurückzuführen war, wandelte sich im Laufe des Jahres 1921. Durch die Vermittlung von
Adolf Behne und Bruno Taut hatte Theo van Doesburg Gropius und Meyer im Dezember
1920 in Berlin kennengelernt. Er besuchte das Bauhaus vom 30. Dezember 1920 bis 2. Januar 1921. Von April bis Juli 1921 lebte der De-Stijl-Künstler in Weimar und hielt im Atelier von Karl-Peter Röhl erste Vorträge vor Studierenden des Bauhauses, wie er Antony Kok
mitteilte. Die legendären Stijl-Kurse fanden jedoch erst ab März 1922 bis Juli 1922 statt. Van

Doesburg entwickelte ein durchaus kritisches Verhältnis zum Bauhaus, wie auch seine Einschätzung der Ausstellung von Arbeiten der Bauhauslehrlinge und Gesellen 1922 zeigte. Er
bezeichnete sie als „[..] kränklichen Auswuchs der Kunstäußerungen des 20. Jahrhunderts".
Zitiert nach: Das frühe Bauhaus, S. 111. Gleichzeitig entsprang diese ablehnende Haltung
wohl auch aus dem Umstand, daß Gropius sich nicht bereit zeigte, van Doesburg am Bauhaus als Lehrer anzustellen. Sein Einfluß ist insbesondere in verschiedenen Arbeiten der
Tischlereiwerkstatt ab 1921 und in Röhls Text zur Wandgestaltung des Weimarer Residenz-
Theaters aus dem gleichen Jahr spürbar. Doesburg kann als direkter Antipode Ittens be-
zeichnet werden. Der Einfluß des Stijl auf das Bauhaus spitzte den Konflikt zwischen Ittens
Lehrauffassung und Gropius' Vorstellungen 1922 weiter zu und trug so zur Klärung und
Wandlung des Bauhausprogramms im Sinne der „neuen Einheit von Kunst und Industrie"
bei.

120, 33 Zeichenlehrerprüfungen] Prüfungsordnungen und Satzungen des Bauhauses wurden von den Zeichenlehrerseminaren in Kassel, Breslau und Berlin angefordert. Außerdem
fand sich in den betreffenden Unterlagen eine undatierte, wohl aus dem Jahre 1922 stammende Durchschrift der von den Reichsverbänden akademisch gebildeter Zeichenlehrer und
Zeichenlehrerinnen aufgestellten Richtlinien für eine Lehramtsprüfung. Im Wintersemester
1922/23 hielt Itten ein Zeichenlehrerseminar ab. Es kann davon ausgegangen werden, daß
dieser Unterricht gleichbedeutend mit einer Teilnahme an Ittens Vorkurs zur Vorbereitung
auf das Zeichenlehrerexamen zu betrachten ist. Im Februar 1922 nahm der Zeichenlehrer
Christoph Natter aus Jena mit Gropius Verbindung auf, um sich mit ihm über eine allgemeine Prüfungsordnung für Zeichenlehrer auszutauschen. Aus dem Schriftwechsel läßt sich
schließen, daß am Bauhaus wohl Interesse bestand, Zeichenlehrer auszubilden. Eine eigene
Prüfungsordnung des Bauhauses für das Zeichenlehrerexamen läßt sich nicht nachweisen.
Diese konnte wohl auch deshalb nicht zustande kommen, da im Zuge der Schaffung des Ge-
setzes zur Regelung des Unterrichtes an der Einheitsschule erst ab 1. Oktober 1923 eine Prüfungsordnung für das künstlerisch-technische Lehramt an der Einheitsschule in Kraft treten
sollte, Ende Januar 1924 jedoch lediglich im Entwurf vorlag. Eine endgültige Entscheidung
über diesen Entwurf wurde aufgrund der bevorstehenden Landtagswahlen am 10. Februar
1924 verschoben und von den neuen politischen Verhältnissen abhängig gemacht. *ThHStA
Weimar, Staatliches Bauhaus Weimar 169. Siehe Erläuterung zu 189, 4.*

121, 11–12 einen Gärtner zu betrauen] Bis zum Frühjahr 1921 hatte sich die Gemüsebaulehrerin Thekla Mulert um die Leitung der Gartenarbeiten neben ihrer eigenen Gärtnerei
gekümmert. *Siehe Erläuterung zu 95, 17.* Gropius war zunächst in Einschätzung des Interesses der Studierenden für Gartenbau recht vorsichtig. Dies erwies sich auch als äußerst
klug, denn im Frühjahr 1921 mußte ein zweiter Gärtner eingestellt werden, da „auf unsere
eigenen Hilfskräfte zu wenig zu rechnen war". *ThHStA Weimar, Staatliches Bauhaus Weimar
205, Bl. 13.* Am 3. bzw. 14. März 1921 stellte Gropius die Gärtner Arno Gruner und Edgar
Weißleder ein. Gruner blieb bis 30. April 1922 am Bauhaus beschäftigt und erhielt ein
wöchentliches Gehalt von 200 Mark. Über den Verdienst von Weißleder ist nichts bekannt.
Er war vom 14. März bis 27. August 1921 Angestellter des Bauhauses.

122, 14 Schreiben vom 9. März] Das hier erwähnte Schreiben ist die Antwort der Gebietsregierung auf die Stellungnahme des Meisterrates vom 8. März 1921 zur Ankündigung der
Wiederbelebung der ehemaligen Hochschule für bildende Kunst durch die Kultusabteilung
der Gebietsregierung am 1. März 1921. *Siehe Erläuterungen zu 122, 16 und 122, 22–23.*
Der Schriftwechsel zwischen dem Bauhaus und der Gebietsregierung, insbesondere der Kul-

tusabteilung, seit dem 1. März 1921 und die dabei erfolgten Rücksprachen zwischen Gropius und Mitgliedern der Gebietsregierung bilden einen gewissen Abschluß in der Debatte über die Vorgänge um die Neugründung der Hochschule für bildende Kunst, seitdem die Staatsregierung des Freistaates Sachsen-Weimar-Eisenach in einem Beschluß vom 12. Februar 1920 ihr Einverständnis erklärt hatte, „daß der Versuch gemacht werde, für die Vertreter der älteren Kunstrichtung außerhalb des staatlichen Bauhauses, etwa in den Räumen der Zeichenschule eine Unterrichtsstätte einzurichten". *ThHStA Weimar, Thüringisches Ministerium für Volksbildung C 1480, Bl. 20. Siehe Erläuterung zu 94, 20 und Anhang zu den Erläuterungen „Dokumente zur rechtlichen Stellung des Staatlichen Bauhauses gegenüber der Staatlichen Hochschule für bildende Kunst März bis Juni 1921", S. 535–540.* Ein Jahr später waren die Vorarbeiten dazu weitgehend abgeschlossen. Am 28. Februar 1921 hatte im Bauhaus eine Besichtigung jener Räume stattgefunden, welche der neuzugründenden Hochschule abgetreten werden sollten. Gropius war zu diesem Zeitpunkt nicht in Weimar anwesend. Am 1. März 1921 teilte die Kultusabteilung dem Bauhaus die Wiedereröffnung der Hochschule für bildende Kunst zum 1. April 1921 mit. Außerdem wurde darüber informiert, daß sich der Staatsminister a.D. Karl Rothe - ein erkennbarer Gegner des Bauhauses - bereit erklärt habe, die Verwaltungsgeschäfte des neuen Institutes zu übernehmen. Der Syndikus des Bauhauses, Kämmer, werde auch mit den Sekretariatsgeschäften der neuen Hochschule betraut, nachdem er diese Aufgabe bereits an der alten Hochschule für bildende Kunst vor Gründung des Bauhauses ausgeübt hatte. Er schied deshalb zum 30. April 1921 als Syndikus aus dem Bauhaus aus. Insbesondere die von der Kultusabteilung gebrauchte Formulierung der „Wiederbelebung der früheren Hochschule für bildende Kunst" wurde vom Bauhaus äußerst kritisch betrachtet, da es seit 1919 als Nachfolgeinstitut der ehemaligen Hochschule für bildende Kunst die dieser Anstalt staatlicherseits gewährten Mittel in Anspruch nahm. Gropius forderte deshalb am 4. März 1921 die Kultusabteilung auf, ausdrücklich zu bestätigen, daß es sich bei der „Wiederbelebung" tatsächlich um eine „Neugründung" handeln würde, mit welcher keinerlei Rechte am Vermögen der ehemaligen Hochschule für bildende Kunst verbunden seien. *Siehe Erläuterung zu 122, 19.* Der Meisterrat hatte in verschiedenen Schreiben seit 1920 darauf hingewiesen, daß eine verwaltungstechnische Trennung der beiden Institute unbedingt notwendig sei, allerdings auch immer wieder versucht, eine Revitalisierung der Hochschule für bildende Kunst zu verhindern. Im November 1920 hatte er schließlich angeregt, die „neu zu gründende Schule zur Beseitigung der schädlichen Spannungen in eine andere Stadt Thüringens zu verlegen". *ThHStA Weimar, Thüringisches Ministerium für Volksbildung C 1480, Bl. 52.* Selbst Feininger hatte sich in diesem Sinne am 16. Februar 1921 mit einem persönlichen Schreiben an Staatsminister Arnold Paulssen gewandt. Die Gebietsregierung in Weimar hielt sich jedoch an den „im Ergebnis wiederholter gründlicher und ausgiebiger Verhandlungen und Beratungen" gefaßten Beschluß des Landtages des vormaligen Freistaats Sachsen-Weimar-Eisenach vom 17. Juli 1920 zum Staatshaushaltsplan 1920/21, durch den „die Mittel für die Wiederbelebung einer Anstalt, wie sie der früheren Hochschule für bildende Kunst entspricht, bereitgestellt" wurden, wie Paulssen dem Bauhausmeister am 27. Februar 1921 entgegnete. *ThHStA Weimar, Thüringisches Ministerium für Volksbildung C 1480, Bl. 92.*

122, 16 Das vom Meisterrat des Staatlichen Bauhauses unterzeichnete Schreiben] Dieses Schreiben des Meisterates mit den Unterschriften von Gropius, Klee, Muche, Marcks, Feininger, Schlemmer und Itten an die Kultusabteilung der Gebietsregierung ist als Ausfertigung in der Akte der Kultusabteilung über die Errichtung der Staatlichen Hochschule für bil-

dende Kunst in Weimar (1920-1922) überliefert. *ThHStA Weimar, Thüringisches Ministe-*
rium für Volksbildung C 1480, Bl. 100-101. Es hat wegen seiner im Original falschen Datierung – 5. Februar 1921 – in der Bauhausforschung zu erheblichen Irrtümern geführt. Der
offenbar am 5. März 1921 entstandene Entwurf von Gropius wurde auf einer in den Seme-
sterferien eigens zu diesem Zweck am 8. März 1921 einberufenen Meisterratssitzung beraten und ausgefertigt. Daß diese Sitzung erst an diesem Tag stattfinden konnte, geht auf das
Ausbleiben von Klee zurück. Gropius hatte am 3. März 1921 an den sich in München auf-
haltenden Bauhausmeister telegrafiert und um sein sofortiges Kommen gebeten, damit er
mit dem gesamten Meisterrat die grundsätzliche Antwort an die Gebietsregierung auf das
Schreiben vom 1. März 1921 beraten konnte. Klee reiste aber erst am 8. März 1921 an.
ThHStA Weimar, Staatliche Hochschule für bildende Kunst Weimar 187-188, Bl. 54-55. Das
bereits im Entwurf vorliegende Schreiben wurde sofort nach der Meisterratssitzung der Gebietsregierung zugestellt. Das belegt nicht nur der entsprechende Eingangsvermerk „8. März
1921 P[aulssen]", sondern auch die zusätzliche handschriftliche Bemerkung des Referenten
der Kultusabteilung „Am 8.3.21 mir durch den Kastellan Mielke übergeben. O[rtloff]". Wie
die falsche Datierung auf das Schreiben gekommen ist, das offenbar in großer Eile abgeschrieben wurde, ist nicht aufzuklären. Es muß künftig unter dem eigentlichen Ausfertigungs-
datum vom 8. März 1921 betrachtet werden, auch wenn Gropius am 14. März 1921 auf eben
dieses „Schreiben vom 5. d. M." verweist. *Siehe Erläuterungen zu 122, 14 und 122, 19 sowie*
Anhang zu den Erläuterungen [3.], S. 535-536.

122, 19 Besprechung mit dem Ministerium] Gropius hatte am 4. März 1921 auf die Mitteilungen der Kultusabteilung vom 1. März 1921 geantwortet und angekündigt, diese dem
Meisterrat des Bauhauses zur Stellungnahme vorzulegen. Dies erfolgte in der Meisterratssitzung am 8. März 1921. *Siehe Anhang zu den Erläuterungen [1.], [2.] und [3.] S. 535-536*
sowie Erläuterung zu 122, 16. Von der am 7. März 1921 stattgefundenen Unterredung zwischen Gropius und Staatsminister Arnold Paulssen ist kein Protokoll überliefert. Auf dem
Schreiben von Gropius vom 4. März 1921 hatten Paulssen und der Referent der Kultusabteilung Ernst Ortloff notiert, daß es durch die Besprechung erledigt und zu den Akten zu nehmen sei. Gropius berief nach dieser für ihn in den wesentlichen Punkten ergebnislos gebliebenen Unterredung den Meisterrat für den 8. März 1921 ein. *Siehe Erläuterungen zu 122,*
14 und 122, 22-23.

122, 22-23 Forderungen der Regierung [...] nicht durchführbar sind] *Siehe Erläuterungen*
zu 122, 14; 122, 16 und 122, 19. Um den Konflikt zwischen Bauhaus und Regierung verständlich zu machen und den Diskussionsstoff der Beratungen im Meisterrat am 8. März
1921 aufzuzeigen, erfolgt im Anhang zu den Erläuterungen der Abdruck des betreffenden
Schriftwechsels vor dem hier im Textteil aufgenommenen Schreiben vom 14. März 1921,
welches das Stattfinden der Meisterratssitzung am 8. März 1921 belegt. Eine Klarstellung
und damit Abschluß dieser Kontroverse erfolgte erst im Juni 1921 mit der ebenfalls im
Anhang wiedergegebenen Erklärung der Kultusabteilung vom 13. Juni 1921 über den rechtlichen Status der neuen Staatlichen Hochschule für bildende Kunst und der daraufhin am
20. Juni 1921 erfolgten Zurücknahme der „Demission" der Bauhausmeister vom 8. März
1921. *Siehe Erläuterung zu 134, 21.*

123, 26-27 vereinzelte Ausnahmen] Um als Frau in der Töpferei Aufnahme zu finden, bedurfte es einiger Hartnäckigkeit. Von den vier Frauen, die bei Gründung der Werkstatt mit
nach Dornburg gegangen waren, schieden bis zum Frühjahr 1921 drei aus. Lediglich Marguerite Friedlaender blieb in der Werkstatt. So wurde das Aufnahmegesuch von Grete Hey-

mann für die keramische Abteilung am 31. März 1921 mit der Begründung, daß Frauen vorerst nicht mehr in der Töpferei aufgenommen werden, und der Empfehlung an die Frauenabteilung bzw. die Buchbinderei abgelehnt. *ThHStA Weimar, Staatliches Bauhaus Weimar 152, Bl. 415. Siehe Erläuterungen zu 99,3-4 und 129, 13.* Laut einem unveröffentlichten Tagebucheintrag von Schlemmer vom 2. März 1921 soll im Frühjahr 1921 der generelle Ausschluß von Frauen aus dem Bauhaus im Gespräch gewesen sein. *Siehe Baumhoff, S. 103.*

123, 28-29 In der gesamten Frauenabteilung werden Lehrbriefe nicht ausgestellt] Der sonst streng geforderte Abschluß eines Lehrbriefes mit der Handwerkskammer durch die Studierenden des Bauhauses erfuhr hier eine Ausnahme. Dies lag daran, daß die Weimarer Handwerkskammer Lehrbriefe für das Handwerk der Weberei nicht ausstellte. Die zunächst unwesentlich erscheinende Tatsache hatte jedoch zur Konsequenz, daß es den Mitgliedern dieser Werkstatt nicht möglich war, die Gesellen- oder Meisterprüfung vor der Handwerkskammer abzulegen. *Siehe Droste, S. 73.* Gleiches galt auch für die Lehrlinge der Glaswerkstatt und ab 1922 für die Angehörigen der graphischen Druckerei. *Siehe Erläuterungen zu 98, 18-19; 124, 34-35 und 188, 25.*

124, 7 regelmäßige Zusammenkünfte] Am 6. April 1921 und am 24. Juni 1921 wurden die Werkmeister zur Sitzung des Meisterrates eingeladen. Allerdings tagte der Meisterrat zunächst ohne die Beteiligung der Werkstättenleiter. Zusammenkünfte in dieser Art blieben jedoch bis zur Einführung des Bauhausrates die Ausnahme.

124, 17 Steinbildhauerei Schlemmer] Laut Zirkularbeschluß des Meisterrates vom 15. April 1921 übernahm Schlemmer die Steinbildhauerei als Formmeister. Es ist jedoch relativ sicher, daß Itten diese Werkstatt in seiner Verantwortlichkeit behielt, da er ihre Leitung erst mit dem Schreiben vom 4. Januar 1922 niederlegte. *Siehe Erläuterung zu 155, 16.* Statt dessen dürfte Schlemmer im Laufe des Jahres 1921 die Wandmalerei übernommen oder mit Itten gemeinsam geleitet haben.

124, 25 Buchbinderei Klee] Klee schrieb an seine Frau Lily Klee in München am 14. April 1921: „Morgen übernehme ich hier die Buchbinderwerkstätte [...]". Am 19. April 1921 hieß es : „[...] ich füge hinzu, daß ich die Buchbinderei allmählich aus Muches Händen empfange", und am 21. April 1921: „Im übrigen mache ich ruhig weiter, beginne dann mit meinem Kurs und besuche die buchbindende Werkstätte, wo ich vier Schüler habe." *Zitiert nach: Klee, S. 974-976.* Gropius setzte die Neuberufenen Klee und Schlemmer in seinem Sinne für die künstlerische Leitung der Werkstätten ein.

124, 29-30 Leiter der Holzbildhauerei und der Kunstdruckerei] Für ungeeignet als Werkstattleiter hielt Gropius Kämpfe (Holzbildhauerei) und Zaubitzer (Kunstdruckerei). Zaubitzer leitete die Druckwerkstatt jedoch während der gesamten Weimarer Zeit des Bauhauses. *Siehe Erläuterung zu 131, 28.* Hartwig, der Krause in der Steinbildhauerei ab Sommersemester 1921 ablöste, übernahm auch die Holzbildhauerei. *Siehe Erläuterung zu 98, 4.*

124, 34-35 Lehrbriefe] Lehrbriefe mit der Handwerkskammer wurden für die Studierenden des Bauhauses - mit Ausnahme der Werkstattangehörigen der Weberei, der Glasmalerei und ab 1922 auch der graphischen Druckerei - erst seit dem Wintersemester 1920/21 obligatorisch. *Siehe Erläuterungen zu 50, 37; 98, 18-19; 123, 28-29 und 318, 26-27.* Gropius hatte diese Forderung während einer Versammlung der Bauhausangehörigen am 13. Oktober 1920 mitgeteilt. Seit Frühjahr 1921 war sie durch die neuen Satzungen verbindlich.

126, 39 Werkstattleitern für die noch fehlenden Stellen] Werkstattleiter fehlten in den Werkstätten für Wandmalerei, Glasmalerei und der Metallwerkstatt. Wand- und Glasmalereiwerkstatt wurden von Carl Schlemmer, dem Bruder Oskar Schlemmers, ab 1. Mai 1921 übernommen. Die Metallwerkstatt leitete ab 1. April 1921 Kopka. Sowohl Schlemmers als auch Kopkas Vertrag war provisorisch auf ein halbes Jahr zur Probe abgeschlossen worden. Schlemmer erhielt monatlich 1 000 Mark. Die Vereinbarungen war beiderseitig vierteljährlich kündbar. Außerdem war seit Julius Vogels Absage im Herbst 1920 die Stelle des Kunstgewerbelehrers zu besetzen. *Siehe Erläuterungen zu 138, 4 und 144, 26*

129, 13 Frl. Heymann versuchsweise in die keramische Werkstatt] *Siehe Erläuterung zu 123, 26–27.* Nach einem zweiten Gesuch wurde Grete Heymann die Aufnahme in die Töpferei gewährt. Ihr Verbleib in der Werkstatt stand jedoch von vornherein in Frage. Die Entscheidung über ihre endgültige Aufnahme nach absolviertem Probehalbjahr wurde trotz handwerklicher Eignung und künstlerischer Begabung dreimal vertagt; während der Meisterratssitzung am 1. Oktober 1921 mit dem ausdrücklichen Hinweis, „abzuwarten, da Frl. Heymann (nach Aussage Marcks) ohnehin von ihrem Elternhaus gezwungen werde, abzugehen". *Siehe Erläuterung zu 99, 3–4 und Textteil Nr. 35 [1.], S. 138.* Dieser Einzelfall macht deutlich, daß Gropius und dem Meisterrat die satzungswidrige Ungleichbehandlung von Frauen bei der Aufnahme in die Werkstätten durchaus bewußt war und deshalb der offiziell nicht zu begründende Ausschluß von Frauen aus bestimmten Werkstätten hier auf andere Weise eine willkommene Lösung fand. Nach einem spektakulärem Abgang in Dornburg im November 1921 verließ Grete Heymann das Bauhaus am 24. März 1922. Insbesondere Marcks und Gropius fanden in der „Frauenfrage" einen Konsens. Marcks sprach sich 1923 generell gegen die Aufnahme von Frauen in die Töpferei „ihret- und der Werkstatt wegen" aus. *ThHStA Weimar, Staatliches Bauhaus Weimar 188, Bl. 29.* Krehan sah diese interne Regelung als satzungswidrig an und verlangte eine öffentliche Klarstellung: „Sollten von vorneherein keine Frauen hier aufgenommen werden, so müßte dies deutlich in den Prospekten stehen, die der sich meldenden Schülerschaft zugesandt werden." *ThHStA Weimar, Staatliches Bauhaus Weimar 189, Bl. 318.*

130, 7 Beschlußfassung [...] zurückgestellt] Über die Frage der Werkstättenverteilung unter den Formmeistern und der Regelung des Formunterrichts wurde mittels Zirkular vom 15. April 1921 entschieden. Es hieß dort: „Nach Rücksprache mit allen Meistern hat sich in der Frage der Arbeitsverteilung folgende Lösung ergeben, über die ich nun endgültig zu entschließen bitte: Der Vorunterricht ist nicht an einzelne Meister gebunden. Er wechselt den Lehrer halbjährlich nach persönlicher Übereinkunft der Meister untereinander. Von den Werkstätten übernimmt: Steinbildhauerei Schlemmer, Holzbildhauerei Muche, Tischlerei Itten, Töpferei Marcks, Metallschmiede Itten, Kunstdruckerei Feininger, Buchbinderei Klee, Wandmalerei Itten, Weberei Muche. Ich habe mich persönlich bei der Verteilung der Werkstätten an die Meister nach langen Überlegungen nicht berücksichtigt, behalte mir aber als Architekt und Leiter unseres gemeinsamen Unternehmens das Recht vor, im Falle von Bauaufträgen, die ich für das Bauhaus aus eigenem oder fremden Arbeitsbereich herhole, über die Werkstätten und ihre Arbeitskräfte zu verfügen und so im Sinne der gemeinsamen Arbeit aller Werkstätten mitzuwirken. Die Arbeitsverteilung in den Werkstätten ist somit klargestellt. Die Teilnahme aller Meister am Formunterricht wird sich am schnellsten regeln, wenn die einzelnen Meister je nach ihrer Neigung und Individualität schon im Sommer freie Kurse abhalten und auf diese Weise den Kontakt mit den Schülern suchen. Entsprechende Anschläge der Meister am Meisterbrett bitte ich wegen der Zeit- und Raumregelung über mich zu leiten und zwar möglichst so zeitig, daß wir alle Bekanntmachungen an die Schüler zum 1. Mai herausbringen können. Schließlich bitte ich noch, daß die Meister am Meisterbrett eine Stunde bekanntgeben, in der die Schüler, namentlich die Neuen, einmalig die

Ateliers besuchen können, um die Werke der einzelnen Meister kennen zu lernen. Gropius."
ThHStA Weimar, Staatliches Bauhaus Weimar 14, Bl. 40. Das Problem der Verteilung der
Werkstätten unter den Formmeistern wurde später erneut aufgeworfen. *Siehe Textteil Nr. 54
[3.], S. 249 sowie Erläuterungen zu 148, 16 und 155, 16*

130, 18 nach dem letzten Rundschreiben] Gemeint ist der Umlauf an die Werkstättenleiter
vom 4. April 1921. Darin hieß es: „Ich weise darauf hin, daß Schüler der neugegründeten
‚Staatlichen Hochschule für bildende Kunst' keine Berechtigung haben, die Räume und
Werkstätten des Bauhauses zu betreten. Falls dieses doch geschieht, bitte ich die Betreffen-
den aus der Werkstatt zu weisen und mir darüber Mitteilung zu machen." *ThHStA Weimar,
Staatliches Bauhaus Weimar 18, Bl. 9.* Sich an diese Anweisung haltend, verwies Zaubitzer
den Studierenden der Hochschule Fritz Meisel am 11. April 1921 aus seiner Werkstatt.
ThHStA Weimar, Staatliches Bauhaus Weimar 18, Bl. 10.

130, 30-31 Mittel für einen Gehilfen] Im Voranschlag des Bauhauses für das Rechnungsjahr
1921/22 waren drei Stellen für Gehilfen vorgesehen. Diese sollten in die Tischlerei, in die
keramische Werkstatt und in die Kunstdruckerei eintreten. *ThHStA Weimar, Thüringisches
Ministerium für Volksbildung C 1468, Bl. 92.* Gropius ließ am 8. April 1921 bei den Form-
und Werkmeistern anfragen, welche Arbeiten in den einzelnen Abteilungen des Bauhauses
für einen Tischlergesellen in der Zeit des Sommersemesters vorliegen würden. *ThHStA Weimar, Staatliches Bauhaus Weimar 183, Bl. 16-17.*

131, 27 Schreiben d[es] W[irtschaftlichen] V[erbandes] bild[ender] Künst[ler]] Seit Oktober 1920 war das Bauhaus Mitglied in diesem Verband, der in Weimar eine Zweigstelle
eröffnet hatte, über welche Verbandsmitglieder Künstlerbedarf billig erwerben konnten.
Neben diesem pekuniären Vorteil ergab sich noch ein erfreulicher Nebeneffekt. Gropius
schrieb am 18. Oktober 1920 an den Meisterrat: „[...] die Herren, zu denen natürlich auch
die alteingesessenen Weimarer Künstler gehören, wollen zum Bauhaus Brücken bauen und
haben einen Herrn in sehr versöhnlicher Stimmung zu mir geschickt. Man bittet uns, dem
Verbande beizutreten. Ich schlage vor, es anzunehmen, da für uns keinerlei Verpflichtungen
erwachsen, aber wirtschaftliche Vorteile wohl zweifellos zu erwarten sind." *ThHStA Weimar,
Staatliches Bauhaus Weimar 22, Bl. 18.* Das erwähnte Schreiben des Wirtschaftlichen Verbandes bildender Künstler stammt vom 22. April 1921 und regelte den Einkauf von Künstlerbedarf für Mitglieder. So gewährte die Verkaufsstelle der Kunsthochschule 10 Prozent
Barrabatt, Vergünstigungen für Transportkosten und einen günstigen Kurstarif für die Teilnahme am Abendakt der Hochschule. *ThHStA Weimar, Staatliches Bauhaus Weimar 22, Bl.
21.* Allerdings kam es im Zusammenhang mit der Bauhausaustellung 1923 zu erheblichen
Schwierigkeiten mit dem Verband. *Siehe Erläuterung zu 306, 2*

131, 28 Bund der Chemigraphen] Eine Mitgliedschaft der Druckwerkstatt des Bauhauses
im Bund der Chemigraphischen Anstalten ist erst ab 1923 nachweisbar. Es ist allerdings
möglich, daß hier ein Schreiben des Verbandes der Lithographen, Steindrucker und verwandter Berufe vom 11. Mai 1921 gemeint ist. Für diese These spricht auch der übrige Sit-
zungsinhalt, dessen Schwerpunkt auf einer Gehaltsregelung für die Handwerksmeister lag.
Der Verband wies darauf hin, daß Zaubitzer als Verbandsmitglied nicht der tariflich vereinbarte Mindestlohn gezahlt würde. *ThHStA Weimar, Staatliches Bauhaus Weimar. 114, Bl.
246.* Der Bund der Chemigraphen setzte sich schon seit dem Frühjahr 1920 für Zaubitzer
ein. Gropius hielt diesen im Frühjahr 1921 als Werkstattleiter für ungeeignet. *Siehe Erläuterung zu 124, 29-30.* Im hier beschriebenen Kontext ist es denkbar, daß Gropius nicht aus
handwerklichen oder künstlerischen Erwägungen zu dieser Einschätzung über Zaubitzer

kam, sondern den Forderungen des Verbandes nicht entsprechen konnte. Dafür spricht auch der Umstand, daß Zaubitzer die Druckwerkstatt des Bauhauses während der gesamten Zeit seines Bestehens in Weimar leitete.

131, 29 Werkmeisterschreiben] Bei verschiedenen Anlässen wurde deutlich, daß die Werkmeister mit ihrer Stellung am Bauhaus unzufrieden waren. Dies betraf ihre Gehälter ebenso wie die Frage der Nichtbeteiligung am Meisterrat und die Bezeichnung als „Hilfsmeister". So benannte § 5 der Satzungen des Bauhauses von 1921 die für den Formunterricht angestellten Hilfskräfte als Hilfsmeister, keinesfalls aber die Leiter der Werkstätten. Interessant sind in dieser Hinsicht die im Kostenvoranschlag 1921/22 vor April 1921 angebrachten Korrekturen. Dort wurde die bis dahin in den Voranschlägen gebräuchliche Bezeichnung „Hilfsmeister" für die Leiter der Werkstätten durch „Werkmeister" ersetzt. *Siehe Erläuterung zu 171, 41.* Dies verweist auf die veränderte Stellung der Handwerksmeister in ihrem Verhältnis zum Meisterrat. Gropius dachte an die Möglichkeit, „den einen oder anderen dieser Meister in den Meisterrat zu kooptieren oder die gesamten Werkmeister rechtmäßig bei bestimmten Sitzungen mit [hinzu]zuziehen". *ThHStA Weimar, Staatliches Bauhaus Weimar 114, Bl. 1.* Die Gehaltsfrage hatte er bereits bei der Aufstellung des neuen Etats thematisiert und darauf hingewiesen, daß die Entlohnung der Werkmeister in keinem Verhältnis zu ihrer Arbeitsleistung stehe. Es sei deshalb unmöglich, gute Kräfte auf Dauer an das Bauhaus zu binden, da tüchtige Handwerker in der freien Wirtschaft wesentlich mehr verdienen könnten. Gropius verlangte in einem Schreiben vom 24. April 1921, die Gehälter der Werkmeister wie im Etat vorgeschlagen zu erhöhen. Allerdings lagen sie damit immer noch unter dem Einkommen der Formmeister. *ThHStA Weimar, Thüringisches Ministerium für Volksbildung C 1468, Bl. 92, 96, 115-118.* Im erwähnten Werkmeisterschreiben vom 29. April 1921, das von Zaubitzer verfaßt wurde, forderten die Werkstättenleiter eine der Teuerung entsprechende Lohnerhöhung. Unterzeichnet hatten Dorfner, Zaubitzer, Börner, Kämpfe, Zachmann und Kopka. *ThHStA Weimar, Thüringisches Ministerium für Volksbildung C 1468, Bl. 113-114.* Gropius unterstützte diesen Antrag und sandte ihn an die Kultusabteilung weiter. Von dort versprach man dem Bauhaus, sich bei der Gebietsregierung noch vor Genehmigung des Etats für die Zusage der veranschlagten Gehälter einzusetzen, verlangte allerdings eine genaue Aussage über Stellung, Aufgaben, Verantwortlichkeiten und mögliche Nebenverdienste der Werkmeister. Wie das nunmehr zuständige Thüringische Ministerium für Volksbildung erst am 22. Oktober 1922 mitteile, erhielten die Werkmeister mit Wirkung vom 1. Oktober 1921 ein dem Verdienst der Formmeister angeglichenes Gehalt von 35 000 Mark nebst den für Staatsbeamte üblichen Teuerungszulagen. *Siehe Erläuterungen zu 136, 38; 187, 2-3 und 194, 13.*

131, 34 Bauhaus-Mappe 2] Gemeint ist hier die zweite Mappe der vom Bauhaus herausgegebenen Reihe „Bauhaus-Drucke. Neue europäische Graphik". *Siehe Erläuterung zu 98, 21.* Der Ankündigungsprospekt des Bauhauses versprach für die zweite Mappe Arbeiten der Künstler der romanischen Länder. Diese Mappe erschien jedoch 1924 als Fragment. *ThHStA Weimar, Staatliches Bauhaus Weimar 67.* Für Mappe III wurden Blätter von Rudolf Bauer, Heinrich Campendonk, Willi Baumeister, Walter Dexel, Bernhard Hoetger, Oskar Fischer, Jacoba van Heemskerck, Johannes Molzahn, Kurt Schwitters, Fritz Stuckenberg, Arnold Topp, William Wauer sowie aus den Nachlässen von August Macke und Franz Marc angekündigt. *ThHStA Weimar, Thüringisches Ministerium für Volksbildung C 1471, Bl. 135-138 und Staatliches Bauhaus Weimar 63.* Die Mappen IV und V beinhalteten Graphiken russischer bzw. italienischer Künstler. *Siehe Erläuterungen zu 134, 32; 134, 34-35; 142, 20 und 142, 31.*

133, 6 Vertragsentwurf für Werkstättenleiter] Im Vorfeld der Sitzung hatte Gropius am 6. Juni 1921 einen Vorschlag für die Formulierung der Verträge mit den Werkstättenleitern in Umlauf gegeben. Offensichtlich herrschte über diesen im Meisterrat am 24. Juni 1921 noch keine Einigkeit, denn der im Konzept der Tagesordnung als „5. Vertragsentwurf für die Werkstättenleiter" vorgesehene Tagesordnungspunkt kam während der Sitzung nicht zur Sprache. Gropius' Vorschlag lautete: „Zwischen der Leitung des Staatlichen Bauhauses und Meister ... ist vorbehaltlich der Genehmigung durch die Regierung folgender Vertrag abgeschlossen worden. Er tritt am 1. April 1921 in Kraft. 1. Meister ... übernimmt die handwerkliche Leitung der ... Werkstatt des Staatlichen Bauhauses in ... 2. Meister ... leitet die praktische und theoretische Ausbildung der Lehrlinge seines Faches. Seine Stellung als Werkstattleiter bedingt eine enge Zusammenarbeit mit den den Formunterricht erteilenden Meistern, die er außer in der Werkstatt namentlich während des obligatorischen Formunterrichts nach Bedarf zu unterstützen hat. 3. Meister ... verpflichtet sich, Anordnungen der Leitung, Satzungen, Lehrplan und Werkstattordnung auch künftig zu erlassende Bestimmungen zu befolgen. Während der Werkstattzeit muß der Meister in der Werkstatt anwesend sein. Die während dieser Zeit von ihm im Auftrag des Bauhauses anzufertigenden Arbeiten sind Eigentum des Bauhauses und werden nicht besonders vergütet. 4. Jedem Meister stehen jährlich 4 Wochen Urlaub zu. Reihenfolge und Vertretung regelt die Leitung. 5. Meister ... wird für seine Tätigkeit am Bauhaus ein Gehalt von M 11 500,– und eine Teuerungszulage von M 5 500,– sowie die gesetzliche Kinderbeihilfe ohne Teuerungszulage gewährt. Die Auszahlung [sic!] gelangt in Teilbeträgen monatlich am Ende jeden Monats zur Auszahlung. 6. Dieser Vertrag ist auf drei Jahre abgeschlossen und demnach für beide Teile bis zum 1. April 1924 unkündbar. Nach Ablauf dieser Zeit gilt der Vertrag jeweilig auf ein Jahr als fortgesetzt, sofern nicht 3 Monate vor Ablauf der Vertragsdauer von einem der Vertragsschließenden eine Kündigung des Vertrages erfolgt ist. Die Kündigung ist schriftlich zu bewirken." *ThHStA Weimar, Staatliches Bauhaus Weimar 13, Bl. 93–94.* Itten ergänzte in Punkt 3 die Weisungsberechtigung des Formmeisters. Dieser Vorschlag wurde nicht umgesetzt. Statt dessen wurde in der endgültigen Fassung in den zweiten Vertragspunkt eingefügt: „Seine Stellung als technischer Leiter ist innerhalb der Werkstatt eine selbständige." *Siehe Erläuterung zu 131, 29.* Die Höhe der Gehälter wurde bei Vertragsabschluß auf 11 000 Mark festgesetzt, allerdings wurde die Teuerungszulage von 5 500 Mark auf 7 150 Mark angehoben. *ThHStA Weimar, Personalakten Volksbildung 9966, Josef Hartwig, Bl. 11; 28101, Carl Schlemmer, Bl. 3–5; 3611, Joseph Zachmann, Bl. 3–5.* Es ist heute nicht mehr nachvollziehbar, wer im einzelnen für die endgültige Fassung der Verträge der Werkstättenleiter verantwortlich war.

134, 11 Werbebriefe] Der Werbebrief für Spenden zum Ausbau des Siedlungsgeländes und für das Betreiben der Bauhauskantine wurde im Mai 1921 in 300 Exemplaren gedruckt. Der Text wies auf die völlige Mittellosigkeit vieler Studierender des Bauhauses hin, die in der Zeit des Aufbaus der Werkstätten – zwei bis drei Jahre – auch noch weiter bestehen würde. Ausdrücklich betont wurde die für die Zukunft angestrebte Selbsterhaltung der Lehrlinge und Gesellen durch Werkstattarbeit. Im Brief hieß es: „Die beste Unterstützung bietet ausreichende Ernährung. Das Bauhaus hat eine eigene Küche für seine Angehörigen gegründet, eigenes Siedlungsgelände wird mit Gemüsen und Früchten bebaut, um die Küche unabhängig vom Markt billig zu beliefern. Für den rationellen Ausbau der Küche und des Gartenlandes fehlen die Mittel. Wir bitten unsere Freunde, unserer Sache beizustehen und auch im Kreise ihrer Bekannten für uns zu werben. Die Kost pro Kopf und Tag für einen Lehrling beträgt in unserer Küche z.Zt. ca. 4,- Mark, demnach 1 500,- Mark pro Jahr. Meister, Gesellen und Lehrlinge haben ihre graphischen Arbeiten zur Verfügung gestellt, aus denen wir jedem Spender eine Gegengabe als Zeichen unseres Dankes zugedacht haben." *ThHStA Weimar, Staatliches Bauhaus Weimar 214, Bl. 1.* Der Werbebrief ging unter anderem an Gräfin Charlotte von Dürckheim, Adolf Sommerfeld, Harry Graf Kessler, Kurt Herrmann und Alfred Hess.

134, 20 Schreiben des Ministeriums vom 13. Juni 1921] Es handelt sich hierbei um ein Schreiben der Kultusabteilung der Gebietsregierung. Es wurde an das Bauhaus und an die neugegründete Staatliche Hochschule für bildende Kunst gesandt. Darin erklärte man, „daß wir als tatsächlichen und rechtlichen Nachfolger der früheren Hochschule für bildende Kunst das Staatliche Bauhaus ansehen, während die jetzige Staatliche Hochschule für bildende Kunst als eine Neugründung zu betrachten ist". *ThHStA Weimar, Thüringisches Ministerium für Volksbildung C 1480, Bl. 169.* Damit wurde vor allem das Recht des Bauhauses auf Gebäude und Stiftungen der ehemaligen Großherzoglichen Hochschule für bildende Kunst gesichert. *Siehe Anhang zu den Erläuterungen [9.], S. 540 sowie Erläuterung zu 134, 21.*

134, 21 Rücknahme der Demission] Die Rücknahme der Demission vom 8. März 1921 erklärte Gropius im Namen des Meisterrates in einem Schreiben an die Kultusabteilung vom 20. Juni 1921. *ThHStA Weimar, Thüringisches Ministerium für Volksbildung C 1480, Bl. 173. Siehe Anhang zu den Erläuterungen [10.], S. 540.* Als „Demission" ist die Erklärung aus der Meisterratssitzung vom 8. März 1921 anzusehen: „[...] können wir die Verantwortung für die erfolgreiche Weiterarbeit im Bauhaus nicht mehr tragen und sehen uns, nachdem alle unsere Bedenken verworfen wurden, durch die von der Regierung geschaffene unklare Lage gezwungen, unser Amt in ihre Hände zurückzulegen". *ThHStA Weimar, Thüringisches Ministerium für Volksbildung C 1480, Bl. 101. Siehe Anhang zu den Erläuterungen [3.], S. 535–536 sowie Erläuterungen zu 122, 22–23 und 134, 20.*

134, 34–35 die Mappe der Meister des Bauhauses] *Siehe Erläuterung zu 98, 21.*

134 Fußnote k Ottokar Kubin]. Gemeint ist der tschechische kubistische Maler und Grafiker Othon Coubine.

136, 38 erhöhten Gehälter für die Werkstattleiter] *Siehe Erläuterungen zu 131, 29; 171, 41 und 187, 2–3.* Der Antrag auf erhöhte Werkmeistergehälter wurde von der Kultusabteilung befürwortet und am 9. Juni 1921 an die Finanzabteilung der Gebietsregierung weitergeleitet. *ThHStA Weimar, Thüringisches Ministerium für Volksbildung C 1468, Bl. 119.* Dieser Geschäftsvorgang war wohl der Anlaß für Gropius' Aussage zu den Werkmeistergehältern. Die Verhandlungen um diese dauerten noch bis zum Herbst 1921 an. Im September 1921 befürchtete Gropius „peinliche Zwischenfälle", wenn die Entscheidung der Regierung nicht bald einträfe. *ThHStA Weimar, Staatliches Bauhaus Weimar 121, Bl. 93.* Am 30. September 1921 teilte die Kultusabteilung dem Bauhaus mit, daß die Gehälter der Werkmeister rückwirkend ab 1. April 1921 auf jährlich 11 000 Mark plus 65 Prozent Teuerungszulage festgesetzt würden. *ThHStA Weimar, Staatliches Bauhaus Weimar 121, Bl. 95.* Damit erhielten die Werkmeister Gehalt in Höhe der Formmeistergehälter. Der im Untergrund schwelende Konflikt um die Gleichberechtigung der Form- und Werkmeister wurde damit zunächst entschärft.

137, 7–8 Zachmann [...] und Ittens Funktion in Angelegenheit der Tischlerei] Um welchen konkreten Zwischenfall es sich hier handelte, konnte nicht festgestellt werden. Die Problematik, welche zwischen den beiden Bauhausmeistern bestand, läßt sich aber mit einiger Sicherheit rekonstruieren. Itten hatte die Leitung der Tischlereiwerkstatt inne. Seit seiner und

Muches Teilnahme am Mazdaznan-Kongreß („Gahambar") in Leipzig im Sommer des gleichen Jahres war der Einfluß dieser Lehre am Bauhaus enorm im Anwachsen begriffen und erreichte im Wintersemester 1921/22 seinen Höhepunkt. Die Bauhauskantine kochte beispielsweise seit Juli 1921 nach mazdaznaischen Regeln. *Siehe Hüneke, S. 79.* Vor diesem Hintergrund gerieten der Formmeister Itten mit dem Werkmeister Zachmann immer wieder in Auseinandersetzung. Ein Grundelement der Mazdaznanlehre ist Harmonie durch Bewegung, welche eine der Vorbedingungen für das Erreichen der erstrebten Vollkommenheit ist. Jede Tätigkeit erhielt so neben ihrer rein pragmatischen Funktion zur Lösung von Gestaltungsaufgaben eine metaphysische, geistig-religiöse Bedeutung. „Der Kunsthandwerker muß vor allem seinen Körper so beherrschen, daß er jeder Regung seines Geistes vollkommen gehorcht", schrieb Itten 1923. *Zitiert nach: Rotzler, S. 226.* Gelegentlich wirkte sich dies äußerst hemmend auf die handwerkliche Tätigkeit der Schüler in den Werkstätten aus, die dann eben nicht nur hobelten, sondern gleichzeitig an ihrer spirituellen Vervollkommnung arbeiteten. Zachmann schilderte in einem undatierten, beim Thüringischen Volksbildungsministerium am 24. Oktober 1922 eingegangenen Schreiben einen Vorfall, der trotz aller Polemik das Verhältnis der Meister beispielhaft wiedergibt, indem er darauf hinwies, daß die meisten Lehrlinge überhaupt nicht arbeiten konnten, „denn wer bei einer gegenständigen Beschäftigung immer nur sich beobachten muß, ob er richtig atmet, überhaupt die Mazdaznanlehre richtig befolgt, dem ist es handwerklich unmöglich, sich auf die eigentliche Sache zu konzentrieren. Es ist natürlich klar, daß nicht die geringste Achtung vorhanden sein kann zwischen Lehrling und seinem Handwerksmeister, wenn ein Lehrer (Maler), der pädagogisch den Schülern beweist vor der versammelten Werkstatt, daß der Handwerksmeister, trotzdem er Jahrzehnte seinen Beruf erfüllt, nicht hobeln kann, daß er verkrampft, starr in sich ist, daß der innere Rhythmus nicht mitschwingt beim Hobeln." *ThHStA Weimar, Thüringisches Ministerium für Volksbildung C 1471, Bl. 14. Siehe Erläuterung zu 221, 11-12.*

138, 4 Zuwahl Schreyers zum Meisterrat] Der Beschluß zu Schreyers Berufung als außerordentlicher Meister für Kunstgewerbe wurde durch Umlauf vom 19. Mai 1921 mit der Zustimmung aller Formmeister gefaßt. *ThHStA Weimar, Staatliches Bauhaus Weimar 13, Bl. 92.* Schreyer war neben Meyer der zweite außerordentliche Meister des Bauhauses. Sein Vertrag wurde am 15. Mai 1921 unterzeichnet und am 7. Juni 1921 bestätigt. Schreyer erhielt ein jährliches Genalt von 8 000 Mark und eine Teuerungszulage von 4 000 Mark. *ThHStA Weimar, Personalakten Volksbildung Lothar Schreyer, Bl. 3.* Er übernahm die Stelle, welche ursprünglich für Julius Vogel vorgesehen war. Sein Gehalt war allerdings weitaus geringer als das für Vogel veranschlagte, der bei seiner Anstellung sowohl die Stelle des Kunstgewerbelehrers als auch die des Leiters der Tischlerei bekleiden sollte. *Siehe Erläuterung zu 96, 23.* Eine Anhebung von Schreyers Gehalt auf die Höhe der üblichen Formmeistergehälter (vgl. Schlemmer oder Klee 16 500 Mark) konnte wohl auch mit seiner Zuwahl zum Meisterrat nicht erreicht werden.

139, 2 erhöhten Gehälter für die Werkstattleiter] *Siehe Erläuterungen zu 131, 29; 136, 38; 171, 41 und 187, 2-3.*

139, 29 Brief der „Hochschule"] Die Staatliche Hochschule für bildende Kunst stellte sich in ihrem Schreiben vom 23. September 1921 auf den Standpunkt, daß der Abendakt ihrer Schule im Interesse der 50 bis 60 teilnehmenden Externen der Weimarer Künstlerschaft täglich von 17 bis 19 Uhr stattfinden müsse und bat um Überlassung des Aktsaales für die betreffende Zeit an weiteren vier Abenden der Woche. *ThHStA Weimar, Staatliches Bauhaus Weimar 18, Bl. 45. Siehe Erläuterung zu 139, 29-30.*

139, 29-30 Antwort darauf an das Ministerium (23. und 24. Sept.)] Das genannte Schreiben war an die Kultusabteilung der Gebietsregierung gerichtet. Gemeint sein kann allerdings
nur das Antwortschreiben vom 26. September 1921 und nicht wie hier angegeben vom 23.
und 24. September 1921. In den Archivbeständen sind Schreiben zum genannten Vorgang
mit dieser Datierung nicht auffindbar. Der Schriftwechsel beinhaltet die Auseinandersetzung
um die gemeinsame Benutzung des Aktsaales durch das Staatliche Bauhaus und die Staatliche Hochschule für bildende Kunst. Das Bauhaus hatte der Hochschule die Benutzung des
Aktsaals montags und dienstags von 17 bis 19 Uhr, donnerstags und freitags von 19.30 bis
21 Uhr sowie täglich außer mittwochs von 15.30 bis 16.30 Uhr eingeräumt. *ThHStA Weimar, Staatliches Bauhaus Weimar 18, Bl. 44-45.* Außerdem stand der Raum von Montag bis
Freitag jeden Vormittag der Hochschule zur Verfügung. In seinem Schreiben vom 26. September 1921 weigerte sich Gropius, den Forderungen der Hochschule vom 23. September
1921 nachzukommen. *Siehe Erläuterung zu 139, 29.* Die späten Nachmittagsstunden, welche die Hochschule zur Benutzung des Aktsaales an vier weiteren Wochentagen beanspruchte, kamen als einzige Zeit für Vorträge und den Abendakt für die Bauhausstudierenden in Frage, da diese an den Vormittagen Werkstattarbeit zu leisten hatten. Gropius sprach
sich ausdrücklich dagegen aus, der Hochschule weitere Zugeständnisse zu machen. Darüber
hinaus waren die Abendstunden für das Aktzeichnen überaus beliebt, da die Teilnahme von
Hospitanten eine nicht geringe Einnahmequelle für die Schule bedeutete, welche das Bauhaus auf gar keinen Fall an die Hochschule abtreten wollte. *ThHStA Weimar, Thüringisches
Ministerium für Volksbildung C 1480, Bl. 195-196 und Staatliches Bauhaus Weimar 18, Bl.
46. Siehe Erläuterung zu 139, 35.*

139, 35 nochmals an das Ministerium schreiben] *Siehe Erläuterungen zu 139, 29 und 139,
29-30.* Gropius wandte sich im Anschluß an die Meisterratssitzung vom 1. Oktober 1921
am 4. Oktober 1921 erneut wegen einer Regelung des Abendaktes des Bauhauses und der
Hochschule an die Kultusabteilung der Gebietsregierung. Er machte deutlich, daß das Abhalten eines gemeinsamen Abendaktes beider Institute auf keinen Fall in Frage käme und die
Rücksichtnahme auf die schulfremden Teilnehmer seitens der Hochschule kein ausreichendes Argument für die Benachteiligung der Bauhausschüler sein könne. *ThHStA Weimar,
Thüringisches Ministerium für Volksbildung C 1480, Bl. 197.* Am 5. Oktober 1921 kam es zu
einer internen Einigung zwischen den beiden Schulen. Die Hochschule erteilte den Unterricht im Abendakt schließlich montags und dienstags von 17 bis 19 Uhr sowie donnerstags
und freitags von 19.30 bis 21 Uhr. *ThHStA Weimar, Staatliches Bauhaus Weimar 18, Bl. 50.*

139, 40 obligatorischen Formunterricht] Ein Jahr nach Einführung des obligatorischen
Formunterrichtes stand die Beibehaltung desselben bereits wieder zu Diskussion. Daß der
Formunterricht in seiner bisherigen Form nicht weitergeführt werden sollte, wurde schon im
Umlauf vom 15. März 1921 deutlich. *Siehe Textteil Nr. 31 [1.], S. 122 sowie Erläuterungen
zu 96, 17; 140, 3-4 und 148, 16.*

140, 3-4 jeder Meister in diesem Winter ein bestimmtes Thema] *Siehe Erläuterung zu 139,
40.* Dieser Vorschlag war wohl ein Versuch, alle Formmeister an der Formlehre zu beteiligen
und damit Ittens Einflußbereich einzuschränken. Im Sommersemester 1921 fand der Formunterricht bei Muche nicht statt, sondern jeder Formmeister hatte Aufgaben an seine Studierenden vergeben und Sprechzeiten abgehalten. *Siehe Textteil Nr. 31 [2.], S. 122.* Lediglich Klee hatte im Mai 1921 mit seinem Unterricht im „Compositionspraktikum" begonnen.
Die Organisation des Formunterrichtes im Sommersemester 1921 stellte nur eine Notlösung
dar, die der angestrebten Regelung, welche in den Satzungen festgeschrieben war, nicht ge-

recht wurde. Klee setzt im Wintersemester 1921/22 seinen Unterricht mit der Vortragsreihe zur „Bildnerischen Formlehre" fort. Schlemmer lehrte seit 1921 im Aktzeichnen. Itten und Muche hielten den Vorkurs jeweils semesterweise im Wechsel bis zu Ittens Weggang. Gropius und Meyer unterrichteten Raumkunde bzw. Werkzeichnen. Schreyer erteilte im Wintersemester 1921/22 einen Kurs in Schriftformlehre. *Siehe Erläuterungen zu 140, 5 und 269, 11.*

140, 5 Raumkunde] Die Vorträge über Raumkunde bei Gropius begannen am 19. Oktober 1921. Der Titel der Lehrveranstaltung lautete „Raumkunde – Praktisches Werkzeichnen (Projektionszeichnen) unter Anwendung mathematischer Proportionsgesetze als ein organisches Anschauungsmittel für unsere geistige Vorstellung im Hinblick auf einen künftigen Kontrapunkt der bildenden Kunst". Die praktischen Übungen führte Meyer durch. *ThHStA Weimar, Thüringisches Ministerium für Volksbildung C 1471, Bl. 162. Siehe Erläuterung zu 140, 3–4.*

140, 13 Die Aussprache wird auf Montag abend, 3. Okt[ober 1921] festgesetzt] Die Versammlung aller Meister und endgültig aufgenommenen Lehrlinge ist lediglich durch zwei Einladungen dokumentiert. Aus diesen geht hervor, daß sich die Form- und Werkmeister eine Stunde vor dem offiziellen Beginn der Veranstaltung zu einer Vorbesprechung trafen. *ThHStA Weimar, Staatliches Bauhaus Weimar 12, Bl. 102–103.* Über Inhalt und Verlauf der Versammlung kann keine Aussage gemacht werden.

140, 21 Dr. Adler] Die Hochschule für bildende Kunst teilte dem Bauhaus am 17. Oktober 1921 mit, daß die Vorträge von Bruno Adler ab 3. November 1921 donnerstags von 15.30 bis 16.30 Uhr unter dem Titel „Geistesgeschichte der künstlerischen Form (mit Lichtbildern)" stattfinden werden. Die Veranstaltung war für Angehörige beider Anstalten offen. Bauhaus und Hochschule teilten sich sowohl die Einnahmen als auch die Kosten. *ThHStA Weimar, Staatliches Bauhaus Weimar 18, Bl. 50, 52.*

140, 34 Bei Aufträgen, die die Meister privatim an die Werkstätten geben] In einem Umlauf vom 31. September 1921 hatte Gropius in bezug auf die Werkstattarbeit darauf hingewiesen, daß es für das Bauhaus von existentieller Bedeutung sei, daß die Lehrlinge „ihre gesamte Arbeit in den Dienst des Bauhauses stellen". Weiter hieß es darin: „Der Existenzkampf einzelner ist gewiß außerordentlich schwer, wir müssen aber die Gesamtinteressen gegen die der einzelnen gemeinsam schützen, denn die wirtschaftliche Lage des Bauhauses ist derart, daß seine Weiterexistenz davon abhängt, ob die Werkstätten in der Lage sind, in irgendeiner Form zu verdienen." *ThHStA Weimar, Staatliches Bauhaus Weimar 14, Bl. 46.* Die 1921 als Bestandteil der Satzungen erlassene Werkstattordnung sah vor, daß jede mit dem Material des Bauhauses gefertigte Arbeit Eigentum der Schule bliebe. Die Regelung war wohl von den Schülern und Meistern häufig unterwandert worden, indem diese Privataufträge an die Lehrlinge erteilten, die dem Bauhaus keinen Gewinn brachten. Gropius wies die Meister nun an, alle Aufträge durch das Sekretariat des Bauhauses zu leiten. Gleichzeitig versicherte er den Meistern, daß die als Gewinnspanne für das Bauhaus entstehenden Mehrkosten für Bauhausangehörige geringer gehalten würden als für Nichtangehörige der Schule. Grundsätzlich sprach Gropius hier aus, daß er die Werkstätten als Produktivstätten mit Gewinnabsicht und nicht allein als Ausbildungsstätten betrachtete. Damit begab er sich in Opposition zu Itten. *Siehe Erläuterung zu 148, 16.*

140, 41 Schulbetrieb eine Verdienstquelle für den Staat] An dieser Stelle wurde das Problem der Auftragsarbeit in den Werkstätten angesprochen. Gropius befürwortete diese als praxisorientierten Teil der Ausbildung. Außerdem sicherte sie den Werkstätten bzw. dem

Bauhaus Einnahmen, welche aufgrund des knappen Budgets dringend notwendig waren und die Schule von den staatlichen Zuwendungen unabhängiger machen sollten. So hatte er die Werkstätten des Bauhauses wesentlich am Bau des Haus Sommerfeld in Berlin beteiligt. Itten befürwortete die Werkstattarbeit nur als Teil der künstlerischen Ausbildung. Seit seiner Teilnahme am Mazdaznankongreß in Leipzig im Sommer 1921 konzentrierte sich sein Ausbildungskonzept immer stärker auf die Persönlichkeitsbildung des einzelnen. *Siehe Erläuterung zu 137, 7-8.* Die Mazdaznanlehre hatte auch einen beträchtlichen Teil der Schülerschaft ergriffen. Der sich zwischen Itten und Gropius abzeichnende Konflikt bezüglich der Auftragsarbeit eskalierte im Dezember 1921. *Siehe Textteil Nr. 38 [1.-7.], S. 148-155 und Erläuterung zu 148, 16.*

142, 18 Mappenwerke] Gemeint ist hier das fünf Graphikmappen umfassende Projekt „Bauhaus-Drucke. Neue europäische Graphik". *Siehe Erläuterungen zu 98, 21; 131, 34 und 142, 20.*

142, 20 Verlag Müller & Co.] Gropius teilte dem Verlag am 13. Oktober 1921 die Zustimmung des Meisterrates mit. *ThHStA Weimar, Staatliches Bauhaus Weimar 64, Bl. 9. Siehe Erläuterungen zu 98, 21; 131, 34 und 145, 37.* Gemäß den Vorstellungen des Meisterrates sollten die fünf Mappen der „Bauhaus-Drucke. Neue europäische Graphik" jeweils in 135 Exemplaren erscheinen. Dies waren pro Mappenwerk 125 gewöhnliche Exemplare (15 Stück davon gingen an die Künstler) und 10 Luxusausgaben. Der Verlag wollte die Mappen für 50 Prozent des Ladenpreises in Kommission nehmen, wie man dem Bauhaus am 15. Oktober 1921 mitteilte. Das Schreiben gab Gropius dem Meisterrat zur Kenntnis. Klee, durch den Umgang mit Galeristen in geschäftlichen Dingen ausgesprochen bewandert, fragte an, ob Sortimenterunkosten in den 50 Prozent schon enthalten wären. Auch Schreyer fand eine Gewinnbeteiligung von 50 Prozent zu gering. *ThHStA Weimar, Staatliches Bauhaus Weimar 64, Bl. 11-12.* Der Verlag beruhigte Gropius jedoch, indem er ihm rechnerisch vor Augen führte, daß beim Verkauf von je 30 Mappen einfacher und 5 Mappen Luxusausgabe das Risiko bereits gedeckt sei. *ThHStA Weimar, Staatliches Bauhaus Weimar 64, Bl. 14-16.*

142, 31 Schriftsatz] Schreyers Vorschlag wurde umgehend ausgeführt. Der Werbeprospekt, welcher den Mappen beigegeben war, konnte noch 1921 in Druck gehen. *ThHStA Weimar, Staatliches Bauhaus Weimar 64, Bl. 3-6, 39-43, 47-50 und Staatliches Bauhaus Weimar 63. Gekürzt veröffentlicht in: Wingler, S. 57.* Der Entwurf des Prospekttextes, den Gropius am 14. Oktober 1921 nach Potsdam sandte, konzentrierte sich inhaltlich auf die Ziele des Bauhauses. Es hieß darin: „Nun aber wenden wir uns an die Öffentlichkeit mit einem Dokument, das zeigen wird, wie die Künstlergeneration unserer Zeit an den Gedanken des Bauhauses teilnimmt und durch Hergabe eigener Werke für uns Opfer bringt." *ThHStA Weimar, Staatliches Bauhaus Weimar 64, Bl. 8.* Die Verfasser appellierten wie bei einem Spendenaufruf an das kulturelle Gewissen der potentiellen Kunden. Dieser Tenor fand bei Müller & Co. keinen Beifall. Im Schreiben des Verlages an das Bauhaus vom 17. Oktober 1921 wurde die Befürchtung geäußert, „daß die Empfindung, daß es sich um ein Wohltätigkeitsunternehmen handelt, in kaufmännischen Kreisen skeptisch machen wird gegen die Qualität". Der Verleger hielt es für geschickter, „dem Sortiment und Publikum klar zu machen, daß sie in diesen Mappenwerken internationale Werte erwerben, die sonst bei der heutigen Valuta unerschwinglich sein würden". *ThHStA Weimar, Staatliches Bauhaus Weimar 64, Bl. 15, 48-50. Siehe Erläuterung zu 131, 34.*

143, 10-11 Versteigerung der Bilder] Gemeint ist die Versteigerung von Werken der Bauhausmeister und anderen Künstlern am 15. Dezember 1921 in der Galerie „Sturm" in Berlin. *Siehe Textteil Nr. 37 [2.], S. 145 und Erläuterung zu 146, 17.*

144, 4 Aufnahme Grete Heymann] *Siehe Erläuterungen zu 123, 26-27 und 129, 13.*

144, 9 Slutzki] Nach einem Gespräch traf Gropius mit Slutzki am 19. Oktober 1921 folgende Abmachung: „Ich bestätige Ihnen unsere gestrigen mündlichen Abmachungen. Sie treten mit den gleichen Rechten wie die Gesellen in das Bauhaus als Jungmeister ein. Wir geben Ihnen als Arbeitsplatz den Raum No. 16 im Werkstattgebäude und Mitbenutzungsrecht der neu aufzustellenden Schmiede-Esse im Erdgeschoß. Wir übernehmen die Unkosten für die Gasleitung und Einbau Ihrer eigenen Werkzeuge. Sie erhalten als festes Gehalt zunächst monatlich M 500,-. Bei Aufträgen erhalten Sie außerdem den jeweiligen tarifmäßigen Gesellenlohn für die an den Auftrag verbrauchte Arbeitszeit. Liegen keine Aufträge vor, so gehören die während dieser Zeit von Ihrer Hand entstandenen Gegenstände dem Bauhaus. Das Material wird vom Bauhaus zur Verfügung gestellt bzw. wenn Sie eigenes verwenden, zum Einkaufspreis an Sie vergütet. Wir hoffen, daß sich allmählich ein ersprießliches Verhältnis herausstellen wird, verpflichten Sie aber ausdrücklich auf die Satzungen des Staatlichen Bauhauses und daß Sie sich jedes Einflusses auf die Metallwerkstatt enthalten, damit keine Unstimmigkeiten mit dem neu zu berufenden Meister entstehen können." *ThHStA Weimar, Staatliches Bauhaus Weimar 118, Bl. 39. Siehe Erläuterung zu 120, 6-7.*

144, 16-17 einen neuen Bauhausstempel zu entwerfen] Im Regierungs- und Nachrichtenblatt für Sachsen-Weimar-Eisenach hatte die Gebietsregierung am 23. Mai 1921 über die Anordnung des Thüringischen Staatsministeriums zur Führung des neuen Landeswappens Thüringens im Siegel aller staatlichen Stellen informiert. Unter Bezugnahme auf diese Bekanntmachung forderte die Kultusabteilung das Bauhaus am 7. Juni 1921 auf, ein Dienstsiegel mit diesem thüringischen Sternenwappen (sieben Sterne symbolisierten die früheren Einzelstaaten, die sich zum Land Thüringen zusammengeschlossen hatten) nach einem beigelegten Muster für das Bauhaus anfertigen zu lassen. Offenbar war Gropius dieser Aufforderung bis Oktober 1921 nicht nachgekommen. Mit der nunmehr beabsichtigten Einführung des Bauhaussignets als Warenkennzeichen versuchte er gleichzeitig der Forderung der Gebietsregierung zu entsprechen. Am 17. Oktober 1921 erbat er sich die Entwürfe für den neuen Bauhausstempel bis 4. November 1921, damit bereits Weihnachten die neuen Mappenwerke mit diesem gekennzeichnet werden könnten. Als Vorgaben für die Entwürfe gab Gropius an: „Durchmesser des Stempels: 4 1/2 cm. Linienführung derart, daß er sowohl als Gummi- wie auch als Klischee- und Blinddruck-Stempel benutzt werden kann. Der Inhalt der Zeichnung ist durch nichts gebunden. Als Schrift muß darauf stehen: Staatliches Bauhaus, Weimar." Die Entscheidung über die Entwürfe sollte durch Abstimmung im Meisterrat getroffen werden. *ThHStA Weimar, Staatliches Bauhaus Weimar 78, Bl. 2.* Mittels Umlauf entschied sich der Meisterrat für Schlemmers Entwurf, wie Gropius bereits am 17. November 1921 mitteilte. In seinem Genehmigungsantrag vom 16. Januar 1922 hieß es: „Anlaß zur Erneuerung des Stempels gab der allgemeine neue thüringische Dienststempel. Da das Bauhaus in seiner ganzen Arbeit die Formverbesserung anstrebt und auch nach außen vertritt, war es notwendig, einen Stempel zu finden, der nicht nur das Institut versinnbildlicht, sondern auch künstlerische Qualität besitzt." Die Genehmigung für den neuen Stempel wurde am 26. Januar 1922 von der Kultusabteilung der Gebietsregierung als „Gebrauchsgenehmigung" erteilt. *ThHStA Weimar, Staatliches Bauhaus Weimar 78, Bl. 6-7.* Nachdem jedoch die Aufsicht über die Kunstanstalten im Gebiet Weimar auf das Thüringische Ministerium für Volksbildung übergegangen war, wurde am 30. August 1923 von diesem moniert, daß der offizielle Bauhausstempel den formalen Forderungen der Verfügung von 1921 nicht gerecht werde. „Das Staatl. Bauhaus benützt immer noch seinen Sonderstempel, der zwar gleichsam

Schutzmarke geworden ist, aber den vom Staatsministerium gestellten Anforderungen nicht
genügt." *ThHStA Weimar, Staatliches Bauhaus Weimar 78, Bl. 14.* Auf die vorgebrachten
Einwände hin, daß der Stempel bereits eingeführt und als Waren- und Erkennungszeichen
des Bauhauses bekannt sei, genehmigte das Thüringische Staatsministerium am 20. November 1923 seine Weiterbenutzung. *ThHStA Weimar, Staatliches Bauhaus Weimar 78. Siehe
Das A und O, S. 87.*

144, 26 Verträge nunmehr von ihnen unterzeichnet] Die auf ein halbes Jahr zur Proban-
stellung getroffenen mündlichen Vereinbarungen mit den Werkmeistern Zachmann, Hartwig
und C. Schlemmer wurden in Anstellungsverträge umgewandelt. *Siehe Erläuterungen zu 120,
9; 120, 15 und 126, 39.* Die Verträge mit den drei Werkstattleitern wurden am 1. Oktober
1921 unterzeichnet. Zachmanns Vertrag war rückwirkend ab 1. April 1921 für drei Jahre gültig. Er übernahm die praktische und theoretische Ausbildung der Lehrlinge in der Tischlerei
und erhielt ein Gehalt von 11 000 Mark zuzüglich einer Teuerungszulage von 7 150 Mark.
Die Ausführung von Privataufträgen während der Werkstattzeit wurde ausdrücklich untersagt. Hartwig wurde zu den gleichen Bedingungen wie Zachmann ebenfalls rückwirkend ab
1. April 1921 als Leiter der Holz- und Steinbildhauerei eingestellt. Schlemmers Vertragsverhältnis begann am 1. Mai 1921 und unterlag den gleichen Bestimmungen wie jene seiner
beiden Kollegen. Sein Verdienst belief sich ebenfalls auf 11 000 Mark nebst 7 150 Mark
Teuerungszulage. *ThHStA Weimar, Personalakten Volksbildung 28101, Carl Schlemmer;
34611, Joseph Zachmann und 9966, Josef Hartwig.*

144, 28 Vertragsfrage Dorfner] *Siehe Erläuterung zu 162, 21–22.*

145, 37 Abschluß des Vertrages mit Müller & Co.] Der Vertrag mit dem Verlag Müller &
Co. in Potsdam über den Vertrieb der am Bauhaus in Weimar gefertigten Mappen „Bauhaus-
Drucke. Neue Europäische Graphik" wurde am 25. bzw. 27. Oktober 1921 unterzeichnet.
ThHStA Weimar, Staatliches Bauhaus Weimar 64, Bl. 19–20. Gropius hatte am 24. Oktober
1921 von der Auskunftei Schimmelpfennig ein Gutachten über die Firma erhalten. Darin
hieß es, daß es noch ungewiß erscheint, „ob die Inhaber bei dem Geschäft ihre Existenz
finden werden". *ThHStA Weimar, Staatliches Bauhaus Weimar 64, Bl. 18. Siehe Erläuterung
zu 142, 20.*

146, 17 Ausstellung beim „Sturm"] Die besagte Ausstellung in der Berliner Galerie
„Sturm" begann am 27. November 1921. Die geplante Auktion fand am 15. Dezember 1921
statt. Folgende Werke hatten die Bauhausmeister für die Versteigerung zur Verfügung gestellt: Marcks: „Besengeist" (Holzplastik), 3 Holzschnitte; Feininger: 1 Holzschnitt, „Denstedt" (Ölbild), Feininger-Mappe; Schreyer: „Farbform I" aus dem Bühnenwerk „Mann" (Lithographie); Itten: „Schwimmende Formen", „Komposition 1916", „Tonbewegung,
Schwarz-Weiß-Komposition (Aquarell); Schlemmer: „Kopf" (Lithographie), „Relief J G";
Klee: „Braune Tanne" (Aquarell), „Blaues Aquarell", „Maske" (Aquarell); Muche: „Komposition" („Dreiklang" von 1919). Gropius steuerte aus seinem Besitz zwei Reliefs von Willi
Baumeister bei. Auktion und frei-händiger Verkauf brachten dem Bauhaus einen Gewinn
von 12 330 Mark ein. *ThHStA Weimar, Staatliches Bauhaus Weimar 54. Siehe Erläuterung
zu 159, 36.*

148, 16 Sitzung am 5. Dezember 1921] Die Sitzung stellt den Höhepunkt einer schon seit
dem Frühjahr anwachsenden Krise des Bauhauses dar. Die behandelten Themen lassen sich
nur aus den Stellungnahmen der Meister rekonstruieren. Im wesentlichen ging es um die
Verteilung der Werkstätten unter den Formmeistern, die Frage des Bestehenbleibens eines
obligatorischen Form- und Vorunterrichtes und die generelle Frage, ob die Werkstätten pro-

duktive Auftragsarbeit leisten sollten. Diese organisatorischen Probleme waren Ausdruck eines vor allem zwischen Itten und Gropius schwelenden Konflikts, der vor dem Hintergrund der Diskussion um die Bedeutung der Auftragsarbeit für die Werkstätten ausgetragen wurde. *Siehe Erläuterung zu 150, 29.* Itten und Gropius vertraten in dieser Frage zwei grundsätzlich verschiedene Positionen. Während Gropius Aufträge als Lebensgrundlage für die Werkstätten und als Basis für die anzustrebende finanzielle Unabhängigkeit des Bauhauses vom Staat sowie als Bedingung der Verbindung der Lehrlinge und Gesellen mit der Praxis betrachtete, sah Itten in der Werkstattarbeit lediglich ein Mittel zur Künstlerausbildung. *Siehe Textteil Nr. 35 [1.], S. 140-141 und Erläuterung zu 140, 41.* Im Laufe der Jahre 1920 und 1921 hatte Itten alle wesentlichen Positionen der Ausbildung in seinen Händen. Mit dem obligatorischen Vorkurs während des Probesemesters unter seiner Leitung war er der erste der Bauhausmeister, der auf den Neuankömmling Einfluß nahm. Während der Analysekurse lehrte er die Bauhausschüler in seinem Sinne zu sehen. Die Wirkung seines Unterrichtes und seiner Person auf die Schüler am frühen Bauhaus kann gar nicht überschätzt werden. Dabei ist es Itten zu danken, daß am Bauhaus überhaupt ein pädagogisches Konzept zum Tragen kam. Schließlich war er der einzige Formmeister, welcher bereits reiche Lehrerfahrung und einen kunstpädagogischen Entwurf besaß. Diese Situation beschrieb Oskar Schlemmer am 21. Dezember 1920 mit den folgenden Worten: „Eigentliche Lehrtätigkeit, systematischer Unterricht, kommt für mich - es hat den hoffentlichen Anschein - nicht in Frage. Nur Itten erteilt solchen. Lyonel Feininger zum Beispiel ist nur an einem Tag in der Woche für die Schüler zu sprechen." *Zitiert nach: Hüneke, S. 69.* Gropius versuchte seit Oktober 1920 mittels der Übernahme der Werkstätten durch die Formmeister, diese stärker an ihre Lehraufgabe zu binden und Ittens Machtposition zu brechen. *Siehe Textteil Nr. 25 [2.], S. 109.* Eine Einigung konnte nicht erzielt werden, so daß schließlich die künstlerische Leitung aller Werkstätten bis auf die Töpferei und die Druckerei im Wintersemester 1920/21 in Ittens und Muches Hände übergegangen war und dessen Position stärkte. Im Februar 1921 mußte Gropius erneut Ittens Argumentation, daß „der Kontakt [zwischen Form- und Werkstattunterricht] verloren gehen würde, wenn der Formunterricht nur von ihm und Muche erteilt würde, die anderen Meister dagegen keine Beziehung zu dem Formunterricht hätten", nachgeben. *Textteil Nr. 29 [1.], S. 120 und Erläuterung zu 140, 3-4.* Wieder wurde die Entscheidung dieser Frage auf das nächste Semester vertagt. Trotz eines konkreten Werkstättenverteilungsvorschlags von Gropius vom 15. März 1921 kam es in der zwei Tage später stattfindenden Sitzung des Meisterrates am 17. März 1921 zu keiner Einigung. *Siehe Textteil Nr. 31 [1.] und [2.], S. 122-127.* Zu Beginn des Sommersemesters am 6. April 1921 drängte Gropius auf eine Entscheidung. Er plante, die Werkstätten wenigstens versuchsweise unter den Formmeistern zu verteilen und im Wintersemester 1921/22 die Leitung des Vorunterrichts in die Hände eines anderen Formmeisters zu legen. Die Verteilung der Werkstätten unter den Formmeistern wurde schließlich am 15. April 1921 mittels Zirkular beschlossen. *Siehe Textteil Nr. 54 [3.], S. 240 sowie Erläuterungen zu 130, 7; 155, 16 und 156, 17.*

150, 24 die bisherigen Aufträge] Die persönlichen Schwierigkeiten in bezug auf die hier angesprochenen Aufträge, bestanden vor allem in der zunehmenden Kritik an Gropius' privatem Architekturbüro. Gropius beteiligte die Bauhauswerkstätten - so weit es möglich war - an den Arbeiten, um die Studierenden in die Praxis einzuführen und den Werkstätten eine Verdienstmöglichkeit zu schaffen, so beispielsweise 1920 bis 1922 beim Bau des Haus Sommerfeld. Dem Einfluß Ittens auf die Schüler setzte er seinen uneingeschränkten Anspruch auf die Arbeitskräfte der Werkstätten zur Durchführung gemeinsamer Aufträge entgegen.

Siehe Erläuterung zu 130, 7. Dies wurde von Itten heftig kritisiert, nach dessen Meinung nur pädagogisch wertvolle Arbeiten in die Werkstätten gegeben werden sollten. Konkrete Schwierigkeiten lassen sich anläßlich der Auftragserteilung an die Tischlerei erkennen. Der Bauhausdirektor hatte die Tischlereiwerkstatt für Arbeiten an der Bestuhlung des Jenaer Stadttheaters eingeplant, was Itten ablehnte. Gropius zog darauf seine Aufträge zurück. Wie er jedoch erst am 21. Dezember 1921 erfuhr, hatte Itten selbst vor, die Tischlerei mit Aufträgen zu versorgen, welche diese Werkstatt auf mehrere Monate beschäftigen würde und auf dessen Ausführung er seit über zwei Jahren wegen ständiger Auslastung der Werkstatt durch Gropius' Bauaufträge gewartet hatte. *Siehe Das frühe Bauhaus, S. 462.* Dabei handelte es sich mit größter Sicherheit um Arbeiten für den von Itten und verschiedenen Bauhausschülern gestalteten Vorraum zum Gropius-Zimmer, welcher auch als Leseraum bezeichnet wurde. *Siehe Erläuterungen zu 173, 2 und 295, 19 Vorraum].* Itten spielte in seinen Briefen an Gropius geschickt auf seine Kompetenz als Formlehrer und künstlerisch Verantwortlicher für die Werkstätten an, in welcher Funktion es ihm wohl zustehe, über Sinn und Unsinn der einzelnen Aufträge für die Schüler zu entscheiden. Damit traf er Gropius an einer empfindlichen Stelle. Schließlich war genau diese Regelung das Ergebnis seiner Bemühungen um die Verbindung von Form- und Werkstattunterricht. *Siehe Erläuterung zu 155, 16.*

150, 29 welche Grundauffassung fortan im Bauhaus die leitende sein wird] Angesichts der gespannten Situation verlangte Gropius eine Entscheidung des Meisterrates. Selbst wenn er dies nicht klar aussprach, ging doch aus seinen Worten deutlich hervor, daß er die Leitung des Bauhauses mehr oder weniger zur Disposition stellte. Schlemmer schrieb: „Es ist also ein Zweikampf Itten-Gropius und wir anderen sind um die Entscheidung gebeten." *Hüneke, S. 81.* Auch Schreyers Schreiben an Gropius deutet darauf hin, daß tatsächlich ein gemeinsamer Verbleib Ittens und Gropius' am Bauhaus unmöglich geworden war. *Siehe Textteil Nr. 38 [5.], S. 153 sowie Erläuterung zu 148, 16.*

155, 16 Werkstättenverteilung] *Siehe Erläuterungen zu 130, 7 und 148, 16.* Der Streit um die Verteilung der Werkstätten unter den Formmeistern fand am 26. Januar 1922 ein vorläufiges Ende, nachdem Itten mit seinem Schreiben vom 4. Januar 1922 die Leitung der Tischlerei, Holz- und Steinbildhauerei sowie der Metallabteilung niedergelegt hatte. *Siehe Textteil Nr. 54 [3.], S. 240.* Er teilte Gropius darin außerdem mit, daß er sich vorbehalte seinen „Unterricht so einzuschränken, daß ich etwa die Stundenzahl wie die anderen Meister für Unterricht zur Verfügung stelle: also meinen gesamten obligatorischen Unterricht aufgebe." Die entscheidende Abfuhr erteilt er Gropius mit den Worten: „Ihnen persönlich teile ich mit, daß ich jedes tiefere Interesse am Bauhaus verloren habe". *Zitiert nach: Das frühe Bauhaus, S. 462.* Am 10. Januar 1922 lenkte Itten auf Bitten Gropius' ein und erklärte sich bereit, die Holz- und Steinbildhauerei weiterhin zu leiten und seinen Unterricht im Interesse der Schüler bis zum Semesterende fortzusetzen. *Siehe Das frühe Bauhaus, S. 463.* Die Korrespondenz vom 22. Dezember 1921 bis 10. Januar 1922 zwischen Itten und Gropius gab letzterer dem Meisterrat am 10. Januar 1922 zur Einsichtnahme in Umlauf. Im Anschreiben stellte der Bauhausdirektor den Hergang der Affäre um die Tischlereiaufträge dar und bat den Meisterrat um Vorschläge zur eventuellen Neuverteilung der Werkstätten. *Siehe Das frühe Bauhaus, S. 461–663.* Die von Gropius geforderten schriftlichen Stellungnahmen zu dieser Angelegenheit oder anderslautende Vorschläge der Formmeister zur Werkstättenverteilung konnten nicht nachgewiesen werden.

156, 3 Wandmalerei und Glasmalerei] Die Leitung dieser Werkstätten muß bereits im Laufe des Jahres 1921 an Schlemmer übergegangen sein, da Itten diese in seinem Rücktrittsschreiben vom 4. Januar 1922 nicht mehr erwähnte, aber die Feststellung traf, daß seine Arbeit in den Werkstätten beendet sei. *Vgl. Das frühe Bauhaus, S. 462.*

156, 6 Buchbinderei Meister Schreyer] Die Buchbinderei stellte bei der Verteilung der Werkstätten unter den Formmeistern eine Ausnahme dar. Bereits im Frühjahr 1921 hatte sie Klee von Muche übernommen. *Siehe Erläuterung zu 124, 25.*

156, 17 grundlegende Fragen des Bauhauses] Gropius hatte in einem Rundschreiben am 3. Februar 1922 seine Auffassungen über die grundsätzlichen Probleme am Bauhaus geäußerte und die Meister um ihre Stellungnahmen gebeten. *Gekürzt veröffentlicht in: Wingler, S. 62-63.* Die zur Sprache kommenden Fragen ergaben sich aus dem Konflikt mit Itten. Im Mittelpunkt stand in erster Linie die Verbindung des Bauhauses mit dem Wirtschaftsleben und die Bedeutung der Maschinenarbeit, die Gropius wünschte, Itten aber ablehnte. *Siehe Erläuterung zu 148, 16.* In seinem programmatischen Rundschreiben machte Gropius deutlich, daß es ihm nicht um eine prinzipielle Ausgrenzung von Ittens Ansicht ginge, sondern um die Synthese beider Auffassungen. In diesem Sinne schrieb er: „Meister Itten stellte neulich unter uns die Forderung, man müsse sich entscheiden, entweder in vollkommenem Gegensatz zur wirtschaftlichen Außenwelt individuelle Einzelarbeit zu leisten oder die Fühlung mit der Industrie zu suchen. Ich glaube, daß in dieser Fragestellung das große ‚X' liegt, das der Lösung bedarf. Um es gleich vorauszuschicken: Ich suche die Einheit in der Verbindung, nicht in der Trennung dieser Lebensformen. Wie kommt es, daß wir ebensowohl ein gut gebautes Automobil, ein Flugzeug, eine moderne Maschine in ihrer Form bejahen können, wie ein von schöpferischer Hand schön geformtes Einzelkunstwerk. Wir sind durchaus nicht so geartet, daß wir entweder das eine oder das andere ablehnen, sondern es handelt sich offenbar um zwei ganz getrennt nebeneinander hergehende Gestaltungsvorgänge, von denen nicht etwa der eine veraltet und der andere modern ist, sondern beide sich weiter entfalten und, wie es scheint, allmählich aufeinander zu laufen. [...] Die künstlerisch Beanlagten der letzten Generationen (Akademiker, Kunstgewerbler, Musterzeichner) errichteten eine Mauer zwischen sich und der Welt der Handwerker und der Industrie und schufen den ‚künstlerischen Beruf', während jene andere Welt sich nicht um den Künstler kümmerte." *ThHStA Weimar, Staatliches Bauhaus Weimar 3, Bl. 18-19.* Diese Trennung galt es nun zu überwinden. Über zeittypische Formenmerkmale verfügten nach Gropius' Auffassung all jene Kunstwerke, welche „durch und in Begleitung der Maschine entstande[n] wie die neuen Fahrzeuge (Dampfmaschine, Flugzeug), Fabrikbauten, amerikanische Silos und einige gut maschinell hergestellte Dinge aus unserem täglichem Gebrauch". In der Auseinandersetzung der Künstler mit der Maschinenästhetik sah Gropius eine Annäherung der bislang getrennten Bereiche der Industrie und der Kunst. Er umschrieb diesen Vorgang als Bemühen um die „zwecklose Maschine", welche er von der Auffassung des l'art pour l'art unterschied. Beispielhaft für diese Entwicklung empfand Gropius die Werke des französischen Kubismus sowie des russischen und ungarischen Konstruktivismus. Auch in den Arbeiten der Bauhausmeister Schlemmer, Muche und Klee glaubte er diese Tendenz zu erkennen. Der synthetischen Auffassung von Kunst und Künstlerausbildung zu folgen, formulierte Gropius als vornehmste Aufgabe des Bauhauses, indem er schrieb: „[Die] Verantwortung [des Bauhauses] besteht darin, Menschen zu erziehen, die die Welt, in der sie leben, in ihrem Grundcharakter klar erkennen und aus der Verbindung ihrer Erkenntnisse mit ihren Phantasien, typische, ihre Welt versinnbildlichende Formen zu schaffen vermögen. Also auf die Verbindung der schöpferischen Tätigkeit der einzelnen mit der breiten Werkarbeit der Welt käme es an! Lehnten wir die Umwelt völlig ab, so bliebe als Ausweg nur die romantische Insel. Die

Gefahr unserer Jugend sehe ich in Anzeichen einer verstiegenen Romantik, die aus einer begreiflichen Reaktion gegen den herrschenden Geisteszustand – Zahl und Macht – aus dem Fiasko der Staaten erwächst. Manche Bauhäusler huldigen einer mißverstandenen Rousseauschen ‚Rückkehr zur Natur‘; sie wollen mit dem Flitzbogen schießen anstatt mit der Flinte. Warum dann nicht mit dem Stein werfen und keine Kleider tragen? Es wäre konsequent, daß einer, der diese ganze Welt ableugnet, sich ehrlich auf eine Insel zurückzieht und dort ein solches Leben führt. Bleibt er aber auf dieser Welt, so werden die Formen seiner Werke um so mehr ihren Rhythmus tragen, je stärker er sich mit ihr auseinandersetzt, und dazu gehört noch mehr Kraft als die Welt zu fliehen." *ThHStA Weimar, Staatliches Bauhaus Weimar 3, Bl. 21.* Diese Aussage richtete sich direkt gegen die Auffassung Ittens und seiner Anhänger. Genauso schonungslos rechnete Gropius jedoch auch mit der Architektur und dem Kunstgewerbe der jüngsten Vergangenheit und der Gegenwart ab. Seiner Meinung nach krankten diese daran, daß sie krampfhaft versuchten, „Kunst zu machen", und ihre Formen aus dem Reservoir der Historie schöpften. Demgegenüber ging laut Gropius der Ingenieur wesentlich zeitgemäßer, weil rein pragmatisch und ohne vordergründig ästhetische Absicht zu Werke und trat so das Erbe des Architekten an. Die Arbeit des Bauhauses sollte die Trennung der beiden Sphären der Gestaltung überwinden. Gropius beabsichtigte dies mit der Schaffung von typischen Einzelstücken für die industrielle Fertigung zu erreichen. Die praktischen Forderungen an die weitere Bauhausarbeit griffen auf die bereits seit Ende 1921 angefachte Diskussion zurück. Erneut wurde über den Vor- und Formunterricht debattiert. Seine eigenen Vorstellungen formulierte der Direktor des Bauhauses folgendermaßen: „Es scheint mir notwendig, klarer wie bisher die theoretische und experimentelle Arbeit von der praktischen Werkarbeit zu unterscheiden. Hat ein Schüler nach zahlreichen Versuchen mit Hilfe seiner Meister unter der Fülle der Möglichkeiten diejenige Tätigkeit gewählt, die für ihn die gegebene erscheint, so setzt erst die eigentliche Arbeit für ihn ein. Das Hand-Werk, das ihn zu besonderen Werken befähigen soll, kann er nur in den unendlichen Reibungen mit der Praxis erlernen. Die Darstellungsmöglichkeiten wachsen erst mit dem Können, sonst kommt er aus der Improvisation nicht heraus. Ihm die richtige Praxis zu übermitteln, ist das schwierige Problem für uns, das in vieler Hinsicht noch nicht geklärt ist. Ich bin der Ansicht, daß Aufträge, auch wenn sie noch unvollkommen gelöst werden, das Können ganz besonders zu steigern in der Lage sind, so daß der Schüler allmählich immer unabhängiger von Stimmungen und zeitlichen sowie wirtschaftlichen Forderungen wird. Besonders lehrreich werden die Aufträge sein, bei denen verschiedene Handwerke ineinander greifen, also am Bau. Jede Gelegenheit ist recht, die nicht formale Kompromisse auferlegt, die auf die schöpferische Arbeit hemmend wirken müssen. Die verlangte Unterscheidung zwischen theoretischer und handwerklicher Arbeit kam bisher schon in der Gegenüberstellung von Formunterricht und Werkunterricht zum Ausdruck. Der Formunterricht bedarf aber auch seiner experimentellen Ergänzung im Werkraum. Da es sich praktisch wohl schwer vereinigen läßt, die rein experimentelle Arbeit und die Ausführung bestimmter realer Arbeiten in einer Werkstatt zu verrichten – hier lag der Grund zu Reibungen – so muß eine räumliche Teilung vorgenommen werden. Ich schlage vor, im Reithaus allmählich einen Probierplatz auszubauen, der uns Gelegenheit böte, experimentelle Versuche beliebiger Art im Zusammenwirken verschiedener Handwerke anzustellen. Es wäre gut, wenn die Leitung dieses Probierplatzes in die Hand eines Meisters gelegt würde, der dazu besonders befähigt ist, ohne damit den anderen Meistern die Möglichkeit zu nehmen, auch ihrerseits dort Versuche zu machen. Die Möglichkeit, in dieser Werkstatt zu arbeiten, sollte so frei und variabel wie nur denkbar sein, auch müßten die Schüler, sofern sie eine gewisse Reife erlangt haben, die Möglichkeit besitzen, Einfälle, die sie ausprobieren wollen, aus eigener Initiative dort in Tat umzusetzen. Diese Einrichtung wäre also eine werkmäßige Ergänzung zur theoretischen Formlehre aller Meister. [...] Von fundamentaler Wichtigkeit bleibt nach wie vor der Vorunterricht, der für alle Neuangenommenen obligatorisch bleiben muß. Itten hat ihn zu einem unentbehrlichen Bestandteil des Bauhauses gemacht. Ob es heute richtig ist, daß der Formunterricht nach Ablauf des Probehalbjahres weiter als obligatorisch in der Hand eines Meisters liegen soll, ist durch die Ergebnisse der letzten Semester in Frage gestellt worden. Eine Lösung scheint mir die zu sein, daß jeder Lehrling vom Zeitpunkt der endgültigen Aufnahme an nach freiem Ermessen den Unterricht eines oder mehrerer Meister besucht, so daß sich von selbst die Sympathien finden. Unsere Lehrfreiheit am Bauhaus fasse ich nicht im akademischen Sinne auf. Die Akademie oder Universität ist eine lose Aneinanderreihung einzelner Individualitäten ohne eine zusammenfassende Grundidee, die das Bauhaus in Gegensatz zu diesen Anstalten stellt." *ThHStA Weimar, Staatliches Bauhaus Weimar 3, Bl. 18–25.* Stellungnahmen zu diesem Rundschreiben sind von den Meistern Marcks, Schreyer und Muche überliefert. Ittens Brief an Gropius von Anfang Februar 1922 darf ebenfalls als Stellungnahme betrachtet werden, da er u. a. unmittelbar Bezug auf die Metapher der romantischen Insel nahm, wie sie Gropius in seinem Rundschreiben gebrauchte. Itten schrieb: „Im übrigen kann ich mir kein klares Bild von den Absichten und Plänen, die Sie uns mitteilen, machen; weshalb ich auf meiner romantischen Insel der Stille verharre." *Zitiert nach: Rotzler, S. 73.* Muche verteidigte in seinen Äußerungen zum Rundschreiben die Position, daß Kunst Selbstzweck sei. Zu deren Stellung schrieb er am 8. Februar 1922: „Kunst, Technik und Wissenschaft existieren in der Erscheinungswelt vollkommen ebenbürtig neben- und ineinander. Sie alle 3 sind Äußerungen des Lebens, das in der Form sein natürliches Ende findet. Sie alle 3 sind deshalb in geistiger Hinsicht sekundär. Außerdem könnte man die Kunst nicht dadurch auf eine höhere Stufe stellen, daß man sie der Architektur oder Technik unter- oder überordnete. Sie würde eher ihre eigentümliche Bedeutung verlieren. [...] Was nun die wirtschaftliche Außenwelt betrifft, so halte ich es für verkehrt, sich außer vielleicht im bürgerlichen Leben nach den bestehenden Verhältnissen auf diesem Gebiet zu richten. Für wichtig halte ich es aber, auf diese Außenwelt den größtmöglichen Einfluß auszuüben, denn die gegenwärtig dort herrschenden Verhältnisse und Lebensformen sind überaus verwirrt. Für gefährlich halte ich es, mit dieser verwirrten, sinnverlorenen Formenwelt in kompromittierende Verbindung zu treten, soweit es schöpferische und lebendige Dinge betrifft. Die stetige, kompromißlose Weiterentwicklung des Bauhauses könnte die Möglichkeit eines wirksamen Einflusses auf die allgemeinen Zustände bieten." *Zitiert nach: Franciscono, S. 295–296.* Muche plädierte für die Maschinenarbeit in den Werkstätten. Allerdings erst ab dem Zeitpunkt, ab welchem die Bauhäusler handwerklich vollständig ausgebildet wären. Auch schien ihm die Erzeugung von Prototypen zur Vervielfältigung und wirtschaftlichen Ausnutzung durch die Industrie als ein „unerlaubter Kompromiß", da er die künstlerisch-wirtschaftlichen Probleme zu früh aus der Hand gäbe, deren Lösung er als Ziel des Bauhauses betrachtete. Das innere Ziel der Schule sah Muche in einer allseitigen menschlichen Entwicklung. Marcks schrieb seine Äußerungen zum Rundschreiben am 10. Februar 1922 nieder. Er stand auf dem Standpunkt, daß die Maschinenform durch die Ingenieure längst gefunden sei und es nicht darauf ankäme, den Bau oder die Maschine künstlich zu ästhetisieren, sondern man nur unvoreingenommen ans Werk gehen könne, wenn man sich zur mechanischen Ästhetik bekenne. Dies bedeute, wenn der Künstler industrielle oder handwerkliche Formenwelt befruchten wolle, er mit den technischen Grundvoraussetzungen dieser vertraut sein müsse. Gleichzeitig grenzte diese Äußerung die Bereiche der freien von der angewandten Kunst ab. *Veröffentlicht in: Franciscono, S. 296–297.* Diese Stellungnahme zirkulierte am 16. Februar 1922 bei den Meistern. Feininger stimmte den Ansichten von Marcks zu. *Siehe Franciscono, S. 296.* Es ist davon auszugehen, daß es sich bei Schreyers Text vom 9. Februar 1922 ebenfalls um eine Stellungnahme zum Rundschreiben handelt, da er auf die von Gropius behandelte Problematik eingeht. Schreyer ging in seinem Text von den sozialen Auswirkungen der Maschinenarbeit auf die Gesellschaft aus, wenn er schrieb: „Die Maschine und ihr Werk hat den Zusammenhang mit dem schaffenden Menschen verloren. Die Menschen haben sich abhängig gemacht von der Maschine. Diese Abhängigkeit hat einen neuen unfreien Stand von Kapitalisten und einen neuen unfreien Stand von Proletariern erzeugt." *Bauhaus Archiv Berlin, Archiv W. Gropius.* Schreyer sah die Lösung dieses Dilemmas in einer vernünftigen Arbeitsteilung zwischen Hand- und Maschinenarbeit, welche sich nicht allein an der Quantität der Produktion orientieren dürfe. Die Rolle der Werkstattarbeit im Sinne der Hand- oder Handwerkerarbeit sah er in der Erzeugung einmaliger Gegenstände, während der Industrie die Aufgabe zukam, Dinge zu reproduzieren. Als Mittler zwischen Industrie und Handwerk sah Schreyer den Techniker, der sowohl die Grenzen der einen wie der anderen Seite kannte und schöpferische Tätigkeit bei der Konstruktion der Maschinen zu leisten hatte. Er unterschied zwischen zwei Bereichen der schöpferischen Arbeit, jener, welche die Gemeinschaft zu leisten hatte und die der unmittelbaren Befriedigung leiblicher Bedürfnisse diente. Diese behandelte er als originäre Aufgabe der Industrie in Zusammenarbeit mit den formgebenden Kräften des Handwerks und der Technik. Ausgehend vom Existenzminimum sah er hier die Möglichkeit zur Schaffung von Normen. Der zweite Bereich der schöpferischen Tätigkeit umfaßte jene des Individuums. Diesem ordnete Schreyer die Befriedigung der individuellen geistig-seelischen Bedürfnisse des Menschen und damit die Handwerksarbeit zu. Daraus folgerte er: „1. Dinge, die im wesentlichen den seelisch-geistigen Bedürfnissen dienen, können nur durch Handwerk hergestellt werden. 2. Dinge, die im wesentlichen den leiblichen Bedürfnissen dienen, werden durch Handwerk oder Technik ihrer Gestalt nach hergestellt und durch die Maschine (Industrie) vervielfacht. 3. Durch Technik und Maschine werden solche dem leiblichen Körper dienenden Dinge hergestellt, deren Normalgestalt für alle lebensnotwendig ist. 4. Durch die Maschine (Industrie) wird die Normalgestalt dieser Dinge vervielfacht. 5. Durch Handwerk wird die Normalgestalt dieser Dinge in Ausnahmefällen geändert, wenn die körperliche Lebensnotwendigkeit des einzelnen durch die Normalgestalt nicht befriedigt werden kann, z. B. da der Körper gebrechlich ist. 6. Dinge, die im wesentlichen den leiblichen Bedürfnissen dienen, dürfen nicht durch Handwerk vervielfacht werden. 7. Dinge, die im wesentlichen seelisch-geistigen Bedürfnissen dienen, dürfen nicht durch die Maschine hergestellt werden. Wenn diese Forderungen beachtet und eingehalten werden, so ist eine vernünftige Kräfteverteilung zwischen Handwerkerarbeit, Technikerarbeit und Maschinenarbeit gegeben. Für die Arbeit am Bauhaus ergeben sich daraus folgende Forderungen: 1. Das Bauhaus muß Menschen haben, die den Sinn des Lebens und die Arbeit vernünftig begreifen, und die Gemeinschaft hat dafür Sorge zu tragen, daß jeder einzelne sich auf diesem Wege verinnerliche. Sonst ist alle Werkstattarbeit und Schularbeit völlig sinnlos. 2. Das Bauhaus soll vom Menschen aus den Handwerker bilden. Das Handwerk wird in der Werkstatt gelehrt, gelernt und ausgeübt. Vorunterricht und Formunterricht, der der Werkstattarbeit vorausgeht, trifft die Auslese unter den Menschen und bereitet auf die Werkstattarbeit vor. 3. Die Werkstatt arbeitet Dinge, die wesentlich den seelisch-geistigen Bedürfnissen des Menschen dienen. 4. Die Werkstattarbeit schafft Gestalt und Modell von Dingen, die wesentlich den leiblichen Bedürfnissen des Menschen dienen. Diese Arbeit ist Gemeinschaftsarbeit. Sie schafft Normen. 5. Die Werkstatt vervielfacht einfache Normendinge nur in geringer Anzahl und nur zur handwerklichen Schulung. 6. Sind tatsächlich von der Arbeitsgemeinschaft der Werkstatt Normen gefunden, so sind sie der Industrie zu übermitteln. 7. Das Bauhaus muß sich mit Häuserbau beschäftigen. Das Haus ist ein dem Menschen als Gemeinschaftswesen dienendes Werk. Es bedarf der Norm. Diese Norm kann nur in Verbindung von Handwerk und Technik gefunden werden. Die Mitarbeit eines Technikers am Bauhaus ist nötig. Nur in Verbindung mit der Lösung der Norm des Hauses können die Normen für das Hausgerät in der Werkstattarbeit gefunden werden. Solange wir nicht am Problem des Hausbaus arbeiten, werden wir über den Versuch, Normen für das Hausgerät zu finden, nicht hinaus kommen. 8. Normen können nur in Gemeinschaftsarbeit geschaffen werden. Normen können erst dann geschaffen werden, wenn jedes Glied der Gemeinschaft fähig ist, Dinge herzustellen, die dem Individuum im Menschen dienen. Denn das Seelisch-geistige ist im Leben nicht trennbar von dem Leiblich-körperlichen und das Leiblich-körperliche ist stets eine Auswirkung des Seelisch-geistigen. Beides ist im Ausgleich zu bilden. Um diesen acht Forderungen gerecht zu werden, bedarf es keiner Neuorganisation der Werkstätten. Es muß getan werden." *Bauhaus Archiv Berlin, Archiv W. Gropius.* Es ist davon auszugehen, daß auch der außerordentliche Meister Meyer zum Rundschreiben bzw. zu den Äußerungen der anderen Meister Stellung genommen hat. Dies läßt sich aus Muches Bemerkung auf einem Umlauf vom 16. Februar 1922 entnehmen, welcher sowohl Schlemmer als auch Schreyer zustimmte. Muche fragte an, seit wann Meyer dem Meisterrat angehöre. Das dem Schreiben beigelegte Schriftstück konnte nicht nachgewiesen werden. Aus der Äußerung Muches ist jedoch zu schließen, daß es von Meyer verfaßt war, dessen Name von Muche zwar genannt wurde, der aber nicht zur Kenntnisnahme des Schriftstückes aufgefordert worden war.

158, 20-21 Rundfrage in den Werkstätten] Die Rundfrage wurde von Gropius am 25. März 1922 in die Werkstätten gegeben, die dazu bis 31. März 1922 Stellung nehmen sollten. *ThHStA Weimar, Staatliches Bauhaus Weimar 35, Bl. 1.* Im einzelnen führte sie zu den folgenden Ergebnissen: Die Lehrlinge der Bildhauerei sprachen sich für die Ausstellung aus. Hartwig als Werkstattleiter stimmte nur für die Steinbildhauerei zu. Albers (Glasmalerei) war gegen eine Ausstellung. Zaubitzer (Druckerei) stimmte der Ausstellung zu, während seine Lehrlinge Rudolf Baschant und Ludwig Hirschfeld keine Neigung zeigten. Helene Börner als Leiterin der Textilwerkstatt wollte die Ausstellung nur bei Unterstützung aller Beteiligten. Die Studierenden der Weberei waren sich einig, daß eine Ausstellung im Sommer 1922 verfrüht wäre. Der Leiter der Metallwerkstatt Dell bekannte, daß die bisherigen Arbeiten handwerklich nicht genügen würden, die Ausstellung deshalb besser um ein halbes Jahr verschoben werden sollte. Dieser Meinung schlossen sich auch die Werkstattangehörigen an. Während Marcks seine Zustimmung zur Ausstellung nicht geben wollte, waren Krehan und die vier Werkstattangehörigen der Töpferei in Dornburg dafür. Tischlerei und Wandmalerei lehnten die geplante Ausstellung geschlossen ab. *ThHStA Weimar, Staatliches Bauhaus Weimar 35, Bl. 2-17.* Die Studierenden Josef Albers, Marcel Breuer, Ludwig Hirschfeld und Kurt Schmidt nahmen gemeinsam am 1. April 1922 noch einmal zum Ausstellungsplan Stellung. Sie schrieben: „Wir sind gegen eine Ausstellung im Sommer, da die Anzahl der Arbeiten, die Anspruch machen auf ‚Bauhausarbeiten' viel zu gering sind (sic!) und durch eine verfrühte Ausstellung das wahre Gesicht des Bauhauses verwischt würde."

Sie betonten ausdrücklich, daß die Abstimmung in solchem wichtigen Falle nicht das richtige Vorgehen sein könne, da diese lediglich ein Stimmungsbild wiedergäbe. *ThHStA Weimar, Staatliches Bauhaus Weimar 35, Bl. 18.*

158, 39 § 6 und § 8] Diese Paragraphen betrafen Prüfungen und den obligatorischen Lehrbrief mit der Handelskammer sowie den Austritt aus dem Bauhaus.

159, 5 Prüfungsordnung] Gemeint ist hier die Prüfungsordnung zum Erwerb der Bauhaus-Gesellenreife. Diese Frage wurde seit Anfang des Jahres 1922 im Meisterrat diskutiert. Bereits am 30. Januar 1922 hatte Gropius den Formmeistern einen Text in Umlauf gegeben, welchen er am schwarzen Brett auszuhängen gedachte. Die von ihm vorgeschlagene Regelung war zunächst recht banal. Danach sollte sich jeder Inhaber eines Gesellenbriefes der Handwerkskammer, der sich mindestens ein Jahr am Bauhaus befand, aufgrund einer größeren selbständigen Arbeit zum Semesterende um den Bauhaus-Gesellenbrief bewerben können. Nähere Prüfungsmodalitäten waren nicht ausgeführt. Feininger, Schlemmer, Schreyer und Marcks befürworteten den Text. Klee fragte nach, welche Rechte mit dem „Bauhaus-Gesellen" verbunden seien. Itten verlangte eine statuarische Regelung, während Muche der Meinung war, daß der Text mißverständlich formuliert sei. Es müßten klare Vorgaben für die Anforderungen an den „Bauhaus-Gesellen" gestellt werden. *ThHStA Weimar, Staatliches Bauhaus Weimar 13, Bl. 302.* In einem weiteren Umlauf vom 4. Februar 1922 nahm Gropius auf die Stellungnahmen der einzelnen Meister Bezug: „Zur Frage der Gesellenprüfungen. Die Angelegenheit ist statuarisch geregelt und zwar nach § 6 unserer Satzungen, in denen es heißt: ‚Diese Prüfungen sind vor der Handwerkskammer und vor dem Meisterrat abzulegen.' Um dem Text der Statuten betreffs der Prüfungen größere Klarheit zu geben, schlage ich vor, zu sagen: ‚Diese Prüfungen werden vor der Handwerkskammer abgelegt. Unabhängig davon werden Prüfungen vor dem Meisterrat abgelegt (Bauhaus-Geselle), deren Forderungen über das Maß der gewöhnlichen Gesellenprüfung namentlich in formaler Hinsicht weit hinaus gehen.' Bitte dazu um Stellungnahme. Ein Geselle mit einem Gesellenbrief der Handwerkskammer ist darum noch kein Bauhausgeselle. Nachdem das Bauhaus 2 1/2 Jahre lang besteht, halte ich es für notwendig, gerade den Schülern gegenüber nun dazu aufzufordern, daß sich einige Gesellen um den Bauhausgesellen bewerben, zumal einige ältere Schüler da sind, deren erworbene und angeborene Fähigkeiten wohl ausreichen dürften. Einen Prüfungsplan festzulegen, halte ich für ungünstig. Größtmögliche Freiheit in der Art der vorzulegenden Arbeit müßte gewährt werden. Der Meisterrat hat es in der Hand, das Ergebnis für ausreichend zu erklären oder nicht. Vielleicht ist es richtig, damit nicht Mißverständnisse entstehen – wie Meister Muche befürchtet, jeden Bewerber zu veranlassen, daß er die Arbeit, die er zu machen gedenkt, vorher dem Meisterrat meldet oder aber, daß der Meisterrat die Aufgabe stellt. Ich bitte hierzu um Stellungnahme. Positive Rechte sind mit dem Bauhaus-Gesellen nicht verknüpft. Jedoch wird sich ganz von selbst aus diesen älteren, von uns anerkannten Gesellen ein Grundbestand der Schülerschaft bilden, der der gesamten Schülerschaft das Gepräge aufdrücken wird." *ThHStA Weimar, Staatliches Bauhaus Weimar 13, Bl. 298.* Wahrscheinlich wurde Gropius vom Meisterrat, insbesondere durch Itten, von der Notwendigkeit einer Prüfungsordnung überzeugt. Einen konkretisierten und überarbeiteten Vorschlag gab der Bauhausdirektor am 27. März 1922 in Umlauf. Dieser wurde während der Meisterratssitzung am 24. April 1922 beschlossen. *Siehe Textteil Nr. 46 [5.], S. 188 und Erläuterung zu 188, 25.*

159, 36 beim „Sturm" vorhandenen Bilder] Es handelt sich um jene Bilder, welche bei der Versteigerung in der „Sturm"-Galerie am 15. Dezember 1921 nicht verkauft wurden. Dies sind im einzelnen: Klee „Aquarell in Blau", Feininger „Denstedt" und Itten „Komposition 1916". *ThHStA Weimar, Staatliches Bauhaus Weimar 54, Bl. 80. Siehe Erläuterung zu 146, 17.*

160, 1 Molzahnmappe] Johannes Molzahn plante eine Mappe mit acht Holzschnitten und einer Lithographie herauszugeben, welche im Bauhaus hergestellt werden sollte. Gropius schätzte Molzahns Arbeiten sehr hoch. Aufgrund der während der Sitzung geäußerten Bedenken, bot Gropius dem Verlag Müller & Co. in Potsdam, welcher auch das Mappenwerk „Bauhaus-Drucke. Neue europäische Graphik" verlegte, die Molzahnmappe am 25. März 1922 an. *ThHStA Weimar, Staatliches Bauhaus Weimar 64, Bl. 133.* Das Bauhaus sollte die Herstellung der Mappen besorgen, aber der Verlag die gesamte Auflage zum Vertrieb käuflich erwerben. Die im Mai 1922 vom Bauhaus vorgelegte Kalkulation beziffert die Auflage auf max. 60 Exemplare zum Preis von 400 Mark. *ThHStA Weimar, Staatliches Bauhaus Weimar 64, Bl. 155.* Als sich der Verlag im Juni 1922 noch immer nicht für oder gegen die Übernahme der Mappen entscheiden konnte, forderte Gropius die Probedrucke zurück. *ThHStA Weimar, Staatliches Bauhaus Weimar 64, Bl. 174, 187.*

160, 17 Frl. Grunows Namen] Die Musikpädagogin unterrichtete seit 1919 am Bauhaus Harmonisierungslehre. Ihr Unterricht hatte insbesondere die Vorbereitung der Vorkursschüler auf die Wahl des Handwerks zum Ziel. *Vgl. Fiedler, S. 88-95.* Zunächst war Grunow lediglich als Honorarkraft am Bauhaus beschäftigt. Mit der Entwicklung von Ittens Vorkurs gewann ihr Unterricht jedoch immer mehr an Bedeutung. Diesem Umstand trug man Rechnung, indem der Meisterrat im April 1922 beschloß, die Harmonisierungslehre als Bestandteil der Bauhauslehre auch in das zu entwerfende Lehrschema aufzunehmen. *Siehe Textteil Nr. 46 [5.], S. 188; Nr. 49 [5.], S. 207 und [6.], 210.* Diese Entscheidung wurde in den Satzungen des Bauhauses von 1923 verwirklicht, obwohl bei deren Inkrafttreten im Februar 1923 Grunow am Bauhaus noch nicht fest angestellt war. Als offizielle Lehrkraft wurde sie erst ab 1. Juni 1923 beschäftigt, wobei Gropius dem Vorschlag, sie auf eine der beiden freien offiziellen Meisterstellen zu berufen, zunächst skeptisch gegenüberstand, da er die wissenschaftlich-technische Seite der Ausbildung am Bauhaus zu dieser Zeit stärker betont wissen wollte und an die Einführung naturwissenschaftlichen Unterrichts dachte. *ThHStA Weimar, Personalakten Volksbildung 8832, Gertrud Grunow, Bl. 1. Siehe Textteil Nr. 61 [3.], S. 291-292 sowie Erläuterung zu 292, 1.* Bereits am 18. Oktober 1923 stellte der Meisterrat fest, daß die Harmonisierungslehre keine erkennbare Wirkung gehabt habe und deshalb nicht weitergeführt werden solle. *Siehe Textteil Nr. 66 [3.], S. 314.* Bis Dezember 1923 war der Vertragsentwurf für Gertrud Grunow vom Bauhaus noch nicht an das Ministerium für Volksbildung zurückgesandt worden. *ThHStA Weimar, Personalakten Volksbildung 8832, Gertrud Grunow, Bl. 4.* Dennoch muß vom Bestehen eines Vertragsverhältnisses bis 31. März 1924 ausgegangen werden. *Siehe Textteil Nr. 70 [4.], S. 333.*

162, 21-22 Aussprache] Dorfners Vertrag mit dem Bauhaus endete am 1. April 1923. Über eine eventuelle Verlängerung mußte bis 31. März 1922 entschieden werden. Schon im Oktober 1921 wurde beschlossen, vor einer Vertragsverlängerung diese Frage mit Klee als Formmeister der Buchbinderei zu beraten. Offensichtlich wurde eine Nichtverlängerung des Vertragsverhältnisses beiderseits als wünschenswert empfunden. Gropius begründete dies mit der Tatsache, daß es sich bei der Buchbinderei um eine Privatwerkstatt handelte, welche „dem Einfluß des Bauhauses im wesentlichen entzogen war". *ThHStA Weimar, Thüringisches Ministerium für Volksbildung C 1476, Bl. 78.* Die Aussprache mit Dorfner fand während der Sitzung am 7. April 1922 statt. *Siehe Textteil Nr. 44 [2.], S. 173-174.* Dieser hatte sich entschieden, seine Werkstatt zukünftig selbständig und unabhängig vom Bauhaus zu führen. *Siehe Erläuterung zu 174, 2.* In der Zusammenarbeit mit Dorfner, war es immer wieder zu Schwierigkeiten gekommen. Insbesondere das Verhältnis zwischen dem Werkstattleiter und der Studierenden Anny Wottitz, die sich nur schwer mit Dorfners Forderungen arrangieren konnte, gestaltete sich kompliziert. *Siehe Erläuterung zu 162, 28.* Es ist erkennbar, daß Dorfner, der seine Werkstatt nach Auflösung der Kunstgewerbeschule eigenständig weitergeführt hatte, sich nicht vollkommen in das Gefüge des Bauhauses integrieren konnte oder wollte. *Siehe Erläuterung zu 174, 12.*

162, 28 Schreiben Wottitz] Hierbei handelt es sich um ein Schreiben über die Buchbinderschülerin Anny Wottitz, welches Gropius am 25. März 1922 dem Meisterrat zur Stellungnahme in Umlauf gegeben hatte. Darin hieß es: „Ich halte Frl. Wottitz trotz ihrer künstlerischen Begabung als ungeeignet für das Bauhaus. Die Schwierigkeiten in der Buchbinderei, die aus der Person des Herrn Dorfner erwachsen, sind bekannt und müssen berücksichtigt werden. Die Ansprüche aber, die Frl. Wottitz fortdauernd seit Jahr und Tag stellt, stehen in keinem Verhältnis zu ihrer Leistung. Wenn ihre technischen Leistungen noch nicht genügen, so ist es die Pflicht des Werkstattleiters, den Lehrling noch nicht zur Gesellenprüfung zuzulassen. Frl. W. hat sofort nach ihrem Wiedereintritt ein Atelier bekommen, nimmt das als selbstverständlich und ist mit dem Raum nicht zufrieden. Es ist ausgeschlossen, daß dem einzelnen Lehrling in der Nähe der Werkstatt ein Einzelraum zur Verfügung gestellt wird, damit er den Maschinen nahe ist. Dies ist die Forderung von Frl. W. Ihre Bemerkungen über den Werkstattleiter halte ich für richtig. Wir sind aber im Augenblick zu Änderungen noch nicht in der Lage. Frl. W. will es erzwingen, von der Gesellenprüfung überhaupt entbunden zu werden. Damit entfiele eine Grundbedingung des Bauhauses. Ich kann dem nicht zustimmen. Ich bitte die Meister um Stellungnahme." Die Formmeister äußerten sich unterschiedlich. Itten: „Prinzipiell muß entschieden werden, ob die Gesellenprüfung obligatorisch ist oder nicht. Dann erst kann der Einzelfall berücksichtigt werden."; Klee: „Ich verstehe Frl. Wottitz ganz gut, ihre Nervosität spielt dabei eine Rolle, sie ist außerdem auch im guten Sinne sensibel. Über die räumlichen Möglichkeiten weiß ich nicht Bescheid."; Schlemmer: „Es ist genaue Kenntnis der Sachlage nötig. Der Formmeister möge entscheiden."; Schreyer: „Frl. Wottitz ist künstlerisch recht begabt, aber ihre handwerklichen Leistungen sind trotz der langen Lehrzeit schlecht. Keines der mir vorgelegten Bücher war annehmbar. Ich halte Fr. W. für gänzlich nervenzerrüttet. Eine Arbeit in der Werkstatt ist für sie in der Tat gesundheitlich nicht möglich. Ich bedaure, daß kein Einzelraum da ist. Frl. Wottitz hat nämlich recht. Es muß wohl jeder von uns erst über eine Einsiedlerarbeit fähig werden zur Gemeinschaftsarbeit. Daher auch dieser häufige Wunsch von Bauhausangehörigen. Innerhalb des Bauhauses wie es heute ist, kann eine solche Entwicklung nur bei besonders günstig veranlagten Menschen eintreten. Sonst muß sie ein jeder außerhalb des Bauhauses durchmachen. Ich wäre dafür, Frl. W. einen langen Urlaub zu geben, damit sie Ruhe für sich hat. Ob wir auf die Gesellenprüfung verzichten können, kann ich nicht entscheiden, da ich die Bestimmungen nicht kenne." Feininger nahm das Schreiben von Gropius lediglich zur Kenntnis. *ThHStA Weimar, Staatliches Bauhaus Weimar 13, Bl. 211. Siehe Erläuterung zu 162, 21-22.* Anny Wottitz war als Schülerin von Itten im Herbst 1919 mit diesem aus Wien gekommen. Seit dem Wintersemester 1919/20 war sie Hospitantin der Buchbinderei ohne Lehrvertrag. Dieser wurde wohl Ende 1920 abgeschlossen, mit Sicherheit aber am 3. Januar 1921 an die Handwerkskammer zur Bestätigung zurück gesandt. *ThHStA Weimar, Staatliches Bauhaus Weimar 133, Bl. 40.* Nach Aussage Dorfners verbrachte die Schülerin einige Zeit - wohl das Sommersemester 1920 - in München und kam im Herbst nach Weimar zurück. Laut Dorfner hatte sie sich vorgenommen, nach Abschluß eines Lehrvertrages innerhalb eines halben Jahres die Lehre zu beenden und zur Gesellenprüfung anzutreten. Dorfner war von der technischen und handwerklichen Reife seines Lehrlings jedoch alles andere als überzeugt. Er rügte vor allem ihre Unpünktlichkeit und den Mangel an Engagement. *ThHStA Weimar, Thüringisches Ministerium für Volksbildung C 1471, Bl. 93. Siehe Erläuterung zu 175, 25.* Anny Wottitz umging die weitere Auseinandersetzung mit Dorfner, indem sie ihre Gesellenprüfung im Sommer 1922 in Wien ablegte. *ThHStA Weimar, Staatliches Bauhaus Weimar 133, Bl. 72.* Damit schaffte sie die Voraussetzung für eine selbständige Tätigkeit am Bauhaus, ähnlich dem Vertragsverhältnis zwischen Slutzki und dem Bauhaus. *Siehe Erläuterung zu 144, 9.* Am 23. September 1922 schloß das Bauhaus mit der Gesellin Wottitz einen Vertrag ab. Darin wird ihr für die Ausführung von Buchbinderarbeiten ein Raum zur Verfügung gestellt. Alle Nebenkosten wie Gas, Licht und Heizung übernahm ebenfalls das Bauhaus. außerdem bekam sie die notwendigen Werkzeuge und Materialien zu Verfügung gestellt. Sie war verpflichtet, Aufträge über das Sekretariat des Bauhauses zu leiten. Der Vertrag bestand bis zum 1. Mai 1923. *Bauhaus Archiv Berlin, Archiv W. Gropius. Siehe Erläuterung zu 250, 18.*

162, 30 Bauhaus-Ausstellung] Die hier angeregte Ausstellung fand April bis Mai 1922 statt. Aus diesem Anlaß erschien ein Faltblatt, in welchem Itten den Unterricht seines Vorkurses erläuterte. *Veröffentlicht in: Rotzler, S. 224–225.* Trotz der Planung seit Anfang April 1922 wandte sich Gropius erst am 25. April 1922 mit folgendem Aufruf an die Bauhausangehörigen. „Es ist beabsichtigt, gelegentlich der Landtags-Tagung zusammen mit den besten Arbeiten des Vorkurses, Erzeugnisse der Werkstätten und freie Arbeiten (Graphik, Malerei, Plastik) der Gesellen und Lehrlinge zu zeigen. Alle Meister, Gesellen und Lehrlinge werden hiermit gebeten, das beste zusammenzutragen, auch solche Arbeiten, die sich schon in Privatbesitz befinden. Bis spätestens Freitag [d. i. der 28. April 1922] früh 10 Uhr müssen alle Beiträge in Raum 39 zusammengetragen sein. Die Aufstellung haben übernommen die Meister Klee, Itten, Muche." *ThHStA Weimar, Staatliches Bauhaus Weimar 14, Bl. 188.* Die zeitlich folgenden Sitzungen des Landtages von Thüringen fanden vom 25. bis 28. April 1922 statt und befaßten sich hauptsächlich mit der Aufstellung des Haushaltsplanes des Landes Thüringen für das Rechnungsjahr 1921. Danach trat der Landtag vom 2. bis 4. Mai 1922 zusammen.

171, 41 Eingabe der Werkstattleiter vom 7. April 1922.] *Siehe Erläuterungen zu 131, 29 und 136, 38.* Diese hatten sich mit den folgenden Eingaben an die Direktion und außerdem separat an den Meisterrat des Bauhauses gewandt: „An die Direktion des Staatl. Bauhauses Weimar. Bei der Besprechung unserer Gehaltsfragen auf dem Ministerium ist es uns aufgefallen, daß wir dort unter der Bezeichnung ‚Hilfsmeister' geführt werden. Wir vermuten, daß diese Bezeichnung, die nicht die richtige Wertung unserer Tätigkeit darstellt, im Zusammenhang mit der Gehaltsfrage steht. Die Bezeichnung ‚Hilfsmeister' könnte den Gedanken aufkommen lassen, daß wir gewissermaßen als Assistenten der Formmeister betrachtet werden, was aber nach dem Bauhausprogramm nicht der Fall sein kann. Wir bitten die Direktion, dem Thüringischen Staatsministerium die Verantwortlichkeit und die Wertung unserer Stellung zu unterbreiten, damit [man] unsere Gehaltsfrage im gleichen Sinne wie [die] der Fach- und Gewerbelehrer an Akademien oder Baugewerbeschulen regelt. Wir sind der Meinung, daß wir unbedingt bei der Regierung fordern müssen, in die Gehaltsklasse IX der Thüringischen Beamtenbesoldung eingereiht zu werden. Bei dieser Gelegenheit möchten wir außerdem folgende Fragen geklärt wissen. 1. Wie verhält es sich mit der Entlohnung des

Gesellen Hirschfeld; ist in der Druckerei überhaupt eine Gesellenstelle notwendig? 2. Worin besteht die Tätigkeit Slutzkis? 3. Welcher Art sind die Befugnisse von Frl. Hirschfeld? 4. Bei Vergebung von Stipendien an Lehrlinge und Gesellen fordern wir unbedingt Mitbestimmungsrecht. 5. Die Festsetzung und Auszahlung der Löhne darf nur durch die Handwerksmeister erfolgen. 6. Wer trägt die Verantwortung für den Vorraum und was soll damit geschehen? 7. Lehrverträge sollten nicht nur durch die Direktion, sondern auch von den betreffenden Handwerksmeistern unterzeichnet werden. 8. Strenge Kontrolle der Werkstattschlüssel, die nur in einem Exemplar vorhanden sein dürfen. 9. Das Wohnen einzelner Schüler im Bauhaus hat zur Folge, daß sich diese während der Arbeitszeit mehr in diesen Räumen aufhalten, als in den Werkstätten. 10. An Lehrlinge sollten prinzipiell keine Ateliers vergeben werden. Wir stellen der Direktion anheim, dieses Schreiben in seinem vollen Umfange dem Meisterrat zu unterbreiten." *ThHStA Weimar, Thüringisches Ministerium für Volksbildung C 1471, Bl. 268-269.* Die zweite Eingabe mit der Unterschrift sämtlicher Handwerksmeister richtete sich an den Meisterrat des Bauhauses und hatte folgenden Wortlaut: „Die Handwerksmeister sind in einer gemeinsamen Besprechung über den Stand des Bauhauses zu der Einsicht gekommen, daß in allen Werkstätten Schwierigkeiten und Mißstände bestehen, die dringend einer Abhilfe bedürfen. Wir beantragen noch vor Semesterschluß eine Sitzung, in der sämtl. Meister anwesend sind. 1. Als wichtigsten Punkt betrachten wir, uns im Meisterrat Sitz und Stimme einzuräumen. Wir halten dies unbedingt für nötig, wenn unser Interesse an der Idee des Ganzen erhalten bleiben soll. Ferner ist es nur so möglich, eine gedeihliche Zusammenarbeit mit der Direktion und den Formmeistern zu erzielen. Sollten wir zum Meisterrat nicht zugezogen werden, so würde dies für uns eine Verengung unseres Pflichtbereichs bedeuten und [wir] könnten in diesem Falle für die Ausbildung der Lehrlinge nicht die Verantwortung übernehmen, die heute von uns gefordert wird. 2. Zur Behebung dieser Mißstände halten wir folgendes für nötig. Um die Verantwortung für die Lehrlingsausbildung tragen zu können, ist strengste Einhaltung der Arbeitszeit ohne Sonderrechte erforderlich. Dazu bedürfen wir die ganze Unterstützung der Direktion und der Formmeister. 3. Heute scheint uns die Gefahr, daß durch das Überwiegen des Künstlerischen (überstarke Belastung durch Einzelkurse und Vorträge) dem Dilettantismus auf Kosten des rein Handwerklichen Vorschub geleistet wird. Siehe Programm: ‚Der Künstler ist eine Steigerung des Handwerkers. Die eigentliche handwerkliche Ausbildung kann nur an praktischer Tätigkeit im Sinne von angewandten Arbeiten erfolgen.' 4. Soll es beim ursprünglichen Bauhausprogramm bleiben, so fordern wir eine klare Einstellung der Werkstätten hier[auf] und die Angliederung von weiteren Bauwerkstätten wie Schlosserei und Schmiede. Auf diese hauptsächlichen Punkte haben wir uns in eingehenden Besprechungen geeinigt und sehen in der Durchführung derselben die einzige Möglichkeit für eine weitere Zusammenarbeit." *ThHStA Weimar, Thüringisches Ministerium für Volksbildung C 1471, Bl. 270-271. Siehe Erläuterungen zu 187, 2-3; 187, 6 ; 194, 13 und 221, 11-12.*
172, 4 Bezeichnung Werkstattleiter oder Handwerksmeister] *Siehe Erläuterungen zu 131, 29 und 171, 41.*
172, 27 Abmachungen] *Siehe Erläuterung zu 144, 9.*
172, 32 Syndikusgeschäfte] Nachdem sich Kämmer entschieden hatte, für die neugegründete Hochschule für bildende Kunst zu arbeiten, übernahm die als Schreibhilfe angestellte Lotte Hirschfeld vom 1. Mai bis 10. Oktober 1921 kommissarisch die Aufgaben des Syndikus. Sie erwies sich als äußerst verantwortungsbewußte, kompetente und belastbare Mitarbeiterin für Gropius. Aufgrund ihres Anstellungsverhältnisses als Bürohilfe entstand jedoch

bei verschiedenen Mitarbeitern des Bauhauses der Eindruck einer gewaltigen Kompetenz-überschreitung ihrerseits. *Siehe Erläuterungen zu 171, 41; 189, 18 und 257, 2.*

172, 34 Diese Frage] Im Punkt 4 ihrer Eingabe forderten die Werkstattleiter Mitbestimmungsrecht bei der Stipendienvergabe. *Siehe Erläuterung zu 171, 41.*

172, 35 Beteiligung am Meisterrat] *Siehe Erläuterung zu 171, 41.*

173, 2 Verantwortung für den Vorraum] *Siehe Erläuterungen zu 150, 24 und 171, 41.* Der Vorraum bezeichnete das sogenannte Lesezimmer, einen mit Gropius' Direktorenzimmer durch Doppeltüren verbundenen Raum. Zwischen 1921 und 1923 bemühte sich Itten unter Einbeziehung von Schülern verschiedener Werkstätten, diesem Raum nach einem von ihm vorgegebenen Konzept eine neue Gestalt zu geben. Itten erinnerte sich, daß die Gestaltung auf das menschliche Körpermaß Bezug nahm und der Formgebung der einzelnen Objekte ein Quadrat- und Würfelcharakter zugrunde lag. *Vgl. Weber 1994, S. 228 und Abbildungen S. 216 sowie 229–232.* An den Arbeiten waren die Metallwerkstatt (Slutzki: Türblatt und Klinke, 1921), die Glasmalerei (Josef Albers: Glasfenster, 1922), die Wandmalerei (Herbert Bayer: Wandanstrich, 1922), Tischlerei (Schränke, 1922), Holzbildhauerei (Heinrich Konrad: Türrelief) und die Weberei (wohl Ida Kerkovius: Teppich in schwarz, weiß, grau, ocker und braun) beteiligt. Die im Raum befindlichen Skulpturen fertigte wahrscheinlich die Steinbildhauerei, soweit es sich nicht um Vorkursarbeiten handelte. Itten versuchte mit einer Raumgestaltung das am Bauhaus programmatisch geforderte Zusammenspiel der verschiedenen Handwerke in einem Projekt umzusetzen. Der Raum war Anfang 1923 noch immer in Arbeit, wurde aber zur Bauhausausstellung 1923 der Öffentlichkeit präsentiert. *Siehe Erläuterung zu 295, 19 Vorraum].* Die Vorraumgestaltung fand offensichtlich unter den Meistern am Bauhaus keinen Gefallen. Schlemmer äußerte dazu im Juni 1923 in einem Brief an Otto Meyer-Amden: „Was Itten hinterläßt [...] ist ein Curiosum, ein mißglückter Versuch. Vielgliedrige in dem Raum stehende Plastiken, staubfangend-unhygienisch. Ein Glasfenster, das den Leseraum, der er sein soll, in ein dickrosa Licht setzt, bei dem ‚buchstäblich' nicht gelesen werden kann, es sei denn, man macht das Fenster auf. Ein Bodenteppich in so greller Schwarz-weiß-Wirkung, daß er unbegehbar ist, muß nun gehängt werden. Eine Türklinke, die schon mehr blutige Finger setzte als offene Türen." *Zitiert nach: Weber 1994, S. 229.*

173, 6–7 Werkstattleiter die Lehrbriefe unterschrieben] *Siehe Erläuterungen zu 171, 41 und 187, 6.*

173, 34 Eingabe der Werkstattleiter an den Meisterrat] *Siehe Erläuterung zu 171, 41.*

174, 2 großzügiges Programm für die Organisation der künftigen Bauhausarbeit] *Siehe Erläuterung zu 162, 21–22.* Dorfners Vorschläge wurden von ihm wohl im Mai 1922 nochmals schriftlich der Leitung des Bauhauses vorgelegt. Die umfangreiche Ausarbeitung lautete:„Vorschläge zum Aufbau des Staatlichen Bauhauses in Weimar. Wir haben in Deutschland eine Anzahl von Kunstgewerbeschulen, die teils Architektur-, Stein,- Metall-Holz-, Glas-, Maler-, Textil- und Graphik-Werkstätten unterhalten, aber wir finden unter diesen Schulen keine, die den Bau als Lehrstoff mit so großen Lettern auf dem Programm stehen hat, wie das Staatliche Bauhaus in Weimar. Es ist ein Verdienst des jetzigen Leiters des Staatl. Bauhauses, dieses Programm aufgestellt zu haben, ein Programm, welches alle Gewerbe, die am Bau Betätigung finden, handwerklich und künstlerisch neu beleben und ernähren will. Gewiß ein großer Plan, groß genug, die Bautätigkeit einer Stadt wie Weimar, ja sogar diejenige eines ganzen Landes wesentlich zu beeinflussen. Ich möchte sogar soweit gehen und sagen, daß das Bauhaus innerhalb dieses Programmes die Möglichkeit hat, dem Bau der kommenden Jahre in Weimar und im Lande Thüringen die Form zu geben. Das

Staatliche Bauhaus besteht nunmehr etwa 3 Jahre. In dieser Zeit haben sich eine Anzahl
Künstler bemüht, den Aufbau der Anstalt auszudenken, um dem Ganzen durch die Berufung
tüchtiger Handwerksmeister und durch die Schaffung von praktischen Werkstätten eine lebendige und feste Gestalt zu geben. Bei aller Lebendigkeit, die heute am Bauhaus als Arbeitsresultat vielleicht das Wertvollste ist, kann aber leider bis heute von einer festen Gestalt
des Ganzen nicht gesprochen werden. Die Meister des Bauhauses sind sich wohl einig darüber, daß das Arbeitsresultat der Werkstätten deutliche Worte redet, Worte, die eindringlich
zur Sammlung ermahnen. Der Ernst der Zeit und die Verantwortung des Bauhauses dem
Staate und dem Volke gegenüber verlangen eine weitblickende zielbewußte Organisation
des ganzen Instituts, sie verlangen weiter eine tiefschürfende gewissenhafte Ausgestaltung
aller Werkstätten. Es wäre verhängnisvoll, das Bauhaus gewissermaßen auf einer Insel gegen
das Wirtschaftsleben abzuschließen, weil damit eine Inzucht getrieben würde, die unbedingt
zur werklichen Degeneration führen müßte. Ganz besonders wichtig wird es sein, mit den
Form- und Handwerksmeistern des Bauhauses eine fruchtbare Wechselbeziehung mit dem
Handwerk und der Industrie Thüringens anzuknüpfen, vor allem müßten praktische Modelle und originale Einzelstücke als gut verwertbare Vorbilder und als ausnutzungsfähige
Objekte für das Handwerk und insbesondere aber für die Industrie geschaffen werden,
damit beide ein gewisses Vertrauen zum Bauhaus erhalten und damit beide fühlen, daß das
Bauhaus ihnen eine wertvolle Ergänzung sein will. Ich möchte im folgenden versuchen, anregend zu sein und Vorschläge und Gedanken zur Erörterung stellen, welche sich sicher als
wertvolles Material zum weiteren Auf- und Ausbau des Staatl. Bauhauses verwenden lassen.
Vielseitigkeit bringt Zersplitterung – Zersplitterung bringt Krafvergeudung – Kraftvergeu-
dung bringt Erschöpfung – Erschöpfung bringt Stillstand und Stillstand ist Rückschritt. In
der Konzentration aber liegt die Kraft und aus der Kraft entspringt die Tat. Wir brauchen am
Bauhaus vor allem eine starke Konzentration, eine intensive Einstellung auf das vorn erwähnte Programm und damit eine Vertiefung in das Wesen des Baues. Wir brauchen als Tat
die Verwirklichung des hohen Programmes und die Energie seiner baldigen restlosen Durchführung. Wir benötigen das Produkt endlos fleißiger Stunden; eine ehrliche handwerkliche
Arbeit: ehrlich handwerklich, wahrhaftig und lebendig bis ins letzte Detail. Die Werkstätten
benötigen eine große Aufgabe, sie benötigen die Einstellung auf das einzige Ziel, auf den
Bau. Den Werkstätten fehlt der innere Zusammenhang, die gemeinsame Arbeit, welche sie
verbinden muß. Es ist deshalb dringend notwendig, daß dieses innerhalb eines großzügigen
Planes geschafft wird. Ganz besonders wichtig ist es aber, die noch fehlenden Werkstätten
so schnell als möglich einzurichten und die schon bestehenden ganz zu vervollkommen.
Die Frauenfrage am Staatl. Bauhaus ist bis jetzt ungelöst. Die Textil- und Frauenabteilungen
müssen unbedingt ausgebaut werden, um der Frau am Bauhaus ein Arbeitsgebiet zu schaffen, innerhalb welchem sie unter Berücksichtigung ihrer körperlichen Beschaffenheit produktiv tätig sein kann. Die Frauen gehören nicht in die Bauwerkstätten. Lassen wir die Frau
Teppiche knüpfen, Stoffe weben, färben, bedrucken, malen, lassen wir sie sticken und Kleider machen, so wird sie ein brauchbare und produktive Kraft am Bauhaus darstellen, mit
deren Erzeugnissen der Bau behaglich ausgestattet werden wird. Die Einrichtung eines
Büros für wirtschaftliche Fragen wäre von großem Vorteil. Der Beamte dieses Büros müßte
ein erstklassiger Kaufmann sein mit praktischen Erfahrungen, der als Syndikus des Staatl.
Bauhauses angestellt werden müßte und dem das Verwaltungsbüro alle Unterlagen, die für
seine Tätigkeit nötig wären, zur Verfügung hielte. Diese Kraft ist sehr wichtig, denn die wirtschaftlichen Fragen werden im Laufe der Zeit so stark an das Bauhaus herantreten, daß sie

nur von einem sachkundigen Kopf praktisch erledigt werden können. Diesem Büro ist es
Aufgabe, die Ausnutzung der Produktivkraft der Werkstätten zu studieren und die Wege der
Verdienstmöglichkeiten für die Werkstätten durch geeignete Propaganda zu suchen. Ferner
auch die Beziehungen zum Handwerk und zur Industrie mit zu suchen und die Verwertung
aller Arbeit des Bauhauses in kaufmännischem Geiste zu organisieren. Es gibt kein Unternehmen, in welchem viele Menschen tätig sind, bei dem man die wirtschaftliche Seite aus-
schalten könnte, also kann man dies auch beim Bauhaus nicht. Gerade die wirtschaftliche Arbeit am Bauhaus muß sehr klug erledigt werden, um den Lehrlingen und den Gesellen eine
einigermaßen ausreichende Verdienstmöglichkeit zu schaffen und um [sie] mit der künstlerischen Aufgabe, die das Bauhaus zu lösen hat, in Einklang zu bringen, ohne diese zu schädigen. Die Auswahl des Leiters dieses Büros wird nicht ganz leicht sein, es muß eine Kraft
gewonnen werden, die in Handwerker- und Industrie-Kreisen als Persönlichkeit bekannt ist
und reiche Beziehungen zu diesen Kreisen hat. Vielleicht wäre es sogar möglich, diese Stelle
seitens der Staatsregierung ehrenamtlich (ev. gegen Entschädigung) zu vergeben. Das Bauhaus der Zukunft würde etwa folgende Zusammensetzung haben:

1. Architektur-Abteilung
2. Praktische Bauwerkstatt (Baugewerksmeister)
3. Steinbildhauerei
4. Keramik (Baukeramik)
5. Schmiede
6. Schlosserei (Dreherei)
7. Metall-Werkstatt (Gürtlerei)
8. Tischlerei (Drechslerei)
9. Holzbildhauerei
10. Dekorationsmalerei
11. Glasmalerei
12. Bühnenwerkstatt

Textilwerkstätten oder Frauenabteilungen

1. Teppichknüpferei
2. Weberei
3. Färberei, Stoffdruckerei
4. Stickerei
5. Frauen- und Kinderbekleidungswerkstatt

Verwaltungsbüro
Wirtschaftsbüro

Zur Einrichtung der noch fehlenden Werkstätten werden weitere Räume und Mittel nötig
sein, die beschafft werden müssen. Es dürfte nicht leicht sein, diese Räume und Mittel zu beschaffen, aber es gibt auch hierfür einen Weg, welcher hier skizziert sein möge. Das Bauhaus
ist verpflichtet, wenn es Bauhaus bleiben will, sich mehr und mehr auf die Dinge zu konzentrieren, die mit seiner Aufgabe zusammenhängen, d. h. sich auf die Bauwerkstätten zu
konzentrieren, um nicht zur landläufigen Kunstgewerbeschule zu werden. Die Buchbinderei
muß aus diesem Grunde aus dem Bauhaus ausscheiden. Es ist für sie innerhalb des Bauhaus-
Programmes keine rechte Entwicklungsmöglichkeit vorhanden, weil sie, rein sachlich genommen, ganz außerhalb des Interessenkreises des Bauhauses liegt und liegen muß und weil
die von ihr benötigten Mittel und Räume viel fruchtbringender im Interesse des Instituts
durch die Schaffung notwendigerer Werkstätten verwendet werden können. Um nun die

reinliche Scheidung in großer Linie durchzuführen und um den fehlenden Werkstätten weitere Räume und Mittel zu beschaffen, käme die Aufgabe der graph. Druckerei an erster Stelle mit in Frage. Da diese Werkstatt ohnehin nur eine reproduzierende ist und nie Lehrlinge im Sinne des Bauhauses ausbilden kann, wird sie immer nur eine Belastung des Ganzen darstellen. Der Gedanke, auch diese Werkstatt aufzugeben, ist allen Ernstes zu erörtern. Die Maschinen und die Einrichtung dieser Werkstatt könnten gut verkauft werden und mit dem Erlös könnte sofort eine andere notwendige Werkstatt (Schlosserei) eingerichtet werden. Die im Etat stehende Stelle des Meisters und des Gesellen der Graph. Werkstatt könnten wohl ohne Schwierigkeit auf die Schlosserei übertragen werden und das Bauhaus würde durch die Aufgabe dieser Werkstatt 4 Räume frei bekommen. Das Bauhaus könnte den Käufer der Abteilung durch Lieferungsvertrag verpflichten, die Arbeiten für den Bauhausverlag, unter Mitarbeit der Bauhausmeister zu einem Vorzugspreis zu liefern, was ja auch mit der Buchbinderei in Aussicht genommen ist. Andere Verleger arbeiten alle sehr nutzbringend, ohne eigene Werkstätten zu unterhalten, sollte dies dem Bau[haus] nicht ebensogut möglich sein? Der Einwand, daß die Arbeiten, die die Werkstatt unter den jetzigen Arbeitsbedingungen erledigt, billiger herzustellen sind wie im Lieferungsvertrage, ist sicher nicht stichhaltig und wird sich bei genauer Errechnung als ein Trugschluß erweisen. Die Entwicklung des Bauhauses verlangt mit zwingender Notwendigkeit die Vereinheitlichung einer Arbeitsbasis innerhalb eines hohen und starken Willens zum Baugedanken und deshalb hat das Bauhaus keine Zeit zu verlieren, mit sicherer Hand zu trennen und auszuscheiden, was dieses nur belastet, ohne wichtig zu sein. Der Meisterrat des Staatl. Bauhauses muß eine breitere Grundlage erhalten, d. h. die Leiter der Werkstätten müssen ihm mit Sitz und Stimme angehören. Es wird auf die Dauer nicht fruchtbar sein, wenn Künstler allein über wichtige Fragen entscheiden, welche rein handwerklicher Natur sind, welche von diesen in den weitaus meisten Fällen nicht richtig gewertet werden können. Die Zusammenarbeit aller Meister am Bauhause muß von gegenseitigem Vertrauen getragen sein. Es wird auch auf die Lehrlinge und Gesellen einen starken und tiefen Eindruck machen, wenn sie fühlen, daß ein einheitlicher Gedanke und eine gegenseitige Wertschätzung der Form- und Werkstatt-Meister sich allmählich herauskristallisieren. Beide Teile, Form- und Werkstatt-Meister, sind zur Durchführung der Idee des Bauhauses gleich wichtig, sollte in ehrlicher Erkennung dieser Tatsache eine Gleichstellung nicht möglich sein? Es wurde schon eingangs erwähnt, wie notwendig für die Werkstätten die Stellung einer großen Aufgabe ist. Diese Aufgabe kann nur in der Ausführung eines Baues liegen, der hier in Weimar erstellt wird. Dies wäre folgendermaßen möglich: Das Bauhaus erwirbt an schöner Stelle in Weimar einen Bauplatz und erstellt dort ein Einfamilienwohnhaus nach vorbildlichem originalen Plan. Die Beschaffung der Mittel wäre unter folgenden Gesichtspunkten sicher möglich. Ein Geldgeber (Privatmann oder Staat) gibt zum Ankauf eines Bauplatzes etwa 150 000,- Mk. unter der Bedingung, daß das Bauhaus auf diesem ein Wohnhaus erstellt, auf welches er nach Fertigstellung ein Vorkaufsrecht zum Selbstkostenpreis hat. Nach Erstellung der Grundmauern usw. wird von einer Bank oder Sparkasse eine I. Hypothek zum Weiterbau und nachdem der Rohbau fertig ist, eine II. Hypothek zur Fertigstellung des Hauses aufgenommen. Das Wohnhaus könnte nach Fertigstellung ev. auch als Dienstwohnung des Direktors des Staatl. Bauhauses dienen und könnte in diesem Falle von den Werkstätten mit Möbeln, Teppichen, Stoffen usw. ausgestattet werden. Es wäre auch der Plan ins Auge zu fassen, dieses Haus nach Fertigstellung zu verkaufen. Es werden in Weimar dauernd Einfamilien-Wohnhäuser von gut finanzierten Kaufleuten und Industriellen gesucht, die ein solches Haus sehr gut bezahlen würden. Seitens des

Meisterrates muß in dieser Hinsicht unbedingt ein großer Entschluß gefaßt werden, das Bauhaus muß seine Arbeitsaufgabe unter allen Umständen sehr bald am Bau finden, damit unter der Wucht der Arbeit eine Arbeitsruhe in den Werkstätten einkehrt und das Bauhaus endlich der Öffentlichkeit ein großes Arbeitsresultat vorlegen kann. Die Kräfte hierzu sind vorhanden, sie müssen nur von genialer Hand und von genialem Geist geweckt und geführt werden. Otto Dorfner" *ThHStA Weimar, Staatliches Bauhaus Weimar 3, Bl. 27-31.* Noch im April 1922 teilte Gropius Dorfner mit, daß seinem Antrag zur Ausgliederung der Buchbinderwerkstatt aus dem Verband des Bauhauses entsprochen werde. Gropius schrieb: „Wir erblicken in der Ausscheidung der Buchbinderei eine Maßnahme, die uns in die Lage versetzt, mit den bis jetzt von dieser Werkstatt beanspruchten Mitteln andere noch fehlende aber notwendige Bauwerkstätten einzurichten und zu unterhalten und begegnen damit einer Zersplitterung unserer Kraft, welche im wesentlichen und im besonderen auf die mit den Bauwerkstätten zusammenhängenden Aufgaben konzentriert werden muß." *ThHStA Weimar, Staatliches Bauhaus Weimar 13, Bl. 212.*

174, 12 Bezügl[ich] der anderen Lehrlinge] Es handelte sich um die Studierenden Anny Wottitz, Dolly Borkowsky und Alice Vollmer (Neufert). Borkowsky verließ das Bauhaus am 8. April 1922. Vollmer (Neufert) war im Wintersemester beurlaubt. *Vgl. Dietzsch, S. 224.* Wottitz hatte mit dem Buchbindermeister Dorfner als Lehrer größere Probleme, so daß dieser ihre Ausbildung nicht weiter übernehmen wollte. *Siehe Erläuterung zu 162, 21-22.*

174, 29 Begründung des Antrages] Einen authentischen Eindruck von der Argumentation der Werkstättenleiter in bezug auf ihre Mitbeteiligung am Meisterrat gibt die entsprechende Textpassage aus Dorfners „Vorschlägen zur Umgestaltung des Bauhauses" vom Mai 1922. *Siehe Erläuterung zu 174, 2.*

175, 25 Die mit Schreiben vom 22. 3. gestellten Forderungen] Dieses Schreiben ist im Thüringischen Hauptstaatsarchiv Weimar nicht überliefert. Nachgewiesen werden konnte lediglich der Umlauf an den Meisterrat vom 25. März 1922, der auf das genannte Schreiben von Anny Wottitz Bezug nahm. *Siehe Erläuterung zu 162, 28.* Sie wollte von der Gesellenprüfung generell befreit werden und forderte einen eigenen Arbeitsraum in der Nähe der Werkstatt. Die Situation wurde durch Dorfners Ausscheiden aus dem Bauhaus im Frühjahr 1922 noch verschärft, da er nicht bereit zu sein schien, sie unter den gegebenen Umständen in seiner privaten Werkstatt weiter auszubilden.

175, 39 Professorentitel] Bereits im Januar 1921 war Schlemmer aufgefallen, daß die Lehrer des Bauhauses im privaten Verkehr durchaus den Professorentitel gebrauchten. *Siehe Hüneke, S. 70.* Insbesondere seit der Neugründung der Staatlichen Hochschule für bildende Kunst gewann der Titel „Professor" für die Bauhausmeister wieder an Bedeutung. Die Lehrkräfte der Kunsthochschule verwendeten ihn und er wurde im Alltagsbewußtsein zum Gradmesser der künstlerischen Kompetenz. Die im Pathos der Gründungszeit des Bauhauses von Gropius für seine Person verschmähte akademischen Titulatur gewann so ein ungewolltes Gewicht. *Siehe Erläuterung zu 175, 41 und 176, 1.* Einerseits wurde der Titel von den Bauhausmeistern durchaus als Erleichterung des Alltags oder aus Rücksicht auf Konventionen benutzt, andererseits waren sie sich bewußt, daß sie damit dem antiakademischen Grundtenor des Bauhausprogramms widersprachen. Diese Situation verlangte nach Klärung, zumal im Bauhausmanifest von 1919 der Sinn und Hintergrund der Titel Meister, Geselle und Lehrling als deutliche Abgrenzung gegenüber der akademischen Hierarchie verstanden werden mußte und damit programmatische Bedeutung besaß. Eine endgültige Klärung des Problems erfolgte erst im Oktober 1922. *Siehe Textteil Nr. 53 [3.], S. 233 und [7.], S. 236-237 sowie Erläuterung zu 233, 21.*

175, 41 – 176, 1 früher vertretener Standpunkt] Im § 5 des Anstellungsvertrages von Gropius hieß es ursprünglich: „Herrn Gropius wird die Dienstbezeichnung ‚Professor' beigelegt." *ThHStA Weimar, Personalakten Volksbildung 8652, Walter Gropius, Bl. 28.* Am 2. April 1919 hatte Gropius folgende Erklärung abgegeben: „Ich bitte mich von der im zugesandten Vertrage zugestandenen ehrenvollen Bezeichnung ‚Professor' entbinden zu wollen. Ich habe seit Jahren den Standpunkt vertreten, daß Titulaturen dem freien Künstler nicht zukommen. Nun muß ich die Konsequenzen meiner grundsätzlichen Auffassung in dem Augenblick, wo mir persönlich ein Titel angeboten wird, ziehen. Ich bitte aber versichert zu sein, daß ich diese Angelegenheit als eine rein persönliche betrachte und mich in keiner Weise in die Entschließungen anderer nach Weimar zu berufender Künstler über die Annahme eines Titels einmischen werde." *ThHStA Weimar, Personalakten Volksbildung 8652, Walter Gropius, Bl. 22.* Siehe *Erläuterungen zu 175, 39 und 233, 21.*

176, 8 Probierplatz] Die Einrichtung eines Probierplatzes war bereits seit Gründung des Bauhauses Bestandteil seines Programms. In seinem ersten diesbezüglichen Antrag sprach Gropius allerdings noch von einer „Probierwerkstatt für Architektur, Bildhauerei und Malerei". *ThHStA Weimar, Staatliches Bauhaus Weimar 85, Bl. 1.* Die Einrichtung solcher Werkstätten als temporäre Ausstellungsräume, die beispielsweise Bilder und Plastiken mit Beziehung auf die Architektur der Räume zeigen sollten, entsprach einer Forderung des Arbeitsrates für Kunst. *Siehe Franciscono, S. 281–284.* Bereits in den Kostenvoranschlag des Bauhauses für das Geschäftsjahr 1919/20 vom 22. Mai 1919 wurden 6 000 Mark für die Unterhaltung eines Probierplatzes eingestellt. *ThHStA Weimar, Hofmarschallamt 3707, Bl. 220.* Gropius hatte sehr früh in einem Antrag an das Kultusministerium vom 2. Mai 1919 um die Überweisung des Reithauses an der Ilm zur Einrichtung einer Ausstellungshalle und Probierwerkstatt für Architektur, Bildhauerei und Malerei gebeten: „Es wird augenblicklich an verschiedenen Akademien Deutschlands der Versuch gemacht, solche Probierwerkstätten ins Leben zu rufen, die im großen Rahmen die Verbindung der Künste untereinander pflegen sollen, derart, daß Bild und Plastik wieder im architektonischen Rahmen gezeigt wird. Solche Probierwerkstätten sollen schließlich die Stelle von ständigen Ausstellungen vertreten, die für das Publikum geöffnet sind. [...] Es besteht ein dringendes Bedürfnis danach und Weimar könnte mit der Einrichtung eines solchen Probierplatzes an der Spitze marschieren." *ThHStA Weimar, Staatliches Bauhaus Weimar 85, Bl. 1.* Das Kultusministerium teilte dem Bauhaus am 25. Mai 1920 mit, daß das Reithaus der Schule momentan noch nicht zur Verfügung gestellt werden könne, weil dieser Entscheidung die Auseinandersetzung des Staates mit dem ehemaligen Großherzog vorausgehen müsse, da das Reithaus aus seinem Besitz beschlagnahmt worden war. *ThHStA Weimar, Staatliches Bauhaus Weimar 85, Bl. 4.* Nach der Gründung der neuen Staatlichen Hochschule für bildende Kunst im Frühjahr 1921 erneuerte Gropius am 2. Mai 1921 seinen Antrag: „Die Werkstätten des Bauhauses sind jetzt soweit im Gang, daß die Einrichtung eines größeren Probierplatzes notwendig geworden ist, wenn der Grundgedanke der Gemeinsamkeitsarbeit der Werkstätten nicht in der Theorie stecken bleiben soll. [...] Wir haben uns überzeugt, daß im Reithaus größtenteils Gerümpel und nicht benutzte Inventarstücke untergebracht sind, deren Verlegung an anderen Ort oder Versteigerung, wie wir hören, auch im Interesse der Beamten des Großherzogs steht." *ThHStA Weimar, Staatliches Bauhaus Weimar 85, Bl. 5.* Auch diesem Antrag konnte nicht entsprochen werden, wie die nunmehr zuständige Kultusabteilung in der Gebietsregierung am 10. Mai 1921 mitteilte. Bereits Anfang Juni 1921 insistierte Gropius jedoch erneut und bat um die Überlassung der beiden unteren Etagen des Reithauses. *ThHStA Wei-*

mar, Staatliches Bauhaus Weimar 85, Bl. 6-7. Der Antrag blieb ohne Bescheid und wurde am 17. August 1921 erneuert. Die Schatullverwaltung des Großherzogs zeigte sich gegenüber dem Vorschlag von Gropius, wie sie der Kultusabteilung am 26. August 1921 mitteilte, nicht abgeneigt, stellte allerdings verschiedene Bedingungen. Als Voraussetzungen für die Übergabe des Reithauses an das Staatliche Bauhaus nannte man unter anderem die Freigabe des gesamten Inhaltes des Reithauses aus der Beschlagnahme in die Verfügbarkeit des abgedankten Großherzogs und die Rückgabe des Reithauses an den einstigen Landesherrn, falls der Auseinandersetzungsvertrag mit der Regierung nicht innerhalb eines Jahres zustande käme. Diesen und weiteren Forderungen konnte die Gebietsregierung nicht entsprechen, was sie dem Bauhaus am 9. September 1921 mitteilte. *ThHStA Weimar, Staatliches Bauhaus Weimar 85, Bl. 9-10* Nach dem Abschluß des Auseinandersetzungsvertrages zwischen der Gebietsregierung und dem ehemaligen Großherzog im Herbst 1921 wurden die Besitzverhältnisse dahingehend geklärt, daß das Reithaus im Besitz des Staates verblieb. Damit schien der Weg für die Einrichtung eines Probierplatzes geebnet. Die Kultusabteilung wandte sich am 22. November 1921 an die Finanzabteilung, um die Übernahme des Gebäudes durch das Bauhaus zu beschleunigen. Am 16. Januar 1922 teilte Gropius dem Architekten Bernhard Sturtzkopf mit, daß das Reithaus dem Staatlichen Bauhaus übergeben worden sei. Seine offizielle Übernahme zu diesem Zeitpunkt kann jedoch nicht belegt werden. Auch in einer Aufstellung vom 5. Dezember 1922 über den Schriftwechsel des Bauhauses mit den verschiedenen Behörden und dem Hofmarschallamt bezüglich des Reithauses zwischen 1919 und 1922 fand sich kein entsprechendes Schriftstück, welches das Bauhaus offiziell als neuen Nutzer des Reithauses nennt. *ThHStA Weimar, Staatliches Bauhaus Weimar 83, Bl. 10.* Gropius bezog seine Annahme wohl aus einer Besprechung mit Regierungsvertretern am 28. Dezember 1922. Bei dieser Gelegenheit hatte Staatminister August Frölich zugesagt, daß, um der Raumnot am Bauhaus abzuhelfen, die Erdgeschoßräume des Reithause an der Ilm für den Vorkurs des Bauhauses hergerichtet werden sollten. *ThHStA Weimar, Staatliches Bauhaus Weimar 31, Bl. 52-53.* Bis April 1922 ging Gropius offenbar davon aus, daß die Angelegenheit im Sinne des Bauhauses geregelt wäre und sich die vertragliche Klärung durch die langen Bearbeitungszeiten der einzelnen Behörden verzögert hätte. Dies zeigte sich auch darin, daß Gropius bereits im Januar 1922 die Bauaufnahme durch Sturtzkopf und Vogel in Auftrag gab, die notwendigen Umbauten am Gebäude also bereits geplant wurden. *ThHStA Weimar, Staatliches Bauhaus Weimar 85, Bl. 14-16.* Seit April 1922 ergab sich durch die Auflösung der Gebietsregierung Weimar (an deren Stelle eine in ihren Befugnissen eingeschränkte Gebietsleitung trat) und die Übernahme von weiteren Zuständigkeiten auf die thüringische Landesregierung – die Aufsicht über das Staatliche Bauhaus als Lehranstalt ging im April/Mai 1922 von der Kultusabteilung der Gebietsregierung auf das Thüringische Ministerium für Volksbildung über – eine neue Situation. Es wurde klar, daß das nunmehr zuständige Thüringische Staatsministerium, also die Landesregierung, mit dem Reithaus andere Pläne verfolgte und die Einrichtung von Geschäftsräumen seiner Präsidialabteilung plante. Erneut wandte sich Gropius am 6. April 1922 an die bisher zuständige Kultusabteilung der Gebietsleitung Weimar, um auf sein Anliegen aufmerksam zu machen. Am 11. April 1922 fand eine Besprechung zu diesem Problem statt, an welcher der bisherige Vorsitzende der Gebietsregierung und neue Gebietsleiter August Baudert, von der thüringischen Landesregierung Staatsminister Arnold Paulssen, der aus der Kultusabteilung in das Thüringische Ministerium für Volksbildung übergewechselte Referent Albert Rudolph, Oberbaudirektor Jakob Schrammen und Gropius teilnahmen. Auf der Basis der Ergebnisse dieses Gesprächs verfaßte Gropius am 13. April 1922 ein weiteres Schreiben an die ehemalige Kultusabteilung. Er beharrte auf seiner Forderung nach einem Probierplatz, brachte allerdings die Reithalle (Reitbahn) an der Belvederer Allee als Alternative ins Gespräch. Offensichtlich hatte man sich aber dahingehend geeinigt, dem Bauhaus eventuell das Erdgeschoß des Reithauses zu überlassen. *ThHStA Weimar, Staatliches Bauhaus Weimar 85, Bl. 17–24.* Mit Beschluß des Thüringischen Staatsministeriums vom 18. April 1922 wurden dem Bauhaus diese Räume, soweit sie nicht von den Ministerien benötigt wurden, dann auch zur Verfügung gestellt. Das Thüringische Finanzministerium knüpfte allerdings an diese Vereinbarung die Bedingung, daß „nur solche Verrichtungen vorgenommen werden, die keinen Lärm verursachen". *ThHStA Weimar, Staatliches Bauhaus Weimar 85, Bl. 28.* Die Räume wurden nun allerdings vom Vorkurs genutzt, der im Wintersemester 1923/24 dort stattfand. Gleichzeitig wurde dem Bauhaus mitgeteilt, daß die Reitbahn an der Belvederer Allee der Schule nicht zur Verfügung gestellt werden könne, da sie bis 1933 an den Reitbahnverein verpachtet sei. *ThHStA Weimar, Staatliches Bauhaus Weimar 85, Bl. 25–26.* Der Probierplatz wurde schließlich provisorisch im Raum 21 bzw. Raum 25 des Werkstattgebäudes eingerichtet. In welchem Umfang hier Unterricht abgehalten wurde, konnte nicht nachgewiesen werden. Lediglich die Anschaffung und Lagerung von Baumaterialien für Versuchszwecke ist belegt. *Siehe Meyer, S. 125.* Emil Lange, dessen Amtsantritt als Fachleiter des Probierplatzes am 12. September 1922 am schwarzen Brett des Bauhauses bekanntgegeben wurde, übernahm bereits ab 1. November 1922 die kommissarische Führung der Syndikusgeschäfte. *Siehe Erläuterung zu 202, 4 und ThHStA Weimar, Staatliches Bauhaus Weimar 113, Bl. 43.* In einer Liste der Lehrlinge und Gesellen des Bauhauses vom 14. September 1922 fand sich keine Eintragung von Studierenden, welche auf dem Bauversuchsplatz lernten. *ThHStA Weimar, Staatliches Bauhaus Weimar 138, Bl. 91.* Zwischen August 1922 und Januar 1923 schlug die Unterhaltung des Versuchsplatzes mit 70 724 Mark zu Buche. Mit der offiziellen Einstellung Langes als Syndikus des Staatlichen Bauhauses ab 1. Januar 1923 wurde das Bauhaus am 11. Januar 1923 vom Thüringischen Finanzministerium ersucht, „von der Neubesetzung der Stelle des Leiters für den Bauversuchsplatz bis zur Einrichtung dieses Platzes abzusehen". *ThHStA Weimar, Staatliches Bauhaus Weimar 113, Bl. 65.* Es ist davon auszugehen, daß die Einrichtung des Bauprobierplatzes als Ausbildungsstätte für besonders befähigte Gesellen nicht vorgenommen werden konnte. *Siehe Meyer, S. 125–126.*

181, 34 ein klares graphisches Bild der Lehreinteilung] Die endgültige Lösung wurde in die Satzungen des Bauhauses von 1923 aufgenommen. *Siehe Abbildung 19 b.*

186, 41 die von Meister Dorfner gegebenen Anregungen] Gemeint sind hier Dorfners Vorschläge zur Umgestaltung des Bauhauses vom Mai 1922. *Siehe Erläuterung zu 174, 2.*

187, 2–3 Eingabe an den Finanzminister] *Siehe Erläuterungen zu 131, 29; 136, 38 und 171, 41.* Mit dieser Eingabe wandten sich die Formmeister und Werkstattleiter am 10. April 1922 an den zuständigen Staatsminister im Thüringischen Finanzministerium Emil Hartmann. Eine Abschrift dieser Eingabe erhielt das Kultusministerium der Gebietsregierung mit der Bitte um Unterstützung des Antrages. Die Form- und Werkmeister verlangten eine sofortige Regelung der Gehaltsfrage, deren Lösung schon am 12. Oktober 1920 zugesagt worden war, bis Frühjahr 1922 jedoch noch keine Klärung erfahren hatte. In der Eingabe hieß es: „Sollte die generelle Regelung vor Verhandlung im Landtag nicht zu ermöglichen sein, so ersuchen wir um Zahlung derjenigen Summen, die einem Meistergehalt entsprechen in Form von Vorschüssen mit Rückwirkung bis zum 1. Oktober 1921." Der dieser Eingabe beiliegende Vorschlag zur Regelung der Gehaltsfrage sah für die Meister des Bauhauses ein Jahresgehalt von 55 000 bis 60 000 Mark vor. Dieser Betrag war anhand von ortsüblichen Tarifen im freien Gewerbe berechnet worden. Das Jahresgehalt eines Gesellen im Handwerk betrug etwa 45 000 Mark. In einem weiteren Schreiben vom 25. April 1922 beantragte Gropius, da die Entscheidung des Finanzministeriums auf sich warten ließ, einen Vorschuß für jeden Meister in Höhe von 6 000 Mark. Außerdem verlangte er für den Meister, der im jeweiligen Semester den Vorkurs leitete, einen Zuschlag von 5 000 Mark. *ThHStA Weimar, Staatliches Bauhaus Weimar 121, Bl. 127, 130, 132.* Ein Vorschuß auf die in Aussicht stehende Gehaltserhöhung in Höhe von 5 000 Mark wurde den Meistern des Bauhauses am 28. April 1922 vom Thüringischen Finanzministerium gewährt. *ThHStA Weimar, Staatliches Bauhaus Weimar 97, Bl. 133.* Eine endgültige Regelung traf das Staatsministerium am 16. Juni 1922. Danach erhielt mit Wirkung vom 1. Oktober 1921 der Direktor des Bauhauses ein jährliches Grundgehalt von 55 000 Mark. Das Grundgehalt der Form- bzw. Handwerksmeister wurde auf jährlich 35 000 Mark festgesetzt. Genehmigt wurde außerdem die rückwirkende Gewährung von Teuerungszuschlägen, Kinderbeihilfen und Frauenzulagen. *ThHStA Weimar, Staatliches Bauhaus Weimar 97, Bl. 140.*

187, 6 Antrag bei der Handwerkskammer] Dieser Antrag betraf die Unterzeichnung der Lehrverträge durch die Werkstättenleiter. Die Handwerkskammer genehmigte dies offenbar, da die ab Frühjahr 1922 abgeschlossenen Lehrverträge die Unterschriften von Gropius und dem entsprechenden Handwerksmeister tragen. *Siehe Erläuterung zu 171, 41.*

188, 25 Gesellenprüfungsordnung] *Siehe Erläuterungen zu 159, 5 und 188, 25–26.* Gropius' Vorschlag zur Gesellenprüfungsordnung ging am 27. März 1922 in Umlauf an den Meisterrat. Die Prüfungsordnung sah vor, daß sich jeder Bauhausgeselle nach Abschluß seiner Lehre mit dem Gesellenbrief der Handwerkskammer nach eigenem Ermessen und in Absprache mit seinen beiden Meistern zur Bauhaus-Gesellenprüfung melden konnte. Gefordert wurde eine selbständige Arbeit, die formale und handwerkliche Reife erkennen ließ und die Lösung einer sachlich und zeitlich begrenzten Aufgabe, welche der Meisterrat stellte. Diese Arbeiten sollten im Bauhaus ausgestellt werden. Jeder Meister, Geselle und Lehrling war berechtigt, die Wahl des Prüflings zum Bauhaus-Gesellen aus persönlichen oder sachlichen Gründen abzulehnen. Zur Erteilung der Bauhausgesellenreife sollte nach Gropius' Vorstellungen der Meisterrat, der betreffende Werkstattleiter und ein mindestens drei Jahre am Bauhaus tätiger Geselle herangezogen werden. Die Wahl mußte einstimmig erfolgen. In der Weberei und der Glaswerkstatt konnten sich die Lehrlinge auch ohne öffentlichen Gesellenbrief zur Bauhaus-Gesellenprüfung anmelden. Die Kammer schloß in diesen beiden Handwerken keine Lehrverträge ab. *Siehe Erläuterung zu 123, 28–29.* Der Bauhaus-Gesellenbrief sollte dem in den Bauhauswerkstätten ausgebildeten Gesellen bescheinigen, daß „seine formale und handwerkliche Lehrlings-Ausbildung, sein Können und Wissen im Sinne des Bauhauses und seiner gesteigerten Anforderungen seinen vorläufigen Abschluß erreicht hat". *ThHStA Weimar, Staatliches Bauhaus Weimar 13, Bl. 306.* Die Bauhaus-Gesellen vertraten die Interessen der Lehrlinge und Gesellen des Bauhauses.

188, 25–26 Änderungsvorschlägen von Itten] *Siehe Erläuterung zu 188, 25.* Bezüglich des Wortlautes der Gesellenprüfungsordnung unterbreitete Itten die folgenden Vorschläge: die Prüfungsaufgabe sollte nicht allein vom Meisterrat, sondern von den Form- und Handwerksmeistern gemeinsam gestellt werden. Vetorecht gegen die Wahl zum Bauhausgesellen aus sachlichen oder persönlichen Gründen sollten nur Meister, Jungmeister und Gesellen, nicht aber Lehrlinge haben. Außerdem waren bei der Entscheidung über die Ernennung zum Bauhausgesellen nicht nur der Handwerksmeister der Werkstatt des Prüflings, sondern alle

Handwerksmeister hinzuzuziehen. Ittens Vorschläge wurden angenommen. *ThHStA Weimar, Staatliches Bauhaus Weimar 13, Bl. 304.*

188, 39 Stundenplan für das Sommersemester] Der Stundenplan sah von Montag bis Samstag eine täglich Werkstattarbeitszeit von 7 bis 13 Uhr vor. Klee unterrichtete am Montag, Schreyer am Dienstag ab 15 Uhr. Werkzeichnen und Konstruktionslehre fand am Mittwoch ab 15 Uhr statt. Der Vorkursunterricht wurde samstags von 8 bis 12 Uhr erteilt. *ThHStA Weimar, Staatliches Bauhaus Weimar 13, Bl. 206.*

189, 4 Eingabe der Zeichenlehrer] *Siehe Erläuterung zu 120, 33.* Der Landesverband der akademischen Zeichenlehrer Thüringens hatte sich am 13. September 1921 mit einer Eingabe an das Ministerium für Volksbildung gewandt und darum gebeten, Ausbildungsmöglichkeiten für Zeichenlehrer am Bauhaus und der Hochschule für bildende Kunst zu schaffen. Das Ministerium hatte sich dem Antrag gegenüber aufgeschlossen gezeigt und eine baldige Verwirklichung dieser Idee in Aussicht gestellt. Im erwähnten Schreiben des Landesverbandes vom 18. April 1922 wurde das Bauhaus ersucht, dem Ministerium für Volksbildung seine Bereitwilligkeit zur Lösung dieser Aufgabe anzuzeigen. Der Meisterrat erklärte sich mit einem Schreiben vom 26. April 1922 bereit, seine „Arbeit versuchsweise in den Dienst dieser Sache zu stellen" allerdings unter der von Itten genannten Bedingung, daß bei der Prüfung der Zeichenlehrer Meister des Bauhauses zugegen sein müßten. *ThHStA Weimar, Staatliches Bauhaus Weimar 169, Bl. 14–15.*

189, 12 Fahrpreisermäßigung] Am 28. April 1922 wurde von Gropius beim Verkehrsamt ein Antrag auf Fahrpreisermäßigung für die Angehörigen des Bauhauses gestellt. Er begründete das mit der Notwendigkeit, im Rahmen der Ausbildung große Ausstellungen in München, Dresden und Frankfurt besichtigen zu können. Die Studierenden waren jedoch nicht in der Lage, diese Reisen zu finanzieren. Gegen Vorlage einer Bescheinigung des Direktors sollte ihnen ein ermäßigter Fahrpreis eingeräumt werden. *Siehe ThHStA Weimar, Staatliches Bauhaus Weimar 14, Bl. 190.*

189, 18 Herr Liebig nicht mehr in Weimar] Syndikus Liebig führte zwar bei der Meisterratssitzung am 24. April 1922 noch Protokoll, beendete seine Tätigkeit für das Bauhaus jedoch noch im gleichen Monat, so daß er es nicht mehr unterzeichnete. In den Monaten Mai und Juni 1922 wurde Lotte Hirschfeld erneut mit der kommissarischen Führung der Syndikusgeschäfte betraut. *Siehe Erläuterung zu 172, 32.*

192, 8 Bauhaus-Rat] Dieser Vorschlag Schlemmers wurde nach Inkrafttreten der neuen Satzungen im Februar 1923 umgesetzt. *Siehe Textteil Nr. 49 [4.], S. 206.*

194, 11–12 satzungsgemäßen Notwendigkeit gewisser einstimmiger Beschlüsse] Die Satzungen des Bauhauses von 1921 sahen einstimmige Beschlüsse nicht zwingend vor. Gropius bezog sich hier auf die Vorschläge Schreyers vom 25. April 1922. Diese können als eine Grundlage der Beratungsordnung des Bauhauses bewertet werden. Während Schreyer anregte, daß sämtliche Beschlüsse nur einstimmig gefaßt werden könnten, hielt Gropius in der korrigierten Fassung zu den Vorschlägen Schreyers nur Einstimmigkeit für die Beschlüsse über probeweise Aufnahme von Studierenden und bei der Erteilung der Gesellen- bzw. Meisterreife für erforderlich Die Zuständigkeiten für die Entscheidungen sollten nach Schreyers Idee vom Meisterrat auf den Leiter und jene Form- bzw. Werkmeister übergehen, die für den jeweiligen Fall kompetent waren. Diese verfügten dann auch über Stimmrecht. *Siehe Textteil Nr. 47 [2.], S. 190-191.* Die Verkleinerung des Kreises der beschließenden Personen sollte es ermöglichen, sachbezogen und ohne „innenpolitische" Rücksichten zu entscheiden. *Siehe Textteil Nr. 48 [4.], S. 198-199 und Erläuterung zu 194, 13.*

194, 13 Form der „Beratung"] Schreyer lehnte in seinem Antrag vom 25. April 1922 die Einführung der lediglich beratende Stimme ab. *Siehe Textteil Nr. 47 [2.], S. 190-191 und Erläuterung zu 194, 11-12.* Gropius beabsichtigte, die Werkstättenleiter in den Meisterrat zu integrieren. Damit hatte er einer ihrer Forderung entsprochen. *Siehe Textteil Nr. 48 [3.] und [4.], S. 198-199 sowie Erläuterungen zu 131, 29; 171, 41 und 200, 34.* Gleichzeitig billigte Gropius den Meistern das Beratungsrecht zu, behielt sich das Recht zur Entscheidung jedoch vor, wodurch der tatsächliche Einfluß der Meister bei wichtigen Entscheidungen von vornherein beschränkt war. Dies galt für Form- und Werkmeister gleichermaßen. Gropius ging bei diesem Vorschlag von einem prinzipiellen Schulterschluß der Formmeister bei wichtigen Entscheidungen aus.

194, 15 Stimmenübergewicht der Werkstattleiter] Am Bauhaus lehrten im Mai 1922 sieben Form- und acht Handwerksmeister.

200, 34 „Beratungsordnung" verhindert jeden Parlamentarismus] An dieser Stelle wird deutlich, daß die Beteiligung der Werkstättenleiter am Meisterrat keineswegs die Anerkennung ihrer gleichberechtigten Stellung gegenüber den Formmeistern bedeutete. Vielmehr ging es um die formale Erfüllung einer Forderung, ohne daß dadurch merklich Einfluß auf die Entscheidungsfindung genommen werden konnte. Die Entscheidungsgewalt lag laut Gropius' Vorschlag ausschließlich beim Direktor des Bauhauses, der gegebenenfalls auch gegen den Willen der Meister entscheiden konnte. *Siehe Erläuterung zu 194, 13.* Das Einverständnis der Formmeister mit dieser Regelung läßt ein immenses Vertrauen in Gropius' Loyalität erkennen. Gleichzeitig scheint es, daß ein gleichberechtigtes Miteinander aller Bauhausmeister nicht besonders erwünscht war. Lediglich bei den Vorschlägen von Schreyer und Schlemmer ist eine Bereitschaft zur Kooperation mit den Werkmeistern erkennbar. Die Problematik der Situation bestand vor allem in der beständig geforderten Gemeinschaftsarbeit der Form- und Handwerksmeister, welche sich jedoch nicht auf die wichtigen Beschlüsse erstrecken sollte. Die Hierarchie des Bauhauses hatte begonnen, das Prinzip der Gleichberechtigung der Meister, welches das Programm versprach, zu unterwandern.

201, 7 Bauhausgesellen Mitberatungsrecht] Dieses wurde mit der Einführung der neuen Satzungen im Februar 1923 verwirklicht.

201, 30 Kreditantrag für M[ark] 2 000 000,-] Der Kredit wurde zur Anschaffung von Rohstoffen für die Werkstätten bzw. zur Durchführung der Bauhausausstellung 1923 beantragt und im Juli 1922 bewilligt. Vom bewilligten Betrag sollten Dreiviertel für Materialeinkäufe genutzt und ein Viertel für die bevorstehende Ausstellung reserviert werden. *ThHStA Weimar, Staatliches Bauhaus Weimar 31, Bl. 36. Siehe Erläuterungen zu 279, 14; 290, 36 und 290, 37.*

201, 33 Pensionsberechtigung] *Siehe Erläuterung zu 52, 13.* Gropius versuchte am 30. Mai 1922 erneut die Pensionsberechtigung für die Bauhausmeister als Ausgleich für die vergleichsweise geringen Gehälter zu erwirken. *ThHStA Weimar, Staatliches Bauhaus Weimar 121, Bl. 135.*

202, 2 Fall Wottitz] *Siehe Erläuterungen zu 162, 28; 175, 25; 250, 18; 250, 19; 250, 20 und 250, 23.*

202, 4 Baugewerksmeister Lange] Auf Empfehlung Hans Poelzigs wurde Emil Lange, der damalige Geschäftsführer der „Sozialen Bauhütte Breslau", ans Bauhaus berufen. *Siehe Erläuterung zu 251, 4-5.* Gropius hatte ihn im April 1922 nach Weimar eingeladen. Auf sein Schreiben vom 26. April 1922 hin zeigte sich Lange an der Stelle des Leiters des Probierplatzes interessiert. *ThHStA Weimar, Personalakten Volksbildung 18012, Emil Lange, Bl. 16-17.*

Der Direktor des Bauhauses hatte Langes Berufung am 23. Mai 1922 dem Ministerium für Volksbildung vorgeschlagen. Er betonte in seinem Antrag, daß die Einrichtung des Bauprobierplatzes für die Weiterentwicklung des Bauhauses von entscheidender Bedeutung sei, da eine Anzahl Studierender nunmehr die Lehre als Gesellen abgeschlossen hätte und demzufolge auf dem Bauprobierplatz weiter ausgebildet werden müsse. Da keine besondere Stelle für diese Aufgabe im Etat vorhanden war und der Posten des außerordentlichen Meisters für Architektur bereits mit Meyer besetzt war, wurde nach Rücksprache mit dem zuständigen Referenten Albert Rudolph am 25. Mai 1922 an Lange die seit dem Weggang Kämpfes unbesetzte Stelle des Werkmeisters der Holzbildhauerei vergeben. *ThHStA Weimar, Personalakten Volksbildung 18012, Emil Lange, Bl. 1a-d und Staatliches Bauhaus Weimar 113, Bl. 17.* Gropius teilte dies Lange in seinem Brief vom 15. Juni 1922 folgendermaßen mit: „Ich habe beim Ministerium Ihre Angelegenheit endlich ins Klare gebracht. Die besondere neue Etatstelle (ein Baugewerksmeister) war freilich zunächst doch nicht durchzusetzen, da eine neue Etatstelle ohne Landtag vom Ministerium nicht bewilligt werden kann. Ich habe deshalb im Einvernehmen mit dem Ministerium einen anderen Weg beschritten. Wir haben die Möglichkeit, da diese Etatstelle vorhanden ist, sie ohne Landtag zu besetzen. Ich möchte Ihnen deshalb, so lange bis die neue Etatstelle vom Landtag bewilligt worden ist, diese Stelle geben, damit wir keine Zeit verlieren und sogleich zum Handeln kommen können." *ThHStA Weimar, Thüringisches Ministerium für Volksbildung C 1481, Bl. 174.* Gropius hatte im Budget für 1922/23 eine zusätzliche Stelle für einen Baugewerksmeister mit einer Besoldung nach Tarifvertrag Gruppe XI beantragt. Langes Aufgabenfeld beschrieb Gropius so: „Zur Leitung dieses Probierplatzes muß ein Baugewerksmeister eingestellt werden. Hierfür kommt nur ein erfahrener Mann der Praxis in Betracht, der durch Können und Persönlichkeit in der Lage ist, die gesamten Arbeiten der Werkstätten vom technischen Standpunkt aus im Hinblick auf den Bau zusammenzufassen." *ThHStA Weimar, Staatliches Bauhaus Weimar 97, Bl. 147. Siehe ThHStA Weimar, Personalakten Volksbildung 18012, Emil Lange, Bl. 17.* Lange stimmte mit den Forderungen der Bauhausprogramms weitgehend überein. In einem Brief vom 19. Juni 1922 wies er jedoch darauf hin, daß er einer Trennung der künstlerischen von der praktischen Seite in bezug auf die Baukunst, wie sie Gropius verfolgte, nicht zustimmen könne, und er das Gefühl habe, nur eine Seite seines Könnens - die technische - sei am Bauhaus gefragt. Er schrieb: „Wenn Sie nun in dem Glauben sind, daß ich selbst nur zu den Praktikern gehöre, so habe ich nichts dagegen einzuwenden im Sinne der Ordnung in Ihrem Bauhaus. In der Einschätzung meines Könnens bitte ich jedoch, wenn mein Gefühl recht haben sollte, um eine Korrektur. Weil ich nie die Absicht hatte, Bauspezialist zu werden, und auch eine Trennlinie nicht kenne zwischen Konstruktion und Formalem und weil es dies in den guten Zeiten der Baukunst nicht gegeben hat und im tiefsten Sinne der Baukunst dieser Unterschied überhaupt nicht da ist. Es ist ausgeschlossen, daß man ein guter Konstrukteur sein kann ohne Begabung für den formalen Baugeist. Ebenso unmöglich erscheint es mir, daß jemand ein guter Architekt sein kann, wenn er die Baukonstruktion nicht wenigstens gefühlsmäßig beherrscht. [...] Nun soll ich schließlich bei Ihnen unter der Tarnkappe den Einseitigen im entgegengesetzten Sinne figurieren, das ist mir nicht möglich ohne Konflikte mit der ganzen Materie. [...] Es ist mir bekannt, daß Sie die Meister in zwei Gruppen eingeteilt haben, Formlehre und Handwerkslehre. Ich glaube aber nicht, daß Sie den Baupraktiker, den ich darstellen soll, in einer dieser beiden Gruppen restlos unterbringen können." *Bauhaus Archiv Berlin, Archiv W. Gropius.* Gropius gelang es jedoch mit seinem Brief vom 22. Juni 1922, Langes Bedenken zu zerstreuen. *Bauhaus Archiv*

Berlin, Archiv Gropius und ThHStA Weimar, Staatliches Bauhaus Weimar 113, Bl. 37. Trotz des vergleichsweise geringen Verdienstes nahm Lange das Angebot an. Er übersiedelte mit seiner Familie im Juni 1922 nach Weimar. Seine Tätigkeit am Bauhaus begann am 9. August 1922. *ThHStA Weimar, Staatliches Bauhaus Weimar 113, Bl. 21 und Personalakten Volksbildung 18012, Emil Lange, Bl. 1e.* Die Übernahme der Stelle als Fachleiter des Probierplatzes wurde am 12. September 1922 am schwarzen Brett des Bauhauses bekanntgegeben *ThHStA Weimar, Staatliches Bauhaus Weimar 113, Bl. 43.* Das Anstellungsverhältnis war, wie bei den Werkstättenleitern üblich, ohne Vertrag auf der Basis einer mündlichen Vereinbarung ein halbes Jahr zur Probe abgeschlossen worden. *ThHStA Weimar, Staatliches Bauhaus Weimar 113, Bl. 42.* Damit Lange, der in Breslau eine sichere Stellung aufgab, bis zur Genehmigung seiner Stelle als Baugewerksmeister durch den Landtag die Existenz seiner Familie sichern konnte, bot Gropius ihm einen Nebenverdienst von monatlich mindestens 2 000 Mark für die Mitarbeit in seinem Bauatelier an. Ab 1. November 1922 wurde Lange allerdings die kommissarische Leitung der Syndikusgeschäfte übertragen. In den faktisch nur zwei Monaten seiner Tätigkeit als Leiter des Bauprobierplatzes konnte kein konkreter Unterricht nachgewiesen werden. *Siehe Erläuterung zu 176, 8.* Ab 1. Januar 1923 übernahm Lange offiziell das Amt des Syndikus am Staatlichen Bauhaus. *ThHStA Weimar, Staatliches Bauhaus Weimar 113, Bl. 61. Siehe Erläuterungen zu 266, 3 und 299, 2.*

202, 8 jetzige Privatbauten allmählich mit dem Bauhaus vereinen] Die Existenz eines von Gropius privat betriebenenen Bauateliers und das Nichtvorhandensein einer Architekturabteilung wurden zunehmend Mittelpunkt der Kritik von Schülern und Meistern. Schreyer, Dorfner und andere hatten verschiedentlich darauf hingewiesen, daß der Mittelpunkt des Bauhauses in einer Architekturabteilung oder Bauwerkstatt bestehen müsse. *Siehe Erläuterung zu 48, 3 Architekturabteilung].* Diesem Mangel versuchte Gropius mit der forcierten Verbindung seines Architekturbüros mit dem Bauhaus zu beseitigen. Seit 1920 bezog Gropius Studierende des Bauhauses in die Arbeit seines Bauateliers ein. So hatten bereits 1920 Ernst Neufert, Paul Lindner und Kurt Löwengard im Büro Gropius hospitiert. Seit 1921 beteiligte Gropius die Werkstätten des Bauhauses am Bau der Häuser Sommerfeld und Otte in Berlin sowie beim Umbau des Stadttheaters Jena. Direkte Erklärungen zu seinen Absichten in bezug auf das private Bauatelier liegen nicht vor. Annemarie Jaeggi schrieb dazu: „Wie man Äußerungen von Forbat entnehmen kann, sollte sich dieses ‚Architekturbüro des Bauhauses' etatmäßig in den ‚Probierplatz' eingliedern. Offenbar hatte Gropius also eine Verquickung des verschiedentlich erwähnten Entwurfsateliers, das dem geplanten Probierplatz angeschlossen werden sollte, mit seinem eigenen Privatbüro vor. [...] Schlußendlich zielten alle projektierten Unternehmungen hinsichtlich der Etablierung einer Architekturabteilung auf das Baubüro von Gropius als Mittelpunkt des Bauhauses ab: als Entwurfsatelier hätte es nicht nur die Vorgaben für die Umsetzung auf dem Probierplatz hinsichtlich der Siedlung gegeben, sondern auch sämtliche Werkstätten mit Aufträgen versorgt – und sozusagen die Schaltzentrale für die Realisierung des Gemeinschaftskunstwerkes gebildet." *Meyer, S. 126–127. Siehe Erläuterung zu 202, 16.* In Gropius' Erklärung zur Stellung des außerordentlichen Meisters Meyer zu Bauhaus und Privatbüro in der Meisterratssitzung vom 5. Oktober 1922 erfährt diese These eine weitere Bestätigung. *Siehe Textteil Nr. 55 [2.], S. 244 sowie Erläuterungen zu 250, 28 und 332, 31.*

202, 16 Inkrafttretung der Bauhaussiedlungsgenossenschaft] *Siehe Erläuterung zu 84, 24.* Am 19. Oktober 1921 hatte Gropius bei der Kultusabteilung der Gebietsregierung einen Antrag auf den Kauf des bislang als Siedlungsgarten gepachteten Grundstückes und der beiden

nördlich angrenzenden Flurstücke gestellt. *Siehe Erläuterung zu 95, 10.* Dieses Gelände
sollte nach seinem Vorschlag die Grundlage für eine „unkapitalistische" Siedlungsgenossenschaft auf gemeinnütziger Basis darstellen. *ThHStA Weimar, Staatliches Bauhaus Weimar
208, Bl. 3.* Insbesondere der Kauf des Siedlungsgartens hatte sich als Notwendigkeit erwiesen, da die Meister des Bauhauses die zur Bebauung und Nutzung des Gartens notwendigen
Gelder als Spenden zur Verfügung gestellt hatten, nun aber die Frage nach dem Besitzrecht
dieser Investition geklärt werden mußte. Gropius schrieb dazu: „Klare Verhältnisse können
erst in dem Augenblick eintreten, wenn das Grundstück käuflich erworben ist und in Form
einer gemeinnützigen Siedlungsgesellschaft eingetragen wird, sonst kann der Fall eintreten,
daß bei politischen Veränderungen oder Ablauf der Pacht die gesamten Werte für das Bauhaus und die Meister verlorengehen." *ThHStA Weimar, Staatliches Bauhaus Weimar 208, Bl. 1.*
Gropius erläuterte in diesem Antrag gleichzeitig das Ziel der Siedlungsidee, das er in der
Nutzung des Bauhausgartens bereits partiell verwirklicht sah. Neben dem sozialen Aspekt
der Schaffung billigen und gesunden Wohnraumes für die Bauhausangehörigen wurde die
Bautätigkeit als Lehrauftrag aufgefaßt, welcher die Werkstätten produktiv beschäftigen
sollte. Die Kultusabteilung teilte dem Bauhaus am 14. Februar 1922 mit, daß die Finanzabteilung mit der Abtretung des Geländes an das Bauhaus prinzipiell einverstanden sei, allerdings Zweifel hege, ob die Baugenossenschaft finanziell in der Lage sei, den Kaufpreis von
10 Mark pro Quadratmeter aufzubringen. Gleichzeitig wies man darauf hin, „daß das Staatliche Bauhaus als Staatsanstalt Grundbesitz vom Staate selbstverständlich nicht kaufen
kann". *ThHStA Weimar, Staatliches Bauhaus Weimar 208, Bl. 4.* Damit wurde die Gründung
einer Genossenschaft doppelt notwendig. Am 22. Februar 1922 forderte Gropius die
Formmeister und den Syndikus Liebig sowie den Studierenden Richard Winkelmayer in Ein-
zelbriefen auf, die Siedlungsangelegenheit weiter zu besprechen. Damit gehörten zunächst
nur wenige der Bauhausangehörigen zu den „Eingeweihten". Am 13. März 1922 fand die
Gründungsversammlung der Bauhaus-Siedlungs-Genossenschaft m.b.H. statt. Zu den ersten
Mitgliedern zählten Walter Gropius als Aufsichtratsvorsitzender, Lothar Schreyer, Richard
Winkelmayer und Georg Pfleumer als Mitglieder im Vorstand sowie Adolf Meyer, Paul
Klee, Georg und Elsa Muche, Theo Müller-Hummel, Josef Albers, Lotte Hirschfeld, Helene
Börner u. a. Am 13. April 1922 wurden die Satzungen der Genossenschaft dem Finanzministerium übersandt. Die Eintragung in das Genossenschaftsregister des Amtsgerichtes erfolgte am 3. Mai 1922. Die konspirativ betriebene Genossenschaftsgründung kam den meisten Bauhausstudierenden erst mit der Veröffentlichung über die Registereintragung durch
die Lokalpresse zur Kenntnis, was ihren Unwillen erregte, insbesondere hinsichtlich der Tatsache, daß die Bauhaus-Siedlungs-Genossenschaft de jure ein selbständiger Wirtschaftsbe-
trieb war, de facto jedoch eine Einrichtung des Bauhauses blieb. Dieser Umstand entwickelte
sich zur komplizierten Mesalliance. So brachte schon die Anstellung des Architekten Fred
Forbat erste Schwierigkeiten mit sich. Dieser war von 1920 bis 1922 im Bauatelier Gropius
beschäftigt und wurde ab 1. Mai 1922 im Entwurfsatelier des Bauhauses angestellt. *ThHStA
Weimar, Staatliches Bauhaus Weimar 77, Bl. 7.* Forbat bearbeitete die Ausführung der Be-
bauungspläne für die Genossenschaft. Dafür vergütete diese dem Bauhaus dessen Gehalt.
Faktisch war Forbats Aufgabenbereich jedoch auf die Arbeiten für die Siedlung beschränkt.
Ein Antrag Winkelmayers, Forbat bei der Siedlungsgenossenschaft anzustellen, wurde abgelehnt. Gropius stellte sich auf den Standpunkt, daß Forbat zwar Angestellter des Bauhauses
sei, sein Gehalt jedoch von der Siedlungsgenossenschaft bezahlt würde und er eigentlich nur
aus räumlichen Gründen im Bauhaus untergebracht sei. *ThHStA Weimar, Staatliches Bau-*

haus Weimar 208, Bl. 28. So entstand die Situation, daß das Bauhaus zwar über ein Entwurfsatelier verfügte, dieses aber für die Siedlungsgenossenschaft arbeitete. Gropius vertrat den Standpunkt: „Die Aufstellung des Bebauungsplanes und aller mit der Siedlung verknüpften künstlerischen Fragen ist Bauhausangelegenheit und dient unmittelbar dem Lehrbetrieb." *ThHStA Weimar, Staatliches Bauhaus Weimar 206, Bl. 4.* Darüber hinaus wurden die Angelegenheiten der Siedlung über das Sekretariat des Bauhauses abgewickelt. *ThHStA Weimar, Staatliches Bauhaus Weimar 12, Bl. 201.* Im Sommer 1922 plante die Siedlungsgenossenschaft die Errichtung eines Atelierhauses mit Schlafgelegenheit und den Bau von Einzel- und Reihenhäusern in Wabenbauweise. Der von Gropius favorisierte Typenbau stieß auch innerhalb der Genossenschaft auf Widerstand, so daß schließlich die Möglichkeit zur Errichtung von individuellen Einzelbauten offen gelassen wurde. *ThHStA Weimar, Staatliches Bauhaus Weimar 208, Bl. 28.* Am 9. Juni 1922 wurde beim Finanzministerium von der Genossenschaft ein Kredit über 5 Millionen Mark beantragt. Am 14. Juli 1922 suchte sie um einen Gemeindezuschuß der Stadt Weimar nach. *ThHStA Weimar, Staatliches Bauhaus Weimar 206, Bl. 5-12; 15-17.* Der Staat machte die Kreditgewährung von der Zusage des Gemeindezuschusses abhängig. Da Stadtbaurat August Lehrmann seine Beurteilung nicht vor dem Zusammentreten des Haushaltsausschusses des Landtags abgegeben hatte, konnte dieser nicht über die Kreditbewilligung entscheiden. In der Folgezeit fand Lehrmann immer wieder Mittel und Wege, um mit Auflagen den Bau zu verhindern. „Am 24. August 1922 gab der Gemeindevorstand Weimars auf Grund des Gutachtens von Lehrmann als Bedingungen für das Siedlungsdarlehn der Stadt der Genossenschaft bekannt, daß a) aus wirtschaftlichen Gründen Nebenräume (Dachboden) geschaffen werden müssen, b) mit Rücksicht auf Landschafts- und Stadtbild das Äußere der Gebäude umzugestalten sei, c) mit Rücksicht auf die Straßenfortsetzung „Am Horn" der Straßenbau mit dem Gemeindevorstand festgelegt werden müsse." *Scheidig, S. 257.* Die von Juni bis Juli 1922 stattfindende Architekturausstellung, in welcher auch Modelle und Pläne der genossenschaftlichen Bauhaussiedlung gezeigt wurden, konnten dem Stadtbaurat offenbar die Angst vor der neuen Architektur nicht nehmen. In der Hauptversammlung der Bauhaus-Siedlungs-Genossenschaft vom 11. Juni 1923 resümierte Gropius, „daß das Bauen durch die Geldentwertung und die ungünstigen Wirtschaftsverhältnisse in immer größere Ferne gerückt und für den einzelnen überhaupt unmöglich geworden ist. Mit Staatszuschüssen ist nicht mehr zu rechnen." *ThHStA Weimar, Staatliches Bauhaus Weimar 207, Bl. 76.*

202, 18 Schülerbesprechung] Diese Versammlung fand unter Ausschluß der Vorkursteilnehmer am 13. Mai 1922 statt. *ThHStA Weimar, Staatliches Bauhaus Weimar 12, Bl. 138.*

203, 16 Kestner-Gesellschaft] Dieser Tagesordnungspunkt wurde erst auf der Meisterratssitzung vom 11. Juli 1922 verhandelt. *Siehe Textteil Nr. 51 [3.], S. 223 und Erläuterung zu 223, 38.*

205, 1 Berufung Kandinskys] Die Berufung Kandinskys ans Bauhaus stand seit spätestens Anfang 1922 zur Debatte. Gropius hatte Kandinsky in dieser Zeit in Berlin besucht und zu einem Besuch im Weimarer Bauhaus eingeladen. Dieser Einladung konnte Kandinsky jedoch erst im Juni 1922 Folge leisten. In einem Umlauf fragte Gropius am 16. Januar 1922 beim Meisterrat an, ob dieser dessen Berufung zustimmen würde. Der Meisterrat begrüßte dies geschlossen. *ThHStA Weimar, Staatliches Bauhaus Weimar 13, Bl. 96.* Gropius, der in seinen Schriften seit 1922 immer wieder auf den Begriff der Synthese abhob, mag Kandinsky wie die Inkarnation derselben erschienen sein - einerseits der rationale Theoretiker des InChuk, andererseits der intuitive Maler.

Gropius sah für Kandinsky die immer noch freie Etatstelle des Zeichenlehrers vor, wie er dem Ministerium für Volksbildung am 11. Juni 1922 mitteilte, als er um die Genehmigung des beigelegten Anstellungsvertrages bat. Der Vertrag war am 10. Juni 1922 unterzeichnet und am 16. Juni 1922 genehmigt worden. Kandinsky erhielt ein jährliches Grundgehalt von 35 000 Mark zuzüglich der üblichen Teuerungszulage. Sein Vertrag war bis 30. Juni 1925 gültig. *Personalakten Volksbildung 15930, Wassily Kandinsky, Bl. 1–2.* Den Vertragsabschluß mit Kandinsky teilte Gropius dem Meisterrat jedoch erst am 19. Juni 1922 in einem Umlauf mit. Er bezog sich darin auf die am 16. Januar 1922 vom Meisterrat erteilte Zustimmung zu Kandinskys Berufung. Der Meisterrat nahm diese Mitteilung zur Kenntnis. Muche zeigte sich mit Gropius' Alleingang in dieser Angelegenheit nicht einverstanden. Er schrieb: „Das ist natürlich entscheidend für die Weiterentwicklung des Bauhauses – ich hätte gern – nachdem ich Herrn K. kennengelernt habe, über die Berufung mit den Meistern gesprochen." *ThHStA Weimar, Staatliches Bauhaus Weimar 13, Bl. 97.* Diese Aussprache erfolgte während der Meisterratssitzung am 26. Juni 1922. Das Protokoll der Sitzung scheint äußerst diplomatisch verfaßt zu sein, wie sich aus den Bemerkungen von Schreyer und Schlemmer entnehmen läßt. *Siehe Textteil Nr. 49 [3.], S. 205.* Es ist anzunehmen, daß weniger die Berufung selbst als das Vorgehen von Gropius das Problem darstellte. Laut neuer – zwar noch nicht in Kraft getretener Beratungsordnung – kam dem Meisterrat bei der Berufung neuer Formmeister Beratungsrecht zu. Die Entscheidung traf jedoch der Leiter des Bauhauses. Die noch gültige Satzung von 1921 sah in § 15 der Verwaltungsordnung vor, daß der Leiter die Vorschläge zur Berufung der Meister macht und der Meisterrat mittels Abstimmung über diese Vorschläge beschließen sollte. Diese Abstimmung hatte Gropius mit der Berufung auf den Umlauf vom 16. Januar 1922 umgangen. Die Verhältnisse am Bauhaus hatten sich jedoch bis zum Sommer 1922 durch verschiedene programmatische und organisatorische Änderungen vor dem Hintergrund der Auseinandersetzung zwischen Itten und Gropius gewandelt. *Siehe Erläuterungen zu 148, 16 und 150, 29.* Gropius war sich offensichtlich im Klaren darüber, daß er den Meisterrat mit diesem Vorgehen übergangen hatte. Möglicherweise fürchtete er, daß die Meister ihre Meinung über die Berufung Kandinskys geändert haben könnten. Er schrieb an Lily Hildebrandt: „Ich habe Kandinsky gesichert, aber niemand weiß es, bitte strengste Diskretion." *Zitiert nach: Isaacs, S. 292.* Schlemmer kommentierte die Situation am Bauhaus im Juni 1922 folgendermaßen: „Itten mußte sich in seinen Befugnissen beschränken, von Gropius begründet mit den Neuberufenen und deren Wirkungskreis. Gropius macht um so mehr in Expansion. Itten zog sich sichtlich zurück vom Unterricht [...] Ferner: hat Gropius nicht mehr den starken Widerstand Ittens, dann ist er die viel größere Gefahr. Schon hat aber Gropius auch den neuen Mann bereit: Wassiliy Kandinsky." *Zitiert nach: Hüneke, S. 93.*

205, 7 Ausstellung in Weimar] Gemeint ist die I. Thüringische Kunstausstellung, welche vom 1. August bis 30. September 1922 im Landesmuseum Weimar gezeigt wurde. Es beteiligten sich neben den Bauhausmeistern auch die Professoren der Hochschule für bildende Kunst. Die Ausstellung wurde vom Wirtschaftsverband Weimarer bildender Künstler organisiert.

205, 12 Satzungen] Die Satzungen wurden am 3. Juli 1922 beim Ministerium für Volksbildung zur Genehmigung eingereicht. *ThHStA Weimar, Staatliches Bauhaus Weimar 2, Bl. 99.* Den Werkstättenleitern hatte Gropius vorsorglich am 5. Juli 1922 in einem Umlauf mitgeteilt, daß diese erst nach der Genehmigung durch die Regierung in Kraft treten könnten. Dies bedeutete, daß bis zum Abschluß des Verfahrens der Meisterrat in seiner ursprünglichen Zusammensetzung und mit den alten Befugnissen das Entscheidungsgremium des Bauhauses blieb. *ThHStA Weimar, Staatliches Bauhaus Weimar 2, Bl. 100.* Letzte Korrekturen und Änderungen wurden am 14. Dezember 1922 zur Genehmigung durch den Meisterrat in Umlauf gegeben. *ThHStA Weimar, Staatliches Bauhaus Weimar 2, Bl. 102.* In seiner Stellungnahme zu den Satzungsänderungen teilte das Volksbildungsministerium am 9. August 1922 mit, daß „der Untertitel ‚Ehemalige Großherzogl. Sächs. Hochschule [für bildende Kunst und ehemalige Großherzogliche Sächsische Kunstgewerbeschule in Vereinigung]‘ nunmehr in Wegfall kommen [könnte, da] das Bauhaus als solches in weitesten Kreisen des Inlandes und Auslandes bekannt [sei]. Abgesehen davon, daß ferner durch die Weglassung eine langatmige Bezeichnung beseitigt und der Name vereinfacht wird, wird auch endgiltig allen Verwechslungen mit der Staatlichen Hochschule für bildende Kunst vorgebeugt." *ThHStA Weimar, Thüringisches Ministerium für Volksbildung C 1474, Bl. 16.* Dem konnte Gropius unter keinen Umständen zustimmen. Er antwortete am 8. September 1922: „Der Untertitel ‚Ehemalige Großherzogl. Sächs. Hochschule usw.‘ ist, wie wir mehrfach zum Ausdruck gebracht haben, von grundsätzlicher Bedeutung für das Bauhaus und daher ohne Zweifel unentbehrlich. Die Grundidee ist eben die einer Verschmelzung des bisherigen Hochschulsystems mit einer Kunstgewerbeschule, und es kann nie dieses Hinweises vor der Öffentlichkeit entbehren. Wir haben seinerzeit, als gegen unsere Warnung die andere Schule mit einem Namen belegt wurde, der zu Verwechslungen Veranlassung geben könnte, nachdrücklich auf diesen Punkt hingewiesen." *ThHStA Weimar, Thüringisches Ministerium für Volksbildung C 1474, Bl. 18.* In der Diskussion dieses Punktes, welche bis zum 2. Januar 1923 andauerte und das Genehmigungsverfahren verlängerte, gab das Ministerium Gropius schließlich nach. Der Untertitel blieb auf seine Intervention hin Bestandteil des offiziellen Schulnamens. *ThHStA Weimar, Thüringisches Ministerium für Volksbildung C 1474, Bl. 18-20. Siehe Erläuterung zu 122, 14 sowie Anhang zu den Erläuterungen.* Die Satzungen wurden am 2. Januar 1923 mit geringfügigen Änderungen durch das Ministerium genehmigt und traten am 7. Februar 1923 in Kraft. *ThHStA Weimar, Thüringisches Ministerium für Volksbildung C 1474, Bl. 23 und Staatliches Bauhaus Weimar 2, Bl. 132.* Die Beratungsordnung war nicht Bestandteil des gedruckten Exemplars. *Siehe Textteil Nr. 48 [3.], S. 194-198 und Nr. 48 [3.-6.], S. 194-219 sowie Erläuterung zu 223, 30-31.*

205, 27 Über Punkt 1] *Siehe Erläuterung zu 205, 1.*

220, 27 Umfrage wegen der diesjährigen Ferien] Die Umfrage zur Ferienregelung im Sommer 1922 stammte vom 23. Mai 1922. *ThHStA Weimar, Staatliches Bauhaus Weimar 13, Bl. 27-34.*

220, 30 Aufträge] Die Werkstätten für Wand- und Glasmalerei waren im Sommer 1922 am Bau des Hauses Otte in Berlin beteiligt. *ThHSTA Weimar, Staatliches Bauhaus Weimar 13, Bl. 31-32.* Die Ausmalung des Hauses übernahm die Werkstatt für Wandmalerei nach Entwürfen der Bauhausstudierenden Dörte Helm. Die Arbeiten begannen am 5. August 1922 und dauerten bis zum Oktober 1922. Josef Albers fertigte ein Glasfenster, dessen Herstellung es nötig machte, auch während der Ferien in der Glaswerkstatt zu arbeiten.

221, 8-9 nach den Erfahrungen aus der Zeit des Kapp-Putsches] *Siehe Erläuterung zu 76, 27.*

221, 11-12 Anfrage der Werkstättenleiter vom 27. 5. [19]22] Diese Anfrage lautete: „Durch die Unterstützung der Leitung war es den Werkstattleitern möglich, wenigstens bei einzelnen die Werkstattzeit durchzuführen. Die letzte Rede des Meisters Itten, worin er betonte, daß eben manche nur nachmittags, abends oder nachts arbeiten können, ist dazu geeignet, unsere Bemühungen um Aufrechterhaltung der Werkstattzeit zu vereiteln. Wir bitten die Leitung, derartige Widersprüche zu verhindern." *Zitiert nach: Das frühe Bauhaus, S. 464. Siehe Erläuterungen zu 137, 7–8 und 171, 41.*

221, 14 Raumantrag des Bauhauses] Der von Gropius verlesene Antrag an das Ministerium für Volksbildung lautete: „Wir haben alle Möglichkeiten versucht, die bei der gegenwärtigen Lage dem Bauhaus räumliche Erweiterungen bringen könnten. Dadurch, daß das Bauhaus zum ersten Male seinen Lehrgang zu Ende führen konnte, so daß aus ihm nach den ersten 3 Jahren die ersten Gesellen hervorgehen konnten, machen sich nun ganz neue Arbeitsgebiete und entsprechende Räume für die fertigen Gesellen notwendig, denn nach Abschluß der Lehre beginnt erst die eigentliche vom Bauhaus beabsichtigte Arbeit am und zum Bau mit allen Versuchen und Vorarbeiten, die dazu notwendig sind. Die gegenwärtige Kopfzahl des Bauhauses beträgt 158, davon 18 Meister. Die Schülerzahl kann vorläufig nicht heraufgesetzt werden, da die Kleinheit der Werkstätten und die Zahl der Werkplätze eine Vermehrung nicht zuläßt. In der Anlage überreichen wir genaue Grundrißpläne der 3 dem Bauhaus zustehenden Gebäude. In jedem Raum ist die jetzige Verwendung sowie die in Zukunft geplante Verwendung angegeben. Nur Wünschenswertes ist außer Acht gelassen und lediglich notwendige Erweiterungen, die teils sofort, teils im Laufe dieses Jahres durchgeführt werden müssen, zur Angabe gebracht worden. Die große Mißlichkeit besteht darin, daß trotz der wiederholten und weitgehenden Warnungen des gesamten Meisterrates entgegen ursprünglichen Zusagen die neue Hochschule für bildende Kunst in dem Hauptgebäude eingerichtet wurde. Es ist nun ein Zustand geschaffen worden, der weder der einen noch der anderen Anstalt räumliche Entwicklungsfreiheit läßt und sich bereits heute katastrophal bemerkbar macht, so daß nach allen Richtungen hin provisorische Hilfe gesucht werden muß. Im Nachstehenden geben wir die geplanten Vorschläge für räumliche Erweiterungen: 1. Kündigung der Verkaufsstelle der Weimarfarbe im Erdgeschoß des Hauptgebäudes. 2. Pensionierung des Kastellans Bauer, der mit seiner Frau 6 Räume bewohnt, von denen bei Neubesetzung drei das Bauhaus erhalten müßte. 3. Ablösung der Wohnung des Sekretärs Kämmer in der Hochschule für bildende Kunst im Werkstattgebäude. (5 Räume). 4. Ausscheiden der Buchbinderei (auf Wunsch des Herrn Dorfner) in Privaträume in der Stadt. 5. Überweisung des Reithauses a. d. Ilm. (Erdgesch. 6 Räume) 6. Ausbau des Dachgeschosses im Hauptgebäude für gänzlich fehlende Lagerräume. 7. Beschaffung eines Ateliers in der Stadt für Herrn Professor Rasch, der sein Atelier noch im Schülergebäude (Prellerhaus) inne hat. 8. Beschaffung von mindestens 6 Schülerateliers in der Stadt, um die dringendsten und berechtigtsten Bedürfnisse derjenigen Schüler zu befriedigen, die durch die räumliche Veränderung im Werkstattgebäude und in der jetzigen Kastellanswohnung des Prellerhauses ihren Werkraum verlieren. 9. Mieten von 3–4 Räumen für die Druckereiabteilung (die jetzt im Werkstattgebäude untergebracht ist) in der Stadt in der Nähe des Bauhauses. 10. Zukauf des an der Nordgrenze des Werkstattgebäudes angrenzenden Gartens und Bau eines Holzschuppens auf diesem Gelände zur Einlagerung von Rohstoffen (Holz, Metall, Wolle usw.) für die Werkstätten. (Die jetzige Lagerung der Holzbestände auf dem Boden des Werkstattgebäudes ist von der Bauabteilung als unzulässig und gefährlich bezeichnet worden.) 11. Mietung oder Kauf und Ausbau der Halle des Reitervereines in der Belvederer Allee als Ersatz für das dem Bauhaus nach langjähriger Verhandlung zugesprochene und wieder genommene Reithaus a. d. Ilm. (In diesem Gebäude sollen eingerichtet werden, der für die jetzige Entwicklung des Bauhauses unentbehrliche Probierplatz mit anschließenden Entwurfsräumen, die Werkstatt der Bühnenabteilung und die Glaswerkstatt, die augenblicklich völlig unzureichend ist.

12. Anbau des Werkstattgebäudes nach vorhandenem Plan von Professor van de Velde, um die Erweiterung der Tischlerei- und der Webereiabteilung, die am meisten der Entwicklung bedürfen, zu ermöglichen. [...] Wir bitten den Herrn Oberbaudirektor zu ersuchen, einen Besuch des Bauhauses bald möglichst zu vereinbaren, damit an Ort und Stelle die Möglichkeiten in Augenschein genommen und durchgesprochen werden können. Danach wird es sich am leichtesten feststellen lassen, in welcher Reihenfolge und mit welcher Dringlichkeit die einzelnen Schritte getan werden müssen.
Die dem Bauhaus zur Verfügung gestellten 6 Räume im Erdgeschoß des Reithauses a. d. Ilm sollen für den Vorkurs verwendet werden und zwar der Art, daß 2 Räume für Männer, 2 Räume für Frauen (zus. etwa 30-40 Personen), der 5. Raum für den Meister, der 6. für das Materiallager benutzt werden soll. Wir bitten dringend, daß die Heizung der Räume im Winter durch das Personal des Gebäudes vorgenommen wird, damit nicht die Notwendigkeit eintritt, von seiten des Bauhauses einen besonderen Kastellan für dieses Gebäude anzustellen." *ThHStA Weimar, Staatliches Bauhaus Weimar 83, Bl. 3–7. Siehe Erläuterung zu 290, 36.*

223, 30-31 nach der neuen Beratungsordnung] Die am 26. Juni 1922 beschlossene Beratungsordung war als Bestandteil der Satzungen zur Genehmigung beim Ministerium für Volksbildung eingereicht worden. Das Verfahren wurde erst im Januar 1923 abgeschlossen und die Satzungen traten am 7. Februar 1923 in Kraft. *Siehe Erläuterung zu 205, 12.* Intern scheint jedoch schon vor dem Inkrafttreten der Satzungen nach der neuen Regelung verfahren worden zu sein. *Siehe Erläuterung zu 205, 1.* Allerdings existierte nach wie vor der Meisterrat in seiner ursprünglichen Zusammensetzung. Am 22. Mai 1922 hatte Gropius die Beratungsordung mit den Handwerksmeistern besprochen, teilte diesen aber am 5. Juli 1922 mit, daß die neuen Satzungen erst nach erfolgter Genehmigung Rechtskraft besäßen. *ThHStA Weimar, Staatliches Bauhaus Weimar 12, Bl. 141 und Staatliches Bauhaus Weimar 2, Bl. 100.* Im gedruckten Exemplar der Satzungen von 1923 ist die Beratungsordnung jedoch nicht aufgenommen worden. *ThHStA Weimar, Thüringisches Ministerium für Volksbildung C 1474, Bl. 24.* In § 4 Der Bauhausrat hieß es lediglich: „Je nach Gegenstand der Verhandlungen hat der Leiter den Bauhausrat oder nur einzelne Mitglieder, in deren Arbeitsgebiet die Verhandlungsfrage fällt, zur Beratung einzuladen. Der Leiter stellt für die Regelung der Zuständigkeit eine Beratungsordnung auf." Am 7. Oktober 1922 bestätigten die Form- und Werkmeister den Erhalt dieser Beratungsordnung. Die Regelung ließ sich nach Gropius' Meinung jedoch nur schwierig handhaben, so daß während der Meisterratssitzung am 5. Februar 1923 die Beratungsordnung erneut festgestellt wurde. *Siehe Textteil Nr. 61 [3.], S. 291 und [4.], S. 292 sowie Erläuterung zu 291, 7.*

223, 38 Ausstellungsangelegenheit der Kestner-Gesellschaft] Die Kestner-Gesellschaft Hannover hatte sich am 19. April 1922 an das Bauhaus gewandt und die Bauhausmeister zu einer Graphikausstellung im Juni des gleichen Jahres eingeladen. Gropius gab das Schreiben am 21. April 1922 in Umlauf an den Meisterrat und stellte es den einzelnen Meistern anheim, sich direkt nach Hannover zu wenden, falls sie an der Ausstellung teilnehmen wollten. *ThHStA Weimar, Staatliches Bauhaus Weimar 55, Bl. 109–110 und Staatliches Bauhaus Weimar 14, Bl. 186.* Am 27. Mai 1922 ging ein weiteres Schreiben der Kestner-Gesellschaft beim Bauhaus ein. Man wollte im Herbstprogramm eine umfassende Werkschau mit Gemälden, Aquarellen und Graphiken der Bauhausmeister aufnehmen. Dieses Schreiben ging den Formmeistern am 27. Mai 1922 als Umlauf zu. Gropius antwortete am 12. Juli 1922 im Sinne des Beschlusses der Meisterratssitzung vom 11. Juli 1922. Er teilte mit, daß er „die Geneigtheit aller Meister am Bauhaus für eine Ausstellung in der Kestner-Gesllleschaft nun endlich erreicht" habe. Allerdings mit Rücksicht auf die im August und September 1922 in Weimar stattfindende I. Thüringische Kunstausstellung erst der November 1922 als Ausstellungstermin in Frage käme. Dieser Termin war jedoch seitens der Kestner-Gesellschaft nicht zu realisieren. Trotz ernsthafter Bemühungen kam die Ausstellung in Hannover auch 1923 nicht zustande, da das Bauhaus in diesem Jahr alle Kräfte auf die Organisation der eigenen Bauhaus-Ausstellung richtete. *ThHStA Weimar, Staatliches Bauhaus Weimar 55, Bl. 115-118.*

223, 40 Weimarer Ausstellung] *Siehe Erläuterung zu 205, 7.*

228, 3 Günter Hirschel-Protsch Verleumdungen] Der Schüler Günter Hirschel-Protsch war in der Meisterratssitzung vom 16. Mai 1922 in das bereits laufende Sommersemester aufgenommen worden. Er absolvierte im Sommer 1922 den Vorkurs bei Muche. Während der Meisterratssitzung am 11. Juli 1922 war beschlossen worden, daß er vor Eintritt in eine Werkstatt, den Vorkurs wiederholen solle. *Siehe Textteil Nr. 51 [3.], S. 224.* Hirschel-Protsch kannte den Bauhausmeister Schreyer aus Hamburg und betrachtete ihn als seinen Meister, dem er vollstes Vertrauen entgegenbrachte. Die angeblichen Verleumdungen, welche er in Umlauf gebracht haben soll, beruhten in erster Linie auf Gerüchten, denen zufolge Schreyer ein mehr als freundschaftliches Verhältnis zu der Studierenden Alice Sager gepflegt haben soll. Diese wurde durch ihren Vater am 21. Juni 1922 vom Bauhaus abgemeldet. Die Gründe hierfür sind nicht bekannt. Schreyer hatte gegenüber Hirschel-Protsch angeblich geäußert, daß ihm das „Pech" von Fräulein Sager furchtbar leid täte und er sich für sie im Meisterrat verwandt habe. Als Hirschel-Protsch diese Aussage gegenüber seiner Pensionswirtin wiederholte, reichte das schon aus, um die Gerüchteküche zum Kochen zu bringen. Er wurde beschuldigt, behauptet zu haben, daß dem Bauhausmeister Schreyer im Zusammenhang mit der Abmeldung von Alice Sager nach einer Meisterratssitzung fristlos gekündigt worden sei, was Hirschel-Protsch energisch abstritt. Als er nach einer zweitägigen Reise nach Weimar zurückkehrte, versuchten ihn Marcel Breuer und Josef Albers zur Rede zu stellen. Während eines Gesprächs zwischen ihm, Schreyer und Syndikus Beyer, dem wahrscheinlich auch Gropius beiwohnte, wurde Hirschel-Protsch aufgefordert – nach seinen Angaben gezwungen –, ein schriftliches Dementi seiner Äußerungen zu verfassen und damit Abbitte zu tun. Er erklärte, von den Ereignissen völlig überrascht worden zu sein, und stritt ab, jemals derartige Gerüchte in die Welt gesetzt zu haben. Er ersuchte um Rehabilitierung und Wiederaufnahme am Bauhaus. *ThHStA Weimar, Staatliches Bauhaus Weimar 142, Bl. 244–245.* Es gelang ihm jedoch nicht, den Meisterrat von seiner Unschuld zu überzeugen. *Siehe Erläuterungen zu 228, 12 und 233, 10.*

228, 12 Sachverhalt ohne Namensnennung ans Brett zu schlagen] In der Mitteilung am „schwarzen Brett" wurde nur Schreyers Name nicht genannt. Sie lautete: „Der Schüler des Vorkurses, Günter Hirschel-Protsch, ist auf Beschluß des Meisterrates vom Bauhaus entlassen worden, weil er verleumderische Äußerungen über dem Bauhaus angehörige Personen verbreitet hat. Gropius". *ThHStA Weimar, Staatliches Bauhaus Weimar 142, Bl. 243. Siehe Erläuterungen zu 228, 3 und 228, 12 Pension Mitteilung].*

228, 12 Pension Mitteilung] Der Vermieter von Hirschel-Protsch erhielt am 18. Juli 1922 folgende Mitteilung: „Im Anschluß auf meinen Brief vom 14. d. Mts. gebe ich zur Kenntnis, daß der Meisterrat einstimmig den Beschluß gefaßt hat, den Schüler Günter Hirschel-Protsch wegen seiner nachweisbaren verleumderischen Äußerungen aus dem Bauhaus zu entlassen." *ThHStA Weimar, Staatliches Bauhaus Weimar 142, unpaginiert. Siehe Erläuterungen zu 228, 3 und 228, 12 Sachverhalt ohne Namensnennung ans Brett zu schlagen].*

228, 22 geplante Veröffentlichung] Es handelt sich um die 1923 zur Bauhaus-Ausstellung erschienene Publikation „Staatliches Bauhaus in Weimar 1919-1923". Die Schüler wurden bis November 1922 mehrfach aufgefordert, Arbeiten zu diesem Zweck zur Verfügung zu stellen. Gropius wandte sich am 14. November 1922 zum wiederholten Male an den Meisterrat, der seinen direkten Einfluß auf die Schüler in geltend machen sollte. Bis zum 14. November 1922 hatten lediglich 20 Schüler Arbeiten eingereicht. *ThHStA Weimar, Staatliches Bauhaus Weimar 14, Bl. 201-202.* Das hier widergegebene Konzept wurde unter der Mitwirkung Moholy-Nagys, welcher die Konzeption erstellte, wesentlich erweitert. Es umfaßte schließlich 200 Seiten, davon 30 Seiten Text, der Rest waren Illustrationen. *Das A und O, S. 23.*

231, 9-10 Tanzvorführung von Oskar Schlemmer] Gemeint ist die Uraufführung des „Triadischen Balletts" am 30. September 1922 im Landestheater Stuttgart.

232, 32 Herr Lange den Versuchsplatz] *Siehe Erläuterungen zu 176, 8 und 202 ,4.*

232, 45 Kredit von zwei Millionen Mark] *Siehe Erläuterung zu 201, 30.*

233, 1 Vorkurs-Vorarbeiter] Der Beschluß über die technische Leitung des Vorkurses wurde den Studierenden des Bauhauses während einer Besprechung am 6. Oktober 1922 mitgeteilt. Bis zum Frühjahr 1923 wurde versucht, diese Regelung durchzusetzen, ohne jedoch ein zufriedenstellendes Ergebnis zu erzielen. Im Februar 1923 schlug Gropius vor, die teilweise Leitung des Vorkurses Josef Albers zu übertragen. Während der Sitzung der Form- und Werkmeister am 26. Mai 1923 wurde der entsprechende Beschluß gefaßt, der Albers die Aufsicht über die technische Arbeit im Vorkurs übertrug. *Siehe Textteil Nr. 65 [3.], S. 310 sowie Erläuterungen zu 239, 38 und 292, 5.*

233, 10 Brief des Vaters von Hirschel] *Siehe Erläuterung zu 228, 3.* Der Vater von Hirschel-Protsch hatte sich am 11. Juli 1922 mit einem Schreiben an Gropius gewandt. Darin brachte er zum Ausdruck, daß er die Entlassung seines Sohnes aus den angegebenen Gründen für eine unangemessen harte Strafe halte. Er betonte, daß er dem Verhalten Schreyers, der für ihn eine Vertrauensperson gewesen sei, kein Verständnis entgegenbringen könne. *ThHStA Weimar, Staatliches Bauhaus Weimar 142, Bl. 246-247. Siehe Erläuterung zu 228, 12.*

233, 21 Professorentitel] *Siehe Erläuterung zu 175, 39.* Schlemmer hatte sich am 11. September 1922 mit dem nachstehenden Antrag an den Meisterrat gewandt: „Antrag zur Meisterratssitzung am 30. Sept. 22. Ich stelle den Antrag, den Titel ‚Meister' gegen ‚Magister' einzutauschen. Es klingt schön, ist noch mittelalterlicher und unterscheidet sich von den ‚gewöhnlichen' Meistern." *ThHStA Weimar, Staatliches Bauhaus Weimar 13, Bl. 113.* Über eine Reaktion des Meisterrates zu diesem Antrag ist nichts bekannt.

239, 38 allgemeinen Versammlung] Am 6. Oktober 1922 fand eine Besprechung der Meister des Bauhauses mit den Lehrlingen und Gesellen statt. Über den Inhalt der Versammlung wurde folgende Mitschrift angefertigt: „Gropius/ Längere Ausführung der bisherigen Arbeit am Bauhaus und der gewünschten Zielrichtung für die künftige Arbeit. Nicht Herstellung von Luxusgegenständen für Liebhaber. Wirtschaftlicher Katastrophe nicht unvorbereitet entgegengehen. Durch heutige wirtschaftliche Verhältnisse müssen die Werkstätten versuchen, so zu arbeiten, daß der einzelne Verdienstmöglichkeit hat. Kurze Entwicklung des Ausstellungsplanes und Bitte an alle Lehrlinge und Gesellen, intensiv mitzuarbeiten und Vorschläge für diese Ausstellung jetzt vorzubringen. Da werkstattweise bereits mit den betreffenden Formmeistern durchgesprochen wurde, könnten die Einzel- und Gesamtpläne jetzt zur Aussprache gelangen. Muche/ Er wiederholt die Bitte um Beteiligung und bittet sich zu äußern, auch wenn es eine Bejahung dessen sei, was vorgetragen wurde. Es ist sinnlos, ein Programm von einigen durchführen zu wollen, wenn nicht alle beitragen.

Gropius/ Da keine Meinungen geäußert werden, wendet sich Gr[opius] an die Tischlerei.

Dieckmann/ wirft die Frage des Vervielfältigens auf innerhalb der Werkstatt.

Gropius/antwortet, daß dafür die Voraussetzungen der für solche Arbeit geeigneten Menschen hier nicht vorhanden sei und daß es nicht das Ziel der hier arbeitenden Tischler sei, die Ausführung von guten Arbeiten oftmals zu wiederholen.

Kandinsky/Kräfte auf Leben spannen.

Pap/ äußert, daß er derselben Meinung sei, wie besprochen.

Brendel/ Um Verdienstmöglichkeiten zu haben, müßte man Großbetriebe kennen lernen und die Möglichkeit haben, die dortigen Arbeitsgelegenheiten mit Maschinen und sonstigen Bedingungen kennen zu lernen.

Gropius/ Der Weg, den wir zur Beherrschung dieser Dinge gehen, ist ein allmählicher. Den gleichen Weg zu gehen, haben wir als unrichtig befunden. Die Verbindung der schöpferischen mit der Werkarbeit bahnt sich langsam an.

Slutzki/ Hier sei nicht klar, ob Klassen sind oder Werkstätten. Nur Werkstätten können Stellung nehmen, einzelne nicht. Lehrlinge beherrschen das Handwerk nicht, also können nur Werkstattleiter sprechen. Die Wünsche in bezug auf zukünftige Arbeit seien zu früh und alles sei zu viel. Es werde vom einzelnen zu viel verlangt.

Gropius/ Viele sind hier noch ganz unklar. Das Ziel soll weit sein, nicht knapp. Das Tempo der Arbeit ist etwas anderes. Es wird hier seit 2 Jahren versucht, langsam die Verbindung herzustellen, damit das, was jetzt getrennt ist, zusammenwächst. Trotz der Industrie können die Erzeugnisse, die wir schaffen wollen, daneben bestehen.

Slutzki/ Es kommt darauf, daß die Industrie unsere Handarbeit nachmachen soll, und das ist falsch, denn jedes hat seine eigene Gesetzmäßigkeit. Es kommt darauf an, was gebraucht wird. Hier aber ist es zu früh, schon damit anzufangen.

Gropius/ Nichts ist zu trennen, das Technische nicht vom Formalen.

Muche/ Es ist nicht zu früh. Es kann nicht so weiter gearbeitet werden, da nur theoretisiert wird. Leben fehlt gerade hier. Die Lebendigkeit ist eingeschlafen. Die Außenwelt wird das nehmen, was wir ihr geben. Jeder soll versuchen zu arbeiten unter allen Umständen, was er für richtig hält. Kritisieren lähmt und erstickt alles Leben. Wir sollen mit Temperament anfangen und wenn es eine temperamentvolle Dummheit ist, was dabei herauskommt.

Zachmann/ Die Schüler haben Angst vor der Vergewaltigung des ‚inneren Erlebnisses‘.

Lange/ hier herrscht viel zu viel Respekt vor [den von] der Industrie hergestellten Gegenständen. Trotz guter Maschinen ist der Gegenstand oft ganz unökonomisch. Die Ökonomie der Maschine wird hier gerade erfunden, wo das Können mit einer freien schöpferischen Kraft verbunden ist.

Breuer/ freut sich über Muches Äußerung, daß gearbeitet werden soll, ohne vor jedem Handgriff zu philosophieren.

Kandinsky/ Man erhebt hier, scheint's, die Maschine zum Götzen. Das Leben schafft die Maschine, wir beherrschen sie, wir ändern sie.

Grunow/ Das Für und Gegen ‚Maschine‘ kommt von verschiedenen Standpunkten und Stellung zum ‚Bauhaus‘. Die das Bauhaus als einen Begriff ansehen, der nicht in dieser Welt sei, sind gegen die Maschine, die anderen die für.

Itten/ Nach seiner Rückkehr vom Sommeraufenthalt ist er erstaunt über die hier herrschende muffige Luft. Er ist dafür, Einfaches herzustellen und sich darauf einzustellen, findet jedoch diesen Entschluß als zu spät. Das, was bisher geschah, muß also ‚Daneben gelebt‘

gewesen sein. Der einzige Weg heraus zu kommen sei, jeder für sich schöpferische Kräfte frei machen, sehen, wo die eigenen Arbeit einsetzen muß.

Hirschfeld, Ludwig/ Es hat sich gezeigt, daß keine überschüssigen Kräfte da sind, darum sollte jeder sich selbst fragen, wo seine Grenzen sind. Denn durch eine Arbeitsforderung, die der einzelne nicht leisten kann, entsteht die muffige Luft. Z. B. sollte in der Weberei [der] eine oder die andere einen Stoff viele Male machen, da sie nicht immerzu schöpferisch sein kann.

Itten/Jeder Mensch ist schöpferisch, nur die Kraft ist bei jedem verschieden.

Muche/ In der Weberei sind alle schöpferisch, alle sind lebendig.

Bienert/ Die jungen Menschen, die [hier] waren, haben stark das Positive hier empfunden (Wickersdorfer). Wir sollten das Positive auch viel stärker betonen, wie das Negative.

Gropius/ In einer Tat einmal das Angesammelte herausstellen. Es ist nicht zu spät!!

Albers/ Nachdem im vorigen Jahr das Wort ‚Arbeit‘ verpönt war, ist es sehr erfreulich, daß heute gesagt wird, nur die Arbeit stehe zur Diskussion. Wer das nicht eingesehen habe, könne sich wo anders hin scheren, am Bauhaus jedenfalls würde Arbeit Leben sein.

Winkelmayer/ Gropius fragt, was wir arbeiten wollen, ich kann aber nur sagen, was ich arbeiten will. Das Ganze macht unbedingt den Eindruck eines Programms. Wenn ich aber das Gefühl eines Programms habe, ist jede Arbeitskraft vergangen.

Schlemmer, Oskar/ Von Lebendigkeit und Freudigkeit war die Rede. Schl[emmer] glaubt, daß dieses andere, die Unlust, von jedem durchgemacht werden müsse und scheint's zum Leben gehöre. Dies Stadium sei wohl nun überstanden.

Gropius/ Bis Ende kommender Woche mögen sich diejenigen melden, die als Vorkurs-Vorarbeiter einige Zeit arbeiten möchten. Ein kleines Entgelt kann dafür entrichtet werden, da derjenige die Verantwortung über Material und Werkzeuge übernimmt. Über die Arbeitszeit wird nicht gesprochen, die wird sich von selbst ergeben. Unterricht (theoretischer) für diesen Winter eingeschränkt. Ferner bis Ende nächster Woche Beiträge zur Gesellenmappe bei Hirschfeld, Druckerei, abliefern.

Winkelmayer/ fragt, ob denn die Mappe herauskommen müsse.

Gropius/ Es solle endlich etwas getan werden. Wer nicht mitmachen will, soll es lassen. Bis Ende nächster Woche Kommission wählen, die sich um die Ausstellungsangelegenheiten kümmert. Jede Werkstatt wählt einen Vertreter und die Vertreter wählen die Kommission aus Meistern, Gesellen und Lehrlingen.“ *ThHStA Weimar, Staatliches Bauhaus Weimar 12, Bl. 198–199.*

240, 27 Neuverteilung der Formmeister in bezug auf die Werkstätten] *Siehe Erläuterung zu 155, 16.*

242, 11 Frauen von der Mitarbeit am Bau ausgeschlossen] Die Studierende Dörte Helm fertigte die Entwürfe für die Wandgestaltung im Haus Otte. Bereits am Bau des Hauses Sommerfeld hatten sie und der Werkmeister Carl Schlemmer mitgewirkt. Beide unterhielten zu dieser Zeit ein freundschaftliches Verhältnis. Schlemmer hatte bei einer Beratung geäußert, daß er die Mitarbeit von Frauen am Bau nicht wünsche, gegen die Übernahme der Entwurfsarbeiten durch Dörte Helm jedoch keine Bedenken laut werden lasse. Im Bauhaus war es üblich, Entwurf und Ausführung in eine Hand zu geben. Mit der Anfertigung der Entwürfe durch Dörte Helm war klar, daß sie auf der Baustelle mitarbeiten müßte. Dennoch weigerte sich Schlemmer, ihr dies zuzugestehen. Die eigentlichen Gründe für sein Verhalten sind wohl eher persönlicher als prinzipieller Natur gewesen. Schlemmer verfolgte eifersüchtig den Lebenswandel der Schülerin und kam so zu der Behauptung, daß sie ihn zu Gunsten des

Bauhausleiters zurückgewiesen habe. Bereits Ostern 1922 war das ehemals freundschaftliche Verhältnis zwischen Schlemmer und Dörte Helm soweit abgekühlt, daß Schlemmer ein Verbleiben beider am Bauhaus für unzumutbar hielt. *ThHStA Weimar, Thüringisches Ministerium für Volksbildung C 1471, Bl. 199-200. Siehe Erläuterungen zu 249, 17-18; 249, 18 und 250, 3.*

242, 29-30 angebliche intime Beziehungen] *Siehe Erläuterungen zu 242, 11; 243, 11; 250, 1 und 250, 3.*

243, 11 Fall Frl. Müller] Charlotte Müller war von Anfang 1919 bis Juni 1922 als Bürogehilfin am Bauhaus beschäftigt. Die von Schlemmer und Zachmann vorgebrachten Vorwürfe bezeichnete sie selbst als unwahr. *Siehe Erläuterungen zu 243, 13 und 243, 16.*

243, 13 Erklärung] Am 4. Oktober gab Charlotte Müller gegenüber den Meistern eine Erklärung ab, die besagte, daß Gropius ihr in keiner Weise jemals zu nahe getreten sei. Diese Erklärung wiederholte sie auf dessen Bitten am 5. Oktober 1922 schriftlich. *Siehe Erläuterungen zu 243, 11 und 243, 16.*

243, 16 neues Schreiben] Nach ihrer schriftlichen Erklärung vom 5. Oktober 1922 wurde Charlotte Müller von Zachmann bedrängt, diese zu widerrufen. Dies tat sie zwar nicht, setzte aber ein weiteres Schreiben auf. Dieses stand nicht im Widerspruch zu ihrer Erklärung, sondern schilderte wohl lediglich die Tatsache, daß Gropius ihr einmal Schokolade und eine Zigarette angeboten habe. *ThHStA Weimar, Thüringisches Ministerium für Volksbildung C 1471, Bl. 89. Siehe Erläuterungen zu 243, 11 und 243, 13.*

243, 35 Rechnungsführer, Herrn Ratz] Erwin Ratz aus Wien war mit dem Wiener Ittenkreis eng befreundet. Wie aus seinem Brief an Gropius vom 18. Juli 1922 hervorgeht, hatte Itten ihm angeboten, nach Weimar zu kommen, wohl um ihm bei der Verbreitung der Mazdaznanlehre zu unterstützen. Allerdings konnte sich Ratz damals nicht dazu entschließen. Er war 24 Jahre alt, hatte sechs Semester an der Philosophischen Fakultät der Wiener Universität studiert, einen dreimonatigen Bankkurs absolviert und beherrschte Maschineschreiben sowie Stenographie. Kenntnisse in der Buchhaltung, der Bilanztechnik und der Betriebsorganisation erarbeitete er sich im Selbststudium. In Wien war er als Korrektor in einem Musikverlag tätig. In jenem Brief vom 18. Juli 1922 fragte er beim Bauhaus wegen einer Anstellung an. Ratz hatte ein ausgesprochen musisches Interesse, mußte aber seinen Lebensunterhalt als Büroangestellter verdienen. Deshalb erschien ihm eine Tätigkeit am Bauhaus besonders reizvoll. Seinem Brief fügte er ein Empfehlungsschreiben von Alban Berg bei. *ThHStA Weimar, Staatliches Bauhaus Weimar 120, Bl. 111-113.* Gropius bot Ratz im Juli 1922 die Stelle als Rechnungsführer ab 1. Oktober 1922 an. Daraufhin kam dieser am 18. September 1922 zunächst probeweise ans Bauhaus. Nach Ablauf der Probezeit von einem Monat erbat sich das Ministerium für Volksbildung einen Bericht über die Befähigung des neu in Aussicht genommenen Rechnungsführers. Der bisherige Rechnungsführer Karl Ide schied offiziell erst zum 31. Dezember 1922 aus. *ThHStA Weimar, Personalakten Volksbildung 24103, Erwin Ratz, Bl. 1. Siehe Erläuterungen zu 254, 13-14 und 257, 2.*

244, 1 Beschwerdepunkte [...] Dr. Otte] Zu den Vorwürfen gegen Gropius und das Bauhaus, die von Fritz Otte in bezug auf die Ausführung der Bauarbeiten an seinem Haus im Sommer 1922 geäußert worden sein sollten, nahm dieser am 18. November 1922 schriftlich Stellung. Nachdem ihn Carl Schlemmer am 8. November 1922 über die Vorfälle am Bauhaus in Kenntnis gesetzt hatte, schrieb Otte: „Es liegt mir fern, in Abrede stellen zu wollen, daß zwischen Herrn Gropius und mir Differenzen über die wirtschaftlichen Folgen bestimmter Maßnahmen der Bauleitung bestanden haben. Solche Gegensätzlichkeiten zwischen dem Architekten und dem Bauherren sind typisch, fast sprichwörtlich. Sie sind verschärft worden durch meine etwas scharfe Art und die Geldbedrängnis, in die ich schon durch die allgemeine Entwicklung geriet. Ich bin objektiv genug, um für durchaus möglich zu halten, daß eine sachverständige Instanz die einzelnen Meinungsverschiedenheiten zwischen mir, der ich Bauangelegenheiten als ein Neuling gegenüberstand, und dem erfahrenen Architekten Gropius zu seinen Gunsten entscheiden würde. Und ich trenne im übrigen durchaus die wirtschaftlichen Gesichtspunkte von der künstlerischen und technischen Leistung, die sich in dem Bau ausdrückt. Mein Urteil über Herrn Gropius als Künstler und Architekten ist das denkbar beste. Und an der vollendeten Vertrauenswürdigkeit seines Charakters habe ich heute so wenig wie jemals einen Zweifel gehabt. Ich halte ihn für eine künstlerisch wie menschlich hochstehende Persönlichkeit, die meines Erachtens zu einer führenden Rolle berufen ist, sowohl in seinem Beruf als Baukünstler, wie in der Entwicklung derjenigen Ziele, die er mit Schaffung und Ausgestaltung des Bauhauses aufgestellt und vorgebracht hat. Ich bin der Ansicht, daß das Bauhaus ein Ausscheiden des Herrn Gropius aus seiner Leitung als einen unersetzlichen Verlust zu beklagen haben würde. Ich habe mich veranlaßt gesehen, dies zum Ausdruck zu bringen, da ich eine Verquickung von vorgekommenen wirtschaftlichen Mißhelligkeiten, wie sie wohl bei keinem Bau ausbleiben, mit der Frage der Qualifizierung des Herrn Gropius als Leiter des Bauhauses für sachlich abwegig halte." *ThHStA Weimar, Thüringisches Ministerium für Volksbildung C 1471, Bl. 128.* Das Schreiben wurde von Otte an Gropius gesandt, der es dem Ministerium für Volksbildung überreichte.

244, 7 Anstellung des Meister Meyer] *Siehe Erläuterungen zu 48, 3 Anstellung des Architekten Adolf Meyer]; 202, 8 und 250, 28.*

244, 13-14 Bezahlung des in der Druckerei tätigen Ludwig Hirschfeld] Ludwig Hirschfeld legte am 21. April 1921 die Gesellenprüfung im Kupferdruckhandwerk ab. Ab 1. Oktober 1921 wurde er als Etatgeselle in der Druckereiwerkstatt des Bauhauses beschäftigt. Im November 1922 schlugen ihn verschiedene Meister für die Bauhausgesellenreife vor. *ThHStA Weimar, Staatliches Bauhaus Weimar 13, Bl. 326.* Die Bezahlung Hirschfelds mußte auf der Basis der Tarifvereinbarungen des Verbandes der Lithographen, Steindrucker und verwandter Berufe erfolgen. Aus diesem Grunde verdiente Hirschfeld mehr als die übrigen Etatgesellen. Der Werkstattleiter Zaubitzer äußerte über seinen Gesellen: „Hirschfeld hat 8 Stunden Arbeitszeit. Pünktlich ist er nicht gerade, aber er holt es nach, indem er über die Zeit hinaus arbeitet. Mit seinen Leistungen bin ich zufrieden." *ThHStA Weimar, Thüringisches Ministerium für Volksbildung C 1471, Bl. 123.*

244, 15-16 Frl. Wottitz Werkzeug und Material für ihre Buchbinderarbeit] *Siehe Erläuterungen zu 162, 28; 250, 18 und 250, 23.*

244, 16-17 Buchbinderwerkstatt aufgelöst] *Siehe Textteil Nr. 44 [2.], S. 173-174.*

245, 3 Lehrlinge und Gesellen, wie Albers] *Siehe Erläuterungen zu 249, 17-18; 249, 18; 249, 36; 249, 40 und 249, 40-41.*

245, 6 Ausschuß einzusetzen] Dieser Ausschuß, der in den Akten als Untersuchungskommission bezeichnet wurde, trat zwischen dem 6. und 13. Oktober 1922 insgesamt neunmal zusammen. Es wurden die beteiligten Personen sowie weitere Zeugen gehört. Gropius hatte die Kommission dringend um die restlose Aufklärung der Vorwürfe gegen seine Person gebeten. Der abschließende Bericht der Untersuchungskommission wurde während der Meisterratssitzung am 14. Oktober 1922 vorgetragen. *Siehe Erläuterung zu 248, 34-35.*

248, 34-35 Ergebnis der Untersuchung] Das Ergebnis der Untersuchungen zu den Vorwürfen gegen Gropius wurde in einem fünfseitigen Bericht zusammengefaßt. Der Inhalt dieses Berichts entsprach den in der Meisterratssitzung vom 14. Oktober 1922 vorgetragenen Resultaten. *Siehe Textteil Nr. 56 [3.], S. 247–260 und Erläuterungen zu 245, 6 und 260, 26.*

249, 16 Fall Frl. Helm] *Siehe Erläuterungen zu 242, 11; 249, 17–18; 249, 18; 249, 18–19 und 250, 3.*

249, 17 Beobachtungen Carl Schlemmers beim Bau Otte und Sommerfeld] *Siehe Erläuterung zu 244, 1.*

249, 17–18 Zeugenaussage Scheper und Schmidt] Hinnerk Scheper legte am 9. Oktober 1922 vor der Untersuchungskommission dar, daß er sich nie in der von Zachmann erwähnten Weise über die moralischen Qualitäten von Gropius geäußert habe. Dies erklärte er auch schriftlich. Scheper, der das Bauhaus bereits verlassen hatte, gab außerdem zu Protokoll, „daß er vom Bauhaus weggegangen ist, weil er glaubte, daß die Art der Schülerausbildung nicht für ihn geeignet sei. Er hat dies bei seinem Weggang Gropius gegenüber geäußert. Er hat weder gegen Gropius noch gegen C. Schlemmer eine Äußerung getan, daß er wegen einer Person wegginge." Außerdem erklärte er, „daß nach seinen Erfahrungen während der Bauhaustätigkeit und besonders am Bau Sommerfeld Carl Schlemmer als Mensch und Fachmann nicht für seine Stellung geeignet sei." *ThHStA Weimar, Staatliches Bauhaus Weimar 12, Bl. 203. Siehe Erläuterung zu 249, 18–19.* Der Bauhausstudierende Kurt Schmidt war mit Dörte Helm befreundet. Seine Aussage während der Sitzung der Untersuchungskommission am 7. Oktober 1922 wurde im Protokoll folgendermaßen aufgenommen: „[Schmidt] erklärt, daß es nach seiner Überzeugung ganz ausgeschlossen ist, daß die hier zur Sprache stehenden Vermutungen berechtigt sind. [Er] versichert, daß nach seiner Kenntnis der Zusammenhänge die Triebkraft für die von Carl Schlemmer geäußerten Vermutungen zum größten Teil Eifersucht gegen Frl. Helm sei. Zum Auftreten Frl. Helm gegen C. Schlemmer am Bau Otte erklärt Schmidt (er wurde von Frl. Helm besonders durch einen Brief unterrichtet), daß Frl. Helm in einer sehr großen unglücklichen Erregung gehandelt hat, da sie von C. Schlemmer 8 Tage gehindert wurde, etwas zu verdienen, und deshalb Not gelitten hat." *ThHStA Weimar, Staatliches Bauhaus Weimar 12, Bl. 202. Siehe Erläuterungen zu 242, 11; 249, 18; 249, 40; 249, 40–41 und 249, 44.*

249, 18 Gegenüberstellung Scheper und Carl Schlemmer] Die Gegenüberstellung fand während der Sitzung der Untersuchungskommission am 11. Oktober 1922 statt. Im Protokoll hieß es dazu: „Schlemmer erinnert Scheper, daß er vor einiger Zeit ihm gesagt habe, er könne manches sagen, müsse aber aus anderen Gründen schweigen. Scheper bestätigt dieses, müsse aber weiter schweigen. Im Erinnerungsaustausch zwischen Schlemmer und Scheper bestätigt Scheper betr. Bau Berlin, daß Frl. Helm oft bei der Arbeit fehlte, wenn Gropius in Berlin war, daß Frl. Helm oft plötzlich nicht mit Schlemmer ausging, wenn Gropius in Berlin war." *ThHStA Weimar, Staatliches Bauhaus Weimar 12, Bl. 209. Siehe Erläuterungen zu 242, 11; 249, 17–18 und 249, 44.*

249, 18–19 Aussage Gropius zu Aussage Scheper] Während seiner Anhörung vor der Untersuchungskommission am 12. Oktober 1922 erklärte Gropius dazu: „Scheper habe bei seinem Weggang erklärt, er könne nicht hier bleiben, da er verheiratet sei und kein Auskommen hätte. Außerdem könne er unmöglich mit Schlemmer, C. zusammenarbeiten, wegen letzterem habe er Scheper zu Oskar Schlemmer geschickt." *ThHStA Weimar, Staatliches Bauhaus Weimar 12, Bl. 211. Siehe Erläuterung zu 249, 17–18.*

249, 36 Zeuge Albers gibt schriftliche Erklärung] Josef Albers sagte am 7. Oktober 1922 vor der Untersuchungskommission aus, „daß er niemals einen solchen Ausdruck bzw. eine solche Bemerkung über Frl. Hirschfeld gemacht habe, wie sie Zachmann behauptet hat. Er hat Zachmann damals noch gar nicht gekannt." *ThHStA Weimar, Staatliches Bauhaus Weimar 12, Bl. 202.* Diese Erklärung gab Albers laut Protokoll der Untersuchungskommission auch schriftlich ab.

249, 36–37 Gegenüberstellung Albers – Zachmann – C. Schlemmer] Im Protokoll der Untersuchungskommission vom 11. Oktober 1922 wurde über die Gegenüberstellung folgendes vermerkt: „Zachmann fragt, ob er den beleidigenden Ausdruck gegen Frl. Hirschfeld an dem bekannten Fest gebraucht hätte. Albers bleibt bei seiner Aussage, wie sie am 7. 10. 22 festgelegt wurde und erklärt Zachmann für krank. Auf Frage Schlemmer, ob er vor mehr als einem Jahr ihm gegenüber nicht einen ähnlichen Ausspruch von Frl. Hirschfeld getan hat, verneint er dies. Kann sich auf Wörtliches nicht mehr entsinnen, hält es aber für ausgeschlossen auf Grund seiner damaligen inneren sympathischen Einstellung gegen Frl. Hirschfeld. Mit Gropius ist er früher mal in sachlicher Meinungsverschiedenheit eingestellt gewesen wegen dessen werkl. Gemeinschaft in der Glas-, Dekorationsmalerei. Albers hält Schlemmer vor, er habe einmal gesagt, Gropius sei nicht ehrlich. Schlemmer gibt dies zu." *ThHStA Weimar, Staatliches Bauhaus Weimar 12, Bl. 209. Siehe Erläuterungen zu 249, 36 und 249, 40*

249, 40 Zeugenaussage Scheper mit schriftlicher Erklärung] Hinsichtlich der angeblich von Scheper gegen Gropius vorgebrachten Beleidigung erklärte Scheper der Untersuchungskommission am 9. Oktober 1922 auch schriftlich, daß er diese Äußerung nicht getan habe. Auch hielt er es für ganz unmöglich, daß Albers die erwähnte Beleidigung bezüglich Fräulein Hirschfeld geäußert habe. *ThHStA Weimar Staatliches Bauhaus Weimar 12, Bl. 203. Siehe Erläuterungen zu 249, 17–18; 249, 36 und 249, 36–37*

249, 40–41 gegenüber Zachmann, dessen Frau – Scheper – C. Schlemmer] Am 11. Oktober 1922 standen sich vor der Untersuchungskommission das Ehepaar Zachmann und Hinnerk Scheper gegenüber. Das Ehepaar Zachmann behauptete, Scheper habe über die von Karl Peter Röhl ausgeführte Ausmalung eines Zimmers in Gropius' Wohnung gesagt, es sähe aus, als ob man darin Orgien feiern sollte oder könnte. Scheper bestätigte dies gesagt zu haben, blieb aber dennoch bei seiner Aussage vom 9. Oktober 1922. *ThHStA Weimar, Staatliches Bauhaus Weimar 12, Bl. 208. Siehe Erläuterungen zu 249, 17–18 und 249, 40.* Die Ergebnisse der Gegenüberstellung zwischen Carl Schlemmer und Hinnerk Scheper wurden bereits im Fall Helm herangezogen. *Siehe Erläuterung zu 249, 18.*

249, 44 bittet Scheper persönlich] Bei den von Hinnerk Scheper zurückgehaltenen Fakten handelte es sich lediglich um ein Gerücht über die Beziehung zwischen Dörte Helm und Gropius, welches in Dornburg die Runde machte. Scheper erkundigte sich nach den wahren Hintergründen des Gerüchtes bei Lydia Driesch-Foucar, welche ihm in einem Brief unmißverständlich zu verstehen gab, daß die Gerüchte jedes sachlichen Hintergrundes entbehrten. *ThHStA Weimar, Thüringisches Ministerium für Volksbildung C 1471, Bl. 80. Siehe Erläuterung zu 249, 18.*

250, 1 Aussage Frl. Hirschfeld] Lotte Hirschfeld wies die Behauptungen bezüglich ihres Verhältnisses zu Gropius auf Befragen der Untersuchungskommission am 12. Oktober 1922 energisch zurück. *ThHStA Weimar, Staatliches Bauhaus Weimar 12, Bl. 211.*

250, 3 Zeugenaussage Schunke] Die Aussage von Gerhard Schunke vor der Untersuchungskommission am 10. Oktober 1922 wurde mit folgendem Wortlaut ins Protokoll aufgenommen: „C. Schlemmer kam am 6. 10. zu ihm in die Tischlerwerkstatt und sagte, daß Itten ihm geraten hätte, die ganze Angelegenheit (Thema der Meisterratssitzung vom 5. 10.) mit ihm und den übrigen älteren Bauhausschülern zu besprechen. Er erzählte ihm nachher

die ganze Sache und bat, Schunke möchte doch weiter mit noch anderen Schülern dies besprechen. Er hat ihn mit der Bemerkung abgewiesen, daß er dies nicht tue, weil es unvor-
nehm sei. Die Darstellungen C. Schlemmers waren so, daß man von einem erotischen Verhältnis zwischen Frl. Helm und Gropius überzeugt werden sollte, Schunke glaubt von sich
aus an ein solches Verhältnis nicht. Gespräche über dieses Thema sind in der Umgebung
Schunkes von Schülern nicht geführt worden, sondern nur von Zachmann und Schlemmer.
Zachmann hat wiederholt in Gegenwart von Schülern geringschätzig und wegwerfend von
Gropius gesprochen und mehr als einmal erklärt, daß Gropius ungeeignet als Bauhausleiter
sei. [...] Schunke habe noch nie gehört, daß in den Schülerkreisen die Meinung geäußert
werde, Gropius sei als Leiter ungeeignet." *ThHStA Weimar, Staatliches Bauhaus Weimar 12,
Bl. 206–207. Siehe Erläuterung zu 242, 11.*

250, 12 Fall Frl. Müller] *Siehe Erläuterungen zu 243, 11; 243,13 und 243, 16.*

250, 18 Zeugenaussage Wottitz] Zur zweiten Sitzung der Untersuchungskommission am 7.
Oktober 1922 war Anny Wottitz zur Aussage geladen. Sie erläuterte den Inhalt ihres Vertrages mit dem Bauhaus. Dieser besagte, daß ihr Geräte, Werkzeuge, Arbeitsraum, Beleuchtung und Heizung vom Bauhaus zur Verfügung gestellt wurden. Das Material für ihre
Arbeiten entnahm sie gegen Quittung aus den Bauhausvorräten. Das Bauhaus erhielt 33 Prozent des Verkaufswertes der fertigen Arbeiten. Die Wertkalkulation erfolgte nach dem Vorbild der anderen Werkstätten und setzte sich folgendermaßen zusammen: 1. 50 Prozent Ma-
terialwert Tagespreis der Entnahme, 50 Prozent Arbeitslohn. Dazu kamen 33 Prozent von
1. für allgemeine Unkosten und 50 Prozent von 1. als Gewinn und Risikoreserve. Von der
Gesamtsumme dieser vier Posten erhielt das Bauhaus als Einnahme 33 Prozent. Nach Auskunft von Anny Wottitz wurden in der Buchbinderei Anschaffungen in Höhe von 25 000
Mark getätigt. *ThHStA Weimar, Staatliches Bauhaus Weimar 12, Bl. 201.* Laut einer Sekre-
tariatsnotiz stellte Lange fest, daß sich die Ausgaben auf 35 470 Mark beliefen. In dieser
Summe waren die Kosten für Kohle und Miete mit 8 400 Mark berücksichtigt. Werkzeuge
und Geräte schlugen mit 12 680 Mark, Material mit 14 390 Mark zu Buche. *ThHStA Weimar, Staatliches Bauhaus Weimar 12, Bl. 209. Siehe Erläuterungen zu 162, 28 und 250, 23.*

250, 19 [Zeugenaussage] Dr. Beyer] Der Syndikus hatte am 9. Oktober 1922 der Untersuchungskommission zu Protokoll gegeben, daß er „Mitteilungen über Sache Wottitz usw. an
C. Schlemmer und Zachmann gemacht [hätte], weil sie öfters zu ihm ins Sekretariat gekommen wären und Auskunft darüber forderten. Bedenken dies zu tun, hätte er nicht gehabt und
hätte es deshalb auch nicht für notwendig gehalten, Gropius von diesen Fragen Mitteilung
zu machen." *ThHStA Weimar, Staatliches Bauhaus Weimar 12, Bl. 204.*

250, 23 des Kommissionsprotokolles vom 7.10.] Es hieß in diesem Protokoll: „In Sachen
Frl. Wottitz wird festgestellt, daß sich das für Material und Geräte für sie vom Bauhaus zur
Verfügung gestellte Kapital gut verzinst und ihr eigener Gewinn bei Arbeiten, an denen die
Arbeitslohnkosten überwiegen, sehr gering ist." *ThHStA Weimar, Staatliches Bauhaus Wei-
mar 12, Bl. 202. Siehe Erläuterungen zu 162, 28 und 250, 18.*

250, 25 Zeugenaussage Meyer] *Siehe Erläuterung zu 250, 28.*

250, 28 Protokoll vom 10.10.] Die Aussage Meyers wurde im Protokoll der Untersuchungskommission als Bericht wiedergegeben. Dieser lautet: „Meyer [ist] am Bauhaus als
außerordentlicher Meister für Architektur zur Unterstützung des Leiters, Gropius. Nach vor-
liegendem Anstellungsvertrag ist er als Assistent Gropius' seit 1919 hier, leitete anfänglich
die Architekturklasse, die später einging. Gab seit Sommer 1920 bis Winter 1921/22 in allen
Semestern Unterricht im Werkzeichnen. Den Sommer 1922 nach Art eines Seminars. Er ist

nebenher tätig im Architekturatelier Gropius. Diese Tätigkeit wird ausgeübt im Sinn des Bauhausprogrammes, daß eine Einwirkung auf die Schüler und Werkstätten durch die Bauten Gropius' stattfindet, als Beispiel die Bauten Sommerfeld, Otte, Theater Jena, wo die genannten Werkstätten sich unter Leitung des Büro Gropius auswirken konnten. Die Arbeit Meyers in beiden Stellen ist von dem besonderen, mit der Entwicklung des Bauhauses im Zusammenhang stehenden Gesichtspunkt zu verstehen, daß Gropius danach strebt, sein Architekturbüro in unmittelbaren organisatorischen Zusammenhang mit dem Bauhaus zu bringen. Kommissionsmitglied Lange bestätigt durch freiwillige Erklärung, daß ihm diese Auffassung und Absicht Gropius' ebenfalls bekannt sei, da sie eine der Grundlagen waren, auf [denen] seine Anstellung zustande kam und die für ihn eine besondere Werbekraft hatte bei den Erwägungen, ob er dem Antrag des Bauhauses, dort zu wirken, folgen solle. Meyer erklärt weiter: Vom persönlichen Verhältnis zwischen Frl. Hirschfeld und Gropius sei ihm bekannt, daß Gropius als Ergebnis jahrelanger Zusammenarbeit Frl. Hirschfeld sehr schätze und ihr großes Vertrauen schenke. Die Mißstände im Sekretariat haben zu einem bedeutenden Teil ihre Ursachen in den unzulänglichen Raumverhältnissen, bei denen die Angestellten bei der Arbeit durch den unvermeidlichen Schülerverkehr gestört wurden." *ThHStA Weimar, Staatliches Bauhaus Weimar 12, Bl. 207. Siehe Erläuterungen zu 48, 3 Anstellung des Architekten Adolf Meyer] und 202, 8.*

251, 4-5 Zeugnis aus der letzten leitenden Tätigkeit Langes] Das verlesene Zeugnis für Lange wurde vom Verband sozialer Baubetriebe am 13. Oktober 1922 ausgestellt und lautet: „Herr Architekt Emil Lange stand seit der Gründung der Bauhütte Breslau bis zu seinem Fortgang nach Weimar als Geschäftsführer an der Spitze der Bauhütte Breslau und war gleichzeitig auch Geschäftsführer des Bauhütten-Betriebsverbandes Schlesien, in dessen Bezirk am 1. April 1922 rund 800 Arbeiter beschäftigt waren. Als Geschäftsführer der Bauhütte sowohl, wie als Geschäftsführer des Bauhütten-Betriebsverbandes hat er insbesondere auch seine weitreichende Befähigung auf wirtschaftlichen und kaufmännischen Gebieten entfalten können. Die kaufmännische Führung der Geschäfte der Bauhütte Breslau ist für unsere gesamte Bewegung als mustergültig zu bezeichnen. Da der Bauhütten-Betriebsverband Schlesien Revisionsinstanz für die gesamten Betriebe Schlesiens ist, hat Herr Architekt Lange als Geschäftsführer dieses Verbandes wiederholt Gelegenheit nehmen müssen, die Buchführung, das Rechnungswesen und die Bilanzierung unserer Bauhütten in Schlesien eingehend zu prüfen. Wir bekunden hiermit, daß die Tätigkeit des Herrn Architekt Lange auf diesem Gebiet eine außerordentlich erfolgreiche gewesen ist und dazu geführt hat, Ordnung und System in die kaufmännische Geschäftsführung der Bauhütten in Schlesien hineinzubringen. Herr Architekt Lange ist aus der Bauhütte sowie aus der Geschäftsführung des Bauhütten-Betriebsverbandes aus freiem Willen ausgeschieden. Unseren wiederholten Bemühungen, ihn auf seinem Platze zu halten, waren leider ohne Erfolg, weil er dahin strebte, die in unseren Betrieben gesammelten Erfahrungen in einer Lehrtätigkeit am Staatlichen Bauhaus dem jungen Nachwuchs zu vermitteln, um auf indirektem Wege seine wirtschaftlichen Kenntnisse dem Nachwuchs auf breiterer Grundlage zugänglich machen zu können." *ThHStA Weimar, Thüringisches Ministerium für Volksbildung C 1471, Bl. 30-31.*

251, 40 Fall Buchhalter Ratz] *Siehe Erläuterungen zu 243, 35 und 254, 13-14.*

254, 10 Fall Ide] Carl Ide war seit 27. April 1922 als Rechnungsführer im Sekretariat des Staatlichen Bauhauses angestellt. Seine Tätigkeit unterstand der unmittelbaren Leitung des Syndikus Beyer und umfaßte folgende Arbeiten: Buchführung, Schriftverkehr für den Syndikus, Inventare der Werkstätten, Inventare der übrigen Räume, Porto und Portobuch, Angelegenheiten der Krankenkassen (ausgenommen Lehrlinge und Gesellen), Telefonzentrale. Beyer kündigte Ide höchstwahrscheinlich im August 1922 zum 30. September 1922. Dies empfand Ide als Ungerechtigkeit und wandte sich am 15. August 1922 mit einem Brief an Gropius, in welchem er diesen ersuchte, die Kündigung zurückzunehmen oder ihm eine andere Stelle zu geben. *ThHStA Weimar, Staatliches Bauhaus Weimar 120, Bl. 164.* Gropius nahm die Kündigung zwar nicht zurück, stellte ihm aber ein wohlwollendes Zeugnis aus. Am 15. September 1922 wandte sich Ide an den zuständigen Referenten im Volksbildungsministerium, Albert Rudolph, und bat um Unterstützung bei der Suche nach einer neuen Stelle. Er schrieb: „Ich bin zum Wechsel meiner Stellung gezwungen, da meiner Person und meiner Arbeitsleistung als Rechnungsführer am Staatl. Bauhaus zu wenig Verständnis entgegengebracht wird. Ich möchte jedoch nicht versäumen, Ihnen, Herr Staatsrat, zu versichern, daß ein Anlaß zur Klage nie vorgelegen hat und eine einwandfreie Erfüllung meiner Obliegenheiten durch Unterlagen jederzeit gewährleistet ist. [...] Ich glaube nicht fehlzugehen in der Annahme, daß mein weiteres Schaffen am Bauhaus lediglich durch persönl. Gründe insbesondere einer unverkennbaren Antipathie von erster Instanz unterbunden wird." *ThHStA Weimar, Personalakten Volksbildung 15300, Carl Ide, Bl. 8–9.* Dieser Brief Ides ließ deutlich werden, daß sich die Zusammenarbeit Ides mit Lotte Hirschfeld, die bis Juli 1922 die Syndikusgeschäfte führte, und später mit dem neuen Syndikus Beyer problematisch gestaltete. Offensichtlich war es nicht möglich gewesen, Ide angemessen einzuarbeiten, so daß der Eindruck von Unselbständigkeit entstanden war. Ide hatte verschiedentlich Fehler in der Buchführung gemacht, was auch bei der Revision des Sekretariats, welche vom 22. November bis 1. Dezember 1922 durchgeführt wurde, festgestellt worden war. Im Revisionsbericht war davon die Rede, daß Ide den Aufgaben des Rechnungsführers am Bauhaus nicht gewachsen sei. *ThHStA Weimar, Thüringisches Ministerium für Volksbildung C 1471, Bl. 200.* Das Volksbildungsministeriums äußerte sich dazu am 14. November 1922 folgendermaßen: „Ide, dem von seinem Vorgesetzten das Zeugnis eines arbeitsfreudigen und gewissenhaften Angestellten ausgestellt wird, ist aber leider den Anforderungen des Postens, der eine erste bilanzsichere und in der kaufmännischen Buchführung erfahrene Kraft erfordert, nicht gewachsen. Die wirtschaftlichen Verhältnisse des Staatl. Bauhauses drängen aber zur Einstellung einer solchen selbständigen Kraft. Im Interesse des Staates also liegt es, Ide sobald als möglich in einer anderen Stelle unterzubringen." *ThHStA Weimar, Personalakten Volksbildung 15300, Carl Ide, Bl. 12.* Das Vertragsverhältnis Ides mit dem Bauhaus wurde am 31. Dezember 1922 beendet. *Siehe Erläuterung zu 257, 2.*

254, 12 Ratz auf Veranlassung Gropius' hergekommen] *Siehe Erläuterung zu 243, 35.*

254, 13–14 ungeeignet, [...] nach Urteil des Ministeriums] *Siehe Erläuterung zu 243, 35.* Das Ministerium für Volksbildung hatte nach dem Ablauf der Probezeit von Erwin Ratz einen Bericht über die Eignung des neuen Rechnungsführers verlangt. *ThHStA Weimar, Personalakten Volksbildung 24103, Erwin Ratz, Bl. 1.* Der Syndikus Beyer teilte daraufhin am 28. Oktober 1922 schriftlich folgendes mit: „Herr Erwin Ratz ist seit 18. September ds. Jrs. probeweise als Rechnungsführer bei uns tätig und hat sich, wie auf Grund seines Lebenslaufes zu erwarten war, nicht als diejenige Arbeitskraft erwiesen, die für diesen Posten erforderlich ist. Die in Ihrem Schreiben zum Ausdruck gebrachten Bedenken gegen die Einstellung des Herrn Ratz kann ich nur als durchaus gerechtfertigt erklären, weshalb ich die Bitte ausspreche, von einer Anstellung desselben abzusehen." *ThHStA Weimar, Personalakten Volksbildung 24103, Erwin Ratz, Bl. 4.* Die im Protokoll erwähnte mündliche Äußerung Beyers im Ministerium dürfte ähnlichen Wortlaut wie die schriftliche Erklärung gehabt haben. Die Revision des Sekretariats im Bauhaus durch den Finanzamtmann Otto Knieling kam in der Einschätzung der Fähigkeiten von Ratz zu einem anderen, positiven Ergebnis. *Siehe Erläuterung zu 257, 2.* Beyer begann ungeachtet dieser positiven Beurteilung eigenmächtig und ohne das Einverständnis von Gropius mit der Regierung wegen Einstellung eines neuen Buchhalters zu verhandeln. *Siehe Textteil Nr. 58 [2.], S. 273–274.*

257, 2 die Zustände im Sekretariat und die Arbeit Dr. Beyers prüft] Auf Veranlassung von Regierungsrat Ernst Ortloff im Volksbildungsministerium wurde vom 22. November bis 1. Dezember 1922 eine Revision des Sekretariats des Bauhauses durch Finanzamtmann Otto Knieling vorgenommen. Der von Knieling am 2. Dezember 1922 vorgelegte Bericht lautete: „Es herrscht allseits zweifellos ein Wille zur Arbeit, der von den einzelnen Stellen mit mehr oder weniger Erfolg in die Tat umgesetzt wird. Jedenfalls erscheint das Sekretariat mit seinen Kräften, soweit ich dies wahrzunehmen Gelegenheit hatte, trotz vorhandener Mängel (s. Akten) in der Lage, einen geordneten Gang der Geschäftsführung zu gewährleisten. Hierfür bürgt m. E. schon die Person des stellvertretenden Syndikus Lange, die nach meinen Beobachtungen Tatkraft mit umsichtigem und zielsicheren Blick glücklich in sich vereint. Seine Geschäftsführung muß um so mehr anerkannt werden, als er sie erst verhältnismäßig kurze Zeit ausübt und trotzdem ein vollkommenes Bild seiner Aufgaben bereits gewonnen hat. Auch organisatorisch scheint er eine hoch zu bewertende Kraft zu sein. Auch die Verwaltungssekretärin, Fräulein Hirschfeld, dürfte ihren Aufgaben in ausreichendem Maße gewachsen sein. Dank ihrer langen Tätigkeit im Sekretariat ist sie in fast allen Dienstzweigen gut unterrichtet, wie sie überhaupt mit gutem Verständnis ihre Arbeiten erledigt. Herr Ratz, der derzeitige Rechnungsführer, ist noch ein Neuling im Sekretariat. Ihm obliegt zur Zeit unter Leitung des stellvertretenden Syndikus die Einrichtung der doppelten Buchführung, die notwendig eine Folge der Umstellung des Bauhauses von einem reinen Lehrstättenbetrieb in einen Produktivbetrieb sein mußte und die im Laufe des Monats Dezember bestimmt zur Durchführung gelangen soll. Er ist daher besonders mit Arbeit überlastet, an die er mit Eifer und Verständnis herangeht. Die übrigen Sekretariatsbeamten haben mehr untergeordnete Bedeutung. Herr Ide, der demnächst vom Rentamt übernommen werden soll, war seinen Aufgaben als Rechnungsführer nicht gewachsen – er war der Vorgänger von Ratz – (s. auch Erinnerung 4, Bl. 6 b und 12 b der Akten.) Es fehlte scheinbar die gehörige Anleitung des seinerzeitigen Syndikus. (Ide verbuchte z. B. Vorschüsse vom Rentamt im Einnahmebuch, die da nicht hingehören.) Sämtliche Sekretariatsbeamten sind nach meinen Beobachtungen zur Zeit mit Arbeit überhäuft. Dies mag zunächst eine Folge der Umstellung des Betriebes sein, dann aber auch eine Folge der dauernd vom Ministerium für Volksbildung verlangten Auskünfte in Sachen Dr. Beyer, die, soweit sie Zahlenmaterial erheischen, immer mit mehr oder weniger großem Zeitaufwand verbunden sind. Dazu kommt schließlich noch meine Anwesenheit als Revisionsbeamter, die dem Gang der Geschäftsabwicklung sicher nicht förderlich sein kann. Auch räumlich arbeiten die Beamten – außer dem Syndikus sämtlich in einem Raume – unter außerordentlich ungünstigen Verhältnissen, es mag nur an die 3 Schreibmaschinen und die Telefonzentrale erinnert sein, die sich in dem gleichen Raum befinden. Dazu kommt noch der mitunter sehr lebhafte Verkehr mit Publikum und Schülern der Anstalt. Bei der Bedeutung, die die Bauhauskasse durch die Selbstverwaltung des Kredits und durch die Umstellung immer mehr gewinnt, dürfte die alsbaldige Bekanntgabe der Rechnungsvorschriften über das Kassen- und Rechnungswesen der Staatskassen Thüringens 1921 unerläßlich sein. Wenn die Rechnungsvorschriften nicht in allen Teilen auf die kaufmännische Buchführung Anwendung finden können – sie sind auf die kameralistische Buchführung zugeschnitten – so sind doch die allgemeinen Bestimmungen wohl anwendbar. Die in dem Bericht des Bauhauses vom 18. 11. 22 – IV 1183 E – angeführten Zahlen (Stand vom 24. 10. dürften durch die neue Aufstellung vom 1. 12. 22 (Stand vom 29. 11. 22) gegenstandslos geworden sein. Die neue Aufstellung, die mehrere Tage Zeit beanspruchte, wird mit Erläuterungsbericht des Bauhauses vom 1. 12. 22 beigefügt, sie ist von mir rechnerisch geprüft worden. Zum Schluß sei mir noch die Bemerkung gestattet, daß ich nicht eine eingehende Revision vorgenommen habe, wie sie wohl auch nicht regierungsseitig gedacht war, sondern daß ich versucht habe, mir ein allgemeines Bild zu verschaffen, wie dies an der Hand kurzer Stichproben möglich ist. Auch in den Werkstätten wurden solche vorgenommen und dort Ordnung vorgefunden." *ThHStA Weimar, Thüringisches Ministerium für Volksbildung C 1471, Bl. 199–200.*

258, 19–20 durch unparteiische Personen untersuchen zu lassen] *Siehe Erläuterung zu 257, 2.*

260, 9–10 zuständigen Stellen überlassen, [...] Schlüsse zu ziehen] Gropius hatte am 24. Oktober 1922 den Bericht der Untersuchungskommission und das Protokoll der Versammlung aller Bauhausangehörigen vom 16. Oktober 1922 neben weiteren Unterlagen dem Ministerium für Volksbildung übergeben. *Siehe Erläuterungen zu 266, 3; 274, 21; 279, 11 und 279, 12.*

260, 20 ihre Sache weiterführen] *Siehe Erläuterungen zu 266, 1 und 266, 3.*

260, 26–27 mit den Betreffenden nicht zusammenarbeiten können] Den Bauhausangehörigen wurde das Resultat der Untersuchungen auf einer Vollversammlung am 16. Oktober 1922 von Muche mitgeteilt. Die Sitzung wurde von Itten geleitet. Das Schlußwort sprach Gropius. Im Protokoll hieß es darüber: „Gropius erklärt, daß er schon lange von dem Vorhandensein dunkler Umtriebe gegen ihn gewußt habe, daß es aber erst jetzt möglich gewesen sei, die Ursachen ans Licht zu bringen. Er habe deshalb sofort die ganze Angelegenheit in die Hände des Meisterrates gelegt. Mit der Entscheidung des Meisterrates sei sie für das Bauhaus erledigt, er bitte alle, einen dicken Strich unter dieses Kapitel zu ziehen und die Klarheit, die nun entstanden sei, fruchtbringend für die Bauhausarbeit zu nützen. Er dankt allen, besonders dem Meisterrat für die Tatkraft, mit der ihm in diesen ernsten Tagen geholfen worden sei, die negativen, das Bauhaus schädigenden Elemente zu unterbinden." *ThHStA Weimar, Thüringisches Ministerium für Volksbildung C 1471, Bl. 25–26.* Sowohl die Gesellen als auch die Lehrlinge sprachen Gropius im Anschluß an diese Versammlung ihr Vertrauen aus. In der Konsequenz dieser Versammlung wurden die Werkstattleiter Zachmann und C. Schlemmer nicht länger als Meister des Bauhauses anerkannt. *Siehe Erläuterungen zu 265, 37–38 und 266, 3.*

261, 29 Mau] Der Bildhauer Ludwig Mau aus Lübeck hatte sich am 15. Juni 1922 mit der Bitte an Gropius gewandt, ihm einen Steinmetz zu empfehlen, bei welchem er sich ausbilden lassen könnte. Nachdem Mau die von Gropius erbetenen Entwürfe nach Weimar gesandt hatte, gab Gropius die Unterlagen an Muche weiter. Am 19. Juli 1922 wurde Mau mitgeteilt, daß er aufgrund seiner Arbeiten in den Vorkurs des Bauhauses aufgenommen werden könne, wenn er seine offizielle Anmeldung bis zum 1. September 1922 einreichen würde. Dieses Schreiben wurde vom Syndikus Beyer unterzeichnet. Mau reichte sein Aufnahmegesuch am 30. Juli 1922 ein und reiste daraufhin Mitte August 1922 nach Weimar ab. Am 22. August 1922 traf er in Weimar ein. Hier erklärte er, daß er den Vorkurs nicht besuchen, sondern lediglich bei einem Steinbildhauer ausgebildet werden wolle. Gropius erfuhr vom Gang dieser Sache während er im Urlaub weilte, da Mau darum bat, ihn aufsuchen zu dürfen, um

seine Wünsche nochmals vorbringen zu können. Der Bauhausdirektor stellte sich auf den Standpunkt, daß er Muche den Briefwechsel mit Mau zur Beurteilung, nicht zur Entscheidung über Aufnahme vorgelegt hatte, da die Aufnahme Maus in das Bauhaus niemals in Betracht gekommen sei. Mau erklärte sich aber inzwischen doch bereit, den Vorkurs zu besuchen. Nach der Rückkehr von Gropius und Muche aus den Sommerferien, wurde die bis dahin inoffizielle Aufnahme Maus nun auch offiziell vollzogen. Mit dem Aufnahmeformular vom 29. August 1922 wurde von Gropius und Muche vorgeschlagen, Mau probeweise aufzunehmen. Damit war die Angelegenheit Mau jedoch nicht erledigt, da dieser im August 1922 einen Zwischenfall beim Besuch in der Landesbibliothek verursacht hatte und sich daraufhin beim Volksbildungsministerium über die Angestellten der Bibliothek am 24. August 1922 und am 14. September 1922 in zwei Briefen beklagte (bisher nicht aufgefunden). Zwischen dem 8. und 18. September 1922 veranlaßte das Volksbildungsministerium das Bauhaus, Mau nicht aufzunehmen. Daraufhin wurde dessen Aufnahme am 14. September 1922 zurückgezogen, was Gropius Mau am 21. September 1922 mitteilte. Wie er Mau am 4. Oktober 1922 wissen ließ, hatte der Meisterrat während seiner Sitzung am 2. Oktober 1922 dessen Briefe zum Gegenstand der Beratung gemacht und war zum mitgeteilten Entschluß gekommen. *ThHStA Weimar, Staatliches Bauhaus Weimar 144, Bl. 92–117. Aus dem Protokoll der Meisterratssitzung geht dies nicht hervor. Siehe Textteil Nr. 53 [3.], S. 231–233.* Am 5. Oktober 1922 gab Gropius die beiden Briefe Maus den Werkstättenleitern zur Kenntnis und am 9. Oktober 1922 wurde sämtlichen Meistern des Bauhauses mitgeteilt, daß Mau „die Gebäude und Räumlichkeiten des Bauhauses nicht mehr zu betreten" habe. *ThHStA Weimar, Staatliches Bauhaus Weimar 130, Bl. 10–11.*
265, 37–38 Briefwechsel [...] vom 16. und 17. Oktober 1922] Nach der Vollversammlung der Bauhausangehörigen am 16. Oktober 1922 wandten sich C. Schlemmer und Zachmann mit dem folgenden Schreiben an die Leitung des Bauhauses: „Durch den heutigen Bericht in der Schülerversammlung werden wir von den Werkstattangehörigen nicht mehr als Meister des Bauhauses anerkannt. Hierdurch ist uns natürlich eine Tätigkeit und der Aufenthalt in der Werkstatt unmöglich gemacht, weshalb wir Sie hiermit unter Aufrechterhaltung unserer Gehaltsforderungen bitten, uns bis zur endgültigen Klärung dieser Angelegenheit von unseren Obliegenheiten zu dispensieren." *ThHStA Weimar, Thüringisches Ministerium für Volksbildung C 1471, Bl. 29.* Gropius beantwortete diesen Brief am 17. Oktober 1922, indem er Zachmann und Schlemmer anwies, „bis auf weiteres die Werkstatt an den ältesten Gesellen zu übergeben und das Sekretariat von der Zeit der Übergabe zu verständigen, damit einer des Personals zum Vergleich der Inventarlisten und Feststellung der Materialbestände zugegen sein kann". *ThHStA Weimar, Staatliches Bauhaus Weimar 12, Bl. 228. Siehe Abbildung 17. Die Übergabe war unverzüglich in die Wege zu leiten. Siehe Erläuterungen zu 260, 26–27 und 295, 37.*
266, 1 Antrag auf Untersuchung] C. Schlemmer wandte sich am 16. Oktober 1922 an das Volksbildungsministerium und beantragte gegen Gropius ein Untersuchungsverfahren auf dem Disziplinarwege. *ThHStA Weimar, Thüringisches Ministerium für Volksbildung C 1471, Bl. 1–2.* Am 17. Oktober 1922 ging auch ein von Zachmann gestellter Antrag auf ein Disziplinarverfahren gegen Gropius bei der vorgesetzten Behörde ein. *ThHStA Weimar, Thüringisches Ministerium für Volksbildung C 1471, Bl. 3. Siehe Erläuterungen zu 266, 19 und 311, 16.*
266, 3 entsprechende Anträge] Am 24. Oktober 1922 übergab Gropius dem Volksbildungsministerium die Unterlagen zu den Vorfällen. Dies waren im einzelnen: Bericht über das Untersuchungsergebnis vom 13. Oktober 1922; Protokoll der Versammlung aller Bau-

hausangehörigen am 16. Oktober 1922; Schreiben von C. Schlemmer an Muche als Vorsit-
zenden der Untersuchungskommission vom 16. Oktober 1922; Schriftwechsel zwischen
Schlemmer, Zachmann und Gropius vom 17. Oktober 1922 sowie ein Zeugnis über die Tätig-
keit Langes als Geschäftsführer des Bauhütten-Betriebsverbandes Schlesien. *ThHStA Weimar,
Thüringisches Ministerium für Volksbildung C 1471, Bl. 22-28, 30 und Staatliches Bauhaus
Weimar 12, 193-227. Siehe Erläuterungen zu 251, 4-5; 260, 26-27 und 265, 37-38.*
Schlemmer erklärte in seinem Schreiben vom 16. Oktober 1922, daß er an der Vollver-
sammlung der Bauhausangehörigen am 16. Oktober 1920 nicht teilnehmen würde. *ThHStA
Weimar, Thüringisches Ministerium für Volksbildung C 1471, Bl. 28.* Aus diesem Grunde bat
er um die Bekanntgabe folgender Erklärung: „1. Ich wiederhole, daß ich den Untersuchungsausschuß als parteiisch ablehne. 2. Lehne ich das Ergebnis der Abstimmung ab, da
trotz meines Antrages folgende 7 Personen: Frl. Börner, Frl. Grunow, Herr Dr. Schreyer,
Dorfner, Marcks, Krehan und Zaubitzer weder von meinen Anschuldigungen gegen die Leitung noch von dem ungekürzten Protokoll der Untersuchungs-Kommission unterrichtet wurden. 3. Erkläre ich, daß ich an den weiteren Untersuchungen des Herrn Zachmann, zu denen
er sich vermutlich durch das Abstimmungsergebnis hinreißen lassen wird, keinen Anteil habe.
4. Mich selbst zwingt die Konsequenz, daß ich unwahre Angaben gemacht und damit ein Lüg-
ner wäre [sic!], vor neutraler Stelle meiner Überzeugung zum Recht zu verhelfen." *ThHStA
Weimar, Thüringisches Ministerium für Volksbildung C 1471, Bl. 27.* Mit der Übergabe der
Unterlagen stellte Gropius am gleichen Tag beim Volksbildungsministerium folgende Anträge: „1) Herrn Carl Schlemmer und Josef Zachmann ihre Verträge mit sofortiger Wirkung
zu kündigen auf Grund des Zusatzes § 3 ihrer Verträge: ‚außer aus einem wichtigen Grunde
§ 626 B.G.B.'. 2) Herrn Syndikus Dr. Beyer seinen Vertrag zum nächsten Zahlungstermin zu
kündigen auf Grund § 626 B.G.B. [...] Ich bitte, Herrn Dr. Beyer zunächst zu beurlauben, und
beantrage, Herrn Architekt Lange (siehe anliegendes Zeugnis) bis zur Erledigung des Vertrages Dr. Beyer mit der Führung der Syndikusgeschäfte zu betrauen. [...] Sollten sich die Verhandlungen über die Verträge länger hinziehen, so bitte ich in jedem Fall aus den dargelegten
Gründen um die vorläufige Genehmigung, daß die Arbeitsgebiete der drei Personen sogleich
an Stellvertreter übergeben werden können." *ThHStA Weimar, Thüringisches Ministerium für
Volksbildung C 1471, Bl. 20-21. Siehe Erläuterungen zu 274, 21; 279, 11 und 279, 12.*
266, 19 hier Ordnung zu schaffen] Synikus Beyer schrieb am 20. Oktober 1922 einen mehr
als vierseitigen Brief an das Volksbildungsministerium. Darin wiederholte er seine bereits
während der Meisterratssitzungen am 5. und 14. Oktober 1922 vorgebrachten Vorwürfe
gegen Gropius und die Angestellten des Sekretariats. Der Brief erweckte den Eindruck völlig chaotischer Zustände in der Organisation des Bauhauses. *ThHStA Weimar, Thüringisches
Ministerium für Volksbildung C 1471, Bl. 4-6.* Nachdem weder Schlemmers noch Zachmanns Anträge geeignet waren, daß Ministerium ernsthaft von den vorgebrachten Beschuldigungen gegen Gropius zu überzeugen, sah sich Volksbildungsminister Max Greil durch
Beyers Schreiben genötigt, am 22. Oktober 1922 anzuweisen, „den Zuständen im Bauhaus
ganz besondere Aufmerksamkeit zu widmen", und sich über das Ergebnis der Nachprüfung
Bericht zu erbitten. *ThHStA Weimar, Thüringisches Ministerium für Volksbildung C 1471, Bl.
6. Siehe Erläuterung zu 266, 1.*
266, 38 Ausstellungskommission] Nach Schlemmers Äußerung in einem Brief an Otto
Meyer-Amden vom 19. Dezember 1922 zu urteilen, wurde die Ausstellungskommission von
den Schülern gewählt. Schlemmer bezeichnete diese Kommission als „eine Art Aktionsaus-
schuß mit fast diktatorischen Rechten und Pflichten". *Zitiert nach: Hüneke, S. 104. Siehe Er-*

läuterung zu 239, 38. Ein im Auftrag von Gropius verfaßtes Schreiben des Syndikus Lange vom 18. Januar 1923 regelte die Zusammenarbeit der Ausstellungskommission mit dem Sekretariat des Bauhauses. Es besagte, daß die Ausstellungskommission eine Nebenabteilung der Bauhausleitung war. Daß das Sekretariat auch ohne die zusätzlichen Aufträge der Ausstellungskommission ziemlich überlastet gewesen sein muß, beweist die folgende Textpassage: „Braucht die A[usstellungs]k[ommission] Maschinenarbeit, so wird auf Auftrag beim Sekretariat vom Syndikus die Schreibmaschine zur Verfügung gestellt. Die Schreibmaschinen [sic!] sind angewiesen (zur Vermeidung von Überlastung durch andere Auftraggeber), keinen Schreibauftrag ohne Einverständnis des Syndikus anzunehmen. Da die Schreibmaschinen zur Zeit und in Zukunft stets überlastet sind, so ist anzustreben, daß kurze unbedeutende Briefe von der A[usstellungs]k[ommission] selbst mit der Hand geschrieben werden." *ThHStA Weimar, Staatliches Bauhaus Weimar 35, Bl. 49.*

267, 11 Herrn v[on] Westrum] Schade von Westrum stand der Deutschen Zollbau-Licenzgesellschaft vor. Gropius verhandelte seit Oktober 1922 wegen des Erwerbs mehrerer Teppiche der Bauhausweberei mit ihm. *ThHStA Weimar, Staatliches Bauhaus Weimar 72, Bl. 170-189.* Der Bauhausdirektor nutzte diese Gelegenheit, um den Unternehmer für das Hausbauprojekt des Bauhauses zu interessieren. Nach einigen Vorgesprächen wandte sich Gropius am 27. November 1922 mit einem ausführlichen Brief an ihn, sprach insbesondere die Frage der Typisierung des Hausbaus, mit welcher sich auch Westrums Firma auseinandersetzte, an und forderte ihn auf, das Projekt zu unterstützen. Gropius schrieb: „Wir treten nun erneut an Sie mit der Aufforderung heran, uns bei der Verwirklichung dieses Hausbaus, das als Typus für eine geplante Siedlung hier entstehen soll, zu helfen. Wir erblicken in den Bestrebungen Ihrer Gesellschaft, insbesondere in dem Verfahren der Zollbauweise, einen wichtigen praktischen Faktor, der auf dem Wege liegt, der [...] als zukunftsweisend skizziert wurde. [...] Wir richten die dringende Bitte an Sie, uns bei der Finanzierung dieses Hauses, dessen Baukosten wir etwa auf 4-5 Millionen nach dem augenblicklichen Geldstand und vorhandenen Unterlagen schätzen, im Interesse Ihrer Gesellschaft, deren Bauweise wir bei dieser Gelegenheit in den Vordergrund rücken wollen, behilflich zu sein. Die Sicherung, die wir Ihnen für das Darlehn zu diesem Bau geben, wäre entweder in Form einer Hypothek oder Besitzsicherung an dem Haus oder aber Rückzahlung bei einem gewinnbringenden Verkauf nach Fertigstellung des Hauses." *ThHStA Weimar, Staatliches Bauhaus Weimar 72, Bl. 190-194.* Von Westrum beteiligte sich schließlich nicht an der Finanzierung des Ausstellungshauses. Gründe dafür sind wohl in den Unstimmigkeiten zwischen ihm und dem Bauhaus beim Erwerb der oben erwähnten Teppiche zu suchen.

267, 20 Reithalle in der Belvederer Allee] *Siehe Erläuterung zu 176, 8.*

267, 23 Bauhauskino] In einem undatierten Vorschlag Schlemmers zur Bauhausausstellung hieß es unter Punkt 7.: „Zuletzt sei die Idee erwähnt, einen [sic!] Kino einzurichten, der erstens gute Filme pädagogischer Art aus Natur, Wissenschaft und Technik vorführt, wobei wir einem Bedürfnis der Schulen von Stadt und Land sicher entgegenkämen – zweitens uns selbst ermöglichen soll, Versuche auf dem entwicklungsreifen Gebiet des Kinowesens zu unternehmen." *ThHStA Weimar, Staatliches Bauhaus Weimar 3, Bl. 35. Siehe Erläuterung zu 280, 5.* Am 18. August 1923 kamen als Veranstaltung der Bauhauswoche der Erziehungsfilm von Karl Koch „Kind und Welt" sowie die Filme der Ufa-Kulturabteilung „Leben im Unbelebten", „Seele der Pflanzen", „Blutumlauf des Frosches" und „Hochsprung" zur Aufführung. Im Programm wurde auf die mikroskopischen und die Zeitlupen- und Zeitrafferaufnahmen hingewiesen.

267, 26-27 Ausstellungsorganisator] Gropius' Einschätzung, daß eine erfahrene Persönlichkeit die Organisation der Bauhausausstellung übernehmen müsse, erwies sich als äußerst realistisch. Im Verlaufe der Vorbereitungen zur Bauhausausstellung 1923 wurde immer deutlicher, daß die Mitglieder der Ausstellungskommission mit der organisatorischen Seite der Arbeit hoffnungslos überfordert waren. So trat Paul Citroen am 11. April 1923 von der Mitarbeit in der Kommission zurück. Im Mai 1923 war immer noch kein geeigneter Ausstellungsorganisator gefunden. *Siehe Erläuterungen zu 267, 45 und 311, 18.*

267, 45 Citroen] Paul Citroen hatte in Berlin zwischen 1916 und 1917 die „Sturm"-Kunstbuchhandlung eingerichtet und war nach seiner Übersiedlung nach Holland 1917 offizieller Vertreter des „Sturm" in den Niederlanden. Als Buch- und Kunsthändler verfügte er über ausgezeichnete Kontakte. Im Jahre 1922 hatte Citroen – bereits sechsundzwanzigjährig – auf Anraten Muches das Studium am Bauhaus begonnen. Citroen wurde spätestens im November 1922 Mitglied der Ausstellungskommission, wie eine entsprechende Bescheinigung bestätigt. *ThHStA Weimar, Staatliches Bauhaus Weimar 35, Bl. 42.* In der Vorbereitung der Projekte zur Bauhausausstellung war Citroen unter der Leitung Klees neben den Studierenden Marcel Breuer, Walter Menzel, Marie Luise Bienert, Kurt Schwerdtfeger und Gyula Pap und dem Formmeister Muche für die Organisation einer internationalen Kunstausstellung des Bauhauses verantwortlich. Im Februar 1922 übernahm Citroen in seiner Funktion als Kommissionsmitglied den Vertrieb der Erzeugnisse der Werkstätten und der Bauhausdrucke. *ThHStA Weimar, Staatliches Bauhaus Weimar 35, Bl. 56.* In diesem Auftrag reiste er im Februar 1923 nach Berlin, mußte aber resigniert feststellen, daß die fortschreitende Inflation den Kunstmarkt zum Erliegen gebracht hatte. Dennoch gelang es ihm, verschiedene Kontakte zu knüpfen. Am 11. April 1923 trat Citroen von der Mitarbeit in der Ausstellungskommission zurück, nachdem während einer Kommissionssitzung am 10. April 1923 die organisatorische Arbeit derselben von Gropius heftig kritisiert worden war. *ThHStA Weimar, Staatliches Bauhaus Weimar 35, Bl. 71, 76-77. Siehe Erläuterung zu 267, 26-27.*

268, 7 Stempel] Die zur Werbung für die Bauhausausstellung angefertigten Stempel konnten ab 23. November 1922 benutzt werden. Insgesamt existierten drei dieser Gummistempel, welche im Sekretariat, der Kantine und dem Leseraum zur Benutzung auslagen. Die Ausstellungskommission richtete an diesem Tag einen Aufruf an die Bauhausangehörigen: „Bauhäusler! Keine Postsendung verlasse von heute ab das Bauhaus oder Weimar, ohne mit unserem Ausstellungsstempel versehen zu sein. Es ist die einfachste Art, unsere Ausstellung allmählich bekannt zu machen." Auf dem Entwurf für den Aushang ist der dreizeilige Stempelaufdruck aus dem Sekretariat enthalten: „Ausstellung / Sommer 1923 / Staatl. Bauhaus Weimar". Der Aufruf wies darauf hin, daß auch alle drei Stempel benutzt werden könnten, „aber Mißbrauch und eine Art, die der Post Anlass zu Beschwerden gibt", zu vermeiden sei. *ThHStA Weimar, Staatliches Bauhaus Weimar 35, Bl. 39.*

268, 19 begonnener Raum] *Siehe Erläuterungen zu 150, 24; 173, 2 und 295, 19.*

269, 4 Turnhalle] Gropius schrieb am 18. Oktober 1922 an Paul Koetschau, den Direktor des Realgymnasiums in Weimar, um die Genehmigung zur Benutzung der Turnhalle durch die Bauhausangehörigen einzuholen. Die Studierenden wollten sich vor allem im Turnen und Boxen üben. Der Bauhaussport sollte an drei bis vier Wochentagen nachmittags für jeweils zwei Stunden stattfinden. Es gab nach Gropius' Angaben ca. zwanzig Interessierte. Koetschau antwortete am 25. Oktober 1922 auf den Brief des Bauhausdirektors und erklärte sich bereit, die Turnhalle gegen eine Gebühr zur Verfügung zu stellen. Allerdings war die Aufstellung eines Boxrings nicht gestattet. Die Funktion des Turnwartes der Bauhäusler übernahm der Studierende Georg Teltscher. Als Übungsstunden wurden Montag und Donnerstag von 17 bis 19 Uhr vereinbart. Die Kosten für die Reinigung hatten die Kursteilnehmer selber zu tragen. Die Vereinbarung zwischen Bauhaus und dem Realgymnasium wurde am 3. November 1922 getroffen und am 28. November 1922 an Georg Teltscher weitergegeben. *ThHStA Weimar, Staatliches Bauhaus Weimar 129, Bl. 30-31, 33-34.*

269, 11 Abendakt] Schlemmer plädierte dafür, alle Formmeister am Formunterricht zu beteiligen und den einzelnen Kursen einen inhaltlichen Zusammenhang zu geben. *Siehe Erläuterung zu 140, 3-4.* In seinem Tagebuch notierte er im November 1922: „Dazu wäre wohl nötig, daß die einzelnen Meister den Bezirk, den sie zu behandeln beabsichtigen, ungefähr umschreiben, um gegebenenfalls Lücken auszufüllen oder doch sich dem übrigen Unterricht anzupassen. [...] Im Zusammenhang mit dem Abendakt, und um dafür eine theoretische Grundlage zu bereiten, würde ich die menschliche Figur in den Mittelpunkt der Untersuchungen stellen. ,Der Mensch, das Maß aller Dinge' bietet so viele Möglichkeiten der Abwandlung und Beziehungen zu Bau und Handwerk, daß es sich nur darum handeln wird, das Wesentliche herauszustellen. Also: Messung, Proportionen und Anatomie, Typus, Besonderheiten. Die verschiedenen Ideale der Kunststile. Dynamik des Körpers. Bewegung, Tanz, Körpergefühl. Der Mensch in seinen Beziehungen zur Umwelt." *Hüneke, S. 101-102. Siehe Erläuterung zu 292, 5.*

269, 35 Verträge mit Slutzki und mit Wottitz] *Siehe Erläuterungen zu 144, 9 und 162, 28.* Eine Änderung der bestehenden Vereinbarungen mit Slutzki oder Anny Wottitz konnte nicht nachgewiesen werden.

269, 35–36 Vertragsmitteilung an Brendel] Erich Brendel teilte sich seit Oktober 1921 mit Alfred Lakeit eine Gesellenstelle in der Tischlerei. *ThHStA Weimar, Staatliches Bauhaus Weimar 121, Bl. 101.* Ab 1. Oktober 1922 war er technischer Angestellter der Tischlerei. *ThHStA Weimar, Staatliches Bauhaus Weimar 13, Bl. 323.* Eine schriftliche Vertragsvereinbarung mit Brendel ist nicht nachzuweisen.

273, 31 Anstellung eines neuen Buchhalters] *Siehe Erläuterung zu 254, 13-14.*

274, 2 Veränderungen in der Organisation des Bauhauses] Ein solcher Plan der Regierung ist nicht nachweisbar. Allerdings verfolgte Syndikus Beyer selbst diese Absicht. In einer Eingabe an das Volksbildungsministerium vom 3. November 1922 schrieb er: „In Anbetracht des Umstandes, daß durch eine Geschäftsführung im Sinne des Herrn Gropius nicht nur ständig Millionen vom Staat völlig zwecklos ausgegeben werden, sondern auch durch die skandalöse Organisation der Werkstätten dem Staat dauernd Millionenwerte verloren gehen, wird wohl auch das Ministerium für Volksbildung der Überzeugung sein, daß hier durchgreifende Änderungen getroffen werden müssen, die ein sofortiges energisches Eingreifen erfordern. In meiner Eigenschaft als Syndikus und somit berufene wirtschaftliche Leitung des Staatlichen Bauhauses bitte ich daher das Ministerium für Volksbildung, mir unverzüglich Gelegenheit zu geben, gemeinsam mit Ihren Vertretern und den Meistern des Bauhauses über die sofort nötige gänzliche Umgestaltung bzw. Neuorganisation des Bauhauses zu beraten und die erforderlichen Statutenänderungen in die Wege zu leiten." *ThHStA Weimar, Thüringisches Ministerium für Volksbildung C 1471, Bl. 63.*

274, 21 Amtsenthebung zu beantragen] Gropius hatte bereits am 24. Oktober 1922 beim Volksbildungsministerium die Kündigung von Beyers Vertrag zum nächsten Zahlungstermin und dessen sofortige Beurlaubung beantragt. *Siehe Erläuterung zu 266, 3.* Aufgrund der während der Meisterratssitzung am 28. Oktober 1922 bekannt gewordenen Vorkommnisse sandte Gropius am gleichen Tag folgendes Schreiben an das Volksbildungsministerium: „Ich

teile dem Ministerium hierdurch mit, daß ich auf dringenden einstimmigen Antrag des Meisterrats auf Grund neuer Vorkommnisse den Syndikus Dr. Beyer aufgefordert habe, sein
Amt von morgen ab nicht mehr auszuüben und die Gebäude des Staatlichen Bauhauses nicht
mehr zu betreten. Leitung und Meisterrat sind überzeugt, daß Herr Dr. Beyer wirtschaftlich
und ideell in unverantwortlicher Weise geschädigt hat und sein weiteres Verbleiben das Bauhaus weiterhin schädigen muß. Leitung und Meisterrat sind zu ausführlicher Begründung jederzeit bereit. Wie bereits im Antrag an das Ministerium vorgeschlagen wurde, haben Leitung und Meisterrat Herrn Architekt Lange mit der vorläufigen Weiterführung der
Syndikusgeschäfte betraut. Herr Lange verfügt nachgewiesenermaßen über die erforderliche
Sachkenntnis und besitzt das volle Vertrauen der Leitung und des Meisterrats. Schreiben des
Staatlichen Bauhauses aus der Zeit vom 15. Oktober 1922 bis heute, die die alleinige Unterschrift des Herrn Dr. Beyer tragen, haben von Seiten des Staatlichen Bauhauses keine
Gültigkeit, um ihre Rückgabe wird gebeten." *ThHStA Weimar, Thüringisches Ministerium für
Volksbildung C 1471, Bl. 54.* Aus einer Randbemerkung von unbekannter Hand auf dem zitierten Schriftstück ist zu schließen, daß die zurückgeforderten Schreiben lediglich die Anstellung des Rechnungsführers Ratz betrafen. *Siehe Erläuterung zu 254, 13–14.* Ebenfalls am
28. Oktober 1922 wurde auch Beyer vom Beschluß des Meisterrates schriftlich in Kenntnis
gesetzt. *ThHStA Weimar, Thüringisches Ministerium für Volksbildung C 1471, Bl. 56.* Beyer
richtete am 30. Oktober 1922 eine Eingabe über den Beschluß des Meisterrates an das
Volksbildungsministerium. *ThHStA Weimar, Thüringisches Ministerium für Volksbildung C
1471, Bl. 55.* Anfang November 1922 erhielt das Ministerium von Beyer weitere Eingaben,
wovon jene vom 2. November 1922 insgesamt 38 Fragen bezüglich des Bauhauses beinhaltete. *ThHStA Weimar, Thüringisches Ministerium für Volksbildung C 1471, Bl. 61–62.* Am
3. November 1922 forderte Beyer in einem weiteren Schreiben das Ministerium auf, „das
durch Herrn Gropius veranlaßte durchaus ungerechtfertigte Hausverbot sofort aufzuheben
und mir die weitere Ausübung meiner Amtstätigkeit zu ermöglichen". *ThHStA Weimar,
Thüringisches Ministerium für Volksbildung C 1471, Bl. 63.* Die weitere Ausübung seiner
Pflicht sah Beyer in der totalen Um- und Neuorganisation des Bauhauses. *Siehe Erläuterung
zu 274, 2.* Im Ministerium reagierte man zunächst gelassen auf das Toben des ehemaligen
Syndikus'. Beyer wurde am 4. November 1922 mitgeteilt, daß er demnächst Gelegenheit zur
mündlichen Äußerung in dieser Angelegenheit erhalten würde. *ThHStA Weimar, Thürin-
gisches Ministerium für Volksbildung C 1471, Bl. 64.* Wie die Niederschriften des Referenten
Albert Rudolph belegen, beschäftigte man sich zunächst mit den Vorwürfen von C. Schlemmer und Zachmann. *ThHStA Weimar, Thüringisches Ministerium für Volksbildung C 1471,
Bl. 67–75. Siehe Erläuterungen zu 266, 1; 279, 11 und 279, 12.*

279, 11 Angriffe unberechtigt waren] Nach Abschluß der Untersuchungen des Volksbildungsministeriums in Sachen Beyer, C. Schlemmer und Zachmann trug Regierungsrat Ernst
Ortloff während einer Sitzung des Staatsministeriums am 11. Dezember 1922 die Ergebnisse dieser Untersuchungen vor. Das Staatsministerium kam zu dem Schluß, daß „es Bedenken gegen die sofortige Aufhebung der Verträge mit Beyer, Zachmann und Schlemmer
nicht zu erheben habe." *ThHStA Weimar, Thüringisches Ministerium für Volksbildung C
1471, Bl. 272. Siehe Erläuterungen zu 260, 9–10 und 279, 12.*

279, 12 mit sofortiger Wirkung entlassen werden sollen] Am 12. Dezember 1922 teilte das
Volksbildungsministerium dem Bauhaus mit: „Die von uns vorgenommene Prüfung der An-
griffe des Dr. Beyer, des Handwerksmeisters Josef Zachmann und des Handwerksmeisters
Carl Schlemmer gegen Direktor Walter Gropius hat ergeben, daß jene Angriffe in der Haupt-

sache durchaus unbegründet sind. Das Vorgehen der genannten Personen stellt sich als so unverantwortlich und teilweise als derart ehrverletzend dar, daß wir die Direktion ermächtigen, die mit Beyer, Zachmann und Carl Schlemmer bestehenden Vertragsverhältnisse mit sofortiger Wirkung zu lösen." *ThHStA Weimar, Thüringisches Ministerium für Volksbildung C 1471, Bl. 272.* Die Anstellungsverträge wurden daraufhin am 13. Dezember 1922 vom Bauhaus gekündigt. *Siehe Erläuterungen zu 266, 3 und 279, 11.*

279, 14 Dinge zurückgestellt] Dies meint die Genehmigung einer am 4. November 1922 beantragten Krediterhöhung des 2 Millionen-Kredits um weitere 2,5 Millionen Mark. *ThHStA Weimar, Staatliches Bauhaus Weimar 31, Bl. 36.* Lange legte am 18. November 1922 eine „Aufstellung über die bisherige Verwendung und das wirtschaftliche Ergebnis des uns im Juli d. Jrs. zugewiesenen Credites von M 2 180 000,–" vor. *ThHStA Weimar, Thüringisches Ministerium für Volksbildung C 1471, Bl. 195–197.* Die Inflation hatte den Wert des im Sommer gewährten Kredites dramatisch verfallen lassen. War zu Beginn des Jahres 1 Dollar noch 186,75 Mark wert, mußte man im Dezember 1922 bereits 7 350 Mark dafür zahlen. Da die Genehmigung der Krediterhöhung auf sich warten ließ und das Bauhaus in erste Zahlungsschwierigkeiten geriet, beantragte Lange am 29. November 1922 den Betrag von 250 000 Mark für den Kauf von 30 kg Wolle. Dieser Antrag wurde am 7. Dezember 1922 genehmigt. *ThHStA Weimar, Staatliches Bauhaus Weimar 31, Bl. 43, 47.* Nachdem am 20. Dezember 1922 noch keine Entscheidung über die Kreditgewährung gefallen war, bat Lange beim Finanzministerium um die Gewährung einer Notbewilligung in Höhe von einer Million Mark bis zur Entscheidung über die beantragte Krediterhöhung. Diese wurde am 24. Dezember 1922 genehmigt. *ThHStA Weimar, Staatliches Bauhaus Weimar 31, Bl. 48–50. Siehe Erläuterungen zu 201, 30 und 290, 36.*

279, 28 Regierungskredit] *Siehe Erläuterungen zu 201, 30; 279, 14; 290, 36 und 290, 37.*

280, 5 Oskar Schlemmer'sche Ideen] Die undatierten Vorschläge Schlemmers zur Bauhausausstellung wurden mit Sicherheit vor dem 20. Oktober 1922 verfaßt, da sich Gropius in der Meisterratssitzung an diesem Tag bereits auf sie bezogen hatte. *Siehe Textteil Nr. 57 [7.], S. 267.* Dem Meisterrat waren sie wahrscheinlich erst nach dem 11. November 1922 bekanntgegeben worden, da eine Notiz besagt, daß Schlemmers Text am 11. November 1922 in sieben Exemplaren abgeschrieben worden war. Schlemmer notierte: „Da das große Einigende der Werkstätten bisher fehlte: der Bau – muß erstmals die Zusammenarbeit gezeigt werden können, die Sinn und Wesen der Bauhausarbeit ausmacht. – Von einer Ausstellung des B[au]h[au]s[es] wird der Hausbau erwartet. An ihm u. in ihm ist die einzige Möglichkeit, die zerstreuten Kräfte der Werkstätten zu einen und aus der Gefahr der Zersplitterung und des Dilettantismus zu reißen durch Zweckgebundenheit aller Produkte. Wir dürfen u. wollen nicht nach Art der Kunstgewerbeschulen ein Warenlager von unzusammenhängenden nützen oder unnützen Gegenständen ausstellen. Die Schloßräume z. B. sind deshalb ungünstig für uns, weil sie uns immer wieder nur Surrogat sein können. Gegebene, zudem unzureichende Räume schließen das erste, die Raumgestaltung aus und drücken von vornherein allem weiteren den Stempel des Compromisses auf. Zudem haben die Werkstätten der Außengestaltung – Steinbildhauerei vor allem – keine Wirkungsmöglichkeit. Wir wollen einfache, gediegene Räume schaffen, die vorbildlich sein können u. werden sollen für das Wohnen und Leben des heutigen Menschen. Allein eine Kücheneinrichtung wäre eine dankbare Aufgabe für Tischlerei und u. Metallwerkstätte." *ThHStA Weimar, Staatliches Bauhaus Weimar 3, Bl. 34.* Schlemmer entwarf in seinem Schreiben ein umfassendes Programm der Ausstellung. Es beinhaltete neben den zitierten Ideen folgende Vorschläge: die Darstellung des

Bauhauslehrgangs in den Gebäuden der Schule selbst, die Ausgestaltung des Vestibüls im Hauptgebäude durch die Werkstätten für Bildhauerei und Wandmalerei, die Gestaltung des Gartenplatzes vor dem Werkstattgebäude, die Organisation einer internationalen Kunstschau, Ideen zu den Veranstaltungen der Bauhauswoche und für ein Lampionfest sowie die Einrichtung eines Kinos. *Siehe Erläuterungen zu 267, 23; 286, 32 und 291, 27.*

280, 7 Kapitalpropaganda] *Siehe Erläuterung zu 267, 11.* Im Januar 1923 ging ein Schreiben des Bauhauses an die amerikanischen „Dollarkönige" Henry Ford, Charly Fuge, Paul Warburg und John Rockefeller, in welchem die Empfänger über die Bestrebungen des Bauhauses informiert und gleichzeitig um ihre Mithilfe bei der Verwirklichung des Hausbaus ersucht werden. Im Brief hieß es: „Die Pläne sind fertig, der Platz auf dem Siedlungsgelände des Bauhauses ist da. Bedeutende Industrien haben uns bereits in großzügiger Weise die Erzeugnisse ihrer Werke, welche sich dem Plan des Ganzen einfügen, zur Verfügung gestellt. Dem Staat aber, dem es als ersten zukäme, sich der Ausführung und Herstellung dieses Hauses anzunehmen, fehlt das notwendige Geld. Deutschland kann in seiner augenblicklichen wirtschaftlichen Not keine Mittel für Zwecke aufbringen, deren Bedeutung und Rentabilität sich erst in der Zukunft deutlich erweisen wird. Wir brauchen zum Bau dieses Hauses 30 Millionen Mark (3 000 Dollars) und wenden uns daher an Sie, der den Vorzug hat, in einem Erdteil zu leben, dessen Bevölkerung sich anschickt, die Führung der weißen Rasse zu übernehmen, und dort einer der hervorragendsten Männer zu sein, und bitten Sie, wenn wir Ihr Interesse für die Wichtigkeit unseres Unternehmens haben wecken können, uns in der Erreichung unseres Zieles zu unterstützen und uns einen Betrag zu überweisen, der Ihnen für den bedeutenden Zweck angemessen erscheint." *ThHStA Weimar, Staatliches Bauhaus Weimar 34, Bl. 7-9. Gekürzt veröffentlicht in: Hüter, S. 197-198.* Die Übersetzung des Briefes ins Englische übernahm Feininger. Von Warburg und Ford sind abschlägige Antworten auf dieses Schreiben nachweisbar. *ThHStA Weimar, Staatliches Bauhaus Weimar 34, Bl. 30, 32.* Daneben hatte sich Gropius auch an den Reichskunstwart Edwin Redslob um Unterstützung gewandt. Dieser sandte am 4. Januar 1923 eine wohlwollende gutachterliche Äußerung zum Hausbauprojekt des Bauhauses nach Weimar. *ThHStA Weimar, Staatliches Bauhaus Weimar 33, Bl. 15.* Redslob förderte auch Gropius' Idee, sich um finanzielle Unterstützung an den Reichspräsidenten Friedrich Ebert zu wenden. Am 22. März 1923 teilte das Büro des Reichspräsidenten mit, daß dieser bereit sei, die Bauhausausstellung mit einem Betrag von 200 000 Mark zu fördern. *ThHStA Weimar, Staatliches Bauhaus Weimar 33, Bl. 27.*

280, 19 „Neue Bühne, Weimar"] Bei der „Neuen Bühne, Weimar" handelte es sich um eine Organisation des Schutzverbandes Deutscher Schriftsteller. Dieser hatte sich am 15. November 1922 an Gropius gewandt und um Unterstützung seiner Bestrebungen hinsichtlich der Erneuerung der Bühnenkunst gebeten. Es war geplant, allmonatlich ein „charakteristisches Bühnenwerk in Weimar aufzuführen". Es handelte sich vor allem um Stücke zeitgenössischer Autoren. Die „Neue Bühne" beabsichtigte, die eigenen Bestrebungen mit denen der Bauhausbühne zu vereinen und zwar „derart, daß diese Abteilung des Bauhauses die Aufführungen der Neuen Bühne als Studienobjekt und Möglichkeit, eigenes Können und Wollen in Weimar vorzuführen, ausnutzt. Das Material könnte dem Fundus des Residenztheaters entnommen werden. Was darüber hinaus geht, wäre vielleicht mit Regierungsgenehmigung den Studienmitteln des Bauhauses zu entnehmen." *ThHStA Weimar, Staatliches Bauhaus Weimar 185, Bl. 116.* Das Schreiben hatte Gropius am 20. November 1922 an Schreyer und Schlemmer zur Stellungnahme in Umlauf gegeben. Beide Meister wünschten Besprechung im Meisterrat. *ThHStA Weimar, Staatliches Bauhaus Weimar 185, Bl. 117.* Am

12. Dezember 1922 antwortete Gropius dem Schutzverband ablehnend, indem er schrieb: „Wir haben aber noch keinen brauchbaren Weg gefunden, Ihren Vorschlag zu realisieren. Mittel für Bühnengestaltung stehen uns überhaupt nicht zu Verfügung. Die Leistungen, die bisher durch Herrn Schlemmer und Herrn Dr. Schreyer hervorgebracht wurden, geschahen mit deren privaten Mitteln oder solchen fremder Interessenten. Die neugegründete Bühnenwerkstatt, die Herr Dr. Schreyer im Bauhaus leitet, arbeitet zunächst aus primitivsten Anfängen heraus und ohne Mittel. Der Zeitpunkt erscheint uns deshalb verfrüht, denn selbst wenn der glückliche Fall eintritt, daß von fremder Seite für Ihre Zwecke Mittel zur Verfügung gestellt werden, so wären die Vorarbeiten, so gründlich wie wir sie zu leisten bemüht sind, heute noch nicht so weit, daß wir bereits damit in die Öffentlichkeit gehen könnten." *ThHStA Weimar, Staatliches Bauhaus Weimar 185, Bl. 119.*

281, 37-38 Mangel an praktischen Aufträgen] Schlemmer versuchte, die Situation in der Bildhauerwerkstatt zu entspannen, indem er die Gestaltung des Vestibüls anläßlich der Bauhausausstellung mit plastischen und malerischen Mitteln durch die Werkstätten für Bildhauerei und Wandmalerei anregte. *Siehe Erläuterungen zu 286, 32; 318, 26-27; 318, 27 und Schlemmer, Kunstblatt 1923.*

282, 2 Unterricht rein wissenschaftlich aufgebaut] Kandinsky als Formmeister der Wandmalerei konkretisierte diesen Vorschlag in bezug auf diese Werkstatt im April 1924. *Siehe Textteil Nr. 70 [6.], S. 334-336.*

283, 15 Ausbau des Vestibüls] *Siehe Erläuterungen zu 280, 5; 281, 37-38 und 286, 32.*

283, 22 Bewilligung des Credites] *Siehe Erläuterungen zu 279, 14 und 290, 37.*

284, 36-37 keine Existenzberechtigung (Finanzminister)] *Siehe Erläuterungen zu 290, 38 und 290, 39.*

286, 32 die großen Aufgaben fehlen. [...] Ausstellung] Schlemmer deutete hier an, was er in seinen Vorschlägen zur Bauhausausstellung vom Oktober 1922 konkretisierte. *Siehe Erläuterungen zu 280, 5 und 281, 37-38.* Er schrieb: „Wenn wir ferner dem Grundsatz des Gesamtkunstwerkes von Architektur, Malerei u. Plastik treu bleiben und hierin eine Leistung aufweisen wollen, bedürfen wir einer Gelegenheit, die repräsentative Seite der Kunst zu zeigen. Das Vestibül des Kunstschulgebäudes schreit förmlich nach einer Lösung u. Ausgestaltung. Hier wäre ein Zusammenwirken von Bildhauerei und Wandmalerei größeren Stils möglich. Auch hier hat das Bauhaus eine Mission, wenn wir nicht resigniert wieder in die Bildermalerei zurücksinken wollen, sondern vielmehr die Malerei u. Plastik zu der Funktion erheben, die sie zu großen Zeiten hatte: Teil der Architektur als Raum- und Wandgestaltung." *ThHStA Weimar, Staatliches Bauhaus Weimar 3, Bl. 34-35.* Daß Schlemmer in diesem Projekt die Entspannung der Situation in den Werkstätten für Wandmalerei und Bildhauerei sah, zeigt auch ein Tagebucheintrag vom November 1922 deutlich. Dort notierte er: „Das Vestibül des Bauhauses ist für die Ausstellung das gegebene Objekt, die auf den Bau bezüglichen repräsentativen Tendenzen des Bauhauses zu manifestieren. Diese kommen bei der notwendigen Einfachheit des geplanten Hausbaus naturgemäß zu kurz; es wird für die Maler, als Wandmaler, nicht viel zu tun bleiben, noch weniger für die Bildhauer. Deshalb sind Wandmalerei und besonders Bildhauerei am Bauhaus auch die problematischen Werkstätten, solange sie die größere Auswirkung nicht haben: der Tempel der Zukunft, der Dom der Demokratie, die Kathedrale des Sozialismus wird noch eine Weile auf sich warten lassen. Zunächst haben wir heute des einfache Haus und müssen das Repräsentative nehmen, wo wir es finden. Das Vestibül schreit nach einer Gestaltung. Es kann zum Wahrzeichen des Bauhauses werden, indem es ermöglicht, in der zwar gegebenen Raumgestaltung van de Veldes, Wandmalerei und Plastik zu vereinen und sie in einem Charakter zu zeigen, wofür sonst keine Gelegenheit ist. Wir müssen sie aber in diesem Charakter zeigen, wenn wir hoffen wollen, Aufgaben solcher Art, und bessere, je zu bekommen." *Hüneke, S. 100-101.* Die Gestaltung des Bauhausgebäudes wurde nach diesen Ideen vorgenommen. An prominenter Stelle des Vestibüls zeigte Joost Schmidt drei Reliefs, welche in Zusammenarbeit mit Hartwig entstanden. Das kleine Treppenhaus des Hauptgebäudes gestaltete Herbert Bayer mit seiner bekannten Interpretation des Farb-Formen-Kanons des Bauhauses. Schlemmers eigener Beitrag zur Bauhausausstellung war die Ausgestaltung des Werkstattgebäudes. Sie darf als die „künstlerisch bedeutendste und umfangreichste Wandgestaltung dieser Ausstellung – und darüber hinaus des Bauhauses in Weimar" gelten. *Bauhaus-Utopien, S. 172.* Es sei noch darauf hingewiesen, daß sich schon im Vorfeld der Umsetzung des Projektes Schwierigkeiten aus dem Umstand ergaben, daß im Gebäude nicht nur das Bauhaus sondern auch die Staatliche Hochschule für bildende Kunst untergebracht war. Die Gestaltung des Vestibüls durch das Bauhaus, welche auch die Grundsätze der Bauhauslehre in Bild setzten sollte, wurden von seiten der Hochschule attackiert. *Siehe ThHStA Weimar, Staatliches Bauhaus Weimar 38 und Staatliche Hochschule für bildende Kunst Weimar 117. Siehe Erläuterungen zu 295, 19 Vestibül]; 329, 24 und 340, 28.*

290, 15 Schreiben des Ministeriums] *Siehe Erläuterung zu 279, 12.*

290, 16 Antwortschreiben] Das Antwortschreiben von Gropius an Staatsminister Max Greil vom 13. Dezember 1922 lautete: „Ich bestätige den Empfang des an die Direktion des Staatlichen Bauhauses gerichteten Schreibens des Herrn Minister vom 11. ds. Mts. betreffs Entlassung des Dr. Beyer, Josef Zachmann und Carl Schlemmer. Es heißt in dem Schreiben, daß ‚jene Angriffe in der Hauptsache unbegründet sind'. Daraus ergäbe sich, daß ein Teil der Angriffe gegen mich für begründet angesehen werden. Da es für mich von naheliegender Bedeutung ist, mein Ansehen als Leiter des Bauhauses restlos unbeeinträchtigt zu wissen und die Angriffe nach meinem Dafürhalten durch die Untersuchung aktenmäßig entkräftet wurden, bat ich den Herrn Referenten Herrn Ministerialrat Dr. Ortloff um Aufklärung. Herr Ministerialrat Dr. Ortloff erklärte, es handle sich nur um geringfügige Punkte, bei denen von mir nach dortiger Ansicht nicht einwandfrei verfahren sei und zwar folgende: 1) Zahlung eines Vorschusses an die Bauhauskantine aus dem Kreditfonds. Der Küchenvorschuß wurde wie alljährlich von mir auf Antrag Dr. Beyer aus den laufenden Krediten angewiesen. Wenn er fälschlich auf den besonderen Kredit für Rohstoffe verbucht wurde, – was übrigens an den Gesamtausgaben nichts ändert – so trifft die Schuld für die unrichtige Buchung lediglich den dafür verantwortlichen Dr. Beyer und ich muß eine Belastung meiner Person mit diesem Versehen zurückweisen. 2) Zahlung von M 5 000,- an die Verwaltungssekretärin Frl. Hirschfeld zur Führung der Syndikusgeschäfte. Die Anweisung geschah von mir mit vollem Bewußtsein ohne besondere Anweisung der Finanzstelle, da ich eine weiter Verzögerung der Angelegenheit bei den heutigen Verhältnissen nicht verantworten konnte. Ich habe Grund, mich in diesem Punkt über das Finanzministerium zu beschweren, nicht dieses über mich; denn ich habe nicht nur Verpflichtungen gegenüber diesem Ministerium, sondern auch gegenüber den mir unterstellten Personen. Wie ich mit der Eingabe vom 22. November (Punkt 11) nachgewiesen habe, ist dieser Antrag und zahlreiche andere seitens des Finanzministeriums unverantwortlich verzögert worden. Ich bin aber durchaus nicht willens, Fehler des Finanzministeriums öffentlich auf mich zu nehmen. Ich würde bei einem neuen Fall gleicher Art, genau ebenso zu handeln gezwungen sein. Ich bitte deshalb ergebenst den Herrn Staatsminister, die eingangs erwähnte Einschränkung in dem dortigen Schreiben von 11. ds. Mts.

nach dieser nochmaligen Klärung aufheben zu wollen, zumal sie in ihrer allgemein gehaltenen Form bei der ehrverletzenden Art der abgewiesenen Angriffe eine vom Ministerium wohl nicht beabsichtigte Auslegung von anderer Seite erfahren könnte und den Gegnern eine Tür zu weiteren Ausfällen offen läßt. Die Verträge des Dr. Beyer, Josef Zachmann und Carl Schlemmer wurden diesen laut beiliegendem Schreiben gekündigt." *ThHStA Weimar, Thüringisches Ministerium für Volksbildung C 1472, Bl. 12. Siehe Erläuterungen zu 279, 12 und 290, 17.*

290, 17 Antwort des Ministeriums] Auf Gropius' Schreiben vom 13. Dezember 1922 antwortete das Volksbildungsministerium am 30. Dezember 1922 folgendermaßen: „Wie wir in unserem Schreiben vom 11. Dezember 1922 bereits zum Ausdruck gebracht haben, stellen sich die Angriffe des Dr. Beyer und der Meister Josef Zachmann und Carl Schlemmer nach dem Untersuchungsmaterial in allem, was für uns von Bedeutung ist, als unbegründet dar. Die beiden im dortigen Schreiben vom 13. Dezember 1922 berührten Punkte sind viel zu geringfügig, als daß sie unser Gesamturteil irgendwie beeinträchtigen könnten. Wir nehmen jedoch gern von der dazu noch abgegebenen Erklärung Kenntnis. Die Gewährung von 100 000 M Vorschuß an die Bauhausküche hat damit ihre volle, die Bauhausleitung entlastende Erklärung gefunden. Die Verwilligung der Sondervergütung ohne Vorliegen einer Genehmigung widersprach zwar den für solche Fälle geltenden Grundsätzen, wir erkennen aber gern an, daß die Direktion unter den in Frage kommenden besonderen Umständen sich zur Anweisung für berechtigt gehalten hat, um so mehr, als die Sondervergütung ohne Zweifel angebracht erschien." *ThHStA Weimar, Thüringisches Ministerium für Volksbildung C 1472, Bl. 16. Siehe Erläuterung zu 290, 16.*

290, 35 Einstellung zum Bauhaus mangele] *Siehe Erläuterung zu 290, 38.*

290, 36 Besprechung bei dem Herrn Finanzminister] Die hier erwähnte Besprechung mit dem Finanzminister Emil Hartmann fand am 29. Januar 1923 statt. Der Verlauf dieser Zusammenkunft war nicht dazu angetan, die Hoffnungen des Bauhausdirektors auf Unterstützung seitens des Finanzministeriums zu nähren. *Siehe Erläuterung zu 290, 38.* Vorausgegangen war ein Besuch im Bauhaus durch verschiedene Regierungsvertreter am 28. Dezember 1922, in dessen Anschluß eine eingehende Aussprache stattfand. Es nahmen daran teil: die Staatsminister August Frölich, Max Greil, Emil Hartmann, Karl Hermann, Ministerialrat Jakob Schrammen und Regierungsrat Albert Rudolph sowie Gropius, Klee, Lange, Muche, Schlemmer und Schreyer. Der Inhalt der Besprechung bezog sich vor allem auf die Vorbereitung der für Sommer 1923 geplanten Ausstellung des Bauhauses, welche Gropius erläuterte. Er erörterte in diesem Zusammenhang vor allem die Raumpläne, welche vorsahen, die Reithalle im Marstall (im Innenhof des Volksbildungsministerium) als temporäre Ausstellungshalle herzurichten. Gleichzeitig brachte er die beantragte, wegen der Untersuchungen zum Fall Schlemmer, Beyer, Zachmann jedoch bislang nicht genehmigte, Erhöhung des Kredites zur Sprache. *Siehe Erläuterungen zu 201, 30; 279, 14 und 290, 37.* Frölich, als Vorsitzender des Staatsministeriums, sagte zu, alles zu versuchen, um die Reithalle des Marstalls für das Bauhaus nutzbar zu machen. Gleichzeitig wurde während dieser Besprechung auch der Raumantrag des Bauhauses vom 7. Juni 1922 verhandelt. *Siehe Erläuterung zu 221, 14.* Die Niederschrift über die Zusammenkunft endete mit der Zusage, „daß seitens des Thür. Staatsministeriums nach geschehener gemeinsamer Vorbereitung durch das Volksbildungs- und Finanzministerium getan werden soll, was nur geschehen könne, um den Nöten des Staatlichen Bauhauses abzuhelfen." *ThHStA Weimar, Staatliches Bauhaus Weimar 31, Bl. 51-53.* Über die Besprechung schrieb Gropius am 2. Januar 1923 an Edwin Redslob: „Am 28. Dez. hatten wir hier im Bauhaus einen großen Boxkampf mit unseren Ministern inklusive Schnaps und Zigarren und es ist die Hoffnung vorhanden, daß wir das Staatsministerium zu breiterer Hilfe für die Ausstellung herumkriegen." *ThHStA Weimar, Staatliches Bauhaus Weimar 33, Bl. 12-13.*

290, 37 Bewilligung der zehn Millionen] Am 30. Dezember 1922 im Ergebnis der Besprechung mit Regierungsvertretern vom 28. Dezember 1922 beantragte das Bauhaus einen weiteren Kredit von 10 Millionen Mark. *ThHStA Weimar, Staatliches Bauhaus Weimar 83, Bl. 14-15. Siehe Erläuterungen zu 201, 30 und 290, 36.* Diese gigantische Summe entsprach einem Gegenwert von ca. 450 Dollar. Die Kreditgewährung wurde am 30. Januar 1923 vom Finanzministerium vorbehaltlich der Genehmigung des Staatsministeriums beschlossen. Das Staatsministerium gab seine Zusage am 2. Februar 1923. *ThHStA Weimar, Staatliches Bauhaus Weimar 31, Bl. 59.*

290, 38 Bedingungen] Die im einzelnen für die Auszahlung des Kredites seitens des Finanzministers gestellten Bedingungen lassen sich nicht nachweisen. Aus einer Niederschrift Langes vom 30. Januar 1923 über die Besprechung am 29. Januar 1923 läßt sich jedoch rekonstruieren, welche Einstellung der Finanzminister zum Bauhaus hatte und was ihm am Bauhaus als besonders kritikwürdig erschien. *Siehe Erläuterung zu 290, 36.* Lange schrieb, daß dieser die Schule wohl „für eine überflüssige und aussichtslose Einrichtung" hielt und wies nach, daß aufgrund der Umstellung des Bauhauses auf den Produktivbetrieb der Zuschußbedarf des Bauhauses wesentlich geringer als von Hartmann angenommen ausfallen würde. Des weiteren glaubte dieser anhand der sinkenden Schülerzahl erkennen zu können, daß das Bauhaus als Schule gescheitert sei. Diesen Vorwurf konterte Lange, indem er schrieb: „Es ist bekannt aus den Satzungen des Staatlichen Bauhauses, daß am Bauhaus für die Art Menschen, die hier ausreifen wollen, nur stark Begabte in Frage kommen. Weiter ist es jedem denkenden Menschen selbstverständlich, daß ein gut ausgebildeter, stark begabter Mensch im freien Wirtschafts- und Kulturleben unendlich mal mehr wirken wird, als eine ganze Menge mittelmäßig begabter, nach irgendeinem Schema emporgedrillter Menschen." Die Ausbildungsmethoden des Bauhauses empfand Hartmann als verkehrt und forderte strengen Zwang zur handwerklichen Arbeit. Außerdem stellte er fest, „daß die Lehrlinge noch gar nicht zeichnen könnten" und forderte Zeichenunterricht, damit die Studierenden „sorgfältig schöne Werkzeichnungen machen [...] für Möbel in einem schönen Stil". Tadelnswert erschien ihm auch die Weberei. Hartmann hielt es für unmöglich, daß die Erzeugnisse dieser Werkstatt vorbildhaft für die Industrie wirken könnten. Es ist wohl nicht schwer vorzustellen, daß Gropius auf die Gedanken Hartmanns aufgebracht reagierte. Langes Worten zufolge entwickelte sich die Debatte so: „Weiter erklärte der Finanzminister, als ihm Direktor Gropius entgegenhielt, daß die Entscheidung über Tod und Leben einer solch kulturell wiederaufbauenden Anstalt unmöglich von einem einzigen Kopf abhängen könnte, der dazu noch nicht einmal sachverständig wäre, weil er doch nichts von der Kunst verstände, ,Gott sei Dank, daß ich nichts von Kunst verstehe.' ..." *ThHStA Weimar, Staatliches Bauhaus Weimar 197, Bl. 3-7.*

290, 39 beim Volksbildungsminister zu beschweren] Ein solches Dokument konnte bislang nicht zugeordnet werden. Es ist jedoch wahrscheinlich, daß Langes Niederschrift vom 30. Januar 1923 zumindest einen Entwurf dieser Eingabe darstellte. Im letzten Textabschnitt wurde dem Finanzminister kulturelle Inkompetenz vorgeworfen und praktisch seine Absetzung gefordert. *ThHStA Weimar, Staatliches Bauhaus Weimar 197, Bl. 3-7. Siehe Erläuterung zu 290, 38.* Bereits am 7. Dezember 1922 hatte sich Gropius beim Volksbildungsministerium über die Arbeit des Finanzministeriums beschwert. Dem Schreiben lag eine dreiseitige Liste über nicht erledigte Anträge des Bauhauses seit März 1921 bei. *ThHStA Weimar, Staatliches Bauhaus Weimar 83, Bl. 8–10.*

290, 43 öffentlicher Vortrag] Gropius sprach am 15. Februar 1923 über die „Mitarbeit des Künstlers in Technik und Wirtschaft". Dieser Vortrag wurde in der Thüringische Landeszeitung Deutschland, Nr. 46/1923 vom 15. Februar 1923 mit einem Artikel angekündigt.

291, 5 Staatsbank, Loeb] Die Verhandlungen mit dem Direktor der Thüringischen Staatsbank führten im Juni 1923 zu dem Ergebnis, daß der Restbetrag des Landeskredits für das Bauhaus zu dessen Verfügung an die Staatsbank überwiesen wurde und nach dem Ermessen der Bank in wertbeständigen Effekten angelegt werden konnte. Damit wurde versucht, den weiteren Wertverlust des Kredites zu verhindern. *ThHStA Weimar, Staatliches Bauhaus Weimar 31, Bl. 76.*

291, 7 Prüfung der Beratungsordnung] *Siehe Erläuterung zu 223, 30-31.* Gegenüber der im Sommer 1922 beschlossenen Beratungsordnung weist die Variante vom Februar 1923 einige wenige Veränderungen auf. So wurden in die Zuständigkeit zur Berufung und dem Ausscheiden des Syndikus neben dem Leiter auch die Form- und Werkmeister in die Beratung einbezogen. Dies mag den Erfahrungen mit dem im Herbst 1922 ausgeschiedenen Syndikus Beyer geschuldet sein. Des weiteren konnten in Ausnahmefällen die Leitung und zwei Meister über die Vergabe von Stipendien entscheiden. Bisher war in diesen Fällen der gesamte Bauhausrat zuständig.

291, 20 Bauhausveröffentlichung] *Siehe Erläuterung zu 228, 22.*

291, 27 Internationale Kunstausstellung] Schlemmer hatte in seinem undatierten Vorschlag zur Bauhausausstellung die Veranstaltung einer solchen internationalen Kunstausstellung angeregt. *Siehe Erläuterung zu 280, 5.* Am 23. April 1923 schlug die Ausstellungskommission vor, von der Idee einer internationalen Gemäldeschau Abstand zu nehmen. *ThHStA Weimar, Staatliches Bauhaus Weimar 35, Bl. 93.* Vom 15. August bis 30. September 1923 fand als Teil der Bauhausausstellung im Weimarer Landesmuseum eine Ausstellung malerischer und plastischer Einzelwerke von Lehrlingen, Gesellen und Meistern des Bauhauses statt. Darüber hinaus veranstaltete das Bauhaus als Teil der Bauhausausstellung in den eigenen Räumen eine Internationale Architekturausstellung.

292, 1 Frl. Grunow eine dieser freien Stellen] Gertrud Grunow wurde ab 1. Juni 1923 als außerordentliche Lehrerin für Harmonisierungslehre angestellt. *Siehe Erläuterung zu 160, 17.*

292, 5 Zukünftige Handhabung des Vorkurs] Gropius ließ seine Überlegungen zur zukünftigen Handhabung des Vorkurses in einem Umlauf vom 13. Februar 1923 dem Meisterrat zugehen. Dieser Umlauf rechnete mit der bisherigen Handhabung des Vorunterrichtes durch Itten ab, da er die Schüler nach Gropius' Auffassung geistig überforderte und nicht wie gewünscht auf die handwerkliche Ausbildung vorbereitet hatte. Wesentlich sind drei von Gropius vorgeschlagene Änderungen: die Betonung des wissenschaftlichen und des Zeichenunterrichtes, die produktive Arbeit der Vorkursschüler in den Werkstätten und die Verteilung des theoretischen Unterrichtes unter den Formmeistern. Letztere Idee verfolgte auch Schlemmer in bezug auf den gesamten Formunterricht. *Siehe Erläuterung zu 269, 11.* Der vorgeschlagene Stundenplan sah für den Vorkurs folgendes vor: Montag bis Mittwoch 8 bis 13 Uhr Produktive Werkarbeit unter Albers' Leitung, Montag und Dienstag 15 bis 17 Uhr Naturzeichnen bei Kandinsky und Klee, Mittwoch in dieser Zeit Mathematik und Physikunterricht; Donnerstag und Freitag 8 bis 13 Uhr Materiestudien bei Albers, 15 bis 17 Uhr

Werkzeichenunterricht bei Lange und Meyer; Sonnabend 8 bis 13 Uhr Elemente der Form-
und Farblehre bei Schlemmer und Muche, 15 bis 17 Uhr Bildanalysen bei Muche, dazu täglich Harmonisierungslehre im Einzelunterricht bei Gertrud Grunow. Diesen Vorschlag hatte
Gropius seinem Umlauf beigegeben. Der Umlauf selbst lautete: „Das Arbeitsverhältnis in
den Werkstätten und das Versagen der Schüler vielen unsäglichen Bemühungen gegenüber
scheint mir teilweise seine Ursache in der Art der Handhabung des Vorunterrichtes zu
haben. Ich habe den Eindruck, daß die im Vorunterricht eingeschlagenen Ziele, den einzelnen zur schöpferischen Arbeit zu erziehen, wohl von uns allen bejaht [werden], daß aber die
Art der Durchführung unrichtig ist und bei vielen Schülern geradezu das Gegenteil erzeugt
hat, als angestrebt werden sollte. Der Künstlerdünkel, den wir unterdrücken wollten, wu-
chert mehr denn je. Die freie spekulative Arbeit im ersten halben Jahr und die viele geistige
Speise, die gereicht wird, überlädt offenbar die Gehirne und führt die zum großen Teil noch
zu jungen und unselbständigen Menschen zur Verkennung ihrer selbst und zur Eitelkeit. Das
Gegengewicht einer Arbeit mit der Hand fehlt fast völlig, da der Werkstattunterricht (Materienstudien) dem einzelnen persönlich überlassen bleibt und erfahrungsgemäß nur ganz wenige in dieser Werkstatt vorübergehend arbeiten. Der Vorzug, daß jeder Neuankommende
zunächst von der starken Persönlichkeit Ittens umgerannt wurde, so daß er zur Selbstbesin-
nung kam, ging dadurch wieder verloren, daß diese noch so unselbständigen Menschen, sich
in der Arbeit zu sehr selbst überlassen waren. Ich habe den Eindruck, daß sie gerade in der
ersten Zeit fester und bestimmter geführt werden müssen, so daß sie fortwährend im Bauhaus beschäftigt werden und in dieser ersten Zeit auch wirklich die Fundamente zu einem
späteren Können auf handwerklichem und zeichnerischen Gebiet systematisch erlernen. Die
Folge des bisherigen Systemes, das wir eingeschlagen hatten, hat gezeigt, daß die einzelnen,
wenn sie nach dem Vorkurs aufgenommen werden, überbürdet mit in ihnen gärenden Gedanken und infolgedessen geschwächter Selbstdisziplin in die Werkstatt eintreten, wo man
nun eine ganz veränderte harte Handarbeit von ihnen erwartet, für die sie nicht gewappnet
sind. Die Folge ist Ratlosigkeit, die sie unfähig macht, die Handarbeit einfach, stetig und geordnet durchzuführen. Jeder Hammerschlag wird zu einer Philosophie, es werden wahre
Wortpagoden aufgetürmt und das Werk selbst bleibt im Ansatz hängen. Nachdem wir mehr-
jährige Erfahrung auf diesem Gebiet haben, scheint es erforderlich, wieder erneut umzu-
denken, um die Mängel auszugleichen. Ich bitte deshalb die Formmeister, diese für das
Ganze so wichtige Frage zu durchdenken und meinen anliegenden konkreten Vorschlag als
Grundlage für die Besprechung anzunehmen, für die ich demnächst eine Sitzung anberau-
men möchte. Im anliegenden Entwurf eines Stundenplanes ist der Weg beschritten, die Vorkursschüler den ganzen Tag über unter Aufsicht zu beschäftigen. Es ist selbstverständlich,
daß eine solche Arbeit nicht einem Meister aufgebürdet werden kann, sondern daß sich diese
Arbeit verteilen muß. Ich glaube, daß es heilsam sein wird, gerade den Neuankommenden
sofort vor bestimmte straffe Forderungen zu stellen, die er zu erfüllen hat, um aufgenommen
zu werden. In meinem Plan schlage ich vor, daß wir gleich bei den Vorkursschülern damit
beginnen, alle Kräfte produktiv am Bauhaus zu verwerten. Es scheint mir durchaus möglich,
daß der Vorkursschüler an drei Vormittagen von Anfang an damit beschäftigt wird, gewisse
Hilfsarbeit in den Werkstätten zu leisten oder Gegenstände zu bauen, für die das Modell in
anderen Werkstätten entstanden ist, um auch gleichzeitig mit dieser Arbeit materielle Auswertung zu bringen und den einzelnen von vornehrein an eine richtige Werkarbeit zu gewöhnen. Es gibt heute schon in fast allen Werkstätten Arbeit, die zu deren Unterstützung von
den Vorkursschülern geleistet werden könnte. (Bühne, Weberei, Metall usw.) An zwei wei-

teren Vormittagen wären wie bisher freie Materienstudien anzufertigen. Am 6. Vormittag könnte der Unterricht in der Form- und Farblehre stattfinden. Die Werkarbeit an den fünf Vormittagen dürfte am besten einem der älteren Schüler unterstellt werden. Ich schlage hierfür Albers vor, der sowohl pädagogische Vorbildung als auch die nötige Energie besitzt, eine Werkordnung durchzuführen. Die neuen Räume im Reithaus an der Ilm sind für die Vorkurswerkstätten vorzüglich geeignet und werden besonders für diesen Zweck gegenwärtig ausgebaut. An den Nachmittagen schlage ich zweimal Werkzeichnen (Elemente der Projektionslehre und darstellende Geometrie) und zweimal Naturzeichnen etwa in dem Sinn, wie es Kandinsky jetzt durchgeführt hat, vor. Einen weiteren Nachmittag für Mathematik und Physik, wofür der Lehrer noch zu suchen ist, und der 6. Nachmittag für Bildanalysen, wie sie Itten bisher gehalten hat, oder für andere Vorträge. Die Harmonisierungslehre von Fräulein Grunow geht wie bisher im Einzelunterricht vor sich. Die einzelnen sind für die betr. Zeit von der Werkarbeit befreit." *ThHStA Weimar, Staatliches Bauhaus Weimar 13, Bl. 177; 235–237. Siehe Erläuterungen zu 233, 1; 309, 35–36 und 314, 10.*

292, 8 Mathematik- und Physikunterricht] Mathematik- und Physikunterricht wurde erst im Wintersemester 1923/24 am Bauhaus erteilt. *Siehe Textteil Nr. 64 [2.], S. 307 sowie Erläuterungen zu 307, 2 und 318, 22.*

295, 1 Beibehaltung des Untertitels] *Siehe Erläuterung zu 205, 12.*

295, 19 Vestibül] *Siehe Erläuterungen zu 281, 37–38 und 286, 32.* Die Vorarbeiten für die Ausgestaltung des Vestibüls waren im Februar 1923 abgeschlossen. Das Volksbildungsministerium hatte allerdings aufgrund des Einspruchs der Hochschule für bildende Kunst seine Genehmigung zur Ausführung noch nicht erteilt. Erst am 5. April 1923 fiel die Entscheidung zu Gunsten des Bauhauses, allerdings unter der Bedingung, den ursprünglichen Zustand des Gebäudes nach Ende der Ausstellung wieder herzustellen. *Siehe Erläuterung zu 329, 24.*

295, 19 Vorraum] *Siehe Erläuterungen zu 130, 24 und 173, 2.* Am 13. Februar 1923 hatte Gropius Albers aufgefordert, eine Aufstellung der zu erwartenden Lohnkosten für die Ausgestaltung des Vorraumes einzureichen. Diese Aufforderung wurde am 8. März 1923 mit der Bitte um einen Grundriß für die Möblierung des Raumes an Itten erneuert. *ThHStA Weimar, Staatliches Bauhaus Weimar 38, Bl. 23 und 28.* Albers wurde im Mai 1923 von der Ausstellungskommission die Verantwortung für die Fertigstellung des Vorraumes übertragen, da Itten nicht rechtzeitig nach Weimar zurückkehren konnte. *ThHStA Weimar, Staatliches Bauhaus Weimar 38, Bl. 35.*

296, 4 Bauer & Sohn] Es handelt sich hier um die Kunsthandlung Bauer & Sohn in der Schillerstraße 13, welche Glas und Porzellan verkaufte.

295, 37 Übernahme der Werkstatt] Hermann Müller hatte als ältester Geselle dieser Werkstatt nach Carl Schlemmers Abgang vom Bauhaus im November 1922 die Wandmalerei geleitet. *Siehe Erläuterung zu 265, 37–38.*

299, 2 Ergebnis einer Umfrage] Die Umfrage bezüglich der endgültigen Anstellung von Lange und Beberniß hatte am 13. März 1923 stattgefunden. An der Abstimmung waren die Form- und Werkmeister beteiligt. Bezüglich der endgültigen Anstellung von Beberniß als Leiter der Wandmalerei wurden die Obleute der Gesellen und Lehrlinge Joost Schmidt und Ludwig Hirschfeld in die Abstimmung einbezogen. *ThHStA Weimar, Staatliches Bauhaus Weimar 13, Bl. 100-101.* Der Vertrag mit Beberniß war ab 23. April 1923 gültig. Seine Probezeit galt damit als beendet.

299, 19 Moholy Nagy] Im Winter 1921/22 machte Gropius in Berlin durch Adolf Behnes Vermittlung die Bekanntschaft von László Moholy-Nagy. Insbesondere die konstruktivistische Malerei des Ungarn imponierte dem Bauhausdirektor. Im September 1922 hatte dieser am „Kongreß der Konstruktivistischen internationalen schöpferischen Arbeitsgemeinschaft (Konstruktivistische Internationale)" in Weimar teilgenommen. Moholy-Nagys künstlerischer Ansatz erschien Gropius als geeigneter Ersatz für die mystisch-esoterische Lehre, die Itten vertreten hatte. Gropius berief ihn zum 1. April 1923 als Lehrer ans Bauhaus. Der von Moholy-Nagy und Gropius unterzeichnete Vertragsentwurf stammt vom 31. März 1923. Er sah ein jährliches Grundgehalt von 35 000 Mark vor. Die Vertragsdauer wurde auf den Zeitraum vom 1. April 1923 bis 31. März 1926 festgelegt. Die ersten sechs Monate des Vertragsverhältnisses galten wie bei den Werkmeistern als Provisorium. Den Zusatz die Probezeit betreffend hatte Gropius dem Meisterrat am 31. März 1923 mit einem Umlauf mitgeteilt. Alle Meister erklärten sich damit einverstanden. Dieser Vertragsentwurf wurde vom Volksbildungsministerium nicht bestätigt, sondern folgendermaßen geändert: Moholy-Nagys Gehalt sollte nun monatlich 29 200 Mark betragen und die Vertragsdauer sich auf den 31. März 1925 verkürzen. *ThHStA Weimar, Staatliches Bauhaus Weimar 111, Bl. 147.* Der Vertrag wurde jedoch zunächst nicht noch einmal zur Genehmigung beim Volksbildungsministerium eingereicht. Die Anstellung eines Formmeisters für sechs Monate auf Probe ohne schriftlichen Vertrag stellt ein Novum dar, war aber das bei der Anstellung von Werkmeistern übliche Verfahren. *Siehe Erläuterungen zu 120, 15; 126, 39; 144, 26 und 202, 4.* Am 16. Mai 1923 wies das Volksbildungsministerium die Kasse des Staatlichen Bauhauses an, Moholy-Nagys Gehalt – 29 000 Mark monatlich – ab 1. April 1923 auszuzahlen. *ThHStA Weimar, Staatliches Bauhaus Weimar 111, Bl. 151.* Aus diesem Schreiben geht außerdem hervor, daß der Anstellungsvertrag zu diesem Zeitpunkt noch nicht genehmigt war. Nach Ablauf der Probezeit am 1. Oktober 1923 sandte Lange die Verträge zur Eintragung der notwendigen Nachbemerkungen, also jenen oben aufgeführten Änderungen, an das Volksbildungsministerium zurück. *ThHStA Weimar, Staatliches Bauhaus Weimar 111, Bl. 154.* Diese Änderungen wurden dem Bauhaus in der bereits ausgeführten Form (Vertragsdauer bis 31. März 1925 und monatliches Grundgehalt von 29 200 Mark) am 23. November 1923 erneut mitgeteilt. *ThHStA Weimar, Staatliches Bauhaus Weimar 111, Bl. 158.* Damit endete jedoch die Korrespondenz zu Moholy-Nagys Vertragsabschluß. In seiner Personalakte befinden sich zwei nicht datierte und nicht unterzeichnete Exemplare des Anstellungsvertrages, welche das Bauhaus mit dem Schreiben vom 1. Oktober 1923 an das Volksbildungsministerium gesandt hatte. Tatsächlich muß man feststellen, daß zwischen dem Bauhaus und Moholy-Nagy während der gesamten Zeit seiner Tätigkeit kein schriftlicher Vertrag existierte. Infolge der sich anschließenden prinzipielle Debatte über die Dauer der Verträge der Angestellten des Bauhauses wurde der Vertrag nicht geschlossen. *ThHStA Weimar, Personalakten Volksbildung 20902, László Moholy-Nagy, Bl. 15–17.*

306, 2 Angriffe des wirtschaftlichen Verbandes bildender Künstler] *Siehe Erläuterung zu 131, 27.* Der Wirtschaftsverband Weimarer bildender Künstler richtete seit 1922 die Thüringer Kunstausstellung aus. *Siehe Erläuterung zu 205, 7.* Im Oktober 1922 hatte sich der Verband mit einem Gesuch zwecks erneuter Nutzung von Räumen des Landesmuseums für die 2. Thüringer Kunstausstellung im Sommer 1923 an das Ministerium für Volksbildung gewandt. Bereits am 25. September 1922 hatte Gropius beim Ministerium die Räume des ersten Geschosses im Landesmuseum für die Bauhaus-Ausstellung im Sommer 1923 beantragt. Das Ministerium für Volksbildung lehnte jedoch am 18. Oktober 1922 generell die Nutzung der Räume im Landesmuseum zu Sonderausstellungen wie im Jahr 1922 ab. *ThHStA Weimar, Staatliches Bauhaus Weimar 36, Bl. 11, 15.* Am 10. November 1922 hatte

sich der Meisterrat nochmals mit Wilhelm Köhler, dem Direktor der Staatlichen Kunstsammlungen, in Verbindung gesetzt und erneut die Bitte um Überlassung von Ausstellungsräumen im Landesmuseum zum Ausdruck gebracht. Dabei wurde versichert, daß die Wand-
malereiabteilung des Bauhauses für den Neuanstrich der Räume nach der Ausstellung
sorgen würde. *ThHStA Weimar, Staatliches Bauhaus Weimar 36, Bl. 18-19.* Für Köhler
ergab sich ein Interessenkonflikt, da er die Bestrebungen des Bauhauses zwar begrüßte, dessen Raumpläne für die geplante Bauhaus-Ausstellung jedoch mit seinen Aufgaben als Museumsdirektor kollidierten. Er verwies auf die Entscheidung des Ministeriums. *ThHSt Weimar, Staatliches Bauhaus Weimar 36, Bl. 30* Diese wurde von Minister Max Greil persönlich
getroffen und beinhaltet einen Kompromiß. Am 30. April 1923 erteilte er dem Bauhaus
die Genehmigung zur Nutzung von Räumen im Landesmuseum, jedoch nur im Unterge-
schoß. *ThHStA Weimar, Staatliches Bauhaus Weimar 36, Bl. 46.* Nach der erteilten Absage
an den Wirtschaftsverband Weimarer bildender Künstler wich dieser mit der 2. Thüringer
Kunstausstellung nach Eisenach aus. Als offenbar wurde, daß das Bauhaus die Räume des
Landesmuseums zu seinen Zwecken doch nutzen konnte, sah sich der Verband genötigt,
dies der Öffentlichkeit mitzuteilen. In einem Artikel, welcher zu diesem Zweck am 16. Mai
1923 in der Thüringischen Landeszeitung Deutschland erschien, hieß es: „Ist schon die ungleiche Behandlung zweier Gesuchsteller geeignet, Unwillen hervorzurufen, so wird die Erregung unter den Weimarischen bildenden Künstlern noch begreiflicher, wenn man die Interessenten vergleicht. Auf der einen Seite, das immer noch problematische Bauhaus mit
seinen Schülern, die nichts einbringen, dafür aber schweres Geld kosten, auf der anderen
Seite die schwer unter den heutigen wirtschaftlichen Verhältnissen ringende freie Künstlerschaft, die an den Staat ihre Steuern zahlt und gerade auf steuerlichem Gebiete mit einer
Wachsamkeit beobachtet wird, als sei sie eine melkende Kuh, aus der zur Füllung der Staatskassen Riesenbeträge herausgepreßt werden könnten. [...] Will man aus der freien Kunst
wirklich steuerliche Einnahmen erzielen, so muß man den Staat zunächst an seine Pflicht er-
innern, den Künstlern Gelegenheit zu Einnahmen zu geben. Diese Gelegenheiten sind
große, mehrere Monate dauernde Ausstellungen und für solche geeignete Räume zu schaffen, wäre Aufgabe aller Behörden, die in der Pflege der Kunst eine Kulturpflicht erblicken
und sie nicht nur als Steuerobjekt einschätzen. Angesichts des vorliegenden Falles einseiti-
ger Vergünstigung einer Anstalt, deren Existenzberechtigung noch immer zweifelhaft ist,
zum Nachteil der bodenständigen, steuerzahlenden Künstler erhebt die Weimarische Künstlerschaft nachdrücklichst die Forderung nach alljährlich mindestens drei Monate zur Verfügung stehenden Ausstellungsräumen und wird von dieser Forderung keinen Zoll breit
zurück weichen. Es darf keinesfalls wieder vorkommen, daß die Thüringer Kunstausstellung
in Weimar obdachlos ist und im Lande umherirrt, bis sie ein Asyl findet." *Thüringische Landeszeitung Deutschland, Nr. 135/1923 vom 16. Mai 1923. Siehe Erläuterung zu 306, 18-19.*
Gropius war sich seit der ministeriellen Zusage zur Nutzung der Museumsräume bewußt,
daß der Verband dies nicht einfach hinnehmen würde. *Siehe Erläuterung zu 306, 19.*
306, 18-19 Thüringische Kunstausstellung in Eisenach] Im September 1922 hatte sich
Gropius mit dem Maler Hermann Hamann in Verbindung gesetzt, um die Interessen des
Bauhauses mit jenen der Thüringer Kunstausstellung und denen der Kunsthochschüler, die
ebenfalls im Landesmuseum ausstellen wollten, abzustimmen, „damit die Reaktion nicht
wieder in Harnisch gebracht wird". *Siehe Erläuterung zu 306, 19.* Am 25. September 1922
teilte Gropius dem Referenten Albert Rudolph mit, daß es „zwei begehbare Wege [gibt], die
die Geschichte ohne Reibung für beide Teile regeln könnte: 1. die den Kunsthochschülern

zugesagten Wochen werden vom Mai auf den April verschoben; die Thüringer Kunstausstellung stellt vom 1. Mai bis 15. Juli aus, wobei sich um des lieben Friedens willen auch das
Bauhaus beteiligen wird; vom 15. Juli bis Ende September stellt das Bauhaus mit auswärtigen Künstlern gemeinsam aus. 2. die Thüringer Kunstausstellung wird im nächsten Jahr nach
einer anderen Stadt verlegt; das Bauhaus beteiligt sich auch in diesem Falle an ihr. Es darf,
so wie die Dinge liegen, nicht der Eindruck erweckt werden, als wollte sich das Bauhaus
durch seine Sonderausstellung der Beteiligung an der Thüringer Kunstausstellung entziehen.“
ThHStA Weimar, Staatliches Bauhaus Weimar 36, Bl. 9. Das Ergebnis des Genehmigungs-
verfahrens zur Nutzung einiger Räume des Landesmuseums durch die Bauhausausstellung
hatte die Organisatoren der zweiten Thüringer Ausstellung gegen das Bauhaus aufgebracht.
Siehe Erläuterung zu 306, 2.

306, 19 ohne Beteiligung der Meister] In einem Umlauf vom 27. April 1923 hatte Gropius
den Meistern nahe gelegt, sich „aus taktischen Gründen“ an der 2. Thüringer Kunstausstellung zu beteiligen. Er schrieb: „Unsere eigene Ausstellung darf natürlich nicht darunter leiden. Es wird sich aber wohl immerhin ermöglichen lassen, daß jeder Meister ein bis zwei Arbeiten der thüringischen Ausstellung für Eisenach zu Verfügung stellt. Dadurch, daß wir mit
dem Museum gesiegt haben, besteht wieder eine ziemlich giftige Stimmung gegen uns, die
wir beheben können, wenn wir uns gegenüber dem Wunsch der Beteiligung nicht ablehnend
verhalten.“ *ThHStA Weimar, Staatliches Bauhaus Weimar 14, Bl. 209.* Die Meister waren zu
einer Beteiligung bereit. Dennoch konnte durch diese Bereitschaftserklärung, wie bereits gezeigt wurde, die „giftige Stimmung“ nicht besänftigt werden. *Siehe Erläuterungen zu 306, 2
und 306, 18–19..*

306, 26 Geldmann für den zu gründenden Bauhausverlag] Gemeint ist der Münchner
Franz May, welcher mehr als die Hälfte des nötigen Kapitals zur Verlagsgründung einsetzte.
May wurde Geschäftsführer des im Frühjahr 1923 gegründeten Bauhausverlages, der An-
fang 1925 allerdings in Konkurs ging. *Siehe Erläuterung zu 325, 9.*

307, 2 Dr. Ackermann] Der Mathematikunterricht am Bauhaus wurde schließlich von Karl
Beck, einem Lehrer der Weimarer Baugewerkenschule, erteilt. *Siehe Erläuterung zu 318, 22.*

309, 35–36 zukünftige Ausgestaltung des Vorkurses] Wahrscheinlich handelt es sich bei
diesem Vorschlag um ein undatiert vorhandenes Schriftstück, welches einerseits an Gropius‘
Vorschlägen vom 13. Februar 1923 anlehnt, gleichzeitig aber eine deutliche Straffung und
Konkretisierung des Unterrichtsprogramms aufweist. Seine Zuordnung zu den Beratungen
der Sitzungen am 26. Mai 1923 stützt sich auf folgende Fakten: 1. Albers ist in diesem Vorschlag für die Aufsicht des Vorkurses verantwortlich, was am 13. Februar 1923 von Gropius
vorgeschlagen worden war. 2. Die Bildanalysen bei Muche, welche Gropius in seinem Vorschlag vom 13. Februar 1923 näher erläuterte, wurden in den Unterricht „Synthetische
Raumlehre“ verwandelt. 3. Moholy-Nagy, der seit 1. April 1923 am Bauhaus angestellt war
und am 26. Mai 1923 zu ersten Mal nachweislich an einer Sitzung teilnahm, war in die Planung des Vorkurses noch nicht involviert, obwohl er ab Herbst 1923 einen wesentlichen Teil
der Vorkursausbildung übernahm. Die „freie Gestaltungsarbeit in Material“ auch als „Materie-
Studien“ bezeichnet, sollten unter Aufsicht von Josef Albers stattfinden. Im Oktober 1923
wurde dieser Unterricht Moholy-Nagy unterstellt und nannte sich nun „Gestaltungsstudien“.
4. Die Harmonisierungslehre war noch Bestandteil des Stundenplans. Ihre Streichung wurde
am 18. Oktober 1923 beschlossen. *Siehe Textteil Nr. 66 [3.], S. 314.* 5. Gropius erwähnte in
der Formmeistersitzung vom 26. Mai 1923 den Mathematiklehrer Walter Ackermann, welcher im Wintersemester eventuell den naturwissenschaftlichen Unterricht übernehmen

könne. Ackermanns Name ist nur im hier zitierten undatierten Stundenplan aufgeführt. Damit stellt sich ein unmittelbarer Zusammenhang zwischen den Sitzungen am 26. Mai 1923 und dem fraglichen Schriftstück her. Konkret sah dieser neue Unterrichtsplan folgendes vor: Die produktive Werkarbeit am Montag, Dienstag und Mittwoch unter der Gesamtaufsicht von Albers sollte, wie im Februar vorgeschlagen, in der Zeit von 8 bis 13 Uhr stattfinden. Allerdings wurde sie nun näher umschrieben, indem es hieß: „Produktive Werkarbeit in der Vorkurs-Werkstatt. Wechselweise in jedem Handwerk unter technischer Anleitung des jeweiligen Werkstättenleiters". Ebenfalls bestehen blieb die Zeit für die Materiestudien Donnerstag und Freitag von 8 bis 13 Uhr. Allerdings wurde dieser Unterricht nun mit dem Untertitel „Freie Gestaltungsarbeit in Material" versehen. Die Aufsicht hatte auch hier Albers. Für den Samstagsunterricht „Elemente der Farb- und Formlehre" von 8 bis 13 Uhr waren nun Klee, Kandinsky und Muche verantwortlich. Im ersten Vorschlag stand er unter der Leitung von Schlemmer und Muche. Statt der ursprünglich für Samstag von 13 bis 17 Uhr geplanten Bildanalysen bei Muche fand nun an dieser Stelle die „Synthetische Raumlehre bei verschiedenen Meistern" ihren Platz im Stundenplan. *ThHStA Weimar, Staatliches Bauhaus Weimar 168, Bl. 20.* Die Bildanalysen bei Muche orientierten sich an Ittens „Analysen alter Meister", wie Gropius auch in seinem Umlauf vom 13. Februar 1923 schrieb. Mit der Streichung dieses Unterrichtes wurde ein weiteres Element der Ittenlehre aus dem Lehrplan des Bauhauses getilgt. Der Nachmittagsunterricht von 15 bis 17 Uhr blieb im wesentlichen wie im Vorschlag vom 13. Februar 1923 bestehen. Der Werkzeichenunterricht am Donnerstag und Freitag hieß nun Unterricht in Werkzeichnen und Konstruktion, an dessen Erteilung sich nun neben Lange und Meyer auch Gropius beteiligte. Wie auch im Vorschlag vom Februar 1923 war die Harmonisierungslehre im Einzelunterricht täglicher Bestandteil der Ausbildung. *ThHStA Weimar, Staatliches Bauhaus Weimar 168, Bl. 20. Siehe Erläuterungen zu 292, 5 und 314, 9.*

310, 3 häufig durch die Werkstätten geführt] In einem Umlauf an den Meisterrat vom 14. Februar 1923 hatte Gropius darauf hingewiesen, daß sich die Vorkursschüler durch Ittens Abwesenheit verlassen fühlten. Außerdem stellte er fest, daß den Studierenden der Vorlehre lediglich die Dornburger Werkstatt bekannt sei. Gropius bat die Formmeister „im Einvernehmen mit den Werkstättenleitern, den Teilnehmern am Vorkurs den Gang durch die Werkstätten zu ermöglichen". Er selbst ging mit gutem Beispiel voran und zeigte den Schülern die Tischlerei. *ThHStA Weimar, Staatliches Bauhaus Weimar 13, Bl. 238.* Dies ist ein weiterer Hinweis auf die Handhabung des Vorkurses in bezug auf die Werkstätten. Unter Itten war diese Verbindung zunächst nicht gegeben und auch nicht gewünscht. Nun, da sich das Bauhaus generell auf die produktive Werkarbeit umstellte, wurde es notwendig, die Studierenden so bald als möglich an die handwerkliche Arbeit zu gewöhnen. Das Kennenlernen der Werkstätten war ein erster Schritt auf diesem Weg.

310, 10 Versuchsplatz] *Siehe Erläuterung zu 176, 8.*

310, 19 Vorkursvorschlag] *Siehe Erläuterung zu 303, 35–36.*

310, 29 Fall Driesch] Johannes Driesch war seit 1919 Schüler des Bauhauses. Ab 1920 gehörte er der Töpferei an, gab aber dieses Handwerk zugunsten der Malerei 1922 auf, wohl auch weil er darin keine Zukunft sah. *Driesch-Foucar, S. 77.* Driesch genoß die sogenannte „Sonderstellung für besonders Begabte", die ihn gemäß der Satzungen von 1922 zeitweise von der Werkstattarbeit befreite. Marcks, der sich zu dieser Zeit selbst intensiv mit dem Holzschnitt beschäftigte, unterstützte ihn in seiner freien künstlerischen Arbeit. Wie sich aus einem Brief von Marcks an seinen Schüler schließen läßt, hatte dieser aber im Sommer 1923 noch nicht gänzlich mit dem Töpferhandwerk abgeschlossen. Marcks schrieb am 8. August 1923: „An Töpfern wird in 20 Jahren kein Mangel mehr sein. Nur die Töpferei muß bis dahin noch vervollkommnet sein. In Berlin ist große Nachfrage, ein richtiges Loch für unsere Dornburger Töpfe. Aber um Himmels Willen nur gute. [...] Sie wissen, daß ich Ihnen nur ein Wegweiser sein kann. Selber vorangehen kann ich nicht, müssen Sie. Ich will als Bildhauer sterben, und vorher leben! Es ist ja wurscht, was man macht, nur muß man sich ganz dafür einsetzen. Sonst bleibt man sein Leben lang ein talentvoller Schuft." *Zitiert nach: Marcks, S. 40.* Driesch verließ das Bauhaus wohl im Oktober 1923. *Vgl. Dietzsch, S. 147.*

311, 16 Brief Carl Schlemmers] C. Schlemmer hatte im Dezember 1922 den Rechtsanwalt Karl Kronfeld mit der Wahrnehmung seiner Rechte beauftragt. Dieser wies mit einem Schreiben an das Volksbildungsministerium vom 19. Dezember 1922 die gegen Schlemmer ausgesprochene Kündigung zurück. *Siehe Erläuterung zu 279, 12.* Bei dem verlesenen Schreiben C. Schlemmers handelte es sich wohl um einen Brief an das Volksbildungsministerium vom 28. April 1923. Darin hieß es: „In einer Unterredung mit Herrn Staatsrat Rudolph habe ich aus eigenen Erwägungen heraus meine zukünftige Stellung in der Prozeßsache Regierung und Bauhaus folgendermaßen klargelegt. Ich verzichte auf jede Prozeßführung und auf die Vorteile, die sich hieraus für mich ergeben würden in bezug auf meine wirtschaftliche Lage und meinen unbescholtenen Ruf. Folgende Gründe veranlassen mich dazu: 1.) Die Rücksicht auf meinen am Bauhaus angestellten Bruder. 2.) Der Wert, den für mich die Bauhausidee besitzt. 3.) Die Autoritätsverletzung, die durch die Zeugenvernehmung aus Schülerkreisen in der Prozeßsache herbeigeführt werden würde. Wie ich höre, hat die Staatsanwaltschaft die Anklage, in der ich wegen Diebstahl beschuldigt werde, zweimal als unbegründet zurückgewiesen. Um ein unzweideutiges Urteil in dieser Ehrensache herbeizuführen, bitte ich, beiliegende Erklärungen an die Staatsanwaltschaft übermitteln zu wollen. Die in diesem Zusammenhang stehende von mir gegen Gropius angestrengte Beleidigungsklage habe ich ebenfalls zurückgezogen. Zu dieser Klage wurde ich durch die Äußerung des Herrn Gropius, ich hätte das Bauhaus um ca. 40 000.- Mk bestohlen, veranlaßt. Dadurch sollte eine Protestversammlung gegen unsere fristlose Kündigung vereitelt werden. Herr Gropius bestreitet zwar diese Äußerungen, sie werden jedoch sowohl von dem Vorstand der Handwerkskammer Herrn Karl Linkmann als auch von Frl. Margarete Neumann eidlich aufrecht erhalten. Durch diese falsche Beschuldigung bin ich insofern in eine wirtschaftliche Notlage gekommen, da sie an einer für einen Handwerksmeister so wichtigen Stelle getan wurde. Wenn ich trotzdem die Beleidigungsklage zurückziehe, so geschieht dies aus denselben Gründen, ferner in Erinnerung an ein Wort Nietzsches, wonach ein Teil der Menschen sich einmal das Versprechen geben sollte, alle Streitfragen unter sich zu regeln. In diesem Sinne werde ich auch auf Herrn Dr. Beyer einwirken und bitte auch das Ministerium, die Angelegenheit von diesem Gesichtspunkt aus anzusehen, zumal schon zwei Versuche von verschiedenen Seiten, in diesem Sinne zu vermitteln, an Herrn Gropius gescheitert sind." *ThHStA Weimar, Thüringisches Ministerium für Volksbildung, C 1472, Bl. 38-39.*

311, 18 Organisator für die Ausstellung] *Siehe Erläuterung zu 267, 26-27.* Nachdem sich gezeigt hatte, daß die Ausstellungskommission des Bauhauses den organisatorischen Aufgaben nicht vollständig gewachsen war, suchte Gropius außerhalb des Bauhauses nach einer geeigneten Persönlichkeit. Im Frühjahr 1923 hatte er vorgeschlagen, die organisatorischen und koordinierenden Arbeiten Charlotte Weidler oder Herman Sandkuhl in Berlin zu übertragen. Doch weder Sandkuhl noch der von ihm empfohlene Bruno Reimann, der Organisator der juryfreien Kunstausstellung, konnten die Aufgabe übernehmen. Gropius wandte sich aus diesem Grund am 9. Juni 1923 auf Empfehlung des Galeristen Nierendorf an Hanns Krenz aus Hannover, der jedoch auch ablehnte. Schließlich erklärte sich am 24. Juni 1923 Graf Wilhelm von Kielmansegg bereit, die Arbeiten zu übernehmen. *ThHStA Weimar, Staatliches Bauhaus Weimar 35, Bl. 86-91, 121-130, 132.*

313, 17-18 Verwertungs-AG für Werkstätten-Erzeugnisse] Pläne zur teilweisen oder vollständigen Privatisierung des Bauhauses bestanden seit dem Frühjahr 1923. Bereits am 13. Mai 1923 hatte Lange einen Vorschlag zur neuen Form des Bauhauses als privatwirtschaftliches Unternehmen vorgelegt. *ThHStA Weimar, Staatliches Bauhaus Weimar 196, Bl 51-56.* Die Gründung einer Verwertungs-A.G. für Werkstätten-Erzeugnisse geht auf einen Vorschlag von Franz May, dem Geschäftsführer des Bauhaus-Verlages, zurück. Der Plan ist einer von insgesamt vier Entwürfen zur Überleitung des bestehenden Produktivbetriebes des Bauhauses in die Hände einer privatkapitalistisch verwalteten Gesellschaft. May dachte daran, Schul- und Produktivbetrieb weiterhin vom Staat finanzieren zu lassen. Daneben sollte die Verwertungs-Gesellschaft die Werkstätten-Erzeugnisse vertreiben und in Form von verzinslichen Darlehn den größten Teil des Betriebskapitals für den Produktivbetrieb des Bauhauses zur Verfügung stellen. Die von der Vertriebsgesellschaft erwirtschafteten Gewinne sollten zum Teil dem Produktivbetrieb zufallen. Es war vorgesehen, dem Staat als Aufsichtsratsmitglied einen Einfluß auf die Geschäftsführung zu sichern. Das Gesellschaftskapital setzte sich aus öffentlichen und privaten Geldern zusammen. *ThHStA Weimar, Staatliches Bauhaus Weimar, 196, Bl. 64.* May übernahm bereits im November 1923 den Verkauf von Bauhaus-Erzeugnissen. Auf diese Weise konnte das Bauhaus am Weihnachtsgeschäft beteiligt werden. Offensichtlich sahen Mays Vorschläge ebenfalls vor, den Vertrieb der Textilien und der Bauhaus-Keramik als „Sonderangelegenheit" zu betrachten. Gropius wurde von dieser Idee von verschiedener Seite – möglicherweise von Wilhelm von Kielmansegg und Walter Loeb – dringend abgeraten. *ThHSTA Weimar, Staatliches Bauhaus Weimar 197, Bl. 22.* Am 17. Oktober 1923 hatte Gropius mit dem Staatsbankpräsidenten Loeb über die Gründung einer Vertriebsgesellschaft für Produkte des Bauhauses verhandelt. Außerdem zeigte Graf Kielmansegg großes Interesse an diesem Unternehmen. Seine Pläne hinsichtlich der Gesellschaftsgründung beschrieb Gropius in einem Brief an Loeb vom 18. Oktober 1923 folgendermaßen: „Der Grundgedanke, der mich veranlaßt, diese Vertriebsgesellschaft zu gründen, ist folgender: Das Bauhaus hat nach den 4 Jahren seines Bestehens seine Existenzberechtigung erwiesen und die Fundamente zu einem weiteren Ausbau gelegt. Geschulte Arbeitskräfte sind vorhanden, ebenso Werkstätten und Einrichtungen. Es fehlt nur an dem richtigen kaufmännischen Apparat, um die Verwertung des bisher Aufgebauten zu zeitigen und das ganze Unternehmen auf eine gesunde wirtschaftliche Basis zu bringen. Die Form würde dann eine derartige werden, daß neben dem Lehrbetrieb für den der Staat nur einen begrenzten Etat fortlaufend zu zahlen hat, getrennt ein Produktivbetrieb läuft, der sich selbst trägt und Gewinne abwirft. Die Grundzüge des Aufbaus der gedachten Gesellschaft wollen Sie bitte aus dem Brief des Herrn May an mich entnehmen. [...] Ich möchte noch besonders betonen, daß es mir außerordentlich daran läge, wenn Sie selbst den Vorsitz im Aufsichtsrat der Gesellschaft übernehmen wollten, zumal es sich hier um ein Unternehmen mit stark kulturellem Hintergrund handelt." *ThHStA Weimar, Staatliches Bauhaus Weimar 197, Bl. 16-17. Gekürzt veröffentlicht in: Hüter, S. 217.* Gropius zeigte sich im Oktober 1923 hinsichtlich der Gründung der Gesellschaft äußerst optimistisch. Die größte Schwierigkeit sah er darin, den Staat von der Notwendigkeit der Gesellschaftsgründung zu überzeugen. Am 15. Oktober 1923 ging Gropius noch davon aus, daß die Gesellschaftsgründung bis zum Ende des Monats vollzogen sein könnte. *ThHStA Weimar, Staatli-*

ches Bauhaus Weimar 197, Bl. 15. Die Gründungsabsicht einer Verwertungsgesellschaft für die Bauhausprodukte teilte Gropius am 22. Oktober 1923 dem gesamten Bauhausrat mit. *Siehe Textteil Nr. 67 [4.], S. 317 sowie Erläuterung zu 323, 11.*

314, 9 Vorkurs-Arbeitsplanes] *Siehe Erläuterung zu 309, 35–36.* Dieser Arbeitsplan gestaltete sich folgendermaßen: Dienstag bis Freitag von 8 bis 13 Uhr Werkarbeit im Reithaus unter Aufsicht von Josef Albers; Montag und Samstag von 9 bis 12 Uhr Gestaltungsstudien bei Moholy-Nagy, anschließend am Montag von 12 bis 13 Uhr Gestaltungslehre Form bei Klee und am Samstag von 12 bis 13 Uhr Gestaltungslehre Farbe bei Kandinsky. Der Nachmittagsunterricht sah folgendes vor: Montag von 15 bis 17 Uhr wissenschaftliche Fächer (Mathematik, Physik); Dienstag von 15 bis 18 Uhr Zeichnen bei Klee und von 19 bis 21 Uhr Abendakt bei Klee (für den Vorkurs obligatorisches Lehrfach); Mittwoch und Donnerstag von 15 bis 18 Uhr Werkzeichnen bei Gropius, Lange und Meyer; Freitag von 15 bis 18 Uhr Analytisches Zeichnen bei Kandinsky und von 19 bis 21 Uhr Abendakt. Am Samstagnachmittag waren von 17 bis 19 Uhr Vorträge vorgesehen. *ThHStA Weimar, Staatliches Bauhaus Weimar 168, Bl. 2. Siehe Erläuterungen zu 314, 10 und 317, 17.*

314, 10 Vorschlag Kandinsky-Klee] Der Unterricht Gestaltungslehre Form und Gestaltungslehre Farbe, den Klee bzw. Kandinsky erteilen sollten, war im Vorschlag des Arbeitsplanes für Montag bzw. Samstag 12 bis 13 Uhr vorgesehen. *ThHStA Weimar, Staatliches Bauhaus Weimar 168, Bl. 20. Siehe Erläuterung zu 314, 9.* Wahrscheinlich bezog sich der hier angesprochene Vorschlag auf die Verschiebung dieses Unterrichts auf Dienstag, 12 bis 13 Uhr (Gestaltungslehre Form bei Klee) und Freitag, 12 bis 13 Uhr (Gestaltungslehre Farbe bei Kandinsky), wie er als Entwurf überliefert ist. *ThHStA Weimar, Staatliches Bauhaus Weimar 168, Bl. 2.* Der Zeichenunterricht und das Aktzeichnen bei Klee sollte am Dienstag von 15 bis 18 bzw. 19 bis 21 Uhr stattfinden. Kandinsky lehrte am Freitag von 15 bis 17 Uhr Analytisches Zeichnen. Durch die vorgeschlagenen Änderungen ergab es sich, daß Kandinsky statt Samstag und Freitag nun lediglich am Freitag und Klee nicht am Montag und Dienstag sondern nur am Dienstag unterrichten mußte. Der naturwissenschaftliche Kurs fand Montag zwischen 16 und 18 Uhr statt. Die Gestaltungsstudien bei Moholy-Nagy am Montag und Samstag wurden durch die Verschiebung der Gestaltungslehre um jeweils eine Stunde verlängert und fanden nun von 9 bis 13 Uhr statt. Die Werkarbeit des Vorkurses verkürzte sich am Dienstag und Freitag auf die Zeit von 8 bis 12 Uhr. *ThHStA Weimar, Staatliches Bauhaus Weimar 168, Bl. 1.* Während der Sitzung des Bauhausrates am 22. Oktober 1923 wurde die ursprüngliche Variante verlesen und diskutiert. *Siehe Erläuterung zu 317, 17. Siehe Textteil Nr. 67 [4.], S. 317.* Es ist jedoch davon auszugehen, daß dieser Vorschlag angenommen wurde, da neben dem Entwurf auch eine Reinschrift existiert, die deutliche Spuren dafür aufweist, daß sie am schwarzen Brett ausgehangen wurde. In dieser Reinschrift finden sich innerhalb der Nachmittagskurse noch folgende Zeitänderungen: Montag Mathematikunterricht von 16 bis 18 Uhr, Dienstag Zeichnen bei Klee 16 bis 18 Uhr; Mittwoch Werkzeichenunterricht von 14 bis 18 Uhr, Donnerstag von 14 bis 16 Uhr; Freitag Analytisches Zeichnen von 16 bis 18 Uhr. *ThHStA Weimar, Staatliches Bauhaus Weimar 168, Bl. 3.*

314, 21 Moholy erhält die] Wahrscheinlich wurde hier die Übertragung des Unterrichts für Gestaltungsstudien des Vorkurses an Moholy-Nagy angesprochen. *ThHStA Weimar, Staatliches Bauhaus Weimar 168, Bl. 1. Siehe Erläuterung zu 314, 9.*

317, 10 Verwertungs-A.G. für Werkstätten-Erzeugnisse] Gropius teilte hier dem Bauhausrat mit, was er den Formmeistern bereits am 18. Oktober 1923 bezüglich der Gesellschaftsgründung dargelegt hatte. *Siehe Erläuterungen zu 313, 17–18 und 323, 11.*

317, 17 Stundenplan] *Siehe Erläuterung zu 314, 9.* Wie man aus den Äußerungen von Albers entnehmen muß, wurde am 22. Oktober 1923 über jene Variante des Stundenplanes diskutiert, welche schon am 18. Oktober 1923 vorgelegen hatte und zwar ohne die von Klee und Kandinsky vorgeschlagenen Änderungen. Wie bereits beschrieben, ist davon auszugehen, daß diese Änderungen jedoch ausgeführt wurden. *Siehe Erläuterung zu 314, 10.* Nach Ittens Weggang vom Bauhaus im Frühjahr 1923 konnten sich die Meister erst im Oktober 1923 auf einen inhaltlich neuen Stundenplan für den Vorkurs einigen.

318, 20 Baukonstruktion] Gropius hatte sich am 24. Oktober 1923 an Baumeister Ernst Schumann von der Weimarer Baugewerkenschule gewandt und diesen gebeten, im Wintersemester 1923/24 einen Kurs in Baukonstruktion für die Gesellen des Bauhauses abzuhalten. Dieser Unterricht wurde am 15. November 1923 auch beim Ministerium für Volksbildung beantragt, welches am 1. Dezember 1923 seine Genehmigung erteilte. *ThHStA Weimar, Staatliches Bauhaus Weimar 19, Bl. 87-88, 90.* Die Lehrveranstaltungen begannen im Januar 1924. Laut Stundenplan des Wintersemesters 1923/24 fanden sie donnerstags von 16 bis 18 Uhr statt. Im Sommersemester 1924 baten die Teilnehmer um Erhöhung der Stundenzahl von vier auf sechs Wochenstunden, womit sich Gropius einverstanden erklärte. *ThHStA Weimar, Staatliches Bauhaus Weimar 19, Bl. 108.* Schumann hatte bereits im Wintersemester 1919/20 Kurse in Konstruktions- und Projektionszeichnen am Bauhaus abgehalten. *Siehe Erläuterung zu 48, 8.*

318, 22 Kursus I. „Mathematik"] Der Mathematikunterricht wurde am 15. November 1923 beim Ministerium für Volksbildung beantragt und am 1. Dezember 1923 genehmigt. *ThHStA Weimar, Staatliches Bauhaus Weimar 19, Bl. 87-88.* Gropius konnte Karl Beck, einen Lehrer der Weimarer Baugewerkenschule, dafür gewinnen. Der Unterricht begann wohl noch im Wintersemester 1923/24, jedoch nicht vor Anfang März 1923. *ThHStA Weimar, Staatliches Bauhaus Weimar 19, Bl. 95. Siehe Erläuterung zu 307, 2.*

318, 26-27 Schwierigkeiten bei der Wand- und Dekorationsmalerei] Die Probleme bestanden seit Ende 1922. Schlemmer hatte mit dem Versuch, die Arbeit der Werkstatt mit der Vestibülgestaltung anläßlich der Bauhausausstellung 1923 stärker in den Kontext des architektonischen Gesamtkunstwerkes zu stellen, nur temporär Erfolg erzielt, da sich kaum neue Aufträge für die Werkstatt ergaben. *Siehe Erläuterungen zu 281, 37-38 und 286, 32.* Die Debatte über die notwendigen Umgestaltungen in dieser Werkstatt setzte sich bis zum Frühjahr 1924 fort. Gropius legte am 3. April 1924 Vorschläge zur Neuorganisation verschiedener Werkstätten vor. Die Entscheidung darüber wurde jedoch vertagt. *Siehe Textteil Nr. 70 [4.] und [5.], S. 332-334.*

318, 27 Stein- und Holzbildhauerei] *Siehe Erläuterungen zu 281, 37-38; 286, 32 und 318, 26-27.* Mit der Umstellung des Bauhauses auf Produktivarbeit begann man über die Möglichkeiten dieser Werkstätten nachzudenken. Die Perspektiven der Werkstätten gestalteten sich in dieser Hinsicht problematisch. Dazu hatten bereits im Oktober und November 1922 die beiden Meister der Werkstatt Schlemmer und Hartwig Stellung genommen. *Siehe Textteil Nr. 59 [6.], S. 285; [7.], S. 286 und [8.], S. 287.* Die Debatte setzte sich im Frühjahr 1924 fort, wie die Stellungnahmen Hartwigs und Schlemmers vom 1. bzw. 4. März 1924 belegen. *Siehe Textteil Nr. 70 [7.], S. 336-337 und [8.], S. 337-338.*

319, 5 Formensprache in Holz und Stein] Hartwig legte seine Ansichten hierzu im März 1924 auch schriftlich nieder. *Siehe Textteil Nr. 70 [7.], S. 336-337.*

319, 7-8 Holzbildhauerei sei Angelegenheit der Tischlerei] Moholy-Nagy kam zu dieser Aussage, weil er die Existenzberechtigung der Holzbildhauereiwerkstatt ausschließlich unter

dem Gesichtspunkt des Materials und der wirtschaftlich verwertbaren Ergebnisse betrachtete. Hartwig begab sich mit seinem Schreiben vom 4. März 1924 dazu in Opposition, indem
er darauf verwies, daß „nach Ansicht verschiedener Vorkursschüler (der Begabtesten) [die]
Tischlerei die überflüssigste aller Werkstätten [ist], weil man heute nur mehr Möbel aus Stahl
oder Glas macht". *Textteil Nr. 70 [7.], S. 337.*

319, 26 Wozu Lehrlinge ausbilden?] Mit der Diskussion über den Sinn der Lehrlingsausbildung am Bauhaus wurde eine der Grundvoraussetzungen der Bauhauslehre in Frage gestellt. Im Laufe der Entwicklung der Schule hatte sich allerdings herausgestellt, daß die obligatorische Übernahme der Lehrbriefe nicht in allen Werkstätten gleichermaßen
durchgesetzt werden konnte. *Siehe Erläuterungen zu 50, 37; 98, 18-19; 123, 28-29 und
124, 34-35.* Dieses Problem wurde insbesondere bei der Bildhauerei und der Wandmalerei
deutlich, die den freien Künsten naturgemäß näher standen als andere Werkstätten. Außerdem - und das galt für alle Einrichtungen - mußte die rein handwerkliche Ausbildung im
Gegensatz zur neuen Orientierung des Bauhauses an Technik und Industrie unzeitgemäß
wirken, was schon im Herbst 1922 in verschiedenen Aussagen der Schüler seinen Niederschlag fand. *Siehe Erläuterung zu 239, 38.*

319, 36 diese Frage vorläufig offen zu lassen] Die Frage nach der Lehrlingsausbildung
wurde erst zum Semesterende auf der Sitzung des Bauhausrates am 4. April 1924 wieder
aufgegriffen. *Siehe Textteil Nr. 70 [4.-8.], S. 332-338.*

320, 3 Sonderstellung] *Siehe Erläuterung zu 310, 29.*

322, 31 Artikel „Stijl"] Höchstwahrscheinlich ist hier der Artikel von Theo van Doesburg in
der Zeitschrift „mecano", der im November 1923 erschien, gemeint.

323, 5 wirtschaftliche und politische Lage in Thüringen] Seit Herbst 1923 herrschte in
Thüringen eine angespannte politische Lage. Am 10. Oktober 1923 war es in Thüringen und
Sachsen zur Bildung einer Koalitionsregierung zwischen Kommunisten und Sozialdemo-
kraten gekommen. Auf die aufruhrähnlichen Begleitumstände der Regierungsbildung rea-
gierte Reichskanzler Gustav Stresemann am 13. Oktober 1923 mit der Verhängung des
Ausnahmezustandes und der Reichsexekution für beide Länder. Thüringen wurde durch die
Reichswehr besetzt. Im Dezember 1923 trat die Regierung zurück, der Landtag wurde aufgelöst. Am 10. Februar 1924 fanden in Thüringen Landtagswahlen statt. Dabei hatte der
Ordnungsbund, eine Vereinigung der bürgerlich-konservativen Parteien, die absolute Mehrheit nur knapp verfehlt. Mit 35 Mandaten zogen die Parteien dieses Zusammenschlusses in
den III. Landtag von Thüringen ein. KPD und SPD waren mit 30 Mandaten vertreten. Das
Amt des Staatsministers übernahm Richard Leutheußer (DVP), der gleichzeitig auch dem
neugebildeten Ministerium für Volksbildung und Justiz vorstand. Der deutschnationale Lehrer und Stadtrat in Weimar Emil Herfurth, ein erbitterter Gegner des Bauhauses, zog als
Staatsrat für Weimar in die Landesregierung (Mitglied ohne Geschäftsbereich) ein. Gleichzeitig war er Landtagsabgeordneter der DNVP. *Siehe Erläuterungen zu 69, 13 und 75, 6.*

323, 7 Belästigung durch die Reichswehr] Wegen politischer Unruhen im Deutschen Reich
hatte der Reichspräsident am 26. September 1923 den militärischen Ausnahmezustand für
das gesamte Reichsgebiet verhängt. In Thüringen hatte die „Reichswehrgruppe Hasse" Anfang November unter dem Generalleutnant und Kommandeur der 3. Kavalleriedivision,
Otto Hasse, als Militärbefehlshaber die militärische Gewalt übernommen. *Siehe Erläuterung
zu 323, 5.* Am 23. November 1923 fand in der Privatwohnung von Gropius eine Hausdurchsuchung durch die Reichswehr statt. Anzeigen und Zeugenvernehmungen zufolge sollten er und andere Angehörige des Bauhauses der KPD nahestehen. Syndikus Lange als

Zeuge der Durchsuchung wies in einer Erklärung an Hasse die politischen Verdächtigungen zurück und begründete sie mit dem Eintreten von Gropius für die Idee einer neuen Kunstrichtung, die im Widerspruch zu den Vertretern der alten Kunstrichtung stehe, die innigste Fühlung mit den Rechts-Parteien hätten und mit diesen aus kunstpolitischen Gründen einen rücksichtslosen und oft sehr schmutzigen Kampf gegen Gropius und das Staatliche Bauhaus führen würden. „Als Schlagwort wird erklärt, das Staatliche Bauhaus sei bolschewistisch, in Wirklichkeit ist es allerdings kunstrevolutionär, hat aber mit politischem Bolschewismus nichts zu tun." *Zitiert nach: Hüter, S. 259.* Gropius reagierte am 24. November 1923 auf die Hausdurchsuchung mit einem Beschwerdebrief an den Militärbefehlshaber. Darin hieß es: „Gestern vormittag um zehn einhalb Uhr wurde ich von einem Reichswehrsoldaten in meinem Amtszimmer nach meiner Privatwohnung gerufen, da Befehl zur Haussuchung dortselbst ergangen sei. Die Haussuchung wurde von einem Offizierstellvertreter und sechs Mann in sensationeller Weise vorgenommen. Dieser Befehl kann nur auf Grund einer böswilligen Denunziation, die nicht überprüft worden ist, ergangen sein. [...] Ich [...] muß erleben, daß dank der skrupellosen Weise, mit der die Haussuchung wie bei einer gemeingefährlichen Person vorgenommen wird, das Publikum auf mich mit Fingern weist und die mir anvertrauten Studierenden irre werden. [...] Da ich niemals die geringste Veranlassung zu einer solchen Maßnahmen gegeben habe, schäme ich mich für mein Land, Ew. Exzellenz, daß ich trotz der Leistungen, die hinter mir liegen, in meinem eigenen Lande scheinbar schutzlos bin, weil sich unsere Armee heute von Unverantwortlichen zu Bütteldiensten benutzen zu lassen beginnt." *Zitiert nach: Isaacs, S. 319.* Gropius verlangte eine Untersuchung der Angelegenheit und behielt sich vor, dem Reichswehrminister und dem Reichstag die Vorgänge zur Kenntnis zu bringen. Da der Brief unbeantwortet blieb, wandte sich Gropius am 30. November 1923 an den Chef der Heeresleitung, Generaloberst Hans von Seeckt, in Berlin und verlangte eine öffentliche Entschuldigung. Im Verlauf der weiteren Entwicklung der Affäre wurde gegen Gropius ein Beleidigungsprozeß wegen Beschimpfung der Reichswehr und von Seeckts eröffnet. Am 6. Dezember 1923 beantwortete Hasse das Schreiben vom 24. November 1923, indem er mitteilte, daß die eingegangenen Anzeigen keineswegs anonym gewesen seien. Außerdem rechtfertigte er das Vorgehen der Reichswehr, da der betreffende Truppenkommandeur keine Veranlassung hatte, die Wahrheit der Aussagen in Zweifel zu ziehen. Gropius' Beschwerde wurde zurückgewiesen. Auf Anraten des Ministerpräsidenten August Frölich sowie des amtierenden Justizministers Roman Rittweger und, um die Situation nicht weiter eskalieren zu lassen, entschuldigte sich Gropius bei von Seeckt am 14. Dezember 1923. Die Vorgänge sind zum Teil in der vom Thüringischen Staatsministerium herausgegebenen und für den Landtag bestimmten „Zweiten Denkschrift über den militärischen Ausnahmezustand in Thüringen" vom 12. Dezember 1923 (S. 47-51) dokumentiert. *Enthalten in: ThHStA Weimar, Landtag von Thüringen 32³.*
323, 11 Gründung einer Gesellschaft] *Siehe Erläuterungen zu 313, 17-18 und 317, 10.* Im November 1923 wurde deutlich, daß das Finanzministerium die Pläne zur Gesellschaftsgründung zwar prinzipiell förderte, allerdings nur unter der Bedingung, daß die Bauhaus-Gesellschaft über die bloße Verkaufsorganisation hinaus als wirtschaftliches Unternehmen die Voraussetzungen zum Erhalt der für den Produktivbetrieb notwendigen Kredite schafft. *ThHStA Weimar, Staatliches Bauhaus Weimar 197, Bl. 23.* Anfang Dezember 1923 hatte das Bauhaus seine Vorschläge zur Gründung einer Gesellschaft an den Staatsbankpräsidenten Walter Loeb gesandt. Gropius drängte angesichts der bevorstehenden Landtagswahlen auf baldige Durchführung der Pläne, um das Bauhaus in der politisch instabilen Situation von

der Staatskasse und politischen Entscheidungen unabhängiger zu machen. Am 14. Januar
1924 hatten Gropius und Lange die Möglichkeit, bei einer Besprechung mit dem Präsiden-
ten der Staatsbank und Regierungsvertretern, u. a. dem Finanzminister Emil Hartmann und
dem zuständigen Referenten im Volksbildungsministerium, Albert Rudolph, die Pläne zur
künftigen Gestaltung der Bauhauswerkstätten zu erläutern. Gedacht war die Gründung
einer Gesellschaft, in welcher der Staat und private Kapitalgeber die Mehrheit der Stimmen
besitzen würden. Die Rechtsform der Gesellschaft sollte während einer weiteren Zusammenkunft zwischen Vertretern der Regierung und der Bauhausleitung am 19. Januar 1924
festgelegt werden. *ThHStA Weimar, Thüringisches Ministerium für Volksbildung C 1475, Bl.
56.* Am 15. Januar 1924 teilte Gropius Staatsminister Max Greil mit, daß die Pläne zur Gesellschaftsgründung vorliegen und sowohl der Staatsbankpräsident als auch der Finanzminister diese unterstützen. Die Entscheidung lag in den Händen des Volksbildungsministers
Greil. Gropius bat diesen, den Vollzug der Umstellung auf einen Produktivbetrieb zu beschleunigen, „da im anderen Fall eine Durchführung vielleicht gar nicht mehr möglich wäre,
denn unsere jungen Leute, die ausgelernt haben, die also die Arbeitsfundamente der Bau-
hausproduktivwerkstätten bilden, lassen sich ohne wirtschaftliche Grundlage nicht mehr halten und beginnen bereits wegzulaufen". *ThHStA Weimar, Staatliches Bauhaus Weimar 197,
Bl. 30.* Der ursprüngliche Plan zur Gründung einer reinen Verwertungsgesellschaft hatte
sich gewandelt und umfaßte nun den gesamten produktiven Bereich des Bauhauses. Der von
Lange vorgelegte Entwurf zur Gründung einer Bauhaus-Produktions G.m.b.H. sah vor, daß
die Werkstätten für Tischlerei, Weberei, Töpferei, Metallarbeiten, Wandmalerei, Druckerei,
Stein- und Holzbildhauerei sowie Glas mit einer Wirtschaftszentrale, die vom Bauhausse-
kretariat abzutrennen sei, die wirtschaftliche Grundlage dieses Unternehmens bilden sollten.
Der Jahreshaushaltsplan unterschied zwischen Schule und Produktivbetrieb. Als Gesell-
schafter mit Anteilen in Höhe von je einem Drittel des Gesamtkapitals waren vorgesehen:
der Staat und die Staatsbank, Gropius sowie private Kapitalgeber. Die einzelnen Anteile glie-
derten sich folgendermaßen: der Staat brachte die Werkstätteneinrichtungen im Wert von
8 000 Goldmark ein. Gropius „a) als Vertreter der mit dem Produktiv-Betrieb-Wert verbundenen Meister und Gesellen des Staatl. Bauhauses, deren Beteiligung durch unbezahlte
Arbeit faktisch geworden ist, in Rohstoffen [...] 3 000 G[old]M[ark], Fertigfabrikate 14 000
G[old]M[ark]. b) Wert der Idee des Bauhauses als geistiges Eigentum des Gesellschafters
Gropius." Die Höhe des Anteils der Staatsbank und an Privatkapital belief sich auf insgesamt
65 000 Goldmark. Die Höhe dieses letzteren Betrags ergab sich aus den Gesellenlöhnen,
den Rohstoffkosten, Geschäftsunkosten, Anschaffung von Betriebsmitteln und einer Rück-
stellung für Unvorhergesehenes sowie Vertriebspropaganda. Die G.m.b.H. mietete die
Räume für die Dauer von zwanzig Jahren vom Staat und gestand diesem das Recht zu, in den
gleichen Räumen Lehrlinge auszubilden. Der Zweck der Gesellschaft wurde folgendermaßen beschrieben: „Herstellung von Gegenständen des täglichen Bedarfs nach den
Grundsätzen des Staatl. Bauhauses. Vertrieb dieser, Vornahme aller hierzu notwendigen Ne-
bengeschäfte, Einrichtung von Zweigniederlassungen." *ThHStA Weimar, Thüringisches Ministerium für Volksbildung C 1475, Bl. 66-68.* Bei der Besprechung am 19. Januar 1924
wurde von den Vertretern des Volksbildungsministeriums betont, „daß es angebracht erscheine, die Möglichkeit der Mitwirkung der kommenden neuen Regierung ebenso zu sichern, wie es notwendig erscheine, den Landtag zu hören." *ThHStA Weimar, Thüringisches
Ministerium für Volksbildung C 1475, Bl. 69.* Am 19. Februar 1924, zwei Tage vor Antritt
der neuen Regierung, erklärte sich das Staatsministerium damit einverstanden, „daß der

Werkstättenbetrieb des Staatlichen Bauhauses von der Schule abgetrennt und durch Übertragung auf eine mit Hilfe des Staates, der Staatsbank und einiger privater Geldgeber zu
gründenden Gesellschaft mit beschränkter Haftung produktiv gestaltet wird". Gleichzeitig
wurde das Ministerium für Volksbildung im Einvernehmen mit dem Finanzministerium beauftragt, eine Vorlage der Angelegenheit im Landtag vorzubereiten. *ThHStA Weimar,
Thüringisches Ministerium für Volksbildung C 1475, Bl. 83.* Am 4. März 1924 erhielt das
Bauhaus eine leicht geänderte Fassung der Gesellschaftsverträge für die G.m.b.H. von der
Staatsbank zurück. Am 21. März 1924 richteten die Meister des Bauhauses ein Schreiben
an den Volksbildungsminister Richard Leutheußer und baten darum, die beiliegende Vorlage, die Gründung einer Bauhaus Gesellschaft betreffend, dem Landtag alsbald vorzulegen.
Unter dem Datum 27. März 1924 vermerkte Albert Rudolph: „Einstweilen zu den Akten."
ThHStA Weimar, Thüringisches Ministerium für Volksbildung C 1475, Bl. 111. Zwischenzeit-
lich hatte der neue Finanzminister Paul Stolze der Staatsbank die Vergabe weiterer Kredite
an das Bauhaus untersagt. *Vgl. Hüter, S. 48.* Im April 1924 übersandte das Volksbildungsministerium dem Staatsministerium die geforderte und von Albert Rudolph formulierte Vorlage zur Gründung der Bauhaus G.m.b.H. an den Landtag. Diese sollte jedoch bis zu einer
Beratung im Haushaltsausschuß zurückgestellt werden. Im September 1924 wurden die Verträge der Bauhausmeister von der Regierung vorsorglich zum 31. März 1925 gekündigt.
Siehe Erläuterung zu 347, 16-17. Nur die Gründung einer Gesellschaft konnte den Weiterbestand des Bauhauses sichern. Zu diesem Zweck hatten bereits einige Kapitalanleger
121 000 Mark in Form von Krediten und Beteiligungen für die Bauhaus-G.m.b.H. gezeich-
net. Unter diesen Bedingungen beriet der Haushaltsausschuß des Landtages vom 5. bis 11. November 1924 über das Budget und damit den Weiterbestand des Bauhauses. Als Begründung
der Verzögerung einer Entscheidung über die Vorschläge zur Umgestaltung des Bauhauses
gaben die Vertreter der Regierung an, „das bei ihrem Antritt vorliegende Projekt zu einer Erweiterung des Produktivbetriebes sei nicht durchführbar und zu riskant für den Staat gewesen". *Ausschußberichte des III. Landtags von Thüringen 1924-1926, Band I, Nr. 80, S. 177.*
Am 6. November 1924 hatten sich die Erfurter Industriellen W. Richter (vermutlich Walter
Richters, Prokurist der Firma Dr. v. Löbbecke u. Co., Graphische Kunstanstalt), Dr. Egon von
Löbbecke und Alfred Hess mit einem Vorschlag hinsichtlich der Gründung einer Bauhaus
G.m.b.H. an den Landtag gewandt. Die Verhandlung im Haushaltsausschuß über diese neuen
Pläne fand am 11. November 1924 im Beisein von Gropius sowie von Alfred Hess und von
Egon von Löbbecke statt. Der Vorschlag sah die Gründung einer Gesellschaft als juristische
Persönlichkeit und mit einem Stammkapital von 100 000 bis 150 000 Mark vor. „Erwartet
[wurde] die Aufrechterhaltung der Lehrbetriebe durch festen jährlichem Staatszuschuß,
Beantragung eines Reichszuschusses und vertragsmäßige Überlassung der bisher vom Bau-
haus benutzten Räume und Inventarien. [...] Das Bauhaus solle mit seinem Lehrbetrieb zu-
gleich auch als Modellwerkstätte, gleichsam als ein Laboratorium für die Industrie und das
Kunstgewerbe dienen, dem ein gemischt-wirtschaftlicher oder privatwirtschaftlicher Mu-
sterbetrieb durch die zu gründende Gesellschaft zur Seite gestellt werden solle. [...] Dem
Staat sollen eine Beteiligung durch ein Viertel der Summe (für Anrechnung der einzubrin-
genden Maschinen usw.) und 2 von 7 Aufsichtsratsstellen zustehen." *Ausschußberichte des
III. Landtags von Thüringen 1924-1926, Band I, Nr. 80, S. 177.* Eine neuerliche Angliederung des Instituts an die Staatlichen Hochschule für bildende Kunst wurde in Erwägung gezogen. *Siehe Erläuterungen zu 340, 25-26 und 340, 28.* Über die Erfurter Vorschläge sollte
der Landtag entscheiden. Im Ergebnis der Verhandlungen wurde der Vorschlag der Deutsch-

nationalen Volkspartei angenommen, welcher die Kürzung des Budgets des Bauhauses von 100 000 Mark auf 50 000 Mark vorsah. Die Landtagsentscheidung welche am 16. November 1924 fiel, ermächtigte die Regierung außerdem, die Verhandlungen zur Gesellschaftsgründung zum Zwecke der Aufrechterhaltung und dem Ausbau des Produktivbetriebes am Bauhaus fortzuführen. Die Regierung plante, das Bauhaus als Kunstgewerbeanstalt mit praktischem Lehrbetrieb weiterzuführen. Immer noch in der Hoffnung, das Weimarer Bauhaus durch schnellste Privatisierung retten zu können, lud Gropius am 13. Dezember 1924 Vertreter des mitteldeutschen Industrievereins zur Besichtigung des Bauhauses ein. Drei der Präsidialmitglieder versuchten die Regierung zur Rücknahme der Kündigung der Verträge der Bauhausmeister zu bewegen. Gropius forderte am 22. Dezember 1924 schriftlich eine endgültige Entscheidung über die Zukunft des Bauhauses und die Anstellungsverträge der Bauhausmeister. Nach einer Besichtigung des Bauhauses am 23. Dezember 1924 durch Mitglieder der Regierung im Anschluß an eine Sitzung des Staatsministeriums wurde Gropius mitgeteilt, daß man lediglich bereit sei, Verträge für ein halbes Jahr abzuschließen. Die Umsetzung des Privatisierungsprogramms unter diesen Bedingungen erschien nun aussichtslos, weshalb die Bauhausmeister am 26. Dezember 1924 das Bauhaus mit Ablauf ihrer Verträge zum 1. April 1925 für aufgelöst erklärten. Der offene Brief der Bauhausmeister vom 26. Dezember 1924, der die Auflösungserklärung beinhaltete, wurde am 29. Dezember 1924 in der Thüringischen Landeszeitung Deuschland Nr. 361/1924 abgedruckt. *Veröffentlicht in: Hüter, S. 234 und Wingler, S. 106. Vgl. Winkler, S. 81–99, Preiss/Winkler S. 149 sowie Hüter, S. 47–51.*

323, 18 Reichsabbaugesetz] Dieses Gesetz sah eine Verringerung der Etats aller staatlichen Institutionen vor. Gropius betrachtete die Gründung der G.m.b.H. als eine Maßnahme, dieses Gesetz umzusetzen, da dadurch die Staatskosten für die Schule gesenkt würden. *Siehe Erläuterung zu 323, 11.*

324, 19 kleinerer Arbeitsausschuß] Diese Form der Beratung bewährte sich offenbar nicht. Lediglich zwei Sitzungen des Arbeitsausschusses lassen sich nachweisen. Sie fanden am 18. März und am 24. Juni 1924 statt. Zu den Befugnissen des Arbeitsausschusses gehörte auch die Regelung der finanziellen Beteiligung der Lehrlinge und Gesellen am Verkauf von Werkstattprodukten. *Siehe Erläuterung zu 328, 30.*

324, 33 geringer Schülerzahl am Bauhaus] Im Wintersemester 1923/24 studierten am Bauhaus 106 Schüler. *Vgl. Dietzsch, S. 294.*

325, 5 eine Folge kleiner Broschüren oder Bücher] Dieses Projekt ging wohl auf eine Idee Moholy-Nagys zurück. *Vgl. Findeli. Siehe Erläuterung zu 325, 10-11.*

325, 9 Herrn May, Bauhausverlag München] *Siehe Erläuterung zu 306, 26.* Gropius und Moholy-Nagy standen bereits seit Herbst 1923 in Verhandlung mit Franz May über die Konzeption einer Reihe von Publikationen des Bauhauses. *Vgl. Isaacs, S. 371.* Die ersten Bände sollten noch 1924 erscheinen. Dies wurde jedoch verhindert, da der Verlag in Konkurs ging. Ein Jahr später erschienen acht Bände der Reihe im Verlag Albert Langen, München. *Das A und O, S. 22–26.*

325, 10-11 Eine Reihe von bereits vorgeschlagenen Themen] Schon im Herbst 1923 befaßte sich Moholy-Nagy mit der thematischen Konzeption einer Reihe von Bauhauspublikationen. In dieser Zeit entwarf er auch eine 30 Komplexe umfassende Themenliste. Möglicherweise handelte es sich bei der verlesenen Aufstellung um diesen Themenkatalog folgenden Inhalts: „1. Debatte: Konstruktivismus. 2. Die neue Lebenskonstruktion. 3. Zu der neuen Gestaltung. 4. Zu der neuen Gestaltung (im allgemeinen). 5. Fotografie, Film, neue Filmmanuskripte. 6. Neue Reklame (auch Typografie und Film). 7. Neue Erziehungsfragen. 8. Konstruktive Biologie. Aussichten zu einer neuen Medizin (Natur- und amtliche Heilkunde). 9. Kritik der bestehenden Zeitschriften. 10. Überblick der Zeit (1908–1923). 11. Spezialfragen in der Politik. 12. Spezialfragen in der Wirtschaft 1908–1923. 13. Spezialfragen in der Wissenschaft. 14. Spezialfragen in der Technik. 15. Spezialfragen in der Kunst. 16. Organisation (als eine der wichtigsten Fragen) (Jespersen, Scheffels). 17. Kunst und Agitation. 18. Architektur und Malerei. 19. Amerika und Europa, Amerikatum, Eu ropäertum, Amerika, Probleme. 20. Beziehungen zwischen den Erdteilen. Konstruktive Geografie. 21. Der Ferne und der Nahe Osten (Die Schatzkammer der Welt). 22. Musik, Mechan. Sprech- und Spielmaschinen, Elektr. Varieté, Synthesen von Ton, Licht, Form, Bewegung, Gerüchen, Theater, Zirkus. 23. Architektur (Stadt-, Privat-, Schiffs- usw. Bau). 24. Glas und andere Materialfragen in bezug auf die neue Chemie und Physik. 25. Werkarbeit der Künste: Malerei, Materialkonstruktionen. 26. Literatur einzelner Sprachen: Russische Völker, Deutsch, Ungarisch, Französisch, Amerikanisch usw. Weltsprache, konstruktive Philologie. 27. Religion, Philosophie, Metaphysik. 28. Die Entstehung moderner Gestaltungsbewegungen: in Italien, in Frankreich, in Rußland, in Holland usw. 29. Neue Erfindungen (praktische Dinge). 30. Utopisches." *Zitiert nach: Das A und O, S. 23.* In einem Prospekt von 1924 wurden schließlich 31 Bauhausbücher angekündigt. Bis 1931 erschienen 14 Bände dieser Reihe. *Siehe Erläuterung zu 325, 9.*

326, 35 Gesellenvertreter] Wilhelm Wagenfeld nahm als Vertreter der Metallwerkstatt an der Sitzung des Bauhausrates vom 4. April 1924 teil.

328, 30 Gewinnbeteiligung der Werkleute] Die während dieser Sitzung beschlossenen Vorschläge wurden den Werkmeistern am 5. Mai 1924 in Umlauf gegeben. Sie bildeten die Grundlage für die Entlohnung der Entwurfs- und Produktivarbeit, also die Beteiligung von Gesellen und Lehrlingen am Umsatz der Werkstatterzeugnissen. Das Dokument enthält einige Marginalien, welche darauf hinweisen, daß es sich um eine Diskussionsgrundlage und noch nicht um die endgültige Fassung der Regelung handelte. Dem Schriftstück lag eine Tabelle bei, auf deren Basis die Preisbildung der Bauhausprodukte erfolgen sollte und deren Gebrauch den Werkstättenleitern näher erläutert wurde. *ThHStA Weimar, Staatliches Bauhaus Weimar 196, Bl. 129–132.* Eine weitere Fassung der „Bestimmungen über die Beteiligung von Gesellen und Lehrlingen am Umsatz der Werkstatterzeugnisse" datiert auf den 15. Mai 1924. Gegenüber jener vom 5. Mai 1924 stellte diese ein Präzisierung dar. Deshalb kann davon ausgegangen werden, daß es sich hier um die endgültige Klärung dieser Frage handelte. Die Regelungen lauteten: „1.) Jeder Studierende des Bauhauses, der in den Werkstätten verkaufsfähige Produkte herstellt, erhält für die Entwürfe, die von der Leitung für brauchbar erklärt und zur Ausführung zugelassen werden, eine Bezahlung in einer von der Werkstättenleitung gemeinsam mir der Zentrale festzusetzenden Höhe, zahlbar sobald der Entwurf einmal ausgeführt wurde. 2.) Von diesem Gegenstand und seinen Wiederholungen stehen dem Entwerfer 30% des Gewinnzuschlages von dem Preis, den das Bauhaus erzielt, zu. Der Arbeitsausschuß des Bauhauses ist berechtigt, den Prozentsatz herunter zu setzen, wenn der Umsatz des betreffenden Gegenstandes stark zunimmt. Von Lizenzen für Stücke, die nach Bauhausentwürfen in fremden Betrieben hergestellt wurden, werden Anteilprozente sinngemäß von Fall zu Fall durch den Bauhaus-Arbeitsausschuß verteilt. 3.) Von diesen Prozenten wird 1/5 zurückbehalten und in einem sogen. Wohlfahrtsfonds gesammelt. Aus diesem Fonds werden nach jeweiligem Beschluß des Bauhaus-Arbeitsausschusses Summen an Bauhausangehörige ausgezahlt, zu deren wirtschaftlicher Unterstützung bzw. zur

Bezahlung von Entwürfen, die unverkäuflich aber künstlerisch wertvoll sind. 4.) Bei wirtschaftlichen Tiefständen, in denen die Werkstätten ohne Gewinn oder mit Verlust arbeiten müssen, können die Prozentbeteiligungen nach vorheriger Anhörung des Arbeits-Ausschusses verringert oder ganz eingestellt werden. 5.) Wenn Bauhausangehörige aus dem Bauhaus ausscheiden, so steht ihnen aus dem Verkauf der nach ihren Entwürfen hergestellten Erzeugnisse der Prozentbezug noch 2 Jahre lang zu, jedoch um $1/3$ des Wertes gekürzt. Diese Bestimmung gilt um ein Jahr rückwirkend vom Datum dieser Bestimmung ab gerechnet. An Ausgeschiedene werden die Beträge ausdrücklich nur auf deren eigene Anforderung ausgezahlt. Nicht angeforderte Prozente fallen dem Wohlfahrtsfonds zu. 6.) In zweifelhaften Fällen entscheidet nach der Anhörung der Betroffenen der Bauhaus-Arbeitsausschuß. 7.) Die Gewinnauszahlungen erfolgen erst nach Eingang des Kaufpreises bei der Kasse des Bauhauses." *ThHStA Weimar, Staatliches Bauhaus Weimar 196, Bl. 133.*

329, 24 Mitteilung der Regierung vom 23. 2. 1924] *Siehe Erläuterungen zu 286, 32 und 295, 19.* Im hier erwähnten Schreiben teilte das Volksbildungsministerium mit, daß nach einer „Besprechung mit der Direktion und dem Professorenkollegium der Hochschule für bildende Kunst [sich diese bereit erklärten], sich mit der Beseitigung der konstruktiven Ornamente im Vestibül und Wiederherstellung der Wandflächen durch Rauhputz, Beseitigung des jetzigen Beleuchtungskörpers, Wiederanbringung des früheren, Abwaschen der Fenster im Treppenhaus und Wiederanbringung der bunten Glasfenster bescheiden zu wollen". *ThHStA Weimar, Staatliches Bauhaus Weimar 38, Bl. 49.* Das Ministerium wollte eine offizielle Anweisung und damit einen erneuten Ausbruch des Streits zwischen den beiden Instituten vermeiden. Das Bauhaus wurde gebeten, das Ministerium von seiner lästigen Pflicht, die Wiederherstellung des Vestibüls anzuordnen, mittels einer „zusagenden Antwort" zu entheben. Gropius verharrte zunächst im Stillen und ignorierte die Wünsche der Hochschule weitgehend. Am 7. April 1924 wies das Volksbildungsministerium in einem weiteren Schreiben darauf hin, daß bis zu diesem Datum sein Schreiben vom 23. Februar 1924 unbeantwortet geblieben sei. Am 15. April 1924 antwortete Gropius dem Ministerium folgendermaßen: „Die Angelegenheit des Vestibüls im Hauptgebäude ist in mehreren Sitzungen Gegenstand der Besprechung gewesen. Die Ansicht der Meister geht dahin, daß es beschämend für das Bauhaus wäre, wenn diese tüchtige Leistung, die auf der Ausstellung vielseitiges Interesse erregt hat, ohne jeden einleuchtenden Grund wieder zerstört werden sollte. Ganz besonders aber dagegen müssen wir uns aussprechen, daß eine teilweise Wiederherstellung in dem vorgeschlagenen Sinn vorgenommen werden soll, da es den einfachsten künstlerischen Grundsätzen zuwiderlaufen würde. Das von Herrn Prof. v. d. Velde ausgebildete Vestibül war eine künstlerische Einheit mit allen dazugehörenden Details. Unabhängig von den Einwänden, die das Bauhaus von diesem Standpunkt aus zu der heutigen Gestaltung zu geben hat, ließe sich eine Zerstörung der jetzigen Anlage ohne ganz getreue Wiederherstellung des alten Zustandes unserer Ansicht nach nicht verantworten." *ThHStA Weimar, Staatliches Bauhaus Weimar 38, Bl. 51.* Gropius konnte davon ausgehen, daß eine komplette Wiederherstellung des Vestibüls die Kosten explodieren lassen würde und hoffte, daß man sich mit dem „kleineren Übel" des gegenwärtigen Zustandes abfinden würde. Die Schülerschaft der Hochschule für bildende Kunst führte gegen die Vestibülgestaltung im April 1924 Beschwerde bei der Hochschulverwaltung. *Siehe Erläuterung zu 340, 28.* Am Morgen des 22. Mai 1924 stellte der Verwaltungssekretär Lohmann beim Betreten des Bauhauses fest, daß Teile der Wandgestaltung zerstört und besudelt worden waren. Vier Studierende der Hochschule für bildende Kunst aus der Klasse Klemm waren dafür verantwortlich. Das Bauhaus gab die schriftliche Aussage des Verwaltungssekretärs zur Kenntnisnahme an die Hochschule weiter. Am 26. Mai 1924 nahm die Schulleitung zu den Vorkommnissen folgendermaßen Stellung: „Als Grund für die Zerschlagung der Glasscheibe und der Glaskugel geben die 4 Studierenden an: ‚Opposition gegen die Ausgestaltung des Vestibüls, die nicht bei ihnen allein, sondern bei der ganzen Schülerschaft wegen der Einseitigkeit der Ausschmückung bestehe.' Sie erklärten weiter, daß der Schülerausschuß auf eine Eingabe im vorigen Jahre die Nachricht erhalten hätte, daß die Regierung nach Schluß der Ausstellung entscheiden würde, ob die Ausschmückung wieder beseitigt werden solle. Da darüber aber nahezu ³/₄ Jahre vergangen wären, ohne daß eine Entscheidung getroffen sei, wäre in Schülerkreisen eine Mißstimmung entstanden, die Studierenden empfänden die Nichtbeseitigung des Vestibülausschmückung und Wiederherstellung der früheren neutralen Ausgestaltung als eine Mißachtung ihrer Überzeugung und Kunstrichtung. [...] In gewissem Sinne finden wir die Mißstimmung in unseren Schülerkreisen verständlich. Selbstverständlich verurteilen wir nach wie vor das ungebührliche Benehmen und haben den Studierenden einen strengen Verweis erteilt." *ThHStA Weimar, Staatliches Bauhaus Weimar 38, Bl. 54.* Am 15. August 1924 ordnete das Ministerium für Volksbildung und Justiz endgültig „die Beseitigung der konstruktiven Ornamente in der Eingangshalle, Wiederherstellung der Wandflächen durch Rauhputz, Beseitigung des jetzigen Beleuchtungskörpers, Wiederanbringung des früheren, Abwaschen des Fensters im Treppenhaus, Wiederanbringung der bunten Glasfenster" an. *ThHStA Weimar, Staatliches Bauhaus Weimar 38, Bl. 55.* Das Ministerium erwartete, daß die Arbeiten Mitte September 1924 abgeschlossen sein sollten. Gropius teilte daraufhin dem Ministerium am 6. September mit, daß die „Eva" von Rodin wieder ihren ursprünglichen Platz im Vestibül des Bauhauses erhalten habe und die notwendigen Arbeiten zur Wiederherstellung des alten Zustandes in Foyer des Bauhauses von der Weimarer Firma Raspe ausgeführt würden. Die Zerstörung der Wandplastiken im Vestibül besorgte Joost Schmidt selbst. Gropius' Schreiben schloß mit den Worten: „Die einseitige Stellungnahme des Ministeriums, die ohne Rücksichtnahme auf die Interessen und Empfindungen des Bauhauses die Zerstörung eines Kunstwerkes befiehlt, hat auf alle Angehörigen des Bauhauses befremdend und beschämend gewirkt." *ThHStA Weimar, Staatliches Bauhaus Weimar 38, Bl. 59.*

329, 39 Messebeobachtungen] Das Bauhaus war auf der vom 2. bis 8. März 1924 stattfindenden Leipziger Frühjahrsmesse mit einem Stand in der Kunstgewerbeabteilung vertreten. Gezeigt wurden Produkte der Töpferei, der Weberei, Spielsachen und Lampen. Gropius gab in seinem Bericht eine zwar kritische aber dennoch optimistische Einschätzung der Messeergebnisse. Er hatte festgestellt, daß die Ausstellungsfläche zu klein gewesen war, um die Gegenstände in angemessener Art und Weise zu zeigen. Außerdem hatte Theo Bogler wohl besonderen Wert auf die Präsentation der Keramiken seiner Werkstatt gelegt und die Töpferei damit über Gebühr in den Vordergrund gestellt. Gropius schlug für die nächste Messe vor, einen geeignet großen Stand anzumieten, der es ermöglichte, Möbel zu zeigen und für die Ausstellung die eigenen Vitrinen mit nach Leipzig zu nehmen. Gropius' Einschätzung nach wurden die theoretischen Erkenntnisse der Versuchsarbeit noch nicht systematisch für die Herstellung originärer Bauhausprodukte umgesetzt. *ThHStA Weimar, Staatliches Bauhaus Weimar 59, Bl. 7-9.* Lange gab einen sehr detaillierten Bericht über die Messeergebnisse und die Vorbereitungsarbeiten. Er kritisierte insbesondere die mangelnde Konsequenz in der Tätigkeit der Werkstätten. So schrieb er: „Es war wieder zu beobachten, daß die Werkstätten erst im letzten Moment, wenn schonungslos gedrängt wird, Interesse an einer Sache bekommen und dann flüchtig und überhastet Arbeiten fertigstellen." *ThHStA Weimar, Staat-*

liches Bauhaus Weimar 59, Bl. 10. Langes Kritik betraf daneben auch die organisatorische Arbeit in der Vorbereitungs- und Aufbauphase sowie die Präsentations- und Verkaufsarbeit am Stand selbst. Weiterhin stellte er fest, daß seitens der Kundschaft nur sehr wenig Interesse an Drucksachen schulischen oder ideellen Inhalts, allerdings größte Nachfrage nach Geschäftskarten und Informationsmaterial, die den Charakter und das Ziel des Produktivbetriebes darstellten, bestünde. Die wichtigste Erkenntnis Langes war jedoch, „daß wir mit unseren Erzeugnissen, die in der Hauptsache nicht kunstgewerblicher Natur sind, nicht zwischen das Kunstgewerbe gehören und daß es ebenso unzweckmäßig ist, wegen der Vielartigkeit unserer Erzeugnisse einen Sammelstand in der Kunstgewerbe-Atmosphäre als einzigen zu unterhalten. Es wird zweckmäßig sein, daß wir mit unseren Produkten, die Norm- und Typenstücke sind, und die durch Massenherstellung mit der gewöhnlichen Marktware konkurrieren können, in die Messehäuser der betr. Branche gehen [...] Daneben kann als Sammel- und Qualitätsstand weiter unter dem edleren Kunstgewerbe ein Stand unterhalten werden." *ThHStA Weimar, Staatliches Bauhaus Weimar 59, Bl. 10-16.*

330, 3 ungünstig erwähnten Kleider der Weberei] Nach der Leipziger Frühjahrsmesse 1924 wurden die Stoffe der Schülerin Anneliese Fleischmann Zielscheibe der Kritik. Die Firma Firnau hatte auf der Messe Stoffe für Kostüme erworben und mußte feststellen, daß sie sich bei der Verarbeitung verzogen. Syndikus Lange mutmaßte, daß diese Mängel durch Helene Börner zu verantworten seien und holte ein unabhängiges Gutachten über Stoffproben bei einer Handweberin ein. Darin wurde festgestellt, daß es sich bei den Stoffen um technisch perfekte Handwerksarbeit handelte und die Vorwürfe gegen die Weberin unberechtigt waren. Sie hatte bereits Tage vor dem Eintreffen des Gutachtens zur vorgefallenen Reklamation schriftlich Stellung genommen. Wie aus ihrem Schreiben hervorging, wurde ihr wohl mangelndes Durchsetzungsvermögen gegenüber den Studierenden vorgeworfen. Dadurch sei die fachgemäße handwerkliche Ausbildung der Lehrlinge nicht gewährleistet. Börner schrieb: „Die auf der beiliegenden Karte genannten Stoffe sind von Anneliese Fleischmann als Dekorationsstoffe erdacht und als solche von der Werkstatt laut Liste zum Messeverkauf herausgegeben. Dem Besteller haben in Leipzig die Proben zur Prüfung vorgelegen; wenn er Schneider war und fand, daß diese Stoffe auch für seine Zwecke verwendbar wären, so geschah dies auf seine Gefahr. Die ihm gelieferten Stoffe waren fester und besser als die Proben. Ganz entschieden aber verwahre ich mich gegen den Vorwurf, eine technische Unzulänglichkeit meinerseits könne die Ursache solcher Vorkommnisse sein. Während zehn Jahren, bevor das Bauhaus kam, sind von mir und durch mich Hunderte von Metern Kleider, Möbel und andere Stoffe entstanden, deren Haltbarkeit niemals beanstandet wurde und die, ich denke an die Möbel bei Dürckheims, heute noch in starkem Gebrauche sind. Allerdings entstanden diese Stoffe zuerst unter dem Gesichtspunkte ihrer Zweckdienlichkeit, strukturelle und formale Wirkungen mußten sich diesem Gesichtspunkte unterordnen und nicht umgekehrt. Um solche Stoffe zu weben, braucht kein Fachmann berufen zu werden, Herr Gropius, der bin ich selbst; was ich aber brauche, das ist die Willigkeit derer, die neue Stoffe entstehen lassen, sich unterzuordnen unter reifere Erfahrungen, Lehren anzunehmen und sich zu fügen unter die Gesetzmäßigkeit von Webstuhl und Technik. Die Reichhaltigkeit meiner Werkstatt, meine Bereitwilligkeit, jedem Wunsche nach einer technischen Neuerung aus dem Schülerkreis sofort Rechnung zu tragen, hat diese Gebundenheit wahrhaftig auf das Mindestmaß beschränkt. Wenn ich nun trotzdem immer wieder auf die Sucht nach anderen Ausdrucksmöglichkeiten durch Phantasiebindungen und – Verzeihung – technische Mätzchen stoße, so kann ich mir diese Erscheinung eben nur durch die Eigenart der Bauhausleute erklären,

die jede, selbst noch so sanfte handwerkliche Beschränkung als unerträglichen Zwang empfinden, und gegen diese Erscheinung bin ich bisher allerdings machtlos gewesen, aber wohl
nicht alleine." *ThHStA Weimar, Staatliches Bauhaus Weimar 114, Bl. 42. Veröffentlicht in:
Das Bauhaus webt, S. 285.*

332, 31 Weiterausbau der Architekturabteilung] *Siehe Erläuterungen zu 48, 3 Architektur-
abteilung]* und 202, 8. Gropius hatte am 4. April 1924 einen entsprechenden Vorschlag zur
Gestaltung der Architekturabteilung vorgelegt. *Siehe Textteil Nr. 70 [4.], S. 333–334.* Parallel dazu hatten am 2. April 1924 die Studierenden Farkas Molnar und Marcel Breuer gemeinsam mit dem Bauhausmeister Muche ein Konzept zur Gründung einer Architekturabteilung verfaßt. Während Gropius in seinem Vorschlag vom Weiterausbau sprach, was die
Existenz einer Architekturabteilung implizierte, handelte es sich bei dem Vorschlag der Studierenden um die Einrichtung einer Abteilung, welche sich mit der Umsetzung der eigenen
Architekturentwürfe befaßte, die Bauhauswerkstätten an der Ausführung dieser beteiligte
und nicht unmittelbar unter dem Einfluß der Architekturbüros Gropius stand. Zur Leitung
der Abteilung fühlten sich die Verfasser selbst berufen. Allerdings sollte sie wie alle anderen
Werkstätten direkt der Bauhausleitung unterstellt werden, wirtschaftlich jedoch als produk-
tives Unternehmen funktionieren. Ziel war die Ausarbeitung von Normprojekten, welche
auf systematischen Untersuchungen der zeitgenössischen Wohnprobleme beruhen sollten.
Die Verfasser gingen davon aus, die wirtschaftliche Rentabilität der Abteilung durch die
Ausführung auswärtiger Bauprojekte sichern zu können. *ThHStA Weimar, Staatliches Bauhaus Weimar 77, Bl. 1–3.* Die Forderungen der drei Protagonisten entsprangen zum einen
ihrer Unzufriedenheit, zum anderen drückt der Text eine erhebliche Fehleinschätzung der
eigenen Fähigkeiten in Sachen Architektur aus. Es ist nicht klar, ob der Vorschlag eine Pro-
vokation, eine Satire oder einen naiven Versuch darstellte, die lange fällige Gründung einer
regelrechten Architekturabteilung am Bauhaus in die eigenen Hände zu nehmen. Lange jedenfalls nahm zu den Vorschlägen ironisch Stellung, wenn er schrieb: „Ich glaube, die Ziel-
gedanken der Gründer hierfür begriffen zu haben, und möchte, ehe ich mich über sachliche Einzelheiten, soweit sie das Bauhaus als Geldgeber direkt angehen, ausspreche, meine
Vorschläge dazu machen. 1. Die 3 Leiter des Bauhauses beschränken sich auf den Ansatz
der Arbeitskräfte, auf die Propaganda und die Repräsentation der Abteilung nach außen.
Es werden zu Leistung der Arbeit auf allen Gebieten folgende Kräfte angesetzt, deren Mitarbeit durch Ehren-Mitgliedschaft im Bauhaus (da es die einzige europäische Anstalt dieser
Art ist, mit der in Verbindung zu sein, für gewöhnliche Spezialisten eine außerordentliche
Ehre ist) gesichert wird: a.) Geheimrat Professor Dr. Müller, Breslau (Technische Hochschule) für die vorkommenden statischen Arbeiten und als Reklameschild zur Hereinholung
von Industrie-Aufträgen. Dauernde Ergänzung der statischen Tabellen-Werke. b.) Geh. Baurat Habermann, Berlin als Autorität im Berliner Hochbauwesen Lösung der großen bau-
wirtschaftlichen Fragen. c.) Staatssekretär Scheidt, Preuß. Wohlfahrts-Ministerium für die
Bearbeitung von außenstädtischen Siedlungs-Plänen und zur Werbung der Bau-Aufträge
auf dem Siedlungs-Gebiet. d.) Syndikus Lange zur Lösung der untergeordneten baukon-
struktiven Fragen, zur Ergänzung des Büro-Gerätes, zum Abrichten von Schiene und Win-
kel und Bleistift-Anspitzen, evtl. Oberaufsicht über die Lichtpaus-Abteilung. Da wegen
außerordentlich großer Verworrenheit auf sämtlichen Baugebieten die Arbeit dieser A.-A.
erst damit beginnen muß, hier Ordnung zu schaffen, Konstruktionsfragen, Baustoffragen,
Grundgesetze für formale Gestaltung alles Gebauten, so werden diese wissenschaftlichen
Vorarbeiten, die auch große Kämpfe in der Öffentlichkeit mit sich bringen werden, ca. 20

Jahre Zeit brauchen, denn das Hereinholen von Aufträgen in dieser Zeit wäre in jedem Falle ein unverzeihlicher Kompromiß. Die Finanzierung dieser A.-A. müßte daher auf andere Weise erfolgen, und ich schlage daher vor: Wegen der Einzigartigkeit des Unternehmens und wegen der ungeheuren Vorteile, die aus dieser Arbeit für alle Kultur- und Wirtschafts-Centren der Erde entstehen, müssen die wichtigsten derartigen Stellen einmalige oder Jahresbeiträge leisten und zwar: 1.) Das Geschäfts-Centrum von New York (Wolkenkratzer-Viertel), das zu diesem Zweck zusammengeschlossen werden müßte, einen Jahresbeitrag von $ 10 000.– = G[old]M[ar]k 42 000.– 2. Das Geschäfts-Centrum von London $ 5 000.– = [Goldmark] 21 000.– 3. Die deutsche Bauindustrie einen Jahresbeitrag von 3 000.– [Goldmark] 4. Sämtliche als kulturell geltenden deutschen Reichsbürger, sofern sie sich zur Errichtung eines modernen Wohnhauses entschlossen haben, wobei sie die mittlerweile gesammelten Ergebnisse der Bauhaus-A.-A. in Anspruch nehmen, einen einmaligen Betrag von G[old]M[ar]k 100.– = 10 000.– zusammen: G[old]M[ar]k: 76 000.– Die Einziehung dieser Summen geschieht auf gesetzlichem Wege mit Hilfe der Wohnungsbau-Abgaben. Die Baugenehmigung für die Betreffenden ist von der Bezahlung dieser Summe abhängig zu machen. Aus diesen Beträgen wird es möglich sein, die Garantie-Summe für die auskömmliche Lebenshaltung der Gründer auch ohne Leistung vorläufig verwertbarer Arbeit zu sichern und im ganzen besteht durch die Heranziehung eines Kreises von Bau-Spezialisten die Notwendigkeit nicht mehr, daß die Gründer ihr allgemeines Bauwissen erweitern, und es bleibt ihre völlige Kraft für die sehr umfangreich werdenden Repräsentations-Notwendigkeiten übrig." *ThHStA Weimar, Staatliches Bauhaus Weimar 77, Bl. 4–5.* Ein weiterer Vorschlag zur Einrichtung einer Architekturausbildung am Bauhaus unter der Maßgabe des industriellen Bauens wurde am 23. April 1924 von Meyer vorgelegt. *Siehe Erläuterung zu 341, 3.*

332, 32 Neuorganisationsplan betreffend die Werkstätten] Als Problemfälle hinsichtlich der Umstellung auf Produktivarbeit hatten sich die Bildhauerei, die Glaswerkstatt, die Bühne und die Dekorationsmalerei erwiesen. Gropius' Vorschlag, diese Werkstätten zum Probierplatz umzufunktionieren und von einer Lehrlingsausbildung in der Wandmalerei und der Bildhauerei abzusehen, wurden am 24. April 1924 im Bauhausrat erneut diskutiert und in modifizierter Form beschlossen. *Siehe Textteil Nr. 71 [4.], S. 341.* Bezüglich der Wandmalerei verfuhr man nach den Vorschlägen Kandinskys vom 4. April 1924. *Siehe Textteil Nr. 70 [6.], S. 334– 336.*

333, 6 Ausscheiden des Fräulein Grunow] *Siehe Erläuterungen zu 160, 17 und 292, 1.* Das Ausscheiden Gertrud Grunows aus dem Bauhaus geht auf einen Beschluß der Formmeister während der Sitzung am 18. Oktober 1923 zurück. *Siehe Textteil Nr. 66 [3.], S. 314.*

334, 19–20 Versuchsfeld für das Bauhaus] *Siehe Erläuterung zu 332, 32.*

337, 16 die beiden Vestibüle] Gemeint ist die Gestaltung der Vestibüle im Hochschul- und Werkstattgebäude des Bauhauses anläßlich der Bauhausausstellung 1923. *Siehe Erläuterung zu 286, 32.*

340, 25–26 Bericht über die Sachlage im Kampf gegen das Bauhaus und seine Person] Mit der veränderten politischen Lage in Thüringen erstarkte auch die Opposition gegen das Bauhaus. Es geriet unter den Beschuß der neuen konservativen Regierung, welche die Schule gern als Lieblingskind der Sozialisten und damit als Fehlinvestition für den Staat betrachtete. Diese Situation nutzten Gropius' Gegner in ihrem Vorgehen gegen das Bauhaus und seine Person aus. *Siehe Erläuterung zu 323, 7.* Verheerend wirkte sich die neue politische Situation auch auf die immer noch nicht abgeschlossene Gründung der Bauhaus G.m.b.H. aus. Es war nicht gelungen, die Landtagsentscheidung über die Vergabe der Staatsbankkredites an das Bauhaus noch vor dem Regierungswechsel zu erwirken. Der Fortbestand des Bauhauses auf der Basis des produktiven Werkstattbetriebes war also auch in dieser Hinsicht vollkommen unsicher. *Siehe Erläuterung zu 323, 11.* Am 21. März 1924 hatte die Weimarer Künstlerschaft auf einer Versammlung die Forderungen gestellt, das Bauhaus verschwinden zu lassen und der Hochschule für bildende Kunst eine Kunstgewerbeschule anzugliedern. *Vgl. Hüter, S. 44.* Die Forderungen entsprachen jenen einer bereits 1917 zur Reformierung der Hochschule für bildende Kunst vorgelegten Denkschrift. Die künstlerische Ausbildung sollte strikt von der handwerklichen getrennt werden. Daneben war zu Beginn des Jahres in der Presse die bevorstehende Gesellschaftsgründung des Produktivbetriebes am Bauhaus gemeldet worden, was insbesondere die Professoren der Hochschule für bildende Kunst empörte, die grundsätzlich andere Pläne verfolgten. *Siehe Erläuterung zu 340, 28.* Bereits unmittelbar nach dem Antritt der neuen konservativen Regierung im Februar 1924 bedeutete man Gropius, daß ein Weiterbestand des Bauhauses nicht zugesichert werden könne. Am 30. bzw. 31. März 1924 berichteten sowohl die „Vossische" als auch die „Berliner Zeitung" über die Bedrohung des Bauhauses. *Veröffentlicht in: Hüter, S. 221-222.* Gropius verfaßte die Broschüre „Die bisherige und die künftige Arbeit des Bauhauses". Darin erklärte er wiederholt die programmatischen Ziele des Instituts und erläuterte das bisher Erreichte. Besondere Erwähnung fanden die geschäftlichen Erfolge des Bauhauses. Gropius beschrieb auch die derzeitig komplizierte Situation, indem er betonte, daß die Schule, „obwohl sich das Bauhaus mit bewußter Disziplin jeglicher politischer Betätigung fern hielt, um ungestört seinen kulturellen Aufgaben zu leben, [...] von Unverantwortlichen mit verwerflichen Mitteln zum parteipolitischen Kampfobjekt herabgewürdigt [wurde]. Die öffentliche Wirkung des Instituts wurde dadurch abgeschwächt, daß neben dem Bauhaus unter dem gleichen Dache eine ,Hochschule f. bild. Kunst' nach Grundsätzen, die heute im ganzen Reich an öffentlicher Stelle als überlebt betrachtet werden, neu eingerichtet wurde. Diese unentschlossene Maßnahme richtete Verwirrung an." *ThHStA Weimar, Staatliches Bauhaus Weimar 3, Bl. 59-62.* Ebenfalls im März 1924 veröffentlichte das Bauhaus eine weitere Broschüre mit dem Titel „Pressestimmen für das Bauhaus". Während einer Sitzung des Weimarer Kulturrates am 5. April 1924 stellte als Vertreter der Kunsthochschule Richard Engelmann den Antrag, die Hochschule für bildende Kunst in ihre alten Rechte einzusetzen, da sie „keine Neugründung [sei], wie Gropius annehme, sondern gerade Fortsetzung der seit 1860 bestehenden, immer fortschrittlich gestimmten, weithin bekannten weimarschen Kunstschule, die nun neben dem raumverdrängenden Bauhaus keine Luft mehr bekomme, sich künstlerisch und räumlich nicht recht entwickeln könne und durchaus nicht, wie Gropius sage, als ,überlebt' zu betrachten sei, sondern erst recht aufzublühen beginne. Engelmann und Klemm müßten von ihrem Standort aus das Bauhaus in seiner jetzigen Form ablehnen; ein Neben- und Miteinander sei sehr erschwert, da von Gropius aus immer wieder eine Aufreizung ausgehe, schon im Untertitel seiner offiziellen Briefaufschriften, der den Anspruch, das Staatliche Bauhaus sei ,ehem. Großh. H.f.b.K.' und ,ehem. Großh. Kunstgewerbeschule' stetig wiederhole." Der Kulturrat drückte seine Unterstützung für die Hochschule sehr diplomatisch aus. Im Protokoll der besagten Sitzung hieß es weiter: „Die Versammlung neigt in ihrer Erörterung des Falles [...] überwiegend zu der Ansicht: Der Regierung und dem Landtag nahezulegen, der Hochschule und dem Bauhaus Entwicklungsmöglichkeiten zu geben, das Staatliche Bauhaus nicht der politischen Behandlung auszusetzen, da es sich hier um rein kulturell Fragen handele; wenn die finanziellen Mittel für beide Institute zu hoch erscheinen, käme für das Bauhaus, als einem Versuch, dem auch außerhalb Thüringens von vielen Seiten großes Interesse entgegengebracht wird, Reichsunterstützung in Betracht." *ThHStA Weimar, Thüringisches Ministerium für Volksbildung C 1475, Bl. 8–13. Siehe Erläuterung zu 340, 28.* Dieser letzte Hinweis zeigte deutlich, daß der Kulturrat wenn schon kein erklärter Feind so auch kein Verbündeter des Bauhauses war. Am 7. April 1924 veröffentlichte Fritz Koch, Regierungsrat im Volksbildungsministerium, in der „Jenaischen Zeitung" unter Pseudonym den Artikel „Sachliche Kritik gegen das Bauhaus in Weimar". Hier betonte der Verfasser, daß lediglich Parteigeist die Grundlage für die Existenz des Bauhauses als „Kathedrale des Sozialismus" sei. Weitere Artikel in diesem Sinne folgten. Am 11. April 1924 veröffentlichte das Jenaer Volksblatt Nr. 87/1924 eine Kundgebung des Jenaer Kunstvereins für das Bauhaus. Diese darf wohl als direkte Reaktion auf die „Sachliche Kritik" betrachtet werden. *Vgl. Paul Klee in Jena, S. 206.* Am 12. April 1924 wandte sich die Fraktion des deutschvölkische Blocks mit einer kleinen Anfrage das Bauhaus betreffend an den Landtag. Die Anfrage nahm Punkte der Affäre Schlemmer, Beyer, Zachmann auf. So hieß es unter 4. „Ist es zutreffend, daß über die moralischen Qualitäten des Bauhausleiters Gropius Zweifel laut geworden sind, und hat die Regierung irgendwelche Anhaltspunkte, die solche Angriffe rechtfertigen." Diese Anfrage wurde am 24. April 1924 in der Thüringischen Landeszeitung Deutschland Nr. 114/1924 mit einer Stellungnahme von Gropius veröffentlicht. Die Bauhausgegner fanden mit dem entlassenen Syndikus Beyer einen Verbündeten, der allerdings nicht öffentlich auftrat, sondern im Hintergrund agierte. Als Gipfel dieser Untergrundtätigkeit darf die sogenannte „Gelbe Broschüre" betrachtet werden, welche in den letzten Apriltagen 1924 veröffentlicht wurde. Als Verantwortlicher für den Inhalt dieser Hetzschrift zeichnete der Weimarer Schlossermeister Arno Müller, an dessen Urheberschaft jedoch bald begründete Zweifel auftauchten, die sich rasch bestätigten. Müller gab an, daß Carl Schlemmer, Zachmann und Beyer den Text zu verantworten hätten. Gropius strengte daraufhin ein Verleumdungsklage an, die bis Anfang 1928 verschleppt wurde und schließlich ohne Konsequenzen für die Schuldigen eingestellt wurde. Schon vor Erscheinen der „Gelben Broschüre" versuchte Lange verschiedene Parteivorsitzende und Landtagsabgeordnete der bürgerlichen Parteien über die charakterlichen Qualitäten des ehemaligen Syndikus Beyer aufzuklären. *Siehe Erläuterung zu 340, 27.* Gropius hatte mehrfach beim neuen Volksbildungsminister Richard Leutheußer insistiert, das Bauhaus nicht als Objekt eines Parteienstreits sondern als unpolitische Kulturangelegenheit zu behandeln. In diesem Sinne setzte sich der Bauhausleiter mit einigen Abgeordneten des deutschvölkischen Blocks in Verbindung, um die kursierenden Fehlinformationen als gezielte Hetze zu entlarven. Zu welcher Breite die Front gegen das Bauhaus angewachsen war, zeigt auch, daß die Weimarer Handwerkskammer am 26. April 1924 beim Thüringischen Ministerium für Inneres und Wirtschaft einen Antrag auf Neuerrichtung einer Kunstgewerbeschule einreichte. *ThHStA Weimar, Thüringisches Ministerium für Volksbildung C 1475, Bl. 14–15.* Die latente Konkurrenzfurcht der Handwerkerschaft war nach der angekündigten Gründung der Bauhaus G.m.b.H. ebenfalls neu erwacht. Um die zunehmenden Angriffe der Bauhausgegner möglichst rasch und effektiv abwehren zu können, schlug Muche am 5. Mai 1924 vor, einer Kommission Vollmacht zur Unterzeichnung diesbezüglicher Schriftstücke und Erledigung notwendiger Arbeiten zu erteilen. Diesem Aktionskommitee sollten Muche, Feininger, Klee, Hartwig und Lange angehören. *ThHStA Weimar, Staatliches Bauhaus Weimar 13, Bl. 69.*

340, 27 Feststellungen betreffs des ehemaligen Syndikus Hans Beyer] Nachforschungen hatten ergeben, daß Beyer seinen Doktortitel zu Unrecht trug, da er ihn nicht durch wissenschaftliche Leistungen, sondern an einer zweifelhaften Oriental University in Washington käuflich erworben hatte. *ThHStA Weimar, Thüringisches Ministerium für Volksbildung C 1476, Bl. 187, 197.* Dieser Fakt war nützlich im Prozeß, den Beyer gegen das Land Thüringen wegen seiner angeblich unrechtmäßigen fristlosen Kündigung 1922 führte. Außerdem diente er in der Argumentation gegenüber den Bauhausgegnern im Landtag, denen sich Beyer andiente, als Beweis für seinen zweifelhaften Charakter. *Siehe Erläuterung zu 340, 25-26.*

340, 28 Angriffe gegen das Bauhaus] *Siehe Erläuterung zu 340, 25-26.* Die Nachricht über die Umwandlung des Werkstattbetriebes des Bauhauses in einen Produktivbetrieb ließ die Vertreter der Hochschule für bildende Kunst erneut gegen das Bauhaus vorgehen. Bereits im Januar 1924 hatte die Hochschule mit einer Eingabe ihren Anspruch auf das Hauptgebäude des Bauhauses sowie die Sammlung und die Bibliothek angemeldet. Im Frühjahr argumentierte man seitens der Hochschule für bildende Kunst, daß es als „ausgeschlossen anzusehen [ist], daß von einem Erwerbsunternehmen die künstlerische Ausbildung der Jugend gepflegt und eine Förderung des Handwerks erwartet werden kann. Daher erweist es sich als notwendig, bei Gründung einer Aktiengesellschaft wieder eine Architekturklasse und eine Kunstgewerbeschule mit Werkstattbetrieb und -unterricht geschaffen werden müßte." *ThHStA Weimar, Thüringisches Ministerium für Volksbildung C 1475, Bl. 21.* Am 9. April 1924 hatte sich die Schülerschaft der Hochschule mit einer Eingabe an die Verwaltung der Hochschule gewandt, in welcher sie erneut forderte, die Bibliothek und Vorlagensammlung des Bauhauses in die Verwaltung der Hochschule zu überführen, und die Änderung der beengten Raumverhältnisse verlangte. Das Professorenkollegium der Hochschule befürwortete dieses Gesuch und leitete es am 11. April 1924 mit seiner ausdrücklichen Unterstützung an das Volksbildungsministerium weiter. Im beigefügten Schreiben der Hochschulverwaltung hieß es: „Wir wissen, daß die Wünsche der Studierenden nach einem Ausstellungsraum und nach Meisterschülerateliers erfüllt werden können, wenn das Staatliche Bauhaus sich räumlich weniger ausdehnen und außerdem die für Maler bestimmten Einzelateliers nicht von handwerklich tätigen Schülern oder als Schlafräume benutzen lassen würde. [...] Wenn die Hochschule ihren früheren Ruf als fortschrittliche und im Studium freieste Hochschule erhalten und weiter ausbauen soll, ist es dringend nötig, daß eine baldige Besserung in den Raumverhältnissen eintritt." *ThHStA Weimar, Thüringisches Ministerium für Volksbildung C 1487, Bl. 50-51.* Am 16. April 1924 wandte sich der Studierendenausschuß der Hochschule erneut an die Verwaltung. Zu den bereits ausgesprochenen Forderungen kam jene ebenfalls bereits bekannte nach der Wiederherstellung des neutralen Zustandes des Treppenhauses im Hochschulgebäude. Dies meinte die vollständige Entfernung der aus Anlaß der Bauhausausstellung 1923 vorgenommenen Vestibülgestaltung. *Siehe Erläuterung zu 329, 24.* Albert Rudolph vermerkte auf diesem Schreiben am 17. April 1924 folgendes: „Nach der Neuordnung der Bauhausorganistation wird zu prüfen sein, ob nicht durch eine andere Raumverteilung der Raumnot der Hochschule f. bild. Kunst abgeholfen werden kann." *ThHStA Weimar, Thüringisches Ministerium für Volksbildung C 1487, Bl. 54.*

340, 34 Reichstagswahl] Die Reichstagswahl am 4. Mai 1924 brachte Verluste für die bürgerlichen Parteien und die Sozialdemokraten. Radikale Parteien hatten Zugewinne zu verzeichnen.

340, 35 Ausgang des Prozesses Beyer] Beyer hatte die Rechtmäßigkeit seiner fristlosen Kündigung vom Bauhaus angefochten und prozessierte wegen der Fortzahlung seines Gehaltes bzw. der Beschaffung eines neuen qualifizierten Postens in der Verwaltung gegen das Land Thüringen.

341, 3 Architekturabteilung] *Siehe Erläuterung zu 332, 31.* Am 23. April 1924 hatte Meyer einen Vorschlag zur weiteren Entwicklung des Bauhauses vorgelegt. Darin spielte die Ausbildung von Bauhandwerkern unter den Bedingungen des industriellen Bauens eine zentrale Rolle. Meyer stellte also nicht die Architektenausbildung in den Mittelpunkt. Seiner Meinung nach kam es darauf an, „einen Monteur zu bilden – Baumonteur, der in der Lage ist, alle Arbeitsfolgen, die am Bau auftreten, verrichten und verfolgen zu können. Je mehr die industrielle Entwicklung dazu übergeht, fertige montierbare Bauteile herzustellen, um so mehr wird am Bau ein Organ und eine Kraft benötigt, welche diese Montageteile zusammenbringt." *ThHStA Weimar, Staatliches Bauhaus Weimar 3, Bl. 51.* Im Zusammenhang mit der Schaffung eines Bauversuchsplatzes dachte Meyer an die Ergänzung desselben durch eine lichttechnische, eine wärmetechnische und eine Werkstatt für Hygiene. Für die Tischlerei und die Metallwerkstatt forderte er eine stärkere Orientierung am Bau etwa im Sinne einer Bautischlerei und einer Bauschlosserei. Es ist nicht nachzuweisen, ob Gropius Meyers Vorschlag in seine Überlegungen zur Gründung bzw. Erweiterung einer Architekturabteilung einbezog.

341, 17 Vorschlägen von Kandinsky] Bei den hier erwähnten Vorschlägen bezüglich der Neuorganisation der Arbeit in der Werkstatt für Wandmalerei handelte es sich um Kandinskys Ausarbeitung vom 4. April 1924. *Siehe Textteil Nr. 70 [6.], S. 334–336.*

341, 21 Bildhauerwerkstatt, die Glaswerkstatt und die Bühne] Diese Regelung wurde von Gropius bereits am 3. April 1924 vorgeschlagen. Damals sollte allerdings auch die Werkstatt für Wandmalerei in das Versuchsfeld des Bauhauses eingegliedert werden. *Siehe Textteil Nr. 70 [5.], S. 333–334.*

342, 7 Ring der Bauhausfreunde] Zur Gründung des „Kreises des Freunde des Bauhauses" kam es im Herbst 1924. Wie aus einem Brief Gropius' an Lange vom 20. Oktober 1924 zu schließen ist, dürften bereits zu dieser Zeit einige wichtige Persönlichkeiten dem Kuratorium des Freundeskreises beigetreten sein. Der Freundeskreis hatte es sich zum Ziel gemacht, das Bauhaus in seinen Bestrebungen moralisch und praktisch zu unterstützen. Als Mitglied hatte man den jährlichen Beitrag vom 20 Mark oder einen eine einmaligen Beitrag von mindestens 100 Mark zu entrichten. Alle Mitglieder erhielten ein graphisches Blatt eines Bauhausmeisters nach ihrer Wahl. Diese Graphiken wurden als Sonderauflage im Bauhaus gedruckt und waren im Handel nicht erhältlich. Die Verwaltung der Stiftungsgelder lag in den Händen von Gropius sowie den Schatzmeistern Bruno Wollbrück und Daisy Gräfin zu Dohna. Das Kuratorium des „Kreises der Freunde des Bauhauses" setzte sich aus bedeutenden, im Lichte der Öffentlichkeit stehenden Persönlichkeiten zusammen. Es gehörten ihm an: Peter Behrens, Hendrik Petrus Berlage, Adolf Busch, Marc Chagall, Johannes Driesch, Albert Einstein, Herbert Eulenberg, Edwin Fischer, Gerhart Hauptmann, Josef Hoffmann, Oskar Kokoschka, Hans Poelzig, Arnold Schönberg, Adolf Sommerfeld, Josef Strzygowski, Franz Werfel. Gropius versuchte in erster Linie, das finanzielle Überleben des Bauhauses zu sichern. In diesem Sinne äußerte er sich am 20. Oktober 1924 gegenüber Lange: „Durch den Kreis der Freunde des Bauhauses will ich nun versuchen, auch finanziell zu siegen. Es geht schon mit Eingängen los. Sommerfeld zeichnete 1 000,–, Breest & Co. Berlin Mk. 300,– im Rheinland eine ganze Anzahl wichtiger Personen kleinere Summen, ehe einigermaßen die Aktion im Gange war. Das gewichtige Kuratorium wird hoffentlich Nachdruck geben. Bitte versuchen Sie doch auch, Stimmen und Gelder zu gewinnen. Dem Kuratorium trat außerdem noch bei Albert Einstein." *ThHStA Weimar, Staatliches Bauhaus Weimar 113, Bl. 81.*

344, 16 neuen Syndikus] Bereits am 1. April 1924 hatte Lange wegen Arbeitsüberlastung um einen sechswöchigen Erholungsurlaub im Anschluß an seinen ordentlichen Urlaub gebeten. In seinem Schreiben hieß es: „Infolge außerordentlicher Überanstrengung in meiner dienstlichen Tätigkeit ist meine Gesundheit derartig zerrüttet, daß ich meinen Dienst nicht mehr verrichten kann." *ThHStA Weimar, Personalakten Volksbildung 18012, Emil Lange, Bl. 29.* Um die möglichst rasche Einsetzung eines Nachfolgers zu ermöglichen, erklärte sich Lange bereit, auf sein Gehalt für Juli 1924 unter der Bedingung der Zahlung einer Abgeltungssumme zu verzichten. *ThHStA Weimar, Staatliches Bauhaus Weimar 113, Bl. 76.* Daß Lange nach seinem Urlaub nicht in den Dienst des Bauhauses zurückkehren würde, war Gropius bereits Ende Mai 1924 bekannt. So teilte er dem Volksbildungsministerium am 30. Mai 1924 mit, daß „Herr Lange, dem die Arbeit am Bauhaus unter den außerordentlich mißlichen Umständen zu viel geworden ist, seinen Dienst nicht wieder aufnehmen [wird]". *ThHStA Weimar, Personalakten Volksbildung 18012, Emil Lange, Bl. 28.* Langes Stelle übernahm Wilhelm Necker, der als Archivar für die Thüringische Staatsbank gearbeitet hatte, vom 1. bis 22. Juli 1924 aushilfsweise und wurde ab 23. Juli 1924 als Syndikus eingestellt. Er hatte Nationalökonomie und Privatwirtschaft studiert und verfügte über eine reiche Erfahrung in diesen Bereichen.

345, 15 Festlegung des Stundenplanes] Der Stundenplan für das Wintersemester 1924/25 gliederte sich in zwei Abteilungen. Diese waren der Fortbildungskurs und die Vorlehre. Der Unterricht des Fortbildungskurses fand nachmittags im Anschluß an die Arbeit in den Werkstätten statt. Er sah folgendes vor: Montag und Samstag von 15 bis 17 Uhr Statikunterricht bei Willi Wolter, Dienstag und Donnerstag von 15 bis 19 Uhr Baukonstruktionslehre bei Ernst Schumann, Freitag von 15 bis 17 Uhr Unterricht im Entwerfen bei Gropius bzw. Meyer. Für die Vorlehre war folgender Unterricht geplant: Montag von 8 bis 13 Uhr Gestaltungsstudien im Reithaus bei Moholy-Nagy, von 15 bis 17 Uhr Analytisches Zeichnen bei Kandinsky, von 19 bis 21 Uhr Abendakt bei Klee, Dienstag Werkarbeit von 8 bis 13 Uhr, von 13 bis 14 Uhr Gestaltungslehre Form bei Klee, Mittwoch von 8 bis 14 Uhr Werkarbeit, von 15 bis 19 Uhr Werkzeichnen bei Meyer, Donnerstag von 8 bis 14 Uhr Werkarbeit, von 15 bis 17 Uhr Mathematikunterricht bei Karl Beck, Freitag von 8 bis 13 Uhr Werkarbeit, von 13 bis 14 Uhr Gestaltungslehre Farbe bei Kandinsky, von 17 bis 19 Uhr Zeichenunterricht bei Klee, Samstag von 8 bis 13 Uhr Gestaltungsstudien bei Moholy-Nagy im Reithaus. *ThHStA Weimar, Staatliches Bauhaus Weimar 168, Bl. 6-9.* Weiterhin existiert ein Stundenplan für einen Architekturkurs, dessen Inhalt und Zeitplan allerdings dem Fortbildungskurs entsprach. *ThHStA Weimar, Staatliches Bauhaus Weimar 168, Bl. 5.* Die Einführung eines Entwurfsunterrichts für die Studierenden der Werkstätten ging laut einem Umlauf an die Werkstätten für Tischlerei, Weberei und Holzbildhauerei vom 2. Oktober 1924 auf die erfolgreiche Einführung eines solchen Lehrgangs in der Metallwerkstatt zurück. *ThHStA Weimar, Staatliches Bauhaus Weimar 13, Bl. 279.*

347, 16-17 in unserer (gekündigten) Lage] Am 18. September 1924 hatte das Thüringische Ministerium für Volksbildung und Justiz den Bauhausmeistern die vorsorgliche Kündigung ihrer Verträge zum 31. März 1925 mitgeteilt. Gropius setzte die Meister von dieser Entscheidung am 22. September 1924 in Kenntnis. Dem folgenden Schreiben an alle Meister des Bauhauses legte Gropius eine Abschrift des ministeriellen Kündigungsschreibens vom 18. September 1924 bei. „Was ich seit Wochen in Konsequenz der bisherigen Haltung der Regierung erwartet habe, ist nun eingetreten. Da der Landtag noch nicht gesprochen hat, hat das Ministerium uns vorbeugend gekündigt und zwar, wie aus in Abschrift anliegenden Schreiben hervorgeht, mir und sämtlichen Meistern, auch den Handwerksmeistern. Ich möchte ausdrücklich betonten, daß diese Kündigung keine entscheidende Bedeutung hat und daß ich dringend bitte, noch keine Bedingung nach irgend einer anderen Seite hin einzugehen, bis die Entscheidung im Landtag gefallen ist. Der Hauhaltungsausschuß, von dem hauptsächlich eine endgültige Lösung abhängt, tagt seit einigen Tagen über den Etat des Volksbildungsministeriums, zu dem auch der Bauhaus-Etat gehört. Ich entledige mich hiermit des Auftrages, Sie von dem Schritt der Regierung in Kenntnis zu setzen, und bitte Sie um Bestätigung." *ThHStA Weimar, Staatliches Bauhaus Weimar 112, Bl. 31.* Nach dem Scheitern der Verhandlungen um die Gründung der Bauhaus-G.m.b.H. erklärten die Formmeister des Bauhauses am 26. Dezember 1924 die Auflösung der Schule mit Ablauf ihrer Verträge zum 1. April 1925. *Siehe Erläuterung zu 323, 11.*

Anhang

Dokumente zur rechtlichen Stellung des Staatlichen Bauhauses gegenüber der Staatlichen Hochschule für bildende Kunst (März bis Juni 1921)

[1.]
Kultusabteilung der Gebietsregierung an Direktion des Staatlichen Bauhauses, 1. März 1921 – Konzept [von Dr. Ernst Ortloff, Ausfertigung nicht überliefert]. ThHStA Weimar, Thüringisches Ministerium für Volksbildung C 1480, Bl. 82.

Die Vorbereitungen für die Wiederbelebung der früheren Hochschule für bildende Kunst hier sind soweit gediehen, daß die Schule mit dem 1. April ds. Js. wieder in's Leben treten kann. Die Geschäfte eines Verwaltungsdirektors wird Staatsminister a. D. Dr. Rothe, Exzellenz, führen; mit der Wahrnehmung der Sekretariatsgeschäfte haben wir den Sekretär Kämmer beauftragt. Wir setzen die Direktion hiervon in Kenntnis.

[2.]
Direktor des Staatlichen Bauhauses an Kultusabteilung der Gebietsregierung, 4. März 1921 – Ausfertigung. ThHStA Weimar, Thüringisches Ministerium für Volksbildung C 1480, Bl. 96.

Das Schreiben des Ministeriums K W I 701b vom 1. März 1921 wird dem Meisterrat des Staatlichen Bauhauses vorgelegt werden.

In diesem und früheren Schreiben des Ministeriums wird von einer „Wiederbelebung der Hochschule für Bildende Kunst" gesprochen. Wir stehen auf dem Standpunkt, daß die vom Landtag bewilligte neue Kunstschule ein neu zu gründendes Institut ist. Rechtlicher Erbe der Hochschule für bildende Kunst ist das Staatliche Bauhaus. Es muß dem entgegengetreten werden, daß die Öffentlichkeit den Eindruck gewinnt, als würde nun wieder die Spaltung der Akademie einerseits und einer Kunstgewerbeschule andererseits, jetzt Bauhaus, vorgenommen. Die Idee des Bauhauses besteht gerade in der Verschweißung beider Institute. Eine solche Verschweißung wird bekanntlich an vielen Orten im Reich angebahnt. Die Idee des Bauhauses steht und fällt also mit der uns auch jetzt von der Regierung genehmigten Verbindung der „ehemaligen Großherzoglich sächsischen Hochschule für Bildende Kunst und der ehemaligen Großherzoglichen Kunstgewerbeschule" (s. Satzungen). Da aus der Form der äußerlichen Formulierung auch wichtige juristische Weiterungen entstehen können, bitten wir noch einmal um ausdrückliche Bestätigung, daß das Staatliche Bauhaus die bisherige Kunstgewerbeschule und Akademie umfaßt und daß folglich vom rechtlichen Standpunkt aus, die jetzt nebenher gegründete Kunstschule als Neugründung aufzufassen ist.
Gropius

[3.]
Meisterrat des Staatlichen Bauhauses an Kultusabteilung der Gebietsregierung, 8. März 1921 [im Original fälschlich: 5. Februar 1921] – Ausfertigung. ThHStA Weimar, Thüringisches Ministerium für Volksbildung C 1480, Bl. 100–101.

Der Meisterrat des Staatlichen Bauhauses hat zu wiederholten Malen mit klarer Begründung zum Ausdruck gebracht, daß er gegen die Art, wie die Regierung den Landtagsbeschluß zur Neugründung eines zweiten Kunstinstitutes zu vollziehen gedenkt, schwerwiegende Bedenken hegt. Diese Bedenken blieben seitens der Regierung leider unbeachtet, wie die letzten Anordnungen über die neue Kunstschule zeigen, die ohne vorherige Verständigung der Bauhausleitung verfügt worden sind. Für Leitung und Meisterrat des Bauhauses ist damit eine unhaltbare Lage geschaffen worden, nicht allein weil wir das nötige Vertrauen der Regierung in unser gemeinsames Werk vermissen, sondern auch aus der Sache selbst heraus.
Die Regierung hat mit der Leitung der neuen Kunstschule eine Persönlichkeit beauftragt, die – wie es dem Ministerium bekannt ist – in unfairer Weise in den öffentlichen Kampf um das Bauhaus eingegriffen hat, so daß über seine Voreingenommenheit dem Bauhaus gegenüber Zweifel nicht bestehen können und also eine sachliche Zusammenarbeit von vorne herein in Frage gestellt bleibt.
    Die Zugehörigkeit des Sekretärs und des Kastellans unter zwei Leitungen ist undurchführbar, einmal, weil diese Personen mit Arbeiten für das Bauhaus überlastet sind, so daß sie nicht einmal ihren Verpflichtungen für dieses in vollem Umfange nachkommen können, und zweitens, weil sie Vertrauenspersonen sind, die nur einer Sache, nicht aber zwei sich entgegenstehenden dienen können. Dasselbe gilt für die Zugehörigkeit der Meister und Werkstätten für Graphik, Steinbildhauerei und Gipserei für beide Anstalten, die auch deshalb in der Praxis nicht durchführbar ist, weil die Lehrmethoden von entgegengesetzten Gesichtspunkten ausgehen.
    Die Lehrsäle für das Bauhaus reichen nicht aus, nachdem auch das uns schon mündlich zugesicherte Atelier Prof. Klemm, wie uns mitgeteilt worden ist, schriftlich der neuen Schule überwiesen worden ist.
    Die erzwungene Durchführung dieser für uns unerfüllbaren Forderungen, die notwendig daraus folgende Fortsetzung der bereits begonnenen unerfreulichen Reibungen mit der neuen Kunstschule und die begreifliche Entrüstung unserer Schüler angesichts des unhaltbaren Zwiespalts, muß unsere aussichtsreich begonnene Arbeit zur Ohnmacht verdammen. Da wir diese Arbeit auch nicht als Wettlauf mit einem akademischen System, daß wir längst als überlebt ablehnen müssen, auffassen wollen und uns und unseren Schülern die notwendige Ruhe für diese mühevolle Aufbauarbeit nicht gesichert werden soll, können wir die Verantwortung für erfolgreiche Weiterarbeit im Bauhaus nicht mehr tragen und sehen uns, nachdem alle unsere Bedenken verworfen wurden, durch die von der Regierung geschaffene unklare Lage gezwungen, unser Amt in ihre Hände zurückzulegen.
    Wir bitten, dem Landtag von unserem Entschluß Mitteilung machen zu wollen.
    Walter Gropius   Paul Klee   Georg Muche   Gerhard Marcks   Lyonel Feininger   Oskar Schlemmer   Johannes Itten

[4.]
Kultusabteilung der Gebietsregierung an den Meisterrat des Staatlichen Bauhauses, 9. März 1921 – Konzept [von Dr. Ernst Ortloff mit Randzeichnung von Dr. Arnold Paulssen und Albert Rudolph, Ausfertigung nicht überliefert]. ThHStA Weimar, Thüringisches Ministerium für Volksbildung C 1480, Bl. 101.

Auf das Schreiben vom 5. v. Mts. [richtig: 8. März 1921], welches am 8. ds. [Monats] in unsere Hände gelangt ist, haben wir folgendes zu erwidern.
    Es ist dem Meisterrat bekannt, daß der vorjährige Landtag von Sachsen-Weimar die Wiedererrichtung einer der früheren Hochschule für bildende Kunst hier entsprechenden An-

stalt beschlossen und die Mittel dafür verwilligt hat. Diesem Landtagsbeschluß hat die Regierung nachzukommen. Sie würde sich der schwersten Vorwürfe aussetzen, wollte sie die Wiedererrichtung unterlassen oder auch nur derart lau und nachlässig betreiben, daß die neue Anstalt nicht recht in Betrieb zu kommen vermöchte. Wäre die Sachlage eine umgekehrte, wäre das Bauhaus an Stelle der neuen Anstalt, so würde zweifellos der Meisterrat mit Vorwürfen nicht zurückhalten, wenn die Regierung nicht alles zur Förderung Dienende veranlassen würde.

Wir dürfen daher wohl erwarten, daß der Meisterrat der schwierigen Lage der Regierung etwas mehr Rechnung trägt.

Den sonstigen Inhalt des dortigen Schreibens sehen wir als durch die Besprechung vom 7. ds. [Monats] mit der Direktion erledigt an. Nur wollen wir mitteilen, daß wir uns auf Grund dieser Besprechung entschlossen haben, für die Sekretariatsgeschäfte an der neuen Schule sobald wie möglich eine besondere Kraft einzustellen, so daß der Sekretär des Staatlichen Bauhauses nur vorübergehend mit ihnen betraut zu werden braucht.

[5.]
Direktor des Staatlichen Bauhauses an Kultusabteilung der Gebietsregierung, 14. März 1921 – Ausfertigung.
ThHStA Weimar, Thüringisches Ministerium für Volksbildung C 1480, Bl. 102.

Siehe Abdruck im Textteil Nr. 30 [1.] S. 121–122.

[6.]
Direktor des Staatlichen Bauhauses an Vorsitzenden der Gebietsregierung Dr. Arnold Paulssen, 12. April 1921 – Ausfertigung. ThHStA Weimar, Thüringisches Ministerium für Volksbildung C 1480, Bl. 120–121. [Abdruck ohne Anlagen]

Sehr verehrte Excellenz!
Nach unserer gestrigen Besprechung habe ich eingehend alle Fragen, die der Lösung bedürfen, mit Herrn Reg.Rat Dr. Ortloff durchgesprochen. Nach allem sehe ich, daß ein Punkt als wichtigster mehr und mehr in den Vordergrund tritt: die Bestätigung der Regierung, daß das Bauhaus Erbe der einstigen Hochschule für Bildende Kunst ist. Diese Frage ist für uns von einer solchen Bedeutung, daß ich mit ihr stehe und falle. Erlauben Sie Excellenz, daß ich Ihnen die Gründe schildere, warum diese Frage zum Angelpunkt der ganzen jetzigen Affäre geworden ist.

Ich wurde im Auftrag der damaligen Regierung im April 1919 als Direktor beider bisher getrennter Institute, der Großherzoglichen Hochschule für Bildende Kunst und der Großherzoglichen Kunstgewerbeschule berufen und ermächtigt, sie unter dem Namen „Staatliches Bauhaus zu Weimar" (Schreiben der Regierung vom 12.4.19 [Siehe Abbildung 1]) nach dem von mir vorgelegten Programm umzubilden, das mit Genehmigung der vorgesetzten Behörde in Druck gegeben wurde (s. Anlage), nachdem es in den Meisterratssitzungen vom 11. und 12. April einstimmig beschlossen worden war. Die Meisterratssitzungs-Protokolle – das möchte ich ausdrücklich betonen – tragen die Unterschriften: Gropius, Thedy, Engelmann, Klemm. Der Grundgedanke des Bauhauses gründet sich – darüber darf kein Zweifel sein – auf der Verbindung einer Akademie mit einer Kunstgewerbeschule. Aus ihm resultiert seine werbende Kraft. In ihm liegt das im ganzen Reich interessierende Problem des Bauhauses begründet, das dem Sinne nach Hauptgegenstand der Bundesstaatlichen Verhandlungen auf den Tagungen in München und Berlin war. Bei den Landtagsverhandlungen ist die Rechtsfrage, daß das Bauhaus beide Institute umfasse, nirgends angezweifelt worden; aus dem Wortlaut der Reden und Beschlüsse geht deutlich hervor, daß die „Hochschule für Malerei" eine Neugründung betreffe – es war ja außer Prof. Thedy niemand da, der Anspruch auf Zugehörigkeit zu dieser Schule machen konnte. Schließlich steht in den von der Regierung genehmigten Satzungen an erster Stelle der deutliche Satz: Das Staatliche Bauhaus in Weimar ist durch Vereinigung der ehemaligen Großherzoglichen Sächsischen Hochschule für bildende Kunst und der ehemaligen Großherzoglichen Sächsischen Kunstgewerbeschule entstanden.

Als trotz dieser Vorgänge aus Äußerungen und Schreiben des Ministeriums bei uns Vermutungen auftauchten, daß uns unser Recht an der ehemaligen Hochschule geschmälert werden sollte, richtete ich am 4. März ds. Js. ein Schreiben an das Ministerium, in dem ich um Bestätigung dieses wichtigen Punktes bat, erhielt aber bisher darauf keine Antwort. Diese Unklarheit ist der Hauptgrund der jetzigen Spannung.

Ich bitte Sie, verehrte Excellenz, diesen Punkt als ersten unbedingt zur Klarheit zu bringen, da alle Verhandlungen mit der anderen Schule vor seiner Lösung zwecklos bleiben müssen, denn wenn mir die Regierung die Bestätigung dieser Frage versagt, so wäre der Grund-Idee des Bauhauses der Boden entzogen und ich wäre damit öffentlich desavouiert. Ich verkenne keineswegs die Schwierigkeiten, die von Seiten des Großherzogs in diese Hauptfrage hineinspielen, aber selbst wenn der schlimmste Fall eintreten sollte, daß der Großherzog Inventar und Bibliothek zurückverlangen sollte, so könnten wir das eher in Kauf nehmen, als die jetzige schiefe und zweideutige Lage. Die Einrichtung der Werkstätten gehört übrigens fast ausschließlich dem Bauhaus und ist von diesem beschafft worden. Die breite Öffentlichkeit würde auch einen solchen Schritt des Großherzogs gegenüber der Rechtslage des Bauhauses kaum ohne weiteres zulassen.

Ich bitte Sie von Herzen verehrte Excellenz, klären Sie diesen Punkt auf, so bald als möglich und vor der gewünschten Unterredung mit den Herrn der neuen Schule, und bitte verstehen Sie nach den obigen Ausführungen meine moralische Gebundenheit in dieser Sache vor dem Bauhaus und vor aller Welt. Die vielen sachlichen Einzelheiten, die ausführbar wären, um eine räumliche Trennung der beiden Anstalten einigermaßen zu ermöglichen, habe ich mit Herrn Reg.Rat Dr. Ortloff durchgesprochen.

Ich bin Euer Excellenz aufrichtig ergebener WGropius

[7.]
Aus der Niederschrift [von Dr. Ernst Ortloff] zur Besprechung am 15. April 1921 – Ausfertigung. ThHStA Weimar, Thüringisches Ministerium für Volksbildung C 1480, Bl. 131.

Heute fand eine Besprechung der im Verhältnis des Staatlichen Bauhauses zur Hochschule für bildende Kunst entstandenen Schwierigkeiten statt. Es hatten sich im Sekretariat der Staatlichen Hochschule für bildende Kunst eingefunden.
1. Seine Exzellenz Herr Staatsminister Dr. Paulssen,
2. Seine Exzellenz Herr Staatsminister a. D. Dr. Rothe,
3. Herr Staatsrat Rudolph,
4. Herr Direktor Gropius,
5. Herr Professor Engelmann,
6. Herr Professor Klemm,
7. Herr Itten,
8. der Unterzeichnete.

1.

Direktor Gropius bestand darauf, daß zunächst die Frage geklärt werde, wer als Nachfolger der früheren Hochschule für bildende Kunst anzusehen sei, weil je nach Beantwortung dieser Frage weitere Fragen zu beantworten seien. Man erklärte sich darüber einig, daß das Staatliche Bauhaus als tatsächlicher Nachfolger der früheren Hochschule für bildende Kunst anzusehen sei.

Direktor Gropius beanstandete, daß die neue Hochschule den Zusatz führe „für bildende Kunst". Regierungsseitig wurde dem gegenüber darauf hingewiesen, daß die ursprüngliche Bezeichnung „Malschule alten Systems" auf lebhaften Widerspruch in der Öffentlichkeit gestoßen sei und daß die sodann gewählte Bezeichnung „Hochschule für Malerei" nicht mehr zutreffe, seitdem Professor Engelmann als Bildhauer in ihrem Verband tätig geworden sei.

[...]

Dr. Ortloff, Regierungsrat

[8.]

Aus der Niederschrift [von Walter Gropius und Johannes Itten] zur Besprechung am 15. April 1921 – Ausfertigung. ThHStA Weimar, Thüringisches Ministerium für Volksbildung C 1480, Bl. 136.

Bericht über die gemeinsame Besprechung betr. der Auseinandersetzung zwischen dem Staatlichen Bauhaus und der neuen ,Staatlichen Hochschule für bildende Kunst'.

[...]

Excellenz Paulssen eröffnete die Sitzung und erklärt, daß er die Herrn zusammengerufen habe, in der Hoffnung, eine endliche und endgültige Lösung in dem Konflikt zwischen den beiden Anstalten herbeizuführen. Er beginnt zunächst mit der zu lösenden grundlegenden Frage, welche von beiden Anstalten rechtlicher Nachfolger der früheren „Hochschule für bildende Kunst" ist. Er erwägt die Gründe, die von beiden Seiten in Anspruch genommen werden, und kommt vorschlagsweise zu dem Resultat, daß beide Anstalten sich als Nachfolger betrachten können. Dir. Gropius nimmt zu dieser Frage Stellung und gibt in kurzem Aktenmäßigem Bericht über die Rechtsgrundlage dieser Frage und stellt sich auf Grund dieser teilweise wörtlich verlesenen Akten mit Entschiedenheit auf den Standpunkt, daß im rechtlichen Sinne allein das Staatliche Bauhaus als Rechts-Nachfolger der alten Hochschule für bildende Kunst in Frage komme. Excellenz Rothe wünscht diese rechtliche Frage außer Acht zu lassen und sich auf den Boden der augenblicklichen Tatsachen zu stellen. Excellenz Paulssen spricht sich aber dafür aus, im allgemeinen die Rechtsnachfolge des Staatlichen Bauhauses anzuerkennen. Im Jahre 1919 sei jedenfalls die Lage eine solche gewesen, er bitte aber das Bauhaus, in der materiellen Frage wegen der sonst zu gewärtigenden Schwierigkeiten in der Auseinandersetzung mit dem Großherzog Zugeständnisse zu machen. Dir. Gropius erklärt, er müsse noch einmal auf den Punkt der Rechtsnachfolge zurückkommen, da er grundlegend für den Bestand des Bauhauses sei und zwar mehr noch aus ideellen als aus praktischen Gründen. Er könne im Interesse des Bauhauses nicht anerkennen, daß die Rechtslage im Jahre 1919 eine andere gewesen sei als im Augenblick, es käme darauf an, daß das Bauhaus heute einwandfrei als Rechtsnachfolger auf Grund des Tatsachenmaterials angesehen würde. Excellenz Paulssen erklärt, daß die Frage zu Gunsten des Staatlichen Bauhauses entschieden werden müsse. Es wird auch von der anderen Seite Einspruch nicht mehr erhoben.

[...]

Gropius Joh. Itten

[9.]

Kultusabteilung der Gebietsregierung an Direktion des Staatlichen Bauhauses und Direktion der Hochschule
für bildende Kunst, 13. Juni 1921 – Konzept [von Albert Rudolph mit Randzeichnung von Dr. Arnold Paulssen, Ausfertigung nicht überliefert]. ThHStA Weimar, Thüringisches Ministerium für Volksbildung C 1480,
Bl. 169.

Es ist mehrfach die Frage aufgeworfen worden, welche der beiden im Gebäude der früheren
Großherzoglichen Hochschule für bildende Kunst in Weimar untergebrachten Kunstanstalten als Nachfolger der Großh. Hochschule für bildende Kunst in Weimar zu betrachten sei.
Wir haben bereits bei einer früheren Gelegenheit und dahin ausgesprochen, daß tatsächlicher Nachfolger das Staatliche Bauhaus sei. Aus Anlaß einer neuerdings zwischen den beiden Anstalten entstandenen Meinungsverschiedenheit erklären wir erneut, daß wir als
tatsächlichen und rechtlichen Nachfolger der früheren Hochschule für bildende Kunst das
Staatliche Bauhaus ansehen, während die jetzige Staatliche Hochschule für bildende Kunst
als eine Neugründung zu betrachten ist.

[10.]

Direktor des Staatlichen Bauhauses an Kultusabteilung der Gebietsregierung, 20. Juni 1921 – Ausfertigung.
ThHStA Weimar, Thüringisches Ministerium für Volksbildung C 1480, Bl. 173.

Nachdem durch die in der Sitzung vom 15. April 21 getroffene Regelung ein Modus gefunden worden ist, der uns die Weiterarbeit neben der „Staatlichen Hochschule für bildende
Kunst" versuchsweise ermöglicht, und nachdem mit dem Schreiben des Kultusministeriums
vom 13. ds. Mts. die Frage der Rechtsnachfolge endgültig geklärt worden ist, erkläre ich
der Ordnung halber im Auftrage des Meisterrats den letzten Absatz unseres Schreibens vom
3. Mai 1921 [richtig: 8. März 1921; siehe oben Text Nr. 3] für hinfällig.
    Gropius

Übersichten

Personal und Lehrkräfte des Staatlichen Bauhauses Weimar
1919 bis 1926

Direktor	Walter Gropius	12. [1.] April 1919 bis 31. März 1925
Sekretär	Paul Kämmer	12. April bis 31. Dezember 1919

Syndikus

Paul Kämmer	1. Januar 1920 bis 30. April 1921
Lotte Hirschfeld	1. Mai bis 10. Oktober 1921 (kommissarisch)
Alfred Liebig	1. Oktober 1921 bis 27. April 1922
Lotte Hirschfeld	1. Mai bis 30. Juni 1922 (kommissarisch)
Dr. Hans Beyer	1. Juli bis 30. Oktober [13. Dezember] 1922
Emil Lange	1. November bis 31. Dezember 1922 (kommissarisch)
	1. Januar 1923 bis 22. Juli 1924
Dr. Wilhelm Necker	1. bis 22. Juli 1924 (aushilfsweise)
	23. Juli 1924 bis 31. Oktober 1925
Paul Kämmer	1. November 1925 bis 31. März 1926

Rechnungsführer

Karl Ide	27. April bis 31. Dezember 1922
Erwin Ratz	1. Oktober 1922 bis 30. September 1923
Arthur Beiersdorfer	1. Oktober 1923 bis 31. März 1926

Verwaltungssekretär

Lotte Hirschfeld	1. Oktober 1921 bis 31. März 1923
Charlotte Weidler	1. April bis 30. September 1923
Erich Brendel	1. Oktober bis 31. Dezember 1923 (kommissarisch)
Paul Lohmann	1. Januar 1924 bis 15. Juni 1925

Lehrkörper

Formmeister

Lehrende Meister (als ordentliche Lehrer der Hochschule für Bildende Kunst übernommen):

Max Thedy	12. April 1919 bis 31. März 1921
Richard Engelmann	12. April 1919 bis 31. März 1921
Walther Klemm	12. April 1919 bis 31. März 1921
Otto Fröhlich	12. April 1919 bis 22. Januar 1920

Lehrende Meister (neu berufen):

Lyonel Feininger	1. Mai 1919 bis 31. März 1925
Johannes Itten	1. Oktober 1919 bis 31. März 1923
Gerhard Marcks	1. Oktober 1919 bis 31. März 1925
Georg Muche	1. Oktober 1920 bis 31. März 1925
Paul Klee	1. Dezember 1920 bis 31. März 1925
Oskar Schlemmer	1. Januar 1921 bis 31. März 1925
Lothar Schreyer	1. Oktober 1921 bis 30. September 1923
Wassily Kandinsky	1. Juli 1922 bis 31. März 1925
László Moholy-Nagy	1. April 1923 bis 31. März 1925

Außerordentliche Meister (neu berufen):

Adolf Meyer	1. Oktober 1919 bis 31. März 1925 [Architektur]
Lothar Schreyer	1. Juni bis 30. September 1921 [Kunstgewerbe]
Emil Lange	1. August bis 31. Oktober 1922 [praktisches Bauen]
Gertrud Grunow	1. Juni 1923 bis 31. März 1924 [Harmonisierungslehre]

Werkmeister

Karl Kull	1. August 1919 bis 30. September 1920
Helene Börner	1. Oktober 1919 bis 30. September 1925
Otto Dorfner	1. Oktober 1919 bis April 1922
Franz Heidelmann	1. Oktober 1919 bis September 1920
Carl Zaubitzer	20. Oktober 1919 bis 31. März 1926
Naum Slutzki	1. Dezember 1919 bis 28. Februar 1921
Leo Emmerich	Februar bis 30. September 1920
Hans Kämpfe	April 1920 bis April 1921
Wilhelm Schabbon	1. Juli bis August 1920
Max Krause	1. Oktober 1920 bis März 1921
Max Krehan	1. Oktober 1920 bis 16. Oktober 1925
Joseph Zachmann	1. Februar 1921 bis 16. Oktober [13. Dezember] 1922
Josef Hartwig	1. April 1921 bis 30. September 1925
Alfred Kopka	1. April bis 30. September 1921
Carl Schlemmer	1. Mai 1921 bis 16. Oktober [13. Dezember] 1922
Christian Dell	24. Januar 1922 bis 31. Dezember 1925
Heinrich Beberniß	16. November 1922 bis 30. September 1925
Reinhold Weidensee	1. Juli 1923 bis 31. März 1926

Zuständigkeit und Leitung der Werkstätten
des Staatlichen Bauhauses Weimar 1919 bis 1926

Steinbildhauerei

Formmeister
Richard Engelmann	1919 bis 1920
Johannes Itten	1920 bis 1922
Oskar Schlemmer	1922 bis 1925

Werkmeister (Werkstättenleiter)
Karl Kull	1919 bis 1920
Max Krause	1920 bis 1921
Josef Hartwig	1921 bis 1925

Holzbildhauerei

Formmeister
Richard Engelmann	1919 bis 1920
Georg Muche	1920 bis 1921
Johannes Itten	1921 bis 1922
Oskar Schlemmer	1922 bis 1925

Werkmeister (Werkstättenleiter)
Hans Kämpfe	1920 bis 1921
Josef Hartwig	1921 bis 1925

Buchbinderei

Formmeister
Georg Muche	1920 bis 1921
Paul Klee	1921 bis 1922
Lothar Schreyer	1922

Werkmeister (Werkstättenleiter)
Otto Dorfner	1919 bis 1922

Weberei (Textilwerkstatt)

Formmeister
Johannes Itten	1920 bis 1921
Georg Muche	1921 bis 1925

Werkmeister (Werkstättenleiter)
Helene Börner	1919 bis 1925

Druckerei

> *Formmeister*
>> Walther Klemm   1919 bis 1921
>> Lyonel Feininger   1921 bis 1925
>
> *Werkmeister (Werkstättenleiter)*
>> Carl Zaubitzer   1919 bis 1926

Wandmalerei

> *Formmeister*
>> Johannes Itten   1920 bis 1921
>> Oskar Schlemmer   1921 bis 1922
>> Wassily Kandinsky   1922 bis 1925
>
> *Werkmeister (Werkstättenleiter)*
>> Franz Heidelmann   1919 bis 1920
>> Carl Schlemmer   1921 bis 1922
>> Hermann Müller   1922
>>   (kommissarisch als Geselle)
>> Heinrich Beberniß   1922 bis 1925

Glasmalerei

> *Formmeister*
>> Johannes Itten   1920 bis 1922
>> Oskar Schlemmer   1922
>> Paul Klee   1922 bis 1925
>
> *Werkmeister (Werkstättenleiter)*
>> Carl Schlemmer   1922
>> Josef Albers   1922 bis 1925
>>   (kommissarisch als Geselle)

Metallwerkstatt

> *Formmeister*
>> Johannes Itten   1920 bis 1922
>> Paul Klee   1922
>> Oskar Schlemmer   1922 bis 1923
>> László Moholy-Nagy   1923 bis 1925
>
> *Werkmeister (Werkstättenleiter)*
>> Naum Slutzki   1919 bis 1921
>> Wilhelm Schabbon   1920
>> Alfred Kopka   1921
>> Christian Dell   1922 bis 1925

Töpferei

    Formmeister
        Gerhard Marcks   1920 bis 1925
    Werkmeister (Werkstättenleiter)
        Leo Emmerich   1920
        Max Krehan   1920 bis 1925

Tischlerei

    Formmeister
        Johannes Itten   1920 bis 1922
        Walter Gropius   1922 bis 1925
    Werkmeister (Werkstättenleiter)
        Joseph Zachmann   1921 bis 1922
        Erich Brendel   1922 bis 1923
                                      (kommissarisch als Geselle)
        Reinhold Weidensee   1923 bis 1926

Bühne

        Lothar Schreyer   1921 bis 1923
        Oskar Schlemmer   1923 bis 1925

Sitzungskalender

Anstellungszeitraum   x anwesend   – nicht anw[esend]

Sitzungen	Formmeister															a. o. Meister					
	Gropius	Thedy	Engelmann	Klemm	Fröhlich	Feininger	Itten	Marcks	Muche	Klee	Schlemmer	Schreyer	Kandinsky	Moholy-Nagy	Meyer	Schreyer	Lange, E.	Grunow	Kull	Börner
1919																				
11./12. April	[x]	[x]	[x]	[x]	[x]															
30. Mai	[x]	[x]	[x]	[x]	[x]	[x]														
23. Juni	[x]	[x]	[x]	[x]	[x]	[x]														
5. Oktober	x	–	x	x	x	x	x	x												
28. Oktober	x	x	x	x	x	x	x	x												
13. November	x	x	x	x	x	x	x	x											[x]	[x]
11. Dezember	x	x	–	x	–	x	x	x												
18. Dezember	x	x	x	x	x	x	x	x												
20. Dezember	x	x	x	x	x	x	x	x												
27. Dezember	x	–	x	x	x	x	x	x												
1920																				
11. Januar	–	x	–	x	–	x	x	xP												
13. Januar	–	x	x	x	–	x	x	xP												
15. Januar	x	x	x	x	–	x	x	x												
2. Februar	x	x	x	x		x	x	x												
18. Februar	x	x	x	x		x	x	x												
23. März	[x]	[–]	[x]	[x]		[x]	[x]	[x]												
30. März	x	x	x	x		x	x	x												
13. April	[x]	[x]	[x]	[x]		[x]	[x]	[x]											[x]	[x]
14. Mai	x	x	x	x		x	x	–												
22. Mai	x	–	x	x		x	x	x												
15. Juni	x		–	x		–	x	x												
20. September	x		x	x		x	x	x												
8./9. Oktober	x		x	x		x	x	x	x											
13. Oktober	x		x	x		x	x	x	x											x
26. Oktober	x		x	x		x	x	x	x											[x]
30. Oktober	[x]		[x]	[x]		[x]	[x]	[x]	[x]											
9. November	x		–	–		x	x	–	x											
6. Dezember	x					x	x	x	x											

[x] potentieller Teilnehmer   xP Protokollführung

Slutzki	Emmerich	Kämpfe	Schabbon	Krause	Krehan	Zachmann	Hartwig	Kopka	Schlemmer, C.	Dell	Beberniß	Weidensee	Kämmer	Liebig	Beyer	Lange, E.	Necker	Hirschfeld	Lange, H.	Weidler	Brendel	
																						1
														[x]								2
														[x]								3
														–								4
														xP								5
[x]														xP								6
														xP								7
														xP								8
														xP								9
														xP								10
																						11
																						12
														xP								13
														xP								14
														xP								15
														[x]								16
														xP								17
[x]		[x]	[x]											[x]								18
														xP								19
														xP								20
														xP								21
														xP								22
														xP								23
x		x												xP								24
[x]		[x]		x	x									xP								25
														[x]								26
														xP								27
														xP								28

Sitzungen	Formmeister														a. o. Meister					
	Gropius	Thedy	Engelmann	Klemm	Fröhlich	Feininger	Itten	Marcks	Muche	Klee	Schlemmer	Schreyer	Kandinsky	Moholy-Nagy	Meyer	Schreyer	Lange, E.	Grunow	Kull	Börner
1921																				
7. Februar	x					x	x	x	x	–	–									
8. März	[x]					[x]	[x]	[x]	[x]	[x]	[x]									
17. März	x					x	x	x	x	x	x									
6. April	x					x	x	–	x	–	x				[x]					x
23. Mai	[x]					[x]	[x]	[x]	[x]	[x]	[x]									[x]
24. Juni	x					x	x	x	x	x	x				x					x
1. Oktober	x					x	x	x	x	–	x									
12. Oktober	x					x	x	x	x	–	x	x								
31. Oktober	x					x	x	–	x	x	x	x								
5. Dezember	[x]					[x]	[x]	[x]	[x]	[x]	[x]	[x]								
1922																				
26. Januar	[x]					[x]	[x]	[x]	[x]	[x]	[x]	[x]								
13. März	[x]					[x]	[x]	[x]	[x]	[x]	[x]	[x]								
24. März	x					x	x	–	x	x	x	x								
4. April	–					x	x	–	–	x	x	x								
5. April	x					x	x	x	x	x	x	x								
7. April	x					–	x	x	x	x	x	x			–					x
8. April	x					–	x	–	x	x	x	x								
24. April	x					–	x	x	x	x	x	x								
2. Mai	[x]					[x]	[x]	[x]	[x]	[x]	[x]	[x]								
16. Mai	x					x	x	x	–	x	x	x								
26. Juni	x					x	–	x	x	x	x	x								
27. Juni	x					x	–	–	x	x	x	x								–
11. Juli	x					x	–	–	x	x	x	x	x							
14. Juli	x					x	–	–	x	–	x	x	x							x
2. Oktober	x					x	x	x	x	x	–	x	x							
3. Oktober	x					x	x	x	x	x	x	x	x		–	x				x
5. Oktober	x					x	x	–	x	x	x	–	x		x	x	x			x
14. Oktober	x					x	x	x	x	x	x	x	x				x	x		x
20. Oktober	x					x	x	–	–	x	x	x	x				–	x		x
28. Oktober	x					x	–	–	x	x	x	x	x				xP			
11. Dezember	x					–	x	x	x	x	x	–	x							x

| Werkmeister | | | | | | | | | | | | | | Syndici | | | | | Protokoll | | | |
Slutzki	Emmerich	Kämpfe	Schabbon	Krause	Krehan	Zachmann	Hartwig	Kopka	Schlemmer, C.	Dell	Beberniß	Weidensee	Kämmer	Liebig	Beyer	Lange, E.	Necker	Hirschfeld	Lange, H.	Weidler	Brendel	
														xP								29
														[x]								30
														xP								31
x			x			-	x							xP								32
x]						[x]	[x]	[x]	[x]	[x]												33
x						x	x	x	x	x									xP			34
																			xP			35
															x				xP			36
															xP							37
															[x]							38
															[x]							39
															[x]							40
															-				xP			41
															x				xP			42
															xP							43
x						x	x	x		x	x				-				xP			44
															xP							45
															xP							46
																			[x]			47
																			xP			48
																			xP			49
-						-	x	x		x	x								xP			50
																x			xP			51
							x	x		x						x			xP			52
																x			xP			53
x						x	x	x		x	x					x			xP			54
x						-	x	x		x	x					xP						55
x						x	x	x		x	x					x				xP		56
x						x		x			x					x			xP			57
																x						58
x								x			-						xP					59

	Formmeister										a.o. Meister			Werkm…								
Sitzungen	Gropius	Feininger	Itten	Marcks	Muche	Klee	Schlemmer	Schreyer	Kandinsky	Moholy-Nagy	Meyer	Lange, E.	Grunow	Kull	Börner	Dorfner	Heidelmann	Zaubitzer	Slutzki	Emmerich	Kämpfe	Schabbon
1923																						
6. Januar	[x]	[x]	[x]	[x]	[x]	[x]	[x]	[x]	[x]		[x]				[x]			[x]				
5. Februar	x	-	-	x	x	x	x	x	x													
5. Februar	x	-	-	x	x	x	x	x	x		x				x			-				
15. März	x	x	x	x	x	x	x	x	x													
26. Mai	x	-		x	x	x	x	x	x	x												
26. Mai	x	-		x	x	x	x	x	x	x	x				x			x				
18. Oktober	x	x		x	x	x			x	x												
22. Oktober	x	x		x	x	x			x	x			x		x			x				
1924																						
18. Februar	x	x		x	x	x	x	-	x		x		x		x			x				
18. März	x			x																		
4. April	x	[x]		[x]	-	[x]	[x]		[x]	[x]	[x]				[x]			[x]				
24. April	x	[x]		[x]	-	[x]	[x]		[x]	[x]	[x]				[x]			[x]				
14. Juni	-	[x]		[x]	x	[x]	[x]		[x]	[x]	[x]											
21. Juni	-	[x]		[x]	x	-	[x]		[x]	[x]	[x]				[x]			[x]				
24. Juni	-				x																	
9. Juli	x	-		[x]	[x]	[x]	[x]		[x]	[x]	[x]				[x]			[x]				
13. Oktober	x	[x]		[x]	[x]	-	-		[x]	[x]	[x]				[x]			[x]				
1925																						
6. Februar	-	[x]		[x]	[x]	[x]	[x]		[x]	[x]	[x]				[x]			[x]				

Kopka	Schlemmer, C.	Dell	Beberniß	Weidensee	Brendel	Gesellen im Bauhausrat										Syndici					Protokoll			
						Albers	Breuer	Hirschfeld	Lindig	Otte	Schmidt	Keler	Bogler	Wagenfeld	Kämmer	Liebig	Beyer	Lange, E.	Necker	Hirschfeld	Lange, H.	Weidler	Brendel	
x]			[x]	[x]															[x]					60
																			x		xP			61
x			x	x															x		xP			62
																			x		xP			63
																			x			xP		64
x			x	x		x													x			xP		65
																			-					66
x			x	x	x	x	x	x	x	x	x	-							x				xP	67
x			x	x	x	-	x	x	x			x	x	x					x					68
x							x												x					69
[x]			[x]	[x]	[x]	-	-	[x]	[x]	[x]	[x]	-	[x]	[x]					[x]					70
[x]			-	[x]	[x]	[x]	-	[x]	[x]	[x]	[x]	-	[x]						-					71
																								72
[x]			-	[x]	[x]																			73
[x]							-																	74
[x]			-	[x]	[x]														x					75
[x]			[x]	[x]	[x]	[x]	-	[x]	[x]	-	[x]		[x]	[x]					[x]					76
[x]			[x]	[x]	[x]														[x]					77

Quellen- und Abbildungsverzeichnis

1. Benutzte Archivquellen

Bestände des Thüringischen Hauptstaatsarchivs Weimar
Hofmarschallamt
Großherzogtum Sachsen-Weimar-Eisenach, Staatsministerium, Department des Kultus
Großherzoglich Sächsische Kunstgewerbeschule Weimar
Landtag von Thüringen
Thüringisches Staatsministerium – Präsidialabteilung
Thüringisches Volksbildungsministerium
Thüringisches Finanzministerium
Staatliches Bauhaus Weimar
Staatliche Hochschule für bildende Kunst Weimar
Staatliche Hochschule für Handwerk und Baukunst Weimar
Staatliche Hochschulen für Baukunst, bildende Künste und Handwerk Weimar

Bauhaus-Archiv, Museum für Gestaltung Berlin
Archiv Walter Gropius

2. Abbildungsnachweis

1 Mitteilung des Hofmarschallamtes vom 12. April 1919 zur Neubenennung „Staatliches Bauhaus in Weimar"
In: Thüringisches Hauptstaatsarchiv Weimar, Staatliches Bauhaus Weimar Nr. 1, Bl. 4.
2 Mitteilung von Walter Gropius vom 12. April 1919 an das Hofmarschallamt über seinen Dienstantritt am 11. April 1919
In: Thüringisches Hauptstaatsarchiv Weimar, PA Volksbildung Nr. 8652 Walter Gropius, Bl. 29.
3 Dienstvertrag für den Maler und Bildhauer Oskar Schlemmer als lehrender Meister am Staatlichen Bauhaus vom 2. Dezember 1920 (mit Unterschriften von Gropius und Schlemmer sowie Siegel)
In: Thüringisches Hauptstaatsarchiv Weimar, PA Volksbildung Oskar Schlemmer, Bl. 2.
4 a–b Dienstvertrag für Christian Dell als Leiter der Metallwerkstatt des Staatlichen Bauhauses vom 10. Juli 1922 (mit Unterschriften von Gopius und Dell sowie Siegel, Genehmigungsvermerk des Ministers für Volksbildung Max Greil)
In: Thüringisches Hauptstaatsarchiv Weimar, PA Volksbildung Nr. 4281 Christian Dell, Bl. 3 (VS+RS).

5 a–b Protokoll der Sitzung des Meisterrates am 13. Januar 1920 (verfaßt von Gerhard Marcks)
In: Thüringisches Hauptstaatsarchiv Weimar, Staatliches Bauhaus Weimar Nr. 7, Bl. 134 (VS+RS).
6 a–b Protokoll der Sitzung des Meisterrates am 22. Mai 1920 (mit Unterschriften von Gropius, Feininger, Klemm, Marcks, Itten, Engelmann, Kämmer)
In: Thüringisches Hauptstaatsarchiv Weimar, Staatliches Bauhaus Weimar Nr. 12, Bl. 50–51.
7 a–b Protokoll der Sitzung des Meisterrates am 26. Juni 1922 (mit Unterschriften und Bemerkungen von Gropius, Schreyer, Schlemmer, Muche, Feininger, Klee, Itten, Marcks, Hirschfeld)
In: Thüringisches Hauptstaatsarchiv Weimar, Staatliches Bauhaus Weimar Nr. 12, Bl. 144 (VS+RS).
8 a–b Protokoll der Sitzung des Bauhausrates am 4. April 1924 (mit Unterschriften der Form- und Werkmeister und der Bauhausgesellen)
In: Thüringisches Hauptstaatsarchiv Weimar, Staatliches Bauhaus Weimar Nr. 12, Bl. 350 bis 351.
9 Einladung zur Meisterratssitzung am 6. Januar 1923 (mit Unterschriften der Form- und Werkmeister zwecks Kenntnisnahme)
In: Thüringisches Hauptstaatsarchiv Weimar, Staatliches Bauhaus Weimar Nr. 12, Bl. 279.
10 Umlauf vom 24. März 1920 zur Leistungsbeurteilung der Studierenden
In: Thüringisches Hauptstaatsarchiv Weimar, Staatliches Bauhaus Weimar Nr. 13, Bl. 293.
11 Umlauf vom 2. September 1920 zur Regelung der Aufnahme von weiblichen Studierenden an das Staatliche Bauhaus
In: Thüringisches Hauptstaatsarchiv Weimar, Staatliches Bauhaus Weimar Nr. 13, Bl. 185.
12 Umlaufbeschluß vom 28. Oktober 1920 zur Berufung von Paul Klee an das Staatliche Bauhaus
In: Thüringisches Hauptstaatsarchiv Weimar, Staatliches Bauhaus Weimar Nr. 13, Bl. 90.
13 Umlaufbeschluß vom 16. Januar 1922 zur Berufung von Wassily Kandinsky an das Staatliche Bauhaus
In: Thüringisches Hauptstaatsarchiv Weimar, Staatliches Bauhaus Weimar Nr. 13, Bl. 96.
14 Mitteilung zur Wahl einer Ausstellungskommission vom 13. Oktober 1922 und Aufruf zur „Ersten Ausstellung des Bauhauses" im Sommer 1923
In: Thüringisches Hauptstaatsarchiv Weimar, Staatliches Bauhaus Weimar Nr. 35, Bl. 4.
15 a–b Erklärung des Meisterrates zur Einrichtung einer „Alten Weimarer Malschule" (Staatliche Hochschule für bildende Kunst) vom 3. Februar 1920 (mit Unterschriften von Gropius, Engelmann, Feininger, Itten, Klemm, Marcks, Thedy)
In: Thüringisches Hauptstaatsarchiv Weimar, Thüringisches Ministerium für Volksbildung C Nr. 1480, Bl. 10 (VS+RS).
16 a–b Eingabe an den Finanzminister des Landes Thüringen, Emil Hartmann, vom 10. April 1920 zur Regelung der Bezüge (mit Unterschriften von Gropius, Liebig, Klee, Muche, Marcks; auf der Rückseite sind noch enthalten: Schreyer, Schlemmer, Itten; Krehan, Zachmann, Hartwig, Dorfner, Börner, Carl Schlemmer)
In: Thüringisches Hauptstaatsarchiv Weimar, Thüringisches Finanzministerium Nr. 239, Bl. 5.
17 Mitteilung vom 17. Oktober 1922 über den Briefwechsel mit den Werkmeistern Carl Schlemmer und Joseph Zachmann

In: Thüringisches Hauptstaatsarchiv Weimar, Staatliches Bauhaus Weimar Nr. 12, Bl. 228.

18 Vorschlag von Gerhard Marcks zur Benennung der Bauhaus-Ausstellung 1923 vom 21. Oktober 1922

In: Thüringisches Hauptstaatsarchiv Weimar, Staatliches Bauhaus Weimar Nr. 35, Bl. 3.

19 a–b Titelblatt der gedruckten Satzung des Staatlichen Bauhauses und Schema für den Studiengang von 1923

In: Thüringisches Hauptstaatsarchiv Weimar, Thüringisches Ministerium für Volksbildung C Nr. 1474, Bl. 24.

20 Begleitschreiben an das Thüringische Ministerium für Volksbildung vom 21. März 1924 zur Überreichung der Broschüre „Pressestimmen für das Staatliche Bauhaus" an die Minister der thüringischen Landesregierung

In: Thüringisches Hauptstaatsarchiv Weimar, Thüringisches Volksbildungsministerium C Nr. 1475, Bl. 100.

Personenregister

Gerade Seitenzahlen verweisen auf den edierten Text.
Studierende des Bauhauses werden durch ein kursives *S* hinter dem Namen gekennzeichnet.